国家社科基金重大课题项目（18ZDA056）
国家社科基金重大课题项目（08&ZD039）
国家自然科学基金重点项目（71332007） 研究成果
国家自然科学基金重点项目（79930400）

我国中小企业成长壮大与高质量发展若干问题研究

林汉川○等著

WOGUO ZHONGXIAO QIYE
CHENGZHANG ZHUANGDA YU GAOZHILIANG FAZHAN
RUOGAN WENTI YANJIU

企业管理出版社
EMPH ENTERPRISE MANAGEMENT PUBLISHING HOUSE

图书在版编目（CIP）数据

我国中小企业成长壮大与高质量发展若干问题研究／林汉川等著.
—北京：企业管理出版社，2021.12
ISBN 978-7-5164-2511-4

Ⅰ.①我… Ⅱ.①林… Ⅲ.①中小企业—企业成长—研究—中国 Ⅳ.①F279.243

中国版本图书馆CIP数据核字（2021）第222991号

书　　名：	我国中小企业成长壮大与高质量发展若干问题研究
书　　号：	ISBN 978-7-5164-2511-4
作　　者：	林汉川　等
策　　划：	刘一玲
责任编辑：	韩天放　侯春霞　徐金凤　赵喜勤
出版发行：	企业管理出版社
经　　销：	新华书店
地　　址：	北京市海淀区紫竹院南路17号　　邮　　编：100048
网　　址：	http：//www.emph.cn　　电子信箱：26814134@qq.com
电　　话：	编辑部（010）68420309　　发行部（010）68701816
印　　刷：	北京市青云兴业印刷有限公司
版　　次：	2021年12月第1版
印　　次：	2021年12月第1次印刷
开　　本：	787毫米×1092毫米　1/16开本
印　　张：	48.25印张
字　　数：	950千字
定　　价：	238.00元

版权所有　翻印必究·印装有误　负责调换

本调研报告系以下项目的研究成果：

国家社科基金重大课题项目"新时代加强中国中小微企业国际竞争力的模式与路径研究"（18ZDA056）

国家社科基金重大课题项目"全球金融危机下我国先进制造业发展战略研究"（08&ZD039）

国家自然科学基金重点项目"中国企业转型升级战略及其竞争优势研究"（71332007）

国家自然科学基金重点项目"我国中小企业发展与支持系统研究"（79930400）

对外经济贸易大学北京企业国际化经营研究基地资助项目

浙江工业大学浙江省中小企业转型升级新型重点专业智库资助项目

前　言

　　中小企业"由小变大、由少变多、由弱变强"是中国经济朝着高质量发展方向不断转型升级的重要缩影，也是APEC与世界各国社会经济发展的重要引擎。就中国而言，根据我国第二次经济普查数据测算，目前我国中小企业已达8000多万户（含个体工商户），占全国企业总数的99.8%，贡献了80%的城镇就业岗位、60%的GDP、60%的利润与50%的税收、65%的发明专利、75%的新产品开发，他们已成为中国经济社会实现高质量增长与繁荣不可或缺的生力军，是提升中国企业国际竞争力的重要力量，对我国促进经济发展方式转变与实施创新发展战略发挥着重要作用。30多年来，作者带领其团队，始终聚焦我国中小企业成长壮大到高质量发展的重大理论与实践问题，并进行研究与探索，坚守"急中小企业所急、想中小企业所想、写中小企业所需"的使命与责任，撰写了一系列研究成果，本书是从这些系列成果中选取的精品，也是作者主持完成的两项国家社科基金重大项目"新时代加强中国中小微企业国际竞争力的模式与路径研究"（批准号18ZDA056）和"全球金融危机下我国先进制造业发展战略研究"（批准号08&ZD039），两项国家自然科学基金重点项目"中国企业转型升级战略及其竞争优势研究"（批准号71332007）和"我国中小企业发展与支持系统研究"（批准号79930400），以及教育部哲社重大课题攻关项目"提升中国产品海外形象研究"（批准号13JZD017）的研究成果。

　　作者带领其团队在中小企业理论与实践领域深耕研究30多年，在我国中小企业发展研究领域产生了比较广泛的学术影响与社会效应。本成果中数十篇学术论文分别发表在《中国社会科学》《管理世界》《经济研究》《中国工业经济》《数量经济技术经济研究》《财贸经济》《世界经济》《科研管理》《科学学研究》，以及《人民日报》《光明日报》等国家权威报刊上。其中，《中国社会科学》中文版3篇、英文版2篇，《管理世界》5篇。数十篇研究报告分别获得党和国家领导人、国务院有关部委，以及浙江省委、省政府等省部级以上领导批示，上百条政策建议得到了国家和省市相关政府部门的采纳。上述丰富学术研究成果、突出的学术贡献和广泛的政策应用价值，已为我国中小企业成长壮大与高质量发展提供了有力的理论支撑和重要的智力支持，也为本成果的高质量完成奠定了坚实可靠的基础。

本书的另一个显著特点是，紧紧围绕作者主持的上述五项国家重大重点项目，聚焦我国中小企业发展、成长、壮大与高质量发展战略中的若干重大理论和实践问题，研究过程中自始至终贯穿"三条主线"：一是始终坚持理论与实践相结合，既注重系统的理论分析，也将理论应用于政策实践，并在政策实践中进行检验和不断深化。本书紧扣重点研究问题，通过理论分析为实践研究提供基础，从理论层面探索解决实际问题的方案，通过调查问卷收集数据，并依据国家统计部门数据，撰写了一系列关于中小企业具有前瞻性、战略性、针对性及可操作性的论文。二是始终坚持问题导向，把解决中小企业现实问题作为研究的出发点和落脚点。深入广大中小企业第一线，实事求是地开展调查研究，通过深入的调研分析，为我国中小企业高质量发展探索符合市场发展规律和企业实际情况的政策路径。注重研究成果的现实转化问题，本书中部分研究报告获得党和国家领导人、有关省份省委省政府领导的数十次重要批示，提出的大量政策建议被国家和省级政府及相关部门采纳，转化为了政府的政策措施和工作载体，实现了政策价值、社会价值、学术价值的有机统一。三是始终紧紧围绕国家对中小企业发展的战略部署需要，从国家层面提出中小企业界定标准，鼓励发展中小企业、支持中小企业加快转型升级、推动中小企业高质量发展等与时俱进的政策建议，分别从中小企业成长阶段、壮大阶段、高质量发展阶段等进行全过程、动态跟踪研究，始终从中小企业的发展需求出发，力求做到"中小企业发展到哪里，研究就跟进到哪里；中小企业问题在哪里，研究就聚焦到哪里"，为国家培育发展中小企业提供强有力的智力支持。特别是近几年，作者受浙江工业大学特聘，担任该校中小企业研究院院长、名誉院长，以及该校浙江省中小企业转型升级协同创新中心与中小企业新型重点专业智库中心首席专家，更是如鱼得水，扎根与融入中小企业蓬勃发展的浙江大地，对中小企业如何深入发展数字化、标准化、品牌化、协同化、全球化等问题，展开了创新性研究。其中，本人带领团队就有40多篇研究报告得到了省部级领导的批示与相关部门的采用。以下是我国中小企业成长、壮大到高质量发展"三个阶段"的代表性成果。

1. 我国中小企业成长阶段的代表性成果

（1）通过对全球44个国家和地区中小企业界定标准的演变历程、法律依据、形成原因与界定规律进行专题剖析，以及在对中华人民共和国成立以来6次中小企业界定标准的演变规律系统分析基础上，在国内率先发布三个研究报告《中小企业的界定与评价》《美、日、欧盟等中小企业最新界定标准比较及其启示》、《日本小企业界定标准的演变与启示》，提出我国界定中小企业标准的新思路与对策建议。这些成果已被国务院发展研究中心直接采用，并作为原国家经贸委起草的国家法规《关于中小企业标准暂行规定》的重要依据。这三个研究报告分别发表在《中国工业经济》《管理世界》《世界经济》等权威杂志上。

（2）受国务院发展中心委托，完成了旨在摸清我国中小企业发展现状与面临问题的调研报告《中小企业发展中所面临的问题——北京、辽宁、江苏、浙江、湖北、广东、云南问卷调查报告》，该研究报告在国内首次对全国七省市14000家中小企业展开大规模的问卷调查与系统地实证分析，体现了该成果的独创性的实践指导意义，为制定扶持与促进中小企业发展政策提供重要依据。该成果2007年获第12届孙冶方经济科学奖。该研究报告发表在《中国社会科学》权威杂志上。

（3）深入中关村、武汉东湖高技术开发区、深圳科技工业园、大连高技区实地调研，在国内首次系统评析了我国高新技术产业开发区初创阶段的成就及所面临的问题。结合国际上发展高新技术产业的经验，就如何建设有中国特色的高新技术产业开发区，提出了一些新的思路与对策。该研究报告已被武汉东湖新技术开发区发展总公司委员会和发展总公司采用，并在《中国社会科学》（中英文版）全文发表，向全世界公布该研究成果。

（4）在对全国七省市14000家中小企业展开大规模问卷调查基础上，在国内率先完成我国不同行业中小企业竞争力实证比较研究、我国东中西部中小企业竞争力实证比较研究等一系列重要研究。这些研究成果分别发表在《中国社会科学》《经济研究》等权威杂志上。

（5）通过对武汉市无线电三厂经过一年半的破产整顿拼搏、由垂危走向复苏的调研，在国内率先提出，处于破产边缘的全民所有制企业重组的五点启示：确立企业自主经营、自负盈亏的商品生产者的地位，是实施破产法的重要基础；革除单一的厂长委任制的弊端；建立全员承担风险的企业内部经营管理机制；配套实施劳动就业、救济及保险制度；制定《破产法》，整顿、挽救和预防企业破产，是用法律手段管理经济的有效办法，是维护社会主义商品经济正常秩序的有力措施。该成果发表在《光明日报》理论版头条，编辑部还专为该文加了"编者按"。

（6）通过对湖北、广东2000多家中小企业的问卷调查，对其资本分布、固定资产投资与流动资金来源、贷款来源与贷款条件、发展中的不利因素等几个方面的现状与问题进行了详细的剖析，并就解决中小企业融资问题提出了建议。该成果发表在《数量经济技术经济研究》杂志上。

（7）通过对我国三个产业内部各个行业的历年资料的研究，分析了我国中小企业在各个行业的构成比重、变动趋势与行业集中度，并依此对我国中小企业的产业选择、行业定位及对策措施进行了有益的探索，为解决我国中小企业严重的结构趋同问题提出了对策性建议。该成果发表在《改革》杂志上。

（8）中国已出现了很多出类拔萃的民营企业和国有企业。他们在取得非凡业绩的同时，也奠定了各自在不同领域中的先锋企业地位。依据行业先锋企业的界定标准及样本数据，对我国民营企业和国有上市公司中行业先锋企业的外在财务指标进行比较分析和综合评价，以揭示他们做大做强的内在规律。该成果发表在《管理世界》权威杂志上。

2. 在我国中小企业壮大阶段的代表性成果

（1）全球金融危机后，我国小微企业生产经营与融资出现严重困境问题。深入6省16市10多个行业113家企业实地调研考察，在国内首次提出，我国中小企业的严重困境不仅仅是融资难问题，而是用工贵、用料贵、融资贵、费用贵与订单难、转型难、生存难的"四贵三难"问题。该调研报告分析了我国中小企业"四贵三难"形成的原因，创新性提出关于我国小微企业解困思路与实现路径的针对性对策建议：加大税收优惠是我国小微企业当前解困的最佳政策选择；实施国家"抓大放小"向"抓大扶小"战略思路转型与体制机制创新是解困的长效之道；只有内外兼治、加速立法、多措并举、综合治理，才有可能破解困境。该研究报告被国家社科规划办《成果要报》采用，国家领导分别做了批示；该成果为2012年全国经济工作会议与2012—2016对我国小微企业减税政策的制定提供了有益的决策基础，并为我国小微企业连续多次实施减税政策提供了有力的智力支持。

（2）融资难一直是制约我国大多数高新技术企业发展的瓶颈问题。在深入调查研究中关村科技园区试点"新三板"市场的融资创新模式基础上，总结了中关村科技园区试点"新三板"市场具有入场条件宽松、挂牌时间短、融资效率高的三大优势，以及试点过程中存在的扩容难、转板难、管理难等突出问题，提出在全国更大范围内加快发展与推广"新三板"市场的对策建议。该研究报告被全国社科规划办《成果要报》采用，并报送中央决策参考。该成果对国家制定"新三板"市场在全国扩容与推广决策提供了重要决策依据。

（3）紧密跟踪调研我国试行中小企业集合债的北京、深圳、大连三个典型案例，从融资模式创新角度详细剖析了试行中小企业集合债存在的发债规模小、担保难、成本高、现行管理体制与市场运作模式不适应等问题，提出了进一步完善中小企业集合债融资模式创新的对策建议。该建议得到中央高层领导人的批示并被国家相关部门采用。

（4）以全球108个国家海外消费者的2992份有效问卷为样本，从企业—消费者识别度、消费者忠诚度和其对企业能力的信念三个角度，考察企业技术创新和履行社会责任的变现能力，分析企业提升自身变现能力的手段和方法，探索提升技术创新和企业社会责任二者变现能力的最佳路径。该研究报告发表在《南开管理评论》杂志上。

（5）基于国家统计局编制的2005—2008年中国工业企业数据库，国家知识产权局编制《中国专利数据库》中企业专利申请和授权情况的数据，以及《中国科技统计年鉴》编制的各地区专利等初始数据基础上，获得773929个企业观测样本，研究了研发投资对于企业业绩如何产生有效影响的重要问题。结果发现：研发投资与企业业绩之间呈现出显著的倒U型曲线关系，二者之间的关系曲线在企业拥有较高人力资本水平下变得趋于陡峭；企业对于自身创新成果的专利保护增强了研发投资对于企业业绩的正面影响；当制度环境较差时，加强研发投资对于企业业绩产生了负面影响，并且这种作用在非国有企业中更加明显。该研究成果发表在《科研管理》杂志上。

（6）应用国家知识产权局提供的902959家企业专利数据，考察了政府补贴对于企业专利产出的影响。该研究不仅直接反映了政府的治理行为，也为相关政策的制定和改革提供理论和经验依据，因而对于政府制定创新政策、完善国家创新体系、评估现有政策的经济后果具有重要的价值。该研究成果发表在《科学学研究》杂志上。

（7）基于69万家工业类个体工商户的调查统计数据，深入分析研究我国"个转企"存在的"应转不愿转""想转转不了""转了想转回"等严重问题及其产生的原因，进而提出了针对性操作性强的五项对策建议，即减轻"个转企"税费负担，增强个体工商户"转企意愿"；破解"个转企"审批障碍，放宽个体工商户"转企门槛"；推行"个转企"社保优惠，支持个体工商户"转企缓进"；解决"个转企"政策"落地难"，让个体工商户得到实实在在的好处；加强市场秩序维护，为个体工商户"竞优汰劣"保驾护航。该研究报告获得现任全国政协副主席、时任浙江省省委书记批示，并被相关部门采用。

（8）我国煤矿特别是转型煤矿安全事故频繁发生，煤矿安全生产成为国内外关注的热点问题。通过对煤矿安全生产过程特点与规律的调研总结发现：我国煤矿安全事故发生的根本原因在于没有构建一套综合的、系统的、严密的、持续改进的煤矿安全生产保障体系。为此，作者从我国煤矿安全生产的思想、制度、监察、技术、全员和全过程等方面出发，初步构建了一套综合的、系统的、严密的、持续改进的煤矿安全生产保障体系与运行模式，并提出了遏制煤矿安全事故的对策。该成果发表在《中国工业经济》杂志上，并被中国中小企业协会与鲁中冶金矿业公司所接纳。

（9）我国中小煤矿安全生产问题已成为国内外关注的热点。作者将安全视为中小煤矿企业特殊的产品供给，发现在缺少安全管制、责任规则的情况下，安全产品收益的滞后性、安全产品的外部性，以及煤矿企业的高风险偏好都会导致安全产品的供给不足。因此，事前的安全管制与事后的责任追究是引导煤矿企业增加安全供给的必要条件。在信息占有、资产约束与执行成本方面，安全管制与责任规则各具局限性。鉴此，要激励煤矿企业增加安全供给，政府安全管制与责任规则一定要有效结合。该成果发表在《中国工业经济》杂志上。

（10）采用从国家知识产权局搜集整理的企业专利数据，研究了税收政策如何对于企业技术创新活动产生有效影响的重要问题。作者从政策类型、激励强度、制度环境和企业特征四个方面拓展了企业技术创新研究的理论框架。该成果发表在《中国工业经济》杂志上。

(11) 提出我国在大力建设制造业强国时不能忽视中小企业的重要作用：中小企业帮助大型制造企业降低成本和提高质量，是制造业可持续发展的"蓄水池"，是保障制造业可持续发展的"稳定器"。因此，建设制造业强国需要采用整体和系统的思考方法，将发展中小企业置于更加突出的位置并采用更有效的政策措施：一是要通过进一步简政放权减轻中小企业负担。二是尽快完善支持中小企业发展的市场机制。三是在推动中小企业国际化方面采取更有力的措施。四是通过加强立法保障中小企业的权益。该成果发表在《人民日报》上，在全国产生重要社会影响。

3. 在我国中小企业高质量发展阶段的代表性成果

(1) 采用全国第一个"两化"融合国家示范区内1950家工业企业连续5年的动态调研数据，分析了企业投入产出弹性、销售成本弹性和销售成本变化率弹性，并使用分位数回归方法，剖析异质性数字化转型企业的投资行为、成本黏性规律和内在运行机制，为成本黏性的规律探索和面临两难决策困境时的行为模式提供经验证据，并为制定精准激励的政策体系提供了实证支持，使研究结果具有理论意义和实践价值。该研究成果发表在《管理世界》杂志上。

(2) 通过对浙江省143家独角兽企业的调查研究，认为数字经济驱动的新业态新模式新技术是独角兽企业井喷式爆发的重要源头。为此，提出建设数字经济"独角兽"培育库，对接独角兽企业上市或兼并重组行动，打造数字经济独角兽企业"群栖地"，构筑数字经济独角兽企业孵化链等多条建议。该成果被《浙江社科要报》刊登，并获得浙江省领导的批示与相关部门的采用。

(3) 通过对浙江、上海、北京、广东、江苏等五省市数字经济与制造业融合政策和量化指标的比较分析，提出浙江省需启动实施"数字经济与制造深度融合专项行动"，对标打造国际一流智能制造科创平台与孵化平台，谋划实施"大数据与先进制造深度融合示范工程"，组建数字经济与"浙江制造"深度融合大联盟的对策建议。该成果被《浙江社科要报》刊登，并获得浙江省领导批示与相关部门采用。

（4）利用联合国商品贸易统计数据库中2000—2015年装备制造出口数据，应用扩展的引力模型，实证分析了标准化、标准国际化分别对中国电力、工业、通信、交通为代表的四大类装备制造走出去的影响。标准国际化对中国电力、工业、通信、交通四大类装备制造走出去得到显著的促进作用，而且均呈线性轨迹。从"一带"国家和"一路"国家的回归结果看，国际标准对中国装备制造走向"一带"国家的影响效应要大于"一路"国家。此外，本研究实证还发现，"一带一路"倡议的实施的确有利于促进中国四大类装备制造走出去，同时从政策距离看，中国与沿线国家签订自贸区协定对本土装备制造出口也具有促进作用。该研究成果发表在《国际贸易问题》杂志上，获得《新华文摘》目录索引与《人大报刊复印资料》全文转载。

（5）通过对来自全球108个国家6701个外国消费者的问卷调查，作者对传统的中国产品"以价廉促多销"的海外形象战略提出挑战，认为经济新常态下，品质、创新和社会责任并驾齐驱，成为提升中国企业与产品形象的三大动力源，其研究结论对于提升中国产品海外形象、实施"一带一路"倡议具有重要的借鉴意义和参考价值。该研究成果发表在《中国软科学》杂志上。

（6）基于来自26个发达国家976份海外消费者的问卷调查样本，建立了多重中介模型和调节的中介效应模型，分析了创新和感知的企业社会责任，在提升海外发达国家市场的产品形象方面重要性上存在着显著差异，同时探讨了当消费者卷入度水平不同时，创新主导型企业应采取的最优战略路径。该研究成果发表在《科研管理》杂志上。

（7）通过使用来自中亚六国302份海外消费者的问卷调查数据，建立了多重中介模型，分析了创新和企业社会责任在提升产品海外形象方面的重要性差别，分析了基于技术的创新与基于市场的创新对提升产品海外形象的不同作用。创新和企业社会责任已成为中国企业促进发展中国家消费者对中国产品形成积极印象的关键因素，成为剖析中国产品在海外形象提升的主要路径。该研究成果发表在《科学学研究》杂志上。

（8）通过对浙江省544家中小企业的调查发现，受到上游供应链断裂、复工复产防疫要求等影响，中小企业普遍面临物资储备短缺的困境，34.2%的制造业中小企业存在上游供应链断裂的风险，进而提出五项有针对性的对策建议：即聚焦中小企业"复产率不高"，加快推进分区域、分产业复工复产；聚焦中小企业"短期融资贫血"问题，加快实施输血式的金融支持；聚焦中小企业"生产经营负担重"问题，强化对中小企业渡过难关的精准扶持；聚焦中小企业"数字化需求"问题，实施"大数据+上云"帮扶；聚焦中小企业"防疫压力大"问题，强化复工复产后新冠肺炎疫情防控的跟踪保障等对策建议。该研究报告被《浙江社科要报》刊登，并获得浙江省领导批示与相关部门采用。

（9）通过深入浙江省评定的70家"隐形冠军"企业和655家"隐形冠军"培育企业的调研，总结分析了浙江省"隐形冠军"企业呈现出成本领先、创新引领、市场引领与资源整合等四种发展模式及其面临的主要问题，并提出进一步发展与完善的对策建议。该研究报告被《浙江社科要报》刊登，并获得浙江省领导批示与相关部门采用。

（10）调研分析浙江省在100个特色小镇建设过程中存在的五方面新问题，提出充分体现特色性元素、瞄准高端产业和产业高端、在小镇范围里推进体制改革、优化布局和功能、彰显个性特征等五项对策建议。该研究报告被浙江省人民政府研究室《调查与思考》刊登，并分别获得浙江省领导及杭州市领导批示及相关部门采用。

（11）在深入调研比较分析浙江省普陀岛与海南省全岛地缘政治、区位条件、开发潜力、比较优势、产业基础等要素的基础上，从靠近国际海运主航道、地理位置突出、生态环境优美、开发潜力较大、旅游基础扎实等遴选条件综合考虑，提出在浙江普陀岛和海南全岛开展国际海岛旅游免税试验区建设的建议。该研究报告被全国哲学社会科学规划办公室《成果要报》刊登，并获得时任国家领导人的批示。根据其批示精神，国家旅游局召开"建设国际海岛旅游免税区座谈会"，由作者与国家财政部、国家税务总局、海关总署、国家旅游总局、国家质检总局、浙江省、海南省、中国社科院等专家领导专题研究该报告的落实。该成果同时被浙江省经信委《决策参考》刊登，并得到浙江省领导重要批示，被省财政厅、省商务厅等有关部门采用，产生了重大的社会效应。

（12）通过调研分析浙江省制造业"稳投资"存在的主要困难与问题，提出了简化产业链核心关键领域产品技术的进口采购程序、搭建智能化投资促进平台、针对性实施重大科技攻关专项行动、疏通制造业融资渠道、制定出台有针对性的制造业投资政策等五项对策建议。该研究报告获得国务院领导批示并被国务院办公厅《信息专报》刊登。

(13) 通过调研浙江省民营经济景气度、投资意愿、资金周转等问题，分析新冠肺炎疫情期间民营经济出现信心不振苗头及其形成原因，提出了五条加强防控的对策建议。该调研报告获得国务院领导批示并被国务院办公厅《信息专报》刊登。

(14) 通过调查浙江省规模以上工业企业新冠肺炎疫情以来出现订单下滑的表现形式与问题，分析了影响规模以上工业企业订单走势的重要因素，提出了帮助企业切实降低订单风险和损失，做出调整中尽量设置过渡期，积极引导上游原材料供应链整合，加速技术改造和设备升级，打造具有国际竞争力的产业链、供应链等政策建议。该调研报告获得国务院领导的批示并被国务院办公厅《信息专报》刊登。

(15) 通过对浙江省近几年新建的十多个共性技术平台的调研，分析了它们存在问题的原因，提出了统筹推动共性技术研发平台搭建、完善共性技术研发平台运营机制、加强共性技术平台的资源要素支持、提升共性技术平台的平台能级、提高企业主体的参与度等对策建议。该调研报告获得国务院领导批示并被国务院办公厅《信息专报》刊登。

本书由十一篇60章内容组成。第一篇中小企业发展的若干基础理论与现状调研。第二篇中小企业发展的竞争力评价与实证研究。第三篇转换中小企业经营机制研究。第四篇中小企业技术创新机制研究。第五篇高新技术中小企业发展研究。第六篇中小企业融资创新研究。第七篇数字经济推动中小企业转型升级研究。第八篇标准化战略推动中小企业高质量发展研究。第九篇塑造良好产品形象 提升中小企业国际竞争力的研究。第十篇全球新冠肺炎疫情背景下提升中小企业竞争力研究。第十一篇优化营商环境 提升我国中小企业国际竞争力研究。

本书由林汉川负责整体设计、组织与统撰，参加撰写的人员为林汉川及其团队成员。具体参加撰写的成员有（以章节为序）：前言林汉川。第1章林汉川、魏中奇。第2章第1节、第2节林汉川、魏中奇，第3节尚会永、林汉川。第3章林汉川、周晖。第4章第1节林汉川、管鸿喜、何杰、夏敏仁、岳娟丽。第2、4节林汉川、管鸿喜、岳娟丽。第3节林汉川、何杰。第5章林汉川、陈衍泰。第6章林汉川、管鸿喜、岳娟丽。第

7章林汉川、管鸿喜、岳娟丽。第8章林汉川、邱红、周杨。第9章邱红、林汉川。第10章第1、2、4、5节林汉川，第3节林汉川、陈永和。第11章第1节林汉川、王莉、王分棉，第2节林汉川、王皓、王莉，第3节林汉川、陈宁，第4节林洲钰、林汉川。第12章林汉川、田东生。第13章林汉川、刘淑春。第14章刘淑春、林汉川。第15章张思雪、林汉川。第16章林洲钰、林汉川、邓兴华。第17章林洲钰、林汉川、邓兴华。第18章林洲钰、林汉川、邓兴华。第19章林洲钰、林汉川。第20章张思雪、林汉川。第21章林洲钰、林汉川、邓兴华。第22章林汉川、叶红雨。第23章林洲钰、林汉川、邓兴华。第24章林汉川。第25章林洲钰、林汉川。第26章林汉川、夏友富、林洲钰。第27章林汉川、林洲钰。第28章林汉川、刘淑春。第29章林汉川、许伟杰、虞晓芬。第30章林洲钰、林汉川。第31章林汉川、李夏迪。第32章刘淑春、闫津臣、张思雪、林汉川。第33章林汉川、刘淑春、陈畴镛、辛金国。第34章林汉川、刘淑春、陈畴镛、辛金国。第35章刘淑春、林汉川、陈畴镛、辛金国。第36章刘淑春、林汉川。第37章刘淑春、林汉川。第38章林汉川、刘淑春、程宣梅。第39章林汉川、刘淑春、程宣梅。第40章林汉川、刘淑春、程宣梅。第41章张思雪、林汉川。第42章张思雪、林汉川。第43章张思雪、林汉川。第44章张思雪、林汉川。第45章王分棉、林汉川。第46章林汉川、田东山。第47章刘淑春、林汉川。第48章林汉川、刘淑春、辛金国。第49章林汉川、刘泽岩、刘淑春。第50章程宣梅、刘淑春、林汉川。第51章刘淑春、林汉川。第52章林汉川、刘淑春。第53章林汉川、刘淑春。第54章刘淑春、林汉川。第55章林汉川、刘淑春、池仁勇。第56章林汉川、刘淑春。第57章林汉川。第58章刘淑春、程宣梅、陈凯翔、林汉川。第59章程宣梅、刘淑春、陈凯翔、林汉川。第60章刘淑春、林汉川、程宣梅等。全书由林汉川与博士生李夏迪进行统稿编辑。

本成果在选题、调查、访谈、学术研讨、撰写、征求意见等过程中，一直得到教育部社会科学司、国家工信部中小企业司、国家哲学社会科学基金规划办公室、国家自然科学基金委员会管理科学部、中国中小企业协会、中国中小企业国际促进协会、商务部综合司、北京市哲学社会科学规划办公室、北京市教育委员会、浙江省政府、浙江省社科联、浙江省哲学社会科学规划办公室、对外经济贸易大学、浙江工业大学等有关部门与领导的指导与关怀，使得本报告内容充实、数据准确、资料丰富，在此一并表示诚挚的感谢！学术研究永无止境，尽管参加撰写本书的本人及其团队成员都对自己撰写的内容进行了专门的调查研究和严谨的校核，但进入新发展阶段后我国中小企业发展确实面临越来越多的新问题、新挑战、新形势，这需要作者及其团队继续在这方面深耕研究。因此，本书难免有不妥之处，敬请各位学术同仁和读者批评指正。同时，希望更多的同仁与朋友加入到为我国中小企业持续健康与高质量发展而拼搏的队伍中来。

林汉川
2021 年 10 月

目 录

第一篇 中小企业发展的若干基础理论与现状调研

第1章 中小企业的界定与评价 / 1
第一节 世界各国对中小企业的一般界定与评价 …………………… (1)
第二节 美国、日本、欧盟及中国台湾中小企业最新界定标准比较
及其成因分析 ……………………………………………………… (9)
第三节 日本中小企业界定标准的演变与启示 ……………………… (16)
第四节 中国中小企业的界定及评价 ………………………………… (20)

第2章 中小企业存在理论 / 24
第一节 中小企业存在的理论逻辑 …………………………………… (24)
第二节 中小企业存在理论分析与总结 ……………………………… (28)
第三节 中小企业存在的重要性 ……………………………………… (30)

第3章 我国中小企业的行业结构与行业定位 / 32
第一节 中小企业的行业构成与行业集中度 ………………………… (32)
第二节 中小企业在三个产业内部的行业结构与行业定位 ………… (36)
第三节 中小企业行业定位总表与对策 ……………………………… (41)

第4章 中小企业发展现状的问卷调查与实证分析 / 45
第一节 中小企业发展中所面临的问题 ……………………………… (45)
第二节 中小企业财务融资现状与对策探析 ………………………… (58)
第三节 法制、融资环境与中小企业竞争策略的选择 ……………… (63)
第四节 中小企业信息需求与服务问题探析 ………………………… (69)

第5章 我国小微企业发展面临"四贵三难"的严重困境与对策建议 / 77
第一节 小微企业生产经营面临"四贵三难"的严峻困境 ………… (77)
第二节 加大税收优惠是小微企业当前最佳政策选择 ……………… (78)
第三节 实现国家"抓大放小"向"抓大扶小"的战略思路转型 … (79)
第四节 对策与建议 …………………………………………………… (81)

第二篇 中小企业发展的竞争力评价与实证研究

第6章 我国不同行业中小企业竞争力实证比较研究 / 83
第一节 文献回顾 ……………………………………………………… (83)

第二节　中小企业行业竞争力评价目标、指标体系与评价方法 …………（85）
　　第三节　不同行业中小企业样本数据及数据定量处理 ………………（86）
　　第四节　不同行业中小企业竞争力评价 …………………………………（87）
　　第五节　对策与建议 ………………………………………………………（96）

第7章　我国东中西部中小企业竞争力实证比较研究 / 99
　　第一节　样本数据 …………………………………………………………（99）
　　第二节　中小企业竞争力评价指标体系与评价方法 ……………………（100）
　　第三节　数据处理 …………………………………………………………（101）
　　第四节　东中西部中小企业竞争力评价 …………………………………（102）
　　第五节　东中西部中小企业竞争力评价结论 ……………………………（112）

第8章　我国民营与国有上市公司行业先锋企业比较研究 / 113
　　第一节　民营、国有上市公司中行业先锋企业的界定及样本选择 ……（113）
　　第二节　样本企业的经营状况比较 ………………………………………（114）
　　第三节　行业先锋企业的成功特征评价 …………………………………（116）

第9章　中小企业国际化经营环境影响因素评价与实证研究 / 119
　　第一节　理论介绍与研究假设 ……………………………………………（119）
　　第二节　样本数据来源与研究方法设计 …………………………………（121）
　　第三节　评价指标体系及样本数据统计分析 ……………………………（122）
　　第四节　实证检验 …………………………………………………………（125）
　　第五节　结论与建议 ………………………………………………………（129）

第三篇　转换中小企业经营机制研究

第10章　转换企业经营方式的探索 / 131
　　第一节　转换企业经营机制需加强企业管理 ……………………………（131）
　　第二节　城镇集体企业的改革 ……………………………………………（132）
　　第三节　破产整顿复苏后的思考 …………………………………………（134）
　　第四节　承包制的问题与对策 ……………………………………………（137）
　　第五节　债转股的风险与防范 ……………………………………………（138）

第11章　再造中小企业环境绩效、安全体系与责任规则研究 / 141
　　第一节　环境绩效、企业责任与产品价值再造 …………………………（141）
　　第二节　安全管制、责任规制与煤矿企业安全行为研究 ………………（147）
　　第三节　构建我国煤矿企业安全生产保障体系研究 ……………………（156）
　　第四节　产业环境、自主创新与中小企业成长的政策工具 ……………（166）

第12章 WTO与中小企业转换经营机制研究 / 181

第一节 中小企业如何面对WTO ·· (181)
第二节 WTO与中小企业市场创新 ·· (182)
第三节 WTO与中小企业融资服务体系创新 ······································ (187)
第四节 WTO与中小企业政府支持体系 ·· (193)

第13章 "个转企"的瓶颈与突破问题研究 / 196
——以浙江省为例

第一节 个体经济是浙江经济的重要有生力量 ··································· (196)
第二节 个体工商户转型升级面临的"三大瓶颈" ······························ (197)
第三节 "个转企"的必要性和可行性 ·· (198)
第四节 "个转企"战略推进存在的突出问题 ····································· (200)
第五节 对策与建议 ·· (203)

第14章 "小升规"转型的理论、瓶颈与突破问题研究 / 212
——以浙江省为例

第一节 "小升规"理论基础 ·· (212)
第二节 "小升规"战略意义 ·· (214)
第三节 "小升规"的潜力和条件 ·· (219)
第四节 "小升规"的突出问题 ··· (222)
第五节 对策与建议 ·· (229)

第四篇 中小企业技术创新机制研究

第15章 技术创新和社会责任标签化时代下的变现能力研究 / 235

第一节 问题的提出与研究假设 ·· (235)
第二节 样本数据来源与研究方法设计 ··· (240)
第三节 实证分析与研究结果 ··· (243)
第四节 结论与建议 ·· (248)

第16章 研发投入对企业绩效的影响研究 / 251

第一节 问题的提出与研究假设 ·· (251)
第二节 样本数据来源与研究方法设计 ··· (253)
第三节 实证分析与研究结果 ··· (255)
第四节 研究启示 ·· (258)

第17章 集团化经营对企业技术创新的影响研究 / 259

第一节 问题的提出与研究假设 ·· (259)

第二节　样本数据来源与研究方法设计 …………………………………（262）
　　第三节　实证分析与研究结果 ………………………………………………（266）
　　第四节　结论和建议 …………………………………………………………（271）

第18章　政府补贴对企业专利产出的影响研究 / 273
　　第一节　问题的提出与研究假设 ……………………………………………（273）
　　第二节　样本数据来源与研究方法设计 ……………………………………（276）
　　第三节　实证分析与研究结果 ………………………………………………（279）
　　第四节　结论与建议 …………………………………………………………（282）

第19章　政府质量与企业研发投资的影响研究 / 284
　　第一节　问题的提出与研究假设 ……………………………………………（284）
　　第二节　样本数据来源与研究方法设计 ……………………………………（287）
　　第三节　实证分析与研究结果 ………………………………………………（289）
　　第四节　结论与建议 …………………………………………………………（295）

第20章　创新与社会责任对中国企业海外形象的影响研究 / 297
　　第一节　问题的提出与研究假设 ……………………………………………（297）
　　第二节　样本数据来源与研究方法设计 ……………………………………（301）
　　第三节　实证分析与研究结果 ………………………………………………（303）
　　第四节　结论与建议 …………………………………………………………（307）

第21章　技术创新对国家标准制定话语权的影响研究 / 309
　　第一节　问题的提出与研究假设 ……………………………………………（309）
　　第二节　样本数据来源与研究方法设计 ……………………………………（314）
　　第三节　实证分析与研究结果 ………………………………………………（322）
　　第四节　结论与建议 …………………………………………………………（326）

第五篇　高新技术中小企业发展研究

第22章　我国高新技术中小企业发展更要产权制度创新 / 331
　　第一节　高新技术企业产权不清的症结 ……………………………………（331）
　　第二节　高新技术企业产权制度创新的基本思路 …………………………（334）
　　第三节　产权制度创新的对策 ………………………………………………（335）

第23章　所得税改革与中国企业技术创新 / 338
　　第一节　问题提出 ……………………………………………………………（338）
　　第二节　理论分析 ……………………………………………………………（338）
　　第三节　研究设计 ……………………………………………………………（344）

第四节　实证检验 …………………………………………………（347）
　　第五节　结论和政策建议 …………………………………………（352）
第24章　我国高新技术开发区建设的理论与模式 / 356
　　第一节　创建高技术区的深层意义 ………………………………（356）
　　第二节　高技术区的生长环境 ……………………………………（357）
　　第三节　高技术区的发展模式与管理体制 ………………………（360）
　　第四节　高技术区的优惠政策与资金渠道 ………………………（363）

第六篇　中小企业融资创新研究

第25章　中小企业融资集群的自组织演化研究 / 367
　　第一节　文献回顾及问题提出 ……………………………………（367）
　　第二节　中小企业融资集群的形成原因及特征 …………………（368）
　　第三节　中小企业融资集群的自组织演进规律 …………………（370）
　　第四节　案例研究 …………………………………………………（373）
　　　　　　——以中小企业集合债组织为例
　　第五节　研究结论 …………………………………………………（377）
第26章　中小企业集合债融资模式创新问题研究 / 378
　　第一节　中小企业集合债的融资创新模式 ………………………（378）
　　第二节　制约中小企业集合债发展的主要问题 …………………（379）
　　第三节　对策与建议 ………………………………………………（380）
第27章　高新技术中小企业"新三板"市场融资模式创新问题研究 / 382
　　第一节　"新三板"市场是高新技术企业融资的创新模式 ………（382）
　　第二节　中关村科技园区试点"新三板"市场的基本经验 ………（383）
　　第三节　对策与建议 ………………………………………………（383）
第28章　中小企业资金链、担保链风险防范和化解问题研究 / 385
　　第一节　企业"两链"风险演化态势 ………………………………（385）
　　第二节　化解企业"两链"风险的难点 ……………………………（388）
　　第三节　企业"两链"风险的结构诊断 ……………………………（389）
　　第四节　对策与建议 ………………………………………………（392）
第29章　中小型房地产企业面临破产风险问题的调研报告 / 397
　　第一节　中小型房地产企业面临的风险及其特征 ………………（397）
　　第二节　中小型房地产企业面临风险的形成原因 ………………（398）
　　第三节　对策与建议 ………………………………………………（399）

第30章 社会资本对中小企业技术创新活动的影响研究 / 402
- 第一节 问题提出与研究假设 ……………………………………… (402)
- 第二节 样本数据来源与研究方法设计 …………………………… (407)
- 第三节 实证分析与研究结果 ……………………………………… (410)
- 第四节 结论与启示 ………………………………………………… (416)

第七篇 数字经济推动中小企业转型升级研究

第31章 重视中小企业转型升级的战略问题 / 417
- 第一节 中小企业转型升级战略思路的转换 ……………………… (417)
- 第二节 中小企业转型升级研究背景的转换 ……………………… (418)
- 第三节 中小企业转型升级支持体系与对策的转换 ……………… (420)

第32章 企业推行数字化变革投入产出效应研究 / 424
- 第一节 引言 ………………………………………………………… (424)
- 第二节 文献回顾与研究假设 ……………………………………… (428)
- 第三节 研究设计 …………………………………………………… (434)
- 第四节 实证分析与结果说明 ……………………………………… (439)
- 第五节 结论与启示 ………………………………………………… (455)

第33章 培育数字经济"独角兽"与超级"独角兽"的问题研究 / 459
- 第一节 "独角兽"企业的主要特征 ……………………………… (459)
- 第二节 "独角兽"企业发展的主要问题 ………………………… (459)
- 第三节 对策与建议 ………………………………………………… (460)

第34章 实施数字经济"一号工程"的突出问题与对策建议 / 464
- 第一节 实施数字经济"一号工程"的重大战略意义 …………… (464)
- 第二节 实施数字经济"一号工程"的突出问题 ………………… (465)
- 第三节 对策与建议 ………………………………………………… (466)

第35章 实施数字经济政策供给的导向与对策建议 / 474
- 第一节 数字经济政策供给的迫切性 ……………………………… (474)
- 第二节 数字经济政策供给的导向 ………………………………… (475)
- 第三节 对策与建议 ………………………………………………… (476)

第八篇 标准化战略推动中小企业高质量发展研究

第36章 借助"一带一路"倡议 加快标准走出去的研究 / 481
- 第一节 问题的提出 ………………………………………………… (481)

第二节　样本数据来源与研究方法设计 …………………………（485）
　　第三节　实证检验与结果分析 ……………………………………（487）
　　第四节　结论与建议 ………………………………………………（496）

第37章　技术标准化、标准国际化与中国装备制造走出去研究 / 501
　　第一节　问题提出与研究假设 ……………………………………（501）
　　第二节　样本数据来源与研究方法设计 …………………………（504）
　　第三节　实证检验与结果分析 ……………………………………（509）
　　第四节　结论与建议 ………………………………………………（519）

第38章　中国制造标准化走出去的难题与对策研究 / 521
　　第一节　中国制造标准化的基本分析 ……………………………（521）
　　第二节　中国制造标准化走出去的难题 …………………………（522）
　　第三节　中国制造标准化走出去面临的主要问题 ………………（524）
　　第四节　对策与建议 ………………………………………………（526）

第39章　主要发达国家制造标准化路径经验与启示 / 528
　　第一节　主要发达国家制造标准化路径 …………………………（528）
　　第四节　主要发达国家制造标准化经验 …………………………（533）
　　第三节　对策与建议 ………………………………………………（537）

第40章　浙江省实施制造标准国际化战略的主要问题与对策建议 / 542
　　第一节　浙江制造标准国际化的战略意义 ………………………（542）
　　第二节　浙江制造标准国际化的突出问题 ………………………（543）
　　第三节　对策与建议 ………………………………………………（545）

第九篇　塑造良好产品形象 提升中小企业国际竞争力研究

第41章　新发展格局下提升中国产品海外形象的"三驾马车"研究 / 549
　　第一节　问题提出与研究假设 ……………………………………（549）
　　第二节　样本数据来源与研究方法设计 …………………………（553）
　　第三节　实验检验与结果分析 ……………………………………（556）
　　第四节　结论与建议 ………………………………………………（559）

第42章　在发达国家提升中国产品海外形象的"最优组合策略"研究 / 562
　　第一节　问题提出与研究假设 ……………………………………（562）
　　第二节　样本数据来源与研究方法设计 …………………………（567）

第三节　实证检验与结果分析 …………………………………………（571）
第四节　结论与建议 ……………………………………………………（578）

第43章　在发展中国家提升中国产品海外形象的战略重点与路径研究 / 581

第一节　问题的提出与研究假设 ………………………………………（581）
第二节　样本数据来源与研究方法设计 ………………………………（584）
第三节　实证检验与结果分析 …………………………………………（586）
第四节　结论与建议 ……………………………………………………（590）

第44章　国家形象对提升中国产品海外形象的战略影响研究 / 592

第一节　问题的提出与研究假设 ………………………………………（592）
第二节　样本数据来源与研究方法设计 ………………………………（599）
第三节　实证检验与结果分析 …………………………………………（601）
第四节　结论与建议 ……………………………………………………（610）

第45章　加快发展中国国际品牌的战略机遇与对策研究 / 614

第一节　加快发展中国国际知名品牌的战略机遇分析 ………………（614）
第二节　在互联网时代，产品是培育国际知名品牌的核心战略要素 …（615）
第三节　加快发展中国国际知名品牌的对策建议 ……………………（616）
第四节　结论与建议 ……………………………………………………（619）

第46章　国际贸易的绿色壁垒与突破研究 / 621

第一节　绿色贸易壁垒的兴起与特点 …………………………………（621）
第二节　绿色贸易壁垒产生的条件 ……………………………………（622）
第三节　几种典型的国际绿色贸易壁垒形式 …………………………（623）
第四节　应对国际绿色贸易壁垒的对策 ………………………………（624）

第十篇　全球新冠肺炎疫情背景下提升我国中小企业竞争力研究

第47章　制造业"稳投资"面临的困难与对策建议 / 627

第一节　制造业"稳投资"对"稳功能"至关重要 …………………（627）
第二节　制造业"稳投资"的浙江省创新与实践 ……………………（628）
第三节　制造业"稳投资"存在的主要困难和问题 …………………（630）
第四节　制造业"稳投资"需要聚焦的靶向 …………………………（636）
第五节　对策与建议 ……………………………………………………（637）

第48章 加快帮扶中小企业脱困的对策建议 / 639
- 第一节 复工复产时期浙江省中小企业面临的突出难题 ……………………（639）
- 第二节 帮扶中小企业的基本方向 ……………………………………………（642）
- 第三节 对策与建议 ……………………………………………………………（643）

第49章 培育"隐形冠军"企业面临的主要问题与对策建议 / 646
- 第一节 浙江省"隐形冠军"企业发展的基本情况 …………………………（646）
- 第二节 "隐形冠军"的四种模式 ……………………………………………（648）
- 第三节 浙江省"隐形冠军"企业面临的主要问题 …………………………（649）
- 第四节 对策与建议 ……………………………………………………………（651）

第50章 中小企业实施数字化扶持的对策建议 / 653
- 第一节 用数字化赋能新冠肺炎疫情防控和复工复产两手抓 ………………（653）
- 第二节 培育壮大数字经济新产业、新业态、新模式 ………………………（655）
- 第三节 加快推进中小企业数字化转型 提高抵御风险能力 ………………（656）
- 第四节 对策与建议 ……………………………………………………………（657）

第51章 中美经贸摩擦背景下涉美实体清单企业发展问题的调研报告 / 659
- 第一节 外贸大省的主要应对措施 ……………………………………………（659）
- 第二节 当前面临的挑战和问题 ………………………………………………（661）
- 第三节 对策与建议 ……………………………………………………………（662）

第十一篇 优化营商环境 提升我国中小企业国际竞争力研究

第52章 民营经济出现信心不振苗头性问题的调研报告 / 665
- 第一节 民营经济信心不振苗头性问题的隐现 ………………………………（665）
- 第二节 导致民营经济信心下滑的原因分析 …………………………………（668）
- 第三节 对策与建议 ……………………………………………………………（671）

第53章 基于企业订单对规模以上工业企业发展问题的调研报告 / 672
- 第一节 规模以上工业企业订单情况存在的主要问题调查 …………………（672）
- 第二节 影响规模以上企业订单走势的主要因素 ……………………………（674）
- 第三节 对策与建议 ……………………………………………………………（677）

第54章 创建共性技术研发平台存在问题的调研报告 / 679
- 第一节 创建共性技术研发平台发挥作用的调研 ……………………………（679）
- 第二节 浙江省共性技术研发平台存在的问题 ………………………………（680）

第三节　对策与建议 …………………………………………………（684）

第55章　关于将浙江普陀岛和海南全岛建成国际海岛旅游免税
　　　　　试验区的调研报告 / 686
　　第一节　创建国际海岛旅游免税试验区的战略意义 ……………………（686）
　　第二节　创建国际海岛旅游免税试验区的最佳选址 ……………………（688）
　　第三节　对策与建议 …………………………………………………（689）

第56章　优化企业投资项目审批中介服务的调研报告 / 692
　　第一节　企业审批中介服务存在的主要问题 ……………………………（692）
　　第二节　企业审批中介服务"慢、贵、繁"的成因 ………………………（694）
　　第三节　对策与建议 …………………………………………………（695）

第57章　优化环境　提升企业竞争力研究 / 697
　　第一节　抓住机遇，规避风险 …………………………………………（697）
　　第二节　发展横向经济联合应注意的问题 ………………………………（698）
　　第三节　对"公关热"的反思 …………………………………………（699）
　　第四节　企业技术创新的环境优化研究 ………………………………（701）

第58章　高质量打造特色小镇浙江样板的调研报告 / 703
　　第一节　云南、贵州、海南等省特色小镇开发思路与模式 ………………（703）
　　第二节　浙江省特色小镇建设存在的突出问题 …………………………（704）
　　第三节　对策与建议 …………………………………………………（705）

第59章　特色小镇建设存在的新问题与对策调研报告 / 707
　　第一节　当前特色小镇建设存在的问题 ………………………………（707）
　　第二节　特色小镇的建设导向 …………………………………………（708）
　　第三节　对策与建议 …………………………………………………（710）

第60章　浙江省加快建设"全球金融科技中心"的质量与路径
　　　　　调研报告 / 712
　　第一节　谋划全球金融科技中心的战略定位 …………………………（712）
　　第二节　金融科技中心建设的路径选择 ………………………………（713）
　　第三节　对策与建议 …………………………………………………（715）

参考文献 / 717

图目录

图 4-1　不同地区中小企业竞争策略的选择（第一选项）……………（64）
图 4-2　不同地区中小企业竞争策略的选择（综合得分）……………（65）
图 6-1　评价不同行业中小企业竞争力的阶梯层次模型及影响权重……（86）
图 7-1　中小企业竞争力评价指标权重计算过程……………………（101）
图 8-1　民营与国有样本公司长期银行借款比重………………………（116）
图 9-1　研究模型…………………………………………………………（120）
图 9-2　SEM 经营环境影响因素的结构方程模型……………………（129）
图 11-1　安全经济收益周期……………………………………………（148）
图 11-2　资源获取成本与煤矿企业的开采数量………………………（149）
图 11-3　安全产品外部化与企业事故成本支出………………………（151）
图 11-4　风险偏好与安全产品的供给不足……………………………（152）
图 11-5　安全信息与安全标准的有效设定……………………………（153）
图 11-6　我国煤矿安全生产保障体系基本框架………………………（158）
图 11-7　我国煤矿安全生产保障体系的运行模式……………………（162）
图 11-8　我国煤矿安全生产保障体系各子体系安全目标的
　　　　　分解和保证………………………………………………（164）
图 14-1　浙江省规模以下工业企业主要行业分布……………………（218）
图 14-2　浙江省小微企业的地区分布…………………………………（219）
图 15-1　实证分析的研究框架与假设…………………………………（239）
图 17-1　中介效应检验图………………………………………………（269）
图 19-1　中介效应检验图………………………………………………（292）
图 20-1　研究框架………………………………………………………（301）
图 21-1　政治关系与技术创新关系散点图……………………………（320）
图 21-2　技术创新、政治关系对企业的国家标准制定话语权的
　　　　　影响……………………………………………………（324）
图 23-1　所得税改革与中国企业技术创新研究的理论框架…………（344）
图 25-1　中小企业融资集群组织内外部开放路径……………………（370）
图 25-2　中小企业融资集群正反馈机理………………………………（371）
图 28-1　企业"两链"风险扩散路径……………………………………（386）

图 28-2	浙江省银行业金融机构不良贷款情况	(386)
图 28-3	浙江省民间借贷纠纷、金融借款合同纠纷案件数量和涉案标的额情况	(387)
图 28-4	"两链"风险结构与基本类型	(391)
图 32-1	企业 ERP 项目投资年度动态变化	(426)
图 32-2	企业数字化变革的嵌入路径	(429)
图 32-3	门槛值 LR 检验	(452)
图 37-1	中国装备制造走出去的态势	(502)
图 37-2	主要国家装备制造出口额对比	(502)
图 38-1	中国制造的国家标准数量变化趋势	(522)
图 38-2	国际标准话语权分布	(523)
图 38-3	中国承担的 ISO 和 IEC 的 TC、SC 秘书处数量	(524)
图 39-1	"开发新市场的标准化制度"支撑国际标准化	(532)
图 39-2	中国标准国际化历程	(534)
图 39-3	工业 4.0 背景下的工业互联网标准体系	(536)
图 39-4	中国制造的国家标准数量变化趋势	(541)
图 41-1	研究框架	(553)
图 42-1	理论框架	(567)
图 42-2	消费者卷入度对技术创新的调节效应	(577)
图 42-3	消费者卷入度作为调节变量的调节效应图	(578)
图 43-1	理论框架	(583)
图 43-2	j 个中介变量的多重中介模型	(585)
图 44-1	消费者爱国心调节变量的路径和效应图	(609)
图 49-1	企业行业分布情况	(646)
图 49-2	"隐形冠军"企业地域分布情况	(647)
图 49-3	"隐形冠军"培育企业地域分布情况	(647)
图 56-1	德清县工程项目领域的有关中介机构数量	(695)

表目录

表 1-1	部分国家（或地区）从定量、定性角度对中小企业界定状况一览表	(2)
表 1-2	美国、日本、欧盟及中国台湾中小企业最新界定标准一览表	(9)
表 1-3	美国当前中小企业界定标准演变过程	(11)
表 1-4	日本中小企业界定标准演变过程	(12)
表 1-5	欧盟（及其成员国）中小企业界定标准演变过程	(13)
表 1-6	中国台湾中小企业界定标准演变过程	(14)
表 1-7	日本对《中小企业基本法》界定标准的附加规定	(17)
表 1-8	日本企业平均资本额的演变	(19)
表 3-1	全部工业企业和附加工业/全部工业单位大、中、小型基本经济指标与比重	(32)
表 3-2	大、中、小企业分行业集中度表	(33)
表 3-3	改革开放后农业总产值结构的变动比较	(36)
表 3-4	第一产业内部行业结构变动趋势与中小企业行业定位	(37)
表 3-5	第二产业内部行业结构变动趋势	(38)
表 3-6	第三产业内部行业结构变动趋势	(40)
表 3-7	中小企业行业定位总表	(41)
表 3-8	APEC在华中小企业的行业分布	(43)
表 4-1	企业所有制类型及所属关系	(46)
表 4-2	企业亏损率	(46)
表 4-3	企业亏损情况的区域对比	(46)
表 4-4	企业设备利用率	(47)
表 4-5	企业产销率、设备利用率的地区比较	(47)
表 4-6	企业出口、出口渠道及面临问题地区比较	(48)
表 4-7	企业对经营信息重要性排序	(48)
表 4-8	企业信息来源位次表	(49)
表 4-9	固定资产和流动资金来源	(49)
表 4-10	固定资产投资和流动资金来源的地区比较	(50)
表 4-11	企业贷款来源和贷款条件	(50)

表 4-12	贷款来源和条件的所有制类型比较	(51)
表 4-13	职工受教育程度	(51)
表 4-14	企业使用设备技术对比	(52)
表 4-15	企业竞争措施选择	(53)
表 4-16	企业经营战略选择	(53)
表 4-17	企业对经营环境的评价	(54)
表 4-18	企业获得的政府服务	(56)
表 4-19	不利于企业发展的问题	(56)
表 4-20	调查样本的基本情况	(59)
表 4-21	固定资产投资资金来源及占比	(60)
表 4-22	流动资金来源及占比	(60)
表 4-23	不同所有制类型企业的贷款来源和贷款条件	(61)
表 4-24	样本企业不利问题重要顺序选择	(61)
表 4-25	不同地区中小企业经验环境的评价	(65)
表 4-26	中小企业竞争策略选择影响因素的 Logit 回归分析	(67)
表 4-27	样本企业分布情况	(70)
表 4-28	产品的生产技术来源、样本数及比重	(71)
表 4-29	中小企业产品技术来源、样本数及比重	(71)
表 4-30	不同类型企业对四种经营信息的重要程度评价	(72)
表 4-31	企业搜集不同信息的不同渠道	(72)
表 4-32	企业对各种培训内容的需求程度	(73)
表 4-33	企业在人员培训方面存在的主要问题	(74)
表 4-34	不同类型企业对培训内容的要求程度评价	(74)
表 4-35	不同类型样本企业对人员培训问题的选择分布	(75)
表 4-36	从政府获得服务的企业所占比重	(75)
表 6-1	不同行业中小企业外部环境竞争力评价指标及指标测度值	(88)
表 6-2	不同行业中小企业外部环境竞争力评价指数	(89)
表 6-3	不同行业中小企业短期生存实力评价指标及指标测度值	(90)
表 6-4	不同行业中小企业短期生存实力评价指数	(90)
表 6-5	不同行业中小企业中期成长能力评价指标及指标测度值	(92)
表 6-6	不同行业中小企业中期成长能力评价指数	(94)
表 6-7	不同行业中小企业长期发展潜力评价指标及指标测度值	(95)

表 6-8	不同行业中小企业长期发展潜力评价指标	(96)
表 6-9	不同行业中小企业竞争力综合评价结果	(97)
表 7-1	东中西部中小企业外部环境竞争力评价指标及指标测度值	(103)
表 7-2	东中西部中小企业外部环境竞争力评价结果	(103)
表 7-3	东中西部中小企业短期生存实力评价指标及测度值	(104)
表 7-4	东中西部中小企业短期生存实力	(105)
表 7-5	东中西部中小企业中期成长能力评价指标及指标测度值	(106)
表 7-6	东中西部中小企业中期成长能力	(108)
表 7-7	东中西部中小企业长期发展潜力评价指标及指标测度值	(110)
表 7-8	东中西部中小企业长期发展潜力	(111)
表 7-9	东中西部中小企业竞争力综合评价指数	(112)
表 8-1	民营、国有上市公司中所选样本公司	(114)
表 8-2	2001—2003年样本公司成长性指标	(115)
表 8-3	2003年样本公司财务状况基本指标	(115)
表 8-4	2001—2003年民营、国有先锋企业现金流量对照	(116)
表 9-1	KMO抽样适当性检验及Bartlett球形检验结果	(123)
表 9-2	中小企业（SME）经营环境EFA结果	(123)
表 9-3	中小企业（SME）经营环境CFA结果	(126)
表 9-4	中小企业经营环境各维度的相关矩阵	(128)
表 11-1	制造业中小企业平均专利数	(168)
表 11-2	不同产业中小企业的平均专利数	(169)
表 11-3	中小企业的区域性平均专利数	(170)
表 11-4	描述性统计	(174)
表 11-5	中小企业专利产出决定因素的回归结果	(175)
表 13-1	工业个体工商户主要指标占比	(197)
表 13-2	个体户"转企"与否的利弊	(198)
表 13-3	规模以下工业基本情况	(200)
表 13-4	个体工商户从业人员分布情况	(200)
表 13-5	个体工商户营业收入分布情况	(200)
表 13-6	"个转企"主要模式	(204)
表 13-7	政府部门支持"个转企"的政策制度	(207)
表 13-8	其他省市推动"个转企"的特色措施	(209)

表 14-1	浙江省规模以上与规模以下企业的对比	(216)
表 14-2	浙江省规模以上与规模以下企业人均指标对比	(216)
表 14-3	浙江省大中小微企业分布情况	(219)
表 14-4	浙江省小微企业的产业分布情况	(220)
表 14-5	浙江省小微企业的行业分布情况	(220)
表 14-6	部分省份规模以下工业企业主要指标对比	(221)
表 14-7	全国小微企业的主营业务收入分布情况	(222)
表 14-8	小微企业与规模以上企业的对比	(223)
表 14-9	浙江省小微企业、大中型企业税负比较	(225)
表 14-10	海港省小微企业的非税负担	(226)
表 14-11	浙江省"小升规"的数量	(229)
表 14-12	浙江省"小升规"的主观性障碍	(229)
表 15-1	样本数据描述	(240)
表 15-2	验证性因素分析汇总表	(243)
表 15-3	各变量均值、标准差及相关性	(245)
表 15-4	基于 Bootstrapping 的 SEM 多重中介效应分析结果	(246)
表 15-5	基于 Bootstrapping 的 SEM 多重中介对比效应分析结果	(246)
表 15-6	分组调节效应分析结果	(248)
表 16-1	变量定义	(254)
表 16-2	研发投资对企业业绩的影响：投资强度的作用	(255)
表 16-3	研发投资对企业业绩影响：企业专利保护的作用	(256)
表 16-4	研发投资对企业业绩的影响：负面制度环境的影响	(257)
表 17-1	主要变量定义	(264)
表 17-2	描述性统计	(265)
表 17-3	集团化经营与技术创新的回归结果	(266)
表 17-4	集团化经营对人资资本影响的回归结果	(268)
表 17-5	集团化经营对产业创新的回归结果	(270)
表 18-1	制造业样本企业的基本特征	(277)
表 18-2	变量定义	(278)
表 18-3	政府补贴对企业专利产出的回归结果	(279)
表 18-4	政府补贴对企业专利产出的影响：基于规模、行业和制度环境的考察	(281)

表 18-5	政府补贴对企业专利产出的影响：产权因素的作用	(282)
表 19-1	描述性统计	(289)
表 19-2	描述性统计	(289)
表 19-3	政府质量对研发投资的回归结果	(290)
表 19-4	政府质量对企业补贴、地区 FDI 和教育指出的回归结果	(292)
表 19-5	政府质量影响研发投资的路径分析	(293)
表 19-6	政府质量对区域经济增长的回归结果	(294)
表 20-1	样本分布与统计	(302)
表 20-2	验证性因素分析	(304)
表 20-3	模型的验证性因素分析	(305)
表 20-4	各变量均值、标准差、相关性及共同方差	(305)
表 20-5	多重中介模型分析	(306)
表 21-1	企业主持制定国家标准数量：不同技术创新水平企业的差异	(315)
表 21-2	企业主持制定国家标准数量：有政治关系的企业与无政治关系的企业的差异	(315)
表 21-3	中国各省（区、市）企业主持制定国家标准数量特征	(316)
表 21-4	中国各行业企业主持制定国家标准数量特征	(317)
表 21-5	变量定义	(318)
表 21-6	主要变量的描述统计	(319)
表 21-7	企业的国家标准制定话语权的影响因素	(323)
表 21-8	政府治理与企业的国家标准制定话语权	(325)
表 21-9	企业的国家标准制定话语权的影响因素（专利的作用）	(327)
表 21-10	企业的国家标准制定话语权的影响因素（工具变量）	(328)
表 22-1	不同经济性质的企业注册资金来源情况	(332)
表 23-1	样本企业的基本特征	(345)
表 23-2	变量定义	(346)
表 23-3	所得税改革对企业技术创新影响的检验结果	(348)
表 23-4	税收激励强度对企业技术创新影响的检验结果	(349)
表 23-5	所得税改革对企业技术创新影响的检验结果：制度环境的作用	(350)

表 23-6	所得税改革对企业技术创新影响的检验结果：企业特征的作用	(351)
表 25-1	深圳、北京、大连中小企业集合债信息统计	(374)
表 28-1	不同担保结构、担保密度下的策略组合	(392)
表 28-2	多方合力化解企业"两链"风险的机制	(395)
表 30-1	变量定义	(408)
表 30-2	描述性统计	(409)
表 30-3	社会资本对技术创新的回归结果	(410)
表 30-4	社会资本对中介变量的回归结果	(412)
表 30-5	社会资本对技术创新的回归结果：中介效应	(412)
表 30-6	社会资本与法律保护相互作用对技术创新的回归结果	(413)
表 30-7	社会资本与法律保护相互作用对技术创新的回归结果	(414)
表 30-8	研发投入和专利技术对新产品产出的影响	(415)
表 32-1	随机前沿分析回归结果	(436)
表 32-2	企业推行数字化管理的投入产出效率（前10名和后11名）	(437)
表 32-3	描述性统计	(440)
表 32-4	基准回归——Tobit 模型	(441)
表 32-5	内生性检验	(443)
表 32-6	稳健性检验——替换变量	(444)
表 32-7	稳健性估计——剔除先行优势	(445)
表 32-8	行业描述性统计	(446)
表 32-9	分行业回归	(448)
表 32-10	机制分析	(449)
表 32-11	不同企业规模与数字化投入产出效率	(450)
表 32-12	门槛值检验	(451)
表 32-13	门槛回归（ERP）	(453)
表 32-14	进一步分析——项目投资额（MES/DCS）	(453)
表 32-15	进一步分析——项目投资额	(454)
表 34-1	数字经济重点领域与重点产业	(466)
表 34-2	数字经济发展指标	(470)
表 36-1	中国装备制造走向"一带一路"沿线国家的代表性项目	(482)
表 36-2	2016年主要国家TBT措施发布情况	(483)

表 36-3	近年发达国家设置的对中国出口影响较大的标准典型	(485)
表 36-4	变量含义、数据来源及说明	(486)
表 36-5	标准化对装备制造走向"一带一路"沿线国家的回归结果	(488)
表 36-6	标准国际化对装备制造走向"一带一路"沿线国家的回归结果	(491)
表 36-7	标准化和标准国际化的影响：区分"一带"国家和"一路"国家	(494)
表 36-8	稳健性检验结果	(497)
表 37-1	行业样本和国家样本情况	(505)
表 37-2	标准化影响中国装备制造走出去的三元边际回归结果	(510)
表 37-3	标准国际化影响中国装备制造走出去的三元边际回归结果	(514)
表 37-4	区分发达国家和发展中国家（地区）的估计结果	(517)
表 38-1	中国制造标准的描述性统计分析	(521)
表 38-2	新兴制造领域的国际标准话语权	(525)
表 39-1	美国、德国及欧盟、日本标准国际化战略重心比较	(528)
表 39-2	德国制造标准国际化的目标定位和路径	(529)
表 39-3	美国制造标准国际化的目标定位和路径	(531)
表 39-4	日本制造标准国际化的目标定位和路径	(533)
表 39-5	中国典型的标准国际化案例比较	(539)
表 39-6	台州"智能马桶"标准突围模式	(540)
表 41-1	样本分布与统计	(554)
表 41-2	验证性因素分析	(556)
表 41-3	模型的验证性因素分析	(557)
表 41-4	各变量均值、标准差、相关性及共同方差	(558)
表 41-5	多重中介模型分析	(559)
表 42-1	验证性因子分析结果	(571)
表 42-2	描述性统计和双变量相关性	(574)
表 42-3	基于 Bootstrapping 的 SEM 多重中介效应分析结果	(574)
表 42-4	消费者卷入度调节效应结果	(576)
表 43-1	验证性因素分析汇总表	(586)

表 43-2	区别效度检验	(587)
表 43-3	各变量均值、标准差、相关性及共同方差	(588)
表 43-4	基于 Bootstrapping 的多重中介效应报表	(589)
表 44-1	验证性因素分析汇总表	(601)
表 44-2	国家形象二阶验证性因素和模型验证性因素分析	(603)
表 44-3	各变量均值、标准差、相关性及共同方差	(604)
表 44-4	中介效应报表（Baron 和 Kenny 的因果方法）	(604)
表 44-5	中介效应报表（Bootstraping 方法）	(605)
表 44-6	调节效应报表	(607)
表 44-7	分组调节效应	(608)
表 47-1	部分产业链关键核心技术（产品）断链断供风险点	(630)
表 56-1	施工图设计文件审查有关情况	(692)
表 56-2	工业领域的气象防雷收费标准	(693)
表 59-1	创新型特色小镇建设评价指标	(709)

第一篇　中小企业发展的若干基础理论与现状调研

第1章　中小企业的界定与评价

第一节　世界各国对中小企业的一般界定与评价[①]

扶持和发展中小企业，是近年来各国政府和经济理论界普遍关注的一个热点。合理界定中小企业，可以明晰政府部门扶持和发展的对象及相关理论研究的客体，也有助于不同国家或地区间的横向交流，因而是一个具有重要意义的基础性理论问题。然而，现有关于中小企业的文章多集中于现象描述或对策分析，较少涉及中小企业的界定与评价问题，故本节对此做进一步研究。

一、世界各国对中小企业的定量界定与定性界定

一般而言，世界各国对中小企业的界定有定量（quantitative）和定性（qualitative）两种界定方法，前者主要从雇员人数、资产（资本）额及营业额三方面进行界定（见表1-1）。

二、对中小企业定量界定的评价

分析表1-1，就中小企业的定量界定可以得出以下三个主要结论：

第一，从定量角度界定中小企业是各国（地区）的普遍做法。在统计的44个样本中，采用定量界定的为100%，这是因为定量标准简便直观，便于进行统计和比较，为保护和扶持中小企业明确了对象。

第二，中小企业定量界定标准具有相对性。首先，具有空间相对性。表现在三

[①] 原载《中国工业经济》，2000年第7期。

表 1-1 部分国家（或地区）从定量、定性角度对中小企业界定状况一览表

国家或地区	定量界定 雇员人数（人）	定量界定 资产或（资本）额	定量界定 年营业额	定性界定
美国	[0, 500]		(0, 1亿美元)	①独立所有；②自主经营；③在同行业中不占垄断地位
加拿大	[0, 500]		(0, 2000万加元)	①独立所有；②无大公司管理结构特征；③在同行业中不占垄断地位
墨西哥	制造业 [16, 250]		[30万, 70万美元]	
巴西	[5, 250]			
智利	[16, 250]	资产额 (0, 100万美元)		
阿根廷	工业 [11, 250] 贸易 [6, 200] 服务业 [6, 200]		[50万, 2000万比索] [60万, 1850万比索] [20万, 300万比索]	
委内瑞拉	[6, 100]			
哥伦比亚	[5, 100]			
欧盟	[100, 500] 或 [1, 250]			
德国	[0, 500]		(0, 1亿马克)	①独立所有；②所有权和经营权统一；③对企业进行个人或家族式管理；④非其他企业的下属单位；⑤不能从资本市场直接融资；⑥经营者自担风险

续表

国家或地区	定量界定 雇员人数（人）	定量界定 资产或（资本）额	定量界定 年营业额	定性界定
英国	制造业 [0, 200] 建筑、采矿业 [1, 25]		零售业（0, 45万英镑）	①市场份额较小；②所有者依据个人判断进行经营；③所有者（经营者）独立于外部支配
法国	[10, 500]			
意大利	[10, 500]			
奥地利	[0, 500]			
荷兰	[0, 250]	资产额（0, 2400万荷兰盾）	[0, 480万荷兰盾]	
比利时	[0, 50]		(0, 2.3亿比郎)	
爱尔兰	制造业 [1, 500]			
瑞士	[0, 500]			
西班牙	[0, 500]			
葡萄牙	[5, 500]			
希腊	[10, 100]			
丹麦	[50, 100]		(0, 25万康托)	
挪威	[0, 100]			
瑞典	[0, 200]			
芬兰	[0, 500]			
保加利亚	[10, 100]	固定资产（0, 140万美元）	(0, 170万美元)	

— 3 —

续表

国家或地区	定量界定 雇员人数（人）	定量界定 资产或（资本）额	定量界定 年营业额	定性界定
土耳其	小工业 [0, 10]			业主亲自执行大部分或全部管理职能
以色列	小企业 [0, 50]			
日本	制造、采矿、建筑业 [0, 300]；批发业 [0, 100]；零售、服务业 [0, 50]	资本额 (0, 1亿日元)；资本额 (0, 3000万日元)；资本额 (0, 1000万日元)		
韩国	制造、采矿、运输 [0, 300]；建筑业 [0, 200]；批发业 [0, 50]；商业及其他服务业 [0, 20]	资产额 (0, 5亿韩元)；资产额 (0, 5亿韩元)；资产额 (0, 1000万韩元)；资产额 (0, 500万韩元)		
新加坡	[0, 100]	固定资产净值 (0, 1200万新元)		
中国台湾	制造采掘业 [0, 300]；农业、金融、保险业及服务业 [0, 100]	实收资本 (0, 1亿新台币)	(0, 1.5亿新台币)	
中国香港	制造业 [0, 100]；其他行业 [0, 50]			
泰国	[0, 200]	投入资金 (0, 1亿泰铢)		

— 4 —

续表

国家或地区	定量界定			定性界定
	雇员人数（人）	资产或（资本）额	年营业额	
马来西亚	制造业 [0, 250]	股金 (0, 250 万马元)		
菲律宾	[10, 200]	资产额 (100万, 4000万比索)		
印度尼西亚	小企业 [0, 100]			①利用家庭劳动力；②分工程度低；③劳动成本比；④采用简易的资本手段；⑤利用当地金融资本；⑥生产场所紧靠住宅
文莱	[10, 100]			
印度	使用动力 [0, 10] 无动力 [0, 25]	小企业设备投资 (0, 200万卢比)	(0, 20亿卢比)	
尼泊尔		设备投资 (0, 75万卢比)		
巴基斯坦	小企业，只有少量雇员	设备投资 (0, 300万塔卡)		
孟加拉		设备投资 (0, 100万卢比)		
斯里兰卡				
澳大利亚	[0, 500]			

注：①本表对中小企业的定量界定采用区间法表示，闭区间符号表示含端点值，开区间符号表示不含端点值。区间的左端点值为零，表示该国家（地区）的中小企业含"自我雇用"的零雇员企业；左端点值不为零，表示在中小企业范围之外。②一些国家（地区）雇员人数界定的左端点为零，表示"自我雇用"排除在中小企业范围之外。

资料来源：本表根据陈乃醒《中小企业经营与发展》（经济管理出版社，1999年），邓荣霖《中小企业制度与市场经济》（中国人民大学出版社，1999年）等资料编制而成。

— 5 —

个方面：①不同国家（地区），偏爱的定量标准可能不同。如巴西采用雇用人员标准，斯里兰卡则采用设备投资标准。而且有的采用单一标准（24个，占样本总数的45.45%），有的采用复合标准（25个，占样本总数的54.55%）。在复合标准的掌握上亦有区别，有的要求同时符合两个或三个标准，有的只要求符合其中的一个标准。这是因为不同国家（地区）政治、经济文化等具体情况不同。②不同家（地区）的同一标准，具体取值区间可能不同。如同为雇员人数标准，澳大利亚取值区间为［0，500］，巴西为［5，250］，挪威则为［0，100］。这是因为不同国家（地区），经济规模不同，劳动力、资本的丰缺情况各异。③不同行业，标准或取值区间可能不同。如英国的制造业、建筑和采矿业采用雇员人数标准，而零售业则采用营业额标准；同为雇员人数标准，就取值区间而言，制造业为［0，200］，建筑和采矿业为［1，25］。这是因为不同行业技术特征不同，要素构成各异。其次，具有时间相对性。即使是同一国家（地区），同一行业，采用的同一标准，在不同的经济发展阶段，取值区间也可能变化。如美国20世纪50年代将制造业中的250人以下企业界定为中小企业，现在则将上限提高到500人。这是因为随着时间的不同，行业整体规模结构也会发展变化。最后，从本质上看，中小企业定量标准的相对性源于中小企业本身的相对性。因为所谓中小企业，指的就是相对于同行业中大型企业而言，规模较小的企业。而且中小企业会成长为大企业，大企业亦有可能衰退甚至故意分解为中小企业（如20世纪90年代西方许多大企业实行"瘦身计划"）。

第三，定量界定又可分为两类，按生产要素界定和按经营水平界定。前者又可细分为按雇员人数这一人的要素界定和按资产（资本）额这一物的要素界定，后者指按营业额界定。

以上是从总体上对中小企业定量界定的评价，下面还可根据企业雇员人数、资产（资本）额和营业额三个不同标准进行分类评价。

（1）雇员人数标准。该标准是从企业雇用人数多少这一人的要素之角度反映了企业规模的大小，往往为劳工部门所偏好。首先，这是绝大多数国家都采用的标准。44个样本中，除印度、巴基斯坦和斯里兰卡三个南亚国家外，其余41个国家（地区）均采用了这一标准，占样本总数的93.18%。即使采用复合标准的，也以该标准为首选。这是因为与其他数量标准相比，雇员人数标准最简单明晰，并且许多国家希望通过发展中小企业解决就业问题。其次，这里的雇员指企业工资劳动者或全职劳动者（周工作时间35小时以上，季节性劳动者需按劳动时间进行折算），不包括企业所有者及其在企业中工作的家人。最后，雇员人数标准取值区间左端点值为零的国家（地区），表示将"自我雇用"（亦即零雇员企业，只有业主及其家庭劳动者在企业中工作）视为中小企业，这样的样本有25个，在41个采用雇员人数标准的样本中占60.98%；其余16个国家（地区），相应的左端点值不为零，将"自我雇用"排除在中小企业的范畴之外，占 39.02%。

（2）资产（资本）额标准。该标准是以价值或实物形态，从企业资产（资本）这一物的要素之角度反映了企业规模的大小，往往为金融部门所偏好。首先，采用这一标准的是部分国家（地区），在 44 个样本中，有 15 个采用该标准，占样本总数的 34.09%。这是因为与雇员人数标准相比，该标准在计量上存在困难：①中小企业尤其是家族式中小企业，企业资产与家庭资产难以区分；②无形资产进入总资产或存在技术入股情况下，评估的技术可操作性差；③信息不对称条件下，一些业主为使自己的企业加入中小企业行列获得优惠条件可能隐瞒其资产（资本）量，而事实上这些企业按标准不在中小企业之列。但随着经济制度的完善、资产（资本）评估技术的进步和人们道德水准的提高，在企业资本运营日渐重要的情况下，这一标准将有广阔的应用前景。其次，从地域分布来看，应用该标准的 15 个样本中，有 11 个在亚洲，占 73.33%。最后，该标准有助于中小企业进行兼并、收购、出售等资本运营，可以优化资本（资产）配置效率，从而推动宏观经济的增长。

（3）营业额标准。该标准是从企业经营水平角度反映了一个企业规模的大小，往往为财税部门所偏好。首先，采用该标准的亦是部分国家（地区），44 个样本中，有 12 个采用该标准，占样本总数的 27.27%。这主要是因为：①企业的营业额是个极易波动的量，受通货膨胀、销售淡旺季、商业信用水平高低，甚至国际汇率等诸多因素的影响；②与资产（资本）额相比，营业额更难以计量，可比性更低，也更缺乏可信性。在市场稳定，会计、统计、税收制度较为完善的国家（如美国）操作上相对容易些，对于相应制度不太健全的发展中国家则存在一定难度。其次，从地域分布上看，应用该标准的 12 个样本中，有 10 个在欧洲或美洲，占 83.33%。最后，税收是国家有效实施宏观调控的物质保证，而营业额则是财税部门对企业征税时确定税率和决定是否实行税收优惠减免的重要参考依据，所以随着各种制度的完善，该标准的应用范围将会逐渐扩大。

此外，需要说明的是以上的定量界定可称之为绝对定量界定（用的是绝对数指标），还有个别国家采用了另外一种定量界定——相对定量界定（用的是相对数指标）。后者一般以行业中的相对份额为标准，比如不论行业中企业实际规模大小，仅确定一个企业数目百分比，在此百分比之内的较小企业界定为中小企业。如美国曾规定：每个行业中占 90% 数目的较小规模企业为中小企业，这类标准更适合于行业内的分类管理，以保护业内竞争。

三、对中小企业定性界定的评价

定性界定标准亦称质量界定标准或地位界定标准，在 44 个样本中，采用这一标准的为美国、加拿大、德国、英国、以色列和印度尼西亚六国，占样本总数的13.64%，且多为欧美国家。

分析发现，活动范围有限、所有权集中、独立决策、自主经营和业主直接管理几乎涵盖了所有定性标准，但最核心的只有三点：独立所有、自主经营和较小的市场份额，这也正是定性界定标准的本质特征。"独立所有"是多数定量定义的必要条件，但各国间亦有细微差别。如美国、德国都强调独立所有，但美国认为只要业主持有50%以上股权，就可看作独立所有，而不管企业是否上市，德国则认为上市企业不是独立所有，不属中小企业。"自主经营"指业主本人控制自己的企业，但各国把握此标准方法不一。如英国强调所有者（经营者）必须不受外部支配，以色列则强调业主亲自承担全部或大部分管理职能。"较小市场份额"的表达有直接和间接两种方式。如加拿大直接规定为"在其经营领域不占垄断地位"，意在防止垄断、鼓励竞争，德国则通过"不能从资本市场融资"和"对企业进行个人或家族管理"两条件做了间接表达，因为这两个条件必然有碍于企业的扩张和市场份额的扩大。由以上分析亦可看出，即使是定性标准，亦存在一定的相对性。

定性标准的优点是显而易见的：①与定量标准相比，该标准反映了企业内部具有生命力的特征，更具稳定性，有助于从长远角度把握中小企业这一范畴。②就本质而言，中小企业备受关注，主要是由于其在竞争中先天的弱势地位，政府扶持中小企业正是为了弥补市场缺陷，保护公平竞争以促进效率的提高。定性标准以是否在行业中占垄断地位作为一条分界线，为政府政策提供了决策论据。③定性标准与定量标准结合，可使政府政策具有灵活性。如1996年，为使美国汽车公司（American Motors）获得一些只允许中小企业才有投标资格的项目，美国小企业管理局（SBA）以该公司在行业中不占垄断地位这一定性标准为由，将之划为中小企业，而当时该公司有雇员3.2万名，年营业额高达9.91亿美元！

当然，定性界定也存在着问题。如怎样看待中小企业与其他企业之间的关系？随着生产的社会化，企业间各种形式的联合也日渐普遍，而联合之后，中小企业的地位也可能随之改变。对这种情况，美国的处理相当严格：只要中小企业联合后总规模超过原定界限，则丧失原来的中小企业地位及相应的优惠待遇。韩国做法相反，中小企业联合后若干年内仍属中小企业，而不论规模大小，其目的在于鼓励各种形式的联合，或许正是出于这种原因，采用定性标准的国家，也同时全部兼用定量标准。

第二节　美国、日本、欧盟及中国台湾中小企业最新界定标准比较及其成因分析[①]

世界各个国家或地区经济发展的实践表明，中小企业在促进经济增长、缓解就业压力、增加出口创汇和推动技术创新中发挥着越来越重要的作用，但由于中小企业一般存在规模较小、资信度低、管理水平落后和信息渠道不畅等劣势，天然需要政府扶持。合理界定中小企业是政府制定并实施中小企业扶持政策的基础性问题。他山之石，可以攻玉。本节将对中小企业发展较好的美国、日本、欧盟和中国台湾最新的中小企业界定标准进行比较，并详细分析其成因，在此基础上得出几点启示，以期对中国合理确定中小企业界定标准有所裨益。

一、美国、日本、欧盟及中国台湾中小企业最新界定标准比较

美国、日本、欧盟及中国台湾中小企业最新界定标准的具体情况如表1-2所示。

表1-2　美国、日本、欧盟及中国台湾中小企业最新界定标准一览表

国家或地区	最新中小企业界定标准
美　　国	雇工人数不超过500人
日　　本	制造业等：从业人员300人以下或资本额3亿日元以下； 批发业：从业人员100人以下或资本额1亿日元以下； 零售业：从业人员50人以下或资本额5000万日元以下； 服务业：从业人员100人以下或资本额5000万日元以下
欧　　盟	雇员人数在250人以下并且年产值不超过4000万欧元，或者资产年度负债总额不超过2700万欧元，并且不被一个或几个大企业持有25%以上的股权。其中：雇员少于50人、年产值不超过700万欧元，或者资产年度负债总额不超过500万欧元并且有独立法人地位的企业为小企业
中国台湾	制造业：经常雇员人数在200人以下或资本额在8000万元新台币以下； 矿业与土石开采业：经常雇员人数在200人以下或资本额在8000万元新台币以下； 服务业：经常雇员人数在50人以下或营业额在1亿元新台币以下

资料来源：根据《美国小企业法》（美国国会，2001年）、《日本中小企业白皮书》（日本中小企业厅，2000年）、Activities in favour of SMEs and the cruft sector（European Commision，1998，p.15），以及中国《台湾中小企业成长》（于宗先、王金利著，"台湾中国经济企业研究所"，2000年）等资料编制而成。

[①] 原载《管理世界》，2002年第1期。

通过对表1-2中美国、日本、欧盟和中国台湾中小企业最新界定标准的比较，发现他们当前采用的中小企业界定标准都有各自特征，现分析如下。

美国当前中小企业界定标准最突出的特征是简单明了。目前在美国有关中小企业的定义中，一般使用一种比较简单的划分方法，即雇工人数不超过500人的企业为中小企业。这种简单明了的界定标准有利于在各个不同的部门形成统一认识，协调行动。但也有其缺点，它不能反映不同行业的不同特征，也限制了政府制定政策时的灵活空间。因而实践中有些部门有可能采取相应变通措施，如规定服务业中雇工人数不超过100人的企业为中小企业，以符合服务业的行业特征；有时采用"一个企业只要在其行业内不占统治地位就是中小企业"这样的定性界定标准，用以增加政策的灵活性等。

日本当前中小企业界定标准具有两个特征，分行业制定界定标准和采用复合界定标准。不同的行业资本有机构成不同，技术特征各异，中小企业界定标准对此应有所体现。日本对制造业等行业、批发业、零售业和服务业分别制定了中小企业界定标准，比如从业人员标准在上述行业中分别为300人以下、100人以下、50人以下和100人以下，这样就考虑了不同行业的具体情况，较为合理。日本中小企业界定标准的另一个特征是采用了复合标准，即从业人员和资本额的复合，而且符合任一个条件的企业便可视为中小企业，这样就增加了政府制定政策时的伸缩余地。日本这种中小企业界定标准尽管不如美国的中小企业界定标准那样简单明了，但其更能反映经济现实，而且还增加了政府的灵活性，因而应该是更为合理的。

欧盟当前中小企业界定标准具有三个特征，即复合性、将小型企业界定标准单独列出和在一定程度上考虑了企业的法人地位。欧盟当前中小企业界定标准的复合性特征又不同于日本中小企业界定标准的相应特征。日本规定凡符合从业人员条件或资本额条件之一的便可界定为中小企业；欧盟则规定凡符合"雇员人数250人以下且产值不超过4000万欧元"，或"资产年度负债总额不超过2700万欧元，并且不被一个或几个大企业持有25%以上股权"条件之一的为中小企业，同时每一个条件其实又都是两个次级条件的复合，并且需同时具备两个次级条件。这样看来，欧盟中小企业界定标准的复合性尽管增加了政策伸缩空间，但由于受同时具备两个次级条件的限制，其灵活性要不如日本的界定标准特征。欧盟当前中小企业界定标准的第二个特征是将小型企业界定标准单独列出，这样就可以制定专门针对小型企业的扶持政策，从而在一定程度上增加了政府政策的选择空间。欧盟当前中小企业界定标准的第三个特征是在一定程度上考虑了企业的法人地位，体现在"不被一个或几个大企业持有25%以上股权"和"有独立法人地位"，这样就将一些大型企业（集团）的全资子公司、控股子公司和分公司排除在中小企业行列之外。

中国台湾当前中小企业界定标准总体上与日本相应界定标准的特征接近，都是具有分行业特征和复合性特征。在中国台湾中小企业界定标准中对行业的划分与日本不同,日本采用的是"制造业等行业、批发业、零售业和服务业"的四分法,而中国台湾采用的是"制造业、矿业与土石开采业和服务业"的三分法,比较而言,日本的划分方法更为合理一些。就复合性而言,日本各行业的复合标准都是从业人员和资本额的复合,中国台湾略有不同,制造业和矿业与土石开采业采用了经常雇员人数和资本额的复合,服务业则采用了经常雇员人数和营业额的复合。

总体而言,美国、日本、欧盟和中国台湾的最新中小企业界定标准各有特色,但也都有不足之处。通过比较可知日本和中国台湾的做法更值得借鉴。

二、美国、日本、欧盟及中国台湾中小企业界定标准的形成过程及原因分析

美国、日本、欧盟及中国台湾当前所采用的界定标准都有其各自的成因,对这些形成过程和成因的分析有助于我们深刻地理解这些国家或地区为何采用当前的界定标准,也可帮助我们科学地借鉴其成功之处,从而为制定合理的中小企业界定标准提供有价值的建议。

(一) 美国最新中小企业界定标准的形成过程及原因分析

美国当前中小企业界定标准的形成过程如表1-3所示。

表1-3 美国当前中小企业界定标准演变过程

阶段	中小企业界定标准
第一阶段	1953年《小企业法》规定为:私人所有、独立经营并且在所经营领域中不占支配性地位
第二阶段	美国小企业管理局的最初定义:资产额在1000万美元以下或从业人员在500人以下
第三阶段	美国小企业管理局修改后的定义:雇工人数在500人以下或营业额在500万美元以下
第三阶段	美国经济发展委员会的定义:符合下列条件中两项(或以上):①企业所有者同时也是经营者;②企业的资本是由一个人或几个人提供的;③企业产品的销售范围主要在当地;④与同行业的大企业相比规模较小
第四阶段(当前)	雇工人数500人以下

资料来源:根据《美国小企业法》(机械工业部科学技术情报所译,机械工业出版社,1987年)、《美国法典:商业贸易卷》(中国社会科学出版社,1997年)、《世界小企业的发展与借鉴》(袁美娟著,天津人民出版社,1994年)及《美国小企业法》(美国国会,2001年)等资料编制而成。

可见,美国1953年颁布的《小企业法》规定中小企业界定标准为"私人所有、

独立经营并且在所经营的行业中不占支配性地位"。这一定义没有定量指标,使得操作起来任意性太大。后来美国小企业管理局规定资产额在1000万美元以下或从业人员在500人以下的企业为中小企业。从业人员这一数量指标较为明确,但资产额这一数量指标在实施中存在障碍:①中小企业尤其是家族中小企业,企业资产与家庭财产难以区分;②无形资产进入总资产的情况下,评估的技术可操作性差;③资产总额常随企业经营环境、负债状况和销售难易等因素而起伏不定;④信息不对称条件下,一些业主为使自己的企业加入中小企业行列获得优惠条件而可能隐瞒其资产量,而事实上这些企业不应在中小企业之列。出于以上原因,小企业管理局对原来的界定标准做了修订,规定雇员人数在500人,或营业额不是500万美元的企业为中小企业。营业额指标尽管比资产额指标更易于获得,但仍然要受到通货膨胀因素的影响。于是出现了与小企业局界定标准并存的美国经济发展委员会的标准,即凡符合以下四项指标中两项或两项以上指标的企业为中小企业。这四项指标是指企业的所有者同时也是经营者,企业的资本是由一个或几个人提供的,企业产品的销售范围主要在当地,以及与同行业的大企业相比规模较小。美国小企业管理局和经济发展委员会的界定标准不尽一致,有时会引起混乱,于是美国便形成了目前比较一致的单一界定标准,即规定雇工人数不超过500人的企业为中小企业。

(二) 日本最新中小企业界定标准的形成过程及原因分析

日本当前中小企业界定标准的形成过程如表1-4所示。

表1-4 日本中小企业界定标准演变过程

年份	行业			
	制造业等	批发业	零售业	服务业
1999	从业人员300人以下,或资本额3亿日元以下	从业人员100人以下,或资本额1亿日元以下	从业人员50人以下,或资本额5000万日元以下	从业人员100人以下,或资本额5000万元以下
1963	从业人员300人以下,或资本额1亿日元以下	从业人员100人以下,或资本额3000万日元以下	从业人员50人以下,或资本额1000万日元以下	从业人员50人以下,或资本额1000万元以下
1950	从业人员300人以下,或资本额1000万日元以下			
1946	从业人员200人以下			
1940	从业人员100人以下			

注:①表中制造业等行业涵盖了矿业、建筑业、电气、燃气、供热、水道业、运输、通信业、金融、保险业和不动产业等;②表中批发业中包括了饮食业;③从业人员包括经常性雇员、个人业主、有薪管理者、无薪的家族职工等,但不包括企业各分所、分社与分店的职员。

资料来源:表中1940年、1946年、1950年数据取自日本官方法规,1963年、1999年数据取自《中小企业基本法》《中小企业白皮书》和其他官方法规文件。

由表1-4可知，日本政府早在1940年就对中小企业有了简单明确的规定，即从业人员在100人以下的企业为中小企业。后来随着时间的推移，企业平均从业人员增加，于是1946年日本将从业人员标准提高到200人以下。由于单一界定标准限制政府政策活动空间，从1950年开始日本采用从业人员和资本额复合标准，并将从业人员提高到300人以下。1950年界定标准比以前界定标准有所进步，但仍没有考虑不同行业的不同特征，于是1963年日本《中小企业基本法》开始分行业制定中小企业界定标准，对行业划分采用了"制造业等行业、批发业、零售业和服务业"的四分法。与1950年界定标准相比，1963年标准又是一个质的飞跃，但随着经济的发展，1963年标准仍需进一步调整。1999年标准（沿用至今）各行业的资本额标准都有较大提高，从业人员标准基本未变（只是服务业由50人以下调高到100人以下），这是因为企业平均资本额大大增加，而平均从业人员变动不大（服务业除外）。

（三）欧盟最新中小企业界定标准的形成过程及原因分析

欧盟中小企业界定标准的演变过程如表1-5所示。

表1-5 欧盟（及其成员国）中小企业界定标准演变过程

阶段	中小企业界定标准
第一阶段（欧共体）	1989年欧共体将中小企业界定为：企业职工人数在500人以内，固定资产值不超过7500万欧元，被大企业所持有的固定资产比重低于1/3
第二阶段（各成员国各自为政）	德国：工业部门中职工人数在500人以下、营业额在1亿马克以下；批发业中职工人数在200人以下；手工业中职工人数在50人以下，营业额在200万马克以下 法国：雇用职工9人以下为特小企业，10~49人为小企业，50~499人为中型企业 意大利：雇用职工100人以下为小企业，100~499人为中型企业 西班牙：职工人数在10人以下为微型企业，10~49人为小企业，50~249人为中型企业 荷兰：雇员人数在150人以下为中小企业
第三阶段	1996年欧盟委员会界定标准为：雇员人数1~9人的为非常小的企业，10~49人的为小企业，50~249人为中型企业
第四阶段（当前）	1998年欧盟委员会界定标准为：企业雇员人数在250人以内且年产值不超过4000万欧元，或者资产年度负债总额不超过2700万欧元且不被一个或几个大企业持有25%以上股权的企业为中小企业

资料来源：根据《斯奈西斯报告》（欧共体企业政策文件，1989年），《欧盟中小企业与中欧合作》（罗红波、戒殿新主编，中国经济出版社，2001年），Enterprises in Europe (European Commission, Fourth Report, 1996) 及 Activities in favour of SMEs and the craft sector (European commission, 1998) 等资料编制而成。

欧盟的前身欧共体 1989 年将欧洲中小企业界定为"企业职工人数在 500 人以内，固定资产值不超过 7500 万欧元，被大企业所持有的固定资产比重低于 1/3 的企业"。这一界定采用的是复合标准，并且需三个条件都具备，相当严格，而且资产值这一指标在操作中存在三大障碍（如前所述），因而许多欧盟成员国并不愿意采用。后来许多欧盟成员国规定了自己的标准，有的是简化标准（如荷兰），有的以雇员人数为标准并将中小企业作进一步细分（如法国、意大利和西班牙等），还有的采用分行业界定标准（如德国）。为改变这种各自为政的状况，1996 年欧盟委员会制定了新的界定标准，即雇员人数单一标准，并对中小企业作进一步细分。到 1998 年，为增加政策灵活性，欧盟再次采用复合标准（但不同于第一阶段的复合标准），这一标准沿用至今。

（四）中国台湾最新中小企业界定标准的形成过程及原因分析

中国台湾中小企业界定标准的演变过程如表 1-6 所示。

表 1-6 中国台湾中小企业界定标准演变过程

行业指标 年份	制造业 经常雇员人数	制造业 资本额（新台币）	矿业与土石开采业 经常雇员人数	矿业与土石开采业 资本额（新台币）	服务业 经常雇员人数	服务业 资本额（新台币）
1967 年 9 月	100 人以下	500 万元以下	100 人以下	500 万元以下	50 人以下	500 万元以下
1973 年 3 月	100 人以下（其中制衣、制鞋、电子业 300 人以下，食品业 200 人以下）	500 万元以下	100 人以下	500 万元以下	50 人以下	500 万元以下
1977 年 8 月	300 人以下	2000 万元以下	100 人以下	500 万元以下	50 人以下	2000 万元以下
1978 年 2 月	300 人以下	2000 万元以下	—	2000 万元以下	50 人以下	2000 万元以下
1982 年 7 月	—	4000 万元以下	—	2000 万元以下	—	4000 万元以下
1991 年 11 月	—	4000 万元以下	—	2000 万元以下	—	4000 万元以下

续表

行业指标年份	制造业 经常雇员人数	制造业 资本额（新台币）	矿业与土石开采业 经常雇员人数	矿业与土石开采业 资本额（新台币）	服务业 经常雇员人数	服务业 资本额（新台币）
1995年9月	200人以下	6000万元以下	200人以下	6000万元以下	50人以下	8000万元以下
2000年1月	200人以下	8000万元以下	200人以下	8000万元以下	50人以下	1亿元以下

资料来源：根据《中小企业融资指南》（中国台湾"经济部中小企业处"，1994年）、《中小企业发展条例》（中国台湾"经济部中小企业处"，1998年）、《中国台湾中小企业成长》（于宗先、王金利著、中国台湾"中国经济企业研究所"，2000年）及相关网站资料编制而成。

中国台湾自1967年开始制定中小企业界定标准，采用分行业（"制造业、矿业与土石开采业和服务业"三分法）界定法，并使用了复合标准，其中制造业和土石开采业采用经常雇员人数和资本额的复合，服务业采用经常雇员人数和营业额的复合。这样界定中小企业既考虑了不同行业的不同特征，又增加了政策伸缩余地，因而1973年3月，1977年8月修订时界定方法未变，只是指标数值随着经济和社会的发展而有所提升。制造业、服务业自1982年7月至1995年9月中断采用经常雇员人数标准13年，矿业与土石开采业自1978年2月至1995年9月中断采用经常雇员人数标准17年，这主要是因为这段时间中国台湾劳工在企业间流动性大为增加，减少了经常雇员人数标准的准确性，但价值指标（资本额、营业额）一直采用，并逐步提升。从1995年9月开始，界定方法又采用了复合标准，主要是考虑到单一标准限制了政策的灵活性，而且劳工在企业间的流动额率也趋于正常；同时，价值指标数值随经济的发展而提高。2000年1月界定的流动5年9月界定标准做法一样，仅是价值指标数值有所提高，这同样是因为随着经济的发展，企业平均资本额和营业额增加所致。

三、借鉴与启示

通过以上对美国、日本、欧盟和中国台湾最新中小企业界定标准的比较，以及对各自中小企业界定标准演变过程的回顾和成因的分析，笔者以为，我国大陆在制定中小企业界定标准时，可以借鉴之处主要有以下四点。

（一）界定标准要繁简适度

一方面，按大的行业分类制定标准后，一般不需要进行过度细分。如中国台湾1973年规定制造业企业经常雇员人数在100人以下为中小企业，同时规定其中制衣、制鞋、电子类企业经常雇员人数在300人以下、食品类企业在200人以下的企业为中小企业。后来的界定标准便取消了这一繁琐的规定。另一方面，在中小企业内进行规模细分时，只需分出小型企业即可，没有必要再分出特小型企业、微型企业等亚类。最后，对界定标准的动态调整要避免过于频繁，以免给人以无所适从之感。

（二）界定标准要有灵活性

可从三个方面考虑：①经常雇员人数、资本额和营业额三项标准中符合其中两项便可界定为中小企业；②不同的部门，由于特殊的政策要求，可以适当调整对中小企业的界定标准（如劳动部门为扩大就业，可以放宽雇员人数标准）；③由于我国幅员辽阔，东西部地区发展差距较大，对不同地区执行界定标准时亦可辅之以一定百分比（如10%）的调整空间。

（三）界定标准要具有动态性

这主要是指中小企业界定标准要与经济、社会发展状况大体一致。随着各个国家或地区经济、社会的发展，企业平均资本额、营业额，往往呈扩大趋势，平均雇员人数也有先上升、然后趋于稳定（并且个别行业如高科技行业还有可能下降）的趋势，中小企业的界定标准应该随之做出动态调整。

（四）界定标准要考虑不同行业的不同特征

不同的行业由于资本有机构成不同，技术特征各异，因而界定标准也需分别规定。中国可采取"制造业、批发业、零售业、服务业和高新技术行业"的五分法对中小企业分行业界定，这样不仅符合不同行业的实际情况，也增加了政府政策的伸缩余地。

第三节 日本中小企业界定标准的演变与启示[①]

大力扶持中小企业，是近年来各国政府发展经济的通行做法。而合理界定中小企业是有效扶持中小企业发展的基础性问题。本章以中小企业较为发达的日本为例，首先对日本中小企业界定标准的演变历程进行回顾，然后分析这一演变历程。在此基础上，归纳出几点启示。

一、日本中小企业界定标准

日本对中小企业的各种政策法规一般都采用同一标准，只是个别法律法规在统一采用《中小企业基本法》定义的基础上附加了特殊规定（见表1-7）。

[①] 原载《世界经济》，2002年第1期。

表 1-7　日本对《中小企业基本法》界定标准的附加规定

法律法规	附加规定
《中小企业金融公库法》（1953 年制定，1978 年修订）	（1）经营政令规定的行业（以下称"特定事业"），或有 2/3 以上成员经营特定事业的各类中小企业协作组合或联合会，以及经营特定事业的协业组合； （2）经营特定事业或其成员是经营特定事业的商工组合及其联合会，以及经营特定事业，或其成员有 2/3 以上经营特定事业的商店街区振兴组合及其联合会； （3）作为直接或间接成员有 2/3 是资本额为 1000 万日元（批发业为 3000 万日元）以下的法人，或者从业人员为 50 人（批发业为 100 人）以下经营特定事业，或其成员是经营特定事业的环境卫生同业组合及其联合会； （4）作为直接或间接成员的酒类制造业者有 2/3 以上是资本额在 1 亿日元以下的法人，或者从业人员在 300 人以下的造酒结合及其联合会、中央会，以及作为直接或间接成员的酒类销售业者有 2/3 以上是资本额为 1000 万日元（酒类批发业为 3000 万日元）以下的法人，或者从业人员在 50 人（批发业为 100 人）以下的售酒组合及其联合会、中央会； （5）作为直接或间接成员的内海航运业者有 2/3 以上是资本额在 1 亿日元以下的法人，或者从业人员在 300 人以下的内海航运组合及其联合会
《中小企业团体组织法》（1957 年制定，1958 年修订）	（1）中小企业团体； （2）陶瓷品制造业中从业人员 900 人以下，或者资本额 1 亿日元以下者，橡胶制造业中从业人员 900 人以下，或者资本额 1 亿日元以下者，纺织品制造业中从业人员 600 人以下，或者资本额 1 亿日元以下者，矿业中从业人员 1000 人以下，或者资本额 1 亿日元以下者，铜加工业中从业人员 500 人以下，或者资本额 1 亿日元以下者
《中小企业指导法》（1963 年制定，1973 年修订）	（1）以经营政令规定的行业为主，资本额在该行业政令规定金额以下的公司及从业人员在该行业政令规定人数以下的公司和个人； （2）中小企业团体； （3）因特别法而设立的组合或联合会，直接或间接成员中有 2/3 以上是符合《中小企业基本法》界定标准者
《中小企业现代化促进法》（1963 年制定，1975 年修订）	（1）以经营政令规定的行业为主，其资本额在该行业政令规定金额以下的公司，以及从业人员在该行业政令规定人数以下的公司和个人； （2）企业组合； （3）协业组合

续表

法律法规	附加规定
《中小企业振兴事业团法》（1967年制定，1978年修订）	与《中小企业指导法》的附加规定相同

注：①"企业组合"是指某些小规模经营者联合起来作为一个企业体经营工业、商业及其他行业。②"协业组合"是指某些中小企业者将企业的一部分或全部合在一起共同经营。它与"企业组合"和"事业协作组合"的不同点在于可以根据投资额的多少规定表决权的大小。

资料来源：根据日本《通商产业六法》中相关法律法规编制而成。

二、对日本中小企业界定标准演变的分析

（一）对《中小企业基本法》制定以前中小企业界定标准的分析

日本《中小企业基本法》制定以前，中小企业界定标准主要有两大类：一类是广为接受的不分行业简单的界定标准；另一类是分行业的并带有附加规定的界定标准（见表1-4和表1-7）。

就不分行业的界定标准而言，从业人员界定标准呈上升趋势。日本企业平均从业人数增多，中小企业从业人员界定标准也随之提升。此外，1940年、1946年都是单一标准，但到1950年之后变成复合标准（增加了资本额标准），提高了政府政策运作的灵活性和合理性。因为有些行业尽管从业人员较多，但资本额并不大（如矿业），按资本额标准仍可界定为中小企业。

分行业并带有附加规定的界定标准主要体现在《中小企业金融公库法》和《中小企业团体组织法》中，这两部法律对制造业等、批发业、零售业、服务业界定标准与1963年制定的《中小企业基本法》中的有关规定一致。所不同的是，这两部法律均将矿业界定标准单独列出，即从业人员在100人以下，或资本额1亿日元以下。此外，《中小企业金融公库法》的中小企业界定范围更为宽泛，包括了几类企业组合和联合会，目的是促进中小企业的联合；《中小企业团体组织法》增加了对陶瓷品制造业、橡胶品制造业、纺织品制造业和铜加工业内中小企业的界定标准，使得界定标准更为精细。

（二）对《中小企业基本法》制定以后中小企业界定标准的分析

1. 对《中小企业基本法》中小企业界定标准演变的分析

日本于1963年制定了《中小企业基本法》。与以往法律法规相比，该法对中小企业的界定标准具有分行业的特征，它借鉴了1953年的《中小企业金融公库法》和1957年的《中小企业团体组织法》，按四大类行业分别制定了中小企业界定标

准，但又简明许多（去掉了附加标准）。1973年对《中小企业基本法》进行修订，只是增加了对小企业的界定标准，即从业人员在20人以下（批发业、零售业和服务业5人以下）的公司及个人企业界定为小企业，这有利于针对小企业制定专门扶持政策。1999年，日本对《中小企业基本法》又一次进行修订，改变了界定标准。

就资本额界定标准而言，1999年修订后制造业、批发业、零售业和服务业的标准都提高了。日本国内生产总值（GDP）从1972到1997年增长2.42倍，消费者物价指数（CPI）从1972到1997年增长2.83倍。以这两个指标来看，1999年中小企业界定标准有实质性的放松。日本企业（按四大类行业分）的平均资本规模从1972到1997年增长的倍数（见表1-8）。从表1-8可以看出，制造业等行业、批发业、零售业和服务业内企业平均资本额在1997年比1972年分别增长2.91倍、2.98倍、5倍和2.84倍，中小企业在各行业的资本额界定标准分别增长了3倍、3.33倍、5倍和5倍。对比后可知资本额界定标准提高的幅度基本与实际企业平均资本额上升的幅度一致，较为合理，只是服务业中小企业的资本额界定标准有显著的放松，这与当时大力扶持服务业中小企业的政策取向有关。

表1-8　日本企业平均资本额的演变　　　　单位：百万日元

行业	1972年	1997年	1997年数/1972年数
制造业等	22.7	66.1	2.91
批发业	9.0	26.8	2.98
零售业	2.7	13.6	5.00
服务业	7.3	20.7	2.84

资料来源：根据日本财政部《法人企业统计年报》相应年份数据编制而成。

就从业人员界定标准而言，1999年修订后制造业、批发业和零售业的标准都没有改变，只有服务业中小企业的从业人员界定标准由原来的50人以下放松到100人以下，比其他行业有显著放松，这是为了在更大范围内扶持服务业中小企业的发展。

2. 对其他法律法规中小企业界定标准演变的分析

这里简要分析《中小企业指导法》《中小企业现代化促进法》和《中小企业振兴事业团法》中有关中小企业的界定标准。1963年制定、1973年修订的《中小企业指导法》，除了将中小企业团体和部分企业组合及联合会界定为中小企业外，还进一步增加了政府制定政策的灵活性，表现在规定"以经营政令规定的行业为主，资本额在该行业政令规定金额以下的公司及从业人员在该行业政令规定人数以下的公司和个人"亦属中小企业，这是该法的一个突破。1963年制定、1975年修订的《中小企业现代化促进法》又有新的突破，规定"企业组合"亦属于中小企业。1967年制定、1978年修订的《中小企业振兴事业团法》则与《中小企业指导法》

完全相同。可见，除《中小企业基本法》外的其他法律法规对中小企业的界定标准基本与《中小企业基本法》保持一致，只是增加了一些灵活性的附加界定标准，从而在不同程度上放宽了中小企业的范围。这既体现了《中小企业基本法》的基础性地位，又表明各部门在制定实施具体中小企业政策时亦有一定灵活性。

三、借鉴与启示

通过以上对日本中小企业界定标准演变历程的回顾与分析，中国在制定中小企业界定标准时可以得到以下四点启示。

（1）要有一个比较权威的界定标准。比如日本 1963 年制定的《中小企业基本法》，它是中小企业的权威性界定标准，其他法律法规基本上遵从了这一界定，只是加了一些附加规定。这就使得日本的中小企业定义相当明确，既便于理论研究，也有利于政府制定和实施对中小企业的扶持政策。中国可借鉴这一做法，在即将制定的《中小企业促进法》中给出一个权威性的界定标准。

（2）界定标准要有灵活性。日本 1941 年、1946 年对中小企业的界定只有从业人员标准，使得政策伸缩余地相当有限。从 1951 年开始，实行从业人员和资本额两个标准，符合其中一条便可界定为中小企业，大大增加了政策的选择空间。1963 年、1999 年界定标准都沿用了这一做法。中国在制定中小企业界定标准时，也要坚持灵活性原则，并可增加营业额指标以进一步扩大政策选择空间。

（3）界定标准要能反映经济的发展，并将通货膨胀因素考虑在内。通货膨胀是不可避免的经济现象，假如不考虑通货膨胀因素，就有可能出现名义界定标准与实际界定标准演变趋势相背离的现象，而达不到预期的政策目标。因此，制定中小企业价值变动标准（资本额、营业额）时要将通货膨胀因素考虑在内。

（4）界定标准要反映不同行业的不同特点。不同的行业由于资本有机构成不同，技术特征各异，因而界定标准也需分别规定。中国可借鉴日本的行业分类法并考虑新经济特征，分制造业等、批发业、零售业、服务业和高新技术五大行业类别，分别制定中小企业界定标准。

第四节　中国中小企业的界定及评价

一、对中国中小企业界定的历史考察

1949 年以来，中国对中小企业的界定先后经过几次调整。中华人民共和国成立初期曾按固定资产价值划分企业规模。1962 年，改为按作业人员标准对企业规模进行划分：企业职工在 3000 人以上的为大型企业，500~3000 人之间为中型企业，500

人以下为小企业。1978年国家计委发布《关于基本建设项目的大中型企业划分标准的规定》，把划分企业规模的标准改为"年综合生产能力"。1984年，国务院《国营企业第二步利改税试行办法》对中国非工业企业的规模按照企业的固定资产原值和生产经营能力创立了划分标准，主要涉及的行业有工交、零售、物资回收等国营小企业。如规定京、津、沪三市固定资产原值不超过400万元且年利润不超过40万元的属国营小型工交企业；三市以外相应标准为固定资产原值300万元以下和年利润30万元以下。1988年对1978年标准进行修改和补充，重新发布了《大中小型工业企业划分标准》，按不同行业的不同特点作了分别划分，将企业规模分为特大型、大型（分为大一、大二两类）、中型（分为中一、中二两类）和小型四类六档。当时中小企业一般指中二类和小型企业。具体为：凡产品比较单一的企业如钢铁企业、炼油厂、手表厂、水泥厂等按生产能力标准划分；一些企业如发电厂、棉纺厂，习惯上以生产设备数量为标准划分；对于产品和设备比较复杂的企业，以固定资产原值数量为标准划分。1992年又对1988年划分标准做了补充，增加了对市政公用工业、轻工业、电子工业、医药工业和机械工业中的轿车制造企业的规模划分。1999年对原标准再次修改，而将销售收入和资产总额作为主要考察指标：分为特大型、大型、中型、小型四类，其中年销售收入和资产总额均在5亿元以下，5000万元以上的为中型企业，年销售收入和资产总额均在5000万元以下的为小型企业。参与划型的企业范围原则上包括所有行业各种组织形式的工业企业。

二、对中国中小企业界定的评价

通过对中国中小企业界定的历史考察，可以发现1999年之前的六次界定、修改或补充标准有以下四个特点：①界定标准变动快。中华人民共和国成立后到1992年左右有过六次变动。②适用范围窄。一方面，几次规定的企业规模界定标准一般只适用于工业，而不适用于商业、交通运输业、建筑业和其他服务业，只是在《国营企业第二步利改税试行办法》中才增加了对工交、零售、物资回收等国营小企业的界定；另一方面，划型企业也一般指国有和集体企业，而不包括非公有企业。③企业规模档次越分越细。一方面，不仅增加了特大型企业，而且对大中型企业进行了细分；另一方面，对行业也逐渐细分。④界定标准取值不断提高。如棉纺厂20世纪60年代规定6万锭以下为中小型企业，到80年代改为10万锭以下为中小型企业。

在上述四个特点中，第四个特点即界定标准取值不断提高是合理的，因为一国经济整体水平总是不断增强的，相应取值也应上浮，这也符合国际通行做法。第一个特点即界定标准变动快有部分合理性，因为界定标准本应随其他经济情况变动而变动，但却不能变动太快，否则易给人以政策不稳定之感。第二、第三个特点是不合理的，其深层次的原因在于生产力和生产关系（特别是经济体制）两个方面：一方面，当时生产力水平落后，除工业外，商业、交通运输业、服务业不太发达，工业内部各行业也是产品比较单一、设备较为简单，因而造成了只对工业划型和划分档次的越来越细；另一方面，也是更主要的原因在于当时的计划经济体制及其后来的惯性影响，使得国家忽视非公有企业的发展，而对于公有特别是国有企业包揽一切，"关爱有加"。

1999年的划分标准与以前划分标准相比有了质的进步。表现在两个方面：①采用销售收入，资产总额等价值形态标准取代原来的生产能力为主的实物形态标准，符合从计划经济向社会主义市场经济的转变。②包括了各种组织形式的企业，符合"非公有制经济是社会主义市场经济有机组成部分"的精神，体现了市场经济的公平原则。

但是，参照国外中小企业界定，可以看出中国1999年界定标准仍有不完善之处：①该标准没有定性界定标准，从而没能有效拓展政府实行政策的伸缩空间，这同时也折射出中国经济理论研究对这方面的忽视。②该标准没有雇员人数标准，脱离了国际常规做法，也与中国就业形势严峻，需要大力发展中小企业缓解就业压力的现况不符。③该标准仍然没有包含非工业领域的企业，涵盖面过窄，因为建筑业、商业和服务业内中小企业比例更大。

鉴于以上分析，特此建议进一步修订和完善中国1999年对企业规模的界定标准。有以下五点原则：

第一，灵活性原则。可从四个方面考虑：①应制定定性界定标准增加政策回旋余地；②应在定量标准中补上雇员人数标准以与国际惯例接轨，但考虑到中国人口密集的国情，可适当提高标准取值，如可规定500~800人为中型企业，500人以下为小型企业；③可规定在雇员人数、资产总额和年销售收入三项定量标准中符合其中两项即可界定为中小企业；④由于中国幅员辽阔，东西部地区发展差距较大，对不同地区执行数量界定时可辅之以一定百分比（如10%）的调整空间。

第二，统一性原则。可从三个方面考虑：①界定标准应包括各种所有制类型的企业；②应打破各种"条条块块"分割；③应补上对非工业企业的界定标准，拓展界定的涵盖面。

第三，规模细分原则。考虑到中国财政力量有限、中小企业众多的国情，可对中小企业项下再做一细分，除中型、小型外，可再分出微型企业（如10人以下），以提高政策在不同情况下的针对性，避免政策效应的"撒胡椒面"现象。这种细分不同于"大一、大二""中一、中二"那种不合理的细分。

第四，法律化原则。中小企业界定标准不仅是统计部门的需要，更是政府制定和实施中小企业政策的依据，也是社会主义市场经济微观理论的基础性应用，因此，应由立法机关（全国人民代表大会及其常务委员会）以法律法规形式（如在《中小企业基本法》或《中小企业促进法》中）制定和颁布。这样，既体现了标准的严肃性，从而有助于行政机关依法办事，做好对中小企业的保护和扶持，又在一定方面满足了中国市场经济发展对完善法制建设的要求。

第五，适时调整原则。企业规模本身是一个具有时间相对性的概念，任何中小企业界定标准都是根据特定时期的具体情况制定的，因而随着时间的推移，需要做相应的调整，但要注意不宜过于频繁。

第 2 章 中小企业存在理论

第一节 中小企业存在的理论逻辑[①]

一、经济进化论

最早用进化论思想解释中小企业存在的经济学家是阿尔弗雷德·马歇尔（Alfred Marshall），他认为，自然界许多生物都有生命周期，比如一株幼苗吸收足够的阳光、空气、水分和其他营养，会长成参天大树，具有旺盛的生命力，但这种状况不会永远持续下去，它终究会因摆脱不了年龄的影响而失去生命力，其他具有青春活力的幼苗又会沿着这一轨迹发展。企业的发展也是如此，有其"生成—发展—衰亡"的生命周期，大企业衰退后为中小企业取代是自然法则，垄断不会无限蔓延下去，规模经济和竞争可以获得某种均衡。马歇尔还指出中小企业的最大特点就在于管理费用低、决策灵活，同样可以获得必要的信息（企业规模愈小，必要信息量愈少）。马歇尔从进化论角度，在中小企业个体层面上考察了其存在的原因，可称为"个体经济进化论"。在 20 世纪末期涌现的企业能力理论经济学家中，经济学者安蒂斯·潘罗斯（E. T. Penrose）秉承了马歇尔的分析，认为企业没有最优的规模，因为企业连续不断地产生出新的资源，这些资源可用于有效拓展"邻近"的产品市场，单个企业往往处于由小到大的不断进化之中，周而复始。

借鉴达尔文进化论思想解释中小企业存在的经济学家除马歇尔等人外，还有约翰·穆勒（John Stuart Mill）、舒马赫（E. F. Schumacher）和日本一些学者，但侧重点有所不同。马歇尔和潘罗斯是借鉴进化论中"生命周期"思想，强调企业也有发生、发展、灭亡的过程；约翰·穆勒等人则借鉴进化论中的"物竞天择、适者生存"思想，强调企业对外界环境的适应能力。

英国经济学家穆勒认为由大规模经营带来的优势，未必在任一场合都能超过中小企业的优势——兢兢业业的工作态度、对微小损益的极为关注等。无论在何处，若从事同一经济活动的既有大企业又有中小企业，那种能在现存环境中更有效地生产的企业必能以较低价格出售其产品，适应性强是中小企业存在的根本性原因。德裔英国经济学家舒马赫则首先揭露了资本密集型及资源密集型大企业的大型化生产导致了环境污染和资源枯竭，具有严重的外部不经济性。然后高度赞扬小规模企业

[①] 原载《经济学动态》，2000 年第 4 期。

的优势,认为小规模生产对自然环境污染较小,就整个社会而言是高效的,因为它对自然环境破坏的外部成本远低于大企业相应的外部成本。可见,中小企业适应了人类对环境保护的要求,这是其得以大量发展的重要原因。此外,大企业官僚主义严重也不能解决贫富差距问题,因而大企业小型化是一种进步的趋势,小的是美好的。日本经济学界也流行着一种用适应环境能力强解释中小企业存在和发展的观点,这是在对实践深刻认识的基础上形成的。

20世纪70年代后,日本的企业环境发生了战后最深刻、最激烈的变化:有来自国外的如石油危机和美元冲击,也有来自国内的如经济增长速度放慢、产业结构调整,以及消费结构的多样化和个性化。在这一变化过程中,大企业并没因其雄厚的经济实力而显示出强大的环境适应能力,中小企业也没有因其力量薄弱而为环境所淘汰。于是,日本一些经济学者对企业的环境适应能力做了深入分析,认为不同规模的企业能否生存和发展,关键在于其对环境变化反映的灵敏性和有效性,也即对环境的适应能力。事实证明,中小企业有着比大企业更强的适应环境变化的能力,这是其在日益多变的环境下蓬勃发展的根本原因。

二、不完全市场论

1933年罗宾逊夫人(Joan Robinson)和张伯伦(A. Chamberlin)对传统经济学的完全市场假设提出质疑,认为现实中的市场既非完全竞争亦非完全垄断,而是二者的混合,即不完全竞争(或垄断竞争),正是这种不完全的市场形态使得大量中小企业得以存在和成长。张伯伦特别强调"产品差别"对中小企业存在的重要性,认为产品差别使中小企业也具有一定的垄断因素,得以与大企业共存。此外,中小企业还因其规模小和固有的灵活性,可以适应市场需求的变化,及时调整生产经营策略,这更增强了其竞争能力。罗宾逊夫人认为不同企业,由于参与竞争的具体条件如拥有要素的种类、数量和质量、销售时间与技巧、地理条件等各不相同,最终都会对市场价格产生一定程度的影响力,因而能对价格产生影响的不仅是大企业,中小企业只要能发挥自身优势,同样可以对价格产生影响,拥有竞争优势,这就是不完全竞争市场条件下中小企业与大企业共存的真正原因。

在马歇尔"外部经济"思想影响下,20世纪五六十年代奥利弗·威廉姆森(Oliver Williamson)和理查德·尼尔森(Richard Nelson)分别指出,在企业和市场这两种基本的制度形式之间,还存在着第三种组织活动的基本形式,即"组织间协调"或"中间性体制",也就是一些组织通过战略联盟等形式形成集群以获得外部经济的好处,这样的市场已非真正意义上的完全市场,而是另外一种含义的不完全竞争市场。单个中小企业由于规模小、实力弱,难以与大企业抗衡,但可以结成"中间性体制",既能获得外部经济效果,又能获得集体竞争优势,以整体力量与大企业竞争。这样他们就用另一种含义的不完全市场解释了中小企业的存在。

用不完全市场解释中小企业大量存在和发展的另一种观点是充分重视市场中企业竞争方式的转化。自 19 世纪末、20 世纪初到第二次世界大战前，垄断大企业对中小企业一般采取吞并排挤的直接竞争方式。在这种竞争方式下中小企业由于规模小、实力弱而处于劣势。第二次世界大战后，随着经济、技术的发展和其他客观经济环境的变化，垄断大企业弊端渐显，经营艰难。于是许多大企业通过反思，认识到与中小企业合作对他们的益处：可充分利用中小企业"精、专、特"的优势，获取质优价廉的零部件和配件，或将一些琐碎的工艺分包出去，分享分工协作的经济成果。在这样的前提下，大企业与中小企业之间的竞争方式由直接竞争转为合作竞争（迂回竞争），中小企业生产经营环境大为改善，所以才得以蓬勃兴起。中国学者袁纯清将这种竞争方式的转变称为从非对称性互惠共生向对称性互惠共生的进化。

三、规模经济论

奥斯汀·罗宾逊（Austin Robinson）在《竞争的产业结构》中用规模经济理论解释了中小企业的存在。他认为，一方面，企业规模收益递增有一限度，超过此限度，将会出现规模收益递减。因为规模越大，分工越细密，但由于技术的非无限可分性，分工超过一定限度反而意味着复杂程度的提高、操作成本的增加和效率的损失。另一方面，企业规模越大，管理层次越多，决策时间延长，灵活性降低，会使机会成本增加。两方面的原因，使得企业在现有技术条件下达到单位平均水平最低点的最佳规模未必很大，中小企业同样可以达到相应的最佳规模。只要达到最佳规模的企业就有较强竞争力，就能生存和发展，所以许多中小企业得以生存。此外，中小企业还有员工归属感强、富有朝气等优势，其大量存在自然不足为奇了。

日本的末松玄六教授在"最佳规模论"的基础上，结合日本实际发展提出了"最适规模论"，用以解释中小企业的存在。末松在《中小企业经营战略》（1971年）中首先区分了最大收益规模的最适规模（OSMRS）和最大效率规模的最适规模（OSMES）。前者指以最大收益额所表示的最适规模，强调利润的绝对量；后者指综合考虑平均成本、销售利润率、总资本附加值率等因素时综合效率最大的规模，强调利润的相对量。只有 OSMRS 才是企业竞争优势的真正体现，但二者往往并不重合。行业不同，企业最适规模也各异，所以一些行业特别适合中小企业的存在。然后末松详细分析了一些行业大企业未必比中小企业具有竞争优势的原因：①大企业人际关系不融洽；②大企业管理层次多，管理费用和协调费用高；③大企业信息传递渠道不畅；④大企业内企业家精神缺失；⑤大企业规章制度繁杂，决策不灵活。最后末松得出结论：中小企业只要能发挥自身优势，自然可以调整到最适规模，获得规模经济，与大企业共存并取得不断的发展。

美国芝加哥学派的经济学家乔治·施蒂格勒（George J. Stigler）进一步拓展了规模经济理论，增强了其对中小企业存在的解释能力。他认为，在任一特定行业中，若某种规模的企业在市场竞争中生存下来，则意味着它是有效率的；进而，若某种规模的企业数量（或产出量）在该行业中比重上升最快，则说明此规模为最佳规模。施蒂格勒运用这种生存技术法，通过大量实证分析得出结论：某一行业的最佳企业规模通常是一个区间而非一个点，因而企业长期平均成本曲线是"碟型"而非"U型"，此即许多中小企业同样达到最佳规模，得以生存和发展的经济学解释。

新制度经济（The New Institutional Economics，有别于以加尔布雷斯为代表的新制度经济学派，后者为 The New Institutional Economics）创始人罗纳德·科斯（R. H. Couse）在《企业的性质》和《交易成本问题》两篇文章中指出，交换经济条件下企业之所以产生是为了节约交易费用，企业与市场是替代性制度安排。企业边界决定于企业和市场的均衡，即企业内的边际组织费用与市场边际交易费用相等之处，换言之，企业最佳规模为交易费用与组织费用二者之和最小处。一般而言，随着企业规模的扩大，交易费用递减，组织费用递增，故此两种费用之和最小处的企业规模不一定很大，中小企业同样可以达到最佳规模。这样科斯就用交易费用理论解释了中小企业的存在。

四、产业（或行业、部门）分工论

施太莱（Staley）和莫斯（Morse）1965 年对美国产业组织结构做了实证分析，认为从技术和经济两方面分析生产成本、规模经济、市场特性及地缘区位等因素，可知不同产业适于不同规模的企业经营。根据这些因素，他归纳出 8 种称之为"中小产业"的适合中小企业经营的细分产业：①原料来源分散的产业，由于规模经济不足以补偿原料的运输成本，所以中小规模企业就近原料产地经营更经济；②生产地区性产品的产业，规模经济不足以补偿产品运到外地的运输成本，适于中小企业就近产品市场经营；③服务性产业，顾客一般对产品有较高的个性化要求；④可分割制造过程的产业，如工业机械制造的许多流程分包给中小企业更经济；⑤手工制品业，生产方法以手工为主，多为艺术或精密产品，规模经济并不重要；⑥简单装配及装饰工艺产业，如清洁剂、涂料生产企业；⑦生产特异性产品的产业，如鞋帽制造业；⑧产品市场小的产业，如工艺品、乐器制造业等。

日本学者太田一郎认为，可以将经济部门分为两类：集中型部门和分散型部门。集中型部门往往需要大型设备或巨额投资或产品易标准化且量大而品种少，如钢铁、石化、电力、飞机、轮船、录像机等，适合大企业经营，中小企业即使存在，其市场占有率也很低，竞争优势很小或处于竞争劣势。分散型部门包括适合多品种小批量生产的纺织品、副食品、家具、陶瓷等生产部门，与大企业相关的金属模具、砖瓦等生产资料加工和零部件生产部门以及运费和（或）库存高的水泥、活鲜及易腐品等销售波动剧烈的部门。分散部门更适合中小规模企业的生存和发展。

五、生产力本位论

日本学者中村秀一郎在《大规模时代的终结——多元化产业组织》中，依据日本的经济现实，认为中小企业的蓬勃兴起是由于生产力的发展所引起的一系列变化。中村指出，日本经济在"黄金增长阶段"（第二次世界大战后至20世纪70年代初）的主要特征是以重化工业为核心，企业在规模上追求大型化。然而，进入70年代以后，由于诸多原因，大企业生产经营步履维艰，"大规模时代"已经终结，中小企业将进入结构性大发展阶段。他认为，由于生产力的发展，日本自70年代已从重化工业阶段跨入信息化时代：首先，生产力随着科技进步而迅速发展，引起产业结构由资本密集型向知识、技术密集型转移，人们对规模经济的根本信念发生了动摇；其次，随着生产力的发展，人们收入水平提高，带动需求结构向多元化、个性化发展，与之适应，多品种、小批量生产方式取代了少品种、大批量的传统生产方式；最后，国家为发展生产力，其产业政策亦向中小企业倾斜。这一切都为中小企业的发展创造了有利条件，可见，中小企业蓬勃兴起的根本原因在于生产力的发展。

卡尔松（Karlson）非常强调新技术革命对企业规模的影响。他指出，科技进步（不过是生产力发展的同义语）有效降低了企业生产的最小有效规模（MES），使平均成本曲线左移，弱化了规模经济进入壁垒，使得许多中小企业可以进入原来难以进入的领域生产经营。因而他认为中小企业的蓬勃兴起应从科技进步中去寻求答案。阿科斯（Z. J. Acs）则用技术轨道的转移（亦是生产力发展的不同表述）来解释中小企业的兴起。他认为，由于科技革命，技术轨道发生转移，人类已进入一个新的技术时代。由传统技术所支撑的传统产业日渐萎缩，大企业生产经营困难重重。与此同时，新技术带动了新产业的出现，为中小企业的发展提供了一个史无前例的契机，拓展了其生存空间，再加上中小企业直接与市场和消费者接触、决策灵活、能灵敏感应科技变动的节奏等，故能蓬勃发展。

第二节 中小企业存在理论分析与总结[①]

中小企业存在理论看似内容庞杂，实则每种理论都是从某一侧面论证了中小企业的存在原因，所以各种理论既有其特点，也存在着片面性与不足之处，且内容上亦有交叉和重复。因而有必要对以上理论做出分析和评价，并做一简要总结。

---

① 原载《经济学动态》，2000年第4期。

经济进化论最突出的特点体现在方法论上,它借鉴生物学上进化论思想来解释中小企业存在的经济现实,马歇尔开创的这一借鉴其他学科成果研究经济问题的研究方法影响了后来的许多经济学家,但马歇尔的理论带有明显的神秘主义色彩,并且对经济现实的解释也给人以没有抓住本质之感,根本原因在于新古典经济学将企业仅仅看成符合生产函数特征的"黑匣子"这一致命缺陷。约翰·穆勒、舒马赫和日本的一些进化论经济学者同样受达尔文主义启发,但他们借鉴的是进化论的精髓——"物竞天择,适者生存"这一自然选择机制,特别强调中小企业对环境变化的反应灵敏度和适应能力,其解释比马歇尔理论更令人信服,但缺点也是显而易见的,过于重视实证研究,对规模经济、市场不完全性等视而不见。

不完全市场论的开创者罗宾逊夫人和张伯伦从市场形态的角度论述了中小企业存在的原因,放宽了古典经济学完全竞争的假设,对经济现实的解释力大为增强,但其优点从另一方面看也构成了其不足之处,因为其理论无法解释在一些非常接近完全竞争市场形态的行业如农业中存在大量中小企业的现象。威廉姆森和理查德·尼尔森,以及竞争方式转化论经济学者的理论极大完善了不完全市场理论,拓展了其应用范围,不仅较好解释了中小企业集群现象,也给了中小企业与大企业共存现象一个"说法"。许多中小企业集群存在是事实,但也有不少是零星存在,威廉姆森和理查德·尼尔森对此没有任何解释;竞争方式转化论者在解释直接竞争下中小企业的存在时也显得苍白无力。

用规模经济论解释中小企业存在的合理性是显而易见的。奥斯汀·罗宾逊首先用规模经济理论对中小企业的存在做出解释,但他的理论尚显粗糙。科斯引入交易费用分析企业最佳规模问题,丰富了规模经济理论对中小企业存在的研究,但由于过于重视交易费用,从而错误地认为交易费用比生产费用更重要,颇有交换重于生产之嫌。

产业(或行业、部门)分工论运用产业组织理论研究中小企业的存在,对适合中小企业存在和发展的产业(或行业、部门)有明显界定,因而对国家制定中小企业政策有一定指导意义,这是该派理论的显著特征。但该派正因如此,对中小企业何以存在的经济学分析不太深入,这是其不足之处。

生产力本位论充分重视包含科技在内的生产力的变化及引起的其他变化对中小企业存在和发展的作用,具有动态性和联系性特征。但它的缺点是难以解释大规模时代终结之前,第三次浪潮之前,科技革命发生之前或技术轨道转移之前许多中小企业存在的经济现实。

事实上,中小企业的存在是一个极为复杂的经济现象,造成这一现象的原因是多方面的,有经济方面的,也有政治方面的,还有社会文化和自然方面的,因而对这一现象的解释也应该从各个角度出发,综合考虑各种影响因素。以上述及的理论大多是从经济方面进行论证的，各种理论之间具有一定互补性，但对经济之外的其他因素论述甚少。就政治方面而言，影响中小企业存在的因素如国家的财政、货币等宏观政策，政府对公平分配问题的重视程度，甚至国家领导人的好恶等都可影响中小企业的存在和发展；就社会文化方面而言，人们是否具有独立创业的思想，消费观念的转变等对中小企业的存在和发展亦有一定影响；就自然方面而言，自然资源区位分布的集中与分散程度对中小企业存在的影响也不容忽视。当然对于不同国家或地区，同一国家或地区不同时期的中小企业，各种影响因素的重要性亦不同，要想做出确切合理的解释，需视具体情况而定。

第三节　中小企业存在的重要性[①]

当前世界制造业竞争更加激烈。为了应对新的竞争环境，中国制定了《中国制造2025》，提出实施制造强国。但是在发展制造业的具体思路方面，一些地方和部门仍然倾向于以优惠政策引进大型企业。而对于中小企业，则往往认为其规模小，技术落后，纳税能力弱，因而缺乏发展扶持的积极性。高树靡阴，独木不林。应当看到，世界制造强国不仅有一批世界知名的大型制造企业，而且有众多专业性强、创新活跃的中小企业，大企业同中小企业一起构成了具有持续竞争力的产业生态系统。这启示我们仅依靠大企业建不成制造强国，应高度重视中小企业在建设制造强国中的重要作用。

中小企业可以帮助大企业降低成本，提高质量。面对激烈的市场竞争，降低成本和提高质量是企业的永恒主题。提高外部采购率，加强外部协作是大企业降低成本，提高质量的主要策略，其实施高度依赖于中小企业的发展。众所周知，苹果公司的应用商店APP store销售几十万家中小企业的应用软件产品，这些产品在提高苹果产品的应用体验和利润水平方面发挥了重要作用。让苹果公司自己生产这些产品，显然是不可能的。再如早期的福特公司，不仅拥有众多零部件部门，还拥有炼钢厂及铁路，后来在越来越大的成本压力下，福特公司等整车企业竞相提高外部采购比例。当前随着汽车产业智能化网络化发展，从事软件及服务的中小企业数量快速增长。可见，中国要振兴作为制造业重要部门的汽车产业，培育具有全球竞争力的本土品牌，其必要条件之一就是一批具有世界竞争力的零部件企业崛起。

中小企业是制造业创新的"蓄水池"。经济学家马歇尔将企业发展比喻为森林中大小树木之间的竞争，小树在与大树争夺阳光和空气的竞争中屡屡失败，但最终结果一定是大树被更有生命力的小树所取代，如此循环往复而使森林生机勃勃。当

[①] 原载《人民日报》，2015年5月9日。

前由于信息技术进步及新的商业模式出现，交易成本不断降低，推动了产业链的裂解、延伸、交叉和融合，生产的网络化和社会化特征更加明显，中小企业数量不断增多，作用更加凸显。借助发达的生产网络和资本市场，中小企业不断开发新技术、新产品，创造新的市场空间。微软、苹果、华为等大企业无一不是由中小企业发展而来的。那些仅仅依靠引进大企业发展制造业的地区，其技术储备、项目储备、人才储备往往会出现断层。

中小企业是保障制造业可持续发展的稳定器。目前，中国制造业面临的困难并不完全在于技术创新不足、产品可靠性不高，精品意识差也是重要原因。提升制造能力需要数据积累、员工技能积累、生产诀窍积累等，而完成这些积累都需要相对稳定的社会环境、生产场所及员工队伍。中小企业在技术、管理、商业模式方面的探索，包括成功的经验和试错的教训，形成了制造业持续发展所需要的大部分积累。中小企业为社会提供大量就业岗位，保障制造体系稳定，促进社会稳定，这也是制造业持续稳定发展的重要基础。

发展中小企业是建设制造强国的内在要求，是生产方式变革的重要条件，必须放在更加突出的位置。一是针对一些地区公共服务不到位、公共部门不作为甚至乱作为的问题，通过进一步简政放权减轻中小企业负担。二是针对中小企业融资难、人工成本高、技术创新不足等问题，尽快完善有利于中小企业发展的市场机制，激发中小企业创新创造的活力。三是推动中小企业国际化，鼓励中小企业融入全球产业链，与跨国公司同步研发、同步生产、同步销售，了解全球产业变化趋势，学习跨国公司生产和管理诀窍。四是通过完善中小企业促进法等保障中小企业的合法权益。

第3章 我国中小企业的行业结构与行业定位①

第一节 中小企业的行业构成与行业集中度

一、中小企业在全国所有企业中的构成比重

据国家工商管理部门2000年统计，我国在工商部门注册的中小企业已超过1000万家，占全部注册企业数的99%，其所创造的工业总产值、税收分别占全国工业总产值和利税的60%与50%以上；目前，全国大约有1.1亿个劳动力在中小企业就业，占全国工业企业就业人数的73%左右。1995年，我国第三次工业普查资料统计数据，更能说明中小企业在全国企业中的重要地位，即中小企业分别占全国全部工业企业数、工业总产值、就业人数的99.68%、61.61%和72.91%（见表3-1）。

表3-1 全部工业企业和附加工业/全部工业单位大、中、小型基本经济指标与比重

指标	工业企业和附加单位数（个）总数	工业企业单位	工业总产值（当年价格新规定，亿元）总数	工业企业单位	就业人员年末人数（万人）总数	工业企业单位
总计	7341517	7259822	82286.63	80519.61	14735.51	14367.23
大型企业	6416	6416	21827.62	21827.62	2409.31	2409.31
中型企业	16591	16591	9077.53	9077.53	1481.97	1481.97
小型企业	7318510	7236815	51391.47	49614.46	10844.22	10475.95
总计	100.00	100.00	100.00	100.00	100.00	100.00
大型企业（%）	0.09	0.09	26.52	27.10	16.35	16.76
中型企业（%）	0.23	0.23	11.03	11.27	10.06	16.76
小型企业（%）	99.68	99.68	62.45	61.61	73.59	72.91

资料来源：《中华人民共和国1995年第三次全国工业普查资料摘要》，第4页。

---

① 原载《改革》，2003年第4期。

二、按行业统计大中小企业在全国企业中的构成比重与行业集中度

我们按行业统计大中小企业在全国企业中的构成比重与行业集中度（见表3-2）。

表3-2 大、中、小企业分行业集中度表

项目	大型企业（比重）			中型企业（比重）			小型企业（比重）			中小企业（比重）		
	企业	固定	产品	企业	固定	产品	企业	固定	产品	企业	固定	产品
石油和天然气开采业	17	99	97	0.7	0.0	0.0	82.1	1	2.8	82.8	1.0	2.8
石油加工及炼焦业	1.8	90	86	2.0	4.0	4.0	96.2	6	8.8	98.2	10.0	13.4
黑色金属冶炼及压延加工业	1.9	82.0	67.4	4.2	9.3	14.3	93.9	8.7	18.2	98.1	18.0	33.6
烟草加工业	10.2	54.1	66.8	23.9	34.6	24.7	66.0	11.3	8.5	89.8	41.9	33.2
木材及竹材采运业	6.4	76.4	64.2	2.4	8.8	9.9	91.2	14.7	25.8	93.6	23.6	35.8
化学纤维制造业	5.8	63.6	63.5	12.8	21.0	20.0	81.4	15.4	16.4	94.2	36.4	36.5
煤炭采选业	1.0	77.5	62.1	1.4	7.4	7.5	97.6	15.1	30.4	99.0	22.5	37.9
交通运输设备制造业	2.2	63.3	61.6	3.7	14.8	11.3	94.1	22.0	27.1	97.8	36.4	38.4
煤气生产和供应业	10.2	67.4	59.9	8.3	11.3	9.3	81.5	21.3	30.8	89.9	22.5	40.1
电力蒸汽热水	3.1	64.4	57.4	4.6	16.1	19.7	92.3	19.5	23.0	96.9	36.7	42.6
有色金属冶炼及压延加工业	2.4	69.2	48.6	51	13.0	16.7	92.4	17.8	34.7	97.6	32.6	51.4
电子及通信设备制造业	4.0	54.5	48.4	6.7	16.3	12.3	89.3	29.2	39.2	96.0	33.6	51.6
自来水的生产和供应业	1.1	53.7	47.1	2.4	17.7	16.8	96.5	28.6	36.1	98.9	30.8	52.9

续表

项 目	大型企业（比重） 企业	大型企业（比重） 固定	大型企业（比重） 产品	中型企业（比重） 企业	中型企业（比重） 固定	中型企业（比重） 产品	小型企业（比重） 企业	小型企业（比重） 固定	小型企业（比重） 产品	中小企业（比重） 企业	中小企业（比重） 固定	中小企业（比重） 产品
饮料制造业	1.6	40.1	43.3	3.8	25.8	23.6	94.6	34.0	33.2	98.4	45.5	56.7
橡胶制品业	1.6	44.6	42.6	4.7	24.3	22.1	93.7	31.1	35.3	98.4	56.3	57.4
医药制造业	3.2	42.7	41.6	8.6	23.8	21.9	88.2	33.5	36.5	96.8	59.9	58.4
化学原料及化学制品制造业	1.6	51.6	40.4	4.7	20.8	20.4	93.7	27.5	39.2	98.4	55.4	59.6
电气机械及器材制造业	1.6	42.8	39.0	4.1	21.7	18.3	94.3	35.5	42.6	98.4	57.3	61.0
普通机械制造业	1.3	40.5	34.9	4.0	25.5	20.4	94.7	33.9	44.6	98.7	48.4	65.1
专用设备制造业	1.6	42.8	33.3	5.2	26.9	23.3	93.2	30.4	43.4	98.4	57.2	66.7
纺织业	3.1	36.2	29.7	8.1	27.6	25.4	88.8	36.3	44.8	96.9	63.8	70.3
有色金属矿采选业	1.3	40.2	27.8	4.1	26.9	20.9	94.6	32.9	51.4	98.7	59.8	62.2
食品制造业	0.9	25.3	26.7	2.6	19.2	17.4	96.6	55.6	55.8	99.1	74.7	73.3
仪器仪表及文化办公用机械制造业	2.1	42.5	26.2	4.3	21.6	16.1	93.6	36.0	57.3	97.9	57.5	73.8
造纸及纸制品业	1.0	37.1	26.0	3.4	21.9	19.9	95.5	40.9	54.1	99.0	63.8	74.0
黑色金属矿采选业	0.3	40.4	23.3	1.3	15.8	10.1	98.4	43.8	66.6	99.7	59.6	6.7
非金属矿物制品业	0.7	26.1	18.3	2.1	20.9	17.7	97.2	53.0	64.0	99.3	73.9	81.7
食品加工业	0.8	21.1	17.0	3.0	26.5	18.3	96.2	52.4	64.7	99.2	78.9	83.0
非金属矿采选业	0.5	40.6	16.2	1.3	17.0	9.4	98.1	52.4	74.4	99.5	59.4	83.8
印刷业、记录媒介的复制	0.5	21.2	15.2	1.8	22.7	16.4	97.7	56.2	68.4	99.5	78.8	84.8

续表

项目	大型企业（比重）			中型企业（比重）			小型企业（比重）			中小企业（比重）		
	企业	固定	产品	企业	固定	产品	企业	固定	产品	企业	固定	产品
金属制品业	0.4	17.9	15.1	1.7	18.7	14.5	97.9	63.4	70.3	99.6	82.1	85.9
塑料制品业	0.7	19.9	15.0	2.3	17.7	13.7	96.9	62.4	71.3	99.3	80.1	85.6
木材加工及竹藤棕草制品业	0.3	18.8	11.3	0.5	12.0	6.6	99.2	69.2	82.2	99.7	81.2	88.7
文教体育用品制造业	0.4	12.5	10.2	1.1	10.6	9.5	98.5	76.9	80.2	99.6	87.5	89.8
服装及其他纤维制品制造业	0.3	10.5	8.0	1.5	14.0	12.1	98.2	75.4	80.0	99.7	89.5	92.6
家具制造业	0.1	10.4	6.7	0.6	10.4	7.3	99.3	79.2	85.9	99.0	89.6	93.3
皮革、皮毛羽绒及其制品业	0.3	8.8	4.9	2.2	19.3	13.5	97.4	71.9	81.6	99.7	91.2	95.1
其他制造业	0.2	8.0	4.3	1.0	14.6	12.7	98.8	77.4	83.0	99.8	92.0	95.7
其他矿采选业	0.0	0.0	0.0	1.3	23.6	7.0	98.7	76.4	93.0	100	100	100

资料来源：舒小斌．企业组织结构和集中度［J］．经济研究，1998（2/3）：65-66，在此基础上整理。

（1）中小企业不仅在我国各个行业都大量存在，且企业数量均在各行业构成中占据较大比重（即82.8%~99.8%）。除少量行业如石油和天然气开采业占82.8%，烟草加工业占89.8%外，其余绝大多数行业构成中，中小企业数量都占全行业企业数的90%以上，且有许多在98%以上。可见中小企业不仅在各个行业中都大量存在，且企业数量占有主导地位，这也从实践上证明中小企业是可以进入任何行业的。

（2）行业构成比重与行业集中度较高的中小企业主要分布在劳动密集与技术密集性强的行业。由中小企业在该行业的企业单位数、固定资产原值、产品销售收入三项指标分别占据95%、70%、70%以上的行业来看，主要集中在纺织业、木材加工制造业、非金属矿物制造业、食品加工业、印刷业、金属制品业、塑料制品业、木材加工、文教体育用品制造业、服装制造业、家具制造业、皮革、皮毛羽绒制造业等劳动密集与技术关联性强的行业。同时也说明中小企业在这些行业里，只要注意改进技术、发展特色产品，或与大企业形成互惠共生的技术协作关系，中小企业是能够生存与发展的。

（3）行业构成比重与行业集中度较低的中小企业主要分布在资金密集性强的行业。由表3-2所述中小企业在该行业企业单位数、固定资产原值、产品销售收入等三项指标分别占90%、40%、40%以下的行业，主要有石油和天然气开采、石油加工及炼焦、黑色金属的冶炼及压延加工、烟草加工、木材采运、化学纤维制造、煤炭采选、交通运输、煤气生产、电力蒸汽、有色金属冶炼及压延加工、电子通信设备制造、自来水生产和供应等行业，它们大都是资金密集或基础设施或自然垄断性的行业，这也说明中小企业在这些行业竞争力弱，比较优势不大。

（4）行业构成比重与行业集中度处于中间水平的中小企业主要分布在一般性质的制造性行业。如饮料制造、橡胶制造、医药制造、化学原料及化学制品制造、普通机械制造、专用设备制造、纺织、有色金属矿采选等行业，它们在本行业的企业数、固定资产原值、产品销售收入三项指标分别是96%~99%、48.5%~63%、56%~74%，这些中小企业大都与大企业有着专业化、技术与产品协作的联系，行业内部竞争非常激烈。中小企业必须在专业技术、产品质量、服务配套信誉等方面有优势才能在这些行业生存与发展。

第二节 中小企业在三个产业内部的行业结构与行业定位

一、第一产业内部行业结构变动趋势与中小企业行业定位

第一产业内部结构可以划分为几个层次：第一个层次由种植业、林业、畜牧业、渔业四个部类构成。因此，研究农业内部结构的变动离不开对农业各部门内部行业结构的考察。第一产业结构内部结构的第二个层次，如种植业产业结构，表现为粮食作物、经济作物和其他作物的比例关系。第三个层次，如粮食产业结构表现为各种粮食作物的结构。第一产业结构变动状况如下（见表3-3和表3-4）。

表3-3 改革开放后农业总产值结构的变动比较

年份	种植业	林业	畜牧业	渔业
1978	80.0（80.0）	3.4（3.3）	15.0（15.0）	1.6（1.7）
1980	75.63（75.9）	4.23（4.8）	18.42（17.3）	1.71（2.0）
1985	69.25（73.2）	5.21（5.0）	22.06（19.4）	3.48（2.4）

续表

年份	种植业	林业	畜牧业	渔业
1990	64.66（63.7）	4.31（4.6）	25.67（25.1）	5.36（6.6）
1995	58.43（54.9）	3.49（4.6）	29.72（30.7）	8.36（9.8）
1996	57.82（54.1）	3.32（4.5）	30.23（31.4）	8.63（10.0）
中小企业	*	*	***	**

注：*越多，表示越应优先进入；下同。

资料来源：根据《中国统计年鉴》(1998) 及《1998年国民经济和社会统计公报》有关资料计算整理。

表3-4 第一产业内部行业结构变动趋势与中小企业行业定位

	年份	1985	1990	1993	1994	1995	1996	2000（预计）	2010—2030	中小企业进入行业	趋势
种植业	粮食作物	64.7	54.6	52.1	54.3	54.6	54.5	50.5		*	↓
	经济作物	22.2	35.9	38.7	38.1	38.4	38.4	36.6		***	↑
	其他作物	13.1	9.5	9.2	7.6	7.0	7.1	12.9		**	↑
林业	营林	43.9	32.6	31.1	29.2	28.6	27.3	35.5		*	↑
	林产品	22.2	25.6	28.9	34.0	35.7	39.4	38.6		*	↑
	竹木采伐	33.9	41.8	40.0	36.8	35.7	36.3	25.9		*	↓
畜牧业	猪肉	85.9	79.8	—	71.2	69.3	68.3	64.6	55~60	***	↑
	牛肉	2.4	4.4	—	7.3	7.9	8.4	9.7	15~18	**	↑
	羊肉	3.1	3.7	—	3.6	3.8	4.1	4.6	8~10	**	↑
	禽肉	8.6	12.1	—	17.9	19.0	19.2	21.2	22~25	***	
渔业	淡水产品	40.5	42.3	—	—	42.8	44.6	50	68.3~71.2	***	
	鱼类	39.2	40.8	—	—	40.6	41.8	—	—	**	
	虾蟹类	0.8	0.8	—	—	1.1	1.3	—	—	*	
	贝类	0.5	0.6	—	—	0.8	0.9	—	—	*	
	天然生产量与人工养殖量比重	16.8：83.2	14.9：85.1	—	—	13.1：86.9	13.8：86.2	—		*	
	海水产品	59.5	57.7	—	—	57.2	55.4	50	31.7~29.8	*	↓

续表

年份		1985	1990	1993	1994	1995	1996	2000（预计）	2020/2030	中小企业进入行业	趋势
渔业	鱼类	38.9	34.2			30.1	29.3			*	
	虾蟹类	10.0	8.7			7.3	7.2			*	
	贝类	6.7	11.9			15.6	14.2			**	
	藻类	3.8	2.2			3.0	3.3			*	
	天然生产量与人工养殖量比重	83.2：16.8	77.3：22.7			71.3：28.7	71.4：28.6			*	

资料来源：根据《中国统计年鉴》（1998）及《1998年国民经济和社会统计公报》有关资料计算整理。

如表3-4所示，从20世纪末到2010—2030年，随着农业高新技术、高效农业及农业产业化的发展，将出现以下态势：在第一产业结构中，种植业所占的比重将持续下降，畜牧业所占的比重将继续较大幅度上升，林业和渔业比重均略为增加，因而，第一产业中的中小企业也应顺应这一发展变化的趋势做出相应的行业定位。虽然，种植业的比重有所下降，但对经济作物，如花卉、盆景业等和饲料作物的需求逐步增加，对高新技术及产业化要求会越来越高。这也是中小企业进入农业种植业产业的机会。

二、第二产业内部行业结构变动趋势与中小企业行业定位

第二产业内部行业结构变动趋势如表3-5所示，依表中各个行业结构的变动状况，我们可以预测中小企业在第二产业内的行业定位。

表3-5 第二产业内部行业结构变动趋势

行业名称	1992年(a)	1997年(b)	b比a增减	中小企业行业进入	行业名称	1992年(a)	1997年(b)	b比a增减	中小企业行业进入
重型制造业	66.42	63.2	-3.20	*↓	化学原料及制品制造业	8.16	7.58	-0.58	*↓
轻型制造业	33.59	36.78	3.19	***↑	医药制造业	2.54	2.62	0.08	*↓
加工组装型制造业	29.09	30.13	1.04	***↑	化学纤维制造业	1.85	1.33	-0.52	*↓

续表

行业名称	1992年(a)	1997年(b)	b比a增减	中小企业行业进入	行业名称	1992年(a)	1997年(b)	b比a增减	中小企业行业进入
食品加工及制造业	4.48	7.22	2.74	*** ↑	橡胶制品业	1.69	1.33	-0.36	* ↓
饮料制造业	2.93	3.55	0.62	** ↑	塑料制品业	1.96	2.28	0.32	* ↑
烟草加工业	5.58	5.24	-0.34	* ↓	非金属矿物制品业	7.79	7.05	-0.74	** ↓
纺织业	8.69	7.11	-1.58	* ↓	黑色金属冶炼及压延加工业	9.25	6.53	-2.72	* ↓
服装及其他纤维制品制造	2.33	2.95	0.62	*** ↑	有色金属冶炼及压延加工业	2.26	1.98	-0.28	* ↓
皮革毛皮羽绒及其制造业	0.99	1.85	0.86	*** ↑	金属制品业	2.97	3.29	0.32	* ↑
木材加工及竹藤棕草制品业	0.57	1.08	0.51	** ↑	普通机械及专用设备制造业	11.32	8.53	-2.79	* ↓
家具制造业	0.44	0.57	0.13	** ↑	交通运输设备制造业	6.05	6.40	0.35	* ↑
造纸及纸制品业	1.80	2.16	0.36	** ↑	电气机械及器材制造业	4.56	5.22	0.66	* ↑
印刷业记录媒介的复制	1.17	1.19	0.02	* ↑	电子及通信设备制造业	3.26	5.74	2.48	* ↑↑
文教体育用品制造业	0.60	0.83	0.23	** ↑	仪器仪表及文化办公用机械制造业	0.93	0.95	0.02	** ↑
石油加工及炼焦业	3.68	3.84	0.16	* ↑	其他制造业	2.16	1.58	-0.58	* ↓

资料来源：根据《中国统计年鉴》(1998) 及《1998年国民经济和社会统计公报》有关资料计算整理。

（1）第二产业内的重型制造、烟草加工、纺织印刷、橡胶制品、非金属矿物制品，黑色金属冶炼及压延加工、有色金属冶炼及压延加工、专用设备制造、交通运输设备制造、电气制造等行业GDP已呈下降或迟缓增长或停滞不增趋势，它们大都属资本密集或自然垄断或基础设施，或行业内部竞争过度的行业，一般需要投入大量资本，中小企业才能进入这类行业，因此中小企业不适宜定位于这些行业。如果中小企业要进入上述行业，必须与上述行业内的大企业结成产品或技术的合作关系，利用差异化优势及市场补缺战略进入。

（2）第二产业的轻型制造、加工组装型制造、食品加工、饮料制造、服装、皮革皮毛、木材加工、家具制造、文教体育用品、塑料制品、金属制品、电子通信、仪器仪表等行业GDP呈快速上升趋势，它们大都属技术密集或劳动力密集性质的行业。中小企业可以广泛进入这类行业去生存与发展。

三、第三产业内部行业结构变动趋势与中小企业行业定位

从表3-6中第三产业内部行业结构变动趋势，我们可以进一步预测中小企业在第三产业内的行业定位。

表3-6 第三产业内部行业结构变动趋势

类别比重	1978年 占GDP	1978年 占第三产业	1980年 占GDP	1980年 占第三产业	1985年 占GDP	1985年 占第三产业	1988年 占GDP	1988年 占第三产业	1992年 占GDP	1992年 占第三产业	1995年 占GDP	1995年 占第三产业	1996年 占GDP	1996年 占第三产业	中小企业进入
交通通讯	4.8	21.0	4.6	22.3	4.7	19.2	4.7	18.1	5.1	18.4	5.2	17.0	5.1	16.5	** ↑
商饮供销	7.4	32.2	4.8	23.3	6.7	27.2	6.9	26.8	8.2	29.9	8.4	27.4	8.2	26.3	** ↑
金融保险	2.1	9.4	1.9	9.4	3.6	14.5	5.0	19.2	4.8	17.5					** ↑
社会服务									1.7	6.4					** ↑
房地产业	1.3	6.0	1.2	6.2	1.1	4.4	1.1	4.5	1.5	5.7					** ↑
科教文卫									2.8	10.2					** ↑
政府团体									2.4	8.8					** ↑
其他	7.2	31.4	8.0	38.8	8.6	34.6	8.1	31.4	0.7	2.8					
总计	23.0	100	20.6	100	24.9	100	26.0	100	27.7	99.7	30.7		30.8		

资料来源：根据《中国统计年鉴》（1998）及《1998年国民经济和社会统计公报》有关资料计算整理。

由表 3-6 可以看到，第三产业内部各个行业都呈上升趋势，特别是自 20 世纪 80 年代后期至今以来，交通通讯、商饮供销、金融保险、社会服务、房地产、科教文化等行业都有较大发展，表明中小企业适宜在这些行业中生存与发展，特别是金融保险、科教文卫等行业，近几年飞速发展，一方面表明新兴服务业和社会服务业的产值增加了，同时也反映这些行业为中小企业的行业定位提供了大量的发展机会。中小企业在新兴服务业、社会服务业和传统服务业的发展中，将大有生存与发展空间。

第三节 中小企业行业定位总表与对策

一、中小企业行业定位总表

依据以上我国三次产业内部行业结构的变动趋势，我们可以进一步确定中小企业的行业定位总表（见表 3-7）。

表 3-7 中小企业行业定位总表

产业类别	部门类别	行业类别	要素密集特征	中小企业进入方式
第一次产业▲	种植*	经济作物***，饲料作物**，粮食作物*	资源/劳动密集型	自由进入
	林业**	林产品**，营林**，竹木采伐*	资源/劳动密集型	自由进入
	畜牧***	牛肉***，羊肉**，禽肉**，猪肉	资源/劳动密集型	自由进入
	渔业**	淡水产品***，海水产品*	资源/劳动密集型	自由进入
第二次产业▲▲	建筑业***	建筑业***	劳动密集型	自由进入
	工业**	重化工业：普通机械及专用设备制造业、黑色金属冶炼及压延加工业、非金属矿物制品业、化学原料及制品制造业、化学纤维制造业、有色金属冶炼及压延加工业	资本密集型	与大企业合作、共生方式有选择进入
		加工组装业***：金属制品业、普通机械及专用设备制造业、电气机械及器材制造业、电子及通信设备制造业、仪器仪表、文化办公用机械制造业	资源/技术密集型	与大企业合作、共生方式自由进入
		轻工业***：食品加工及制造业、家具制造业、印刷业、记录媒介的复制、塑料制品业	资源/技术密集型	自由进入

续表

产业类别	部门类别	行业类别	要素密集特征	中小企业进入方式
第三次产业▲▲▲	交通通讯***	交通通讯***	劳动密集型	自由进入
	商饮供销**	商饮供销**	劳动密集型	自由进入
	金融保险***	金融保险***	劳动密集型	自由进入
	社会服务***	社会服务***	劳动密集型	自由进入
	房地产业**	房地产业**	劳动密集型	自由进入
	科教文卫***	科教文卫***	劳动密集型	自由进入
	政府团体**	政府团体***	劳动密集型	自由进入
信息产业▲▲▲	信息产业***	信息产业***	技术密集型	以中小企业群落方式自由进入

注：▲●*代表产业结构的三个层次，符号越多表示越应优先进入。

二、中小企业行业定位的对策

1. 依据行业比较优势进行中小企业的行业定位。从上述我国中小企业的行业构成可知，行业集中度较高的中小企业主要分布在传统工业，为大企业提供关联配套服务的加工制造业、新兴服务业、高科技产业等行业。为此，我们必须依据中小企业在各个行业的比较优势进行行业定位。

（1）对本身具有自己专门技术，加上企业的经营管理搞得好，生产的产品能够适应市场，具有市场竞争力与外向型特征的一类中小企业，可以发展成大型优良企业。

（2）对从事传统工业和为大企业提供关联配套服务类的中小企业，由于产品升级换代和市场方面的问题，及受近年来大企业效益普遍不佳现状的影响，该类中小企业经营状况和发展也普遍不佳。但由此并不能否认这类中小企业仍具备发展潜力。这类中小企业同大企业一样，要想走出发展的低谷，不仅要配合市场，大中小企业之间也要互相配合，共同寻求发展机会。

（3）对从事传统加工业和手工业的中小企业，在大企业向现代工业产业及高科技产业转轨的过程中，对于一些传统的主要依靠手工艺、人力加工的工艺品类产品的生产，则主要由中小企业完成和继承。这些行业的存在一方面可以使民族的传统艺术发扬光大，另一方面可提供数量可观的就业岗位。

（4）对从事小而专、小而精、小而特、小而新的中小企业，由于这类企业具有技术或创新上的优势，因而也能生存下去。

（5）从事新兴服务业和都市化服务行业的中小企业。从现代产业发展趋势看，一方面，经济发展重心逐渐向第三产业转移，其中又以服务业为主，包括科技服务业、社会服务业、文化娱乐业等。另一方面,结合现代社会发展的都市化趋势,我们可以认为发展都市型工业、服务业等对解决城市日益紧张的就业问题意义重大。对城市而言,适合中小企业发展的产业和服务业有很多亟待开发,原则是只要其具备都市化的特点:高附加值、污染少、服务社区化等。具体可以包括许多工业项目和服务业项目,这些比较细琐的行业均以中小企业来开展为佳,如服务装饰行业、食品行业、包装设计行业、印刷出版业、装潢业、计算机软件开发、电子信息业、旅游产品设计加工、社区四保(保绿、保安、保养、保洁)、文化娱乐业等。如果这些都市化行业真正得以发展,则一定能在很大程度上解决城市中现存的大量下岗及失业问题,缓解就业压力。

(6)从事新兴高科技产业和保健业的中小企业。从有关国家的发展经验来看,从事高科技产业经营的中小企业,虽然风险较大,但只要上市或收回投资,则具有巨大的发展潜力。

2. 依据行业集中度进行中小企业的行业定位。如前所述,中小企业在发展中应选择能发挥自身特长、适合自身发展的行业。鉴于各个行业部门的生产技术特点不同,其企业规模与技术经济指标的依存度关系也不一样,所以它们应有各自的企业规模结构。一般而言,重工业应以大型企业为主,轻工业应以中小型企业为主。在重工业中,采掘工业和原材料工业应以大型企业为主,制造业应以中小型企业为主。钢铁、有色金属、电力、石油、煤炭、汽车制造和飞机制造等部门,应以大型企业为主,而一般的机器制造行业和轻工、纺织行业,则应以中小型企业为主。

因此,中小企业行业定位的方针是要形成合理的产业组织结构,从资源和生产条件的充分而合理利用、分工协作和技术进步原则及经营效益原则出发,瞄准新、特、优、专,在服务业、多品种、多花色、多规格、小批量产品、手工工艺品、传统产品、民族特色产品、电子、机械零部件,以及无污染或少污染产品上做文章。例如,根据国务院发展研究中心情报中心的调查资料,亚太经济合作组织在华投资的中小企业,41.9%集中在劳动密集型的服装、电子、纺织、塑料和食品等行业中,其中,11.7%在服装及其他纤维制品制造业,9.9%在电子及通信设备制造业,7.4%在纺织业,7.2%在塑料制品业,这四个劳动密集型行业成为当今在华外商投资行业集中度最高的四个行业(见表3-8)。

表3-8 APEC在华中小企业的行业分布

主要行业	所占比重(%)
服装及其他纤维制品制造业	11.7
电子及通信设备制造业	9.9
纺织业	7.4
塑料制品业	7.2

续表

主要行业	所占比重（%）
食品加工业	5.7
金属制品业	5.7
化学原料及化学制品制造业	5.3

注：表中各行业企业所占比重按企业个数计算。
资料来源：国务院发展研究中心情报中心：APEC成员在华投资的中小企业经营环境调查研究报告。

可见，中小企业行业集中度比较高的行业一般具有以下特点：①产品结构比较复杂，品种规格多，机械工业即属于这一类。以少数大型企业为中心，在搞好专业化协作的基础上，主要发展中小型企业，这样经济效果尤佳。②产品的市场需要变化快，花色品种要求多。纺织工业和日用轻工业即属于这一类。采用中小企业生产，机动灵活，适应性强。③产品制造的各个工序及各种零件和部件的加工，不一定都要在一个企业内进行，可以组织企业间协作。例如，纺织工业的纺纱、织布、针织、印染，机械工业的铸造、锻压、金属切削，各种零件和部件的加工，都可以由几个企业或许多企业分工协作生产。这样以中小型企业为主，每个企业只担负一个工序、一种工艺或者只生产几种零部件，不但有利于集中力量改进技术装备，实行产品标准化、通用化和系列化，而且有利于节省投资，加快生产和建设速度。④原料分散，成品运输不便。例如，造纸工业、陶瓷工业、饮料工业等，这些部门以就地生产、就地销售产品的效果最优，所以应主要发展中小企业。综上所述，对于原料来源分散、产品市场小、制程可分割、不具备明显的规模经济效应的行业（或产品），是比较适合于中小企业生产经营的。

3. 依据国家产业政策来确定中小企业的行业定位。根据我国具体情况，国家经贸委已经颁布了关于淘汰落后生产工艺、装备和产品的目录，还颁发了工商投资领域限制重复建设的目录，鼓励和适合中小企业发展的产业指导目录也陆续出台。按照国家产业政策进行中小企业的结构调整，一般来说，要重点支持以下七类中小企业的发展：①科技型中小企业；②都市吸纳劳动力的企业，即劳动密集型中小企业；③资源综合利用型中小企业，对这类中小企业的支持是为了限制粗放经营、浪费资源；④农副产品深加工企业，这主要是针对乡镇企业而言；⑤出口创汇型中小企业；⑥城镇社区服务型的中小企业，其中很多属于第三产业企业；⑦商贸物流型中小企业，国家在流通领域中要扶植能满足社会各方面需求的商贸物流型的中小企业。

要促进中小企业由劳动密集型产业向资本密集型产业、技术密集型产业及知识密集型产业发展。因此，我国的中小企业必须按照产业发展指导目录选择适合自己发展的行业。

第4章　中小企业发展现状的问卷调查与实证分析

第一节　中小企业发展中所面临的问题[①]

摸清我国中小企业的发展现状与面临的问题,是实施各种扶持和促进中小企业发展政策的重要依据。受国务院发展研究中心委托,我们针对北京、辽宁、江苏、浙江、湖北、广东、云南等七省市14000多家中小企业进行了问卷调查,就中小企业的所有制及行业分布等七个方面所面临的问题进行了剖析,并为解决这些问题提出对策性建议。

一、样本基本情况

问卷调查的样本是国务院发展研究中心通过七省市乡镇企业局、中小企业协作办、统计局、大专院校等部门人员帮助发放与回收的。此次调查共发放问卷14000份,收回有效问卷3027份。利用计算机数据库语言按分析需求编程,然后进行分类统计和汇总。样本分布见表4-1。由于填表方面的原因,各类指标汇总时会出现正常的误差,但不影响对总体结果的分析。样本的所有制类型、隶属关系与总体的中小企业情况分布比较接近,样本企业能比较好地反映总体中小企业的情况。

二、体制转型与产销竞争力

（一）中小企业体制转型已初见成效

在随机抽样的总共3027家企业中,对企业所有制形式与隶属关系问题共有1439家和1415家样本企业进行了回答。我们发现,其中国有企业占30.09%,集体所有制企业占31.83%,私营企业占14.66%,中外合资企业占6.95%,联营企业占2.29%,其他类型的企业占14.18%,显示我国中小企业所有制性质发生了比较明显的转变,非国有制中小企业已经占据了总数的近70%。国有中小企业虽然目前还有30%,但已逐步从市场中退出,表明体制改革已见成效,企业体制转型趋势明显。当然,调查中也显示国有中小企业退出市场的空间仍然很大,体制转型的任务远没有完成（见表4-1）。

[①] 原载《中国社会科学》,2003年第2期。

表 4-1 企业所有制类型及所属关系

类型	样本数（个）	占比（%）	隶属关系	样本数（个）	占比（%）
国 有	433	30.09	部属	46	3.25
集 体	458	31.83	市属	511	36.11
私 营	211	14.66	区县	382	30.00
中外合资	100	6.95	乡镇	305	21.55
联 营	33	2.29	其他	171	12.08
其 他	204	14.18			
合 计	1439	100.00	合计	1415	100.00

数据来源：调研组统计分析而行（下同）。

在隶属关系上，市属企业占36.11%，县（区）属企业占30%，乡镇企业占21.55%，部属企业仅占3.25%，其他类型的企业占12.08%，表明我国中小企业隶属关系的传统格局已被打破，中央直属中小企业数量很少，地方性中小企业异军突起，已居主导地位。

（二）中小企业产销竞争力不容乐观

中小企业的产销竞争力可以通过企业亏损、产品产销和出口状况体现出来。

从这次调查的结果来看，七省市中小企业亏损情况比较普遍，平均亏损率达26.8%。亏损状况表现出的所有制特征十分明显，国有中小企业的亏损率最高，达55.8%，集体所有制中小企业亏损率次之，达38%，联营、私营、中外合资企业亏损率相对要低得多，分别为19.2%、21.9%和24.1%。经营绩效所反映出的体制性缺陷非常清晰。从亏损率的地区比较中，也可以得到进一步的佐证。如体制较为灵活的广东、浙江、江苏三省的平均亏损率较低，为14.3%，而辽宁、湖北、云南等省亏损率普遍较高，平均为37.6%（见表4-2、表4-3）。

表 4-2 企业亏损率

类型	样本数	亏损率（%）
国 有	422	55.8
集 体	458	38.0
私 营	211	21.9
中外合资	100	24.1
联 营	33	19.2
其 他	204	25.4

表 4-3 企业亏损情况的区域对比

区域	样本数	亏损率（%）
北 京	416	28.6
广东、浙江、江苏	273	14.3
云南、湖北、辽宁	655	37.6
平 均		26.8

企业的产品产销状况可以通过产销率和设备利用率反映出来。从设备利用率来看，企业的设备利用率普遍都不高，37%的中小企业设备利用率在60%以下，31%的中小企业设备利用率在60%~80%之间；20%的中小企业设备利用率在80%~95%之间，只有14%的中小企业设备利用率在95%以上。从设备利用率的所有制类型分布来看，各所有制中小企业的设备利用率差别很大。其中国有中小企业设备利用率最低，50%中小企业设备利用率在60%以下；中外合资中小企业设备利用率最高，有23%的中小企业设备利用率在95%以上，只有17%的企业设备利用率在60%以下。此外，集体企业的设备利用率也较低（见表4-4）。

表4-4 企业设备利用率

类型	设备利用率分布			
	95%以上	80%~95%	60%~80%	60%以下
国　有	9	21	20	50
集　体	11	18	27	44
私　营	15	24	31	44
中外合资	23	21	39	17
联　营	12	13	46	29
其　他	13	23	25	39
平　均	14	20	31	37

从产销率、设备利用率的地区比较来看，北京、江苏、浙江、广东等省的产销率和设备利用率要高些，而湖北、辽宁、云南三省则相对要低些。设备闲置相对较多（见表4-5）。

表4-5 企业产销率、设备利用率的地区比较

区域	产销率			设备利用率		
	≥100%	90%~99%	≤90%	>95%	80%~95%	<80%
北　京	39.3	28.7	32.5	20.5	16.4	63.1
江苏、浙江、广东	34.4	38.8	26.8	19.00	29.6	51.5
湖北、辽宁、云南	27.4	45.6	27.9	16.2	26.6	59.5

各企业产品出口情况不很乐观。在问及有无产品出口及出口渠道和能否利用国外市场时，有31%的企业做了肯定回答。其中，广东省59%的企业有出口及出口渠道，在七省市中出口情况最好，北京的企业只有14%的企业填了有出口渠道及出口产品（见表4-6）。

在回答"当前出口主要面临的问题"时，在所给出的7个选项中，① 国外市场萎缩是企业所认同的最大问题。这也可以预示：在美国"9·11"恐怖事件以后，全世界经济均受不同程度的影响，全球市场开始出现比较明显的萎缩。

表4-6 企业出口、出口渠道及面临问题地区比较

地区	有无出口及出口渠道（%）		存在问题（%）						
	有	无	A	B	C	D	E	F	G
广 东	59	41	23	13	16	17	15	8	8
湖 北	22	78	4	4	9	30	22	22	9
江 苏	37	63	19	12	26	33	2	5	2
辽 宁	20	80	8	4	11	24	33	20	1
云 南	32	68	23	5	15	21	15	19	1
浙 江	35	65	32	13	18	21	2	13	2
北 京	14	86	33	21	8	15	3	15	5
平 均	31	69	20	10	15	23	13	15	4

三、信息来源与外部协作

在经营活动中的市场、技术、金融、人才四个方面的信息中，在2838家回答了此问题的企业中，有1583家中小企业认为市场信息最重要，占比为55.8%；认为人才信息最重要的有819家，占比为28.9%，有287家企业认为技术信息最为重要，占比为10.1%；认为金融信息最重要的企业数最少，只有149家，占比为5.3%。这种对经营信息重要性的位次排列，也表现了地区的完全一致性，其相关系数达到1.00（见表4-7）。这种对信息重要性的判断，反映了目前企业对市场和人才的相对重视程度。

表4-7 企业对经营信息重要性排序

区域	样本数（个）	重要信息选项选择个数及占比（%）							
		市场	占比	技术	占比	金融	占比	人才	占比
北 京	1491	806	54.1	163	10.9	69	4.6	453	30.4
广东、江苏、浙江	459	263	57.3	58	12.6	19	4.1	119	25.9
湖北、辽宁、云南	888	514	57.9	66	7.4	61	6.9	247	27.8
总 体	2838	1583	55.8	287	10.1	149	5.3	819	28.9

① A. 国外市场萎缩；B. 来自国外企业的竞争加剧；C. 来自国内的竞争加剧；D. 出口价格下跌；E. 缺少生产自己；F. 缺少出口信息和渠道；G. 其他。

从信息来源的七个选项中[①], 企业从政府渠道获得的信息量较小, 尤其是来自政府方面的市场信息和技术信息则更少, 在所有 7 个选项中均排第 5 位（见表 4-8）。这说明政府对企业经营过程中主要信息的支持远远不够, 政府对企业的信息服务的空间相当大。

表 4-8　企业信息来源位次表

类别＼来源	A	B	C	D	E	F	G
市场信息	1	6	5	3	4	2	7
技术信息	1	2	6	5	4	3	7

四、企业财务与融资

（一）中小企业财务状况

1998 年, 占抽样中小企业总数的 68.24% 的企业有固定资产投资, 占抽样企业总数 84.37% 的企业有流动资金（见表 4-9）。

表 4-9　固定资产和流动资金来源

资金比例（%）	固定资产投资 自有比例	固定资产投资 贷款比例	固定资产投资 其他来源比例	流动资金 自有比例	流动资金 贷款比例	流动资金 其他来源比例
0.0	8	77	84	9	67	81
10.1~49.9	11	13	7	12	20	10
50.0~99.0	14	7	5	24	10	5
100.0	67	3	4	55	3	4
合　计	100	100	100	100	100	100

调查统计显示, 中小企业固定资产投资很少可以从银行获得, 主要靠自有资金运作。固定资产 100% 依靠自有的占 67%；50% 以上的固定资产投资依靠自有资金的占 81%, 初期固定资产投资全部来自金融机构的只有 3%；而半数以上的固定资产投资来自贷款的比例也不过 10%。这表明, 中小企业存在相当程度的融资困难。当然, 困难的程度也存在地区差异。北京市中小企业 50% 以上的固定资产投资和流动

[①] 七个选项为：A. 靠独自调查研究收集（包括从报纸、杂志等外部媒介收集）。B. 企业领导层通过社交活动收集。C. 来自政府有关部门。D. 利用顾客的反馈信息。E. 交易会、展览会、专业会议。F. 科技文献、专刊。G. 其他。

资金来源于金融机构贷款的比例更低些,分别只有4%和7%(见表4-10)。

表4-10 固定资产投资和流动资金来源的地区比较

资金比例	固定资产投资(大于50%)						流动资金(大于50%)					
	自有		贷款		其他来源		自有		贷款		其他来源	
	样本数	比例	样本数	比例	样本数	比例	样本数	比例	样本数	比例	样本数	比例
北京	595	87	27	4	77	11	1269	83	109	7	183	12
广东、浙江、江苏	239	77	44	14	17	6	297	77	75	20	19	5
云南、湖北、辽宁	306	74	76	18	31	8	441	70	156	25	42	7

(二)贷款来源和贷款利率

在3027家企业中,有1666家企业获得贷款,占总数的55.05%(见表4-11)。从调查中发现,67%的企业从国有商业银行获得贷款,86%的企业获准的贷款期限为1年以下,仅有14%的企业能得到2年左右期限的贷款。从总体上来看,企业所获贷款的期限普遍过短,贷款渠道比较单一,贷款额度偏小,贷款利率偏高。另外,从不同的所有制类型企业的贷款来源和贷款条件来看,可以发现,68.7%的国有中小企业有贷款,高于中外合资企业(34.5%)34个百分点,集体所有制和联营中小企业的贷款利率比国家、个体和中外合资企业的贷款利率明显低,中外合资企业的贷款利率最高,为8.98%。另外国有商业银行是所有类型企业贷款的主要来源,91%的国家企业和70%的中外合资企业都从国有商业银行贷款,渠道过分单一。集体企业除了57.3%的企业从国有商业银行贷款外,还有26%的企业从农村信用社贷款。个体私营企业除了41.1%的企业从国有商业银行贷款外,还有14%的企业从非金融机构贷款。这些差别说明国有银行对个体私营企业的歧视以及农村信用社把集体企业作为目标市场,反映了各类金融机构对不同所有制类型企业贷款的差别政策。对国有中小企业的过多贷款,同时也反映了国有银行受行政干预的程度(见表4-12)。

表4-11 企业贷款来源和贷款条件

贷款具体来源	比例	贷款期限	比例	贷款利率(%)	比例	贷款额度	比重(%)
国有商业银行	67	2~10个月	38.9	0.08~2.4	26.8	5万~80万元	38.9
农村信用社	10.1	1年	47.1	4.56~6	15.9	100万元以上	61.1

续表

贷款具体来源	比例	贷款期限	比例	贷款利率（%）	比例	贷款额度	比重（%）
城市商业银行	5.1	20~36个月	14.0	6.3~9.6	34.5		
城市信用社	4.3			13~21	22.8		
外资银行	0.7						
信托投资公司	1.8						
其　他	11.0						
总　计	100	—	100		100		100

表4-12　贷款来源和条件的所有制类型比较

目前所有制类型	有贷款的企业比例（%）	贷款来源比例
国　有	68.7	91%—①
集体所有	49.4	57.3%—①，25%—⑥
个体私营	52.9	41.1%—①，26%—⑧
中外合资	34.5	70%—①
联营或其他	56.8	72%—①，18%—⑧

注：贷款来源中①国有商业银行；②股份制商业银行；③城市商业银行；④外资银行；⑤城市信用社；⑥农村信用社；⑦信托投资公司；⑧其他。

五、企业人才、技术与研发能力

（一）人才缺乏

1998年，七省市中小企业年末平均职工人数为215人，实际在岗人员176人，有18%的人员从中分流出去。企业职工平均受教育程度见表4-13，表中显示，1998年企业职工具有高中以上文化程度的只占28.5%，其中有中专学历的人数占20.9%，具有大专及大学学历的人数占7.4%，而具有研究生学历的人数只占0.24%。从1995—1998年，职工学历层次提高并不明显。

表4-13　职工受教育程度　　　　　　　　　　　　　　单位：（%）

受教育程度	1995年	1996年	1997年	1998年
中专（含技校、职高、高中）	17.8	18.5	20.3	20.9
大专及大学	6.2	6.6	7.3	7.4
研究生	0.16	0.18	0.19	0.24

（二）技术水平和研发能力不高

从总体情况来看，我国中小企业的设备技术水平并不高。主要设备还是20世纪

70—80 年代的，90 年代的设备拥有量比较少。在 1637 个被抽样企业中，只有 4.2% 的企业完全使用 90 年代以后的设备，而使用半数以上 90 年代设备的企业也不过 36%。到目前为止，仍有 15% 的企业半数以上的设备还是 30 年以前的，甚至还有 0.6% 的企业所使用的技术和设备完全是 70 年代以前的过时技术和陈旧设备。

从地区对比来看，沿海的广东、浙江、江苏等省，无论是使用新技术还是淘汰旧设备都要领先于其他各省，其使用新设备的比例远高于其他地区。另外，调查中也发现，中外合资、私营和联营企业的设备技术水平要明显高于国有和集体所有制中小企业（见表 4-14）。

表 4-14　企业使用设备技术对比

区域	样本数	70 年代前设备技术 100%	70 年代前设备技术 50%以上	70-80 年代设备技术 100%	70-80 年代设备技术 50%以上	90 年代设备技术 100%	90 年代设备技术 50%以上
北　京	465	1.1	12	3	52	4.3	36
广东、浙江、江苏	390	0	6	3.3	50	5.1	44
云南、湖北、辽宁	782	0.6	22	2.4	47	2.3	31
总体/平均	1637	0.6	15	2.8	49	4.2	36

在被抽样的中小企业中，有自主开发能力的只有 34%，这说明我国中小企业产品自主开发能力比较薄弱，企业独立拥有的技术即专有技术比较少，对外技术依赖比较强，产品因而缺乏市场竞争力。

六、企业竞争措施与经营战略

（一）竞争措施

在降价、运用新技术、改进质量、加强营销、改进包装、开发新产品等 6 个选项中，以运用新技术作为第一选项（即第一重要的措施）的中小企业占 38%；其次为以降价作为主要竞争手段，其第一选项占比为 30%。这两项措施是中小企业强化竞争手段的最主要的举措，而其他则处于相对弱项，依次为 11%、10%、7%、6%。从调查中可以看出，中小企业对产品的包装问题普遍不太重视，这表现出一种全国性的趋势。另外需要说明的是，中小企业对运用新技术呈现一种矛盾心理，即开发新产品是心有余而力不足。而降价措施在影响中小企业竞争手段选择的权重如此之高，反映出我国中小企业经营者经营思想还比较落后，同时也很好地解释了我国中小企业缺乏竞争力、产品质量不高、市场价格此起彼伏、市场恶性竞争循环不止的原因。

从区域比较来看，在"运用新技术"的取向上，并没有表现出区位技术优势的特点。如地处技术密集地域的北京市中小企业，对于运用新技术的意愿不如沿海的江苏、浙江、广东三省，甚至也不及区位技术优势相对较弱的湖北、辽宁、云南等省（见表4-15）。

表4-15 企业竞争措施选择

区域	降价 1	降价 2	降价 3	运用新技术 1	运用新技术 2	运用新技术 3	改进质量 1	改进质量 2	改进质量 3	加强营销 1	加强营销 2	加强营销 3	改进包装 1	改进包装 2	改进包装 3	开发新产品 1	开发新产品 2	开发新产品 3
京	30	10	12	36	37	10	10	19	14	7	18	17	6	9	20	8	7	26
苏、浙、粤	26	6	11	43	32	12	15	28	15	6	21	14	1	2	3	10	11	45
鄂、辽、滇	30	5	9	40	33	10	10	31	15	6	20	21	1	2	3	14	8	42
总体	30	8	11	38	35	10	11	23	15	7	19	18	4	6	12	10	8	38

（二）经营战略

在问卷中有关经营战略的选择给出了11个选项，要求企业就战略选择进行排序。调查显示，企业经营选择主要集中在"降低经营成本"方面，有近半数（47.1%）的中小企业以此作为企业发展的第一战略。这反映了我国中小企业经营成本较高和经营绩效欠佳的真实状况。而"加强研发能力""多元化经营"作为第二战略的中小企业占43%，以此为第一战略的中小企业有20.7%。这也从另一个侧面反映了知识经济的发展对企业经营者经营思想的影响。"建立和完善营销网络"与"提高企业信誉"是第三层次的经营战略。而"提高职工素质""扩大经营规模""增强融资能力""采用和吸纳新技术"则处于相对次要的地位（见表4-16）。

表4-16 企业经营战略选择

战略选择	第一位 企业数	第一位 占比（%）	第二位 企业数	第二位 占比（%）	第三位 企业数	第三位 占比（%）
1. 降低经营成本	1337	47.1	288	10.2	259	9.2
2. 多元化经营	286	10.1	623	22.0	156	5.5
3. 加强研发能力	301	10.6	594	21.0	442	15.7
4. 建立完善销售网络	243	8.6	445	15.7	507	18.0
5. 提高企业信誉	222	7.8	278	9.8	461	16.3
6. 扩大经营规模	119	4.2	172	6.1	338	12.0
7. 采用和吸纳新技术	82	2.9	148	5.2	202	7.2
8. 提高职工素质	129	4.5	176	6.2	303	10.7
9. 增强融资能力	88	3.1	83	2.9	113	4.0

续表

战略选择	第一位 企业数	第一位 占比（%）	第二位 企业数	第二位 占比（%）	第三位 企业数	第三位 占比（%）
10. 与外商合资办企业	22	0.8	22	0.8	37	1.3
11. 其他	9	0.3	4	0.1	2	0.1
合　计	2838	100.0	2833	100.0	2820	100.0

（三）环境保护

这一关乎企业长远发展的战略问题，没有得到中小企业的足够重视。在回答有关企业排污达标情况的问题时，67%的中小企业填了污染排放达标，有33%的中小企业排污未达标。对于企业的环保意识，问卷设计的问题是：如有低息贷款可用于购置环保设备或引进环保技术，贵企业是否考虑利用？结果有35%的企业愿意购置设备，有19%的企业愿意引进技术，而多达46%的企业既不愿意购置设备也不愿意引进技术，宁可挪作他用。

七、企业经营环境与政府服务

（一）经营环境

在问卷中就企业对经营环境的评价设计了5个子项，分别为"法制环境""资金环境""市场环境""信用环境""社会环境"。每个子项下分"好""一般""差"3个选项。结果显示，对经营环境评价"一般"的居多，且呈总体一致性，其比例分别为57%、51%、55%、47%、64%。而认为经营环境"好"的比例依次为30%、12%、16%、18%、18%；认为经营环境"差"的比例依次为13%、37%、29%、35%、18%；两组数据较为接近。这可以理解为企业对于目前的经营环境只是认为尚可，还谈不上满意（见表4-17）。

表4-17　企业对经营环境的评价

区域	法制环境 好	法制环境 一般	法制环境 差	资金环境 好	资金环境 一般	资金环境 差	市场环境 好	市场环境 一般	市场环境 差	信用环境 好	信用环境 一般	信用环境 差	社会环境 好	社会环境 一般	社会环境 差
北　京	25	65	10	6	60	34	6	57	37	12	56	32	12	71	17
广　东	45	37	18	25	44	31	29	54	17	36	32	32	31	54	15
江苏浙江	39	50	11	26	53	21	19	64	17	25	45	30	20	64	16
辽宁湖北	38	45	17	14	35	43	32	48	20	28	34	38	30	49	21
云　南	21	54	25	13	44	51	25	52	23	18	35	47	18	59	23
总　体	30	57	13	12	51	37	16	55	29	18	47	35	18	64	18

从区域比较来看，区位优势相对较弱的湖北、云南、辽宁三省的企业对经营环境的满意度更低，在"差"这一选项上的比例远高出京粤苏浙等省市。

（二）法制环境

在所有5个子项中，尽管中小企业对法制环境的认同率最高，但也只有30%。从地区分布来看，江苏、浙江、广东、湖北、辽宁五省中小企业对法制环境的评价要好些，有40%的企业选择了"好"，尤其是广东省的企业有45%认为法制环境为"好"，云南省的企业的满意率最低，仅为21%，而不满意（即选"差"）率最高，为25%。

（三）资金环境

从调查的结果看，企业普遍认为资金环境不太满意，总体满意率（即选"好"）只有12%，在所有的环境选项中最低。在七省市中认为资金环境"差"的以湖北、辽宁、云南为最高，分别为43%（湖北、辽宁两省的平均百分比）和51%。这反映经济欠发达、欠发展地区中小企业的资金环境较差，而东部经济发达地区中小企业资金环境相对较好。

（四）市场环境

被调查的企业对市场环境评价不高。认为市场环境"一般"的占55%，认为"差"的占29%，认为"好"的只有16%，"差"的比例远远超出"好"的比例。市场环境不好的重要表现之一就是竞争无序和过度竞争。当然，我们说市场经济的灵魂就是自由竞争，而竞争又是企业发展的动力之源。但这里有一个前提，即竞争应是有序的。从调查中发现，目前市场中无序竞争、过度竞争问题比较突出，结果是竞争并未带来企业效益的提高和产品质量的改进，也没有提升企业的发展潜力。

（五）信用环境

在调查时该项注有专门说明：货款能否及时回收，企业间拖欠情况等。被抽样企业对信用环境的评价不高。认为信用环境"一般"的占47%，认为"差"的占35%，只有18%的企业认为信用环境为"好"。这也反映我国中小企业信用欠缺现象严重。

（六）社会环境

该选项也专门注明：企业不合理摊派负担程度、对中小企业的社会观念、政府部门为企业提供服务情况等。结果显示，企业认为社会环境"好"和"差"的比例相同，均为18%；认为"一般"的居多，占64%。

（七）政府服务

从总体上来说企业从政府获得的服务并不十分理想。有47%的企业获得政府的信息服务，34%的企业获得政府的中介服务，53%的企业获得政府的咨询服务，另有43%的企业获得政府的经营服务和7%的其他服务。"政府服务"在服务的类型及覆盖面上存在比较明显的地区差异。如北京市的中小企业认为得到的政府服务在七个省市中平均最低，其次为浙江，而广东则最高（见表4-18）。

表4-18 企业获得的政府服务

区域	信息服务		中介服务		咨询服务		经营指导服务		其他服务	
	有	无	有	无	有	无	有	无	有	无
北京	39	61	20	80	37	63	31	69	7	93
广东	60	40	34	66	56	44	40	60	15	85
湖北	46	54	50	50	39	59	41	6	94	
江苏	52	48	40	60	61	39	44	56	1	99
辽宁	43	58	31	69	54	46	59	41	7	93
云南	49	51	34	66	59	41	49	51	9	91
浙江	42	57	28	72	44	56	21	79	4	96

调查的结论是中小企业虽从政府获取过各种的服务，但总体上来说并不很多。政府服务的针对性不强，缺乏实效。也即政府所提供的有效服务不多，或者说政府服务还不到位。

八、不利于企业发展的主要因素

问卷中要求抽样企业在10个不利于企业发展的因素中选出最主要的三项，结果第一选项依次为"资金不足"（17.62%）、"缺乏人才"（16%）和"行业内部过度竞争"（9.98%）；第二选项依次为"资金不足"（19.45%），"行业过度竞争"（17.63%），"市场需求不足"（15.77%）和"缺乏人才"（12.78%）；第三选项依次为"行业内部过度竞争"（20.84%）、"市场开拓能力不足"（15.17%），"市场混乱"（14.33%）（见表4-19）。

表4-19 不利于企业发展的问题

类别	第一选项		第二选项		第三选项	
	选该项样本企业数	（%）	选该样本企业数	（%）	选该样本企业数	（%）
1. 资金不足	500	17.62	545	19.45	162	5.89
2. 市场需求不足	163	5.75	442	15.77	321	11.68
3. 内部管理水平较低	69	2.43	235	8.39	226	8.22
4. 缺乏人才	454	16.0	229	12.78	210	7.64
5. 经营场所不足	48	1.69	127	4.53	95	3.46

续表

类别	第一选项 选该项样本企业数	(%)	第二选项 选该样本企业数	(%)	第三选项 选该样本企业数	(%)
6. 市场开拓能力不足	162	5.74	399	14.23	417	15.17
7. 行业内部过度竞争	283	9.98	494	17.63	573	20.84
8. 市场混乱	98	3.45	234	8.38	394	14.33
9. 政府政策或服务跟不上	51	1.80	99	3.53	318	11.56
10. 其他	9	0.32	9	0.11	33	1.72
合　计	2837		2813		2749	

调查的结果表明，尽管不利于企业发展的因素很多，但是资金不足、人才短缺、市场需求不足、竞争无序、过度竞争，是目前我国中小企业面临的最大问题。

九、简要结论及政策建议

基于以上的分析，我们得出如下的结论和建议。

（1）从问卷调查的数据统计分析可知，我国中小企业的主要特点是量大面广、起点不高。根据这一特点，在国民经济处于转型时期，我国中小企业都有一个尽快提高自己"二次创业"能力，不断提升自己的资源禀赋和要素禀赋，从劳动密集型到资金密集型再到技术密集型、信息和知识密集型转型的问题。否则，中小企业在体制方面的比较优势可能变成劣势。

（2）中小企业大都面临结构调整和转型升级的挑战，而结构调整的重点是发展科技型、都市吸劳型和社区服务型三种类型的中小企业。为此应充分认识我国中小企业转型升级的内涵，认清我国中小企业在"十五"期间转型升级的内容与重点是在研究开发、技术输入、技术合作、技术购买、专利授权、自动化生产技术和设备、防止污染技术和设备、工业设计、人才培训、建立国际品牌形象等"技术密集"和"知识密集"方面。

（3）制约我国中小企业发展的瓶颈问题，主要是资金不足、人才匮乏、技术不高。为此，我国中小企业必须做出如下选择：①建立中小企业创新人才的激励机制，形成技术人才培养、使用、评价、激励的市场机制，创造优秀人才能脱颖而出的宽松的市场环境；制定优惠政策，吸引外国、外地区的高科技人才到中小企业工作，搞研究开发；利用科研机构、培训中心开展对中小企业的创业、技能、学历等培训，逐步建立中小企业师资培训制度，提高中小企业经营者的素质、研究人员的科技水平和职工的生产技能，从而提高中小企业技术创新的能力。②拓宽融资渠道。为中小企业提供信用担保的基金应更好地运转起来,与之相对应,"二板市场"也应及早运作起来。另外,中小企业应从间接融资、直接融资和风险投资等多种途径筹集资金。政府必须加大力气整治社会信用环境不良的状况,切实帮助企业解决资金难的问题。商业银行也应摈弃对中小企业的歧视做法,在贷款期限、贷款额度及贷款利率方面给其同等的待遇。

(4) 政府要加快经济体制转轨的进程,建立健全我国中小企业发展的支持体系,包括建立健全政府管理机构、创业政策、产业政策、财税政策、法律政策、金融政策、国际化经营政策、信息咨询服务网络,以及综合服务等支持体系,帮助企业提高经营绩效,引导中小企业实现转型升级与快速成长。必须尽早完成政府职能的转变,加强政府服务的针对性和实效性,强化对企业的信息服务,提高宏观调控的水平,结合产业政策,充分运用市场的调节机制,在防止市场垄断、确保公平竞争的基础上,防止和限制过度竞争。

(5) 发展、环保与就业兼顾。在注重技术密集型和资本密集型产业的同时,还应大力继续发展劳动密集型产业。应慎重对待我国产业部门(包括乡镇企业)正在走向一条资本密集排斥就业的技术化倾向,防止资本"深化"和资本"替代"(人力)的进一步发展,以保持中小企业作为我国社会最主要的就业源功能。此外,还应强化环境保护意识,兼顾可持续发展。

问卷调查报告从总体上显示,这几年尽管我国中小企业面临人才、技术、资金等方面的困难,但其发展速度仍然是很快的,远远超过了国有大企业。总结其经验:一是体制先进,即产权明晰、生于市场、长于市场、贴近市场;二是机制灵活,具有资金调度灵活、技术单纯且易普及的特性。因此,只要顺利地完成我国中小企业的体制转型和产业结构升级,重视人才培养和技术创新,切实解决企业发展各种困难,中小企业必将快速发展,并将成为我国"十五"期间国民经济持续增长的重要力量。

第二节　中小企业财务融资现状与对策探析[①]

一、样本基本情况

问卷调查的样本,主要是分布在湖北省和广东省的中小企业。此次问卷调查共发放 2000 份,收回 365 份答卷,经过筛选获得 303 份有效答卷,其中有 4 个样本企业在"目前所有制类型"中未填,所以在进行不同所有制企业比较分析时,样本总数调整为 299 个。利用计算机数据库语言按分析需要编程,然后进行分类统计处理

---

① 原载《数量经济技术经济研究》,2002 年第 2 期。

和汇总（见表4-20）。

表4-20 调查样本的基本情况

所有制类型分布					隶属关系分布		
类型	创立时所有制		目前所有制		类型	样本数（个）	比重（%）
	样本数（个）	比重（%）	样本数（个）	比重（%）			
国　有	76	25.1	75	25.1	部　属	5	1.6
集体所有	139	45.9	102	34.1	市　属	110	36.3
个体私营	25	8.2	41	13.7	区县属	38	12.5
中外合资	30	9.9	29	9.7	乡村办	105	34.7
联营其他	33	10.9	52	17.4	其　他	45	14.9
总　计	303	100.0	299	100.0	总　计	303	100.0

行业分布							
类型	样本数（个）	比重（%）	类型	样本数（个）	比重（%）	类型	样本数（个）	比重（%）
机　械	39	12.9	食　品	28	9.2	通　信	6	2.0
电子电器	42	13.9	轻　工	35	11.5	商　业	3	1.0
化　工	32	10.6	冶　金	8	2.6	餐　饮	2	0.7
建　材	24	7.9	建　筑	9	3.0	其他服务业	7	2.3
纺　织	21	6.9	运　输	2	0.7	其　他	45	14.8

样本数总计：303；比重：100

由表4-20，我们还可以发现，1/4以上的集体所有制企业发生了所有制类型的改变，一般转变为个体私营或其他类型的企业，如股份合作制、股份制等。这不但体现了国家抓大放小的政策，而且体现了集体所有制企业在提高效率、制度改革方面快于国有企业。

随着我国改革开放程度的加深，中小企业的年平均创立数量迅速增加，而注册资本规模趋小。这反映了我国的市场经济环境为中小企业的发展提供了较适宜的条件，也反映了中小企业在国民经济中的地位逐步增强。

二、固定资产投资与流动资金来源剖析

1998年，样本企业中185家有固定资产投资，占样本总数的61.1%（见表4-21）。250家有流动资金，占样本总数的82.5%（见表4-22）。

表4-21　固定资产投资资金来源及占比

资金比例（%）	企业自有资金		金融机构贷款		其他来源*	
	（家）	（%）	（家）	（%）	（家）	（%）
0.0	21	11.4	123	66.5	148	80.0
0.5~49.5	28	15.1	27	14.6	27	14.6
50~100	136	73.5	35	18.9	10	5.4
总　计	185	90.0	185	100.0	185	100.0

注：主要指员工集资、总公司投资、股份化等来源。

表4-22　流动资金来源及占比

资金比例（%）	自有流动资金		金融机构贷款		其他来源*	
	（家）	（%）	（家）	（%）	（家）	（%）
0.0	33	13.2	125	50.0	206	82.4
0.5~49.5	33	13.2	27	31.2	26	10.4
50~99	84	33.6	27	10.8	14	5.6
100	100	40.0	20	8.0	4	1.6
总　计	250	100.0	199	100.0	250	100.0

注：主要指员工集资、总公司投资、股份化等来源。

值得关注的是，有相当多的企业在固定资产投资和流动资金需求中缺乏资金，同时3/4的企业资金主要靠自有资金积累，金融机构贷款对中小企业的支持非常有限。所以要解决中小企业资金问题，重点应放在加大外部金融机构对中小企业的支持力度或采用其他形式为企业筹资，而不是增加企业内部积累率。还可以看出，个体私营企业和其他或联营企业的固定资产投资，对自有资金的依赖程度略高于集体企业和中外合资企业，明显高于国有企业。

三、贷款来源与贷款条件剖析

303家企业中，162家使用贷款，占企业总数的53.5%。71%的企业从国有商业银行贷款，93.1%的企业贷款期限为1年内的短期，仅有7%的企业能得到2年左右期限的贷款，贷款期限普遍偏短，贷款渠道集中单一，贷款额度偏小。

进一步考查贷款利率，可以求得企业简单平均贷款利率为6.6%。

从不同所有制类型企业的贷款来源和贷款条件。可以看到除40.9%的个体私营企业从国有商业银行贷款外，还有1/4的企业从非金融机构贷款（见表4-23）。这些差别表现出国有银行对个体私营企业的歧视，以及农村信用社把集体企业作为目标市场，不但反映了各类金融机构对不同所有制类型企业贷款的差别政策，以及国有银行对国有企业的过多贷款,也反映了国有银行受行政干预的程度。

表 4-23　不同所有制类型企业的贷款来源和贷款条件

类型	有贷款的样本数*	I（%）	I'（%）	贷款具体来源的样本选择数**
国　有	75	50（66.7%）	6.33	6.49	47 个选①
集体所有	102	48（47.1%）	7.74	4.59	28 个选①, 12 个选②
个体私营	41	22（53.7%）	5.82	6.81	9 个选①, 6 个选⑧
中外合资	29	10（34.5%）	5.91	8.98	7 个选④
联营或其他	52	29（55.8%）	5.86	4.39	21 个选①, 5 个选⑧

注：*括号内的百分数表示有贷款的样本数占该类型企业样本数的比重。**：①国有商业银行；②股份制商业银行；③城市商业银行；④外资银行；⑤城市信用社；⑥农村信用社；⑦信托投资公司；⑧其他。

四、中小企业发展中不利因素的剖析

目前不利于企业发展的问题,样本企业根据重要顺序选择的分布（见表 4-24）,53.8%的企业选择资金不足,为企业发展最不利的问题。从总体上考察,可以把给定的 10 个不利于企业发展的问题,按对企业的不利程度分为 4 层：第一层最不利于企业的问题是资金不足（209）和行业内部过度竞争（156）；第二层问题是市场开拓能力不足（97）、缺乏人才（96）和市场需求不足（95）；第三层问题是市场混乱（68）和企业内部管理水平较低（66）；第四层问题是政府的政策或服务跟不上（53）和经营场所不足（27）。

表 4-24　样本企业不利问题重要顺序选择

不利问题	第一问题	第二问题	第三问题	总计
（1）资金不足	163	23	23	209
（2）市场需求不足	46	41	8	95
（3）内部管理水平较低	6	36	24	66
（4）缺乏人才	16	47	33	96
（5）经营场所不足	2	9	16	27
（6）市场开拓能力不足	12	45	40	97
（7）行业内部过度竞争	41	48	67	156
（8）市场混乱	5	30	33	68
（9）政府的政策或服务跟不上	5	11	37	53
（10）其他	1	1	5	7
总　计	297	291	286	874

五、建立健全中小企业融资服务体系的对策建议

（一）资金不足的原因剖析

资金短缺是各国中小企业面临的一个普遍性问题。归纳起来，原因主要有三点：①中小企业自有资金有限，从资本市场直接融资存在较大的障碍。绝大多数的中小企业为个体或私营企业，其资金来源主要是企业主自己的储蓄或亲戚朋友的借款。②中小企业难于从银行获得间接融资。一般来说，中小企业规模小，资信度低，可供抵押的物品少，财务制度不健全，破产率高，因此商业化经营的银行会觉得风险太高，产生对中小企业的惜贷现象，毕竟安全性是重要的经营原则。而且，中小企业所需贷款一般单笔数量不大，频率又高，就使得银行对中小企业放款的单位管理费用高于对大企业的相应费用，出于营利性原则的考虑，银行就更加不愿意对中小企业贷款。③中小企业也难以利用商业信用等其他融资方式。中国的商业信用并不发达，在中小企业向大企业销货时，大企业往往延期付款或者以实物充抵货款，而当中小企业向大企业购货时，大企业又往往要求中小企业预付订金，使中小企业苦不堪言。

（二）中小企业资金困境的对策分析

第一，要敢于利用股权融资。股份制已被实践证明是扩大企业资金规模的有效形式。

第二，要善于利用债权融资。债权融资主要包括发行企业债券和向银行借款。由于我国企业债券市场不太发达，中小企业发行债券困难重重，所以在此主要分析银行贷款。一方面要尽量满足银行的合理要求，健全自己的财务制度；另一方面找银行时要有针对性，尽量去找城市商业银行、信用社、民生银行以及国有银行的中小企业信贷部，等将来政策性的中小企业银行建立了，应优先考虑，因为有可能得到利率上的优惠。

第三，尽可能利用商业信用和现金折扣。这就要求中小企业在与其他企业的交往中，注意自己的企业形象，维护并不断提高企业信誉，为利用商业信用创造条件。此外，在向其他企业支付货款时，若有现金折扣条件，应尽量利用。

第四，加速库存的周转速度，尽量减少库存量。对于资金短缺的中小企业来说，应该密切关注市场需求信号的变化，生产适销对路的产品，并加强营销工作。

第五，尽可能利用国家有关的优惠政策。目前国家已经出台了一些相关的财税、投资政策，用好这些政策，对缓解资金短缺压力会起到一定的作用。

第六，在中小企业融资过程中应该把握好几个原则：①融资的预期收益大于融资成本。融资之前，应该先估计一下未来的投资收益如何，这是进行融资的前提。②确定融资规模时要量力而行。③融资期限要与资金使用期限基本对称。需要流动

资金时就进行短期融资，需要固定资产投资或设备更新改造投资时就进行长期融资，切忌短期融资作长期使用。

第三节　法制、融资环境与中小企业竞争策略的选择[①]

竞争策略是企业为使其在产业内处于最佳定位而寻求的实现途径，决定企业竞争策略制定的关键因素应该是：企业的优势与劣势、所在产业所蕴含的机会与威胁（迈克尔·波特，1997），对这四项因素的认识与把握，决定了一个企业取得成功的前景。但如果仅仅以此为根据，来考察并判断一个企业竞争策略选择行为的合理和成功与否，其结论则未免会失之偏颇。这不仅在于，上述理论仅是从管理学和产业组织理论的角度提出的企业竞争策略制定的关键维度，更为重要的还在于，上述理论的提出事实上是将完备的市场制度作为不言自明的前提，而这一前提对于正处于市场经济制度的逐步建立与完善进程中的中国社会，显然并不完全成立。从经济学的角度看，企业作为理性的市场参与者，其竞争行为一定是其经营管理者最大化企业（或其自身）效益的选择，因而必然受到企业所处市场及社会环境条件的影响。在已有的研究文献中，绝大多数研究均从管理学及产业组织理论的角度，讨论不同行业企业竞争策略的设计与构建，而就市场制度的不同完善程度对中小企业竞争策略选择的影响进行的研究尚不多见，特别是拥有较多经验证据支撑的实证研究更是缺乏。因此，本章拟利用2001年北京、辽宁、江苏、浙江、广东、湖北、云南等七省市中小企业的有关调查数据，在控制地区、行业和所有制等相关变量的前提下，就市场制度的不同完善程度对中小企业竞争策略选择的影响做进一步的研究。

一、数据及其说明

本章数据来自国务院发展研究中心预测发展部2001年对北京、辽宁、江苏、浙江、湖北、广东、云南等七省市不同所有制、不同行业中小企业的问卷调查。此次调查共发放问卷14000份，回收有效问卷3027份，回收率为21.6%。调查数据显示，在3027家样本企业中，从地域分布来看，涉及中国东、中、西部，其中，北京1515家、辽宁547家、江苏102家、浙江218家、湖北247家、广东200家、云南198家；从隶属关系来看，省（部）属企业占3.3%，市属企业占36.1%，县（区）属企业占30.0%，乡镇企业占21.6%，其他隶属关系企业占12.1%；从所有制来看，国有企业占30.1%，集体企业占31.8%，私营企业占14.6%，中外合资企业占7.1%，联营企业占2.29%，其他所有制企业占14.1%。总体上看，非国有制企业占

[①] 原载《财贸经济》，2004年第10期。

总数的70%，非公有制企业占总数的近40%；从行业分布来看，机械业占17.3%，电子业占9.3%，化工业占11.8%，建材业占6.5%，纺织业占8.4%，食品业占4.4%，轻工业占17.79毛，冶金业占4.6%，建筑业占2.3%，运输业占0.8%，通信服务业占0.8%，商业占1.3%，餐饮业占0.6%，其他服务业占12.59%，其他占1.8%，调查数据总计覆盖15个行业。问卷内容涉及中小企业的所有制、行业、经营绩效、企业财务与融资、人才、研发、竞争策略、信息来源与外部协作、经营环境与政府服务等方面。其中有关企业竞争策略选择的问题设计为：面对竞争，企业优先采取何种措施？共有6个选项，分别是：①降低产品价格；②改进技术，降低生产成本；③改进产品质量；④改进营销；⑤改进包装；⑥开发新产品。要求被调查企业从中选择最重要的二项，并按重要程度排序。有关企业经营环境的问题设计为：请根据企业的真实感受，对企业的经营环境做出评价。问题共涉及五个方面：①法制环境（企业合法权益能否得到有效保护、发生经济及知识产权纠纷时能否得到及时合理的解决等）；②资金环境（企业融资的难易程度）；③市场环境（企业间的公平交易情况，是否存在大客户以大欺小的情况等）；④信用环境（货款能否及时回收、企业间的拖欠情况等）；⑤社会环境（对企业的不合理摊派的负担程度，对中小企业的社会观念，政府为企业提供服务的情况等）。每一方面均提供"好、较好、一般、较差和差"共五个选项，要求被调查企业从中选择一项。

图4-1显示不同地区中小企业将相应竞争策略作为第一选项（最为重要）的企业数占该地区样本企业总数的比例。

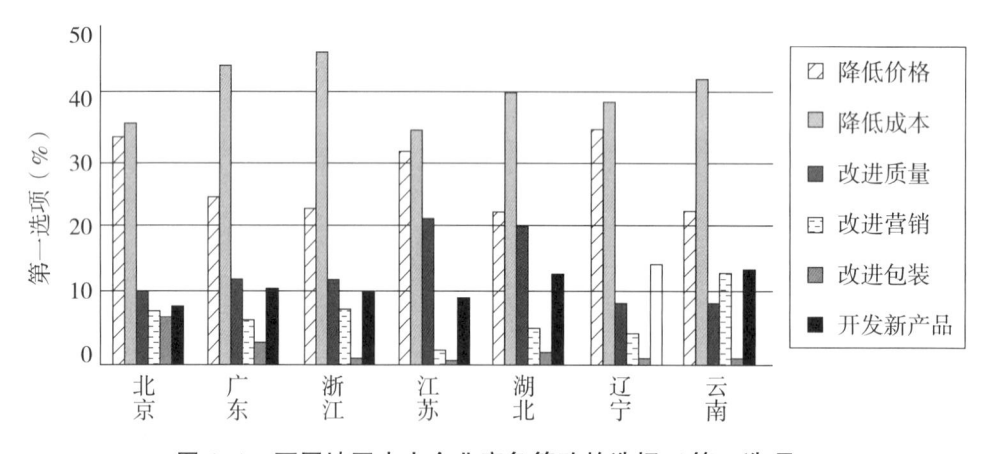

图4-1 不同地区中小企业竞争策略的选择（第一选项）

图4-2显示不同地区中小企业认为相应竞争策略重要程度的综合得分。综合得分的计算方法为：定义第一选项权重得分为3，第二选项权重得分为2，第三选项权重得分为1；然后，分别以该地区企业将相应竞争策略作为第一、二、三选项的企业数占该地区样本企业总数的百分比数乘以各自的权重得分，再相加而得。

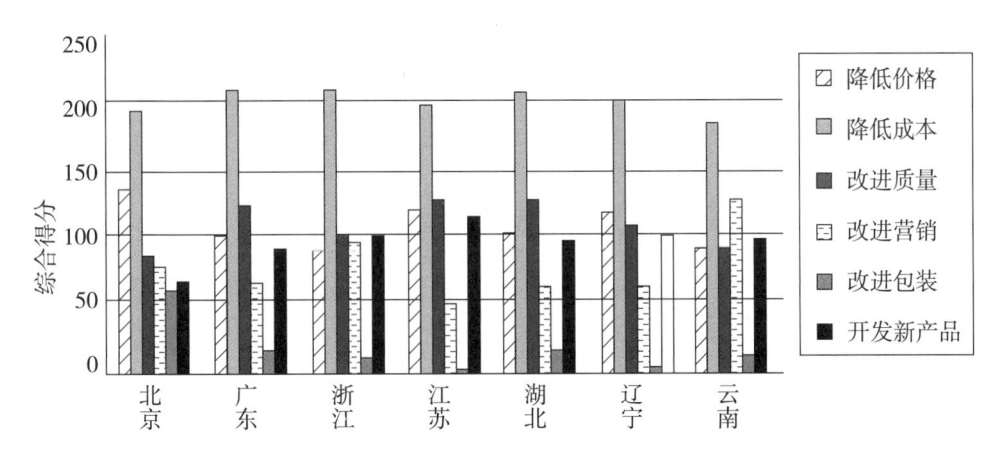

图 4-2　不同地区中小企业竞争策略的选择（综合得分）

比较图 4-1、图 4-2 及其具体数据，不难发现，不同地区中小企业对不同竞争策略的重要程度的评价，在第一选项比例与综合得分这两种测度方法中，并没有显著差异；在不同的地区，这两组数据的相关系数均大于或接近 0.9，且显著性水平 P<0.050。

表 4-25 显示不同地区中小企业对企业经营环境从法制环境、资金环境、市场环境、信用环境和社会环境做出不同评价的百分比。从总体上来看容易发现，北京、浙江、江苏和广东等省市企业对上述五个方面的评价均明显高于辽宁省、湖北省，后者又高于云南省；而在资金环境、市场环境、信用环境和社会环境方面，浙江省、江苏省企业的评价明显优于北京市、广东省，后者又优于辽宁省、湖北省和云南省。这与我们对我国不同地区不同程度的市场化进程的一般经验观察与判断是基本一致的，同时也与有关文献的研究结果相吻合。樊纲等（2000）通过从政府与市场的关系、非国有经济的发展、产品市场的发育程度、要素市场的发育程度及法律制度环境方面，总计构建了 19 个指标，以测度我国不同地区的市场化进程，其市场化进程总指数显示，浙江省 8.24、江苏省 7.04、北京市 6.30、广东省 8.33、辽宁省 5.60、湖北省 5.53、云南省 3.39，这与本章从企业问卷调查数据得出的结果基本一致。

表 4-25　不同地区中小企业经验环境的评价

省市	法制环境					资金环境					市场环境					信用环境					社会环境				
	好	较好	一般	较差	差	好	较好	一般	较差	差	好	较好	一般	较差	差	好	较好	一般	较差	差	好	较好	一般	较差	差
北京	25	65	10	0	0	6	61	33	0	0	6	57	38	0	0	12	55	33	0	0	12	71	17	0	0
浙江	31	58	11	0	0	21	63	16	0	0	12	66	22	0	0	18	47	35	0	0	14	68	18	0	0

续表

省市	法制环境 好	较好	一般	较差	差	资金环境 好	较好	一般	较差	差	市场环境 好	较好	一般	较差	差	信用环境 好	较好	一般	较差	差	社会环境 好	较好	一般	较差	差
江苏	35	59	6	0	0	34	47	19	0	0	9	72	19	0	0	13	65	22	0	0	8	72	20	0	0
广东	15	32	39	10	4	10	17	47	15	11	6	24	57	11	2	13	25	34	23	5	8	24	56	9	3
辽宁	11	29	43	10	7	2	8	36	25	29	6	26	52	11	5	8	18	38	20	16	7	24	51	11	7
湖北	9	25	48	13	5	3	22	34	24	17	5	33	42	16	4	3	27	31	28	11	8	21	46	20	5
云南	8	14	56	15	2	4	9	42	23	22	8	18	50	13	11	8	12	31	28	21	5	14	57	14	10

从调查数据发现，同地区、同一行业和同所有制的不同企业对上述制度环境的评价可能有所不同，本章认为，这正好反映了企业对其所处经营环境的"真实感受"。其原因在于：①尽管同一行业、同一所有制的企业，同时处于某一地区，但其经营的具体微观环境仍然有可能不尽相同；②本章的调查强调"企业对其所处经营环境的真实感受"，因此，不同的企业尽管处于相同的环境，但由于种种原因，其"真实感受"也完全可能有所差别。我们认为，这与本章的研究十分契合，因为不同企业竞争策略的选择正是其对各自所处环境的"真实感受"的反应。

二、理论假设与变量选择

从新制度经济学的相关理论可以推知，企业所处的法制环境（其具体描述见上文，下同）越健全，则企业的产权越能得到保护，企业经营的交易费用也越低，其进行长远投资以获取收益的预期就会越好、越稳定，因而就会更多地从改进技术以降低成本、改进营销、改进包装和开发新产品等角度，去寻求长期取得竞争优势的途径，而不是更多地倾向于选择简单、直接的办法，以期在短期内有较大收益但却有可能两败俱伤而损害远期利益的价格策略；企业所处的资金环境越好，则企业获取资金以进行长期投资相对来说就越容易，资金的直接与间接成本也会越低，企业竞争策略的选择在资金方面所受到的约束也就越少，因而也就会越加倾向于放弃单纯的价格策略，而选择虽然在一定时期内需要大量资金投入，但长期中将会有更大、更稳定回报的低成本、改进质量或开发新产品等竞争策略。企业所处的市场环境、信用环境和社会环境对企业竞争策略选择的影响是不确定的，从理论上来说，上述环境状况的优化一般会更加有利于企业的长远发展，但与企业竞争策略的选择之间并不具有更为直接的、明确的经济逻辑关系。由此，本文给出以下可验证的假说：中小企业所处的法制环境越健全、资金环境越好，则企业越不倾向于采用价格策略，而企业所处的市场环境、信用环境和社会环境对企业竞争策略选择的影响却并不是完全确定的。

据此，本章选择以下变量进行相关计量检验。被解释变量：企业竞争策略的选择（SCS），以企业是否将价格策略作为最为重要（第一选项）的策略选择为测度指标，选择价格策略赋值为1，否则j赋值为0。解释变量：①地区变量。本章按一般意义上的划分，将地区区分为三类：北京、广东、浙江、江苏和辽宁省市为"东部"，湖北省为"中部"，云南省为"西部"。据此，构建"东部"（ED）和"中部"（MD）两个虚拟变量。②所有制变量。本章将所有制区分为三类：国家所有、集体所有和私人所有。私人所有包括除国有和集体所有以外的其他全部所有制类型。这主要是从企业产权的明晰程度的角度做出的划分。据此，构建"国家所有"（SO）和"集体所有"（CO）两个虚拟变量。③行业变量。本章将行业区分为五类：电子电器业更多地聚集了高科技的企业，分为"电子业"；机械、化工和冶金为传统的资金密集型行业，分为"机械业"；建材、建筑、纺织、食品和轻工为传统的劳动密集型行业，分为"轻工业"；运输和通讯服务业属于较为特殊的服务业，分为"通讯业"；而商业、餐饮及其他服务业则分为"一般服务业"。据此，构建"电子业"（EI）、"机械业"（MI）、"轻工业"（LI）和"通讯业"（CI）四个虚拟变量。④制度环境变量。本章对制度环境因素按上文所述，构建"法制环境"（JE）、"资金环境"（FE）、"市场环境"（ME）、"信用环境"（CE）和"社会环境"（SE）等五个变量，选择"好、较好和一般"的赋值为1，选择"较差、差"的赋值为0。这是本章需要重点考察的变量。

三、计量分析及其结果

本章运用 Logit 回归分析，通过计量方程：

$$p(\text{SCS}=1) = \frac{\exp(\beta_0 + \sum_{i=1}^{2}\beta_i \times 地区变量 + \sum_{j=3}^{4}\beta_j \times 所有制变量 + \sum_{k=5}^{8}\beta_k \times 行业变量 + \sum_{t=9}^{13}\beta_t \times 制度变量)}{1 + \exp(\beta_0 + \sum_{i=1}^{2}\beta_i \times 地区变量 + \sum_{j=3}^{4}\beta_j \times 所有制变量 + \sum_{k=5}^{8}\beta_k \times 行业变量 + \sum_{t=9}^{13}\beta_t \times 制度变量)}$$

对上述假设进行检验，以验证企业所处的制度环境对企业竞争策略选择的影响[其中，$p(\text{SCS}=1)$ 为 SCS=1 的概率]（见表4-26）。

表4-26 中小企业竞争策略选择影响因素的 Logit 回归分析

类别	企业竞争策略的选择	
	模型1	模型2
东 部	0.299（2.301）*	0.400（3.726）**
中 部	-0.226（0.534）	-0.298（0.835）
国家所有	0.080（0.236）	-0.114（0.398）
集体所有	0.443（7.140）****	0.295（2.792）**

续表

类别	企业竞争策略的选择	
	模型1	模型2
电子业	−0.287（1.028）	−0.312（1.115）
机械业	−0.148（0.484）	−0.187（0.704）
轻工业	0.176（0.735）	0.128（0.354）
通讯业	−0.361（0.289）	−0.594（0.557）
法制环境		−0.313（2.209）**
资金环境		−0.448（7.265）****
市场环境		0.079（0.1225）
信用环境		0.013（0.005）
社会环境		−10.169（0.744）
截距项	1.315（27.695）****	−0.649（3.607）***

注：括号中数值为Wald统计量；****、***、**、*分别表示在0.01、0.05、0.1、0.2的置信水平。

模型1的解释变量仅包含地区、所有制和行业三类。回归结果显示，在地区变量中，"东部"的系数符号为正，显著性水平为0.2，这可以理解为至少包含了制度因素以及不同企业所面临竞争的不同激烈程度的综合作用；在所有制变量中，"集体所有制"的系数符号为正且显著性水平达0.01，这在经验意义上证实了张维迎等（1999）的理论推断，至于"国家所有制"的系数符号虽然为正，但并不显著，其可能的原因在于，集体及私人企业在技术及资金实力上均远远落后于国有企业，可供选择的竞争策略十分有限，因而只好相对更多地选择价格策略。模型2在模型1的基础上引入了法制环境、资金环境、市场环境、信用环境和社会环境作为解释变量，回归结果显示，"法制环境"和"资金环境"的系数符号均为负且显著性水平分别为0.1、0.01，而"市场环境""信用环境"和"社会环境"的系数则并不显著异于零，这显示经验检验未能证否本章的假说，即中小企业所处的法制环境越健全、资金环境越好，则企业越不倾向于采用价格策略，而企业所处的市场环境、信用环境和社会环境对企业竞争策略选择的影响却并不是完全确定的。在模型2中，地区变量"东部"的系数符号仍然为正，且显著性水平达0.1，这可能在于这一模型未能将不同企业所面临竞争的不同激烈程度作为独立变量分离出来的缘故，因为一般认为，市场竞争越激烈，企业可能越倾向于价格策略，而东部地区企业所面临竞争的激烈程度则明显高于中、西部，但由于可得数据的限制，本章无法对其构建适合的测度指标，从而难以将这一变量引入分析。

四、结论

本章的经验分析显示,我国中小企业竞争策略选择中的"价格策略"倾向与企业所处的法制环境、融资环境的健全程度之间存在着显著的负相关性,从而证实了本章所提出的假说:中小企业所处的法制环境越健全、资金环境越好,则企业越不倾向于采用价格策略,而相对倾向于以较为复杂、资金投入更大但在长期中却更有潜力、更可持续发展的低成本和改进质量、开发新产品等差异化策略参与激烈的市场竞争,而企业所处的市场环境、信用环境和社会环境对企业竞争的经济、文化特征因素,都将对 FDI 进入模式产生重要的影响。特别是我国作为转轨经济国家,对 FDI 进入的所有权安排的管制政策有时甚至起到决定性的作用。但限于数据的缺乏及分析的难度,本章未对此进行分析,而主要只分析了我国的宏观经济因素,这是本章的不足所在。

第四节 中小企业信息需求与服务问题探析[①]

摸清我国中小企业目前的信息需求与服务方面的现状与存在问题是实施各种扶持和促进中小企业发展政策的重要环节。本章通过对湖北省、广东省 200 多家中小企业的问卷调查,对中小企业信息需求与来源、产品的生产技术来源、企业外部协作关系与人员培训以及政府服务等几个方面的现状与存在问题进行了详细的剖析,并就解决中小企业信息服务体系问题提出了对策性建议。

一、样本分布状况

问卷调查的样本主要是分布在湖北省和广东省的中小企业。此次问卷调查共发放 2000 份,收回 365 份答卷,经过筛选获得 303 份有效答卷。其中有 4 个样本企业在"目前所有制类型"中未填,所以在进行不同所有制企业比较分析时样本总数调整为 299 个。利用计算机数据库语言按分析需要编程然后进行分类统计处理和汇总,样本分布(见表 4-27)。由于填表方面的原因,在各类指标汇总时会出现正常的统计误差,但不影响对结果的分析。样本的所有制类型分布、隶属关系分布和行业分布与总体的中小企业分布情况比较接近,样本企业能较好地反映总体中小企业的情况。

[①] 原载《科研管理》,2002 年第 3 期。

表 4-27 样本企业分布情况

所有制类型分布			隶属关系分布		
类型	创立时所有制 样本数（个）	目前所有制 比重（%）	类型	样本数（个）	比重（%）
国　有	75	25.1	部　署	5	1.6
集团所有	102	34.1	市　属	110	36.3
个体私营	41	13.7	区县属	38	12.5
中外合资	29	9.7	乡村办	105	34.7
联营其他	52	17.4	其　他	45	14.9
总　计	299	100.0	总　计	303	100.0

行业分布

类型	样本数	比重（%）	类型	样本数	比重（%）	类型	样本数	比重（%）
机　械	39	12.9	食　品	28	9.2	通　信	6	2.0
电子电器	42	13.9	轻　工	35	1.5	商　业	3	1.0
化　工	32	10.6	冶　金	8	2.6	餐　业	2	0.7
建　材	24	7.9	建　筑	9	3.0	其他服务业	7	2.3
纺　织	21	6.9	运　输	2	0.7	其　他	45	14.8

样本数总计：303；比重：100%

注：本表根据调查结果整理而成，本章其他图表同。

由表 4-27 我们还可以发现，1/4 以上［(139-102)/139＝26.6%］的集体所有制企业发生了所有制类型的改变，一般转变为个体私营或其他类型的企业，如：股份合作制、股份制等。这不但体现了国家抓大放小的政策，而且体现了集体所有制企业在提高效率、制度改革方面快于国有企业。

二、中小企业产品生产技术来源剖析

从产品的生产技术来源（见表 4-28），可见 64.4% 的企业自主开发和合作开发产品，但是拥有从事研究开发工作的机构或部门的企业只有 108 家，占总样本数的 43.6%，这意味着有 20.8% 的企业虽然曾经开发过新产品但企业不再把产品更新换代作为发展重点，只侧重于短期的价格竞争，结果导致这些企业的长期竞争能力脆弱。

表 4-28 产品的生产技术来源、样本数及比重

产品技术来源	样本数（个）	比重（%）
自主开发	139	45.9
合作开发	56	18.5
仿 制	13	4.3
购买技术专利	14	4.6
产品为成熟大路产品	66	21.7
其 他	15	5.0
总 计	303	100.0

从不同所有制类型企业设备水平和技术来源的比较分析看，各类型企业的设备水平相差不大，中外合资企业设备技术水平稍高于其他类型企业，个体私营企业的设备技术水平最低，17.1%的个体私营企业以70年代以前的设备为主，比别的类型企业高出一倍左右。由表4-29反映出的中小企业产品技术来源说明：第一主要来源是自主开发；第二来源是合作开发和产品为成熟大路产品；第三来源是仿制、购买技术和其他。由表4-29可以分析得出国有和集体企业的技术来源符合以上总体分析的三个层次；个体私营和联营或其他企业产品技术第一主要来源也是自主开发，但第二、第三层次没有明显差别；中外合资企业自主开发产品较少，其产品主要为技术已成熟的大路产品或者合作开发产品。

表 4-29 中小企业产品技术来源、样本数及比重

类型	样本数（个）	70年代比重（%）	70—80年代比重（%）	90年代比重（%）	自主开发（个）	合作开发（个）	仿制（个）	购买技术专利（个）	技术成熟（个）	其他（个）
国 有	75	9.3	46.7	30.7	38	12	1	2	21	1
集体企业	102	7.8	41.2	42.2	48	20	1	8	20	5
个体私营	41	17.1	39.0	34.1	21	7	6	0	6	1
中外合资	29	0.0	41.4	48.3	14	8	1	0	12	4
联营或其他	52	9.6	30.8	53.8	27	7	5	4	5	4

三、中小企业信息需求与来源剖析

在"经营活动中最重要的信息需求"一问中，57.4%的企业认为是市场信息，25.4%的企业认为是人才信息，12.2%的企业认为是技术信息，5.0%的企业认为是金融信息。表4-30反映了不同类型企业对给定的四种经营信息的重要程度评价。除了个体私营企业外，各类型企业都认为市场信息最重要，其次是人才信息，而个体私营企业对人才信息的重视程度超过了市场信息，一方面反映了个体私营企业缺少人才；另一方面也反映个体私营企业在市场竞争中更加重视人才的竞争。

表4-30 不同类型企业对四种经营信息的重要程度评价

类型	市场	技术	金融	人才
国　有	100	22.5	17.5	40.0
集体企业	100	13.6	10.2	35.6
个体私营	83.3	27.8	11.1	100
中外合资	100	22.2	0	38.9
联营或其他	100	18.8	6.3	34.4

从给定的几种信息获取方法，样本企业的选择分布（见表4-31），可以明显看出，对不同信息的搜集，企业会选择不同的渠道。企业在获取各种信息时，一般都采用独自调查研究，另外在获取市场信息时强调用户或顾客的反馈信息，在获取技术信息时重视利用科技文献、专利文献，在获取金融和人才信息时企业会关注政府有关部门的资料或领导层通过社交活动收集。因此，应针对中小企业获取不同信息的不同渠道，为其提供相对应的各种经营信息。

表4-31 企业搜集不同信息的不同渠道

信息来源		市场信息 选择数（个）	市场信息 比重（%）	技术信息 选择数（个）	技术信息 比重（%）	金融信息 选择数（个）	金融信息 比重（%）	人才信息 选择数（个）	人才信息 比重（%）
渠道	独自调查研究收集（包括从报纸杂志等媒介收集）	129	42.6	106	35.0	82	27.1	18	38.9
	企业领导层通过社交活动收集	58	19.1	34	1.1	68	2.4	63	20.8
	来自政府有关部门	7	2.3	12	4.0	136	4.9	67	2.1
	用户或顾客反馈信息	92	30.4	27	8.9	6	2.0	7	2.3

续表

信息来源	市场信息		技术信息		金融信息		人才信息	
选择分布	选择数（个）	比重（%）	选择数（个）	比重（%）	选择数（个）	比重（%）	选择数（个）	比重（%）
渠道 交易会、展览会、专业会议	16	5.3	29	9.6	7	2.3	3	10.9
科技文献、专利文献	1	0.3	92	30.4	1	0.3	3	1.0
其他	0	0.0	3	1.0	3	1.0	12	4.0
总计	303	10.0	303	10.0	303	10.0	303	10.0

四、中小企业人员培训剖析

表4-32是根据问卷调查推算的企业对各种培训内容的需求程度，企业对发展战略和市场营销知识的培训需求程度最高。值得注意的是，企业对ISO9000系列和ISO14000系列有关知识的培训需求程度较低而在调查中发现，303个样本企业中只有75家占24.8%的企业通过ISO9000系列认证，通过ISO14000系列认证的更少，只有14家，占4.6%。这表明中小企业在国际质量和环保认证方面非常落后，没把其作为重点发展，还需政府加以引导。

表4-32 企业对各种培训内容的需求程度

人员培训内容	重要程度指数	人员培训内容	重要程度指数
（1）企业发展战略	100	（7）金融知识	21.5
（2）市场营销知识	97.8	（8）财务会计知识	18.2
（3）质量工程技术	61.3	（9）计算机辅助设计（CAD）技术	16.0
（4）信息化知识	58.6	（10）其他	7.7
（5）法律法规知识	38.1	（11）ISO1400系列有关知识	7.2
（6）ISO9000系列有关知识	37.6	（12）计算机集成制造系统CIMS	5.0

表4-32是不同类型企业对给它的12种培训内容的要求程度评价。可以发现，国有企业和中外合资企业的培训要求最接近，首先需求企业发展战略和市场营销知识培训，对信息化知识也有一定的重视程度。个体私营企业也很重视企业发展战略培训，但其对市场营销知识、信息化知识，以及ISO9000系列知识和质量工程技术知识的需求程度比较一致，这明显不同于其他类型企业。集体企业和联营或其他企业对市场营销知识的重视程度高于企业发展战略，另外比国有和中外合资企业更重视质量工程技术方面的知识培训。

从表4-33可以看出，企业在人员培训方面存在的主要问题是缺乏资金和缺乏师资，这就要求政府在解决培训资金方面加大政策调节力度，还要发展各种为中小企业人员提供培训服务的咨询科研机构以解决师资缺乏问题。

表4-33 企业在人员培训方面存在的主要问题

培训问题	选择数（个）	比重（%）
（1）缺乏资金	93	30.7
（2）缺乏师资	91	30.0
（3）没有问题	62	20.5
（4）生产任务重无法安排	35	11.6
（5）对人员培训未作打算	18	5.9
（6）其他	4	1.3
合　计	303	100.0

表4-34是不同类型样本企业对给定的人员培训问题的选择分布。除了中外合资企业外的各类所有制企业的培训问题，与表4-33反映的结果基本一致。值得注意的是，48.3%的中外合资企业没有培训问题，明显高于别的类型企业，而且中外合资企业的主要培训问题是生产任务重无法安排，而不是缺乏资金和师资。另外，中外合资企业和个体私营企业中，因为生产任务重没法安排人员培训的企业比重高于别的类型企业。个体私营企业中，对人员培训未打算的企业比重，也高于其他类型企业。

表4-34 不同类型企业对培训内容的要求程度评价

类型	对给定的12项培训内容，需求程度评价指数											
	（1）	（2）	（3）	（4）	（5）	（6）	（7）	（8）	（9）	（10）	（11）	（12）
国　有	10.0	96.0	4.0	60.0	34.0	34.0	18.0	16.0	12.0	6.0	2.0	6.0
集体企业	89.1	10.0	73.4	51.6	43.8	37.5	9.4	21.9	12.5	9.4	10.9	4.7
个体私营	10.0	64.0	52.0	64.0	4.0	60.0	36.0	8.0	8.0	12.0	12.0	0.0
中外合资	10.0	71.4	47.6	57.1	38.1	23.8	28.6	19.0	23.8	0.0	0.0	4.8
联营或其他	86.7	10.0	63.3	43.3	46.7	23.3	30.0	16.7	20.0	13.3	6.7	6.7

注：表中（1）～（12）项培训内容与表6中的内容一致。

表4-35反映的个体私营企业最重视人才信息，说明个体私营企业更倾向于通过人员不断流动，从市场上获取人才来提升员工素质，而不愿对现有员工再培训，这一现象可能与个体私营企业解雇员工的低成本或用人不规范有关。

表 4-35 不同类型样本企业对人员培训问题的选择分布

类型	样本数（个）	缺乏资金 企业数（个）	缺乏资金 比重（%）	缺乏师资 企业数（个）	缺乏师资 比重（%）	没有问题 企业数（个）	没有问题 比重（%）	生产任务重无法安排 企业数（个）	生产任务重无法安排 比重（%）	对人员培训未打算 企业数（个）	对人员培训未打算 比重（%）	其他 企业数（个）	其他 比重（%）
国有	75	30	40.0	30	40.0	1	14.7	3	4.0	0	0.0	1	1.3
集体企业	102	3	32.4	30	29.4	2	21.6	9	8.8	6	5.9	2	2.0
个体私营	41	12	29.3	12	29.3	6	14.6	4	9.8	7	17.1	0	0.0
中外合资	29	2	6.9	3	10.3	14	48.3	8	27.6	2	6.9	0	0.0
联营或其他	52	15	28.8	13	25.0	9	17.3	12	23.1	2	3.8	1	1.9

五、中小企业对政府服务的需求程度剖析

从表 4-36 看出，有 6.7% 的企业明确表示曾经从政府获得"信息服务"，同时大部分企业都选择"信息服务"，作为最需要的政府服务，选择比例占企业总数的 76% 以上，这表明政府还需大力加强对中小企业的信息服务。

表 4-36 从政府获得服务的企业所占比重

政府服务内容	回答"是"的样本数（个）	比重（%）
A：信息服务	202	6.7
B：中介服务	125	41.3
C：咨询服务	160	52.8
D：经营指导服务	131	43.2

六、建立中小企业信息服务体系的对策建议

为了有效地帮助中小企业获得所需的信息，减少中小企业的信息收集成本及生产经营中的盲目性，政府必须建立健全中小企业信息服务系统。

（1）首先要把强化企业信息化观念、加快企业上网步伐作为当务之急。网络建设，不仅有利于中小企业进行信息查询，利用电脑互联网上的网址向中小企业及时提供所有的行政政策及法律规定，而且可以节省查询成本。因此，当前首要的是加快上网接入国际互联网步伐，特别是生产的产品有较高市场占有率、知名度，富有

发展潜力的中小企业，更要迅速上网抢占网址设置主页、站点并尽快与境内外著名的网络搜索引擎挂接。同时，上网后的中小企业要充分利用网上资源，扩展市场，加快新品开发，提高管理水平，寻找合资合作对象等。总之，中小企业要敢于和善于做好网上大文章。此外还要实现内外网络并举，尽快实现企业运作电子化、网络化。

（2）加快中小企业的技术、机制创新。在信息时代，产品、技术更新加快，中小企业一方面应有效利用互联网上的技术、产品资源加快自身的技术、产品更新步伐，另一方面还应采用自动化、柔性化生产系统大胆向电子信息、生物医药、新材料等高新技术产业进军。

（3）搞好中小企业信息化人才培养。一要加强信息基础知识教育；二要加强信息化基础技能教育，搞好在职职工的电脑和上网操作的基础技能培训；三要改进高等职业技术教育，尽快实现由培训高级技工向培育知识工人的转变；四要大力培养信息技术及相关专业的人才。一方面可从高等院校中吸收一批经济信息管理人才；另一方面，可从企业中选派一些素质较好的人员去高等院校的经济信息管理或相关专业进修，也可采用专家讲座或办培训班的形式，对在职信息人员进行培训。

（4）加快信息化基础设施建设。政府应集中资金，积极创造条件，尽早规划建设专门为中小企业服务的全国性、地区性中小企业信息网。鼓励有条件的中小企业实现企业信息化。不仅要建立起行业性的中小企业网络，还要建立大企业与相关中小企业的网络，建立起科研机构与中小企业的网络联系。

（5）实现中小企业"信息服务外源化"。要鼓励社会力量创办单独的商业信息和咨询机构，为中小企业实现"信息服务外源化"奠定基础。就中小企业的情况而言，是非常适合实行"信息服务外源化"的，但是它要求国家的信息基础设施完备，计算机网络化程度较高，企业内外部信息流通渠道顺畅，各种法规制度比较完善，这一切都有赖于政府职能的发挥。

第5章　我国小微企业发展面临"四贵三难"的严重困境与对策建议[①]

近期我国小微企业生产经营出现用工贵、用料贵、融资贵、费用贵与订单难、转型难、生存难的"四贵三难"严峻困境，各部门与各地方都在探讨原因与寻求解困路径。本报告提出，加大税收优惠是我国小微企业当前解困的最佳政策选择；实施国家"抓大放小"向"抓大扶小"战略思路转型与体制机制创新是解困的长效之道；只有内外兼治、加速立法、多措并举、综合治理，才有可能破解困境。

第一节　小微企业生产经营面临"四贵三难"的严峻困境

一年多来，在复杂严峻的国内外经济形势下，我国广大小微企业生产经营出现了前所未有的困难。根据对6省16市10多个行业113家企业的调查，1—5月，销售持平的占32.7%，减少10%~30%的占26.7%，减少30%以上的占40.6%。其中，销售收入减少的企业，广东占七成、山东占五成、浙江占四成；微利、不盈利、亏损的企业超过30%；半数企业信心不足，61.4%的企业持悲观态度。又据国家统计局对全国3.9万户规模以下工业企业的抽样调查，2012年一季度，全国小型微型企业经营状况好或者很好的比重只占21.1%，其中微型企业经营状况好或者很好的比重只占到18.3%。企业再度出现订单荒，广东、浙江、重庆等地的制造业出口企业订单普遍减少了20%~30%。

我们调查发现，当前小微企业严峻困境的主要特征为"四贵三难"。其中"四贵"是用工贵、用料贵、融资贵、间接费用贵；"三难"则是订单难、转型难、生存难。"四贵"形成原因一是小微企业劳动力成本持续推高；二是小微企业使用土地、厂房、商铺、原材料、能源、物流价格不断上涨；三是小微企业一般很难从银行贷款，大多数都是从各种微型金融机构和私人贷款，利率高达15%~30%。很多小企业主都说，"别说不好贷，就是好贷也不敢贷，贷了款就成了为金融机构白打工"；四是小微企业被强迫缴纳征收各种名目繁多的费用，如第三方专业机构或事业单位前置评估、认证、咨询的费用与各种间接用地、用电等费用等。基于上述"四贵"原因，已使大多数小微企业陷入外需疲软、内需不振，订单锐减，整体利润率不足3%，大多数只能在"零利率或亏损"中维持，小微企业生存倍感困难。

[①] 原载全国哲社规划办《成果要报》，2012年第65期。

我们跟踪调查发现，虽然国家从 2011 年至今已出台一系列政策减轻小微企业的负担，但其生产经营困境仍在加剧，这些举措对提振小微企业信心、缓解其暂时困难有一定作用，而要破解小微企业"四贵三难"困境，靠老路子难以见效，只有通过全局性战略性创新与深层次体制机制改革，才能寻求解困与持续长效发展之道。

第二节　加大税收优惠是小微企业当前最佳政策选择

一、加大税收优惠是小微企业当前解困政策的"牛鼻子"

从目前来看，我国小微企业税费过重问题较为突出。据世界银行统计，我国小微企业税负过重问题排列全球第 97 名，大大高于美国、日本、新加坡等发达国家。而 2006—2011 年我国税收年均增长率高达 21.17%（远高于 GDP 增长率 2011 年的 9.2% 和"十一五"期间年均增长率的 11.2%），税负过重挤压了小微企业的利润，抑制了小微企业扩大再生产能力和技术研发能力，也导致大量小微企业很难发展起来；然而，原材料、能源、人工、五险一金、土地、电力和房屋等价格不断上涨，给小微企业带来的成本压力又具有刚性特点，加之小微企业自身抗风险能力较弱，消化成本空间有限，因此面临的困难更大。可见，破解我国小微企业当前困境的首要问题是"先保生存，再促发展"，防止多种因素叠加致使其大量"死亡"。这样，我们只有对小微企业实施以减免税费为重点的优惠政策，减轻"四贵"带来的冲击，才有可能缓解小微企业当前的生存危机，进而调动社会与民间资本创办与投资小微企业的积极性，促进其转型升级。基于此，我们认为，加大税收优惠是我国小微企业当前解困与促进未来发展政策的"牛鼻子"。

二、对创新、创业、劳动密集和所有微利型小微企业实施"免三减二"的税收优惠政策

我国大多数创新、创业、劳动密集与所有微利型小微企业，由于资源少、市场力量弱，技术创新、产品研发等往往心有余而力不足，特别是在当前企业经营成本显著上升，国内外需求相对疲软，两头挤压导致企业利润显著下降的严峻经济形势下，它们更易受到冲击，生产经营更加困难。为此，建议学习与借鉴我国 20 世纪 80 年代发展个体经济与乡镇企业、90 年代发展中外合资企业与外商独资企业、21 世纪初通过加入 WTO 引入跨国公司和相关税收优惠，以及近期对农业实施的税收优惠政策经验，对我国这些小微企业五年期间全部实施"免三减二"的税收优惠政策，即现在第 1~3 年免去一切税负，第 4~5 年实施税负减半的税收优惠政策。鼓励社会和民间资本与各种人才大胆创业，回归实体经济。

三、对小微企业实施综合减税的优惠政策

据世界银行统计报告，国际上小微企业税负平均为20%，而我国小微企业所得税高达25%，增值税17%（需抵扣已交的进项增值税）、营业税5%、城市建设税7%、国家教育费附加3%、地方教育费附加2%，加之其他各种费用，高达40%~50%以上的综合税费。在如此沉重的税费下，小微企业难以伸展发展的张力，更加难以抵御全球经济衰退带来的冲击。2011年以来我国实施的小微企业营业税改增值税的结构性减税，确实能使小微企业企业有所受益，但力度太小，还不能使小微企业因此解困；由于小微企业利润率普遍低于3%，更不能使社会和民间资本与各种人才愿意回归实业。为此，我们建议对全国小微企业实施综合性减税：一是所得税降到10%以下；二是对于小微企业其他所有税负相加的综合税率不能高于5%；三是像农业免除一切税费一样，免除小微企业一切费用，切实减轻小微企业的税费负担，真正实施"放水救鱼"与"放水养鱼"的综合减税的优惠政策。

四、构建适应我国小微企业特点的税收制度

一是应研究针对小微企业实际特点的税收体系，构建税基统一、少税种（简单税）、低税率的税收制度，从制度创新上确保我国小微企业当前解困与促进未来长效发展；二是建议小微企业只设所得税与综合税两项税种，并实施两税种税率之和不能超过15%的限额；三是税务部门对小微企业尽量实施低税率的"包税制"，不搞弹性大易于高收税的"核税制"；四是避免企业所得税与个人所得税的重复收税。由于小微企业往往是个人或家族所有，个人所得和企业所得很难厘清，目前的所得税体制还不容易完全避免对以私营为主的小企业重复征税问题。另外，以所得税为主的扶持中小企业税收优惠政策落实过程中也容易产生障碍，因为一些初创性小微企业在开始的第2~3年中往往没有所得，还无法享受所得税优惠。同时，由于大部分中小企业受收入规模限制，不具备一般纳税人资格，不能开具增值税专用发票，增加了税收负担。

第三节 实现国家"抓大放小"向"抓大扶小"的战略思路转型

一、必须在国家战略层面实现由"抓大放小"向"抓大扶小"的根本性转变

长期以来，国家发展企业的战略思路是"抓大放小"，对中小企业政策是不出

问题放任自流、出现问题后就各项政策应急化处理；而对大型国有企业从改制上市、减人增效，到资本、能源、主要原材料供应等方面都是给足了政策支持，国家应对全球金融危机的4万亿一揽子投资计划，全是投入到大型国有企业，几乎没有惠及中小企业。显然，对中小企业实施"放小"的战略思路，是过去为什么对中小企业采取放任不管与时紧时松政策的根本原因。其实，世界主要发达国家对中小企业都是实施的"扶小"的战略。特别是从我国社会经济长期持续健康发展的角度看，如果没有中小企业的复苏、稳定与创新，整个中国的社会经济实现复苏、稳定与持续发展是不可能的。因此，国家必须在发展企业的战略思路上实现由"抓大放小"向"抓大扶小"的根本性转变，把小微企业发展纳入国家和地方总体战略，制定科学规划，才能避免再度陷入中小企业不出问题放任自流、出现问题后就各项政策应急化、碎片化与行政化处理的窠臼。

二、成立国家中小企业管理机构，以体制创新落实"扶小"战略

当前，我国小微企业出现的"四贵三难"问题，是在国内外急剧变化的市场环境中产生的新问题和新矛盾，这种状况迫切要求国家在政策环境、法律制度、市场秩序、财税金融扶持体系等方面做出调整，必然对国家政府的管理体制提出更高的变革要求。然而，目前我国中小企业的管理体制却难以完成这一历史使命。现有国家中小企业的管理职能机构分布在多个不同部委：其中农业部乡镇企业局管理乡镇企业，商务部中小企业办公室管理出口型中小企业，科技部管理科技型中小企业，国家工商总局管理个体与私营企业，工信部的中小企业司负责中小企业发展的宏观指导和总体促进工作。这种管理体制格局使工信部及其中小企业司在中小企业宏观管理中处境尴尬：作为一个司局级单位，中小企业司向上无法充分协调比它级别高的发改委、商务部、科技部、财政部、人民银行、税务总局、银监会、证监会等与中小企业发展密切相关中央部委；向下缺乏有执行力的地方隶属部门，进而加大了政府部门之间的协调成本。尽管2011年国家成立了中小企业领导小组（放在工信部），其领导和成员由各部委领导兼职，但起到的只是临时性、协调性作用。显然，中小企业的政府管理体制还不能适应小微企业快速发展对于公共服务的巨大需求，更不能担当落实国家"扶小"战略的重要职责。

为此，我们建议尽快成立直属国务院和各级地方政府的中小企业管理委员会（或中小企业局），通过体制创新，加强对小微企业的统筹规划、组织领导和政策协调，落实"扶小"战略与政策支持体系。与此同时，各部委也应成立相应专管中小企业的司局，纵向落实该部委"扶小"职能，横向则落实与协调国家（各级）中小企业管理委员会的"扶小"战略与政策，并加快建立小微企业政策评价体系，为指导小微企业政策制定提供科学决策依据。

三、改革地方政府绩效考核指标，调动地方政府发展小微企业的积极性

如何调动地方政府发展小微企业的积极性，这是落实"扶小"战略的关键因素。基于过去 GDP 考核中对此问题关注的明显不足，为此，建议改革地方政府绩效考核指标，淡化 GDP 指标，考核就业率、创新率、环保率三项指标，并与地方政府官员升迁直接挂钩，进而达到调动地方政府发展小微企业的积极性：一是考核地区就业率指标。这项指标必然促使地方政府积极发展小微企业。二是考核地区创新率指标。它包括地方的企业专利数、地方的 R&D 投入占地方 GDP 的比重、地方的 R&D 增长占地方 GDP 增长的比重等指标。考核这些指标必然使地方政府积极营造有利于小微企业创业和创新的环境，加大对创新型中小企业的财税金融支持等。三是考核环保率指标。它可以监督和限制地方政府因 GDP 增长而盲目发展污染环境的企业，引导地方政府发展战略性新兴产业，特别是节能环保型相关的小微企业，并积极促进小微企业的优胜劣汰和优化产业分布结构。

第四节　对策与建议

一、破解我国小微企业经营困境需内外兼治，推动政府行政职能转型

破解我国小微企业经营困境是一个系统工程，既要看到近期直接导致小微企业生存困境的短期因素，也要深入分析影响小微企业长远发展的经营环境因素，既需要包括小微企业自身拼搏努力，又需要政府主管部门、行业协会、媒体、大学和研究机构等多方面"协同创新"形成合力，从市场准入、法律、金融、税收、技术创新、知识产权保护、人才培养引进、政府采购、提供公共物品、市场环境培育、规范信用担保机构等关键领域加大改革力度、营造良好环境、相互配合，采取更为有力的措施。目前政府公共服务平台建设取得了部分成绩，还需要在公共服务提供模式上实现转型。政策措施重点需要从公共服务直接供给方，转向更多依靠需求方面引导措施。例如，借鉴苏州、杭州、深圳、成都等地模式，以发放培训券的方式来引导企业培训需求的供给转向更适合小微企业实际需求的服务内容。

二、加快促进中小微企业发展的立法和相关政策的依法行政

首先，加快改进和完善小微企业发展的法律环境。世界发达国家如美国、日本都建立了《中小企业基本法》，而我国至今还没有建立充分确认中小企业在国家经济社会中的基础性和民生性地位的法规，扶持中小企业的法律制度建设有待加强，

应该尽快制定我国的《中小企业基本法》。其次，加大依法行政的力度，依据有关促进中小微企业发展的相关法律法规，针对已经出台的政策，组织全面检查，确保落实。另外，国务院、各部委和地方省市自治区以不同名义出台新的法律法规时，检查与原有"扶小"政策法规的兼容性，避免新增加中小微企业的成本。

三、核心问题在于加快小微企业转型升级

小微企业发展困难，与其传统的、粗放的增长方式跟不上市场发展紧密相关。破解小微企业经营困难，核心问题在于加快转型升级：一是小微企业应抓住当前有利时机，加大技术创新、人才培训和市场开拓的力度，通过实施"专精特新"战略，进行产业链整合，提高其资源优化配置能力和市场竞争能力。二是加快培育与转型发展战略性新兴产业相关的小微企业。鉴于目前我国在发展新兴产业方面还存在许多困难，需要有关部门和各级政府围绕市场准入、财税、投融资扶持、技术创新、知识产权保护、人才培养引进、政府采购，以及市场环境培育、重点和关键领域改革等方面抓紧制订配套措施和办法的若干实施细则。三是近期也可通过引导小微企业改变商务模式，先降低亏损、生存下来，再寻机发展。

四、多措并举、综合治理

一是实施"放水救鱼"的政策，减免小微企业的税费负担，确保小微企业在求生存基础上谋发展。二是针对小微企业融资需求特点，大力发展多层次融资服务体系，强化小微企业金融服务，建立健全与小微企业发展相适应的体制机制，通过商业性金融与政策性金融工具相结合，努力缓解小微企业融资难与融资贵问题。三是健全小微企业社会化服务体系，按照市场化、专业化发展方向，大力发展为小微企业服务的各类中介机构，部分公共服务由政府公共财政支出提供。通过创新服务模式，形成多层次的服务体系和"政府扶持中介、中介服务企业"的运行机制，为小微企业提供高质量的管理咨询、技术创新、人才培训和市场开拓等服务。四是针对近几年大量社会资金与人才从实体经济快速流向金融、房地产等平均利润率高的行业，不再搞实业，致使经济泡沫化、虚拟化、产业空心化日趋严重的问题，必须对那些高收益的企业和行业进行税收调节，提高税率，引导资金和人才回归实业。五是应大力放宽对小企业和民营资本的市场准入和政策落实。进一步推进市场准入、行政审批等瓶颈领域的改革，进一步简化对小企业注册、登记等程序，切实放宽对小企业的市场准入和相关政策的实施。

第二篇　中小企业发展的竞争力评价与实证研究

第6章　我国不同行业中小企业竞争力实证比较研究[①]

本章在研究不同行业中小企业竞争力评价方法与指标体系的基础上，基于北京、江苏、浙江、广东、湖北、辽宁、云南等七省市14000多家中小企业问卷调查数据信息，采用层次分析法，对我国机械、电子电器、化工、建材、纺织、食品、轻工、冶金、建筑、商业服务业等行业中小企业，从外部环境竞争力、短期生存实力、中期成长能力、长期发展潜力，以及综合竞争力进行评价与比较分析。

第一节　文献回顾

随着全球经济竞争日益激烈与广泛，在国际竞争力研究过程中逐步形成了企业竞争力研究的多种理论学派，分别从不同视角分析企业竞争力。

（1）以世界经济论坛（WEF）和瑞士洛桑国际管理开发学院（IMD）为代表的国际比较学派，提出了相对完整的国际竞争力理论原则和方法体系，发布各国国际竞争力评价报告，从国家角度揭示和解释国与国之间竞争力的状态。

（2）以迈克尔·波特（M. E. Porter）为代表的产业竞争力研究，认为生产要素状况、市场需求状况、相关与辅助产业发展水平、企业策略结构及竞争对手、机遇、政府等六个因素影响各国的产业国际竞争力，并以此构建了产业国际竞争力的基本分析框架。

（3）以伯格·沃纳菲尔特（Birger Wernerfelt）和埃蒂思·潘罗斯（Edith Penrose）为主要代表的企业资源学派，认为企业内部的有形资源、无形资源，以及积

[①] 原载《中国社会科学》，2005年第3期。

累的知识,在企业间存在差异,资源优势会产生企业竞争优势,企业具有的有价值性、稀缺性、不可复制性以及以低于价值的价格获取的资源,是企业获得持续竞争优势以及成功的关键因素。

(4) 以布林·罗斯比(Brian Loasby)和克里斯蒂安·克努森(Christian Knudsen)为代表的能力学派,认为企业中蕴含着一种特殊的资本,这种资本能够确保企业"以自己特有的方式更有效地从事生产经营活动,处理遇到的各种困难",而且更多地表现为组织所拥有的资产或能力。

(5) 普拉哈拉德(C. K. Prahalad)和哈默(Cary Hamel)1990 年提出企业核心能力概念,开创了企业竞争力理论研究的核心能力阶段。

20 世纪 90 年代,我国学者受波特产业分析的影响,开始出现主要用于国际比较的企业竞争力评价和方法研究。赵彦云等参照 WEF 和 IMD 的方法体系,对中国国际竞争力提升问题进行了系统的研究;金碚等从中国工业国际竞争力理论、方法与实证分析方面展开研究,提出了工业品国际竞争力的实现指标;范晓屏构造评价指标体系,意欲从企业的优势和资源在市场中表现出的经营业绩来评价企业竞争力;彭丽红对企业竞争力理论框架和分析方法作了专门研究;穆荣平等从中国高技术产业国际竞争力评价方法与实证分析方面展开研究,从竞争实力、竞争潜力、竞争环境、竞争态势四个方面提出评价高技术产业国际竞争力的指标体系;陈小洪提出企业竞争力指标应由市场业绩指标和能力指标两大类组成。

在中小企业竞争力评价理论、方法与实证分析方面,现有文献主要集中于区域比较或整体研究。付建华曾对上海市中小企业竞争力现状进行考察;盛世豪对影响中小企业竞争力的主要因素进行了分析;陈德铭和周三多设定 21 项指标,从发展能力、创新能力、资源整合能力和市场开拓能力四个方面,对苏州市中小企业的竞争力进行了研究;陈佳贵和吴俊以较简化的 6 项指标,从区域影响力、经营运作力、成长发展力三方面对中国 30 个省、直辖市、自治区规模以上工业中小企业进行了区域竞争力评价;林汉川和管鸿禧从区域角度,对我国东、中、西部中小企业的竞争力进行了比较研究。

文献调研表明,已有的竞争力理论、方法与实证大多集中于国际比较,或偏重于大企业的竞争力研究,针对中小企业竞争力的研究较少。而且仅有的中小企业竞争力研究文献又主要集中于区域比较问题,很少研究具有中小企业特性的行业竞争力评价。本章借鉴国内外企业竞争力理论研究成果,结合不同行业中小企业竞争力特点,专门研究中小企业行业竞争力评价比较的方法和指标体系,并通过对不同行业中小企业样本数据的评价比较,在检验这一方法体系可行性和有效性的基础上,提出我国不同行业中小企业竞争力提升对策。

第二节 中小企业行业竞争力评价目标、指标体系与评价方法

一、不同行业中小企业竞争力评价目标

中小企业内在的资源和能力对竞争力起着主导作用。根据中小企业内在各种要素作用于竞争力的时间长短，可以划分为中小企业的短期生存实力、中期成长能力、长期发展潜力。同时外部环境的差异对中小企业竞争力的影响不容忽视，随着时间的推移，外部环境的变化会逐步渗透于中小企业内在要素的变化之中。由此提出不同行业中小企业竞争力的评价目标，在于根据影响中小企业内外部或长短期竞争力的要素，评价特定时间不同行业中小企业竞争优势的强弱以变动趋势，从总体和具体的影响要素，多层次地揭示不同行业中小企业竞争力水平差异的内在原因和各要素的作用程度。

二、中小企业行业竞争力评价指标体系

针对中小企业竞争力评价目标，结合其规模、多样性、大群体性、资产专用性、创新等方面特征，借鉴国际比较学派、产业竞争力理论、资源学派以核心能力学派的观点，根据行业比较的要求，提出63项指标要素的中小企业竞争力评价体系，用于比较我国不同行业中小企业的竞争力。为了有效比较不同行业中小企业的竞争力，着重采用了一些变动趋势指标或人均指标，以反映不同行业中小企业的生存、成长和发展能力。指标的测度值都可以从样本中小企业数据库中获得，保证了指标数据的易得性。

三、中小企业行业竞争力评价梯阶层次模型

围绕不同行业中小企业竞争力评价的总目标，构造能反映中小企业行业竞争力本质属性与内在联系的梯阶层次模型，共划分为三个层次：第一层次是把总目标区分为外部环境竞争力和企业内在竞争力两个方面，企业内在竞争力又根据指标要素作用的时间特征进一步划分为短期生存实力、中期成长能力、长期发展潜力等分层目标；第二层次为19个评价子目标，分别用于对外部环境竞争力、短期生存实力、中期成长能力和长期发展潜力四个分层目标进行评价；第三层次为63项评价指标直接评价19个子目标。评价指标通过对19个子目标的直接评价乃至对四个分层目标的评价，实现对不同行业中小企业竞争力总目标的最终评价。

四、运用层次分析法计算各层次指标对评价目标的影响权重

根据指标体系属于多指标系统评价的特点和评价目标要求,我们采用层次分析法(AHP)作为中小企业竞争力的评价方法。第一步通过专家法构造1~9标度的两两比较矩阵;第二步计算两两比较矩阵最大特征根对应的归一化后的权向量作为指标影响权重;第三步计算各个层次评价要素和评价指标的组合权重;第四步对指标权重进行单层和多层组合一致性检验。计算所得的19个子目标和四个分层目标对总目标的影响权重见图6-1括号中的数据。

中小企业竞争力

A 外部环境竞争力(0.19195)
- A_1 贸易环境(0.01823)
- A_2 法制环境(0.00772)
- A_3 资金环境(0.08271)
- A_4 市场环境(0.01151)
- A_5 信用环境(0.03250)
- A_6 社会环境(0.03089)
- A_7 政府服务(0.00838)

B 企业内在竞争力(0.80805)
- C 短期生存实力(0.12631)
  - C_1 获利能力(0.07379)
  - C_2 获利能力变动指数(0.02324)
  - C_3 产品竞争力(0.02928)
- D 中期成长能力(0.52033)
  - D_1 资本实力(0.04093)
  - D_2 资本运作能力(0.12976)
  - D_3 企业组织能力(0.05208)
  - D_4 融资能力(0.07453)
  - D_5 人力资源能力(0.22302)
- E 长期发展潜力(0.16141)
  - E_1 研发人才状况(0.06971)
  - E_2 研究开发投入(0.06971)
  - E_3 生产技术能力(0.00870)
  - E_4 研发组织能力(0.01329)

各项评价指标(共63项)

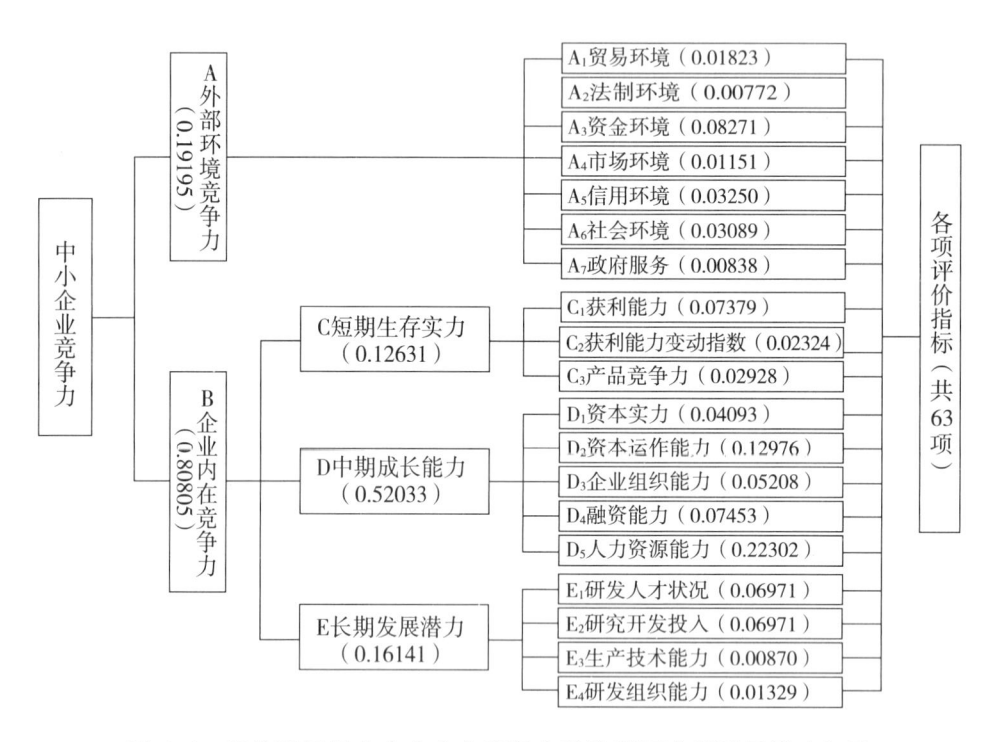

图6-1 评价不同行业中小企业竞争力的阶梯层次模型及影响权重

注:括号中的数据为用专家法产生的分层目标和子目标对总目标的影响权重,限于篇幅,本章不再表述具体评价指标对子目标乃至对总目标的影响权重计算过程。

数据来源:调研组统计分析而得(下同)。

第三节 不同行业中小企业样本数据及数据定量处理

一、本章研究的样本数据来源

本章研究的中小企业样本数据,系国务院发展研究中心通过乡镇企业局、中小

企业协作办、统计局、大专院校等部门人员帮助发放与回收的企业问卷调查数据信息，作者受国务院发展研究中心邀请参与数据处理和合作研究，并形成样本信息数据库。共发放 14000 多份中小企业问卷，问卷回收率 22%，获得 3027 份有效问卷，区域分布包括北京、江苏、浙江、广东、湖北、辽宁、云南等七省市。样本的所有制类型、隶属关系、行业分布、规模分布等特征与中小企业总体分布接近，能充分代表总体，用于实证研究。

二、样本数据的行业分类

我国不同行业中小企业的规模大小、资产运营状况等特征差异，对中小企业的赢利能力、发展潜力及创造就业的能力影响显著。结合样本数据源的特点，我们把中小企业区分为机械（有效中小企业样本 364 家，下同）、电子电器（256 家）、化工（321 家）、建材（176 家）、纺织（256 家）、食品（106 家）、轻工（570 家）、冶金（161 家）、建筑（108 家）、商业服务业（298 家）、其他（411 家），共 11 个行业分类进行对比研究。

三、各项评价指标的测度方法

本研究涉及的评价指标中，多数可以直接以指标的绩效值作为测度值，另外还采用的测度方法包括：根据企业感受的好差程度或者是否拥有某项资源，分别给予不同的分值进行量化；对于组织能力或潜力类指标，根据管理者对某项策略或观点的选择判断，通过与短期获利能力的回归，算出各选择项的权重，然后计算样本企业平均选择权重为测度值；还有一些指标分解为多个评价子要素，再按一定的方法组合计算得到测度值。

第四节　不同行业中小企业竞争力评价

一、不同行业中小企业外部环境竞争力评价

中小企业的外部环境竞争力主要体现于所面对的贸易、法制、资金、市场、信用、社会环境，以及政府服务等方面。其中贸易环境可以从不同行业中小企业的对外开放状况、与大企业的贸易关系，以及产品和原料的贸易方式等方面来评价；政府服务主要以不同行业中小企业获得政府信息服务、中介服务、咨询服务、经营指导服务的情况来评价；法制环境、资金环境、市场环境、信用环境和社会环境分别以不同行业中小企业自我感受的"好、差"程度来评价。不同行业中小企业的各项外部环境竞争力评价指标及指标测度值如表 6-1 所示。

表 6-1　不同行业中小企业外部环境竞争力评价指标及指标测度值

指标名称		电子电器	商业服务业	轻工	冶金	食品	纺织	化工	建材	建筑	机械	其他
A_1 贸易环境	A_{11} 对外开放程度（%）	25.1	4.5	9.7	21.6	3.9	16.5	7.8	7.2	0.0	6.8	10.3
	A_{12} 对大企业依赖（%）	13.5	5.3	11.1	18.4	3.1	12.7	9.4	3.6	0.0	16.4	13.5
	A_{13} 市场开拓独立性（%）	86.5	94.7	88.9	81.6	96.9	87.3	90.7	96.4	100	83.6	86.5
A_2 法制环境		3.36	3.38	3.25	3.20	3.36	3.56	3.20	2.95	3.11	3.16	3.35
A_3 资金环境		2.76	2.79	2.75	2.63	2.47	2.52	2.46	2.50	2.53	2.37	2.68
A_4 市场环境		3.16	3.00	2.92	3.19	3.28	3.17	2.99	3.22	2.79	2.82	3.17
A_5 信用环境		2.88	3.18	2.80	2.64	3.25	2.90	2.63	2.75	2.22	2.40	2.96
A_6 社会环境		2.98	2.66	3.08	2.98	3.00	2.93	3.03	2.67	3.00	3.027	3.19
A_7 政府服务	A_{71} 信息服务（%）	55.6	37.5	55.5	65.0	77.8	55.1	69.9	39.1	57.1	63.5	56.5
	A_{72} 中介服务（%）	32.9	18.8	30.9	43.6	29.6	35.3	36.8	15.9	25.0	40.3	28.9
	A_{73} 咨询服务（%）	54.7	35.0	49.7	52.3	39.4	50.7	51.9	32.7	50.0	51.3	53.3
	A_{74} 经营指导服务（%）	47.8	43.8	46.8	53.9	51.9	44.6	54.7	34.1	41.7	48.6	50.0

注：由于指标测度方法不同，一部分指标测度值为数值；另一部分指标测度值为百分数，下同。

对表 6-1 中各项评价指标的测度值进行无量纲化处理后，结合两两比较矩阵计算出的组合权重，得出我国不同行业中小企业的外部环境竞争力评价指数（见表 6-2）。

表 6-2 不同行业中小企业外部环境竞争力评价指数

类别	电子电器	商业服务业	轻工	冶金	食品	纺织	化工	建材	建筑	机械	其他
外部环境竞争力	85.85	85.43	81.68	70.02	64.73	62.1	55.55	52.19	51.68	50.01	78.15
其中：贸易环境	85.06	41.4	52.32	91.47	41.03	65.28	47.68	42.25	41.36	60.67	56.46
法制环境	74.75	74.99	72.66	71.54	74.7	84.99	71.56	61.06	70.19	70.87	74.58
资金环境	81.58	89.97	81.14	51.73	32.41	36.98	31.62	35.01	37.71	25.35	66.49
市场环境	75.95	70.18	66.82	77.42	84.99	76.12	70	79.4	53.95	56.7	76.25
信用环境	55.75	80.03	52.09	44.48	90.02	57.39	44.22	49.74	24.13	31.73	61.74
社会环境	77.3	58.67	81.43	77.52	78.3	75.3	79.65	60.82	78.3	79.41	85
政府服务	75.63	44.08	71.89	90.09	76.47	73.45	87	34.45	65.31	82.09	73.83

注：竞争力评价指数100，表示全部指标的最优值决定的竞争力水平，下同。

按照不同行业中小企业的外部环境竞争力评价结果可以区分为三类：第一类是外部环境竞争力较高的行业，竞争力评价指数在80左右，包括电子电器、商业服务业、轻工业；第二类是冶金、食品、纺织行业，外部环境竞争力水平一般，评价指数在60~70之间；第三类是化工、建材、建筑、机械行业，其外部环境竞争力较差。外部环境竞争力水平一般和较差的行业主要由于资金环境和信用环境较差所致。另外，食品、化工、建材、建筑的贸易环境竞争力较弱，建筑和机械的市场环境较差，建材类中小企业得到的政府服务水平较低。外部环境竞争力相近的电子电器、商业服务业和轻工业相比较，商业服务业和轻工业的贸易环境显著差于电子电器类；电子电器和轻工业的信用环境显著差于商业服务业；商业服务业面临的社会环境和政府服务不如电子电器和轻工业。

二、不同行业中小企业短期生存实力评价

中小企业短期生存实力主要体现于短期获利能力、获利能力变动指数，以及现有产品的竞争力等方面。获利能力通过不同行业中小企业的平均净资产利润率、企业亏损率、人均收入额、收入税金率等指标来评价；获利能力变动指数用获利能力各项指标近三年的年均增减速度来评价，反映短期生存实力的变动趋势；产品竞争力也直接影响短期生存实力，用不同行业中小企业现有产品的平均产销率、设备利用率、产品集中度、销售能力及销售问题等指标来评价。

不同行业中小企业短期生存实力评价指标及指标测度值如表6-3所示。

表6-3 不同行业中小企业短期生存实力评价指标及指标测度值

指标名称		其他	电子电器	建筑	食品	化工	冶金	建材	机械	商业服务业	轻工	纺织
C_1 获利能力	C_{11} 净资产利润率	4.1	1.9	1.0	8.3	-6.1	-0.6	-2.6	-0.6	0.5	1.8	-62.6
	C_{12} 企业亏损率	33.3	23.2	38.9	29.4	45.6	54.7	54.7	43.2	44.4	36.7	49.4
	C_{13} 人均收入额（千元）	89.8	39.9	80.5	51.7	69.4	44.9	33.5	44.2	53.6	53.9	14.8
	C_{14} 收入税金率	4.4	4.7	8.4	9.6	3.9	6.4	5.8	6.9	4.1	7.7	6.6
C_2 获利能力变动指数	C_{21} 总资产利润率变动速度	2.2	30.3	-28.7	29.5	-52.6	-24.0	-17.7	-51.1	-58.9	-51.1	55.6
	C_{22} 净资产利润率变动速度	19.9	28.4	-23.9	31.1	-38.6	-11.3	-9.8	-21.2	-64.3	-54.9	10.4
	C_{23} 总资产周转率变动速度	-2.7	-1.3	-2.1	-7.3	-7.2	-2.7	-1.7	-4.0	-11.2	-8.8	-2.8
	C_{24} 人均收入变动速度	10.9	9.3	11.4	3.7	6.7	3.7	5.3	3.8	-9.3	2.8	2.8
	C_{25} 收入税金率变动速度	3.7	-9.5	25.9	-2.6	-1.6	-5.6	1.9	4.6	19.4	1.8	16.6
C_3 产品竞争力	C_{31} 产品产销率	90.4	90.0	90.0	85.9	92.5	88.5	94.8	87.3	89.7	91.3	90.6
	C_{32} 设备利用率	66.9	67.5	62.3	69.9	70.6	68.3	72.6	68.5	80.0	65.2	66.2
	C_{33} 产品集中度	84.3	82.4	92.7	87.9	81.7	83.2	86.2	79.3	84.3	85.4	84.5
	C_{34} 销售竞争力 销售问题	52.1	64.8	45.0	75.7	62.0	51.8	60.0	68.4	51.5	59.1	46.1
	内销能力	0.8	0.9	0.5	1.5	0.7	0.4	0.2	0.7	1.0	0.9	1.6

对短期生存实力评价指标的测度值进行无量纲化处理后，结合两两比较矩阵计算出的组合权重得出不同行业中小企业的短期生存实力评价指数（见表6-4）。

表6-4 不同行业中小企业短期生存实力评价指数

类别	其他	电子电器	建筑	食品	化工	冶金	建材	机械	商业服务业	轻工	纺织
C 短期生存实力	90.97	87.22	83.34	75.67	71.31	70.54	70.28	68.77	67.84	67.15	47.60
其中：获利能力	90.20	81.41	78.97	75.90	74.64	65.16	64.04	67.72	72.13	70.86	21.52
获利能力变动指数	81.56	94.68	74.61	46.12	36.71	63.48	65.53	51.17	12.71	27.44	69.34
产品竞争力	61.15	58.32	65.32	65.89	59.63	59.26	59.49	55.74	71.52	60.37	75.54

电子电器、建筑和食品行业中小企业的短期生存实力较强；化工、冶金、建材、机械、服务、轻工业中小企业的短期生存实力一般；纺织业中小企业的短期生存实力很差。不同行业中小企业短期生存实力具有以下特点：

第一，纺织行业的短期生存实力很弱，主要由于短期获利能力评价指数只有21.52，远远小于最优的90.2。从指标测度值也可以看出，一半左右的纺织业中小企业亏损，行业平均净资产利润率为-62.2%，属于最差的赢利能力，创造收入的能力也最差，人均创造收入额不到全部样本中小企业平均水平的1/3。

第二，商业服务业、轻工、化工、食品、机械类中小企业的短期生存实力不高的原因在于获利能力具有逐年减弱的趋势，反映在获利能力变动指数较低，从指标测度值也可以看出，这些行业的中小企业，净资产利润率和总资产利润率逐年快速下降，获利能力减弱趋势明显。尤其是商业服务业和轻工业，净资产利润率年均下降速度超过了50%。

三、不同行业中小企业中期成长能力评价

中期成长能力主要基于企业资源和核心能力论的观点，从资本实力、对资本的运作能力、获取资金的融资能力、企业组织能力及人力资源能力等方面来评价。①资本实力可以从固定资产投资能力、流动资金实力、人均净资产、人均总资产及变动趋势来评价。②资本运作能力可从近三年应收账款周转率和拖欠款占负债比率的年均增减速度，资产负债比率和流动资产比率的变动情况来评价。③融资能力以企业偿债能力评价为主，用资产负债比率、流动资产比率、企业规模、现有贷款占负债比重，以及这些指标近三年的变动趋势来评价。④企业组织能力可从战略管理能力、处理经营问题能力、竞争策略规划能力等方面来评价，评价这类能力需要根据企业对多项指标的定性判断结果与企业短期获利能力的线性回归之后，计算指标的综合测度值。⑤人力资源能力从员工学历结构、工资水平、对人才的重视程度、企业的培训组织能力等方面来评价。不同行业中小企业中期成长能力评价指标及指标测度值见表6-5。

表 6-5　不同行业中小企业中期成长能力评价指标及指标测度值

	指标名称	化工	电子电器	商业服务业	轻工	机械	冶金	建筑	建材	食品	其他	纺织
D₁ 资本实力	D₁₁ 固定资产投资能力	37.2	43.2	21.2	36.4	28.1	42.9	50.0	36.7	32.4	37.3	28.1
	D₁₂ 流动资金实力	48.1	57.9	36.4	46.9	51.5	51.8	35.0	48.3	48.7	47.9	47.2
	D₁₃ 人均资产变动比率	14.9	10.7	2.3	12.8	8.1	6.6	13.8	7.1	11.9	13.9	5.8
	D₁₄ 人均净资产额（千元）	23.6	22.2	68.9	18.8	25.4	37.9	39.1	21.7	40.2	25.4	2.6
	D₁₅ 人均净资产变动比率	18.1	12.4	17.7	22.1	-0.5	5.2	6.8	4.4	10.5	-2.9	-13.2
D₂ 资本运作能力	D₂₁ 应收账款变动速度	17.6	1.8	-32.3	8.2	12.9	-0.2	-13.9	3.7	-0.5	0.1	-9.1
	D₂₂ 拖欠款变动速度	18.6	5.2	0.5	17.4	10.4	3.1	23.3	8.5	-3.9	5.7	12.5
	D₂₃ 资产负债比率变动速度	-0.7	-0.6	-6.0	-1.5	4.2	0.6	4.5	1.0	0.5	6.4	1.5
	D₂₄ 流动资产比率变动速度	-0.7	1.3	-10.1	0.4	-0.7	0.8	-0.6	-0.6	-4.4	-4.1	-2.3
D₃ 企业组织能力	D₃₁ 战略管理能力	4.3	4.6	4.8	4.5	4.4	4.3	4.4	4.4	4.5	4.5	4.4
	D₃₂ 处理经营问题能力	4.9	5.0	4.8	4.9	4.9	4.7	4.7	4.4	4.8	5.1	4.4
	D₃₃ 竞争策略规划能力	0.9	1.0	0.9	0.9	1.0	1.0	0.9	0.9	1.0	0.9	1.0
D₄ 企业融资能力	D₄₁' 资产负债比率变动速度	-0.7	-0.6	-6.0	-1.5	4.2	0.6	4.5	1.0	0.5	6.4	1.5
	D₄₂' 流动资产比率变动速度	-0.7	1.3	-10.1	0.4	-0.7	0.8	-0.6	-0.6	-4.4	-4.1	-2.3
	D₄₁ 金融机构投资比重	25.6	20.5	18.2	23.7	17.4	25.0	15.0	31.7	64.9	25.4	21.4
	D₄₂ 总收入变动速度	2.4	4.5	-7.0	-1.6	-2.0	1.5	-0.3	4.4	0.2	2.3	-4.3

— 92 —

续表

指标名称		化工	电子电器	商业服务业	轻工	机械	冶金	建筑	建材	食品	其他	纺织
D_4 企业融资能力	D_{43} 总收入额（万元）	3862	976	584	1793	2019	2834	2447	1551	1527	2890	1457
	D_{44} 总资产变动速度	10.3	5.8	4.8	8.0	2.1	4.3	1.9	6.3	8.1	5.2	-1.5
	D_{45} 总资产额（万元）	6083	1917	2007	3473	3992	7636	3195	3724	4481	3760	4995
	D_{46} 贷款占负债比重	47.5	33.3	25.7	38.2	39.0	39.3	23.6	34.8	47.4	39.5	56.1
	D_{47} 贷款占总资产比重	37.2	23.9	16.1	31.4	27.7	27.0	14.8	25.4	34.9	31.0	53.3
D_5 人力资源能力	D_{51} 员工学历结构	7.9	10.0	6.4	3.7	9.2	6.3	5.3	3.7	6.5	6.6	2.3
	D_{52} 员工学历结构变动比率	11.3	7.4	0.4	6.4	4.7	5.1	9.8	8.2	-0.1	1.8	1.5
	D_{53} 人均工资水平（千元）	10.1	8.1	9.9	11.9	9.4	8.5	12.0	7.7	10.2	10.8	5.7
	D_{54} 工资水平变动速度	3.6	1.1	3.7	9.4	5.9	-0.9	-1.1	-1.8	1.4	7.7	-3.7
	D_{55} 对人才重视程度	46.1	42.9	31.9	31.5	37.4	30.3	37.4	32.3	22.8	37.5	35.6
	D_{56} 培训组织能力与重视程度	培训重视程度	6.7	8.2	9.5	8.6	7.5	6.7	11.9	7.8	3.4	8.3	7.9
		培训组织能力	5.5	5.1	5.3	5.3	5.1	5.1	5.1	5.4	5.5	5.3	5.1
		培训障碍	2.2	2.3	2.3	2.2	2.1	2.6	2.7	2.3	2.1	2.6	2.4

对指标测度值进行无量纲化处理后,结合两两比较矩阵计算出的组合权重,得出不同行业中小企业的中期成长能力评价指数(见表6-6)。

表6-6 不同行业中小企业中期成长能力评价指数

类别	化工	电子电器	商业服务业	轻工	机械	冶金	建筑	建材	食品	其他	纺织
D 中期成长能力	70.53	63.82	62.80	57.43	54.09	52.13	51.51	49.09	48.69	46.98	36.87
其中:资本实力	61.68	59.00	75.20	63.86	39.77	52.74	56.45	43.37	54.77	44.64	30.10
资本运作能力	60.14	59.30	76.59	57.98	45.22	54.23	32.13	48.86	45.80	27.50	36.58
企业组织能力	51.66	65.57	89.62	57.34	59.32	50.77	48.64	51.21	57.38	58.51	56.13
融资能力	72.10	48.03	47.40	47.60	39.84	69.00	52.62	51.04	48.59	45.92	29.71
人力资源能力	82.09	72.20	51.38	59.23	65.43	45.48	62.18	49.12	47.27	56.41	36.17

除了化工、电子电器、商业服务业外,其余行业中小企业的中期成长能力都较弱,尤其纺织行业最弱,中期成长能力评价指数只有36.87。不同行业中小企业中期成长能力的差异主要来源于以下几个方面。

(1)大部分行业中小企业的资本实力和资本运作能力很弱,尤其纺织、机械、建材等行业的资本实力和资本运作能力评价指数都在50以下。资本实力弱,主要由于固定资产投资不足,导致资产规模增长缓慢,纺织和机械行业的人均净资产额甚至出现了负增长。资本运作能力弱,主要由于资产负债比率逐年增长,流动资产比率逐年下降。

(2)多数行业中小企业的融资能力不足。主要由于中小企业行业规模差异,导致融资能力的差异。除了冶金和化工行业外,其余行业中小企业的融资能力评价指数都在55以下,这些行业中小企业的资产和收入规模较小,得不到银行金融机构的重视,在目前我国缺乏市场化存贷款利率形成机制条件下,金融机构偏重于为规模较大的企业融资。

(3)大部分行业中小企业的企业组织能力不高,只有竞争比较激烈,资产专用程度较低的商业服务业具有较高的企业组织能力,在竞争中具有较大的灵活性。

(4)从不同行业的人力资源能力看,化工、电子电器业对人才比较重视,注意加强培训的力度,具有较强的人力资源能力,其余行业中小企业的人力资源能力都很弱。

四、不同行业中小企业长期发展潜力评价

长期发展潜力体现于企业的研发人才状况、研究开发投入、企业生产技术能力,以及对研发的组织管理水平等方面。其中,研发人才和研发投入是体现长期发展潜

第二篇 中小企业发展的竞争力评价与实证研究

第6章 我国不同行业中小企业竞争力实证比较研究

表6-7 不同行业中小企业长期发展潜力评价指标及指标测度值

	指标名称	电子电器	轻工	化工	机械	食品	冶金	纺织	其他	建材	商业服务业	建筑
E1. 研发人才状况	E$_{11}$ 高学历员工占比	0.84	0.07	0.11	0.16	0.02	0.11	0.02	0.13	0.00	0.03	0.00
	E$_{12}$ 研发人才占比	3.40	1.33	1.12	2.67	2.71	2.20	0.44	1.41	0.68	0.22	0.03
	E$_{13}$ 人才变动速度	36.40	26.90	86.00	7.90	−20.70	2.20	31.90	3.00	0.00	−7.70	−100
E2. 研开发投入	E$_{21}$ 研发费用占收入比	3.26	1.40	0.76	2.43	1.35	1.63	1.72	0.48	0.35	0.12	0.01
	E$_{22}$ 研发费用变动速度	24.10	51.70	2.80	7.70	35.80	12.60	9.10	9.00	−4.60	7.50	0.30
	E$_{23}$ 研发企业数占比	71.60	57.10	60.50	70.90	75.70	57.10	43.80	57.00	48.30	24.20	10.00
E3. 生产技术能力	E$_{31}$ 设备技术水平	23.90	21.70	23.10	18.50	21.60	17.70	21.60	23.10	26.20	21.10	30.70
	E$_{32}$ 生产技术水平	2.10	1.67	1.95	2.04	1.41	1.87	1.82	1.94	1.19	1.20	1.30
E4. 研发组织能力	E$_{41}$ 开发产品企业数占比	42.50	44.80	32.50	39.90	51.40	40.70	31.30	40.40	32.10	53.90	40.00
	E$_{42}$ 对研发管理组织水平	1.28	0.90	1.05	1.23	0.76	0.87	0.81	0.92	0.99	0.34	1.17

— 95 —

力最重要的两个方面,以高学历员工占比、从事研究开发工作的人数占比,以及高学历人才占比的变动趋势评价企业的研发人才状况,以行业中进行研究开发的企业数占比、研发费用占收入的比重,以及这一比重近三年的变动趋势来评价企业研发投入水平。另外,我们采用不同行业企业的设备技术水平和技术来源体现的技术能力来评价生产技术能力,用自主开发产品的企业数占比和对研究开发的管理组织水平来评价研发组织能力,这两方面对长期发展潜力的影响不大。不同行业中小企业长期发展潜力评价指标及指标测度值如表6-7所示。

对指标测度值进行无量纲化处理后,结合两两比较矩阵计算出的组合权重,得出我国不同行业中小企业长期发展潜力评价指标(见表6-8)。电子电器行业中小企业的长期发展潜力最强,评价指数为87.93,轻工、化工、机械、食品行业的较弱,其余行业的长期发展潜力很弱,评价指数都在50以下。轻工行业中小企业长期发展潜力不足的主要原因在于高学历员工占比很低,高学历员工占比不到员工总数的1‰,研究开发人才占比也不高。化工行业高学历员工占比、研发人才占比与轻工行业接近,但是近三年的人才增长速度很快,化工行业长期发展潜力不足主要因为研究开发投入较低,而且近年来的研发费用增长缓慢。机械和食品行业中小企业长期发展潜力不足主要由于研发人才的缺陷,冶金、纺织、建材、商业服务、建筑业中小企业的长期发展潜力薄弱,主要由于研发人才和开发投入的双重不足所致。

表6-8 不同行业中小企业长期发展潜力评价指标

类别	电子电器	轻工	化工	机械	食品	冶金	纺织	其他	建材	商业服务业	建筑
E. 长期发展潜力	87.93	61.88	58.47	55.12	53.72	42.41	40.8	34.65	29.14	27.12	22.27
其中: 研发人才状况	78.60	36.63	82.91	40.88	34.50	35.39	36.64	30.01	26.46	24.32	10.67
研究开发投入	99.39	87.33	32.48	63.59	70.78	44.13	40.61	30.39	24.42	21.45	18.51
生产技术能力	77.37	60.72	71.47	70.84	49.83	64.48	66.80	72.22	49.69	44.57	71.83
研发组织能力	83.73	61.60	58.00	75.14	67.57	55.80	46.53	56.72	54.50	60.12	70.27

第五节 对策与建议

根据不同行业中小企业的外部环境竞争力、短期生存实力、中期成长能力、长期发展潜力等四个分层目标的评价结果,可以得出我国不同行业中小企业的竞争力综合评价指数(见表6-9)。电子电器行业中小企业竞争力最强,竞争力综合评价指数为74.9;化工、轻工、商业服务业中小企业的竞争力较强,评价指数在60~70之间；食品、机械、冶金、建筑、建材业中小企业竞争力较弱，评价指数在50左右；纺织行业中小企业的综合竞争力最弱，评价指数只有43.7。

表6-9中结果还进一步反映了不同行业中小企业竞争力差异的具体来源。化工行业中小企业的外部环境竞争力和长期发展潜力相对较弱，轻工行业中小企业的中期成长能力不足，商业服务业中小企业的长期发展潜力很弱，食品、机械、冶金、建筑、建材等行业中小企业主要是中期成长能力和长期发展潜力较弱，纺织行业的中小企业整个内在竞争力严重不足。

表6-9　不同行业中小企业竞争力综合评价结果

类别	电子电器	化工	轻工	商业服务业	食品	其他	机械	冶金	建筑	建材	纺织
总目标：不同行业中小企业竞争力综合评价指数	74.90	65.81	64.03	62.02	55.99	56.53	55.33	56.32	50.84	49.14	43.70
其中：A 外部环境竞争力	85.85	55.55	81.68	85.43	64.73	78.15	50.01	70.02	51.68	52.19	62.10
C 短期生存实力	企业内在竞争力	87.22	71.31	67.15	67.84	75.67	90.97	68.77	70.54	83.34	70.28	47.60
D 中期成长能力		63.82	70.53	57.43	62.80	48.69	46.98	54.09	52.13	51.51	49.09	36.87
E 长期发展潜力		87.93	58.47	61.88	27.12	53.72	34.65	55.12	42.41	22.27	29.14	40.80

（1）要提升电子电器业中小企业的竞争力，重点在于构造诚信的市场环境，减少企业间拖欠，加速资金流动速度和提高资金运用效率。对于电子电器业中小企业，以各种资源能力尤其是融资和资本运作能力反映的中期成长能力不高。主要问题在于企业平均规模相对较小，生命周期较短，在信用环境较差的外部环境下拖欠问题严重，导致资本运作和融资能力不足。

（2）要提升化工业中小企业的竞争力，必须要从企业内部调整发展战略，控制低水平的规模扩张，调整资金使用方向，加大研究开发的投入，提高产品竞争力和长期发展潜力。因为化工业中小企业平均规模较大，得到金融机构贷款支持较多，短期获利水平较高刺激资产规模迅速扩张，导致对外资金需求较大。但是在规模扩张过程中研究开发投入不足，导致长期发展潜力不高，产品竞争力不足，获利水平下降趋势明显。

（3）要提升轻工业中小企业的竞争力，应注意增强其人力资源能力，吸收较高学历人员加入。因为轻工业中小企业的资产规模相对不大，产品技术水平不高，行业进入障碍小，竞争激烈，赢利水平下降迅速，企业对员工培训和人才队伍的建设重视不够，产品的附加价值较低。

（4）商业服务业长期发展潜力明显不足，主要由于人力资源能力不足，员工中高素质人才占比较低。我国商业服务业中小企业集中于简单贸易经营，而提供知识性服务的企业数量很少，需要全社会加强知识文化教育，不断提升知识服务水平，才能带动商业服务业竞争力的提升。

（5）食品、机械、冶金、建筑、建材、纺织等行业中小企业主要是人力资源不足和资金缺乏。由于中小企业的规模和赢利水平不高，对人才的吸引能力远不如大企业和政府事业单位。中小企业资金不足从多个方面削弱了竞争力，同时中小企业的管理水平和资本运营能力低，以及信用环境等一些外部不利因素又进一步加重了资金的缺乏，处于获利能力低下与融资需求较强的两难境地。要解决中小企业资金问题，不能简单地增加资金供给，要在深化金融市场改革、完善产权交易规则，按照市场原则优胜劣汰的同时，以权益或债权等多种方式把资金有选择地配置给最有发展潜力的中小企业。中小企业要引入外部资本，改善管理，提升自身赢利能力，同时，还需要政府、司法等部门加强法制建设，培育诚信风气，解决企业拖欠等问题，才能真正缓解中小企业融资困难，降低融资成本，形成良性循环。

第7章 我国东中西部中小企业竞争力实证比较研究[①]

量化分析我国东中西部中小企业竞争力的差异状况，揭示其内在原因，对制定中小企业振兴政策、缩小区域差距，尤其对提升中西部中小企业竞争力具有非常重要的意义。本章在研究中小企业竞争力评价指标体系与评价方法的基础上，基于江苏、浙江、广东、湖北、辽宁、云南等六省中小企业问卷调查数据库信息，运用层次分析法，对我国东中西部中小企业的外部环境竞争力、短期生存实力、中期成长能力、长期发展潜力，以及综合竞争力进行评价与比较分析，以揭示东中西部中小企业竞争力差异的深层机理，并提出提升不同地区中小企业竞争力的对策建议。

第一节 样本数据

一、样本数据源

本章研究的中小企业样本数据系国务院发展研究中心通过乡镇企业局、中小企业协作办、统计局、大专院校等部门人员帮助发放与回收的企业问卷调查数据信息，本文作者受国务院发展研究中心邀请参与数据处理和合作研究，并形成中小企业信息数据库。发放8000多家中小企业问卷，问卷回收率19%，获得1512份有效问卷，区域分布包括江苏、浙江、广东、湖北、辽宁、云南等六省。样本的所有制类型、隶属关系、行业分布、规模分布等特征与中小企业总体分布接近，能充分代表总体，用于实证比较研究。

二、针对样本数据特点对东中西部区域的划分

我们选择江苏省、浙江省、广东省作为东部地区的代表，共有有效样本520家；湖北省、辽宁省作为中部地区的代表，共有有效样本494家；云南省作为西部地区的代表，共有有效样本498家。

三、样本数据信息内容的特点

调查问卷内容共涉及十六大类，300多项数据信息，涵盖了中小企业内部经营管理的各个方面，包括连续四年的资产、负债、收入、支出、研发费用、贷款、利

---

① 原载《经济研究》，2004年第12期。

率、拖欠、应收款、税金、盈亏、职工结构、学历构成、工资福利等详细的财务和人力资源数据，以及目前的竞争环境、技术能力、产品销售、培训、企业战略、经营问题等信息，足以实现对中小企业竞争力的评价。

第二节 中小企业竞争力评价指标体系与评价方法

一、中小企业竞争力评价指标体系

中小企业竞争力的评价目标在于根据影响中小企业内外部或长短期竞争力的要素，评价特定时间中小企业竞争优势的强弱及变动趋势，从总体和具体的影响要素，多层次地揭示不同区域中小企业竞争力水平差异的内在原因和各要素的作用程度，为我国有针对性地制定提升中小企业竞争力政策提供依据。根据中小企业的规模、多样性、大群体性、资产专用性、个体与群体的融合性、创新等方面的特征，借鉴国际比较学派、产业竞争力理论、资源学派及核心能力学派的观点，我们在充分结合样本数据信息特点的基础上，提出73项要素的中小企业竞争力评价指标体系。

二、中小企业竞争力评价梯阶层次模型

依据指标体系，围绕中小企业竞争力评价总目标，构造能反映中小企业竞争力本质属性与内在联系的梯阶层次模型（见图7-1），共划分为三个层次：第一层次把总目标区分为外生的外部环境竞争力和内生的企业内在竞争力两个方面，企业内在竞争力又根据指标要素作用的时间特征进一步划分为短期生存实力、中期成长能力、长期发展潜力等分层目标；第二层次为20个评价子目标，用于对外部环境竞争力、短期生存实力、中期成长能力和长期发展潜力四个分层目标进行评价；第三层次为73项评价指标，直接评价20个子目标。评价指标通过对20个子目标的直接评价乃至对四个分层目标的评价，实现对中小企业竞争力总目标的最终评价。

三、运用层次分析法计算各层指标对评价目标的影响权重

根据指标体系属于多指标系统评价的特点和评价目标要求，我们采用层次分析法（AHP）作为中小企业竞争力的评价方法。第一步通过专家法构造1~9标度的两两比较矩阵；第二步计算两两比较矩阵最大特征根对应的归一化后的权向量作为指标影响权重；第三步计算各个层次评价要素和评价指标的组合权重；第四步对指标权重进行单层和多层组合一致性检验（见图7-1）。

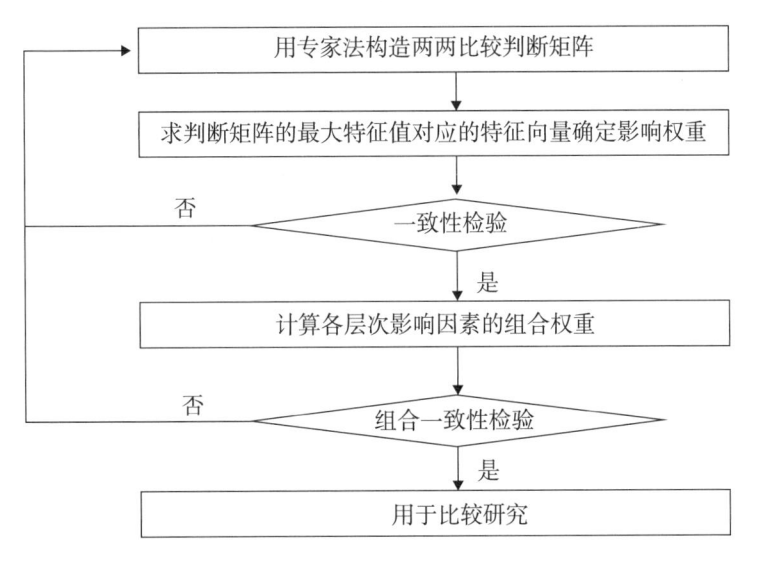

```
┌─────────────────────────────────┐
│  用专家法构造两两比较判断矩阵   │◄──┐
└────────────────┬────────────────┘   │
                 ▼                    │
┌─────────────────────────────────┐   │
│求判断矩阵的最大特征值对应的特征 │   │
│        向量确定影响权重         │   │
└────────────────┬────────────────┘   │
              否 ◇ 一致性检验 ────────┘
                 │是
                 ▼
┌─────────────────────────────────┐
│   计算各层次影响因素的组合权重  │
└────────────────┬────────────────┘
              否 ◇ 组合一致性检验
                 │是
                 ▼
┌─────────────────────────────────┐
│          用于比较研究           │
└─────────────────────────────────┘
```

图 7-1　中小企业竞争力评价指标权重计算过程

第三节　数据处理

一、把各种样本数据转化为可用于定量评价的指标值

本研究涉及的 73 项评价指标中，多数可以直接以指标的绩效值作为测度值，但定性指标需采取某种方法进行量化，还有一些评价要素由多个定性或定量指标按照一定计算模型进行组合计算才能得出量化测度值。除了直接以指标绩效值作为测度值外，还采用的测度方法包括：

方法一：根据企业感受的好差程度分别给予不同的分值进行量化，企业感受"好、较好、一般、较差、差"分别用"5、4、3、2、1"来标度，样本企业平均得分即为该项指标测度值。

方法二：根据企业感受的竞争压力程度分别给予分值进行量化，企业感受"很强、强、不强、没有"分别用"4、3、2、1"标度，样本企业平均得分即为该项指标测度值。

方法三：根据企业"是、否"获得（或拥有）某项资源，分别赋予"1、0"值进行量化，样本企业分值之和除以样本总数为该项指标测度值。

方法四：按照企业目前面临的问题，根据"是、否"的判断分别赋予"1、0"值进行量化，中小企业样本分值之和除以样本总数为该项指标测度值。

方法五：对于涉及组织或战略能力等方面的指标，根据管理者对某项策略或观点的"选择、不选择"分别赋予"1、0"值进行量化，中小企业样本分值之和除以样本总数为该项指标测度值。

方法六：还有一些能力或潜力指标，针对企业对某类事项的选择或判断情况，通过与短期获利能力的回归，算出各个选择项的权重，计算样本企业的平均选择权重为测度值。

方法七：对于一些指标分解出多个评价子要素，根据具体指标特点对多个定性或定量评价子要素按照一定的计算模型组合计算得到量化测度值。

二、指标测度值的无量纲化处理

各项评价指标测度值分别表达不同的含义，需要进行无量纲化处理。根据指标测度值大小与竞争力强弱的方向是否一致把指标划分为正向和反向两类。把正向指标量化为效益型，指标测度值越大越好，取指标的最优值 $\beta_K = \max\{\beta_i | 1 \leq i \leq m\}$，最劣值 $\beta_L = \min\{\beta_i | 1 \leq i \leq m\}$，其中 m 为样本分类数。把反向指标量化为成本型，指标测度值越小越好，取指标的最优值 $\beta_K = \min\{\beta_i | 1 \leq i \leq m\}$，最劣值 $\beta_L = \max\{\beta_i | 1 \leq i \leq m\}$。按 1~9 标度方法，判断 β_K 与 β_L 相比较的标度值为 $d_m(>1)$。构造判断矩阵 $A = (A_{ij})_{m \times m}$，令：$R_{ij} = (\beta_i - \beta_j) / (\beta_k - \beta_L) \times d_m$

则：$R_{ij} = \begin{cases} R_{ij}, & \text{若 } R_{ij} > 1 \\ 1, & \text{若 } |R_{ij}| \leq 1 \\ -\dfrac{1}{R_{ij}}, & \text{若 } R_{ij} < -1 \end{cases}$ （其中，$i, j = 1, 2, 3, \cdots, m$）

第四节　东中西部中小企业竞争力评价

一、东中西部中小企业外部环境竞争力评价

外部环境竞争力主要体现于中小企业面对的贸易、法制、资金、竞争、市场、信用、社会环境，以及政府服务等方面。其中，贸易环境从区域对外开放状况、中小企业与大企业的贸易关系，以及产品和原料的贸易方式等方面来评价；政府服务主要以中小企业获得政府信息、中介、咨询、经营指导服务的情况来评价；法制、资金、竞争、市场、信用环境分别以中小企业自我感受来评价（见表7-1）。

表 7-1　东中西部中小企业外部环境竞争力评价指标及指标测度值

类别		测度	指标	东部	中部	西部
A_1 贸易环境	A_{11} 对外开放程度	方法二	正向	12.25	2.92	3.53
	A_{12} 对大企业依赖	方法三	正向	13.45	12.59	10.16
	A_{13} 市场开拓独立性	方法三	正向	86.46	87.41	89.84
A_2 法制环境		方法一	正向	3.461	3.238	3.021
A_3 资金环境		方法一	正向	3.098	2.397	2.487
A_4 竞争环境		方法七	反向	2.085	2.183	2.233
A_5 市场环境		方法一	正向	2.987	3.17	3.00
A_6 信用环境		方法一	正向	2.908	2.823	2.581
A_7 社会环境		方法一	正向	3.022	3.107	2.885
A_8 政府服务	A_{81} 信息服务	方法三	正向	59.6	59.57	66.00
	A_{82} 中介服务	方法三	正向	33.42	36.93	34.46
	A_{83} 咨询服务	方法三	正向	52.49	47.07	52.07
	A_{84} 经营指导	方法三	正向	33.52	59.24	48.03

对指标测度值进行无量纲化处理后，结合两两比较矩阵计算出的组合权重，得出我国东部中小企业的外部环境竞争力评价指数为 91.96，显著高于中部的 63.11 和西部的 48.89（见表 7-2）。差异主要来源于：①资金环境对外部环境竞争力的影响程度为 34.33%，东部中小企业的资金环境显著优于中部和西部地区，这是形成外部环境竞争力差距的主要原因；②竞争环境对外部环境竞争力的影响程度为 20.33%，东部地区中小企业面对的竞争压力大于中部和西部；③信用环境对外部环境竞争力的影响度为 13.49%，东部中小企业的信用环境优于中部，东部和中部地区的信用环境显著优于西部地区，同时西部中小企业面临的法制环境最差，中部的法制环境略好于西部，东部的法制环境较优；④贸易环境对外部环境竞争力的影响度为 7.57%，东部中小企业的贸易环境优于中西部地区。

表 7-2　东中西部中小企业外部环境竞争力评价结果

类别	东部	中部	西部
外部环境竞争力	91.96	63.11	48.89
其中：资金环境	91.00	31.75	33.24
法制环境	92.00	54.97	33.75
竞争环境	63.49	41.79	36.42
信用环境	93.00	84.12	51.41
贸易环境	87.66	57.89	52.99

注：竞争力评价指数 100，表示全部指标的最优值决定的竞争力水平，下同。

由此可以认为：①中部和西部地区的资金环境改善，对中小企业竞争力提升最有作用；②中部和西部的贸易环境对中小企业提升竞争力也很重要；③西部地区还需着重改善信用和法制环境。

二、东中西部中小企业短期生存实力评价

短期生存实力主要体现于短期获利能力、获利能力变动指数以及现有产品竞争力等方面。获利能力通过资产利润率、总资产周转率、企业亏损率、人均收入额、收入税金率等指标来评价；获利能力变动指数用获利能力各项指标近几年的增减速度来评价，反映短期生存实力的变动趋势；产品竞争力用现有产品的产销率、设备利用率、产品集中度、销售能力等指标来评价。不同区域中小企业短期生存实力评价指标测度值如表7-3所示。

表7-3 东中西部中小企业短期生存实力评价指标及测度值

	指标名称	测度方法	指标方向	东部	中部	西部
C1 获利能力	C_{11} 总资产利润率	样本企业平均资产利润率	正向	4.33	-2.02	-0.9
	C_{12} 净资产利润率	样本企业平均净资产利润率	正向	9.50	-11.36	-3.61
	C_{13} 总资产周转率	样本企业平均总资产周转率	正向	59.52	58.12	50.66
	C_{14} 亏损率	样本企业亏损率	反向	14.67	52.08	43.93
	C_{15} 人均收入额	样本企业人均收入额	正向	81.7	41.84	58.34
	C_{16} 收入税金率	样本企业平均收入税金率	反向	6.99	7.29	8.28
C2 获利能力变动指数	C_{21} 总资产利润率变动指数	近三年总资产利润率年均增减速度	正向	1.15	-2.64	-8.23
	C_{22} 净资产利润率变动指数	近三年净资产利润率年均增减速度	正向	-6.26	-9.3	-32.8
	C_{23} 总资产周转率变动指数	近三年总资产周转率年均增减速度	正向	1.46	-0.96	-9.23
	C_{24} 人均收入变动指数	近三年人均收入年均增减比率	正向	9.49	6.65	-3.92
	C_{25} 收入税金率变动指数	近三年收入税金率年均增减速度	反向	-5.83	1.57	11.78

续表

	指标名称	测度方法	指标方向	东部	中部	西部
C3 产品竞争力	C_{31} 产品产销率	样本企业平均产品产销率	正向	91.27	90.82	88.69
	C_{32} 设备利用率	样本企业平均设备利用率	正向	73.98	68.59	64.78
	C_{33} 产品集中度	样本企业最主要两种产品占销售总额比重	正向	84.69	82.59	84.34
	C_{34} 销售竞争力	1. 方法四：产品销售问题	反向	50.83	52.08	75.25
		2. 方法六：内销方式反映的能力	正向	0.943	0.372	0.57

对短期生存实力评价指标的测度值进行无量纲化处理后，结合两两比较矩阵计算出的组合权重得出我国东部中小企业的短期生存实力最强，评价指数为84.98，中部中小企业短期生存实力显著弱为31.98，中部略高于西部的22.59（见表7-4）。短期生存实力差异，主要来源于以下三方面：①获利能力对中小企业短期生存实力影响权重最高，为58.42%，东部中小企业的获利能力最强，评价指数为82.77，中部和西部中小企业显著弱，仅为24.11和20.89。从评价指标的测度值也能看出，东部地区中小企业的净资产利润率接近10%，亏损率小于15%，而中部和西部中小企业的总资产利润率和净资产利润率都为负值。从利润率看，中部中小企业最差，亏损率最高。从总资产周转率和企业创造收入的能力看，东部和中部中小企业优于西部。②获利能力变动指数对短期生存实力的影响权重为18.4%，东中西部中小企业分别处于显著差异的三级，东部最强，评价指数为88.05，中部地区介于中间较弱，为34.29，西部地区最弱只有5.48，主要原因在于西部中小企业的利润率、总资产周转率等逐年下降，而收入税金率迅速增加，导致获利能力降低。③产品竞争力对短期生存实力的影响度为23.18%，东部地区的评价指数为88.11，显著高于中部的51.15和西部的40.64。中西部中小企业产品竞争力不足主要因为企业开工不足，设备利用率较低所致。

表7-4 东中西部中小企业短期生存实力

类别	东部	中部	西部
C 短期生存实力	84.98	31.98	22.59
其中：获利能力	82.77	24.11	20.89
获利能力变动指数	88.05	34.29	5.48
产品竞争力	88.11	51.15	40.64

表7-5 东中西部中小企业中期成长能力评价指标及指标测度值

	指标名称	测度方法	方向	东部	中部	西部
D₁ 资本实力	D₁₁₁ 固定资产投资能力	方法七	正向	49.79	29.29	31.34
	D₁₁₂ 流动资金实力	方法七	正向	61.87	45.57	42.29
	D₁₂ 人均资产额	样本企业人均资产额	正向	137.28	71.99	115.16
	D₁₃ 人均资产变动指数	近三年人均资产年均增减比率	正向	7.91	7.68	5.85
	D₁₄ 人均净资产额	样本企业人均净资产额	正向	60.91	12.82	28.65
	D₁₅ 人均净资产变动指数	近三年人均净资产年均增减比率	正向	16.45	1.51	-10.91
D₂ 资本运作能力	D₂₁ 应收账款周转率	样本企业收入额除以应收账款	正向	4.91	4.29	3.51
	D₂₂ 应收账款变动指数	近三年应收账款周转率年均增减速度	反向	9.18	2.8	-14.38
	D₂₃₁ 应收账款占总资产比	样本企业应收账款占总资产比重	反向	12.11	13.55	14.44
	D₂₃₂ 应收账款占流动资产比	应收账款占流动资产平均比	反向	25.86	28.85	32.12
	D₂₄ 拖欠款占负债比	样本企业拖欠款占负债比	反向	16.24	22.95	17.06
	D₂₅ 拖欠款变动指数	样本企业拖欠款额比年均增减比率	反向	4.42	2.28	5.04
	D₂₄₁ 资产负债比率	样本年资产负债比率年均增减速度	反向	55.63	82.19	75.12
	D₂₄₂ 资产负债比率变动指数	近三年资产负债比率年均增减速度	反向	-4.91	1.44	8.83
	D₂₄₃ 流动资产比率	样本企业流动资产占总资产比	正向	46.84	46.96	44.95
	D₂₄₄ 流动资产比率变动指数	近三年流动资产比率年均增减速度	正向	-8.33	-0.76	-5.28
D₃ 企业组织能力	D₃₁ 战略管理能力	方法六	正向	0.9	0.7	0.75
	D₃₂ 处理经营问题能力	方法六	正向	3.63	2.56	3.04
	D₃₃ 竞争策略规划能力	方法六	正向	0.146	0.131	0.115

续表

	指标名称	测度方法	方向	东部	中部	西部
D_4 企业融资能力	D_4^{241} 资产负债比率	样本企业平均资产负债率	反向	55.63	82.19	75.12
	D_4^{242} 资产负债比率变动指数	近三年资产负债比率年均增减速度	反向	-4.91	1.44	8.83
	D_4^{243} 流动资产比率	样本企业流动资产占总资产比	正向	46.84	46.96	44.95
	D_4^{244} 流动资产比率变动指数	近三年流动资产比率年均增减速度	正向	-8.33	-0.76	-5.28
	D_{41} 金融机构投资比重	方法七	正向	24.79	23.73	29.34
	D_{42} 总收入变动指数	近三年总收入额年均增减速度	正向	4.94	2.98	-6.89
	D_{43} 总收入额	样本企业平均收入额	正向	14138	18398	34846
	D_{44} 总资产变动指数	近三年资产额年均增减速度	正向	3.42	3.97	2.57
	D_{45} 总资产额	样本企业平均资产额	正向	23753	31657	68787
	D_4^{461} 贷款占负债比	样本企业平均贷款额占负债比重	反向	26	45.56	45.78
	D_4^{462} 贷款占总资产比	样本企业平均贷款额占资产比重	反向	14.47	37.44	34.39
D_5 人力资源能力	D_{51} 员工学历结构	大专及大学历以上学历人数占比	正向	7.52	6.31	5.75
	D_{52} 员工学历结构变动指数	上述人数占比年均增减速度	正向	-0.13	3.4	-1.88
	D_{53} 人均工资水平	样本企业人均年度工资额	正向	16.72	11.34	10.51
	D_{54} 工资水平变动指数	近三年人均工资额年均增减速度	正向	8.24	2.84	5.45
	D_{55} 对人才重视程度	方法七	正向	36.41	35.75	41.79
	D_{56} 培训组织能力与重视程度	1. 方法五: 培训重视程度	正向	8.89	7.07	9.26
		2. 方法六: 培训组织能力	正向	-1.25	-1.21	-0.93
		3. 方法七: 存在的培训障碍	正向	0.015	-0.497	-0.288

对中小企业短期生存实力的评价可以发现：①中部和西部的中小企业获利能力都很低，而且存在恶化的趋势，主要由于赢利能力不足、企业亏损率高等原因。②虽然西部中小企业的利润率略优于中部，但其获利能力迅速下降，产品销售问题迅速增加，导致创造收入的能力迅速下降。③西部中小企业获利能力降低与税负增加有很大的关系，其收入税金率比东部高18.5%，同时逐年增长，东部中小企业税负较低，且逐年降低，中部中小企业的税负稳定，逐年略有增长。

三、东中西部中小企业中期成长能力评价

中期成长能力主要基于企业资源和核心能力论的观点，从企业资本实力、对资本的运作能力、获取资金的融资能力、企业的组织能力及人力资源能力等方面来评价。①资本实力可以从固定资产投资能力、流动资金实力、人均资产，以及人均资产的变动趋势等方面来评价。②资本运作能力可以从应收账款周转速度、应收账款占资产的结构及变动趋势、负债中拖欠款的结构及变动情况、资产负债比率及变动情况、流动资产比率及变动情况等方面来评价。③融资能力以企业偿债能力评价为主，用资产负债比率、流动资产比率、资产和收入额、现有贷款占负债比重等指标来评价。④企业组织能力可以从战略管理能力、处理经营问题能力、竞争策略规划能力等方面来评价，评价这类能力需要根据企业对多项指标的定性判断结果与企业短期获利能力的线性回归之后，计算指标的综合测度值。⑤人力资源能力从员工学历结构、工资水平、对人才的重视程度、企业的培训组织能力等方面来评价。不同区域中小企业中期成长能力评价指标及指标测度值如表7-5所示。

对中期成长能力评价指标测度值无量纲化处理后，结合两两比较矩阵计算出的组合权重，评价得出东部中小企业的中期成长能力评价指数为61.62；中部和西部地区的较弱，分别为34.28和34.97（见表7-6）。

表7-6　东中西部中小企业中期成长能力

类别	东部	中部	西部
D 中期成长能力	61.62	34.28	34.97
其中：资本实力	74.07	19.61	20.02
资本运作能力	77.06	49.81	23.18
企业组织能力	94.90	39.74	39.21
融资能力	59.63	40.33	49.68
人力资源能力	52.47	24.62	27.90

差异主要来源于以下五个方面：①人力资源能力对中期成长能力影响权重最高，为42.86%。我国东中西部中小企业的人力资源能力都很弱，评价指数分别为

52.47、24.62和27.9。从评价指标的测度值也可以看出，中小企业大专及以上学历员工占比6%左右，而人力资源较丰富的北京地区，中小企业中大专及以上学历员工占比在15%以上。从人均工资水平看，东部地区明显高于中西部，而且都在逐年增加，但是中部中小企业人均工资增长较慢，对培训的投入不足造成人力资源能力较弱。②资本运作能力对中期成长能力影响权重较高，为24.94%。东部中小企业的资本运作能力最高，评价指数为77.06，中部地区的较低为49.81，西部地区的最低为23.18。从评价指标测度值可以看出，虽然三个区域中小企业的应收账款周转率差别不大，但是东部中小企业的该项指标具有明显的优化趋势；与竞争力反向的拖欠款指标和资产负债比率指标也反映了东部中小企业具有较低的负债和较少的拖欠款，资本的流动性较好，由此也可以进一步验证短期生存实力评价中发现的东部中小企业短期获利能力较高的原因。西部中小企业资本运作能力最低，在于应收账款的迅速增加，企业间拖欠问题严重，资产负债比率逐年恶化，这与外部环境竞争力评价中发现的西部地区信用和法制环境最差也有因果关联。③融资能力对中期成长能力影响程度为14.32%。三个区域中小企业的融资能力都不高。从资产负债比率及其变动趋势看，中西部中小企业明显劣于东部地区，尤其西部中小企业负债水平迅速增长，但从影响融资能力的总资产和总收入规模看，中西部中小企业优于东部。这主要因为不同地区中小企业的行业特征差异导致企业的平均规模差异，中西部中小企业的平均规模大于东部。④企业组织能力对中期成长能力的影响程度为10.01%。东部中小企业的企业组织能力显著高于中西部，东部地区的最强，评价指数为94.9；中部和西部的很弱为39.74和39.21，主要原因在于中西部中小企业的战略管理能力太弱。⑤资本实力对中期成长能力的影响程度为7.87%。东部地区中小企业的资本实力评价指数为74.07，显著高于中西部。主要因为东部中小企业的人均净资产规模是中西部的2到4倍，这一差距逐年扩大，中西部中小企业的劳动力密集型特点非常明显，而且中西部中小企业新增投资能力薄弱。

对中小企业中期成长能力的评价可以发现：①东部中小企业具有较强的组织能力和资本运作能力，但中期成长能力并不很高的主要原因在于人力资源能力相对不足；②中西部中小企业的中期成长能力很弱，涉及的所有评价子目标都很差，说明人力资源能力、组织能力、资本运作能力体现的企业内在素质提高对于提升竞争力最为关键，也最有效果。

四、东中西部中小企业长期发展潜力评价

长期发展潜力体现在研发人才状况、研究开发投入、企业生产技术能力，以及对研发的组织管理水平等方面。其中，研发人才和研发投入是体现长期发展潜力最重要的两个方面，以高学历员工占比、研发人才占比，以及人才占比的变动趋势评

表7-7 东中西部中小企业长期发展潜力评价指标及指标测度值

指标名称			测度方法	指标方向	东部	中部	西部
E₁ 研发人才状况	E₁₁ 高学历员工占比		研究生以上学历员工人数占比	正向	0.57	0.04	0.03
	E₁₂ 研发人才占比		从事研发工作的人数占比	正向	2.4	1.19	1.04
	E₁₃ 人才变动		近三年高学历员工占比年均增减速度	正向	9.35	5.45	5.6
E₂ 研究开发投入	E₂₁ 研发费用额		样本企业平均研发费用额	正向	170.98	48.82	45.12
	E₂₂ 研发费用占收入比		研发费用占营业收入比重	正向	1.209	0.247	0.125
	E₂₃ 研发费用变动指数		1. 样本企业中有研发企业数占比	正向	27.04	38	25.32
			2. 近三年研发费用占收入比年均增减速度	正向	7.68	-3.62	6.65
E₃ 生产技术能力	E₃₁ 设备技术水平		方法七：设备技术水平评价指数	正向	23.09	-1.02	0.24
	E₃₂ 生产技术水平		方法六：生产技术来源体现的技术能力	正向	0.95	0.584	0.379
E₄ 研发组织能力	E₄₁ 自主开发产品企业数占比		样本企业中自主开发产品企业数占比	正向	27.04	38	25.32
	E₄₂ 对研发的管理和组织水平		方法六：加强研究开发和采用吸纳新技术的管理组织水平	正向	0.124	0.143	0.128

— 110 —

价企业的研发人才状况，以研发费用额、研发费用占收入的比重，以及变动趋势来评价企业研发投入水平。另外，采用设备技术水平和生产技术水平来评价生产技术能力，用企业自主研发的数量占比和对研发的管理组织水平评价研发组织能力，这两方面对长期发展潜力的影响较小。不同区域中小企业长期发展潜力评价指标及指标测度值如表7-7所示。

对长期发展潜力评价指标测度值进行无量纲化处理后，结合两两比较矩阵计算出的组合权重，得出我国东部中小企业的长期发展潜力最大，评价指数为85.61，中部和西部地区的很差为29.66和24.6（见表7-8）。不同地区长期发展潜力的差异主要来源于以下三方面：①研发人才状况对中小企业长期发展潜力的影响权重为43.19%。东部中小企业的研发人才状况评价指数为90.81，中西部中小企业很差，只有20.35和20.37。从评价指标可以看出，东部中小企业的高学历人员占比远远高于中部和西部的中小企业，东部中小企业员工中从事研发的人数占比也是中西部中小企业的两倍以上。②研究开发投入对长期发展潜力的影响权重为43.19%，东部中小企业最强，评价指数为83.69，中部和西部都很弱，分别为25.96和27.24。从评价指标看，东部中小企业研发费用是中西部中小企业的3倍以上，中西部中小企业的研发投入显著不足。虽然中部和西部中小企业的平均研发费用比较接近，但是中部中小企业研发费用占收入的比重为西部的2倍左右。③生产技术能力和研发组织能力对长期发展潜力的影响程度较小，分别为5.39%和8.24%。西部中小企业生产技术能力最差，设备技术水平最低，中部中小企业生产技术能力也很低，仅略优于西部。三个区域中小企业在研发过程中的组织管理水平比较接近。

表7-8 东中西部中小企业长期发展潜力

类别	东部	中部	西部
E 长期发展潜力	85.61	29.66	24.60
其中：研发人才状况	90.81	20.35	20.37
研究开发投入	83.69	25.96	27.24
生产技术能力	71.00	16.35	11.54
研发组织能力	77.35	83.17	79.36

对中小企业长期发展潜力的评价可以发现：①东部中小企业具有较多的研发投入，较高的生产技术水平，能有效地重视和组织研究开发，尤其重视对高学历人才的加速引进，所以具有较强的长期发展潜力；②中部和西部中小企业虽然对研发具有较高的重视程度，但非常缺乏用于研发的费用投入，也缺乏相关的人才，无法改变生产设备技术水平很差的局面，长期发展潜力很弱。

第五节 东中西部中小企业竞争力评价结论

根据不同地区中小企业的外部环境竞争力、短期生存实力、中期成长能力、长期发展潜力等四个分层目标的评价结果，可以得出东中西部中小企业的竞争力综合评价指数（见表7-9）。

表7-9 东中西部中小企业竞争力综合评价指数

		东部	中部	西部
总目标：中小企业竞争力综合评价指数		75.24	39.23	35.21
其中：A 外部环境竞争力（0.19195）		91.96	63.11	48.89
C 短期生存实力（0.12631）	企业内在竞争力（0.80805）	84.98	31.98	22.59
D 中期成长能力（0.52033）		61.62	34.28	34.97
E 长期发展潜力（0.16141）		85.61	29.66	24.60

我国东部中小企业的竞争力最强，综合评价指数为75.24，中部中小企业的竞争力很差，为39.23，略优于西部的35.21。

第8章　我国民营与国有上市公司行业先锋企业比较研究[①]

中国本土已出现了很多出类拔萃的民营企业和国有企业。他们在取得骄人业绩的同时，也奠定了各自在中国不同行业领域中的先锋企业的地位。基于行业先锋企业的界定标准及样本数据，本章对我国民营与国有上市公司中行业先锋企业的外在财务指标进行比较分析和综合评价，以揭示他们做大做强的内在规律。对为同行业中的其他企业的发展提供指导和进一步促进中国经济更加快速地前进具有重要的意义。

第一节　民营、国有上市公司中行业先锋企业的界定及样本选择

一、行业先锋企业的界定

陈春花教授在其力作《领先之道》中创造性地提出了"行业先锋"的概念。所谓行业先锋企业，应该有3层含义：①企业在所处行业中居于领先地位；②对行业有重大影响，引领行业发展战略，谋求整个行业同生存共发展的利益；③推行现代化管理，率先掀起管理革命，成为其他企业借鉴的榜样，对中国经济的发展带来深远影响。因此，行业先锋企业是指那些有能力运用各种优势使自己的发展得以最大化，进而带领整个行业前行，并对中国经济影响深远的企业。鉴于上市公司运作的规范性、健全性、透明性和监督的广泛性，本文确定了行业先锋的标准：为所在行业中第一流的企业并已挂牌上市；广受企业人士的推崇；注重组织完善和管理提升；在中国经济尤其是民营经济发展居于不可或缺的地位；存在自主经营的产品、品牌或服务；企业存在非常明显的规模化发展；行业处于非国家垄断领域。

二、行业先锋企业的选择标准

民营上市公司中行业先锋企业的选取标准为：在《东方企业家》进行的2003—2005年评定100强榜单中，连续上榜并靠前且代表不同行业的公司。国有上市公司中行业先锋企业的选取标准为：《财富》2001—2005年推出的100强榜单中，能与民营上市公司样本相对照且代表不同行业的公司。这样，我们就从10个不同行业中

[①] 原载《管理世界》，2006年第7期。

选取了 10 家民营企业和与之对照的 10 家国有企业作为本次研究的样本公司（见表 8-1）。本章对所选的 20 个样本公司的 2001—2003 年连续 3 年各相关证券交易所公布的财务数据，从主营业务收入增值率、资产增长率、总资产、资产负债率、净利润、净资产收益率、现金流量和银行长期贷款等方面进行统计考察。

表 8-1　民营、国有上市公司中所选样本公司

行业	名称	民营上市公司百强排名			名称	国有上市公司百强排名			
		2003年	2004年	2005年		2002年	2003年	2004年	2005年
家电	美的电器	1	1	1	青岛海尔	20	27	21	44
金融	民生银行	2	2	2	浦发银行	38	43	47	50
电子	创维数码	3	3	5	京东方	—	87	55	57
钢铁	南钢股份	4	4	4	宝钢股份	5	6	4	8
食品	大众食品	7	7	9	河南双汇	—	90	99	72
建筑	龙元建设	9	9	11	上海建工	32	38	29	47
汽车	长城汽车	10	10	12	长安汽车	36	33	38	36
房产	合生创展	11	11	13	中国海外	41	71	39	76
电信	长远电信	13	13	15	中国移动	3	3	3	3
					清华同方	69	80	91	91

注："—"为当年没上榜。

数据来源：根据样本公司年报数据整理得到（下同）。

第二节　样本企业的经营状况比较

一、样本公司成长性分析

公司的持续快速成长意味着公司营业收入和资产规模的不断增加与扩大。为此，我们收集了两类样本公司 2001—2003 年证券交易所公布的财务数据，通过统计分析得出它们的主营业务收入和资产增长率。表 8-2 的数据显示，无论国有性质还是民营性质，处于行业先锋地位公司的主营业务收入和资产都在不断地增长，但民营公司主营收入增长要比国有公司增长快得多。例如，民营公司连续两年增长速度都为国有公司的 2 倍多。民营公司的资产规模扩张速度更是惊人，而国有公司的资产增长速度相对而言则较低，2002 年为民营公司的 1/4 弱，2003 年为民营公司的 1/7。

表8-2　2001—2003年样本公司成长性指标

项目	类型	2001年	2002年	2003年
主营业务增值率（%）	国企	14.76	16.8	21.32
	民企	40.12	43.63	45.95
资产增长率（%）	国企	20.57	24.49	12.5
	民企	89.43	111.8	88.61

二、样本公司抗风险能力和盈利能力分析

根据20家样本公司的年报数据，分别计算出民营与国有行业先锋企业的总资产、资产负债率、净利润、净资产收益率等反映企业抗风险能力和盈利能力的基本指标（见表8-3）。民营公司2003年年底的资产负债率为56.16%，高于国有公司48.88%的水平。而民营公司总资产合计只有国有公司的一半。两类公司资产负债率与总资产对比表明，民营先锋企业的抗风险能力较国有先锋企业差。在盈利能力和资产使用效率方面，2003年国有先锋企业的净资产收益率为16.59%，民营先锋企业的收益率为20.57%，超过前者4个百分点。可见，民营企业盈利能力比较强。

表8-3　2003年样本公司财务状况基本指标

项目/公司类型	国有公司	民营公司
总资产（百万元）	892635.76	407347.93
资产负债率（%）	48.88	56.16
净利润（百万元）	18992.89	5480.85
净资产收益率（%）	16.59	20.57

三、样本公司现金流量分析

从表8-4看出民营与国有行业先锋企业3年的现金流量都是外部资金的净使用者。经营活动产生的现金都能够足以支撑企业的资本支出。但从整体上看国有企业经营活动产生的现金更为充沛，数量约为投资资金流出量的2倍，说明国有先锋企业经营活动产生现金流的能力更强。而从公司个体看，国有样本企业中各公司的资金状况差异性较大，总现金流为正的公司占60%；而民营样本企业资金状况较为一致，总现金流为正的公司占90%。表8-4中数据还显示，民营公司能够通过中长期融资来满足自己的资金需求。

表 8-4 2001—2003 年民营、国有先锋企业现金流量对照

单位：千元，个

年份	类型	经营活动产生的现金流量	投资活动产生的现金流量	筹资活动产生的现金流量	现金的增减	总流量为正的公司数	总流量为负的公司数
2001	民营	200104.46	-25091.82	77044.64	26231.27	7	3
	国有	1212821.29	-1050436.12	-261895.17	-99510.00	4	6
2002	民营	426678.59	-274115.54	-22618.13	129944.93	9	1
	国有	1459757.44	-530996.87	-552214.92	366545.64	8	4
2003	民营	498727.81	-539800.13	151548.51	100476.18	6	4
	国有	2060424.99	-1089034.39	-869561.13	101829.47	4	6
累计	民营	1125510.86	-1064833.50	205975.02	266652.38	9	1
	国有	4733003.72	-2670467.38	-1693671.22	368865.12	6	4

四、样本公司银行支持力度分析

民营与国有行业先锋企业的银行长期借款比重如图 8-1 所示。在民营先锋企业的资产中，3 年长期银行借款所占份额都远远低于所对照的国有企业的数值，说明民营企业从银行获得贷款的能力大大低于国有企业。另外，两类企业的长期贷款都在逐渐增加，说明银行对企业的支持力度也在增大。

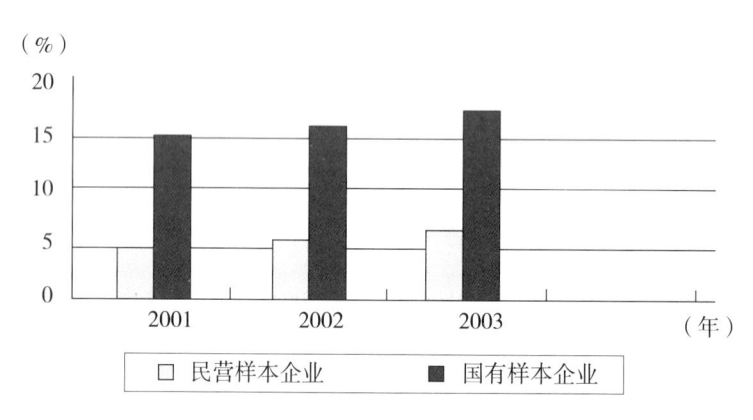

图 8-1 民营与国有样本公司长期银行借款比重

第三节 行业先锋企业的成功特征评价

企业的财务结果是企业经营状况的外在表现形式，作为行业中的领跑者，民营

和国有上市公司都有很好的财务表现,都以持续稳健的增长为股东创造着巨大的财富。为解开中国上市公司中先锋企业持续成长之谜,基于两类样本公司相关材料和数据,本章认为民营、国有上市公司中行业先锋企业的成功特征可做如下评价。

(1) 英雄的企业领袖。先锋企业有着具备远见卓识的企业领袖,比如美的的何享健、海尔的张瑞敏、联想的柳传志、杨元庆、TCL 的李东生、宝钢的谢企华、创维的黄宏生、华为的任正非、民生银行的刘永好、大众的明金星、长城汽车的魏建军、科龙的顾雏军、比亚迪的王传福等,正是他们带领着企业不断追求和开拓领先的行业标准。研究中我们发现这些英雄领袖们如出一辙:首先,他们不但具备了企业领导人的素质和能力,更具有企业长远发展的使命感。其次,他们不但领导着各自的企业,更站在行业的前端部署战略。正如约翰·科特所言:企业取得成功的方法是 75%~80%靠领导,20%~25%靠管理。

(2) 完整有效的远景规划。21 世纪企业组织的成功依赖于了解和面向未来,企业的远景规划是组织的长期目标,也就是未来 10 年或 20 年后的目标。海尔人为自己设立了"用心奉献给民族一个中国人自己的世界级的名牌"的目标;联想"为客户利益而努力创新"的使命;美的电器则希望"做世界的美的";创维的远景目标是"成为中国数码显示产业的 No.1,创中国籍的世界名牌";长安汽车提出"做国际化的优秀企业"的远景使命;京东方"成为显示领域的世界领先企业"的企业愿景,等等。正是有了完整有效的远景规划,先锋企业才获得长久稳定的发展。

(3) 系统卓越的企业文化。企业文化存在于任何企业,但行业先锋企业能够让弱势的文化变强大,让零散的文化变系统,让优秀的文化变卓越。海尔张瑞敏提出了基于中国传统文化特点的"以人为本、以德为本、以诚为本、君子之争、和气为本"人本文化;长安汽车"进则生、停则衰、退则亡"的积极危机文化鼓舞鞭策着长安人续写另一个百年梦想;联想以"成就客户、创业创新、精准求实、诚信正直"为核心价值观;美的电器则强调"开放、和谐、务实、创新";民生银行的文化核心是"人本、诚信、创新"等。先锋企业正是通过这种对内整合达到与对外竞争环境适应的企业文化,获得源源不断的发展动力,实现企业经营业绩持续增长。

(4) 追求技术领先,保持核心竞争力。掌握世界最领先的技术,开发世界最前沿的产品成了先锋企业追求的目标。例如,以科技领先著称的京东方提出公司发展的"硬道理"——技术领先品牌!京东方的液晶显示已发展成为国内最大的 TFT-LCD 研发和制造商,是全球少数掌握 ODF 技术和 DLC/IB 技术的企业之一。随着产品生命周期的日益国际化,企业经营的日益国际化,核心竞争力的建立和培育对于确立企业的市场领导地位和竞争实力极为重要。

(5) 创建现代管理制度。先锋企业认真学习和借鉴国际先进的管理理念和方法,更新观念,创新出许多符合时代潮流的新管理方法。这种汲取西方现代管理精华,并融合中国理念来创建自己的管理体系的管理方式正是先锋企业成功的制度基础。《华为基本法》是中国企业重视法治的一个产物。宝钢在制定《宝钢质量振兴实施计划》的基础上,还实施了《宝钢2001—2010年科技发展规划》。领导层要求员工做到忠诚、认真、严格,并且把"严格"作为每个宝钢人的行动准则。

(6) 勇于变革,机制灵活。先锋企业都具有敢于迎接挑战的特性,他们勇于变革,追求创新。李东生提到最多的词就是"变革创新",认为"坚持不懈地进行变革和创新,是加快提高我们竞争力、超越对手的唯一途径"。勇于变革,追求创新的特性是建立在灵活的经营机制基础上的。如美的集团从当年5000元起家的小厂快速发展成为总资产100多亿、销售收入约400亿的大型综合集团,正是靠着不断地寻求变化,准确捕捉市场机会的经营机制。

(7) 渠道先行,品牌跟进的营销策略。中国的先锋企业基本上都是采取了渠道驱动,品牌跟进的策略。美的的成功的渠道运营史,以及李东生的先建渠道销售网络,再找工厂合作的决定,都印证了这种渠道先行,品牌跟进营销策略的成功。再以一跃成为2005年度100强民营上市公司第3、第7位的国美和苏宁电器为例,这两家企业正是靠新的销售模式——家电大卖场渠道驱动模式得以迅速发展壮大,走向成功。

(8) 重才、惜才的人才战略。作为行业的领袖,先锋企业更懂得重视人才、珍惜人才。TCL制定了"以机会牵引人才,资源向优秀的人才倾斜"的人才战略。美的开展人才高素质化运动,使人才选聘国际化、人才使用高素质化、薪酬福利欧美化、人才开发科学化、人才管理制度化和人才培养职业化。创维在经历重臣倒戈后对人才的认识更为深刻。黄宏生说他把70%的时间放在了思考人才、培养人才、与高级人才的合作上。正是这种重才、惜才的人才战略使创维只用两年时间就从危难中走出来,一跃又成为彩电三甲。

正是这些成功特质使得先锋企业在经营活动中得以飞速成长,在变化的市场中保持先锋的地位。行业先锋是中国经济飞速发展的最好佐证,他们比行业中其他成员更易展现出引领行业的能力。我们期待着行业先锋企业能够早日成为中国企业走向世界的金字招牌。

第9章 中小企业国际化经营环境影响因素评价与实证研究[①]

第一节 理论介绍与研究假设

一、理论简析

在企业国际化过程中，国内环境和国外环境都直接影响着国际化的效果。环境因素的影响已成为国际化研究的重要组成部分。

国外学者从行业因素、市场状况等方面对企业国际化环境进行了研究。Anderson（2004）认为企业在成熟产业与在高增长产业面临着不同的状况，在企业国际化的后期阶段，企业更依赖于外部环境进行国际化战略决策；Bloodgood、Sapienza、Almeida（1996）研究发现企业所在产业或行业对企业增长的支持在一定程度上决定了企业国际化的动机；Morrow（1988）研究发现在国内市场竞争的环境下，国际企业和纯粹国内企业之间受到市场状况的影响没有显著差异；Karagozoglu（1998）等发现，35%的企业认为国内销售的不足而导致难以维持一个有竞争力的研发水平是企业国际化的主要动机；George，Prabhu（2000）等学者的研究还发现，制度环境严重影响企业的国际化行为，有效的政府行为可为企业的国际化行为提供便利；Oviatt 和 McDougall（1994）认为，国际环境的变迁更有助于中小企业发展起来；Johanson 和 Mattsson（1985）的网络理论认为，任何企业都只有在一定的社会关系中才能生存，一个行业就是企业间的社会关系网络。

国内关于中小企业国际化经营环境的研究还处于探索阶段。毛巍（2001）提出构筑我国中小企业国际化发展的支撑环境体系建议；吴三清（2005）认为国外市场条件因素是影响中小企业国际化的重要影响因素；孙利娟、冯德连（2006）指出，宽松而积极的政府政策可以促进民营中小企业外向国际化发展；谭力文、马海燕（2007）认为，民营企业动态发展和家族经营等特点的企业与环境关系理论是探索民营企业国际化的新思路；陈晓红、王傅强（2008）对我国中小企业外部环境进行了实证评价研究；肖文、陈益君（2008）从外部环境的六个视角对现有企业国际化影响因素的研究文献予以综述；赵锦春、冯德连认为（2009）中小企业自身发展、中小企业间组织结构和中小企业生存环境是制约中小企业国际化的因素。

[①] 原载《重庆社会科学》，2012年第9期。

综观国内外关于企业国际化环境方面的研究,学界都不否认政策支持是中小企业国际化发展的重要因素,各项支持政策对于中小企业国际化的具体影响程度,以及政府如何扮演好管理者的角色等方面将是学界进一步研究的重点。另外,随着中小企业的发展及统计分析软件等研究工具的完善,对中小企业国际化环境影响因素的实证分析,以及运用实证分析验证和发展国际化理论也成为该领域的前沿。

二、研究假设

由于对我国中小企业国际化相关的数据统计不完整的原因,目前还没有对我国珠三角地区中小企业国际化经营环境影响因素系统的实证研究,但已有研究表明,外部环境对中小企业国际化经营有明显的影响。根据以上分析,本章拟从国内政策制度环境、社会化服务环境、珠三角区域环境、东道国环境、国际贸易环境等方面对珠三角中小企业国际化经营环境因素进行统计分析,并实证检验各因素的影响程度及差异性。本章提出以下研究假设,其模型如图9-1所示。

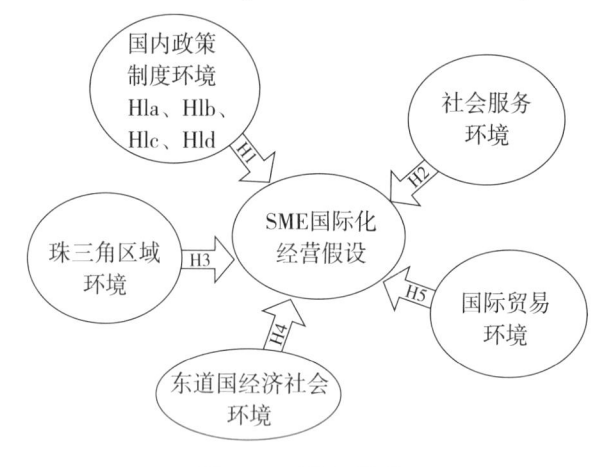

图9-1 研究模型

H1:国内政策制度环境对中小企业国际化经营有很显著的影响。

H1a:信贷融资政策环境对中小企业国际化经营有显著影响,融资环境越好对中小企业国际化经营越有利。

H1b:出口税收政策环境对中小企业国际化经营有显著影响,出口退税和其他财税减免优惠政策更能够促进中小企业国际化经营。

H1c:法律政策环境对中小企业国际化经营有显著影响,完善的法律法规能更好地促进中小企业国际化经营。

H1d:政府管制环境对中小企业国际化经营有显著影响,政府的执行力和服务可以有效提升中小企业国际化经营水平。

H2:社会服务环境对中小企业国际化经营有显著影响。

H3:珠三角区域环境对中小企业国际化经营有较显著影响。

H4:东道国政治经济文化环境对中小企业国际化经营有明显影响。

H5:国际贸易环境对中小企业国际化经营有较明显影响。

H6:假设1~5的中小企业经营环境各影响因素之间的相对重要性存在差异。

第二节 样本数据来源与研究方法设计

一、样本数据来源

本章研究的中小企业调查问卷发放与回收得到江门市发改局、佛山市发改局、中山市发改局、珠海市发改局等珠三角各地政府,以及广东省中小企业局、江门市中小企业局,有关协会、学校等的大力相助,以此形成中小企业国际化环境调查信息数据库。问卷调查中共发放 1000 份问卷,收回 497 份。经过对收回问卷的整理和剔除后,有效问卷 472 份,本研究有效问卷回收率为 47.2%。

本章调查对象主要是珠三角中小企业,根据统计年鉴中对珠三角工业及对外经济发展情况的统计数据来看,目前珠三角中小企业主要以进出口贸易加工生产为主,其中规模以上中小企业又是其中坚力量。因此,本章将以珠三角规模以上中小工业企业作为抽样样本,并按照珠三角各地市的企业数量及样本的可获取性等方面确定抽样比例,发放地区涵盖了江门、佛山、中山、珠海、东莞、广州、深圳、惠州、肇庆等珠三角区域的 9 座城市。本章在选择样本时,兼顾各类行业及其隶属关系,因此,样本的所有制类型、隶属关系、行业分布等特征与中小企业总体分布接近,能代表总体,可用于实证比较研究。

根据本章研究内容和目的,问卷内容有 34 项封闭式问题、2 项开放式问题,共涉及四大类,涵盖了中小企业国际化经营的政策、社会、区域和贸易等外部环境的各个方面,足以实现对珠三角中小企业国际化经营环境影响因素的评价。

二、研究方法

根据研究内容和目的,本章针对样本回收的基本数据即调查总体所有变量的有关数据做统计性描述,这就要利用到描述性统计分析(Descriptive Analysis)方法,对样本结构做初步的概括分析,对研究变量的有关数据做统计性描述,说明各个变量的平均数、标准差等基本特征,以发现其内在的规律。同时,对测验结果的一致性、稳定性及可靠性进行内部一致性分析(Internal Consistency Analysis),以评价各个测量指标的信度。本章采用克朗巴哈系数值(Cronbach'α)检定各个因子,以衡量细项间的内部一致性。Cronbach'α 值越大,表示该因素各细项间的相关性越大,亦即内部一致性越高。其 α 值大于 0.7 则代表因素具有高信度。

同时由于中小企业国际化经营环境因素多而复杂,为了将原始的多个变量和指标变成较少的综合变量和综合指标,以反映原来众多变量的主要信息并解释被观测变量之间的相关关系,本章在统计分析基础上再运用因子分析方法进行检验和验证。

根据研究需要，本章把探索性因子分析（Exploratory Factor Analysis，EFA）和验证性因子分析（Confirmatory Factor Analysis，CFA）两种结合起来运用。本章首先对中小企业国际化经营的环境影响因素做EFA，以了解数据背后的基础变量结构。然后，再进一步做CFA，以验证假设是否科学合理。两种方法并用，可使研究结果更具科学性和说服力。

基于结构方程分析能够同时处理多个因变量、容许自变量与因变量含测量误差、同时估计因子结构和因子关系、容许更大弹性的测量模型，以及能够估计整个模型的拟合程度等优点的考虑，本章主要应用结构方程模型（Structural Equation Modeling，SEM）做验证性因子分析，以实现对中小企业国际化经营环境评价指标的验证。

第三节 评价指标体系及样本数据统计分析

一、评价指标体系设计

中小企业国际化经营环境指标设计在于根据影响中小企业国际化经营的环境因素，评价特定时间内外部政策、社会及国际贸易环境等对珠三角中小企业国际化经营的影响程度及其差异性情况，了解影响中小企业国际化经营环境的形成机理，为珠三角相关部门有针对性地制定促进本地区中小企业更好"走出去"进行国际化经营提供理论参考。由于中小企业国际化经营的外部环境主要体现于所面对的贸易、资金、市场、政策、社会环境及政府服务等方面，因此，调查问卷从国内政策和社会环境、珠三角区域环境、东道国环境、国际贸易环境等方面考虑，设计共计34个评价指标，以单项选择的形式，被择选项共五个，分别为非常不同意、不同意、不一定、同意和非常同意。另外，还有中小企业基本情况、国际化经营情况在内的9道开放式问题，主要用来补充完善调查问题。这样在充分结合样本数据信息特点的基础上，提出34项要素的珠三角中小企业国际化经营的外部环境因素评价指标体系。

二、样本数据统计分析

本章在充分结合样本数据信息特点的基础上，首先对中小企业样本指标进行探索性因子分析（EFA），以确定中小企业经营环境的维度。

选择KMO检验和Bartlett球形检验对原变量进行了检验。采用主成分分析法提取因子，进行方差最大正交旋转，以特征根大于等于1为因子抽取原则，参照碎石图确定抽取因子的有效数目。在任何因子上的载荷量小于0.4或者同时在两个或以上因子的交叉载荷量都大于 0.4 的题项都剔除。表 9-1 为 SPSS 输出的 KMO 抽样适当性检验及 Bartlett 球形检验结果，通过对问卷中 34 个测量指标进行分析，KMO 值为 0.826，巴特利特检验 P=0.000，表明测量指标适合进行因子分析。

表 9-1　KMO 抽样适当性检验及 Bartlett 球形检验结果

Kaiser-Meyer-Olkin Measure of Sampling Adequacy.		0.826
Bartlett's Test of Sphericity	Approx. Chi-Square	3.637E3
	df	325
	Sig.	0.000

通过因子分析，剔除了问卷中 8 个不符合标准的题项，最后得到由 26 个题项指标构成的 6 个因子（见表 9-2）。

表 9-2　中小企业（SME）经营环境 EFA 结果

SME 经营环境影响因素题项指标	F_1	F_2	F_3	F_4	F_5	F_6
Q1 东道国政治环境的不稳定制约了贵 SME 国际化经营			0.757			
Q2 东道国的关税壁垒制约了贵 SME 国际化经营			0.779			
Q3 东道国非关税壁垒制约了贵 SME 国际化			0.683			
Q5 东道国的法律法规不规范影响了贵 SME 国际化经营			0.627			
Q6 与东道国的文化差异制约了贵 SME 国际化经营			0.580			
Q7 国际协定（如 WTO 规则）制约了贵 SME 国际化经营					0.744	
Q8 国际区域协定制约了贵 SME 国际化经营					0.766	
Q9 中国与东道国的双边协定制约了贵 SME 国际化经营						0.661
Q12 境外投资审批中，外汇资金来源审查过于严格				0.405		
Q13 促进 SME "走出去" 的专项法律制度不健全				0.718		
Q14 对 SME 国际化经营的海外经营人事和监管制度不到位				0.677		

续表

SME 经营环境影响因素题项指标	F_1	F_2	F_3	F_4	F_5	F_6
Q15SME 参与政府采购的法律与配套措施缺失				0.686		
Q16SME 参与政府采购的机会受到招标信息来源渠道限制				0.678		
Q17SME 进行国际化经营的珠三角区域优势很突出						0.830
Q21 银行信贷管理服务滞后	0.672					
Q22 贷款手续繁杂、抵押条件过严等，制约了 SME 的发展	0.841					
Q23 民间资本市场发展相对落后	0.656					
Q25SME 的税负偏重	0.560					
Q26 税收优惠形式单一、优惠范围窄，造成优惠政策低效	0.584					
Q27 出口退税政策的调整制约了 SME 的国际化经营	0.647					
Q28 珠三角本身的区位优势明显						0.650
Q29SME 行业协会没有发挥应有的作用		0.635				
Q31 技术服务不到位，创新培育和技术共享机制不完善		0.632				
Q32SME 信息化建设仍然障碍重重		0.679				
Q33 中介服务的体系和机制不健全		0.817				
Q34 保护出口产品的环保政策没有落实到位		0.698				
累积解释方差（%）	25.65	38.78	49.60	58.56	65.40	70.41
Cronbach's Alpha	0.802	0.878	0.811	0.871	0.732	0.754

根据因子分析结果，本章对提取的主因子分别加以命名。

因子 F1 主要有 Q21、Q22、Q23、Q25、Q26、Q27 共 6 个项目变量，可以看出因子 F1 所涉及的内容主要是融资和税收政策环境，将因子 F1 命名为"资金和税收环境"。

因子 F2 有 5 个项目变量，分别是 Q29、Q31、Q32、Q33、Q34 共 5 个项目变量，从这 5 个项目变量的内容来看，涉及的主要是中小企业的社会化服务环境问题，将因子 F2 命名为"社会化服务环境"。

因子 F3 有 5 个项目变量，分别是 Q1、Q2、Q3、Q5、Q6，这 5 个项目变量主要涉及中小企业国际化经营的东道国政治、法律、文化以及贸易壁垒等问题，将因子 F3 命名为"东道国政治经济文化环境"。

因子 F4 有 5 个项目变量，分别是 Q12、Q13、Q14、Q15、Q16，其内容主要涉及中小企业国际化经营的政府管理和法律制度问题，将因子 F4 命名为"政府管理和法制环境"。

因子 F5 有 2 个项目变量，分别是 Q7、Q8，内容主要涉及中小企业国际化的包括国际协定、区域协定问题，将因子 F5 命名为"国际贸易环境"。

因子 F6 有 Q9、Q17、Q28 这 3 个项目变量，内容主要涉及中小企业国际化经营的区域经营环境问题，将因子 F6 命名为"珠三角区域环境"。

根据 EFA 对各因素指标进行内部一致性分析（见表9-2），以测验分析结果的一致性、稳定性及可靠性。表 9-2 中 6 个因子共解释了原有 26 个指标总方差的 70.41%，6 个因子的 Cronbach's Alpha 的取值范围从表中 0.754 到 0.802 高于最低临界值 0.7，表明问卷调查结果具有较好的可靠性或可信度，即中小企业经营环境影响因素的每个因子内部具有较好一致性。

第四节 实证检验

在上述对样本数据进行描述性统计和 EFA 基础上，本部分从确定有效测评指标、经营环境测量模型的稳健性和检验假设三方面进一步对影响中小企业国际化经营的环境因素指标进行验证性因子分析（CFA）。

一、确定有效测评指标

为进一步确认中小企业经营环境测量指标与因子之间的从属关系，对中小企业经营环境的测量模型进行 CFA。中小企业经营环境的测量模型由 26 个测量指标共 6 个因子组成，分别为：资金和税收环境、社会化服务环境、东道国政治经济文化环境、政府管理和法制环境、国际贸易环境、珠三角区域环境。如果测量指标的标准化因子载荷不显著，那么该测量指标不能评价相应的潜在因子，同时任何测量指标的标准化因子载荷量小于 0.4 都应剔除。表 9-3 给出了中小企业经营环境 CFA 的结果。由表 9-3 可知，各题项因子载荷量均达到统计显著性，表明中小企业经营环境各因子的构成题项均是对应因子的有效测评指标。

表 9-3 中小企业（SME）经营环境 CFA 结果

因子和测量指标	标准化载荷	t统计值	CR	AVE
因子 F_3：东道国政治经济文化环境			0.836	0.507
Q1 东道国政治环境的不稳定制约了贵 SME 国际化经营	0.780	13.423		
Q2 东道国的关税壁垒制约了贵 SME 国际化经营	0.802	16.505		
Q3 东道国非关税壁垒制约了贵 SME 国际化	0.719	11.967		
Q5 东道国的法律法规不规范影响了贵 SME 国际化经营	0.624	9.821		
Q6 与东道国的文化差异制约了贵 SME 国际化经营	0.614	9.605		
因子 F_5：国际贸易环境			0.723	0.566
Q7 国际协定（如 WTO 规则）制约了贵 SME 国际化经营	0.744	10.681		
Q8 国际区域协定制约了贵 SME 国际化经营	0.761	10.846		
因子 F_4：政府管理和法制环境			0.867	0.581
Q12 境外投资审批中，外汇资金来源审查过于严格	0.529	7.748		
Q13 促进 SME "走出去"的专项法律制度不健全	0.701	13.455		
Q14 SME 国际化经营的海外经营人事和监管制度不到位	0.835	13.945		
Q15 SME 参与政府采购的法律与配套措施缺失	0.824	13.716		
Q16 SME 参与政府采购的机会受招标信息来源渠道限制	0.801	13.205		
因子 F_1：资金和税收环境			0.894	0.584
Q21 银行信贷管理服务滞后	0.764	14.451		
Q22 贷款手续繁杂、抵押条件过严等制约了 SME 的发展	0.783	14.943		
Q23 民间资本市场发展相对落后	0.742	13.895		
Q25 SME 的税负偏重	0.793	15.227		
Q26 税收优惠形式单一，优惠范围窄，优惠政策低效	0.786	15.044		
Q27 出口退税政策的调整制约了企业的国际化经营	0.714	13.174		

续表

因子和测量指标	标准化载荷	t 统计值	CR	AVE
因子 F_2：社会化服务环境			0.887	0.614
Q29SME 行业协会没有发挥应有的作用	0.659	11.853		
Q31 技术服务不到位，创新培育与推广机制不完善	0.749	14.023		
Q32SME 信息化建设仍然障碍重重	0.837	16.373		
Q33 中介服务的体系和机制不健全	0.867	17.232		
Q34 保护出口产品的环保政策没有落实到位	0.788	15.048		
因子 F_6：珠三角区域环境			0.770	0.530
Q9 中国与东道国的双边协定制约了贵 SME 国际化经营	0.717	10.114		
Q17SME 进行国际化经营的珠三角区位优势很突出	0.649	8.922		
Q28 江门本身的侨乡区位特色明显	0.809	12.139		

二、经营环境测量模型稳健性的检验

中小企业经营环境测量模型稳健性的检验包括模型的拟合度、信度和效度（聚合效度和区别效度）。

拟合度用来检验模型与数据的拟合程度，通常用卡方指数与自由度比值（x_2/df）、P>0.05、GFI、AGFI、CFI、NNFI 和 RMSEA 来衡量。一般认为 x_2/df 在 2.0-5.0 之间，RMSEA 小于 0.08，GFI、AGFI、CFI、NNFI 均大于 0.9，表示模型拟合程度很高。中小企业经营环境一阶因子测量模型的各项拟合指数为：x_2/df=2.261，P<0.000，GFI=0.961，AGFI=0.920，NNFI=0.932，CFI=0.965，RMSEA=0.057）。P<0.000 很可能是由于样本量过大，x_2 受到样本数波动导致。因此，修正后的中小企业经营环境模型具有较好的拟合能力。

信度可通过检验测量模型构建的内部一致性来实现。通常采用组合信度（CR）和平均提取方差（AVE）作为衡量信度的标准。一般认为，若 CR 和 AVE 分别大于最小临界值 0.7 和 0.5，表示模型的内在质量良好。由表 9-3 可知，CR 和 AVE 均达到理想要求，6 个因子的测量指标的内部一致性都较好，表明中小企业经营环境的模型测量具有良好的信度。

聚合效度是测量同一因子不同测量指标之间应具有显著的相关性，主要通过每个因子载荷的 t 值在一定水平下是否显著来检验。由表 9-3 可知，6 个因子的每个题项具有较高的载荷量，其 t 值在 1% 的水平下都显著，这表明修正后的中小企业经营环境量表具有聚合效度。

区别效度指不同的因子之间是否存在显著差异，通过任何两个因子的 AVE 与该因子和其他因子之间相关系数的平方的比较来检验。如果两个因子的 AVE 大于该因子和其他因子之间相关系数的平方，表明具有良好的区别效度。从表 9-3 和表 9-4 可以看出，中小企业经营环境的 6 个因子的抽取方差均大于任何两个因子相关系数的平方。因此，中小企业经营环境的 6 个因子之间存在显著差异，具有区别效度。

表 9-4　中小企业经营环境各维度的相关矩阵

	F_1	F_2	F_3	F_4	F_5	F_6
因子 1	1					
因子 2	0.708***	1				
因子 3	0.257***	0.216***	1			
因子 4	0.467***	0.442***	0.463***	1		
因子 5	0.214***	0.183**	0.479***	0.278***	1	
因子 6	0.539***	0.512***	0.406***	0.450***	0.461***	1

注：*** 表示在 1% 水平下显著，** 表示在 5% 水平下显著。

以上检验结果表明，经 CFA 所形成的中小企业经营环境测量模型具有较好的拟合度、信度和效度。

三、检验假设

现以资金和税收环境（F1）、社会化服务环境（F2）、东道国政治经济文化环境（F3）、政府管理和法制环境（F4）、国际贸易环境（F5）、珠三角区域环境（F6）六因子为外生变量，中小企业经营环境为内生变量，构建中小企业经营环境影响因素的结构方程模型（见图 9-2）。结构方程模型的各项拟合指数为：$x2/df = 2.165$，$P<0.000$，$GFI = 0.941$，$AGFI = 0.903$，$NNFI = 0.925$，$CFI = 0.951$，$RMSEA = 0.075$。可见，中小企业经营环境影响因素结构方程模型的整体拟合优度检验基本达到要求。

图 9-2 表明，F1 即资金和税收环境对中小企业国际化经营的路径系数为 0.816，影响很显著，这就支持了 H1a、H1b；F2 即社会化服务环境对中小企业国际化经营的路径系数为 0.775，影响显著，这就支持了 H2；F3 即东道国政治经济文化环境对中小企业国际化经营的路径系数为 0.426，影响明显，这就支持了 H4；F4 即政府管理和法制环境对中小企业国际化经营的路径系数为 0.620，影响显著，这就支持了 H1c、H1d；F5 即国际贸易环境对中小企业国际化经营的路径系数为 0.331，影响较明显，这就支持了 H5；F6 即珠三角区域环境对中小企业国际化经营的路径系数为 0.628，影响较显著，这就支持了 H5。在六大影响因子中，资金和税收环境因子对中小企业经营环境的影响最大（F1 = 0.816），然后依次为社会化服务环境

（F2=0.775）、珠三角区域环境（F6=0.628）、政府管理和法制环境（F4=0.620）、东道国政治经济文化环境（F3=0.426）和国际贸易环境（F_5=0.331）。因此，H6的"H1~H6的中小企业经营环境各影响因素之间的相对重要性存在差异"得到验证。

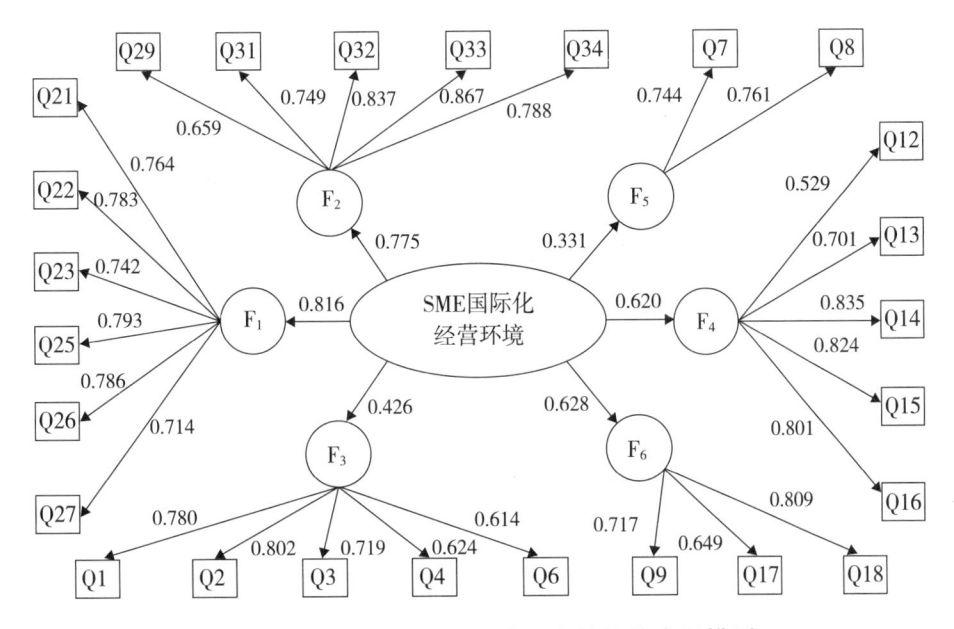

图 9-2 SEM 经营环境影响因素的结构方程模型

第五节 结论与建议

一、研究结论

本章通过对研究样本和研究方法的设计、调查问卷的统计、分析和模型验证，实证评价了珠三角中小企业国际化经营的环境影响因素。主要研究结论是：

（1）珠三角中小企业国际化经营环境的影响因素包括资金和税收环境、政府管理和法制环境、社会化服务环境、东道国政治经济文化环境、国际贸易环境、珠三角区域环境等六大方面。

（2）各环境因素对中小企业国际化经营都产生了显著影响。其中，国内政府政策环境（资金和税收环境、政府管理和法制环境）对中小企业国际化经营的影响最显著；社会化服务环境对中小企业国际化经营的影响显著；珠三角区域环境对中小企业国际化经营的影响较显著；东道国政治经济文化环境对中小企业国际化经营的影响明显；国际贸易环境对中小企业国际化经营的影响较明显。

(3) 各环境因素对珠三角中小企业国际化经营的影响程度即相对重要性存在差异，国内环境较国际环境影响显著。其中，资金和税收环境因子对中小企业经营环境的影响最大（0.816），然后依次为社会化服务环境（0.775）、珠三角区域环境（0.628）、政府管理和法制环境（0.620）、东道国政治经济文化环境（0.426）和国际贸易环境（0.331）。另外，六大影响因子中前四位的都是国内环境因素，最后两个为国际环境，因此，国内环境因素对中小企业国际化经营的影响更显著，其中国内的资金和税收环境对中小企业国际化经营的影响最大。

二、政策建议

(1) 优化中小企业国际化经营的外部环境。在目前珠三角中小企业生存环境更加艰难情况下，珠三角各级政府务必为广大中小企业国际化经营营造良好的外部环境，政府可以通过对企业对外直接投资或出口的相关规定来直接影响中小企业外向国际化发展，也可以通过对企业经营管理行为的规定间接影响中小企业经营管理活动，从而进一步影响中小企业的国际化行为。

(2) 建立健全中小企业国际化经营的政策社会支持体系。由于珠三角中小企业国际化经营环境的六大影响因子中排在前四位的都是国内环境因素，最后两个为国际环境，表明国内环境因素对中小企业国际化经营的影响更大。因此，珠三角地区应结合本地中小企业的现状和需求，建立健全中小企业国际化经营的政策社会支持体系，形成有利于中小企业国际化发展的长效机制。

(3) 更加重视广大中小企业的融资和税负问题。在本章分析的环境因素中，资金和税收环境因子对中小企业经营环境的影响最大，说明当前珠三角地区推进中小企业国际化发展的融资和税负问题还有待大力改善，中小企业融资难、税负沉重的问题不解决，将严重制约珠三角广大中小企业国际化发展步伐。

本章从政策环境、社会环境、贸易、区域因素等方面系统研究珠三角中小企业的国际化经营环境是一个较新且难度又大的命题，研究中在样本发放、指标设计、测量方法和模型检验等方面存在探索中的局限，例如问卷调查只能反映当年企业情况，而不能反映珠三角中小企业国际化经营环境的时间变化，在一定程度上限制了理论解释的持续性，以动态阶段性发展的视角研究中小企业与环境之间的影响会更为合理。在后续研究中，课题将结合珠三角发展现状，以动态视角深度研究珠三角中小和微型企业的生存状况和国际化经营问题。

第三篇 转换中小企业经营机制研究

第10章 转换企业经营方式的探索

第一节 转换企业经营机制需加强企业管理[①]

近几年转换企业经营机制的实际工作中，出现了一种以改制（股份制企业）、承包替代管理而企业效益仍然低下的倾向。这是值得注意的。

一、加强企业管理是转变企业经营机制的一个重要组成部分

企业的组织机构及管理职能，是企业经营机制的物质组成部分，是机制运行的"载体"，这个"载体"功能的健全与否，直接影响到企业经营机制的功能完善与否。例如，完善企业决策机制和企业动力机制就必须加强企业经营管理，制订企业各项规章制度，加强职工思想教育工作；完善企业运行机制，就必须加强企业生产管理、设备管理、物资管理等。

二、加强企业管理是转变企业经营机制的客观要求

首先，转变企业经营机制意味着企业自主权的扩大和责任的加强，这就要求进一步提高企业管理水平。其次，转变企业经营机制意味着市场体系的进一步发展和完善，意味着市场调节范围的扩大和市场作用的加强，企业直接参加市场的竞争，就要求企业加强经营管理，根据市场情况来制定企业经营决策，而搞好经营必须要以管理为基础。

---

① 原载《经济日报》，1993年7月6日。

三、转变企业经营机制与加强企业管理是"管"与"活"的辩证统一

随着改革的深入、企业内部经营机制的完善,必然会改善企业的管理状况,解决企业管理中存在的问题,从这个角度讲,企业管理得到加强是转变企业经营机制的成果。但是转变企业经营机制是一个长期而复杂的过程,坐等企业经营机制转变、完善以后再抓企业管理是不可行的,如果只注重转变企业经营机制的改革,不加强企业经营管理工作,虽然企业动力机制有所改善,但在企业管理不善的情况下,指望靠多发奖金来刺激职工积极性,必然是事与愿违,只能从低水平的"大锅饭"变成高水平的"大锅饭",由分配的"低平台"变成"高平台"。在实际工作中,同样的改革方案,在管理状况不同的企业中,会产生截然不同的结果,从这个角度讲,良好的企业管理又是转变企业经营机制的前提条件。

总之,在实际工作中,要把转变企业经营机制的改革同加强企业内部的管理工作结合起来,通过加强企业内部的管理工作来保证企业经营机制;通过转变企业经营机制来促进企业加强管理,提高效益、提高企业管理水平。

第二节 城镇集体企业的改革[①]

我国城镇集体企业改革,给人一个错觉,似乎都已搞活,于是在理论和政策方面,大都认为主要应研究全民企业的问题。然而事实是,我国许多城镇集体企业不仅离增强企业活力的目标相差甚远,而且在许多方面还滞后于全民企业改革。本章拟就我国集体企业深化改革的一些主要问题做粗略的分析和探讨。

应当重新认识城镇集体企业的地位和特点。时至今日,还有不少同志认为城镇集体企业是低级形式,在国民经济中起"拾遗补阙"的作用,这是形成对它研究不够的主要原因之一,此种观念亟须改变。

据统计,目前全国城镇集体职工占职工总数的 26.8%,加上农村乡镇企业可达 40%,城镇集体工业总产值占全国工业总产值的 15.3%,加上乡镇企业则占 36% 左右。在一些经济发展快的地区,集体经济则占更大的比重,如浙江占 64%、江苏占 59%、山东占 46.6%、广东和河北占 40%。这些数据表明,集体所有制已成为我国社会主义初级阶段公有制的主体部分,是一支举足轻重的力量。它与全民所有制相比,应该没有贵贱之分,两者应当并驾齐驱。

集体企业的显著特点是,大多不要国家投资,是靠自力更生发展起来的。它们既可发展生产,为国家地方提供财源,还可满足市场需求,安排就业,为巩固社会

[①] 原载《光明日报》,1988 年 8 月 20 日。

安定团结做出特殊贡献。可见，转变观念，重新认识我国城镇集体企业的地位和特点，是促使整个国民经济振兴的战略问题。

应当在法律上明确城镇集体企业的性质和权利。目前，一些城镇集体企业改革没有多大突破，平调、摊派、挪用严重，其主要原因在于他们还处于全民所有制企业管理模式的束缚之中。因此，迫切需要在法律上把城镇集体企业的性质、权利明确起来。一方面，应重申它们是社会主义劳动群体集体所有的经济组织，应具有独立进行生产经营的自主权和法人资格，任何单位和个人不得以任何方式平调、挪用、侵吞集体企业的财产，不得无偿调用劳动力和乱摊派，更不得强制"上收""过渡"或"合并"，使其资产得到保障；另一方面，应理顺集体企业和主管部门的关系。主管部门要把所有权、经营权、分配权还给集体企业，使其名实相副。集体企业与主管部门之间不是两权分离的问题，而是应将所有权、经营权、分配权归还的问题。只有承认集体企业是独立的商品生产者和经营者，才能为其深化改革奠定基础。

应当理顺城镇集体企业的财产关系。集体企业要真正成为企业，首先应成为所有权主体。因此，理顺企业所有权关系，确认资产归属问题就成为集体企业深化改革的首要问题。现阶段我国集体企业的资产来源比较复杂，由各级政府、街道、企业及群体集资等多种形式组成。上述多种资产来源渠道和多种结构形式，无疑容易形成集体企业由分散多头的部门所有和主办单位所有。因此，不论是哪种结构的集体企业都要以资产来源为线索，按照商品经济条件下等价有偿的原则，重新划分和确认资产的归属。只有这样，才能从根本上强化资产约束，促使集体企业经营机制得以转变。

产权归属不同，企业的经营方式也不同。在理顺集体企业产权的基础上，则可以采取多种经营形式。一般来讲，对于国家投资比重大的企业，他们的性质已属于国有企业，应推行"两权分离"的承包经营责任制；对于资产构成比较复杂的集体企业，可实行股份制和租赁股份制；对于以企业资产为主体的企业，应使所有权和经营权在企业内部统一；对于一些小型的集体企业，则可实行合作经营、租赁经营，也可实行拍卖。总之，应区分类别，按照有利于生产力发展的要求，采用与企业相适应的经营方式。

应当采取多样化的企业领导体制去调整集体企业的领导体制。据调查，集体企业的领导体制，至今仍有许多企业采用党委领导下的厂长负责制或"一肩挑"形式。这项改革的滞后，已使搞活集体企业的工作受到严重制约。随着集体企业产权关系的清理及经营形式的多样化，必然对其领导体制提出多样性的要求，这是由集体企业的所有制性质所决定的，出路在于本着实事求是原则，依据各种集体企业的产权关系、规模大小、经营形式等因素采用多样化的领导体制。对于集体企业所组成的"经济联合体"或"合作企业"，可实行董事会领导下的厂长负责制；对于国家投资比重大的企业,应采用厂长负责制;对于大多数单个集体企业,则应采用职工代表大会领导下的厂长负责制等等。

我国集体企业行业跨度大、所有制跨度大,且分布十分分散,除了商业部管供销社、轻工部管大集体,劳动人事部管劳动服务公司外,还有许多企业缺乏领导。国家应该在理论上加强对集体企业深化改革的研究,在法制上制定一系列有利于搞活集体企业的法规,在组织机构上应有一个统一管理集体企业的机构。这不仅能从外部为集体企业的生存与发展创造良好的环境,而且有利于强化企业内部机制的变革。

第三节 破产整顿复苏后的思考[①]

武汉市无线电三厂(以下简称三厂),经过一年半的拼搏,由垂危走向了复苏,从负债470万元,连续多年亏损的绝境中冲了出来。1986年破天荒地盈利27万元,提前摘掉了武汉市政府于1985年6月出示的破产警告黄牌。我们通过考察发现,三厂的复苏,其意义远远超过了一个企业生死存亡之本身,其他一些处于破产边缘的全民所有制企业可以从中得到许多启迪。

一、真正确立企业商品生产者的地位

确立企业自主经营、自负盈亏的商品生产者地位,是实施《破产法》的重要基础。因为国有企业有了这个地位,才能名正言顺地拥有对财产的处理权和经营权,实施破产法才成为顺理成章的事。以前三厂经营失败、缺乏活力的重要原因之一,是上级主管部门对企业干预过多。例如,1981年三厂已知道收音机滞销,但主管部门为追求产值,硬给三厂追加16万台收音机生产任务,结果这批收音机全部积压。不仅如此,主管部门还直接插手管理三场劳动组织的调整。以前三厂生产形势好时,硬将一个200多人、经济效益差的企业合并进来"吃大户",1984年又决定从三厂划出200多人成立无线电模具厂,同时还决定三厂与无线电天线厂合并,合并不到一个月,又决定分开。仅此一项造成停工的直接损失就有82.6万元。由此可见,国有企业是相对独立的商品生产者这个问题如不真正解决,就难免出现企业受到行政干预过多、统得过死的现象。

至此,人们必然提出一个问题,上级的瞎指挥和行政干预,无疑是造成三厂濒临破产的一个重要原因。那么,由"婆婆"酿成的苦酒又怎能让"媳妇"独饮呢?显然,对造成企业破产的主管部门负责人,是应该追究责任的。实施《企业破产

[①] 原载《光明日报》,1987年5月2日。

法》将成为我国行政管理制度改革的一个强大推动力，否则，不负责任的行政干预仍会发生。

二、革除单一的厂长委任制的弊端

三厂濒临破产，还与多年来企业干部管理体制的弊端紧密相关。从 1982 年到 1985 年，三厂的领导班子更换了 9 届，涉及的厂级干部达 30 多人，仅"第一把手"就换了七八个。由于领导班子频繁调换，每届领导班子都是仓促上阵，抱着临时观念，不能形成有力的经营决策中枢。职工们对此极为不满，但又无可奈何。当我们在考察中提出谁是三厂濒临破产的主要责任者时，大家都说："谁都有责任，谁也没有责任。"而当时的厂长书记刚刚到任才 8 个月，找来找去，结果是"有板子无屁股挨"。三厂的教训告诉人们，革除企业干部管理体制中的弊端，是试行破产法的一项重要配套工程，是使某些长期经营不善的全民所有制企业避免破产的基本条件之一。长期以来，我国的企业领导干部选拔制度，一直实行的是单一的委任制。其弊端主要是削弱甚至剥夺了职工对厂长的选举权和监督权，使厂长成为只对上级负责的"执行型"干部；单一委任制难免产生"以点概全"、庸才重用、小才大用、大才不用，甚至抑制人才等现象；助长了官僚主义；很难产生最佳结构的领导班子。

在我国社会主义制度下，劳动者应拥有对自己所在企业的管理权、经营权。他们既是劳动者又是企业的主人，因而应该拥有对企业领导人的选举、监督和罢免的权利。选聘制，聘用制或考任制，则是两权分离在企业厂长选拔问题上的具体表现。它一方面体现了企业转变为相对独立的商品生产者后，对自身的代表——厂长有了选择权；另一方面，所聘或所选厂长，最后还要经过上级主管部门审批任命，则又体现了国家对企业的所有权。这样，厂长选拔制改革后，再加之厂长负责制的推行，必然使所聘的厂长能把自身利益同国家、企业及职工利益联系在一起，并承担既负盈又负亏的责任。在这种情况下，试行破产法才会真正起到促进作用，才有可能对造成企业亏损的责任者进行严肃认真的追究，才会避免企业破产、而"铁交椅"照坐的局面，更不会出现像三厂那样"有板子没屁股挨"的怪现象。

三、建立全员承担风险的企业内部经营管理机制

实施企业破产法的主要目的，在于建立一种能对所有企业都发生作用的威胁机制，以便确立企业广大职工的责任、权力和利益，变人治为法治，促进竞争，使企业优胜劣汰、焕发出活力。然而，我国旧的经济运营机制的一大弊端则是企业的经营风险由国家承担。例如，三厂连续四年共发生经营性亏损 400 多万元，在财政弥补了 136.5 万元之后，剩余的债务仍不偿还。对于这种情况，不仅职工心安理得，就连厂长也未承担任何责任。这种给国家造成损失、经营者却不负责的状况，显然

是不合理的,如不彻底改变,职工吃企业的"大锅饭",企业吃国家的"大锅饭"的恶性循环,将无法扭转。因此,通过法律手段,建立健全从工人到厂长都承担企业经营风险的内部经营机制,是经济体制改革进一步深化的客观要求。它将使企业在经济上产生危机感,而这种机制将迫使一大批长期亏损的企业从内部"裂变"出动力,使其自我约束得到强化,从而达到减少亏损企业、减少亏损额度,把企业破产率降低到最低限度的目的。

四、配套实施劳动就业、救济及保险制度

在目前企业破产责任尚不明确的情况下,企业破产后,受到直接损失的是广大员工。例如,三厂刚宣布破产整顿时,曾引起广大职工思想的波动,哭声、骂声、叹息声都冲破产而来。然而,造成破产的有关领导却没有责任,早已换个"庙"而不了了之。在整顿期间,一批有"关系"的人纷纷调走,而这些人大都是三厂顺利时,凭一个电话、一张条子安置进来的。无"关系"的职工只能留下来承担责任。这种不正常的情况是顺利实施破产法的一大障碍。这个问题处理不好,容易形成社会不安定的因素。

要解决好这个问题,必须建立以下两种制度与企业破产法配套:一是破产后的救济保险制度,它可使破产后转入待业的这部分职工领取一定的救济金,得到最基本的生活保证;二是劳动力流动与就业制度,它可使普通工人直到厂长、书记,统统转为待业人员,一视同仁,然后按"均等"的机会,重新就业。

五、中国特色的《破产法》的指导思想与破产整顿

建立具有中国特色的《破产法》的指导思想,不仅仅是处理债权和债务关系问题,实际上是对已陷入破产境地的企业进行挽救。其主要目的在于给这类企业施加压力,督促他们迅速改善经营管理,扭亏为盈,从而减少实际上所发生的破产损失。当然,对挽救无效的企业,只好宣布破产了。因此,制定《破产法》,是为了整顿、挽救和预防企业破产,是用法律手段管理经济的办法,是维护社会主义商品经济正常秩序的有力措施。

破产警告,即破产整顿,是指在宣告企业破产之前,给其1~2年的法定整顿期限。整顿的目的是给这类企业巨大的震动,促使其迅速振奋精神,查明情况,总结经验,变压力为动力,使企业得以复苏。例如,三厂的破产警告发出后,全厂领导和工人都产生了巨大的危机感、紧迫感和主人翁的责任感。于是,他们以从未有过的认真态度总结经验教训,然后提出了"救急治本"的方针、目标和措施,终于背水一战,置之死地而后生。所以,实施破产整顿,是社会主义制度优越性的充分体现,具有社会主义企业破产法的特色。

第四节　承包制的问题与对策[①]

当前治理、整顿方针的确立，以及其他一些外部因素的变化，给承包经营责任制又提出了许多需要研究解决的新问题，主要表现为以下几方面。

（1）承包企业的自主权在治理整顿中受到了侵犯。治理经济环境，整顿经济秩序，必须加强宏观控制。有人把造成经济过热的罪过强加给企业，并以此为名，把《企业法》和《承包条例》中已授予企业的权力收了回去，严重限制了承包企业自我改造、自我积累、自我发展的能力。有的部门还取消了承包企业的工资总额同经济效益挂钩的做法，严重制约了企业和职工的积极性。

（2）企业兼并与产权转让给承包制提出了新问题。企业兼并时用自有资金收买了破产企业的资产后，是否要增加上缴利润的问题不明确，这就限制了企业购买资产的积极性。另外，企业实行兼并后，被兼并和兼并他人的承包企业都面临着一个承包合同是否有效，有关内容是否修改问题。

（3）企业集团的兴起对承包企业发展的影响。企业集团是优化我国企业组织结构的有效形式，但在合同期内，承包企业的首要任务又是完成承包指标。这二者的关系处理得不好，会直接影响承包企业的发展。

（4）经营环境的动荡使承包企业的正常经营遇到困难。承包企业虽有合同依据，但一旦社会环境有变，如领导人的变迁、部门的合并或撤销，特别是新的经济政策的颁布，都会影响承包合同的完成。

针对承包制面临的这些问题。我们认为，进一步完善承包经营责任制应采取以下对策。

对策之一：把侵犯企业自主权益的行为作为治理、整顿的一项重要内容。改革的核心是增强企业活力，"放"的重点是企业自主权。"放—乱—收"三者不存在逻辑联系，把"乱"归罪于企业是不公正的。须知承包企业也是"乱"的受害者，由于原材料涨价而增加了额外支出；由于副食品补贴从暗补转向明补，由企业负担，增加了工资成本；由于两位数的物价上涨指数而被吞没了大量的效益。当前经济生活中的混乱主要是由于投资规模和消费基金的双膨胀而引致的经济过热，总需求大于总供给，而决不在于企业自主权太大。几年的实践证明，稳定、完善和发展承包制是提高经济效益的有效办法。为了在治理整顿中推进和完善承包制，我们认为应当把违反《企业法》和《承包条例》，侵犯企业自主权的行为作为治理整顿的一项重要内容来抓，确保承包企业的正当权益。

[①] 原载《光明日报》，1989年9月23日。

对策之二：优化承包机制，强化抵抗力。部分能源、原材料价格的调整，已明显地给承包企业增加了压力，而且从长远看，放开价格，发挥价格机制的调节作用仍是一个客观趋势。价格机制发挥效应，要求企业对价格信号做出灵敏的反应，这就必须在价格改革中硬化企业预算约束，使企业完全自负盈亏，通过优化承包机制，增强企业对恶劣环境的抵抗力。这主要是：①优化劳动组合，提高工作效率；②引入竞争机制，优选经营者；③优化结算制度，把银行的监督、控制、信贷、结算机制引入企业；④引进兼并机制和联合机制，优化企业。

对策之三：创造企业自负盈亏的机制，使承包制在治理整顿中有所作为。只有企业具有完全自负盈亏的机制，才能面对价格放开后的市场竞争采取内部消化、约束提价的决策。要使承包企业从只能负利益上的盈亏改为完全自负盈亏，可以从两方面进行探索：一是把个人承包转变为全员承包，把经营者一人的风险转变为经营者、职工、企业三者的共同风险。二是经营者用一定的财产做抵押，将职工的工资收入同承包目标挂钩，企业用自有资金做保证。企业完成承包目标，收益共享。企业亏损，首先用经营者的财产补偿，然后用职工的收入补偿，若仍不足，则用企业的自有资金补偿。若这样还不能负亏，则宣布破产。

对策之四：通过"放水养鱼"实现藏富于企业。现行的财税政策与承包制的矛盾，集中表现在利改税的尾巴未彻底铲除。企业在上缴利润后，财税部门又用高税率多税种的办法，将企业部分超包利润挖走。这种竭泽而渔的政策影响了企业的积极性和自我积累能力的提高。因此，要完善承包制，发挥其在治理整顿中的作用，必须树立"藏富于企业"的思想，实行"放水养鱼"的财税政策。

对策之五：抓好承包企业内部的配套改革。面对外部条件的影响，承包企业必须抓好内部管理方式的配套改革，以增强企业内在活力。从当前看，应着重抓四个环节，层层包死，一包到底，形成承包目标的保证体系。增强承包的透明度；处理好承包中的利益分配问题；本着"高效、精简"原则，改革管理机构，强化行政指挥系统，把改革和企业管理升级结合起来；推行"满负荷工作法""成本控制法"等管理办法。

第五节 债转股的风险与防范[①]

债转股是党中央、国务院化解金融风险，减轻国企债务负担，促进国企三年脱困而实施的一项重大的战略措施。然而，任何事物都是有利有弊的，实行债转股也是有风险和成本的。关键是要认识其风险，并加以防范。

---

① 原载《光明日报》，2000年3月31日。

债转股的风险，主要表现在以下几个方面。

（1）金融资产管理公司的安全问题。银行不良债务的剥离可能发生逃废债务的现象。债务人可能产生误解，即认为债转股就是将这些资产停息挂账，最终由国家来负担。如果债务人产生这种心理，就将形成谁赖账、谁有理的企业效益评价理念。

（2）债转股企业的经营效益问题。由于单一的债权改变，不可能在企业外部条件和内部因素没有发生变化时，就改变企业的运行效率和质量。因为企业的经营成果并不完全是由"债权"和"股权"所决定的，而是取决于其经营水平的提高，成本的切实下降，盈利的真正增长。相反，一些实施债转股的企业，由于企业债务一夜之间大大下降或者消失了，使得这些企业产生一种压力减轻的感觉，便会放松管理，不再加强企业产品结构、技术结构和市场结构的调整。拖到一定的时候，企业因债转股而获得的红利，将会被各种新增成本所抵消，反而达不到债转股企业经济效益提高的目的。

（3）投资者的投资效益问题。按公司法规定，把不良资产由银行划给新的投资者即资产管理公司后，新的资产管理公司必然要派法人代表去担任债转股企业的董事长。这样一来，新的股权结构有可能遭到原投资者的反对，原有企业积极申报实施债转股的目的绝非是有意放弃企业的管理权和经营权，原有企业的投资者、管理者都有可能对新投资者采取抵触态度。这就有可能形成新的体制矛盾，加之新的投资者又大多来自金融部门，少有懂得企业经营管理的行家。在这种新体制的矛盾下，新投资者要想取得良好的经营业绩是有很多困难的。

（4）国家财政负担问题。实行债转股后，银行和企业都将把债务交给资产管理公司，而资产管理公司的产权主体是国家。如果资产经营管理公司接手的这些债务大都是一些呆账、死账，或是一些股份资产与实际资产不符的"资产黑洞"，在债转股实施后，可能这些资产管理公司经营亏损。而资产管理公司出现的损失，无疑给国家财政增加了新的负担。

由此可见，债转股虽然对化解金融风险和国企解困有一定的积极作用，但是它的消极影响或负面效应也是不可忽视的。

第一，债转股企业的对象确定问题。在债转股企业的选择上，应当按照边际原则作决策，优先考虑边际投入少、边际回报高和快的企业。这样不仅可起到示范作用，还可以回收到必要的资金以便进行滚动式债务重组。这就有一个对债转股企业的认定问题，因而需要成立一个公正协调机构，由他们负责独立地、公开地、客观公正地认定债转股企业。再经过金融资产管理公司独立评审，严格按市场规律操作。

第二，债转股企业的机制与制度创新问题。要使债转股企业的经济效益切实得到提高，必须加快这些企业经营机制的调整与转换，使企业的产品适应市场要求，技术先进、管理科学，企业的人、财、物等各种成本消耗大大降低；与此同时，还要通过金融资产管理公司的介入，改变这些企业单一所有的股权结构，其将改造为公司制企业，实行制度创新。

第三，杜绝金融不良资产的再生问题。在四大专业银行的不良债务通过债转股措施大大降低后，必须强化中央银行的监督机制和《商业银行法》的约束机制，加快四大银行向商业银行的转轨，严格按商业银行的管理机制和工作程序来加强四大银行的信贷监督，杜绝贷款中的政府行为和关系行为，彻底消除不良信贷资产形成的根源。

第四，建立全国性的产权市场，为金融资产出局创造良好条件。我们知道，债转股只是将不良信贷资产转移到资产管理公司，并没有使债务本金利息退出企业，金融风险并没有完全消失。因此，金融资产管理公司的金融资产如何退出，才是债转股最深层、最根本的问题。金融资产出局的主要方法有：金融资产管理公司股权转让、企业回购金融资产公司股份、企业上市、企业拍卖等。金融资产管理公司股权让渡对象是上市公司、基金、外资企业、民营企业、个人投资者等。要使金融资产顺利出局，必须通过建立全国性的产权市场，使资产流通透明化、信息公开化、操作规范化、监督程序化，从而为金融资产出局创造条件。

第五，加紧选拔和配备职业性经理人才问题。实行债转股的过程中，资产管理公司必须选派一些既懂现代金融理论，又懂企业经营管理的职业经理人才进入控股企业，然而这类人才仅靠现有银行抽调是远远不够的。这就需要在全国范围内选拔，并在全社会大力培育职业经理人才队伍，才可能满足债转股这一战略措施的需要，保证其顺利实施。

债转股是一项系统工程，需要全社会的广泛支持。我们只有客观地看待这一新生事物，注意把建立国有商业银行和国有企业风险防范机制放在首位，才能达到债转股的预期效果。只有在具体操作中，讲究严谨的科学态度，防止险扩大化和国有资产流失，债转股的目标才能够实现。需要特别强调，债转股绝不是"免费的晚餐"。

第11章 再造中小企业环境绩效、安全体系与责任规则研究

第一节 环境绩效、企业责任与产品价值再造[①]

企业是市场经济的微观主体。无论是资源节约还是生态环境的保护,都与企业密不可分。由于市场机制的不完善,某些资源的价格不能真正体现在产品价格中,致使资源利用效率低下,浪费现象普遍存在。要使企业将生态环境的保护纳入其发展战略中来,从动机上可以分为3个层次:一是基于守法的目的而被迫参与。企业认识到不达到某种环境标准就会遭到处罚,而且这样也会影响企业在公众中的形象。二是为获得竞争优势而参与。迫于市场竞争,为了突出自身在环境保护中的模范作用,实施绿色战略,以期树立良好的市场形象。三是将生态环境的保护融入企业发展战略中来,注重企业的社会责任,实施环境友好型发展战略。从以上归类可以看出,如不寄望于企业家天生的道德,能促使企业将环境纳入战略目标的无外乎外在的环境规制与内在的经济绩效。当企业从市场上获得回报时,企业就会自愿采取行动来承担这些社会责任(Joseph and Ella,2002)。坚持理性人假设下,资源节约、环境友好不是企业的唯一目标,也不会是最终目标。也就是说,在一定的环境规制下,只有当资源节约、环境保护的绩效有利于企业经济绩效的提升,或至少不造成大的妨害条件下,企业才会参与到资源节约型、环境友好型社会的建设中来。

一、企业责任与产品价值再造的内涵与相关理论评述

(一)企业责任与企业价值再造的内涵

以资源的可持续利用、生态环境的保护为目的,建立对企业的激励约束机制,将企业与其所生产提供的产品绑定。企业拥有产品的"所有权",针对不同的产品构造不同的责任体系。由企业负责产品的回收、再利用、再循环及相应的废物处理成本,通过成本内化、产品价值再造来引导企业对资源的最优消耗、对产品的重新设计,从而最终避免废物的产生。企业责任的再造有产品"从摇篮到坟墓"的全过程动态思考,将产品生产出来前就已经规划了其随后的形态和伴随的成本,明确了生产者的责任,激励生产者重新构造产品设计、生产、运输、销售及相应的废物处理。从企业责任再造到企业产品价值的再造,将经济绩效、环境绩效与社会绩效有

[①] 原载《管理世界》,2007年第5期。

力整合。

(二) 环境绩效、企业责任与产品价值再造相关理论评述

(1) 传统企业责任的缺位与政府环境规制。传统的企业责任更多集中在经济方面的理解，提供更为丰富的产品或服务，创造就业与财富。而且在传统经济模式下，企业的发展没有受到现有资源紧张的约束。企业以利润最大化为目标，企业的环境绩效、社会责任被忽视。在传统的企业责任缺位的条件下，企业可以以低廉的资源价格，以牺牲环境为代价，从而以低价格在市场竞争中获得优势。现在，对企业责任的规制更多集中在生产领域，只是对生产过程中的污染防治责任规定比较全面，而对使用后的产品和包装的回收利用及处置责任涉及不多，在产品生产前期以及产品消费后期，成为生产者责任链条上较弱环节。而资源的耗竭、生态环境的破坏是典型的累积性、时滞性事件，是由多种原因、多个个体，在相当长的时期内相互作用的结果。如果不改变传统的企业责任模式，我们就会发现企业的经济绩效与环境绩效背离得越来越远。只有通过政府规制，对企业责任再造，将其对产品的责任贯穿于整个产品生命周期，企业才会有动力将利润最大化目标与社会绩效进行整合，减少对资源的浪费。产品可回收、再利用性增加，从而使资源达到更有效率的配置。

(2) 企业责任与环境策略的整合。传统认识中环境规制与企业绩效是背道而驰的。以静态的角度来看，如果技术、产品、生产过程与消费者需求是不变的，那么环境规制会引起企业产品成本的上升。但企业是在一个动态竞争的世界中运行的，妥善设计的环境标准有助于引发企业的创新，降低产品总成本或提升产品价值。这类创新允许企业利用一系列更具生产力的原料、能源、劳动力，从而抵消改善环境的成本，提高了资源生产力，使企业更具竞争力，终结环境与竞争力的僵局。世界需求正在转向污染低、能效高的产品。许多企业通过生产"绿色"产品，开拓了新的市场空间。那些较早采取更高环境标准的企业，便拥有了先发优势，获得产品溢价与更多的市场份额 (Porter van der Linde, 1995)。将环境策略融入企业策略时，还可获得整合优势 (spin-off activity advantages)。这里的整合优势是指企业一种活动被分为若干更小的活动单位，当它们共同面对环境问题时就会进行生产活动的重组，由此提高生产效率。这比各个单位间没有联系 (如共同面对的环境规制，环境战略) 时对企业的贡献更大 (J. Slater, I. T. Angel, 2000)。所以，考虑环境战略时，具有把个体员工的价值和整个企业目标融合到一起的潜力 (波尔托兹基, 2002)，从而给公司带来潜在的价值增值。

从需求的角度来看，企业承担的环境责任也会影响消费者的选择。那些值得信赖的有关企业环境信息的披露，将会影响消费者对该企业产品的购买意愿。对那些污染企业产品的购买意图会不断降低，而对那些非污染企业产品的购买意图会不断上升。在 Lois A Mohr 的实证分析中，企业的环境责任包含在企业社会责任 (Corporate Social Responsibility，CSR）之中。消费者越是在做出购买决策时将 CSR 作为考虑因素，CSR 就越影响企业的销售，企业也就越有可能将 CSR 付诸实施。当消费者能得到有关该企业社会责任的确切信息时，这些信息就会影响消费者对该企业的评价并影响购买意图。当 CSR 很低时，低价格并不能弥补低水平的 CSR 带来的影响（Lois A Mohr，Deborah J Webb，2005）。如此，依靠消费者选择形成了对企业承担环境责任的社会推动。

（3）延伸生产者责任：环境绩效，企业责任与产品价值再造的尝试。作为对环境关注的结果，延伸生产者责任（Extended Producer Responsibility，EPR）成为减少污染的有效工具。EPR 是指：将生产者责任贯穿于整个产品生命周期，直到产品消费后的阶段。EPR 表明，在产品生命周期中，产品的使用，消费后的阶段也是污染的重要方面。在污染者付费原则下，产品的制造者应将其所负的环境责任贯穿于整个产品生命周期，包括上游的产品原料的选择，生产过程本身，也包括产品的使用、末端的处理等来自下游的对环境的冲击（Kroepelien，KnutF.，2000）。EPR 旨在以延长生产者责任来降低废物管理的经济与环境成本及社会成本。EPR 被用于从掩埋、焚烧废物转向将它们再利用、再循环，对危险废物进行控制管理，将由不当处理所造成的环境危机最小化或消除。它也能推动为减少废物所进行的创新。企业有动力去开发那些废物处理成本较低的，或能源、原料更利于再利用的产品（OECD，2005）。

就实践来说，欧盟已经出台一系列指令、提案（废弃电子电气设备的指令 WEEE 和 RoHS，报废汽车指令 ELV）。指令主要考虑产品的整个生命周期对环境的影响，目的是减少对自然资源的使用与毒性物质和废弃物的排放及污染物的产生，减少对环境的破坏，鼓励生产者创新，采用先进的环境化设计技术来生产产品。日本为解决人口、资源和环境的矛盾，先后制定了多层次、多方面的法律体系，如规定企业负有减少"循环资源"产生并对其进行循环利用和处理的义务，即对产品从生产到最终处理的全过程负责；明确"容器包装生产企业负有对用毕废物回收利用和处置的义务，费用加入售价"。要求建立容器与包装回收体系，涉及不同主体承担不同的责任。《家电回收法》明确"废弃电视、冰箱、空调和洗衣机由厂家负责回收、再生和处置，用户向厂家交付少量再循环所需费用"。规定制造商和进口商对制造和进口的家用电器都有回收义务，并需按照再商品化率标准对其实施再商品化。

二、企业责任与产品价值再造的框架设置

现有的理论、实践经验为企业责任与产品价值的再造奠定了基础。在市场不能真实反映产品成本的条件下，要使企业的经济绩效与环境绩效统一起来，就要重新设置企业的责任体系，对产品价值实行再造。假设：①对自然资源明晰产权并价格

重估，资源价格能真正体现成本，并内化在产品服务价格中。②政府、消费者对环境偏好不变，政府对企业的环境规制加强，延伸企业责任边界。③企业形成对政府环境规制的稳定预期。新的激励约束机制下，企业偏好改变。在产品价值再造后，政府的环境规制，消费者的绿色需求诱导，企业竞争优势的推动，引导企业对资源的最优消耗，或转向服务化或对产品重新设计。

以上动态过程依据企业提供的产品循环程度，可以从几个角度加以讨论。企业提供产品可简单分为完全可循环产品与不完全可循环产品。完全可循环产品是指在产品失去某种用途之后，其各种构成仍然可以通过一定技术条件加以循环利用的基本的物理性质或化学特性；不完全可循环产品是指产品被利用后，一部分可继续利用，一部分以各种形式降解耗散，一部分在现存技术条件下不具备循环的可能，成为"彻底"的不可循环物质。在企业责任与企业产品价值再构造中，真正要关注的是第二类情形。

（1）当自然资源能真正体现成本时，自然资源价格的上升也不可避免。资源价格的上升，使得企业非物质化设计成为一种趋势。事实上，消费者要得到的也并不是产品本身，这些产品只是传递服务的媒介而已，他们只是对产品提供的服务感兴趣，如一些耐用消费品，汽车、冰箱，也包括非耐用消费品，如外包装。所以，企业从关注产品到关注服务的转变，特别是在制造业，这被称为"服务化"（servicizing）。服务化意味着价值的实现与产品的功能相连，产品的生产者拥有产品的所有权，在整个的产品生命周期中追求服务价值的最大化，这也转变了那种基于产量的传统激励结构。在传统的激励结构下，生产者的利润与生产销售数量相关，生产销售数量越大收入就越高，因此以各种方式（如批量价格从优，过度包装等）鼓励用户消费，造成不必要的浪费。当从产品提供转变为服务时，生产者追求的不再是有形产品数量的增加，而是在有形产品上叠加的服务价值的最大化。这一目标可以通过原料节约、资源使用效率的提高、管理的改善来实现（M. Stoughton, T. Votta, 2003）。更为重要的是，也因此形成了对环境的正向激励，将环境绩效与经济价值统一起来。

企业责任延伸在产品服务、产品"所有权"下进一步强化。产品服务化打破了传统的企业责任边界，将产品生产者的责任向下游延伸，直至产品周期的全过程。这将激励制造商不仅要考虑产品出厂时的价值，也必须考虑产品返厂时的价值，考虑回收、再利用问题。通过技术创新，原料的选择延长产品的使用，对产品适当改造而不是全部淘汰，通过轻量化、小型化增加可运输性，通过模块化便于修理和拆卸。所有这些都可归结为在产品生命周期中降低能源与资料的投入（Reiskin, White, KauffmanJohn-son, Votta, 2000）。

（2）除了那些可循环、可提供服务化的产品外，有些产品的某些构成，在现有的技术水平下，不存在循环的可能，也就是不能再连续使用。如有毒的化学品、放射性物质等。布劳恩加特和恩格尔弗里德将其称之为不可出售产品。对这类产品，企业的责任是要做特殊的构造。在它们逐步退出、找到相应的替代品前，必须在使用中进行安全有效的贮藏。贮存的费用由这些生产不可循环产品的企业承担。在企业或其他的科研机构发明另一种安全的替代品或可去除其毒性前，企业将永远为其付费。也就是说，企业制造了这些产品，同时企业也要对这些产品永远负责，即我们所说的企业责任和产品终身所有权。通过将企业责任与这些不可循环物质绑定，随着贮存费用的不断上升，可形成对企业发明替代该种物质的激励。这些有毒物质对环境的危害具有不确定性，在某地生产但可能在世界另一端造成伤害。所以，企业责任必须延伸，对这些特定物质贴上分子标签，以便于生产它们的制造商识别。

（3）在坚持企业追求利润最大化假设下，对企业责任的再造，从动态的角度看，都会导致对企业产品价值的再造，形成真正反映成本的产品、服务价格。放入到一个更广的范围内，打破对单个企业责任与价值的分析，随着人们对环境日益关注，在愈加严格的环境规制下，在消费者绿色观念的引导下，在激烈的市场竞争中，那些提早先动的企业就具有了先动优势，在竞争中处于有利地位。一旦企业形成稳定预期，环境规制只会越来越严格，那些后动、处于观望状态的企业不得不行动起来，把环境冲击纳入整个提高生产力和竞争力的流程中来，整合资源、环境与经济绩效，形成社会的一种良性互动。

三、企业责任与产品价值再造的进一步分析

（一）企业责任与产品价值再造的进一步分析

（1）外部成本的估量。企业责任再造后，企业成为保护资源、环境的主体，企业由此而发生的一切费用均应纳入企业成本核算之中，因而也改变了企业的成本函数。这种成本或者以税收的形式表现为企业支出的增加，或者以资源、原料价格上升的形式表现为企业生产成本的增加。事实上，一方面企业承担这种成本的范围不统一；另一方面这种成本也很难被精确估量，所以成本内部化存在一定的挑战。但事物发展存在渐进性，以各种方式试着去估计这些成本总比对它们完全冷漠置之要好。

（2）消费者价格支付问题。企业责任再造后，短期内成本内部化后将更多的费用转移到了消费者身上。其实消费者在进行消费活动、带给自己更高效用时，会产出相应的废弃物，废弃物的处理也需要支付成本，消费者也应该承担因消费而造成的外部性成本。即便不支付更高的产品价格，消费者已经在以各种方式支付这些成本了，如更高的保健费用，清除有毒废物场所的浸染所需要的费用，从而使资源费用上涨等。将成本并入到价格中不会"增加"社会消费者的整体花费，而是让各种

费用各就其位，以便消费者和生产厂商能够明智地做出反应。动态的角度看，企业责任再造后，企业提供更为资源节约、环保，功能更强的产品，支付增加的同时，也获得了更大的满足。

(3) 环境规制方面。在信息不对称的条件下，政府妥善设计的环境规制，未必能达到企业创新的目的。如果将达到环境标准的目标设定得期限过短，缺乏一个逐步导入的阶段，则企业会更注重末端治理技术的采用，而扼杀企业的创新潜力（Porter，1995）。不具有一致性或连续性，相关领域的法规又自相矛盾，企业就会采取一种观望的态度，延迟行动，从而又产生一系列不必要的成本。

（二）政策建议

(1) 设置引导性环境规制，避免官僚立法。企业责任的再造传导到企业创新，不断增加竞争力，企业首先要稳定对环境法规，或企业责任规制的预期。企业要将重心放在根本解决问题上，而不是暂时应付、仓促采取比较昂贵的解决方式，就要合理设置目标所达到的时限，鼓励企业从上游提出解决方案，在整个价值链前端减轻污染。因而要求立法拉长时限，但每个阶段的目标要明确。其次要将各种相互冲突的法律整合，纳入统一的法律体系，以法律的公开性、权威性和强制性作为保障。

(2) 推行绿色经济核算体系。还原后的原料的真实成本、价格，也必然会导致对企业价值的再造，从企业到国家重新设计一套绿色经济核算体系，从企业的绿色会计制度到国家的绿色国民经济核算制度、绿色审计制度。

(3) 形成"引致"性环境需求。加强绿色消费的宣传，通过改变消费者的主观认知来改变消费者行为，塑造绿色消费理念。消费者的绿色消费可能出自3个层次：一是从自身的健康考虑，如选择有机食品，无毒害涂料等；二是选择对环境友好的产品，如无氟冰箱；三是对环境形象好的企业提供的产品服务进行消费。这些不仅与公众的意识有关，也与公众的信息获得情况有关（马小明、赵月炜，2005）。如果获得有效信息的成本过高，就会影响消费者的消费选择。所以，政府、非营利性组织在信息的发布方面要发挥积极作用，不断健全环境信息公开制度，加大环境信息的公开力度。而现代信息技术的发展恰恰为此提供了可能。

四、结论

在现有资源、环境约束下，必须重新审视传统的企业责任模式，将环境绩效纳入到企业发展战略中来。在政府妥善设计的环境规制和消费者的市场推动下，无论是消费品的服务化模式，还是不可循环物质的终身"所有权"，都是对生产者责任的重新构造。从动态角度看，对企业责任的再造会激励企业通过创新等实现对产品价值的再造。成本内化后，形成真正反映成本的产品、服务价格，从而整合资源、环境与经济绩效，形成社会的一种良性互动。

第二节　安全管制、责任规制与煤矿企业安全行为研究[①]

一、引言

我国是世界上煤矿伤亡事故高发的国家。政府就煤矿安全生产已出台了多项措施，但煤矿安全形势依然严峻。2007年，全国煤矿事故的死亡人数仍然高达3786人。煤矿安全事故的居高不下引起了政府、学术界和媒体的广泛关注。

国内外专家学者对此进行了很多研究。已有的研究文献主要关注三点：一是产权制度。由于矿山资源的产权不清，大部分煤矿企业的开采权几乎是无偿获得（李毅中，2006）；与此同时，由于制度规则的模糊性，其所有权和使用权又得不到明确保障（张维迎，2004；茅于轼，2006）。这种制度背景使得煤矿企业在市场需求的冲击之下产生了强烈的短视行为，导致煤矿安全生产事故频频发生（朱忠厚，2005；王书明、何学秋，2006；刘铁民，2006）。二是监管不力。尽管有关煤矿安全的管制已经存在，但由于乡镇煤矿在当地发展中的重要作用，过多的农村人口要解决生存问题，使得各级政府实施煤矿安全管制时存在困难（Wright，2004）；颁布的法律无法有效实施成为改进煤矿安全的障碍（Pringle and Frost，2003；李豪峰、高鹤，2004）。三是责任不明。由于目前安全事故的赔偿金设定过低，不利于企业主动提高安全水平，从而导致事故发生的频率过高（李红霞等，1999）。这些研究从各自的角度解释了煤矿事故频发的原因，提供了有益的启示，但将这些方面结合起来进行综合研究的成果比较少。从现实情况看，产权改革着眼于根本性的制度变迁，其涉及面之广、难度之大决定了其只能以渐进的形式缓慢推进。而着眼于安全管制与责任规则的制度改进则能在短期内快速推行并产生效果，应该成为目前政策研究的突破口，这正是本章研究的切入点。

为此，本章尝试用一个新的分析框架来分析煤矿企业的安全行为。在这个分析框架中，安全被视为煤矿企业特殊的产品供给。企业提供安全产品的收益表现在因避免了潜在的安全隐患而减少的经济损失，企业提供安全产品的成本则表现在为保证安全生产所发生的支出。这样，我们可以从经济学的基本原理出发，结合管制经济学、法与经济学和安全经济学，对影响煤矿企业安全产品供给的种种因素进行系统深入分析，从中得出煤矿企业安全行为的内在机理。在此基础上，分析事前的安全管制和事后的责任规则在激励企业提供安全产品方面存在的症结，进一步提炼出相应的政策措施。

[①] 原载《中国工业经济》，2008年第6期。

二、煤矿企业安全产品供给不足的原因

（一）煤矿安全产品收益的滞后性与过度开采

长期以来，煤炭行业的效益低下直接导致了煤矿企业对安全投入严重不足。即便在安全状况相对较好的国有重点煤矿，2005—2006年国家累计投入378亿元资金，2007年依然有300多亿元的安全投入历史欠账需要进一步投入。对于中小煤矿来说，情况就更加严重。煤矿伤亡事故的绝大部分发生在中小煤矿里，这些煤矿百万吨死亡率是国有重点煤矿的5~6倍。由于缺乏有效的激励约束机制，这些煤矿在安全投入方面的历史欠账更加严重。

对于煤矿企业来说，要实现利润最大化的目标，就要将有限的人力、资本进行最有效的配置。煤矿企业可以将资源投入到安全上，增置安全设备、进行安全培训、排除安全隐患，减少煤矿安全事故的发生，从而产生安全收益；煤矿企业也可以将资源用于雇佣工人、购置生产设备，增加产出量，获得生产收益。相对于生产性收益，安全产品的经济收益显现出高投入、滞后性的特征。要确保安全的供给，就要在煤矿采掘、供电、通风、排水、提升、运输、人员安全装备、安全技能培训等各个方面加大投资。而煤矿安全工程设备等投资收益体现出周期性、滞后性。随着时间的推移，安全经济收益呈现出五个阶段（见图11-1）：Ⅰ负担期（或称投资无利期）、Ⅱ微利期、Ⅲ持续强利期、Ⅳ利益萎缩期、Ⅴ无利期（或失效期）（罗云，2004）。

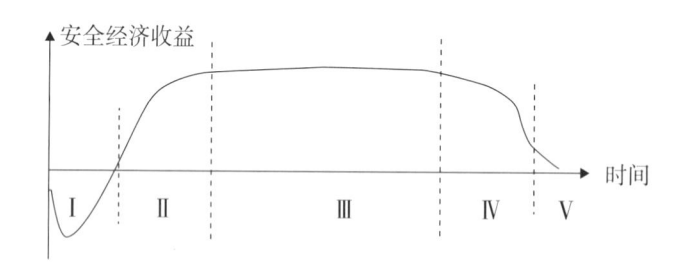

图11-1 安全经济收益周期

可见，煤矿企业安全投入短期内难以实现经济收益。在没有安全管制与事后责任追究的情况下，即便经济效益好转，煤矿安全也会在高额利润面前成为被忽视的对象。当煤矿企业可以较低成本支出获得高额生产收益，而安全收益具有滞后性并远远低于生产收益时，煤矿企业就会在利益的诱导下，将资源投入到扩大再生产上，冒险获取超额利润，忽视安全生产投入。这种安全投入与生产扩张的不同步现象已经为煤矿安全事故埋下了隐患。

即便安全投入与生产扩张保持同步，由于安全产品收益的滞后性与过度开采现象共存，煤矿安全事故的隐患依然存在。煤炭作为可耗竭资源，其总存量是固定的，

当前的开采量影响未来可能的开采量。所以，煤炭的开采不仅取决于当前的开采所使用的要素投入量（劳动、资本、能源等）及其价格，还取决于当前开采对未来资源开采收益的影响等因素。因而，煤矿企业的总成本包括两部分：开采权成本和生产成本。在我国现行的煤矿开采制度中，开采权价值被严重低估。这样，相对于社会最优的供给曲线 MC^*，煤矿企业的供给曲线 MC 要向下方移动。如果煤炭市场是完全竞争的，那么，煤矿企业就面对一条水平的需求曲线。由于煤矿开采权价值被低估，导致煤矿企业的开采水平大大高出社会最优的开采水平，即 $Q_0 > Q_0^*$（见图11-2）。

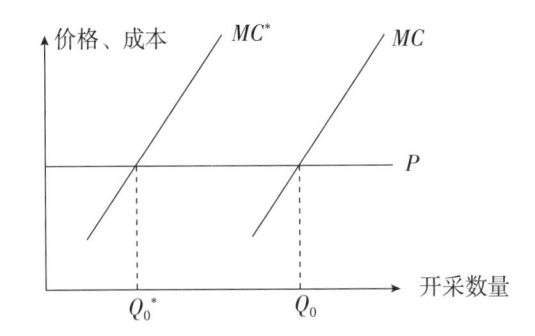

图 11-2　资源获取成本与煤矿企业的开采数量

也就是说，开采权价值的低估将不可避免地导致过度开采。由于煤矿安全投入的滞后性，因而在经济效益好转的时候，煤炭开采量大幅增加，而新增的安全投入不能马上产生作用，造成已有安全设施的严重过载，从而增加了事故发生的可能性。在计划经济体制下，煤矿前期勘探的巨额投入一直由国家承担，然而，煤矿的采矿权却以近乎无偿的方式被一些投资者获取。国家不仅无法收回勘探投入，而且无法从煤矿开采收益中提取足够的资金用于再分配。更为重要的是，开采权价值的严重低估导致严重的过度开采。从这个意义上说，我国煤矿开采权的严重低估也是煤矿安全事故激增的更深层次原因。

（二）安全产品的外部性导致供给不足

如果将安全看作满足特定功能的产品，那么，具体到煤矿企业安全功能而言，该产品可以直接避免煤矿事故的发生，减少安全事故对个人、企业、社会与自然环境的损害；也具有间接促进社会和谐，实现社会增值的功能。这样看来，煤矿安全具有了正外部性的特征。市场是资源配置的有效机制，却无法依靠自身的力量消除其所产生的外部性。

一方面，安全水平高的煤矿企业，安全事故发生率低，有力保障了煤矿员工的健康安全，矿工在这样的作业环境下工作，也拥有较强的心里安全感，生命价值得到了充分的重视。在较高的安全投入情况下，企业在安全工程设施、个人安全装备上投入大量资金，短期生产的平均成本增加，边际成本上升，最优生产规模下降，产品成本增加，利润减少。煤矿企业的安全投入与其所获收益是不对称的，存在正的外部性。对造成安全正外部性的煤矿企业，国家没有采取津贴、税收等办法，使得企业的个体利益与社会利益相等，就会削弱这些煤矿企业增加安全供给的动力。另一方面，当煤矿企业在安全工程设施、个人安全装备上投入较少，事故隐患增加时，不可避免地导致煤矿事故的发生。事故发生后，造成企业产出减少，成本增加，利润降低。但事故损失并非由企业全部承担，而是由矿工、家庭、政府与社会共同承担。这些损失包括：对某些矿工来说，事故发生造成的生理、心理上的损害，很难恢复到以前的状态；家庭不幸，也难以进行充分、等量的经济补偿；政府及社会各方面在事故救援方面要进行支出；煤矿资源的损失、水资源与空气的污染、土地资源退化等资源环境方面的损失；对社会的稳定和谐、国际形象与国际竞争力造成的不良影响。可见，煤矿企业并没有承担因其事故所造成的全部损失。在煤矿事故成本没有完全内部化的情况下，企业安全投入的动力就会不足，从而选择较低的安全投入点。这一点可以从更详细的分析中得到证实。

假定企业行为不受政府事前安全管制，事后不受完全的责任追究。进一步假定煤矿安全事故造成的全部成本 C_f 由预防成本 C_p 与企业所承担的事故损失成本 C_i 两部分组成，即 $C_f = C_p + C_i$。其中，煤矿企业所承担的事故损失成本 C_i 只是全部事故损失 $\overline{C}_i$ 的一部分，即 $C_i = \alpha \overline{C}_i < \overline{C}_i$。

煤矿企业没有强制性的安全成本支出，并且仅承担部分事故后果。在这种情况下，企业愿意提供的安全程度取决于其利润最大化的权衡。安全程度越高，安全事故预防成本支出越高，但事故损失成本越低。预防成本 $C_p(S)$ 是安全投入 S 的递增凸函数。损失成本 $\overline{C}_i(S)$ 是安全程度 S 的递减凹函数。企业承担的事故损失成本 $C_i(S)$ 只占全部损失成本 $\overline{C}_i(S)$ 的一个比例，不妨记这个比例为 α，$0<\alpha<1$。事故发生后企业实际成本支出为 $C_f = C_p + \alpha \overline{C}_i$，社会实际支付的成本 $C_t = C_p + \overline{C}_i$，两者之间的差异 $\triangle C$ 为安全成本外部化。分别计算社会最优和企业最优的一阶条件，可以得到社会最优的安全程度 S^* 和 S_1。

我们用图11-3来分析外部化程度对煤矿水平选择安全投入的影响。从社会最优的角度看，应选择的安全程度为 S^*，即全部成本 $C_t(S)$ 的最低点；当存在外部化时，企业从自身利益出发，会将安全程度确定在 S_1，即企业所承担的成本 $C_f(S)$ 的最低点。两者的比较表明：S_1 小于 S^*。如果企业承担损失成本的比例 α 越小，S_1 与 S^* 的差距越大。当企业完全不承担损失成本的时候（$\alpha=0$），企业的安全成本支出将接近于0，基本上失去了安全投资的经济动力。只要企业没有承担完全的安全责任，必然导致其对安全产品的供给不足。

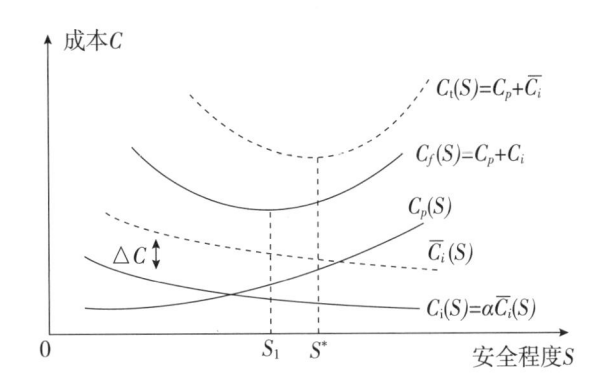

图 11-3 安全产品外部化与企业事故成本支出

（三）不确定性与风险偏好

安全事故的发生受到多种因素的影响，具有不确定性，煤矿事故更是如此。在现有的技术水平下，安全事故发生概率不可能降到零。事故的发生有很大的突发性、偶然性，事故预防可以降低事故发生率，但相应的要增加安全投入，而且作用是有限的，并不能完全避免事故的发生。

对社会来说，煤矿安全涉及到工人的生命，因此，对安全事故的风险规避程度非常之高（对于矿工来说尤其如此）；而对煤矿经营者来说，安全事故只是意味着一部分经济利益，如赔偿、罚款等，这样其风险规避程度相对较低。当煤矿企业可以通过各种手段逃脱责任，或者仅仅承担部分责任，甚至完全不承担责任的时候，其风险规避的倾向就更低。这种风险规避程度上的差异也会导致煤矿安全产品的供给不足。特别是一些中小型煤矿经营者，面对市场煤价高涨的利益诱导，往往冒着巨大的风险获取当期利润。面对高额利润，煤矿经营者都成了冒险家，而煤矿安全则在高额利润面前成为被忽视的对象，安全产品的供给低于社会最优水平。这一点可以通过更详细的分析得到证实。

假定煤矿经营者对安全事故的风险规避程度低于社会对安全事故的风险规避程度。采用风险溢价来衡量煤矿经营者的风险规避程度，无论安全程度 S 取任何值，煤矿经营者对安全事故的风险溢价水平 $r(S)$ 都要低于社会对安全事故的风险溢价水平 $\gamma(S)$。设 $r(S) = r(s) + \phi(s)$，其中 $f(S) > 0$。煤矿事故可能发生，也可能不发生，两种情况的概率分别为 p 与 $1-p$。进一步假定煤矿企业安全成本 C_t 由预防成本 C_p 与事故损失成本 C_i 两部分组成，即 $C_t = C_p + C_i$。预防成本 $C_p(S)$ 是安全投入 S 的递增凸函数，事故发生的概率 $p(S)$ 为安全投入 S 的递减凸函数。

在不确定条件下，企业预期的安全支出不仅取决于预防支出，还取决于事故发生的概率。则预期安全成本支出函数为：$E(C_t) = C_p(S) + C_i(s) \cdot p(S)$。考虑到风险规避程度，煤矿经营者经过风险调整后实际收益为：$V(S) = R - C_p(S) - C_i(S) \cdot p(S) - r(S)$。其中 R 为煤矿生产所产生的经济利润。与此类似，从社会的角度看，实际收益为：$\overline{V}(S) = R - C_p(S) - C_i(S) \cdot p(S) - \bar{r}(S)$。显然，$\overline{V}(S) = V(S) - \emptyset(S)$，可得 $\dfrac{d\overline{V}(S)}{dS} = \dfrac{dV(S)}{dS} - \dfrac{d\emptyset(S)}{dS}$。

通过设定适当的函数形式，可以保证 $V(S)$ 和 $\overline{V}(S)$ 都是图 11-4 所示的凹函数。如果社会和煤矿企业主都是绝对风险不变的，那么，其风险溢价将是收入方差的线性增函数。在给定安全程度的前提下，收益的方差是安全程度 S 的减函数，进一步可得到 $d\phi(S)/dS < 0$。假定 S_0 是煤矿经营者最优化的结果，而 S^* 是社会最优化的结果。显而易见 $S_0 < S^*$，即煤矿安全产品的供给是低于社会最优水平的。

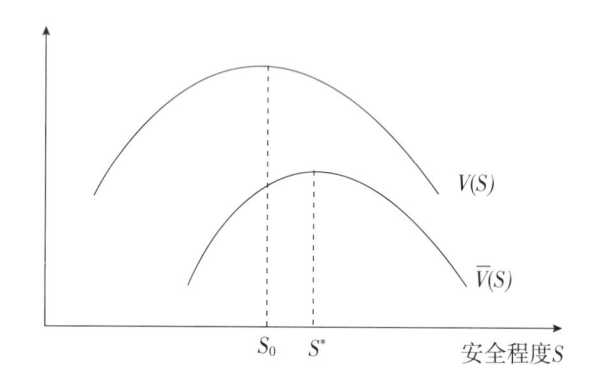

图 11-4 风险偏好与安全产品的供给不足

三、安全管制与责任规则对煤矿企业安全供给的激励分析

由于安全产品比较收益低下与滞后，安全外部性的存在及安全事故发生的不确定性导致煤矿企业安全行为短期化，安全供给动力不足，所以，政府通常要对安全进行管制。对安全方面的管制被称为社会管制，但社会管制与经济管制的界限并不明确，所以，使用安全管制这个名称更为确切。除政府外，法院通过责任规则在安全生产方面也扮演着越来越重要的角色。所谓责任规则就是通过施害人对受害人的赔偿来将外部成本内部化。当潜在的施害人内部化其由自身导致的损害成本时，便会刺激他们在一个有效的安全水平上为安全进行投资。所以，在责任规则下，可以产生有效的安全预防激励机制。安全管制与责任规则代表两种不同的对风险行为的控制方式。安全管制有"公"的性质，侧重于在安全事故发生前，通过禁止特定行为、对企业进入许可、从业人员的许可、资格认证、征税、财政补贴、政府劝告、指导与信息提供等各种方式强加于企业行为之上；而责任规则具有"私"的特性，责任追究在事故发生后发挥更大的效用。与高额生产收益相对比，安全产品比较收益低下且具有滞后性，安全成本外部性及安全事故发生的不确定性，都使得煤矿企业在安全水平上做出的是次优选择，事前的安全管制与事后的责任追究，可以有效

激励企业次优选择转移到最优的安全程度与预防水平上来,优化安全行为,增加安全供给。安全管制与责任规则对煤矿企业安全行为的激励作用的发挥不是无条件成立的。在不确定条件存在时,二者对煤矿企业安全行为的激励也显得更为复杂。

(一) 信息不对称导致管制标准设定困难

在对安全信息的占有方面,煤矿企业与安全管制当局处于不同的地位。企业拥有自身的安全投入、事故预防方面的种种信息,而安全管制部门则面临着信息的缺失。当管制部门掌握的信息不足够时,就可能做出错误决策。如果过高地估计了当前煤矿企业潜在的不安全因素,对降低安全事故的成本估计偏低,那么,制定的安全标准就会偏高;反之,过低估计企业的不安全因素,高估了提升安全水平的成本,制定的标准就会偏低,形同虚设。

如图11-5所示,随着安全程度S的提高,投入的安全成本也将越来越多,边际成本曲线MC也就越加陡峭。当安全边际收益MR与安全边际成本MC相等时,决定了企业最优安全程度S^*。当安全标准设定于S_2时,安全程度最高,但相应的安全成本也就越高。过严厉的安全标准使得遵从管制成本无比高昂,与改进安全装备的巨额投资相比,企业宁愿支付罚金,或对安全事故进行赔偿,或采取寻租等方式,实际上是选择了对安全标准的抵制。当管制标准设定于S_1时,对被管制企业过于宽松,同样不能起到激励企业增加安全投入的目的。

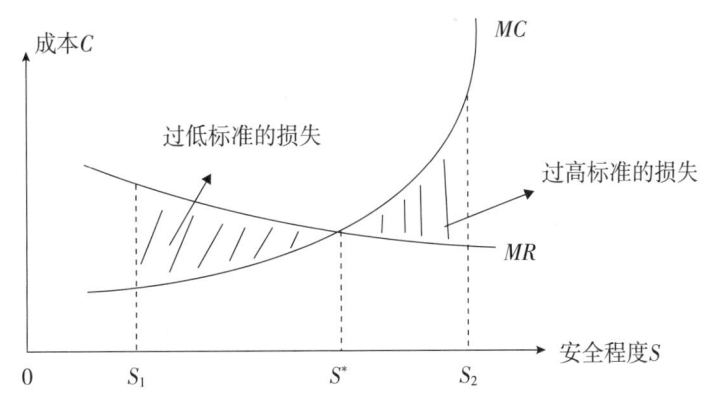

图11-5 安全信息与安全标准的有效设定

在安全管制部门无法获得煤矿企业的足够信息时,责任规则下的事故责任追究更具效果。煤矿企业因为对安全水平没有达到应有的谨慎程度,导致事故的发生,企业就要对损害负有赔偿责任。假设此时法院可获得有关该事故的足够信息并有效执行,那么,企业会在减少事故损失与增加安全投入之间进行衡量,从而在安全上达到应有的谨慎程度。

(二) 资产约束弱化责任规则效果

当事故发生后,企业造成的损失超过了其财产额度,企业无法支付损失赔偿时,事故责任追究就无法对企业风险控制产生足够激励效果。在事故当事人逃逸，或者证据不足，无法起诉，或者事故责任难以归于某一人时也类似于资产的无法支付，此时责任追究对风险行为的控制激励被稀释了（Shavell，1984）。

沿用前文的分析框架，假定煤矿企业的安全预防水平为 x；事故发生的概率为 p_1。如果煤矿企业没有达到法定的安全预防水平，那么，它对造成的事故损害进行赔偿额为 L。进一步假定法院有效执法的概率为 p_2。在责任规则下，如果施害者没有达到法定的安全预防水平，那么他就要对造成的事故损害进行完全赔偿。如果事故赔偿不受资产约束，并且诉讼可以有效进行，那么 $p_2=1$。这样企业预期的安全成本为 $C_t = C_p(x) + Lp_1(x)p_2$。可以看出，企业预期的事故发生后的赔偿支出不仅取决于事故发生的概率 p_1，还取决于责任规则的执行效果，即法院有效执法的概率 p_2。特别是对于事故发生率越高的煤矿企业，就越应考虑企业事故损失的资产支付能力、支付信誉。地方政府、管制部门出于政绩考核、地方经济利益乃至自身经济利益的考虑，有可能与煤矿企业合谋勾结，从而主动掩盖煤矿企业安全投入不足、事故损失等方面的事实。煤矿企业一旦预期可通过破产、逃逸、寻租等方式逃避诉讼，不承担事故造成的损失，即对 p_2 值估计过低，预期的总成本就会偏低，那么，企业就会更加冒险地采取一些行动，也就意味着更多的煤矿事故发生，形成了恶性循环。

对安全管制来说，事故损失的资产支付状况、支付信誉构不成约束条件，因为安全管制是在事前强制煤矿企业采取安全措施来降低风险。在其他条件不变的情况下，当众多资产能力不足以支付事故损失的煤矿企业在冒险从事经营时，安全管制会优于责任规则。

（三）安全管制与责任规则的执行成本

责任规则要启用法律程序，包括诉讼时付出的时间、精力及各种法律费用，大多数成本在事故发生后支付。安全管制的成本支出包括维持管制机构的运行、企业的遵从成本等。安全管制成本无论事故是否发生都要支付。从这个角度出发，责任规则似乎更具优势（Shavell，1984）。

假设事故发生后诉讼成本很高，对事故受害人和施害人的影响是不同的。高成本的诉讼对受害者来说，必须为获得赔偿付出一定的成本，那么，他们就会可能减少赔偿请求的次数。当预期诉讼成本超过了预期损害赔偿甚至会放弃起诉（考特，尤伦，2002）。而对施害者来说，比如煤矿企业，更可能放松安全预防，导致更多煤矿事故的发生。但如果煤矿企业应诉的成本非常高，如要花费时间、精力，聘请律师等，高昂的法律费用也会激励企业更加注重安全预防，降低潜在的事故发生率。

煤矿事故发生时，通常是对群体造成的损害。采取集体诉讼可以节约诉讼成本，但群体的有效组织需要支付协调成本。如果造成损害很小，每个人诉讼成本可能超过其预期的损害赔偿，或者个体预期诉讼的结果不乐观，或者协调成本很高，或者受害者处于极弱势的地位，这些都有可能促使受害者放弃诉讼，在事实上构成了对企业不安全行为的一种放纵。随着农村剩余劳动力的不断增长，大量农民涌入煤矿行业。他们迫于生活的压力，或者缺乏特定的技能，再就业的流动性受到限制，在劳动市场上处于弱势。面对煤矿安全隐患，他们更有可能选择继续工作或者对安全隐患不举报。就煤矿事故发生后的损失赔偿问题，农民工不能与煤矿企业进行有效谈判，甚至会做出放弃的无奈选择。与这些情况相对照，在受害者不能有效维护自身权益的情况下，事前强制执行的安全管制更具有效力。

四、结论及政策建议

基于上述分析，我们得出结论：当我们将安全视为煤矿企业特殊的产品供给时，安全产品收益的滞后性、安全产品的外部性以及煤矿经营者的高风险偏好，都会导致煤矿企业安全产品供给的不足；在缺少安全管制、责任规则的假设下，煤矿企业安全就会低于最优的安全预防水平，即处于安全投入不足状态，这就不可避免地造成了煤矿事故的频发；事前的安全管制与事后的责任追究是激励煤矿企业增加安全供给的必要条件；在安全信息占有、事故损失的资产约束与执行成本方面，安全管制与责任规则各具局限性。因此，要激励煤矿企业进行更优化的安全供给，政府安全管制与事故责任追究规则要有效结合。当然，这种结合是在一定条件下进行的，而不具备特定条件时，单独使用可能更为有效。在不确定性存在的条件下，二者的有效互补就变得更为复杂。因此，有必要更为深入地研究事前的安全管制与事后的责任追究的结合问题，从而为遏制煤矿事故频发势头，提高我国煤矿企业的整体安全水平提供坚实的保障。

（一）建立严格的煤矿市场准入制度

对于安全管制，最为重要的是从源头上防控事故，一个重要的经济手段就是资源有偿使用，征收高额资源税、矿山环境保护和土地复垦费。在提高资源税税率的同时，改变现有资源税的征收方式，以储量作基数，加上资源回采率、环保等因素进行调整。一方面严格了市场准入；另一方面也合理地提高了煤炭开采成本，降低煤炭生产获利空间，从而间接增加了安全产品的比较收益，刺激了安全产品的供给。

（二）建立安全成本的内部化制度

在安全成本没有内部化时，企业安全供给动力就不足。对此，我们可以借鉴其他行业的做法，对忽视安全，超产开采的煤矿征收超产收益金或超产税，并将暴利大部分收归国有，扶持那些在设计能力内生产并重视安全的煤矿企业，从而激励其继续增加安全供给。对于那些安全水平低，造成煤矿事故发生的煤矿企业，在追究行政、刑事责任的同时，要加大事故的经济处罚力度。只有增加事故成本，提高向受到生产事故伤害的员工及家属的赔偿额度,才能让逐利的煤矿经营者内省,在事故成本与安全收益的衡量中,激励他们重视人的生命价值,加大安全产品的投入。

(三) 强化安全管制的执行力度

在信息占有不对称的情况下,科学的安全标准只是安全行为激励的必要条件,关键是安全管制标准的有效执行。高额的煤矿利润、政府的渎职,使得煤矿企业不是将重心放在安全问题的解决上,而是暂时性的应付,或采取寻租等方式,以牺牲安全为代价,将稀缺资源用于人为的经济利益的转移上。所以,要促使企业形成安全管制的稳定预期,整合各种相互冲突的煤矿安全立法,以法律的强制性、权威性作为强有力的安全保障,有效防止官煤勾结的现象。

(四) 建立安全生产的风险抵押金制度

只有解决了资产约束问题,才能保障责任规则对安全供给的有效激励。不完全解决办法除安全管制外,还有煤矿企业负责人安全保证金、企业安全生产风险抵押金与保险制度。如果煤矿各相关负责人交纳保证金额对个人利益损失不大,那么,安全激励约束作用也就大大弱化。更为稳定的一种制度设计是企业安全生产风险抵押金制度,在煤矿事故特别是重特大事故发生后,可以提供事后救灾、抢险与善后工作所需要的费用。同时,煤炭行业属于高危行业,应建立强制性的工伤保险,并将雇主责任保险作为工伤保险的补充形式。通过制定差别费率与浮动费率激发企业对安全生产的重视。

(五) 通过政府安全管制进行全员强制性安全培训

在处于弱势一方的矿工不能与煤矿企业经营者进行有效谈判的情况下,大大削弱了矿工这一微观主体在安全生产中的积极作用。为此,要通过政府安全管制进行全员强制性安全培训,增强矿工的安全技能与维权意识;提高矿工的组织程度,降低内部协调成本。同时,还应发挥工会在维护矿工利益,进行安全监督,与企业就安全投入、事故赔偿、安全培训等方面谈判的积极作用。

第三节 构建我国煤矿企业安全生产保障体系研究[①]

一、问题的提出

我国是世界上煤矿伤亡事故发生频率最高的国家。在煤矿事故中,乡镇煤矿占了大多数。然而,中央政府关闭了6万多家小煤矿,并从立法、产权、问责、监察等方面采取了不少措施,也没能遏制煤炭安全事故高发的势头。不仅小煤矿事故不

[①] 原载《中国工业经济》,2006年第6期。

断,而且大中型煤矿企业也事故频出。专家、学者从不同角度对煤矿事故频发的原因做了探讨:资源无偿使用是煤矿安全事故背后腐败的根源,更重要的是企业安全生产工作管理混乱,安全生产要用重典来治理乱局(李毅中,2006)。矿产权不清晰导致矿难频发(张维迎,2004)。所有权得不到保障导致煤矿安全事故高发(茅于轼,2006)。煤矿安全设备投入不足,安全设备没有得到正确使用,单一的委托代理关系使煤炭企业没有真正成为市场中的企业,致使安全事故不断(董进才,2005)。煤矿安全监管不力是导致煤矿安全事故的罪魁祸首(李毫峰、高鹤,2004)。执法不严,违法得逞的概率高,受罚的概率低,导致矿难频发(罗云,2006)。我国煤矿生产跟不上经济发展的需求是矿难发生的深层原因;在有生产许可的煤矿发生爆炸事件是由市场需求导致的过度开采造成的(刘铁民,2006)。毋庸置疑,这些观点都从不同角度在一定程度上揭示了我国煤矿安全事故频繁发生的原因。但是,煤矿生产过程的特征决定了他们各自的观点都具有片面性,仅仅驻足于此进行研究,是无法根治煤矿安全事故的。

煤矿安全生产是一个涉及面广、管理复杂、需要综合配合的系统工程。我们认为,针对煤矿安全事故发生的特点与规律,建立一套综合的、系统的、严密的、持续改进的煤矿安全生产保障体系,才能从根本上治理我国煤矿安全问题。为此,本章从思想、制度、监察、技术、人员和过程等六方面出发,初步构建了一套综合的、系统的、持续改进的煤矿安全生产保障体系与运行模式,并对近期遏制我国煤矿安全事故提出对策建议。

二、构建我国煤矿安全生产保障体系的基本框架

我们提出的煤矿安全生产保障体系,是在借鉴全面质量管理、全员设备管理及产权制度等理论的思路上构建的。它是组织煤矿全体职工参加,综合运用法规与各种科学的方法、技术,对影响煤矿生产安全的各种因素、各个环节进行全面预防和控制,以降低煤矿安全生产事故,实现安全生产为目标所进行的综合的、系统的、严密的管理活动。它是由煤矿安全生产思想保障体系、煤矿安全生产制度保障体系、煤矿安全生产监察保障体系、煤矿安全生产技术保障体系、煤矿安全生产全员保障体系和煤矿安全生产全过程保障体系等六个子系统组成(见图11-6)。

这里,煤矿安全生产思想保障体系就是要求地方政府、煤矿企业和矿工等各个层面的煤矿工作者,从思想上充分认识到煤矿安全事故与各自的职责、利益之间的紧密关系,重视煤矿安全生产;煤矿安全生产制度保障体系就是通过完善相关的法律、管理、经济、文化等制度,理顺煤矿企业发展与人的生存、环境之间的关系,规范煤炭业的进入、经营,激励煤矿企业及相关部门,确保煤矿安全生产和当地社会的健康发展;煤矿安全生产监察保障体系是通过煤矿安全监察机构的监察、督促,

保障煤矿安全政策、目标及安全措施的落实；煤矿安全生产技术保障体系就是在科学技术上给煤矿安全生产提供技术支持；煤矿安全全员保障体系就是要煤矿企业全体职工学习安全知识，培养安全意识，掌握安全生产技术，全面参与安全管理，并号召全体社会成员关注煤矿安全生产，以减少煤矿安全事故；煤矿安全生产全过程保障体系就是要求煤矿企业全体职工，在生产的每一个环节中具体落实安全生产，又能保障其余五个系统全部落到实处。可见，煤矿安全生产保障体系的六个子体系是相互作用、相互渗透、互为一体的；每个子体系都是纵向到底，横向到边，互相交叉，呈矩形结构。

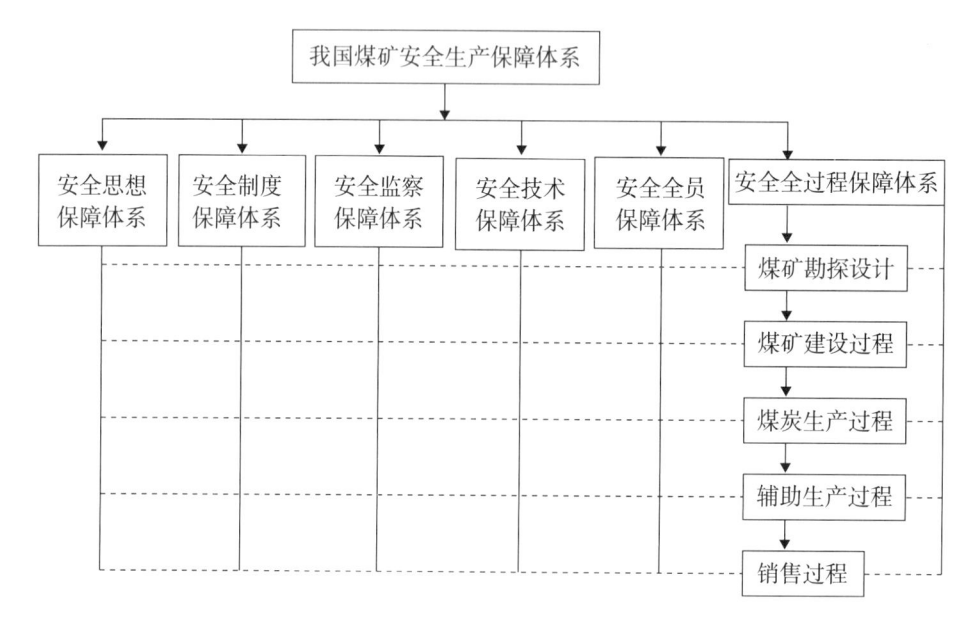

图 11-6 我国煤矿安全生产保障体系基本框架

三、我国煤矿安全生产保障体系的内容

（一）煤矿安全生产思想保障体系

从地方政府来讲，要充分认识到煤矿安全事故与社会稳定、经济发展的关系。社会学理论指出，利益被相对剥夺的群体可能对剥夺他们的群体怀有敌视或仇恨心理。当煤矿矿工把自己的悲惨境遇归结为被矿主及相关获益群体剥夺时，社会中就潜伏着冲突的危险，成为危及社会稳定、影响社会发展的一大隐患。煤矿安全事故频繁发生，也严重影响了我国的国际形象。世界国际煤炭组织曾号召世界进口煤炭的国家联合起来，抵制"带血的中国煤"，减少对我国煤炭的进口，这严重影响了我国煤炭业在国际市场上的发展。

从煤矿企业来讲，要充分认识到煤矿安全事故就是在毁坏企业的社会形象、败坏企业声誉、降低企业效益。随着国际竞争格局的变化和社会意识的普遍增强，企业的社会形象至关重要。安全事故高发的煤炭业，成为SA8000国际企业社会责任标准针对的目标，成为煤炭企业发展的障碍。一旦煤矿发生安全事故，还要支付高额赔偿金、抚恤金、安全事故处理费用以及设备损坏修复、购买等费用，还要关闭整顿，这大大降低了煤矿的经济利益。从伦理学角度讲，安全权是最基本的人权。保障劳动者的生命安全与健康，是矿主应尽的社会责任。

从矿工来讲，要认识到没有生命就没有经济收益。矿工工作就是为了获得经济收益，而获得经济收益的前提是个体生命的存在。对矿工家属来说，矿工的安全关系到经济上的宽裕和家庭的美满幸福。矿工个体生命的安全是家庭幸福、社会稳定发展的基石。因此，矿工个人要重视安全生产，有安全隐患及时通知煤矿负责人员，安全隐患不排除坚决不下井。

（二）煤矿安全生产制度保障体系

（1）煤矿安全生产法律制度。清理、修改、合并现行有关煤矿安全生产的法律条文，尽快起草、出台《中华人民共和国矿山安全与健康法》。美国、英国等主要产煤国家能使煤矿安全事故率持续降低，保持零增长，其根本原因就是有"最严格、最全面的煤矿安全法规"（朱晓超、康理诚，2004）。尽管我国出台了《中华人民共和国安全生产法》《中华人民共和国煤炭法》《中华人民共和国矿产资源法》等法律，但由于这些法规是从总的方面规定煤炭资源的取得、煤矿生产和煤矿安全，对于煤矿安全生产的特点缺乏针对性和可操作性，难以确保煤矿安全生产；尽管也出台了不少煤矿安全生产方面的条例、办法，由于这些文件不是法律，没有强制性，所以，并没有起到遏制煤矿安全事故的预期效果。因此，亟待出台一部完善的矿山安全与健康法律法规，明确各部门的职责、权利，避免管理权限的重复和漏洞，在法律制度上规范煤矿安全生产。

（2）煤矿安全生产管理制度。尽快完善煤炭资源矿产权制度，用规章制度规范煤炭行业的进入及其经营过程，实现煤炭企业对产品的完全定价权、出口权，理顺、健全煤炭资源管理制度，完善我国煤炭行业市场经济基础要素建设，以适应市场经济发展的需要。同时，加快铁路运输、下游企业的市场化，促进煤炭业的发展。出台煤矿勘探、设计、规划、建设、生产中新的具体操作标准，推行实用技术，加大技术投入的力度。在煤矿设计、建造、改造以及采煤、运输、提升过程中，实行安全一票否决制。积极推行安全事故问责制，加大煤矿所在地政府的责任，把煤矿安全事故与煤矿所在地政府的切身利益相挂钩；把煤矿矿主的利益与煤矿安全事故挂钩；层层落实煤矿安全生产监管责任。充分发挥煤炭行业协会的作用，加强行业自律，引导行业发展。建立以代表矿工利益的矿工委员会，维护矿工的生命安全，监督煤矿企业的安全生产。

(3) 煤矿安全生产经济制度。运用国家财政、税收、金融等政策，积极引导煤矿企业加强安全技术研究、加大安全生产投入、加快设备更新、重视安全科学管理，实现煤矿安全生产。实行煤矿生产安全风险抵押金制度，提高矿产资源开发使用费，征收矿山环境保护和土地复垦费，提高进入煤炭行业的门槛。提高煤矿安全维护费的比例，对超产煤矿征收超额利润税。提高煤矿安全事故抚恤金并且落实到位。对重视煤矿安全生产、煤矿安全事故发生少的煤矿，在税率上优惠、贷款上支持。反之，加大对煤矿安全事故责任人的经济处罚力度。把矿主的经济利益和煤矿安全生产挂钩，把员工的工资、奖金与煤矿安全生产挂钩，切实保障安全生产。

(4) 煤矿安全生产文化制度。提高人的安全素质是降低煤矿安全事故的关键所在。人的安全素质包括安全知识、安全技能、安全意识，以及观念、态度、品德、伦理、情感等人文素质。要提高人的安全素质，就要加强安全文化制度建设。安全文化制度就是把矿主对矿工进行安全生产培训、确保安全生产技能的掌握、重视安全生产的宣传等精神文明建设，对违反这些规定进行的处罚制度化。同时，优化安全工程技术、提高本质安全化等物质保障。要求煤矿企业把安全作为企业文化的重中之重，加强安全知识宣传，组织安全知识学习，提倡科学管理，把安全落实在每一个工作环节中。

(三) 煤矿安全生产监察保障体系

煤矿安全事故的降低关键在于从源头上消灭危险源。要在源头上消灭危险源，就要做好煤矿安全生产监察。①分清监察和管理职能，严防越位。我国现行的安全监察体系是监察与管理分开的体系。在现实操作中，由于地方政府在监管中某些职责的缺失，安全监察机构担当起煤矿监察、监管职能。煤矿也把安全监察机构当作一个行业管理部门，要求煤矿安全监察办事处能够负责解决煤矿所有安全问题。所以，煤矿安全监察机构要弄清自己的职能是监察，是行政执法机构，并对违犯安全规范的煤矿进行行政处罚，配合地方政府，促进煤矿安全生产。②保障安全监察活动的独立性。③提高煤矿安全监察人员的自身素质和业务能力，严格执法程序，规范监察活动。监察人员的自身素质和业务能力直接影响安全监察执法的效果，因此，安全监察人员要不断学习，提高煤矿安全生产的技术知识，准确理解煤矿安全监察法律法规，提高执法能力和与煤矿企业及其他执法部门的沟通、协调、配合等能力。尤其在执法过程中，要以事实为依据，严格法律程序，依法行政。正确使用执法文书，详细统计煤矿安全监察执法状况，并定期向地方政府通报监察情况（对于重大安全问题及时汇报）。④加快煤矿安全监察信息化建设。

(四) 煤矿安全生产技术保障体系

煤矿安全事故是随着煤矿开采的深度、地质条件和技术应用而变化的。随着煤矿开采向深部延伸，矿井的地质条件复杂，矿井温度高、压力大，瓦斯在岩层中不均匀分布，瓦斯抽放困难，高瓦斯突出矿井数量增多，冲击地压、煤与瓦斯突出和热害危害加剧。在这种复杂的地质条件下进行生产，没有相应的科学技术支持，很容易发生矿难。然而，我国煤矿安全各大系统装备能力只是先进产煤国家同类矿井的 1/3~1/2，主要技术装备产品性能指标落后 10 年左右。我国公益性、前瞻性、基础性、共性关键技术装备等安全科学技术研究，从人才、基础设施到资金支持严重缺位。煤矿安全没有纳入"863""973"等国家重大科技计划支持范围，原有的安全生产技术研究机构，因转制为企业，根本无力顾及社会公益性研究。要从根本上解决煤矿安全事故，一方面，要加大科学技术研究投入，加强与开采煤矿有关的基础学科建设，培养大量煤矿生产专业技术人才。重点突破低透气性高瓦斯煤层中的瓦斯排放技术、深井通风技术、粉尘防治技术、智能机器人应用等技术的开发；重点抓规划设计；加快煤矿安全管理信息系统的开发与应用；加快通风控制漏风供氧技术、钻孔灌浆技术和防灭火技术、防治煤炭自燃等科学技术的研发。另一方面，国家要制定新的煤矿安全技术标准。主要标准包括：在煤矿设计规范中，矿井生产系统的布置与开采工艺的选择，必须充分考虑瓦斯等灾害治理；对高瓦斯矿井，实行先抽后采，规定开采时最高瓦斯浓度标准；对现代化矿井井筒数量的规定；新建矿井要做到"三同时"；出台最新的"一通三防"等标准，规范煤矿安全生产。煤矿生产都要配备瓦斯、水、顶板压力等信息监测监控系统，及时发现安全隐患，及时消除安全隐患，降低安全事故造成的损失。

（五）煤矿安全生产全员保障体系

煤矿安全事故发生的多少，在一定程度上是煤矿企业素质的综合反映，涉及所有部门和所有员工，降低煤矿安全事故需要煤矿企业所有部门的协作和所有员工的共同努力。针对煤矿安全生产的复杂性，对与煤矿企业相关的所有人员——从煤矿勘探、规划、设计人员到煤矿矿主以及各级管理人员、一线操作工人，都必须进行安全教育，培养他们的安全意识，使他们在思想上重视煤矿安全生产。加强对煤矿安全相关各个环节人员安全知识、技能的培训，每年定期举办对煤矿领导、管理人员、技术人员、安全监察人员、安全员及一线操作人员的安全培训，转变煤矿矿主"安全投入是成本"的观念，让他们认识到"安全投资越多，收益越大"；让煤矿管理人员、技术人员、安监人员、安全员、一线操作人员了解煤矿安全的状况、最新的技术、对普遍存在的安全源最优的解决方案；让技术人员和操作人员掌握应有的安全操作技能、自救技能；让安监人员、安全员能以持续发展的安全标准对煤矿进行监督，促进煤矿安全设施、管理水平的不断提高。倡导煤矿全体职工，尤其是管理人员、技术人员、一线人员，不断学习安全知识、安全技能，开发安全技术，改进煤矿机械设备。同时，用制度不断激励各层次煤矿领导、管理、具体操作人员，使每个人都树立起安全第一的思想，人人关心安全，全员参与安全管理，持续改进煤矿生产安全状况。

（六）煤矿安全生产全过程保障体系

安全事故的发生是由许多相互联系、相互影响的环节造成的，为了保证煤矿生产的安全，必须把影响煤矿安全生产的所有环节和因素都控制起来。从煤炭资源的勘探、矿区规划、煤矿的设计、矿井建设、辅助材料生产保存、煤炭生产和销售运输等一系列过程中的每一环节，都要保证安全，把安全责任落实到每一环节，落实到每一环节上操作的具体个人。在煤矿规划、设计时，就要考虑地质情况、煤矿生产过程的安全以及煤矿与周围环境的安全；在煤矿新建、改建、扩建时，要做到煤矿建设与安全设施建设"三同时"。在煤矿生产过程中，矿井通风系统、防尘系统、防火系统、提升与运输系统、排水系统、供电系统、压力系统、安全监测监控系统、瓦斯抽放系统、通信系统及避灾路线要处于完好、可靠状态；采煤工作面的顶板、支护支柱符合安全标准；运输过程中，保证车、轨质量，加强斜巷安全管理，确保提升、运输安全设施和设备安全保护齐全、可靠；对生产中的重点区域薄弱工程的管理，特别是对边角残煤、煤柱开采、条件复杂地段、工程收尾阶段的现场管理等，通过强化思想重视、制度约束、技术保障、全员在全过程中标准化落实，形成正规上岗、正规操作、正规作业的良好氛围，以达到降低煤矿安全事故的目的。辅助生产过程中要保持辅材料采购、运输、储存、使用过程中的安全操作、存放，保证其本来应有的性能不发生变化；在销售运输过程中，要注意煤矿铁路轨道安全、人员操作、行驶安全。

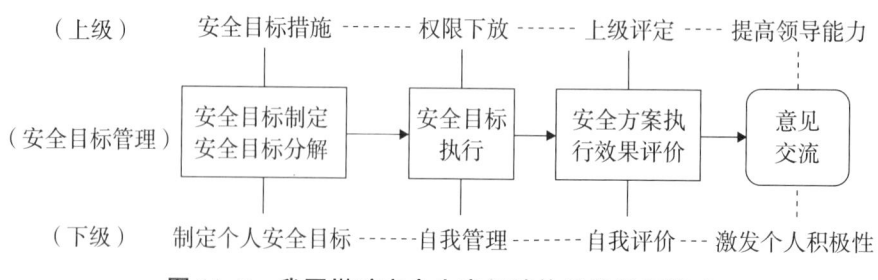

四、我国煤矿安全生产保障体系的运行模式

我们所构建的煤矿安全生产保障体系是一套全面预防控制所有环节的管理体系。要有效落实和执行这套保障体系，还需构建我国煤矿安全生产保障体系的运行模式。

我国煤矿安全生产保障体系的运行模式是以安全目标管理理论为基础构建的，其基本运行模式如图11-7所示。具体运行过程又分为制定目标阶段、目标执行阶段、检查验收阶段和效果评价改进阶段。

图11-7 我国煤矿安全生产保障体系的运行模式

资料来源：隋鹏程.企业安全生产科学管理[M].北京：劳动人事出版社，1998.

（一）制定目标阶段

在该阶段，煤矿安全监察总局根据我国煤矿安全的总体情况，制定出国家煤矿安全的总目标和保障措施。煤矿勘探、规划、设计、矿井建设、监察、矿用产品供给者以及煤矿安全领导小组，根据国家安监总局的总目标和各自所处煤矿生产链条中的环节，以及自身安全生产状况，经过讨论，分别制定出安全生产目标，并在各自体系内层层分解目标，直到个人的具体目标，还要拿出达到这些目标的具体措施、方法以及考评标准。针对影响煤矿安全生产的主要因素，有重点地进行部署，制订改进计划，提出活动措施。同时，做好煤矿安全各个相关部门之间的协作、配合，高效率地解决安全问题，保障煤矿安全生产。煤矿安全领导小组必须明确：为什么制订计划，预期要达到什么目标，在哪里实施措施和计划，由谁或哪个部门来执行，何时开始何时完成，如何执行。这样，自上而下与自下而上地把煤矿安全总目标层层展开，落实到具体的职工；横向各个相关部门严密配合、协作，组成一个由各个相关煤矿安全部门组成的、全过程的、多层次的、全方位的煤矿安全保障体系，确保煤矿安全生产。

（二）目标执行阶段

各级煤矿安全相关机构、部门的安全领导小组率领其组织系统，分别严格按照目标实施过程的标准落实所制订的目标和措施，并根据目标和措施实施过程中出现的情况，不断调整，确保煤矿安全总体目标的实现。

（三）检查验收阶段

煤矿安全领导小组定期检查，安全技术人员、部门主任、班组长、矿工要经常对照目标进行自查，检查目标实施的情况和效果，及时发现实施过程中的经验和问题。对不能及时整改的隐患，要采取临时安全措施，提出整改方案，报请上级主管部门核准。根据目标要求，检查实际实施的结果，看是否达到了预期效果。国家安全生产监察机构可以每半年对煤矿企业安全状况进行一次全面监察，检查煤矿企业对安全生产的落实情况，根据监察结果进行奖惩。

我国煤矿安全生产保障体系各子体系安全目标的分解和保证如图 11-8 所示。

（四）效果评价改进阶段

根据检验结果，把成功的经验纳入标准，给完成目标的人以奖励；给没有完成目标的领导、部门主任、班组长、矿工根据完成情况和所负责任给予批评、处罚。同时，总结未完成目标的团队、个人的教训，帮助其找出原因，在下一次制定目标时予以改进。

煤矿企业安全保障体系在这四个阶段的不断循环中持续改进。整个煤矿企业安全保障体系构成一个大环，各子体系及其各部门都有自己的控制循环，直至落实到生产班组和个人。四个阶段每循环一次，都要解决一定的问题，有一定程度的提高。

上一次循环遗留的问题和新出现的问题在下一次循环中要得到解决。因此，煤矿企业安全体系要随着新问题的出现，持续改进思想保障体系、制度保障体系、监察保障体系、技术保障体系、全员保障体系和全过程保障体系，在前进中解决新问题，在解决新问题的过程中前进。

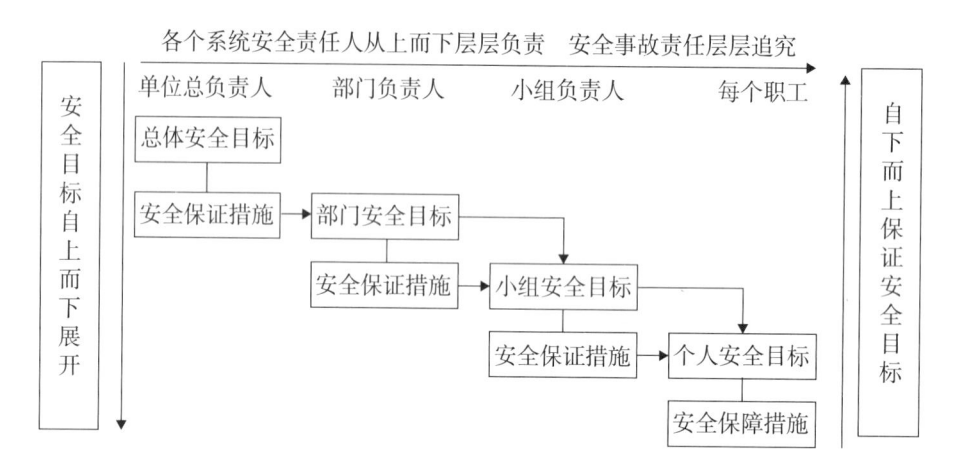

图 11-8 我国煤矿安全生产保障体系各子体系安全目标的分解和保证

资料来源：隋鹏程. 企业安全生产科学管理 [M]. 北京：劳动人事出版社，1998.

五、近期遏制我国煤矿安全事故的制度措施

我国煤矿企业安全保障体系是一个综合的、复杂的、需要各部门协调的系统工程，是难以在短时间内全面建立起来并一步到位的。我们认为：要在近期内遏制煤矿安全事故，必须从严格的法律法规和制度入手。

（一）建立健全煤矿安全生产法规，严格执行已有法规

修改现行有关煤矿安全生产的法律条文，把新出台的政策、条例、文件上升为法律，尽快起草、出台对煤矿安全来说最全面的《中华人民共和国矿山安全与健康法》。依照《煤炭法》《煤矿安全法》《煤矿安全监察条例》等相关法律法规的规定，对于违反煤矿安全法律法规的人员，严格执行法律法规的惩处条款；同时，依据这些法律保障煤矿安全监察人员、媒体记者、矿工的正当权利。

（二）严格执行煤矿安全生产保证金制度

增加安全投入已经成为国人共识。依照《煤矿安全规程》和 2005 年 4 月 5 日国务院新闻办举行的国家安全生产监督管理总局首场新闻发布会上发放的《煤矿瓦斯治理经验五十条》，严格执行以储量为计算依据，每吨煤提取 2~10 元的安全隐患治理费用和每吨煤 15 元的瓦斯治理资金，作为煤矿安全保证金。当煤矿出现安全隐患和发生事故时，用煤矿事先提交的安全保证金来进行安全隐患治理和伤亡赔偿，以

此提高煤矿行业进入的门槛和强制煤矿安全投入，保障安全生产。

（三）彻底推行煤矿安全生产管理主体责任制

在煤矿安全管理中彻底推行安全管理责任制，让地方政府领导、煤矿矿主、煤矿勘探设计者、规划者、煤矿矿井建设工程的承包者、煤矿所用机器设备和辅助材料的生产者，以及安全员、技术人员、一线操作人员、安全监察人员等依照法律法规、政策文件，明确各自的责任，把好各自的关口，谁出问题谁就要负责任、受惩罚。

（四）严格煤矿安全生产监察制度和对煤矿监管部门的监督制度

依据《煤矿安全法》和《煤矿安全监察条例》，严格执行煤矿安全监察、监督制度。安全监察员要定期和不定期地监督、监察矿山安全与职业健康的管理系统、控制系统、培训系统是否健全，是否有效运转；当矿山发生事故后，负责调查事故，提出处理意见。每个煤矿要配合安全监察部门的工作，对不配合的煤矿要依法严厉处治。同时，要保障安全监察活动的独立性。对于煤矿监察人员不严格履行责任的，要根据其情节依照法律予以严惩。广泛发动矿工，依照法律组建矿工监督机构，监督煤矿安全状况和煤矿监管机构职责的履行，推动煤矿安全生产。

（五）强制性推行煤矿安全生产全员安全培训制度

煤炭安全管理部门强制性推行全员安全培训可以达到以下目的：①转变煤矿矿主"安全投入是成本"的观念，让他们认识到"安全投入是投资，安全投资越多，收益越大"；②让煤矿管理人员、技术人员、安监人员、安全员、一线操作人员了解煤矿安全的状况、最新的煤矿安全生产技术、相关的煤矿事故教训，提高煤矿企业的经济、社会效益。同时，要求煤矿企业对新矿工必须进行法律法规、政策文件所规定的内容和最短期限的培训，未参加培训的煤矿人员坚决不能从事煤矿工作。

六、结论

我国煤矿安全生产保障体系是一套综合的、系统的、严密的、持续改进的体系。煤矿安全生产保障体系中六个子体系是纵向到底、横向到边、相互渗透、互为一体的，从各个方面、各个层次规范煤矿安全生产，确保煤矿安全生产的科学制度体系。

我国煤矿安全生产保障体系的重点是运行模式的执行、检查与改进，运行模式的执行与改进状况直接决定了我国煤矿安全生产的状况。

我国煤矿安全生产保障体系的运行，要以严格的法律、法规、制度作为保障。近期遏制我国煤矿安全事故，首先要清理、修改、合并现行有关煤矿安全生产的法律条文，尽快起草出台有关煤矿安全方面最全面、最严格的《中华人民共和国矿山安全与健康法》，并严格执行煤矿安全生产的责任、监察、保证金制度，以及强制性全员安全培训制度。

第四节　产业环境、自主创新与中小企业成长的政策工具[①]

据国家工商部门统计，截至 2011 年年底，我国中小企业总数已达 4500 多万户，占全国企业总数的 99.8%，中小企业提供了城镇就业人口 80% 以上的就业岗位机会，提供的最终产品和服务价值、出口总额、上缴税收和研发新产品分别占到全国的 60%、68.3%、50.2% 和 82%。中小企业已经成为推动我国国民经济健康发展的重要力量。随着"十二五"期间我国经济增长方式从粗放型向集约型转变，中小企业作为创新的重要群体，在推动国家技术进步中扮演着重要角色。《工业转型升级规划（2011—2015 年）》提出把加强企业自主创新和技术进步作为转型升级的关键环节。我国本土中小企业迫切需要通过提升自主创新能力，实现由"中国制造"向"中国创造"的转型。

一、文献综述

现代经济增长理论表明，技术进步和知识积累是决定经济增长的源泉。Romer 进一步指出，知识和技术溢出效应的存在，降低了企业的创新投入收益率，在不存在政府干预的情况下，企业会减少创新投资，从而降低了创新活动对于社会的贡献程度。Romer 认为，政府对于企业创新的适度干预是必要的，其目的在于激励社会生产要素投向研究开发部门，鼓励更多的企业从事创新活动。Patel 和 Pavitt 进一步指出，政府通过加强基础教育和研究、保护创新产生的超额收益、平衡竞争对手模仿的竞争压力等手段弥补了创新过程中的市场失灵，维持了竞争秩序，促进了创新环境的改善。Tassey 发现，由于技术和知识具有公共产品的溢出特性，技术创新活动不可避免地会遇到市场失灵和投资不足的问题。特别是在我国这样一个新兴市场环境中，法律保护、金融体系等制度发展水平比较落后，企业的技术创新活动也可能面临更多的困难和挑战。Xu 利用美国企业在 40 个国家的投资数据表明，发展中国家的人力资本匮乏阻碍了 FDI 对东道国企业的技术转移。Gill 等指出，在中国这样转轨经济背景的发展中国家，由于技术评价体系与信息披露机制都存在着一定缺陷，企业技术能力的信息并不透明，各种寻租行为增加了企业创新的难度和成本。在国内文献部分，李平等运用我国 1985—2004 年专利数据发现，我国较低的人力资本和知识产权保护水平对国内企业的自主创新活动具有明显的抑制作用。张杰等（2011）使用 2001—2007 年我国工业企业样本发现，在要素市场扭曲程度越深的地区，寻租活动人为地抬高了要素价格和行业进入门槛，寻租产生的超额收益进一步

---

① 原载《改革》，2012 年第 9 期。

吸引更多的社会资源从实体经济领域转移到非生产的寻租活动中去，从而对实体经济产生挤出效应，抑制了我国企业 R&D 的投入。李薇薇指出，我国企业面临"有技术，无专利；有专利，无创新"的困境，需要选择现实合理的创新模式，完善切实有效的创新激励机制，来提升创新能力。安同良等（2009）发现，政府惯常将补贴作为激励企业进行自主创新的关键政策手段。朱平芳、徐伟民（2003）发现，政府的科技拨款资助和税收减免促进了企业的研发投资。中小企业技术创新过程中受到内部和外部多种原因制约和影响。由于自身资产结构状况、个体经营风险、竞争力较弱，制约了中小企业创新。在外部方面，政府政策支持力度不够及信息不对称等也对中小企业创新构成了制约。庄子银（2007）进一步指出，要推动技术创新及经济增长，就必须通过政治、经济、法律等方面创新，促使企业家更多地从事生产性的创新活动。

现有研究发现，企业技术创新活动不可避免地受到政府政策和外部制度环境的影响。中小企业由于自身规模的限制，在技术创新发明中往往面临更多的困难和制约因素。在讨论我国中小企业转型升级问题时，迫切需要对我国中小企业的整体创新现状和演进过程有较为系统的理解。现有文献中关于我国中小企业技术创新特征的统计和实证分析十分有限。这里的研究贡献在于：①立足最近 10 年来微观层面的专利数据来研究我国中小企业技术创新的基本趋势，从时间趋势、产业特征、区域环境等方面对我国工业中小企业专利产出发展过程进行梳理，反映各类中小企业的创新发展特征，对于中小企业创新决策具有借鉴意义。②通过对我国中小企业技术创新影响要素和决定机制的考察，进一步拓展我国中小企业技术创新的理论框架，为政府制定创新政策提供设计思路和决策参考。

二、我国中小企业技术创新的基本特征

这里从总体特征、产业特征和地域特征角度分析我国中小企业技术创新的基本特征。

（一）我国中小企业技术创新的总体特征

表 11-1 给出了 1999—2009 年我国制造业中小企业平均专利数。在现有知识产权制度下，我国中小企业平均专利申请数量在逐年递增。数据显示，每个中小企业平均专利总数从 1999 年的 2.81 个增长到 2009 年的 5.49 个，年均增速为 6.93%。近 10 年以来，我国中小企业专利数量在快速增长的同时，专利结构显著改善，从过去外观专利为主发展到现在三种专利齐头并进。从总体上看，我国中小企业发明专利数量和比例快速增长，增长速度超过了新型专利和外观专利，成为增长速度最快的专利品种。数据显示：1999 年我国中小企业的发明、新型和外观专利的相对比例为 5.69%：27.76%：66.90%。而在 2009 年这一比例变成 25.14%：37.89%：

36.98%。发明专利在三种专利中所占比例从 1999 年的 5.69%增长到 2009 年的 25.14%，年均增速为 16.02%。中小企业平均发明专利数量从 1999 年的 0.16 个增长到 2009 年的 1.38 个，年均增速为 24.04%。而外观专利比例出现显著下降，在三种专利中所占比例从 1999 年的 66.90%下降到 2009 年的 36.98%。

表 11-1 我国制造业中小企业平均专利数

年份	总数（个）	发明（个）	新型（个）	外观（个）
1999	2.81	0.16	0.78	1.88
2000	3.19	0.18	0.90	2.12
2001	3.04	0.22	0.99	1.84
2002	3.14	0.29	1.05	1.79
2003	3.51	0.41	1.17	1.93
2004	3.40	0.64	1.23	1.53
2005	3.35	0.54	1.24	1.57
2006	4.02	0.84	1.43	1.75
2007	4.43	1.02	1.53	1.88
2008	4.81	1.13	1.69	1.99
2009	5.49	1.38	2.08	2.03

数据来源：根据国家知识产权局出版的《中国专利数据库》计算得出（下同）。

（二）我国中小企业技术创新的产业特征

表 11-2 给出了我国不同产业中小企业的平均专利数。不同产业中小企业的平均专利数量和专利结构呈现出明显差异。数据显示：专利总数排名前 3 位的产业分别是纺织服装、鞋、帽制造业，皮革、毛皮、羽毛（绒）及其制品业，纺织业，平均专利数量分别为 15.31 个、12.62 个、11.65 个。而排名最后的非金属矿采选业中小企业的平均专利总数仅为 1.76 个。从专利结构来看，纺织服装、鞋、帽制造业以外观专利为主，其发明、新型和外观专利的相对比例达 2.29%：5.29%：92.42%。"皮革、毛皮、羽毛（绒）及其制品业"，"纺织业"也呈现出以外观专利为主的特征。而"通信设备、计算机及其他电子设备制造业"的发明专利比例要明显高于劳动密集型产业，其发明、新型和外观专利的相对比例达 29.46%：37.76%：32.78%。这表明中小企业的专利结构在很大程度上由产业特征决定。不同产业中小企业的平均专利数量和专利结构呈现出明显的差异性。对于"通信、电子"等技术密集型产业的中小企业而言，专利数量较多，并且发明专利成为其专利组成的主要部分。而对于"纺织业"等劳动密集型产业中的中小企业而言，外观专利则成为其专利组成的主要部分。

表11-2 我国不同产业中小企业的平均专利数

产业	总数（个）	发明（个）	新型（个）	外观（个）	产业	总数（个）	发明（个）	新型（个）	外观（个）
纺织服装、鞋、帽制造业	15.31	0.35	0.81	14.15	非金属矿物制品业	3.74	0.83	1.10	1.82
皮革、毛皮、羽毛（绒）及其制品业	12.62	0.24	1.11	11.28	塑料制品业	3.73	0.58	1.33	1.82
纺织业	11.65	0.68	0.82	10.15	烟草制品业	3.71	0.66	1.81	1.24
家具制造业	9.41	0.15	1.53	7.73	黑色金属冶炼及压延加工业	3.60	1.10	1.59	0.91
木材加工及木、竹、藤、棕、草制品业	6.71	0.56	1.27	4.87	交通运输设备制造业	3.54	0.46	1.81	1.27
文教体育用品制造业	6.53	0.25	1.29	4.99	化学原料及化学制品制造业	3.51	1.85	0.42	1.25
工艺品及其他制造业	5.86	0.3	1.33	4.23	饮料制造业	3.41	0.29	0.11	3.00
通信设备、计算机及其他电子设备制造业	4.82	1.42	1.82	1.58	造纸及纸制品业	3.39	0.50	0.89	2.01
化学纤维制造业	4.79	1.32	0.76	2.71	医药制造业	3.28	1.78	0.20	1.30
废弃资源和废旧材料回收加工业	4.68	0.36	1.39	2.94	农副食品加工业	3.18	0.87	0.20	2.12
电气机械及器材制造业	4.36	0.74	2.21	1.41	食品制造业	3.18	0.87	0.20	2.12
金属制品业	4.03	0.47	1.65	1.91	电力、热力的生产和供应业	3.10	0.94	1.99	0.16
通用设备制造业	3.91	0.74	2.39	0.78	橡胶制品业	2.99	0.66	1.30	1.03
仪器仪表及文化、办公用机械制造业	3.86	0.76	1.94	1.17	印刷业和记录媒介	2.95	0.61	1.22	1.12
有色金属冶炼及压延加工业	3.84	1.43	1.03	1.38	石油加工、炼焦及核燃料加工业	2.58	1.33	0.43	0.81
专用设备制造业	3.79	0.76	2.47	0.56	非金属矿采选业	1.76	1.11	0.54	0.11

（三）我国中小企业技术创新的地域特征

表11-3给出了1999—2009年我国中小企业的区域性平均专利数。从总体上看，我国中小企业平均专利产出数量区域性差异较为明显，东部地区中小企业平均专利产出高于中西部地区中小企业。相对于中西部地区，东部地区集中了数量庞大的科研结构和高等院校，雄厚的人才储备和科技实力能够为东部中小企业专利研制提供充足的人力资本和技术支持。但东部与中西部地区中小企业的差距在缩小，中西部地区中小企业正在迎头赶上。西部地区中小企业的平均专利数量增长速度已经超过东部地区中小企业。数据显示：东部地区中小企业的平均专利数量从1999年的2.99个，增长到2009年的5.85个，年均增速为6.94%。中部地区中小企业的平均专利数量从1999年的1.95个，增长到2009年的3.99个，年均增速为7.42%。西部地区中小企业的平均专利数量从1999年的2.36个，增长到2009年的4.5个，年均增速为6.67%。

表11-3 我国中小企业的区域性平均专利数　　　　　单位：个

年份	东部 总数	东部 发明	东部 新型	东部 外观	中部 总数	中部 发明	中部 新型	中部 外观	西部 总数	西部 发明	西部 新型	西部 外观
1999	2.99	0.13	0.81	2.05	1.95	0.24	0.71	1.00	2.36	0.33	0.58	1.46
2000	3.41	0.18	0.90	2.34	2.25	0.21	0.90	1.14	2.54	0.15	0.90	1.49
2001	3.22	0.20	0.99	2.03	2.23	0.39	0.99	0.85	2.62	0.19	0.97	1.46
2002	3.37	0.30	1.09	1.98	2.24	0.35	0.96	0.94	2.25	0.22	0.85	1.18
2003	3.76	0.39	1.20	2.18	2.74	0.57	1.30	0.87	2.41	0.44	0.83	1.13
2004	3.53	0.63	1.26	1.64	2.95	0.65	1.28	1.03	2.81	0.74	0.95	1.13
2005	3.50	0.52	1.27	1.72	2.67	0.50	1.26	0.91	2.66	0.76	0.94	0.97
2006	4.29	0.83	1.48	1.98	3.02	0.76	1.46	0.80	2.96	1.07	1.01	0.88
2007	4.75	1.06	1.59	2.11	3.31	0.84	1.51	0.96	2.99	0.90	1.12	0.98
2008	5.14	1.19	1.75	2.21	3.57	0.93	1.53	1.12	3.44	0.85	1.40	1.20
2009	5.85	1.47	2.17	2.22	3.99	1.02	1.88	1.09	4.50	1.08	1.57	1.85

在专利结构方面，东部地区中小企业的平均发明专利数高于中西部地区中小企业。中小企业平均发明专利产出的空间分布与地区经济科技发展水平、产业经济结构基本吻合，呈现出由东部向中西部递减的阶梯状特征。这表明专利反映了区域经济发展的水平，也体现出专利技术对经济发展的推动作用。数据显示：东部地区中小企业在1999年的发明、新型和外观专利的相对比例为4.35%：27.10%：68.56%，而在2009年这一比例变成25.13%：37.10%：37.95%。东部地区中小企

业发明专利迅速增加，随之而来是东部地区中小企业的专利结构的日趋均衡。东部地区中小企业发明专利在三种专利中所占比例从1999年的4.35%增长到2009年的25.13%，年均增速为19.17%。东部地区中小企业的平均发明专利数量迅速上升，从1999年的0.13个上升到2009年的1.47个，年均增速达到27.45%。

中西部地区中小企业的专利构成以外观专利或者新型专利为主，发明专利增速要慢于东部地区。数据显示，中部地区中小企业1999年的发明、新型和外观专利的相对比例为12.31%：36.41%：51.28%，而在2009年这一比例变成了25.56%：47.12%：27.32%。中部地区中小企业发明专利在三种专利中所占比例从1999年的12.31%增长到2009年的25.56%，年均增速为7.58%；中部地区中小企业的发明专利从1999年的0.24个上升到2009年的1.02个，年均增速为15.57%。西部地区中小企业在1999年的发明、新型和外观专利的相对比例为13.98%：24.58%：61.86%，而在2009年这一比例变成24.00%：34.89%：41.11%。西部地区中小企业发明专利在三种专利中所占比例从1999年的13.98%增长到2009年的24.00%，年均增速为5.55%；西部地区中小企业的发明专利数量从1999年的0.33个上升到2009年的1.08个，年均增速为19.00%。从过去这11年的发展经历来看，中西部地区中小企业的专利产出持续增长，专利结构持续改善，具有很大发展潜力。

三、研究设计与描述性统计

这里通过计量模型检验中小企业内外部因素对于中小企业不同类型专利活动的影响，通过解释变量设计分析技术创新投入指标、中小企业基本特质等因素。

（一）计量模型

$$\begin{aligned} \ln(\text{patent}_{jkit}+1) =& \alpha_o + \alpha_1 \text{R\&D}_{jkit-1} + \alpha_2 \text{R\&D}_{jkit-1}^2 + \alpha_4 \text{trai}_{jkit-1} + \alpha_5 \text{new}_{jkit-1} \\ & + \alpha_6 \text{dump}_{\theta xpo\, jkit-1} + \alpha_9 \text{tfp}_{jkit-1} + \alpha_{10} \text{age}_{jkit-1} + \alpha_{11} \text{lev}_{jkit-1} + \alpha_{12} \text{roa}_{jkit-1} \\ & + \alpha_{13} \text{dive}_{jkit-1} + \alpha_{14} \text{hhi}_{jkit-1} + \alpha_{15} \text{FDI}_{jkit-1} + \alpha_{16} \text{dum}_{suo\, jkit-1} \\ & + \alpha_{17} \text{fac}_{jkit-1} + \alpha_{18} \text{law}_{jkit-1} + \gamma_i + \gamma_k + \gamma_i + \gamma_t + \varepsilon \end{aligned}$$

专利被认为是衡量创新活动相当可靠的指标，并被广泛接受。这里的被解释变量有四类：专利总数、发明专利数、新型专利数和外观专利数。发明、新型和外观专利分属不同的类别，在专利内容、审查制度和保护时间方面具有明显的差异性。这为我们提供了一个很好的机会来检验中小企业内外部因素对于中小企业不同类型专利活动的影响。考虑到不同中小企业的专利申请数差异很大，采用ln（专利数+1）的形式表示。这里删除了相关变量缺失的样本，最后保留了609034家中小企业作为样本。根据以往有关文献的发现，构建一个基于中小企业层面的计量模型。删除了总产值、职工数、固定资产为负的记录。为了控制可能存在的内生性问题，所有解释变量都滞后一期。由于文中被解释变量是以 0 为下限的拖尾变量，应采用 Tobit 模型进行估计。

(二) 解释变量设计

(1) 技术创新投入指标。研发投入因素。研发投资（R&D）是影响中小企业专利研制的重要因素。这里用研发费用除以销售额来表示，来考察研发投资对于中小企业不同类型专利产出的影响。研发投资的平方（R&D^2）用来检验研发投资与中小企业技术创新之间的非线性关系。人力资本（hu_capi）用受过高等教育员工的比例来表示。培训（trai）反映了中小企业在技术创新过程中对于人力资本的投入程度。内部培训有利于中小企业提升员工的技术能力，促进中小企业技术创新。这里用培训费用除以员工总数来表示。新产品比率（new）用中小企业新产品销售占销售额的比重来表示。新产品比率反映了中小企业技术成果市场化程度。中小企业把专利转化成为新产品，获得了创新回报，促进专利投入和产出之间的良性循环，有利于中小企业进行专利研制。当前发达国家科技成果的转化率已经达到80%，而我国中小企业只有10%～15%。出口（dum_expo）经历是否对于中小企业技术水平产生积极作用有待进一步检验。这里采用是否出口来检验出口因素对中小企业专利研制的影响。中小企业通过出口市场的经历，在更激烈的市场竞争环境下，有可能获得国外先进技术与管理经验来提升中小企业技术水平。

(2) 中小企业基本特质因素。规模（size）通过平均总资产除以员工总数表示。由于规模经济效应，中小企业规模与中小企业技术创新之间可能存在正向关系。规模的平方（size^2）用来检验规模因素与中小企业技术创新之间的非线性关系。全要素生产率（tfp）反映了中小企业的技术能力、管理能力、组织效率和自主研发能力，也是中小企业间异质性的一个综合反映。这里采用 LP 法（Levin-sohn and Petrin, 2003）来计算全要素生产率。年龄（age）用来观测中小企业技术创新与年龄之间的关系。负债水平（lev）代表了中小企业的负债水平。这里用总负债除以总资产来表示。获得外部融资支持的中小企业，意味着中小企业占有更多的金融资源。这些中小企业是否倾向于利用中小企业融资优势来推动专利研制，这是一个有待进行经验检验的问题。盈利水平（roa）代表了中小企业的盈利能力。这里用利润除以平均总资产来表示。这里需要检验盈利能力强的中小企业是否有着更高的创新能力。

(3) 反映产业因素变量。多元化（dive）用产业活动单位数来代表中小企业的多元化状况表示，检验中小企业在涉足多个产业后对于中小企业技术创新的影响。中小企业可能利用在多个产业获取的经验来进行跨产业的技术应用和交叉创新。产业集中度（hhi）用来反映产业集中程度对于中小企业技术创新的影响。这里采用的产业中销售额最大的 10 个中小企业占全行业销售额比重的平方和来表示。一定程度的垄断有利于整合产业中的创新资源促进中小企业研发投入。外商直接投资（FDI）

采用产业中小企业外资股权比例，按中小企业销售额加权平均计算出产业的外资水平。随着我国对外开放水平的提高，外商直接投资也已经成为我国中小企业获取技术和资金的来源之一。

（4）反映政策因素变量。这里需要检验政府的补贴措施（dum_subs）对中小企业专利研制产生了什么影响。采用是否获得补贴来检验补贴因素对中小企业专利研制的影响。随着我国支持中小企业创新的力度不断加大，政府的生产性补贴已经成为中小企业收入的一个重要的来源。政府的生产性补贴有助于缓解中小企业技术创新面临的融资约束，鼓励中小企业增加研发投入和进行专利研制。

（5）区域环境要素。要素市场（fac）和法律保护（law）来自樊纲、王小鲁和朱恒鹏所编制的《中国市场化指数》，用来衡量地域因素对于中小企业技术创新的影响。要素市场（fac）代表了地区中生产要素的发展情况。在生产要素整体发展程度较高的地区，中小企业能够按照市场规则发现创新机会，组织创新资源，促进了地区中小企业技术创新的发展。法律保护（law）反映地区中法制环境对于中小企业技术创新的影响。良好的法制环境使得中小企业的知识产权能够得到更好的保护，中小企业就有意愿进行创新投入和技术应用。

（6）控制因素。这里控制了 $\gamma_j + \gamma_k + \gamma_i + \gamma_t$ 分别表示地区、产业、产权和年份等因素的影响。控制地区、产业、产权和年份虚拟变量，是为了控制与地区、产业、产权和年份相关的因素对于中小企业专利研制的影响。

（三）数据来源

这里的数据来自于国家统计局全国工业中小企业数据库，中小企业层面的专利申请数据来自国家知识产权局出版的《中国专利数据库》。中小企业减负、要素市场与法律保护的数据来自樊纲、王小鲁和朱恒鹏所编制的《中国市场化指数》。

（四）描述性统计

这里对研究样本的主要变量进行了描述性统计，具体结果如表11-4所示。在创新指标上，由于考虑了没有进行专利活动中小企业的影响，样本中小企业的平均专利总数为0.12个，最小值为0个，最大值为357个，标准差为6.70。发明、新型和外观专利的均值分别为0.02、0.05和0.04，标准差分别为0.43、1.68和0.59。这表明我国中小企业总体的专利产出水平较低，不同中小企业间差异和波动很大。而中小企业的研发投资水平均值为11%。新产品平均值为29%，表明我国中小企业研发投入水平和新产品产出水平较低。人力资本均值为0.15，表明中小企业中受过大专以上高等教育员工比例为15%。出口和补贴的均值分别为0.29和0.14，表明样本中有29%的中小企业是出口中小企业，有14%的中小企业获得了政府补贴。

表 11-4　描述性统计

变量	均值	标准差	最小值	中位数	最大值
专利总数	0.12	1.94	0.00	0.00	357.00
发明专利数	0.02	0.43	0.00	0.00	159.00
外观专利数	0.05	1.68	0.00	0.00	353.00
新型专利数	0.04	0.59	0.00	0.00	107.00
研发投资	0.11	0.55	0.00	0.00	4.52
人力资本	0.15	0.18	0.00	0.08	1.00
培　训	0.11	0.25	0.00	0.00	1.60
出　口	0.29	0.45	0.00	0.00	1.00
全要素生产率	7.38	0.99	−0.31	7.36	9.86
规　模	0.29	0.39	0.01	0.16	2.57
负债水平	0.57	0.28	0.01	0.58	1.54
盈利水平	0.09	0.18	−0.23	0.04	0.91
年　龄	9.97	9.40	0.00	7.00	52.00
新产品	0.29	1.31	0.00	0.00	9.99
多元化	0.72	0.18	0.00	0.69	5.20
产业集中度	0.12	0.26	0.00	0.05	10.00
外商直接投资	0.03	0.11	0.00	0.02	22.32
补　贴	0.14	0.35	0.00	0.00	1.00
要素市场	6.85	2.30	1.70	7.28	11.93
法律保护	8.51	3.32	1.85	8.18	16.61

四、估计结果及分析

这里从内部治理机制和外部因素分析对于中小企业专利活动的影响。

（一）内部治理机制

表 11-5 报告了中小企业内外部因素对于中小企业专利活动的影响。第 1 列至第 4 列分别报告了对专利总数、发明专利数、新型专利数、外观专利数的回归结果。

表11-5　中小企业专利产出决定因素的回归结果

变量	专利总数（1）	发明专利数（2）	新型专利数（3）	外观专利数（4）
研发投入	1.62*** (0.000)	1.23*** (0.000)	1.29*** (0.000)	1.72*** (0.000)
研发投入平方	−0.28*** (0.000)	−0.20*** (0.000)	−0.22*** (0.000)	−0.31*** (0.000)
人力资本	2.48*** (0.000)	2.06*** (0.000)	2.02*** (0.000)	2.29*** (0.000)
培训	0.17*** (0.000)	0.15*** (0.000)	0.20*** (0.000)	0.04 (0.000)
规模	0.44*** (0.000)	1.00*** (0.000)	0.17*** (0.000)	−0.56*** (0.000)
新产品	0.08*** (0.000)	0.06*** (0.000)	0.08*** (0.000)	0.05*** (0.000)
出口	0.46*** (0.000)	0.28*** (0.000)	0.34*** (0.000)	0.77*** (0.000)
全要素生产率	0.54*** (0.000)	0.42*** (0.000)	0.45*** (0.000)	0.69*** (0.000)
规模的平方	−0.26*** (0.000)	−0.37*** (0.000)	−0.15*** (0.000)	−0.00 (0.964)
负债水平	−0.20*** (0.000)	−0.34*** (0.000)	−0.17*** (0.000)	−0.07 (0.438)
盈利水平	−1.53*** (0.000)	−0.76*** (0.000)	−1.31*** (0.000)	−2.11*** (0.000)
年龄	0.02*** (0.000)	0.02*** (0.000)	0.02*** (0.000)	0.02*** (0.000)
多元化	0.20*** (0.005)	−0.01 (0.944)	0.14* (0.073)	0.50*** (0.000)
产业集中度	0.32*** (0.000)	0.09** (0.021)	0.26*** (0.000)	0.46*** (0.000)
外商直接投资	0.24*** (0.000)	0.16*** (0.000)	0.14*** (0.000)	0.42*** (0.000)
补贴	0.59*** (0.000)	0.55*** (0.000)	0.48*** (0.000)	0.64*** (0.000)
要素市场	0.06*** (0.000)	0.05*** (0.001)	0.04*** (0.001)	0.09*** (0.000)

续表

变量	专利总数（1）	发明专利数（2）	新型专利数（3）	外观专利数（4）
法律保护	0.07*** （0.000）	0.05*** （0.000）	0.04*** （0.000）	0.12*** （0.000）
常数项	-13.19*** （0.000）	-11.06*** （0.000）	-11.48*** （0.000）	-20.59*** （0.000）
Pseudo R^2	0.14	0.19	0.16	0.10
F	468.94	283.08	318.74	136.95
N	583244.00	583244.00	583244.00	583244.00

注：***、**、*分别代表在1%、5%和10%水平上显著，括号内是P值，标准误差按中小企业聚类和异方差调整，产业、区域、产权、年份效应已控制。

1. 创新投入因素

研发投资与中小企业专利数量呈现出一种稳定并且显著的正向关系。基于专利类别的分析表明，研发投入与发明专利、新型专利、外观专利的数量显著正相关。但系数大小不同，这反映了研制不同类型专利的难易程度。发明专利的系数最小，这反映出发明专利的研制难度要高于另外两种专利。一般认为，在三种专利中，发明专利的技术含量最高，发明人花费的劳动最多。在相同研发投入条件下，发明专利的产出要低于新型和外观专利。研发投资的平方与中小企业专利数量显著负相关。研发投资一次项与二次项对专利产出的回归结果表明，研发投入强度对专利研制有显著的正效应，中小企业研发投资强度越大，专利产出越多。但是这种效应是递减的，即研发投入强度与中小企业技术创新之间存在倒U型关系。目前，我国企业研发经费的投入处于世界较低水平，与发达国家相比存在较大差距。西方国家企业的研发费用投入一般占销售收入比重在5%左右，甚至超过10%，我国绝大多数中小企业都达不到5%的水平。我国中小企业研发投入水平仍处于倒U型的上升阶段。继续加大研发投入力度对于我国中小企业提升自主创新能力具有重要意义。

人力资本与中小企业专利研制显著正相关，表明中小企业人力资本水平越高，中小企业的专利产出越高。基于专利类别的分析表明，人力资本对于发明、新型和外观专利都具有显著正向影响。较高的人力资本水平意味着中小企业员工在教育程度、实践经验等方面有着更充分的知识积累和技能储备，促进了专利研制。人均培训费用支出与专利研制呈现出显著正相关，表明中小企业通过内部培训，提升了员工的知识和技能水平，有利于专利研制。因此，加大人才投入，提升中小企业人力资本水平有利于我国中小企业创新能力的提升。新产品比率与中小企业专利数量显著正相关。这表明创新回报提升了中小企业下一年的专利产出水平。这意味着中小企业在技术创新方面要坚持市场导向，把专利研制和消费者需求很好地结合起来，形成创新投入产出的良性循环。

中小企业出口行为与中小企业专利数量显著正相关，表明相对于非出口中小企业，出口中小企业的专利产出更高。中小企业通过出口市场的经历，学习了国外先进技术与管理经验，提升了中小企业技术水平。基于专利类别的分析表明，出口经历有利于中小企业进行发明、新型和外观专利的研制。在三种专利中，出口经历对于中小企业外观专利的影响系数最大。这表明为了适应国外消费者的需要，出口中小企业加大了商品外包装的创新力度，对产品外观相关的形状、图案、色彩等方面进行改进，促进了外观专利的研制。

2. 中小企业基本特质因素

规模与中小企业专利数量呈现出一种稳定并且显著的正向关系，规模的平方与中小企业专利数量显著负相关。这表明中小企业规模对专利研制有显著的正效应，中小企业的规模越大，专利产出越多。但是这种效应是递减的，即中小企业规模与中小企业技术创新之间存在倒 U 型关系。随着中小企业规模的持续扩大，当规模超越倒 U 型曲线顶点之后，中小企业规模将抑制创新活性。这意味着，对于中小企业而言，需要不断改进管理方法，实现转型升级，使中小企业规模在不断扩大的同时，组织管理体系能够更好地适应中小企业的创新活动。对于中小企业而言，通过研发合作可以充分利用中小企业合作建立研发网络，形成规模优势，促进中小企业专利研制。基于专利类别的分析表明，规模与发明专利显著正相关，表明中小企业更能够发挥出在资金、人才方面的优势，促进了发明专利研制。规模与中小企业的外观专利呈正向关系，但是不显著。规模与中小企业的外观专利呈负向关系。一个可能的原因是新型和外观专利本身技术难度不大，中小企业能够发挥出管理体制灵活等优势，捕捉市场机会，根据市场需求研制新型专利和外观专利。

全要素生产率与中小企业技术创新显著正相关。该结果表明，生产率越高的中小企业，专利研发实力越强。中小企业的全要素生产率高代表了中小企业在组织创新、专业化生产和技术改造等方面做出了持续的努力，在人、财、物的开发利用方面有着更高的效率，促进了中小企业的专利研制。基于专利类别的分析表明，全要素生产率的提高有利于促进中小企业的发明、新型和外观专利的研制。中小企业年龄代表了中小企业经营的长短，也代表了中小企业技术积累的时间长度。中小企业年龄与中小企业专利研制显著正相关，这表明随着经营时间的持续，中小企业积累了更多的行业经验和技术储备，表现为专利数量随着年龄的增加呈现上升趋势。负债水平与中小企业专利数量显著负相关，表明负债率越高的中小企业，专利产出越低。这说明过重的债务负担会抑制中小企业的技术创新意愿。盈利水平与中小企业专利数量显著负相关。这表明盈利能力越强的中小企业，专利产出越低。一方面，盈利能力强的中小企业的技术创新意愿较低。现有稳定的盈利模式使得中小企业往往会固守现有经营模式,不愿意去从事风险性太高的研发项目,抑制了中小企业的专利产出。另一方面,专利研制会消耗中小企业大量资源,创新的经济效应往往存在滞后效应,在短期内对中小企业绩效的作用可能不明显,甚至会产生负向影响。

(二) 外部因素分析

1. 产业因素

中小企业多元化水平与专利研制显著正相关。中小企业的多元化过程中,聚集了不同专业领域的研发人才,这些人才的交流与合作产生创新的范围效应,促进了跨产业的技术融合,带动了中小企业的专利研制。基于专利类别的分析表明,中小企业多元化发展促进了产业技术的相互融合,对于我国中小企业发明专利、新型专利和外观专利的影响系数均显著为正。

产业集中度与中小企业专利数量显著正相关。这表明在集中度较高的产业中,中小企业表现出了更高的专利产出水平。我国的一些产业存在"潮涌现象",中小企业的过度进入加剧了过度竞争,导致全行业中小企业竞争力低下,创新乏力。因此,适度的产业集中有助于缓解中小企业在产品价格方面的过度竞争,促进产业资源的合理分配,促进了中小企业技术创新。基于专利类别的分析表明,在适度的产业集中程度下,中小企业有着更高的发明、新型和外观专利产出。

产业中的外商直接投资与中小企业专利数量显著正相关。这表明,外商直接投资存在技术溢出效应,促进了中小企业的专利产出增加。基于专利类别的分析表明,外商直接投资对于我国中小企业发明专利、新型专利和外观专利的影响系数均显著为正。这进一步表明在外商投资更高的产业中,中小企业有着更高的专利产出。

2. 政策因素

生产性补贴代表了中小企业的生产性活动获得了政府支持。结果表明,中小企业获得生产性补贴与中小企业的专利产出水平显著正相关。Tassey(2004)认为,由于技术和知识具有公共产品的溢出特性,创新活动不可避免地会遇到市场失灵和投资不足的问题。研究表明,生产性补贴增加了中小企业的外部资金来源,发挥了支持中小企业技术创新的作用。基于专利类别的分析表明,生产性补贴对于我国中小企业发明专利、新型专利和外观专利的影响系数均显著为正。

中小企业减负与中小企业专利数量显著正相关。这表明,地方政府在为中小企业减负方面做出的努力,产生了创新激励的效果。基于专利类别的分析表明,政府在减轻中小企业税外负担方面的努力,对于我国中小企业新型专利和外观专利的影响系数均显著为正。

3. 区域环境因素

要素市场与中小企业专利数量显著正相关。生产要素市场通常包括金融市场、劳动力市场、技术市场、信息市场、产权市场等。回归结果表明,生产要素市场发育水平高,当地中小企业能够更容易组织和利用人力资本、金融资源、技术要素等创新资源,从而表现出了更高的专利产出水平。基于专利类别的分析表明,对于我国中小企业发明专利、新型专利和外观专利的影响系数均显著为正。这进一步表明要素市场发展改善了中小企业技术创新的区域环境,促进了信息交流和创新成果保护,更有利于中小企业专利产出。

法律保护与中小企业专利数量显著正相关。法律保护水平越高的地区,中小企业的知识产权和创新成果能够得到更好的保护,中小企业有意愿加大研发投入,提高专利产出水平。技术创新是一项高投入、高风险,以及未来不确定性的活动。法律政策的保障实施能够协调技术创新过程中的各种社会关系,更好地保证中小企业间技术的竞争与合作。基于专利类别的分析表明,法律保护的发展对于我国中小企业发明专利、新型专利和外观专利的影响系数均显著为正。在三种类型专利中,法律保护对于外观专利的影响系数最大。这表明外观专利容易遭到仿冒的现实条件下,法律保护对于外观专利的保护发挥了关键作用。

五、结论与对策建议

中小企业人力资本、技术培训、出口经历、多元化扩张等因素对中小企业专利研制产生了正向影响。这表明,中小企业可以通过增加人力资本投入、加大员工培训力度、进入出口市场和进行适度多元化来促进技术水平提升。中小企业的研发投资对中小企业技术创新的作用呈现出倒 U 型关系。考虑到我国中小企业的研发投入水平仍然较低,现阶段我国中小企业应当继续加大研发投资力度,提升创新产出水平。新产品比率与中小企业专利数量显著正相关,这意味着创新回报促进了中小企业专利产出,形成创新投入产出的良性循环对于中小企业专利研制至关重要。适度的产业集中程度和外商直接投资对专利研制的影响显著为正,表明适度的产业集中和外商直接投资营造了有利于中小企业技术创新的外部产业环境,促进了中小企业的专利研制。政府的生产性补贴的政策工具对我国中小企业增加专利产出具有积极效果。而要素市场和法律保护环境的改善支持了中小企业技术创新的发展。这表明地方政府通过创新政策引导和影响当地制度环境,对中小企业的技术创新过程产生了重要影响。

(一)在企业层面建立和完善专利方面的投入产出管理机制

一是着眼市场和消费者需求确定创新方向,合理分配人力、物力和资金资源,加大产品创新力度,把中小企业的技术优势转化为市场优势。二是中小企业应当加大研发投入力度,提升研发投资效率,加强中小企业专利前期研制和后续运营的战略规划。三是营造有利于创新人才成长和发挥作用的体制机制和环境,提升人力资本水平。中小企业应该通过提供合理的物质激励和职业发展空间,对于重要科研人员应给予奖励。加大企业技术培训力度，发挥人力资本在中小企业技术创新中的基础性作用。四是鼓励中小企业"走出去"，在参与全球竞争过程中获取新的技术和生产经验，在更大市场范围内配置资源，学习国际先进技术，吸纳海外高素质的人才，增强中小企业的技术创新能力。五是根据专利投入成本和市场需求动态，有效管理中小企业自身专利资源，通过专利许可、出售等方式增加中小企业市场回报，促进创新投入和产出之间的良性循环。

（二）营造利于中小企业技术创新的产业环境

一是中小企业可以通过中小企业集群的形式，组建研发合作网络，形成规模优势，发挥中小企业合作带来的规模效应，实现创新资源的优势互补。同时积极扶持中小企业特别是科技型中小企业向"专、精、特、新"的方向发展，同大型企业建立密切的协作关系，提高整体产业的技术创新水平。二是鼓励我国本土中小企业与外资中小企业的合作。这意味着我国本土中小企业可以通过股权投资、联合创新、人才培养、技术合作和商业机遇分享等形式，与外资中小企业分享创新经验，促进外资中小企业对于我国中小企业的技术转移，加速中小企业自身技术升级。

（三）营造利于中小企业技术创新的区域环境

一是健全知识产权监管、维权及执法机制，加快政策和地方法规的制定和完善，加大知识产权保护和市场监管力度。专利制度是推动和保障技术创新的一项基本制度，应当进一步发挥专利制度的作用，使之成为推动技术创新的主要动力和激励机制。二是加大政府对于民营中小企业的技术创新的补贴扶持力度。对于中小企业自主创新的产品，给予适当优惠。积极培育一批具有自主知识产权的高新技术产业群，促进科技成果向市场需求转化。减轻中小企业税外负担，通过允许中小企业相关研发费用的抵扣等方式，减轻中小企业负担，鼓励中小企业加大研发投入。三是形成产学研一体化的互动机制。探索建立产学研合作的投入机制、人才培养和流动机制、利益分配机制，促进产学研之间的知识流动和技术转移。建设完善科技服务平台，提供更好的科技信息服务，促进中小企业科技成果产业化。四是培育劳动力、金融、信息、土地、技术等要素市场，优化创新资源配置，对技术开发、技术承包、技术咨询、技术转让、技术服务等技术交易服务相关方面给予财税政策支持。引入竞争机制，通过要素市场的发展，带动技术成果产业化、商品化，提高技术成果的转化率，促进创新资源的优化配置。

第12章　WTO与中小企业转换经营机制研究

第一节　中小企业如何面对WTO[①]

面对"入世",占中国企业总数90%以上的中小企业会受到什么影响,发生什么变化,如何趋利避害加快发展,无疑是值得认真思考的。

一、"入世"给中小企业带来的影响和机遇

"入世"给我国中小企业改制带来紧迫感和良机。WTO以市场经济为基础,以自由竞争为原则,因而对各成员国的基本要求就是其经济体制必须是市场经济体制。而我国大部分中小企业由于产权模糊、政企不分、缺乏自主经营、自负盈亏、自我发展、自我约束的内在机制,很不适应现代市场经济的要求,迫切需要从制度上全面改革,以期与WTO要求的市场体制相容。"入世"以后,我国参与经济全球化合作的程度日益加深,中小企业面临的国际竞争将会更加激烈,在关税水平大大降低的情况下,我国除了对某些幼稚性产业(其中中小企业数量极微)实施适度保护外,不可能采取非关税措施对中小企业进行保护。中小企业必须按照产权清晰、权责明确、政企分开、管理科学的要求,建立现代企业制度,成为独立的法人实体和竞争主体。在这样的制度基础上,中小企业就可以积极跻身国际贸易的大舞台,不断提高自身的竞争能力。由于我国中小企业发展历程复杂,存在的问题很多,因此改制一直处于探索阶段。随着"入世"的逼近,中小企业改制需要有一个更快、更好的发展,而"入世"后中小企业可以在新的国际环境下不断完善和规范自己的制度形式。

"入世"对我国中小企业经营管理水平的提高可以提供一个良好的契机。"入世"后,我国将进一步开放国内市场,外国商品将大量涌入,我国中小企业将面临更加激烈的国际竞争。令人担忧的是,我国中小企业中很大一部分是乡镇企业,更多的是依赖天时地利发展起来的。加入WTO后,市场的"游戏规则"取向透明,乡镇企业所具有的本地化优势将消失殆尽。外资企业准入门槛降低,其非经营性风险减小,与国内中小企业将展开激烈竞争。可以预见,一批质量不上档次、管理粗放、经营混乱的中小企业将被淘汰,还将引起大量人员失业。当然从另外一个角度来说,WTO所形成的一套对所有成员国都有效的"游戏规则",对我国许多不规范

[①] 原载《湖北日报》,2000年8月4日。

的市场行为将起到重要的约束作用。于是有些中小企业面临的市场竞争环境不公平、秩序不规范以及"三乱"等现象可以得到扭转，从而提高自己的竞争力。

"入世"后，外资银行经营的地域、领域限制将被取消，政府逐步向外资银行放开人民币业务、金融零售业务的经营权。外资银行优质、灵活、方便的服务，将会拓宽中小企业的融资渠道，为企业发展提供及时、足额的资金支持。中小企业的中介服务体系将不断发展完善。

二、面对"入世"中小企业的应对策略

"入世"后，中小企业要充分运用信息资源促进发展。信息公开是世贸规则的基本要求，我国中小企业要好好利用信息公开的条件，通过互联网等开展国际交易，扬长避短，在竞争中立于不败之地。

"入世"要求中小企业确立国际化发展战略。加入WTO后短期内大的宏观、中观经济环境变化是大量进口产品的涌入，进口产品与本国产品在国内市场享有无差别待遇。中小企业短期的应急对策主要是针对顾客、竞争者这两种力量确定好市场定位。但是从长期来看，中小企业应着眼于长期规划，保持企业不断创新和连续发展。

"入世"后，中小企业要加快人才培养的步伐。在竞争日益激烈的国际市场上，企业经营活动涉及面广、业务性强，需要较高的技术水平。国际市场的竞争归根到底是人才的竞争。中小企业要想进入国际市场，必须想尽办法搜罗人才，必须努力培养或聘请一大批技术业务硬、外语好、懂法律、懂经济、能够应市场变化的经营管理人才，培养或聘请一批学有专长、勇于开拓、精通国际企业经营管理业务的人才。

"入世"要求中小企业梳理可持续发展观。我国中小企业要改变传统的"高投入、高消耗、高污染"为特征的生产模式和消费模式，实施清洁生产和文明消费。当然，消除贫困、减少发达国家与发展中国家贫富差距也是可持续发展的应有意义。

第二节　WTO与中小企业市场创新[①]

在市场经济条件下，市场是企业的根本。没有市场便没有企业的生存，没有市场的发展，便没有企业的发展。市场创新是影响和决定企业命运的关键因素，是企业发展的动力源泉。目前，与大企业相比，我国中小企业面临着技术力量薄弱、管理水平落后、竞争能力差、经济效益低下、资金欠缺等严重问题，随着中国加入WTO的进程加快，中小企业将遇到更加严峻的竞争挑战，面临着国际市场和国内市场双重竞争压力，中小企业亟须市场创新，提高企业的市场竞争力以拓展生存和发

[①] 原载《经济管理》，2001年第20期。

展的空间。

一、加入 WTO 对中小企业市场创新的挑战

市场创新是一项系统复杂的管理过程,必然会遇到各种风险与阻力。企业市场创新活动不仅会受到来自企业内部因素的制约,而且也会受到来自企业外部各种与市场创新目标不相适应的环境因素的限制。加入 WTO 后,我国中小企业将面临新的市场环境,市场环境的变迁给中小企业实施市场创新活动带来一系列的挑战。

(1) 国内市场与国际市场接轨的挑战。改革开放以来,我国通过市场化改革逐步推动了国内市场与国际市场的接轨。加入 WTO 意味着中国将进一步开放国内市场,国内市场与国际市场接轨的进程将进一步加快。根据 WTO 的有关规定,我国在加入 WTO 后,除保留少量世贸组织允许的进口限制措施外,大部分非关税壁垒都必须取消,只能用关税作为主要的保护手段,并且关税的保护程度也将逐步降低。关税的减让和非关税措施的逐步取消,必然使国内市场进一步全方位地向国外企业开放。企业将直接面临全统一市场,直接与跨国公司进行市场竞争。企业的兴衰存亡越来越取决于国际竞争力。在此态势下,我国企业必须进一步加速自身的创新,以增强其国际竞争力。从中小企业发展的历程可以看出,我国许多中小企业的生存发展在很大程度上一方面是依赖于地方保护主义;另一方面也得益于关税政策和非关税壁垒。加入 WTO 后,随着关税的减让和非关税壁垒的逐步取消,国内市场将进一步开放,外国商品无疑会以其卓越的性能和低廉的价格大举进入国内市场。中小企业除了与国内企业相互竞争之外,还得在家门口与世界各类企业争夺市场,国内市场竞争会更加激烈、残酷。加入 WTO 后,我国经济将进一步显现出与世界经济相融合的发展趋势。市场竞争的国际化和国内市场的国际化,将使中小企业面临一个相对陌生的外贸环境和国内市场。在开拓市场的过程中,国内市场和国际市场变幻莫测,中小企业市场创新将面临更大风险和压力。市场竞争环境的变迁,要求中小企业重新考虑和审视调整自己的战略定位,发挥机动灵活的优势,放眼国际市场,根据市场需求,确立创新目标,进行合理的市场定位。

(2) 卖方市场向买方市场转变的挑战。目前,国内市场已基本由卖方市场转变为买方市场。竞争性领域短缺经济已基本结束,一些行业出现了不同程度的生产力过剩,而居民消费结构"升级"又面临较大的现实障碍。为争得市场一席之地,各企业之间的营销竞争愈演愈烈,市场竞争呈现出白热化状态。然而,我国中小企业在成长初期,面临的是短缺的市场环境,市场供给严重不足,因而企业不愁产品销售不出去,所以中小企业利用灵活机动优势,模仿生产社会紧缺商品,往往会因某一行业供给不足而赢利丰厚。由于大量的中小企业都是以模仿开始自己最初的经营活动,没有形成自己的经营特色,在成长和发展的过程中,也没有调整和改变企业

的发展战略。盲目模仿形成了产品和产业结构趋同，必然使原先有利可图的行业转变成无利或微利。中小企业要想赢得更为理智、更为挑剔的消费者，在众多的市场竞争者中脱颖而出，必须在市场上树立良好的形象，提供独特的产品和服务特色和具有吸引力的销售策略，最根本的依然是如何满足顾客不断增长和变化的需要，而这一挑战我们在过去从来没有遇到过，这需要中小企业研究者用新的思路，大胆创建全新的企业市场模式。

（3）市场竞争多极化的挑战。加入 WTO 将使国内竞争与国际竞争相互交织、渗透，又使得企业竞争态势更为错综复杂。中外企业既可以成为市场竞争的对象也可以成为市场竞争的"伙伴"，甚至有的国内企业或地区还会把与外国企业的联合作为与本国其他企业或地区竞争的手段。

因此，日益复杂的市场竞争给中小企业选择目标市场和确立经营战略带来了挑战。中小企业由于搜集市场信息、研究市场的能力相对较弱，市场竞争多极化使得中小企业研究竞争对手和协作伙伴，进而选择自己具有竞争优势的目标市场变得越来越困难。

（4）产品趋向高新化的挑战。加入 WTO 后，这种发展趋势将使我国中小企业面临十分严峻的局面。一方面，科学技术在生产中的广泛应用使得传统的原材料正越来越多地被人工合成材料代替，这势必会减少各产业对天然原材料和能源的需求，并带来其初级产品出口价格下跌，而资源密集型和劳动密集型产品在我国的出口结构中占有很大的比重，且中小企业是生产资源密集型、劳动密集型产品的主力军，因此，新技术革命带来的初级产品价格的下降，会使我国一部分劳动密集型的中小企业逐渐失去劳动力成本优势。另一方面，由于我国高技术中小企业同国外的同类企业多有雷同，加入 WTO 后，他们也将面临国外同类资本密集型和产品密集型企业的冲击。面对知识经济和信息时代的到来，我国中小企业不仅在组织结构方面显得很不适应，而且在产品技术创新能力方面也存在着明显的不足，如果这一状况长期得不到改变，就不可能有效地提高我国中小企业及其产品在国际市场的竞争能力。

（5）营销方式现代化的挑战。西方发达国家早在 20 世纪中叶就实现了从卖方市场到买方市场、从传统市场营销到现代市场营销的历史性转变。即从生产者为中心转变为以消费者为中心；从价格竞争转变为服务竞争、品牌竞争；从单纯追求企业利润转变为兼顾造福于环境。与此相适应，整体营销、服务营销、形象营销、绿色营销、网络营销等现代营销观念和方式层出不穷。相比之下，我国中小企业要落后许多，其突出表现在两个方面：营销观念陈旧、对营销工作认识肤浅；忽视现代营销工作的整体性、系统性、创新性，营销与生产和市场脱节，与企业形象脱节，与服务脱节，且手段单一、能动性差。对如何开发新产品、适应市场、开拓市场，进行营销组合、提高企业的综合竞争能力研究重视不够，营销管理落后。主要体现在营销组织机构不健全，营销网络不完善，营销队伍素质不高，营销机制缺乏创新，营销手段不能适应市场需求变化和信息时代发展的要求，营销策划不科学，市场定位不准，营销运作进程中控制不严，经营风险大等方面。

二、面对WTO，中小企业市场创新的战略选择

市场创新是企业赖以生存和发展的动力源泉，市场创新的成功与否关系到企业的生死存亡，中小企业要实现持续稳定的发展，抓好市场创新工作是关键，鉴于中小企业固有的弱点，在进行市场创新活动中，应扬长避短，制定自己独特的市场创新战略。

（1）信息战略。21世纪是一个以知识为基础的知识经济和信息经济的世纪，市场信息是企业开展市场创新活动的先导，充分、及时、准确的市场信息对企业的市场预测和经营决策起着关键性的作用，它可以使经营者增强市场创新工作的清晰度、准确度和超前度。为此，企业要加强市场信息管理，建立起市场信息快速反应机制，通过多种渠道搜集、清理和分析市场供求信息、产品信息、技术信息、竞争者信息等，为企业的产品开发、技术改造和创新决策提供科学依据。近年来，随着因特网的迅速发展使网络营销成为一种新兴营销方式。采用网络营销可以使中小企业获得低成本、高竞争力的优势，建立起与大企业相媲美的市场营销系统，从而缩小中小企业与大中型企业的能力差距。可见，信息战略的有效运用，有助于中小企业克服规模小、资金少、市场开拓能力差的劣势，降低成本，树立创新优势，提高市场创新的能力和水平。

（2）联合战略。所谓联合竞争战略，是指中小企业间实行多维度合作的战略。中小企业实力弱，技术水平差，难以形成大企业的规模优势，但可以在平等互利的基础上联合起来，取长补短，共同开发市场，求得生存与发展。联合竞争方式有两种基本类型：第一类是松散型联合，小企业的联合局限于生产协作或产业化分工联合；第二类是较紧密型联合，表现在人员、资金、技术和销售方面的联合，如互相持股，按股分息，互相调剂余缺、建立共同营销网络等。采用联合竞争的经营战略可以使中小企业更有效地利用有限的资金和技术力量克服单个企业无法克服的困难和危机，取得规模经济效益。而采用联合销售使中小企业的资源得到合理配置，有利于中小企业突破自身能力的限制，以较小的资金和较短的时间形成较大的销售能力，缩短了产品流通时间，提高了销售效率。目前，我国许多小企业已经日益认识到联合的优越性，联合的范围也日益拓宽，不但包括小企业之间的联合，而且包括小企业与其他经济实体、科研机构、大专院校的联合。加入WTO后，可以预测中小企业在争夺市场份额、开拓新型市场的市场创新活动中，企业采用联合竞争战略的趋向将进一步增强。

(3) 特色战略。特色战略是根据中小企业经营范围狭窄，比较容易接近顾客而制定的一种战略。中小企业在生产经营过程中，通过技术开发和工艺创新可以取得具有新颖性、先进性和实用性的科技成果；或设计出新结构、新规格、新样式的产品；或具有独特技艺或配方的老字号产品；或由于提供特殊的销售服务，具有一定信誉等，这些都可以使中小企业的产品或服务具有与众不同的特点，从而以独特的优势取得竞争的主动权。

个性是中小企业生存的基本，在市场中丧失个性就无法生存，这就是市场竞争的残酷法则。因此，中小企业在实施创新的过程中，有必要采取特色战略，将市场定位于个性化、独特化的产品领域，生产和经营差别化的产品，并采用富有特色的营销手段和优势营销来重塑其市场竞争力。加入WTO，市场将进一步细分化，中小企业应根据市场变化的情况和自己的经营特点，集中兵力于细分市场，开发独特和多样化的产品以满足顾客个性化、多样化的需求，一旦中小企业通过精细耕耘区域市场，树立了自己的经营特色，就能博得顾客的信任，赢得竞争优势，并能获得长期稳定的发展。

(4) 外向战略。外向创新战略是指企业将市场创新点着眼于国际市场，在全球范围内开展生产和销售活动，建立国际营销网络，开拓海外市场。各国的实践经验证明，参与国际分工、发展外向型经济是中小企业发展的一条成功之路。在新世纪，经济全球化的步伐日益加快，将有利于中小企业走向国际市场。因此，中小企业要生存和发展下去必须立即行动起来，积极参与国际分工、大力开拓国际市场。市场国际化将为中小企业市场创新提供一个更加广阔的空间。

(5) 补缺战略。所谓市场补缺战略是指中小企业进入被大企业所忽略的细小市场，通过在细小市场上进行专业化经营来获取最大收益的竞争战略。在现代市场经济下，激烈的市场竞争使得中小企业生存变得格外困难，实施补缺战略有利于中小企业避免与大企业的正面竞争从而在大企业的夹缝中求得生存和发展。采用补缺战略的关键是要选准产品和目标市场，产品应当是加工工艺简单、生产周期短、所需的投资少、中小企业有能力推向市场的；目标市场应当是大企业所忽视的或不愿涉及的批量小、品种多领域。该战略要求企业建立一套高效、灵敏、准确的信息网，做到信息灵通、反应敏捷；同时在产品营销上，采取符合市场需求的营销战略。采用这种战略有一定的风险，那就是市场不稳定，所以中小企业一定要有长远的打算，以便随时调整经营方向。

寻找市场定向，开发创造新的市场，对于中小企业来说尤其重要。加入WTO后，我国的市场将发生巨大变化，可以这么说，市场是变化的，变化就会带来新的需求，有新的需求，就有新的市场空白，一些特定的小的细分市场，往往被大企业所忽略，或者无暇顾及。如果我国中小企业填补市场空白，进入被忽略的细分市场，足以达到求生存谋发展的目的。

（6）服务战略。服务创新是企业市场创新的重要组成部分。所谓服务创新是指一切能增加产品附加值来便利消费者的新举措，如服务项目的增加、服务态度的改善、服务设施的改进及服务方式的推陈出新等。随着消费水平的提高，消费需求将日益多样化、高档化。这就要求企业对消费者的服务方面应该不断创新，向消费者提供更多更好的附加利益，以创造企业经营特色，创造消费者消费需求。企业必须适应这种要求，为消费者提供优质服务，这不但能增强其市场竞争力，还会赢得较高的服务效益。优秀的企业市场营销与普通的企业市场营销的根本区别在于服务。90年代以来，西方企业无不以服务消费者为准则，他们的口号是"让顾客满意"。IBM提出"为顾客提供企业界最佳的销售服务"，松下电器公司制定"销售服务三十条"，索尼、丰田公司还成立了以总经理为首的"顾客满意委员会"，对员工开办"让顾客满意培训班"，要求把"让顾客满意"的口号落实到每个员工的每一项工作中，真正体现"顾客至上"。我国海外企业创造的著名的售后服务"一、二、三、四"模式也是服务营销的典范。

服务是产品延伸。在产品质量、性能、价格趋于雷同的行业，尤其是技术水平较为接近的中小企业，"服务"正逐步成为延伸产品附加价值以及建立忠实消费者群体和树立良好企业形象的有效手段，因此，加入WTO后，面对更加激烈的市场竞争，中小企业应树立服务顾客的观念，建立必要的服务制度，不断推出新的服务项目，提高服务质量，实现服务创新，以促进企业发展。

第三节　WTO与中小企业融资服务体系创新[①]

加入WTO，对我国金融服务提出了新要求，特别是广大中小企业，更是需要建立健全一个完善的融资服务体系。本章特别针对这一问题，在简析WTO对我国中小企业的机遇与挑战的基础上，剖析WTO条件下中小企业融资服务体系的内涵，并提出了健全这一体系的应对策略。

一、WTO对中小企业融资带来的机遇与挑战

（一）WTO对中小企业融资带来的机遇

加入WTO，对我国中小企业发展的许多方面会产生较大影响，其中对中小企业融资问题更将产生重大影响。

（1）融资机会增多。外资金融机构进入我国，在平等甚至优于中国商业银行的

---

① 原载《财贸经济》，2001年第9期。

条件下展开竞争,将刺激国内金融机构加快改革,中小企业会有更多的融资机会。我国银行业难同外资银行在同一起跑线上竞争。国有银行存在大量问题,背负不良债权和行政干预的包袱,还要承担政策性义务。外资银行规模庞大,经营管理先进,必然会抢占国内银行的优质客户。一些产品外向型的绩优客户将是外资银行竭力争夺的对象。竞争的压力有利于促进国内银行尽快转换经营机制,加强内部管理,提高经营管理水平,并且会更多地对中小企业提供服务,以寻找新的增长点。外资金融机构的进入必然促进国内金融机构借鉴国外的先进经验,加快金融创新,积极开发新的服务产品,满足不同层次的客户对金融服务的需求,其中包括对中小企业融资需求的满足。

(2) 中小企业吸收的外资将增加。我国加入 WTO 以后,将扩大外商投资的范围,增加跨国投资的自由化程度,从而刺激外商对中国投资,能促进中小企业提高技术水平、增强竞争力。外资也将逐步参与中国的证券市场业务,使证券市场资金供应量增加,这对中小企业融资的需求一定有利。尤其是高技术中小企业发展速度快、竞争激烈、风险性大,企业最有价值的资产往往是无形的知识资产,没有有形资产作为抵押以从传统金融体系借贷,他们需要大量的风险投资。加入 WTO 后将有更多的风险投资基金进入中国,同时也会促进国内风险投资基金的发展和运作,这将有利于高技术中小企业的融资。

(3) 融资渠道更加畅通。我国加入 WTO 后,不但能改善进入国际资本市场的渠道,使中小企业在国外资本市场直接融资更加方便,而且能加速国内资本市场的发展。资本市场在融通资金、改善管理、优化产业结构、促进经济增长方面起着日益重要的作用。为了给中小企业开辟上市"门槛"低的资本市场,世界各国相继建立以发行风险企业股票为主的第二板块市场。二板市场对企业规模、股本数要求低于主板市场,如美国的 NASDAQ 市场,是为无资格在正式证券交易所上市的较小企业的股票交易而建立,英国、日本、德国、马来西亚等也建立了为中小企业上市服务的二板市场以及中国香港的创业板块市场。加入 WTO 后将方便中小企业利用国外二板市场融资,也为国内风险投资基金的正常运作提供了进退机制,同时也有利于吸取国外的先进经验和运作方式,促进我国二板市场的成功开辟。第二板块市场的建立,一方面为高技术风险企业直接融资提供了可能,另一方面也为风险投资的增值、退出提供了"舞台",使中小企业融资渠道更加畅通。

(4) 中小企业将享受更好更广泛的金融中介服务。随着我国加入 WTO,外资金融中介服务机构进入,必然会促进我国金融衍生市场的发展,竞争的压力以及先进的运作方式将推动我国金融中介服务业的改革和发展。各种金融服务机构更加有效地辅助中小企业进行资信评估、加强财务管理、规范企业制度、进行项目规划、提供金融信息。在此基础上,银行可开展对中小企业的票据承兑贴现、支付中介等业务。中小企业将得益于对风险更准确的评估、等待时间的减少、更好的借贷方式多渠道获得资金。

(5) 中小企业更容易内部融资。我国加入WTO后,更多的竞争有利于培养民族企业的国际竞争力、吸引外资、引进技术、参与国际化分工、带动国内产业结构升级,促进国民经济持续稳定地增长。这将增加人们投资的信心,有利于中小企业内部融资。

(二) WTO对中小企业融资带来的冲击

(1) 过多利用外资易造成负面影响。①中小企业吸引外国直接投资,对于引进技术吸取管理经验是有利的,但易形成对外国资本和技术的依附关系;②随着跨境流动资本的迅速增加,企业与金融部门都面临资本流动逆转的巨大风险;③有些外商投资并没有任何资本流入,它们的投资款项或从当地金融机构借来或在当地发行股票筹集,外商凭借其优势条件会夺走当地有限的资金,分流当地的储蓄,从而加重当地企业融资的困难。

(2) 资本市场更加开放,一些跨国购并会对民族工业发展及国家经济安全造成影响。加入WTO后,中小企业被外资购并的频率将增加,高新技术中小企业和在国内某行业有一定专长的中小企业,往往成为国际大公司为开拓中国业务而进行控制或收购的对象。追求不同目标的各种外商进入,可能会控制本国工业,从而阻碍本国目标的实现。

(3) 一些素质差的中小企业将面临更难的融资环境。高效、规范运作的国际金融服务机构的进入,对企业的资信评估、会计审核更加严格,素质差的企业很难蒙混过关,不但得不到融资服务,而且优质的竞争对手会有更好的融资环境。

(4) 中小企业融资困境的解决还需一个过程。由于我国金融监管机构不成熟,对金融自由化带来的风险监管能力弱,只能逐步扩大外资金融业务的准入范围,客观上限制了外资流入的速度。因此中小企业融资问题的改善,根本还在于国内资本市场的成熟和金融监管水平的提高,有待于国内金融体系的发展和运作效率的提高。

二、WTO框架下的中小企业的融资服务体系

根据一些WTO成员经验,建立健全中小企业融资服务体系是一项复杂的系统工程。一般包括融资供给系统、融资保证系统与融资辅导系统。根据我国的实际情况,完整的中小企业融资服务体系应包括:

(1) 建立健全为中小企业服务的金融组织体系。首先,国有商业银行应建立为中小企业服务的职能部门,不断完善对中小企业的金融服务功能。其次,明确规定城市商业银行、城乡信用社等金融机构的主要业务对象是中小企业。最后,建立中小企业银行,它是供给中小企业信用的专业银行,主要任务是供给中小企业中长期

信用，协助其改善生产设备和财务结构，健全其经营管理。

（2）建立和完善对中小企业金融支持的辅助体系。包括中小企业信用担保体系、中小企业综合诊断体系，同时建立对中小企业会计制度、内部控制制度、财务规划、预算制度和利润中心等方面的辅导机制。其中，将建立中小企业担保服务体系放在重要位置。各地区可以在本地区范围内设立一些政策性机构，为本地区的中小企业提供融资担保服务，以解除金融机构贷款的后顾之忧。

（3）金融配套服务体系。金融机构可以利用视角广、信息灵这一优势和方便条件，建立相应的信息咨询系统，为中小企业提供贷款咨询、筹集资金投向指导、政策信息、商业信息与新技术推广信息服务。

（4）设立中小企业发展基金、高科技中小企业的风险投资基金，为中小企业的新产品开发、新技术应用等多方位筹集资金。基金来源可包括政府预算拨款、其他专项资金、公民营企业团体或个人的捐赠款项、基金利息和其他收入。

（5）在清理整顿和规范发展地方性股权交易市场的基础上，设立并逐步开放全国性的为中小企业融资服务的资本市场，尤其是抓好创业板市场的建设。另外，对具备一定条件的中小企业可以考虑允许运用发行债券和股票上市等直接融资手段。

（6）建立健全支持中小企业发展的金融法律法规体系，以法律形式规范各有关金融机构及中小企业融资主体的责任范围、融资办法和保障措施，使中小企业融资需要得到有效保证。

三、面对WTO健全中小企业融资服务体系的对策

我国即将加入WTO，建立健全中小企业融资服务体系，必须在金融体制、组织制度、观念、管理等多方面实行创新。

（1）加快国有商业银行的改革，以国有商业银行为主，中小金融机构为辅的模式是可行的。在此模式下，必须对国有商业银行进行制度创新：①商业银行要真正实现观念上的突破，理清思路，步出认识上的误区，辩证地看待大、中、小企业的关系。要真正以经营效益为准则，打破以企业规模、性质作为支持与否的误区，支持中小企业的合理资金需求；遵循公平、公正和诚信原则，逐步提高对中小企业信贷投入的比重；调整国有商业银行的信贷政策，修改企业信用等级评定标准，为中小企业营造公平的贷款环境。②创新商业银行的组织制度。国家经贸委于1999年设立了中小企业发展司，各国有商业银行总行也按央行指导意见设立了中小企业信贷部，因而一级分行和作为基本核算单位的二级分行也应尽快设置专门的中小企业信贷机构，以制定和执行对本地区中小企业金融服务的策略、贷款运营与管理模式，进一步密切银企间的联系，了解企业的实际困难和需要，有针对性地帮助中小企业解决其发展中存在的问题，从而提高金融服务的水平和效率。同时，改革现行的贷

款审批程序，形成合理的制度安排，建立适合有关中小企业的授信制度的政策和程序，并在年度信贷计划总盘子中确定一个批发贷款和零售贷款的合理比例，适当扩大二级分行用于中小企业的零售贷款的份额。③商业银行应在加强防范金融风险的前提下，为中小企业的发展提供与之相适应的全方位的金融服务，使中小企业能够及时抓住稍纵即逝的发展机遇。充分利用资金和信誉方面的优势，为中小企业结算、汇兑、转账和财务管理、咨询评估、清产核资等，提供最大限度支持与方便。充分发挥银行机构网络广泛、信息灵敏和人才济济等方面的优势，为中小企业提供产品、市场融资、新技术推广应用、经营管理等方面的信息咨询服务，准确把握企业的经营脉络和发展思路，做好企业经营的参谋。进一步落实支持中小企业发展的金融政策、法规，不断完善担保体系，简化呆账贷款核销程序，进一步扩大贷款活动幅度。强化信贷风险意识，建立规范借贷关系。积极参与改制、重组工作，力争通过企业改制和资产重组达到既可激活银行贷款，又可促进企业发展的双重目的。针对中小企业的不同情况，采取不同的贷款办法。对一些规模相对较大、信誉良好的中小企业可考虑建立主办银行制度，减少对客户的管理层次，简化审批程序，或实行先贷后审制度，适应中小企业资金"要的急、频率高"的特点，及时满足其合理的资金需要。对一些优质客户，应根据需要调整和放宽有关借贷条件，为其开辟绿色通道，发放信用贷款。

（2）银行应积极参与中小企业的改制，为其提供相关的辅助决策支持服务。针对中小企业近年来改制需求大、转制不规范，有损正常的银企关系现象，国有商业银行应积极介入和参与中小企业各种形式的改制，为其提供相关的辅助决策支持服务。对改制的中小企业不仅要分析其资金使用结构，而且对其产品的结构与开发、市场份额、技术含量、市场定位都要进行认真的考察，对企业的设备利用状况、技术状况、企业素质、管理水平、收购兼并以及改制的可行性和相关联的企业群的基本状况也要了解，以便科学地向企业提出改制建议，从而有利于自身有选择地明确重点支持的对象、一般支持的对象、适度支持或限制的对象以及强化从严监管的对象，真正做到区别对待，一企一策，达到支持企业改制心中底数清、限制从严管理有依托、为之提供金融服务目标明，从而不断培育金融业务发展的增长点和稳定的客户群，达到银企共同发展的目的。

（3）组建农村股份合作银行。我国的中小企业尤其是乡镇中小企业和个体私营企业，大部分分布在农村集镇，农村信用社是他们最初的金融服务供给者。目前，我国有4万多家农村信用社，1998年年底农村信用社各项存款占整个金融机构存款余额的12.7%、贷款余额占9.6%。由于历史遗留的问题未解决及经营上遇到的种种困难，如资产质量差、筹资成本高（85.7%为储蓄存款）、行政色彩浓和经营效益低下等，更重要的是农村信用社分散的组织体系（即以县一级为组织单位，跨地区互不往来，形不成整体合力）和没有自己的结算网络，从而造成目前农村信用社在支持乡镇中小企业和个体私营企业的发展方面显得力不从心，发挥不了应有的作用。为此必须对现行的农村信用社组织体系和经营策略进行大胆的改革。①在组织体系上，要改变目前分散的组织模式，组建农村股份合作银行。农村股份合作银行以省为单位比较切合中国国情和各地实际。若组建全国性农村股份合作银行，一方面规模过大而不经济；另一方面也很难真正有效运作；若以市地或县为单位，则规模过小也不经济，资源得不到有效配置，也不可行。农村股份合作银行分支机构的设置，则要严格按集约化经营要求和商业银行三性原则，不再按传统的行政区划来设置，而应跨地区设立分支机构，使各分支机构间的资源配置效用达到最大化。同时减少管理层次，各分行经营与管理并举，各支行为经营窗口。②允许民间资金参股，以体现合作金融组织的性质。农村股份合作银行组建完成后，要明确其主要职责和业务范围，即以中小企业特别是乡镇中小企业和个体私营企业为主要服务对象，使农村股份合作银行成为真正意义上的合作金融组织。③考虑到农村信用社历史包袱沉重以及农村金融活动的实际，中央银行除了加强对新组建的农村股份合作银行的监管外，应扩大农村股份合作银行的利率浮动幅度，允许其存贷利差高于其他商业银行，起到扶持和引导的作用。同时，地方政府应从地方经济发展的长远利益考虑，适当减免农村股份合作银行的税赋，促进其健康发展。

（4）试行建立中小企业银行。要在鼓励各类金融机构竞争的同时，建立、规范和发展中小企业金融体系，试行建立中小企业银行。鉴于我国缺乏专门为中小企业服务的银行，因此建议设立政策性的和商业性的两种类型的中小企业银行，专门扶持中小企业发展。政策性中小企业银行资金来源应是中国人民银行的再贷款，或者靠向金融机构发行政策性金融债券来解决。其职责主要是对需要扶持的中小企业发放无息、贴息和低息贷款。目前，农业发展银行可以代行政策性中小企业银行的功能，并相应规定给中小企业的贷款比例。待条件成熟时，还可组建地方性中小企业发展政策性银行，专门落实对中小企业的政策性扶持。商业性中小企业银行，可由城市合作银行、城乡信用合作社或者城乡信用合作社联社改制而来，充分发挥这些地方性的非国有银行对当地经济情况比较熟悉的优势，为中小企业服务。

（5）拓宽中小企业的其他融资渠道。一是推动中小企业股份制改造，发挥股份制融资功能。二是多方筹集政府的创业基金、风险投资基金以扩大资金供给面。三是选择有条件的新兴成长的中小企业，经过一段时间"孵化"，进入创业板证券市场进行融资。四是组建地方性的柜台交易市场，为中小企业的股权流通、证券交易提供必要的条件。地方柜台交易市场由商业银行提供交易柜台、信息披露、证券托管、结算服务及证券融资业务，交易对象主要是组织规范、经营能力强、财务状况良好及具有发展潜力的中小企业。此外，建议允许金融资产管理公司在中小企业领域进行产业资本和金融资本结合的探索。同时，可以考虑在整顿信托投资公司基础上，鼓励业绩较好的地方信托投资公司对中小企业投资。

（6）制定有利于中小企业融资的优惠政策。当前，我国制定有利于中小企业融资的优惠政策主要有：①保持国有商业银行对中小企业的贷款份额。这主要是将国有商业银行新成立的中小型企业信贷部切实办好。目前，中小型企业信贷份额应占到各银行贷款总额的 1/3 以上，确保中小企业有充分的融资来源。中小企业信贷部的贷款对象应是不分所有制形式的中小企业。②提高商业银行对中小企业贷款的积极性。除可考虑扩大商业银行对中小企业贷款的利率浮动区间外，还可对中小企业贷款比重较高的商业银行，实行诸如冲销坏账和补贴资本金等措施，增强其抵御风险的能力。③修改国有商业银行企业信用等级评定标准。变重视企业经营规模为重视企业经营效益，取消或削减"经营实力"项目的分数，为中小企业平等获得银行贷款创造良好的条件。④允许符合条件的实行股份制的小企业以股票、债券等非信贷方式融资。⑤实施小企业资金扶持计划。政府应专门拨出一定资金扶持高新技术中小企业、风险经营中小企业、出口型中小企业等，并从战略的角度，从整体上增强小企业素质出发，制订并实施相应的中小企业资金扶持计划。对于中小企业出口，应提供必要的信用担保和出口信贷融资优惠。对于风险经营的、进行技术创新的中小企业应提供专项贷款、贴息贷款等融资优惠。⑥对"特定事项"中小企业实施资金扶持。如对于下岗职工创办的或者安排下岗职工就业的中小企业，可将下岗职工一年的下岗生活救济费一次性拨付给企业使用；对于贫困地区中小企业应从扶贫资金中拨出一定款项支持其发展；对于因经济不景气、与之关联的企业歇业或破产而陷入困境的小企业，应提供紧急资金援助等。

（7）建立健全支持中小企业的金融法规。美国在 1958 年就制定了《中小企业法》和《中小企业投资法》，涉及金融方面的立法还有《中小企业经济政策法》《中小企业技术革新促进法》《小企业投资奖励法》《小企业开发中心法》等。日本从 20 世纪 50 年代起就制定了《中小企业金融公库法》《中小企业信用保险法》《中小企业现代化资金助成法》等。英国、德国也十分重视中小企业立法，在金融信贷方面给中小企业以法律支持。因此，借鉴国外经验，我国应加快中小企业信贷制度的立法，尤其是建立《中小企业信用担保法》《中小金融机构法》等法规体系。

第四节　WTO 与中小企业政府支持体系[①]

我国中小企业的发展离不开政府的支持。加入 WTO 后，中小企业将需要更多

---

① 原载《光明日报》，2002 年 1 月 15 日。

的支持，因此，亟须完善中小企业的政府支持体系。

一、建立中小企业政府管理机构

WTO规则是以市场经济为前提的，但这并不意味着政府对企业撒手不管。恰恰相反，政府对中小企业的经营管理要做很多监督、指导、服务等工作。但是由于我国中小企业管理机构不健全，"政出多门"，不利于中小企业参与国内外市场竞争。因此，政府应尽早建立对全社会中小企业统一管理的机构，规范对中小企业的管理。中小企业管理机构职能可以包括：制定、起草促进中小企业发展的政策、法律，协助中小企业获得贷款，为中小企业提供财政支持、管理咨询、信息服务、技术支持和人员培训等。特别重要的是，作为中小企业管理机构，应对不同所有制企业实行一视同仁的政策。除国家法律和政策明令禁止的以外，允许非公有制企业自主选择经营范围和经营方式，简化非公有制企业市场准入方面的审批程序，促进各种所有制企业的平等和共同发展。

二、建立健全关于中小企业的法律支持体系

对中小企业的政策一般体现在有关法规上，所以在建立政府管理机构的同时，应当健全法律体系。中国目前尚无一部完整意义上的中小企业法律，长期以来我们的不少政策都是向大型企业倾斜的，是一种以保护大型企业为导向、忽视中小企业发展的政策体系。因此，现在要发展中小企业，当务之急是首先把中小企业真正当成市场主体，与大企业享有同等的待遇。为此，迫切需要建立和完善促进中小企业发展的法律体系，以法律形式确保中小企业的社会地位及合法权益，为中小企业的发展提供公平竞争的经营环境。

三、为中小企业提供可靠的融资渠道

目前，中国中小企业融资十分困难，形成了制约中小企业发展的重要因素。有些中小企业为了解决资金的来源问题，即以职工集资的方式筹集资金。一方面由于数量有限，不能满足企业发展的需要；另一方面也很不规范，存在问题不少。企业亏损，无力还本付息，损害职工利益；赢利的企业，付息比例过高，不利于企业增加积累。从目前情况看，解决中小企业的融资渠道问题，可以采取的措施：①建立中小企业发展的准备金制度（也可以称为再就业准备金制度）；②增加中小企业的银行借款；③充分发挥城市合作银行城乡信用合作社的作用；④实行优惠贷款；⑤建立中小企业贷款担保基金。

四、以优惠政策支持中小企业创业与发展

具体包括：①开业优惠。一方面要简化开业登记的手续，减免有关费用；另一

方面要降低开业条件。②资金援助。发展中小企业还应当在资金、咨询和其他服务方面给予援助。③税收优惠。税收优惠是国际社会支持中小企业发展的一个重要方面。对中小企业实行税收优惠,也是涵养税源的一项重要措施。此外,为了更好地促进中小企业的发展,还应当有其他优惠,其中主要包括:咨询与培训优惠。设立小企业"孵化器",为中小企业提供经营场所。鼓励中小企业技术升级和产业换代。对于中小企业采用新技术、开发新产品、运用新工艺等,应当在税收、财政、融资等方面给予优惠。特别应当鼓励中小企业从事科研、技术和产品开发、新技术试制(试用),以及经营技术转让业务等。促进联合与开展专业化协作。对中小企业间的交易行为,可视同企业内部的交易行为,实行准予免缴或少缴增值税、营业税等流转税的政策。同时,对于中小企业联合组建企业集团的,应给予政策优惠。促进中小企业产品出口。要进一步深化外贸体制改革,建立促进中小企业产品出口的金融机构,切实解决中小企业国际化经营中的融资问题。要充分发挥出口信用保险的作用,对中小企业出口提供必要的信用担保;建立为中小企业出口和国际化经营服务的机构,为中小企业进行国际市场调查、项目可行性研究和市场营销等提供帮助;加强中小企业与专业外贸机构之间的合作,通过广泛推行外贸代理制扩大中小企业的间接出口等。

五、建立健全中小企业社会化服务体系

针对中小企业的特点,联合社会各方面的力量,组织官办或支持民办中介机构,为中小企业提供管理信息咨询、人才教育培训、经营诊断及指导、技术开发、营销对策以及防止破产等各个领域的服务,增强中小企业在市场中的竞争能力和发展能力。加快包括信息网络在内的基础设施建设,为中小企业提供基础设施支持。抓紧研究制定发展小城镇战略,通过建立工业园区和开发区等形式,为中小企业提供基础设施和共同技术设施,形成中小企业"团队化"经营模式,发挥地区集聚效应,提高公共设施的利用效率,节约土地,降低成本和加强环境保护。同时,适应现代信息网络社会发展要求,加快信息网络建设,向中小企业提供最具权威性的市场动态和行情分析、行业监督法规、产品基本标准以及其他各方面市场信息,为中小企业参与市场竞争提供各种信息服务。

六、通过多种渠道和形式鼓励、支持中小企业发展高科技

面对知识经济大潮滚滚而来,科技型中小企业已成为经济发展新的增长点。因此,要尽快发展创业投资体系,鼓励官办或支持民办风险投资公司为中小企业创新提供资金支持。同时,尽早推出创业板,为高科技中小企业通过直接融资市场筹资创造便利条件。

第13章 "个转企"的瓶颈与突破问题研究[①]
——以浙江省为例

作为市场经济的先行者、探路者,个体工商户在改革开放浪潮中萌芽重生,"千家万户"式草根经济迅猛崛起,成为先富阶层的代表,形成浙江经济最鲜明的特色之一。据统计,目前浙江近 250 万家个体工商户,占全部市场主体 71% 以上,是整个市场主体金字塔的"塔基",为经济发展和民生就业做出了重要贡献。创业初期个体工商户门槛低、规模小、经营方式灵活,优势比较明显,但随着市场竞争加剧、产业结构调整和行业集中度整合,个体工商户发展瓶颈日益凸显。如何利用个体经济传统优势,辅之以政策扶持,扶持个体工商户转企做大、转型做强,值得深入探索。本章基于 69 万家工业类个体工商户的调查统计数据,深入分析研究"个转企"问题。

第一节 个体经济是浙江经济的重要有生力量

实践证明,个体工商业越活跃的地区,往往经济发展越快。迈克尔·波特的创新增长理论认为,当经济处于不发达阶段时,大量民众自谋出路,个体经济发展迅速,就业效应十分显著,有利于繁荣经济。作为市场经济先发地区之一,浙江个体经济起步早、发展快、影响大,是浙江经济快速崛起的一支重要力量。统计显示,浙江个体经济主要指标均位居全国前列(见表 13-1)。从数量看,2012 年浙江个体工商户占全国 14.6%,高于广东、江苏、山东等一线地区;从从业人员规模看,占全国 17% 以上,高于位居第二位的广东(13%);从营业收入看,占全国比重超过 1/4,是河北、河南的 2 倍,高于广东、江苏等省份;从资产规模看,占全国比重达到 21%,在各地区中遥遥领先。总之,浙江个体经济实力和规模均位居全国前列。个体经济迅速崛起促进了民间活力和民富,对吸纳就业、促进增收特别是农民增收作用明显,这印证了个体经济"创业拉动型"属性。浙江城乡居民收入位居全国前列,特别是农村居民人均纯收入已达 1.4 万元,连续 28 年位居各省区之首,比江苏、广东、福建、山东分别高 2350 元、4009 元、4585 元、5106 元,这离不开个体经济的贡献。全省 89.6% 的个体工商户分布在农村,88.9% 的个体从业人员来自农村,占全部工业从业人员规模的近 1/3。在个体工商户的营业收入、生产支出及资产规模结构中,农村占比均超过 88%。特别是农民收入来源中,个体经营收入地位

[①] 原载浙江省发改委《决策咨询》,2014 年第 12 期。

和作用不可替代。浙江农民人均纯收入中，经营收入达5190元（见表13-1），超过了1/3。个体经济的发展史就是百姓的创业创新史。个体经营作为最直接、最活跃的民间力量和市场资本，要实现居民收入翻番，特别是农村居民收入翻番，有效之举是大力扶持个体经济。

表13-1 工业个体工商户主要指标占比　　　　　　　　单位：%

地区		单位数	从业人员	营业收入	资产
东部地区	浙 江	14.6	17.1	25.1	21.2
	江 苏	5.6	6.2	6.0	5.8
	广 东	6.5	13.1	7.9	10.6
	山 东	9.4	8.0	5.8	7.0
	河 北	7.9	9.5	13.2	9.7
中西部地区	河 南	12.6	10.9	12.7	13.7
	内蒙古	2.3	2.2	4.1	2.2
	四 川	4.7	4.4	4.1	3.0
	湖 南	5.3	4.2	3.1	3.9
	江 西	2.2	1.9	3.0	4.0

数据来源：国家统计局．中国统计年鉴2013［M］．北京：中国统计出版社，2013．

第二节　个体工商户转型升级面临的"三大瓶颈"

与改革开放初的蓬勃发展不同，目前个体经济进入转型调整期，突出特征是"有升有降"。从"升"来看，个体工商户抓住机遇，迅速崛起，积累了实力，发展速度迅猛，数量从改革开放初期的8000多家，迅速积累到250多万家；实力进一步壮大，户均营业收入近140万元，分别是2000年、2005年和2010年的2.8倍、2.1倍和1.2倍；就业效应明显，2012年吸纳就业415.6万人，分别比2000年、2005年增长54.1%、11.3%。从"降"来看，增速开始放缓，2012年个体工业生产增长5.3%，比2000—2005年年均增速低3.8个百分点，比2006—2012年年均增速低0.9个百分点，利润增速有所下降，外部环境面临从"无约束"到"硬约束"转换，尤其是遇到"三大瓶颈"。

（1）自身性瓶颈。个体经济靠"作坊式""夫妻店"等起家，大多属于劳动密集型产业，处于产业链低端，治理结构单一、经营理念落后、自身实力不强、业主素质不高、转型发展不快，难以吸引人才，缺乏长远眼光和规划，转型升级困难重重。特别是在要素成本上涨、最低工资标准提高等多重因素作用下，生产经营成本压力陡增，而且缺乏议价定价能力，成本难以向上下游传递。

（2）资源性瓶颈。要素资源越来越稀缺、节能减排压力越来越大、淘汰落后产能势在必行，个体经济获取信贷、土地、用电等要素的难度越来越大，高投入、高消耗、低产出的粗放发展路径难以持续。融资难、用地难、创新难、投资难、盈利难、用电难等问题成为制约个体工商户发展的突出问题。特别是"融资难、融资贵"尤为突出。个体工商户规模较小、信用度不高、缺乏不动产抵押，再加上财务不健全、管理不规范，达不到银行贷款的准入条件，要获得正规金融机构授信很难，主要靠基于血缘、地缘、亲缘、人缘等传统社会关系的民间融资。调研显示，2012年只有30.1%的个体工商户流动资金比上年充足，80.7%的个体工商户没有发生正规融资行为，靠民间借贷融资的个体工商户占61.5%。

(3) 制度性瓶颈。现在不利于个体工商户发展的制度性障碍仍然明显。有研究认为，个体工商户发展陷入困境不是经济发展的必然结果，也不能简单地归结为市场沉浮，它有着深层次的体制性原因，特别是制度环境欠佳是主要原因之一。

第三节 "个转企"的必要性和可行性

扶持个体经济转型升级，破解"三大瓶颈"最现实、最有效、最具操作性的路径是推动个体工商户向企业转变，即加快"个转企"步伐。所谓"个转企"，就是个体工商户从个体工商组织形式转变为公司制、合伙制等企业形式，进一步破除约束瓶颈、拓宽发展空间、凝聚竞争优势、迈上更高平台。这是个体工商户从"千家万户"走向"精兵强将"的必然方向，是民营经济转型升级的战略选择，也是市场结构优化的客观趋势。

一、个转企是个体工商户自身做大做强的必然方向

创业初期，个体经济富有灵活性、善变性、适应性，有一定的比较优势，但随着市场竞争白热化、行业集中度提高，对市场主体提出了更高要求。特别是个体工商户达到一定经营规模后，如果不解决获资质、拓出口、引人才、融资金等"多难"问题（见表13-2），安逸于"小富即安、小得即满"，故步自封在"小鱼小虾"阶段，靠过度依赖低端市场、低水平制造、低成本扩张的粗放经营模式，发展空间会越来越窄，市场竞争力会越来越弱。

表13-2 个体户"转企"与否的利弊

不转企	转企
变更难：无法人地位，不得转让或合资	获得法人营业执照，承担有限责任
融资难：难以获得银行授信	能够抵押贷款，银行授信额提高
开票难：不能开增值税发票	具备一般纳税人资格
签约难：信誉度不高，履约能力不强	信誉度提高，可签订合同

续表

不转企	转企
引才难：不缴五险一金，人才不愿来	缴纳员工社保，用工更加规范
出口难：没有出口资质，需"借道"	具备出口资质申请的条件
创牌难：不能创建品牌，认可度不高	具备创建品牌的条件
成长难：家庭作坊式	现代化经营

资料来源：课题组实地调研梳理。

二、个转企是壮大"规下经济"实力的重要战略支点

个体工商户是私营企业的先驱。尽管个体工商户"块头不大"，资产规模在规下工业中仅占26.4%，人均资产仅7.33万元，远低于规下企业平均水平（24万元），但个体工商户数量占了近80%。而且个体工商户的生产经营效率、要素投入产出率空间很大，每万千瓦时电力产生的营业收入达65.6万元，超过了规下企业（41.4万元），每万千瓦时电力产生的职工薪酬是规下企业的1.9倍，进一步利用规模经济和范围经济的空间很大，是规下经济甚至规上经济的重要生长点。

三、个转企有利于扭转个体工商户无证无照经营的不良现象

目前，个体工商户办理工商登记的比例仅40.5%，办理税务登记的比例仅30.6%，无证无照经营现象普遍存在，规范管理难度很大，而且逃避转为企业导致市场竞争不公。现行政策法律没有明确企业和个体工商户的登记要求，经营者自由选择申请注册形式。由于政策对个体工商户大力鼓励支持，特别是个体工商户实行定额征税政策以及经营信息不公开不对称，使得不少经营者倾向于选择登记为个体工商户，即使之后雇工人数、投资总额、经营规模大幅增长，年营业收入达到百万元以上，经营收入和雇工人数大大超过中小企业，完全具备开办企业的条件，也不愿转型升级企业，仍以个体工商户形式经营。调查显示，74.6%的"个转企"业主认为，个体工商户享受很多优惠政策，转企后负担明显加重，与个体工商户相比明显不公，不愿转为企业。

四、相当一部分个体大户具备转企实力

国家2008年停征个体工商户管理费后个体工商户发展迅猛。从经营规模、场地、用工看，相当一部分个体工商户的经营体量已达到企业甚至达到"规上"水平，出现大量个体大户"戴小帽"现象。根据"中小微企业划型标准规定"，相当一部分个体工商户符合企业条件。浙江省统计表明，24%的个体工商户用工在8人

以上，其中达到 20 人以上的占 5%；营业收入在 300 万以上的达 15.9%，超过 500 万的占 7.2%（见表 13-3）；雇工超过 8 人、营业额超过 500 万元，具备企业资质的个体工商户不在少数（见表 13-4、表 13-5）。

表 13-3　规模以下工业基本情况

类别	规下工业总计	规下企业 实绩	占比（%）	规下个体工商户 实绩	占比（%）
单位数（万家）	85.7	17.3	20.2	68.4	79.8
从业人数（万人）	770.6	355.0	46.1	415.6	53.9
营业收入（亿元）	19140.2	9652.9	50.4	9487.0	49.6
应付职工薪酬（亿元）	2026.1	942.5	46.5	1083.6	53.5
资产总计（亿元）	11531.9	8484.2	73.6	3047.6	26.4
用电量（亿千瓦时）	377.6	233.0	61.7	144.5	38.3

数据来源：浙江统计年鉴，2009。

表 13-4　个体工商户从业人员分布情况　　　　　　　　　　　　单位：%

类别	单位数	从业人数	营业收入	生产支出	职工薪酬	资产总计	电力消费
8 人以下（不包括 8 人）	76.0	39.2	44.8	45.2	39.9	43.8	49.2
8-20 人（不包括 20 人）	19.1	35.7	39.7	39.8	37.4	40.4	39.1
20 人以上	5.0	25.1	15.5	15.0	22.6	15.9	11.7

数据来源：浙江统计年鉴，2009。

表 13-5　个体工商户营业收入分布情况　　　　　　　　　　　　单位：%

营业收入	单位数	从业人数	营业收入	生产支出	职工薪酬	资产总计	电力消费
(0, 100 万元)	57.2	30.0	11.2	11.2	26.3	23.9	25.0
(100 万元, 300 万元)	27.0	33.0	29.8	29.8	33.8	36.9	31.7
(300 万元, 500 万元)	8.7	17.5	21.4	21.4	19.1	18.3	16.7
(500 万元, ∞)	7.2	19.5	37.6	37.6	20.8	20.8	26.7

数据来源：浙江统计年鉴，2009。

第四节　"个转企"战略推进存在的突出问题

浙江省将"个转企"作为经济转型升级的一项重大战略任务来抓，确保在未来 5 年抓出成效。各地各部门都出台政策、创新举措，大力推进这项工作。但实地调研发现,"个转企"工作推进过程中仍存在一些突出问题。

一、目的不清、政策不明

调研发现,在"个转企"过程中,有些个体户对为什么要转企业,转企业的手续怎么办,转企以后如何更好地发展,仍然存在目的不清、政策不明的现象,顾虑重重,犹豫不前。分析原因,主要是担心转企后成本增加,如龙游金秋园时尚餐厅老板反映,没有打算"个转企"主要是顾虑三个方面:一是农副产品和餐厅装修材料采购,大多数供货商没有销售发票,导致进货成本无法冲抵利润,造成利润虚高,从而导致税负增加;二是进货的时候如果索要发票,进货成本就要高出5个百分点;三是转企后担心账目建账、账目管理跟不上。金华个体户老板黄燕青等反映,目前餐饮行业普遍存在"人工成本高、税收负担高、房屋租金高、利润低"的"三高一低"现象,业主担忧转企后各项成本还会增加,不敢轻易转企。丽水市的一些个体药品经营户片面认为,这是政府要他转,甚至对转企还存在抵触情绪。

二、重数量、轻质量

各地在推动"个转企"过程中,存在"重数量、轻质量""重显性、轻隐性""重眼前、轻长远"的倾向,主要力量放在"帮他转""要他转""促他转"上,"他要转""他想转"的意愿和动机还不足,所以,尽管个转企的数量增长比较快,但转企后的市场主体结构相对单一,质量和层次不高,个人独资企业多、有限责任公司少;块状经济中"大户戴小帽"的加工户,专业市场内的批发大户等显性"应转"对象能转的、容易转的,已先行转了,对潜在"应转"个体大户,摸排还不够及时,名单没有及时掌握,推动的具体措施不多。在"个转企"后的"促其升"上,花的精力不够多,服务措施跟不上。调研发现,宁波已转的3469家企业中,有限公司仅占8.3%。舟山已转企业中有限公司占比仅6.2%,低于全省的平均水平。丽水的一些个体零售药店对"个转企"抱有"不实惠"的看法,认为这是政府的一厢情愿甚至强制性要求,个别符合条件的还在"能拖则拖",带有抵触情绪。温州、衢州、丽水、桐乡、安吉等地已经出现个别"个转企"企业要求重新转为个体户的现象。

三、政策执行难、落地难

(1)政策缺乏落地性。主要是存在执行不到位落地难、条款规定太原则操作难、配套细则缺乏推进难等问题。一是税务变更前后衔接不紧密。温州、丽水等地国税和地税部门反映,个体户主要税种是个人所得税,归地税管;转企后主要税种是企业所得税,归国税管。这样转企后税务衔接不好,企业的负担加重,由地税统一管,又缺乏依据。二是资产过户不延续。衢州、丽水等地个体户反映在"个转企"过程中,涉及设备过户、房屋产权过户等环节,仍有障碍。三是前置平移不顺畅。比如,衢州等地质监部门对企业发放组织机构代码要收取一定的费用。消防部门对企业和个体户的审批要求不同,"个转企"过程中必须重新审批《消防验收合格证》,手续比较复杂,成本也相应增加。环保部门对"个转企"企业要求进行重新环评,费用高、时间长、手续复杂。湖州农村合作银行要求个体户业主"先还贷、再转企",不能进行贷款的直接转移,要求有贷款的个体户转企前重新办理贷款审批手续。

(2) 政策缺乏操作性。全省政策规定,"个转企"的小规模纳税人在2015年年底前"可选择自行申报缴税方式或税务机关核定方式缴纳税款",在实际操作中存在风险。因为小规模纳税人如果申报不到位,必须由国税部门进行核定征收。国税部门为落实不增加企业负担的要求,采取企业申报多少就核准多少的做法,存在执法风险。"个转企"后税收减免申报、银行账户变更、社保缓进申请等具体事项,基层尺度难以把握。有的个体户反映,有的基层工作人员不熟悉政策,讲不清企业与个体户的利弊、转与不转的优劣,没有向个体户说透政策。杭州、金华、衢州、安吉等地的一些部门和个体户反映,在办理"个转企"过程中,省里的规定比较原则,缺乏相应的实施细则和操作办法,特别是"个转企"后税收减免申报、银行账户变更、社保缓进申请等具体事项,基层尺度难以把握。

(3) 政策缺乏科学性。金华市的部分个体户业主反映,省里已经明确规定了转型前的个体户与转型后的个人独资企业、一人有限公司之间土地、房屋权属的划转,如果投资主体不变的,免征契税、免收交易手续费,但实际上还需缴纳土地增值税,增加了"个转企"的成本。宁海县反映"个转企"后,经营主体发生变化,其所属的商标权、著作权、专利权的变更、转让,亟须积极争取国家有关部委的政策支持。嘉兴、湖州、丽水等地反映,当前除了药店、网吧、快递等少数行业强制要求以企业形式登记之外,大部分行业对登记形式无明确的准入要求,就某一行业市场主体参与市场竞争而言,因为经营成本的差异,对"个转企"企业并不公平。

(4) 政策缺乏持续性。丽水、衢州等地反映,"个转企"优惠政策执行三年,担心三年后出现"回潮"。有的已转企业反映,转型后仍然碰到很多困难,在财务、税收、融资、土地、科技创新等方面转型提升很难一步到位,担心三年政策优惠享受完了,各项负担会大幅增加。有的地方反映,现在政策优惠,个体户纷纷转为企业,如果后续政策跟不上,个体户有可能纷纷"回潮"。从法律政策上讲,除了印刷出版等极少数行业外,没有相关业主选择个体户和企业的硬性规定,业主的自由量很大。

四、协同不够

政府部门比如经信、消防、市场监管、安监、环保等部门有较高的配合意识，但主动出点子、想办法，通过摸排对象、分类指导、规范监督的方式倒逼挤压，部门联动推动符合条件的个体户及时转为企业还有很大的提升空间。温州个体户反映，部门之间还存在操作技术层面的衔接不够，地税部门在社保费征收环节还存在征管信息系统的不支持。衢州反映"个转企"的有关信息沟通不及时，工商、国税、地税、质监和统计等部门在统计数据上还不尽相同。杭州、温州、湖州、绍兴、金华、台州等地企业都不同程度地反映，"个转企"后，不少新生企业在财务、税收、融资、土地、科技创新等方面转型提升很难一步到位，企业运行过程中碰到有关优惠政策落实、资产平移、建账建证等实际困难，部分"个转企"企业急需用工、用地、融资、项目申报上的扶持。丽水金太阳酒店反映，消防、环保手续办理难，特别是餐饮行业的环评手续仍然过繁，而且时间太长。设备房产过户、消防验收等环节仍有不少障碍。

第五节　对策与建议

科学有序推进"个转企"不能只注重改变注册形式，更重要的是转变发展内涵，转变经营理念和管理模式，提高市场竞争力和综合实力，这才是"个转企"的出发点和落脚点。要着力实施含金量高、操作性强、吸引力大的政策措施，为个体户转型升级减负松绑，把原来沉淀在个体户的市场主体推高到一个新的层次上，成为转型升级新的动力源。个体工商户量大面广、情况千差万别，不能搞"一刀切"，要遵循市场规律，科学设置"转企标准"。首先是规模标准。雇工人数超过8人，或经营场所面积达到300平方米以上，或月营业额在4万元以上的个体大户，特别是达到小型微型企业标准的个体工商户，应作为转企培育对象。其次是行业标准。根据现行法律规定，从事印刷、旅行、互联网服务、劳务派遣、药品生产经营等的个体工商户，必须依法以企业形式经营。最后是税收标准。经税务部门核定为"一般纳税人"和采用查账征收方式征税的个体工商户，应在符合条件的情况下逐步转为企业。具体政策设计方向上，建议采取以下措施。

一、减轻"个转企"税费负担，增强个体工商户"转企意愿"

个体工商户与企业税费负担差距过大，必然影响"个转企"热情和动力。这是不少个体工商户顾虑重重、消极观望、止步不前的一个重要原因。调研发现，个体工商户主要采用自行申报定额征税，税率较低，而企业实行查账征收，要交纳5%

的营业税、25%的所得税、3%~17%的增值税以及各类附加税,税负大幅增加。比如,纺织行业的个体工商户与企业在生产规模相当,假如营业收入100万元左右的情况下,个体工商户的税费成本比企业节省约8万元左右。这导致相当一部分具备一定实力的个体工商户不愿意转型升级。"个转企"能否有效、持续推进,关键取决于业主能否得到实惠,这是影响个体工商户转企的最大因素。尽管各地都出台了一些吸引"个转企"的措施(见表13-6),但这些政策的覆盖面和力度还不够。要实施更有吸引力的财税优惠政策,特别是要推行新增税额返还政策,以上一年度应缴税金为基数,在个体工商户转企3年内,新增入库税金地方财政留存部分全额返给企业;3年以后5年之内,按50%的比例返还,5年以后再视情而定。对于转企后税收贡献大的,要给予额外的财政奖励。转企涉及的收费项目,特别是有关行政事业性收费,能免则免,能减则减,减少土地、房产、车辆、设备等过户转让费,在企业所得税、水利建设专项基金、企业注册等级费等方面尽量减免,实现转企的"低负担"甚至"零负担"过渡。转企后开发新产品、新技术、新工艺所发生的研发费用,在计算企业所得税时加计扣除,属于高新技术企业的,减按15%的税率征收企业所得税。转企后属于小型、微型企业的,要按照2012年国务院《关于进一步支持小型微型企业健康发展的意见》给予支持,与国家工信部实施的"扶助小微企业专项行动"结合起来,在融资、审批、研发、信用担保、用地、用能等方面给予必要扶持,通过"推"和"拉"并举发力,帮助个体工商户转型升级为小微企业。

表13-6 "个转企"主要模式

⊙ "组团"转企	
温州市	瑞安的鞋业、乐清的旅游业,永嘉的纽扣和铝制品加工业,平阳的针织花边业,龙湾的电镀业,泰顺的家具销售和石材加工业,成功整体转型升级
杭州市	制定"个转企"培育库入库标准,明确培育内容、数据指标和培育重点,全市确定3.4万户经营户为培育对象,以重点行业和特色块状经济为突破口,建立"个转企"重点培育库,按照"实施一批、带动一批、储备一批"的原则,示范典型、引领带动、梯度培育。开发应用软件,建立信息共享平台,构建部门信息双向抄送,实现部门间"个转企"转企户信息实时传输
湖州吴兴区	针对织里童装行业专门出台了《关于织里童装类"个转企"工作实施方案》,组成10个工作组,宣传动员上门、政策对接上门、主动服务上门
海宁市	充分利用皮革城、家纺城等特色产业为重点建立起"个转企"培育梯队
丽水市	将青瓷、宝剑、竹木制品加工、食用菌和发电等行业中较大规模的个体户纳入各地"个转企"后备库,以行业性转企促使产业规范升级

续表

	⊙ "普惠式"政策
舟山普陀区	对个体户转型为有限公司的奖励1万元，转型为独资、合伙企业的奖励2000元
宁海县	对个体工商户转型为公司制企业或非公司制企业的，分别给予5000元或3000元补助，同时给予所在乡镇（街道）每家2000元的工作经费奖励
绍兴市	个体工商户转型为企业后，符合减半征收企业所得税条件的小型微利企业，在2015年前减半征收企业所得税；符合房产税、城镇土地使用税减免政策的企业，报经地税部门批准后给予减免；符合小微企业优惠政策规定的地方水利建设资金，报经地税部门批准后，在转企当年起3年内给予减免，第4年到5年减半征收。对"个转企"后符合免征注册费、年检费和执照工本费条件的小微企业，自转企业之日起至2014年12月31日免征
遂昌县	转企后五年内成为规上工业企业或限额以上企业的，分别给予一次性3万元和1万元的财政奖励。个体户转为有限公司或者个人独资、合伙企业的，分别给予5000元和3000元的奖励
	⊙ "特色帮扶"
嘉兴市	明确个转企工作由工商、地税、国税三家共同牵头，分片负责指导联系相关县（市、区），定期召开个转企工作例会，推动个转企工作
衢州市	在全市各级行政服务中心工商注册、国地税等窗口设置"个转企服务专窗"，推出"个转企"告知一口清、档案一日移、登记一次成、审批一站式的"四个一"做法
台州路桥区	开通"个转企"八个基层直通车联系点，排出具体的日程表，有计划、分步骤轮流在各个基层窗口为"个转企"经营户提供批量办理服务。国税、地税、质监、统计、卫生等相关部门专门设置五个"个转企"服务点，开展多证联办
常山县	由国税部门负责引导一般纳税人，工商部门负责引导专业市场和食品批发大户，妇联负责引导来料加工经纪人，农办负责引导农家乐经营户，促使"组团式转企"
宁波鄞州区	鄞州区工商部门与鄞州银行达成协议，为"个转企"企业量身定做金融方案，3年共计10亿元"个转企"信贷专项额度，并且实行相应优惠利率，并提升单个企业授信额度，最高上升到200万元
	⊙ "倒逼机制"
温州瓯海区	加强个体税收管理，对原采取定期定额方式征收但经营额较大的个体户，可改为查账征收方式征收，并设置营业额预警值
龙游县	对药品、危化品、餐饮、娱乐场所、住宿等特殊行业，科学设置个转企标准，推动这些行业组团转、集中转

续表

	⊙ "放权"服务
省公安厅	开辟便企服务"绿色通道",简化审批程序,减少审批环节,缩短审批时间
省卫生厅	进一步下放审批管辖权限,缩小许可范围
省国税局	利用办税服务厅、12366纳税服务热线、国税网站三大服务平台,开辟"个转企"登记便捷通道
省地税局	下发《关于推进个体税收"建账建证、预警管理"的通知》,对以营业税为主体税种且经营规模较大的个体户,特别是月营业额20万以上的个体大户,督促建立复式账,采取查账征收的方式,从严把关个体大户的纳税定额调整工作
省国土局	做好土地变更登记工作,提高办证速度,尽量当场办结、立等立取
省建设厅	为个转企涉及的资产处置和产权变更登记等方面提供高效服务
省环保厅	大幅下放环评审批权限,优化环评审批内部流程、减少审查环节
省食品药品监督管理局	通过餐饮食品安全隐患排查清理、餐饮单位食品安全专项整治等方式,推进餐饮行业"个转企"
省商务厅	对个转企后的商贸、外贸企业给予特别扶持
省人力社保厅	对个转企给予社保优惠扶持
省统计局	把个转企列入重点工作计划,落实个转企信息抄告制度,及时调查核实,动态入库
省法制办	要求11家涉及"个转企"前置审批许可单位,制订相应的前置审批许可项目同步变更具体操作办法,并对相关规范性文件合法性进行备案审查

资料来源:调研组实地调查整理而得。

二、破解"个转企"审批障碍,放宽个体工商户"转企门槛"

"前置审批难"是个体工商户反映强烈的问题之一。"想转而又未转""太麻烦不想转"的个体工商户,普遍反映"审批难、审批繁"。调查发现,76.7%的业主将"审批难"作为转企障碍的第一位因素,21.3%的业主将其作为第二位因素,即绝大多数个体工商户认为审批比较难。"个转企"涉及国土、消防、质监、环保、卫生等诸多前置许可审批。以消防前置审批为例,合法从事文化娱乐的个体工商户已有"消防验收合格意见书",但如转为有限公司,要重新申办"消防验收合格证",开业前要进行中介检测和检查。如果消防问题不解决好,其他审批就难以办下去,这导致不少从事娱乐业的个体工商户转企停滞不前。尽管省级有关部门陆续出台了一些支持"个转企"的措施(见表13-7),但需要加快构建联动联审联办机制,工商、国税、地税、统计、质监、消防、环保、卫生等有关部门要加强联动,完善政策，加强沟通，实现"个转企"服务无缝对接。要按照"一张表、一卡通、一窗式、一条龙"要求，进一步简化审批手续，实现审批提速、流程再造、效率提升。对于非法定前置审批的事项，比如经营场所和经营范围不变、从事经营一年内没有不良行为投诉的，无须再办审批手续，凭借相关转型升级证明即可核发新的许可证或审批意见。办理税务登记证、质检代码证，土地、房产等过户，工商部门同步核发营业执照与《个体工商户转型变更证明》，个体工商户凭此证明直接到有关部门办理过户手续。对于住所不变的，可沿用有效期内的原住所证明，转企后一年内重新签订租赁合同，完善房屋产权证明，在年度检验时向工商部门提交住所证明。关于"个转企"前后主体资格延续难这一问题，通过个体工商户业主承诺债权债务已清理完毕或本人承担，以公告方式终结个体工商户的无限责任，顺利过渡为有限责任形式。

表13-7 政府部门支持"个转企"的政策制度

部门	内容
工商部门	进一步创新登记方式，通过类型自主选择、程序合并办理、字号延续使用、档案合并保存、规费依法减免等，大力支持"个转企"。特别是实行"无障碍准入"的登记程序，优化准入流程，提高登记效能，个体工商户注销登记和企业设立登记可合并办理
国税部门	利用办税服务厅、12366纳税服务热线、国税网站三大服务平台，开辟"个转企"登记便捷通道
地税部门	下发《关于推进个体税收"建账建证、预警管理"的通知》，对以营业税为主体税种且经营规模较大的个体工商户，特别是月营业额20万以上的个体大户，督促建立复式账，采取查账征收的方式，从严把关个体大户的纳税定额调整工作
公安部门	开辟便企服务"绿色通道"，简化审批程序，减少审批环节，缩短审批时间
卫生部门	进一步下放审批管辖权限，缩小许可范围
国土部门	做好土地变更登记工作，提高办证速度，尽量当场办结、立等立取
建设部门	为"个转企"涉及的资产处置和产权变更登记等提供高效服务
环保部门	大幅下放环评审批权限，优化环评审批内部流程、减少审查环节
食品药品监督管理部门	通过餐饮食品安全隐患排查清理、餐饮单位食品安全专项整治等方式，推进餐饮行业"个转企"
商务部门	对个转企后的商贸、外贸企业给予特别扶持
人力社保部门	对个转企给予社保优惠扶持
统计部门	把个转企列入重点工作计划，落实个转企信息抄告制度，及时调查核实，动态入库

资料来源：调研组根据实地调查整理而得。

三、推行"个转企"社保优惠,支持个体工商户"转企缓进"

劳动合同法规定,企业有义务为员工缴纳社会保险。这对转企业主而言是不小的负担,是个体工商户转企的"拦路虎"之一,很多已转企的业主对此意见也较大。究其原因:一方面,转企后为员工一次性补缴社保的压力比较大,难以一步到位;另一方面,员工流动性大,缴纳社保后员工频繁跳槽,损失较大。从长远看,按章入保是法律要求,也是必然趋势,而且职工入保意愿和期望值也较高。针对这一问题,要实行社保费"四年缓进"的优惠政策,鼓励企业职工自愿参保,从转企当年起,养老、医疗、失业保险单位缴纳部分,当年维持原状,第二年按不低于企业职工工资总额的20%、第三年30%、第四年40%直至第五年按有关规定比例缴费,让业主逐步调整适应。要允许个体工商户探索灵活性、选择性参保的过渡办法,在企业发展壮大过程中再逐步实现社保全覆盖。比如,对于企业中层以上管理人员实行100%参保缴费,对于其他人员鼓励自愿参保,在条件具备的情况下过渡到"全员入保"。

四、解决"个转企"政策"落地难",让个体工商户得到实实在在的好处

"个转企"涉及很多环节、很多政策,任何一个环节不衔接,任何一个政策不落实,都会导致前功尽弃,还会引起连锁反应。调研发现,目前一些地方"个转企"政策存在衔接不紧密"落地难"、条款比较原则"操作难"、配套细则缺乏"推进难"等诸多问题。有地方反映,个体工商户主要税种是个人所得税,归地税管;转企后主要税种是企业所得税,归国税管,如果转企后税务衔接不好,企业负担就会加重。浙江省有关政策规定,"个转企"的小规模纳税人在2015年底前"可选择自行申报缴税方式或税务机关核定方式缴纳税款",但如果小规模纳税人申报不到位,必须由国税部门进行核定征收。国税部门为落实不增加企业负担的要求,采取企业申报多少就核准多少的做法,存在一定的执法风险。还有地方反映,"个转企"后税收减免申报、银行账户变更、社保缓进申请等具体事项,实际操作尺度难以把握。目前"个转企"优惠政策是三年,有些地方担心三年后出现政策"回潮"。对此,要合理借鉴其他省市推动"个转企"的措施(见表13-8),进一步完善浙江"个转企"政策体系,抓紧落实支持"个转企"的相关配套措施和操作办法,进一步挖掘政策空间。要建立跟踪回访制度和服务机制,针对性地解决有关优惠政策落实、资产平移、建账建证等实际困难,使已转企业负担能减的都减下来。要加大对个体工商户财务会计、市场营销、品牌运营、经营管理等方面的政策支持,

让个体工商户有明确预期，消除经营者转企顾虑。要在品牌扶持、荣誉赋予、缓解融资难等方面，拿出一定的指标和额度向"个转企"倾斜，使转型企业获得进一步提升发展的空间。对达到一定规模或符合一定标准的个体工商户，按照政策规定必须登记为企业，不再采取个体工商户这种组织形式，避免"先注册个体工商户，后登记为企业"。

表 13-8　其他省市推动"个转企"的特色措施

加强个体大户管理	广东省、山东省等积极引导个体大户建账建制，加强账务核算，加大定额征收管理，对转型后的各类企业争取税收级次不变，所得税管理权限不变，使个体大户与私营企业公平税负、公平竞争
创新登记方式	北京市 2011 年实施《个体工商户转变为企业组织形式登记办法》，对诚信守法经营、无违法违规记录的个体经营者，满足一定条件后，可根据自身经营的需求申请变更为个人独资企业、合伙企业和有限责任公司三种企业形式。2013 年北京的企业数量首次超越了个体工商户
出台财税奖励	重庆市规定，"个升企"后可享受注册资本金等额（最高不超过 10 万元）的税收奖励，小微企业可以自主选择查账征收或是核定征收的方式进行企业所得税的缴纳。北京市昌平区规定，连续经营 3 年（含）以上的个体工商户向公司制企业或其他类型企业升级后，连续 3 年依次按企业上缴给区级财政留成部分 100%、50%、25%奖励企业。3 年以下的个体工商户升级为公司后，财政连续 3 年依次按上缴区级财政税收留成部分的 50%、30%、20%奖励
简化登记流程	上海市等地开设"个体工商户升级绿色通道"，推行向导服务、预约服务、延时服务。对有意办理企业登记的个体申请人，实施"一对一"引导，受理登记"一条龙"服务。对经营场所不变的个体工商户升级，无须其重复提交相关审批文件及证明。同时，"个升企"申请登记采取注销登记和设立登记合并办理同时进行的方法，保证申请人变更登记期间的连续经营
降低升级门槛	江苏省镇江等地，工商部门优先办理个体工商户的转企登记，再办理前置许可部门许可证换发手续，升级企业将换发后的许可证复印件报企业登记机关备案即可（也可在企业年检时报送）。注册资本方面，除货币出资外，原个体工商户所有的实物（含商品）、土地使用权、知识产权、商标专用权等可评估作价的财产也可作为对"个升企"企业的出资
沿用商誉字号	吉林省规定，个体工商户已获得的"著名商标""消费者信得过单位""诚信经营户"等荣誉，可由升级后的企业沿用，升级企业名称在符合企业名称登记管理相关规定的前提下，可保留原个体工商户名称中的字号和行业
设立专项资金	广东中山市 2011 年出台了促进个体工商户转型升级的实施意见，设立了"个体工商户转型升级专项资金"，主要用于"个升企"所需成本的补助和"个升企"后扩大经营规模所需贷款的贴息，提出 3 年引导 18000 户个体工商户转型升级企业

续表

推行分类管理	江西省对具有一定规模、取得一般纳税人资格、劳动密集型行业、高危行业、经营方式为总经销总代理的个体工商户，给予积极引导，主动帮扶，推动转型；对依据法律法规规定应登记为企业的行业（如印刷、旅行社、互联网上网服务、药品生产经营等），目前仍以个体工商户组织形式经营的，限期升级为企业，逾期未升级为企业的要求其变更经营范围

资料来源：调研组根据实地调查整理而得。

五、加强市场秩序维护，为个体工商户"竞优汰劣"保驾护航

同等规模的个体工商户与企业不在同一起跑线上竞争，必然破坏市场竞争的公平性。鼓励个体工商户转型发展要坚持"扶控结合"，既要给予必要的政策扶持，鼓励个体工商户进一步发展壮大，也要加大市场监管力度，着力营造公平竞争的市场环境。要以块状经济、行业集聚区为重点突破口，推进"组团式"个转企，实现全行业、块状经济转型升级。要深入调查以避税为目的，重复、连续办理个体证照，人为分拆、化整为零、偷逃漏税的个体经营户，加强对占地用工较多、用电量与申报经营数据明显不符、特色块状区域的个体工商户的监管，对达到一定规模但仍沉淀在个体工商户层次的业主，予以强制性转企。要依法打击偷逃税的"假个体工商户"，防止个体大户"戴小帽"引发"羊群效应"，防止"逆向选择"逃避转为企业，使同等生产经营规模、产值及销售额下的个体工商户与企业承担基本相近的税负，切实营造均平税负、良性竞争的市场环境。要稳步推行个体工商户建账制度，全面摸清个体工商户底数，通过账簿、财务凭证、用电核查、缴税等手段，引导向一般纳税人的规范化征管模式过渡。要建立完备的市场信用数据库，以工商、税务等部门的基础数据为依托，征集个体工商户业主信息、产品质量、信贷情况、财务台账、缴纳税金、用工用电、劳动社保等有关信息，完善个体工商户经营信用档案，加强对个体工商户动态监管，促使个体工商户依法规范经营，为做大做强转型升级企业奠定基础。正是由于"个转企"是一项新的创新与探索，所以在实际操作中一定要有保障，让这项工作能够持续推动下去，取得实实在在的效果。

（1）科学推进机制。在"个转企"定量目标设定上，以三年3%为参考，组织开展全面的摸排，对符合税务部门认定为一般纳税人资格的个体户，餐饮、娱乐、宾馆等行业达到一定规模的个体大户，设定明确标准。如龙游县明确达到150平方米以上的中型餐饮企业规模的个体户，经营规模达到500平方米以上的娱乐行业个体大户，有50个房间以上的住宿业个体大户，税务部门已经明确月营业额在20万元以上必须建账建证的个体大户，国家明确要求，药品、危化品、网吧等特殊行业，必须以企业形式准入，这是四类显性和潜在的重点"应转对象"。

（2）倒逼挤压机制。特别是一些"大户戴小帽"的个体大户，高能耗、高污染的落后产能企业，以及涉及危化、药品等特殊行业，使已经达到一定规模或者占有社会资源较多的个体户的负担适当增加，与同规模企业相当，从而倒逼其主动转为企业。国税和地税部门已经通过出台配套政策，规定月营业额达到一定规模以上（目前是 20 万元）的个体大户必须建账建证，采取查账征收方式形成税收监督的倒逼。其他如消防、食品安全、安监、食药监、环保、卫生、农业等部门要从自身职能出发，推广龙游等地的做法，对个体大户按照同行业企业的标准研究合理的行业准入政策，出台一些倒逼的办法和挤压机制。温州瓯海区地税局针对部分个体户"意愿不强、不想转"的难题，从加强个体税收管理角度入手，对原采取定期定额方式征收但经营额较大的个体户，可改为查账征收方式征收，并设置营业额预警值，加强监管。

（3）无缝对接机制。"个转企"涉及很多个环节，任何一个环节，都可以导致前功尽弃，一家个体户有不满，还会传导给其他个体户。所以，各个环节之间要能够无缝对接起来。从调研情况看，各地对个转企工作都给予了高度重视和大力支持，但在信息沟通、及时交流、协作机制建设等方面还有提升空间。工商、国税、地税、统计和质监等部门需要进一步加强信息沟通，在个转企工商注册登记、税务登记、机构代码证登记、数据统计等环节，要信息共享，相互比对，无缝对接。

（4）后续服务机制。个转企不能一转了之。针对已转企业提升发展过程中存在的问题和困难，建议有关部门要及时"回头看"，建立跟踪回访制度和服务机制，帮助解决和协同推动有关优惠政策落实、资产平移、建账建证等实际困难，使已转的企业负担能减的都减下来。另外，抓紧落实支持"个转企"的相关配套措施和操作办法，进一步挖掘政策空间，做好政策的"加法"，加强法律法规、财务会计、市场营销、品牌运营、经营管理等方面知识的培训，消除经营者转企的顾虑和担心。通过制度设计建立长效机制，在品牌扶持、荣誉赋予、缓解融资等方面，拿出一定的指标和额度向"个转企"企业倾斜，使转型企业进一步提升发展空间。

（5）督查考核机制。按照"个转企"计划，分年度对进展情况进行考核。从上半年的工作情况来看，全省全年的目标任务已经完成。为防止各地工作"踩刹车"，建议继续出台帮扶个体户转企的政策措施。现行法律法规只是明确了药品经营、网吧、危化品等少数特殊行业以企业组织形式准入的规定，其他行业没有明确个体工商户和企业的准入界限，经营者可自愿选择主体资格。可以借鉴龙游等地的做法和经验，再出台"个转企"政策意见，进一步挖掘政策资源，按照行业准入标准，对规定达到一定规模或者符合一定标准的，必须登记为企业，不再采取个体工商户这种组织形式，进一步营造个体大户与企业之间的公平竞争环境，一方面可以有效防止已转企业出现"回潮"现象；另一方面可以避免再走先个体户再企业的"个转企"老路子。

第14章 "小升规"转型的理论、瓶颈与突破问题研究[①]
——以浙江省为例

市场主体是经济发展之"细胞"。经济发展质量和效益高低，很大程度上取决于市场主体发展层次和水平。加快转变发展方式，提升产业层次，优化经济结构，关键要扶持市场主体转型做强。"小升规"是浙江省委、省政府重大决策部署，2012年浙江省经济工作会议明确提出，全面推进"个转企"和"小升规"工作，力争今后5年每年"个转企"3万户、"规下转规上"5000家。浙江省专门召开全省个体经济及小微企业提升发展工作电视电话会议，出台了《关于促进小微企业转型升级为规模以上企业的意见》，成为全国率先提出小微企业上规模的省份，也是第一个专门制定促进小微企业"上规"政策的省份，这也是为小微企业量身定做的扶持政策。小微企业是市场主体的一支重要力量，尽管规模不大，但数量庞大，分布广泛。推动小微企业转型升级，最现实、最有效、最可操作的路径，就是向规上企业转变，从而优化市场主体结构、产业层次结构和民营经济结构，为提高经济增长质量效益提供有力支撑。如何落实好已有的扶持政策，针对"小升规"推进中的瓶颈问题，加大政策扶持力度，化解推进难题，促进小微企业转型升级，值得深入研究。

实地调查发现，"小升规"空间和潜力的确比较大，做大做强是具备一定实力的小微企业的普遍心声，但"小升规"动力和意愿还不太强。"小升规"的出发点和落脚点不是单纯改变企业的注册形式，而是促使企业实质性地转变粗放式的发展方式、经营方式，帮助企业发展层次迈上新台阶。这需要在遵循市场规律、企业成长规律的前提下，给予科学、合理、适度的引导，减轻业主思想负担、税费负担、管理负担、审批负担，为小微企业创造更普惠、更温暖的成长环境，让小微企业"轻装上阵"，这样"小升规"就更有意愿、更有动力、更有积极性，更多小微企业就会争相跟进，从而推动企业结构、产业结构、经济结构迈上更高层次。

第一节 "小升规"理论基础

企业转型升级既包括生产关系方面，比如企业家精神、企业所有制制度、经营管理模式等，也包括生产力方面，比如技术创新等。企业转型升级牵一发而动全身，任何一方面因素的改变都会在一定程度上牵涉其他方面的改变。从根本上讲，企业

[①] 原载浙江省发改委《决策咨询》，2015年第24期。

转型升级都是利用潜在的机会，进行技术再造、产品升级、产业转型、模式优化等，从一种发展方式迈向另一种发展方式，创造新的竞争优势，维持企业的生存和发展。

一、基于企业成长的维度：生命周期理论

葛雷纳（L. E. Greiner, 1972）在《哈佛商业评论》上发表了"组织成长的演变和变革"一文，把企业生命周期划分为创业、聚合、规范化、成熟、再发展或衰退等5个阶段，认为企业每个阶段的组织结构、管理方式等都有其阶段性的特点。1983年，美国的奎因（Robert E. Quinn）和卡梅隆（Kim Cameron）在《组织的生命周期和效益标准》一文中，把组织的生命周期简化为四个阶段，即创业阶段、集合阶段、正规化阶段和精细阶段。后来，西方管理学者们分别从不同角度探索如何做大做强企业。美国学者Ichak Adizes1989年在《企业生命周期》一书中，按照企业的灵活性和可控性，把企业成长过程分为孕育期、婴儿期、学步期、青春期、盛年期、稳定器、贵族期、官僚早期、官僚期及死亡期10个阶段。企业的成长，意味着它具备了一定的灵活性和可控性，企业的老化意味着其灵活性和可控性较低。

二、基于市场博弈的维度：竞争力理论

C. K. Prahalad 和 G. Hamel 1990年在《企业核心竞争力》中提出了核心竞争力概念，掀起了研究企业核心能力的高潮。他们的理论认为，企业核心竞争力是使商业个体能够迅速适应变化环境的技术和生产技能在组织中的累积性学习，特别是运用企业自有的独特能力，具有价值优越性、不可仿制性、不可交易性、难以替代性等特点。企业的核心竞争力：首先，利于企业进入市场，是公司扩大经营的能力基础；其次，核心竞争力对创造公司最终产品和服务顾客价值贡献巨大，它的贡献在于实现顾客最为关注的、核心的、根本的利益；最后，它难以被竞争对手复制和模仿。

三、基于企业内生发展的维度：创新理论

J. A. Schumpeter 在1912年《经济发展理论》中提出创新思想，指出创新是将所能掌握的原材料和生产要素用不同方式组合引入生产体系。包括五种情况，引进一种新产品；采用一种新的生产方法；打开一个新的市场；征服或控制原材料或半制成品的新的供给来源；任何一种工业执行新的组织。创新包括新产品、新工艺、新技术的变化，如果在市场上实现了创新，或者在生产工艺中应用了创新，那么创新就完成了。创新就是企业优化组织条件和要素，建立起效能更强、效率更高和费用更低的生产经营系统，从而推出新产品、新工艺，开辟新的市场、获得新的原材料来源的组织，包括技术、商业、金融等一系列活动的综合过程。这一理论应用到工业小微企业，可使其扩大规模，增强竞争力，巩固市场。

四、基于价值链的维度：微笑曲线理论

1992年台湾宏基公司总裁施正荣先生根据他多年从事IT产业的经验，首先提出了微笑曲线（Smiling Curve）的概念，他用一个开口向上的抛物线来描述个人电脑制造流程中各个环节的附加值，由于曲线类似微笑的嘴型，所以被形象地称为微笑曲线。曲线左边是价值链上游，主要是研发，随着技术研发的投入，产品附加值逐渐上升；右边是价值链下游，主要是销售，属于当地性的竞争，随着品牌运作、销售渠道的建立，附加值逐渐上升；作为劳动密集型的中间制造、装配环节不仅技术含量低、利润空间小，而且竞争激烈，是整个价值链中最不赚钱的部分。该理论得出两个结论：一是企业的产品与服务要有持续性的附加值才能生存下去；二是生产高附加值的产品与服务才能获得高利润和更大的发展空间。

第二节 "小升规"战略意义

经济要实现高质量发展，建立现代化经济体系，前提是建立一种生生不息、良性循环的发展机制，要有结构、质量和效益的支撑。这样才能夯实长远、可持续发展的基础。市场主体是经济发展的基础和细胞。只有一个个的市场主体提升发展了，经济增长才有源头活水，才能高质量、高效益、优结构。一方面，着眼于"抓大"，着力发展一批产业带动力强、辐射效应大、具有较强核心竞争力的骨干企业、知名企业；另一方面立足于"活小"，搞活小微企业。而且"活小"与"抓大"相辅相成。大企业也是从小微企业一步一步发展起来的，不扶持小微企业做大做强，培育大企业就失去了源头。浙江省小微企业57万家，占企业总数97%以上，是民营经济的重要支柱，是浙江省经济的特色优势。提高经济增长质量和效益，提升民营经济层次和水平，必须大力扶持小微企业提升发展；实现城乡居民收入、经济总量、人均产出"四个翻一番"，必须争取小微企业早翻、快翻、多翻。

（1）浙江省民营经济提升发展的重要机遇。党的十八大报告强调，各种所有制经济依法"平等使用生产要素、公平参与市场竞争、同等受到法律保护"。这"三个平等"首次以党代会报告的形式明确提出，旨在打破行业垄断，放宽市场准入，破除"玻璃门"和"弹簧门"，让各类主体在市场经济中大显身手，让各种生产要素的活力竞相迸发，让创造财富的源泉充分涌现，充分体现了国家大力鼓励和支持非公有制经济发展的决心，为民营经济发展提供了更多的机遇、更大的空间。作为民营经济的一支重要力量，加快小微企业提升发展，恰逢其时，潜力巨大，大有可为。

（2）浙江省经济转型升级的必由之路。经济发展方式转变，归根结底要靠市场主体的转型。浙江"千家万户"式的草根经济，很大一部分是小作坊、小企业，创

业初期"船小好调头"、适应力强，很有优势。但这个优势在不断削弱，创业动力不足、产业层次不高、转型升级不快的问题凸显，过度依赖低端市场、低水平制造、低成本扩张的粗放方式难以为继。小微企业占全部市场主体的七成以上，没有小微企业的转型提升，经济转型升级就是一句空话。从市场结构来看，企业作为现代市场主体，理想形态是"橄榄形"，就是大企业、小微企业这两头占比小，中小企业中间占比大，但事实上小微企业占了90%以上。市场主体结构影响经济结构，市场主体层次不高，经济质量也高不了；市场主体不转型，经济也难以转型。所以，推动经济转型升级，必须优化市场主体结构，提升市场主体层次。

（3）市场主体做大做强的强烈愿望。加快提升发展，小微企业是实实在在受益的。小微企业治理模式单一、投资规模有限，在银行授信、品牌创建等方面缺乏竞争优势，土地、用能等要素获取能力比较弱。相当多的小微企业尽管规模不小，却停留在较低层次上，难以增容提效，面临人才引进难、融资难等很多制约；小微企业"块头"虽不大，但总量不小，大多处在产业链低端，层次低、布局散、竞争力弱。加快转型提升，就是要破除这些制约障碍，更加科学规范地经营，获得更多要素资源支持，增强市场开拓能力和行业竞争力，从而迈上一个全新的发展平台。

小微企业处在产业生物链的最低端，属于"小鱼""虾米"甚至"藻类"的级别，但小微企业很重要，如果没有它们，不可能有"海豚""鲸鱼"，更不用说他们还是吸纳就业的重要"容器"，科技创新的重要力量，浙江经济的一支命脉，承担着解决就业、创造财富、稳定社会的功能。单就数量而言，小微企业是绝对的主力军。小型企业13.6万家，占23.2%；微型企业43.3万家，占73.8%。浙江省小微企业中的规模以下工业主要经济总量保持全国第一，工业单位数、工业总产值、资产总量、从业人员数分别占全国的13.4%、18.5%、15.1%、13.5%，均居全国各省区市的首位，特别是工业总产值、资产总计、从业人员数比居第二位的广东省分别高7.2、6、0.9个百分点。但要看到，浙江省小微企业"低、小、散、弱"的格局没有根本改变，企业规模小、产业层次低、产品档次低、利润率低、竞争力弱，大多处在产业链、价值链的末端，基本没有定价权，抵御风险的能力较弱。特别是受原材料、人工、资金、用地、用电及人民币升值等要素成本上涨的影响，出口形势低迷，生产经营难度逐渐增大。

（1）"低小散弱"的低端循环之路越走越窄。浙江省微型、小型企业居多，中型、大型企业数量偏少的企业结构在某种程度上制约着小微企业未来发展，规下经济实力与规上相比还有不小差距（见表14-1、表14-2），影响浙江省经济转型升级。浙江省小微企业占比高于江苏省、广东省和山东省，后者小微企业占比分别为91.6%、86.0%、91.1%。从户均工业产值看，浙江省规模以上工业户均总产值相对全国水平，从21世纪初的87%左右下降到目前的58%左右。浙江省规模以上工业企业户均总产值为 1.63 亿元，尽管比 1998 年增长了一倍多，但在全国各省（市、区）中排名倒数第二，仅高于西藏自治区（1.34 亿元）。同期，江苏省、广东省和山东省规模以上企业平均工业总产值分别达到了 14353.3 万元、16066.6 万元和 19041.1 万元，均比 1998 年增长 3 倍多，并且是浙江省企业平均规模的 2 倍左右。此外，浙江省规模以上小微企业平均工业总产值仅为 3868.7 万元，比 2006 年增长 25.6%，增幅低于大中型企业 5.4 个百分点。而同期江苏省规模以上小微企业平均总产值为 6406.9 万元，广东省为 6303.8 万元，山东省为 8928.2 万元。企业规模偏小，缺乏能够代表行业先进水平、占据较大市场份额的龙头企业和领军集团，也就难以形成以大中型企业为主导的本土企业网络和本土价值链。企业规模过小不利于实现规模经济效应和技术进步，也难以获得外部融资支持，反过来又会限制企业产能和规模的扩张，增加本土企业对外国采购商的依赖。

表 14-1 浙江省规模以上与规模以下企业的对比

对比项	规模以下企业	规模以上企业	规模以上企业÷规模以下企业
从业人数（万人）	355.05	719.01	2.03
主营业收入（亿元）	9652.96	57682.73	5.98
主营业务成本（亿元）	7780.06	49633.01	6.38
应付职工薪酬（亿元）	942.49	2895.98	3.07
资产总计（亿元）	8484.29	55654.17	6.56
用电量（亿度）	233.05	2402.73	10.31

资料来源：调研组统计分析而得（下同）。

表 14-2 浙江省规模以上与规模以下企业人均指标对比

对比项	规模以下企业	规模以上企业	对比项	规模以下企业	规模以上企业
人均主营业收入（万元）	27.19	80.23	单位用电量主营业收入（元）	41.42	24.01
人均主营业务成本（万元）	21.91	69.03	单位用电量主营业务成本（元）	33.38	20.66
人均应付职工薪酬（万元）	2.65	4.03	单位用电量应付职工薪酬（元）	4.04	1.21
资产总计（万元）	23.90	77.40	单位用电量资产总计（元）	36.41	23.16

（2）"家族式"治理结构影响小微企业长远后劲。浙江省小微企业大多处于产业链的低端，家庭经营较普遍，经济实力不强，工资报酬及社会地位偏低，难以吸

引高端人才，创新能力不强。企业管理较为落后，甚至不少小微企业没有完善的管理制度，财务制度不健全，有的连会计账都没有，甚至不做成本核算。企业管理、品牌经营、技术创新等方面都比较落后，缺乏远景规划，很难实现经营规模扩张和质的飞跃。抽样调查显示，浙江省中小微企业中股东会规模为2~3人企业比重超过样本的70%。2012年浙江省规模以上中小微企业中私营企业22658家，占全部规上中小微企业单位数的65.64%。有限责任公司有4163家，占比12.06%；股份有限公司有445家，占比1.29%。据统计，按规模以上中小微企业注册类型分组比较，浙江省私营企业数量居全国第一位，约占全国规模以上私营企业总量的17.1%；同时，浙江省私营企业，以及有限责任公司在绝对量和相对量（即私营企业占比，有限责任公司占比）上均超过广东省、江苏省、山东省。但在股份有限公司的绝对量和相对量上均不及上述三省。浙江省小微企业现代企业治理结构建设的落后，不利于小微企业转型升级和未来成长。金融危机对我国造成的影响主要通过出口传导，浙江、广东、江苏三省的出口比重都比较高，规模以上工业企业出口交货值占销售产值的比重分别为21.2%、29.82%和20.44%。三省中又以浙江受危机影响最大，江苏省受影响最小，这与小微企业的出口结构有关。江苏省出口比重尽管也超过了20%，但是与浙江省不同的是，江苏省高达64.78%的出口交货值是由外商投资公司创造的，还有17.05%的出口是由中国港、澳、台商投资公司创造的，私营企业出口仅占11.35%；浙江私营企业出口比重则高达42.83%，内资企业出口超过一半。外商投资公司相对于内资企业来说，有明显的国际市场渠道优势。因此，浙江在金融危机中的表现要差一些。

（3）避免产业链价值链"低端锁定"就必须迈向"小升规"。浙江省尽管在许多细分行业中保有了较高的市场占有率，在许多细分产品中，存在许多隐形冠军，但从行业大类上看，浙江省缺乏明显的优势行业。浙江省小微企业所在行业的生产效益和生产率均偏低。浙江省全行业平均销售利润率为6.28%，而广东省是7.42%，山东省是7.3%，江苏省是6.56%，均高于浙江省。浙江省销售利润率超过10%的行业只有1个，即医药制造业，行业利润率为12.63%，江苏省有3个、广东省有5个。从人均创造利税看，在发达省区中浙江省也是最低的，人均创利税为5.95万元/人，山东省是10.45万元/人，江苏省是8.07万元/人，广东省是6.01万元/人。除了烟草和石油，浙江人均创利税最高的行业是化学原料及化学制品制造业，人均创利税16.81万元/人。江苏省是黑色金属冶炼及压延加工业，人均创利税15.59万元/人。广东省是交通运输设备制造业，人均创利税20.43万元/人。山东省是有色金属冶炼及压延加工业，人均创利税21.48万元/人。浙江省工业总产值排名前5位的行业是纺织业、电气机械及器材制造业、通用设备制造业、交通运输设备制造业和化学原料及化学制品制造业，工业总产值占全部行业工业总产值的比重分别为 10.85%、9.14%、7.35%、7.02%和 6.83%。从企业数量分布看，排名靠前的是通用设备制造业、橡胶与塑料制造、纺织业等（见图 14-1）。传统行业仍占较大比重，前 5 位行业总产值合计占比 41.19%。而广东前五大行业集聚度高达 48.88%，尤其是通信设备、计算机及其他电子设备制造业和电气机械及器材制造业，两大行业总产值占比达到全行业的 1/3。江苏占比也达到了 48.26%。浙江省除了化学纤维制造业占全国的比重高达 48.54%，名列第一，其他行业大类在全国的占比均没有达到各省最高。浙江省行业大类在全国占比超过 20%的行业分别是纺织业、废弃资源和废旧材料回收加工业和皮革、毛皮、羽毛（绒）及其制品业，占比分别为 24.27%、23.31%和 20.05%，基本都是传统制造业。相反，江苏、广东和山东三省均存在较多行业大类在全国领先，在全国占比超 20%的行业，江苏省有 9 个、广东省有 13 个、山东省有 7 个。所以，小微企业迫切需要转型升级。

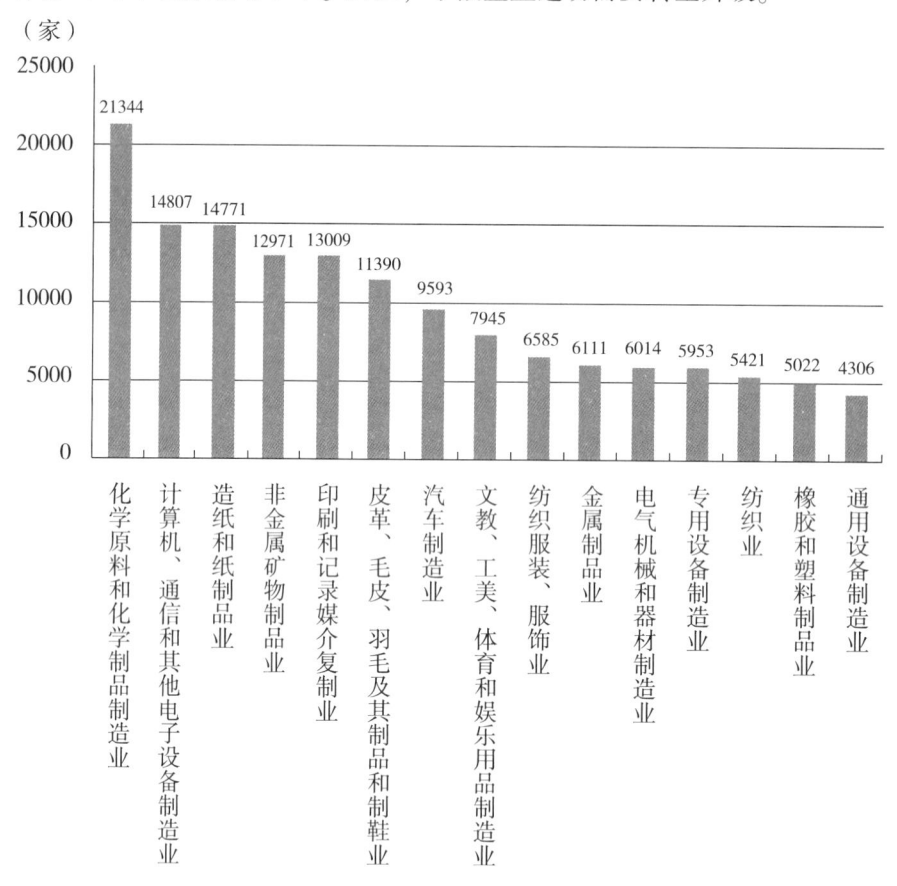

图 14-1　浙江省规模以下工业企业主要行业分布

资料来源：调研组统计分析而得。

（4）避免"规下经济"成为"地下经济"需要"小升规"。小微企业在上规之前，由于财务不规范等原因，很多企业按月"定额征税"，内部财务核算不完善，生产经营信息不透明，不少规模以下企业为了避税，长期沉淀、滞留在规模以下位置上，导致规模以下工业的真实规模和产值难以全面客观地统计。企业上规后，纳入政府统计监管视野，必须按期上报财务报表和纳税，企业生产经营更加规范，经营信息更加透明，有利于真实反映浙江省经济总量。此外，在浙江省各地，尤其是产业集群内还存在大量可以转为小微企业却因为各种原因而没有转的个体工业户。但实际上，个体工业户的发展和经营模式已经与小微企业的发展和经营模式没有太大的区别。

第三节 "小升规"的潜力和条件

小微企业是浙江省经济的主体力量，也是规模以上企业的有生力量。浙江省小微企业有56.93万家，占企业总数97.0%（见表14-3），为"小升规"提供了坚实的基础。

表14-3 浙江省大中小微企业分布情况

类别	大型企业	中型企业	小型企业	微型企业
企业家数（户）	1095.00	14060.00	136142.00	433328.00
所占比重（%）	0.19	2.47	23.17	74.17
主营业务收入（亿元）	23403.70	35815.30	37190.70	7788.90
所占比重（%）	22.46	34.37	35.69	7.48
期末从业人员数（万人）	313.60	624.70	801.70	354.30
所占比重（%）	14.97	29.83	38.28	16.92

从地区分布看，杭州、宁波、温州、台州都超过了2万家（见图14-2），特别是宁波超过了4万家。

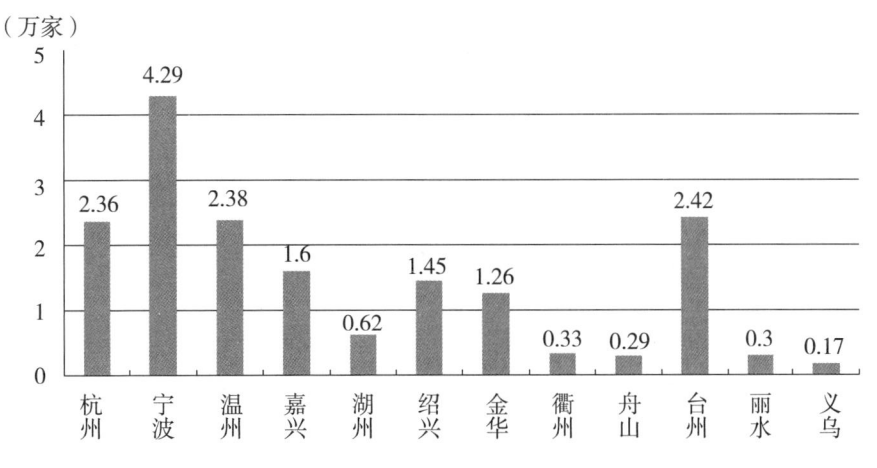

（万家）

杭州	2.36
宁波	4.29
温州	2.38
嘉兴	1.6
湖州	0.62
绍兴	1.45
金华	1.26
衢州	0.33
舟山	0.29
台州	2.42
丽水	0.3
义乌	0.17

图14-2 浙江省小微企业的地区分布

资料来源：调研组调研统计分析而得。

从产业分布看，小微企业多数分布于第二、第三产业（见表14-4）。其中，小型企业逾六成为第二产企业，在第一、第二、第三产业中比重分别为3.8%、65.0%和31.1%；微型企业半数为第三产企业，在第一、第二、第三产业中比重分别为2.4%、47.3%和50.3%。

表14-4 浙江省小微企业的产业分布情况

指标	合计	第一产业 个数（家）	第一产业 比重（%）	第二产业 个数（家）	第二产业 比重（%）	第三产业 个数（家）	第三产业 比重（%）
小型企业	136035	5237	3.8	88465	65.0	42333	31.1
微型企业	433280	10358	2.4	204953	47.3	217969	50.3

从行业分布看，小微企业七成以上分布于制造业和批发和零售业（见表14-5）。

表14-5 浙江省小微企业的行业分布情况

行业	小型企业 个数（万家）	小型企业 比重（%）	微型企业 个数（万家）	微型企业 比重（%）
	136035	100	433280	100
农、林、牧、渔	5237	3.8	10358	2.4
采矿	453	0.3	927	0.2
制造	83641	61.5	188390	43.5
电力、燃气及水的生产和供应	613	0.5	3064	0.7
建筑	3758	2.8	12572	2.9
交通运输、仓储和邮政	2271	1.7	9900	2.3
信息传输、计算机服务和软件	1575	1.2	13663	3.2
批发和零售	18287	13.4	123808	28.6
住宿和餐饮	3306	2.4	3743	0.9
房地产	2392	1.8	12343	2.8
租赁和商务服务	5692	4.2	37034	8.5
科学研究、技术服务和地质勘查	4021	2.9	9781	2.3
水利、环境和公共设施管理	1132	0.8	1363	0.3
居民服务和其他服务	2296	1.7	4543	1
教育	0	0	0	0
卫生、社会保障和社会福利	19	0	51	0
文化、体育和娱乐	1342	1	1740	0.4
公共管理和社会组织	0	0	0	0

在小型企业中，制造业企业数量最多，为8.36万家，占61.5%；其次为批发和零售业1.83万家，占13.4%。在微型企业中，制造业、批发和零售业企业18.84万家和12.38万家，分别占43.5%和28.6%。

不论是从总量上、数量上还是就业贡献上看，工业小微企业都是"小升规"的潜力所在。浙江省规模以下工业主要经济指标居全国各省、自治区、直辖市首位，继续保持全国领先。截至2012年年底，浙江省规模以下工业企业单位数19.95万家（国家口径），占全国的14.8%；年末从业人数355.05万人，占全国的12.8%；主营业务收入9652.96亿元，占全国的17.7%，是江苏省的1.48倍、广东省的1.51倍、山东省的1.82倍（见表14-6），潜力和优势比较明显。

表14-6 部分省份规模以下工业企业主要指标对比

地区	企业数（万家）		从业人员年末人数（万人）		主营业务收入（万元）	
全国	135.01	占比（%）	2767.59	占比（%）	54666.46	占比（%）
浙江	19.95	14.8	355.05	12.8	9652.96	17.7
江苏	17.90	13.3	296.63	10.7	6536.64	12.0
广东	14.82	11.0	426.50	15.4	6380.49	11.7
山东	12.96	9.6	279.51	10.1	5290.77	9.7
河南	7.43	5.5	157.06	5.7	3076.54	5.6
河北	6.13	4.5	119.55	4.3	2306.00	4.2
湖南	4.73	3.5	95.05	3.4	1850.54	3.4
福建	5.34	4.0	119.73	4.3	1793.04	3.3
湖北	3.91	2.9	79.67	2.9	1773.74	3.2
重庆	3.84	2.8	75.76	2.7	1692.55	3.1
安徽	4.03	3.0	89.85	3.2	1691.04	3.1
上海	4.14	3.1	71.05	2.6	1609.82	2.9

从全国看，小微企业主营业务收入来源主要在第二产业（见表14-7），特别是浙江省小微企业第二产业占比达到51.5%，超过一半，第二产业中工业又占了绝大多数，为94.4%。工业小微企业达到20.29万家，占全部工业企业的97.4%。这是"小升规"的重点领域，有很大潜力可挖。

表 14-7　全国小微企业的主营业务收入分布情况

指标	合计	主营业务收入（亿元）		所占比重（%）	
		小型	微型	小型	微型
合计	104198.6	37190.7	7788.9	35.69	7.48
第一产业	172.1	57.8	10.1	33.59	5.88
第二产业	67669.8	25681.7	3995.4	37.95	5.90
工　业	57078.9	24452.8	3862.8	42.84	6.77
建筑业	10590.8	1228.9	132.5	11.60	1.25
第三产业	36356.7	11451.2	3783.4	31.50	10.41

小微企业对市场的敏感性要超过规模较大企业，在市场形势好、经济形势乐观的时期，推动"小升规"相对会更加有利。对浙江省而言，在经济下行时期，小微企业的增速往往低于规模企业；而当经济上行时期，小微企业的增速则往往超过规模企业。2008年浙江省经济增速不断下滑，小微企业的增速低于规上企业的增速；2009年经济复苏，小微企业的增速开始超过规模以上企业；2010年浙江省各项经济指标高速增长，小微企业也以更高的增速超过了规模以上企业；2011年经济又进入下降通道，小微企业增速下滑的速度超过了规上企业；2012年经济继续下滑，小微企业增速再次低于规模以上企业；近两年，小微企业增速明显上升，已经超过规模以上企业，这表明浙江省经济重新进入了上升通道，为"小升规"创造了良好的条件。

第四节　"小升规"的突出问题

推动小微企业成为规上企业，这不是简单的GDP增长或统计数据的增加，而是确实可以促进市场主体转型升级。调研发现，"小升规"短期有阵痛，长期有好处。所谓"短期有阵痛"，因为升规后税费负担、管理成本、规范要求等，企业的综合负担和成本快速上升，对企业发展有所不利；所谓"长期有好处"，因为小微企业如果不迈向"小升规"，就只能小打小闹、比上不足比下有余，成为"长不大的阿斗"，不可能成为现代化的大企业。所以，加快小微企业"小升规"，关键是降低短期负担，增强长期期望，不能只注重改变注册形式，更重要的是转变发展内涵，转变经营理念和管理模式，提高小微企业的市场竞争力和综合实力，这才是规模以下转规模以上的出发点和落脚点（见表14-8）。

表 14-8 小微企业与规模以上企业的对比

小微企业	规上企业
用地难：拿地难、入驻园区很难	拿地相对容易
融资难：难以获得银行授信	能够抵押贷款，银行授信额提高
补贴难：研发等补贴获取比较难	能够得到科技创新补助等
签约难：信誉度不高，履约能力不强	信誉度提高，签订合同更加容易
引才难：社保等不够规范，人才不愿来	用工制度更加规范
出口难："借道出口"普遍	出口更加畅通
创牌难：难以创建品牌，认可度不高	具备创建品牌的条件
用能难：特别是用能指标紧张时很难	用能相对能够得到保障
成长难：家庭作坊式	趋向于现代经营

一、"小升规"瓶颈之一：思想瓶颈与思想负担

思想顾虑是"小升规"的一大拦路虎，不少有实力的规模以下企业犹豫观望，主要是思想负担较重，对"小升规"认识不够，缺乏主动性、积极性不强。部分规模以下企业业主因年龄、文化、管理经验、投资成本等原因，求稳心理占主导，存在小富即安的思想现状，担心入规后不确定因素增多而蒙受损失，认为只要政策允许，只要能赚到钱，规模以下企业没有必要入规升级。而且规模以上企业比规模以下企业要承担更多的社会责任，因此一些规模以下企业在经济指标达到规模以上标准时仍不愿升规模。比如，织里镇童装行业目前只有21家规上企业，有的虽然规模比较大，雇工人数也较多，但大都是现金交易，不需要开具增值税发票，也无须进行进项税的抵扣，即使具备了入规的客观条件，主观意愿并不高。抽样调查表明，53.5%的企业"小升规"意愿不强，其中24.7%的企业明确表示不愿上规。有的企业认为，"小升规"增加了企业成本，影响了企业发展；有的企业认为，"小升规"是涸泽而渔，在目前经济形势不好的情况下，应该"放水养鱼"。关于"小升规"的顾虑，34.5%的企业认为实际税负加重了，32.1%的企业认为涉企检查增多了，30.7%的企业认为增加了管理负担，顾虑不大的仅占2.7%。而且不同类型企业的顾虑有所不同，"小升规"培育对象更多地担心涉企检查增多，比例占38.4%；新上规企业更多地担心税负增加，比例占49.2%。在将一部分企业纳入培育对象后的跟踪调查发现，82.7%的企业表示愿意上规，动力主要来自上规后更容易得到用地、用能、融资、研发补贴等方面的支持。实际上，小微企业在享受优惠政策、接受要素资源配置等方面的确难于规上企业，不少市县对小微企业基本上不新增供地指标。解开"小升规"的思想"疙瘩"，关键要让企业得到实实在在的好处，打消业主对

"小升规"的重重顾虑。进一步调查发现，新上规企业中86.6%是自然上规，13.3%是在政府推动下上规；在原上规企业中，95.2%是自然上规，5.8%是政府推动或其他原因上规。这说明，尽管各地政府在推动企业上规中发挥了一定作用，但不是"小升规"的决定性因素，最终还是要靠企业自然上规。所以，不能强制性搞"小升规"，要充分尊重业主意愿，引导具备实力的规模以下企业自觉自发自愿上规。一些地方在推动"小升规"过程中，出现了部分规模以上企业（不是外迁企业）因销售收入下降退出了规模以上企业行列。要防止"运动式"搞"小升规"，不能一阵风、一阵雨，避免规上企业大进大出。通过政策宣传，提供典型样板，消除业主"宁为鸡头、不为凤尾"的小富即安思想，让"小升规"企业更加明白，长期游离在规模以上和规模以下企业之间，"夹心饼干"的利润越来越薄，增长空间也越来越窄，使企业对"小升规"更加积极主动。

二、"小升规"瓶颈之二：税费瓶颈与税费负担

"小升规"加重了企业税费负担是客观事实，也是企业裹足不前的一个主要原因。对大多数小微企业特别是产品以内销为主的企业而言，升级上规就意味着税负增加，需要拿出更多的"真金白银"。这大大影响了小微企业上规的意愿和动力。调查发现，从经营规模、场地、用工、用能等指标看，相当一部分小微企业已达到应税销售收入超2000万元的"规上"体量，"戴小帽"现象的确不少，甚至经营规模超4000万的也有一些，尤其在块状经济、产业集群领域。但由于小微企业可享受种种显性便利和隐形"福利"，特别是规下企业实行定额征税，比如纺织服装、红木家具、五金配件等产业，多走市场不开票经营，即便年实际销售额超规上标准，但税务部门开票收入却很少，加上经营信息不公开不对称，使得大部分经营者倾向于选择登记成为小微企业。抽样调查显示，23.7%的小微企业感到"小升规"后税费负担明显加重，50.4%认为有所加重，17.8%认为差不多。也就是说，90%以上的小微企业认为税负没有减轻，70%以上的小微企业认为税负加重。从税负增幅来看，认为负担增加较少或没有增加的企业占31%，增加一定负担但在10%以下的占44.6%，增加10%以上的占21.2%。实际测算发现，"小升规"税负加重可能是个误区，2009—2011年，浙江省工业小微企业的企业所得税税负率分别为20.17%、21.86%、22.06%，高于大中型企业的15.92%、17.65%和19.51%，工业小微企业的增值税税负率分别为2.87%、2.80%和2.74%，也高于大中型企业的2.32%、1.88%和1.84%（见表14-9）。据省有关部门测算，小微企业实际缴纳的所得税约为大中型企业的1/8，但享受的减免税额仅为大中型企业的1/6，说明尽管小微企业缴纳税额较少，但享受到的税收优惠也少。这里面有个算"眼前账"与"长远账"的关系。"小升规"在短期内税负确实加重了，但长远看可以享受越来越多的税收

优惠、补贴补助、融资便利、用地指标等政策。

表14-9 浙江省小微企业、大中型企业税负比较　　单位：亿元，%

税项	年份	小微企业				大中型企业			
		工业	批发业	零售业	合计	工业	批发业	零售业	合计
应纳税所得额	2010	67.42	30.62	1.35	99.39	723.12	88.60	26.32	838.04
	2011	84.12	41.51	1.74	127.37	1001.33	106.09	35.83	1143.25
	2012	89.7	43.09	1.92	134.71	1073.63	124.15	44.15	1241.93
减免所得税额	2010	3.16	0.80	0.05	4.01	59.77	1.41	0.038	61.218
	2011	2.56	1.25	0.07	3.88	66.43	1.37	0.065	67.865
	2012	2.60	1.31	0.09	4.00	55.69	2.10	0.094	57.884
实际应纳所得税额	2010	13.6	6.86	0.29	20.75	115.10	20.74	6.54	142.38
	2011	18.39	9.13	0.36	27.88	176.75	25.10	8.89	210.74
	2012	19.79	9.46	0.39	29.64	209.48	28.92	10.94	249.34
增值税应纳税额	2010	69.93	26.11	1.16	97.20	302.10	55.50	16.36	373.96
	2011	85.38	31.92	1.41	118.71	342.47	78.77	20.84	442.08
	2012	98.11	36.78	1.70	136.59	417.57	71.75	23.79	513.11
增值税减征额	2010	0.18	0.17	0.006	0.356	0.79	0.04	0.48	1.31
	2011	0.16	0.27	0.013	0.443	0.96	0.035	0.43	1.43
	2012	0.22	0.26	0.018	0.498	1.33	0.13	0.62	2.08
所得税税负率（%）	2010	20.17	22.40	21.48	20.88	15.92	23.41	24.85	16.99
	2011	21.86	21.99	20.69	21.89	17.65	23.66	24.81	24.81
	2012	22.06	21.95	20.31	22.00	19.51	23.29	24.78	20.08
增值税税负率	2010	2.87	1.05	1.52	1.94	2.32	1.08	1.20	1.92
	2011	2.80	0.95	1.46	1.82	1.88	1.00	1.06	1.58
	2012	2.74	0.88	1.43	1.73	1.84	0.65	0.93	1.42

目前，相对于大中型企业，小微企业的税费负担仍然偏重。2012年，规模以上工业小微企业主营业务税金及附加比上年增长5.02%，而大中型企业仅为2.07%，比同期主营业务收入增速高1.57个百分点；主营业务成本占收入的比重为87.1%，比大、中型企业分别高出1.29和1.58个百分点；主营业务收入利润率4.5%，比上年下降0.4个百分点，低于大中型企业1.02个百分点。浙江省规模以下小微企业主营业务收入营业利润率为4.36%，其中营业利润率在10%以上的企业数占12.28%，在5%~10%之间的占24.12%，低于5%的占63.6%；每百元资产实现营业利润仅为

5.58元。小微企业的非税负担也是偏重的（见表14-10）。小微企业交纳的费用包括教育费附加、水资源费、排污费、社会保险费和有关部门提供有偿服务收取的费用等，在非税负担中除了正常的行政事业性收费项目外，还有一些乱收费项目，非税负担仍然繁重。在当前大力治理乱收费的大背景下仍有九成企业认为非税负担没有减轻，七成以上企业认为非税负担加重。因此，减轻小微企业非税负担工作十分紧迫。

表14-10　浙江省小微企业的非税负担

序号	行政事业性收费	费率或金额	序号	行政事业性收费	费率或金额
1	养老保险	工资总额的15%	10	文化事业建设费	经营收入的3%
2	医疗保险	工资总额的6%	11	有关协费	每年约800元、1000元、3000元、3500元不等
3	工伤保险	工资总额的1%	12	工会经费	工资总额的0.3%或0.8%或1000元/年
4	失业保险	工资总额的2%	13	营业执照年检费	1000元/年
5	生育保障金	工资总额的0.3%	14	工商年检E照服务费	100元/年
6	残疾人保障金	工资总额的0.5%	15	暂住证	30元/年
7	教育费附加	增值税的3%	16	数字证书费	500元
8	地方教育费附加	增值税的2%	17	环保收费等	企业情况不一
9	水利基金	销售收入的0.12%或0.1%	18	检查、培训、摊派等项目	企业情况不一

三、"小升规"瓶颈之三：经营瓶颈与经营负担

按现有政策和相关规定，规下企业实行抽样调查，规上企业实行网上直报。企业一旦纳入规上，实行全面统计和监督，数据报送、财务处理、税费缴纳等都需要规范化，对安全生产、规范用工、环境保护、消防标准、社会保险等方面的要求明显提高，党组织、工会组织、妇女组织等建设需要同步跟进，这将产生不小的经营管理负担。很多小微企业对管理人员的配备比较少，按要求开展相关工作力不从心。以小微企业的专职统计人员为例，抽样调查发现，61.6%的小微企业没有专职统计人员；72.7%的企业认为上规后企业的统计负担明显增加，19.5%的企业认为上规后的统计负担有所增加。减轻"小升规"经营负担，需要帮助企业做好安全生产、环境保护、消防安全、社会保障等方面的工作，尽量做到不因"小升规"给企业增

加麻烦和负担。尽管这方面的扶持政策出台了不少，但确实有些政策"叫好不叫座"，政策本身吸引力不够，政策宣传的深度、广度也不够。根据调查结果，43.9%的小微企业主表示"不知道有哪些优惠政策"，21.4%的小微企业主表示"没有接触到"，32.8%的小微企业主认为，有的政策效用不大，缺乏足够吸引力。另外，像市场准入、资源配置、融资信贷、财税优惠等许多政策，企业没有很好地吃透，真正用到、用好的还不够多。从企业的公共服务需求来看，当前希望获得的依次是信息服务、市场开拓、用工培训、融资支持、咨询服务、知识产权，占比分别为63.2%、54.5%、50.8%、49.1%、48.9%、24.2%。企业需要的政策扶持依次是税收减免、财政扶持、用地空间、技术改造或研发补助、市场开拓，占比分别为90.1%、44.2%、41.3%、26.8%、24.9%。当前，最突出的几个经营瓶颈：一是用地指标紧，难以进入"小微园"形成了"卡脖子"。严格的土地制度使小微企业用地原本已经紧张的问题更加突出。为了提高土地使用效率和经济效益，各地对企业用地都明确规定投资密度和经济强度，把企业投资规模和纳税贡献等指标作为企业申请入园获得土地的先决条件，而小微企业由于自身实力弱，难以达到以上这些条件，因此，小微企业发展用地更趋紧张。二是"双转移"背景下的用工难、用工贵是小微企业发展的普遍难题。"小升规"对规范用工提出了较高要求，加之现在一般性劳动力普遍回流，简单加工制造业向中西部转移，企业人力成本明显抬升，招工也越来越难。劳动合同法规定，企业有义务为员工缴纳社会保险。这对业主而言是不小的负担，是规下小微企业转企的"拦路虎"之一，很多已转的业主对此意见也较大。究其原因：一方面，上规后企业管理更加规范，要求更高，需要为员工一次性补缴社保，难以一步到位；另一方面，员工流动性大，缴纳社保后员工频繁跳槽，损失较大。企业用工紧缺及管理费用增加带来的用工总成本大大提高，近几年来，企业用工成本平均每年上涨10%~20%。企业在加大生产成本支出后，很难再有充裕的资金进行创新投入和发展转型，不利于全省小微企业的转型升级。三是"五水共治""三改一拆"、用能用电限制对小微企业发展形成了倒逼。民众对环境保护的要求越来越高，浙江省先后出台了"五水共治""三改一拆""四换三名"等政策，对小微企业提出了较高的要求，形成了倒逼。

四、"小升规"瓶颈之四：审批瓶颈与审批负担

"审批难、审批繁"是"小升规"的一大"拦路虎"，"想转而又未转""太麻烦不想转"的规下小微企业，普遍反映"审批难、审批繁"。调查发现，76.7%的业主将审批难作为"小升规"障碍，特别是涉及国土、消防、质监、环保、卫生等诸多前置许可比较难、比较繁。目前，"小升规"的"隐性成本"和"机会成本"还不小，不少"想转而未转成""太麻烦不想转"的企业反映，现在直接审批比以

前好多了，但具有"审批功能"的"准审批"事项仍不少，不少备案、登记、认证、认定、证明、核准等办起来甚至比审批还麻烦。调查发现，48.5%的业主认为，"小升规"后规范性要求增多、"准审批"事项增多。针对企业上规前后"准审批"服务变化的调查显示，49.2%的规模以上企业认为没有变化，49.5%的规模以上企业认为有改进，新上规企业、原上规企业认为有改进的分别为63.7%、21.9%，前者比后者提高了42个百分点，这说明政府对企业的减负松绑对"小升规"是有力促进。因此，有必要建立有效的培育跟踪机制，加强对有潜力的规模以下企业的培育，不仅要通过政策撬动年实际纳税营业收入超5000万元的规模以下企业上规，还要关注年实际纳税营业收入在2000万与5000万元之间的规模以上企业，突出培育重点，提高培育质量，给企业减负松绑，减少审批负担，使新上规企业具备稳定性和一定发展潜力。

五、"小升规"瓶颈之五：融资瓶颈与融资负担

"两多两难"背景的融资难、融资贵，特别是当前企业的资金链、互保链风险，对小微企业造成了不小的影响。小微企业信息披露方面的制度性建设还比较滞后，企业征信体系建设还不够完善，商业银行难以全面、准确掌握小微企业财务状况及相关信息。另外，部分商业银行的信贷审批环节和相关要求也缺乏透明度，导致资金供需双方在"对接"过程中信息沟通成本增加，银企信息不对称的矛盾比较突出。此外，小微企业普遍面临融资渠道窄，担保体系建设滞后，资本市场发育不全，直接融资比例偏低，产权资本进入与退出机制不够健全等问题。小微企业在贷款时还面临不公平待遇，银行贷款给小微企业通常都会提出利率上浮、存贷挂钩、附加手续费、搭售理财产品等要求，再加上担保、中介等其他费用，导致小微企业的银行融资成本大幅上升，一些小微企业反映，融资综合成本甚至高达20%以上。部分小微企业为维持生产，采用了互保担保的融资方式，或者选择民间借贷来调剂资金余缺，加剧了企业经营风险，企业资金链互保链紧绷甚至断裂的风险日益突出。尽管各级加大了对小型微型企业财政信贷方面的支持，制定了部分意在鼓励满足小微企业融资需求的政策，但融资难、融资贵问题没有得到有效改善，能获得金融机构信贷支持的小微企业比例仍然很低。调查显示，26.4%的企业反映存在资金紧张，15.5%的企业反映存在融资难问题，企业流动资金比上年充足的仅占14.1%。有76.7%的小微企业没有产生融资行为，有融资行为的企业有18.7%是通过银行贷款，民间借贷的占9.3%。由于小微企业大多脱胎于个体经营，本身规模较小，实力不强，信用度也低，更因财务体制不健全、内部管理不规范而达不到银行贷款准入条件，在信贷规模受限条件下，小微企业获得银行信贷支持更难，难以全面满足小微企业的融资需求。

第五节 对策与建议

目前，按照全省统一要求，各地都在加快推进"小升规"，但与省委、省政府明确的目标任务相比，还有不小压力。特别是"小升规"越深入，难度越来越大，需要在政策上加强创新和支持（见表14-11）。规模以下小微企业量大面广、情况千差万别，不能搞"一刀切"，要着力实施含金量高、操作性强、吸引力大的政策措施，为规模以下小升规减负松绑，激活小微企业升规的意愿和动力（见表14-12）。当前，有必要将对点的扶持转化为对面的扶持，将个体的政策转化为普惠的政策，整合分散于各部门之间的小微企业政策资源，聚焦靶心，精准发力。

表14-11 浙江省"小升规"的数量

地市	2012年"小升规"数量	2013年"小升规"数量	2014年"小升规"目标
杭州市	409	675	500
宁波市	674	719	590
温州市	379	568	440
嘉兴市	382	516	400
湖州市	145	229	180
绍兴市	384	600	420
金华市	338	692	400
衢州市	53	82	70
舟山市	30	32	20
台州市	475	510	400
丽水市	167	112	80
全省	3436	4735	3500

资料来源：浙江省中小企业局。

表14-12 浙江省"小升规"的主观性障碍

不愿"小升规"	"想升规"升不了	已转但又想转回
小富即安不愿升规	土地使用证办理难升不了	转企很不划算想转回
经营成本低特别是税负低不想升规	消防验收难升不了	规范做账难想转回
小升规手续繁且转后风险高不敢升	环评难升不了	企业管理麻烦想转回
升规后享受不到实质性好处不甘升	融资难升不了	用工要求很高想转回

资料来源：调研组调研统计分析而得。

一、以产业扶持为靶向撬动"小升规":加大政策"势差",激励业态升级

"小升规"关键要帮助或倒逼企业在业态上转型升级,从"低小散弱"这条绝路上走出来,这事关小微企业长远发展根本。所以,要将"小升规"与产业扶持政策结合起来,制定单位能耗贡献、亩产贡献等方面的政策,强化要素利用效率的考核,形成规模以上与规模以下的政策"洼地",吸引或倒逼小微企业"小升规"。优先保障上规企业的各项要素供给,如电力供应紧张时期,优先保障规上企业用电;项目或企业进入园区,优先安排投产达产后达到入规标准的企业入驻,同时对用电增容、新增用地、品牌评比等,原则上规模以下企业不再审批。积极引导企业加大工业投入,加大自动化装备的投入,对"低、小、散、弱"及存在安全隐患、污染较大的小微企业,做好改造升级工作,通过"机器换人",实现减员增效、减能增效、减耗增效、减污染排放增效。对于申报"市名牌产品""省名牌产品""省著名商标"的企业,设立门槛即只针对规模以上企业,规模以下企业不得申报,形成一种行业性的倒逼机制。规模以上企业的管理要求更高更规范,很多规模以下企业尽管经济指标超过2000万元,但因企业管理达不到要求而不能纳入规上。所以,要帮助小微企业健全管理制度特别是财务管理制度,为企业升规打好基础。引导小微企业向"专精特新"方向发展,围绕支柱优势特色产业延伸产业链、延长产品链,形成地域化集聚、专业化分工、社会化协作的中小微企业集群,推广温州"小微企业园"模式,推动小微企业集聚发展。鼓励从事传统产业的小微企业,加快发展与制造业密切相关的科技研发、工业设计、管理咨询、创意服务、金融保险、信息服务、服务外包、现代物流等生产性服务业和新型消费性服务业,在"营改增"等政策方面给予必要的鼓励和扶持,激励提升小微企业业态。

二、以财税扶持为靶向撬动"小升规":减轻初期税负,增强自主意愿和内生动力

为了减轻"小升规"起步期的税负加重问题,建议推行小微企业"低负担或零负担转轨"。升规后比上一年度上缴的增值税、营业税、企业所得税实缴税收新增地方留存部分,三年内按80%予以返还奖励。结合扶持企业各项政策,加大小微企业扶持力度,对升规企业给予一定的政策优惠。比如,衢州市扶持小微企业设置了"上台阶奖",对企业由规下升规上的给予一定的资金奖励。对按规定缴纳城镇土地使用税、房产税确有困难的"小上规"企业,3年内给予城镇土地使用税、房产税优惠,第1年减按应纳税款的30%征收,第2年减按应纳税款的50%征收,第3年减按应纳税款的70%征收。支持和引导新上规企业申请高新技术企业认定,经认定后的企业享受减按15%的优惠税率征收企业所得税。"小升规"培育涉及的行政事

业性收费，包括教育费附加、水资源费、排污费、社会保险费和有关部门提供有偿服务收取的费用等，能减免的尽量减免。缴纳社保"五险"（工伤、养老、医疗、失业、生育）"小升规"企业，工伤保险职工参保率达到100%的，养老保险职工参保率以50%及以下、50%以上、70%以上三个区段为基准，用人单位"四险"（养老、医疗、失业、生育）分别按不低于上月全部职工工资总额的50%、40%、30%为计费依据申报缴纳；对工伤保险职工参保率未达到100%的，用人单位"四险"按不低于上月全部职工工资总额的80%为计费依据申报缴纳。创新"小升规"技改、租金等补助措施，加大机器换人、空间换地在"小升规"领域的扶持力度，对于设备投资在200万元以上的"小升规"企业，按10%给予补助；租赁闲置或低效工业用地的，3年内按租赁面积每月每平方米给予一定补助。进一步减少和规范涉企收费，建立涉企收费清单管理制度，清理规范行政审批前置服务收费，降低"小升规"企业的检测、检验、检疫类收费标准。特别是部分收费标准浮动幅度过大，有的执收部门在收费过程中随意性比较大；安全生产、消防培训、上岗培训等培训类收费过多过频；协会学会过多过滥，利用行政审批、注册登记、检验检测、技术评审、考核发证、中介服务等变相强制要求行业内企业入会，往往只收会费不服务或服务不到位。对这些问题，要从根本性的制度入手，深入源头治理，抓好清费减负，严格落实收费公示制度，加强企业负担调查、监测、通报，探索建立"企业负担指数"，落实涉企收费清单制度，让企业一清二楚明明白白。创新财税政策设计，提高财税手段的针对性和灵活性，加大小微企业专项资金扶持力度，将更多的资金用于促进小微企业的发展。大力支持初创型、科技型中小企业，支持小微企业技术创新、结构调整、节能减排、开拓市场、扩大就业，以及改善对小微企业的公共服务。国家已将小型微利企业和微型企业的税收减免工作以法律的形式确定下来，要进一步降低小微企业以及个体工商户增值税、营业税税率，提高小微企业以及个体工商户所得税免税额。针对创业阶段的小微企业，在一定期限内实行优惠税率或者免税政策，或者实行"先征后返"的办法。扩大地方政府税收返还权限，制定鼓励并购的财税政策，扶持小微企业上规升级。

三、以融资扶持为靶向撬动"小升规"：降低融资成本，化解互保担保风险

"小升规"目的之一就是为了更好融资，所以，要把"小升规"与融资支持结合起来。国家层面专门出台了小微企业扶持政策，福建、广东等省都做了很多探索。比如，福建实施了"万家小微企业成长计划"，计划3年内为1万家小微企业发放贷款300亿元，新增贷款余额200亿元。具体做法是按照"企业出一点、政府拿一点"的形式，财政出资1亿元，以不高于1∶1的比例配套，组成增信资金；企业自愿每年按实际获得贷款余额年化的1.5%缴纳成长基金，共同组成资金池，将符合

条件的小微企业纳入万家小微企业池，为企业贷款提供担保。浙江台州市也创新了小微金融服务模式，开通了小微企业信贷产品信息查询平台，该平台已经收录了195款台州各家银行具有代表性的小微企业贷款特色产品。小微企业用户利用该平台可以全方位、个性化地查找产品的审批标准、审批时限、产品特点、担保方式等信息，以此畅通小微企业金融产品信息传递渠道，有效破解银企信息不对称等问题。借鉴这些好的经验做法，进一步加强商业银行向小微企业授信放款的内在动力，加快调整现有的信贷投放格局和投放结构，完善商业银行财产抵押制度和贷款抵押物认定办法，采取动产、应收账款、仓单、股权和知识产权质押等方式，缓解小微企业贷款抵质押不足的矛盾，提高贷款审批效率。加强小微企业信用征集、信用评级工作，增强小微企业信用等级和获得银行授信的能力，对符合条件的信用征集、信用评级给予补助。搭建多形式小微企业融资服务平台，促进短期融资券、集合票据等债务融资工具的发展，支持符合条件的小微企业直接募集资金。进一步推广小额贷款公司和村镇银行等做法，鼓励民间资本参与发起设立小额贷款公司、村镇银行等股份制金融机构，设立创业投资引导基金，培育和规范发展产权交易市场，为小微企业产权和股权交易提供服务。

对浦江、东阳、永康、萧山、义乌、富阳、鄞州等地调研发现，目前企业融资互保联保风险处于"点状散发"状态，如果不及时灭火，虽不至于火烧连营，但对小微企业绝对是重创，小微企业抗风险能力毕竟比较弱。目前，融资环境、信用环境不是很好，部分银行对互保联保的反映比较过激，普遍加大了对企业的压贷、收贷、延贷，即使是经营正常、资产负债状况良好的小微企业，也面临贷款难、转贷难。担保链风险暴露后，甚至是经营状况好的小微企业先遭殃。小微企业可以倒在生产经营上，但不应该倒在互保担保上。"转贷难"是小微企业反映特别强烈的一个问题，即便成功转贷，时间也太慢，企业比较被动。转贷资金是企业的生产性资金，转贷这个坎过不去，企业的资金链就有可能断裂，有的企业因此出险。地方政府、企业迫切希望银行改革转贷方式，不要"先还后贷"，尽量直接延贷。法院对企业破产程序处置不够快，尽管有的地方法院建立了"绿色通道"，但仍需要半年到一年，这样对担保企业就造成了较大影响。处置担保链风险，应先追破产企业，再追担保企业，不能破产企业没处置完，就对担保企业下手。对涉险小微企业进行分类处置，从企业用地、用电、产值、税收、用工、安全生产、信贷等方面进行全方位的动态监测，建立风险预警机制，关注企业是否存在欠薪、欠税、欠息、欠费等"四欠"现象，形成涉险企业名单，分重点扶持、重组整合、依法破产等三类，有针对性地进行处置。对出险企业，暂时搁置担保企业的连带保证责任，让倒闭企业进入破产还债程序，先行由倒闭企业自有资产偿还债务，不足部分挂账停息，允许负有连带保证责任的企业分期偿还。"无缝转贷"对化解担保链风险很重要。转贷资金是涉险企业的"救命钱"，一旦转不成功，企业无路可走就可能涉足高利贷，最终坠入悬崖。转贷的无缝对接很重要，不要让企业到处筹措还贷资金，而且现在的形势也很难筹到。转贷办理要快，永康的企业转贷办理只需1天，经验值得推广。及时处置闲置资产，推动土地、厂房分割流转，探讨工业用地"退二进三"、二次开发，平衡资产负债表。符合规划、消防要求的，让企业尽快补办土地、房产等证照，让企业盘活存量资产。要把担保风险处置、产能过剩化解、企业重组整合结合起来，简化重组审批程序。加快农村"三权到人"改革，尽快盘活农房、农地、集体经济资产资源，让农村老板的资产活起来。

四、以后续扶持为靶向撬动"小升规"：动态跟踪，分类入库培育

"小升规"不能"为了转而转""转了就不管"，在升规后的一段时期，仍然要给予后续扶持。要从长远涵养税源出发，注重对规下小微企业的培育和扶持，进一步加强后续服务，帮助业主解决实际困难，不能让他们转企后心有不甘，甚至后悔不已，重新想"转回"。为"小升规"企业提供公共服务，应针对企业实际需求，从企业迫切需要解决的难题入手，建立重大问题解决机制，对症下药、因需施策、分类推进。针对年实际纳税营业收入超过5000万元以上的规模下企业，要给予要素支持，帮助企业"机器换人""空间换地"，鼓励"上规入园"，引导企业入驻小微园；针对年实际纳税营业收入介于2000万元到5000万元的规模以下企业，要做好信息对接、特色扶持，帮助企业解决棘手问题，比如"上规授信"，给予融资支持等，提高企业上规积极性；针对年纳税营业收入在2000万元左右的规下企业，根据企业上规共性需求，制订更有针对性的解决方案；针对年营业收入尚未达到规上标准但符合产业导向、成长性好、创新性强、前景广阔的创新型、科技型、成长型和高技术服务型小微企业，要加强政策扶持和跟踪培育。挖掘具备规上标准的潜在企业、可培育企业、成长性企业，建立有效的问题反馈机制，建立健全中小企业服务体系，发挥中小企业公共服务平台作用，为小微企业提供更加完善、多元化的政策服务。通过台账、财务凭证、用电量、缴税额等有效手段，逐步建立征信体系，动态、真实掌握小微企业经营情况，有针对性地实施"小升规"激励措施。建立完备的市场信用数据库，以工商、税务等部门的基础数据为依托，征集规下小微企业相关信用信息，包括业主信息、产品质量、信贷情况、财务台账、缴纳税金、用工用电、劳动社保等信息，完善规下小微企业经营信用档案，加强对规下小微企业动态市场监管，促使规下小微企业依法规范经营，为做大做强转型升级规上奠定基础。建立中小微企业信息数据库和统计调查、监测分析、定期发布、企业培育制度，对全省小微企业运行情况进行有效的监测，及时准确掌握和跟踪了解中小企业运行情况，以便更好地为小微企业服务。比如温州96871平台服务解决了中小微企业不同层次需求，重点面向文化设计、网络维护、展示展览等领域征集协会和服务机构，

以满足中小企业越来越多的对信息化、产品设计、创意文化等方面的需求。96871平台开放半年多以来，与112家协会和服务机构达成合作意向。金华经济技术开发区对销售收入500万~2000万元的小微工业企业按行业和成长性进行优选，建立了"小升规"企业重点培育库，筛选金华宏晟电子科技有限公司、浙江佰奥工贸有限公司等67家符合产业导向、成长性好、创新性强、发展前景广阔的小微企业和科技型、高技术服务型的小微企业入库，培育库的小微企业全部进入省小微企业培育与检测平台。

五、以审批减负为靶向撬动"小升规"：简化审批事项，促使轻装上阵

小微企业成长起来很不容易，要尽可能减负、给予关爱，特别是"小升规"后的3~5年，往往是企业提升发展的关键时期，要在要素申请、入驻园区、项目申报、创新补贴等方面的审批上，给予尽可能的支持，让他们轻装上阵。现在尽管对民间资本实行"非禁即入"，但缺乏具体实施细则，某些领域或行业对小微企业仍然有歧视性政策，"玻璃门""弹簧门""旋转门"现象依然存在，限制了企业市场准入、公平竞争，特别是小微企业市场准入困难重重。近年来，国家有关部委密集出台了42项落实"新36条"实施细则，大大放宽了民间资本准入领域，但铁路、能源、电信等基础设施和基础产业，具有投资规模大、周期长、回报慢等的特点，虽然没有了政策准入限制，但依然存在经济准入门槛。对于这些领域要结合实际情况，适当降低准入门槛，允许中小微企业"捆绑进入"。细化交通设施、能源水利、公用事业、社会事业、商贸流通等民间资本关注的市场准入领域，畅通政策和信息引导渠道，提高民间投资的便利性，彻底打开大门。对小微企业提出的建设项目和政府性资金申请，在审核内容、审核标准、审核程序、审核规则等方面，要一视同仁，不能区别对待。积极探索新型的审批方式和途径，借助"政务服务网"（一张网），集中办理小微企业审批事项，实行"一站式"服务，使小微企业在一个窗口就可以把所需要的审批业务全部办理完毕，审批办理过程要透明、公开。简化项目申报审批流程和手续，特别是一些小额税费减免、认定认证等手续，通过统一代办或批量处理，使企业便捷享受。切实看住"向企业乱伸的有形之手"，减少涉企审批事项，减少行政执法部门对企业的"检查指导"，减少对企业正常生产经营活动的干扰，使企业腾出时间和精力用于生产经营，清除企业"找市长不找市场"的积弊。"小升规"过程中涉及企业性质变更、股东变化、资产变更的，在经营范围、场所不变的前提下，免征资产转移所产生的税费，同时在股东中允许增加直系亲属，直接开具"小升规变更证明"，企业凭证明办理有关审批事项，尽可能提供便捷准入，实行联合审批，减少审批前置，见章跟章、便企便民。

第四篇 中小企业技术创新机制研究

第15章 技术创新和社会责任标签化时代下的变现能力研究[①]

第一节 问题的提出与研究假设

一、问题的提出

技术创新和社会责任对于商业世界乃至整个社会的影响,从未像今天这样巨大。因此,追赶技术潮流或追逐技术创新和社会责任标签成为很多企业的标配,中国企业同样如此。然而,从商业层面看,技术创新与社会责任并非救命仙丹,贴上这种标签更不能包治百病、一劳永逸,这种投入能否获得有效收益是企业密切关注的问题。也就是说,企业的技术创新能力和消费者感知的企业社会责任仅仅意味着中国产品在海外的知名度,但这还不够,将知名度转化为品牌、转化为正面的产品海外形象,还需要跨越商业变现这道鸿沟。能否真正把握将可付诸广泛应用的创新技术和社会责任进行商业变现的能力,如何有效地将创新落地、了解履行社会责任带来的效果,剖析其对于提升中国产品海外形象这一"黑箱"的运行机制,已经成为中国企业乃至学术界亟待解决的重要问题。

技术创新本身伴随着海量淘汰与风险,企业的创新只是硬币的一面,创新落地所带来的转换成本则是硬币的另一面,如果不能准确评估企业的变现能力,创新的价值增值空间也将被转换成本黑洞所吞噬;全球化和国际贸易是发达国家对发展中国家企业履行社会责任行为产生影响的重要驱动因素,这种被动的、关注环保、劳工权益等社会问题的社会责任行为无法为企业带来直接经济效益。如何将标签化时

[①] 原载《南开管理评论》,2018年第2期。

代"不得不"的社会责任转化为企业的实际利益,是一个需要关注的重要问题。基于此,本研究以全球108个国家海外消费者的2992份有效问卷为样本,通过企业—消费者识别度、消费者忠诚度和其对企业能力信念三个角度考察企业对技术创新和社会责任的变现能力,分析企业提升自身变现能力的手段和方法,探索提升技术创新和企业社会责任二者变现能力的最佳路径。

本章可能的研究贡献或预计取得的研究进展体现在三个方面:一是通过企业—消费者识别度、消费者的忠诚度和企业能力的信念三个角度考察企业对技术创新和社会责任的变现能力,研究结果对企业跨越技术创新和社会责任的商业变现鸿沟提供了重要理论依据。二是为技术创新和社会责任提升中国产品海外形象的运行机制提供理论分析和实证支持,拓展现有产品海外形象的分析框架,同时考察企业提升自身变现能力的手段和方法。三是试图探讨提升技术创新和企业社会责任二者变现能力的最佳路径,在不同的消费者卷入度水平上企业的侧重点应有所区别,以最大化地发挥有限资源的效用,帮助企业最大限度地提高技术创新和社会责任的变现能力,更有效地提升产品的海外形象,为企业提供有借鉴作用的实际指导。

二、研究假设

(一)变现能力的界定

大量研究讨论了企业应该如何提升技术创新能力和消费者对社会责任履行程度的感知,企业可以通过研发投入等手段提升在海外的技术创新能力,通过对环境、社区和劳工权益的关注获得海外消费者对企业履行社会责任的信任,但是仅有知名度还不够,知名度和产品海外形象之间还有一道鸿沟。与固定资产、应收账款的变现不同,知名度的变现能力是无形资产的变现能力,其数量、结构与衡量相对更加复杂。技术创新和对社会责任承诺的履行作为一种对消费者的外界刺激具有主观模糊性,企业想将其转化为品牌、转化为产品形象,进行商业变现,会引起很强的客观不确定性。自我归类理论和社会影响理论认为,促使消费者对熟悉的和/或具有专业能力的对象产生信息依赖(Hogg and Terry, 2000; Paulus, 2015),以减少这种不确定性,这些对象提供的、某种程度被消费者感知到的信息和反应是非常具有说服力的。也就是说,技术创新和社会责任的变现能力依赖于消费者对企业的熟悉程度/识别度、依赖程度/忠诚度,及其对企业能力持有的信念。因此,本章认为变现能力包括:①企业—消费者识别度,即消费者基于感知的企业贡献与其自我概念的重合度而产生的、对一个供应产品企业的心理依赖程度,企业通过建立信任为与消费者的交流提供便利并培育识别度。这种识别度是最具表现力的受益方式,消费者对企业识别度的提升增加了个人价值与企业价值的比较,形成了自我归类,因此通过满足消费者的自我界定需求提供了一种变现的能力。②消费者忠诚度。与Zeithaml等

(1996) 一致，消费者忠诚度包含消费者持有的对企业产品的宣传倾向，继续购买企业这个产品的意图，以及继续购买企业其他商品（交叉购买）的意图。当消费者对企业产品和服务的满意度达到一定阈值时，就会形成消费者忠诚度，这种忠诚度是将企业技术创新能力和社会责任履行能力进行商业变现的重要组成部分。③企业能力信念。消费者对企业能力的信念是指其通过感知企业产品的质量和价值所产生的对企业能力的信任程度（Du et al., 2007）。变现不能操之过急，透支消费者对产品的信任和喜爱是一个危险的游戏。想要成功评估技术创新的转换成本，将企业树立的社会责任形象转化为消费者对产品形象的感知，需要建立消费者对企业能力持有的长久信念，这也是将知名度转化为品牌、转化为产品形象的重要前提和变现能力。

（二）技术创新、社会责任与产品海外形象

产品提供者可以通过两种方式为海外消费者创造价值、提升产品的总体形象（Narver & Slater, 1990）：一是通过降低与消费者利益有关的成本，例如降低产品的价格/提升产品的价值，为消费者提供便利的服务、管理流程等；二是通过增加与消费者成本有关的利益，如设计符合产品特性的广告/保证产品的信誉，设计符合产品属性的包装风格，通过完善的顾客资料有针对性地为消费者提供产品和服务等。由此形成了产品海外形象的五个类别：价格与价值、服务与管理、广告与声誉、设计与风格、消费者资料或顾客资料。技术创新能够将新的发明和科学技术引入到产品和企业中，形成新的生产能力，并将这种能力渗透到企业产品的设计中，体现在产品的服务和管理上，成为产品海外形象的主要来源。另外，海外消费者在不断思考自身购买行为对环境和社会带来的影响，迫使企业比任何时候进行更全面的思考，使其面临更复杂的权衡和道德选择，迫使其通过企业社会责任的承诺和履行创造并传播产品和服务的真正价值。基于此提出假设 H1。

H1：技术创新（H1a）、企业社会责任（H1b）与产品的海外形象正相关。

（三）技术创新、企业社会责任与变现能力

本研究通过企业—消费者识别度、消费者的忠诚度和其对企业能力的信念三个角度考察企业的变现能力。就企业社会责任而言，企业—消费者识别度对企业来说是一种富有表现力的受益来源，来自消费者个人价值和企业价值的对比而产生的一种自我归类感，因此通过实现消费者的自我识别需要可以提升企业的识别度。一种有利的企业社会责任声誉是驱动识别度的主要原因之一，这种影响的主要原因是企业在社会责任领域的行为能够真实揭示组成企业识别度的价值、灵魂和特征，传达了社区利益相关者的利益诉求。如果消费者感知的社会责任价值与其内心固有的价值观一致，识别度就会得到积极提升。工具化的利益相关者理论认为，企业社会责任的主要目的是创建与利益相关者之间长期的、相互的利益关系，消费者的忠诚度也就成为本研究的一个重要产出变量。品牌企业的社会责任意识直接影响消费者对与这个品牌有关的企业能力的信念，消费者认为企业履行社会责任的能力与其能否

生产高质量的产品直接相关,并且非常敏感,即其感知的企业社会责任履行程度与其持有的企业能力信念直接相关。从消费者角度看,基于技术的创新具有四个主要特征(Gatignon and Xuereb,1997):一是较难评估的产品概念;二是较高的转换成本;三是对学习新产品付出额外的努力;四是理解产品的全部优点需要付出的额外时间。以上决定了企业的技术创新能力能够带来识别度、培育消费者忠诚度、增强其对企业能力的信念。因此,本章认为技术创新和企业社会责任能够提升企业的变现能力。基于此提出假设H2。

H2:技术创新(H2a)、企业社会责任(H2b)与变现能力正相关。

(四)变现能力与产品海外形象

本章试图通过论述组成变现能力的三个维度与产品海外形象的关系,阐述变现能力与产品海外形象的关系假设。

(1)企业—消费者识别度对于企业形成和管理产品的海外形象具有重要作用,不仅能带来消费者的满意度,还能够在服务—收益供应链中起到重要的连接作用,通过两种方式影响并提升产品在消费者心目中的总体形象:一是建立消费者识别企业的特征与企业形象之间的正确关联;二是识别度以自动转化和增强方式提升产品的海外形象;企业的识别度是管理企业形象和企业声誉的重要前提和基础。

(2)Sirgy(1985)认为,企业形象的评估在很大程度上由两个因素决定,除了自我形象与企业形象的一致性外,另一个重要决定因素就是由地区忠诚度和社会经济状态决定的购物忠诚度;消费者的忠诚度是消费者信任企业、信任企业产品的保证,具有伦理道德的特征,企业拥有忠诚度这种变现能力,会提升其产品在消费者心中的形象和信任度。最后,如果消费者对企业产品质量和价值具有足够信心,企业产品的海外形象也会得到相应的提升。与此同时,消费者感知的企业产品服务质量也会直接影响企业的海外形象。Stipp(1996)认为,发起者想要树立成功的、正面的企业形象需要重视三个因素:一是广告的质量;二是(消费者)对于发起者的积极的态度;三是产品信息的公开可见性。这三个因素正是消费者建立其持有的企业能力信念强弱的重要维度。因此,当企业—消费者识别度、消费者忠诚度和其对企业能力的信念累积到一定的程度,企业的变现能力与其产品在海外消费者心中的形象就会得到相应的提升。基于此提出假设H3。

H3:变现能力与产品的海外形象正相关。

(五)消费者卷入度的调节效应

许多消费者行为研究形成了大量复杂的理论,企图解释和预测消费者行为(Reny,2015),这些理论指出,消费者积极寻求有用的信息以便做出购买选择,这表明消费者是聪明的、理智的、善于思考和解决问题的有机结合体,能够通过评估做出明智的决策(Kozinets,2016)。然而,实际生活中许多消费者的购买决策行为并没有搜集非常广泛的信息,使学者们开始关注消费者行为的两个方面(Solomon,

2016），即较高的消费者卷入度和较低的消费者卷入度。尽管不同领域有不同的关注焦点，如在广告领域，通过与广告的相关度进行管理卷入度：接收者个体被广告影响、被激励而产生的对广告的反应；在产品分类领域，相关度关心的是消费者对产品的需求和评价；在购买决策研究领域关心的是决策——消费者被激励而认真做出的购买决策。总的来说，较高的消费者卷入度意味着较高的个体相关性或关联性。本章使用通用的、聚焦于个体相关度/关联度的消费者卷入度概念，其被定义为基于内在固有的需求、价值观念和利益，个体感知对象（即中国产品）的关联性。理论上，消费者卷入度被看作个体差异变量，是由于消费者的购买和交流行为而产生的、具有因果性或动机性的可变因素。也就是说，消费者卷入度水平的不同，将会使其在购买决策过程或者交流过程中产生很大差异（Laurent and Kapferer, 1985），从而影响消费者对产品所有企业的感知。其中，决策过程包括对比品牌动机的强弱、选择过程的长度，以及达到最大或特定满意度水平的意愿；交流过程则指包含信息搜集的程度、广告的可接受性，宣传期间产生认知反应的数量和类型等与产品和企业接触的全过程。因此，消费者卷入度对变现能力的各维度是否产生显著影响取决于不同的输入和感知过程。企业技术创新能力能够为企业主流消费者提供更多利益，为企业区别于其他企业提供更多的消费者识别度，与消费者的个体、心理和情境三个方面的卷入度密切相关（Zaichkowsky, 1985）。就企业的社会责任而言，消费者感知的企业社会责任履行程度与其持有的企业能力信念显著相关。当社会责任提供了更多消费者内在利益、价值和心理情境的卷入因素，就可能获得更多的消费者能力信念支持；而当消费者卷入度较低时，企业社会责任对企业能力信念的影响也会相应减弱。基于此提出假设 H4。

H4：消费者卷入度调节技术创新与企业—消费者识别度（H4a）、企业社会责任与企业能力信念（H4b）的关系。

综合上述理论分析和研究假设，本章的研究框架和概念模型如图 15-1 所示。

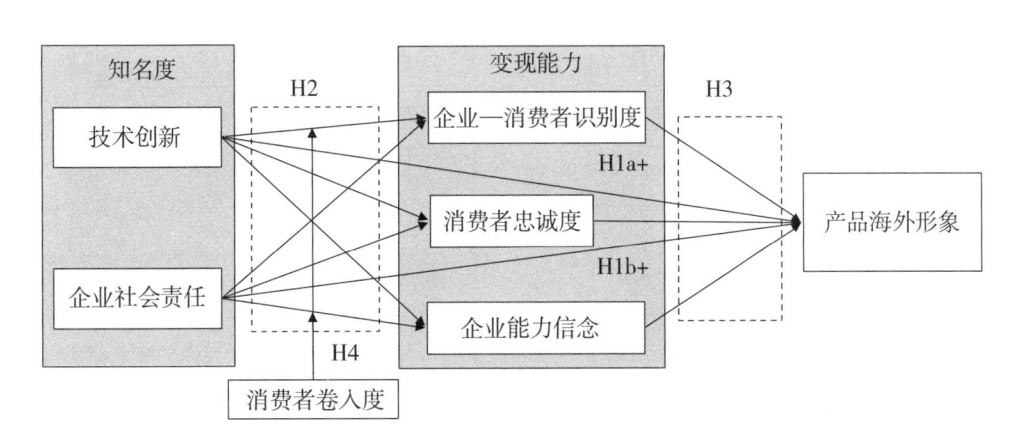

图 15-1 实证分析的研究框架与假设

第二节 样本数据来源与研究方法设计

一、样本数据基本情况

研究的调研对象设定为有过双国生活经历的非中国人，华侨与外籍华人不在调查范围内，受访者分别来自六大洲的 108 个国家。正式的大规模数据收集开始前，对 319 位海外消费者样本进行预测试，修订问卷的部分语言表述和匿名性等问题，使问卷更具可读性，易于理解。大规模调查共发放问卷 6701 份，回收 4190 份，回收率 62.52%。剔除部分数据漏填、数据全部一样、数据跳填或填项矛盾等问题问卷，剩余有效问卷 2992 份，有效率 71.4%。有效样本中，男性 1683 人，占 56.2%；女性 1309 人，占 43.8%。受访者的年龄多数分布在 25~55 岁，占 81.1%。家庭年收入多数在 3000~70000 美元（53.0%）。多数有宗教信仰（60.8%），未婚（56.7%），并且拥有本科及以上学历（71.0%）。受访者的职业覆盖不同领域，包括政府、事业单位、企业、个体/私营业、医疗、教育、教练、自由职业等（见表15-1）。

表 15-1 样本数据描述

特征	频数/个数	百分比	特征	频数/个数	百分比
性别	—	—	地区分布	—	—
男	1683	56.2	亚洲	1989	66.5
女	1309	43.8	欧洲	350	11.7
宗教信仰	—	—	非洲	323	10.8
有	1818	60.8	美洲	296	9.9
无	1078	36.0	大洋洲	19	0.6
缺失	96	3.2	缺失	15	0.5
学历	—	—	对中国的了解程度	—	—
高中或以下	710	23.7	非常了解	199	6.7
本科	2061	68.9	比较了解	952	31.8
研究生及以上	63	2.1	一般了解	1033	34.5
缺失	158	5.3	了解一点	691	23.1

续表

特征	频数/个数	百分比	特征	频数/个数	百分比
家庭年收入	—	—	不太了解	90	3.0
不超过 3000 美元	245	8.2	缺失	27	0.9
3000~9000（含）美元	703	23.5	在中国停留时间	—	—
9000~20000（含）美元	497	16.6	少于 6 个月	199	6.7
2 万~7 万（含）美元	386	12.9	6 个月~1 年	504	16.9
7 万~10 万（含）美元	437	14.6	1~2 年	911	30.4
10 万~16 万（含）美元	326	10.9	2~4 年	927	31
超过 16 万美元	162	5.4	4 年以上	432	14.4
缺失	236	7.9	缺失	19	0.6

数据来源：调研组统计分析而行（下同）。

二、变量测量

（1）技术创新和企业社会责任。本章采用 Zhou 等（2005）基于技术的创新量表（JM）；采用 Lichtenstein 等（2004）编制的消费者感知的企业社会责任量表（JM）。使用 Bollen（1989）建议的李克特 7 点量表进行评价，1 表示强烈不同意，7 表示强烈同意，NA 表示不清楚或不知道。高分代表在海外消费者的认知中，中国企业具有较高的技术创新水平，消费者感知的企业履行社会责任程度较高，反之亦然。技术创新量表的样题如"您觉得中国产品具有能够替代另一种较差产品的创新性""您觉得中国产品的技术创新是革命性的、有重大突破的、全新的""总体上来讲，中国产品和主要竞争对手的产品是相似的（反向题）""您觉得中国产品的应用与竞争对手的产品是完全不同的"；企业社会责任量表的样题如"您觉得中国企业能够将一部分利润用来帮助非营利组织""您觉得中国企业能够投资于社区教育、卫生和基础设施的建设""您觉得中国企业能够为社区创造就业机会""您觉得中国企业能够将慈善作为其商业活动的一部分"等。

（2）变现能力。本章采用 Homburg 等（2009）编制的企业—消费者识别度量表（JM），Zeithaml 等（1996）编制的消费者忠诚度量表（JM）及 Du 等（2007）编制的消费者对企业能力持有的信念量表合成的变现能力。同样使用李克特 7 点量表形式，得分越高表示企业的变现能力越强，反之亦然。企业—消费者识别度量表的样题如"我能够很强烈地识别出中国产品""我作为中国产品的消费者感觉是很舒服的""我喜欢告诉别人我是中国产品的消费者""中国产品与我有很好的匹配度""我对中国产品会产生依恋的感觉"；消费者忠诚度量表的样题如"您会向其他人说中国产品的优点""当有人向您征求意见的时候,您会向他推荐中国产品""会鼓励朋友和亲戚购买中国产品""在接下来的几年中,您仍然会选择购买中国产品";企业能力信念量表的样题如"您使用中国产品时,觉得中国产品是高质量的""您使用中国产品时,觉得中国产品是顺手的、舒适的""您使用中国产品时,觉得中国产品是可靠的""您觉得购买中国产品的性价比很高"等。

(3)产品海外形象和消费者卷入度。本章使用 Nagashima(1977)认为的产品形象由价格和价值、服务和管理、广告和声誉、设计和风格、消费者资料等五个类别组成的产品形象量表(JM);使用 Zaichkowsky(1985)设计的消费者卷入度量表(JCR)。李克特7点量表形式中,得分越高表示中国产品在海外消费者心目中的形象越好,消费者的卷入程度越高。消费者卷入度量表的样题如"您觉得在您的生活中购买和使用中国产品是重要的""您觉得中国产品与您的生活是息息相关的""您觉得在您的生活中购买中国产品是一件有趣、让您兴奋的事情""您觉得购买中国产品对您的生活是有意义的、有价值的""您觉得您会花时间去挑选和购买中国产品";产品海外形象的量表样题如"您觉得中国产品是,不昂贵的、定价合理的""您觉得中国产品是可信赖的""您觉得中国产品具有细致和一丝不苟的工艺流程""您会为持有中国产品而产品自豪感""您可以购买到您需要的任何产品尺寸与型号"等。

三、模型设计

根据本章的研究思路和框架,需要检验变现能力的中介效应和消费者卷入度的调节效应。模型中包含技术创新和感知的企业社会责任两个自变量(X)、企业—消费者识别度、消费者忠诚度、企业能力信念三个反应变现能力的中介变量(M),消费者卷入度这一调节变量(Z)及因变量(Y)产品海外形象。根据总体模型式(15-1)和式(15-2)构建本章的中介模型,如式(15-3)所示。

$$M = \alpha_1 + \alpha_{x1}X + \alpha_{xz1}XZ + e_{M1} \qquad (15-1)$$

$$Y = b_1 + b_{x2}X + b_{M2}M + B_{Z2}XZ + b_{MZ2}MZ + e_{Y2} \qquad (15-2)$$

具体的中介模型如下:

$$PI = \alpha_0 + \alpha_1 TI + \alpha_2 pCSR + \alpha_3 CCI + \alpha_4 CL + \alpha_5 CAB + \varepsilon \qquad (15-3)$$

其中,PI 代表产品海外形象,TI 和 $pCSR$ 表示技术创新和消费者感知的企业社会责任,CCI、CL 和 CAB 分别表示企业—消费者识别度、消费者忠诚度和消费者持有的企业能力信念。

调节效应模型如式(15-4)和式(15-5)所示。

$$CCI = \theta_0 + \theta_1 TI + \theta_2 CIn + \theta_3 TI \times CIn + \delta \quad (15-4)$$

$$CAB = \gamma_0 + \gamma_1 + \gamma_2 CIn + \gamma_3 pCSRI \times CIn + \zeta \quad (15-5)$$

其中,CIn 表示调节变量消费者卷入度。

综合以上,本章需要检验的研究模型是包含中介效应式(15-3)和调节效应式(15-4,15-5)在内的一个有调节的中介效应模型,见式(15-6):

$$PI = \beta_0 + \beta_1 TI + \beta_2 pCSR + \beta_3 CCI + \beta_4 CL + \beta_5 CAB + \beta_6 TI \times CIn + \beta_7 CSR \times CIn + \beta_8 CCI \times CIn + \beta_9 CAB \times CInn + \eta \quad (15-6)$$

第三节 实证分析与研究结果

一、效度与信度检验

表 15-2 显示了使用 Amos22.0 对研究中使用量表进行的验证性因素分析(CFA)汇总结果。可以看出,每个潜变量的组成信度(CR)和平均提取方差(AVE)的最小值分别是 0.80 和 0.50。均大于建议值 0.7 和 0.5。同时,模型的拟合度良好($\chi^2 = 611.202$;d.f.$= 284$;χ^2/d.f.$= 2.152$;GFI $= 0.984$;AGFI $= 0.981$;TLI $= 0.989$;CFI $= 0.990$;RMSEA $= 0.020$),因此,研究量表具有较好的内部一致性,信度和收敛效度检验通过。

表 15-2 验证性因素分析汇总表

潜变量	非标准负荷	标准误	t 值	标准负荷	项目信度	CR	AVE
技术创新	1.00	—	—	0.76	0.58	0.83	0.54
	0.97	0.03	36.11**	0.75	0.56		
	0.90	0.03	34.52**	0.71	0.50		
	0.93	0.03	35.07**	0.72	0.52		
企业社会责任	1.00	—	—	0.75	0.56	0.85	0.58
	1.02	0.02	40.75**	0.81	0.66		
	0.95	0.02	38.80**	0.76	0.58		
	0.92	0.02	37.36**	0.73	0.53		

续表

潜变量	非标准负荷	标准误	t值	标准负荷	项目信度	CR	AVE
企业-消费者识别度（变现能力）	1.00	—	—	0.71	0.50	0.85	0.53
	1.01	0.03	35.97**	0.73	0.53		
	1.07	0.03	38.58**	0.79	0.62		
	1.08	0.03	37.81**	0.77	0.59		
	0.90	0.03	31.23**	0.63	0.4		
消费者忠诚度（变现能力）	1.00	—	—	0.77	0.59	0.80	0.50
	0.77	0.03	29.53**	0.61	0.37		
	1.06	0.03	34.81**	0.75	0.57		
	0.88	0.03	32.21**	0.67	0.45		
企业能力信念（变现能力）	1.00	—	—	0.81	0.66	0.87	0.63
	1.05	0.02	49.36**	0.85	0.72		
	0.98	0.02	47.52**	0.81	0.66		
	0.86	0.02	39.79**	0.70	0.49		
消费者卷入度	1.00	—	—	0.71	0.50	0.84	0.52
	1.09	0.04	30.41**	0.62	0.38		
	1.03	0.03	37.46**	0.78	0.61		
	1.09	0.03	37.32**	0.77	0.59		
	0.96	0.03	34.06**	0.70	0.49		
产品海外形象	1.00	—	—	0.8	0.64	0.87	0.57
	1.06	0.03	42.04**	0.75	0.56		
	1.10	0.03	43.37**	0.77	0.59		
	1.12	0.02	45.61**	0.81	0.66		
	0.85	0.03	34.10**	0.62	0.38		

注：** 表示 $p<0.05$。

表15-3显示了各主要变量的均值、标准差，以及变量之间的相关系数，相关系数说明各变量之间显著正相关，共同方差的最大值0.12小于平均提取方差的最小值0.50，说明区别效度检验通过。

表 15-3　各变量均值、标准差及相关性

变量	Mean	SD	1	2	3	4	5	6
1. 技术创新	4.34	1.08	**0.54**	0.09**	0.09**	0.05**	0.06**	0.09**
2. 企业社会责任	4.40	1.15	0.30**	**0.58**	0.08**	0.04**	0.05**	0.08**
3. 企业-消费者识别度	4.15	1.10	0.30**	0.28**	**0.53**	0.10**	0.09**	0.12**
4. 消费者忠诚度	3.95	1.15	0.22**	0.20**	0.32**	**0.50**	0.06**	0.08**
5. 企业能力信念	3.94	1.12	0.24**	0.22**	0.31**	0.25**	**0.63**	0.14**
6. 产品海外形象	4.21	0.87	0.31**	0.27**	0.34**	0.28**	0.37**	**0.57**

注：①** 表示 $P<0.05$（双尾）；②矩阵对角线下方是相关系数；矩阵对角线上方是共同方差，加粗字体的数值为 AVE 值。

二、中介效应分析

表 15-4 与 15-5 是运用 Amos22.0 对结构方程模型（SEM）进行多重中介分析的系数乘积战略和 Bootstrapping 方法结果。从表 15-4 的中介效应分析可以看出，技术创新和企业社会责任对产品海外形象的直接效应分别是 0.122（CI={0.083, 0.161} 和 {0.083, 0.162}）和 0.073（CI={0.038, 0.107} 和 {0.039, 0.107}），直接效应显著，假设 H1a 和 H1b 得到验证。对于技术创新，企业—消费者识别度的间接效应和总效应分别是 0.040（CI={0.028, 0.054} 和 {0.028, 0.053}）和 0.162（p=0.000），消费者忠诚度的间接效应是 0.023（CI={0.015, 0.034} 和 {0.014, 0.033}）和 0.145（p=0.000），企业能力信念的间接效应是 0.049（CI={0.036, 0.064} 和 {0.035, 0.063}）和 0.171（p=0.000）；从企业社会责任变量分析，企业—消费者识别度的间接效应和总效应分别是 0.030（CI={0.020, 0.042}）和 0.104（p<0.01），消费者忠诚度的间接效应是 0.016（CI={0.010, 0.025} 和 {0.010, 0.024}）和 0.090（p<0.01），企业能力信念的间接效应是 0.042（CI={0.029, 0.057}）和 0.115（p<0.01）。因此，无论对于技术创新还是企业社会责任而言，变现能力（表现为企业—消费者识别度、消费者的忠诚度及其对企业能力的信念三个变量）都是提升中国产品海外形象的重要中介变量，假设 H2（含 H2a 和 H2b）和假设 H3 得到验证。

表 15-4　基于 Bootstrapping 的 SEM 多重中介效应分析结果

变量	效应	系数估计值	系数乘积战略 标准误	系数乘积战略 Z 值	Bootstrapping 偏差校正法 95%CI 下限	Bootstrapping 偏差校正法 95%CI 上限	Bootstrapping 百分位值法 95%CI 下限	Bootstrapping 百分位值法 95%CI 上限
技术创新	间接效应							
	企业—消费者识别度	0.040	0.007	5.714	0.028	0.054	0.028	0.053
	消费者忠诚度	0.023	0.005	4.600	0.015	0.034	0.014	0.033
	企业能力信念	0.049	0.007	7.000	0.036	0.064	0.035	0.063
	直接效应	0.122	0.020	6.100	0.083	0.161	0.083	0.162
	总效应	0.234	0.021	11.143	0.195	0.276	0.194	0.276
	企业—消费者识别度	0.162	0.020	8.100	0.124	0.202	0.124	0.202
	消费者忠诚度	0.145	0.020	7.250	0.108	0.185	0.108	0.184
	企业能力信念	0.171	0.021	8.143	0.132	0.213	0.131	0.212
企业社会责任	间接效应							
	企业—消费者识别度	0.030	0.005	6.000	0.020	0.042	0.020	0.042
	消费者忠诚度	0.016	0.004	4.000	0.010	0.025	0.010	0.024
	企业能力信念	0.042	0.007	6.000	0.029	0.057	0.029	0.057
	直接效应	0.073	0.017	4.294	0.038	0.107	0.039	0.107
	总效应	0.162	0.019	8.526	0.125	0.200	0.125	0.200
	企业—消费者识别度	0.104	0.017	6.118	0.069	0.136	0.069	0.136
	消费者忠诚度	0.090	0.018	5.000	0.055	0.125	0.055	0.124
	企业能力信念	0.115	0.018	6.389	0.080	0.151	0.080	0.151

注：5000 份 Bootstrap 样本。

表 15-5　基于 Bootstrapping 的 SEM 多重中介对比效应分析结果

变量	对比效应	系数估计值	系数乘积战略 标准误	系数乘积战略 Z 值	Bootstrapping 偏差校正法 95%CI 下限	Bootstrapping 偏差校正法 95%CI 上限	Bootstrapping 百分位值法 95%CI 下限	Bootstrapping 百分位值法 95%CI 上限
技术创新	识别度 vs. 忠诚度	−0.009	0.009	−1.000	0.001	0.033	0.001	0.033
	识别度 vs. 能力信念	−0.026	0.008	−3.250	−0.027	0.009	−0.027	0.009
	忠诚度 vs. 能力信念	0.014	0.007	2.000	−0.042	−0.010	−0.042	−0.010

续表

变量	对比效应	系数估计值	系数乘积战略		Bootstrapping			
			标准误	Z值	偏差校正法 95%CI		百分位值法 95%CI	
					下限	上限	下限	上限
企业社会责任	识别度 vs. 忠诚度	-0.012	0.008	-1.500	0.002	0.027	0.001	0.027
	识别度 vs. 能力信念	-0.026	0.006	-4.333	-0.029	0.004	-0.029	0.004
	忠诚度 vs. 能力信念	-0.01	0.006	-1.667	-0.039	-0.015	-0.039	-0.015
责任 vs. 创新	总效应对比	-0.072	0.033	-2.182	-0.141	-0.009	-0.141	-0.009
	企业-消费者识别度	-0.007	0.005	-1.400	-0.022	0.002	-0.022	0.003
	消费者忠诚度	-0.007	0.009	-0.778	-0.017	0.002	-0.016	0.002
	企业能力信念	-0.009	0.009	-1.000	-0.025	0.011	-0.025	0.011

注：5000份Bootstrap样本。

技术创新的总效应是0.234（CI=｛0.195，0.276｝和｛0.196，0.276｝），企业社会责任的总效应是0.162（CI=｛0.125，0.200｝）。从表15-5的对比效应分析可以看出，二者总效应的对比系数估计值是-0.072（$p<0.05$，CI=｛-0.141，-0.009｝），说明对于中国企业技术创新的变现能力比履行企业社会责任行为产生的变现能力更强，对中国产品海外形象的提升具有更积极的作用。就技术创新而言，企业—消费者识别度与消费者忠诚度为（CI=｛0.001，0.033｝），以及消费者忠诚度与企业能力信念（CI=｛-0.042，-0.010｝）存在显著差异，而企业—消费者识别度与企业能力信念并不存在显著差异（CI=｛-0.027，0.009｝），说明提升技术创新的变现能力，企业—消费者识别度（$\beta=0.040$，$p=0.000$）和消费者的企业能力信念（$\beta=0.049$，$p=0.000$）二者的贡献度大于消费者忠诚度（$\beta=0.023$，$p=0.000$）的贡献，同时识别度与企业能力信念在统计上表现出一致的贡献度。就企业社会责任而言，企业—消费者识别度与消费者忠诚度（CI=｛0.002，0.027｝和｛0.001，0.027｝），以及消费者忠诚度与企业能力信念（CI=｛-0.039，-0.015｝）存在显著差异，而企业—消费者识别度与企业能力信念并不存在显著差异（CI=｛-0.029，0.004｝），说明提升企业社会责任的变现能力，消费者忠诚度产生的贡献度（$\beta=0.016$，$p<0.01$）小于企业—消费者识别度（$\beta=0.030$，$p<0.01$）和消费者的企业能力信念（$\beta=0.042$，$p<0.01$）。同时，识别度与企业能力信念对于提升社会责任的变现能力，在统计上表现出一致的贡献度。

三、调节效应分析

表15-6显示了消费者卷入度作为调节变量的调节效应，其中"高"和"低"

消费者卷入度水平分别是均值（mean=4.203）±一个标准差（SD=1.141），间接效应的高低水平差异是高消费者卷入度水平与低水平卷入度之差，各组的间接效应是相应第一阶段与第二阶段路径系数的乘积，第一阶段、第二阶段、间接效应以及高低水平差异的显著性检验运用Amos22.0通过偏差校正置信区间法和百分位值法获得，抽取5000份Bootstrap样本。对于技术创新到企业消费者识别度这条路径，即间接效应的第一阶段，相对于高消费者卷入度水平组（β=0.372，p<0.01），低消费者卷入度水平组的估计系数是0.162（p<0.01），二者具有显著差异（β=0.210，p<0.05），消费者卷入度调节了技术创新与企业—消费者识别度的关系。同时，高消费者卷入度水平组（β=0.061，p<0.01）与低卷入度水平组（β=0.043，p<0.01）都具有显著的间接效应，H4a得到验证。对于企业社会责任到企业能力信念路径（间接效应的第一阶段），高、低消费者卷入度水平的估计系数分别是0.139（p<0.01）和0.313（p<0.01），差异显著（β=-0.174，p<0.05），相对应的间接效应分别是0.037（p<0.01）和0.089（p<0.01），说明消费者卷入度调节了企业社会责任与企业能力信念之间的关系，H4b得到验证。

表15-6 分组调节效应分析结果

调节变量：消费者卷入度	第一阶段	第二阶段	间接效应
关系：技术创新→企业-消费者识别度→产品海外形象			
高（消费者卷入度水平）	0.372***	0.165***	0.061***
低（消费者卷入度水平）	0.162***	0.262***	0.043***
高低水平差异	0.210**	-0.097	0.018
关系：企业社会责任→企业能力信念→产品海外形象			
高（消费者卷入度水平）	0.139***	0.268***	0.037***
低（消费者卷入度水平）	0.313***	0.285***	0.089***
高低水平差异	-0.174**	-0.017	-0.052*

注：* 表示 p<0.1，** 表示 p<0.05，*** 表示 p<0.01；5000份Bootstrap样本。

第四节 结论与建议

一、理论贡献

从理论角度，我们的主要目标是揭示技术创新和社会责任的变现能力是什么（What）、如何能够利用有限的资源投入到最重要的关键环节（Where），从而有效提升二者的变现能力，以及在不同消费者卷入度水平下（When）是否会有不同的影响，如何利用消费者卷入的程度产生提升变现能力的倍增效应（How）。研究发现，实现技术创新变现能力的最佳路径是增强消费者对企业能力的信念，而提升社会责任变现能力的最佳路径是提高企业—消费者的识别度。

具体而言，从企业—消费者识别度、消费者忠诚度和企业能力信念三个角度考察技术创新和社会责任的变现能力，对于技术创新而言，企业—消费者识别度和消费者的企业能力信念二者的贡献度大于消费者忠诚度的贡献；然而，企业—消费者识别度变现能力会受到不同消费者卷入度水平影响，企业能力信念的变现路径则不会受到消费者卷入程度的限制。综合多重中介模型和调节效应二者的结论可以表明，当企业短期内无法提升消费者卷入程度时，增强消费者对企业能力的信念是实现技术创新变现能力的最佳路径。同理，就社会责任的变现而言，消费者忠诚度产生的贡献度小于企业—消费者识别度和消费者的企业能力信念；不同消费者卷入度水平会对企业社会责任转化为消费者对企业能力持有的信念产生不同程度的影响，却无法干扰企业—消费者识别度和消费者忠诚度两条转化路径。因此可以分析出，当企业短期无法获取并提升消费者的卷入度程度时，提升社会责任变现能力的最佳路径是提高企业—消费者的识别度。本章的研究提供了一些新的发现，也为现有研究成果提供了支持。

技术创新和社会责任转化为产品海外形象需要商业变现，企业应该如何进行有效的转化是当今学者们研究的重要方向。研究结果为技术创新和企业社会责任形成的知名度如何有效地转化为品牌和产品形象提供了一个至关重要的信息。具体而言，本文强调了较为抽象的知名度概念，帮助开展技术创新和履行社会责任的企业获得提升品牌和产品形象的总体目标，引导其建立对知名度的积极态度；提出变现能力的概念，从三个角度考察衡量变现能力，从而实现有效转化：一是通过增加企业和消费者之间的识别度，使企业在消费者心中区别于其他企业，区别于同类的竞争对手；二是提高消费者的忠诚度，使其具有持续使用企业产品及推荐企业产品的强烈动机和使命感；三是增强消费者持有的企业能力信念，使消费者坚信企业产品是可靠的，企业有能力持续提供有保障的服务。本章研究结果为揭示企业如何提升技术创新和企业社会责任的变现能力、探索提升二者变现能力的最佳路径，提供了有力线索和经验证据，也为企业管理者跨越变现鸿沟带来了新的启示。

二、管理启示

企业想成功，想获得经济利润，仅进行技术创新、履行企业社会责任还不够，更为关键的是把能力变现。变现不能操之过急，透支消费者的喜爱和信任是一个危险的游戏。如果想打造一个品牌，提升中国产品在海外消费者心目中的形象，需要放弃迅速变现的渴望，短期销量并不重要，重要的是有多少消费者识别、认知、信任中国产品,这是一种商业模式。在瞬息万变的数字时代、在技术创新和社会责任被标签化的时代,增加企业的变现能力变得尤为重要。

第一,为技术创新主导型企业在实践中将创新能力转化为产品的形象,提升企业变现能力提供了重要的指导方向。以技术创新为主要手段提升知名度的企业,在发展初期,应首先着重增强消费者对企业能力持有的信念,最大限度地发挥有限资源带来的效益,以提升技术创新的变现能力。跨越变现鸿沟,即提升企业技术创新变现能力的最佳路径是增强消费者对企业能力持有的信念。然而,当消费者卷入达到一定程度时,应着重提升消费者对企业的识别程度,增强其使用企业产品的舒适感和依恋度,这会产生技术创新变现能力的倍增效应,让企业获得意外的惊喜收获。

第二,相对于技术创新主导型企业,以履行社会责任承诺为主要途径提升知名度的企业有着截然不同的变现路径——应首先增强企业与消费者之间的识别度。这是区别于其他企业,区别于竞争对手实现社会责任变现、提升变现能力的最佳选择。然而,想要平稳跨越商业变现这道鸿沟,履行企业社会责任承诺、提升企业—消费者识别度还远远不够。当消费者逐步认知、承认并信赖企业产品时,这类企业应该注意,提升变现能力的主要手段需要向增强消费者持有的企业能力信念过渡,因为消费者卷入程度的提升以递增效果增强着社会责任知名度转化为产品海外形象的变现能力。这对于着力提升消费者感知社会责任的企业管理者具有重要的现实意义和战略作用。

这些方法无一能确保变现成功,也不是企业唯一的制胜途径,但却是我们所要掌握的将知名度转化为品牌与形象、弥合战略和执行之间差距以及帮助中国企业增加长远胜利概率并获得可持续成功的重要手段。

第16章 研发投入对企业绩效的影响研究[①]

第一节 问题的提出与研究假设

研发投资是企业实现可持续发展的一项重要投资行为,其对于理论研究和经济影响的重要性,吸引了大量学者进行研究。然而对于研发投资与经济绩效的关系,学术界却存在巨大争议。一方面,研发投资能够提升生产效率,增加企业总产出效益,提升企业在资本市场的超额回报率,并改善企业盈利能力;另一个方面,知识和技术活动存在的溢出效应导致企业的私人创新投入收益率低于社会平均创新投入收益率,创新活动的不确定性增大了研发投资的经济风险,资本市场也因此对企业的研发投资项目给出负面反应。

2011年中国企业的研发投资达到6420.6亿元,一个问题随之而来,研发投资是否提高企业业绩?这的确是非常关键的问题,毕竟作为市场活动的微观主体,企业进行研发活动的动力,在很大程度上取决于研发投资的经济收益,如果研发投资不能给企业带来超额收益,不仅企业将会失去研发投资的内在动力,政府出台的激励政策也终将变成空中楼阁。中国地域辽阔,地区间制度环境差异很大,按照西方主流文献所列出的评判标准,转型时期中国制度环境发展相对落后,一个重要表现就是弱的产权保护和较高的外部融资成本。从理论上看,中国企业的研发投资面临着比西方成熟市场更多的经济风险。本章要研究的问题是,制度环境如何影响了研发投资与企业业绩之间的关系?这种影响对于不同企业是否存在差异?本章利用国家统计局编制的中国工业企业数据,研究了研发投资对于企业业绩如何产生有效影响的重要问题。结果发现:①研发投资与企业业绩之间呈现出显著的倒U型曲线关系,二者之间的关系曲线在企业拥有较高人力资本水平下变得趋于陡峭;②企业对于自身创新成果的专利保护增强了研发投资对于企业业绩的正面影响;③当制度环境较差时,研发投资对于企业业绩产生了负面影响,并且这种作用在非国有企业中更加明显。

二、研究假设

(一) 研发投资与企业业绩:投资强度的作用

技术创新是经济增长的根本动力,企业通过研发活动逐步增强对于知识的吸收

[①] 原载《科研管理》,2016年第7期。

能力,"干中学"效应帮助企业积累技术经验,在此基础上实现产品差异化,有利于增加产品的科技含量和附加值,提升企业盈利能力。已有研究也表明,研发投资可以提高生产效率,增加总产出效益,获得生产上的规模优势。除此以外,对于上市企业而言,适度的研发投资提升了公司市场价值。

另外,研发投资也会影响企业业绩。首先,知识和技术活动存在的溢出效应导致企业的私人创新收益率低于社会平均创新收益率;其次,创新活动的不确定性放大了研发投资的风险,创新研究过程中的"走弯路"现象和技术失败在所难免,导致研发投资无法实现预期效果;再次,在融资过程中,由于技术创新活动带有较高的风险和不确定性,银行等外部融资机构通常不愿意对企业的创新项目提供融资;最后,相对于技术风险和融资困难,技术成果市场化是研发投资最大的挑战。受到技术演进规律限制,研发项目需要一定时间的投入和积累,在这种情况下,被企业寄予厚望的技术可能还没有走出实验室就已经过时而被市场所淘汰,技术成果转化难问题加剧了研发投资的低效率,企业因为无法顺利回收前期投入而遭受经济损失。由此可以看出,研发强度的简单增加并不必然导致企业业绩的提高,研发投资对企业业绩的不利影响都是在激励强度较低或者过高的情况下有可能发生的。根据以上理论分析,本章提出假设 H1。

H1:企业研发投资与企业业绩之间呈现出倒 U 型曲线关系,即当投资强度低于某一临界值时,研发投资显著提高了企业业绩;当投资强度超过临界值时,研发投资对企业业绩的抑制效应开始显现。

(二) 研发投资与企业业绩:专利保护的作用

由于知识和技术活动具有明显的外溢性,容易受到来自外部环境因素的干扰,各种抄袭、冒牌和非法仿制等侵权现象直接挤压了研发企业的利润空间,在产品市场和技术市场等方面减少了研发企业的经济收益。当企业没有进行专利保护的情况下,由于复制知识要比创新更加容易,模仿者通过搭便车,可以在较短的时间内生产出技术含量相近的产品,同质产品的大量出现迅速压低了市场价格,没有及时进行专利申请的企业往往将会受到严重的冲击和影响。在这种情况下,企业依托专利保护制度,对于创新成果进行专利保护就显得十分重要。

在专利保护制度正常运行的情况下,企业将其研发成果申请专利,国家专利局依法授予专利权,对于企业研发成果作为一种财产权予以法律保护。专利权的独占性,决定了专利权人有权排除他人对其专利技术的无偿使用,并以此构筑进入壁垒来增强在市场竞争中的地位。由此可以看出,专利制度通过保护创新者的市场垄断权,限制竞争对手的模仿行为,提高了研发投资的私人收益率。根据以上理论分析,本章提出假设 H2。

H2:企业对于自身创新成果的专利保护增强了研发投资对于企业业绩的正面影响。

（三）研发投资与企业业绩：制度环境的作用

由于知识和技术活动具有明显的外溢性，容易受到来自外部环境因素的干扰，当制度环境变差时，各种抄袭、冒牌和非法仿制等侵权现象直接挤压了研发企业的利润空间，在产品市场和技术市场等方面减少了研发企业的经济收益。在产品市场，由于复制知识要比创新更加容易，模仿者通过搭便车，可以在较短的时间内生产出技术含量相近的产品，同质产品的大量出现迅速压低了市场价格，扰乱了竞争秩序，企业花费大量财力、物力和人力研发产品，却因模仿者的侵权行为失去了原本可以获得的超额利润，研发产品因为前期投入反而失去了竞争力。在技术市场，各种侵权纠纷扰乱了技术市场的正常交易秩序，当其他企业通过各种抄袭、冒牌和非法仿制等手段就可以廉价获取技术时，企业对于自身技术资产定价的能力也大为削弱。受此影响，技术成果的出售转让、租赁许可、质押融资、出资入股等商业模式就失去了其存在的市场基础，技术创新成果价值因此大幅缩水，同时由于知识产权纠纷的举证比较困难，门槛较高，诉讼过程费时费力，企业常常在付出昂贵的维权成本后最终却又因为惩罚力度不足而无法挽回损失。根据以上理论分析，本章提出假设H3。

H3：当制度环境较差时，研发投资对于企业业绩的损害作用越明显。

第二节 样本数据来源与研究方法设计

一、研究样本与数据来源

本章企业研发投资和财务指标来自于国家统计局编制的2005—2008年中国工业企业数据库，企业专利申请和授权情况的数据来自国家知识产权局出版的《中国专利数据库》，各地区专利纠纷统计数据来自《中国科技统计年鉴》。在初始样本基础上，本章对数据进行了如下处理：①删除资不抵债的企业（资产负债率大于1的企业）；②删除了本章中所涉及的变量数据存在缺失的企业；③为了避免异常值对模型分析的影响，对离群值进行了缩尾处理。由此获得773929个企业观测样本。

二、模型设定与变量定义

参考以往的研究，我们采用研发投资额占销售额的比重来代表研发投资强度，采用滞后一期企业的资产回报率作为被解释变量。由于不同期的企业业绩具有较高的关联性，本章进一步加入了当期业绩的影响构建动态模型来控制可能存在的内生性问题。在此基础上，本章进一步通过中心化的处理方法来控制交互项之间的共线性问题，进一步提高模型估计的准确性。通过VIF检验，各个变量的VIF值均小于

2，表明模型不存在明显的多重共线性问题。式（16-1）考察研发投资与企业业绩之间的非线性关系；式（16-2）考察研发投资与企业专利活动之间的交互效应对于企业业绩的影响；式（16-3）考察研发投资与制度环境之间的交互效应对于企业业绩的影响。公式如下：

$$\text{Roa}_{it+1} = \beta_0 + \beta_1 \text{Roa}_{it} + \beta_2 \text{R\&D}_{it} + \beta_3 \text{R\&D}_{it}^2 + \beta_4 \text{Control}_{it} \\ + \gamma_i + \gamma_j + \gamma_k + \gamma_y + \varepsilon \tag{16-1}$$

$$\text{Roa}_{it+1} = \beta_0 + \beta_1 \text{Roa}_{it} + \beta_2 \text{R\&D}_{it} + \beta_3 \text{Inno}_{it} + \beta_4 \text{R\&D} \times \text{Inno}_{it} \\ + \beta_5 \text{Control}_{it} + \gamma_i + \gamma_j + \gamma_k + \gamma_y + \varepsilon \tag{16-2}$$

$$\text{Roa}_{it+1} = \beta_0 + \beta_1 \text{Roa}_{it} + \beta_2 \text{R\&D}_{it} + \beta_3 \text{Inst}_{it} + \beta_4 \text{R\&D} \times \text{Inst}_{it} \\ + \beta_5 \text{Control}_{it} + \gamma_i + \gamma_j + \gamma_k + \gamma_y + \varepsilon \tag{16-3}$$

本章控制了以下变量：当期业绩、人力资本、规模、负债水平、经营期限、生产率、出口、销售增长率、产业集中度，具体变量定义如表16-1所示，文中分别控制了省份（γ_i）、行业（γ_j）、产权（γ_k）、年份（γ_y）等相关因素对于企业技术创新的影响，ε为随机扰动项。

表16-1 变量定义

变量	英文简称	计算方法
企业业绩	Roa	总利润/总资产
研发投资	R&D	研发投资/企业销售收入
出口	Expo	出口企业为标记为1，非出口企业标记为0
规模	Size	Ln（资产）
负债水平	Lev	总负债/总资产
经营期限	Age	企业成立年数
生产率	TFP	本研究采用LP法来计算全要素生产率
人力资本	Hum	大专文化水平以上员工数/员工总数
销售增长率	Grow	Ln（企业当年销售额）-Ln（上一年企业销售额）
产业集中度	Hhi	产业中企业占全行业销售额比重的平方和
过去3年是否进行专利申请	Inno_{13}	企业过去3年有进行专利申请标识为1，否则为0
过去3年是否进行专利授权	Inno_{13}	企业过去3年获得专利授权标识为1，否则为0
过去5年是否进行专利申请	Inno_{25}	企业过去5年有进行专利申请标识为1，否则为0
过去5年是否进行专利授权	Inno_{25}	企业过去5年获得专利授权标识为1，否则为0
负面制度环境	Inst	各地区侵权纠纷案件数/各地区有效专利总数

第三节 实证分析与研究结果

一、研发投资对企业业绩的影响：投资强度的非线性效应

表 16-2 的第 1 列中研发投资对于未来一期业绩的影响为 0.200，在 1% 的水平上显著为正。第 2 列中，研发投资平方项的影响系数为 -0.970，在 1% 的水平上显著为负，这表明研发投资与企业业绩呈现出显著的倒 U 型关系。由此可以看出，当研发强度较低时，研发投资对于企业业绩的提升作用就比较有限，而随着强度的增加，研发投资对于企业业绩的正面作用呈现出递增趋势。随着研发投资的进一步上升，各种潜在风险也随之增大。当研发强度超过某一临界值时，研发投资导致的负面效应就有可能对于企业业绩产生一定程度的抑制作用。这意味着研发强度的简单增加并不必然导致企业业绩的提升。实证结果支持了假设 H1。

表 16-2 研发投资对企业业绩的影响：投资强度的作用

变量	未来一期业绩 (1)	(2)	(3)
研发投资	0.200*** (0.014)	0.311*** (0.029)	0.167*** (0.041)
研发投资的平方		-0.970*** (0.232)	-0.488 (0.333)
研发投资×人力资本			0.591*** (0.106)
研发投资的平方×人力资本			-2.507*** (0.816)
当期业绩	0.508*** (0.004)	0.508*** (0.004)	0.508*** (0.004)
人力资本	-0.026*** (0.001)	-0.026*** (0.001)	-0.028*** (0.001)
其他控制变量	已控制	已控制	已控制
常数项	0.095*** (0.004)	0.096*** (0.004)	0.095*** (0.004)
Adj R^2	0.425	0.425	0.425
样本量	773929	773929	773929

注：*** 代表在 10% 水平上显著，括号内是标准误，标准误差按企业聚类和异方差调整。通过 VIF 检验表明不存在明显的多重共线性问题。其他控制变量包括规模、负债水平、经营期限、生产率、出口、销售增长率、产业集中度、产业、地区、产权、年份效应。

第3列，"研发投资×人力资本"的影响系数为0.591，在1%的水平上显著为正，表明人力资本增强了研发投资对于企业业绩的促进作用，人力资本与研发投资在影响企业业绩方面存在互补关系。"研发投资的平方×人力资本"的影响系数为-2.507，在1%的水平上显著为负，表明研发投资与企业业绩之间的倒U型关系曲线在企业拥有较高人力资本水平下变得趋于陡峭，即在高人力资本企业中，研发投资对企业业绩的促进和抑制效应分别表现得更加明显。

一方面，较高的人力资本可以提高企业研发活动的技术吸收和生产能力，在与研发投资的物质资本形成合理的配置的情况下，有利于提升企业业绩。另一方面，当人力资本与物质资本无法形成合理配置发挥正常功能的情况下，人力资本的成本效应就会进一步凸显，从而对企业研发活动的业绩反应产生负面影响。因此，高的人力资本水平使得研发投资与企业业绩的关系曲线变得趋于陡峭。

二、研发投资对企业业绩的影响：企业专利保护的作用

表16-3报告了专利行为对于研发投资与企业业绩之间关系的影响。在第1-4列中，"研发投资×专利行为"的回归系数都显著为正，表明企业通过专利的申请（授权）后，专利保护的作用增强了研发投资对于企业业绩的正面影响，实证结果支持了假设2。这意味着专利保护制度的存在帮助企业取得了创新成果的市场垄断权，从而提高了技术创新投资的私人收益率。

表16-3 研发投资对企业业绩影响：企业专利保护的作用

变量	未来一期业绩			
专利行为	(1) 过去3年是否申请专利	(2) 过去3年是否获得授权	(3) 过去5年是否申请专利	(4) 过去5年是否获得授权
当期业绩	0.508*** (0.004)	0.508*** (0.004)	0.508*** (0.004)	0.508*** (0.004)
研发投资	0.177*** (0.106)	-0.182*** (0.015)	-0.181*** (0.015)	-0.186*** (0.015)
研发投资×专利行为	0.082*** (0.028)	0.108*** (0.032)	0.036* (0.019)	0.060** (0.026)
专利行为	0.001*** (0.001)	-0.000 (0.001)	-0.002*** (0.001)	0.000 (0.001)
其他控制变量	已控制	已控制	已控制	已控制
常数项	0.096*** (0.004)	0.095*** (0.004)	0.096*** (0.004)	0.095*** (0.004)
Adj R^2	0.425	0.425	0.425	0.425

续表

变量	未来一期业绩			
专利行为	(1) 过去3年是否申请专利	(2) 过去3年是否获得授权	(3) 过去5年是否申请专利	(4) 过去5年是否获得授权
样本量	773929	773929	773929	773929

注：***、**分别代表在1%、5%水平上显著，括号内是标准误，标准误差按企业聚类和异方差调整。通过VIF检验表明不存在明显的多重共线性问题。其他控制变量包括规模、负债水平、经营期限、生产率、出口、销售增长率、产业集中度、产业、地区、产权、年份效应。

三、研发投资对企业业绩的影响：负面制度环境的作用

表16-4报告了地区制度环境因素对于研发投资与企业业绩之间关系的影响。在第1列中，"研发投资×负面制度环境"的回归系数为-60.913，在1%的水平上显著为负，表明当制度环境较差时，研发投资对于企业业绩产生了负面影响，实证结果支持了假设3。进一步将样本企业分为国有企业、集体企业、民营企业、外资企业、其他企业子样本进行回归，第2列对于国有企业检验显示，"研发投资×负面制度环境"的回归系数为-0.354，为负但不显著；第3列对于集体企业检验显示，"研发投资×负面制度环境"的回归系数为-246.987，在1%的水平上显著为负；第4列对于民营企业检验显示，"研发投资×负面制度环境"的回归系数为-59.060，在1%的水平上显著为负；第5列对于外资企业检验显示，"研发投资×负面制度环境"的回归系数为-48.317，在1%的水平上显著为负；第6列对于其他企业检验显示，"研发投资×负面制度环境"的回归系数为-46.483，在1%的水平上显著为负。表16-4的实证结果表明，当制度环境较差时，研发投资对于企业业绩产生了负面影响，并且这种作用在非国有企业中更加明显（集体企业、民营企业、外资企业、其他企业）。

表16-4 研发投资对企业业绩的影响：负面制度环境的影响

变量	未来一期业绩					
	(1) 全部企业	(2) 国有企业	(3) 集体企业	(4) 民营企业	(5) 外资企业	(6) 其他企业
研发投资	0.317*** (0.019)	0.125*** (0.0047)	0.899*** (0.263)	0.326*** (0.031)	0.262*** (0.046)	0.255*** (0.030)
研发投资× 负面制度环境	-60.913*** (7.062)	-0.354 (10.936)	-246.987*** (95.074)	-59.060*** (11.805)	-48.317*** (17.557)	-46.483*** (11.637)
负面制度环境	3.253*** (0.309)	1.182*** (0.679)	5.184* (1.625)	4.283** (0.514)	1.595** (0.710)	2.559*** (0.559)

续表

变量	未来一期业绩					
	(1) 全部企业	(2) 国有企业	(3) 集体企业	(4) 民营企业	(5) 外资企业	(6) 其他企业
当期业绩	0.058*** (0.004)	5.559*** (0.033)	0.483*** (0.014)	0.490*** (0.005)	0.495*** (0.009)	0.522*** (0.009)
人力资本	-0.026*** (0.001)	-0.002 (0.004)	-0.057*** (0.012)	-0.048*** (0.003)	-0.006*** (0.002)	-0.021*** (0.002)
其他控制变量	已控制	已控制	已控制	已控制	已控制	已控制
常数项	0.090*** (0.004)	0.030*** (0.010)	0.093*** (0.017)	0.100*** (0.005)	0.030*** (0.010)	0.108*** (0.007)
Adj-R^2	0.425	0.425	0.345	0.430	0.343	0.398
样本量	773929	29753	33550	387162	163644	159820

注：***、**、*分别代表在1%、5%和10%水平上显著，括号内是标准误，标准误差按企业聚类和异方差调整。通过VIF检验表明不存在明显的多重共线性问题。其他控制变量包括规模、负债水平、经营期限、生产率、出口、销售增长率、产业集中度、产业、地区、产权、年份效应。

本章研究表明，对于知识产权保护的环境越差，研发投资对于企业业绩的影响作用越明显，但有趣的是，国有企业受到的影响较小。已有研究表明，相对于其他产权类型，国有股权在帮助企业适应不完善制度环境方面发挥了更大的作用，使得国有企业处于一个相对优势地位。不仅如此，中国法律的执法过程容易受到政府官员和政府机构的影响，国有企业甚至可以凭借与政府之间存在的天然联系来降低潜在法律风险。因此，当处于一个不够完善的知识产权保护环境中时，国有企业产权在一定程度上缓冲了制度环境缺陷对于企业研发活动的冲击，表现为国有企业受到的影响相对较小。

第四节 研究启示

随着中国政府把创新驱动确立为经济转型升级过程中一项重要的国家战略，本章的研究结论对于企业的研发行为和国家创新政策制定无疑具有重要的启示意义。研发投资对于企业业绩的影响不是线性递增的，研发投资强度的简单上升并不一定会带来业绩的增长，超过一定限度的投资也可能引起反效果，因此企业应当避免由于短期实施过高强度研发投资引发的业绩抑制效应，企业需要根据自身承受能力对研发投资的实施规模和项目结构进行科学安排，通过较高的财务弹性保持研发活动本身的稳定性，减少由于过度研发带来的负面冲击，最大限度发挥出研发投资对于企业发展的正面作用。

第17章　集团化经营对企业技术创新的影响研究[①]

第一节　问题的提出与研究假设

企业集团作为一种产业组织形式，在我国经济发展中占有重要的地位。国家统计局把集团定义为"以母公司为控制主体，通过股权投资并且以生产经营协作等多种模式，与多个企事业单位共同组成的经济联合体"。企业集团不但在内部生产和外部运营方面有着许多独特的优势，在产业结构调整中也扮演了重要角色。例如，煤炭工业"十二五"规划到2015年，形成20个产煤1000到4000万吨的大型企业集团。在稀土行业，工信部研究制订加快组建大型企业集团的具体方案，促进并且引导稀土行业企业采用新的生产工艺和新的研究技术，提高稀土资源的综合利用率，努力促进稀土行业的健康发展和转型升级。因此，本章研究的第一个问题是集团化经营是否促进了企业的技术创新？人力资本是国家和企业的重要财富。亚当·斯密（1776）在《国民财富的性质和原因的研究》提出，一个国家全体居民的所有后天获得的能力是固定资本的重要组成部分。在随后的研究里，新古典经济学的代表人阿尔弗雷德·马歇尔甚至认为，一切资本中最有价值的莫过于投资在人身上面的资本。因此，本章研究的第二个问题是如果集团化经营促进了企业的技术创新，这种作用机制是如何实现的？进一步的集团化整合对产业创新水平产生了什么影响？

本章试图从人力资本的视角对集团化经营与技术创新的关系进行研究，为理解产业组织与技术进步之间的联系提供一个新的研究视角，为转型制度背景下中国企业集团的改革发展提供理论依据。本章的研究可能在以下三个方面丰富了已有文献：①自从熊彼特在《经济发展理论》（Theory of Economic Development）提出创新是生产要素的重新组合以来，对组织结构和技术创新之间作用关系一直是研究的热点。本章发现集团化经营促进了技术创新，因而有利于技术创新成为新兴市场企业集团迅速发展的一个原因。②对于企业集团，现有研究主要集中于物质资本方面，而忽视了对于人力资本方面的考察，并且已有研究较少关注集团经营影响企业行为的内在机理。本章从传导机制的角度研究发现，集团化经营产生了人力资本的集聚效应，从而有利于企业的技术创新。③基于产业层面的分析发现，集团化整合提升了产业的技术创新水平。这表明集团企业具有向非集团企业的外溢效应，对于产业的技术

[①] 原载《科学学研究》，2015年第3期。

创新产生了正面促进作用。这些发现对于理解集团化经营在行业转型升级方面的作用提供了一个独特的微观视角。

一、制度背景

企业集团作为一种产业组织形式，在我国经济发展中占有重要的地位。截至2008年年底，中国共有企业集团2971家，从业人员3285万人，资产总计突破40万亿，实现营业收入27万亿，相当于全国GDP的90%。现有研究表明，集团化经营往往能够适应市场失灵和弱法制的外部环境，从而弥补了外部制度的缺陷。在集团融资方面，李焰等总结出集团化运作在短期内有效放大企业融资能力，缓解融资约束。在集团投资方面，辛清泉等认为相对于独立上市公司而言，附属于企业集团的上市公司投资模式更为正常，其投资的价值损害效应也更轻。黄俊和陈信元进一步从知识溢出的角度发现集团企业提高了研发的效应乘数及降低融资成本。

转型时期的中国，人力资本对于经济增长的贡献进一步凸显。经济结构的变迁和产业结构的升级对与之相匹配的人力资本提出了新的要求。伴随着高校逐年扩大招生规模，中国的人力资本结构也发生了显著的变化。高校毕业生人数从2001年的115万上升到2011年的660万。在经济转型的时期，人力资本在推动经济增长和技术创新过程中发挥着重要作用。在人力资本的地域影响方面，钱晓烨等使用1997到2006年的中国省域数据发现，从业人员接受高等教育的比例与当地技术创新活动有着显著的正相关关系。在人力资本的行业影响方面，孙文杰和沈坤荣利用1998到2006年中国32个行业数据发现，技术学习能力和技术人员人力资本积累是影响我国企业自主创新能力的重要因素。在人力资本构成中，接受过高等教育的人力资本对经济增长效率改善具有较大促进作用。在具体的作用机制上，赖明勇等利用1996到2002年间我国30个省市的经济数据发现，人力资本投资通过提高劳动者受教育程度、职业技能、技术熟练程度以及劳动生产率而直接增加产出水平，人力资本投资还通过增强本国技术吸收能力和研发水平而间接促进经济增长。从整体上看，由低级劳动密集型向人力资本密集型转化是中国产业结构升级的一种可能选择。以上分析表明，企业集团在经济发展中扮演重要角色，而人力资本在国家经济发展中的作用也日益凸显。企业集团对于经济发展的推动作用在很大程度上取决于企业集团是否能有效地开发和利用人力资本。

二、研究假设

（一）集团化经营对于技术创新的影响

创新是把新的生产要素和生产条件形成的新组合元素引入经济系统。组织结构是创新过程的重要因素。集团为成员企业提供了大量的有形和无形的资源，从资金、人才和信息等多个方面促进了成员企业的技术创新。企业集团通过内部建立的调配机制促进了集团人才调配。企业集团为人才交流建立的内部网络关系，给企业在物质资本调动和使用提供了更大的灵活性。围绕人力资本的整合，集团化经营带动集团内部的其他资源整合。企业集团通过将多个成员企业纳入一个经济组织，为了实现共同目标，通过协同运作整合资源，带动了信息流、资金流和知识流，激发了技术创新。企业集团的内部网络加速了成员之间的知识分享和相互学习。在技术创新的合作网络中，企业集团通过利用来自不同成员组织的研发经验，通过不同的经验能够发挥各自优势，带动其他资源的交流，在产生跨组织研发合作中产生资源整合的规模优势。资源基础理论认为，企业能够依托宝贵和稀缺的资源获取竞争优势。在技术创新的合作中，成员之间经验交流具有重要意义。在集团化经营条件下，来自不同成员组织形成了不同的技术积累。集团成员通过人才交流，使得不同成员组织间的研发经验能够相互交流，从而发挥各自优势，在组织研发合作中产生资源整合的规模优势。为此，本章提出假设H1。

H1：集团化经营促进了企业的技术创新。

（二）集团化经营对于人力资本的影响。

企业集团对于人力资本的集聚作用体现在以下两个方面。

（1）作为一个具有自组织特征的组织系统，企业集团通过成员之间的竞争和协同产生了推动集团发展的内部动力。企业集团通过将多个单位纳入一个经济组织，产生整体上的规模优势，有利于吸引外部人才。就企业集团人力资本而言，成员企业为了各自利益，必然会对集团内有限的人力资本展开竞争，通过这种竞争关系进一步激发成员企业加大人力资本投资。同时，企业集团通过产权控制、人事纽带和业务交往等纽带将成员企业纳入到一个既相互联系又相对独立的企业群体框架当中。因此，企业集团所形成的这种内部控制关系使得成员企业间的竞争活动能够适应并且服从集团整体利益，从而更加容易实现成员之间利益的协同。这有利于集团内部人力资本的合理利用，也改善了集团整体的人力资本配置效率。企业集团成员间内在人才上的彼此竞争和相互协同推动了人力资本的培育。企业集团发展的一个重要特征是多元化发展。为了适应企业集团这种多元化战略，对员工培训就成为企业集团人力资本投资的重要组成部分。企业集团多元化发展一方面要求员工具备多种技能，接受较为全面的职业培训。通过员工培训，企业集团在拓展新业务的同时，也培育了企业人力资本。

（2）集团形成的内部人力资本市场形成对外部制度缺陷的一种补充。转型经济的重要特征是市场不发达，加大了企业人力资本的获取成本。中国的市场化程度发展也不平衡，逐渐形成了东部优于中部，中部优于西部的不平衡格局。企业行为是对制度的反应。Khanna和Palepu提出企业集团的存在弥补了外部市场的缺陷。集团内不同背景和专业的员工在日常业务中的相互交流，营造了人力资本发展的良好环境。集团内部市场通过人才配置，为员工提供更多的职业发展空间，弥补了外部市场的不足，促进了人力资本提升。为此，本章提出假设H2。

H2：集团化经营提高了企业人力资本水平。

（三）集团化整合对于产业创新的影响

Fisman和Khanna发现企业集团的组建帮助了地方经济的发展，企业集团的优势在外部制度缺陷、人才稀缺、信贷落后的地区表现更加明显。黄俊和张天舒发现企业集团用内部市场取代外部交易，降低了交易成本，促进了地区经济的发展。企业集团整合产业中更多的人才资源和资金，带动了产业整体的创新技术水平。产业中的集团企业凭借其市场影响力，对产业中其他企业的技术创新产生竞争压力，带动其他企业加大研发投资，加大产品创新力度。员工在集团企业和非集团企业之间的流动，带动了集团企业和产业中其他企业的相互学习。集团企业的人力资本和技术标准能够对产业中上下游的合作企业产生示范作用。当一个产业中集团企业的数量越多，这种示范和带动的作用可能就越明显，进而对产业的技术创新产生正向影响。为此，本章提出假设H3。

H3：集团化整合促进了产业的技术创新。

第二节 样本数据来源与研究方法设计

一、数据

本章的数据来自于国家统计局的工业企业数据库。该数据包括了全部的中国国有工业企业和年销售额超过500万的非国有工业企业（如港澳台企业、外资企业、民营企业等），提供了当年企业的基本信息和关键的财务信息。该数据库的2004年部分来自于第一次全国经济普查统计数据，该数据库标注了每个企业的集团隶属关系，使得本章可以判定每一家企业是否隶属于企业集团。区域市场化程度数据来自樊纲、王小鲁和朱恒鹏所编制的《中国市场化指数》。

二、方程

（1）集团化经营对于技术创新的影响。本章使用研发投资比率和新产品比率来衡量企业的技术创新水平。研发投资衡量了技术创新的投入水平，新产品比率衡量了企业技术创新的产出水平。国家统计局通过技术原理等角度对企业的新产品产出的范围和内容进行了非常清晰和严格的定义，从而可以有效避免新产品统计方面的主观性，确保了本章研究的数据质量。新产品销售长期以来被理论界和实务界用于创新产出的衡量测度。与其他的创新产出的测度相比，新产品销售更能体现出企业创新活动被市场和消费者最终接受和应用的程度。本章在整体的 226936 个样本中，考察了集团对于技术创新的作用。模型中的变量包括是否为集团化经营、人力资本、员工规模、企业资产规模、负债水平、企业存续期、盈利水平。为了避免数据中的离群值对模型分析的影响，本章在 1% 和 99% 的水平对回归模型中的变量逐个进行了 Winsorize 处理。同时由于本章中被解释变量以零值为下限，具有拖尾变量特征（Censored Variable），按照计量经济学的要求，应采用 Tobit 模型进行估计。模型 1 如下：

$$\frac{R\&D}{Newproduct} = \beta_0 + \beta_1 group + \beta_2 hc + \beta_3 employee + \beta_4 size + \beta_5 lev + \beta_6 age + \beta_7 roa + \gamma_j + \gamma_k + \gamma_0 + \varepsilon$$

（2）集团化经营对于人力资本的影响。本章借鉴了 Shultz 和 Thurow 对人力资本的定义，用受过高等教育员工的比率来代表人力资本水平。根据以往有关文献的发现，例如 Crook 等与 Hatch 和 Dyer，本章构建一个基于企业层面的人力资本水平影响因素的计量模型。模型中的变量包括是否为集团化经营、市场化指数、工资、员工规模、企业资产规模、负债水平、企业存续期、盈利水平、培训投入。本章分别控制了地区（γ_j）、行业（γ_k）和产权（γ_0）等因素对于企业技术创新和企业人力资本的影响，ε 为随机扰动项。为了控制可能存在的内生性问题，人力资本取下一年的数据，采用 Tobit 模型进行估计。模型 2 如下：

$$hc = \alpha_0 + \alpha_1 group + \alpha_2 market + \alpha_3 group \times market + \alpha_4 wage + \alpha_5 employee + \alpha_6 size + \alpha_7 lev + \alpha_8 age + \alpha_9 roa + \alpha_{10} train + \gamma_i + \gamma_k + \gamma_0 + \varepsilon$$

（3）集团化整合对于产业创新的影响。本章考察集团化整合对于产业创新的影响。本章用所属地区所属产业中集团企业占全部企业的比率（ratio）来衡量产业中集团化整合的程度。从所属地区（省份）所属产业（四位产业代码）得到技术创新平均值，其他各解释变量都是取所属地区所属产业内所有企业的均值，得到产业层面 40661 个样本。模型 3 如下：

$$\overline{\frac{R\&D}{Newproduct}} = \gamma_0 + \gamma_1 ratio + \gamma_2 \overline{hc} + \gamma_3 \overline{roa} + \gamma_4 \overline{employee} + \gamma_5 \overline{size} + \gamma_6 \overline{lev} + \gamma_7 \overline{age} + \varepsilon$$

表 17-1 是对上面三个模型主要变量的定义。

表 17-1　主要变量定义

变量	中文简称	变量含义	计算方法
R&D	创新投入	研发投资占销售额的比重	研究开发费用/销售额
Newproduct	创新产出	新产品占销售额的比重	新产品销售/销售额
group	集团化经营	集团属性	如果企业隶属于集团，则集团=1；否则集团=0
hc	人力资本	企业自身人力资本的发展水平	大专学历以上员工人数/员工规模
market	市场化程度	外部市场化发展水平	企业所在省份的市场化指数中位数为1，否则为0
ratio	集团比率	产业中集团化经营的发展水平	所属地区和所属产业中集团企业数量/所属地区和所属产业中全部企业数量（依据所属省份和国家统计局4位行业代码作为划分标准）
employee	员工规模	ln（员工人数）	ln（员工人数）
train	培训	企业的职业培训投入	企业培训费用/员工总人数
wage	工资	薪酬水平	（工资+福利+养老保险+失业保险+医疗保险+住房公积金）/员工规模
lev	负债水平	负债程度	负债合计/资产合计
roa	盈利水平	盈利水平	利润合计/资产合计
age	存续期	企业成立年数	企业成立年数
size	企业规模	ln（资产）	企业总资产的对数

三、描述性统计

表 17-2 呈现出了研究样本的主要变量的描述性统计具体结果。在技术创新投入和产出指标上，集团企业的研发投资和新产品比率的平均值分别为 0.34% 和 7.35%，显著高于非集团企业的 0.10% 和 2.55%。在人力资本方面，集团企业受过高等教育员工比率达到 26.9%。而非集团企业受过受教育程度员工比率为 15.6%。均值和中位数的检验结果表明，在研发投资、新产品产出和人力资本方面，集团企业均显著高于非集团企业。

表 17-2 描述性统计

变量	全样本 均值	全样本 中位数	集团企业 均值	集团企业 中位数	非集团企业 均值	非集团企业 中位数	集团企业-非集团企业 均值检验
创新投入	0.0011	0.0000	0.0034	0.0000	0.0010	0.0000	25.8874***
创新产出	0.0279	0.0000	0.0735	0.0000	0.0255	0.0000	26.4070***
人力资本	0.1620	0.0829	0.2690	0.1950	0.1560	0.0787	46.7612***
企业集团比率	0.0494	0.0000	0.2480	0.2000	0.0390	0.0000	127.5546***
工 资	15.5600	12.3900	23.0300	17.4400	15.1700	12.2400	48.7746***
企业规模	9.6540	9.4620	11.3000	11.3200	9.5680	9.4030	110.8780***
盈利水平	0.0694	0.0295	0.0469	0.0224	0.0706	0.0300	-21.5612***
负债水平	0.5820	0.5980	0.5870	0.5890	0.5820	0.5980	2.0433**
员工规模	4.7450	4.6540	5.6520	5.6280	4.6980	4.6150	76.9855***
培 训	0.0948	0.0000	0.1710	0.0973	0.0908	0.0000	33.9380***
存续期	8.5500	5.0000	12.7600	7.0000	8.3320	5.0000	32.7812***
市场化程度	0.8230	1.0000	0.7510	1.0000	0.8270	1.0000	-21.4910***
样本量			11208		215728		

在薪酬待遇方面，集团企业的人均工资水平均值为 23030 元，而非集团企业的人均工资为 15170，集团企业的人均工资水平为集团企业的 1.88 倍。集团企业的人均培训费用平均为 171 元，显著高于非集团企业的 90.8 元。描述性统计的结果初步支持了集团企业的实力高于非集团企业，为员工提供了更好的薪酬待遇和职业培训。而 Hatch 和 Dyer 认为企业对员工系统的职业培训，有利于促进人力资本价值的提升。这表明集团企业有可能通过更高的薪酬待遇，为员工提供更好的职业培训来吸引人才，促进集团企业的技术创新。在企业的其他特征方面，集团企业的员工规模、资产规模、存续期的均值检验和中值检验显著高于非集团企业。而在外部环境指标方面，集团企业的市场化程度的指标低于非集团企业，表明样本中较多的集团企业位于市场化程度较低的地区。

未报告的相关系数显示各个相关系数都不超过 0.5。集团与人力资本、创新投入、创新产出显著正相关。人力资本与企业研发投资和新产品比率正相关，表明人力资本水平越高的企业，其研发投资和新产品产出的水平相应也越高。企业集团比率与研发投资和新产品正相关，表明所属地区所属产业中集团企业的比率越高，企业研发投资和新产品产出的水平越高。其他变量之间的相关性也非常合理和直观。比如，工资、资产规模、培训与人力资本都显著正相关，表明企业提供的薪酬越高，职业培训越好、规模越大，对人才的吸引力也越大，提高员工队伍的稳定性。而企业集团与区域市场化程度呈显著负相关，表明在市场化进程较差地方，集团模式更有可能被采用。

第三节 实证分析与研究结果

一、集团化经营对技术创新的影响

表 17-3 第（1）列集团化经营的估计系数为 0.005，在 1% 的水平上显著，表明集团化经营提升了企业的研发投资。第（2）列中加入了人力资本，人力资本对研发投资的影响仍然在 1% 的水平上显著为正，表明了人力资本是影响企业研发投资的重要因素。集团化经营对研发投资的影响系数为 0.004，在 1% 的水平上显著，回归结果支持了 H1。

第（3）列从新产品产出方面考察了集团化经营对技术创新的影响。集团化经营对新产品产出的影响系数为 0.142，在 1% 的水平上显著，表明集团化经营与企业新产品比率正相关。第（4）列加入了人力资本，人力资本对新产品产出的作用为正，并且在 1% 的水平上显著，这表明了较高的人力资本有利于企业的研发投资活动。集团化经营对研发投资的影响系数为 0.128，在 1% 的水平上显著，回归结果进一步支持了 H1。这表明无论是从创新投入还是产出来看，集团企业都表现出了更高的技术创新水平。集团化经营是企业技术创新活动的一个促进因素。其他变量的回归结果显示企业规模、存续期、盈利水平对技术创新的作用系数显著为正，表明规模越大、存续期越长和盈利水平越高的企业越容易提高技术创新水平。

表 17-3 集团化经营与技术创新的回归结果

变量	被解释变量：创新投入		被解释变量：创新产出	
	(1)	(2)	(3)	(4)
截距项	-0.110*** (-37.46)	-0.104*** (-39.81)	-2.261*** (-34.39)	-2.216*** (-34.34)
集团化经营	0.005*** (11.88)	0.004*** (10.39)	0.142*** (12.91)	0.128*** (12.15)
人力资本		0.026*** (25.84)		0.370*** (17.80)

续表

变量	被解释变量：创新投入		被解释变量：创新产出	
	(1)	(2)	(3)	(4)
存续期	0.000*** (7.81)	0.000*** (10.75)	0.003*** (7.71)	0.004*** (8.53)
企业规模	0.006*** (20.40)	0.004*** (16.43)	0.106*** (17.66)	0.073*** (13.67)
盈利水平	0.009*** (8.40)	0.008*** (7.87)	0.313*** (10.19)	0.306*** (10.27)
负债水平	-0.005*** (-9.99)	-0.005*** (-10.47)	-0.050*** (-2.81)	-0.049*** (-2.78)
员工规模	0.000 (0.02)	0.003*** (13.51)	0.003 (0.36)	0.042*** (6.13)
行业、区域、所有权效应	已控制	已控制	已控制	已控制
Pseudo R^2	-3.332	-3.935	0.127	0.136
观测数	226936	226936	226936	226936

注：*** 表示在1%水平上显著，括号内是t值，标准误差按行业聚类和异方差调整。

二、集团化经营对于人力资本的影响

表17-4报告了集团化经营对人力资本的影响。第（1）列中，集团化经营对于企业人力资本的回归系数为0.020，在1%水平上显著，表明集团化经营提升了企业的人力资本，回归结果支持了H2。回归结果的经济意义也十分显著。平均而言，集团企业拥有的人力资本水平高出非集团企业12.35%。市场化程度对人力资本的回归系数为0.015，在1%的水平上显著，表明地区的市场化程度对企业层面的人力资本产生了正向影响。第（2）列考察了集团化经营与市场化程度的交乘项，系数为-0.021，在1%水平上显著，表明集团化经营和市场化程度在影响企业人力资本决定方面存在替代关系，回归结果进一步支持了H2。这表明对于处于市场化程度低地区的企业而言，集团化经营能够发挥出对外部市场的调节功能，形成对外部市场缺陷的补充。

表17-4 集团化经营对人资资本影响的回归结果

变量	被解释变量：人力资本	
	（1）	（2）
截距项	-0.168*** (-15.60)	-0.168*** (-15.59)
集团化经营	0.020*** (7.32)	0.036*** (6.05)
市场化程度	0.015*** (5.16)	0.016*** (5.63)
市场化程度×集团		-0.021*** (-3.25)
存续期	-0.002*** (16.60)	-0.002*** (16.63)
企业规模	0.061*** (35.29)	0.061*** (35.28)
盈利水平	0.052*** (-9.56)	0.052*** (-9.56)
负债水平	0.006*** (2.10)	-0.006*** (2.08)
员工规模	-0.068*** (-23.89)	-0.068*** (-23.92)
工资	0.004*** (27.35)	0.004*** (27.37)
培训	0.052*** (13.95)	0.052*** (14.02)
行业、区域、所有权效应	已控制	已控制
Pseudo R^2	1.347	1.347
观测数	226936	226936

注：同表17-3。

其他变量的回归结果显示了与企业人力资本正相关的因素：企业规模、工资、培训费用、负债水平对人力资本的作用系数显著为正，表明规模越大的企业越容易获得人才。一般情况下，工资越高的企业对人才的吸引力也越强，这在回归结果中也得到了验证。职业培训提升了员工的知识和技能水平，是员工职业发展生涯的重要组成部分，在此基础上职业培训成为提升人力资本的推动因素。负债水平高的企业，获取外部资金能力也相应越强，缓解了企业的融资约束，企业有更多的资源投入到人力资本建设和发展中，促进了企业人力资本的提升。描述性统计的回归结果显示，企业集团的资产规模、工资、培训费用、负债水平显著高于非集团企业。因此，通过给予员工更高的薪酬水平，提供更好的职业培训及凭借较大的企业规模，企业集团有更多的资源来吸引人才，提升企业的人力资本水平。企业集团的负债水平较高，表明企业集团拥有更多的融资渠道来缓解企业的融资约束，促进了企业的技术创新。其他变量的回归结果显示了与企业人力资本负相关的因素：员工规模、存续期、盈利水平，表明企业的员工规模越大，人力资本水平越低。而年轻的企业更容易获取人力资本，并且盈利水平对人力资本的系数为负，一个可能的原因是较高的人力资本会增加企业的人工成本，对于一些劳动密集型企业而言可能通过降低人力资本减少工资支出，使得人力资本与盈利水平负相关。

由回归结果看出，人力资本部分传导了集团化经营与企业技术创新的作用关系。但这种部分传导效果能否达到统计上的显著呢？为了验证集团化经营可以通过人力资本影响技术创新，本章借助于在组织行为和社会学等学科常用的中介变量方法即Freedman和Schatzkin的方法进行的中介效应的检验（见图17-1）。经过检验发现，对于研发投资和新产品产出的t值分别为10.27，8.77，通过了1%的显著性检验，表明人力资本在集团化经营与技术创新之间的传导关系成立，发挥着中介效应。通过人力资本的集聚，集团化经营促进了企业技术创新。

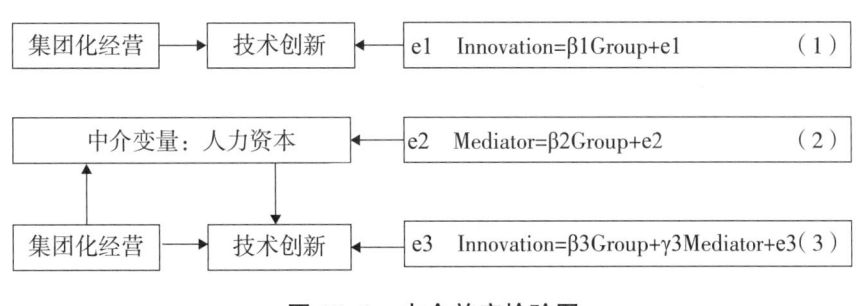

集团化经营 → 技术创新 ← e1　Innovation=β1Group+e1　　　　（1）

中介变量：人力资本 ← e2　Mediator=β2Group+e2　　　　（2）

集团化经营 → 技术创新 ← e3　Innovation=β3Group+γ3Mediator+e3（3）

图17-1　中介效应检验图

三、集团化整合对产业创新的影响

在考察集团化经营对于企业技术创新及其作用机制后，进一步考察集团化整合对于产业创新的影响。从所属地区（省份）所属产业（四位产业代码）得到技术创新平均值，其他各解释变量都是取所属地区所属产业内所有企业的均值，得到产业层面40661个样本，考察了集团化整合对产业平均创新水平的影响。表17-5的第（1）列，集团比率对产业平均研发投资的影响系数为0.005，在1%的水平上显著。表17-5的第（2）列考察了某地区中一个产业的集团企业比率对产业平均新产品产出的影响。产业中的集团比率对于新产品的回归系数为0.143，在1%的水平上显著为正,回归结果支持了 H3。产业层面的数据表明,所属地区所属产业的集团比率每上升1%,该产业的研发投资水平和新产品产出水平分别上升0.5%和14.3%。这表明产业的技术创新与产业中企业集团的比率正相关。这表明集团化整合具有对产业中企业技术创新的促进作用,这种外溢效应的途径有多种,例如对于拥有更高的技术水平和生产工艺的集团企业,员工在集团企业和非集团企业之间的职位流动,对产业中的非集团企业产生了示范作用和溢出效应,有利于促进整体产业的技术创新活动。

表 17-5 集团化经营对产业创新的回归结果

变量	被解释变量:创新投入 (1)	被解释变量:创新产出 (2)
截距项	−0.030*** (−37.09)	−0.537*** (−28.22)
集团比率	0.005*** (9.08)	0.143*** (10.26)
人力资本	0.017*** (29.14)	0.207*** (17.70)
企业规模	0.001*** (13.06)	0.010*** (4.09)
员工规模	0.001*** (10.92)	0.035*** (11.51)
存续期	0.000* (1.72)	0.000 (1.34)
盈利水平	0.006*** (9.03)	0.187*** (11.18)
负债水平	−0.001*** (−2.63)	0.002 (0.25)
行业、区域、所有权效应	已控制	已控制
Pseudo R^2	−0.098	0.052
观测数	40661	40661

注:同表 17-3。

四、稳健性检验

(1) 在表 17-3 和表 17-4 的回归中,为了避免企业集团作为分析样本所导致的样本选择偏差问题,采用处理效应模型(Treatment-effects)控制了内生性问题之后，本章主要结论依然成立。

（2）为了避免人力资本对于企业研发投资和新产品比率的影响中可能存在的内生性问题。本章选取了各省上一年高等院校毕业生人数占全省人口的比率作为企业人力资本的工具变量。一方面，由于当地的高校毕业生是企业获取和培养人力资本的重要来源（各省上一年高等院校毕业占全省人口的比率与人力资本的 Pearson 相关系为 0.1261，$p<0.001$）；另一方面，高校的毕业生数量主要受招生指标控制，不受企业经营层面的因素影响。采用工具变量的两阶段回归结果表明，企业的人力资本依然与企业的研发投资和新产品产出正相关。这表明本文结论具有较高的稳健性。

（3）在稳健性检验中，本章重新定义"人力资本"如下：本科以上学历以上员工比率作为人力资本的代理变量。本章主要结论依然成立。

第四节 结论和建议

一、研究结论

企业集团作为一种在新兴经济体中具有重要影响力的经济组织，受到了学术界和企业界越来越多的关注。本章从人力资本的视角考察了集团化经营与技术创新的相互关系及其作用机制。本章发现：①无论是从创新投入还是产出来看，集团企业都表现出了更高的技术创新水平；②通过人力资本的集聚，集团化经营促进了企业技术创新；③集团化整合促进了产业的技术创新。本研究深化了对于产业组织与技术进步之间关系的理解，为转型经济背景下推动企业集团的改革发展提供了重要的理论依据。

企业集团对人力资本影响的分析显示，企业集团的人力资本高于非集团企业。这一结果肯定了企业集团对于人力资本的开发作用。由于地区市场化程度的不同，人力资本在区域分布上存在差异，集团化经营弥补了外部市场的缺陷。企业集团对于人力资本的正向作用表明，企业集团为企业的技术创新创造了人力资本优势，表明集团化经营在创新活动中具有资源整合的作用。而人力资本对于技术创新的分析显示，人力资本是影响企业技术创新的重要因素。基于中介效应的检验表明，集团化经营通过提升人力资本，促进了企业的研发投资和创新产出。

集团化整合提升了产业的技术创新水平。这一结果从产业层面肯定了企业集团对于技术创新的推动作用。从积极方面来说，企业集团产生正的溢出效应，推动产业技术进步。从消极方面，创新资源具有向企业集团集中的趋势。一方面，可能会改善产业资源的使用效率，提升整体产业的技术创新水平；另一方面，企业集团占据着过多的创新资源，可能会抑制产业中其他企业特别是中小企业的发展。

二、政策建议

（1）利用企业内部市场来弥补外部环境缺陷，加快企业发展。随着"十二五"期间我国经济增长方式开始加速向集约型转变，企业作为全社会的创新主体，在推动国家技术进步中的地位越来越重要。本研究表明，就技术创新而言，集团化经营具有一定优势。经济转型时期，企业集团应进一步优化组织结构来适应技术创新的需要，利用集团内部市场弥补制度环境的缺陷，降低交易成本，缓解企业在创新过程中面临的资源约束。通过集团层面的协同运作整合资源，带动信息流、资金流和知识流，促进集团成员之间的交流与合作，提升企业集团的创新能力。

（2）应当完善人才管理体制，发挥人力资本在企业技术创新中的基础性作用。人力资本是企业进行技术创新、获取竞争优势的重要保障。在宏观层面，应当完善人才管理体制，加强产业、行业人才发展统筹规划和分类指导，围绕重点领域发展，改进大学等教育机构的培养体系，加大力度培育紧缺的研发人才，提升劳动者的科学素质，提高使用效率，在此基础上促进人才的合理流动和配置，构建统一的全国范围内的人才流动市场，发挥出市场在配置人才流动中的基础性作用。在微观层面，企业改革应通过完善人力资本管理体系，提供合理的物质激励和职业发展空间，完善薪酬管理制度和股权激励等中长期激励制度，加快推进企业经营管理人才职业化和市场化。在此基础上，进一步营造有利的人才发展环境，提高专业技术人才创新能力，发挥人力资本在企业技术创新中的基础性作用。

（3）应当发挥集团化经营在推动产业技术创新中的带动作用，推动产业结构升级。在推进产业结构调整和升级过程中，我国国有经济改革应整合产业中的优势企业资源，着力培育实力雄厚、竞争力强的大型企业和企业集团，使其可以成为跨地区、跨行业、跨所有制和跨国经营的大企业集团。一方面，继续通过实施和完善"抓大放小"的战略，形成一批有影响力的大企业集团，改善部分行业特别是一些资源性行业中存在的企业"小、散、乱、弱"的局面，促进我国工业企业组织结构的优化。另一方面，通过大企业集团的发展进一步带动产业结构升级，形成新的经济增长点，并为基础设施、基础产业建设提供资金积累和技术装备。中小企业可以积极借鉴企业集团的组织模式，通过中小企业集群的形式，通过构建企业间合作网络来形成网络优势，强化人才合作带来的协同效应，实现中小企业之间创新资源的优势互补。

第18章 政府补贴对企业专利产出的影响研究[①]

第一节 问题的提出与研究假设

随着"十二五"期间中国经济增长方式从粗放型向集约型转变,企业作为创新主体,在推动国家技术进步中扮演着重要角色。在经济转型的过程中,政府补贴作为一种政策工具,通过对企业经济补偿等形式,可被政府用来实现多种政策目标,在引导产业升级等方面发挥着越来越重要的作用,并逐渐成为中国经济结构转型的重要推手。然而,与此形成鲜明对比的是,理论界对于政府补贴与企业技术创新之间的关系存在巨大的争议。对于政府补贴持"正面效应"的观点认为,政府补贴有利于弥补创新过程中的市场失灵,带动了企业层面的创新投入,促进了企业技术创新活动。对于政府补贴持"负面效应"的观点认为,政府选择性的补贴政策对企业的创新投入产生了挤出效应,降低了激励效果,企业所释放的虚假信号很可能达到欺骗政策制定者的目的。由此可见,现有文献对于政府补贴与企业技术创新之间的关系尚未取得一致结论,存在巨大争议,依然是一个有待检验的重要问题,有必要深入研究下去。更为引人关注的是,这种争议也引发了对于政府补贴及其相关政策合理性的诸多疑问。

本章基于国家知识产权局提供的 902959 家企业专利数据,考察了政府补贴对于企业专利产出的影响。我们的研究在以下三个方面丰富了现有文献:①以往文献主要研究了政府补贴与企业创新投入之间的关系,但很少有研究涉及政府补贴与企业创新产出之间的关系,特别是以中国企业为样本的研究非常少见。本章样本企业的产值在中国经济中占有很大比重,无论是从数量还是从经济影响力来看,都具有很强的代表性。本章基于国家知识产权局公布的 902959 家企业专利数量数据,考察了政府补贴与企业创新产出之间存在的非线性关系,这丰富和加深了我们对于企业技术创新过程的认识。②本章基于企业特征的考察发现,政府补贴对企业技术创新的影响存在显著的产权、规模和行业差异,这些发现对于理解政府补贴在技术创新领域的不同作用提供了一个独特的微观视角。③本章的研究不仅直接反映了政府的治理行为,也为相关政策的制定和改革提供理论和经验依据,因而对于政府制定创新政策、完善国家创新体系、评估现有政策的经济后果具有重要的价值。

[①] 原载《科学学研究》,2015 年第 6 期。

一、投资强度与专利产出：投资强度的作用

由于技术创新活动具有明显的外溢性，容易受到来自外部环境因素的影响，政府出面纠正创新外部性，是完全必要的和正当的，因为短期内研发投资的私人回报率通常低于社会平均收益率，并且政府对于创新活动的适度干预和引导，有利于引导生产要素和资源流向研究开发等创新部门。政府可以通过公共支出、产权保护体系和技术规制等方式，为创新活动提供基础平台。政府对于企业技术创新的保护和帮助行为有利于保护创新产生的超额收益等手段，有利于弥补创新过程中的市场失灵，改善创新环境。政府补贴是私人企业研发投资的重要参考因素。不仅如此，政府补贴对私人 R&D 有显著的正向作用。Hewitt Dundas 等（2009）发现，政府资助促进了企业研发活动和重大新产品开发。特别是在中国的制度环境下，R&D 补贴对企业 R&D 投入的激励效应是显著存在的。因此，在这种情况下，要提高经济专利产出水平，就必须通过政治、经济、法律和文化等领域的制度变革，引导社会资源更多地流入到生产性的创新活动当中去。

对于政府补贴在企业创新中的作用，学术界不是没有争议。一种观点认为，政府补贴政策对企业的创新投入存在"挤出效应"，不仅未能促使企业增加创新投入，相反减少了它的投入，结果本该由企业或市场承担的开支和费用最后变成了由政府承担。由于在政府与企业之间存在信息不对称问题，这导致政府通常无法获取关于产业发展的完全信息，来甄别出哪些产业可以创造出最大的经济和社会效益，政府现有的选择性的创新补贴政策降低了对企业创新的激励效果。另一部分学者就政府在创新扶持的遴选机制提出了质疑，指出政府出于对财政资金负责的考虑，在扶持对象遴选方面，更倾向于风险小、回报率高、市场前景好的项目，这样的选择机制忽视了一大批对长期社会发展有益但短期回报较低的项目。通常情况下，政府以盈利为导向的补贴政策更容易对企业的创新投入产生挤出效应。当申请项目在没有获得政府扶持的情况下，企业通常的反应是会选择减小投入规模或者直接撤销项目。在中国的制度背景下，补贴制度设计的不完善会刺激企业通过寻租来获取政府补贴，在这个背景下，根据政策具体要求和规定，企业可以通过财务和技术上的多种手段来"量身定做"迎合政府，释放进行技术创新的虚假信号，目的在于获取政府在补贴政策的支持，从而严重降低了政策的预期效果。

由以上分析可以看出，政府补贴对于企业专利产出存在正反两方面的作用关系。政府补贴与企业创新活动之间呈现出的倒 U 型曲线关系。补贴政策通过降低创新成本等途径提升企业专利产出水平，但补贴政策在其他情况下也有可能对企业专利产出活动产生负面影响，并且这些负面影响是在补贴强度位于较低水平或者过高水平的情况下更有可能发生的。当补贴强度较低时，补贴政策对于企业专利产出的激励

作用就十分有限，而随着补贴强度的增加，补贴政策对于企业专利产出的正面作用也呈现出递增趋势。另外，技术领域信息的不透明为企业的"寻扶持"行为提供了便利，当获得扶持收益很高时，企业更有兴趣通过释放将要进行原始创新的虚假信号进行"寻扶持"投资，而不是将自身资源用于提高技术水平，从而严重扭曲了财政补贴资源的配置。过高的补贴激励可能导致创新的低效率，表现为当企业可以通过补贴获得稳定的外部收入时，将助长企业对于补贴的依赖，企业高管将缺乏足够动力从事较高风险的技术研发活动。因此，过低和过高的补贴激励都不利于推动企业专利产出活动，补贴激励政策对企业专利产出的影响效果与企业获得激励强度的高低密切相关。根据以上理论分析，本章提出假说 H1。

H1：政府补贴与企业专利产出水平之间呈现倒 U 型曲线关系。

当补贴强度低于某一临界值时，补贴政策显著促进了企业专利产出；当补贴激励强度超过临界值时，补贴政策对企业专利产出的抑制效应开始显现。

二、投资强度与专利产出：规模差异的作用

相对于大型企业，中小企业由于信用资产不足，在专利产出活动过程通常面临更大的资金约束，无法获得有效的融资支持，中小企业属于行业中的弱势群体。同时中小企业对于创新投入的需求更大，企业也面临着更大的融资约束和更高的投资风险。当政府补贴配置给中小企业后，能够在一定程度上缓解中小企业在创新投资方面的需要，降低企业的投资风险，从而促进了中小企业的专利活动。另外，中小企业属于后发追赶型企业，有着更高的知识需求和技术需求，这使得外部资本与中小企业结合以后通常可以产生更大的创新经济效应，表现为更高的创新产出水平。政府补贴可以在一定程度上缓解中小企业由于创新投入不足对于专利产出的抑制效应，促进中小企业专利产出活动。根据以上理论分析，本章提出假说 H2。

H2：政府补贴对于企业专利产出方面的作用在中小企业中表现得更加明显。

三、投资强度与专利产出：行业差异的作用

装备制造业承担着为国民经济各行业和国防建设提供装备的重任。一方面，装备制造业属于资金密集型产业，其特征是单位劳动占用资金较多、投资大，容纳劳动力相对较少，资金周转慢，取得投资效果慢。另一方面，装备制造业属于技术密集型产业，其特征是在投入的劳动与资本两要素中凝结了高度的技术，工艺过程复杂，在其产品中体现了大量的 R&D 活动。与发达国家相比，中国装备制造业发展严重落后，存在的主要问题表现为产业集中度低、专利产出能力弱、管理水平落后以及经济效益差等问题。因此，相对于其他行业，中国装备制造业的转型升级面临着更大的资金需求。因此，政府对于装备制造业企业的补贴能够对企业专利产出活动

发挥出更显著的作用。根据以上理论分析，本章提出假说 H3。

H3：政府补贴对于企业专利产出方面的作用在装备制造行业中表现得更加明显。

四、投资强度与专利产出：制度环境差异的作用

在制度环境较差的地区，制度缺陷增加了企业的创新成本，从而抑制了企业的专利产出活动。政府作为地区制度环境的重要构建者和影响者，通过提供补贴发挥了"扶持之手"的作用，有利于弥补创新过程中的市场失灵，在一定程度上弥补由于环境因素对于企业专利产出造成的抑制作用。在制度环境较好的地区，企业的创新成果可以得到更好的保护，将有条件以更低的成本和更快的速度推进专利开发等创新活动。从这个角度来看，在地区制度发展水平较好的地区，政府补贴对于企业专利产出的正面影响会更加明显。根据以上理论分析，本章提出假说 H4。

H4：政府补贴与法制环境在影响企业专利产出方面存在互补效应，在法制环境较好的地区，政府补贴对于企业专利产出水平的作用更明显。

五、投资强度与专利产出：产权差异的作用

国有企业凭借企业与政府之间存在的天然联系，通常能够从政府获得更多的政策扶持，国有企业和非国有企业在创新发展环境方面由此存在明显的差异。具体而言，相对于国有企业，非国有企业由于在融资方面通常面临更大的资金约束，无法获得有效的创新扶持，这就导致非国有企业对于政府的扶持更加渴求和敏感。对非国有企业而言，政府补贴可以在一定程度上缓解由于融资约束对于企业专利产出的抑制作用，通过财政转移支付手段促进非国有企业的技术创新活动，同时降低企业的投资风险，从而促进了非国有企业的专利活动。根据以上理论分析，本章提出假说 H5。

H5：政府补贴对于非国有企业专利产出方面的作用更加明显。

第二节　样本数据来源与研究方法设计

一、研究样本与数据来源

本章中政府补贴和企业财务指标来自于国家统计局的全国工业企业数据库。企业层面的专利申请数据来自 2007—2009 年国家知识产权局出版的《中国专利数据库》。最终我们获得 902959 家企业观测样本。法制环境数据来自樊纲、王小鲁和朱恒鹏编制的各地区市场化进程指数。

表 18-1 列出了工业企业样本的专利数量、研发比例、营业收入、职工人数、地域分布和企业所有制的基本特征。从专利数量来看，年专利产出少于 10 个的企业占样本总数的 99.66%。而年专利产出超过 10 个的企业所占比例不足 1%，这反映出中国企业总体的专利产出比较少。从研发投入比例来看，研发投入比例超过 1% 的企业所占样本总数的约为 10%，而研发投入比例低于 1% 的企业占样本总数的 90.25%，这反映出中国企业总体研发投入水平仍处于较低水平。根据中国大中小型企业的划分标准，从业人员 1000 人以下或营业收入 40000 万元以下的为中小微型企业。本章样本中绝大多数企业都属于中小企业，大型企业不足 4%。从地区分布来看，样本企业主要分布于东南、环渤海和中部地区，各占样本总数的 49.61%、17.90% 和 13.40%，其他地区企业所占比例约为 19.09%。从企业所有制类型来看，民营企业最多，占样本总数的 49.67%。外商和港澳台企业分别约占样本的 10.56% 和 9.79%。国有和集体企业分别约占样本的 4.28% 和 4.75%。

表 18-1　制造业样本企业的基本特征

特征	分类	数量（个）	占比（%）	特征	分类	数量（个）	占比（%）
专利个数（个）	10	889891	99.66	研发比例（%）	1%	814881	90.25
	10~100	2879	0.32		1%~10%	17212	1.91
	100	189	0.02		10%	70866	7.85
营业收入（万元）	2000	412395	45.67	职工人数（人）	300%	756362	83.76
	2000~40000	459286	50.87		300~1000	115876	12.83
	40000	31278	3.46		1000	30721	3.40
地域分布	东北	61247	6.79	企业所有制	国有	38668	4.28
	环渤海	161662	17.90		集体	41810	4.75
	东南	447918	49.61		民营	448542	49.57
	中部	121032	13.40		外资	95367	10.56
	西南	65928	7.30		港澳台	88396	9.79
	西北	45172	5.00		其他	189176	20.95

二、变量定义与研究模型

本章采用政府补贴占销售额的比重衡量政府补贴强度。企业技术创新一般指以获取自主知识产权、掌握核心技术为宗旨进行的创新活动。专利作为企业创新活动的主要产出和成果代表，是企业自主知识产权的集中体现。本章以企业专利申请数作为被解释变量。

在控制变量方面，我们控制了研发投入、人力资本、出口、全要素生产率、规模、负债水平、盈利水平、年龄、多元化和产业集中度，具体变量定义如表 18-2 所示。

表 18-2 变量定义

变量	中文简称	计算方法
Patent0	专利总产出	ln（下一年的专利申请总数+1）
Patent1	发明专利数	ln（下一年的发明专利申请数+1）
Patent2	新型专利数	ln（下一年的新型专利申请数+1）
Patent3	外观专利数	ln（下一年的外观专利申请数+1）
Subs	补贴收入	补贴收入/销售额
R&D	研发投资	研发投资/销售额
Hum	人力资本	大专学历以上员工人数/员工规模
Export	出口	出口企业为标记为1，非出口企业标记为0
TFP	全要素生产率	本章采用 LP 法来计算全要素生产率
Size	规模	资产/员工总数
Lev	负债水平	负债/总资产
Roa	盈利水平	利润/总资产
Age	年龄	企业成立年数
Dive	多元化	采用企业经营的产业单位数量来表示
Hhi	产业集中度	产业中销售额最大的10家企业占全行业销售额比重的平方和

模型中 γ_i、γ_j、γ_k、γ_t 分别表示省份、行业、产权和年份，来控制省份、行业、产权和年份等相关因素对企业专利产出活动的影响。ε 为随机扰动项。为了控制可能存在的内生性问题，所有解释变量都滞后一期。为了避免异常值对模型分析的影响，本章按照1%与99%的水平对变量进行了 Winsorize 处理。因为被解释变量是以 0 为下限的拖尾变量（Censored variable），应采用 Tobit 模型进行估计。模型如下：

$$\ln(\text{Patent}+1) = \alpha_0 + \alpha_1 \text{Subs} + \gamma_2 \text{Firmcontrol} + \gamma_i + \gamma_j + \gamma_k + \gamma_c + \varepsilon$$

第三节 实证分析与研究结果

一、研究结果

(一) 政府补贴与企业专利产出

表 18-3 报告了政府补贴对企业专利产出的影响。观察第 1 列，政府补贴对专利总产出的回归系数为 0.084，在 1% 的水平上显著大于 0。这表明政府补贴促进了企业专利产出。第 2 列中加入了政府补贴额的平方项，系数为 -0.039，在 1% 的水平上显著小于 0。这表明政府补贴与企业专利产出呈现出倒 U 型关系。平均而言，拐点位于 5% 左右的水平，这意味着当政府补贴低于某一临界值时，政府补贴显著促进了企业专利产出。当政府补贴超过临界值时，政府补贴对企业专利产出的抑制效应开始显现。第 (3) ~ (5) 列回归结果显示了政府补贴不同类型专利活动的影响情况。结果显示，政府补贴对发明、新型和外观专利的影响系数分别为 0.351、0.290 和 0.292，都在 1% 的水平上显著大于 0。同时，政府补贴的平方项对三种专利的影响系数都在 1% 的水平上显著小于 0，这意味着政府补贴与企业创新活动之间呈现出的倒 U 型关系在不同类型专利活动中都显著存在，实证结果支持了假设 1。

表 18-3 政府补贴对企业专利产出的回归结果

变量	专利总产出 (1)	专利总产出 (2)	发明专利数 (3)	新型专利数 (4)	外观专利数 (5)
政府补贴	0.084*** (0.008)	0.346*** (0.025)	0.351*** (0.026)	0.290*** (0.026)	0.292*** (0.048)
政府补贴的平方		-0.039*** (0.004)	-0.036*** (0.004)	-0.035*** (0.004)	-0.037*** (0.008)
研发投入	0.679*** (0.009)	0.672*** (0.009)	0.574*** (0.010)	0.534*** (0.009)	0.625*** (0.016)
人力资本	0.200*** (0.005)	0.200*** (0.005)	0.157*** (0.006)	0.165*** (0.006)	0.189*** (0.010)
出口	0.693*** (0.025)	0.690*** (0.025)	0.529*** (0.028)	0.591*** (0.026)	0.959*** (0.044)
全要素生产率	0.677*** (0.013)	0.671*** (0.013)	0.595*** (0.016)	0.586*** (0.013)	0.852*** (0.024)
规模	0.192*** (0.024)	0.189*** (0.024)	0.423*** (0.024)	0.110*** (0.025)	-0.235*** (0.048)

续表

变量	专利总产出（1）	专利总产出（2）	发明专利数（3）	新型专利数（4）	外观专利数（5）
负债水平	-0.335*** (0.038)	-0.328*** (0.038)	-0.498*** (0.044)	-0.243*** (0.040)	-0.224*** (0.070)
盈利水平	-1.861*** (0.073)	-1.842*** (0.074)	-1.247*** (0.082)	-1.495*** (0.078)	-2.535*** (0.140)
年　龄	0.020*** (0.001)	0.020*** (0.001)	0.014*** (0.001)	0.018*** (0.001)	0.020*** (0.002)
多元化	0.439*** (0.045)	0.430*** (0.045)	0.373*** (0.045)	0.352*** (0.048)	0.440*** (0.075)
产业集中度	0.450*** (0.025)	0.451*** (0.025)	0.271*** (0.031)	0.368*** (0.025)	0.579*** (0.037)
常数项	-13.215*** (0.165)	-13.167*** (0.165)	-11.849*** (0.203)	-11.803*** (0.168)	-20.065*** (0.464)
Pseudo R^2	0.142	0.142	0.182	0.166	0.116
F	701.134	679.842	297.362	457.815	224.032
N	902959	902959	902959	902959	902959

注：①***表示在1%水平上显著，括号内是标准误，标准误差按企业聚类和异方差调整。②产业、区域、产权、年份效应已控制。

（二）政府补贴与企业专利产出：规模、行业和制度环境的差异

表18-4报告了政府补贴对不同规模、行业和制度环境类型的企业专利产出的影响。观察第（1）列，政府补贴对中小企业专利总产出的回归系数为0.085，在1%的水平上显著大于0。观察第（2）列，政府补贴对大型企业专利总产出的回归系数为0.032，但不显著，这表明政府补贴对中小企业专利产出活动的作用更加显著。相对于大型企业，中小企业有限的融资渠道决定了中小企业在专利产出活动往往面临着更大的资金压力和约束。政府补贴对中小企业的政策扶持有利于缓解中小企业面临的融资约束，发挥出促进中小企业专利产出的作用，实证结果支持了假设2。

观察第（3）列，政府补贴对装备制造业企业专利总产出的回归系数为0.124，在1%的水平上显著大于0。观察第（4）列，政府补贴对其他行业企业专利总产出的回归系数为0.081，在1%的水平上显著大于0。这表明政府对装备制造业企业专利产出的作用更加显著，实证结果支持了假设3。

为了进一步考察在不同制度环境下在政府补贴对企业专利产出的作用，我们以法制环境的优劣把样本分为两组（高于均值归为法制环境较好的样本组，把低于均

值的样本归为法制环境较差的样本组)。观察第(5)列,在高法制环境地区,政府补贴对企业专利总产出的回归系数为 0.120,在 1% 的水平上显著大于 0。观察第(6)列,在低法制环境地区,政府补贴对企业专利总产出的回归系数为 0.027,在 10% 的水平上显著大于 0,这表明在高法制环境地区,政府对企业专利产出活动的作用更加显著。这意味着,良好的法制环境提升了政府补贴对企业专利产出的作用,实证结果支持了假设 4。

表 18-4 政府补贴对企业专利产出的影响:基于规模、行业和制度环境的考察

变量	专利总产出					
	中小企业 (1)	大型企业 (2)	装备制造业 (3)	其他行业 (4)	高法制环境 (5)	低法制环境 (6)
政府补贴	0.085*** (0.008)	0.032 (0.028)	0.124*** (0.011)	0.081*** (0.011)	0.120*** (0.010)	0.027** (0.012)
其他变量	已控制	已控制	已控制	已控制	已控制	已控制
常数项	-12.565*** (0.197)	-13.118*** (0.606)	-10.277*** (0.170)	-14.130*** (0.220)	-13.543*** (0.233)	-11.587*** (0.236)
Pseudo R^2	0.125	0.108	0.150	0.094	0.133	0.166
F	664.451	68.408	641.227	92.651	562.802	220.983
N	872818	30141	748876	154083	621177	281782

注:*** 表示在 1% 水平上显著。

(三)政府补贴与企业专利产出:产权因素的作用

表 18-5 报告了在考虑不同产权因素背景下,政府补贴对企业专利产出的影响。对于内资企业而言,观察第(1)~(3)列,政府补贴对国有企业专利总产出的影响系数为 0.063,在 1% 的水平上显著大于 0。政府补贴对集体企业专利总产出的影响系数为 0.077,在 5% 的水平上显著大于 0。政府补贴对民营企业专利总产出的影响系数为 0.095,在 1% 的水平上显著大于 0,这表明在内资企业部分,政府补贴对民营企业专利产出活动发挥出了更大的作用。观察第(4)~(5)列,政府补贴对外资企业和港澳台企业专利总产出的影响系数分别为 0.235 和 0.185,都在 1% 的水平上显著大于 0。这表明政府补贴发挥了对外资企业和港澳台企业专利产出活动的促进作用。基于以上分析,政府补贴对企业专利产出的影响程度存在显著的产权差异,相对于国有企业,非国有企业对政府补贴的反应更加明显,实证结果支持了假设 5。

表 18-5 政府补贴对企业专利产出的影响：产权因素的作用

变量	专利总产出				
	国有企业（1）	集体企业（2）	民营企业（3）	外资企业（4）	港澳台企业（5）
政府补贴	0.063*** (0.020)	0.077*** (0.035)	0.095*** (0.014)	0.235*** (0.027)	0.185*** (0.032)
其他变量	已控制	已控制	已控制	已控制	已控制
常数项	-11.806*** (0.453)	-12.463*** (0.849)	-14.133*** (0.383)	-14.987*** (0.840)	-14.827*** (0.811)
Pseudo R^2	0.242	0.131	0.129	0.091	0.090
F	70.857	16.216	358.053	73.674	60.793
N	38668	42810	448542	95367	88396

注：*** 表示在1%水平上显著。

第四节 结论与建议

一、结论

国务院颁布的《工业转型升级规划（2011—2015年）》提出，把加强企业技术创新和技术进步作为转型升级的关键环节。基于这一重要议题，本章基于国家知识产权局提供的902959家企业专利数据，实证检验了政府补贴对企业专利产出的影响。研究表明：①政府补贴与企业专利产出呈现出倒U型关系，当政府补贴低于某一临界值时，政府补贴显著促进了企业专利产出，当政府补贴超过临界值时，政府补贴对企业专利产出的抑制效应开始显现；②基于企业特征的考察发现，政府补贴对企业专利产出的影响存在显著的产权、规模和行业差异，表现为非国有企业、中小企业和装备制造业企业对政府补贴的反应更加敏感；③结合制度环境的考察发现，在法制环境水平较高的地区，政府补贴在促进企业专利产出方面发挥出了更大的作用。本章的研究深化了对政府扶持与技术进步之间关系的理解，为经济转型时期政府补贴政策的改革发展提供了有益的决策参考。

二、政策建议

（1）提升补贴政策制定的科学性和政策执行的有效性。首先，政府补贴是企业专利产出的推动因素，这意味着在经济转型时期，应进一步完善对企业专利产出活动的补贴体系，发挥出政府补贴对企业专利产出的引导作用；其次，政府补贴与企业专利产出成倒 U 型关系，这意味着政府应当科学制定补贴政策，避免出现企业由于对补贴政策的依赖，防止出现"错补""滥补"等现象，提升补贴政策执行的有效性。

（2）细化补贴配套措施，提升补贴政策制定的针对性和协调性。首先，在补贴内容方面，应当通过补贴配套政策鼓励企业加大在创新方面的投入，促进企业间的技术交流与合作，推动当地资本、技术和人才等创新资源的优化配置；其次，根据企业的具体情况给予不同比例的浮动补贴，加大对重点行业企业创新补贴幅度，鼓励企业对能源减排型和环境友好型的新产品、新技术、新工艺的开发和引进；再次，应进一步完善面向中小企业的补贴体系，通过财政项目拨款、研发投资的税前抵扣和银行贷款贴息等方式扶持中小企业的专利产出活动，适度增加支持中小企业技术创新的基金种类，形成支持中小企业创新的基金体系。

（3）强化外部监督，将企业补贴纳入制度化建设轨道。首先，应当完善补贴申请和发放规则，增强补贴政策执行层面的制度约束，完善科技评估和评审体制，加强对企业补贴政策评审的外部监督；其次，将企业补贴发放纳入政府的制度化建设环节，完善针对寻租行为的惩罚和约束机制，提升补贴政策在促进企业创新中的执行效率。

第19章 政府质量与企业研发投资的影响研究[①]

第一节 问题的提出与研究假设

一、引言

改革开放以来,中国经济增长的一个显著特征是技术进步对于经济增长的贡献不断上升。中国的研发投资规模迅速增长,2010年达到7062.6亿元,排在美国、日本和德国之后,位居世界第四。根据世界银行公布的投资者法律保护指数,中国的法律保护水平远低于世界上主要国家和地区,在全球195个国家和地区中排名95位。该指数的成分之一就是知识产权保护状况。从理论上看,在知识产权保护薄弱的地区,企业的研发投资意愿应该不强。而2010年,中国各类企业投入研发投资经费5185.5亿元,占全国研发投资规模的73.4%,企业作为研发投资主体和创新主体的地位基本形成。

Allen、Qian和Qian提出了著名的"中国之谜"(Puzzle of China)——中国的法律保护、金融体系落后,但在过去30年里保持强劲增长。周黎安指出中国经济高速增长的背后一定有与之相对应的激励和提供这些激励的制度安排。Qian等(1998)和Jin等(2005)认为,中国地方政府的强激励有两个基本原因,权力下放到地方的行政分权和以财政包干为内容的财政分权改革,使得中国地方政府有非常高的热情去推动地方经济增长。周黎安则指出在官员晋升机制作用下,中国地方政府官员寻求一切可能的来源进行投资,中国地方政府在地区经济增长中扮演了一个非常重要的角色。在中国经济改革的各个阶段,地方政府都深刻地参与到经济政策的制定和实施中,发挥着重要作用。张卫国等利用1994—2007年中国省级面板数据发现,绝大多数省份行政垄断促进了经济增长。余明桂等以中国民营上市公司为样本发现,与地方政府建立政治联系的民营企业确实能够获得更多的财政补贴。陈德球等(2011)以2005—2007年上市公司为研究样本,发现在地方政府扶持之手的作用下,企业通过保持较低的现金持有量,降低了企业的现金持有成本。因此,在转型经济背景下,考察政府质量对于企业行为的影响具有重大的理论和现实意义。

现代经济增长理论表明,技术进步和知识积累是决定经济增长的重要推动因素。而研究与开发(R&D)则是知识和技术产生的主要源泉。Tassey(2004)认为由于

[①] 原载《中国软科学》,2013年第2期。

技术和知识具有公共产品的溢出特性,研发活动不可避免地会遇到市场失灵和投资不足的问题。对于这个问题,安同良等认为有必要制定出纠正此种外部性的公共政策,而政府给予企业研发活动补贴和税收优惠是最为普遍的手段。庄子银进一步发现,要提高一个经济体中研发投资投入水平,进而推动技术创新以及经济增长,就必须通过政治、经济、法律制度等方面创新,营造激励创新的报酬结构,促使企业家更多地从事生产性的创新活动。王俊(2010)运用我国 28 个行业大中型企业的面板数据,实证检验了政府补贴对企业 R&D 投入的激励效应是显著存在的。

我们发现:①在政府质量水平较高的地区,当地企业表现出了更高的研发投资水平。②政府质量影响企业研发投资的机理是通过增加补贴、吸引外商直接投资、增加教育支出来缓解企业的资金、技术和人才约束。③企业研发投资对区域经济的推动作用在政府质量水平较高的地区表现得更加明显。因此,在推动经济增长方式转变及建设创新型社会过程中,应当进一步发挥地方政府在制度建设和改善城市"软环境"等方面的作用。

基于政府质量是如何影响技术创新的分析,我们的研究可能在以下 3 个方面丰富了已有文献:①现代经济学理论认为技术创新是经济增长的核心和源泉。而在经济转轨过程中,政府在推动经济增长方面的作用也受到了经济学家的广泛关注。本研究试图把这两部分的研究结合起来,从研发投资的视角研究政府质量如何影响企业行为及由此产生的经济后果,为理解转型经济条件下中国地方政府促进地方经济增长提供了经验证据。②本章发现增加企业补贴、吸引外商直接投资、增加教育支出来缓解企业的资金、技术和人才约束,政府质量促进了企业的研发投资。这从具体作用机制角度丰富和加深了对企业技术创新的认识,为理解公共治理、技术进步和经济增长之间的联系,提供了一个新的研究视角。

二、制度背景、理论分析与研究假设

(一) 制度背景

Fan 等(2011)指出,地方政府对企业的严重干预是新兴市场的共同特征。在财政分权体制下,地方政府对市场交易活动的干预与控制主要体现在要素市场领域,最明显的是土地、资本和劳动力。地方政府出于对自身财政收入和引导经济发展的考虑,普遍存在对要素资源的分配权、定价权的管理和控制。20 世纪 90 年代后,中国逐步实施财政分权改革,地方政府利用土地政策优惠实现招商引资。土地出让也成为地方政府重要的财政收入来源。地方政府在地区金融资源分配和引导资本流动上也有着重要影响力。财政激励和晋升激励使地方政府纷纷进行招商引资,运用税收优惠、信贷干预、投资准入等各种手段吸引资本的流入。在劳动力方面,在中国现有的人口管理模式下,户籍制度则在通过人口登记区分不同的权利,将人口绑定在出生地，由此带来的就业、税费、教育、消费、人才、金融等二元管理，限制了劳动力的跨区域流动。

周黎安（2004）、Li 和 Zhou（2005）发现省级 GDP 的增长率与省级官员的升迁概率正相关。地方政府拥有更强的动机来推动区域经济发展。周黎安指出，政府官员的治理机制是决定经济增长方式重要的制度安排。在地方政府掌握着大量生产要素资源的情况下，地方政府提供的公共治理机制影响着企业的行为。良好的公共治理机制有助于引导要素资源高效配置，为区域经济发展提供更健康持久的前进动力。高质量的地方政府可以通过改善地区投资环境来引导产业升级，推动地区经济发展方式的转变，进一步营造有利于企业技术创新的发展环境。另外，公共治理机制的缺陷容易导致各种寻租活动盛行。寻租活动人为地抬高了要素价格和行业进入门槛。寻租活动产生的超额收益会吸引更多的社会资源和人才从实体经济领域转移到非生产的寻租活动中去。

（二）政府质量与企业研发投资

企业的研发投资常常面临各种困难和挑战。首先，由于技术和知识具有公共产品的溢出特性，研发投资活动不可避免地会遇到市场失灵和投资不足的问题。其次，在产权保护较差的地区，一方面担心企业自有技术的外流，也面临着由于缺乏互信导致的研发合作难题。再次，在研发投资的过程中受到人才、资金和技术的约束。在户籍制度的限制下，人才的自由流动受到限制，加剧了企业的人才约束状况。企业普遍的融资约束也抑制了企业的研发投入。

当企业在研发投资中面临法律、资本和人才等一系列问题时，地方政府可以通过营造良好的法制环境和知识产权保护体系，来降低企业被侵权的风险，鼓励企业更多地投资于创新项目。在良好的产权保护下，企业的研究成果得到很好的保护，也有助于增强企业之间的互信水平，为企业间的研发投资合作创造了有利条件。地方政府质量可以通过改善当地的教育状况、提升当地居民的受教育程度来缓解企业面临的人才约束，同时制定有效的人才政策来吸引更多的外部人才促进企业的研发投资。政府给予企业研发投资活动的补贴和税收优惠则是最为普遍的手段。在金融资源分配方面，高质量的地方政府可以构建经济主体之间的互信关系，促进当地企业金融信贷市场的发展，降低交易成本。基于以上分析，政府通过建设良好的法制和产权保护体系，形成较高的人力资本水平及较低税费，有助于鼓励当地企业更多地从事技术创新活动。为此，我们提出假设 H1。

H1：在政府质量水平高的地区，当地企业表现出了更高的研发投资水平。

政府通过加强法制建设，完善法规体系，配合加大司法惩处力度，有利于为企业研发投资创造公正透明的市场环境。良好的法制水平和产权保护机制构筑了企业经济活动的制度框架，构成技术创新活动的外部法规体系。地方政府通过提升地区人力资本水平，可以进一步带动其他创新资源的培育、整合和利用，优化生产要素的结构与配置，为地区中的企业特别是中小企业发展提供基础性保障，有助于吸引更多的企业进行创新活动，逐渐形成创新的规模效应。在税费水平方面，税费水平代表了政府在税费政策方面对企业发展的支持力度。地方政府在财税方面的优惠有利于降低企业的经营成本，改善企业绩效。

在经济转型升级的背景下，技术进步对于经济增长的贡献进一步凸显。中国经济增长方式正在由主要依赖资源消耗向依靠技术创新方向转换。地方政府通过鼓励企业的研发投资，提升技术创新水平，一方面有利于增强地区经济发展的后劲，为提升区域竞争力打下了良好的基础；另一方面由于研发投资对于经济发展的促进作用，在激烈的地区竞争环境下，地方政府有自身的动机去强化这种影响。在经济转型的条件下，技术进步在推动区域经济增长方面发挥的作用不断上升。地方政府通过有效的公共治理机制，能够发挥出激励企业技术创新的导向性作用，同时引导各类生产要素向社会研发部门流动，实现地区经济的可持续发展。

基于以上分析，在较高的政府质量下，良好的公共治理机制为创新效益的实现创造了必要的制度框架，成为技术创新投入与产出之间良性循环的重要保障。为此，我们提出假设 H2。

H2：企业研发投资与区域经济增长正相关，这种正相关关系在政府质量水平较高的地区表现得更加明显。

第二节 样本数据来源与研究方法设计

一、研究样本与数据来源

本章的数据来自于国家统计局 2005—2007 年的全国工业企业数据库。城市 GDP、外商直接投资和教育支出等城市指标来自于《中国城市统计年鉴》。政府质量的数据来源于世界银行调查报告。本章按照 1% 与 99% 的水平对每个变量进行了 Winsorize 处理，我们采用了 OLS 回归模型。我们剔除了研发投资等于 0 及主要相关数据缺失的样本，最终我们获得 118 座城市、51624 个观测样本。

二、变量定义与模型检验

（一）政府质量的定义及其度量

本章中政府质量的数据来自世界银行的调查报告《政府治理、投资环境与和谐社会：中国 120 座城市竞争力的提升》。这项调查涵盖了中国 120 座城市的 12400 家企业，提供了中国东中西不同区域中城市的投融资环境、政府有效性及在和谐社会方面的详细数据。这120座城市分布于西藏以外的所有区域，占全国GDP的70%~80%。因此，数据具有较高的代表性和完整性。

La Porta等（1999）认为三个方面体现了高的政府质量、体现在政府提供较完善的产权保护和较低的税负水平，在保持廉洁高效的同时提供良好的公共服务。Fan等（2011）将政府质量界定为"政府决策是否被合法地接受并执行，受到社会大多数成员支持，并使其服务对象获益的程度"。根据现有的概念界定和已有文献对政府质量的研究，本章以产权保护的程度、对法庭的信心、高等教育居民的比重、税费四个维度来测度地方政府质量。第一个指标是对法庭的信心。这个变量衡量了政府对于司法的干预程度，类似于La Porta等（1999）对政府质量定义中描述的"法律渊源"。第二个指标是产权保护的程度，类似于La Porta等（1999）中的"产权保护指数"，反映地方政府提供的产权保护的力度。产权保护可以提高经济主体之间的互信水平，增强企业合作的动机，降低企业产权受到侵犯的可能性。第三个指标是高等教育居民的比重。这个变量衡量了政府对于教育的重视程度和在提升地区人力资本水平方面所做出的努力，类似于La Porta等（1999）对政府质量定义中描述的"提供良好的公共服务"。第四个指标是税费，反映了企业接受政府提供公共服务所付出的成本，类似于La Porta等（1999）对政府质量定义中描述的"保持较低的税负"。

为了便于理解上的一致性，我们分别将税费改变符号，改变后的税费数值越大，政府质量越高。借鉴Francis、LaFond、Olsson和Schipper（2004）的研究方法，我们在各个政府质量分指数基础上，建立综合政府质量指数。我们通过4个变量的平均数构成综合政府质量指数，综合指数高意味着地方政府质量高。

二、计量模型

本章使用研发投资比率衡量企业的研发投资水平。用当地GDP的对数形式衡量经济发展状况。我们控制了影响企业研发投资的主要因素，包括企业资产规模、资产负债率、盈利水平、存续期，通过全要素生产率来控制企业之间的异质性。存续期为企业成立年数。规模为资产除以员工总数。负债水平为负债除以总资产。盈利水平为利润除以总资产。全要素生产率按照索罗残差方法计算得出。本章中γ_i、γ_j、γ_k、γ_o分别表示年份、地区、行业和产权等因素的影响，ε为随机扰动项。为了控制可能存在的内生性问题，所有解释变量都滞后一期。模型如下所示。

模型一：考察市场化和政府质量对企业研发投资的影响

$$R\&D = \alpha_0 + \alpha_1 GQI + \gamma_2 Firmcontrol + \gamma_i + \gamma_j + \gamma_k + \gamma_o + \varepsilon$$

模型二：考察在市场化和政府质量条件下，企业研发投资对创新绩效的影响

$$\ln(GDP) = \gamma_0 + \gamma_1 R\&D + \gamma_2 Firmcontrol$$

表 19-1 报告了政府质量指数的描述性统计结果。结果显示法庭信心的平均值（中位数）为 0.638（0.665），产权保护的平均值（中位数）为 0.638（0.667），人力资本的平均值（中位数）为 0.181（0.173），税费的平均值（中位数）为 -0.049（-0.050），政府质量综合指标的平均值（中位数）为 0.349（0.364），各个指数变量的标准差很大，说明样本所在地区政府质量之间存在显著差异。

表 19-1 描述性统计

变量	样本数	均值	标准差	最小值	25%的分位数	50%的分位数	75%的分位数	最大值
法庭信心	118	0.638	0.169	0.270	0.500	0.665	0.760	0.980
产权保护	118	0.638	0.169	0.269	0.496	0.667	0.758	0.982
人力资本	118	0.181	0.067	0.054	0.130	0.173	0.209	0.421
税费	118	-0.049	0.014	-0.087	-0.058	-0.050	-0.040	-0.011
政府质量综合指标	118	0.349	0.075	0.214	0.289	0.364	0.410	0.474

第三节 实证分析与研究结果

一、描述性统计

我们对研究样本的主要变量进行了描述性统计，具体结果如表 19-2 所示。在创新指标上，样本企业的研发投资水平均值为 0.012。报告的相关系数表显示政府质量与研发投资、新产品和地区专利正相关，表明企业所在区域的政府质量越高，企业研发投资水平可能也越高。而企业所在地区政府质量水平与地区 GDP 正相关，表明良好的政府质量水平可能对地区层面的经济发展产生了正向影响。

表 19-2 描述性统计

变量	样本数	均值	标准差	最小值	25%的分位数	50%的分位数	75%的分位数	最大值
	样本量	均值	最小值	25%分位数	中位数	75%分位数	最大值	标准差
研发投资	51624	0.012	0.000	0.001	0.005	0.016	0.050	0.015
ln（地区国内生产总值）	51624	16.940	14.680	16.500	16.980	17.500	18.330	0.706

续表

变量	样本数	均值	标准差	最小值	25%的分位数	50%的分位数	75%的分位数	最大值
	样本量	均值	最小值	25%分位数	中位数	75%分位数	最大值	标准差
全要素生产率	51624	0.041	-1.038	-0.086	0.015	0.134	1.175	0.220
存续期	51624	9.706	1.000	3.000	6.000	11.000	48.000	11.700
规模	51624	0.398	0.012	0.127	0.243	0.467	2.943	0.473
盈利水平	51624	0.077	-0.218	0.011	0.045	0.109	0.951	0.126
负债水平	51624	0.568	0.003	0.404	0.579	0.737	1.385	0.240

二、实证结果分析

（一）政府质量对研发投资的影响

表19-3报告了政府质量对企业研发投资比率的影响。回归结果（1）~（5）列分别是政府质量对企业研发投资水平的回归结果。从回归结果看，对法庭的信心、产权保护、城市受过高等教育居民的比重和减税程度与企业的研发投资水平正相关，这表明地方政府质量越高，企业越可能加大研发投资的比率。这一结果显示出，对于企业的研发投资决策来说，地方政府体现了"扶持之手"的作用。地方政府质量较好的地区通过提供高水平的公共治理，降低了企业在技术创新过程中的交易成本，从产权保护、法律规范、人力资本和减轻税负等方面为企业提供了资金、人才等与技术创新密切相关的创新要素，推动企业有更大的动机和能力从事研发投资。回归结果支持了假设H1。

其他变量的回归结果显示，全要素生产率与研发投资正相关，表明生产率越高的企业研发投资的力度越大。规模越大，企业的研发投资水平越高。与企业研发投资负相关的因素有负债水平、存续期、盈利水平，表明较高负债会约束企业研发投资水平，而年轻的企业更倾向于增加研发投资。盈利水平与研发投资负相关，一个可能的解释是研发投资效益的发挥需要一段时间，在短期内对企业绩效推动作用不明显。

表19-3 政府质量对研发投资的回归结果

变量	被解释变量：研发投资				
	（1）	（2）	（3）	（4）	（5）
法庭信心	0.003***				
	(0.000)				

续表

变量	被解释变量：研发投资				
	（1）	（2）	（3）	（4）	（5）
产权保护		0.003*** (0.000)			
人力资本			0.016*** (0.045)		
税费				0.023** (0.000)	
政府质量综合指标					0.012*** (0.000)
全要素生产率	0.002*** (0.001)	0.002*** (0.001)	0.001*** (0.004)	0.002*** (0.002)	0.002*** (0.002)
存续期	-0.000*** (0.003)	-0.000*** (0.003)	-0.000*** (0.003)	-0.000*** (0.004)	-0.000*** (0.003)
规模	0.001*** (0.006)	0.001*** (0.006)	0.00* (0.012)	0.001*** (0.003)	0.001*** (0.010)
盈利水平	-0.003*** (0.001)	-0.003*** (0.001)	-0.002*** (0.003)	-0.003*** (0.002)	-0.003*** (0.001)
负债水平	-0.005*** (0.000)	-0.005*** (0.000)	-0.005*** (0.000)	-0.005*** (0.000)	-0.005*** (0.000)
截距项	0.009*** (0.000)	0.009*** (0.000)	0.007*** (0.000)	0.012*** (0.000)	0.007*** (0.000)
Adj R^2	0.054	0.054	0.056	0.053	0.056
N	51624	51624	51624	51624	51624

注：***、**、*分别代表在1%、5%和10%的水平上显著。

（二）政府质量对研发投资的影响：路径分析

尽管政府质量能够促进企业增加研发投资，但我们仍不清楚政府质量促进企业增加研发投资的具体机理。随着中国政府支持企业创新的力度不断加大，政府补贴是一个重要的手段。随着中国对外开放水平的提高，外商直接投资也已经成为中国企业获取技术和资金的来源之一。政府对教育投入越高，越有利于该地区人才的培养，从而为企业的研发投资创造有利条件。如果政府质量可以促进企业提升研发投资，那么这种效应很可能是通过上述3项渠道发挥作用来实现的。为此，我们进一步考察政府质量影响企业研发投资的中介效应，具体如图19-1所示。

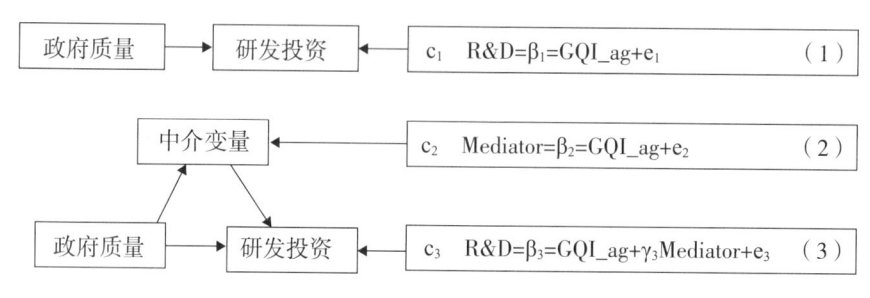

图 19-1 中介效应检验图

资料来源：作者在借鉴相关文献基础上，根据研究内容自行整理绘制。

为此，我们采用财政补贴、合同利用外资、实际利用外资和教育支出作为政府作用于企业研发投资的代理变量，进一步考察政府质量影响企业研发投资的中介效应。在企业研发投资过程的融资渠道中，在公司层面回归中，控制了公司规模、负债比率、盈利水平、全要素生产率和存续期。在地区层面回归中，我们控制了地区人口、城市人均道路面积、城市失业率等变量。我们借鉴了 Freedman 和 Schatz-kin (1992) 的方法进行中介效应的检验。

第一步：通过方程（1）检验政府质量综合指数对研发投资的影响是否显著，回归结果见表20-3第（5）列，系数为0.012，在1%的水平上显著。

第二步：通过方程（2）检验政府质量综合指数对中介变量（补贴、外商直接投资和教育支出）的影响是否显著，回归结果如表19-4所示，发现政府质量显著正向影响补贴、外商直接投资和教育支出。

表 19-4 政府质量对企业补贴、地区 FDI 和教育指出的回归结果

变量	财政补贴 (1)	ln（合同FDI）(2)	ln（实际FDI）(3)	ln（教育支出）(4)
政府质量综合指标	0.002* (0.064)	6.203*** (0.000)	5.645*** (0.000)	0.951*** (0.000)
其他控制变量	已控制	已控制	已控制	已控制
截距项	0.016*** (0.000)	3.878*** (0.000)	3.696*** (0.000)	8.617*** (0.000)
Adj R^2	0.026	0.562	0.586	0.574
N	51624	51624	51624	51624

注：***、**、*分别代表在1%、5%和10%水平上显著，括号内是P值，标准误差按行业聚类和异方差调整。其他控制变量包括全要素生产率、存续期、人均资产规模、盈利水平、负债水平、城市人口、城市人均道路面积和城市失业率。年份、行业、区域和产权效应已控制。

第三步：通过方程（3）检验政府质量综合指数和中介变量对企业研发投资的影响是否显著，回归结果如表19-5所示，政府质量和中介变量显著影响企业研发投资。所以，中介变量（补贴、外商直接投资和教育支出）部分地传导了地方政府质量对企业研发投资的作用关系。但这种传导关系是否能够达到统计上的显著呢？我们进行中介效应的T检验。β_1和β_3分别代表式（1）、式（3）中政府质量综合指数的回归系数，S_1和S_3代表β_1和β_3的标准差，r_{12}为研发投资和中介变量的相关系数。经过检验发现t值通过了1%的显著性检验，表明中介变量（补贴、外商直接投资和教育支出）在政府质量与研发投资之间的传导关系成立，发挥着中介效应。政府可以通过加大补贴和教育支出，吸引FDI的流入，从资金、技术和人才等方面为当地企业的研发投资创造有利条件。

$$t = \frac{\beta_1 - \beta_3}{\sqrt{S_1^2 + S_3^2 + 2_{S_2 S_3}\sqrt{1 + r_{12}^2}}}$$

表19-5 政府质量影响研发投资的路径分析

变量	被解释变量：研发投资			
	(1)	(2)	(3)	(4)
财政补贴	0.184*** (0.000)			
ln（合同利用FDI）		0.000*** (0.002)		
ln（实际利用FDI）			0.001*** (0.000)	
ln（教育支出）				0.001*** (0.000)
政府质量综合指标	0.011*** (0.000)	0.009*** (0.000)	0.007*** (0.000)	0.010*** (0.000)
其他控制变量	已控制	已控制	已控制	已控制
截距项	0.006** (0.019)	0.007*** (0.003)	0.006** (0.020)	-0.004 (0.134)
Adj R^2	0.079	0.060	0.062	0.064
N	51624	51624	51624	51624

注：同表19-4。

(三) 政府质量对经济增长的影响：企业研发投资的作用

表 19-6 显示我们从城市 GDP 规模考察政府质量对区域经济增长的影响。在公司层面回归中，控制了公司规模、负债比率、盈利水平、全要素生产率、存续期。在地区层面回归中，我们控制了地区人口、城市人均道路面积、城市失业率。我们按照政府质量高低把样本分成两组，低政府质量组和高政府质量组。第（1）列研发投资的影响系数在 1% 的水平上显著，表明在一个政府质量高的地区，企业的技术创新活动表现出了对地区经济增长的推动作用。第（2）列企业研发投资对 GDP 的影响系数不显著，表明较差的政府质量抵消了企业技术创新对当地经济增长的作用。回归结果支持了假设 H2。这表明高的政府质量加强了企业的研发投资对经济增长的贡献程度。

表 19-6 政府质量对区域经济增长的回归结果

变量	被解释变量：ln（地区国内生产总值）	
	高的政府质量	低的政府质量
	（1）	（2）
研发投资	0.992***	−0.185
	（4.30）	（−0.59）
全要素生产率	−0.013	0.197***
	（−0.95）	（5.59）
存续期	0.000	−0.001
	（0.62）	（−1.37）
规　模	0.000***	0.000**
	（8.30）	（2.54）
盈利水平	−0.048*	−0.031
	（−1.71）	（−0.91）
负债水平	0.051***	0.058*
	（3.06）	（1.96）
ln（城市人口）	0.883***	0.502***
	（60.41）	（13.76）
城市人均道路面积	0.035***	0.026***
	（51.25）	（11.11）
城市失业率	−9.461***	0.431
	（−30.05）	（1.13）

续表

变量	被解释变量：Ln（地区国内生产总值）	
	高的政府质量	低的政府质量
	（1）	（2）
截距项	11.399***	12.940***
	（84.81）	（48.64）
Adj R²	0.687	0.581
N	36167	15457

注：***、**、*分别代表在1%、5%和10%水平上显著，括号内是P值，标准误差按行业聚类和异方差调整。年份、行业、区域和产权效应已控制。

（四）稳健性检验

（1）我们采用了工具变量法，借鉴Acemoglu和Johnson的研究（2005），采用2004年各城市空气质量"良好"或者"优秀"的天数作为政府质量的工具变量，有理由相信这个变量代表了政府为改善人居生活环境状况所做的努力，并且和政府质量正相关。另外，企业的研发投资和地区经济增长速度不会受到过去年份地区空气质量的影响，所以能够避免"逆向因果问题"。结果表明本章主要结论依然成立。

（2）为了避免只选择研发投资大于0的样本所导致的样本选择偏差问题，我们采用Heckman自选择偏差模型进行了矫正。不过在控制了样本选择偏差之后，本章主要结论依然成立。

第四节 结论与建议

本章采用世界银行（2006）对中国120座城市的调研数据度量政府质量，检验地方政府质量对企业研发投资行为的影响。结果发现：①在政府质量水平较高的地区，当地企业表现出了更高的研发投资水平；②政府质量影响企业研发投资的机理是通过增加补贴、吸引外商直接投资、增加教育支出来缓解企业的资金、技术和人才约束；③企业研发投资对区域经济的推动作用在政府质量水平较高的地区表现得更加明显。结论表明，地方政府质量通过影响当地制度环境，对企业的研发投资决策产生了重要影响。因此，在推动经济增长方式转变及建设创新型社会过程中，应当进一步发挥地方政府在制度建设和改善城市"软环境"等方面的作用。

本章研究的政策启示是：①政府质量是企业研发投资的驱动因素。这意味着在经济转型时期，应充分发挥地方政府在推动企业技术进步中的作用。本章的研究表明，地方政府可以通过提升法治化水平，加强知识产权保护力度，完善教育等公共品供给体系,吸引更高层次人才来当地工作。制定优惠的税收政策,进一步改善城市软环境建设,促进当地资本、技术和人才等经济资源的优化配置。②政府质量和研发投资是推动经济增长的驱动因素。这意味着在地方官员考核等机制设计上,应通过完善官员的考评体系,进一步提升地方官员在推动企业技术创新中的积极性,充分发挥地方政府在推动经济转型升级和建设创新型社会中的重要作用。

第20章　创新与社会责任对中国企业海外形象的影响研究[①]

第一节　问题的提出与研究假设

一、问题的提出

中国产品的海外形象究竟如何？众说纷纭。一般海外消费者认为，中国产品价廉适用，属中低档品牌。但是，至今国内外学者都没有定量回答这一重要问题。基于对来自全球108个国家的6701个外国消费者的问卷调查，本章得出的研究结论对传统的中国产品"以价廉促多销"的海外形象战略提出挑战，认为经济新常态下，品质、创新和社会责任并驾齐驱，构成提升中国企业与产品形象的三大动力源，该研究结论对于提升中国产品海外形象、加强"一带一路"建设具有重要的借鉴意义和参考价值。

已有的研究分别探讨了产品品质、创新和企业社会责任对提升中国产品海外形象的影响和重要作用。产品品质对产品形象、企业形象和国家形象的影响是20世纪初学者们关注和研究的重要命题，产品品质对中国产品海外形象具有显著的正向影响这一研究结论已毋庸置疑。关于创新对产品海外形象的影响，主要集中在创新驱动经济发展、创新的协同效应和挤占效应方面，认为中国企业和中国产品必须具有创造力，创新已经成为影响中国产品长期和短期海外形象的重要因素。关于是否应通过企业社会责任提升产品的形象，学者们存在广泛争议。一部分学者认为企业社会责任是一个重要的营销手段或工具，其对产品的价值、消费者购买意向/行为、消费者的满意度和忠诚度会产生强烈的影响。李伟阳和肖红军（2011）认为企业社会责任源于自愿的慈善行为、社会或消费者对企业行为的期望、企业对社会压力的回应等，可以看出，无论是主观自愿，还是迫于社会压力，作为产品提供者的企业履行社会责任义务的主要驱动因素是社会，是大众，是企业广义的消费者。消费者对"绿色"和企业社会责任的需求已经到了一种空前的状态，海外消费者在不断思考自身购买行为所带来的环境和社会影响。还有一部分学者认为企业社会责任不应该作为一种战略工具或者手段用以提升企业绩效。无论企业社会责任是否应该作为提升企业绩效的工具或手段，其对提升中国产品海外形象的正向影响都得到了学者们

[①] 原载《中国软科学》，2017年第2期。

的广泛认可。

然而,经济新常态下,我们关注的重点是:产品品质、创新和企业社会责任是否会同时对中国产品的海外形象产生重要作用;三者对于提升产品海外形象的重要程度是否存在显著差别;企业的有限资源应重点投资于哪个或哪些要素,才能更好地发挥效用,提升在海外消费者心中的产品形象、企业形象。

本章的主要贡献在于:①至今没有学者用全球的研究数据说明中国产品在海外消费者心目中的具体形象和实际状况,本章的研究基于对来自全球108个国家的6701个外国消费者的问卷调查,相比于国内消费者数据或地区级消费数据,得出的研究结论更加全面、真实、可靠。②在研究方法上,使用多重中介模型,综合考虑创新(包括技术创新和市场创新)、产品品质和社会责任(包括消费者的绿色信任和感知的企业社会责任)的相互影响,考察特定间接效应的影响,而非给定中介变量对市场导向和产品海外形象的中介作用。③同时将创新、产品品质和社会责任三者纳入一个理论分析框架,考察三者的对比效应,探讨三者的重要性是否存在显著区别,进一步完善产品海外形象提升的理论框架,并为资源有限的企业提供实际指导,使研究结论更具现实意义。

二、研究假设

(一) 市场导向与产品海外形象

目前,中国正面临着发达国家蓄势占优和新兴经济体追赶比拼的两头挤压和双重挑战,这也将是中国转变战略模式,进行转型升级,提升产品海外形象的重要战略机遇期。"国家的产品形象"是学术界描述特定国家产品在海外形成的总体印象的常用术语,一国产品的海外形象与这个产品的来源国形象有着密不可分的联系。产品海外形象最初的定义可以追溯到Nagashima(1970)的概念:"形象"是与思想、情感背景和内涵相关的概念。因此,制造国形象是商人和消费者都非常重视的对一个特定国家产品的构想和刻板印象,这个形象被诸如代表性产品所创造,它强烈地影响着国际市场的消费者行为。尽管使用"制造国"这个术语指定形象的对象,但这个定义实际上指的是这个国家的产品,即一国产品在海外的形象。

Nagashima(1977)明确定义了制造国的产品形象,并认为其由五个类别组成,分别是价格和价值、服务和管理、广告和声誉、设计和风格及消费者资料或顾客资料。其中,价格和价值类别通过五项指标衡量,包括不昂贵/合理的定价、可信赖程度、奢侈品/必需品、有针对性的/大众的、重工业品/轻工业品;服务和管理类别通过细致和一丝不苟的工艺流程、技术的先进性、批量生产/手工制造、全球分布、发明/模仿五项指标进行测量;广告和声誉类别通过持有的自豪感、过多的广告和可识别的品牌名称三项指标衡量;设计和风格类别也由三项指标衡量,分别是尺寸与型号的选择范围、关心外观设计/关心性能和巧妙地运用色彩；消费者资料类别通过年轻人居多/老年人居多、男性居多/女性居多、上层阶级/下层阶级三项指标衡量。

随着 Nagashima 的定义和分类的提出，许多研究者相继提出了类似的聚焦于产品形象的概念。虽然他们同样使用了来源国形象这个术语，但研究对象通常是"整体的"或"一般的"产品形象，而不是特定产品类别的国家形象，如指定国家的电视或汽车形象。Narayana（1981）认为，任何特定国家产品的总体形象指的是为消费者所感知的、与这个国家提供产品相关的整体内涵；Han（1989）认为国家的产品形象是消费者对于某一给定国家生产的产品的质量的总体感知；Roth 和 Romeo（1992）指出，国家的产品形象是消费者基于之前对于一个特定国家的产品和营销优劣的感知，形成的对这个国家产品的整体感知；Strutton 等（1995）指出，综合的"制造国"形象是从每个国家的利益出发形成的，由初始商品的精神复印本、声誉和刻板印象组成；Bilkey（1982）认为国家的产品形象是购买者对于不同国家生产的产品和服务的相对质量的观点。

总体而言，产品提供者可以通过两种方式探寻准确的市场导向，为消费者创造价值。一是通过降低与消费者利益有关的成本，例如，降低产品的价格和提升产品的价值，为消费者提供便利的服务等；二是通过增加与消费者成本有关的利益，例如，设计符合产品特性的广告和保证产品的信誉，设计符合产品属性的包装，通过完善的顾客资料有针对性地为消费者提供产品和服务等。产品提供者不仅需要掌握市场的成本和收益动态，还需要掌握与目标客户群/市场相关的消费者的成本和收益动态，即产品提供者必须全面掌握所有层次的经济和政治约束，确立准确的市场导向，清楚市场上将来可能存在的需求，识别出可能影响市场消费者现在和将来满意度的因素。这样的市场导向可以创造更多的价值，从不同的角度提升产品在消费者心中的形象，基于此，本章提出假设 H1。

H1：市场导向越准确，中国产品的海外形象越好。

（二）创新、责任和品质的中介作用

做好市场导向的准确定位还不够，中国企业和中国产品必须在保证产品品质的前提下具有创造力，履行企业对社会的责任及"绿色"承诺。目前，企业的差异化越来越难以实现，边际利润下滑，进行企业战略革新和想象的能力越来越重要，毋庸置疑，创新已经成为影响中国产品长期和短期海外形象的重要因素。然而，有效的创新必须和强烈的伦理观、价值观及社会责任感相匹配，逐渐增长的消费者期望等许多力量正驱使中国产品履行更高水平的企业社会责任。消费者对企业绿色程度的信任与其感知到的企业履行社会责任的程度共同形成了责任维度。关于企业是否应该通过履行社会责任提升其产品的海外形象，大体上可以归纳为两种观点：一种是反对论，持有这种观点的学者担心对于社会责任的过度关注可能会导致研发部门等领域的重大商业投资受到损害，如 Adam Smith（1776）声明："我们从来不知道那些声称为了公众利益的人能得到什么好处"；Milton Friedman（1970）认为这种社会新行为在本质上是破坏性的，因为它们暗中破坏了上市公司追逐利益的目的，浪费了股东的钱。另一种观点看重企业社会责任的价值，看重企业的绿色发展，尤其关注消费者对企业的信任程度，认为承担社会责任不仅是正确的事情，也是需要去做的聪明的事情。Schurr 和 Ozanne（1985）、Kalafatis 和 Pollard（1999）认为，绿色信任是消费者基于企业产品对提高环境绩效的承诺和能力而产生的依赖企业产品、服务或品牌的意愿。绿色信任在企业市场定位与提升产品形象的过程中起着重要的作用。如果一些企业为了增加其产品的销量，虚假地赋予其产品一些误导消费者的绿色主张，夸大其产品的环境价值，就会导致消费者不再愿意相信他们的产品，影响其对企业产品形象的感知。由此可见，无论对社会责任持有哪种观点，随着时间的推移和消费者对社区、环境等的关注度不断提高，增加感知的企业社会责任和绿色信任已经成为企业培育良好形象的重要途径。

似乎所有中国企业已经决定在承担企业社会责任方面扮演一个更积极的战略性角色，小心地审视目标海外市场消费者的信仰，以及应该如何对待其社区和环境，这些企业正接受挑战并利用消费者对品质、创新、责任、可持续性的需求来加速提升形象。因此，本章提出假设 H2~H4。

H2：产品提供者对市场导向的关注度越高，消费者对企业绿色发展的信任程度（H2a）、对企业社会责任履行的感知程度（H2b）越高，中国产品的海外形象提升越快。

H3：产品提供者对市场导向的定位越准确，消费者对中国产品品质的感知越好，越容易实现产品海外形象的提升。

H4：产品提供者的市场导向越准确，技术创新（H4a）和市场创新（H4b）的程度越高，中国产品的海外形象越好。

综上所述，我们认为使用 Nagashima（1970，1977）的概念和分类来界定中国产品的海外形象较为恰当，其既考虑了中国作为产品来源国的形象，也能够衡量海外消费者如何看待中国产品，并且排除了两者差异的干扰。因此，可以从产品形象的五个类别来衡量中国产品的海外形象。同时从三个维度出发，考察市场导向对产品海外形象的影响。消费者对企业绿色发展的信任程度（绿色信任）及其对企业社会责任履行的感知形成了责任维度，技术创新和市场创新组合为创新维度。本章研究的理论框架如图 20-1 所示。

图 20-1　研究框架

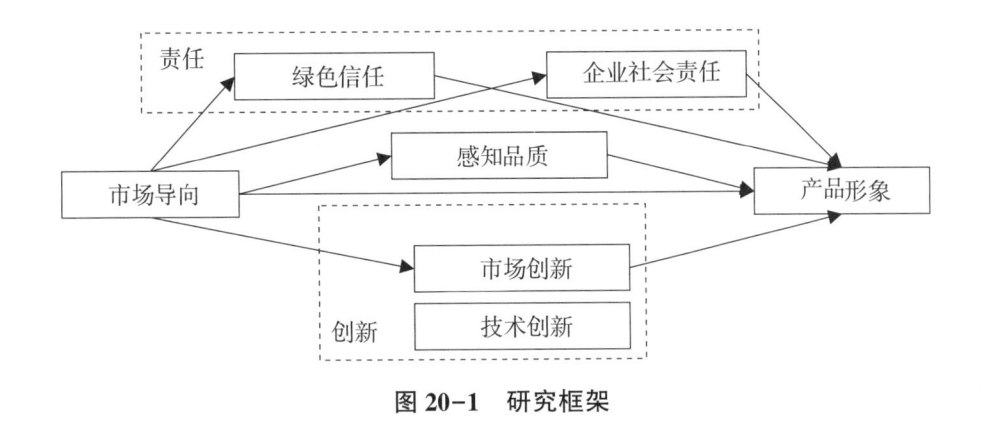

第二节　样本数据来源与研究方法设计

一、样本数据基本情况

本章的调研对象设定为有过双国生活经历的非中国人，华侨与外籍华人不在调查范围内。受访者分别来自北美洲、南美洲、大洋洲、欧洲、亚洲、非洲等地区。此次调查收集了美国、加拿大、巴西、哥斯达黎加、澳大利亚、英国、法国、俄罗斯、哈萨克斯坦、印度尼西亚、日本、韩国、埃及、南非等 108 个国家的 6701 份问卷样本，是目前国内关于中国产品海外形象的调查中，收集样本最多、涉及区域最广、涵盖国家最多的一次调查。问卷使用中文和英文两种语言形式，标准的返译（Back-Translation）技术（Brislin，1986）被应用到中英两个问卷版本中。

调查问卷使用 Bollen（1989）建议的李克特 7 点量表进行评价，1 表示强烈不同意或程度非常低，7 表示强烈同意或程度非常高，NA 表示不清楚或不知道。内容设计上分为两大部分：第一部分根据 Nagashima 的概念和分类描述中国产品海外形象的现状，包括核心形象、外围形象和社会形象；第二部分根据提升中国产品海外形象的传导机制探索主要的影响因素和优化路径，包括市场导向、感知品质、创新水平、社会责任等，共 146 个题项。

此次调查共发放问卷 6701 份，回收 4190 份，回收率为 62.5%，剔除部分问题问卷，如存在数据漏填、数据全部一样、数据跳填或填项矛盾等，剩余有效问卷 2992 份，有效率为 71.4%。有效样本中，男性 1683 人，占 56.2%，女性 1309 人，占 43.8%，受访者的年龄多数在 25~55 岁之间，占 81.1%，家庭年收入多数在 3000~70000 美元之间（53.0%），多数有宗教信仰（60.8%）、未婚（56.7%），并且拥有本科及以上学历（71.0%），如表 20-1 所示。受访者从事的工作分布在不同领域，包括互联网商务、体育运动、医疗保健、文化教育等。

表 20-1 样本分布与统计

特征	频数/个数	百分比	特征	频数/个数	百分比
性别			地区分布		
男	1683	56.2	亚洲	1989	66.5
女	1309	43.8	欧洲	350	11.7
宗教信仰			非洲	323	10.8
有	1818	60.8	美洲	296	9.9
无	1078	36.0	大洋洲	19	0.6
缺失	96	3.2	缺失	15	0.5
学历			对中国的了解程度		
高中或以下	710	23.7	非常了解	199	6.7
本科	2061	68.9	比较了解	952	31.8
研究生及以上	63	2.1	一般了解	1033	34.5
缺失	158	5.3	了解一点	691	23.1
家庭年收入			不太了解	90	3.0
不超过 3000 美元	245	8.2	缺失	27	0.9
3000~9000（含）美元	703	23.5	在中国停留时间		
9000~20000（含）美元	497	16.6	少于 6 个月	199	6.7
2 万~7 万（含）美元	386	12.9	6 个月~1 年	504	16.9
7 万~10 万（含）美元	437	14.6	1~2 年	911	30.4
10 万~16 万（含）美元	326	10.9	2~4 年	927	31.0
超过 16 万美元	162	5.4	4 年以上	432	14.4
缺失	236	7.9	缺失	19	0.6

二、变量测量

产品海外形象。本章使用 Nagashima（1977）提出的由价格和价值、服务和管理、广告和声誉、设计和风格、消费者资料五个类别组成的产品形象量表（JM）。采用李克特 7 点量表进行评价（Bollen，1989），1＝程度低，7＝程度高，NA 表示不清楚或不知道。得分越高表示中国产品在海外消费者心目中的形象越好，反之亦然。

市场导向。本章采用 Narver 和 Slater（1990）设计的市场导向量表（JM）。使用 Bollen（1989）建议的李克特 7 点量表进行评价，1＝非常低，7＝非常高，NA 表示不清楚或不知道。低分代表市场导向不理想，高分代表产品提供者以海外市场消费者的需求为中心，市场导向较为准确。样题如"您觉得中国产品能够充分理解您的需求""您觉得中国产品是以提高消费者满意度为最高宗旨的"等。

消费者感知的企业社会责任。本章采用 Lichtenstein 等（2004）编制的感知的企业社会责任量表（JM）。同样使用李克特 7 点量表进行评价，1=强烈不同意，7=强烈同意，NA 表示不清楚或不知道。高分代表消费者感知的企业履行社会责任的程度较高，低分代表消费者感知的企业履行社会责任的程度较低。样题如"您觉得中国企业已经将慈善活动融入企业的商业活动中""您觉得当地的或者其他国家的非营利组织能够从中国企业的贡献中受益"等。

绿色信任。本章采用 Chen（2010）编制的绿色信任量表（JBE）。使用李克特 7 点量表进行评价，1=强烈不同意，7=强烈同意，NA 表示不清楚或不知道。高分代表消费者对企业绿色发展的信任程度较高，低分表示消费者对企业绿色发展的信任程度较低。样题如"您觉得中国企业对企业产生的污染物和废弃物能够且已经进行了恰当的处理""您觉得中国企业能够提高能源使用效率，推动资源的节约和循环利用"等。

感知品质。本章采用 Dodds 等（1991）编制的感知质量构念量表（JMR）。采用李克特 7 点量表进行评价，1=非常低，7=非常高，NA 表示不清楚或不知道。高分代表消费者感知的产品质量较高，低分代表消费者感知的产品质量较低。样题如"您使用中国产品时，觉得中国产品的可靠性如何""您使用中国产品时，觉得中国产品的耐用性如何"等。

技术创新和市场创新。本章分别采用 Zhou 等（2005）（JM）与 Gatignon 和 Xuereb（1997）（JMR）提出的两个创新量表。采用李克特 7 点量表进行评价，1=强烈不同意，7=强烈同意，NA 表示不清楚或不知道。高分代表在海外消费者的认知中，中国产品具有较高的技术创新水平和市场创新能力，低分表示技术和市场方面的创新程度较低。技术创新样题如"您觉得中国产品的技术应用完全区别于主要竞争对手的产品""您觉得中国产品的创新程度很高、是无可替代的"等。市场创新样题如"您觉得主流消费者使用中国产品时需要付出学习了解方面的努力""您觉得主流消费者需要花费较长时间理解中国产品的全部优点"等。

第三节　实证分析与研究结果

一、信度和效度分析

对问卷量表进行信度和效度检验及进一步的假设验证，验证性因素分析结果（见表20-2）显示各量表的组成信度（CR）在 0.749~0.872 之间，平均提取方差

（AVE）值在0.492~0.632之间，均达到了建议值。这说明量表具有较好的内部一致性和收敛效度，量表的题项选择是可靠的。

表20-2 验证性因素分析

因素/题项	非标准负荷	t值	标准负荷	因素/题项	非标准负荷	t值	标准负荷
市场导向coor（CR=0.850；AVE=0.533）				产品海外形象prim（CR=0.866；AVE=0.565）			
coor1	1.000	—	0.799	prim1	1.000	—	0.799
coor2	1.012	35.965*	0.748	prim2	1.057	42.042*	0.748
coor3	1.069	38.580*	0.769	prim3	1.099	43.375*	0.769
coor4	1.082	37.810*	0.805	prim4	1.115	45.608*	0.805
coor5	0.899	31.234*	0.624	prim5	0.854	34.100*	0.624
企业社会责任pcsr（CR=0.848；AVE=0.584）				技术创新tinn（CR=0.822；AVE=0.536）			
pcsr1	1.000	—	0.752	tinn1	1.000	—	0.756
pcsr2	1.018	40.751*	0.810	tinn2	0.971	36.112*	0.747
pcsr3	0.953	38.797*	0.761	tinn3	0.904	34.522*	0.706
pcsr4	0.924	37.355*	0.730	tinn4	0.926	35.073*	0.719
感知品质pqau（CR=0.872；AVE=0.632）				市场创新minn（CR=0.749；AVE=0.492）			
pqau1	1.000	—	0.813	minn1	1.000	—	0.760
pqau2	1.049	49.363*	0.845	minn2	0.795	29.162*	0.610
pqau3	0.980	47.521*	0.813	minn3	1.039	33.531*	0.730
pqau4	0.857	39.792*	0.700	minn4	0.969	32.540*	0.696
绿色信任grtr（CR=0.832；AVE=0.628）				模型拟合统计指标			
grtr1	1.000	—	0.811	$\chi^2=735.422$；df=356；$\chi^2/df=2.066$；			
grtr2	0.846	38.450*	0.742	GFI=0.983；AGFI=0.979；CFI=0.990；			
grtr3	0.973	39.886*	0.812	TLI=0.988；RMSEA=0.019			

数据来源：作者根据调查数据使用Amos 22.0计算整理得到。

在信度和收敛效度测量的基础上，进一步对量表的区别效度进行检验，以查看其能否真正反映我们所要观察的提升中国产品海外形象战略模式的特征。表20-3对比了从七因素模型到单因素模型的拟合度。七因素模型包括市场导向、绿色信任、企业社会责任、感知品质、技术创新、市场创新和产品海外形象七个因素，六因素至双因素模型是这些因素的不同组合。嵌套的对比模型说明由责任、品质和创新组成的七因素模型是明显优于其他模型的，选用的量表具有较好的区别效度，模型的构建是最优的。

表 20-3　模型的验证性因素分析

模型	χ^2	df	χ^2/df	GFI	AGFI	TLI	CFI	RMSEA
建议值	越小越好	越大越好	<3	>0.9	>0.9	>0.9	>0.9	<0.08
1. 七因素模型	735.422	356	2.066	0.983	0.979	0.988	0.990	0.019
2. 六因素模型	3920.351	362	10.830	0.885	0.862	0.894	0.905	0.057
3. 五因素模型	7269.543	367	19.808	0.815	0.781	0.797	0.817	0.079
4. 四因素模型	11078.530	371	29.861	0.735	0.690	0.689	0.715	0.098
5. 三因素模型	14299.847	374	38.235	0.683	0.631	0.598	0.630	0.112
6. 双因素模型	17782.539	376	47.294	0.635	0.578	0.500	0.537	0.124
7. 单因素模型	21506.450	377	57.046	0.588	0.525	0.395	0.438	0.137

注：七因素分别为市场导向、绿色信任、企业社会责任、感知品质、技术创新、市场创新和产品海外形象；六因素模型将技术创新与市场创新组合；五因素模型组合了绿色信任和企业社会责任；四因素模型将创新与品质组合；三因素模型组合了责任、品质和创新；双因素模型将市场导向加入组合中。

表 20-4 描述了各变量的均值、标准差、相关性及共同方差。量表所有可能的两两结合共同方差的最大值是 0.137，小于表 20-2 中 AVE 的最小值 (0.492)，说明研究选用的量表具有较好的区别效度，同时表明市场导向、责任、品质和创新对提升中国产品海外形象具有正向影响。

表 20-4　各变量均值、标准差、相关性及共同方差

变量	均值	标准误	1	2	3	4	5	6	7
1. 市场导向	4.146	1.102	—	0.071***	0.079***	0.093***	0.106***	0.091***	0.118***
2. 绿色信任	3.959	1.302	0.267***	—	0.052***	0.070***	0.078***	0.054***	0.067***
3. 企业社会责任	4.401	1.152	0.281***	0.227***	—	0.050***	0.042***	0.091***	0.075***
4. 感知品质	3.938	1.120	0.305***	0.265***	0.224***	—	0.074***	0.057***	0.137***
5. 技术创新	3.966	1.140	0.326***	0.280***	0.204***	0.272***	—	0.057***	0.088***
6. 市场创新	4.343	1.080	0.301***	0.232***	0.301***	0.238***	0.239***	—	0.095***
7. 产品海外形象	4.210	0.872	0.344***	0.258***	0.274***	0.370***	0.296***	0.308***	—

注：*** 代表 p<0.01（双尾）。矩阵对角线下方是相关系数；矩阵对角线上方是共同方差。

二、多重中介模型

表 20-5 显示了市场导向到产品海外形象的多重中介模型结果，总效应、直接效应（H1）和所有的特定间接效应都存在，表明反映责任、品质和创新的五个因素

(绿色信任 H2a、企业社会责任 H2b、感知品质 H3、技术创新 H4a、市场创新 H4b)在市场导向和中国产品海外形象的关系中,起到了至关重要的中介作用,对提升中国产品的海外形象有显著的正向影响。

与此同时,考察了三者之间差异的显著性,得到了一个有趣的结果。由表 20-5 下方的对比效应可知,创新与品质之间不存在显著差异,说明在多元化的市场竞争下,创新与品质同等重要,传统的质量至上观念和"价廉多销"战略已经不足以赢得消费者的芳心,质量在形成品牌效应方面很难再独占鳌头。相比之下,创新与责任、品质与责任之间存在显著差异,显示了它们在重要性上的层级区别,说明在提升产品海外形象、形成品牌效应的过程中,创新和品质相对于责任而言,具有更为重要的意义,但绿色发展和企业社会责任对于形成国际知名品牌仍然起着不可忽视的作用,是经济新常态下设计中国产品海外形象提升战略时必须加入的新的关键要素。

表 20-5　多重中介模型分析

效应/对比:关系变量	系数估计值	系数乘积战略		Bootstrapping			
		标准误	Z 值	偏差校正法 95%CI		百分位值法 95%CI	
				下限	上限	下限	上限
总效应:定位→海外形象	0.3564	0.0218	16.3486**	0.3136	0.3987	0.3136	0.3987
直接效应:定位→海外形象	0.1196	0.0242	4.9421**	0.0734	0.1690	0.0726	0.1687
总间接效应:定位→海外形象	0.2368	0.0183	12.9399**	0.2018	0.2747	0.2017	0.2743
特定间接效应	—	—	—	—	—	—	—
绿色信任	0.0237	0.0071	3.3380**	0.0098	0.0375	0.0098	0.0375
企业社会责任	0.0326	0.0073	4.4658**	0.0187	0.0476	0.0185	0.0473
感知品质	0.0837	0.0092	9.0978**	0.0664	0.1027	0.0659	0.1023
技术创新	0.0521	0.0087	5.9885**	0.0363	0.0706	0.0358	0.0701
市场创新	0.0447	0.0092	4.8587**	0.0268	0.0632	0.0267	0.0631
对比效应	—	—	—	—	—	—	—
创新 vs. 品质	0.0131	0.0149	0.8792	-0.0150	0.0424	-0.0147	0.0429
创新 vs. 责任	0.0406	0.0166	2.4458*	0.0067	0.0728	0.0079	0.0736
品质 vs. 责任	0.0274	0.0133	2.0602*	0.0012	0.0542	0.0012	0.0542

注:** 代表 $p<0.05$,* 代表 $p<0.1$。5000 份 Bootstrap 样本。

这些结果表明，品质、创新和责任是经济新常态下提升中国产品海外形象的重要战略要素。其中，技术创新、市场创新和产品的品质同等重要，传统的"价廉多销"战略思路需要拓展，质量在提升产品海外形象方面很难再独占鳌头，需要创新与其齐头并进；与此同时，传统战略模式中并未体现出重要性的企业社会责任和绿色信任等责任元素，是经济新常态下构建产品海外形象战略模式的重要中介和路径，成为必须加入的关键要素，对于当前提升中国产品的海外形象具有至关重要的决定作用。三者的协同作用有助于减少与海外文化的差异、缩小与发达国家产品形象的差距及形成国际知名品牌。

第四节　结论与建议

研究发现，中国企业过去"价廉多销"的战略思路已难以适应国际新环境的要求。在经济新常态下，提升中国产品海外形象的战略思路也应具有新的含义和特点。首先，在海外产品质量方面，应更看重海外消费者感知的产品品质，它不仅是可检验的产品质量，还包括产品设计等环节引入互联网和智能制造的体验与售后服务；其次，在海外市场导向方面，应更关注海外消费者的整体价值链，不仅掌握海外消费者的显性需求，更重要的是了解其潜在需求。与此同时，创新和社会责任是新形势下优化中国海外产品形象战略过程中必须重视的关键动力源，它们与产品品质一起，形成支撑中国产品海外形象提升战略的"三驾马车"。基于本调查研究，可以概括出提升中国产品海外整体形象的三大坐标：品质、创新和社会责任。为提升中国产品的海外形象，本章基于以上分析和研究结论，提出以下对策建议。

（1）以各国客户为中心打造高品质产品，这是提升中国产品海外形象的根本路径。目前，一些海外消费者对中国许多产品的印象较差，既源于中国一些制售假冒伪劣产品的行为没有得到有效遏制，也源于许多中国企业没有把各国客户放在中心位置。应时刻注重海外产品的人性化设计，将各国顾客满意作为第一标准贯彻到产品制造的全过程，并为实现这个目的不断进行品质和技术革新，让海外客户参与到产品的管理、研发中，参与到企业的成长中。因此，从根本上提升中国产品海外形象，不仅要注重可检验的物质化产品品质，还需要提升感受性产品品质，如优化各国消费者的购物体验、售后服务，提高身份认同的归属感、时尚引领的自豪感等；同时，还需为海外消费者提供能产生惊喜、感动和启示的，具有高附加值的中国产品和服务。

（2）技术创新和市场创新是提升中国产品海外形象的核心。通过技术创新进行产品换代升级，开发未知海外市，拓展新的各国市场渠道，是提高中国产品的技术含量和附加值，获取海外市场竞争优势的关键。因此，对于缺乏首创精神，在创新上不占优势，擅长"拿来主义"的一些中国企业，需要专注于产品技术的改良，进行"二次创新"，使自己的产品在海外同行中获得专利优势；对于历经时代考验依然保持强大竞争力的我国优秀品牌企业，则应坚持自主创新，大胆开拓海外市场，积极抢占产品全球价值链的高端阵地，打造全球知名品牌，成为具有良好国际形象的企业。

（3）创建企业国际社会责任体系是提升中国产品海外形象的关键支撑。中国企业要提升产品海外形象，必须重视与履行国际标准协会制定的新的社会责任国际标准体系ISO26000。为此，需要结合我国企业"走出去"的特点，构建与ISO26000接轨的中国"走出去"企业的社会责任框架体系。它包括遵守各国法律、尊重国际行为规范、尊重利益相关方利益和透明度原则；覆盖组织治理、践行公平企业运营、以消费者为中心、参与社区的建设与发展等七个方面的核心内容。

（4）文化认同和绿色信任是提升中国产品海外形象的润滑剂。海外市场巨大复杂，中国产品必须面对具有不同族裔、文化、宗教等背景的多元化用户，这种文化差异是中国产品"走出去"、进入海外市场的首要阻碍因素。另外，随着产品技术、品质的逐步提升，海外消费者对绿色的要求日渐增强。中国企业需要不断与海外消费者加强交流，在差异中不断完善对不同社会和商业文化的认知；在加强节能环保技术、工艺、装备推广应用的同时，全面推行清洁生产，构建绿色制造体系，向海外展现中国的绿色商业价值观，取得海外消费者的信任，打破隔阂，最终展现中国产品的"全球化"平台优势。

（5）依据中国企业自身条件因地制宜、重点突破，分类推进战略措施。一是处于全球价值链高端的中国企业应得到重点扶持，它们应高度重视应用ISO26000国际社会责任新标准体系来维持其产品在海外的优良形象。二是处于全球价值链中低端的中国企业应采取对标管理战略，瞄准世界同行先进水平，努力攀升到全球价值链高中端，并对照ISO26000七要素加快缩小差距，创建优良品牌。三是注重知识产权保护，以及海外维权体系和信用体系的建设。保护知识产权的关键是《专利法》的修改，维权时效性的提高，以及行政执法力度的加强。应充分发挥司法和行政保护优势，为企业在海外创造更好的法制和市场环境。四是将提升产品海外形象融入"一带一路"建设之中。一方面，"一带一路"沿线国家可以为我国企业提供许多合作项目与合作机遇，为企业"走出去"发展拓展新的空间；另一方面，面对国际市场的激烈竞争，我国企业只有加快产品与品牌的升级，才能在"一带一路"建设中形成新优势。

第21章 技术创新对国家标准制定话语权的影响研究[①]

第一节 问题的提出与研究假设

国家标准是行业的法典，是行业成员共同遵守的准则和依据，制定国家标准的企业就是行业的标杆和领头羊。制定标准对于企业的影响无疑是十分巨大的，企业率先制定标准，率先推向市场、规范市场，一旦标准为市场所接受，企业就获得了到国内、国际市场攻城略地的强大武器（Shapiro and Varian，1999）。在这个背景下，越来越多的企业将国家标准之争看作话语权的竞争，谁掌握了标准，就意味着率先拿到了市场的入场券，进而可以从中获取巨大的经济利益（Stango，2004；Riley，2007；Farrell and Simcoe，2012；Ritala，2012），甚至成为行业发展的定义者。

过去30年来，伴随着中国从计划经济体制向市场经济体制的转型，不同经济领域的制度变迁方式呈现出多元化格局。在生产领域，主持国家标准制定为企业提供了一种自下而上推动制度变革的实践机会。国家标准作为由政府批准的经济秩序文件，是工业大生产时代的必然产物，在调节经济运行、促进企业发展和保障消费者利益方面扮演着重要角色。从宏观层面来看，国家标准是国家行政管理部门进行质量监督的依据；从企业角度来看，国家标准是企业规范生产的行为准则，企业生产的产品只有符合标准要求，才能获准在市场上销售；从消费环节来看，国家标准是维护消费者合法权益的保障。由此可以看出，国家标准的制定是一项影响行业整体发展的标志事件，影响范围大，社会关注度高，它既涉及现行的经济规则，又关系到政府、企业和消费者等众多方面的利益。例如，2013年3月，针对广受社会关注的城市空气污染问题，海尔集团牵头制定了《房间空气调节器去除$PM_{2.5}$功能要求》，在获得政府批准之后作为生产标准直接推广实施，从此以后空调行业的企业就需要遵守该标准来生产与"去除$PM_{2.5}$"相关的产品。

然而，一个企业从标准的"跟随者"跃升为标准的"领导者"的过程中面临诸多挑战。首先，要拿下标准起草权，在技术层次上对企业提出了更加严格的要求。不仅如此，政府监管覆盖了国家标准从制定、审批到发布的全过程，政府因素由此嵌入国家标准的生成过程，这使得政企关系对企业获取国家标准制定权有着直接的影响。随之而来的问题是，技术因素和政治因素如何影响企业参与国家标准制定话

[①] 原载《世界经济》，2014年第12期。

语权的争夺？二者在影响国家标准制定话语权方面存在什么关系，是互补，还是替代？中国地域辽阔，地区间政府治理水平差异很大，面对政府的不断转型，企业是如何应对的？由于这些问题的存在，迫切需要构建起与国际接轨又适合中国国情的经济理论体系。综观国内外理论文献，尽管已经有学者关注到国家标准制定话语权的争夺（Stango, 2004; Riley, 2007; Farrell and Simcoe, 2012; Ritala, 2012），但是对于中国国家标准体系的形成过程仍缺乏足够的认识，特别是缺乏足够的经验认识。本章研究发现：①高技术创新水平的企业在标准竞争中的话语权更大；②技术创新和政治关系在影响国家标准制定话语权方面存在显著的替代关系，即技术能力越强，政治关系的重要性也越低，而企业的政治关系越密切，技术能力的重要性就越低；③在政府治理水平较高的地区，政治关系对国家标准制定话语权的作用受到抑制，而技术创新对国家标准制定话语权的影响表现出不随政府治理环境变化的稳定性。本章可能的研究贡献主要体现在以下几个方面：

第一，目前国内学术界对国家标准制定话语权问题的研究远远落后于实践要求，主要侧重于描述性分析，尚没有基于企业层面数据的经验研究，更未有研究涉及政府治理水平等动态因素的影响效果评价。企业究竟是如何获得主持国家标准制定机会的，对于现有理论来说仍属于一个黑匣子，而导致这种研究相对滞后的局面的一个重要原因可能是缺乏关于国家标准制定话语权的微观测量数据。国家科技部为本章研究提供了一套独特的国家标准数据，使得我们有机会深入分析企业主持国家标准制定的影响因素，从而为理解企业的国家标准制定话语权问题提供了来自企业层面的证据。

第二，以往的研究主要集中于技术创新对企业业绩等显性经济指标的影响，很少有研究关注技术创新对国家标准制定话语权等隐性经济指标的影响。从国家标准制定话语权角度考察企业技术创新的经济绩效，本章尚属首次，从而获得了一些与现有研究不同的结论，这对于认识技术创新与企业竞争行为的关系具有重要价值。另外，中国经济的典型特征是政府拥有强大的经济干预能力，因此谋求政治关系对于企业是有价值的（Frye and Shleifer, 1997; Faccio, 2006; Claessens et al., 2008; Li et al., 2008）。那么，政治关系与技术创新在影响国家标准制定话语权方面存在什么关系呢？本章从国家标准制定话语权的视角探讨了技术创新与政治关系的替代关系，这是在以前的技术创新类和政治关系类文献中从未出现过的研究思路，有助于更准确地理解和把握技术创新与政治关系在企业竞争中的微观作用机制。

第三，自 North 和 Thomas（1973）、North（1981）进行开创性的研究以来，制度对经济发展的影响一直是经济学研究的重要论题之一。现有研究表明，宏观经济政策变化是影响企业行为的重要外部因素，但是我们仍不清楚是否存在一个企业影响宏观经济政策的逆向传导机制。而本章研究表明，企业可以通过影响国家标准的制定为自身创造有利的外部竞争环境,从而深化了宏观经济政策与微观企业行为领域的研究内容。在此基础上,本章进一步研究了不同的政府治理水平影响下,技术创新与政治关系对企业争夺国家标准制定话语权的影响的特征差异,从而为理解转型经济背景下制度因素对企业行为的作用提供了一个独特的微观视角。

一、制度背景:转型时期的国家标准制定话语权与企业发展

改革开放40多年来,中国经济生产社会化、集约化程度越来越高,技术生产的统一和协调程度不断提高,市场体系处于进一步完善的过程中,由此引发全社会对于标准化的强烈需求,中国国家标准体系在这个背景下获得了快速发展(Gibson,2007)。国家标准是全国范围内统一的技术要求,确定了对各类产品从原料、零部件直至产品性能的全套要求,构成了企业生产活动必须遵守的行为准则,是行业经济秩序的依托和保障。长期以来,国家标准作为经济交往的技术语言,在保障产品质量、提高市场信任度、维护竞争秩序等方面发挥了重要作用(胡彩梅等,2010)。随着中国经济市场化改革进程的不断深入,标准在企业竞争中的作用进一步凸显,继产品竞争、品牌竞争之后,标准竞争成为一种更深层次和更高水平的竞争形式。

制定标准的过程是设定企业间新的游戏规则的过程。企业如果能够积极参与国家标准制定过程,就有可能将本企业先进的工艺体系、适用的技术路径、专业的检验方法、独特的管理流程等推向全行业,并且使之上升为全国范围内的规制体系(沈同和邢造宇,2005),实现向同行企业"定规矩",企业因此成为行业竞争规则的主导者。不仅如此,主持国家标准制定还可以使企业在第一时间接触到特定的行业政策和特定的产品样本,掌握其未来市场发展的趋势、技术规范的要求、相关规则的变化等具有重大经济价值的前沿信息(Stango,2004;Riley,2007),从而占领行业发展的信息"制高点",取得市场先入者的地位。这样一来,企业能够借助信息优势,根据标准发展要求,迅速制订有针对性的战略规划方案,及时进行科学筹划和调整生产经营策略,实施整合内部资源、调整工艺路线、改变管理方式、招募新的技术和管理人才等重要的变革措施(胡彩梅等,2010),提前实现企业技术更新和产品换代的目标(Farrell and Simcoe,2012;Ritala,2012),规避由于标准变更带来的冲击,进一步提前抢占市场。因此,对于获得国家标准制定权的企业而言,通过将自身技术体系转化为国家标准,可以在设备采购、产品准入、技术引进等与行业竞争密切相关的关键领域获得更大的话语权。对于没有获得国家标准制定权的企业而言,只能被动接受其他企业制定的标准,同时也必须面对由此带来的不确定性和规制风险。

二、技术创新与国家标准制定话语权

国家标准既要体现前瞻性,能够引领未来行业的整体发展,又需要体现实践性,

能够兼顾行业发展的现实需要，因此制定标准本身是一项技术性很强的专业活动（Gibson，2007）。标准制定能力是企业综合能力的集中反映，标准的制定对企业技术能力提出了更高的要求，技术能力弱的企业常常会由于无法提出一套合格的技术标准体系而在标准竞争中遭遇失败。技术创新巩固了企业在技术市场的地位，提升了企业在国家标准制定中的话语权。

不仅如此，企业通过把创新成果运用到产品中去，实现了差异化经营，提高了企业产品的质量和品牌形象，使得企业获得市场的认可，从而更有可能获得主持国家标准制定的机会。企业通过把自身技术作为竞争武器，向市场加以宣传，进一步扩大了企业的行业影响力。不仅如此，知识生产和创新活动本身的溢出效应使得企业的技术创新会形成技术和知识扩散，从而实现自身标准向其他企业的输出，具体途径包括其他企业模仿示范、技术人员流动、竞争效应及与上下游产业的联系等（Cargill，1989；Molka，1992），竞争对手在跟随和学习的过程中会打上这家企业的"烙印"，企业对于行业整体的影响力随之上升，从而为企业影响国家标准制定打下了基础。

综上所述，一方面，技术创新提供了企业制定国家标准的必要能力，由于制定的标准往往需要反映行业的前沿水平，因此需要企业对行业整体技术水平和相关领域有充分的了解，只有具有足够技术创新优势的企业，才能胜任制定行业技术规范的角色；另一方面，企业通过技术创新所塑造的企业产品质量和品牌形象，进一步提高了企业在行业和市场上的认可度，成为其制定国家标准所依托的市场基础，为企业在技术领域提供了谈判能力，增强了企业对行业内整体技术特征的掌控力，这些都是企业成为国家标准的制定者与起草者必不可少的重要条件。

根据以上理论分析，本章提出假说 H1。

H1：企业技术创新水平越高，企业在国家标准制定方面的影响更大。

三、政治关系与国家标准制定话语权

政府是影响企业行为的重要外部因素。Fan 等（2011）指出，政府通过监管、税费和国有股权等途径和方式影响了企业的投入产出过程。企业谋求政治关系的现象在世界上各个国家广泛存在，谋求政治关系对于企业是有价值的（Faccio，2006a；Faccio et al.，2006b），能够为企业带来好处，例如，获得税收优惠（Ajay Adhikari et al.，2006；吴文锋等，2009），保护企业产权（Chen et al.，2011），增加企业外部融资机会（Claessens et al.，2008；Leuz and Oberholzer-Gee，2006；于蔚等，2012），提升企业业绩和价值（Fisman，2001；Li et al.，2008；Johnson and Mitton，2003）。对于世界上大多数国家而言，国家标准的制定一般都要在政府的管理和控制之下（Garcia，1992；Greenstein，1992）。政府在企业参与国家标准制定权

竞争的过程中扮演重要角色。政治关系为企业向政府表达利益诉求和进行公关活动提供了其他企业无法获得的诸多便利条件，有政治关系的企业因此在标准竞争中更加容易取得政府的支持。在中国的情境下，国家标准是以国家强制力为基础对行业的一种规范和调整，国家标准制定本身带有一定程度的行政色彩，这为具有政治关系的企业发挥自身关系优势提供了机会。

根据以上理论分析，本章提出假说H2。

H2：具有政治关系的企业在国家标准制定方面的影响更大。

四、技术创新与政治关系：互补还是替代

主持国家标准制定对于企业的技术能力提出了更高的要求。企业通过技术创新获取在行业当中的影响力，提出质量更高的标准方案，从而增加自身在国家标准制定权竞争中的优势。当不具备政治关系的企业参加国家标准制定权的竞争时，技术优势的重要性就进一步凸显出来，企业会产生更大的动力通过技术创新来弥补企业在关系资产上的欠缺。但是，某些行业中政治关系非常强的企业可以单独凭借政治关系就获得某项国家标准的制定权，这时候技术因素就不是影响企业参与标准竞争的唯一变量。从这个意义上看，对于只需凭借政治关系就可以赢得标准竞争的企业而言，技术创新在企业标准竞争中的作用可能就会下降。

根据以上理论分析，本章提出假说H3。

H3：技术创新和政治关系对企业参与国家标准制定话语权竞争的影响存在替代关系。即技术能力越强，政治关系的重要性越低；企业的政治关系越密切，技术能力的重要性就越低。

五、政府治理与国家标准制定话语权

政府对于企业的干预既可能发挥"扶持之手"的推动作用，也可能产生"掠夺之手"的负面影响（La-Porta et al.，1999）。由于国家标准的重要性，所制定的标准有可能成为利益分配的工具，使得产业利益分配向着标准制定企业倾斜。在这个过程中，政治关系增加了标准制定过程中的寻租机会，一些并不具备相应资质和技术条件的企业可能凭借政治关系获得国家标准制定权，从而影响国家标准制定的过程。在政府治理水平较低的时候，政策制定和执行过程中容易形成权力寻租的土壤，一些政府部门容易忽略标准制定的公共利益，具备政治关系的企业有可能借助已有的关系向标准制定施加影响，从而扭曲社会中的资源分配，导致不公平竞争。各种寻租机会的存在也容易诱导企业放弃漫长艰苦的技术开发过程，转而通过政治关系去获得在国家标准制定上的话语权，进而取得立竿见影的效果。

而政府治理水平的提升意味着政府放松管制，同时减少对于微观经济活动的干

预，以经济发展的客观规律为导向，通过市场的优胜劣汰决定企业间竞争的结果，实现资源的优化配置，提升经济效率。在政府治理水平较高的地区，在标准制定流程和操作过程方面的细节将会被进一步规范和完善，权力的约束机制逐步建立完善。当凭借政治关系获得标准制定机会的寻租行为受到遏制时，政治关系对于标准竞争的影响就有可能减弱。

根据以上理论分析，本章提出假说 H4。

H4：在政府治理水平较高的地区，政治关系对国家标准制定话语权的作用受到抑制。

在技术创新方面，政府治理可能从两个方面影响企业技术创新和国家标准制定话语权的关系。首先，政府治理水平的改善意味着政府更加尊重企业的创造行为，创新成果和产权能够获得更好的法律和制度保护，这就减少了技术创新成果被模仿和被侵权的风险，增加了技术活动的独有性，提升了技术创新活动的市场价值。在这个背景下，具备更强技术实力的企业能够获得更高的技术回报，并通过不断的技术创新来获得竞争优势，扩大市场影响力，从而在标准竞争过程中拥有更大的话语权。其次，政府治理水平的改善使得更多的经济资源分配必须依照市场规则进行，从而减少了人为因素和政府干预对于标准制定过程的冲击和影响，这将会更加反映出标准制定过程中技术行为的本质特征，技术创新在标准竞争中的作用随之提升。简而言之，政府治理水平的改善增强了技术创新能力强的企业在国家标准制定过程中的影响力。

根据以上理论分析，本章提出假说 H5。

H5：在政府治理水平较高的地区，技术创新对国家标准制定话语权的影响被强化。

通过上述理论分析，我们梳理出研究的理论框架。首先，通过研究技术创新、政治关系对于企业主持制定的国家标准数量的影响，揭示出二者在影响企业参与标准竞争方面的内在作用关系；然后，本章进一步考察技术创新和政治关系在不同政府治理水平下存在的动态演进趋势。根据以上分析，本章从技术创新、政治关系、政府治理三个方面构建了企业标准竞争研究的理论框架。

第二节 样本数据来源与研究方法设计

一、数据来源

本章中，企业主持制定的国家标准数量指标和企业财务指标来自 2008—2011 年国家科技部编制的中国创新型企业数据，每年 443 家，最后获得 1772 个企业观测样本。该数据包括第一批（91家）、第二批（184家）、第三批（182家）创新型企业，共457家企业。本章选取443家企业进行研究，占企业样本的97%。因此，数据具有较高的代表性和完整性。该样本涵盖了中央企业、地方国有企业和民营企业等多种所有制类型企业，提供了包括创新投入、高管背景、国家标准制定情况在内的一系列详细情况。政府治理水平数据来自樊纲等（2011）编制的各地区市场化进程指数。

二、企业制定国家标准：基于技术创新、政治关系、地区和行业的比较

本章以企业研发投资的均值作为参照把样本企业分为两组（高于均值为高技术创新企业组，低于均值为低技术创新企业组）。根据表21-1可知，不同技术创新水平的企业主持制定的国家标准的数量体现出明显的差异（高技术创新水平企业主持制定的国家标准的数量达到7769个，低技术创新水平企业主持制定的国家标准的数量为11211个）。从平均数量来看，高技术创新水平企业平均每家主持制定的国家标准的数量达到15个，而低技术创新水平企业平均每家主持制定的国家标准的数量为9个。

表21-1 企业主持制定国家标准数量：不同技术创新水平企业的差异

分类标准	主持制定总数	主持制定强度	观测数
高技术创新企业组	7769	15	508
低技术创新企业组	11211	9	1264

数据来源：根据科技部创新型企业个数统计数据计算得到。

根据表21-2可知，有政治关系的企业和无政治关系的企业主持制定的国家标准的数量体现出明显的差异，有政治关系的企业主持制定的国家标准的数量达到9555个，无政治关系的企业主持制定的国家标准的数量为7247个。从平均数量来看，有政治关系的企业平均每家主持制定的国家标准的数量达到19个，而无政治关系的企业平均每家主持制定的国家标准的数量为6个。

表21-2 企业主持制定国家标准数量：有政治关系的企业与无政治关系的企业的差异

分类标准	主持制定总数	主持制定强度	观测数
有政治关系的企业	9555	19	503
无政治关系的企业	7247	6	1269

数据来源：根据科技部创新型企业个数统计数据计算得到。

根据表21-3可知，企业主持制定的国家标准的数量体现出明显的地区差异，东部地区（15104个）高于中部地区（1574个）和西部地区（2302个）。从平均数量来看，东部地区（16个）高于中部地区（4个）和西部地区（6个）。企业主持制定的国家标准的数量也体现出明显的省份差异，北京市企业主持制定的国家标准的数量为7958个，平均数量达到34个，排名居各省份之首。一个可能的解释是，北京是国家标准委员会所在地，首都具有的政治、经济和信息优势，能够为北京市的企业参与标准竞争提供有利条件。

表21-3 中国各省（区、市）企业主持制定国家标准数量特征

省（区、市）	主持制定总数	主持制定强度	观测数	省（区、市）	主持制定总数	主持制定强度	观测数
北京	7958	34	236	吉林	77	2	40
上海	1856	26	72	湖南	138	3	44
河北	158	4	36	山西	102	2	44
广东	463	5	96	中部小计	1574	4	396
海南	59	2	32	甘肃	235	7	32
江苏	520	8	68	云南	279	8	36
辽宁	594	8	76	新疆	177	4	44
浙江	1024	9	112	重庆	246	5	52
天津	1409	27	52	内蒙古	120	4	32
山东	934	9	104	四川	548	10	56
福建	129	1	88	青海	9	0	28
东部小计	15104	16	972	宁夏	25	1	24
黑龙	175	3	52	广西	56	3	20
河南	322	6	56	西藏	56	4	16
安徽	204	3	68	贵州	110	4	28
湖北	285	5	52	陕西	441	12	36
江西	271	7	40	西部小计	2302	6	404
全部合计	18980	11	1772				

数据来源：根据科技部创新型企业个数统计数据计算得到。

根据表21-4可知，企业主持制定的国家标准的数量体现出明显的行业差异，企业主持制定的国家标准的数量超过1000个的行业有6个，包括医药制造业（2793个）、研究与试验发展（2496个）、电气机械及器材制造业（2476个）、通用设备制

造业（1335个）、批发业（1309个）、化学原料及化学制品制造业（1186个）。从平均数量来看，分别为医药制造业（13个）、研究与试验发展（78个）、电气机械及器材制造业（15个）、通用设备制造业（10个）、批发业（109个）、化学原料及化学制品制造业（9个）。

表21-4 中国各行业企业主持制定国家标准数量特征

行业	主持制定总数	行业	主持制定总数
医药制造业	2793	纺织业	53
研究与试验发展	2496	有色金属矿采选业	43
电气机械及器材制造业	2476	专业技术服务业	34
通用设备制造业	1335	黑色金属矿采选业	33
批发业	1309	水上运输业	24
化学原料及化学制品制造业	1186	电信和其他信息传输服务业	22
有色金属冶炼及压延加工业	882	工艺品及其他制造业	20
黑色金属冶炼及压延加工业	750	橡胶制品业	16
交通运输设备制造业	710	塑料制品业	15
房屋和土木工程建筑业	705	软件业	12
通信设备、计算机及其他电子设备制造业	656	渔业	11
石油加工、炼焦及核燃料加工业	642	食品制造业	11
非金属矿物制品业	613	文教体育用品制造业	6
专用设备制造业	503	化学纤维制造业	6
科技交流和推广服务业	471	计算机服务业	5
建筑安装业	247	畜牧业	4
电力、热力的生产和供应业	237	农业	0
仪器仪表及文化、办公用机械制造业	186	林业	0
金属制品业	181	家具制造业	0
石油和天然气开采业	130	造纸及纸制品业	0
非金属矿采选业	93	水的生产和供应业	0
煤炭开采和洗选业	62	装卸搬运和其他运输服务业	0
农副食品加工业	2		

数据来源：根据科技部创新型企业个数统计数据计算得到。

三、主要研究变量的定义

在被解释变量方面,本章采用Stan(主持制定的国家标准的数量)作为企业参与国家标准竞争的结果的度量指标,企业主持制定国家标准意味着企业在该标准制定中占主导地位,也可以称之为"负责制定",有"牵头"和"统领"之意。在主要解释变量方面,Inno(技术创新)指标反映了企业自身技术实力对于企业主持国家标准制定的影响;Poli(政治关系)指标反映了企业具有的政治关系对于企业主持国家标准制定的影响;GGI(政府治理)指标反映了政府治理因素对于企业主持国家标准制定的影响。党的十八届三中全会首次提出了推进国家治理体系和治理能力现代化的基本理念,核心就是"处理好政府与市场之间的关系"。综观中国改革开放40多年来的历史进程,中国的政府转型大致经历了三个阶段:1978—1992年建立经济建设型政府,1992—2003年向公共服务型政府转,2003—2020年建立公共服务型政府(胡鞍钢,2009)。高水平的政府治理体现在推动经济的市场化改革、减少行政干预等方面。同时La-Porta等(1999)认为,高水平的政府治理体现为政府建立完备的法律体系,提供完善的产权保护。Fan(2011)等认为高水平的政府治理表现为政府决策被合法地接受并执行。因此,本章采用市场化进程、减少政府干预、法制发展水平来度量中国经济转型背景下的政府治理水平。

在控制变量方面,本章控制了Size(企业规模),大型企业可以利用自身的规模经济效应在行业中获得更大的市场份额,进而在国家标准竞争中获胜,因此规模的影响为正;本章控制了Age(企业年龄),成熟企业可以凭借在行业中积累的声誉获得更大的话语权,因此经营期限的影响为正;本章控制了Human(人力资本),企业可以依托高水平的人力资本在国家标准制定过程中提出高质量的技术标准,因此人力资本的影响为正;本章控制了Roa(盈利水平),这个指标反映了企业盈利能力对于企业主持国家标准制定的影响,本章预计盈利水平的回归系数为正。具体变量的定义如表21-5所示,文中分别控制了行业、年份等相关因素对企业主持国家标准制定的影响,ε为随机扰动项。

表21-5 变量定义

英文简称	变量名	计算方法
Stan	国家标准制定话语权	企业主持制定的国家标准的数量
Inno	技术创新	研发投资除以销售额
Poli	政治关系	企业高层领导中是否有人大代表或者政协委员,以及企业高层领导是否在政府工作过,有为1,否则为0
GGI_1	政府治理分指标1	樊纲等(2011)编制的中国各地区市场化进程指数

续表

英文简称	变量名	计算方法
GGI_2	政府治理分指标2	樊纲等（2011）编制的中国各地区减少政府干预指数
GGI_3	政府治理分指标3	樊纲等（2011）编制的中国各地区法制发展水平指数
Size	企业规模	Ln（资产）
Age	企业年龄	企业成立年数
Human	人力资本	企业中本科以上学历员工数量除以员工总数
Roa	盈利水平	总利润除以总资产

四、主要变量的描述统计

主要变量的描述统计和相关系数如表21-6所示。Stan（主持制定的国家标准的数量）的均值和标准差分别为10.711和35.710，这表明不同企业在获得主持制定国家标准的机会方面存在很大差异。Inno（技术创新）的均值和标准差分别为0.056和0.064，表明不同企业在技术创新能力方面存在较大差异。Poli（政治关系）的均值和标准差分别为0.283和0.451，表明不同企业在政治关系方面的特征存在很大差异。变量之间相关系数的统计结果显示，Size（企业规模）、Age（企业年龄）、Poli（政治关系）、Inno（技术创新）、Human（人力资本）分别与Stan（主持制定的国家标准的数量）正相关，这表明大型企业、成熟企业、具有政治关系的企业、中央企业、创新型企业和高人力资本企业在国家标准竞争中可能更有优势。

表21-6 主要变量的描述统计

变量	均值	标准差	1	2	3	4	5	6	7
1. Stan	10.711	35.710							
2. Human	0.176	0.162	0.08***						
3. Size	12.738	2.128	0.16***	−0.41***					
4. Age	2.925	0.716	0.20***	−0.05**	0.22***				
5. Roa	0.078	0.090	−0.03	0.13***	−0.23***	−0.13***			
6. GGI	8.310	2.042	0.14***	0.05**	0.20***	0.04	0.03		
7. Poli	0.283	0.451	0.10***	−0.21***	0.56***	0.11***	−0.09***	0.10***	
8. Inno	0.056	0.064	0.10***	0.47***	−0.34***	0.00	−0.02	0.03	−0.14***

注：样本量为1772，***、**、*分别代表在1%、5%和10%的水平上显著（双尾）。

图21-1分别为没有制定国家标准的企业和制定国家标准的企业的政治关系与技术创新之间关系的散点图和线性拟合直线图，为考察政治关系与技术创新之间的关系提供了一些大致的线索。从拟合直线的趋势来看，对于没有制定国家标准的企

业来说，政治关系与技术创新之间的负相关关系相对微弱；而对于制定国家标准的企业而言，政治关系与技术创新之间呈现出较为明显的负相关关系。为了探究技术创新与政治关系对企业的国家标准制定话语权的影响，需要进一步通过严格的回归分析进行检验。

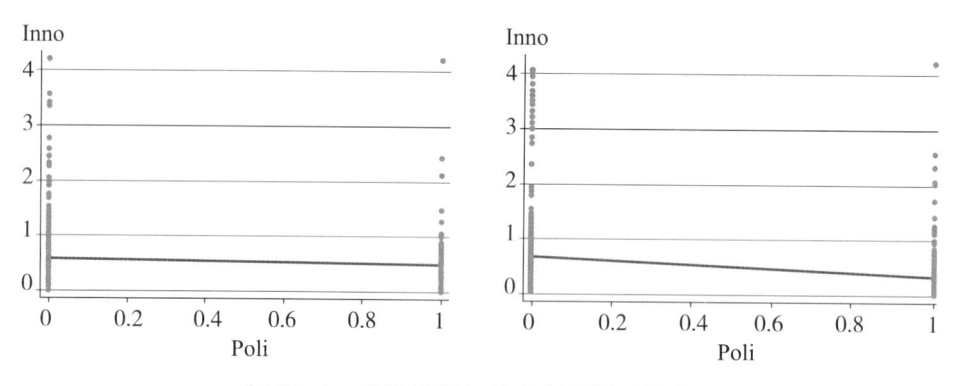

图 21-1　政治关系与技术创新关系散点图

注：左图为没有制定国家标准的企业；右图为制定国家标准的企业。

五、模型估计与估计策略

在实际研究中，我们会遇到一种变量数据非连续的情况，即变量取值为 0、1、2、3 等非负整数，每一个取值都反映一个事件的发生次数，如企业当年专利申请数、两国一定时间内的贸易争端数等。本章涉及的企业国家标准制定数也是这样的一种计量数据，当因变量是表现为事件发生次数的离散型随机变量时，其普遍服从的是正态偏分布，同时由于数据不再连续，也不再符合多元回归中的正态性和方差方面的假设，导致普通回归不再一致或者无效率。在这一情况下，就需要使用专用的计数模型进行计量分析。计数模型中，最为常见的是泊松回归（Poisson Regression）模型和负二项回归（Negative Binomial Regression）模型，而负二项回归模型又可视为泊松回归模型的扩展。泊松回归模型的一般形式为

$$\text{Prob}(Y = y_i \mid x_i) = \frac{e^{-\lambda_i}\lambda_i^{y_i}}{y_i!}, \quad y_i = 0, 1, 2, \cdots$$

其中，λ_i 通常用对数线性模型 $\ln\lambda_i = x_i\beta$ 来表示。这就是基本的计数模型。泊松回归模型暗含了因变量的方差等于均值的强假设（即 $E[y_i \mid x_i] = Var[y_i \mid x_i]$），由于观察到的数据很少表现出这样的特征，这使得泊松回归模型虽然在理论上非常适合作为计数模型，但在实际应用中却有较大的不足。特别是当数据非常离散时，即某一些样本事件非常密集地发生，而某一些样本事件却很少发生或不发生时，运用泊松回归模型会由于其假设不能满足而造成较大的偏误。学者们针对泊松回归模型

的这一缺陷做了大量的扩展（Hausman et al., 1984；Cameron and Trivedi, 1986；Winkelmann, 2008；Greene, 2003），其中负二项回归模型是最为常见的解决办法，它源自对横截面异质性的自然表述（Hilbe, 2011），其实质是通过在条件均值中引入一个观测不到的个体效应来扩展泊松回归模型，于是有：

$$\ln u_{it} = x_{it}\beta + \varepsilon = \ln\gamma_i + \ln u_i$$

对应的，我们的回归方程会服从负二项分布，即

$$\text{Prob}(Y = y_i \mid x_i) = \frac{\Gamma(\theta + y_i)}{\Gamma(y_i + 1)\Gamma(\theta)} r_i^{y_i}(1 + r_i)^{\theta}$$

其中，$\lambda_i = exp(x_i\beta)$；$r_i = \lambda/(\theta + \lambda_i)$。

我们所需要估计的参数即 $x_i\beta$ 中的参数，常用的办法是转化为似然函数进行最大化估计，并根据估计出的标准误的分布推测系数的显著性，所以负二项分布回归也被视为一种准极大似然估计。此外，我们还可以看到，由于这一表述公式为对数线性模型，因此每一个参数的系数还需要转化成边际效应才能判断出其对因变量的概率的影响。同时这一边际效应还取决于样本中其他变量的取值。我们将在实证结果部分进一步讨论相关系数的经济意义和统计意义。

具体到本章而言，因为被解释变量记录了企业主持制定的国家标准的数量，所以应采用计数模型。同时考虑到被解释变量的均值为10.711，标准差为35.710，存在过离散情况（Over-Dispersion），所以负二项回归模型能够比泊松回归模型更好地对模型参数进行估计。式（21-1）考察技术创新与政治关系对于企业主持国家标准制定的作用；式（21-2）考察技术创新、政治关系随着地区政府治理水平的发展，其影响如何变化。样本涉及多个行业，而不同行业的技术特性和研发密度又有很大差异，因此本章对该变量进行去均值等标准化处理。考虑到所有制形态也是影响中国企业政治关系的重要因素，本章将样本企业分为有政治关系的企业（无政治关系的企业）、有政治关系的民营企业（无政治关系的民营企业）、国有企业（非国有企业）、央企（非央企），进一步检验解释变量在不同样本之间回归系数的差异情况。

$$\text{Stan}_{it} = \beta_0 + \beta_1 \text{Inno} + \beta_2 \text{Poli} + \beta_3 \text{Firmcontrol} + \varepsilon \tag{21-1}$$

$$\text{Stan}_{it} = \beta_0 + \beta_1 \text{Inno} + \beta_2 \text{Poli} + \beta_3 \text{GGI} + \beta_4 \text{Inno} \times \text{GGI} + \beta_5 \text{Poli} \times \text{GGI} + \beta_6 \text{Firmcontrol} + \varepsilon \tag{21-2}$$

第三节 实证分析与研究结果

一、技术创新、政治关系与企业的国家标准制定话语权

表21-7为企业在国家标准竞争过程中影响因素的回归结果。在影响企业获取国家标准制定话语权的因素方面，第（1）列中Inno（技术创新）的回归系数为在5%的水平上显著为正，表明创新型企业会有更多机会主持国家标准制定，实证结果支持了假设H1。Poli（政治关系）的回归系数在5%的水平上显著为正，表明企业建立的政治关系也增强了企业在标准竞争中的优势，实证结果支持了假设H2。第（2）列显示了相应的边际影响，Inno（技术创新）的边际系数为13.21，表明企业的研发投资每增加1%，企业在国家标准制定方面的影响上升大约13%；Poli（政治关系）的边际系数为1.45，表明政治关系的存在使得企业在国家标准制定方面的影响上升45%。

本章将样本企业分为有政治关系的企业（无政治关系的企业）、有政治关系的民营企业（无政治关系的民营企业）、国有企业（非国有企业）、央企（非央企），进一步检验解释变量在不同样本之间回归系数的差异情况。第（3）列和第（4）列为有无政治关系的企业和无政治关系的企业的分组回归结果，在有政治关系的企业组，Inno的系数为负，但不显著，而在无政治关系的企业组，Inno的系数在1%的水平上显著为正。通过对两组模型的差异性检验发现，Inno在两组间的系数差异在5%的水平上显著，这表明技术创新对于没有政治关系的企业参与国家标准竞争的影响更加强烈，技术创新与政治关系在影响企业的国家标准制定话语权方面存在替代关系，实证结果支持了假设H3。为了形象地展示技术创新、政治关系对企业的国家标准制定话语权的作用，我们绘制了图21-2。由图21-2可以看出，技术创新对于无政治关系的企业的国家标准制定话语权的作用显著大于有政治关系的企业，表明技术创新和政治关系在影响企业主持制定国家标准上存在替代关系，即技术创新对于没有政治关系的企业参与国家标准竞争的影响更加强烈。

由第（5）列和第（6）列可以发现，在政治关系的民营企业组，Inno的系数为负，但不显著，而在无政治关系的民营企业组，Inno的系数在1%的水平上显著为正。通过对两组模型的差异性检验发现，Inno在两组间的系数差异在5%的水平上显著，这表明相对于具有政治关系的民营企业而言，技术创新对于没有政治关系的民营企业参与国家标准竞争的影响更加明显。由第（7）列和第（8）列可以发现，在国企组，Inno的系数为正，但不显著，而在非国企组，Inno的系数在1%的水平上显著为正。通过对两组模型的差异性检验发现，Inno在两组间的系数差异在1%的水平上显著，这表明技术创新对非国有企业参与国家标准竞争的影响更加强烈。

第四篇 中小企业技术创新机制研究
第21章 技术创新对国家标准制定话语权的影响研究

表21-7 企业的国家标准制定话语权的影响因素

<table>
<tr><th rowspan="2">变量</th><th colspan="10">被解释变量：国家标准制定话语权</th></tr>
<tr><th>(1)
全样本</th><th>(2)
边际影响</th><th>(3)
有政治
关系的企业</th><th>(4)
无政治
关系的企业</th><th>(5)
有政治
关系的民企</th><th>(6)
无政治
关系的民企</th><th>(7)
国企</th><th>(8)
非国企</th><th>(9)
央企</th><th>(10)
非央企</th></tr>
<tr><td>Inno</td><td>2.58**
(1.08)</td><td>13.21**
(14.20)</td><td>-1.59
(2.00)</td><td>3.61***
(1.22)</td><td>11.43
(7.45)</td><td>5.33***
(1.68)</td><td>1.04
(1.22)</td><td>6.67***
(1.70)</td><td>-3.83*
(2.29)</td><td>3.72***
(1.30)</td></tr>
<tr><td>Poli</td><td>0.37**
(0.16)</td><td>1.45**
(0.24)</td><td>—</td><td>—</td><td>—</td><td>—</td><td>0.28
(0.20)</td><td>0.86***
(0.24)</td><td>-0.40
(0.32)</td><td>0.51***
(0.19)</td></tr>
<tr><td>Size</td><td>0.39***
(0.04)</td><td>1.47***
(0.07)</td><td>0.51***
(0.07)</td><td>0.32***
(0.06)</td><td>1.21***
(0.23)</td><td>0.41***
(0.07)</td><td>0.32***
(0.06)</td><td>0.43***
(0.07)</td><td>0.31***
(0.09)</td><td>0.26***
(0.05)</td></tr>
<tr><td>Age</td><td>0.77***
(0.08)</td><td>2.15***
(0.17)</td><td>0.47***
(0.12)</td><td>0.87***
(0.09)</td><td>2.05***
(0.48)</td><td>-0.05
(0.17)</td><td>0.61***
(0.09)</td><td>0.15
(0.15)</td><td>0.44**
(0.19)</td><td>0.83***
(0.09)</td></tr>
<tr><td>Roa</td><td>-1.44*
(0.82)</td><td>0.24*
(0.19)</td><td>-0.81
(1.38)</td><td>-1.48
(0.98)</td><td>1.79
(2.04)</td><td>-2.29*
(1.29)</td><td>-0.40
(1.14)</td><td>-1.58
(1.21)</td><td>-1.02
(2.97)</td><td>-0.11
(0.93)</td></tr>
<tr><td>Human</td><td>2.83***
(0.52)</td><td>16.97***
(8.86)</td><td>2.05*
(1.13)</td><td>2.38***
(0.55)</td><td>9.07***
(2.23)</td><td>3.78***
(0.71)</td><td>2.32***
(0.62)</td><td>2.70***
(0.63)</td><td>3.25**
(1.39)</td><td>2.41***
(0.56)</td></tr>
<tr><td>GGI_1</td><td>0.14***
(0.03)</td><td>1.15***
(0.03)</td><td>-0.03
(0.05)</td><td>0.18***
(0.03)</td><td>-0.39***
(0.13)</td><td>0.25***
(0.04)</td><td>0.18***
(0.04)</td><td>0.16***
(0.03)</td><td>0.08
(0.09)</td><td>0.13***
(0.03)</td></tr>
<tr><td>Constant</td><td>-6.70***
(0.71)</td><td>0.00***
(0.00)</td><td>-7.53***
(1.28)</td><td>-5.99***
(0.85)</td><td>-24.92***
(3.50)</td><td>-5.56***
(1.03)</td><td>-4.96***
(0.92)</td><td>-6.69***
(0.97)</td><td>-3.38*
(1.82)</td><td>-5.42***
(0.79)</td></tr>
<tr><td>Industry 和 Year</td><td>Yes</td><td>Yes</td><td>Yes</td><td>Yes</td><td>Yes</td><td>Yes</td><td>Yes</td><td>Yes</td><td>Yes</td><td>Yes</td></tr>
<tr><td>Log likelihood</td><td>-4229.51</td><td>-4229.51</td><td>-1585.32</td><td>-2599.33</td><td>-269.86</td><td>-1117.23</td><td>-2725.16</td><td>-1423.03</td><td>-958.95</td><td>-3219.71</td></tr>
<tr><td>Wald X^2</td><td>521.66</td><td>521.66</td><td>220.57</td><td>340.69</td><td>126.07</td><td>213.16</td><td>3129.13</td><td>287.52</td><td>52.93</td><td>2184.87</td></tr>
<tr><td>N</td><td>1772</td><td>1772</td><td>503</td><td>1269</td><td>138</td><td>722</td><td>912</td><td>860</td><td>232</td><td>1540</td></tr>
</table>

注：***、**、*分别代表在1%、5%和10%的水平上显著（双尾），括号内是标准误，标准误差已经按开方差加以调整。

由第（9）列和第（10）列可以发现，在央企组，Inno 的系数在10%的水平上为负，而在非央企组，Inno 的系数在1%的水平上显著为正。通过对两组模型的差异性检验发现，Inno 在两组间的系数差异在1%的水平上显著，这表明技术创新对于不具有央企身份的企业参与国家标准竞争的影响更加强烈。以上分组结果进一步表明，技术创新与政治关系在影响企业的国家标准制定话语权方面存在替代关系，即技术能力越强，政治关系的重要性越低，而企业的政治关系越密切，技术能力的重要性就越低，实证结果支持了假设 H3。

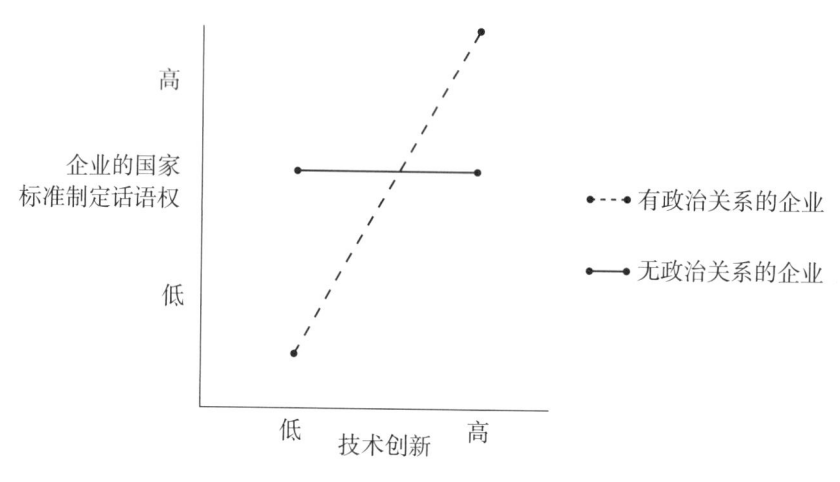

图 21-2 技术创新、政治关系对企业的国家标准制定话语权的影响

第（1）列其他控制变量的回归结果显示，Size（企业规模）对企业主持制定国家标准数量的影响显著为正，表明规模越大的企业在标准竞争中的优势越明显；Age（企业年龄）对企业主持制定国家标准数量的影响显著为正，表明相对于年轻企业，老字号企业更可能参与国家标准制定，这意味着经营时间的长短也是影响企业标准竞争的因素；Human（人力资本）对企业主持制定国家标准数量的影响显著为正，这表明高人力资本企业在标准竞争中也具有优势；GGI（政府治理）的回归系数在1%的水平上显著为正，表明来自政府治理水平高的地区的企业在国家标准竞争中更有优势。

二、政府治理与企业的国家标准制定话语权

本章通过市场化程度［第（1）列和第（2）列］、减少政府干预的程度［第（3）列和第（4）列］、法制发展水平［第（5）列和第（6）列］度量政府治理水平（GGI）。表 21-8 为不同的政府治理水平下，技术创新、政治关系对于企业的国家标准制定话语权的影响差异。第（1）列、第（3）列和第（5）列的回归结果显示，Poli×GGI（政治关系×政府治理）的回归系数都显著为负，表明随着地区政府

治理的改善，政治关系对于企业的国家标准制定话语权的影响在减弱，实证结果支持了假设4。第（2）列、第（4）列和第（6）列的回归结果显示，Inno×GGI（技术创新×政府治理）的回归系数都不显著，表明不论政府治理水平如何，技术创新始终是影响企业获取国家标准制定话语权的重要因素，因此假设H5没有得到支持。

表21-8　政府治理与企业的国家标准制定话语权

变量	被解释变量：国家标准制定话语权					
	（1）	（2）	（3）	（4）	（5）	（6）
	市场化程度		减少政府干预的程度		法制发展水平	
Inno	2.64** (1.09)	2.46** (1.20)	2.58** (1.09)	2.54** (1.15)	2.79** (1.09)	2.15 (1.35)
Poli	0.33** (0.16)	0.37** (0.16)	0.27* (0.16)	0.29* (0.16)	0.35** (0.16)	0.40** (0.16)
GGI	0.18*** (0.03)	0.14*** (0.03)	0.09*** (0.02)	0.07*** (0.02)	0.08*** (0.02)	0.07*** (0.01)
Poli×GGI	-0.15** (0.06)		-0.08*** (0.03)		-0.07*** (0.03)	
Inno×GGI		-0.17 (0.48)		0.01 (0.21)		-0.29 (0.35)
Firm Size	0.41*** (0.04)	0.39*** (0.04)	0.43*** (0.04)	0.42*** (0.04)	0.40*** (0.04)	0.38*** (0.04)
Age	0.76*** (0.08)	0.77*** (0.08)	0.75*** (0.08)	0.76*** (0.08)	0.74*** (0.08)	0.76*** (0.08)
Roa	-1.46* (0.83)	-1.46* (0.83)	-1.39* (0.83)	-1.27 (0.82)	-1.17 (0.84)	-1.26 (0.83)
Human	2.86*** (0.52)	2.83*** (0.52)	2.96*** (0.53)	2.99*** (0.53)	2.74*** (0.51)	2.80*** (0.52)
Constant	-6.89*** (0.70)	-6.70*** (0.71)	-7.19*** (0.71)	-7.13*** (0.70)	-6.60*** (0.72)	-6.41*** (0.72)
Industry 和 Year	Yes	Yes	Yes	Yes	Yes	Yes
Log likelihood	-4226.78	-4229.45	-4231.38	-4234.25	-4224.70	-4227.51
Wald χ^2	519.46	526.15	522.30	527.23	547.05	557.52
N	1772	1772	1772	1772	1772	1772

注：***、**、*分别代表在1%、5%和10%的水平上显著（双尾），括号内是标准误，标准误差已经按异方差加以调整。

三、稳健性检验

（1）在现实生活中，企业技术创新既可能反映为企业技术创新投入，又可能反映在企业技术创新的成果当中，只用这两者的某一方面来度量企业的技术创新能力都可能产生一定的偏误。为了消除这种由于技术创新衡量偏误（Measurement Error）带来的影响，我们采用当年企业专利申请数量作为技术创新的代理变量（Patent），表21-9的结果进一步表明本章结论是稳健的。

（2）一个内生性问题是，可能存在"逆向因果问题"（Reverse Causality），也就是说，不是企业较高的技术创新能力使企业获得制定国家标准的机会，而是标准制定过程本身提升了企业的技术创新能力，这中间可能存在着一些反向因果机制，即企业获得了国家标准制定话语权之后，拥有了相应的行业地位与竞争优势，从而使得企业有更多的资源可以用来进行技术创新。同时，制定标准的过程中也可能使企业意识到技术的重要性，从而增强了企业技术创新的动力。基于这些考虑，我们需要面对这一内生性问题。此外，也可能有一个"遗漏变量"同时决定了企业的技术创新能力和标准制定活动，从而导致二者的正相关关系。为了解决这个问题，我们采用了工具变量法，这一方法是指当自变量和因变量存在内生性时，即回归的列差与自变量相关时，我们应该考虑寻找一个与自变量相关，而与残差不相关的变量，这样我们才能够得到一个自变量的系数一致估计。在本章中，我们采用各地区科技人员数量占当地总人口的比例作为企业技术创新的工具变量（见表21-10）。地区的科技人才禀赋和创新资源为当地企业的技术创新提供了必要的人才和技术基础，从而与企业技术创新存在正相关关系。另外，上一年当地科技人员水平属于宏观变量，一般来说不会受到未来单个企业标准制定活动的影响，所以用上一年当地科技人员水平作为企业技术创新能力的工具变量，能够避免技术创新与标准制定之间的"逆向因果问题"。两阶段最小二乘法的回归结果显示，较高的技术创新能力增强了企业在标准竞争中的优势。因此，我们认为本章的研究结论具有较强的稳健性。

第四节 结论与建议

一、研究结论

在激烈的市场竞争中，标准决定游戏规则，制定标准已成为当今企业参与全球竞争的重要手段。本章采用国家科技部编制的中国创新型企业数据，考察了企业在国家标准竞争过程中的策略动机，结果发现：①企业技术创新水平越高，企业在标准竞争中胜出的机会越大；②技术创新和政治关系在影响标准竞争方面存在显著的

第四篇 中小企业技术创新机制研究
第 21 章 技术创新对国家标准制定话语权的影响研究

表 21-9 企业的国家标准制定话语权的影响因素（专利的作用）

变量	（1）全样本	（2）边际影响	（3）有政治关系企业	（4）无政治关系企业	（5）有政治关系的民企	（6）无政治关系的民企	（7）国企	（8）非国企	（9）央企	（10）非央企
Patent	4.01** (1.65)	55.31** (91.35)	-1.02 (2.19)	5.33*** (1.99)	-13.09* (7.10)	7.28*** (1.54)	2.16 (3.85)	6.23*** (1.53)	-2.61 (7.21)	4.85** (2.15)
Poli	0.34** (0.17)	1.40** (0.24)	—	—	—	—	0.27 (0.21)	0.85*** (0.24)	-0.31 (0.34)	0.47** (0.19)
Size	0.40*** (0.04)	1.50*** (0.07)	0.50*** (0.07)	0.35*** (0.06)	1.21*** (0.27)	0.47*** (0.07)	0.32*** (0.06)	0.47*** (0.07)	0.26*** (0.10)	0.28*** (0.05)
Age	0.81*** (0.08)	2.24*** (0.18)	0.48*** (0.12)	0.94*** (0.10)	1.99*** (0.44)	-0.02 (0.17)	0.62*** (0.09)	0.18 (0.15)	0.46** (0.20)	0.88*** (0.09)
Roa	-1.46* (0.83)	0.23 (0.19)	-0.83 (1.39)	-1.37 (0.98)	1.34 (2.02)	-1.77 (1.27)	-0.59 (1.14)	-1.34 (1.19)	-0.76 (2.85)	-0.15 (0.94)
Human	2.72*** (0.54)	15.17*** (8.18)	1.82* (1.07)	2.27*** (0.58)	10.24*** (2.24)	3.17*** (0.65)	2.34*** (0.63)	2.36*** (0.61)	2.63* (1.38)	2.39*** (0.60)
GCI₁	0.13*** (0.03)	1.14*** (0.03)	-0.02 (0.05)	0.17*** (0.03)	-0.33*** (0.12)	0.24*** (0.04)	0.17*** (0.04)	0.14*** (0.03)	0.22** (0.10)	0.11*** (0.03)
Constant	-6.96*** (0.72)	0.00 (0.00)	-7.44*** (1.32)	-6.50*** (0.87)	-24.16*** (4.06)	-6.35*** (1.00)	-4.95*** (0.94)	-7.26*** (0.95)	-2.83 (2.01)	-5.75*** (0.80)
Industry 和 Year	Yes	Yes	Yes	Yes	Yes	Yes	Yes	Yes	Yes	Yes
Log likelihood	-4229.65	-4229.65	-1585.67	-2599.16	-271.73	-1112.38	-2725.95	-1422.81	-958.76	-3222.54
Wald χ²	534.01	534.01	225.84	341.81	128.00	240.52	2249.02	299.87	53.22	2041.36
N	1772	1772	503	1269	138	722	912	860	232	1540

被解释变量：国家标准制定话语权

注：***、**、* 分别代表在 1%、5% 和 10% 的水平上显著（双尾），括号内是标准误，标准误差已经按异方差加以调整。

表21-10 企业的国家标准制定话语权的影响因素（工具变量）

变量	(1) 全样本	(2) 边际影响	(3) 有政治关系的企业	(4) 无政治关系的企业	(5) 有政治关系的民企	(6) 无政治关系的民企	(7) 国企	(8) 非国企	(9) 央企	(10) 非央企
Estimated_Inno	3.15*** (1.18)	23.30 27.46	-0.25 (2.15)	3.20** (1.29)	12.80 (8.48)	5.26*** (1.71)	-3.38 (2.42)	5.94*** (1.29)	1.38 (1.34)	5.80*** (1.77)
Poli	0.34** (0.17)	1.41 0.24	—	—	—	—	-0.33 (0.31)	0.53*** (0.19)	0.27 (0.20)	0.89*** (0.24)
Size	0.41*** (0.05)	1.50 0.07	0.50*** (0.07)	0.35*** (0.06)	1.17*** (0.25)	0.42*** (0.07)	0.26** (0.10)	0.27*** (0.05)	0.33*** (0.06)	0.43*** (0.07)
Age	0.75*** (0.08)	2.12 0.17	0.47*** (0.12)	0.85*** (0.09)	2.08*** (0.45)	-0.05 (0.17)	0.44** (0.20)	0.82*** (0.09)	0.61*** (0.09)	0.16 (0.15)
Roa	-1.62** (0.82)	0.20 0.16	-0.79 (1.38)	-1.63 (1.00)	1.72 (1.98)	-2.35* (1.30)	-0.61 (2.90)	-0.30 (0.92)	-0.50 (1.13)	-1.72 (1.22)
Human	2.70*** (0.55)	14.93 8.26	1.79 (1.14)	2.44*** (0.59)	8.08*** (2.26)	3.69*** (0.74)	3.05** (1.40)	2.18*** (0.57)	2.26*** (0.64)	2.59*** (0.70)
GCI₁	0.14*** (0.03)	1.16 0.03	-0.03 (0.05)	0.18*** (0.03)	-0.41*** (0.13)	0.25*** (0.04)	0.12 (0.09)	0.14*** (0.03)	0.18*** (0.04)	0.16*** (0.03)
Constant	-6.93*** (0.72)	0.00 0.00	-7.48*** (1.28)	-6.33*** (0.86)	-24.36*** (3.78)	-5.72*** (1.04)	-2.63 (2.00)	-5.67*** (0.79)	-5.08*** (0.93)	-6.69*** (0.98)
Industry和Year	Yes	Yes	Yes	Yes	Yes	Yes	Yes	Yes	Yes	Yes
Log likelihood	-4228.09	-4228.09	-1585.70	-2600.02	-269.80	-1117.48	-959.26	-3213.54	-2724.91	-1425.25
Wald χ^2	540.87	540.87	221.19	355.35	121.35	214.59	50.64	2139.77	3033.83	288.41
N	1772	1772	503	1269	138	722	232	1540	912	860

注：***、**、*分别代表在1%、5%和10%的水平上显著（双尾），括号内是标准误，标准误差已经接样本方差加以调整。

替代关系，即对于没有政治关系的企业而言，技术创新对于企业参与国家标准制定话语权竞争的影响程度更强；③在政府治理水平较高的地区，政治关系对国家标准制定话语权的作用受到抑制，而技术创新对国家标准制定话语权的影响表现出不随政府治理环境变化的稳定性。本章研究表明，企业参与国家标准竞争是经济转型时期企业对制度变迁风险的规避行为。本章首次构建了标准竞争研究的理论框架，为理解转型经济背景下企业的行业竞争行为提供了一个新的微观视角。

二、建议

本章的研究结论对于管理实践具有以下建议：①经济转型时期新国家标准的制定为企业提供了一个改变外部发展环境的宝贵机会，企业通过主持制定国家标准有助于实现对未来制度变迁风险的规避。因此，中国企业急需树立标准竞争意识，主动研究标准竞争中存在的客观规律。技术创新对于企业提高在国家标准制定方面的话语权具有重要影响，这意味着企业更加重视技术创新对于标准竞争的价值。企业可以加大技术创新力度，扩大自身的技术影响力，为企业日后参与国家标准甚至是国际标准竞争打下坚实的技术基础。②一个良好的政企关系有助于企业更好地抓住标准变化带来的机会，这表明在经济转型时期，政企关系等隐性资源对于企业的经营发展具有独特的作用。③企业参与标准竞争的过程受到多种内外部因素的动态影响，企业需要意识到以技术类和关系类为代表的异质性资源在标准竞争中的作用不是一成不变的。中国是一个幅员辽阔的国家，不同地区的政府治理水平存在很大差异。随着地区政府治理的改善，政治关系的作用有所下降，这表明政府治理具有改变不同要素资源的价值实现的作用，因此，企业需要重视政府治理对于企业标准竞争的影响。企业在经营发展过程中，需要根据不同地区的政府治理特点，采取不同的竞争策略，从而在标准竞争中取得更多的优势。对于政府而言，则需要通过持续改善治理水平来为企业创造一个公平的营商环境。

三、展望

本章对于技术创新、政治关系与国家标准竞争的研究尚有进一步拓展的空间：①扩大企业样本容量，基于更多的企业数据有助于得出更稳健的结论；②标准竞争概念本身内涵丰富，理论界对其的讨论在不断进行当中，国际标准、国家标准、地方标准也差异明显，本章因数据限制没有考虑企业参与其他类型标准竞争的行为差异，因此，进一步比较不同类型企业参与不同类型标准竞争的行为差异应当成为下一步研究工作需要努力的重要方向；③本章只研究了企业获取国家标准制定话语权的影响因素，没有研究企业获得国家标准制定话语权后的经济后果，对这一问题的研究可以进一步深化对中国经济转型时期企业标准竞争行为的理解。

第五篇
高新技术中小企业发展研究

第22章 我国高新技术中小企业发展更要产权制度创新[①]

第一节 高新技术企业产权不清的症结

一、我国高新技术企业产权不清的背景

不同的产权背景导致的产权不清严重制约了我国高新技术中小企业的持续发展。为分析简便，本章主要将我国高新技术企业划分成以下几类：①企业创办时由上级单位投资，但仅限于投入启动资金，并且借助了该上级单位的无形资产，企业发展主要是靠创业者的自我积累和风险收益转换而滚动发展起来的。如柳传志等人于1984年11月创立的中科院计算所公司（联想集团的前身）。中科院计算所投入20万元，但1985年4月才到位，公司是靠创业者提供技术服务、开展技术贸易起家的。据统计，截至1984年年底，北京市新技术产业开发区的国有大中型企业为28家，其中仅有4家是在已具规模的情况下，整体直接认定为新技术企业而进入试验区的，其余24家则均是在投资额不大的基础上经过自我积累、滚动发展形成规模的。②企业创办初期没有明确的初始投资人，或者初始投资是创办者的个人积蓄，但由于当时政策不允许办私营企业，被迫注册为集体企业，并将初始投资作为借款还给了投资者，或者创业者通过商业借贷来开办企业。③"挂靠"的集体企业。即这些企业初始注册时，名义上是上级拨款企业或其他形式的企业，实质是民营或私营企业。

我国高新技术中小企业的生存机制大都是依靠"四自"原则：①自愿组合，创业时的核心成员出于一种创业冲动自愿组合；②自筹资金，创业时所需的货币资本

---

① 原载《中国工业经济》，2001年第6期。

都是由创业者自行筹集的，包括个人储蓄，或来自亲戚朋友的借款，或是向高等院校、科研院所、地方政府等国有和集体单位以投资形式或借贷形式筹集的款项；③自主经营，由企业的创业者自主负责企业的经营管理；④自负盈亏，由企业自行承担创业的全部风险。因此，不论其初始投资人是谁，也不论企业初始注册时所有制性质如何，统统是国家计划外的民营科技企业。

由于当时在经济体制、法律、市场等多方面存在限制，我国高新技术中小企业从一诞生起就埋下了产权不清的隐患。高新技术企业创业之时，并没有适宜高新技术企业的法律和市场经济背景，因而被迫套用当时划分企业类型的传统模式。由于按行政隶属关系和所有制性质来确定企业类型，因而也就无法在法律的基础上界定创业者与投资者及创业者之间的权、责、利。这成为我国高新技术企业产权问题的根源。

二、产权不清产生的焦点问题

（1）初始产权的归属问题。由于特殊的历史原因，我国高新技术企业大部分都注册为全民所有制或集体所有制企业，企业注册资金来源复杂，注册资金的名义投资者常与实际投资者不符合，或者在企业发展过程中，投资者、经营者变化频繁，这些都使得"谁是投资者"的问题难以解决。北京高新技术产业开发试验区产权制度改革课题组抽样调查结果显示，初始投资来源复杂，无论企业初始注册时为何种经济性质，资金来源均呈多样性。如表22-1所示，初始投资来源多达8种渠道。其中，上级拨款占41.6%、来源于个人储蓄的占20.1%、借款办企业的占17.7%。显然，如果根据"谁投资谁受益"的原则，根本无法理清谁是投资者。

表 22-1 不同经济性质的企业注册资金来源情况　　　　单位：户

注册资金来源	全民	有主管集体	无主管集体	合计
1. 上级拨款	64（56.6%）	45（61.6%）	3（3.6%）	112（41.6%）
2. 向上级借款	22（19.5%）	10（13.7%）	2（2.4%）	34（12.6%）
3. 其他渠道借款	3（2.7%）	1（1.4%）	10（12.0%）	14（5.2%）
4. 个人储蓄款	1（0.8%）	1（1.4%）	53（63.9%）	55（20.4%）
5. 预收工程款、课题费结合	1（0.8%）	2（2.7%）	2（2.4%）	5（1.9%）
6. 联营各方投资	6（5.3）	6（8.2%）	2（2.4%）	14（5.2%）
7. 从其他企业分离时带出款	0	2（2.7%）	0	2（0.7%）
8. 含有以上两种资金来源	16（14.2%）	5（8.2%）	9（10.8%）	31（11.5%）
9. 其他	0	0	2（2.4%）	2（0.7%）
合计	113（100%）	72（100%）	83（100%）	269（100%）

(2) 初始产权清晰的高新技术企业增值资产的界定问题。对于那些由上级单位注入了启动资金的高新技术企业，虽然初始产权是清晰的，但高新技术企业发展的特殊性质决定了其不能简单地按照"谁投资谁受益"的原则来界定企业资本增值部分的产权，否则就易产生上级单位、创业者、经营者及企业职工多方的利益冲突，进而使企业发展受阻。从我国一些高新技术企业成长的实践可知，虽然在企业创业初期由上级单位注入了启动资金，但这并不能成为企业后来发展壮大的最关键因素。高新技术企业发展更多的是依靠企业创业者杰出的才能及企业内部人力资本的创造性，在当时许多制度条件并不具备的情况下，他们通过自我探索使企业实现了成长壮大。如联想集团走出一条"贸、工、技"发展之路，将贸易作为龙头，优先发展，由此实现初期的原始积累，然后再利用雄厚的资金积累，推出自己的名牌产品，最后成为"名牌企业"。因此，如果简单地用"谁投资谁受益"的原则来界定产权，势必会抹杀高新技术企业创业者、经营者及企业职工在企业发展过程中所做出的重要贡献，也违背了我国"按劳分配"的原则，进而会打击高新技术企业内部人力资本的积极性。从深层次来看，也会影响到我国高新技术企业发展的后劲，因为这种产权界定下，投入产出严重不对称，会降低高素质人才在经济活动中的预期，打击他们的创业积极性，进而影响到他们工作的努力程度和付出程度。

(3) "挂靠"企业的产权归属问题。由于历史原因，这些企业都戴上了"红帽子"，但实质上都是私营的合伙企业。要想进行产权改制，就必须摘"红帽子"。但是，实际操作难度很大。①如何证明企业是"挂靠"企业。因为这些"挂靠"企业现有的经营者或投资者很难从法律上找出证据证明初始投资和注册资金是创业者自筹，并证明企业的全民所有制或集体所有制称号只是一顶"红帽子"而已。按1998年颁布的《城镇集体所有制企业、单位清产核资产权界定暂行办法》第10条和第15条等法规规定，要证明企业开办时真实投资者对企业拥有产权，必须有合法的"约定"或会计凭证，而不能以几位早已退休或不在职的当事人的口头证明为据。在当时的历史背景下，戴"红帽子"常常是几个当事人的口头协议，这很难作为具有法律效力的证明。而且，在1990年工商部门曾掀起一场清理"假集体"的运动，当时许多"假集体真私营"的企业主为戴牢"集体"这顶"红帽子"，纷纷确立新的契约关系，毁掉最初关于"财产归属个人"的约定，甚至有的将"私产"无偿奉献出来。②如何量化"挂靠"企业的主管单位对"挂靠"企业的贡献。虽然"挂靠"的主管单位并未对企业直接注资，但是其在企业发展过程中所起的"保护伞"作用也是不容忽视的。如1990年工商部门掀起清理"假集体"运动，当时的税务部门一次次开展税收大检查。当时许多私营企业为了生存，寻求"红帽子"来充当"保护伞"。对于"挂靠"的主管单位而言，它在某种程度上要承担一定风险，而且要为企业谋求优惠政策，这些优惠政策在企业创业之初对其发展有极大的促进作用。

而且,"挂靠"的主管单位对于"挂靠"企业而言,也是一笔无形资产,在高新技术企业创业初期,可以增强消费者对其所提供的技术服务和产品的信心等,为企业顺利成长壮大发挥一定作用。因此,摘"红帽子"也必须得考虑"挂靠"的主管单位所做出的贡献,但如何确定这种分配比例,目前并没有十分充足的政策、法律依据及实施方法,在实际操作中也是十分困难的。

(4)技术产权的归属问题。技术在高新技术企业发展中占有极重要的地位,技术产权在产权界定中也存在很多问题。高新技术企业的技术主要来自主办单位及创办人员原单位。这些技术多是国家投入大量资金,由科研院所和高等院校主要研制,经多年积累而来,其所有权自然很清楚。但受技术本身的特点、技术寿命及成熟程度等因素影响,技术产权难以量化,并且在原有体制下,高新技术企业约一半的技术投入都是无偿的,企业注册资本仅依附实物资本。随着企业的发展壮大,一方面,技术所有者的权益得不到保障,收益得不到体现,与企业的矛盾逐步加大,因而技术所有者为保护自己的权益而采取技术封锁的办法,使高新技术企业的技术来源渠道受阻,影响和制约企业的发展;另一方面,也迫使一些企业采取不正当手段来得到技术,不仅严重侵犯技术所有者的权益,也使自己陷入技术产权纠纷之中。因此,存在对以往技术产权及投入进行重新评估和核定的问题。但是,哪些技术产权应纳入资本之中重新评定,又成为很棘手的问题。

第二节 高新技术企业产权制度创新的基本思路

一、存量资产的终极产权的界定

对于高新技术企业而言,对企业的投资不应仅仅指初始的实物资本投资,还应包括各种技术专利投资及各种人力资本的投资。在高新技术企业中,创新能力和将创新转化为市场盈利能力的企业家才能对企业发展均起着至关重要的作用,而这两种能力都是以人力资本的形式存在的。因此,高新技术企业的产权界定就不能仅仅以注册资本即初始的实物资本投资为准,应重新界定企业的产权。一方面是利用各种原始契约、原始凭证、会计资料及企业经营过程中的法律合同等来确认企业初始物质资本的投资者;另一方面则是对企业技术专利的价值及人力资本进行重新评定。要依据可以找到的企业各种原始生产经营资料,来确认企业的各种技术专利、非技术专利的价值。由于目前创业者投入的主要是人力资本或无形资产,对其评估认定缺乏一个统一的标准,因此必须参照国外及国内有关规定,对企业的无形资产价值有一个合理的评定,并且这种评定应建立在企业创业者、投资者与企业"挂靠"单位之间利益协调的基础上。

二、企业增量资产的产权界定

增量资产的产权界定是建立在企业存量资产的产权界定基础之上的。由以上分析可知，投资不仅包括实物资本投资，也包括人力资本投资。企业的人力资本在企业发展中的贡献大小，在我国并未有统一的判断标准，通常只是创业者之间或者创业者与外部投资者互相谈判协商的结果。如果初始投资大，相应的分配比例就可以高些。根据国外经验，提供创业资本的风险投资者拥有的股权一般不超过50%。在我国投资者往往是上级单位，为高新技术企业提供了技术来源，成为技术拥有者和部分风险的承担者。因此，本章认为应结合我国实际情况和国家关于技术入股的有关规定，参照别国经验，确定股权分配比例。对于那些无明确初始投资者的高新技术企业，"挂靠"单位并未为其提供技术来源及各种无形资产时，企业创业者所占的股权比例应相对高一些，大致应在30%~60%，或者也可借鉴四通的产权改革模式，即MBO模式，由企业的管理层出资收购，从而达到产权界定的目的。对于那些有明确初始投资者的高新技术企业，且投资者即上级单位为企业发展提供了大量技术来源和各种无形资产时，创业者所占的股权比例相应就要低些，大致应在20%~40%，如联想集团员工持股会占35%。当然，增量资产的产权界定应该是创业者、投资者根据实际情况认真协调、谈判的"博弈"结果，是一种市场行为，而不是受法律法规或政府限制的官方行为。对企业增量资产的产权界定实际上就是将创业者的人力资本转化为货币资本。

第三节 产权制度创新的对策

一、推行职工持股计划

人力资本在高新技术企业发展中占有重要地位，企业人力资本是企业竞争力的重要源泉。因此，为充分调动企业内部员工的积极性，充分发挥人力资本的效用，应大力推行职工持股计划（Employee Stock Ownership Plan，ESOP）。

高新技术企业应推行员工持股计划，因为高新技术企业的发展取决于创业者核心团体的人力资本，而不是取决于企业的初始货币资本，并且人力资本难以具体量化到个人名下，尤其是企业资产增值后更是对个人贡献的大小难以量化，从而影响企业的长远发展。比如我国高新技术企业中常存在一个普遍现象："小富即安，小富即奢，小富即分"。即在企业创业时期，创始人出于强烈的企业精神还能精诚合作，共渡难关，一旦企业渐入佳境，员工就存在不思进取、安于现状、追求物质享受的满足心理，企业的核心管理层开始出现分歧，并面临"分家产"问题，如果企业的核心骨干不满分配,一待羽翼丰满便另攀高枝或自创门户,企业出现裂变也就在所难免。如果在企业创立之初就实施 ESOP,先在核心团体实行小范围的 ESOP,就能有效调动管理层和员工的积极性,并能使企业的凝聚力得到加强。让创业者成为企业的股东,将员工个人利益和企业利益有机结合起来,创业者们也就会更加关心企业利益,不断追求企业财富的最大化,从而可大大减少"小富即安,小富即奢,小富即分"的现象。

从国外企业员工持股的成功经验看,由于企业自身条件、所在的行业、经营战略及人员结构不同,其员工持股计划也各有千秋。为了激发员工的积极性,各个企业在设计方案时就必须根据企业的实力及企业发展战略等做出灵活的安排,而不是套用固定的模式。对于技术能力强、拥有专利技术的企业而言,可以采取技术入股形式,给予专利持有人较高的股权比例,以激励企业的科技人才加大创新力度,不断研发出新成果,推动企业的发展。而对于创业初期的企业,由于企业的发展前景并不明朗,因此分配股权时应向企业的技术、市场等方面的人员倾斜。而且,企业在设计方案时应该具有长远的眼光,要借鉴联想的做法,不仅提高企业现有员工的积极性,而且为企业日后发展壮大、新老交替打下一定的体制基础,在企业股本中留有一定数量的机动股,用于吸引优秀的人才,增强企业的发展后劲。至于机动股所占比例的大小,则要根据企业对未来几年发展规模的预期来确定。根据国外经验,员工持股比例一般不超过总股本的 10%~15%。

二、建立股票期权制度

股票期权是指公司给予员工的在未来一定期限内以事先约定的价格购买一定数量的本公司股票的权利。它可以说是员工持股计划的一种,但又并不完全相同。股票期权制度能促使人力资本与高新技术企业的结合,通过建立长期性制度安排,有效激发人力资本的积极性。

在高新技术企业中,由于信息传播、交流的速度加快,经济网络化、全球化、信息化的发展,高新技术的更新速度越来越快,高新技术产品的生命周期也大为缩短,企业创新所带来的收益期也越来越短,因此企业要不断创新,加快创新,才能不被淘汰。在企业内部,创新能力和企业家能力至关重要,这二者均以人力资本的形式存在,而人力资本具有不易量化的特点,从而加大了企业设立有效的激励制度的难度。西方国家的实践证明,股票期权能有效解决这一难题,其将个人未来财富与公司当前业绩、个人利益和公司长远发展有机结合。因为获得股票期权的员工能够以优惠价格获得一定数量的本公司股票,如果公司股票日后价格上涨,该员工以市场价格卖掉本公司股票,所赚取的差价便可以成为该员工的个人收入。但这种收入是一种具有不确定性的收入,其数额多少同员工的努力程度、付出程度及业绩贡献紧密地联系在一起，员工凭借股票期权致富的前提条件是企业价值能迅速增长。因此，要牟取个人利益，就不能不首先追求企业长期价值的最大化。这也符合高新技术企业的发展规律，高新技术企业创立之初，因技术的不确定、市场需求的不确定，企业的发展前景也并不那么确定，只有通过企业内部人力资本创造性的发挥，企业的前景才会变得明朗起来。股票期权可使个人利益与企业利益结合起来，使个人更加关注企业的长期发展前景和未来增值能力。而且，企业实行股票期权可在不掏一分钱的情况下吸引并留住优秀人才，这对于刚刚创业的高新技术企业具有相当大的诱惑力。

第23章 所得税改革与中国企业技术创新[①]

第一节 问题提出

税收政策及其变化由于在理论研究和经济发展中的重要性,吸引了大量学者对其进行研究。然而,理论界关于税收激励政策与企业技术创新之间的关系并没有取得一致结论。一种观点认为税收激励政策具有"正面效应",即税收激励政策可以弥补创新过程中的市场失灵(Cropper and Oates,1992),带动企业层面的创新投入(Mamuneas and Nadiri,1996),促进企业开展技术创新活动(Klassen et al.,2004);一种观点认为税收激励政策具有"负面效应",当企业获得很高的扶持收益时,企业会更有兴趣进行"寻扶持"投资,而不是将资源用于提高技术水平(Rodrik,2004)。企业的"寻扶持"投资行为、事后的道德风险及事前的逆向选择等问题,都是在税收激励强度比较大的情况下更有可能发生(Bloom et al.,2002),企业所释放的虚假信号很可能达到欺骗政策制定者的目的(安同良等,2009),政府过高的扶持政策对企业技术创新活动产生了一定程度的抑制效应(Wallsten,2000)。由此可知,税收激励政策对企业技术创新的影响是不确定的,并且现有文献更多是针对西方发达经济体市场环境下的企业行为,而基于中国转型背景的研究非常少见,这使得税收激励政策对企业创新活动的影响依然是一个需要进一步研究的重要问题。为此,本章研究的第一个问题是:税收激励政策对于中国企业技术创新起着什么样的作用,这种作用随着激励强度的增减是否会出现明显的变化?中国地域辽阔,制度环境差异很大,不同地区企业的创新模式和决策行为也表现出很大的差异性,因此本章研究的第二个问题是:不同制度环境下企业在面临税收政策激励时的创新决策行为表现出怎样的差异,企业的异质性特征是否影响了税收政策的实施效果?

第二节 理论分析

一、不同税收政策类型对于企业技术创新的影响

(1)税率降低政策对于企业技术创新的影响。从技术活动的经济特征看,创新活动带有一定的技术风险,增加了投资的不确定性。在这种情况下,税率降低政策

[①] 原载《中国工业经济》,2013年第3期。

通过价格机制传递给企业，引导其在追求自身利益最大化的同时按照政府的调控目标进行生产经营活动，从而使企业家更多地从事生产性创新活动。从创新成本的角度看，企业是否愿意创新，取决于创新能否给企业带来实际的效益，税收通过影响企业的经济报酬，进而影响技术创新活动的决策。由于征收所得税导致了企业税后资本收益率下降（Hall and Jorgenson，1967），所得税税率就成为影响企业经营成本高低的重要因素。降低税率作为一种直接税收优惠类型，从整体上降低了企业的创新成本，有利于企业投入更多资源进行技术创新活动。对于2008年企业所得税改革后税率提高的企业而言，资本成本上升，企业投资的积极性下降，将抑制企业的创新活动；对于税率降低的企业而言，资本成本下降，盈利状况获得改善，企业投资的积极性上升，将促进企业开展技术创新活动。从经济转型时期的制度背景来看，由于中国企业在人才建设、技术升级等方面都面临巨大的资金需求，税率降低政策有利于缓解各种原材料成本和工人薪酬上涨带来的压力，为产业转型升级赢得更多空间，税率降低的企业将会有更多资金投入到设备更新、人才培养等与技术创新密切相关的项目中去。

（2）研发费用抵扣政策对于企业技术创新的影响。相对于债务税盾（Modigliani and Miller，1963；Kemsley and Nissim，2002），研发费用抵扣作为一种间接税收优惠类型，属于非债务税盾，可以在税前扣除，从而降低企业所得税负担。研发费用抵扣政策提供给企业一个与前期创新投入存在一定比例关系的抵税工具，即研发费用由企业利用自有资金先行投入，用于开展研究开发活动，然后再进行税收抵扣，具有"事后补助"的特征。研发费用抵扣政策在本质上是政府支持企业技术创新活动的一种资金配套模式，产生的税盾效应可以刺激企业增加研发投资（Mansfield，1986；Berger，1993；Bloom et al.，2002）。从经济转型时期的制度背景来看，创新投入不足严重制约了中国企业技术创新的步伐，同发达国家企业的研发费用一般不低于销售收入5%的水平相比较而言，中国企业的研发投入强度仍处于偏低的水平。中国大多数企业仍然处于创新活动的低层次阶段，技术创新主要还是为了支持企业当前的生产经营活动，真正意义上的自主研究开发活动仅仅在少数行业龙头企业和高技术企业中有所开展。在这样的背景下，研发费用抵扣政策对中国企业的技术创新产生了正向影响。从创新成本的角度来看，研发费用抵扣政策降低了资本、人才等创新要素的投入价格，增加了企业当期的经营现金流量，激励企业投入更多资金进行研发投入和人才建设。从税收筹划的角度来看（Scholes et al.，2005），研发费用抵扣属于非债务税盾，企业有动机通过增加非债务税盾进行合理避税，减轻企业的税收负担，提升企业税后投资报酬率，促进企业的技术创新。

根据以上理论分析，本章提出假设 H1。

H1：税率降低政策和研发费用抵扣政策从直接和间接两个方面促进了企业的技

术创新活动，二者对企业技术创新的影响存在互补关系，即在减税政策的配合下，研发费用抵扣政策对企业技术创新的促进作用更加明显。

二、不同激励强度对于企业技术创新的影响

税收激励政策通过降低创新成本和促进企业扩大创新投资规模等途径提升企业技术创新水平，但税收激励政策也有可能通过其他途径对企业技术创新产生不利的影响，并且这些不利影响都是在激励强度较低或者过高的情况下有可能发生的。当激励强度较低时，就无法帮助企业减少创新过程的风险和成本，税收激励政策对于企业技术创新的推动作用就非常有限，而随着激励强度的增加，税收激励政策对企业技术创新的正面作用也呈现出递增趋势。另外，企业技术能力信息的不透明加剧了"寻扶持"行为，当获得的扶持收益很高时，企业更有兴趣进行"寻扶持"投资，而不是将自身资源用于提高技术水平（Rodrik，2004），企业可以通过释放将要进行原始创新的虚假信号来获取政府在创新政策方面的扶持（安同良等，2009），从而严重削弱税收激励政策对于企业技术创新活动的促进作用。过高的税收激励可能导致技术低效率，表现为当企业获得超额利润时，企业将缺乏动力去改善经营和寻求提升企业技术能力的方法。因此，过低和过高的税收激励都不利于推动企业技术创新活动，税收激励政策对企业技术创新的影响效果与企业获得的激励强度的高低密切相关。

对于政府而言，由于政府与企业间的信息不对称，政府不可能拥有关于产业发展和技术演进的完全信息。当税收激励强度较大时，政府出于对财政资金负责的考虑，在扶持对象遴选方面，更倾向于选择风险小、回报率高、市场前景好的项目（Wallsten，2000），政府选择性的创新扶持政策并不能适应技术创新的发展规律，从而抑制技术创新活动的发展。对于政府而言，如果税收激励范围过宽，数额过大，就会超出财政的承受能力，使得本该由企业或市场承担的开支变成了由政府承担，从而导致财政资源的浪费，造成企业在技术创新领域的不公平竞争，加剧政策扭曲。因此，在激励强度较大的情况下，由于政策体系导致的负面效应，税收政策就有可能对企业技术创新产生一定程度的抑制作用。这意味着税收激励政策对企业技术创新的影响具有不确定性，政府激励强度的简单增加并不必然带来企业技术创新能力的提升。

根据以上理论分析，本章提出假设 H2。

H2：税收激励强度与企业技术创新水平之间呈现出倒 U 型曲线关系。

即当激励强度低于某一临界值时，税收激励政策显著促进了企业技术创新；当税收激励强度超过临界值时，税收激励政策对企业技术创新的抑制效应开始显现。

三、税收激励政策对于企业技术创新的影响：制度环境的作用

（1）市场化程度的作用。中国地域辽阔，不同地区的制度环境存在很大差异，这为税收激励政策影响企业技术创新提供了一个独特的制度背景。制度决定了物质资本、人力资本等社会核心要素资源的分配机制，从而对政府的政策实施和企业的技术创新活动产生重大影响。政府和企业在技术创新方面的目标通常情况下是不一致的，政府对技术创新活动的政策激励是基于社会收益，而作为理性经济人，企业的目标是利润最大化，企业创新决策的选择更多取决于自身发展需要。如果企业自身不愿意从事带有风险的技术创新活动，那么，政府再多的激励政策也只能成为摆设，并不能真正发挥出预想的作用。在市场化程度较高的地区，市场机制在资源配置中发挥了决定性的作用，调动了市场交易参与者的积极性，推动了多种创新资源的流动，为企业提供了资金、技术和人才方面的创新支持，企业由此获得了更多的创新资源。市场竞争的存在使得企业需要通过不断的技术创新来培育竞争优势，企业由此产生了更大的创新动力。在这种情况下，政府通过实施税收激励政策营造了促进企业技术创新的报酬结构和市场环境。

根据以上理论分析，本章提出假设 H3。

H3：税收激励政策对于市场化程度较高地区企业的技术创新活动的促进作用更加明显。

（2）法律约束的作用。企业技术能力信息的不透明加剧了企业的"寻扶持"行为，当"寻扶持"的成本很低时，企业会更有兴趣通过逆向选择行为寻求政策扶持，而法律体系对企业行为产生了外部约束，抑制了企业"寻扶持"的逆向选择行为。法律体系通过对企业"寻扶持"行为的约束，降低了创新政策的执行成本，提高了创新政策的执行效果。另外，有效的法制基础可以抑制侵权行为，有利于降低企业技术成果被模仿的风险。由于复制知识要比创造新知识更加容易，模仿者通过"搭便车"可以在较短的时间内生产出技术含量相近的产品，在法律约束体系不健全的情况下，企业往往都想扮演"模仿者"的角色，等待别人开发技术而自己坐享其成，这就减少了创新企业的经济收益，抑制了其创新积极性，久而久之就会损害地区整体的创新能力。在这种情况下，侵权行为阻碍了企业的技术创新，在一定程度上抵消了政府扶持政策对企业技术创新的推动作用，而法律约束成为税收激励政策实施过程中的制度保障。

根据以上理论分析，本章提出假设 H4。

H4：税收激励政策对于法律约束程度较高地区企业的技术创新活动的促进作用更加明显。

（3）地区税费水平的作用。地方政府可以通过调整税费征收力度来影响当地企

业的税费水平，这使得不同地区在税费水平方面存在较大的差异。税费作为要素资源的使用成本，会增大要素资源流入的经济阻力，导致要素资源从高税费地区流出。企业所得税是中国的一个主体税种，在收入规模上已成为现行税制中的第二大税种，仅次于增值税。以 2007 年为例，全国企业所得税为 9675 亿元，占全国税收总收入的 19.56%。由于企业所得税本身的重要地位，2008 年所得税改革对于企业税收负担的调整有着重大意义。对于税费负担较重地区的企业而言，税收激励政策有利于降低地区中人才、资本和技术等创新要素的使用成本，对企业技术创新产生明显的促进作用。

根据以上理论分析，本章提出假设 H5。

H5：税收激励政策对税费水平较高地区企业的技术创新活动的促进作用更加明显。

四、税收激励政策对企业技术创新的影响：企业异质性的作用

（1）规模差异的作用。对于不同规模的企业而言，税收激励政策对企业技术创新的影响存在明显差异。在技术引进、设备更新等方面，大型企业创新的综合投入幅度超过了中小企业，这些研发以外的项目构成了企业创新的重要保障，但受到税法对企业研发费用认定的限制，这些项目成本往往无法直接计入研发成本，固定成本通常成为大型企业创新投入的主要部分。因此，相对于研发费用抵扣政策带来的促进效应，税率降低政策有助于直接降低大型企业创新的综合成本，因而对大型企业技术创新的促进作用更加明显。中小企业通常多选择一些"短平快"的开发项目，创新过程相对简单，短期内的变动成本成为中小企业创新投入的主要部分，因此，相对于大型企业，研发费用抵扣政策对中小企业技术创新活动的作用更加明显。这表明由于创新模式不同，税率降低政策对技术创新活动的影响存在明显差异。

根据以上理论分析，本章提出假设 H6。

H6：税收激励政策对不同规模企业技术创新的作用存在明显差异，税率降低政策对大型企业技术创新活动的促进作用更加明显，而研发费用抵扣政策对中小企业技术创新活动的促进作用更加明显。

（2）装备制造业行业属性的作用。高风险性和结果的不确定性是制约企业开展技术创新活动的主要因素，当所得税负担越重时，企业从事高风险投资的积极性越低。装备制造业属于资金密集型产业，其特征是单位劳动占用资金较多，投资规模大，资金周转慢，取得投资效果慢，装备制造业企业在其投入的劳动与资本两要素中凝结了高度的技术成分，包含了大量的 R&D 活动。与发达国家相比，中国装备制造业发展滞后，存在的主要问题表现为技术创新能力弱及经济效益差等。中国装备制造业企业的转型面临更大的资金需求和技术升级压力，装备制造业企业也拥有着

比其他一般行业企业更多的人才和技术装备等发展条件。在 2008 年企业所得税改革过程中，税率降低政策和研发费用抵扣政策有利于装备制造业企业降低资本成本和控制创新风险，税收激励政策对于装备制造业企业的技术创新产生了更大的推动作用。

根据以上理论分析，本章提出假设 H7。

H7：税收激励政策对于装备制造业企业技术创新活动的促进作用更加明显。

（3）补贴因素的作用。补贴政策的本质是使一部分企业收益增加，并通过分配格局的改变带来更大的创新产出，但由于政府不可能拥有企业的完全信息，政府在对企业进行补贴时，选择对象的随意性和专断性是不可避免的，在实际运作过程中难免会出现补贴领域和补贴企业重叠的现象，从而引发补贴的低效率问题。更为重要的是，财政补贴主要针对满足特定政策条件的企业，所以补贴政策更易引发企业"寻补贴"的逆向选择行为（Blanes and Busom, 2004），加剧政策扭曲。相对于政府补贴，税收激励政策则更加公平，覆盖面更广，体现了"保护弱者"的特点。一方面，对于没有获得财政补贴扶持的企业而言，税收激励政策填补了政策空白，促进了企业的技术创新活动；另一方面，对于已经获得财政补贴扶持的企业而言，税收激励政策进一步增加了创新政策对于企业的扶持力度。当企业由于政府扶持而获得超额收益时，企业将会缺乏动力去从事带有风险的技术创新活动，在企业同时获得税收激励和政府补贴的情况下，就会出现补贴政策和税收激励政策相互抵消的状况，即补贴政策削弱了税收激励政策对于企业技术创新活动的促进作用，这两类政策的叠加就难以发挥出"1+1>2"的效果。由此可以看出，税收激励政策与补贴政策在影响企业技术创新方面存在替代关系，即相对于未获得财政补贴的企业而言，税收激励政策对于已经获得财政补贴的企业的技术创新活动的作用反而变得更小，补贴政策在一定程度上削弱了税收激励政策对于企业技术创新活动的促进作用。

根据以上理论分析，本章提出假设 H8。

H8：税收激励政策与补贴政策在影响企业技术创新方面存在政策效应相互抵消的现象。

通过上述理论分析，我们梳理出本章研究的理论框架（见图 23-1）。

本章的研究思路是基于 2008 年企业所得税改革这一外生的政策事件，深入考察税收激励政策对于企业技术创新的影响。①本章根据税收政策激励的直接方式和间接方式在促进企业技术创新过程中的作用关系，研究不同的政策类型对企业技术创新影响的差异及这两类政策间的相互作用关系；②本章通过考察不同的激励强度对企业技术创新的作用，揭示出政策强度与企业技术创新之间存在的非线性关系；③基于经济转型时期的制度背景，本章考察制度环境因素在税收政策实施过程中是如何发挥作用的；④本章基于不同行业的特征、规模差异和获得补贴企业在面对税收激励政策时的创新决策行为差异,研究企业异质性在税收政策实施过程中是如何发挥作用的。本章从政策类型、激励强度、制度环境和企业特征四个方面构建了研究税收激励政策如何影响企业技术创新活动的理论框架。

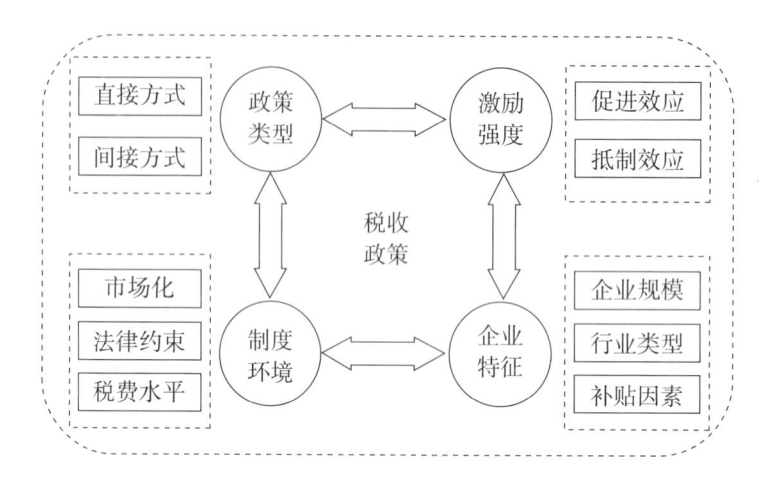

图 23-1 所得税改革与中国企业技术创新研究的理论框架

第三节 研究设计

一、研究样本与数据来源

本章企业层面的专利申请数据来自知识产权出版社出版的《中国专利数据库》;研发费用等企业财务指标数据来自国家统计局编制的全国工业企业数据库;市场化程度和法律约束水平数据来自樊纲等(2011)编制的各地区市场化进程指数;地区税费水平数据来自世界银行(2007)公布的调查报告《政府治理、投资环境与和谐社会》。本章在参照国家统计局行业分类标准的基础上,将通用设备制造业、专用设备制造业等行业归为装备制造业。① 在初始样本基础上,本章对数据进行了如下处理:①删除了数据库中标记为非正常营业状态的企业;②删除了在本章所涉及的变量上存在数据缺失的企业;③为了避免异常值对模型分析的影响,按照1%与99%的水平对变量进行了 Winsorize 处理。本章获得332572个企业观测样本。

表23-1列出了本章样本企业在专利数量、研发投入强度、营业收入、职工人数、地区分布和企业所有制方面的基本特征。从专利数量看,年专利产出少于10个

---

① 在参照国家统计局行业分类标准的基础上(GB/T4754),本章将以下行业归为装备制造业:通用设备制造业,专用设备制造业,交通运输设备制造业,电气机械及器材制造业,通信设备、计算机及其他电子设备制造业,仪器仪表及文化、办公用机械制造业。

的企业占样本总数的99.58%，而年专利产出超过10个的企业占比例不足0.5%，这反映出中国企业总体的专利产出比较少；从研发投入强度看，研发投入强度超过1%的企业所占样本总数的比例约为4%，而研发投入强度低于1%的企业占样本总数的比例为96.17%，这反映出中国企业总体的研发投入仍处于较低水平；根据大中小型企业的划分标准，本章样本中绝大多数企业都属于中小企业，大型企业约为4%；从地区分布看，样本企业主要分布于东南、环渤海和中部地区，各占样本总数的49.48%、17.61%和13.86%，其他地区企业所占比例约为19.05%；从企业所有制类型看，民营企业最多，占样本总数的52.71%，外资企业和港澳台企业分别约占样本的10.54%和9.52%，国有企业和集体企业分别约占样本的2.86%和3.84%。

表23-1　样本企业的基本特征

特征	分类	数量（个）	占比（%）	特征	分类	数量（个）	占比（%）
专利数量（个）	<10	331168	99.58	研发投入强度（%）	<1	319846	96.17
	10~100	1320	0.40		1~10	12460	3.75
	≥100	84	0.02		≥10	266	0.08
营业收入（万元）	<2000	137803	41.44	职工人数（人）	<300	281559	84.66
	2000~40000	181641	54.62		30~1000	40322	12.12
	≥40000	13128	3.94		≥1000	10691	3.22
地区分布	东北	23594	7.09	企业所有制	国有	9512	2.86
	环渤海	58544	17.61		集体	12782	3.84
	东南	164558	49.48		民营	175286	52.71
	中部	46106	13.86		外资	35051	10.54
	西南	24160	7.26		港澳台	31650	9.52
	西北	15610	4.70		其他	68291	20.53

注：样本量为332572，东北包括黑龙江、吉林和辽宁，环渤海包括北京、天津、河北和山东，东南包括上海、江苏、浙江、福建和广东，中部包括河南、湖北、湖南、安徽和江西，西南包括重庆、四川、云南、海南、贵州和广西，西北包括山西、陕西、甘肃、宁夏、内蒙古、新疆、青海和西藏；研发投入强度为研发投入占销售额的比重；根据财政部颁布的《关于印发中小企业划型标准规定的通知》，从业人员1000人以下或营业收入40000万元以下的为中小微型企业。

二、变量定义与检验模型

企业技术创新一般指以获取自主知识产权、掌握核心技术为宗旨进行的创新活动（OECD，2009），专利作为企业创新活动的主要产出和成果代表，是企业自主知识产权的集中体现，专利数一直被作为衡量技术创新能力的指标（Griliches，1990；

OECD，2009）。本章以税改前后两年企业专利①申请数的变化程度作为被解释变量。2008年企业所得税改革使得部分企业税率提高，也使得部分企业税率降低，并且这次所得税改革还新增了研发费用抵扣政策。② 本章把税率下降作为税率变化的虚拟变量，将企业所得税法定税率降低的企业标识为 1，否则为 0，税盾效应为企业2007年研发费用的对数值，其他控制变量为税改前2007年的企业数据。模型如下：

$$Change = \gamma_0 + \gamma_1 Dummy + \gamma_2 Shield_{2007R\&D} + \gamma_3 Firmcontrol_{2007} + \gamma_i + \gamma_j + \gamma_k + \varepsilon$$

本章控制了以下变量：①全要素生产率，这个指标反映了企业的技术能力和管理能力，是企业间异质性的综合反映，较高的全要素生产率有利于企业创新活动的组织运营，本章预计全要素生产率的回归系数为正；②规模，由于规模经济效应，企业规模与企业技术创新之间可能存在正向关系，本章预计规模的回归系数为正；③负债水平，技术创新活动具有较高的风险和不确定性，银行等外部融资机构通常不愿意对企业的创新项目提供融资，企业在更多时候需要通过自有资金进行创新投入，从而表现为较低的负债水平，本章预计负债水平的回归系数为负；④盈利水平，较差的绩效会激励企业通过创新走出低谷，当盈利能力下降时，企业往往会通过加大创新力度来提升企业市场竞争力，本章预计盈利水平的回归系数为负；⑤年龄，随着经营的延续，企业的整体技术水平可以得到逐步提升，本章预计年龄的回归系数为正；⑥出口，在国际市场竞争环境下出口企业通常会加大创新力度，本章预计出口的回归系数为正；⑦产品竞争度，产品竞争度用来反映市场竞争程度对企业技术创新的影响，适度的竞争可以倒逼企业通过技术创新来提升自身竞争力，本章预计产品竞争度的回归系数为正。具体的变量定义如表23-2所示。本章分别控制了省份（γ_i）、行业（γ_j）、产权（γ_k）等相关因素对企业技术创新的影响，ε 为随机扰动项。

表 23-2 变量定义

变量	英文简称	计算方法
专利总数变化	Change0	ln（2009年的专利申请总数+1）-ln（2007年的专利申请总数+1）

---

① 中国专利法中规定了三种专利类型：发明专利、实用新型专利和外观设计专利。
② 2008年企业所得税法统一了内外资企业的所得税税率。税改后，一类企业的所得税税率由33%降低到25%；另一类企业的税率由15%提高到18%。2008年企业所得税法还规定了"按照研究开发费用的50%加计扣除"的政策。

续表

变量	英文简称	计算方法
发明专利数变化	Change1	ln（2009年的发明专利申请数+1）-ln（2007年的发明专利申请数+1）
新型专利数变化	Change2	ln（2009年的新型专利申请数+1）-ln（2007年的新型专利申请数+1）
外观专利数变化	Change3	ln（2009年的外观专利申请数+1）-ln（2007年的外观专利申请数+1）
税率降低	Dummy	企业法定所得税税率降低为1，否则为0
税盾效应	$Shield_{2007R\&D}$	ln（研发费用+1）
全要素生产率	TFP_{2007}	本章采用LP法来计算全要素生产率
规模	$Size_{2007}$	资产/员工总数
负债水平	Lev_{2007}	负债/总资产
盈利水平	Roa_{2007}	利润/总资产
年龄	Age_{2007}	企业成立年数
出口	$Export_{2007}$	出口企业标记为1，非出口企业标记为0
产品竞争度	Hhi_{2007}	产业中所有企业占全行业销售额比重的平方和

第四节 实证检验

（1）表23-3显示了2008年企业所得税改革中税率降低政策和研发费用抵扣政策对企业技术创新的影响。表23-3的第（1）列中，税率降低的影响系数达到0.362，在1%的水平上显著为正，这表明企业所得税改革后，相对于税率提高的企业，税率降低的企业的技术创新水平显著提高。表23-3的第（1）列中，税盾效应的影响系数为0.307，在1%的水平上显著为正，这表明所得税改革过程中，研发费用抵扣产生的税盾效应是影响企业技术创新的重要政策因素。其他控制变量的回归结果与预期基本一致。表23-3的第（2）列中，税率降低与税盾效应的交互项的影响系数为0.068，在1%的水平上显著为正，这表明税率降低政策和研发费用抵扣政策对企业技术创新的影响存在互补关系，这两类政策的协同效应促进了企业的技术创新，即在减税政策的配合下，研发费用抵扣政策对企业技术创新的促进作用更加明显。

表23-3中第（3）列、第（4）列、第（5）列的结果显示，税率降低对发明专利数变化、新型专利数变化的影响系数分别为0.191和0.210，都在1%的水平上显著为正，税率降低对外观专利数变化的影响系数为0.250，在5%的水平上显著为

正,这表明税率降低促进了企业多种类型的专利开发。在研发费用抵扣方面,税盾效应的影响系数分别为 0.222、0.222 和 0.287,都在 1% 的水平上显著为正,这表明研发费用抵扣产生的税盾效应对企业的多种专利活动产生了正面推动作用。税率降低与税盾效应的交互项对发明专利数变化、新型专利数变化的影响系数分别为 0.040 和 0.070,都在 1% 的水平上显著为正,税率降低与税盾效应的交互项对外观专利数变化的影响系数为 0.044,在 5% 的水平上显著为正,这表明税率降低和研发费用抵扣这两类政策之间的互补关系促进了企业多种类型专利的开发活动,实证结果支持了假设 1。

表 23-3 所得税改革对企业技术创新影响的检验结果

变量	专利总数变化(1)	专利总数变化(2)	发明专利数变化(3)	新型专利数变化(4)	外观专利数变化(5)
税率降低	0.362*** (0.043)	0.213*** (0.048)	0.191*** (0.049)	0.210*** (0.053)	0.250** (0.100)
税盾效应	0.307*** (0.004)	0.258*** (0.008)	0.222*** (0.007)	0.222*** (0.008)	0.287*** (0.015)
税率降低×税盾效应		0.068*** (0.009)	0.040*** (0.009)	0.070*** (0.010)	0.044** (0.017)
其他控制变量	已控制	已控制	已控制	已控制	已控制
常数项	2.740*** (0.016)	2.738*** (0.016)	2.194*** (0.015)	2.588*** (0.016)	3.476*** (0.043)
样本量	332572	332572	332572	332572	332572
Pseudo R^2	0.112	0.112	0.138	0.130	0.093

注:***、**、* 分别代表在 1%、5% 和 10% 的水平上显著,括号内是标准误差,标准误差按异方差调整。产业、地区、产权效应已控制。其他控制变量包括全要素生产率、规模、负债水平、盈利水平、年龄、出口、产品竞争度。

(2) 表 23-4 显示了税收激励强度对企业技术创新的影响。第 (1) 列中,税盾效应对专利总数变化的影响系数为 0.428,在 1% 的水平上显著为正,这表明税收激励政策促进了企业技术创新。税盾效应平方项的影响系数为 -0.017,在 1% 的水平上显著小于 0,这表明税收激励强度与企业技术创新呈现出显著的倒 U 型关系。这意味着当税收激励强度低于某一临界值时,税收激励政策显著促进了企业技术创新;当税收激励强度超过临界值时,税收激励政策对企业技术创新的抑制效应开始显现。第 (2) 列、第 (3) 列、第 (4) 列反映了税收激励政策对不同类型专利开发活动的影响情况，结果显示，税盾效应对发明专利数变化、新型专利数变化和外观专利数变化的影响系数分别为 0.294、0.360 和 0.437，都在 1% 的水平上显著为正。同时税盾效应的平方项对三种专利数变化的影响系数分别为 -0.006、-0.012 和 -0.016，都在 1% 的水平上显著小于 0，这表明税收激励政策与企业创新活动之间呈现出的倒 U 型关系在不同类型专利开发活动中都显著存在，税收激励政策的实施效果不仅取决于企业是否获得政策激励，而且依赖于企业接受激励的多寡，实证结果支持了假设 H2。

表 23-4　税收激励强度对企业技术创新影响的检验结果

变量	专利总数变化 (1)	发明专利数变化 (2)	新型专利数变化 (3)	外观专利数变化 (4)
税盾效应	0.428*** (0.017)	0.294*** (0.017)	0.360*** (0.019)	0.437*** (0.035)
税盾的平方	-0.017*** (0.002)	-0.006*** (0.002)	-0.012*** (0.002)	-0.016*** (0.005)
其他控制变量	已控制	已控制	已控制	已控制
常数项	2.739*** (0.016)	2.195*** (0.015)	2.589*** (0.016)	3.476*** (0.043)
样本量	332572	332572	332572	332572
Pseudo R^2	0.112	0.138	0.130	0.093

注：***、**、* 分别代表在 1%、5% 和 10% 的水平上显著，括号内是标准误差，标准误差按异方差调整。产业、地区、产权效应已控制。其他控制变量包括全要素生产率、规模、负债水平、盈利水平、年龄、出口、产品竞争度。

（3）本章以各省份市场化程度的均值为参照，把样本企业所在省份分为两组（高于均值的为高市场化程度组，低于均值的为低市场化程度组）。从表 23-5 的第（1）列和第（2）列的结果来看，对于市场化程度较高地区的企业而言，税率降低的影响系数为 0.426，在 1% 的水平上显著为正；对于市场化程度较低地区的企业而言，税率降低的影响系数为 -0.057，不显著。这表明在市场化程度较高的地区，税率降低政策对企业创新活动的影响更为明显，实证结果支持了假设 H3。在研发费用抵扣方面，这两类地区企业的税盾效应的影响系数分别为 0.303 和 0.303，都在 1% 的水平上显著为正，这表明不论是在市场化程度高的地区还是市场化程度低的地区，税盾效应都促进了企业技术创新。

本章以各省份法律约束水平的均值为参照，把样本企业所在省份分为两组（高于均值的为高法律约束水平组，低于均值的为低法律约束水平组）。从表 23-5 第

(3) 列和第 (4) 列的结果来看,对于法律约束水平较高地区的企业而言,税率降低的影响系数为 0.430,在 1% 的水平上显著为正;对于法律约束水平较低地区的企业而言,税率降低的影响系数为 -0.012,不显著。这表明在法律约束水平较高的地区,税率降低政策对企业创新活动的影响更为明显,实证结果支持了假设 H4。在研发费用抵扣方面,这两类地区企业的税盾效应的影响系数分别为 0.308 和 0.291,都在 1% 的水平上显著为正,这表明不论是在法律约束水平高的地区还是法律约束水平低的地区,税盾效应都促进了企业技术创新。

本章以各省份税费水平的均值为参照,把样本企业所在省份分为两组(高于均值的为高税费水平组,低于均值的为低税费水平组)。从表 23-5 第 (5) 列和第 (6) 列的结果来看,对于税费水平较高地区的企业而言,税率降低的影响系数为 0.507,在 1% 的水平上显著为正;对于税费水平较低地区的企业而言,税率降低的影响系数为 0.360,在 1% 的水平上显著为正。这表明在税费水平较高的地区,税率降低政策对企业创新活动的影响更为明显,实证结果支持了假设 H5。在研发费用抵扣方面,这两类地区企业的税盾效应的影响系数分别为 0.309 和 0.305,都在 1% 的水平上显著为正,这表明不论是在税费水平高的地区还是税费水平低的地区,税盾效应都促进了企业技术创新。

表 23-5 所得税改革对企业技术创新影响的检验结果:制度环境的作用

变量	市场化程度高的地区 (1)	市场化程度低的地区 (2)	法律约束水平高的地区 (3)	法律约束水平低的地区 (4)	税费水平高的地区 (5)	税费水平低的地区 (6)
税率降低	0.426*** (0.048)	-0.057 (0.108)	0.430*** (0.050)	-0.012 (0.095)	0.507*** (0.138)	0.360*** (0.046)
税盾效应	0.303*** (0.005)	0.303*** (0.010)	0.308*** (0.005)	0.291*** (0.008)	0.309*** (0.012)	0.305*** (0.005)
其他控制变量	已控制	已控制	已控制	已控制	已控制	已控制
常数项	2.774*** (0.018)	2.553*** (0.033)	2.780*** (0.019)	2.605*** (0.028)	2.524*** (0.042)	2.763*** (0.017)
样本量	251254	81318	228866	103706	42503	290069
Pseudo R^2	0.106	0.132	0.106	0.127	0.130	0.110

注:*** 代表在 1% 的水平上显著,括号内是标准误差,标准误差按异方差调整。产业、地区、产权效应已控制。其他控制变量包括全要素生产率、规模、负债水平、盈利水平、年龄、出口、产品竞争度。

(4)从表23-6第（1）列和第（2）列的结果来看，对于大型企业而言，税率降低的影响系数为0.485，在1%的水平上显著为正；对于中小企业而言，税率降低的影响系数为0.371，在1%的水平上显著为正。这表明税率降低政策对企业技术创新的影响存在明显的规模差异，相对于中小企业，大型企业对税率降低政策的反应更加敏感。在研发费用抵扣方面，大型企业和中小企业的税盾效应的影响系数分别为0.138和0.334，都在1%的水平上显著为正，这表明相对于大型企业，中小企业对税盾效应的反应更加敏感，实证结果支持了假设H6。

在产业因素方面，本章主要考察了所得税改革对于装备制造业企业的影响。从表23-6第（3）列和第（4）列的结果来看，对于装备制造业企业而言，税率降低的影响系数为0.663，在1%的水平上显著为正；对于非装备制造业企业而言，税率降低的影响系数为0.137，在5%的水平上显著为正。这表明税率降低政策对企业技术创新的影响存在明显的产业差异，相对于其他产业，税率降低政策对装备制造业企业技术创新的促进作用更加明显，实证结果支持了假设H7。在研发费用抵扣方面，这两类产业企业的税盾效应的影响系数分别为0.246和0.333，都在1%的水平上显著为正，这表明不论是装备制造业企业还是非装备制造业企业，税盾效应都促进了企业技术创新。

从表23-6第（5）列和第（6）列的结果来看，对于未获得补贴的企业而言，税率降低的影响系数为0.400，在1%的水平上显著为正；对于获得补贴的企业而言，税率降低的影响系数为0.184，在5%的水平上显著为正。在研发费用抵扣方面，未获得补贴的企业的税盾效应的影响系数为0.316，在1%的水平上显著为正；获得补贴的企业的税盾效应的影响系数为0.229，在1%的水平上显著为正。这表明相对于未获得财政补贴的企业而言，税收激励政策对已经获得财政补贴的企业的技术创新活动的作用反而变得更小，税收激励政策与补贴政策在影响企业技术创新方面存在政策效应相互抵消的现象，实证结果支持了假设8。

表23-6 所得税改革对企业技术创新影响的检验结果：企业特征的作用

变量	被解释变量：专利总数变化					
	大型企业（1）	中小企业（2）	装备制造业企业（3）	非装备制造业企业（4）	未获得补贴的企业（5）	获得补贴的企业（6）
税率降低	0.485*** (0.112)	0.371*** (0.047)	0.663*** (0.058)	0.137** (0.064)	0.400*** (0.053)	0.184** (0.075)
税盾效应	0.138*** (0.011)	0.334*** (0.005)	0.246*** (0.005)	0.333*** (0.007)	0.316*** (0.007)	0.229*** (0.007)

续表

变量	被解释变量：专利总数变化					
	大型企业（1）	中小企业（2）	装备制造业企业（3）	非装备制造业企业（4）	未获得补贴的企业（5）	获得补贴的企业（6）
其他控制变量	已控制	已控制	已控制	已控制	已控制	已控制
常数项	2.285*** (0.045)	2.792*** (0.017)	2.496*** (0.018)	2.975*** (0.027)	2.858*** (0.019)	2.394*** (0.027)
样本量	10498	322074	88331	244241	291996	40496
Pseudo R^2	0.074	0.106	0.075	0.106	0.101	0.100

注：***代表在1%的水平上显著，括号内是标准误差，标准误差按异方差调整。产业、地区、产权效应已控制。其他控制变量包括全要素生产率、规模、负债水平、盈利水平、年龄、出口、产品竞争度。

第五节 结论和政策建议

一、结论

本章基于企业所得税改革这一外生的政策事件，研究了税收政策如何对企业技术创新活动产生影响的问题。结果发现：①税率降低政策从整体上降低了企业的创新成本，研发费用抵扣政策使企业利用自有资金先行投入开展技术创新活动，然后再进行税收抵扣，具有"事后补助"的典型特征，这两类税收政策从直接和间接两个方面共同促进了企业技术创新。②税收激励政策的实施效果不仅取决于企业是否获得政策激励，而且依赖于企业接受激励的多寡。当激励强度低于某一临界值时，税收激励政策显著促进了企业技术创新；当激励强度超过临界值时，税收激励政策对企业技术创新的抑制效应开始显现。③基于异质性视角的研究发现，税率降低政策对于大型企业、装备制造业企业、市场化程度较高地区企业、法律约束水平较高地区企业和税费水平较高地区企业技术创新活动的作用更大，而研发费用抵扣政策对于中小企业技术创新活动的作用更大。④基于政策相关性视角的研究发现，税收激励政策和补贴政策对于企业技术创新的影响存在替代关系，补贴政策在一定程度上削弱了税收激励政策对于企业技术创新活动的促进作用。本章从政策类型、激励强度、制度环境和企业特征四个方面构建了研究税收激励政策如何影响企业技术创新活动的理论框架，为政府制定创新政策提供了有益的参考。

二、政策建议

（1）政府对于企业创新活动单方面的政策扶持不是万能的，超过一定限度的"激励"也可能引起反效果，因此，政府应当防范由于实施过高强度的扶持政策引发的抑制效应，因为高度税收激励会使得企业更有兴趣进行"寻扶持"投资，而不是将企业资源用于提高技术水平，这会削弱税收激励对企业技术创新的促进作用，甚至会显著抑制企业技术水平的提高。另外，我们应当看到，税收激励强度过高会导致政策资源配置的扭曲，并可能损害政策效能，如果企业长期获得政府政策的强力支持，就容易出现对于扶持政策的过度依赖，企业就缺乏动力去依靠自身力量提升技术水平。为了防止过度激励引发的负面效果，需要通过科学的设计来把握好相应的政策强度，可以通过设立一个针对政策效果的"阶段性评估机制"来提高激励对象遴选的科学性。"阶段性评估"主要指政府应在实施政策激励后的一定时期内对企业创新成果进行评价，如果企业没有实现预期的技术创新目标，企业就会因此失去政策扶持，这将会对企业产生直接鞭策作用。在这一过程中，政府可以根据地域因素、行业差异和企业的异质性特征，对政策实施方案做出安排，并对政策激励强度进行阶段性的调整，推出一个"浮动式"的激励方案。"浮动式"的激励方案主要是指政府的扶持强度与企业创新成果（如当年获得国家专利授权数量）之间形成一定的比例关系，并在一定的区间内上下浮动。

（2）决策部门希望通过多种政策组合来尽可能地弥补政府科技财政政策中的缺陷，因此，在创新政策体系建设方面，各国政府都在思考并不断尝试将多种政策工具（税收优惠、生产性补贴、直接转移支付、委托监管、金融参与等）进行联合使用。但是应当看到，不同于执行单个政策的情况，在推出多种政策时需要面临政策类型选取是否恰当、影响范围是否重叠、政策效果是否匹配等一系列关键问题，这些新情况和新问题增加了政策体系的构建难度，给政策实施中的整体管理带来了更多挑战，这些矛盾与冲突也说明现有政策体系的完善空间还很大。

在现有的创新政策体系中，税收激励政策和补贴政策通常被配套使用，但是税收激励政策与补贴政策在影响企业技术创新方面存在政策效应相互抵消的现象。这就使得预期的政策效果并没有被充分发挥出来，导致了政策运用的低效率，还在一定程度上浪费了政府财力，造成了财政资源配置扭曲，因此，有必要警惕具体政策的作用相互制约甚至相互抵消的现象。这意味着政府在推出创新政策时，需要对政策体系中的子项目进行逐个评估，识别出不同政策类型之间的作用关系，如果两类政策的作用存在相互制约甚至抵消的现象，政府就不应当在同一时期把这些政策推向企业。为了发挥出政策的最佳效果，有必要对政策体系进行科学设计和安排，建立一个"交替式"的政策实施方案，其中"交替式"主要指政府根据不同政策的实施效果，对相关政策在一定时期内交替使用，既可以发挥不同政策各自的优点，又能够避免出现政策效应相互制约的现象。另外，对于存在互补关系的政策类型，可以通过设计政策配套体系的办法来发挥政策间的协同效应。应当看到，在现有的政策配套体系设计下，由于政策权限隶属于不同部门，因而不同类型政策之间往往缺乏必要的协调配合，极易造成财政资源分配比例失衡。因此，决策者在设计政策配套体系时，应该在事前做好各项政策的预算决策和通盘考虑，设置政策绩效评价指标体系，科学确定指标的计算方法和权重，综合考虑经济效益、社会效益、影响范围和操作难易程度等多项因素，确保政府手中有限的资源用在刀刃上。

（3）由于单一的税收激励政策无法满足不同类型企业技术创新的实际需要，因此政府应当不断调整和创新税收激励政策类型，避免政策实施的"一刀切"现象。在政策类型方面，税收政策存在着"直接优惠政策过多、间接优惠政策不足"的弊端，为此应该逐步提高间接优惠政策在税收政策体系中的比重，并形成两类政策之间的有效搭配。在间接优惠政策方面，有必要进一步丰富政策种类，加入国际通行的加速折旧、加大费用列支、投资抵免、延期纳税、提取研发准备金、亏损结转和提取投资风险准备金等政策种类。在企业的规模差异方面，对于大型企业的创新项目，可以通过提高减税力度来降低大型企业的综合创新成本；对于中小企业的创新项目，则可以在减税的同时，充分运用相关费用抵扣等政策工具，引导中小企业加大研发和人才投入力度。在企业的行业差异方面，具体措施应当包括完善促进高新技术企业发展的税收政策体系，鼓励企业投资有利于节能减排且附加价值较高的项目，对工艺落后、高污染、高消耗的企业实施惩罚性税收政策，鞭策企业加快技术改造和升级步伐。

（4）应当看到现有的税收政策大量借鉴了国外的现成做法（税率降低政策、研发费用抵扣政策等），而政策"舶来品"容易出现"水土不服"的现象。为此，有必要加大政策体系的变革力度，着力解决中国企业面临的现实问题。一方面，中国企业偏好于"单打独斗"，而单凭一个企业在技术攻关中常常显得势单力薄，因此，政府需要推动企业从"个体创新"向企业之间的"合作创新"转变，这就需要建立完善针对合作创新项目的政策支持体系，对企业间的合作创新项目提供包括降低税率在内的支持政策。另一方面，中国科技投入和科技成果数量近年来持续快速增长，但科技成果转化率总体上仍然偏低。针对这一问题，现有税收政策需要做出调整，应当把"科技成果是否能够获得转化"作为获得税收政策激励的依据，推动企业加快成果转化的步伐。

（5）如果过度关注政策体系本身，就会出现"只见树木，不见森林"的情况，这需要我们注意税收政策体系以外的一些因素。由于制度环境的缺陷会削弱甚至抵消税收激励政策对于企业技术创新的正面作用，隐性的制度环境对于政策执行的影响同样值得关注。政府在推出税收激励政策时，应当把加强市场机制建设和法律约束作为政策执行过程中的配套措施。应在法律层面将创新支持政策纳入制度化轨道，使得对企业技术创新的政策支持有规可循，其中在政策监督机制方面，应发挥企业之间的监督和制衡作用，加强对政策执行过程中财政资金使用的监管，可以设立独立的监管机构及时跟踪项目完成情况，并及时接受来自公众媒体的监督，保证科技财税政策执行过程的公开透明，抑制企业的逆向选择行为。另外，政府和企业对技术创新问题的看法往往存在巨大偏差，虽然政府对企业的政策激励提高了企业技术创新的收益，但是如果企业自身不愿意从事带有风险的技术创新活动，那么再多的激励政策可能都是无效的。因此，需要通过营造适度竞争的市场环境，让企业产生从事技术创新的紧迫感，并充分利用税收的经济杠杆作用发展各类科技中介服务机构，为各创新主体之间的合作牵线搭桥，提升政策效能。

第24章　我国高新技术开发区建设的理论与模式[①]

21世纪以来，伴随着世界性高技术革命和产业结构调整与升级的浪潮，建设与发展高新技术产业开发区（以下简称高技术区），已成为一种势不可挡的国际趋势。然而，我国的高技术区尚处在初创阶段，怎样把它建成为我国高新技术产业的重要基地和向传统产业扩散高新技术的辐射源是一个亟待解决的重要问题。

第一节　创建高技术区的深层意义

高技术区是以智力密集区为依托，以开发高技术和开拓新产业为目标，促进科研、教育与生产相结合，推动科学技术与经济、社会协调发展的综合性基地。

我国创办高技术区的目的，主要是依靠我国自己的科技力量，促进高新技术成果的商品化、产业化和国际化，并加快向传统产业渗透与扩散，促进地方经济的发展，从而完善与优化我国的产业结构和产品结构，推动国民经济骨干产业的科技进步，使我国在21世纪跻身于世界经济大国的行列。

（1）创建高技术区有利于推动高新技术成果迅速转化为生产力。在智力密集区域内或其边缘地带建立高技术区，是一些发达国家已经走过的成功之路。我国现有的高技术区基本上也是依托智力密集区建立的，尽管从整体上看我们和国外的差距还很大，但我们的智力密集区可以形成"拳头"，可以集中力量尽快把一些科技成果产业化，促进整个国民经济的发展。例如，北京高技术区从1988年到1991年共完成科研课题与新产品开发1287项，其中669项成果已投入生产，120项形成了拳头产品。

（2）创建高技术区有利于促进产业结构调整，带动地方经济发展。目前，我国产业结构中的技术层次比较落后，亟待加强高技术的带动作用。据上海1600多名专家的预测，近年已经成熟的高技术对重点行业的覆盖率约为：微电子100%，新材料80%，光纤通信46%，激光38%，生物工程33%。这些预测数字说明，在未来的发展中，我国不仅需要高技术，而且高技术产品的市场前景十分广阔。同时，我国区域经济活力不足，兴办高技术区可以有效地带动区域经济的发展，促进产业振兴。因此，许多高技术区都注意把发展具有地方特色的支柱产业作为重点，一方面为传统产业注入高新技术；另一方面使开发区逐步形成自己的优势。例如，成都开发区

[①] 原载《中国社会科学》，1995年第4期。

根据地方经济的特点和科技优势，侧重于开发生物工程制品；沈阳高技术区积极参与老工业基地的改造，大力开发新型材料和机电一体化产品等。完全可以预见，随着高技术区的进一步发展，其将为我国经济建设培育出新的增长点和支撑点。

（3）创建高技术区是实现国际竞争战略选择的有效途径之一。目前，我国对外贸易初级产品的比重仍然很高，从进出口的比例看，我国的工业技术水平与发达国家存在着继续扩大的趋势。这既是我国参与世界经济科技交流的不利条件，也为我们研究新时期的发展战略提出了新的课题。毫无疑问，通过高技术来寻找国际市场上的突破口，并借助高技术来带动传统产业的发展，提高我国的工业技术水平，是我们所面临的一种重要战略选择，而建立高技术区，则是实现这种选择的一条有效途径。

（4）创建高技术区有利于解决科技和经济相脱节的矛盾。过去很长一段时间，尽管我们为实现技术进步做了较大的努力，但由于没有很好地解决科技和经济相脱节的问题，其成效总是不尽如人意。建立和发展高技术区，是克服这个弊端的重要尝试。首先，它可以带动科技和生产的结合，实现研究、开发、生产、服务、销售一体化。其次，高技术区的建设为科技人员提供了有利的活动环境，可以充分显示知识的价值，更好地发挥科技人员的作用。

（5）创建高技术区可以为深化改革提供了有益的启示和经验。高技术区的建设是改革的产物，又是进一步深化改革的重要内容。例如，为探索科技与经济的结合、计划与市场的结合以及充分发挥科技人员的才能，最大限度地解放和发展生产力，各地高技术区都在大力进行产权制度、分配制度、人事制度、管理体制与运行机制等方面的改革。同时，国有大中型企业在高技术区设点办厂，科研院所和高等院校实行"一院两制""一校两制"，在高技术区兴办企业，对搞活大中型企业，深化科技、教育体制改革起到了促进作用。

由此可见，2014年我国的高技术区虽然处于起步阶段，但只要引导对头、政策得当，完全有可能成为高新技术成果商品化、产业化、国际化的基地和改造传统产业的技术源头，成为深化改革的试验区和对外开放的重要窗口。

第二节　高技术区的生长环境

高技术区不同于传统产业建设区，它只有在适合的技术、经济、政治、法律、社会、文化和国际环境中，才能取得令人满意的发展。为探寻适合我国高技术区的生长环境，不妨先对国外一些高技术区的生长环境进行比较研究。

1985年2月，在欧共体关于科学园区的西柏林会议上，美国的"名胜地管理公司"经理拉塞尔·考克斯曾指出，英国、美国科学园区在发展过程中之所以出现两种不同效果的原因在于英国的科学园区缺乏一些重要因素，而这些因素已被美国证明是科学园区发展成功所不可或缺的。这些因素是：良好的生活环境；附近有好的大学；一定水平的研究、开发设施；充足而又熟练的劳动力资源等。

日本建立了两种类型的科技园区或高技术开发区，一种是科学城，另一种是技术城。从实际产生的效果来分析，对日本高技术产业化具有举足轻重作用的是后者，即技术城。在日本，它又被称为"高技术工业密集区"。它们分布在日本各地，并且大多以原来的地方工业中心都市为发展基础。因为这类城市已初步具有了较好的投资环境因素和较强的吸收、消化高技术能力的前提条件。如九州地区的技术城等。这样，通过技术城的建立，直接并有效地推动了地方传统产业结构迅速向高新技术产业结构过渡与转化，最终达到了振兴地方经济的根本宗旨。而日本之所以能在高技术开发区建设方面颇有成效，正是因为借鉴了其他国家兴建高技术开发区的经验，从而走出一条富有日本特色的高技术开发区建设与发展的道路。如日本在制定技术城计划时曾充分研究了美国北卡罗来纳州三角科学园区的规划，并派出大量官员及技术人员赴美参观学习，甚至派出了长驻代表，及时反馈有关信息。正是因为对影响高技术开发区或科学园区发展的因素进行了较全面的分析和研究，日本才最终形成了成效卓著的高技术开发区发展模式——技术城发展模式。

日本《高技术工业集团地区开发促进法》，即《技术城法》纲要还详细地规定了技术城的选址条件，并以此来妥善解决制约技术城发展的问题。这些选址条件是：①原政令（即《1962年新产业城市建设促进法》——笔者注）规定的工业高度集中地区及附近的地区；②从自然、经济、社会等条件看，谋求发展高技术工业开发区已达到相当程度的地区；③在该地区存在着一定数量的、能够有效地进行高技术研究开发及把高技术应用于产品开发和生产的企业；④能够确保工业用地、工业用水及住宅地的地域；⑤在该地区或附近存在着具备法令规定的必要条件的城市；⑥在该地区或附近存在着进行高技术研究开发的教育机构和研究机构，如大学及科研院所；⑦能确保高速公路、机场及其他高速运输设施的充分利用。

由上述内容可见，任何高技术区能否取得成功，与其生长环境即综合性支撑结构有很大的相关性。尽管不同国家不同类型高技术区的生长环境有所差别，但都十分重视通过建立健全高技术区的综合支撑结构，来支持和推动高技术区的快速成长。这些成功经验，无疑值得我国在建设高技术区的过程中加以借鉴。

高技术区的综合支撑结构又分为硬、软两个支撑结构。

硬支撑结构主要是指高技术区中企业发展所必需的基础设施，它对高技术区生长的作用容易为人们所理解，多数高技术区都是由此起步的。这里的主要问题是要因地制宜，如果按选址分类，我国的高技术区大致可分为三类，每一类都必须具备一定的基础设施，但实现的途径却不相同。

第一类是以原有的智力密集区为基础加以适当改造。其特点是智力、仪器设备、情报信息、科技成果等的密集度较高，但一般现有设施的状况较差，人口稠密，发展空间不大，且利用旧城建新区的难度较大。实践中通常是利用原有设施发展起来再逐步改建。但是，当这类高技术区发展起来之后，仍需考虑工业基地的问题，或是利用原有基础，或是新建。

第二类是在智力密集区附近另划一块地方新建高技术区。其特点是统一规划，基础设施条件较好，发展余地较大，但前期投资较大，需要当地政府给予较多的支持。

第三类是充分利用经济特区的有利条件兴办高技术区。其特点是政策灵活、信息灵通、基础设施较好并有一定的工业基础，不足之处是科技力量较为薄弱，劳动力素质受到一定限制。

生活环境也是硬支撑结构中的重要内容，它不仅是指居住环境及自然环境，更是指生活质量。在上述三类高技术区中，第一类没有条件建设生活设施，但由于多以大都市为依托，本身已有一定的吸收力，后两类则应在兴建工业基础设施的同时，注意兴建必要的生活设施。

软支撑结构主要是指高技术区生长所需要的各种管理与支持服务，包括政府作用、管理体制、运行机制和技术支撑结构等。它们相互独立又相互联系，构成了高技术区生长的必要支持条件。

在技术支撑结构中最重要的是技术供应网、信息支持网和商业服务网。一个高技术产品的商业化开发，一个高技术企业的创办与成长，往往是依靠某一项关键技术的突破，而要把这项技术变成产品，还必须组合许多其他技术，它们通常体现为部件、元件、配套设备和工艺等。这些都不是某一单位能单独提供的，专业化程度越高，越需要网络的支持。高技术产业是信息社会的产业，一个企业或一个创业者通过信息网络可以了解各种情况，使决策准确性和应变能力获得较可靠的保证。商业经营服务网涉及财会、法律及股票经纪等，这也是软支撑结构中必不可少的支持条件。

这里需要强调的是，上述环境和条件的形成不是个别高技术区能完成的，也不是科技界能胜任的，需要全社会共同努力才能实现。对于各地政府和高技术区而言，一方面，要积极创造条件，影响和改造环境；另一方面，要切忌不顾客观环境与条件，一哄而起。随着社会主义市场经济体制的不断完善，我国高新技术产业开发区一定会有更大的发展。

第三节　高技术区的发展模式与管理体制

一、高技术区发展模式的多元化

各国的国情不同，文化背景、经济基础和所处的社会政治环境不同，高技术区会有多种模式。同样，由于我国地域辽阔，经济发展极不平衡，高技术区的发展模式也有很多，大致有以下五种可供选择。

（1）依靠智力密集区形成的模式。这种模式是指依靠智力密集区的高等院校和科研院所的科技力量，研究开发较高水平的科研成果，在此过程中，培养一大批骨干人才，向区外、市外不断扩散而形成高技术区。北京市新技术产业开发试验区就属于这种模式。

北京市高新技术产业开发试验区是在"中关村电子一条街"的基础上发展而成的。1994年中关村地区有50所大学、138家研究院所、8万多名科技人员，每年推出的科研成果数以千计，试验区建成后，国家给予了多项优惠政策，对科研院所、大学的改革起到了直接催化作用。在短短的几年间，它们从传统的科研、教学体制中分出了一支充满活力的生力军，进入试验区创办高新技术企业，其中仅中科院就在试验区成立了200多家新技术企业。这一转变促进和深化了中关村地区科研与教育体制的改革，许多科研单位改变了传统的依靠国家拨款维持"生计"的局面。这不仅推动了高新技术产业的发展，而且推动了大院大所和大学的科研工作，还为国家新增了税源。

（2）依靠雄厚的工业技术基础形成的模式。这种模式是指利用城市雄厚的工业技术基础，依托附近的科研院所、高等院校，形成科研、中试、生产协调发展的基地。例如，上海漕河泾新兴技术开发区就依托中心城的优势发展起来。一是基础设施齐全、交通便利、信息灵敏，此外还有一个有利条件是工业支撑能力强。这里有众多的高技术企业，有坚实的工业基础。近年来，又建立了许多科研设计单位，工业配套协作条件较好。二是该区周围有着丰富的智力资源，有20所大学和120余家研究所，具有高级职称者有数千人，具有中级职称者达1万多人，具有较强的消化吸收先进技术的能力和高技术开发能力。此外，沈阳、成都、重庆的新技术开发区也属于这种模式。

（3）依靠特区、开放城市的优势形成的模式。这种模式是指利用沿海开放城市和经济特区的综合优势，以转化内地科研单位和高校的研究成果为主要目的，面向国际市场，以开发应用高新技术产品为重点，形成集科研、生产、经营于一体的高新技术开发区。

深圳科技工业园就属于这种模式。它是由深圳市人民政府和中国科学院于1985年7月共同创建的，1987年7月广东信托投资公司参股合办，是我国建立的第一个以企业形式进行开发和经营管理的高技术产业开发区。经过5年的建设，科技园已成为一个拥有40多家工业企业的高技术开发区。其中，中科院10多个院所、国家10多个有关部委、海外24家公司同科技园建立了合资合作关系，园区内引进和合作开发的先进技术共有70多项，已投产的6个企业中，年人均产值为10万元左右，人均利税达3万元。

（4）通过统一规划、分片建设形成的模式。这种模式是指从实际出发，考虑自然环境、工业布局和经济地理等方面的因素，依据节省投资、发挥优势、注重实效的原则，通过统一规划、分片建设的方式形成高技术区。

大连市高新技术开发区就属于这种模式。大连市是对外开放的港口工业城市，它拥有我国最大的外贸进出口港和最先进的现代化油港；拥有以机械、冶金、石油化工、建材、轻纺和电子为主的工业体系，成为我国东北重要的工业基地；有239个各类科研机构、42所高等院校、21个国家重点实验室及11万科技人员，科研和技术开发力量十分雄厚。此外，从事高新技术开发、生产和经营的企业有300家左右，从业人员2.2万人，1990年产值约11亿元。

（5）通过"中、外"合办形成的模式。这种模式是指由中方的技术和政策环境，外方的资金和市场渠道联合形成高技术区。这种模式既能充分利用我国一些地方特殊的地理环境、政策环境，又可顺利地解决项目开发过程中碰到的资金缺乏问题。

二、高技术区的管理体制

由于我国的高技术区尚处在初创阶段，缺乏建设经验，因而现行的管理体制大都存在着以下一些问题。

（1）缺乏统揽全局并具有较强权威性的管理体制，建立实体型的管理机构迫在眉睫。

（2）区域性科技产业开发区存在"小管理"的问题。例如，北京新技术产业开发试验区成立初始，市政府颁布的政策法规明确规定："市科委是市人民政府管理试验区的工作和主管机关。"经国务院（国发〔1991〕12号）批准的《国家高新技术产业开发区高新技术企业认定条件和办法》第三条也明确规定："各级科委是管理开发区内高新技术企业认定工作的主管机关，负责监督办法的实施。"然而，时至今日，中关村试验区、丰台园区、昌平园区的管理机构均为所在地方政府的派出机构，基本上属于行政型管理模式。虽然这种模式在高技术区初建时期很有必要，但是对开发区的管理必须与所在地方政府的行政化管理区别开来，不能用地方政府管理本地社会经济生活的方式来管理高技术区的科技产业活动。因为高新技术产业开发区有着自己的规律与特性,以及不同于行政区的功能,不能也不应该把高技术区变成"第二政府"。

(3)缺乏精通科技产业的管理人才。发展高新技术产业需要一批精通科技产业、熟悉市场要素、勇于献身的管理人才。全国各地高技术区刚成立时,一批有志于服务科技产业的人才竞相应聘,然而,随着高技术区的高速发展,人才匮乏的问题十分突出。

(4)有部门所有、"以权带商"的苗头。例如,北京新技术产业开发试验区成立之初,中央曾告诫不要"以权带商"。但当前在试验区有的部门挂出"中心"或"公司"的牌子,它既占用了国家给试验区的优惠政策,又从新技术企业中获利,这种部门"发财"、国家没受益、新技术企业也减少受益的现象,弱化了国家对高新技术产业的政策优惠,应当引起各地政府有关部门的高度重视和警觉。

(5)管理机构缺少科技企业家的参与。高新技术产业开发区以高新技术企业和科技企业家为主体,应按科技规律、产业规律、市场规律组织运行。目前管理领导层多为行政官员,缺少科技企业家的参与,这对高技术区的发展是十分不利的。

要解决我国高技术区发展过程中出现的上述种种问题,根本途径就是进一步构建和完善一个适应社会主义市场经济体制要求的管理体制。具体地讲有以下几个方面。

第一,正确处理高技术区与政府、企业的关系。①确立间接管理高技术区的宏观管理体制。政府的功能主要在于扶持、引导、协调、监督。在高技术区的建设中,政府部门对于开发区的基建工程、风险投资、进出口渠道、人才制度及社会保障体系等应予以支持。②高技术区、科技园区与高新技术企业的关系是鱼水关系,不能"竭泽而渔",要"放水养鱼",小机关大服务是基本方向。高技术区必须摒弃过去的管理模式,建立新机制、新制度。目前一些高技术区办公机构林立,人员过多,只有政企分开,还企业以应有的权力,才能使办公机构的职能正确、有效的发挥。

第二,建立健全高技术区的管理机构。高技术区的管理机构应在强化社会主义市场经济要素、扶持高新技术产业上下功夫。其具体措施包括:①根据国务院、国家科委和各地省(市)政府的决定,各个高新技术产业开发区均应成立管理委员会(以下简称管委会),代表高技术区所在城市市政府统一管理、协调、监督高技术区的建设工作。管委会一般应以主管市长为主任,科委主任为常务副主任,委员吸收有关委、局、开发区负责人。②管委会常设办公室可与各市科委新技术办公室合署办公,负责高技术区的日常工作。管委会的机构设置一定要在精简、高效适用的原则下进行,即人员要少,管理效率要高,并且要适合高技术区的特点。③建立高新技术产业专家顾问组。高新技术产业的预测、相关发展政策和规划的制定及科学管理等是一个系统工程，涉及科技、社会、经济、法律法规等诸多领域，因此建立专家顾问组是必要的，这样可以实现管理科学化，更符合发展区域性科技产业的内在需求。④建立试验区、科技园及新技术企业考核指标体系。要采取分层次分类管理的办法，择优扶持，使优惠政策倾斜于那些能形成支柱产业的高技术企业，并对于那些享受优惠政策后未达标的企业实行"黄牌警告"和"红牌取消"制度。

第三，要进一步完善高技术区的市场体系。应当有意识地进一步培育区内消费资料市场、生产资料市场、金融市场、劳动力市场、房地产市场以及技术和信息市场等，创造一个适应高技术区发展需求的宽松环境。

第四，依法治业，依法治区。高技术区当从依靠政策驱动转向依靠法制发展，使区内各种经济活动主体有章可循、照章行事，从而使高技术区走上依法治业、依法治区的新路子，促进高技术区的顺利发展。

第四节 高技术区的优惠政策与资金渠道

世界各国的经验表明，优惠政策是高技术区成长的重要因素。近年来，我国从中央到地方已制定了一系列优惠政策，有力地推动了各地高技术区的发展，但仍存在一些问题。因此，有必要将我国高新技术产业开发区的各种优惠政策进行比较分析，然后提出进一步完善的对策。

一、高技术区的优惠政策

（1）我国高新技术产业政策与国外的比较。我国对高新技术产业实行直接扶持的政策，而国外大多数国家主要是采取引导性政策，进行间接的扶持，很少直接制定优惠条例。例如，美国主要是提供有关经营和市场信息的咨询，没有具体的优惠或限制条件。日本几乎不干预产业部门的发展，主要是为其指出方向，用诱导的方式来实现政府的目的。此外，一些国家高新技术产业优惠政策的幅度和范围也相对较小。如日本"科技城法"中规定，只许在财政状况允许的条件下，在法令的范围内，适当减轻固定资产税；企业的年度研究开发费要超过以往最高年度，才把超过部分的20%从企业所得税中扣除。而西欧一些国家几乎都是用低息或无息贷款的方式扶持高新技术企业的发展。

（2）我国高新技术产业开发政策与相关政策的比较。我国高新技术产业开发区的政策从范围和幅度上讲都没有超过以往对科研院所和大专院校创办企业的优惠政策，同时也不及国家对沿海经济特区和经济技术开发区的优惠政策。例如，从税收政策看，高校企业明显优于高技术区企业。从个人奖金税看，对高校的规定要比高技术区企业宽松一些。再从新产品及中试产品的优惠政策来看，国家规定对新产品减免产品税和增值税,对中试产品免征所得税1~3年,而高技术区企业必须进入"星火计划"项目才能减免产品税和增值税,说明条件更加严格。和经济特区的优惠政策比较,经济特区税收政策优惠的幅度要比高技术区大得多,例如,经济特区关于外商投资企业的税收政策就明显优于高技术区。当然,也有例外的情况,就是国家对高新技术产业开发区出口企业的规定要比经济特区稍宽松一些。

(3) 进一步完善高技术区的优惠政策。根据高技术区发展的内在要求制定与其相适应的优惠政策,乃是促进高技术区健康发展的重要措施。为此,国家在完善优惠政策时要解决好下述几个问题。

第一,国家政策和地方、部门政策要协调。目前,国家和地方、部门的政策在某些方面尚有出入。例如,国家规定高技术区企业投产之日起头两年免征所得税,并一律实行税后还贷。而某些地方政府则规定为前三年免税,后三年减半,并一律实行税前还贷。

第二,高技术区的政策要体现高新技术产业的特殊性。高新技术产业开发区是发展高新技术产业的重要基地,是向传统产业扩散高新技术的辐射源,是对外开放的窗口,是深化改革的试验区,这些特殊性应在政策中得到充分体现。可现行政策的许多内容却与我国的外商投资政策接近。例如,关于企业经营销售人员简化出国手续、扩大产品出口权限等的规定二者几乎相同,未体现出对高技术区企业的特别优惠。因此,政策上的扶持、引导等特点未能明显地表现出来。

第三,高技术区的政策应当有助于促进高技术区功能的发挥。高技术区主要有孵化、集聚、扩散和示范功能。从现行政策的执行来看,大部分高技术区都已创办了旨在孵化高技术企业的创业服务中心,这有利于吸引人力、财力、物力资源和信息资源,有利于孵化、集聚功能的发挥。但与此同时,高技术区的扩散和示范功能还发挥得不够,对区外未享有优惠政策的企业生长与发展的影响并不大,这是一个有待研究和解决的问题,也是一个关系高技术区进一步发展的问题。

第四,优惠政策不宜过多且要适度。目前,除国家颁布的优惠政策外,地方政府为了大量吸引人才、资金、技术到高技术区,有竞相给予优惠的倾向。实际上,高技术区内过多过分的优惠政策既不利于高新技术及高新技术产业的发展,也不利于高技术企业与其他企业的平等竞争。况且,区内优惠政策倾斜过度,还会使高技术区产生一种超经济的吸引力,影响高技术产业在区域空间的扩散,从而不利于技术转移。

二、高技术区的资金渠道

高技术区企业的创办与高技术产品的开发需要大量资金。从目前来看,政府是高技术产业的投资主体。其投资分两类:一是直接投资,即对关系国计民生的重大高技术项目或产品，由政府直接拨款予以支持，或是通过银行贷款，政府承担风险；二是间接投资，即通过税收及补助金等手段推动企业开发高技术产品。根据我国的实际，除政府的资金支持外，还可以开辟以下途径。

第一，引导高技术企业与现有大中型企业合作，为大中型企业的技术改造服务，其经费由大中型企业提供。当前比较可行的办法是改变国家技术改造资金的管理方式。国家每年用于技术改造的资金一般占全国固定资产投资的 1/4 以上，而其在使用中往往成为维修费用，或是用于扩建、新建来增加现有生产能力，使企业技术结构原型繁殖。因此，有必要重塑符合我国技改规律的投资机制，将部分技改资金用于激励原有企业利用本国高技术实现技术改造与技术升级，以需求刺激高技术及其产业的发展。

第二，发展风险资本。风险资本将科学技术与金融相结合，以其灵活的投资方式促进高新技术及产业的发展。目前，我国个人存款及企事业单位的自有资金均以数千亿元计，以股票和债券的形式将这部分闲散资金集中起来作为风险资本是可行的。其办法是建立证券市场，鼓励金融资本与产业资本结合，倡导国家和地方的金融机构在高技术区参股投资；鼓励少数有志于风险投资事业的金融、财务人员与科技人员联合创办风险投资公司或专门的投资机构，并在政策和法律上保证其合法地位及业务活动的顺利开展。这样经过若干年的努力，逐步建立起风险投资的网络和机制。

第三，利用外资。目前，一方面，国际市场游资过剩；另一方面，我国有一定的科技实力。因此，只要提供良好的投资环境并结合先进项目，就有可能吸引更多的国际资本。在吸引外资方面面临的主要问题有：一是外国投资者向中国投资主要是看上了中国潜在的巨大市场，若我们在国内市场上收得过紧，则很难达成合作；二是有些企业产权关系不清，使外国投资者望而却步。因此，应根据国家计划和产业政策区别不同的产业与产品，适当让出部分国内市场，使外商有利可图；同时逐步厘清产权关系，规范企业行为。

第四，其他一些途径。例如：①和当地有关单位及国内外有关单位联合投资；②采取发行股票、债券等办法，进行社会集资；③通过出租土地使用权等办法，引入项目和资金；④争取海外爱国侨胞的资助等。

第六篇 中小企业融资创新研究

第 25 章 中小企业融资集群的自组织演化研究[①]

第一节 文献回顾及问题提出

中小企业融资难始终是困扰我国中小企业发展的突出问题。导致中小企业融资难问题的原因主要有：自身原因，主要是中小企业自身在资产结构、个体经营风险、竞争力、融资成本等方面存在问题（李大武，2001）。外部原因，主要有中小金融机构发展不足（林毅夫等，2001）、我国金融体制改革滞后及存在产权因素（全丽萍，2002）、政府政策支持力度不够（梁峰，2000）、信息不对称（Stiglitz and Weiss，1981）等。我们通过进一步总结发现，信用资产不足问题是制约我国中小企业融资的深层次原因。企业的信用资产是企业由于守信、按时偿还款项等形成的一种经济资源和融资能力（朱德咸，2005）。近年来，通过集群融资来实现信用资产增加，成为解决中小企业融资难问题的新模式。然而，我国中小企业集群融资的效果仍然不尽理想（高连和，2007），自我筹资能力弱（崔宇明，2005）是不争的事实。

国内关于中小企业集群融资问题的研究多是针对"集群融资"这种模式的固有优点（张炳申等，2003；刘轶等，2002；易松青，2007；胡红桂，2008）。这些研究具有两个特点：一是把集群融资视为依托现有产业集群基础的一种融资行为；二是大多采用结果导向的研究方法对中小企业集群融资的现象和优势进行了分析。这种静态研究的方法忽略了中小企业集群融资所依托组织的动态演进过程。与以上研究不同的是，本章的研究具有两个新特点：①赋予了中小企业融资集群新的含义。相对于其他集群组织，中小企业融资集群把融资作为该组织的首要目的。中小企业融资集群可以是在现有产业集群基础上形成的融资组织，也可以是超越现有产业集

[①] 原载《中国工业经济》，2009 年第 9 期。

群以融资为主要目的形成的融资组织。②本章站在"组织"的视角运用自组织理论分析中小企业融资集群的运行规律。在此基础上，通过从"集群融资"模式研究到"融资集群"组织研究的转变，结合中小企业集合债组织进行案例分析，提出了相应的建议，为解决我国中小企业融资难问题提供了新的视角。

第二节 中小企业融资集群的形成原因及特征

一、中小企业融资集群的形成原因——基于"熵理论"的解释

融资难问题是制约中小企业发展的主要因素之一。企业个体的信用资产不足是导致融资难问题的主要原因。中小企业信用资产的不足表现为信用资产数量的不足和结构质量的单一。自组织理论中的"熵"理论认为，"熵"是系统状态的一个函数：当"熵"为正值时，即熵增状态时，企业的资源在流失，能力在下降；当"熵"为负值时，即熵减状态时，企业的资源在增加，能力在上升。企业自身的融资体系就是一个"熵"系统。基于此，本章提出"融资熵"的概念来分析中小企业融资集群出现的原因。我们用"ds"表示一个企业融资熵的改变量，它由两部分组成，ds=ds1+ds2。内熵"ds1"表示企业内部关系引起的"融资熵"改变量，代表着企业内部运行中对于信用资源的损耗。外熵"ds2"表示企业外部关系引起的"融资熵"改变量，可为正值或者负值。"外熵"的影响因素包括宏观和微观因素。宏观因素包括国家融资政策及法规对于中小企业融资能力的影响，微观因素包括其他企业的融资竞争影响。一方面，在相对独立的企业内部，企业个体力量形成的企业融资内熵"ds1"为正值，使得企业信用资产不断损耗，融资能力逐渐减弱。另一方面，宏观层面融资制度的不足使得中小企业在融资方面处于被动地位；微观层面企业之间对于有限的融资资源的无序争夺加剧中小企业的融资困境。因此，中小企业融资外熵"ds2"常常为正值，即熵增状态。内外两方面的熵增状态使中小企业在融资上常常陷入困境。因此，在"内熵"熵增状态不可避免的情况下，如何通过改善中小企业与外部环境的作用机理来扭转外熵"ds2"的熵增状态，便成为解决中小企业融资难问题的关键。

基于以上分析，本章认为中小企业融资集群是以融资为核心目的，以信用资产有序整合为主要特征，依托信用关系网络形成的比较稳定的中小企业融资合作组织。相对于企业个体融资和传统的集群融资模式，中小企业融资集群围绕融资所需的信用组合要求，经过信用资产聚集和信用资产整合两个阶段形成了新型的融资合作关系。中小企业融资集群内企业之间的相互协作和整体对外融资的组织特性显著改变了外熵"ds2"的来源结构和性质，产生了"负外熵"的增大效应，从而冲抵了内

熵"dsI"的正向效应，促使总的"融资熵"朝负向发展，增强了企业融资系统的功能。由于以融资为核心目标，使得融资集群在融资业务整合方面产生了"弹性专精"①的效果，提高了融资活动的专业化程度，能够更好地适应宏观经济环境的波动和政府政策的调整。中小企业融资集群使得中小企业的融资体系从"无序竞争"走向"有序组织"，从"个体行为"走向"集体协作"，从"被动熵增"走向"主动熵减"，标志着中小企业融资组织的创新演进和发展进步，为解决中小企业融资难问题开辟了新的道路。正是在这一背景下，中小企业融资集群以其特有的组织优势应运而生。

二、中小企业融资集群的自组织特征

中小企业融资集群是以融资为核心目标形成的企业集群组织，具有耗散结构性，呈现出以下三个自组织特征，其中开放性是存在条件，交叉网络性是组织特征，协同演进性是其发展方式。

（1）开放性。中小企业融资集群是一个开放的系统，不断地与外界环境进行物流、信息流、资本流等融资要素的交换，为外界负熵流注入系统创造了组织条件。融资集群内部的各个企业本身就是一个开放的子系统，是集群连接外界环境的个体单元，通过开放发展集成社会资源，实现了对外接触面积的扩大和对外开放层次的提升，提高了开放效率，增强了交流效果。在此基础上，集群内部企业个体之间、个体企业与融资集群整体组织之间、个体企业与集群外部市场之间、中小企业融资集群整体组织与集群外部市场之间形成的四个层次的开放路径，促使融资集群在开放方式和路径选择上更加多样化（见图25-1）。

（2）交叉网络性。交叉网络性体现了中小企业融资集群以信用合作为特征形成的组织的形态，意味着企业之间联系的多路径和多维度。中小企业融资集群自组织的非线性特征在交叉网络中得到体现，各个要素通过网络化的连接模式来实现相互渗透和相互制约，呈现出孤立部分及其叠加所不具有的涌现性或突现性。中小企业融资集群中任何一个要素的改变都会通过网络的不同路径传递出去，发生有序涨落，进而引起整体的变化，体现了要素之间非线性作用的特征。

（3）协同演进性。中小企业融资集群的非平衡性是推动组织协同演进的关键动力。中小企业融资集群的非平衡性体现为企业融资需求与集群实际融资能力的差异，不同企业在整体实力、信用水平、融资能力上的明显差异，以及由此引发的不同企业在融资集群内地位的差异。1977年诺贝尔化学奖得主Ilya Prigogine认为，非平衡

---

① "弹性专精"源自国外学者提出的"Flexible Specialization"，中国台湾学者翻译为"弹性专精"，意思是指：在企业集群内，大量中小企业柔性聚集在一起，既保留单个中小企业生产富有弹性及灵活性的特点，又具有市场反应能力强的特点。同时，这些企业都集中优势专门从事某一产品或配件的生产，专业化程度高，其产品专而精（王缉慈，2001）。

是有序之源。系统内部状态波动引发的涨落促使中小企业融资集群向前发展。中小企业融资集群内的企业有着不同的利益诉求,进而个体与整体的摩擦与碰撞加剧了涨落的幅度,推动个体融资单元在集群框架内协同演进。

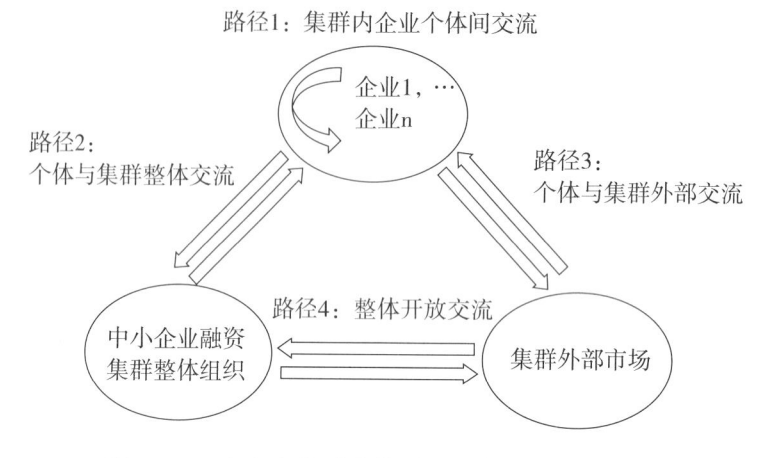

图 25-1 中小企业融资集群组织内外部开放路径

第三节 中小企业融资集群的自组织演进规律

一、中小企业融资集群自组织的一个序参量

当中小企业以集群组织进行融资活动时,个体信用资产就通过集合信用资产的形式表现出来。集合信用资产是中小企业融资集群自组织的一个序参量(吴广谋,2005)。①从集合信用资产的特征来看,它是中小企业融资集群的"整体变量"(王丽娟,2006),决定着整个融资集群的有序程度,是融资集群整体结构效率的集中反映,标志着集群融资能力的大小。而融资金额是集合信用资产的货币表现形式。②从产生过程来看,集合信用资产通过融资集群的组织形式产生了信用资产的外部规模经济效应和外部范围经济效应。信用资产的外部规模经济效应表现为个体信用资产的聚集实现总量的增加,从而降低了单位信用资产的融资成本,提高了个体企业的融资效率。信用资产的外部范围经济效应表现为集群组织在融资活动中把原本个体企业的多个融资步骤集合成为一个整体协作过程,减少了重复劳动,产生了协同效益。在此基础上,相对于完全独立融资的中小企业,融资集群的组织形式更容易获得政策支持和信用担保,为外部信用资产的注入创造了条件,增加了集合信用资产的来源渠道。③从作用时间来看,集合信用资产作用于集群组织产生、发展和演化的全过程。设集合信用资产 $X = (x_1, x_2, \cdots, x_n)$ 为描述集合信用资产变化的

状态变量。$X'=dX/dt$ 表示集合信用资产随时间变化的速率。当 $X'>0$ 时，表明集合信用资产处于增加状态，此时中小企业融资集群运营效率在提高，处于上升巩固和向前发展的阶段；当 $X'<0$ 时，表明集合信用资产处于减少状态，此时中小企业融资集群运营效率在降低，处于停滞后退的阶段。

二、中小企业融资集群自组织的两个运行机理

（1）正反馈机理。通过正反馈机理，中小企业融资集群的发展路径得以确定，网络结构得以巩固。中小企业融资集群正反馈机理主要包括内部网络关系正反馈和外部整体组织正反馈（见图25-2）。

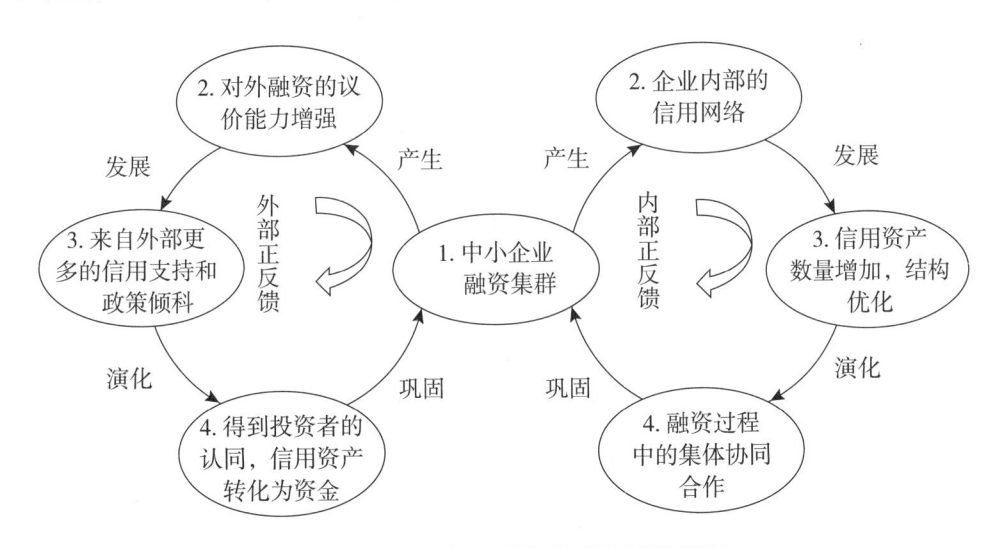

图 25-2 中小企业融资集群正反馈机理

①内部网络关系正反馈体现为融资集群的组织形式为信用合作关系创造了组织载体，而信用合作关系的建立则为集群内信用网络的形成提供了发展路径，由此形成了相互监督体系，提高了信用资产的质量和透明度，产生了信用关系的传递效应。基于信用关系的融资信息流动，减少了企业之间的信息壁垒，提高了信息的流动效率。中小企业融资集群为信用资产的系统整合创造了集群组织优势、信用网络优势和信息流动优势，在此基础上根据现有融资条件配置信用资源，优化信用资产分布结构，做出融资决策。中小企业融资集群中的企业通过组织的集体协作完成担保体系的构建、整体信用等级的评定、融资费用的集中支付、总体资金的统一筹集、资金的二次分配、资金的统一偿还等关键环节，集体协作贯穿于中小企业融资集群产生发展的全部过程，联系着集群内部的每一个企业，进一步巩固了中小企业融资集群的组织网络，形成了内部正反馈回路。②外部整体组织正反馈体现为中小企业融资集群的整体组织形式增强了其议价能力，形成了有利的谈判地位，降低了中间环

节费用，更重要的是通过组织平台运作吸引到更多的外部融资资源。中小企业融资集群关系着集群内中小企业的发展和企业员工的就业生计，与当地的社会稳定紧密相关，因而特别受到地方政府的重视。融资集群的组织形式为政府的集中扶持及政策的统一实施创造了便利条件。对外议价能力的增强和政策扶持形成了中小企业融资集群的市场竞争优势和政策环境优势，为中小企业融资集群构筑起多层次的担保体系，并且为建立较为完备的风险防范体系创造了有利条件，有利于获得投资者的认同，把信用资产转化为资金，从而进一步巩固了中小企业融资集群的整体组织，形成了外部正反馈回路。

(2) 边界约束机理。边界约束分为静态约束和动态约束。静态约束主要是指各种法律、规章及相应的政府政策对于中小企业融资集群产生的约束；动态约束包括外部竞争约束和内部协调约束。外部竞争约束来自其他大型企业在相关融资项目上的竞争。内部协调约束来自中小企业融资集群内部企业的协作成本，规模的扩大通常伴随着协调成本的上升和融资风险的加大，这是一个非线性的作用过程。集群组织边界取决于集群融资成本与中小企业个体融资成本的比较。

三、中小企业融资集群自组织的三力维度结构模型

中小企业融资集群的演进源自制度力、市场力、结构力，三个维度构成了中小企业融资集群发展过程中的关系条件，共同决定了中小企业融资集群的演变轨迹和发展方向。制度力维度构成了中小企业融资集群发展的整体外部框架，体现了中小企业融资集群与政府之间的关系。市场力维度体现了中小企业融资集群整体同外部市场的关系。结构力维度体现了中小企业融资集群内部的组织构造关系。三力维度结构模型表示如下：

中小企业融资集群的融资发展能力 = F（制度力维度、市场力维度、结构力维度）

(1) 制度力维度。中小企业融资集群运行过程中所必须遵守的各种法律、规章及相应的政府政策构成了制度力维度。财经领域的一般性法律规定了融资集群运行的基本范围框架，形成了中小企业融资集群运行过程中的第一层制度力维度。融资方式的具体差异导致了中小企业融资集群在运作过程中适用不同的法律和政府政策，它们构成了制度力维度的第二层。两层制度力维度构成了中小企业融资集群产生及运行的必要条件，从国家制度层面决定了中小企业融资集群的适用领域、发展方向和具体特点。

(2) 市场力维度。市场力维度包括与中间商、投资者、竞争者之间的关系，反映了市场各方对于中小企业融资集群组织的认可程度，决定了中小企业融资集群在市场环境下的发展路径和演变轨迹，最终表现为中小企业融资集群的融资能力大小。市场力维度包括投资者的态度、竞争者、融资方式、中间辅助商等要素。投资者的

态度直接决定了融资数额的多少,是市场力维度中的决定性要素。融资资源的有限性加剧了中小企业融资集群同市场上其他融资主体之间的竞争。不同的融资方式[①]适用于不同的市场环境和集群条件,决定了市场力维度的具体路径。中间辅助商为中小企业融资集群的具体运作提供了必要的市场辅助环节,例如,担保机构进行信用担保,信用评级机构进行评级,律师事务所和会计师事务所分别提供法律和财务服务。

(3) 结构力维度。结构力维度包括融资企业状况、资金分配和使用状况、清偿保障措施及风险防范对策四个方面。融资企业状况包括发行人基本情况、业务经营状况、财务运行状况等多个方面。资金分配和使用状况包括融资额在集群内不同企业的分配比例、融资额占具体投资项目的比重、资金使用项目的预期盈利水平等方面。清偿保障措施主要从现金流状况、预期收入、资产结构、未来融资渠道等方面着手。风险防范对策针对来自宏观经济、行业波动、融资企业自身等的风险。

第四节 案例研究
——以中小企业集合债组织为例

中小企业集合发债过程中形成的组织是中小企业融资集群的一个样本,具有较强的参考价值。本章将中小企业集合债组织作为案例分析的对象,具体原因如下:①宏观环境有利于债务市场的发展。易纲(2009)认为,从我国的情况看,"高储蓄率""宽松的流动性""金融市场基础设施日益完善""工业化和城市化进程的加快""政策推动"五个因素使得各类公司债市场面临新的发展机遇。②中小企业集合债组织是中小企业融资集群的典型代表,体现了鲜明的金融创新,探究其中的内在规律,对于我们进一步认识和利用中小企业融资集群,进而解决中小企业融资难问题具有突出的理论价值。③我国中小企业集合债组织已经初具规模。截至2009年8月1日,全国共有北京、上海、广州等18个省市[②]的中小企业正在组建相应的融资集群组织,筹备中小企业集合债项目,首期融资金额合计约180亿元,涉及企业290余家。本章主要借助中小企业融资集群的自组织分析方法来研究中小企业集合债组织的相关特征,这个例子也很好地印证了中小企业融资集群的发展轨迹。

一、我国中小企业集合债的概况

目前,国内对于中小企业集合债还缺乏统一的定义。本章认为,中小企业集合债是由若干核心机构作为牵头人,多个中小企业共同发起的以信用资产联盟为基础

---

① 融资方式一般分为外部融资和内部融资两种。现阶段我国中小企业融资集群采用的融资方式主要为外部融资,包括银行贷款、商业信贷、民间信贷、集合上市和集合发债等不同方式。
② 根据全国各地中小企业网披露的信息,这18个省市分别是:北京、天津、上海、浙江、四川、重庆、河南、深圳、沈阳、大连、青岛、长沙、武汉、西安、哈尔滨、厦门、广州、佛山。

的企业债券形式。截至 2009 年 8 月 1 日，我国一共发行了三只中小企业集合债（见表 25-1）。深圳中小企业集合债是我国发行的第一只中小企业集合债，具有里程碑意义。中关村中小企业集合债随后成功发行。而大连中小企业集合债是在银监会禁止各类银行为企业债提供担保之后，成功发行的第一只中小企业集合债。

表 25-1　深圳、北京、大连中小企业集合债信息统计

类别	深圳中小企业集合债	中关村中小企业集合债	大连中小企业集合债
发行时间	2007 年 11 月 21 日	2007 年 12 月 25 日	2009 年 4 月 28 日
发行额度（亿元）	10	3.05	5.15
债券期限（年）	5	3	6
票面利率（%）	5.70	6.68	6.53
企业个数（个）	20	4	8
牵头人	深圳市贸易工业局	北京中关村担保有限公司	中国中小企业协会和大连市人民政府
债券评级	AAA 级	AAA 级	AA 级
主承销商	国家开发银行	招商证券	中信建投证券
评级公司	联合资信评估有限公司		

资料来源：根据 2007 年深圳市中小企业集合债券总募集说明书、2007 年中关村高新技术中小企业集合债券募集说明书、2009 年大连市中小企业集合债券总募集说明书整理而成。

二、我国中小企业集合债的自组织分析框架

（1）中小企业集合债自组织的一个序参量。集合信用资产是中小企业集合债组织的序参量，来自发债企业组合、担保网络、政府信用支持这三个部分。①企业之间信用资产的优化组合是组成集合信用资产的基础层面。以深圳中小企业集合债为例，20 家企业中，A+级信用的企业有 2 家，A 级信用的企业有 3 家，A-级信用的企业有 9 家，BBB+级信用的企业有 3 家，BBB 级信用的企业有 1 家，BBB-级信用的企业有 2 家。最后经联合资信评估有限公司综合评定，由这 20 家信用等级各不相同的企业发起的深圳中小企业集合债券的信用级别为 AAA，实现了整体组织下信用等级的跨越和提升。②担保企业的有序组合是支撑集合信用资产的关键因素。以大连中小企业集合债为例，三级担保体系大大提升了债券的信用等级。第一层是参与发债的中小企业以自身的动产、不动产、授信额度等分别向大连市财政下属的企业信用担保公司和联合创业担保有限公司提供抵押、质押反担保；中间层是由以上担保机构分别就自己所担保的发债企业，向大连港集团承担连带保证责任；最外层是大连港集团以自身信用为债券提供全额无条件不可撤销连带责任担保。大连港集团以其雄厚的企业实力成为担保体系构建过程中最为关键的一环。③政府信用支持是

集合信用资产可靠的外部来源。以大连中小企业集合债为例，大连市政府专门成立领导协调小组，市经委、金融办及中小企业局一把手作为组员，市长担任组长并出面促成大连港集团为集合债提供总担保，大连市政府直接提供了 1.5%~2% 的利息补贴，对提供二级担保的两家担保公司给予风险补偿金，对提供一级担保的大连港集团在 3 年内给予 1600 万元的奖励。

（2）中小企业集合债的两个运行机理。中小企业集合债组织的正反馈机理体现为内部和外部两个方面。①内部组织网络正反馈。牵头人负责制度是中小企业集合债组织的特点。三只中小企业集合债的牵头人分别是深圳市贸易工业局、北京中关村担保有限公司、中国中小企业协会和大连市人民政府。以上机构都是独立于发债企业且具有政府背景的法人单位，从组织设计上保证了牵头人的公平和中立，有助于平衡各方利益。参与三只中小企业集合债的企业具有显著的地域特征，都在当地注册生产，因而便于整体管理和相互联系。在牵头人负责、企业自愿参与及成员本地化组合的基础上形成了中小企业集合债组织的内部网络。这种组织形式既有组织控制体系的保证，又有柔性化的灵活，兼顾了地域管理上的便利，因而很好地适应了中小企业集合债组织的发展需要。以组织网络为依托，增加了发债企业的信用资产，系统整合了信用资源，形成了内部相互监督和制约的信用组织形式，有利于融资过程中的集体协作，进而产生了内部组织网络的正反馈。②整体对外运作正反馈。三只中小企业集合债都得到了政府的政策支持。中小企业集合债组织构筑了多层次的担保体系，获得了外部的信用资产，形成了多渠道发行组织网络、多层次风险防范体系与多方面偿债保障措施，产生了广泛的社会影响力，顺利完成了发债过程，形成了外部整体组织的正反馈。

边界约束机理主要体现为成本约束和组织约束。成本约束表现为对于已经发行的三只中小企业集合债而言，债券利息每年约 6%~7%，担保费年均为 1%~2%，其他一次性费用约为 2%，综合融资成本核算约为年均 8%~9%，这对于一般的中小企业而言，成本相对较高，一些中小企业因此望而却步。例如，2008 年 10 月 30 日，科陆电子（股票代码：002121）宣布，基于"07 深中小债"发行费用的原因，退出"深圳 2009 中小企业集合债"。组织约束表现为：①中小企业集合债还没有建立起一套覆盖全过程的能进能出的动态管理机制，组织协调成本较高。②担保组织的资源影响着集合债的发行。例如，在已经发行的三只中小企业集合债的担保企业中，除了中科智担保集团股份有限公司外，其余都是国有企业性质，这反映了我国中小企业担保市场发展滞后。③现有融资组织过度依赖政府的信用扶持。政府高强度的信用支持耗费了大量的财政资源，不能长期持续，更不能代替市场行为。应推动中小企业集合债由"政府主导型"向"市场推动型"转变。实现向"市场推动型"的转变是为了激发微观企业主体的活力，充分利用资本市场的内在动能来建立市场经济条件下的集合债价值链，推动形成中小企业集合债组织的自我发展机制，并以此为契机促进我国债券市场的进一步发展。

（3）中小企业集合债自组织的三个发展维度。在制度力维度方面，2007年11月13日，国家发展和改革委员会发布的《关于促进产业集群发展的若干意见》提出："开展以产业集群中小企业发行集合式企业债券等方式进入资本市场的探索。"这份文件表明了政府对中小企业集合债这种融资组织的认可和肯定。《公司法》《证券法》《企业债券管理条例》《担保法》都针对中小企业集合债组织运行过程做了规定。2007年12月2日颁布的《深圳市中小企业集合债券组织发行实施细则》是我国第一部关于中小企业集合债的地方性法规，标志着我国中小企业集合债组织的管理工作走上了法制化、正规化的轨道。此外，三只成功发行的中小企业集合债在准入制度确定、担保体系构建、发行上市等关键环节无不得到了政府的大力支持。湖南、上海等地也相继制定了类似的担保优惠政策。

鉴于中小企业集合债组织仍处于起步阶段，应从三个方面加强制度体系建设，为我国中小企业集合债组织的发展和内外部正反馈的形成创造良好的制度平台。①加强信用体系建设，重点解决担保难问题。应当进一步完善相关担保法规和激励政策，推动我国担保制度的完善。②建立和完善覆盖中小企业集合债组织运行全过程各环节的政策法规体系，主要针对中小企业集合债发行、持有、交易、清偿四个关键环节进一步出台细化配套政策，为中小企业集合债发展创造稳定的外部环境。③根据各地方实际情况完善相关辅助环节，重点完善中小企业集合债市场准入制度、信用评级制度、发债企业群的动态管理制度、风险防范制度、信息披露机制、资金使用监督机制及债务重组制度。

在市场力维度方面，中小企业集合债组织的市场力维度体现在三个方面：①与中间商的关系。中小企业集合债的发行全过程需要担保机构、承销商、评级机构、会计师事务所、律师事务所等中介机构的参与，它们从不同角度审视发债企业的信用状况和融资条件。其中，担保机构的资质和担保体系的结构设计直接决定中小企业集合债发行的成败。②与投资者的关系。面向境内机构投资者协议发行和通过网络向公众投资者公开发行构成了中小企业集合债的主要发行渠道，深圳证券交易所是最主要的交易平台。③与竞争者的关系。中小企业集合债的直接竞争者主要有其他企业的中长期债券，间接竞争者包括银行贷款等其他融资方式。

加强市场体系建设应从以下几个方面入手：①鼓励担保体系创新，进一步挖掘担保资源的潜力，逐步减少对政府的信用依赖，发挥市场在担保体系构建中的作用。加大对中小企业集合债的宣传力度，增加投资者对中小企业集合债组织的了解和认同。②构建中小企业集合债组织与其他融资组织有序竞争的环境。从降低担保费用和承销费用入手，充分利用现有融资资源，进一步降低中小企业集合债的中间费用，提高中小企业集合债组织的融资竞争力。

在结构力维度方面，以大连中小企业集合债为例，中小企业集合债组织的结构力维度体现在四个方面：①企业状况。发债企业单个主体信用及经营状况较好，涉及不同产业，企业之间关联性较低，有利于分散风险。8家企业中，2家企业为新材料制造企业，4家为机械制造企业，贸易企业和农产品企业各1家。8家企业在2008年的平均总资产为4.7亿元，平均资产负债率为55.67%，平均主营业务收入为1.6亿元，平均净利润为1031万元。②资金用途。主要有上马新项目扩大再生产（4.67亿元）、补充营运资金（0.32亿元）、偿还银行贷款（0.16亿元）三个方面，分别占融资总额5.15亿元的90.7%、6.2%、3.1%。③清偿保障措施。主要包括由上海浦东发展银行大连分行和担保机构共同监管偿债基金专户、偿债基金计提、自身加强企业经营、大连港集团有限公司提供担保、上海浦东发展银行提供流动性支持、政府支持等。④风险防范对策。包括加强风险预测、强化对投资项目的经营管理、在发行结束一个月内允许在二级市场流通交易以提高债券的流动性等。

加强中小企业集合债组织的结构体系建设应从以下几个方面入手：一是完善准入机制，提高发债企业之间的互补性，重点针对经营波动风险、资金投资风险、流动性风险、兑付风险四个方面优化组织的结构，提高组织整体的抗风险能力。二是创新方法，进一步完善清偿保障措施，把保障投资者利益摆到突出位置。以此为契机，完善组织的发展机制，着眼长远推动中小企业集合债整体组织的品牌建设。

第五节 研究结论

本章主要回答了两个问题：中小企业融资集群在解决中小企业融资难问题中的作用机制是什么？如何进一步借助中小企业融资集群来解决中小企业融资难问题？

本章的主要结论：①改变外熵的流入结构，进而产生熵减效应是中小企业融资集群形成的主要原因；②中小企业融资集群具有自组织演化的相关特征；③集合信用资产是中小企业融资集群形成、发展、演化的主导因素；④融资集群的组织形式能够改变单一企业信用资产不足的局面，形成内外部正反馈机理，改善中小企业融资条件。

本章结论具有的启示：①中小企业信用资产的有序聚集和系统整合对于提升中小企业融资能力具有重要意义。②中小企业融资集群是解决中小企业融资难问题的新型组织形式，应当充分利用中小企业融资集群的组织平台优势来为中小企业融资服务。融资集群的发展应当围绕提高集合信用资产的生产能力，应在增加信用资产数量的基础上实现信用资产的优化组合，进而提升融资能力。③政府应当创造良好的制度环境，充分发挥市场机制的作用，促进中小企业融资集群内部结构优化。④中小企业集合债组织是中小企业融资集群的典型代表，对于解决中小企业融资难问题具有重要意义。

第26章　中小企业集合债融资模式创新问题研究[①]

第一节　中小企业集合债的融资创新模式

中小企业集合债是由一个核心机构作为牵头人，多个中小企业共同发起，以信用资产联盟为基础的一种企业债券形式，具有"统一冠名、统一担保、统一发行、统一清偿"四个关键特征。截至 2009 年 12 月 1 日，我国共有三只中小企业集合债成功上市发行，分别是 2007 年 11 月 21 日发行的深圳中小企业集合债（简称深圳模式）、2007 年 12 月 25 日发行的中关村中小企业集合债（简称中关村模式）、2009 年 4 月 28 日发行的大连中小企业集合债（简称大连模式）。它们呈现如下特征：整体融资规模在 10 亿元以内；平均每个企业融资额为 0.5 亿~1 亿元；属于中长期债券；票面利率都在 7% 以内。

中小企业集合债的融资创新模式有三个典型要素：创新组织方法、多层担保、整体信用升级。

（1）创新组织方法。中小企业集合债的组织网络采用了牵头人负责制度。三只中小企业集合债的牵头人分别是深圳市贸易工业局、北京中关村担保有限公司、中国中小企业协会和大连市人民政府。它们都是独立于发债企业且具有政府背景的法人单位，从组织设计上保证了牵头人的公平公正，有助于协调各种关系，平衡各方利益，更好地扮演组织者的角色。

（2）多层担保。担保体系是中小企业集合债重要的外部信用来源，直接决定了中小企业集合债发行的成败。大连模式采用了多层担保模式，第一层是参与发债的中小企业以自身的动产、不动产、授信额度等分别向大连市财政下属的企业信用担保公司和联合创业担保有限公司提供抵押、质押反担保；中间层是由上述担保机构分别就自己所担保的发债企业，向大连港集团承担连带保证责任；最外层是大连港集团以自身信用为集合债提供全额无条件不可撤销连带责任担保。大连港集团以其雄厚的企业实力成为担保体系构建过程中最为关键的一环。

（3）整体信用升级。以组织网络为依托，形成了相互监督和制约的信用组织形式，实现了信用资产的重构和优化，表现为信用等级的提升。集合债中单个中小企业的信用等级各不相同。以深圳模式为例，A+级信用企业 2 家，A 级信用企业 3

[①] 原载中国经济社会理事会《研究报告》，2010 年第 1 期。

家，A-级信用企业9家，BBB+级信用企业3家，BBB级信用企业1家，BBB-级信用企业2家。然而，由这20家信用等级各不相同的中小企业发起的深圳中小企业集合债券，被联合资信评估有限公司综合评定为AAA级信用，从而实现了整体组织下信用等级的提高。

第二节 制约中小企业集合债发展的主要问题

一、发行规模与中小企业需求存在较大差距

由于各种政策限制，许多中小企业在政府主导的初次筛选中即被淘汰，导致目前集合债的企业覆盖面小，融资规模有限，不能满足广大中小企业的融资需求。

二、担保难困扰着中小企业集合债的发展

担保体系的建立是中小企业集合债上市发行的先决条件，需要不同的担保企业分别负责不同层次的担保项目，并且集合债担保体系本身对于担保企业的资信等级要求较高。但是，由于中小企业本身的信用等级较低，我国信用担保市场发育不够完善，信用资产来源结构单一，加大了中小企业集合债运行过程中获取担保的难度。

三、成本较高

对于目前已经发行的三只中小企业集合债而言，债券利息每年约6%~7%，担保费年均为1%~2%，其他一次性费用约为2%，综合融资成本核算为年均5.98%~9%，这对中小企业而言成本相对较高，一些中小企业因此望而却步。

四、现有管理体制制约

中小企业集合债审批权集中于国家发展改革委财政金融司，中国人民银行负责利率管理，中国证监会负责上市审批。多头管理模式影响了政府对于中小企业集合债各个环节的有效监管。各个地区关于集合债的规定和标准不尽相同，地域条块分割明显，没有形成一个全国性质的中小企业集合债市场。进一步跨越行政区域限制，扩大中小企业集合债的市场容量来满足广大中小企业的资金需求，成为一个亟待解决的问题。

五、市场运作模式有待完善

作为一种创新模式，中小企业集合债还没有形成完善的规则体系，过度依赖政府扶持，缺乏一整套完整的市场运作模式。在启动、发行、持有及交易、清偿环节

缺乏系统的衔接体系,存在诸多空白和盲点。以大连模式为例,大连市政府直接提供了1.5%~2%的利息补贴,对提供二级担保的两家担保公司给予风险补偿金,对提供一级担保的大连港集团在3年内给予1600万元的奖励。政府高强度的信用扶持耗费了大量的财政资源,不能长期持续,更不能代替市场行为。

第三节　对策与建议

一、探索利用中小企业集合债的创新模式解决中小企业融资难问题

中小企业集合债整合了宝贵的信用资源,有助于改善中小企业的融资结构,在中小企业巨大的资金需求与庞大的中国资本市场之间建立了对接渠道。在国际金融危机深层次影响仍然存在的大背景下,中小企业集合债在缓解中小企业融资难问题上的作用显得更为突出。因此,应从促进中小企业发展的高度,认识中小企业集合债的创新价值,利用资本市场的内在动能建立市场经济条件下集合债的运作体系,推动形成中小企业集合债的自我发展机制,使之更加有效地服务于广大中小企业。

二、强化政府管理,完善制度建设

应进一步整合审批程序,提高审批效率。同时,建立覆盖中小企业集合债运行全过程各环节的政策法规体系,主要针对中小企业集合债发行、持有、交易、清偿四个关键环节进一步出台配套政策,为中小企业集合债发展创造稳定的外部环境。根据各地方实际情况完善相关辅助环节,重点完善中小企业集合债的信用评级制度、发债企业群的动态管理制度、风险防范制度、信息披露机制、资金使用监督机制、债务重组制度等。

三、完善中小企业集合债的市场运作机制

一方面,完善市场准入机制,推动中小企业集合债发行企业超越地域的局限,提高发债企业之间的互补性。应从降低担保费用和承销费用入手,利用现有融资资源,进一步降低中小企业集合债的中间费用,提高中小企业集合债的市场竞争力。另一方面,着眼长远推动中小企业集合债整体组织的品牌建设,使集合债成为投资者值得信赖的投资渠道,成为中小企业稳定的融资来源。

四、创新集合债的担保体系,着力解决制约中小企业集合债发展的瓶颈

在发展方向上,扩充担保来源渠道,着重创新担保模式,完善中小企业集合债

的担保制度，强化担保过程的规范化管理。应综合运用财税政策鼓励担保企业为中小企业集合债项目提供担保，给予一定的风险补偿，营造有利于集合债担保市场发展的政策环境。同时，鼓励担保资源在发债企业之间流动，强化对总担保企业的扶持力度。建立由财政部门负责管理的中小企业集合债的信用记录评价系统。

五、完善偿债体系，建立中小企业集合债风险控制体系

在兼顾企业承受能力、投资者利益的基础上，根据各地实际情况制定不同模式的偿债体系，加强规范化管理。重点完善风险防范机制，具体从利率风险、兑付风险、流动性风险、政策性风险、经营波动风险、资金投资风险、经济周期风险等方面制订细化方案，重点防范风险之间的联动效应，提高中小企业集合债的整体抗风险能力。

第27章　高新技术中小企业"新三板"市场融资模式创新问题研究[①]

高新技术产业对我国经济社会发展的作用日益凸显，而融资难是制约我国高新技术产业发展的突出问题。如何构建基础性融资平台，推动高新技术产业发展，是一个紧迫且具有重要战略意义的问题。本章针对我国高新技术企业发展面临的融资问题，从融资模式创新的角度，分析了"新三板"市场的"三新特点"，总结了北京中关村科技园区试点"新三板"的基本经验，并对在全国更大范围内加快发展与推广"新三板"市场，提出了相关对策建议。

第一节　"新三板"市场是高新技术企业融资的创新模式

加快发展高新技术产业，是提升国家竞争力、推动我国经济社会持续健康发展的重要国家战略。然而，我国大多数高新技术企业由于自身规模小、项目风险高等原因难以获得充分的融资支持。现有中小板、创业板和集合债等融资手段也由于门槛高、覆盖面小等因素，难以满足大量高新技术企业的融资需求。融资难仍然是制约我国高新技术企业发展的瓶颈。

"新三板"市场是指产业园区类非上市企业的融资市场，服务于国家级高新技术园区企业，定位于"高科技"和"创新型"企业。2006年1月，国务院在北京中关村科技园区试点"新三板"市场。调查显示，"新三板"市场的融资创新模式"新"在宽松的入场条件、挂牌时间短、融资效率高三个方面。

（1）宽松的入场条件。相对于创业板和中小板而言，"新三板"市场具有宽松的挂牌条件，无实质性财务指标要求，更为关注企业的创新性和成长性。挂牌资格由主办券商判断。"新三板"市场仅要求企业资本不少于人民币500万元，对企业盈利不做强制性要求。

（2）挂牌时间短。"新三板"市场挂牌时间一般不超过半年，不影响企业正常经营，且备案时间短。由于无须证监会发行审核委员会核准，由券商内部决定是否推荐企业挂牌，因此极大地缩短了挂牌时间。

（3）融资效率高。"新三板"市场的增资价格完全由市场确定。券商收费比创业板发行费用低得多，政府补贴可基本覆盖中介机构费用。

以上三大优势让"新三板"市场更受创业初期的广大中小型高新技术企业的青睐。

[①] 原载全国哲社规划办《成果要报》，2011年第58期。

第二节　中关村科技园区试点"新三板"市场的基本经验

2010年北京中关村科技园区"新三板"市场已拥有81家挂牌公司，总股本28.78亿股，融资逾11亿元。2011年初，该"新三板"市场已出现了新一轮的增资潮和大发展机遇。调查显示，北京中关村科技园区试点"新三板"市场的基本经验主要有以下三个方面。

（1）围绕创新，推动新兴产业成长。"创新"成为中关村科技园区"新三板"市场的核心定位。"新三板"市场的融资平台有力推动了中关村科技园区新兴产业的发展壮大。截至2011年4月26日，"新三板"公司表现出良好的成长性。以2010年上半年为例，"新三板"公司整体收入和盈利大幅增长，共实现营业收入34.54亿元，同比增长32%，净利润3.59亿元，同比增长75%，超过创业板公司的整体增长水平。

（2）科学管理，分批引导。中关村科技园区形成了"培育一批、改制一批、辅导一批、送审一批、上市一批"的做法，完善了企业上市培育工作体系，推动园区企业上市。中关村科技园区针对战略性新兴产业人力资本和研发费用比例较高、产品发展初期进入市场难度较大的特征，以"新三板"市场为依托，制定流转税、所得税、消费税、营业税等税收支持政策，引导并鼓励社会资源参与高新技术产业发展。

（3）建立"转板制度"，打通多层次资本市场体系的转换通道。"转板制度"是多层次资本市场体系中各个层次的资本市场之间的桥梁，是资本市场体系中不可或缺的一环。中关村科技园区企业通过挂牌"新三板"，在资金募集、内部控制方面都得到了显著的改善，并使主业获得了发展，成功转向创业板或者中小板。通过发展"新三板"市场，为大量富有活力的中小企业提供了一个更为市场化的资本平台，有助于我国多层次资本市场的发展。

第三节　对策与建议

基于北京中关村科技园区试点"新三板"市场的基本经验，下面对在全国更大范围内加快发展与推广"新三板"市场提出如下对策建议。

（1）差异化定位，突出自身优势。进一步推动"新三板"市场定位的差异化，重点定位于广大高新技术中小企业，进而构建与中小板、创业板、中小企业集合债相互补充的融资体系。"新三板"市场是广大高新技术型中小企业融资的基础平台，是融资市场的蓄水池。我国应加快发展与推广"新三板"市场，以此来满足广大高科技企业的融资需求，推动高新技术企业加快发展。

（2）依托资本市场，强化融资功能。积极推进技术与资本的高效对接，以宽松、扶持、促进投资和交易为出发点，借助资本市场推动新兴产业做大做强。应当进一步完善配套政策，鼓励金融机构加大支持力度。同时，制定覆盖"新三板"市场运行全过程各环节的政策法规，健全财税金融政策支持体系，引导社会资金投入，提高市场流动性，强化"新三板"市场的融资功能。

（3）完善配套政策，推动制度创新。逐步完善做市商制度，提高市场流动性。针对"新三板"市场的发行、持有、交易、转板等环节进一步出台细化配套政策，完善"新三板"市场上市企业的动态管理制度、风险防范制度、信息披露机制、资金使用监督机制、转板制度、退出制度等。

（4）稳步扩大企业覆盖面，完善市场体系。应加快"新三板"市场扩容步伐，扩大试点范围，将国内高科技园区分批引入"新三板"市场。在此基础上，进一步推动"新三板"市场的范围从国家级高新区扩展到全国省级高新区，再推广到全国地市级高新区，在更大的范围内满足更多高新技术中小企业的融资需要，推动全国广大高新技术中小企业的成长。还可借鉴发达国家的经验，将"新三板"市场发展成全国性的场外交易市场，建立全国范围内联网运行、集中报价、分散成交、统一核算的运营体系。

（5）提升科学管理水平，完善上市后服务。"新三板"市场在制度安排上应当注重由宽到严的渐进引导过程，同时注重监管标准的弹性空间，提升监管方法的灵活程度，引导广大高科技企业逐步适应资本市场的环境。加强公司上市后服务，围绕上市后企业的发展需求，制定和完善有针对性的政策，重点帮助高新技术中小企业协调解决发展过程中面临的人才、研发、用地、后续融资、并购重组、国际化发展等问题，引导合理合规使用募集资金，培育竞争优势，提升持续创新能力。

第28章 中小企业资金链、担保链风险防范和化解问题研究[①]

当前,在我国经济下行压力较大及经济金融系统普遍"去杠杆"的背景下,企业资金链与担保链交互叠加形成的"两链"风险有所增加,且呈现非线性累积态势,对企业的生产经营环境和融资授信环境产生不利影响。同时,随着担保网络范围的不断扩大,进一步加快了行业和区域系统性风险的演化进度。"两链"风险一旦爆发,则企业相互脱保,银行争相收贷,银企间信任度骤降,区域金融生态遭到破坏,对实体经济发展和经济转型升级将产生不利影响。调研组对企业互保、联保比较多见的浙江进行了调研,[②] 对企业"两链"风险进行密切关注和动态跟踪,总结出化解"两链"风险的难点,给出"两链"风险的结构诊断,有针对性地提出化解的对策建议。

第一节 企业"两链"风险演化态势

一、"两链"风险波及面有一定程度的扩大之势

众所周知,当企业资产抵押物不足时,互保、联保往往会成为企业获取银行高额贷款的便利通道。企业通过互保、联保实现抱团增信,进而形成产业内、区域间的担保链、担保圈甚至担保网(见图28-1)。在过度对外担保和担保金额较大的企业受到出现风险的企业牵连后,风险会通过担保链、担保圈迅速向关联企业传导,进而触发"两链"风险的扳机。当前,企业"两链"风险波及面有一定程度的扩大之势。截至2016年年底,浙江省监测到的出现风险的企业有2981家,比2015年增加834家,其中涉及银行贷款2010亿元,比2015年增加722亿元。同时,值得关注的是,尽管出现风险的企业中资产在2亿元以下的占74.8%,但10亿元以上的大中型企业出现风险的比例在逐渐上升。以义乌市为例,64家规模以上企业出现风险,仅第一担保圈受影响的规模以上企业就多达300家,占全市规模以上企业总数的1/3,其中部分企业是纳税在500万元以上的A类企业。以永康市为例,在涉及"两链"风险的57家规模以上企业中,34家是"纳税双百强"工业企业。

---

① 原载浙江省发改委《决策咨询》,2016年第1期。
② 2015年7月以来先后赴浙江萧山、慈溪、义乌、乐清、永康、瑞安、余姚、海宁、东阳、温岭、缙云、富阳、鹿城、柯桥等地区进行走访调研。截至2016年年底,各地积极创新化解"两链"风险的方式,如宁波市提出"申请制""会商制""名单制",温州市提出八种"两链"风险化解模式,绍兴市上虞区提出"1+5"式企业融资风险防范模式等。

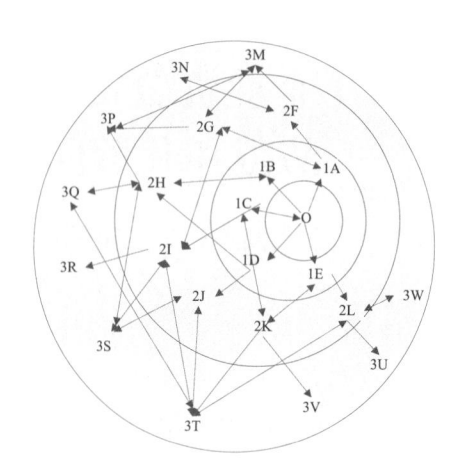

图 28-1　企业"两链"风险扩散路径

注：图 28-1 中数字 1、2、3 分别代表第一、第二、第三担保圈（现实中的担保圈更多）；字母 A~V 分别代表担保企业；箭头方向代表担保方向，双箭头代表互保，多箭头代表联保。

二、"两链"贷款欠息面有一定程度的攀升之势

在金融机构不良贷款中，企业不良贷款是重要组成之一。"两链"风险导致企业欠息面[①]扩大，继而引起金融机构不良贷款余额和不良率的逐年攀升。截至 2016 年 6 月底，浙江省银行业金融机构不良贷款余额为 1965 亿元，不良贷款率为 2.46%（见图 28-2）。

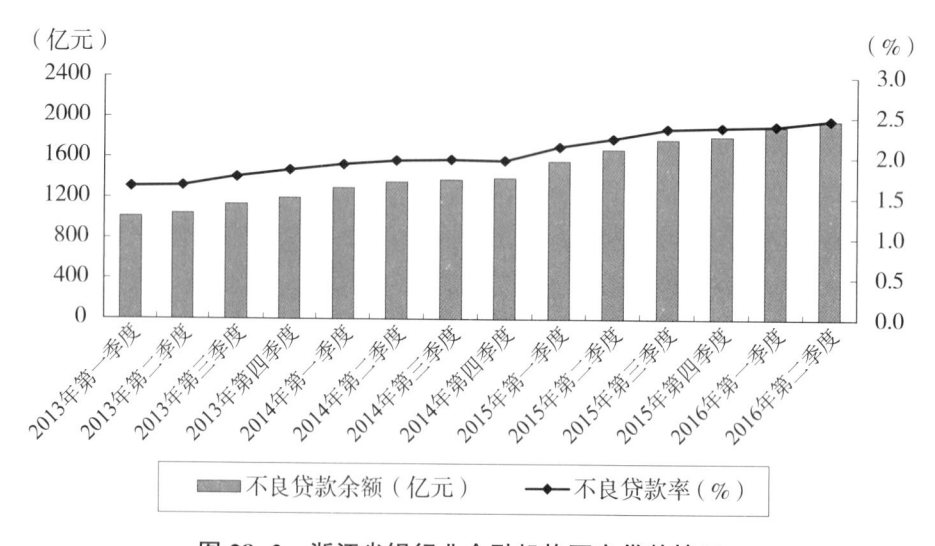

图 28-2　浙江省银行业金融机构不良贷款情况

数据来源：浙江省统计局网站。

---

① 欠息面是企业欠息家数和贷款家数之比。贷款欠息企业是每月 20 日计结息日后，经贷款银行催收后仍存在欠息的企业，该指标在一定程度上反映了企业的风险状况和银行业金融机构的风险程度。

尽管区域金融风险总体可控，但不良贷款率攀升的态势尚未得到根本遏制。同时，不良贷款逐步向大银行尤其是四大国有银行扩散，导致银行出现存贷款增速和利润下降、不良贷款余额和不良贷款率上升的"双下降、双上升"现象。根据银行部门测算，如果将90天以上贷款逾期及欠息等关注类贷款纳入统计口径，银行的实际不良贷款率可能高于账面不良贷款率。此外，银行拨备与不良贷款呈现"两头大"的态势，这对有效化解不良贷款形成了不利影响。

三、"两链"金融纠纷有一定程度的增加之势

企业过度担保、过度融资、过度投资、过度跨界，不仅会增加"两链"风险，而且会使金融纠纷有所增多，特别是容易造成资金链收紧和杠杆率过高，继而引发金融借款合同纠纷和民间借贷纠纷。近年来，浙江省法院受理的民间借贷纠纷、金融借款合同纠纷案件数量和涉案标的额一定程度上呈现上升态势。例如，民间借贷纠纷案件从2007年的4.5万件上升到2015年的16.47万件，增加近3倍；金融借款合同纠纷案件从2007年的1.9万件上升到2015年的9.25万件，增加近4倍；金融借款合同纠纷涉案标的额从2007年的198.7亿元上升到2015年的2780亿元，增加了13倍（见图28-3）。2016年上半年，浙江省受理金融借款合同纠纷案件5.43万件，同比上升19.9%；涉案标的额1588.5亿元，同比上升12.4%。

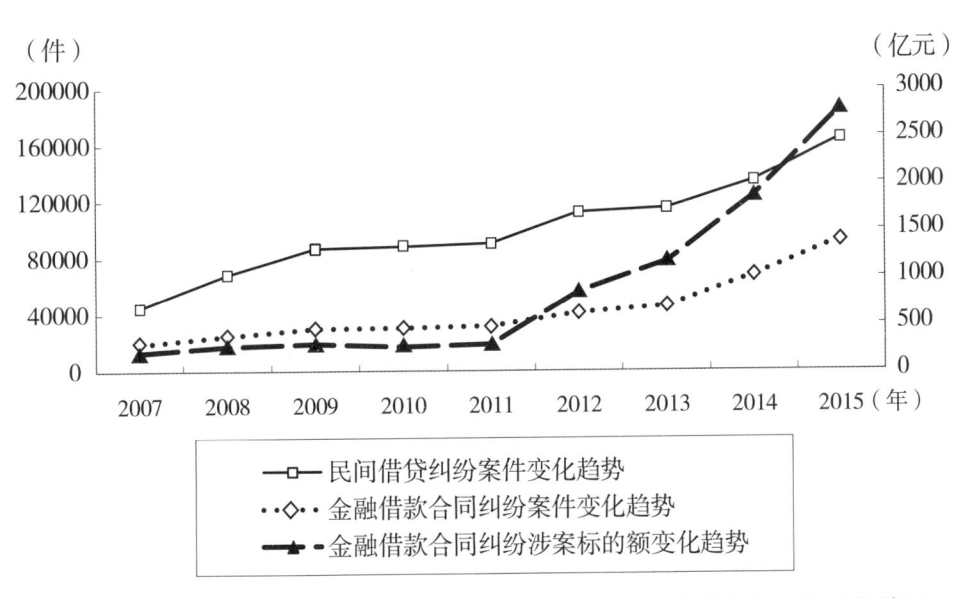

图28-3 浙江省民间借贷纠纷、金融借款合同纠纷案件数量和涉案标的额情况

数据来源：浙江省法院门户网站和中国人民银行杭州中心支行门户网站。

第二节 化解企业"两链"风险的难点

一、涉险企业杠杆去除难

实际上,真正"稳健型"的企业是很少出现风险的,而会出现风险的企业往往是"扩张型"的企业。在已出现风险的企业中,部分企业过于激进,盲目扩张、过度融资,资产负债率较低的已达80%~110%,较高的则达120%~150%。杠杆过高、跨界投资特别是脱实向虚投资过度为"扩张型"企业埋下风险隐患,一旦经济进入下行通道,资金周转率下降,资产抵押价值缩水,各方面风险将产生叠加效应。特别是近些年我国房地产市场不稳定,使房地产投资成为金融债权风险的高发领域。以永康市为例,在出现风险的企业中,有90%的企业直接或间接参与了房地产投资。又如,金华市股权出质统计信息显示,2015年融资额度排名前十的企业无一不是房地产企业。而房地产价格大幅波动会导致房地产抵押物价值剧烈波动,一旦房地产市场出现政策波动,就会掀起银行压贷、收贷之风,并通过互保、联保担保网络快速扩散、层层放大,最终使出现风险的企业的杠杆难以化解。

二、涉险企业隐性信息甄别难

目前,多数出现风险的企业是家族式、作坊式企业,企业治理方式传统,经营不规范,财务管理透明度低。特别是不少地区依托血缘关系、地缘关系、学缘关系等形成了比较典型的"关系网络型"产业集群,致使资金链、担保链往往与产业链、关系链耦合发展,为区域"两链"风险的扩张提供了肥沃的土壤。在永康市、诸暨市、浦江县等地区,多头担保现象比较普遍,互保、联保链条错综复杂,民间借贷信息和隐性关联信息难以甄别。同时,部分涉险企业利用多账户进行资产转移、开展资产租赁、利用放贷操作上的漏洞逃避担保责任、伪造租赁合同对抗银行抵押权、通过注册新企业或转让股权使银行债权悬空,这些不当操作均导致"两链"风险只能随着处置的深入才会逐渐暴露,信息的难以甄别很大程度上延缓甚至阻碍了风险的切割和化解。

三、"以物抵债"化解风险操作难

从法理上讲,当债务人无法按照原定给付内容履行债务时,"以物抵债"有利于让债务人摆脱债务约束,也有利于债权人行使债权。尽管我国"以物抵债"不乏制度设计,但政策操作性不强,真正落地存在一定的困难。目前,"以物抵债"处置方式的税费负担比较重:一是银行机构在处置抵债资产时承担的土地增值税、印花税、契税、房产税、土地出让金等存在重复征收;二是出现风险的企业在资产处置之前必须缴清相关税费,如通过"以物抵债"处置评估价值 1 亿元的抵押物,企业需缴纳的直接税费多达 1300 万元。这导致银行和出现风险的企业两者选择"以物抵债"的积极性均不高。统计数据显示,2015 年浙江省银行机构"以物抵债"处置额占全部化解处置额的比重仅为 4‰。

四、涉险企业破产重组难

在企业无力偿债而选择破产的情况下,通过债务重组和治理结构调整,将控制权转移给债权人,无疑有助于剪断担保关系和债务关系,进而有效遏制"两链"风险蔓延。但 2016 年我国进入破产程序的企业仅占受理破产企业的 20% 左右,深层次原因在于企业破产重组通道不够畅通,导致"该破产的企业无法破产"或"破产程序走得相当漫长"。有些地方尽管建立了破产清算绿色通道,但因担心影响当地信用环境和政府信誉,仍缺乏推动企业破产的内在动力。目前,我国企业破产清算一般需 3~5 年,部分企业破产清算甚至长达 10 年之久。破产程序过于漫长、耗时费力,不仅会使企业错过不良资产处置的黄金时间,而且使银行债权人对企业走破产之路也比较抵触。

五、不良资产打包处置难

积极有效处置银行不良资产是保持金融稳定、防范金融风险的重要手段,也是化解企业"两链"风险的重要举措。统计数据显示,2013—2016 年浙江省银行金融机构分别处置不良贷款 302 亿元、751 亿元、1321 亿元、1968 亿元,尽管处置规模逐年增加,但不良资产处置占比并不高。同时,目前我国银行不良资产市场化处置手段仍较为单一,主要还是靠传统的现金清收[①],且处置渠道也不够通畅。不良资产快速攀升的现实使银行机构很难争取到不良资产的核销指标,东方、长城、信达、华融四大国有资产管理公司和浙商资产管理公司已基本占据所有核销指标,打包收购的折扣率低至 3~5 折,导致继续收购意愿持续下降,压缩了不良资产打包处置的空间。

第三节 企业"两链"风险的结构诊断

假设某担保链中的企业 i 破产,原因是企业自身流动资产不足以清偿到期债务。某担保圈中有 N 家企业参与互保、联保,其中企业 i 先行破产,$i \in [1, N]$,企业 i

---

① 2014—2016 年浙江省银行不良资产处置数据显示,收现占 43.3%,核销占 39.6%,以物抵贷占 1.0%,其他处置占 16.1%。

在 t 时刻的负债余额为

$$\gamma_{ii}(t) = D_{ii}(t) - A_{ii}(t) \qquad (28-1)$$

公式（28-1）中，$\gamma_{ii}(t)$ 为第 i 家企业在时刻 t 的负债余额，$D_{ii}(t)$ 为第 i 家企业在时刻 t 应偿还的债务，$A_{ii}(t)$ 表示第 i 家企业在时刻 t 的资产（包括可变现还债的资产）。

假设企业 k 为企业 i 担保，一旦企业 i 出现风险，那么企业 k 应为企业 i 代偿因担保而产生的债务，因此：

$$\gamma_k(t) = \gamma_{kk}(t) + \lambda T_{ki}(1+R_t)^{t^*} \qquad (28-2)$$

公式（28-2）中，R_t 表示 t 时刻的银行贷款利率，T_{ki} 为企业 k 为企业 i 提供的担保额，t^* 为贷款期限，λ 为根据担保协议企业 k 的担保比例（或代偿比例）。

在此，我们讨论企业 k 破产的条件。假设破产清算价值等于总资产价值 A_k，企业 k 在时刻 t 存在优先债务 Π_k，并且所有债务都优先于担保贷款 Z_k，债务为 D_k。

根据《破产法》的规定，破产企业的清偿存在优先顺序，按照优先顺序依次为质押贷款、抵押贷款、担保贷款和信用贷款。一般而言，担保贷款最后受偿。假设破产企业的优先代偿金额为 C_k，那么企业 k 破产的债务 $D_k = Z_k + \Pi_k$，破产的价值 $A_k = C_k + Z_k + \Pi_k$。

由于企业 i 破产，那么 $\gamma_{ii}(t) = D_{ii}(t) - A_{ii}(t) > 0$。如果 $A_{ii}(t) > C_{ii} + D_{ii}$，说明破产后资产能够偿还所有保证借款，危机不会传染；如果 $A_{ii}(t) < C_{ii} + D_{ii}$，说明资不抵债，会发生危机传染，企业 k 作为企业 i 的担保企业，受担保链影响，必须履行代偿责任。因此，当 $\frac{C_{ii}}{A_{ii}} + \frac{D_{ii}}{A_{ii}} > 1$，即企业 i 的资产负债率 $\lambda_i > 1 - \frac{C_{ii}}{A_{ii}}$ 时，发生担保链扩散，危机向企业 k 传染。也就是说，"两链"风险一旦达到这一临界点，必将触发"多米诺骨牌"效应。它的启示意义在于，"两链"风险化解的关键是找到资金链、担保链上 N 家企业出现风险的临界点，然后在这一临界点上着力，剪断传导链条。

企业互保、联保情形错综复杂，而且信息严重不对称，往往形成首尾相连、环环相扣的担保网，"链式担保""连环担保""圈状担保"等是"两链"风险叠加后的外在表现形式。根据担保结构、担保密度和担保风险，我们将"两链"风险划分为三种基本类型。

（1）低密度、低风险的担保结构（见图28-4）。主要包括 I 型（"一对一型"）和 M 型（"多对一型"）。按照前述分析，如果企业 i 破产，但是 $A_{ii}(t) > C_{ii} + D_{ii}$，说明企业 i 破产后资产能够偿还借款，阻止危机扩散；如果企业 i 的资产负债率

$\lambda_i > 1 - \dfrac{C_{ii}}{A_{ii}}$，危机传染扩散，那么对于担保企业而言，需要为出现风险的企业代偿。I 型和 M 型的区别在于，M 型的风险级别和风险扩散程度低于 I 型。假设某担保圈中有 M 家企业 N 对担保关系，则担保密度为 D＝N/M。对于 I 型和 M 型而言，担保密度一般介于 0.5 和 1 之间，风险化解难度相对较小。

（2）中密度、中风险的担保结构（见图 28-4）。主要包括 V 型（"一对多型"）和 C 型（"三方或以上同方向、半圈型"）。对 V 型而言，如果企业 a 出现风险，那么其他关联企业均可能涉险，风险影响面较大；如果企业 b 出现风险，会影响企业 a，继而影响 d、c 等关联企业。C 型担保结构是典型的"多米诺骨牌"类型，不管是担保链上游企业还是下游企业，只要其中一家企业出现风险就会影响到上下游关联担保企业。V 型和 C 型的担保密度一般介于 0.75 和 1.2 之间，最先出现风险的企业是第一风险点，担保圈风险能否化解，关键看出现风险后能否第一时间识别第一风险点。

（3）高密度、高风险的担保结构（见图 28-4）。主要包括 G 型（"彼此存在联结的关联型"）、H 型（"多方之间互保型"）、O 型（"三方及以上圈保型"）和 N 型（"多种类型混合的交叉型"）。G 型担保圈不仅存在担保关系，而且存在股权转让、资金拆借等关联关系，一旦出现风险，担保关系会与关联因素交叠，致使企业资金链紧张。H 型的担保密度较高，出现风险后一般会导致担保企业出现风险，继而扩散风险。O 型是"闭环"担保圈，风险一旦产生极难化解，而且往往影响一大片企业。N 型最复杂，风险等级最高，既有单向担保关系，也有双向互保关系，是其他担保类型的"综合体"，风险发生后一般会波及第二圈、第三圈甚至更多的担保圈。这四种类型的担保结构担保密度比较大，一般介于 1 和 2.5 之间，化解起来较难，需瞄准"两链"节点最多的企业下手，采取组合型剪链策略。

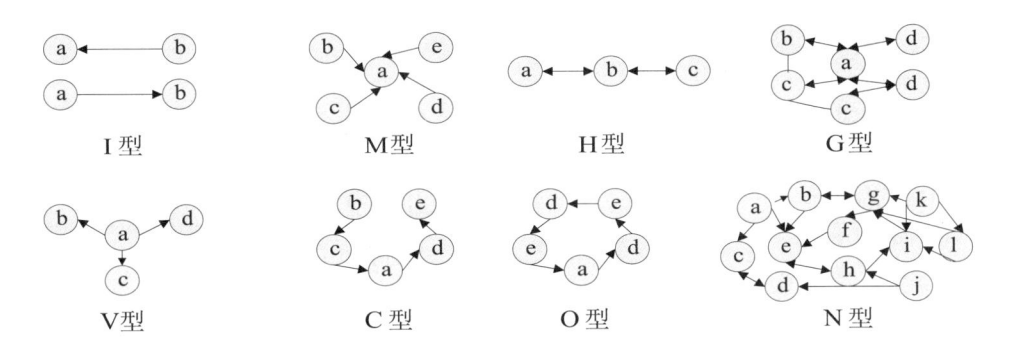

图 28-4 "两链"风险结构与基本类型

注：箭头方向代表担保方向，直线代表资金拆借、股权转让等非担保关系。

第四节　对策与建议

化解企业"两链"风险不是不加区分地去救所有出现风险的企业，也不是盲目地让所有出现风险的企业破产重整，而是应避免因压贷、抽贷、高利贷、逃废债等非正常因素引致企业"贫血"甚至"死亡"，进而防止实体经济出现断崖式下滑和区域金融出现"多米诺骨牌"风险。总体而言，应按照"防治结合、以防为主、因需施策、切割处理、存优汰劣、分类处置"的原则，对症下药浇灭"着火点"，因地制宜清查"易燃物"。建议采取以下措施，如表28-1所示。

表 28-1　不同担保结构、担保密度下的策略组合

类别		低密度结构		中密度结构		高密度结构			
		I 型	M 型	V 型	C 型	G 型	H 型	O 型	N 型
剪链策略	盘活资产法	Y	Y	N	N	Y	Y	Y	Y
	暂缓追偿法	N	N	Y	Y	N	N	N	N
	资产重组法	N	N	N	N	N	N	Y	Y
	平移代偿法	N	N	N	N	N	N	Y	Y
	二次抵质押	Y	Y	N	N	N	N	Y	Y
	无缝转贷法	N	N	Y	Y	Y	Y	Y	Y
	担保置换法	N	N	N	N	N	N	Y	Y
	担保冻结法	N	N	Y	Y	Y	Y	N	N
	破产重整法	N	N	N	N	Y	Y	Y	Y
保障策略	惩罚非理性抽贷	Y	Y	Y	Y	Y	Y	Y	Y
	发展非银直融	Y	Y	Y	Y	Y	Y	Y	Y
	回归实体主业	Y	Y	Y	Y	Y	Y	Y	Y
	打击逃废债	Y	Y	Y	Y	Y	Y	Y	Y
	修订担保法	Y	Y	Y	Y	Y	Y	Y	Y
	建立征信池	Y	Y	Y	Y	Y	Y	Y	Y

注："剪链策略"为视企业出现风险的情况采取的针对性措施，"保障策略"为共性策略。Y 表示选择；N 表示未选择。

一、消除"两链"出险点

一是稳步推进平移贷款。不盲目向担保企业平移贷款，对承接贷款平移的担保企业，不降低信用评价，不搞风险直接转嫁，不压减原有信贷规模，不附加抵押担

保条件。加强银行机构与借款人、担保人的诉前协商，审慎处理担保代偿问题，采取关联企业债务平移、分期偿付等方式化解担保代偿风险。对积极履行代偿责任的担保企业，银行机构应在利率优惠、利息减免、信用评级等方面给予支持。二是尽快盘活资产。涉险企业作为风险处置责任主体，不能把包袱甩给政府，也不能把烂账留给银行。应加快股权转让、"退二进三"，形成新的资产，阻断风险蔓延。积极引进战略投资者，优化资本资产资源组合，为企业发展注入新活力。三是支持兼并重组。大力鼓励产业链上下游的上市公司、龙头骨干企业对涉险企业进行兼并重组。对进入破产程序的涉险企业，进一步明确债务追溯原则，先穷尽主债务人、后追溯担保人，对生产经营正常、现金流正常、发展前景良好的担保企业，不能越过主债务企业直接起诉。对涉险企业兼并重组涉及的资产资源评估、土地房屋权属转移等给予政策优惠支持，企业过户变更、资产转让、"退二进三"形成的税收，应给予一定额度的返还。

二、稳步推进涉险企业降杠杆

一是加快推进无缝转贷。企业往往由于抵押物贬值或担保人涉险，导致贷款到期后无法续贷或授信被削减。因此，应加大政府应急周转金的支持力度，鼓励采取企业应急转贷、行业应急互助等措施，缓解企业资金周转困难。从浙江义乌、永康、萧山等地区的实践看，应急转贷效果比较明显。应按照"应急、有偿、限时"的原则，组建"过桥基金"，实行专款专用，以时间换空间，着力破解"短贷长用""转贷难""借新还旧"等突出难题。鼓励当地政府和企业共建"助保金风险池"，为企业贷款风险兜底。大力推广年审制循环贷款，创新"一次授信、循环使用"等还款方式，简化续贷办理程序，着力破解续贷难、续贷慢、续贷贵等问题。二是加快去担保化。目前，企业土地、厂房、设备等资产抵押物估值往往偏低，亟须公正客观地评估抵押物价值，大力推行"二次抵押"登记，允许抵押物余额部分再次办理抵押。积极创新贷款质押方式，推广专利权质押、股权质押、仓单质押、商标质押等方式，盘活企业资产特别是无形资产，用质押方式来替代担保。对信誉良好、经营良好、前景良好的企业，尽可能减少担保贷款，直接给予授信，鼓励融资租赁。支持龙头骨干企业和科技型中小企业到境内外资本市场融资，发挥私募基金、保险资金、股权交易市场等融资渠道的作用，积极开展股权众筹融资试点，提高企业在"去杠杆"过程中的股权融资比例。加快发展新型公司债券和资产证券化产品，进一步扩大银行间市场债和企业债融资规模。三是加快处置不良资产。进一步简化不良贷款处置核销程序，加大不良贷款处置核销力度，逐步解决拨备余额和不良贷款"双高"问题。积极推行差异化和市场化处置，运用市场转让、清收处置、司法处置等方式，加快不良贷款核销处置步伐。

三、严防过度担保和互保

一是引导企业回归主业。引导企业回归主业、回归实体，把主业做精做优，把实体做大做强，这是从根本上化解企业"两链"风险的重要举措。二是加快发展非银金融。大力发展非银金融，积极开展风险投资、股权投资、商业票据融资、信托融资等业务，支持发行短期中小企业债券，通过股权融资置换债权融资，推动"两链"逐步去杠杆化、去风险化。三是加快修订担保法。放宽再担保体系的准入门槛，让更多的民间担保机构加入再担保体系。探索担保人个人信用担保方式，从制度的源头上防止过度担保和过度互保。加大对政策性担保机构的支持力度，探索政策性担保机构参与"两链"风险化解的机制和路径，鼓励再担保机构和融资性担保机构参与"两链"解困。

四、严惩抽压贷和逃废债

一是严防非理性抽贷。根据企业风险状况和经营状况合理确定授信规模，尤其是对正常经营的关联性担保企业，一般不抽贷、不压贷、不缓贷。支持银行监管部门对率先收贷、盲目压贷的不合作银行机构进行警示和处罚。调整完善银行考核机制，不能简单地以不良贷款规模和不良贷款率指标进行考核，而是应遵循"尽职免责"原则，防止银行机构非理性抽贷和盲目性压贷。二是加强银行监管联动。加强企业授信总额联合管理，积极推动银团联合授信，推行授信总额主办行制度，合理核定企业授信总额和对外担保总额，进一步明确集团企业授信银行最多 8 家、大中型企业授信银行最多 5 家、中小微企业授信银行最多 3 家，从源头上控制企业多头融资、过度融资、盲目融资和不对称融资。探索贷款方式与还款方式创新，推动银行机构加强贷款全流程监管，注重客户真实需求和第一还款来源，建立动态的贷款分类监测机制，提高信贷期限与企业生产经营周期的匹配度，减少"以贷还贷""拆东墙补西墙"等现象，切实强化潜在风险防控准备。三是严厉打击逃废债。加快建立黑名单制度，联合实施信贷制裁，严厉打击集资诈骗、高利转贷、虚假破产、恶意转移资产等不法行为，从严限制出国（境）和高消费，强化法律威慑，不能助长逃废债之风。严格审查出现风险的企业和关联企业债权的合法性和真实性，建立企业股权转让金融债权事先保全制度、嫌疑企业约谈机制和专项审计制度，对债务人"假破产、真逃债"的行为依法从重处罚，切实打破"赖账有理、赖账有利"的恶性预期。

五、加强风险动态防控

一是加强联动监控。加强对涉险企业生产经营的监测，全面运行规模以上工业企业风险监测平台，健全企业风险"红、橙、黄、绿"牌制度，定期发布企业风险预警信息，确保早发现、早防范、早处置。建立"一企一档"监测机制，从企业用地、用电、产值、缴税、用工、融资（银行贷款、小贷公司借款、民间借贷）等方面动态建档，全面摸排涉险企业欠薪、欠费、欠税、欠息"四欠"风险状况。实施涉险企业清单动态管理，对产能过剩、快速多元扩张、民间借贷依存度高、高息融资的企业进行重点跟踪和风险排查。二是加强联动处置。深入排查"两链"风险苗头性问题，按照"保优、扶伤、不救死"的原则，实行"一事一议"个性化帮扶，力求第一时间甄别、第一时间切割、第一时间化解。对主业经营正常、资金链暂时性紧张、具有发展潜力的企业，落实针对性措施予以帮扶，尤其对缺乏有效抵押物，但属于成长型、科技型的优质企业，协调银行机构不抽贷、不压贷。对处于重大风险担保圈的核心企业，强化有效帮扶，发挥担保公司和政府转贷基金的作用，防止引发连锁风险。对严重资不抵债、救助价值不大的困难企业，启动资产重组和司法破产程序予以保护。对涉嫌逃废债、故意拖欠贷款本息或暗中转移资产的企业，要提前介入，加强侦查，严厉打击。三是加强联动维稳。在于法周全、于事简便的基础上，进一步简化金融债权案件审理程序，建立健全集中管辖制度，加快审理进程，畅通企业风险处置化解通道，提高金融债权受偿率。依法维护职工权益并做好安抚工作，落实企业职工帮扶措施，确保出现风险的企业平稳处置和职工平稳过渡。

多方合力化解企业"两链"风险的机制如表28-2所示。

表28-2　多方合力化解企业"两链"风险的机制

主体	职责	重点任务
各级政府	把化解"两链"风险摆到事关"稳增长"的突出位置来抓	集中开展打击逃废债专项行动。省级层面建立联合打击逃废债的工作领导小组和联合行动机制，集中公检法力量及集中一个时段打击一批恶意逃废债企业和债务人。严格审查关联企业债权的合法性和真实性，防止出险企业"金蝉脱壳"。对债务人"假破产、真逃债"的行为，必须依法从重处罚。加强对"两链"风险防控和化解工作的组织领导。重点对规模以上企业的用地、用能、用工、信贷等经营情况进行实时监测，加强监测欠薪、欠税、欠息、欠费"四欠"企业。分类处置，一企一策，第一时间甄别、第一时间切割、第一时间处置，"化链为环"，闭环处置，依法破产一批、资产重组一批、帮扶救助一批、优先保护一批。对该破产的企业，本着"应破快破"的原则，研究制定市场化的企业退出机制

续表

主体	职责	重点任务
银行	提高不良资产容忍度,积极配合地方政府化解"两链"风险	银行要应对各地支行提出的明确要求,对地方政府确定的帮扶方案要积极支持配合,切实做到不随意抽贷、压贷。通过给代偿单位增加授信、给予利率优惠、提供风险贷款展期、提供资金周转贷款等方式,帮助出险企业"以时间换空间",逐步走出困境。省各分行不能过度上收下级行的信贷审批权限,不能过度以不良贷款指标考核、追责,应该遵循"失职追责、尽职免责"的原则,避免"两链"不良循环。积极推行企业授信总额联合管理机制,对率先收贷、压贷的不合作银行拿出惩戒措施,不能让"谁抽得快、谁跑得快、谁越保全"风行
法院	研究出险企业破产受理、清算的快速司法处置办法	对部分救助无望的出险企业,法院尽可能依法从快受理破产申请。明确债务追溯"先穷尽主债务人、后担保人"的原则,先处置出险企业的抵押资产,对主债务人穷尽后,不足部分再追究担保责任,避免因银行连带起诉而对优质担保企业造成重大影响,不能"举债企业没倒,担保企业先倒了"。在破产重组过程中,针对异地债权人起诉、外地法院查封等情况,各地司法机关要加强对接,建立司法协同办案机制

第29章 中小型房地产企业面临破产风险问题的调研报告[①]

随着国家房地产调控政策进一步深入，房地产市场调控攻坚战已显示出阶段性成果，但许多中小型房地产企业出现了以资金链断裂为标志的经营性风险。本章以杭州金星房地产公司申请破产为例，分析了目前中小型房地产企业面临的以商业运作成本高、产品滞销与资金回笼困难、财务亏损严重、资金链断裂为特征的风险及其形成原因，并从宏观、区域、微观三个层面就化解这些风险提出了对策建议。

第一节 中小型房地产企业面临的风险及其特征

一、杭州余杭金星房地产公司申请破产的情况

2012年4月，杭州余杭金星房地产公司向法院申请破产。这是2011年房地产调控政策下第一家因资金链断裂申请破产的房地产公司。金星房地产公司的母体中江控股公司是一家集投资、科技、制造、贸易、旅游、服务于一体的综合性、多元化控股集团，业务包括香料香精制造、船用防污漆生产和酒店经营等。2008年6月，因垂涎于房地产业的高利润，中江控股公司进入了房地产业，接盘金星房地产公司及其西城时代家园项目这一烂尾工程，但当年便遭遇2008年房地产调控；2009年全国房地产价格疯涨，公司躲过一劫。2010年开始遭遇第二轮调控，由于该公司在大举扩张与多元化发展中，把房地产投资当作一颗挪腾资金的重要棋子，供其拆东墙补西墙之用，使得金星房地产公司在不到4年的时间先后转让5次股权，且大多数都在与中江控股公司有关的企业或个人之间流转，导致金星房地产公司拖欠款项达4000万元，欠税2398万元。然而，中江控股公司向民间借贷25亿元，向银行及浙江省财务开发公司贷款和借款25亿元，即使把该公司所有资产都抵押变现，还有约30亿元的借款缺口。中江控股公司董事长俞中江已主动向政府汇报资不抵债的情况并寻求破产保护。据测算，该公司的破产牵涉3家银行、上百家公司。该公司已无力帮助其子公司还款补税了，杭州余杭金星房地产公司只好被迫申请破产保护。

二、中小型房地产企业所面临风险的特征

调查分析杭州余杭金星房地产公司和全国一些中小型房地产企业面临的经营性

---

① 原载浙江省中小企业局《决策参考》，2012年第2期。

风险，发现其风险特征主要有四个方面。

（1）商业运作成本高。在国家楼市调控政策继续从严与防范房地产信贷风险的背景下，大批中小型房地产企业由于信用缺失，陷入信贷无门、信托严控、拆东补西的资金短缺困境之中。一些中小型房地产企业往往尝试高成本的民间融资，如民间拆借、员工融资、私募股权基金等形式，试图解燃眉之急。调查显示，2011年四季度浙江民间融资利息率普遍达到26%。如此高昂的资金成本已经极大地影响了中小型房地产企业的正常商业运行。

（2）产品滞销与资金回笼困难。调查显示，截至2011年年底，已公布的75家上市房地产企业存货高达7230亿元，比上年同期增长43%；负债超过8000亿元，比上年同期增长31%；其存货周转时间为9个多月。而中小型房地产企业由于所开发产品同质化严重，又缺乏足够的品牌效应，存货周转时间普遍高于10个月。因此，大多数中小型房地产企业销售持续低迷，库存量快速增加，资金回笼出现困难，严重影响了它们的财务安全。

（3）财务亏损严重。房地产市场"地王"频出，一些中小型房地产企业盲目高价竞地，竞购的土地价格与当时在售的楼盘价格基本相当。这些两三年前购买"天价面粉"的中小型房地产企业，如今已经到了做成"面包"出售的时候，但却已经陷入"面粉贵于面包"的困境；建房综合成本与销售价格无法平衡，严重亏损在所难免。据调查，杭州2009年到2010年的几块"地王"如今缩水超过50%。

（4）资金链断裂。大量中小型房地产企业都是前几年房地产市场火爆时进入房地产市场的，无论主营业务是何种行业，仿佛只要成立一个房地产公司，买块地、盖上房就不愁卖，就能赚钱。例如，刚刚申请破产的杭州金星房地产公司之前就是从事香精行业，到2008年才涉足房地产。这些中小型房地产企业大都是由中小规模实体经济体投资或民间资本组建而成，自有资金量本来就不充裕，又把房地产当作资金杠杆无度使用，举债式发展，现在销售遇阻，资金回笼速度放缓，无论采取压价销售，还是"借新还旧"，都将进一步引发资金链断裂，导致破产或倒闭。

第二节　中小型房地产企业面临风险的形成原因

一、"误判形势"盲目入市引发资金无度使用风险

前几轮的宏观调控没能有效实现房地产市场的整体有序发展，每一轮调整后的报复性反弹给整个社会造成了一个错觉：中国城镇化快速发展，不可能因调控导致房地产市场下行。在高额利润的诱惑下，大量实体经济体、民间资本进入房地产业，极大地增加了房地产业的无序竞争，也拉高了各地的土地价格，加大了开发成本；

许多中小企业又过度依赖资金的杠杆作用并无度使用，这就为资金量本来就不大的中小型房地产企业埋下了隐患。

二、缺乏专业实力引发商业运作风险

许多中小型房地产企业均由其他行业实体经济体投资或民间资本组建而成，介入房地产业的经营思路基本上停留在资本运作层面。这些企业不熟悉房地产运作，缺团队，缺管理人才，缺开发经验，缺公共关系，对进入的城市、地区和开发的房地产项目缺乏深入细致、专业理性的调查和论证，操作思路带有很大的随意性。由于激进的多元化扩张策略与不专业，导致许多中小型房地产企业商业运作手段落后，缺乏风险意识和预防机制，现金流入不敷出。

三、"以小搏大"的投机战略引发亏损风险

由于前几轮宏观调控效果带来的错觉，许多中小型房地产企业铤而走险，都采取了用少量的资金"以小搏大"的投机战略，通过各种渠道贷款融资，扩大开发土地存量或项目开发规模，进而形成了一批资金沉积深、回报周期长、负债率高的房地产项目。一旦房地产形势变化，销售受阻，资金回笼困难，再面临还款集中到期，且缺乏有效的应对预案，将引发巨额亏损。

四、不规范筹融资行为引发资金链断裂的破产风险

中小型房地产企业由于缺乏正常融资渠道所要求的条件，因此往往采取比较原始的融资渠道，如企业之间拆借、个人集资、地下钱庄融资；同时，过分乐观于滚动开发，采取分批次偿还的项目筹融资运作模式。在房地产市场向好或价格持续走高、供需两旺时，这类不规范筹融资行为带来的资金成本压力或许不大；但一旦遭遇全国房地产市场调控，资金使用成本将大幅度提高，极大地增加了偿还风险，提高了破产、倒闭发生的概率。此外，中小型房地产企业的股权构成比例不合理，股权转让频繁，容易引发资金链断裂的破产风险。

第三节　对策与建议

一、在宏观上应从经济发展与社会稳定的高度重视中小型房地产企业面临的困境与风险

中小型房地产企业的困境与风险，表面上是资金链断裂，实际上是前几年实体经济"空心化""泡沫化"的恶果。防范和化解这些困境与风险，必须将市场调节

的"无形之手"和政府调控的"有形之手"结合起来综合治理。

(1) 要坚定不移地挤出房地产业中的劣质中小型企业。对于部分以非主营业务掘金房地产、在价格高点购入"地王"项目、举债式过度发展的中小型房地产企业，出现因资金链断裂引发的破产风险是不可避免的。应通过市场调节的"无形之手"，将大批投资中小型房地产企业的民间资本从房地产泡沫中挤出，让更多中小型房地产企业回归实体经济，真正实现房地产市场健康、有序发展。

(2) 高度重视当前中小型房地产企业面临的困境与风险。一方面，其性质已经超越了经济问题本身，已经由经济驱动力矛盾转化为产业矛盾，由产业矛盾升级为社会矛盾；另一方面，要避免因调控失效产生又一轮报复性反弹，或因调控引发大批中小型房地产企业破产，波及全社会。

(3) 要避免"硬着陆"，实施"软着陆"。大批中小型房地产企业破产可能引发民间借贷纠纷高发的潜在金融风险，可能引发一些地区经济增长动力下行过快的潜在风险，还可能引发相关的中小企业大量停产、半停产或大量民间资本游离实体经济的潜在风险。要警惕和预防这些风险，防止波及全国，形成"多米诺骨牌"效应。

二、在区域上各级地方政府应制定严格完善的应对措施，预防和化解中小型房地产企业因资金链断裂引发的破产风险

(1) 建立各级房地产风险评估预警机制。各级地方政府应正确领会国家房地产市场宏观调控的真实意图，从政治高度放弃"土地经济"的本位主义思想。当前，各地政府要组织力量对2009年以来出让的土地逐个进行排查评估，建立项目档案，全面掌握项目进展、已预售情况及后续资金保证情况及财务的安全性。在此基础上，对各地中小型房地产企业的实际运行状况进行比对分析，建立预警机制，分门别类制订切实可行的应对预案，防范因资金链断裂引发的破产风险。

(2) 在土地出让收益中设立房地产风险基金。为了防范房地产业的风险，建议地方政府在对房地产市场、土地市场规范管理的同时，每年在土地出让收益中划出一定的比例，设立房地产风险基金，并建立有效的监控机制。风险基金主要用于对资金链断裂的房地产开发项目进行垫资，以及对遭受实质损害的消费者进行合理补偿。

(3) 严格预售资金管理。尽管国家有关部门针对预售资金管理出台过文件，但在实际操作中，存在着执行不到位、监督不严等问题，为开发商挪用预售资金提供了机会。杭州金星房产地公司开发的西城时代家园难以按期交房，根源就是开发商挪用预售资金。为切实保护消费者权益、防范开发单位过度扩张，必须尽快要求各地建立商品房预售资金监管制度，商品房预售资金必须全部存入由银行监管的专用

账户，同时政府进行跟踪监控，保证预售资金优先用于工程建设。对监督不严的工作人员、违规使用预售资金的开发商，必须做出严肃处理。

（4）指导和帮助中小型房地产企业转型。由于中小型房地产企业的资本构成、股权构成比较复杂，各级地方政府部门应因地制宜、因司制宜、因盘制宜，制定不同的策略，指导和帮助中小型房地产企业转型。一方面，有条件的地市可以采取资本整合、资源整合的方式，根据片区、项目性质，把可能合并、合作的中小型房地产企业整合起来，形成开发联合体，共同提高抗风险能力；另一方面，没有条件的地市可以通过重新评估，二次打包，引进实力强的国有大型品牌房地产开发企业进行收购、并购、股权转让，使中小型房地产企业的损失尽可能降低；还可以利用各地的国有投资建设公司，通过合作、股权转让、收购，或鼓励中小型房地产企业把一些房地产住宅项目转为经济适用房项目。

三、在微观上中小型房地产企业必须认清形势，突破困境，破茧重生

（1）降价促销，缓解资金压力。就目前的市场而言，缓解资金压力的最有效方式是降价促销。降价促销意味着中小型房地产企业必须降低利润预期，这要求企业必须具有整体生存发展的战略眼光，要知道唯有盘活了资金，企业才能渡过难关。

（2）并购重组，缓解商业运作风险。一方面，进行重组整合，可使若干业务相近、面对共同市场的中小型房地产企业结盟，共同承担市场风险，配置资源，分享利益，实现优势互补，形成规模化、集团化效应；另一方面，将项目并购转让，这是一条比较理性的道路，最理想的并购是债权加股权，要尽量降低股权出让的比重，促进资本的进入。

（3）调整经营开发模式，规避严重亏损的生存风险。一方面，发挥中小型房地产企业"轻""快""灵"的优势，抛弃以往那种将大量资金沉淀在土地储备上，高负债，低周转率，强调单个项目的高收益的重资产开发模式，调整为"不存地，不存房、零库存"的轻资产经营开发模式；另一方面，将目前占用中小型房地产企业巨额资金的困难项目出售或转让，回笼资金，转而专注于短、平、快的项目。

（4）另辟蹊径，寻求发展的新"蓝海"。一方面，瞄准二、三线城市的中端市场，通过专业化的运营和成本控制，开发适合这一市场的高性价比产品，快速销售，迅速回收资金，实现企业的高速、有序发展；另一方面，在项目选择上，应定位于环保产业、旅游产业、养老产业等政府鼓励和扶持的产业；还可以积极参与三、四线城市的保障房建设，以获得更多的机会与地方政府的财政支持。

第30章 社会资本对中小企业技术创新活动的影响研究[①]

第一节 问题提出与研究假设

改革开放以来,中国经济增长的一个显著特征是技术进步对于经济增长的贡献不断上升。2001—2010年,中国企业 R&D 的年均增长率达到32.3%。在经济转型时期,受到新旧体制交替过程中巨大不确定性的影响,社会信任问题随之而来。信任被普遍认为是除物质资本和人力资本之外决定一个国家经济增长和社会进步的主要社会资本(张维迎和柯荣住,2002)。在微观层面,社会资本具有改善组织内资源配置效率、减少贫困、促进上市公司投资等作用。那么,在中国这样一个以市场化改革为方向的转型经济体中,以信任为基础的社会资本是否能真正起到支持技术创新的作用呢?

本章将从微观层面探讨社会资本对技术创新的影响机制,对上述问题做出回答。这不仅有助于人们理解中国经济高速增长背后的制度安排和文化因素,而且可以为政府部门思考如何进行文化建设,改善创新环境,建设创新型社会提供理论依据。

我们发现,无论是从创新投入还是产出来看,在社会资本较高的省份,企业表现出更高的技术创新水平。社会资本促进企业研发投入是通过吸引外商直接投资,增加企业的技术流入和缓解融资约束实现的。结合制度环境和产权背景的分析显示,在法律保护水平较低的地区,社会资本发挥了替代作用;内资股权比例越高,社会资本对于企业技术创新的促进作用越明显。进一步研究发现,社会资本增加了企业的技术创新回报。研究表明,一个以信任为基础的社会环境促进了企业的技术创新活动。

本研究在以下三个方面丰富了已有文献:①自从 Porta 等(1997)提出"社会资本是社会中人们相互信任并加以合作的倾向"以来,社会资本这种非正式制度就成为研究的热点。本章利用微观层面的企业研发投入和专利申请数据考察了社会资本对企业技术创新的影响,结果表明社会资本促进了企业技术创新。这意味着社会资本同物资资本、人力资本一样,推动了企业技术创新。②现有研究更多集中于社会资本带来的经济后果,如促进地区金融发展、促进股票交易、吸引外商高科技企业、推动上市公司对外投资等。然而,已有研究较少关注社会资本影响企业行为的

[①] 原载《数量经济技术经济研究》,2012年第10期。

内在机理。我们发现，社会资本通过改善投资环境吸引外商投资，缓解了企业的技术和融资约束，促进了企业的研发投入。结合制度环境和产权背景的分析显示，在法律保护水平较低的地区，社会资本发挥了替代作用；内资股权比例越高，社会资本对于企业技术创新的促进作用越明显。这表明社会资本弥补了正式制度的缺陷，推动了企业技术创新。内资股权的作用表明，社会信任对于推动中国本土企业技术创新具有重要意义。③进一步研究发现，社会资本增加了企业技术创新的市场回报。社会资本不仅作用于企业的技术市场，也对产品市场产生了重要影响。本章的研究为理解非正式制度与技术进步之间的关系提供了一个独特的微观视角，增进了对社会资本作用机制及其经济后果的了解。

一、制度背景

1978年以来，以市场化改革为方向的经济转型给中国带来了举世瞩目的经济成就。在从高度集中的计划经济体制向市场经济体制转型的过程中，市场体制自身的局限和弊端也开始出现，如市场失灵、市场缺失、市场抑制、市场化主体行为的不理性等问题。受到新旧体制交替过程中巨大不确定性的影响，社会信任问题随之而来。在政治领域，在财政分权体制下，地方政府对市场交易活动的干预与控制主要体现在要素市场领域，最明显的是土地、资本和劳动力。地方政府出于增加自身财政收入和引导经济发展的考虑，普遍存在对要素资源的分配权、定价权的管理和控制，转型时期公共治理机制的不完善容易导致各种寻租活动盛行。厉以宁（2003）指出，在转型发展时期，市场体系仍处于不断完善之中，对行业的国家垄断和行政管制为公开或变相的行贿受贿打开了方便之门，使市场交易者、经营者失去交易和经营的信心和积极性，对政府部门的不信任感随之产生。在中国，地方政府掌握着大量生产要素资源，地方公共治理机制的欠缺容易导致各种寻租活动盛行。一般情况下，政府诚信是社会诚信的核心。政府诚信作为一种公信力，直接作用的对象是社会公众。政府一旦失信，会对社会信心产生较大的负面影响。在法制领域，转型发展时期的法制建设往往滞后于市场发展进程。Porta等（1998）指出，法律保护水平对于投资者行为具有重要影响，法制的不完善和执法不严等一系列突出问题也冲击了社会的诚信体系。在经济领域，人们的诚信意识和法制观念都处于刚刚形成的阶段，各种制度引发的诚信缺失等社会问题随之而来，诸如食品安全、逃废债务、偷税漏税、假冒伪劣产品等问题突出。而在人际交往领域，随着从传统社会向现代社会的转型，社会节奏进一步加快，人们的交往范围日益扩展，交往对象不断更换，从而导致人们与越来越多的陌生人进行交往，人与人之间的联系越来越松散，人际交往中的不信任加剧了人与人之间的隔阂。人们的不信任感也体现为时刻提防上当受骗，提防做好事被冤枉，媒体上甚至出现了"老人摔倒该不该扶"的讨论。

中国经济转型时期的一系列问题已经表明当前的社会信任体系建设正面临巨大挑战。

Sztompka（1999）利用波兰的社会学调研数据发现，在波兰经济转型中，人们的公共信任经历了一个先下降再上升的过程。在转型前期，受到新旧体制交替过程中巨大不确定性的冲击，公共信任有所下降；而当转型取得了较大的进展和成效时，大众的公共信任又明显提高。Knight 和 Yueh（2002）采用中国的城市调查数据研究了社会资本在劳动力市场上的作用，发现随着中国市场化程度的提高，民营经济快速发展，社会资本发挥出越来越大的作用。张爽等（2007）利用中国农村家庭的数据发现，公共信任能显著地减少贫困，社会资本是一种对提高人民福利和增进经济增长都非常重要的非市场力量。以信任为基础的社会资本也对公司的投资和融资行为产生重要影响。潘越等（2009）利用中国上市公司的数据发现，在社会资本水平较高的地区，上市公司更倾向于进行对外投资，也更愿意与其他企业组成合营企业，并且其多元化投资的意愿更强。戴亦一等（2009）发现，在社会资本发展较好的地区，企业更容易获得长期负债。以上分析表明，良好的社会诚信不仅是社会和谐稳定的润滑剂，也是经济社会可持续发展的基础。

二、社会资本与技术创新

转型时期公共治理机制的不完善容易导致企业技术创新活动中各种寻租活动盛行。Gill 等（2007）发现，在存在大量寻租机会的转型国家中，企业可以通过发送虚假信号获取政府的 R&D 补贴，从而削弱政府 R&D 补贴对企业研发活动的激励作用。安同良等（2009）发现，企业经常发送虚假的"创新类型"信号以获取政府 R&D 补贴。在转型时期的中国，制度发展相对落后，一个重要的表现是中国市场中产权保护较弱（Qian and Weingast，1997）。李平等（2007）指出，中国市场中知识产权保护的缺位已经对国内企业的自主研发产生明显的抑制作用。而企业的研发创新活动恰恰存在显著的外部性问题。Nelson（1959）的研究表明，创新活动的外部效应难以内部化，企业很难阻止其他企业的模仿和复制行为。

Tassey（2004）指出由于技术和知识具有公共产品的溢出特性，R&D 活动不可避免地会遇到市场失灵和投资不足的问题。在研发合作过程中，研发伙伴也有可能发生代理问题，把另一方的技术挪作他用，损害另一方的利益。此外，信息不对称问题加大了研发合作的难度和成本。企业的研发人员也有可能因为各种原因流向竞争对手，导致企业的技术流出。

技术创新扩散本质上是扩散主体间的一个社会交互过程。人与人之间的相互信任缓解了信息不对称问题，为企业创造更多的资金来源和技术合作渠道。企业之间以信任为基础的技术合作有利于整合多方的技术资源，加快了合作成员之间的知识分享和相互学习（Inkpen and Tsang，2005），进一步改善了资源配置效率并且促进了新产品产出（Tasi and choshal，1998）。社会资本促进了社会网络的形成，有利于知识传递（Inkpen and Tsang，2005）。在社会资本水平比较高的地区，社团组织比较发达（Putnam，1993），人际交流比较频繁和顺畅，人与人相互信任的社会氛围为企业间的技术合作创造了有利条件，声誉机制会发挥出监督功能，有助于约束企业行为，减少机会主义行为。当企业来自这些较为诚信的地区时，研发合作的另一方会比较容易认可和接受这些企业，双方的技术交流与合作也比较容易达成。社会资本帮助企业建立起更多的外部联系（Yli-Renko el al.，2001），从而在一个更大的范围内获取创新资源。社会资本对于技术创新的促进作用体现在：一方面，在社会资本比较高的地区，人与人之间相互信任的社会氛围改善了当地的投资环境，吸引了更多的外部投资机会，为企业带来了更多的融资渠道和技术合作机会，从而为企业研发投入和专利研制创造了有利的外部环境。另一方面，社会诚信对地区中经济个体的行为产生了约束，减少了人与人之间的机会主义行为。在一个信任程度更高的地区，企业创新成果能够得到更好的保护，企业更有可能加大技术创新力度。为此，我们提出假设 H1。

H1：在社会资本水平比较高的地区，当地企业表现出更高的创新水平。

三、社会资本与技术创新：法律保护的作用

Allen 等（2005）提出了著名的"中国之谜"（Puzzle of China）：中国的法律保护、金融等体系落后，但在过去几十年里经济保持强劲增长，这种增长的背后是以关系和声誉为基础的非正式制度发挥了重要作用。Guiso 等（2004）利用意大利企业的数据发现，在司法效率较低的地区，社会资本发挥了更大的作用，以双方信任为基础的技术合作能有效地减少合作过程中的机会主义行为。而在技术创新方面，社会资本对于法律的替代作用是如何实现的？Putnam（1993）指出，社会资本作为一种网络、信任和规范，能够通过协调个体间的行为来提高经济运行效率。Cloeman（1994）认为，社会资本与实物资本、人力资本的区别在于社会资本具有较强的外部性，能够促进合作，减少交易成本，并弥补正式制度的缺陷。Knack 和 Keefer（1997）强调社会资本包括信任和道德规范，一个地区的社会资本与经济发展正相关。Porta 等（1997）在 Putnam（1993）等研究的基础上提出，社会资本是"一个社会中人们的相互合作倾向"。在社会资本比较高的地区，人们通过信任与合作来获得整体效率的最优化，而不是相互猜忌，导致囚徒困境式的整体损耗和效率损失。Porta（2000）进一步指出，社会资本通过两个渠道来发挥作用：①社会道德对人们内心的内在约束；②社会舆论对人们不良行为的外部惩罚。因此，社会资本在一定程度上弥补了法律保护的不足。基于以上分析，社会资本在地区层面弥补了法律保

护的不足，充分发挥了公共品的作用，创造了有利的融资环境和技术创新条件，促进了企业的技术创新活动。为此，我们提出假设 H2。

H2：社会资本和法律保护水平在影响企业技术创新方面存在替代关系，即在法律保护水平较低的地区，社会资本对于技术创新的影响更加显著，反之则反是。

四、社会资本与技术创新：内资股权的作用

相对于外资企业更多地通过进口和技术许可实现技术从母公司到子公司的内部化转移，中国的本土企业则需要通过自身的研发投入和专利研制进行技术创新活动（王华等，2010）。内资企业是中国经济转型阶段技术创新的主体。当地市场已经成为内资企业技术创新所需资金、技术和人才资源的主要来源。当地社会资本发展水平也对内资企业的技术创新活动产生了重要影响。另外，企业内资股权的存在给企业带来了本地社会关系网络，为社会资本发挥作用提供了更多的途径，为外部资金和技术进入企业提供了更多机会。依托内资股权带来的社会网络，声誉机制进一步发挥出监督功能，有助于约束企业行为。内资股权与社会资本结合在一起对企业技术创新产生了积极影响。为此，我们提出假设 H3。

H3：内资股权强化了社会资本对技术创新的促进作用，即企业内资股权比例越高，社会资本对于技术创新的影响越明显。

五、社会资本与创新回报

企业把新技术转化为新产品并被市场接受，是生产者、经销商和消费者等多个市场主体参与的合作过程。各个主体之间的相互信任有利于彼此建立诚实守信合作的预期，减少不确定性，降低新产品推向市场过程中的交易成本，促成交易双方合作行为的发生。徐和平等（2004）发现，信任是产品创新网络的一种重要的治理机制。生产者和经销商之间的合作降低了流通成本，加快了技术与市场的对接过程。Bstieler（2006）发现信任促进企业间协商解决问题、有效沟通和建立公正公平的相互关系，缩短了新产品开发周期，并通过验证得出信任对新产品开发伙伴关系及新产品开发绩效具有正向影响。在一个社会资本比较高的地区，企业出于自身声誉考虑，会努力为新产品提供更高水平的品质保障。社会诚信有助于提升消费者对新产品的质量和功能的信心。消费者更有可能接受来自高信任地区的企业的新技术，更容易接受和购买来自这些地区的企业推出的新产品。一个地区较高的社会信任度有利于提升社会大众对于企业品牌的信心，加快企业技术成果的市场化进程。基于以上分析得出，社会信任降低了技术创新过程中多个经济主体之间的交易成本，促进了创新合作网络的形成，加快了新产品产出。此外，社会信任在地区层面弥补了转型时期市场的缺陷，声誉机制约束了企业行为，为企业的技术创新创造了有利环境。

为此，我们提出假设 H4。

H4：企业的技术创新与创新回报正相关，这种正相关关系在社会资本水平较高的地区表现得更加明显。

第二节 样本数据来源与研究方法设计

一、数据

本章的数据来自国家统计局 2005—2007 年《全国工业企业数据库》。该数据库涵盖了中国全部国有工业企业和年销售额超过 500 万元的非国有工业企业（如民营企业、外资企业等）。本章中企业层面的专利申请数据来自知识产权出版社出版的《中国专利数据库》，法律保护的数据来自樊纲、王小鲁和朱恒鹏所编制的《中国市场化指数》，社会资本数据来自张维迎等（2002）及中国红十字协会给出的中国各地区献血统计数据，实际利用外资数额来自《中国统计年鉴》。剔除主要相关数据缺失的样本，本章最后得到 736807 个企业样本。为了便于对回归系数进行理解，对被解释变量中的研发投入比率乘以 100。

二、模型

在模型 1 中，本章通过研发投入比率和企业专利申请数来衡量企业技术创新水平。根据以往研究，本章控制了影响企业技术创新的主要因素，包括全要素生产率（TFP）、企业存续期（Age）、负债水平（Lev）、盈利水平（Roa）、企业规模（Size）、员工规模（Empl）、销售增长率（Grow）、出口哑变量（Dum_expo）、补贴哑变量（Dum_subs）、广告投入（Adve）、行业集中度（Hhi）、现金流水平（Cash）、资本密集度（Capital）。本章还控制了地区层面[①]影响企业技术创新的主要因素，包括地区经济规模（GDP）、地区金融发展（Fina）、地区人口密度（Popu）。本章控制了 γ_i、γ_j、γ_k、γ_0，分别表示年份、地区、行业和股权等因素的影响，ε 为随机扰动项。控制地区、行业和股权虚拟变量，是为了控制与地区、行业和股权相关的因素对于企业技术创新的影响。控制年份虚拟变量，是为了控制与年份相关的因素对技术创新的影响，比如宏观经济波动。因为被解释变量是以 0 为下限的拖尾变量（Censored Variable），应采用 Tobit 模型进行估计。为了避免异常值对模型分析

---

① 在地理位置方面，参考世界银行发布的《中国政府治理、投资环境与和谐社会：中国 120 个城市竞争力的提高》，根据经济发展程度将全国 31 个省级行政区域（不含香港、澳门和台湾）分为东北、环渤海、东南、中部、西南和西北 6 个经济区域。在行业方面，本章采用两位工业企业代码来标识。在股权方面，把企业划分为国有企业、集体企业、民营企业、外商投资企业、港澳台企业和其他公司制企业。

的影响，本章按照1%与99%的水平对每个变量进行 Winsorize 处理。为了控制可能存在的内生性问题和研发效益的滞后性问题，研发投入、专利申请数都选取了下一年的企业数据。模型中变量的定义如表30-1所示。

表30-1 变量定义

变量	简称	计算方法
		因变量
R&D	研发投入比率	研究开发费用/销售额
Pate	专利申请数	ln（专利申请数量+1）
New_prod	新产品产出比率	新产品产值/销售额
		解释变量
Soci	社会资本	中国各省份守信状况
FDI	实际利用外资	实际利用外资/人口
Law	法律保护	法律保护（樊纲等，2011）
Loca	内资股权	（实收资本−外商资本−港澳台资本）/实收资本
Dum_Soci	社会资本哑变量	社会资本指数大于各省社会资本平均数为1，否则为0
		其他控制变量
Size	企业规模	资产规模/员工人数
Age	存续期	企业成立年数
TFP	全要素生产率	按照 Petrin 等（2004）的 LP 方法计算得出
Roa	盈利水平	利润/总资产
Lev	负债水平	负债/总资产
Empl	员工规模	ln（员工人数）
Grow	销售增长率	（年末销售−年初销售）/年初销售
Dum_expo	出口哑变量	企业有出口为1，否则为0
Dum_sum	补贴哑变量	企业有获得补贴为1，否则为0
Adve	广告投入	广告投入/销售额
Hhi	行业集中度	行业中排名前5位企业的市场占有率的平方和
Cash	现金流水平	经营性现金流/销售额
Capital	资本密集度	固定资产净额/员工人数
ln（GDP）	地区经济规模	ln（该省国内生产总值）
Fina	地区金融发展	地区金融发展状况（樊纲等，2011）
Popu	地区人口密度	地区人口/地区面积

模型 1 如式（30-1）：

$$R\&D/Pate = \alpha_0 + \alpha_1 Soci + \alpha_2 Fdi + \alpha_3 Law + \alpha_4 Loca + \alpha_5 Firm_{control}$$
$$+ \alpha_6 Province + \gamma_i + \gamma_j + \gamma_k + \gamma_0 + \varepsilon \qquad (30-1)$$

在模型 2 中，本章通过新产品产出比率进一步考察社会资本对于企业创新回报的影响。新产品产出比率体现了企业技术创新回报，是企业技术成果市场应用能力的反映。国家统计局从技术原理等角度来定义企业的新产品产出，避免了新产品定义方面的主观性。新产品销售额长期以来被用作技术创新的测度指标（Acs and Audretsch，1988；Arundel and Kabla，1998）。与其他技术创新的测度指标相比，新产品销售额更能体现创新的接受和应用程度。本章采用社会资本哑变量（Dum_social）来衡量地区社会资本水平的高低。模型 2 如式（30-2）：

$$New\_prod = \gamma_0 + \gamma_1 R\&D/Pate + \gamma_2 Dum\_soci + \gamma_3 R\&D/Pate \times Dum\_soci$$
$$+ \gamma_4 Firm\_control + \gamma_5 Province\_control + \gamma_i + \gamma_j + \gamma_k + \gamma_0 + \varepsilon \qquad (30-2)$$

三、描述性统计

我们对研究样本的主要变量进行了描述性统计，按照社会资本水平的高低把样本分成两组，具体结果如表 30-2 所示。在创新指标上，样本企业的研发投入比率均值为 0.134，新产品产出比率是 0.036。均值检验显示，相对于低社会资本地区的企业，高社会资本地区的企业的研发投入比率、专利申请数和新产品产出比率更高。未报告的相关系数情况显示地区社会资本水平与企业研发投入、专利申请数和新产品产出水平正相关，表明地区信任水平越高，当地企业的研发投入和技术创新水平可能也越高。

表 30-2 描述性统计

类别	全样本 均值	全样本 中位数	高社会资本地区 均值	高社会资本地区 中位数	低社会资本地区 均值	低社会资本地区 中位数	高社会资本地区-低社会资本地区 均值检验
研发投入比率	0.134	0.000	0.147	0.000	0.113	0.000	23.106***
专利申请数	0.037	0.000	0.044	0.000	0.027	0.000	29.250***
新产品产出比率	0.036	0.000	0.042	0.000	0.028	0.000	39.674***
样本数	736807		446933		289874		

第三节 实证分析与研究结果

一、社会资本与技术创新

表30-3显示了社会资本对企业技术创新的影响。在第（1）列中，社会资本对企业研发投入比率的回归系数在1%的水平上显著为正，表明省份的社会资本水平越高，人与人之间的信任度越高，企业更可能提高研发投入的比率。在第（2）列中，社会资本对以企业专利申请数衡量的技术创新水平的回归系数在1%的水平上显著为正，表明社会资本水平越高，越有利于企业的专利技术研发。回归结果支持假设H1。

表30-3 社会资本对技术创新的回归结果

变量	被解释变量：研发投入比率（1）	被解释变量：专利申请数（2）
社会资本	0.318*** (0.000)	0.512*** (0.000)
企业规模	0.103*** (0.000)	0.086*** (0.000)
出口哑变量	0.378*** (0.000)	0.508*** (0.000)
存续期	0.014*** (0.000)	0.005*** (0.000)
员工规模	0.440*** (0.000)	0.605*** (0.000)
销售增长率	0.151*** (0.000)	0.372*** (0.000)
盈利水平	-0.164*** (0.000)	-0.669*** (0.000)
负债水平	-0.672*** (0.000)	-0.403*** (0.000)
补贴哑变量	0.760*** (0.000)	0.653*** (0.000)
全要素生产率	0.198*** (0.000)	0.302*** (0.000)
行业集中度	0.119*** (0.000)	0.045*** (0.000)

续表

变量	被解释变量：研发投入比率（1）	被解释变量：专利申请数（2）
现金流水平	0.435*** （0.000）	0.265*** （0.000）
资本密集度	-0.001*** （0.000）	-0.001*** （0.000）
广告投入	0.142*** （0.000）	0.121*** （0.000）
地区经济规模	-0.244*** （0.000）	-0.290*** （0.000）
地区金融发展	-0.006*** （0.000）	-0.049*** （0.000）
地区人口密度	-0.067*** （0.000）	0.247*** （0.000）
截距项	-6.524*** （0.000）	-12.356*** （0.000）
区域、所有权和年份效应	已控制	已控制
Pseudo R^2	0.109	0.135
样本量	736807	736807

注：*** 表示在1%的水平上显著；括号内是 p 值，标准误差按公司聚类和异方差调整。

其他变量的回归结果表明：企业规模、广告投入、现金流水平、行业集中度等促进了企业的技术创新活动。成立时间越久，全要素生产率越高，企业技术创新水平越高，表明企业生存年限越长。负债水平与企业技术创新水平负相关，表明过多的债务负担会降低企业研发投入的意愿。盈利水平与企业技术创新水平负相关，一个可能的解释是研发投入效益的显现需要一定的时间，短期内研发投入会占用企业资源，对企业短期盈利产生影响。资本密集度与企业技术创新水平负相关，表明资本密集型企业更倾向于利用自身资本优势来推动企业经营，从而降低技术创新的意愿。

二、社会资本与技术创新：外商直接投资的作用

尽管社会资本能够促进企业技术创新，但我们仍不清楚社会资本推动企业技术创新的具体机制。随着中国对外开放程度的不断加深，外商直接投资已经成为中国企业获取外部技术和资金的一个重要渠道。张维迎等（2002）指出，地区信任有利于吸引外资。如果社会资本可以促进企业加大技术创新力度，那么这种效应很可能是通过改善当地的投资环境，降低交易成本，从而促进投资和技术交流实现的。王红领等（2006）运用中国工业行业的数据发现，FDI 的进入促进了企业研发。侯润

秀和官建成（2006）使用中国1998—2003年的省级数据发现，实际利用外资额对专利申请量有显著的正面效应。基于以上分析可知，社会资本改善了当地的投资环境，吸引了外商直接投资，增加了当地企业的融资来源和技术流入，推动了企业的技术创新。本章采用地区实际利用外资作为企业技术渠道的代理变量，进一步考察社会资本影响企业技术创新的中介效应。本章借助管理学、要心理学和社会学等学科的中介变量方法（Freedman and Schatzkin，1992），对社会资本影响技术创新的渠道进行检验。表30-4和表30-5的结果表明，中介变量（外商直接投资）在社会资本与技术创新之间的传导作用成立，发挥着中介效应。较高的社会资本水平改善了当地投资环境，更能吸引FDI流入，从资本和技术方面为当地企业加大技术创新力度创造了有利条件。

表30-4 社会资本对中介变量的回归结果

变量	被解释变量：外商直接投资
社会资本	0.594*** （0.000）
截距项	7.640*** （0.000）
其他控制变量	已控制
Adj R^2	0.848
样本量	736807

注：同表30-3。

表30-5 社会资本对技术创新的回归结果：中介效应

类别	被解释变量：研发投入比率（1）	被解释变量：专利申请数（2）
外商直接投资	0.162*** （0.000）	0.151*** （0.000）
社会资本	0.208*** （0.000）	0.431*** （0.000）
其他控制变量	已控制	已控制
Pseudo R^2	0.109	0.135
样本量	736807	736807

注：同表30-3。

三、社会资本与法律保护在影响企业技术创新方面存在替代关系

表30-6显示了社会资本与法律保护对企业技术创新的影响。在第（1）列中，法律保护对企业技术创新的影响在1%的水平上显著为正，表明良好的法制环境促进企业加大研发投入力度。在第（2）列中，加入社会资本和法律保护的交互效应，结果显示社会资本和法律保护的交乘项系数在1%的水平上显著为负，表明在企业

研发投入决策中，社会资本和法律保护这两种影响机制是可以相互替代的，在法律保护水平较低的地区，社会资本对于研发投入的影响更加显著。在第（3）列中，法律保护对企业专利申请数的影响为正，表明良好的法制环境促进了企业的专利研制。在第（4）列中，加入社会资本和法律保护的交互效应，结果显示社会资本和法律保护的交乘项系数在1%的水平上显著为负，表明在企业专利研制中，社会资本和法律保护这两种影响机制是可以相互替代的，在法律保护水平较低的地区，社会资本对专利研制的影响更加显著。回归结果支持H2。

基于以上分析可知，社会资本和法律保护在影响企业技术创新方面存在替代关系，即在法律保护水平较低的地区，社会资本对企业技术创新的影响更加显著。

表30-6 社会资本与法律保护相互作用对技术创新的回归结果

变量	被解释变量：研发投入比率		被解释变量：专利申请数	
	（1）	（2）	（3）	（4）
社会资本	0.249*** (0.000)	2.921*** (0.000)	0.329*** (0.000)	1.149*** (0.000)
法律保护	0.028*** (0.000)	0.288*** (0.000)	0.076*** (0.000)	0.157*** (0.000)
法律保护×社会资本		−0.274*** (0.000)		−0.082*** (0.000)
其他控制变量	已控制	已控制	已控制	已控制
截距项	−6.771*** (0.000)	−5.742*** (0.000)	13.053*** (0.000)	−12.736*** (0.000)
Pseudo R^2	0.109	0.113	0.135	0.135
样本量	736807	736807	736807	736807

注：同表30-3。

四、社会资本与技术创新：内资股权的作用

表30-7显示了社会资本与内资股权对企业技术创新的影响。在第（1）列中，内资股权的系数在1%的水平上显著为正，表明中国内资企业更倾向于加大研发投入力度。在第（2）列中，加入社会资本和内资股权的交互效应，结果显示社会资本和内资股权的交乘项系数在1%的水平上显著为正，表明内资股权强化了社会资本对企业研发投入的促进作用。在第（3）列中，内资股权对企业专利研制的影响在1%的水平上显著为正，表明中国内资企业更倾向于加大专利研制力度。在第（4）列中，加入社会资本和内资股权的交互效应，结果显示社会资本和内资股权的

交乘项系数在1%的水平上显著为正,回归结果支持H3。这表明企业内资股权比例越高,社会资本对技术创新的影响越明显。

表30-7 社会资本与法律保护相互作用对技术创新的回归结果

变量	被解释变量:研发投入比率		被解释变量:专利申请数	
	(1)	(2)	(3)	(4)
社会资本	0.338*** (0.000)	0.040 (0.303)	0.526*** (0.000)	0.203*** (0.002)
内资股权	0.862*** (0.000)	0.430*** (0.000)	0.502*** (0.000)	-0.028 (0.742)
内资股权×社会资本		0.415*** (0.000)		0.477*** (0.000)
其他控制变量	已控制	已控制	已控制	已控制
截距项	-7.333*** (0.000)	-6.914*** (0.000)	-12.816*** (0.000)	-12.362*** (0.000)
行业、区域、所有权和年份效应	已控制	已控制	已控制	已控制
Pseudo R^2	0.110	0.110	0.135	0.135
样本量	736807	736807	736807	736807

注:同表30-3。

五、社会资本与创新回报

在表30-8第(1)列中,加入社会资本的哑变量,以考察社会资本水平的高低对创新回报的影响。社会资本哑变量的估计系数在1%的水平上显著为正,表明在社会资本水平较高的省份,企业能获得更高额的创新回报。第(2)列考察了社会资本哑变量和研发投入的相互作用对新产品产出的影响,系数在1%的水平上显著为正,表明研发投入水平与企业的创新回报正相关,这种正相关关系在社会资本水平较高的地区表现得更加明显。在第(3)列中,专利申请数的估计系数在1%的水平上显著为正。在第(4)列中,加入专利申请数和社会资本哑变量的交乘项,交乘项系数在10%的水平上显著为正,表明专利技术对企业创新回报有促进作用,这种促进作用在社会资本水平较高的地区表现得更加明显,回归结果支持H4。这表明技术创新和社会资本在影响企业创新回报方面呈互补关系,社会资本提升了技术创新的经济效益。

表30-8 研发投入和专利技术对新产品产出的影响

变量	被解释变量：新产品产出比率			
	（1）	（2）	（3）	（4）
研发投入	0.214*** (0.000)	0.152*** (0.000)		
社会资本哑变量	0.337*** (0.000)	0.315*** (0.000)	0.396*** (0.000)	0.396*** (0.000)
研发投入×社会资本哑变量		0.057*** (0.000)		
专利申请数			0.164*** (0.000)	0.151*** (0.000)
专利申请数×社会资本哑变量				0.007* (0.080)
其他控制变量	已控制	已控制	已控制	已控制
截距项	-1.468*** (0.000)	-1.465*** (0.000)	-1.261*** (0.000)	-1.260*** (0.000)
行业、区域、所有权和年份效应	已控制	已控制	已控制	已控制
Pseudo R^2	0.159	0.161	0.122	0.122
样本量	736807	736807	736807	736807

注：同表30-3。

六、稳健性检验

一个内生性问题是，可能存在"逆向因果问题"（Reverse Causality），也就是说，不是较高的社会资本水平促进了企业的技术创新，而是企业的技术创新活动提高了当地的社会资本水平。此外，也可能存在一个"遗漏变量"，它同时决定了社会资本和技术创新的特征，从而导致二者的正相关关系。为了解决这个问题，我们采用工具变量法，将各省份的无偿献血率作为社会资本的工具变量。更重要的是，无偿献血率不受企业技术创新的影响，所以能够避免"逆向因果问题"。相关系数表明，社会资本和无偿献血率显著正相关（Pearson相关系数为0.8605，$p<0.001$）。结果显示，在社会资本水平较高的省份，企业表现出更高的技术创新水平。

第四节 结论与启示

在经济转型的背景下，营造一个良好的外部环境有利于激发企业的技术创新。中国地域辽阔，社会文化发展不平衡，使得中国各地区的社会资本水平存在很大差异。这一独特的社会文化环境使得基于中国的实证研究具有很高的价值（陆铭和李爽，2008）。本章引入"社会资本"这一社会学概念，从微观层面证实了社会资本对企业技术创新的促进作用。

社会资本对企业技术创新影响的估计结果显示，位于社会资本发展程度高的地区的企业有着更高的技术创新水平。这一结果意味着社会资本同物资资本、人力资本一样，促进了企业技术创新。在社会资本水平较高的地区，企业获得了更多的技术合作机会和外商直接投资，为企业技术创新活动带来了更多的技术流入和资金支持。本章的研究表明，社会资本改善了地区的技术交流条件和投资环境，为企业带来了更多的技术交流机会和融资渠道。在影响企业技术创新方面，社会资本与法律保护的交乘项为负。中国地域辽阔，不同地区和行业的制度环境发展水平差异巨大。作为一种非正式制度，社会资本弥补了转型时期正式制度的缺陷，促进了企业的技术创新。结合股权背景的分析表明，内资股权强化了社会资本对企业技术创新的促进作用。股权因素为社会资本影响企业技术创新提供了更多的作用路径。在内资股权背景下，社会资本对企业的技术创新发挥了更大的作用。这意味着加强社会诚信建设对中国本土企业的技术创新具有重要意义。地区层面的社会资本与企业层面的技术创新结合在一起，提升了企业的创新回报。这一结果表明，社会资本不仅作用于企业的技术市场，也对产品市场产生了重要影响。在社会信任程度更高的地区，企业新产品被市场接受的速度更快，这对于企业研发投资等创新活动的区位选择具有重要启示。

本章的结论具有以下启示：

第一，营造人与人之间以信任为基础的社会氛围，为企业在技术创新过程中进行技术合作和知识分享创造良好的外部环境。在提升社会互信水平的基础上，推动企业、科研单位和金融等中介机构之间的技术交流合作，加快科技成果转化和推广。

第二，发挥社会诚信在资源配置过程中的调节作用和辅助功能，重点强化政府诚信建设，包括提高政府工作人员的诚信意识，在此基础上培育全社会的诚信意识，提高转型发展时期的社会信任度。

第三，把市场化改革和社会诚信建设很好地结合起来。在推进市场化改革中进一步完善市场机制，把社会诚信建设的着力点放在建立和完善制度上，建立健全市场经济下的法律法规体系。同时建立和完善全国范围内从企业到个人的多层次的信用体系，提升社会各领域的信息流动效率，为社会信任机制作用的发挥建立良好的信息流动基础，在诚实守信的社会氛围中建设创新型社会。

第七篇 数字经济推动中小企业转型升级研究

第31章 重视中小企业转型升级的战略问题[①]

中小企业是国民经济中一股活跃的力量,在世界各国经济发展中起着战略性作用。20世纪90年代以来,随着世界经济一体化及新经济革命的深入,无论是发达国家还是发展中国家,都在积极支持本国中小企业的转型升级。我们认为,要深入研究21世纪我国中小企业转型升级问题,必须摆脱以往传统框架的约束,应从战略思路、研究背景、支持体系与对策等方面来一个转换。

第一节 中小企业转型升级战略思路的转换

要摆脱以往仅把中小企业转型升级看作是单个企业产品创新、技术创新,以及发展高新技术中小企业的狭隘战略思路,转换为从宏观、中观、微观三个层面,从中小企业结构与体制两个方面,从整体上研究我国中小企业转型和升级的战略问题。具体包括以下几个方面的研究。

(1) 我国中小企业产业结构转型升级的战略问题。长期以来,我国中小企业产业结构趋同问题相当严重,已成为制约中小企业结构升级、摆脱困境的最大障碍。为此,需要以我国三次产业内部的各个行业之间的构成比重、历年变动趋势和生产集中度为依据,对我国中小企业的产业定位与行业选择做出科学分析与预测,这是我国中小企业转型升级的首要问题。

(2) 我国中小企业产业组织结构转型升级的战略问题。长期以来,"小而全"问题一直困扰着中小企业的发展。为此,需要着重研究中小企业与大企业融通关联模式、中小企业集群模式及中小企业"精、专、特、新"模式等三种产业组织形式

---

① 原载《宏观经济研究》,2002年第3期。

的理论、战略与实施对策。其中，中小企业向"精、专、特、新"转型的十大问题是：①发展核心专长；②重视管理创新；③加入国际网络；④形成产品群聚效果；⑤推动企业再造工程；⑥鼓励内部创新；⑦强化产品与工艺创新；⑧有效率地投入研究与开发；⑨发展信息科技产业；⑩培育企业家人才。

（3）我国中小企业区域结构转型升级的战略问题。大力发展与扶持科技创业型、城镇吸劳型（以吸收劳动力为主，即劳动密集型）和社区服务型中小企业，是我国中小企业地域布局结构转型的重点。为此，需要对这三种类型中小企业的性质、特征、发展现状、面临问题、行业选择、经营模式、政策措施等问题进行研究。

（4）我国中小企业经营管理机制转型升级的战略问题。当前，我国中小企业发展中存在的突出问题是：技术水平落后，劳动生产率低，产品质量差，市场竞争力不足，生产消耗高，融资渠道不畅，亏损率高，等等。为此，需要着重研究我国中小企业在体制转型、产品升级、市场升级、效益升级、经营能力升级等方面的战略模式。其中体制转型的关键是调动企业经营者和技术参与者的积极性，在中小企业建立职工持股制、股票期权制、技术入股制等激励约束机制。

（5）不同业务形态中小企业转型升级的战略问题。笔者认为，不同业务形态的中小企业应有不同的转型升级模式。为此，需要针对中小企业的六种业务形态构建中小企业转型升级的经营模式，即OEM（委托代工形态，即厂商在价值链活动项目上选择以产品的生产组装为主要形式的经营形态）强化模式、OEM转型ODM（设计加工形态）模式、ODM转型OBM（自有品牌经营形态）模式、ODM强化模式、自有品牌扩张模式、动态业务形态组合模式。

（6）特殊类型中小企业转型升级的战略问题。需深入研究：①我国乡镇企业在21世纪转型升级的内外因素与动力，转型升级的战略思路包括体制转型、机制创新、结构升级、农业产业化、小城镇带动、城乡企业优化组合、技术进步、东西合作、经营全球化、加入WTO、可持续发展等；②我国高新技术中小企业转型升级的总体战略、战略重点、支持体系与实施措施，以及如何处理体制转型、技术升级、管理创新的关系等问题。

（7）加入国际组织与中小企业转型升级的战略调整问题。需要深入研究各种国际组织有关协议对我国中小企业在企业制度、技术创新、管理体制、融资渠道、国际化经营等方面的影响，以及实施转型升级的战略思路和措施等问题。

第二节 中小企业转型升级研究背景的转换

对于我国中小企业转型升级的战略问题，还必须把它放在国际、国内，以及中小企业自身需求这样一个背景下展开研究。

第七篇　数字经济推动中小企业转型升级研究
第31章　重视中小企业转型升级的战略问题

（1）从国际上讲，对我国中小企业转型升级战略的研究要放在全球经济一体化，新经济特别是互联网与电子商务对全球经济产生冲击，国际资本与资源在全球范围内重新配置，全球中小企业转型升级出现热潮的新形势下。20世纪90年代以来，随着经济全球化和技术革命的深入，企业内外环境发生了很大变化，发达国家都在积极动手根治中小企业问题，扶持中小企业发展。为此，国际上提出了"企业重建"的新概念，企业向扁平化、信息化发展。以美国未来学家奈斯比特为首的革新者，提出了"世界经济规模越大，则小型经济实体越有力量"的理论。国际经济界普遍认为，21世纪将是中小企业的世纪。综观世界各国，中小企业在数量上都已占据了绝对优势，其贡献额也占到极大比例。随着信息技术和互联网的迅速发展，更是缩小了中小企业与大企业之间的能力差异，使中小企业能够以较低的成本建立起与昔日大企业相媲美的市场营销系统。同时，也是由于互联网与电子商务的帮助，使得生产同类产品和提供相同服务的中小企业间的竞争程度大大增加，相同领域中小企业新创办与被淘汰的数量也大大增加。总之，中小企业的竞争实力增强了，而同类中小企业参与竞争的压力也增大了。

（2）从国内讲，对我国中小企业转型升级思路的研究要放在加入WTO、推进经济结构战略性调整、西部大开发、国内就业压力增大的新形势下。

第一，加入WTO对我国中小企业转型升级的影响。随着加入WTO，我国中小企业的发展将进入一个新的阶段。加入WTO对我国中小企业转型升级而言，既是机遇也是挑战，且机遇大于挑战，关键是要尽早制定自己的应对战略。研究表明，中小企业面临的机遇与有利因素有五点：①WTO要求外国市场向中国开放，这将使一批生产具有竞争力的劳动密集型产品和地方特色产品的中小企业获得打入国际市场的机会；②WTO要求开放资本市场，这将使中小企业有更多的渠道和方式获得直接融资与间接融资；③WTO要求国内市场向国外开放，这必然会加快互联网信息技术和电子商务技术的发展，缩小中小企业与大企业之间的能力差异，减少中小企业发展中的诸多"瓶颈"；④加入WTO将为我国中小企业改制带来紧迫感和危机，促进中小企业通过改制得到更快的发展；⑤加入WTO将对我国中小企业经营管理水平的提高和技术创新带来积极影响；⑥WTO要求实现国民待遇，这将使我国中小企业在市场壮大、产业壮大等方面与国有大中型企业和外资企业享有同等权利。加入WTO后，中小企业面临的挑战和不利因素有以下几点：①外国企业的介入将使我国一些劳动密集型中小企业受到冲击，有些甚至会失去劳动力成本优势；②市场"游戏规则"的透明化，将使我国中小企业特别是很大一部分乡镇企业所具有的本地化优势逐步消失；③高科技中小企业将受到国外同类资本密集型和技术密集型企业的严重冲击；④那些尚未改制的国有、集体中小企业，由于设备陈旧、技术水平低下、经营机制僵化等问题，要取得发展将更加困难。

第二，经济结构战略性调整对中小企业转型升级的影响。随着经济结构战略性调整的推进，国有经济大量从中小企业层面退出，我国将形成以民间资本为主体的，以创造就业机会和促进创新为主要目的的中小企业群体，这是有利的一面。然而，我国中小企业的主要特点是量大面广，起点不高，在国民经济转型时期都需要尽快提高自己的"二次创业"能力，不断提升自己的资源和要素禀赋，从劳动密集型向资金密集型、技术密集型，再向信息和知识密集型转型升级，否则，中小企业的比较优势将可能变成劣势。

第三，西部大开发对中小企业转型升级的影响。西部大开发是关系我国未来社会经济发展的重要战略决策。这主要体现在两个方面：一是政府创造发展的环境，即以政府投资为主进行基础设施、公益事业等基本建设，构造和资助社会化服务体系，为经济增长和所有企业的发展提供良好的社会环境；二是政府分担民间投资的风险，即政府以财税等支持措施鼓励民间投资创办企业特别是中小企业，以企业带动区域经济和促进社会就业。目前，技术、人才、融资三大问题是制约西部地区中小企业发展的关键问题。如果西部中小企业能够利用西部大开发的有利时机，它们将成为西部大开发中吸引民间投资、人才和技术的重要载体。总之，西部大开发将为西部中小企业的结构升级带来千载难逢的机遇。

（3）目前，我国中小企业普遍存在着产业结构趋同、重复建设和"小而全"严重、技术装备水平低、融资困难、人员素质差、行业内部过度竞争等问题。对中小企业而言，只有加速转型升级才能生存和发展。

第三节 中小企业转型升级支持体系与对策的转换

日本、美国、德国中小企业转型升级速度较快的关键是它们有一套促进中小企业转型升级的支持体系，而我国却很不完善。为此，需要借鉴这些国家的经验，结合我国国情来研究中小企业转型升级的支持体系与对策。笔者认为应研究以下几方面的问题。

（1）建立中小企业政府管理机制。目前，按所有制划分，我国中小企业包括国有中小企业、城镇集体企业、乡镇企业、个体私营企业等。管理中小企业的机构有乡镇企业局、工商行政管理局、生产力促进委员会、工商联合会等。1998年虽然在国家经贸委设立了中小企业司，但职能远未到位。这些机构的职能多有交叉，容易产生政出多门的现象，不利于中小企业的健康发展。因此，我们建议政府尽早建立对全社会中小企业统一管理的机构，规范对中小企业的管理。中小企业管理机构的职能可以包括：制定、起草促进中小企业发展的政策、法律，协助中小企业获得贷款，为中小企业提供财政支持、管理咨询、信息服务、技术支持和人员培训等。特别重要的是，作为中小企业管理机构，应对不同所有制企业实行一视同仁的政策。不仅在认识上，而且在实践上彻底解决"所有制成分论"的问题。除国家法律和政策明令禁止的以外，允许非公有制企业自主选择经营范围和经营方式，简化非公有制企业市场准入方面的审批程序，促进各种所有制企业的平等和共同发展。

（2）建立健全中小企业的法律支持体系。支持中小企业的政策一般体现在有关法律法规上，所以在建立政府管理机构的同时，应当健全法律体系，保护中小企业的合法权益。长期以来我们的不少政策都是向大型企业倾斜的，现在要发展中小企业，当务之急是将中小企业真正当成市场主体，让它们享有与大企业同等的待遇。为此，迫切需要建立和完善促进中小企业发展的法律体系，以法律形式明确中小企业的社会地位，保护它们的合法权益。根据我国当前的立法情况，建议在已经出台的《公司法》《乡镇企业法》《合伙企业法》《独资企业法》的基础上，抓紧研究制定《中小企业基本法》和《促进中小企业发展法》，以确立中小企业在国民经济中的地位和作用，明确鼓励、支持中小企业发展的基本方针和各项政策措施。同时，要加大《反不正当竞争法》的执行力度，尽快出台《反垄断法》等有关法律，并建立或充实相应的执行机构，为中小企业的发展提供公平竞争的经营环境。

（3）为中小企业提供可靠的融资渠道。长期以来我国中小企业融资十分困难，这成为制约中小企业发展的一个重要因素。有些中小企业为了解决资金的来源问题，采取职工集资的方式筹集资金。这一方面由于数量有限，不能满足企业发展的需要；另一方面也很不规范，存在不少问题。若企业亏损，无力还本付息，将损害职工的利益；若企业赢利，由于付息比例过高，不利于企业增加积累。从目前的情况来看，中小企业融资难的问题虽有缓解，但仍需加大解决力度，采取下列措施。

第一，建立中小企业发展的准备金制度（也可以称为再就业准备金制度）。准备金的垫底资金来源有三个方面：一是政府财政拨款；二是出售国有中小企业的收入；三是从中小企业的营业收入中提取一定比例，作为发展准备金。发展准备金由政府掌握，重点用于支持地方产业升级换代，支持中小企业与高新科技事业的发展；实行有偿使用，滚动发展。同时，在会计科目中设置坏账准备金，用于备抵一些企业因经营不善而形成的呆、坏账。

第二，增加中小企业的银行贷款。这就要求各国有商业银行切实办好小型企业信贷部，其主要发放贷款的对象应是小型企业和个体企业，小额贷款规模的下限不宜过高，应降至万元以下。

第三，充分发挥城市商业银行、城乡信用合作社的作用，使之实际发挥类似中小企业银行的作用，其贷款规模应有一定比例（比如70%）专门用于中小企业。

第四，实行优惠贷款。主要是对高新技术企业提供无息或贴息贷款，无息或贴息资金应由财政如数拨付，这实际上是政府利用财政手段支持高新技术中小企业的发展。

第五，建立中小企业贷款担保基金。既可以由政府出面设立永久性机构，也可以由中小企业组建联合担保共同体，实行股份制。有了担保基金的支持，银行可以降低风险，而中小企业能更容易地获得贷款。这里的关键是，基金本身应按照市场经济原则运作，并且拥有足够的防范措施，如对担保项目进行可行性研究，按担保比例和额度收取一定的手续费等。

（4）实施优惠政策，支持中小企业创业与发展。一是开业优惠。实行开业优惠，就是一方面要简化开业登记手续，减免有关费用；另一方面要降低开业条件。下岗职工申请开办企业，凭个人身份证、下岗证或待业证、单位辞职证明等即可办理，减少不必要的手续和障碍；减免工商管理等行政性收费。要降低开业注册资本金，比如，对与人们日常生活密切相关的修理业、零售业、餐饮业等，其注册资金可降至千元左右；对于科技咨询、软件开发等行业，其最低注册资金在5000元左右即可。同时，对于经营场所也应降低条件，允许下岗职工利用自己的住房营业。二是资金援助。要发展中小企业，还应当在资金方面给予援助。对于那些想创办企业、手中又实在没有资金的下岗职工，可由下岗职工本人申请，将其一年或更长时间的生活救济费一次性拨付，作为创办企业的注册资本金。这样可将下岗职工的消费资金转变为生产资金，变被动救济为引导创业，有利于下岗职工学会在市场上拼搏，增强竞争能力。另外，还应当在咨询和其他服务方面给予资金支持。三是税收优惠。税收优惠是国际社会支持中小企业发展的一种重要方式。对中小企业实行税收优惠，也是涵养税源的一项重要措施。从个别企业看，税收似乎减少了，可是由于税收优惠促进了中小企业的发展，税收实际增加了。税收优惠对我国促进下岗职工再就业更有特殊的意义。对下岗职工创办的中小企业，可以实行自创办之日起一年内不收税，三年内免征营业税和个人所得税的税收优惠；对于实在有困难的企业，五年内应当给予一定的减免缓优惠。要在"小规模纳税人"和"一般纳税人"之间找到平衡点，做到一视同仁。四是其他优惠。为了更快地促进中小企业的发展，除以上提到的在开业、资金、税收等方面的优惠外，还应当有其他方面的优惠，这些优惠也是很重要的。其中主要包括：①咨询与培训优惠。在这方面，应当设立专门基金，为中小企业提供咨询和培训优惠。政府应拨出专门款项，免费为这些企业提供咨询和培训，真正做到"扶上马，送一程"。②设立小企业"孵化器"。政府应投资建立小企业"孵化器"，为中小企业提供经营场所。开始时，应少收费、低收费；对下岗职工可以不收费。当企业已具雏形时，可将其"分群"出去，以便腾出场地吸收下一批创业者。③鼓励中小企业技术升级和产业换代。对于采用新技术、开发新产品、运用新工艺的中小企业，应当在税收、财政、融资等方面给予优惠。特别应当鼓励中小企业从事科研、技术和产品开发，新技术试制（试用），以及经营技术转让业务等。④促进联合与开展专业化协作。对开展专业化协作的中小企业，它们之间的交易行为可视同企业内部的交易行为，实行准予免缴或少缴增值税、营业税等流转税的政策。同时，对中小企业联合组建企业集团的，应给予政策优惠。⑤促进中小企业产品出口。当前，中小企业产品出口面临着很多困难，如体制障碍、融资困难、缺乏专门为中小企业出口服务的机构及信息不灵等。因此，要建立促进中小企业产品出口的金融机构，切实解决中小企业国际化经营中的融资问题。与此同时，要充分发挥出口信用保险机构的作用，为中小企业出口提供必要的信用担保；建立为中小企业出口和国际化经营服务的机构，请专家和其他社会力量帮助中小企业进行国际市场调查、项目可行性研究和市场营销等；加强中小企业与专业外贸机构之间的合作，通过广泛推行外贸代理制扩大中小企业的间接出口等。

（5）建立健全中小企业社会化服务体系。建立、完善各种形式的社会化服务组织，为中小企业提供各种服务。针对中小企业的特点，联合社会各方面的力量，组织官办中介机构或支持民办中介机构，为中小企业提供管理信息咨询、人才教育培训、经营诊断及指导、技术开发等服务，增强中小企业在市场中的竞争能力和发展能力。加快建设包括信息网络在内的基础设施，为中小企业提供基础设施支持。抓紧研究制定发展小城镇战略，通过建立工业园区和开发区等形式，为中小企业提供基础设施和共用技术设施，形成中小企业"团地化"经营模式，发挥地区集聚效应，提高公共设施的利用效率，节约土地，降低成本和加强环境保护。同时，适应现代信息网络社会的发展要求，加快信息网络建设，向中小企业提供最具权威性的市场发展、行业监督法规、产品基本标准等方面的信息，为中小企业参与市场竞争提供各种信息服务。通过各种渠道和形式，鼓励、支持中小企业积极发展高科技。随着知识经济大潮滚滚而来，科技型中小企业已成为经济发展新的生长点，因此，要尽快发展创业投资体系，支持官办或民办风险投资公司，为中小企业创新提供资金支持。

第32章 企业推行数字化变革投入产出效应研究[①]

第一节 引言

在数字经济的爆发式增长及与实体经济的深度融合的新背景下，企业数字化转型的绩效研究越来越成为被学术界关注的一个焦点问题（王宇等，2020；Ravichandran and Liu，2011）。数字化投资与企业绩效之间错综复杂的关系使不少企业对是否进行数字化投入产生了困惑，已经投入的一些企业由于"阵痛期"对继续投入产生了疑问，甚至部分企业因数字化转型陷入"不转型等死、转型找死"的两难困境。调研发现，实际上存在企业因转型能力弱出现"不会转"、因转型成本高出现"不愿转""因转型""阵痛期"长出现"不敢转"等现象（国家信息中心，2020）。企业内部的数字化变革已然成为一只诸多谜题待解的"黑匣子"，让近年来一些学者为之着迷。显而易见的是，我国在数字经济发展抢跑过程中尝到了数字化红利的甜头（刘淑春，2019），数字化转型的氛围日益浓厚，让大量企业对此产生了兴趣。因此，企业内部微观层面管理数字化变革的投入产出效率问题研究具有重要的理论和现实意义。

企业数字化转型的过程实质是从"工业化管理模式"向"数字化管理模式"的变革，通过将数字技术引入现有企业管理架构，推动信息结构、管理方式、运营机制、生产过程等相较于工业化体系发生系统性重塑，客观上要求企业打破传统工业化管理情形下的路径依赖（黄群慧等，2019；肖静华，2020），改变原有的企业管理思维逻辑（陈剑等，2020），驱使企业生产管理趋向智能化、企业营销管理趋向精准化、企业资源管理趋向高效化，从而带来企业管理范式乃至管理制度的颠覆式创新（Frynas et al.，2018；Einav and Levin，2014）。因此，企业管理数字化变革是企业在数字化环境和浪潮之下亟待关注的重要理论前沿问题（陈冬梅等，2020；Agrawal et al.，2018）。

企业管理数字化变革不仅对现有企业管理范式提出了新命题，也推动了企业治理结构、内部管控、运营机制发生根本性变革（戚聿东、肖旭，2020）。那么首先需要思考的是，数字化管理对企业投入产出效率真的有影响吗？Bakhshi等（2014）选择了英国500家企业作为样本，对他们的数字化产出效率进行分析发现，将用户

[①] 原载《管理世界》，2021年第5期。

数据纳入企业管理的企业生产率比没有纳入的企业平均高 8%~13%，Mikalef 和 Pateli（2017）也持有类似的观点，但也有一些研究对此提出了质疑，认为数字技术与企业绩效之间并没有直接的正相关关系。Hajli 等（2015）的研究发现，只有部分企业从数字化转型中获得绩效。囿于企业管理能力滞后于数字化技术变化，数字技术与企业原有资源和业务流难以融合，导致企业推行数字化后的绩效增长并不显著（戚聿东、蔡呈伟，2020）。埃森哲《2020 年中国企业数字转型指数研究》同样支持了这一结论，发现数字化转型带来绩效提升的企业数量占比仅从 2018 年的 7%提升到当前的 11%。这或许是继"索洛悖论"或"IT 生产率悖论"之后的"数字化转型悖论"，如何帮助企业掌握"阵痛期"规律并加以利用或已成为解决这一悖论的重要手段和方式。

从企业看，推进数字化管理和变革需要大量资本投入和沉淀成本，如何根据所属行业属性、规模体量、技术优势等特征选择科学的数字化变革路径，制订合理的投资计划，是企业推进数字化管理必须考量的现实问题。目前看，企业资源计划系统（Enterprise Resource Planning，ERP）、制造执行系统/集散控制系统（Manufacturing Execution System/Distributed Control System，MES/DCS）、产品生命周期管理系统（Product Life-cycle Management，PLM）[①] 作为数字化转型的主要投资项目，通过订单管理、采购管理、库存管理、供应商管理、客户关系管理等资源的数字化配置，支撑和服务资金链、供应链、要素链、业务链的精准化匹配，成为企业管理数字化变革的探索路径。企业管理数字化变革的投资会随着市场和企业自身特征进行调整，以 ERP 数字化项目为例，图 32-1 描述了 ERP 项目企业投资规模、投资时间和企业数量的直方图。可以看出，2006—2010 年，大量企业选择较大规模的 ERP 投资，之后随着企业数字化管理平台的完善，ERP 项目的投资回报率逐步降低，企业随之降低投资规模，尽管 2011—2015 年受数字经济改革的政策影响，ERP 项目的投资规模有所增加，但之后投资规模持续降低。也就是说，企业数字化转型投资项目具有上述动态波动特点，推行数字化管理的"阵痛期"特征得以初步体现，但当多数企业

[①] ERP 项目是指建立在信息技术基础上，集信息技术与先进管理思想于一身，以系统化的管理思想，为企业员工及决策层提供决策手段的管理平台。它是从 MRP（物料需求计划）发展而来的新一代集成化管理信息系统，它扩展了 MRP 的功能，其核心思想是供应链管理，跳出了传统企业边界，从供应链范围去优化企业的资源，优化了现代企业的运行模式，反映了市场对企业合理调配资源的要求。它对于改善企业业务流程、提高企业核心竞争力具有显著作用（张后启，2001）；MES/DCS 项目借助精益管理的思想，旨在通过执行系统将车间业务流程协同起来，实时监控底层设备和生产业务的运行状态，帮助企业实现生产计划管理、工艺过程调度、车间库存管理、产品动态跟踪，将生产状况及时反馈给企业决策层，最终提高企业生产制造的执行效率和能力；PLM 项目是支持产品整个生命周期信息的创建、管理、应用和共享的解决方案，它结合电子商务技术与协同技术，将产品的开发流程与 SCM、CRM 等系统进行集成，将孤岛式流程管理转变为集成化的一体管理，实现从概念设计、项目管理、物料规划、产品维护到供应链管理信息的全面数据管理。

走过推行数字化管理动态波动的"阵痛期",投入产出效率提升带来的先发优势得到显著提升。针对企业管理数字化转型投资项目,企业的投资决策会随着环境变化、企业规模、所处行业和所有制结构等因素产生较为显著的差异。

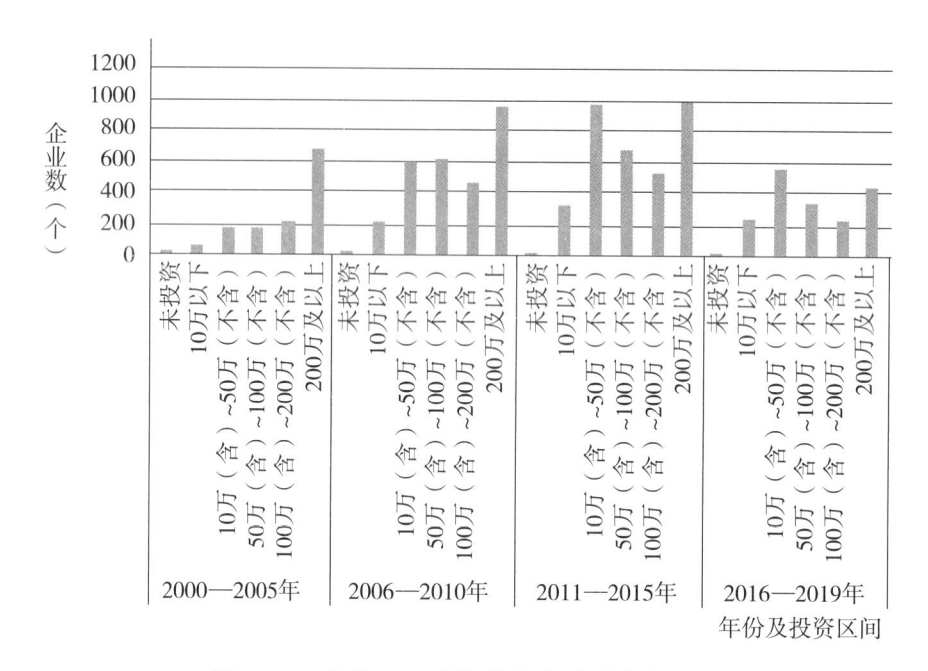

图 32-1　企业 ERP 项目投资年度动态变化

注：纵轴代表企业数量,横轴代表企业投资规模。

通过梳理已有文献发现,针对企业数字化变革的研究主要集中在宏观、社会和产业层面,而微观层面针对企业管理数字化、数字转型投资项目带来的企业层面的投入产出效率和效益等研究文献相对较少。同时,令人感兴趣的是,微观层面的企业究竟是通过什么样的机制来实现企业管理数字化,其背后有着怎样的深层次动因,以及企业应如何规避数字化投入特征带来的"阵痛期",从而提升企业的投入产出效率。基于此,本章首先梳理了学术界的相关代表性文献。王开科等（2020）从宏观经济层面讨论了我国数字经济与传统经济的融合发展程度,表明数字技术的应用显著提升了社会生产效率,同时认为数字技术通用性的提升是改善生产效率的关键；王春云和王亚菲（2019）从全社会和第一、第二、第三产业角度,将资本服务理论引入资本回报率测算方法中,量化数字化资本在全社会及行业资本回报率中的作用；何帆和刘红霞（2019）从经济政策角度,利用 A 股 2012—2017 年数据研究表明,我国数字经济政策对实体企业数字化变革业绩影响较大,数字化变革显著提升了实体企业经济效益；黄群慧等（2019）重点关注了互联网发展对制造业生产率的影响,从城市、行业、企业 3 个维度表明,互联网发展显著促进了城市整体和制造业整体生产率，且对制造业整体生产率的影响大于其对城市整体生产率的影响。这些文献从宏观层面（含社会发展、经济政策，以及产业/行业整体生产率等不同视角）对数字经济和企业数字化变革的影响效应进行了卓有价值的探索，为本章拓展针对企业内部微观管理层面的数字化变革研究提供了思路上的有益探索和启发。然而，企业内部管理的数字化变革仍然是只"黑匣子"，企业管理的数字化投资主要包括哪些？其是否能带来投入产出率的提升？如果是，那么这种影响究竟通过怎样的内在机制或哪些关键要素进行传导？企业应如何利用这种数字化项目投入和效率之间的特征关系走过推行数字化管理动态波动的"阵痛期"，从而显著提升企业数字化管理的先发优势？或许由于目前官方统计几乎没有针对企业内部数字化的细分统计指标及数据，抑或针对企业的管理数字化进行详细的问卷调查操作起来存在较大难度，导致目前缺乏这方面的研究。这是本章研究的出发点和落脚点，也是本章在现有文献基础上尝试突破和产生边际贡献的地方。

作为全国第一个信息化与工业化深度融合国家示范区的浙江省，2013年起按照国家部署启动"两化"（即信息化和工业化）融合示范区建设，每年对参与数字化改造的企业进行动态跟踪、问卷调查和绩效评估，为本章的研究提供了有力的支撑和直接的数据来源。浙江省的数字经济发展在各省市中比较典型，其从2013年到2019年经历了1.0版、2.0版再到3.0版的变化，[①] 在全国具有引领性、先行性、示范性，对其企业数字化变革和投入产出效率的深入研究能够为全国其他省份提供经验证据及政策启示。尤其是当前仍处于数字化变革之初，尽管我国技术水平足以支撑多数企业推行数字化管理，然而企业仍在困惑：该如何顺应数字经济的大势，最优化利用现有数字技术？如何投资数字化转型项目才能推进企业的数字化管理能力提升？如何看待数字化管理动态波动"阵痛期"的持续时间、黑箱机制，以及跨过这一阵痛期后是否/或能够在多大程度上为企业提升效率并带来收益？

基于上述理论和现实背景，本章试图在这些方面做出有益探索，即基于全国首个"两化"融合国家示范区连续5年的动态调研数据，考察企业推行数字化变革对投入产出效率的影响，力图为全国其他区域企业在追逐数字化优势和推进数字化管理的具体投资方向及规模等方面提供示范标杆和管理启示。①本章揭示了数字化变革过程中资本与劳动产出之间的关系，为企业提高数字化管理的资本预算占比提供理论依据；②针对化工品和建材类加工制造业、技术密集型的中高端加工制造业、

---

① 2013年10月，国家工信部正式批复浙江省成为全国第一个"信息化和工业化深度融合国家示范区"，鼓励浙江省先行探索为全国提供改革经验，这是"两化"深度融合的1.0版。2016年11月，浙江省又获批建设全国第一个国家信息经济示范省，这是"两化"深度融合的2.0版。2019年10月，浙江省进一步获批成为"国家数字经济创新发展试验区"，这是"两化"深度融合的3.0版。由此，浙江省2015—2019年的面板数据亦成为本研究有关企业推行数字化管理提升投入产出效率的样本选择区。

劳动密集型的低端加工制造业、制品业的异质性分析和规模递增与递减效果初探，为不同类型规模企业的数字化转型投资项目的投资重点、投资规模和方向提供了十分具体的指导和建议；③深入剖析数字化投入和效率之间的非线性关系和推行数字化管理动态波动的"阵痛期"现象，解析这一让企业因不明晰不确定性而产生担忧的神秘黑箱机制，进而解决企业面对数字化变革产生的"不敢转""不愿转"和"不会转"等现实问题；④全国首个"两化"融合国家示范区已于7年前按照国家部署启动相应的数字化建设，多数企业已渡过"阵痛期"并带来经过企业实践检验的数字化管理投资效果和经验证据/失败教训，基于这一动态跟踪调查数据的研究，不仅有利于剖析企业数字化转型投资项目带来的实际投入产出效率，还能够对全国其他区域推进企业数字化管理/变革提供一个参考样板和基础模版，对全国的数字化变革起到示范和启示作用；⑤本章中的研究结论以期为我国各地企业在优化数字化转型项目投资预算结构、结合企业实际制订数字化专项规划方面提供有益的判断，另外，也将有助于政府在数字化变革的浪潮中制定符合行业特质和企业实际的精准化政策体系，使数字化转型与管理的政策供给与企业数字化发展阶段及需求更加匹配。

本章可能的边际贡献在于：①相较于现有基于社会发展、经济政策，以及产业/行业整体生产率等不同视角企业数字化变革的宏观层面研究，本章试图探讨企业内部、微观的管理数字化变革对其投入产出效率的影响，以 ERP、MES/DCS、PLM 数字化投资项目为数字化管理的嵌入路径，揭示企业推进数字化管理提升投入产出效率的内在机制。②以全国第一个"两化"融合国家示范区内的1950家工业企业为研究对象，使用企业实际推进数字化管理连续5年的追踪调查数据，运用随机前沿分析（SFA）方法，区别于社会总体/中国资本回报率，创新性地从微观企业层面测算了数字化管理的投入产出效率，进而探讨了企业各类数字化转型投资项目的企业规模、行业特征和所有制结构等异质性差异，为企业制定具体的数字化管理决策、数字化转型项目投资预算和规模，以及政府制定相应的政策体系提供了经验证据和决策依据。③在分析了企业推进数字化管理过程中资本产出弹性、劳动产出弹性和数字化投资项目的投入产出效率基础上，使用 Tobit 模型对企业推进数字化管理、实现数字化转型的影响因素进行了深入分析，探讨了企业管理数字化投入和效率之间的非线性关系，推行数字化管理动态波动的"阵痛期"，以及数字化转型项目投资规模的最优临界点，使研究结论具有现实意义。

第二节 文献回顾与研究假设

一、文献回顾

（1）企业管理数字化变革。企业通过关键业务、关键环节、关键部位的数字化推进管理变革，加快业务模式创新，增强应对市场变化的灵活性和敏感性（Mikalef and Pateli，2017；袁勇，2017），通过数字技术革新工艺流程，实现客户价值创造的改变，也使得企业的价值创造被重新定义和有效创新。针对制造业企业战略转型，并不只是简单地重塑业务流程，而是以组织模式创新作为切入点，与新时代下的技术创新相结合，推动整个企业创造新的价值（夏清华、娄汇阳，2018）。而企业若想成功实现数字化，需对当前的业务模式和流程进行改造，或者以更优的新业务模式替代原有模式（Meffert，2018）。数字化转型会改变企业组织结构、流程和业务活动（见图32-2），影响并且重塑企业的整个管理系统。肖旭和戚聿东（2019）、仉瑞和徐婉渔（2019）等认为，数字技术的应用改变了传统的商业逻辑，其价值维度体现在推动产业跨界融合、重构产业组织的竞争模式、赋能产业升级等方面。企业数字化转型应该是企业组织管理方式、生产管理模式、商业管理模式等在内的全方位的变革，吴群（2017）认为，传统企业的数字化转型是数字技术与企业生产制造、销售物流和产品创新等环节的融合，企业要想通过转型获得更强大的生命力，需运用互联网的思维方式和数字技术从商业模式、资本模式、管理模式及心智模式4个方面对企业进行重构（王晓燕，2016）。总之，随着数字技术在企业管理过程中的嵌入越来越深，学术界逐渐开始关注企业内部的数字化转型。

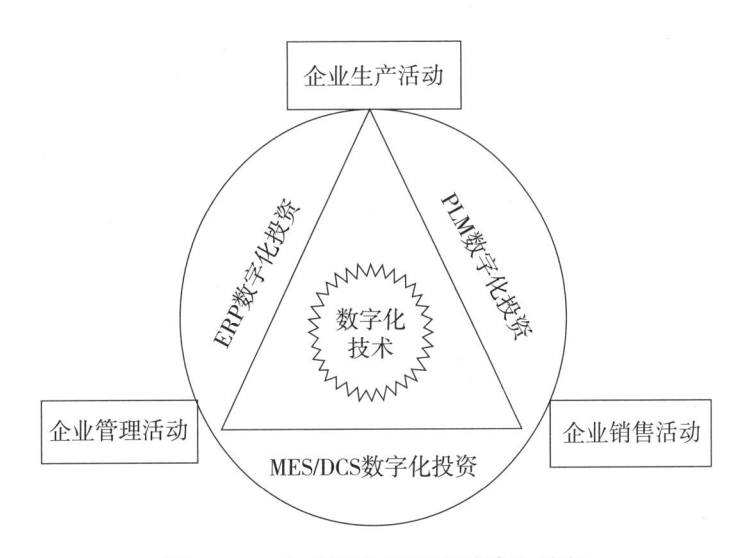

图 32-2　企业数字化变革的嵌入路径

（2）企业数字化投入产出效率。通过梳理已有文献发现，关于数字化转型对企业绩效的实证影响研究比较少，基本结论可以归纳为数字化投入/转型的积极效应或消极/不确定效应。一方面，众多学者认为企业推行数字化管理有助于企业提升持续竞争优势（Benner and Waldfogel，2020；Bruce et al.，2017；Ross et al.，1996；李坤望等，2015）、提升财务绩效（Jeffers et al.，2008；章文光等，2016；宁光杰、林子亮，2014），以及提升组织绩效等（Johnson et al.，2017；周驷华、万国华，2016；崔瑜等，2013；郑国坚等，2016）。何帆、刘红霞（2019）利用A股2012—2017年的数据，考察实体企业数字化变革的业绩提升效应。Nwankpa和Roumani（2016）基于资源基础观理论，研究发现数字化转型对创新和企业绩效有积极的影响。根据IDC统计，2018年全球前2000名企业中，有75%将为它们的"产品或服务""供应链网络""销售渠道"或者"业务操作"建立完善的信息化经济模型或者"数字孪生"。另一方面，也有部分学者对数字技术应用对企业业绩/绩效的影响持消极态度或认为企业推行数字化管理对企业会产生不确定效应，包括数字鸿沟增加协同难度（吴溪等，2017；Dod-son et al.，2015；Grewal et al.，2019；韩先锋等，2014；饶品贵等，2008；陈国青等，2018），研发效率低下（Jacobides et al.，2018），降低创新资源和要素集聚程度（曾伏娥等，2018）。当前，学界和实践界正见证着数字创新和数字机遇的出现，企业越来越多地采用各种机会如大数据、云计算、机联网或物联网、社交媒体和移动平台，以构建具有竞争力的数字业务战略。可见，以大数据应用、智能化和网络化为特征的数字化管理、转型和变革，对企业发展带来了颠覆性的变化与前所未有的机遇和挑战（林琳、吕文栋，2019），这使得对企业推进管理数字化变革带来的长期的、动态的投入产出效率研究愈加重要。

（3）"两化"融合及"两化"融合国家示范区。"两化"融合的本质是信息技术向制造业不断渗透，解决了产业分工不断细化与交易成本不断上升这一难以破解的天然矛盾，促使相互独立的产业边界不断跨界融合（Garcia-MurilloandMacinnes，2001）。Karmarkar（2010）和Moosa等（2011）认为，"两化"融合中制造业企业利用信息化网络拓展生产模式，实现网络化、智能化、集约化制造，显著促进企业与市场消费者之间的沟通交流。Zhang等（2001）认为，信息化有助于企业与内外部环境之间的信息收集、信息交换、信息整合，从而传导到业务流程优化、资源要素配置，而且进一步认为，只有形成企业整体的信息化能力才能显著提升企业价值链和竞争力。大量文献还从"两化"融合程度等方面探讨了其对制造业转型升级的影响（杨蕙馨等，2016；杜传忠、杨志坤，2015；陈石、陈晓红，2013；邱君降等，2019）。从实践层面看，2013年10月，国家工信部正式批复浙江省成为全国第一个"两化"深度融合国家示范区，先行先试开展示范试点，以实现以点带面、推动整体改革。2014年4月，浙江省印发《关于建设信息化和工业化深度融合国家示范区的实施意见》。与政策实践相比，学术界的相关研究比较滞后，如前文所述，实践中的大量问题需要理论层面的深化研究和回答。

综上所述：首先，与宏观层面数字化投入产出绩效测算文献相比，微观企业层面推进数字化管理的投入产出效率测算文献较为匮乏；其次，鉴于企业数字化包括数字技术在生产、管理、销售等各个层面的数字化，特别是ERP、MES/DCS、PLM

等不同数字化投资项目的影响可能存在差异，需要对企业推行数字化管理的投资项目进行更为具体和细分的探讨；最后，企业在推进数字化管理过程中，作为嵌入路径的各类数字化转型投资项目的异质性特征，以及连续年份的动态特征均有待进行深入的实证研究和讨论。对此，本章参考已有研究，采用"两化"融合国家示范区范围内的 1950 家企业连续 5 年的动态跟踪调查数据，对企业数字化投入产出效率进行初步测算，并对影响因素进行分析，进一步根据企业的异质性分别回归，以期对 ERP、MES/DCS、PLM 等不同数字化转型投资项目的影响差异进行客观的反映，剖析企业数字化管理提升投入产出效率的内在机制，为我国企业推动管理数字化变革提供实证依据和决策参考。

（二）研究假设提出

数字化技术改变甚至重塑了企业内部的管理流程，重新定义了企业的竞争模式、竞争机制和竞争边界（Porter and Heppelmann，2014），打破了企业内部不同环节、不同模块、不同部门之间的"数据孤岛"，基于数据归集、数据分析、数据决策实现更高效的生产管理，降低了企业市场交易成本包括搜索成本、信息成本、运输成本、传递成本、管理成本等，促进了资源组织和配置效率及供应链的管理能力，从而提升了创造价值的绩效（黄群慧等，2019；李海舰等，2014）。Clemons 和 Row (1992) 的研究认为，互联网信息技术的运用能够帮助企业大幅减少中间交易成本，不仅改变了开展交易活动的时空形态，而且改变了交易活动的模式和范围，实现了企业市场交易的更广范围、更高效率。如 ERP 项目，它本身是从 MRP（物料需求计划）发展而来的新一代集成化管理信息系统，针对制造业进行物质资源、信息资源、资金资源等一体化管理，通过供应链管理的集成实现跨部门的资源共享，进而提高企业的市场竞争能力。王开科等（2020）研究发现，企业通过把数字技术产品应用于内部生产管理，嵌入生产运营的各个环节，为企业生产活动提供智能化生产、销售流程再造和技术支持，也为原材料和中间品采购、内部组织管理提供数字化技术支撑，通过促进生产要素之间的协调性带来全要素生产率的提升。与传统工业技术相比，数字技术的突出优势在于能够更加系统、精准地捕捉企业生产管理过程中的一切数据和信息，通过数据运算和信息加工实现更加精细化、柔性化的生产（戚聿东，肖旭，2020），尤其是基于数字技术建立的"无人工厂""无人车间""无人生产线"，能够实现大批量、多品种、个性化、可视化的智能生产，而且企业生产周期、用工规模、产品不良率、人力管理成本等均显著降低。比如，MES/DCS 项目是面向制造企业车间执行层面的生产信息化管理系统，通过制造数据管理、计划排程管理、产品质量和技术标准管理、工具工装管理、生产过程控制、产品库存管理、生产调度管理、底层数据分析反馈等对整个车间制造过程进行流程优化，从而形成快速反应、充分弹性、精益生产、质量追溯的制造生态环境。综上，我们认为，企业进行数字化转型投资，本质上就是通过数字技术赋能企业发展，从而实现企业管理数字化变革的价值输出。基于以上分析，本章提出以下假说：

H1：企业推行数字化管理能够提升投入产出效率，对企业带来正向影响

企业管理的数字化变革对企业而言意味着新的开支、较高的学习成本及未来的不确定性。这一变革显然并不是简单的数字技术驱动，也非加大资本投入就一定能够带来产出的增长，企业管理数字化转型从前期投入阶段（主要包括软、硬件投入和培训服务）到中期内化阶段（包括企业对投入的软、硬件和服务进行学习适应，并与原有的企业管理体系进行融合），再到后期输出价值，实现预期目标往往需要经历一个复杂曲折而漫长的过程。面对数字化浪潮的新变革，传统企业难以摒弃建立在传统工业化体系之上的知识和能力，导致转型难度大、速度慢（Schrey and Sydow，2011）。特别是企业原有的软、硬件系统能否快速适应或过渡到新的数字化管理体系，企业员工的数字化能力能否快速适应内部变革的需求，以及是否具备与数字化管理变革相适应的数字化加速学习机制（肖静华等，2021）。对企业而言，数字化变革并非一蹴而就的事，推行数字化管理的效果可能需要一定的时间。以ERP项目实施为例，企业内部的业务部门与数字化部门之间需要密切合作，当业务流程随着ERP改变时，企业内部的组织结构、资源配置、调度管理等都需要随之转变，企业员工还需要具备与数字化转型相适应的技能，这些因素可能阻滞或者延缓数字化带来的影响。动态观察部分企业数字化轨迹发现，企业往往选择"局部数字化→模块数字化→整体数字化"的渐进式数字化转型路径（刘鹏飞、赫曦滢，2018），持续推动企业管理体系与数字化技术的融合，对业务流程、组织结构、资源配置、技术培训等进行不断的反复调试，这个调试过程实际上是业务数字化、管理数字化、技术数字化的不断耦合和相互适应，以获得提升投入产出效率的结果。由此，本章提出以下假说：

H2：企业推行数字化管理对投入产出效率的影响存在时滞性

无论是学术界还是政府部门的实践，基本认为，不同行业比如加工业/制造业、重工业/轻工业的企业管理数字化变革对投入产出效率的影响效应是有差异的。根据中国通信院（2020）的一项研究，重工业数字化占行业增加值比重基本上均高于10%，而轻工业数字化占行业增加值比重较低，维持在4%~7%，而且重工业行业的数字化转型速度、数字化侧重点及产生的绩效不同于轻工业。资本密集型的装备制造企业为了实现大规模个性定制及全业务链数据驱动和敏捷制造，往往投入大量资本购买传感器、工业相机、读码机等先进设备，通过MES/DCS等数字技术投入实现智能排程、进度监控、物料预警、质量监控、数据分析等功能，从而促进企业设备利用率提升、产品生产周期缩短、运营成本降低及产品不良品率降低（Kusiak，2017；陈剑等，2020）。但轻工企业与装备制造企业的数字化侧重点不同，它们往往通过 ERP、PLM 等融合，把订单指令、物料供应、产前准备、生产协同、品质管控、产品储运、物流动态等运营环节一体集成，实现人工成本下降、物流耗时下降、物耗能耗下降及生产效率提升（Chen et al.，2019）。因此，不同资本密集程度的企业在数字化变革过程中侧重点是不同的，资本密集程度高的重工业企业往往需要投入大量资本对生产端进行数字化改造；而资本密集程度低的轻工业企业更多的是对物流端及销售端进行数字化改造，当然，数字化改造后带来的投入产出效应也存在一定差异。因此，本章提出以下假说：

H3：企业推行数字化管理对企业投入产出效率的提升效应具有行业异质性差异

目前，关于数字化投入与产出效率的研究不多见，但关于信息技术与经济增长的研究能够为本章提供有益的启示。Czernich 等（2011）、Choi 和 Y（i2009）、刘生龙和胡鞍钢（2010）等分别从互联网设施、宽带投资、互联网渗透率等不同角度对经济增长的影响进行了研究，认为信息技术的广泛应用对经济产出具有显著的正向作用，但也有研究发现不同时期、不同阶段的信息技术发展对经济增长的贡献存在差异性（郑世林等，2014），有些研究甚至认为，IT 投资是效率提升的必要非充分条件（Dewan and Kraemer，2000），并不一定提高生产效率，即存在 IT 投资的"生产率悖论"（Lin and Shao，2006）。然而，随着互联网技术不断发展，特别是大数据、云计算、物联网、人工智能等数字技术的出现及与制造业的融合程度不断深化，数字技术对经济效率和劳动生产率的正向促进作用得到越来越广泛的认可（Oliner et al.，2008；郭家堂、骆品亮，2016）。王春云和王亚菲（2019）研究认为，以 ICT 资本为核心数字化资本要素在改善资本投入结构、提高资本利用效率、促进经济高质量发展等方面具有重要作用，特别是数字化资本通过发挥"替代效应"和"渗透效应"，提高了各类资本投入的生产效率。何帆、刘红霞（2019）的研究发现，2012—2017 年，数字化变革企业样本总资产收益率由 2012 年的 0.04 增加到 2017 年的 0.07，净资产收益率均值由 0.08 上升到 2017 年的 0.11。综合现有文献，企业数字化投入对产出效率的影响可能不是简单的正向促进或反向抑制作用，数字化投入的积极影响效果显现需要具备一定的前提条件，特别是企业数字化的禀赋条件、数字化通用技术发展水平、数字技术投资所处的历史阶段和背景等，受制于这些条件，在企业数字化发展的早期阶段，其对投入产出效率的提升作用可能比较有限（王开科等，2020），甚至大量的数字化投入并不一定带来投入产出效率的提升，只有当数字化投资达到一定规模后，其带来的效率提升效果才得到逐步显现（Deighton and Kornfeld，2009；陈石、陈晓红，2013；支燕等，2012）。诺兰"六阶段论"模型表明了发达国家企业信息化发展规律，揭示了企业在信息化转型初期，尽管 IT 投资增加较快，但生产效率和投资效益并不理想，这个阶段企业陷入"阵痛期"，只有到了数据统一管理和使用阶段，企业信息化生产经营绩效才得到逐步增速提升；然而，在边际效用递减规律作用下，随着企业数字化投入的持续增加，内部管理的系统性和复杂性越来越强，协调成本上升速度加快，效率提升进程放缓、直至产出效率下降（何晓星、岳玉静，2020）。按照这一理论逻辑，本章提出以下假说 H4：

H4：数字化转型项目投资和投入产出效率之间存在非线性关系

企业管理数字化变革初期，尽管数字化投入增多，但产出效率却呈下降趋势，且在达到一定阈值后加速下降，企业数字化管理进入"阵痛期"；然而，当投资水平超过第二阈值后，投入产出效率逐步上升，随之呈现倒"U"型关系，效率增速递减。

第三节 研究设计

一、数据来源和变量定义

本章数据来源于我国第一个"两化"融合国家示范区内 1950 家工业企业连续 5 年（2015—2019 年）的跟踪调查数据，即每年在全省范围内组织的《浙江省区域"两化"融合发展水平评估企业问卷》，"两化"融合发展水平评估体系参照国家工信部 2014 年 5 月 1 日实施的"两化"融合国家标准《工业企业信息化和工业化融合评估规范》（GB/T23020-2013）。如引言所述，作为全国首个"两化"深度融合国家示范区，浙江省每年委托省企业信息化促进会实施"两化"融合发展水平评估，评估对象为示范区范围内的 11 个设区市和 99 个县（市、区），参与评估的企业是从示范区内进行数字化改造的 13037 家工业企业中随机抽取的有效样本企业，每年进行跟踪调查并发放问卷。调查评估于每年 11 月启动，经过通知下发、地区样本企业选取、全省样本企业填报、数据筛查和预警、电话核查、数据处理和统计分析等主要工作环节。为进一步提高评估质量，保障评估的准确性和科学性，该省加大问卷审核和数据核查力度，采取了三重筛查，尽可能确保企业数据的准确性和真实性。第一是地方主管部门对样本企业摸底，并对企业初次填报的问卷进行严格审查。第二是省企业信息化促进会对企业问卷填报得分超过预警阈值的地区进行预警提醒，要求地方主管部门核实异常问卷的企业实际情况，对问卷进行修正。第三是省企业信息化促进会对部分地区预警后仍未调整到位，存疑的地区企业问卷进行电话核查。获取有效问卷后的数据处理中，我们删除了与金融机构相关的企业，剔除部分不合理/无效的观察值，同时进行缩尾处理后，得到 5792 条有效观察值，从而得到了 1950 家企业 5 年时间的面板数据。

（一）企业投入产出效率测算

效率评价的主流研究方法有参数方法和非参数方法两种，参数方法主要以随机前沿分析方法（Stochastic Frontier Approach, SFA）为代表，非参数方法以数据包络分析（Data Envelopment Analysis, DEA）为代表，DEA 模型对误差项的考虑与 SFA 模型相比较为欠缺，根据本研究观测量较多的数据特征，以及 SFA 模型可以基于数据随机假设更好地刻画出企业的数字化管理投入产出效率水平的方法优势，参考 Wang 和 Ho（2010）相关研究，运用面板随机前沿分析方法（PSFA），对企业进行数字化管理的投入产出效率进行刻画。根据前文理论分析，SFA 基本模型设定为

$$y_{it} = f(x_{it}, \beta) exp(v_{it} - u_{it}) \quad (32-1)$$

其中，y_{it} 表示在第 t 期内第 i 个企业的产出，$f(x_{it}, \beta)$ 代表生产函数，x_{it} 表示在第 t 期内第 i 个企业的投入要素，β 为系数，$exp(v_{it})$ 是随机扰动项，$exp(-u_{it})$ 则为企业推行数字化管理的投入产出效率，取对数后得到：

$$\ln y_{it} = \ln f(x_{it}, \beta) + v_{it} - u_{it} \quad (32-2)$$

随机前沿分析方法要求设定生产函数形式，目前常用的生产函数形式为柯布道格拉斯生产函数（C-D）和超越对数生产函数（Trans-Log）。由于本章的研究目的在于探讨企业推行数字化管理的项目投入对该数字项目产出效率的影响，即企业推行数字化管理产生的整体的投入产出效率，而非具体的某项软件或硬件投资，亦非各类数字化软件投资的细分效率，因此，我们选择 C-D 生产函数作为基准模型形式。

结合本章的研究目标和数据结构，选择企业利润额作为产出的代理变量，企业的信息化投资额作为资本投入的代理变量，数字化咨询和培训额作为企业劳动力投入的代理变量，构建随机前沿模型如下：

$$\ln y_{it} = a_0 + a_1 \ln k_{it} + a_2 \ln l_{it} + v_{it} - u_{it} \quad (32-3)$$

其中，y 代表企业产出，k 代表企业对于信息化的投入，l 代表企业对于信息化的咨询和培训费用，假设不可控因素冲击的噪声服从正态分布，与特征变量相互独立，特征变量服从 0 处的截断，因此，我们可以定义企业推行数字化管理投入产出效率为

$$TE_{it} = exp(-u_{it}) \quad (32-4)$$

以此来衡量各企业数字化管理的效率水平，TE 值越大，效率水平越高，同时可以使用这一指标进一步分析探讨影响企业数字化管理投入产出效率的关键因素。

由于本章使用面板数据，运用 PSFA 方法测算，必须考虑选择的模型是否需要考虑时间固定效应及是否存在时变，因此，本章对模型的选择形式进行检验，回归结果如表 32-1 所示。

表32-1 随机前沿分析回归结果

变量	(1)	(2)	(3)	(4)
回归方法	SFA	SFA	SFA bootstraps	SFA bootstraps
解释变量	lny	lny	lny	lny
lnk	0.436*** [0.022]	0.431*** [0.022]	0.436*** [0.028]	0.431*** [0.024]
lnl	0.041* [0.020]	0.042* [0.020]	0.041* [0.021]	0.042* [0.017]
_cons	8.416*** [0.196]	8.414*** [0.196]	8.416*** [0.288]	8.414*** [0.282]
lnsigma2				
_cons	1.171*** [0.042]	1.172*** [0.042]	1.171*** [0.053]	1.172*** [0.042]
lgtgamma				
_cons	1.258*** [0.067]	1.264*** [0.066]	1.258*** [0.104]	1.264*** [0.100]
mu				
_cons	3.061*** [0.183]	3.067*** [0.182]	3.061*** [0.237]	3.067*** [0.232]
时间固定效应	未控制	控制	未控制	控制
N	4648	4648	4648	4648
Wald P-value	0.000	0.000	0.000	0.000
AIC	15923.2	15920.2	15923.2	15920.2
BIC	15961.8	15971.7	15961.8	15971.7

注：*** 代表 $p<0.01$，* 代表 <0.1；括号中为标准误。

由表32-1可知，首先，企业在推行数字化管理过程中，信息化投资和咨询培训投资均对企业利润有显著的推动作用，在不考虑时间固定效应的情况下，信息化投资的产出弹性为0.436，在1%的显著性水平上显著，咨询培训的投入产出弹性，即劳动投入产出弹性为0.0405，在10%的显著性水平上显著，而在考虑了时间固定效应的情况下，资本产出弹性降低为0.431，在1%的显著性水平上显著，而劳动产出弹性提高到0.042，在10%的显著性水平上显著，说明资本和劳动的投入对产出的影响会随着时间发生改变。其次，所有的系数值均在1%的显著性水平上显著，但是标准误却存在较大的差异，也就是说，以模型（2）作为测算基准方程是最优的。最后，4个模型均通过了Wald检验，运用非时变的PSFA方法是可行的。进一步，根据上述模型设定，对所有企业每年的数字化投入产出效率进行测算，取值越大，效率越高。随机前沿分析的 4648 个样本中，有 1326 个样本具有连续 3 年的观测值，308 个样本有 2017 年的观测值，298 个样本具有 2019 年的观测值，253 个样本具有 2017 和 2019 年两年的观测值，237 个样本具有 2018 年和 2019 年的观测值，118 个样本具有 2018 年的观测值，55 个样本具有 2017—2019 年的观测值，但 2018 年的效率值为 0，剔除效率值为 0 的样本后，共得到 4514 个观测值。排名前 10 名和后 11 名的企业信息如表 32-2 所示。

表 32-2 企业推行数字化管理的投入产出效率（前 10 名和后 11 名）

序号	公司名称	年份	行业	效率
1	浙江荣盛控股集团有限公司	2019	化学原料及化学制品业	0.774
2	浙江新和成股份有限公司	2018	化学原料及化学制品业	0.764
3	浙江新和成股份有限公司	2017	化学原料及化学制品业	0.764
4	浙江新和成股份有限公司	2019	化学原料及化学制品业	0.764
5	浙江荣盛控股集团有限公司	2017	纺织业	0.753
6	浙江中成控股集团有限公司	2017	多元化集团	0.738
7	浙江中成控股集团有限公司	2019	多元化集团	0.738
8	浙江中成控股集团有限公司	2018	多元化集团	0.738
9	浙江协和首信钢业有限公司	2017	黑色金属冶炼及压延加工业	0.724
10	浙江协和首信钢业有限公司	2019	金属制品业	0.724
11	浙江协和首信钢业有限公司	2018	黑色金属冶炼及压延加工业	0.724
12	浙江汇明提花织造有限公司	2017	纺织业	0.0005
13	浙江汇明提花织造有限公司	2019	纺织业	0.0005
14	杭州紫光网络技术有限公司	2017	通信设备、计算机及其他电子设备制造业	0.0005
15	杭州紫光网络技术有限公司	2018	通信设备、计算机及其他电子设备制造业	0.0005
16	杭州紫光网络技术有限公司	2019	通信设备、计算机及其他电子设备制造业	0.0005
17	葛氏控股有限公司	2018	电气机械及器材制造业	0.0005
18	浙江金飞扬智能科技有限公司	2018	通信设备、计算机及其他电子设备制造业	0.0005
19	浙江东亿磁业有限公司	2018	通用设备制造业	0.0003

续表

序号	公司名称	年份	行业	效率
20	宁波普锐明汽车零部件有限公司	2019	金属制品业	0.0002
21	浙江大盛新材料股份有限公司	2017	造纸及纸制品业	0.0002

注：序号 20 宁波普锐明汽车零部件有限公司和浙江大盛新材料股份有限公司（序号 21）具有相同的最低效率测算值，故表中为 21 家企业。

资料来源：作者整理。

由表 32-2 可以看出，企业推行数字化管理所得的投入产出效率在不同企业间存在较大差异，针对化工品、建材类的加工制造业，其数字化管理的投入产出效率明显高于技术密集型的中高端加工制造业和劳动密集型的低端加工制造业，荣盛控股的主营业务由纺织业转型到化工类后，产出效率明显提高，这与企业推行数字化管理对不同行业的影响是密切相关的。与此同时，针对中端的加工制造业企业，推行数字化管理不仅能够有效地推动企业生产经营模式的转型升级，还能够显著地提升企业劳动生产率，降低运行成本，提高企业利润；针对技术密集型和资本密集型的企业，其在初期便投入了大量资本用于新技术的开发应用，数字化管理程度高，根据边际效应递减规律，在继续进行数字化管理投入的过程中，效率值会相对较低。

（二）主要解释变量和控制变量

根据理论分析，企业以 ERP、MES/DCS、PLM 等数字化转型投资项目作为推行数字化管理的关键嵌入方式，本章采用这 3 种模式对其进行量化，即分别选取了 ERP 投资量（Erpinvm）、MES/DCS 投资量（Mesinvm）、PLM 投资量（Plminvm）作为主要解释变量。出于商业信息保密性的考虑，企业仅提供了各个项目投资的区间值和数字化投资总额。已有研究中，类似数据处理方法常用平均值赋值、中位数赋值或构建虚拟变量进行处理，本章在此基础上运用组中值加权平均的方法（Stynes and Roos，1997；Martin-Vide，2004），对各项目投资额进行了更加精确的估算，即分别选取各区间（10 万元以下、10 万~30 万元、30 万~50 万元、50 万~100 万元和 200 万元以上）的均值作为估算值构建权重，与各企业数字化转型投资项目的实际总投资额的乘积作为各投资项目的投资额，其中，200 万元以上投资额企业共有 1515 个观测值，对其企业年报进行综合比较后，根据企业数字化投资总额 = ERP 项目投资额+MES/DCS 投资额+PLM 投资额的计算方法，计算得出 200 万元以上的投资额均值为 683.25 万元，中位数为 550 万元，进而同样使用上述方法构建 200 万元以上区间各投资项目的投资额。

具体测算过程如下：

第一步，求出各个项目投资区间的均值，对投资额进行赋值，200 万元以上的投资额，用各个企业投资总额减去其他项目的投资额的差额，取均值进行赋值，计算所得均值分别为 ERP 项目 550 万元，MES/DCS 项目 499 万元，PLM 项目 516.81 万元。

第二步，根据企业各个项目的赋值作为权重乘以企业数字化投资总额，估算得出各个项目的实际投资额。

基准回归中，本章运用构建的加权指标作为主要解释变量对研究假设进行验证；同时，为了保证结果的可靠性，在稳健性检验和进一步分析中，分别用均值赋值、构建虚拟变量两种方法，对研究假设进行了进一步分析和验证。

本章共包含 5 个控制变量：①选取了企业规模（reg）作为控制变量，已有关于企业管理数字化的研究文献中，企业规模一般用上一期期末的总资产的对数进行衡量（寇宗来、刘学悦，2020；刘诗源等，2020；沈国兵、袁征宇，2020；诸竹君等，2020），但所用的数据多来自 A 股上市公司数据。本章所用的调查样本包含不在 A 股上市的部分中小企业，会减少仅使用 A 股上市公司数据对企业推行数字化管理进行研究可能产生的偏误，为了不损失这部分中小企业数据信息，本章选用企业的注册资本作为衡量企业规模的代理变量。②实现自动化车间占比（dum_auto），即自动化车间占比的虚拟变量是本章选取的另一控制变量，分别对自动化车间的占比设定虚拟变量，用于捕捉当期企业工业化程度。③实现生产过程监控车间占比（dum_piews），即实现生产过程可视化、可控化的车间占比的虚拟变量，用于捕捉企业当前去工业化进程的指标。④PLM 实施阶段（dum_plm），根据上文描述性统计，在研究 PLM 项目的投资中，应当控制其有效的使用阶段，才能够保证结果的无偏。⑤在此基础上，我们还控制了企业类型，并根据企业所处的行业构建了虚拟变量。同时，我们对所有的指标均进行了 1% 的缩尾处理。

二、模型构建

由于本章被解释变量均大于零，并且存在截尾删失，运用最小二乘法直接进行回归会产生较大的偏误，因此，本章选用了 Tobit 模型对影响因素进行了实证分析，模型构建如下：

$$\text{Efficiency}_{it} = \alpha + \beta_1 \text{erpinvm}_{it} + \beta_2 \text{mesinvm}_{it} + \beta_3 \text{plminvm}_{it} + \text{control} + \mu + \eta + \varepsilon_{it} \quad (32-6)$$

其中，被解释变量为企业投入产出效率，主要解释变量为各类项目投资的金额，control 代表控制变量，后三项分别为年份固定效应、企业个体固定效应和残差项。

第四节 实证分析与结果说明

一、描述性统计

表 32-3 报告了本章使用变量的描述性统计结果。值得注意的是，效率值为依

据前文测算方法计算所得的企业推行数字化管理的投入产出效率值,为方便后续的数据分析,已将所得值放大 10000 倍;ERP 项目投资、MES/DCS 项目投资和 PLM 项目投资为各类项目上一年的投资金额自动化车间占比、生产监控车间占比和自动排产车间占比,根据调查的百分比结果在实证中构建相应的虚拟变量进行回归分析;企业所有制形式包含 21 种,依据私营、国有、外资等对其进行基本分类,进而根据公司规模和是否受到政府在推行数字化变革中的资本、技术和管理等方面的支持在回归中对其进行进一步细分。测算前,本章对所有的变量均进行了前后 1% 的缩尾处理。由数据可以看出,投入产出效率值的两极分化较为严重,最小值仅为 1.786,均值为 971.873,同时存在部分企业并未对数字化转型项目进行投资进而推进数字化管理现象。因此,如果简单使用 OLS 回归方法可能会产生较大偏差,为解决这一问题,后文针对这些异质性特征进行进一步探讨。

表 32-3 描述性统计

变量	观测值	平均值	最小值	最大值
被解释变量				
效率值	4514	971.873	1.786	7639.186
主要解释变量				
ERP 项目投资(万元)	5792	209.36	0	1294.132
MES/DCS 项目投资(万元)	5792	185.847	0	4458.802
PLM 项目投资(万元)	5792	150.003	5	647.066
控制变量				
数字化咨询费用(万元)	5792	58.361	0	100
企业规模(亿元)	5792	0.0022	0.0003	1.5
自动化车间占比(%)	5792	3.655	1	5
生产监控车间占比(%)	5792	3.748	1	5
自动排产车间占比(%)	5792	3.843	1	5
企业所有制形式	5792	14.36	1	21

二、基准回归结果

依据理论分析和描述性统计可知,企业所属行业、所有制形式等可能会对企业推行数字化变革的投入产出效率产生影响。由于政府会对推行数字化管理的部分私营企业、外资企业特别是国有企业在资本、技术及管理等方面给予不同程度的政策或资源支持,因此,本章单独整理这类企业作为具有国资支持企业的类别,对全样本、私营企业、国资支持企业及外资企业的产出效率分别进行回归,如表32-4所示。

表32-4 基准回归——Tobit模型

变量	(1) 全样本 效率值	(2) 私营企业 效率值	(3) 外资企业 效率值	(4) 国资支持企业 效率值
ERP项目投资	0.00062*** [0.002]	-0.008*** [0.011]	0.0129*** [0.003]	0.0025*** [0.007]
MES/DCS项目投资	0.0126*** [0.002]	0.0203*** [0.011]	0.0094*** [0.003]	0.0253*** [0.006]
PLM项目投资	0.0153*** [0.002]	0.0057*** [0.009]	0.0021 [0.004]	-0.0043*** [0.005]
_cons	967.3*** [0.249]	702.2*** [5.342]	1091.6*** [0.810]	1336.7*** [1.576]
sigma_u	1229.6*** [19.624]	1089.6*** [24.070]	1357.9*** [60.251]	1296.0*** [29.103]
sigma_e	9.245*** [0.098]	16.78*** [0.271]	10.89*** [0.331]	35.53*** [0.711]
N	4514	2022	545	1947
控制变量	控制	控制	控制	控制
AIC	48958.6	24962.2	6392.8	27165
BIC	49016.2	25090.7	6435.7	27220.7

注:***代表$p<0.01$;括号中为标准误。

可以看出,ERP投资在全样本、外资企业样本和具有国资支持背景的企业样本下,对推行数字化管理的投入产出效率具有较为显著的正向作用。在企业推进数字化管理过程中,随着目标的转变和治理结构的创新,组织结构趋向网络化和扁平化、营销手段趋向精准化和精细化、生产模式趋于模块化和柔性化、产品设计趋于版本化和迭代化、研发过程趋向开放化和开源化、用工模式趋向多元化和弹性化(咸聿东、肖旭,2020),尽管这些结构优化并不能直接影响企业的盈利能力,但会在长期对企业投入产出效率产生显著作用(李晓华,2019)。

对于MES/DCS和PLM投资,模型的回归结果表明,这类数字化投资项目能够有效地提升企业的投入产出效率。此外,MES/DCS项目的应用场景大多为中高端制造业;PLM项目主要为高新技术在企业数字化管理过程中的应用。在推行企业数字化管理的试点示范区域内,2010—2019年加强PLM项目投资的企业数明显增加,投入产出效率的提升促使企业的数字化投资意愿逐步增强。

三、内生性问题

尽管上述分析发现了企业数字化项目投资与企业数字化投入产出效率的相关关系,但仍需进一步识别其因果关系。理论上,首先,企业推行数字化管理能够推动管理结构的优化升级,进而提高企业投入产出效率,企业投入产出率的提高也会反过来进一步促进数字化项目投资。例如,ERP 项目中管理类软件的应用极大地提升了企业经营管理的效率,降低企业的管理费用、生产费用和其他相关成本,提升了企业的盈利能力,促使企业进一步扩大数字化项目投资。其次,数字化管理能够推动企业固定资产尤其是生产设备的转型升级,提高企业劳动生产率,进而提升投入产出效率。最后,本章主要关注的 3 种数字化项目投资可能同时影响企业的数字化投入产出效率。此外,还可能存在影响投入产出效率和数字化投入的遗漏变量,如企业规模、企业所有制形式、生产线特征和企业所在地特征等,对这些变量的捕捉不仅可以解释其对投入产出效率的影响,亦可分析企业市场生态圈竞争模式中许多亟待解决的问题,如合作机制(王大澳等,2019)、市场进入机制(叶广宇等,2019)、委托代理问题(王垒等,2020)等。实证中,由于使用 GMM 或 SYS-GMM 方法对短面板的分析会产生较大的偏差,于是本文选用工具变量法对内生性问题进行处理,进一步识别因果关系。具体而言,企业推行数字化管理主要从生产端和管理端两条路径展开,管理端方面主要是财务会计类和运营管理类两种;生产端方面则主要为车间的数字化和智能化改造。

因此,结合上述理论分析和数据特征,本章选取企业未来两年内是否具有 SCM 项目升级计划(是,dum_scmup=1)作为工具变量。首先,企业在当年是否制订 SCM 升级计划对已经测算出的数字化投入产出效率没有影响;其次,SCM 升级计划是针对供应链管理协作上的转型升级,需要一定的 ERP 项目基础,与解释变量 ERP 投资额具有相关性,满足工具变量的要求。本章对工具变量分别进行了外生性检验,第一阶段回归 F 值分别为 42.75(ERP 投资)和 14.54(MES/DCS 投资),P 值分别为 0.000 和 0.001,通过了工具变量外生性检验;第二阶段,本章进行了过度识别检验,Sargon 值均为 0;弱工具变量检验,Cragg-Donald Wald F Statistic 分别为 42.752(ERP 投资)和 14.522(MES/DCS 投资)。

根据 ERP、MES/DCS、PLM 项目的应用场景,PLM 项目主要针对的是研发创新类的数字化项目,内生性问题较小,但是 ERP 和 MES/DCS 项目的内生性问题和反向因果问题较为突出,因此,本章针对 ERP 项目和 MES/DCS 项目的投资,分别进行了 Tobit 回归,并且构建了工具变量 Tobit 模型,对内生性进行了检验。估计结果如表32-5 所示。由回归结果可知,ERP 项目投资和 MES/DCS 项目投资在各个模型中的回归系数均显著为正,与基准回归相同,在一定程度上可以证明基准回归是稳健的。

表 32-5 内生性检验

变量	Tobit 效率值	Tobit 效率值	IV-Tobit 效率值	IV-Tobit 效率值	第一阶段 ERP 投资	第一阶段 MES/DCS 投资
ERP 投资	0.0513*** [0.002]	—	2.717*** [0.944]	—	—	—
MES/DCS 投资	—	0.0865*** [0.001]	—	4.874** [1.898]	—	—
SCM 升级计划	—	—	—	—	43.95*** [6.695]	24.50*** [6.404]
_cons	1034.6*** [7.589]	938.0*** [0.234]	475.7 [436.343]	178.4 [534.237]	57.68 [68.363]	93.14 [65.388]
sigma_u	1213.7*** [19.269]	1221.2*** [19.387]	—	—	—	—
sigma_e	19.41*** [0.207]	11.42*** [0.120]	—	—	—	—
athrho2_1	—	—	−0.182 [0.153]	−0.506* [0.262]	—	—
lnsigma1	—	—	7.084*** [0.029]	7.198*** [0.122]	—	—
lnsigma2	—	—	5.260*** [0.011]	5.215*** [0.011]	—	—
_cons	—	—	—	—	57.68 [68.363]	93.14 [65.388]
N	4514	4514	4514	4514	4514	4514
AIC	56289.6	51511.2	137059.8	136725	136725	136725
BIC	56526.9	51543.2	137528.1	137193.3	137193.3	137193.3
F test	—	—	—	—	42.75	14.52
C-D Wald F test	—	—	42.752	14.52	—	—
A-R Wald test F statistics	—	—	8	7.94	—	—
A-R Wald test P-value	—	—	0.0047	0.0049	—	—
Sargon Test	—	—	0	0	—	—

注：*** 代表 p<0.01，* 代表 p<0.1；括号中为标准误。

根据投入产出效率的测算和基准回归结果可知,各类数字化转型项目的投入均会对投入产出效率产生一定的影响,但不同的数字化项目投资的效果也会因该项目应用场景的特征不同而不同。因此,本章在表36-5中对ERP项目和MES/DCS项目的相关特征进行了控制,包括企业规模、自动化排产车间占比、自动化监控车间占比、自动化生产监控车间占比和企业所有制形式等。利用Tobit模型分别针对ERP项目投资和MES/DCS项目投资进行分析,回归系数均显著为正,与基准回归相比系数基本一致,但在引入"是否具有SCM升级计划"作为工具变量,构建工具变量Tobit模型进行回归分析时,回归系数显著增大,即在控制住内生性后,数字化项目的投入产出效果显著增强,说明数字化项目的投资对企业数字化产出效率提升的推动作用是十分巨大的,但亦会受到企业本身数字化程度和技术水平的影响,可能的原因在于企业管理数字化变革,需要企业具有相当规模才能更好地发挥数字化管理的规模优势。

四、稳健性检验

(1) 替换变量。如测量投资额部分描述,通过改变ERP投资、MES/DCS投资和PLM投资的赋值并增加控制变量的方式进行变量替换,使用ERP投资额在200万元以上区间的企业投资平均数(550万元)对此区间的ERP投资额进行赋值,同理,MES/DCS投资在200万元以上区间均值为462.63万元,PLM投资200万元以上区间均值为516.81万元,据此再进行ERP投资、MES/DCS投资和PLM投资的投资额测算。同时,在基准回归基础上增加控制变量,包括企业数字化车间占比,联网车间占比。对比基准回归,可以初步认定回归结果是稳健的,如表32-6所示。

表32-6 稳健性检验——替换变量

变量	IV-Tobit 效率值	IV-Tobit 效率值	Tobit 效率值 全样本	Tobit 效率值 私营企业	Tobit 效率值 国有企业	Tobit 效率值 私营企业
ERP投资	2.493*** [0.869]	—	0.0240*** [0.001]	0.0560*** [0.004]	-0.0338*** [0.007]	0.110*** [0.005]
MES/DCS项目投资	—	4.883** [1.934]	0.0737*** [0.002]	-0.0131*** [0.004]	0.0618*** [0.007]	0.0675*** [0.005]
PLM项目投资			0.0243*** [0.002]	0.0504*** [0.004]	0.0361*** [0.009]	0.0268*** [0.005]
_cons	480.7 [436.881]	402.2 [506.541]	927.5*** [6.215]	657.6*** [5.223]	1244.8*** [12.559]	880.7*** [9.374]
N	4514	4514	4514	2022	545	1947

续表

变量	IV-Tobit 效率值	IV-Tobit 效率值	Tobit 效率值 全样本	Tobit 效率值 私营企业	Tobit 效率值 国有企业	Tobit 效率值 私营企业
控制变量	增加	增加	增加	增加	增加	增加
AIC	138028.6	137334.3	55432.1	26027.5	7149.3	26112.3
BIC	138496.9	137802.6	55688.7	26156.6	7265.4	26268.3

注：① *** 代表 p<0.01；括号中为标准误；② 分别以 ERP 投资额、MES/DCS 投资额和 PLM 投资额 200 万元以上企业的投资中位数 680 万元、499 万元和 517 万元赋值能得到相似结果。

（2）剔除先行优势。已有研究表明，企业数字化变革的效果存在一定的时滞性，较早开始实行数字化变革的企业具有一定的先发优势，为了考察企业数字化变革对投入产出效率影响的稳定性，本部分逐步剔除 2005 年之前就已经开始推行 ERP、MES/DCS 项目的企业，并且根据所有制形式进行了分组回归，回归结果如表 32-7 所示。对比基准回归可以发现，剔除先行优势后，回归系数值有所增加，但回归系数显著性未发生改变，基准回归稳健。随着企业数字化程度逐步加深，企业管理数字化变革的"红利期"逐渐缩短，据此亦可以初步猜测企业数字化投资和投入产出效率之间存在非线性的关系。

表 32-7 稳健性估计——剔除先行优势

变量	IV-Tobit 效率值 全样本	IV-Tobit 效率值 私营企业	IV-Tobit 效率值 外资企业	IV-Tobit 效率值 国有企业	IV-Tobit 效率值 全样本	IV-Tobit 效率值 私营企业	IV-Tobit 效率值 外资企业	IV-Tobit 效率值 国有企业
ERP 投资	2.739*** [1.019]	3.395** [1.393]	23.25 [53.461]	1.994** [0.855]	—	—	—	—
MES/DCS 项目投资	—	—	—	—	5.104** [2.006]	4.961*** [1.218]	2.504 [2.206]	2.635*** [0.896]
_cons	493 [429.192]	230.8 [274.202]	-4496.5 [1.304]	639.7*** [184.201]	385.4 [509.49]	35.58 [163.438]	685.8 [445.646]	575.7*** [174.404]
N	3928	1843	438	1647	4313	1964	516	1833
控制变量	控制	控制	控制	控制	控制	控制	控制	控制
AIC	118851	55337.9	13454	50221.3	130663.3	59056.7	15950.2	56328.8
BIC	119309.1	55553.1	13482.6	50259.1	131128.2	59107	15988.4	56367.4

注：*** 代表 p<0.01，** 代表 p<0.05；括号中为标准误。

五、异质性检验与机制分析

结合假说 3 的理论分析和描述性统计可以发现,企业数字化的投入产出效率在行业间可能存在较为显著的异质性差异。本章将企业所属的细分行业进行统计,如表 32-8 所示。可以看出,调查样本中,制造业所占比重较高,加工业次之,并且大多属于基础制造业,需要进行大量研发投入(R&D)的企业所占比重较少,在调查样本中,有 46 家集团企业经营 3 个以上产业,划分为多元化集团,本小节中的回归中,剔除了这类企业。

表 32-8 行业描述性统计

行业	数量(个)	比重(%)
专用设备制造业	600	6.222
交通运输设备制造业	693	7.187
仪器仪表及文化、办公用机械制造业	165	1.711
农副食品加工业	238	2.468
化学原料及化学制品业	623	6.461
化学纤维制造业	127	1.317
医药制造业	351	3.640
印刷业和记录媒介的复制	78	0.809
塑料制品业	343	3.557
多元化集团	192	1.991
家具制造业	166	1.721
工艺品及其他制造业	224	2.323
废弃资源和废旧材料回收加工业	16	0.166
建筑业	110	1.141
批发和零售业	27	0.280
文教体育用品制造业	147	1.524
有色金属冶炼及压延加工业	181	1.877
木材加工及木、竹、藤、棕、草制造业	227	2.354
橡胶制品业	132	1.369
水的生产和供应业	9	0.093
烟草制造业	5	0.052
燃气生产和供应业	10	0.104

续表

行业	数量（个）	比重（%）
物流、仓储和邮政业	9	0.093
电力、热力的生产和供应业	118	1.224
电气机械及器材制造业	795	8.244
皮革、毛衣、羽毛（绒）制造业及其制品业	76	0.788
石油加工、炼焦及核燃料加工业	24	0.249
纺织业	498	5.164
纺织服装、鞋、帽制造业	342	3.547
通信设备、计算机及其他电子设备制造业	577	5.984
通用设备制造业	1065	11.044
造纸及纸制品业	232	2.406
金属制品业	588	6.098
电子产品制造业	6	0.062
非金属矿物制品业	158	1.638
食品制造业	245	2.541
饮料制造业	65	0.674
黑色金属冶炼及压延加工业	181	1.877
合 计	9643	100

注：行业划分依据是《工业企业"信息化和工业化融合"评估规范（试行）》（工信部联信〔2011〕160号）有关行业分类标准；"多元化集团"是一种对跨行业企业的统称；样本中，共有46家企业为多元化企业，192个有效观测值。

资料来源：作者整理。

将表32-8企业所属的行业分为制造业、加工业和制品业，依据假说3的理论分析和基准回归模型，结合资本收益率递减规律进行分组回归，结果如表32-9所示。各类项目投资的回归系数与基准回归均相同。比较这些回归系数可以发现，不同类型的数字化项目投资对投入产出效率的推动作用表现出较为明显的异质性，具体表现为：加工业中，ERP项目投资对投入产出效率的推动作用最高，回归系数1.730，并在1%的显著性水平上显著；制造业中，MES/DCS项目推动作用最高，回归系数0.967，在1%的显著性水平上显著，但在加工业中，回归系数为-1.767，在1%的显著性水平上显著；PLM项目在加工业中的推动作用较大。梳理数据结构可以发现，制品业多为轻工业企业，针对这一类型的企业，缩短生产过程和销售流程的流通时间，提高生产到销售的供应链传递效率，相较于优化内部管理结构，对提升投入产出效率具有更加立竿见影的效果；与之相对的，在资本构成较高的制造业和加工业中，优化内部管理结构，降低内部管理成本，实现扁平化、网络化的经营生产管理模式，对于提高投入产出效率具有更加重要的意义。因此，在企业决策方面，应当根据企业自身行业特征，合理编制数字化管理预算，科学安排数字化投资计划；在政策制定方面，应当根据不同的行业特征制定有针对性的政策体系。

表 32-9 分行业回归

变量名	制造业 效率值	加工业 效率值	制品业 效率值
ERP 项目投资	0.567*** [0.212]	1.730*** [0.618]	0.184*** [0.029]
MES/DCS 项目投资	0.967*** [0.329]	-1.767** [0.722]	0.401*** [0.062]
PLM 项目投资	-0.181 [0.284]	2.943*** [0.702]	0.147** [0.063]
_cons	876256.1*** [118.237]	884567.3*** [138.389]	1182.5*** [8.976]
sigma_u	129861.5*** [2838.526]	148560.9*** [5072.280]	1445.2*** [90.407]
sigma_e	2262.8*** [40.042]	2023.8*** [51.164]	56.22*** [3.669]
N	2177	822	257
AIC	48448.2	18557	3747.2
BIC	48516.4	18613.5	3786.3

注：*** 代表 $p<0.01$，** 代表 $p<0.05$；括号中为标准误。

由于 PLM 项目侧重于应用开发，项目带来的回报相对 ERP 和 MES/DCS 需要更长的时间，且用短面板较难很好地刻画 PLM 项目投资的内在机制，因此，本章侧重于 ERP 和 MES/DCS 的机制分析。ERP 项目和 MES/DCS 项目的应用场景和侧重点不仅具有较强的共性特征，也存在较为显著的差异性。一方面，企业数字化转型的最终目的是提升企业的盈利能力，当企业持有数字化转型能够提升盈利能力的预期并获得了较高的数字化盈利能力时，其会给予企业增加数字化投资的更多激励，因此，预期数字化盈利能力的提升应当是 ERP 项目和 MES/DCS 项目共同的调节机制。另一方面，ERP 项目侧重于企业管理的效率提升，如财务电算化、数字化的转型升级，而 MES/DCS 项目则更加侧重于企业生产能力的提升，MES/DCS 项目的数字化转型升级对企业数字化生产设备提出较高的要求，也就是说，企业数字化设备应当是 MES/DCS 项目转型升级的特有的调节机制。为了验证这一分析，本章选取了企业预计数字化投入产生的销售额和联网数控设备数量作为中介变量，根据逐步回归的思想，进行回归分析，如表 32-10 所示。可以看出，预计数字化投入产生的销售额对 ERP 项目和 MES/DCS 项目投资均有较为显著的调节效应，联网数控设备对 MES/DCS 项目投资具有显著的调节效应。

表 32-10 机制分析

变量	OLS	Tobit	OLS	OLS	IV-Tobit	第一阶段
	EDS	效率值	效率值	EDS	效率值	MES/DCS 投资额
ERP 投资额	171.2*** [23.252]	0.121*** [0.001]	—	—	—	—
ERP 投资额×EDS	—	0.0239*** [0.001]	—	—	—	—
MES/DCS 投资额	—	—	0.577*** [0.108]	171.5*** [22.498]	3.931*** [0.867]	—
NDD	—	—	0.116*** [0.029]	—	—	—
MES/DCS 投资额×NDD	—	—	−0.000112*** [0.000]	—	—	—
MES/DCS 投资额×EDS	—	—	—	—	0.00000138*** [0.00]	—
dum_scmup	—	—	—	—	—	49.13*** [6.657]
_cons	17046.2** [7184.203]	926.0*** [0.262]	889765.5*** [23.061]	20661.5*** [6776.579]	207.8 [158.674]	96.62*** [11.901]
N	5792	4514	4268	5792	4514	4514

注：*** 代表 $p<0.01$，** 代表 $p<0.05$；括号中为标准误；EDS=预计数字化投入产生的销售额；NDD=联网数控设备数量。

六、企业规模和数字化投资规模对效率的非线性效应

虽然上文证明了假设 1 提出的数字化转型投资项目对企业投入产出效率具有显著的正向影响作用，但基准回归和内生性分析均表明，企业规模可能是影响企业数字化投入产出效率的重要因素。理论上，企业实现规模效应递增的阶段中，企业的投入产出效率应当显著增长，在这一阶段，数字化转型项目投资应当显著为正，与基准回归结果一致。除了企业应用 ERP 项目的数字红利递减效应带来的效果外，企业规模的不同对推行数字化变革这一较大结构性变动的效率效果亦可能不同。因此，

本章针对企业规模的异质性特征，对数字化项目投资对企业投入产出效率的影响进行进一步剖析。由于 PLM 项目的应用场景主要集中在数字化创新领域，在高新技术产业中的中小规模企业，仍然会有较高的数字化投入产出效率，因此，本部分主要针对 ERP 项目和 MES/DCS 项目投资进行分析，如表 32-11 所示。可以发现，ERP 项目投资在企业规模较小的时候，对企业数字化投入产出效率具有较为显著的推动作用，随着企业规模的增加，对企业投入产出效率仍然具有显著的推动作用，但是效果逐步降低。而 MES/DCS 项目，在企业规模较小的时候，推动作用较小，随着企业规模逐步增加，回归系数显著增加，这一结果一方面可以证明基准回归结果是稳健的；另一方面可以说明，企业在数字化转型过程中，应当根据自身规模合理规划数字化项目的投资额度，政府在推动企业数字化改革的政策制定中，应当根据企业规模合理设计政策激励体系。

表 32-11　不同企业规模与数字化投入产出效率

企业规模	ERP 项目 前30%	ERP 项目 后30%	MES/DCS 项目 前30%	MES/DCS 项目 后30%
变量	效率值	效率值	效率值	效率值
ERP 投资	0.00295*** [0.000]	0.00279*** [0.000]	—	—
MES/DCS 投资	—	—	0.0121*** [0.001]	0.0175*** [0.001]
_cons	1277.9*** [4.456]	638.7*** [5.558]	1309.1*** [4.449]	663.2*** [4.186]
sigma_u	1323.8*** [24.658]	875.1*** [16.218]	1323.3*** [24.650]	871.3*** [16.148]
sigma_e	12.870*** [0.159]	12.30*** [0.156]	13.060*** [0.161]	9.253*** [0.117]
N	3291	3201	3291	3201
控制变量	控制	控制	控制	控制

注：*** 代表 $p<0.01$；括号中为标准误。

上述分析只能说明，ERP 项目和 MES/DCS 项目的投资能够推动企业数字化投入产出效率，但却无法回答企业管理数字化转型过程中非线性关系和应当投资多少的问题。结合已有文献和数据类型，本章对企业规模前 30% 和后 30% 的样本进行了卡方检验（卡方值=145.279，$p=0.00$），说明企业规模前 30% 和后 30% 两组间的数字化投入和投入产出效率存在显著差异。为了进一步考察企业规模的非线性效应，本章将企业规模样本平均分为 4 组，对企业数字化投入产出效率进行了方差分析

（F=65.426，p=0.000），组间存在显著差异；进而进行事后检验，比较均值差值的显著性均在0.05%水平上显著，说明各规模区间的数字化投入产出效率存在显著差异，随着企业规模的逐步增加，数字化投入产出效率逐步升高；但值得注意的是，随着企业规模的逐步上升，数字化投入产出效率提升的幅度是先增加随后降低的。因此，可以看出企业规模的非线性关系。可能的原因来自两方面：一是随着企业规模的提升，企业逐步渡过了数字化转型的"红利期"，因而数字化投入产出效率的提升逐步降低；二是企业的数字化转型需要较高的前期投入，才能逐步发挥数字化转型优势，也就是说，数字化投入可能存在阈值，在跨过这一"界限"后，企业数字化转型的投入产出效率能够实现快速的提升。

为了验证这一观点，本章选择了企业数字化投资作为门限变量，企业数字化投入产出效率作为被解释变量。为了更好地捕捉样本在时间序列上波动特征，本部分运用时变SFA方法测算了数字化投入产出效率值，同时，为了避免插值法补全数据和非平衡面板门限回归所带来的样本选择问题，本章保留了有连续3年数据的样本，共得到1326个有效样本构建面板数据进行门限回归，表32-12报告了ERP投资额和MES/DCS投资额作为主要解释变量的门槛值检验结果。

表32-12 门槛值检验

Threshold	门槛值（10万元）	RSS	MES	Fstat	Prob
ERP 投资额					
Single	15	3.93×10^8	9.89×10^4	40.04	0.07
Double	17	3.81×10^8	9.59×10^4	123.91	0.0067
Triple	147.2	3.77×10^8	9.49×10^4	40.3	0.72
MES/DCS 投资额					
Single	15	3.95×10^8	9.94×10^4	37.11	0.05
Double	18	3.86×10^8	9.72×10^4	88.71	0.0233
Triple	141.2	3.83×10^8	9.64×10^4	32.42	0.7833

由表32-12可以看出，当ERP投资额及其平方项作为主要解释变量时，存在两个门槛值150万元和170万元；当MES/DCS投资额及其平方项作为主要解释变量时，存在两个门槛值150万元和180万元。因此，构建双门槛回归模型：

$$y_{it} = \alpha_i + \beta_1 z_{it} + \beta_2 x_{it} \times 1(q_{it} \leq \gamma_1) + \beta_3 x_{it} \times 1(\gamma_1 < q_{it} \leq \gamma_2) + \beta_4 x_{it} \times 1(q_{it} > \gamma_2) + \varepsilon_{it} \quad (32-7)$$

其中，Z代表不受门限变量数字化投资影响的因素，包括企业已有的联网机床数量，资产收益率ROA、ROA2、ROA3，企业上一期针对数字化转型投入的培训费用等企业特征变量；门限变量为企业数字化投入金额；X 是受到门限变量影响主要解释变量，分别是 ERP 投资额及其平方项，MES/DCS 投资额及其平方项。

对 ERP 投资额和 MES/DCS 投资额的门槛值分别进行 LR 检验，如图 32-3 所示。可以看出，门槛值均在 0.05 水平以上显著，通过了 LR 检验。表 32-13 和表 32-14 分别报告了 ERP 投资额及其平方项，以及 MES/DCS 投资额及其平方项作为主要解释变量的 OLS 和门槛回归的结果。表 32-13 结果表明，全样本条件下，OLS 回归结果显著为正，与基准回归结果一致。而门槛回归中，当数字化投资额小于 150 万元时，回归系数为负且不显著；当投资额处于 150 万元至 180 万元之间时，回归系数-6.098 在 1% 的显著性水平上显著；而在投资额大于 180 万元的区间中，回归系数 0.342 在 1% 的显著性水平上显著；即 180 万元是数字化投资的重要拐点。当数字化投资规模较小时，数字化转型投资并未提高企业的数字化投入产出效率，甚至对企业的发展产生阻碍作用，企业面临转型"阵痛期"；与此同时，ERP 投资额平方项的回归结果表明，在数字化投资额高于 180 万元的区间中，ERP 投资额和数字化转型效率之间存在倒 U 型关系。

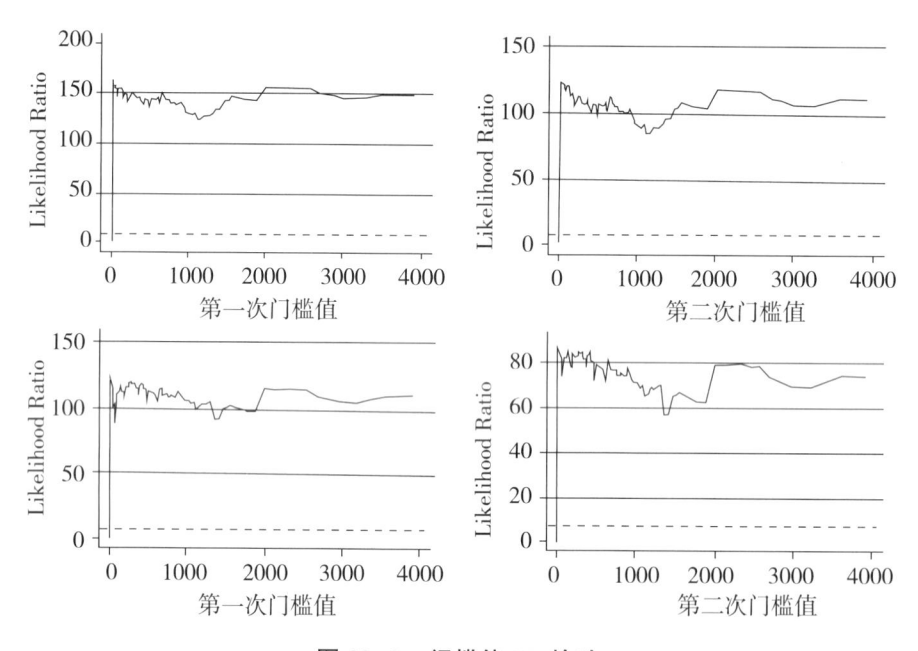

图 32-3 门槛值 LR 检验

注：图中第一行和第二行分别报告了 ERP 投资额及其平方项、MES/DCS 投资额及其平方项作为主要解释变量的门槛值 LR 检验的图像。

由表 32-14 结果可以得出与表 32-13 中 ERP 投资相似的研究结论，对于 MES/DCS 项目来说，170 万元的数字化转型投资是提升数字化投入产出效率的关键拐点。在这一拐点前，企业经历"阵痛期"，而超过这一阈值后，MES/DCS 项目投资和企业数字化投入产出效率之间呈现倒 U 型关系。假设 4 得到验证。总体而言，企业数字化转型投资（ERP 项目拐点 180 万元，MES/DCS 项目拐点 170 万元）并非越高越好，应当根据企业的实际情况，在渡过企业数字化转型"阵痛期"后，合理制订数字化转型升级的投资预算；同时综合考虑各数字化项目之间的投资配比，以期达到数字化转型投资的效率最大化目的。

表 32-13 门槛回归（ERP）

变量	OLS		门槛回归			门槛回归		
	全样本	全样本	q<150	150<q<180	q>180	q<150	150<q<180	q>180
ERP 投资额	0.695*** [0.079]	2.185*** [0.433]	-0.215 [0.320]	-6.098*** [0.640]	0.342*** [0.087]	-0.303 [1.205]	1.134 [1.944]	1.089** [0.451]
ERP 投资额平方项		-0.00263*** [0.001]				0.00046 [0.003]	-0.0151*** [0.004]	-0.00131* [0.001]
_cons	656.3*** [37.742]	574.5*** [44.244]	762.7*** [21.277]			720.9*** [32.895]		
N	3975	3975	1755	236	1984	1755	236	1984
控制变量	控制	控制	控制	控制	控制	控制	控制	控制

注：*** 代表 p<0.01，** 代表 p<0.05，* 代表 p<0.1；括号中为标准误。

表 32-14 进一步分析——项目投资额（MES/DCS）

变量	OLS		门槛回归			门槛回归		
	全样本	全样本	q<150	150<q<170	q>170	q<150	150<q<170	q>170
MES/DCS 投资额	0.277*** [0.066]	1.665*** [0.379]	-0.694** [0.274]	-4.290*** [0.482]	0.0237 [0.068]	-0.532 [1.196]	0.409 [2.813]	0.854** [0.385]
MES/DCS 投资额平方项		-0.0025*** [0.001]				-9.4E-05 [0.002]	-0.00948* [0.006]	-0.01** [0.001]
_cons	756.6*** [36.020]	686.5*** [40.550]	835.5*** [16.177]	793.1*** [25.197]				
N	3975	3975	1755	170	2050	1755	170	2050
控制变量	控制	控制	控制	控制	控制	控制	控制	控制

注：*** 代表 p<0.01，** 代表 p<0.05，* 代表 p<0.1；括号中为标准误。

为了进一步验证门限分析结论，参考已有研究，选择 100 万（含）~200 万元投资额作为基准虚拟变量建立 Tobit 模型进行回归分析，同时将私营企业和其他所有制企业分组，结果如表 32-15 所示。可以看出，投资额在 200 万元以上的项目，能够有效地推动企业数字化产出效率，其中 ERP 项目回归系数 387.308 在 1% 的显著性水平上显著，私营企业回归系数同样在 1% 的显著性水平上显著；MES/DCS 项目投资 200 万元以上的投资额亦显著为正，私营企业和其他所有制企业的差别较小。

值得注意的是,无论ERP项目还是MES/DCS项目投资,其他投资区间均显著为负,但是随着投资额的上升,回归系数的绝对值逐渐减小,说明企业在推行数字化管理转型过程中,投入持续不断增加却发生效率没有明显提升甚至下降的"阵痛期"。作为基准变量[100万(含)~200万元]的回归系数经计算显著为正,说明在数字化转型投资中,"阵痛期"所在临界点体现在这一投资区间中。当投资额等于或大于这一临界点时,企业数字化管理的先发优势会得到显著提升。结合前文的劳动—资本产出弹性和异质性特征研究结论,企业如何根据这一临界点规划数字化转型投资的项目投资方向和投资规模,政府如何根据规模效应有针对性的制定数字化转型扶持政策,成为企业管理高质量数字化变革的一个重要问题。

表32-15 进一步分析——项目投资额

变量	ERP项目投资			MES/DCS项目投资		
	全样本	私营企业	其他	全样本	私营企业	其他
投资额	效率值	效率值	效率值	效率值	效率值	效率值
10万元以下	−607.348*** [83.343]	−558.484*** [103.593]	−689.487*** [129.456]	−482.618*** [90.463]	−463.748*** [115.019]	−504.415*** [137.303]
10万~50万元	−402.727*** [58.696]	−420.644*** [75.503]	−402.672*** [87.897]	−304.957*** [65.678]	−218.4*** [85.576]	−407.445*** [97.029]
50万~100万元	−269.546*** [59.642]	−247.457*** [79.235]	−291.705*** [86.327]	−163.990*** [66.884]	−125.246 [89.188]	−202.045** [96.841]
200万元以上	387.308*** [54.025]	361.518*** [75.364]	407.645*** [75.54]	449.091*** [61.200]	438.842*** [85.909]	434.673*** [85.998]
未投资	−565.658*** [144.217]	−604.068*** [158.717]	−468.917*** [286.066]	−455.048*** [68.625]	−435.813*** [88.9]	−500.128*** [102.192]
企业规模	0.00019*** [0.000]	0.0004*** [0.000]	0.00045*** [0.000]	0.00019*** [0.000]	−0.00039 [0.000]	−0.00047 [0.000]
_cons	1114.100*** [415.335]	867.300*** [270.791]	1029.3** [465.228]	1200.1*** [419.620]	844.0*** [282.881]	1172.7** [469.963]
N	4514	2022	2492	4514	2022	2492
控制变量	控制	控制	控制	控制	控制	控制
固定效应	控制	控制	控制	控制	控制	控制
AIC	76677.8	42680	33912.4	76729	42694.4	33959.2
BIC	76947.2	42901.2	34052.7	76998.4	42915.6	34099.5

注:*** 代表 $p<0.01$,** 代表 $p<0.05$;括号中为标准误。

第五节 结论与启示

一、结论

本章通过对全国第一个"两化"深度融合国家示范区内 1950 家企业连续 5 年（2015—2019 年）推进数字化管理的追踪调查数据，以 ERP、MES/DCS、PLM 数字化投资项目为数字化变革的嵌入路径，使用 SFA 方法和 Tobit 模型，研究了企业推行数字化管理对投入产出效率的边际影响问题，并测算了数字化转型投资项目的投资合理区间及"阵痛期"临界点，得出以下主要研究结论：

第一，企业在推进数字化管理的过程中的资本产出弹性远高于劳动产出弹性，并且资本和劳动的投入对数字化效益产出的影响会随着时间发生改变，因此，企业在推行数字化管理的过程中，应当合理分配资本和劳动的投入比例，提高资本占比，进而更好地发挥数字化改革的优势。现有文献已从理论上推导证明出企业运用数字化技术可以估计价格需求函数、调整投资决策（Yu et al., 2016），进而提高企业绩效，然而却缺少相对应的经验研究对其进行实证检验，本章在定量分析验证这一理论的基础上，计算了企业推行数字化管理的资本产出弹性和劳动产出弹性，比较二者的投入产出比例，确定企业应加大投资的重点要素，丰富拓展了企业管理数字化改革的资本—劳动产出弹性相关文献，为理论研究提供实证支持。

第二，行业类型、企业规模和所有制结构对企业推行数字化管理和投入产出效率具有明显的异质性影响，企业应依托如下具体的异质性分析结论，改进数字化转型项目的投资方向和投入比例，完善企业生产结构、数字化转型投资结构和管理模式，从而提升推行数字化管理的投入产出效率。已有研究针对技术变革，围绕异质性因素（Kusiak, 2017）在现有政策条件下对协同创新效率和企业绩效产生影响的文献已较为成熟（郝项超等，2018；陈冬华等，2010；周开国等，2017），本章进一步量化了企业在异质性特征下推行数字化管理的投入产出效率，揭示企业应如何通过调整自身生产结构、数字化转型项目的投资方向、规模和结构等提升数字化的投入产出效率。具体而言：①针对化工品和建材类的加工制造业，其数字化管理的投入产出效率明显高于技术密集型的中高端加工制造业和劳动密集型的低端加工制造业；②ERP 和 PLM 数字化转型投资项目在加工业中对投入产出效率的推动作用最高，而 MES/DCS 项目在制造业中推动作用最大，因此，企业可以根据自身行业特征，合理编制推进数字化管理预算；③对于 MES/DCS 和 PLM 数字化转型投资项目，其能够有效地提升企业推行数字化管理的投入产出效率，并且这两项数字化转型投资项目对于私营企业的推动作用更加明显；④不同数字化转型投资项目带来不同的产出效率，同时会随着企业规模的扩大产生相应的递增或递减效果。对于 ERP 项目，当企业规模较小时，对数字化投入产出效率具有显著的推动作用，同时随着企业规模的增加，对此效率虽仍具有显著的推动作用，但效果逐步降低；而对于 MES/DCS 项目，企业规模较小时，推动作用较小，但随着企业规模逐步增加，回归系数显著增加，这说明企业应当根据自身规模合理规划数字化转型投资项目的投资额度。

第三，企业数字化投入和效率之间存在非线性关系：当投资达到第一个门槛值前缓慢下降，之后加速下降直至第二个门槛值即投资临界点（企业正在经历数字化转型投入的"阵痛期"）后，出现上升趋势，并在投资临界点后呈现倒 U 型关系。即数字化转型项目投资临界点在 100 万~200 万元之间（如 ERP 项目为 180 万元，而 MES/DCS 项目为 170 万元），走过推行数字化管理动态波动的"阵痛期"，企业数字化管理的先发优势得到显著提升。

二、政策启示

本章结论为揭示企业推行数字化管理对投入产出效率的影响，以及各类数字化转型投资项目间的异质性提供了有利线索和经验证据。以全国第一个"两化"融合国家示范区为研究对象，具有一定的地域局限性，然而，作为 2013 年得到批准的我国首个"两化"融合国家示范区和"国家数字经济创新发展试验区"，其在全国具有较为明显的先行优势，对这一"先行者"的研究可以为"追赶者"和"后发者"提供经验参考。具体而言，不仅可以为其他企业提供经过多年实践检验并已平稳渡过数字化变革"阵痛期"的先进经验，也为广大企业管理者引领企业制定和实施长期持续数字化管理带来有益的决策参考，还能够为其他省区市的政府部门制定更有针对性的政策提供新的指导和启示。

（1）提高数字化管理的资本预算占比。从本章对企业数字化管理投入产出效率的测算结论看，无论是否考虑时间的固定效应，信息化投资的产出弹性都远高于员工咨询培训的产出弹性。换言之，在数字化投入产出效率中，资本产出弹性远高于劳动产出弹性。数字技术在企业管理中的运用难以一蹴而就，这对于尚未进行或正在开展数字化转型的企业而言具有启示价值，应当结合企业自身资源禀赋，投入资本对信息设备、信息系统及业务流程等进行数字化改造。从不同规模企业的信息化建设需求来看，中型重点工业企业的信息化建设以推进 ERP、MES/DCS 等核心信息系统为重点，实现关键业务的信息化设施覆盖，提升企业整体信息化水平；大型重点工业企业的信息化建设以系统综合集成应用、智能工厂、大数据挖掘利用、供应链协同等为重点，结合新兴数字技术的融合应用，实现企业的组织变革、模式创新和价值增值。当然，也需要注重数字化人才的培养，提高劳动力的人力资本存量，

第七篇　数字经济推动中小企业转型升级研究
第32章　企业推行数字化变革投入产出效应研究

以实现企业数字化转型价值的可持续释放。

（2）优化企业数字化转型投资预算结构。本章实证的结论之一是，数字化管理投入对投入产出效率的影响具有较为明显的差异，MES/DCS 项目在短期效果更为明显，而 ERP 项目和 PLM 项目长期推动企业投入产出效率更加明显。在以大数据、云计算、物联网等为牵引的数字经济浪潮下，应当引导企业制订符合自身实际的信息化专项应用规划，结合企业自身财务能力编制合理的数字化转型的预算，在短期计划内加强 MES/DCS 项目的投资布局，引导企业加大对生产管控环节的信息化建设重视程度；从长期看，加大 ERP 项目和 PLM 项目的投资布局，支持企业基于 MRP 管理思想全面应用 ERP 六大模块，促使企业最大程度地整合资金流、信息流、决策流、要素流，充分释放数字化红利，同时，鼓励企业运用 PLM 系统进行产品全生命周期管理，将机联网作为数字化转型投资的重要支撑，加强生产制造、客户管理、供应链管理等系统的横向集成，全方位汇聚共享设计能力、生产能力、软件资源、知识模型等制造资源，增强企业全生命周期的数字化、流程化管理及产业链上下游更加密切的数字化协作关系，提高企业数字化转型投入的针对性和精准性。

（3）完善企业管理数字化变革的激励政策体系。不同行业、不用企业因行业结构、生产特征、发展需求各不相同，数字化变革的方向和重点也必然存在鲜明的差异化特征，这也说明实践中并不存在普适性的数字化战略和政策，必须实事求是地根据具体情况采取针对性的激励政策。从本章结论看，企业所处的行业、企业规模和所有制结构存在较为明显的差异，导致了数字化管理投入产出效率存在较为明显的异质性特征，现阶段针对企业数字化转型的激励政策仍然比较笼统，政策层面"一刀切"的现象比较普遍，应当结合企业所处行业、企业规模及所有制结构等因素，制订更为"精准滴灌"而非"遍地漫灌"的扶持政策体系。这对其他地区更有针对性地推进企业数字化转型具有启发性，可以分类分行业制定符合行业特性的数字化政策导向，比如针对装备制造行业，重点在鼓励研发数字化建设方面上下功夫；针对电力电子、纺织服装、化工医药等行业，重点在鼓励管理信息化建设方面和生产管控自动化建设方面加大力度。同时，针对企业规模和所有制结构，制定更加精准化的数字化实施方案，在企业生命周期的不同阶段实施不同的数字化投入和管理策略，使得数字化转型与企业发展阶段更加匹配。

（4）推出中小企业数字化转型的专项政策。本章研究发现，数字化投入与效率之间存在非线性的关系，临界点在 100 万~200 万元之间，而大部分中小企业规模较小、实力不足，面临数字化转型"不敢转""不愿转""不会转""转不好""转得慢"等窘境，仅仅依靠企业自身无法有效地跨越数字化转型的阵痛期。这一结论具有普适性，中小企业量大面广、铺天盖地，占我国企业总数的 99% 以上，是数字化转型不可或缺的有生力量，以及数字经济发展的动力源之一。但囿于自身实力和资源有限，中小企业数字化转型资本投入面临较大压力，部分地区对中小企业数字化转型缺乏正确的引导，政策扶持偏向锦上添花和"高大上"企业，龙头骨干企业容易获得资金扶持和政策优惠，而普通的中小企业由于体量小，受限于各种政策前置条件，难以享受政府的政策资源。对此，应制定符合中小企业数字化转型需求的融资、税收及补贴政策，探索实施"中小企业数字化赋能行动计划"，解决中小企业管理数字化变革面临的各类问题，同时研究结论表明，企业自身亦需要在管理数字化改革过程中根据实际情况寻找最佳投资规模，防止透支性地进行盲目的数字化投资。

第33章　培育数字经济"独角兽"与超级"独角兽"的问题研究[①]

数字经济是浙江省"一号工程","独角兽"爆发式增长对数字经济发展具有强大牵引力和撬动力,成为高质量发展的重要引擎。从全球看,2016年"独角兽"榜单中,252家"独角兽"分布在全球23个国家,其中美国137家、中国63家、英国10家。从全国看,科技部发布《2016年中国独角兽企业发展报告》显示,88%的"独角兽"位于北京、上海、深圳、杭州4座城市。浙江省"独角兽"23家,"准独角兽"(估值超6.5亿元人民币或1亿美元)120多家,估值总额超1.2万亿元人民币,其中,80%的"独角兽"属于数字经济领域。因此,数字经济驱动的新业态、新模式、新技术是"独角兽"井喷式爆发的重要源头。

第一节　"独角兽"企业的主要特征

(1)70%左右的"独角兽"企业集中在"互联网+"、大数据、金融科技等数字经济领域。"独角兽"企业数排前五的"互联网+"、企业服务、电子商务、金融科技和文娱影视行业分别有22家、21家、17家、16家、14家,占全省"独角兽"企业总数的18%、15%、13%、11%、10%。

(2)超过2/3的"独角兽"企业估值在31亿元以下。全省"独角兽"估值超过31亿元的企业只有40家,占总数的30%左右。全省估值超过65亿元的"独角兽"企业仅仅23家,占全省"独角兽"企业总数的16.4%。

(3)B轮融资后的"独角兽"企业成长速度明显加快。获得B轮和B+轮融资的企业平均估值比上轮估值跃升90%,达到32.4亿元。估值65亿元以上的"独角兽"企业基本上都已经历B轮以上的私募股权融资,估值水平较快提升并得到资本市场的认可。

第二节　"独角兽"企业发展的主要问题

(1)政策保障不够到位。人才争夺日益激烈,政策引力不够强,高端芯片、生物制药、智能制造、新能源汽车、金融科技等领域顶尖人才集聚效应不够。部分企业反映营改增后总体税负仍然较重,特别是金融科技领域企业普遍反映税负比传统

[①] 原载浙江省社科联《浙江社科要报》,2018年第54期。

金融机构要高。P2P 等互联网金融政策不够完善，导致金融风险蔓延。科技立项、财政奖补、政府采购对新兴领域的"独角兽"企业支持较少。

（2）核心技术不够强。"独角兽"企业在基于互联网、大数据、人工智能等"ABCD"技术的场景应用类业态创新、模式创新方面能力较强，但在核心技术、关键技术、前沿引领技术等硬科技、黑科技、先进科技等方面创新明显不足，特别是高端制造领域"缺芯少魂"。浙江省从事智能芯片研发生产只有 1 家，新能源汽车、增材制造、智能硬件等高端制造领域只有 12 家，大部分实体企业缺乏核心技术优势。

（3）资本对接不够通畅。在 IPO 资本市场政策支持方面，大部分"独角兽"企业因创立初期大量"烧钱"形成"资本深坑"，仍处于亏损或盈亏平衡，引入战略投资时往往设置同股不同权 AB 股，不符合现行国内资本市场发行制度。受制于我国当前较为严格的资本项目外汇管制，高端芯片、生物医药、信息通信等领域的龙头企业通过海外收购重组实现对国外技术、专利、人才等高端要素快速整合的渠道不畅，政策支持不够到位。

第三节　对策与建议

一、建立数字经济"独角兽"培育库

（1）实施"独角兽"和"超级独角兽"培育工程。从数字经济"独角兽"分布看，北京 65 家，占 57%；上海 26 家，占 23%；深圳、杭州各 12 家。与北京、上海相比，浙江省"独角兽"仍有差距。"超级独角兽"全国 7 家，浙江省 2 家。应制定实施数字经济"超级独角兽"培育工程，加快实施阿里云（390 亿美元）等"超级独角兽"培育工程。研究制定数字经济"独角兽"培育工程，大力培育口碑（80 亿美元）、微医集团（30 亿美元）等"独角兽"，力争到 2020 年培育 100 家以上估值超 10 亿美元的"独角兽"，500 家估值超 5 亿美元的"准独角兽"，800 家估值超 3 亿美元的"独角兽"培育企业。

（2）建立"独角兽"数据库。大数据驱动的分享经济、平台经济、智能经济是"独角兽"集中爆发的领域。全国 131 家"独角兽"中，电商"独角兽"占 31.4%，互联网金融"独角兽"占 12.3%，云服务、大数据、人工智能"独角兽"占 10.1%。对此，加快建立浙江省数字经济"独角兽"重点企业数据库，重点扶持在人工智能、区块链、量子通信、虚拟现实、智能制造等未来数字经济领域的颠覆性创新，支持条件成熟的地区建设"独角兽"产业园。建立"独角兽"蓄水池，对技术领先、势头迅猛、辐射力大的"准独角兽"企业"一事一议"。全面推进"独角

兽"高新技术企业培育计划，对通过国家认定的"独角兽"高新技术企业给予 50 万元的认定奖励。实施科技型初创企业培育工程，每年培育科技型"独角兽"企业数量 500 家以上，新认定重点培育科技型初创企业 2000 家以上。

（3）大力发展"平台型"航母级企业。平台型企业通过产业链上下游业务拆分和并购重组，成为孵化"独角兽"的重要源泉。目前，全国由平台型企业业务拆分而产生的"独角兽"企业达 31 家，占全国"独角兽"企业总量的 24%，总估值 2182 亿美元，占比超过 44.7%。阿里巴巴作为平台型企业已孵化出淘票票、钉钉、阿里云、口碑、菜鸟网络等多只"独角兽"，总估值 1988.5 亿美元；腾讯系也孵化出腾讯云、微票儿、微众银行、人人贷等多只"独角兽"，总估值 1320 亿美元。对此，应充分重视平台型企业衍生孵化"独角兽"企业的独特优势，深化与阿里巴巴、网易、海康威视等大企业、大平台战略合作，依托平台型企业强大的资金集聚、资源整合，以及成熟的流量、渠道、变现能力，打造"平台型企业+X 独角兽"的孵化生态。

二、支持"独角兽"对接"凤凰行动"

（1）大力推进数字经济"独角兽"上市。2018 年 3 月 30 日，国务院办公厅转发证监会《关于开展创新企业境内发行股票或存托凭证试点的若干意见》。抓住这一难得的国家政策机遇，开通"超级独角兽""独角兽""准独角兽"上市快速绿色通道，纳入浙江省"凤凰行动"政策支持范围。积极争取"独角兽"优先参与"新经济独角兽快速上市"改革试点，支持营业收入不低于 30 亿元人民币且估值不低于 200 亿元人民币，以及拥有自主创新国际领先技术、在同行业竞争中对于领先地位的红筹企业作为上市辅导对象，力争 3 年内推动 50 家"独角兽"企业海内外上市。

（2）大力推进数字经济"独角兽"兼并重组。借助数字经济"凤凰行动"计划，加快推进"独角兽"企业在境内外并购重组。支持"独角兽"公司围绕上下游产业链并购优质资源、优质标的、优质项目，提高企业核心竞争力。加强与欧、美、日、韩等发达国家的合作，借助国家"一带一路"倡议，加快推动以高端技术、高端人才、高端品牌为重点的跨境并购。加快建设"独角兽"孵化器，构建"众创空间—孵化器—产业园区"孵化体系，力争培育国家级孵化器 100 家、省级孵化器 200 家以上、其他孵化器 300 家以上，为"独角兽"注入更多的高端资源。

三、打造数字经济"独角兽"群栖地

（1）打造"独角兽"高端科创平台。上海张江高科、北京中关村、深圳南山区、杭州滨江区等一流的科创平台是"独角兽"成长的高地，要素循环的流动性、开放性、协同性是"独角兽"指数级增长的源泉。充分利用大湾区大花园大通道大都市区、城西科创大走廊、钱塘江金融港湾、城东智造大走廊、西湖大学、之江实验室等重大平台的集聚效应，建立"苗圃—孵化器—加速器—产业园"接力式创新链条，积极推广余杭区打造"全国独角兽企业成长乐园"的经验，在高新区、科技城、产业园培育数字经济"独角兽"。加快推动之江实验室创建国家实验室，支持阿里巴巴建设数据智能国家技术创新中心，推进浙江大学等重大科学装置和重大科技设施建设，为"独角兽"孵化提供平台支撑。

（2）打造国际性的"独角兽"窗口。举办全球"独角兽"大会、国际"独角兽"峰会、"独角兽"产融对接大会等高端交流合作平台，每年举办5场左右具有重大国际影响力的数字经济"独角兽"大会。办好"世界互联网大会""联合国地理信息大会""云栖大会""万物生长大会"等国际性会议，把"独角兽"企业发展作为"钱塘江金融高峰论坛"的重要议题，常态化举办"独角兽"创新创业赛事或论坛，定期发布浙江省和全国"独角兽企业榜单"，吸引国内外创业团队、高端人才、PE/VC集聚杭州。

（3）实施名企名校名院名所"独角兽"培育工程。支持世界500强、中国企业500强、民企500强在浙江投资孵化"独角兽"，鼓励中国科学院、中国工程院、清华大学、中国科技大学、浙江大学等名校名所进行成果转化，共同培育高新尖领域的"独角兽"。加快国际创新资源要素集聚平台建设，鼓励在海外设立孵化器、离岸"双创"中心等，支持跨国公司、国际组织、国际知名高校、科研机构来杭设立分支机构，引进顶尖科学家、顶尖科研团队、顶尖人才在浙江创办"独角兽"企业。力争到2025年，引进国内外优质高等教育和科研资源或世界500强企业建设30个高水平科研院所。

四、构筑数字经济"独角兽"孵化链

（1）打造"独角兽"金融生态圈。发挥好政府性产业基金的引导作用，探索设立"独角兽"创投引导基金，加快推进创投引导基金及子基金与国际一线投资机构合作。鼓励各类金融机构针对"独角兽"企业提供各类个性化金融创新产品，加快推进投贷联动试点。完善政策性担保和周转基金政策，推动投融资路演服务网络化、国际化，多维度聚合和链接"独角兽"企业在全周期所需的优质投融资资源。深入实施钱塘江金融港湾发展战略，支持浙江股权交易中心做大做强，加快建设金融特色小镇，构筑立体化的优质新金融资本生态圈。

（2）精准化为"独角兽"提供政策资源。深入推进"独角兽"企业投资"最多跑一次"改革，精简数字经济新兴行业发展的前置审批等行政许可事项，依据"独角兽"爆发式、颠覆性、自成长规律，构筑"独角兽"创新创业生态圈。探索创新针对"独角兽"企业的土地拍卖出让办法,解决"独角兽"企业面临的办公房和厂房制约。探索 3 年内给予年度新增税收的地方留成部分按 100%、60%、20%返还或奖补。适应数字经济发展趋势和行业特点制定专项的科技立项和财政奖补政策,加大对"独角兽"企业的科技研发支持,促进数字经济共性技术、底层技术、基础技术的研发。

(3)聚焦"独角兽"招引人才。大力推进浙江省"人才新政"落实,加快引进数字经济领域的"国千""省千""万人计划"等国内外高端人才资源,杭州市、宁波市等"独角兽"密集地应制定出台超常规的数字经济人才专项政策,给予"独角兽"企业高端人才个人所得税的省市留成部分按一定比例进行财政奖补,给予人才租赁房、国际化学校、国际化医院支持,形成高层次人才"以强引强、以才聚才"的连锁效应。强化领军创新创业团队培养,大力鼓励支持"独角兽"企业培养和引进领军型创业团队,力争引进独角兽领军型创新创业团队 80 个以上。

第34章 实施数字经济"一号工程"的突出问题与对策建议①

当前,全球经济加速向数字化转型,数字经济呈指数型、井喷式增长,成为驱动经济高质量发展的重要引擎之一。世界经济论坛评估表明:数字化程度每提高10%,人均 GDP 增长 0.5%~0.62%。发达国家纷纷实施数字经济发展战略,美国2015年实施《数字经济议程》、英国 2017 年发布《数字化战略》、法国 2013 年发布《数字化路线图》、意大利 2014 年出台《数字战略日程表 2014—2020》等。2008—2016 年,中国数字经济规模从 4.8 万亿元上升到 22.6 万亿元,占 GDP 比重从 15.2%上升到 30.3%。数字经济爆发式、指数化增长,数字经济与实体经济的深度融合,成为推动经济高质量发展、可持续增长的强大驱动力。

党的十八大以来,中央出台了网络强国、宽带中国、"互联网+"、智能制造、促进大数据、人工智能发展等一系列重大战略、规划和举措。党的十九大报告指出:要大力推进互联网、大数据、人工智能和实体经济的深度融合,发展数字经济、共享经济,培育新增长点,形成新动能。抢抓数字经济发展机遇正成为全国各地的共同选择。各地纷纷出台数字经济发展规划和行动计划,着力加强大数据、云计算、人工智能、集成电路等新技术和新产业布局,持续加大对智能制造、工业互联网、企业上云等方面支持力度,不断优化对数字经济基础设施建设、数据资源汇聚利用、数字技术融合应用和数字人才引进培育的政策和制度支持。

第一节 实施数字经济"一号工程"的重大战略意义

浙江省在全国数字经济各类榜单中位居第 3~4 位,应抓住全球经济数字化井喷的窗口期,加快建设数字经济"一号工程",积极创建"国家数字经济示范省",加快"数据强省""数字浙江"建设,打造新经济增长极和具有全球影响力的数字经济中心,力争成为中国乃至全球数字经济的领跑者之一。大力建设数字经济一号工程具有重要战略意义和实践意义。

(1)实施数字经济"一号工程"是网络强国、数字中国战略的重大实践。2017年 12 月,习近平总书记在主持中央政治局第二次集体学习时明确指出,"要构建以数据为关键要素的数字经济","加快建设数字中国"。2018 年 4 月,习近平总书记进一步指出,要发展数字经济,加快推动数字产业化和产业数字化。这深刻回答了

---

① 原载浙江省发改委《决策咨询》,2018 年第 24 期。

数字经济发展的一系列重大理论和实践问题，为加快网络强国、数字中国建设指明了方向、提供了根本遵循。要抓住历史机遇，扛起建设网络强国、数字中国的使命，勇立数字经济发展潮头，使数字经济成为推动经济变革、质量变革、效率变革的加速器。

（2）实施数字经济"一号工程"是新一轮科技创新驱动发展的重大实践。全球新一轮科技革命与产业变革推动经济社会向更高级形态演进，开启了数字经济发展新时代、新机遇。当前，主要发达国家及地区都在积极布局，力图抢占先机。从国际看，美国正在推动数字技术产业从移动互联网向云计算和人工智能升级，数字经济规模已超 10 万亿美元，居全球首位，占 GDP 比重超过 58%。德国实施"工业4.0"，在国家战略层面明确了制造转型和构建未来数字社会的思路。韩国布局量子计算、神经形态芯片等下一代数字技术。必须抓住数字经济发展机遇，把握全球数字经济发展趋势，培育具有全球竞争力的数字新技术、新产业，形成数字经济发展新高地，在全球新一轮竞争中抢占一席之地。

（3）实施数字经济"一号工程"是高质量发展的重大实践。中国经济已由高速增长阶段转向高质量发展阶段，通过数字技术应用对传统产业进行全方位、全角度、全链条的改造，释放数字对经济发展的放大、叠加、倍增作用，是加快振兴实体经济、实现高质量发展的必由之路。数字经济是加快构建现代经济体系的战略抓手。目前，浙江省数字经济增加值超 2 万亿元，占 GDP 比重 39.9%；"两化"融合发展指数 102.52，网络零售额 13336 亿元，均居全国第二。阿里巴巴、海康威视、大华股份等一批龙头企业，成长为具有全球影响力的数字经济企业。"最多跑一次"改革和数字政府建设等重大举措，形成了数字经济发展的体制机制优势。要抓住数字经济发展的时间窗口，不断提高数字经济的综合实力，加快形成引领未来发展的新优势。

第二节　实施数字经济"一号工程"的突出问题

（1）数字经济在 GDP 中的比重不够高。近年来，数字经济在发达经济体 GDP 中的比重快速提升，美国、日本、德国、英国等发达国家数字经济比重均超过45%，美国、德国等甚至超过 50%。中国目前仅 30.3%，潜力和空间很大。从中国各省看，根据腾讯发布的《中国互联网+指数报告（2018）》，浙江省数字经济在全国排在广东省、江苏省之后的第 3 位。国家互联网信息办公室发布的《2017 年数字中国建设发展报告》显示，浙江省数字化发展水平位居全国第 4 位（北京市、广东省、江苏省之后）。虽然浙江省数字经济发展迅速、走在前列，但总体发展仍不平衡、不充分，特别是制造业与数字经济深度融合不够，集成电路、人工智能、量子通信等产业链核心环节薄弱，运用数字技术的新兴产业体量总体仍然偏小。

（2）数字经济发展不够平衡、不够充分，出现"三、二、一"产业逆向渗透趋势。第三产业数字化发展较快，但第二产业发展相对比较滞后。服务业中数字经济占行业比重超过30%，但工业中数字经济占行业比重不足20%。工业ICT中间投入占行业中间总投入的比重只有6%，远低于服务业的11%。全省生产设备数字化率仅46.6%，低于上海市的49.5%、江苏省的50.9%、山东省的51%。特别是数字技术和装备创新比较滞后，智能技术、工艺设计、集成电路等核心环节的实质性变革与美国、日本、德国、韩国等发达国家相比还有很大差距，基于数字技术的"四新"经济体量总体依然偏小。

（3）数字经济核心技术优势不够强。美国对中兴的禁令事件令人警醒，互联网核心技术是中国发展最大的"命门"，核心技术受制于人是最大的隐患，只有把核心技术掌握在自己手中，才能真正掌握竞争和发展的主动权。浙江省数字经济处在全国第一阵营，但突出问题是"一条腿长、一条腿短"，也就是"应用端"成熟、"技术端"和"基础端"薄弱，与上海、广州、武汉、成都、重庆、合肥等城市相比存在明显短板。

（4）数字经济发展的安全保障形势比较严峻。互联网监控公司Arbor Networks统计显示，2011—2014年全球DDoS攻击量增加30倍以上，每年对全球经济造成的损失高达4000亿美元。数字经济发展越迅猛，信息安全威胁也越严重，法治保障和监管保障的挑战越大。

第三节　对策与建议

一、遴选重点业态大力培育

聚焦国家数字经济示范省建设，加快编制数字经济五年倍增行动计划，围绕基础性、资源型、技术型、融合型、服务型五大数字经济领域，结合浙江省实际，聚力发展数字经济重点领域与重点产业（见表34-1）。

表34-1　数字经济重点领域与重点产业

	A 数字经济新兴产业重点领域
云计算	推动传统信息技术企业向云服务商转型，培育国际领先的云平台和国内领先的行业云平台，发展具有行业影响力的云应用服务商，打造全国领先的云服务产业体系，成为全球知名的云计算产业中心
大数据	加强大数据关键技术和产品研发，发展面向重点行业、产业集群应用的大数据软硬件系统解决方案，培育具有较强竞争力的领军企业，集聚具有影响力的优势企业，打造全国领先的大数据产业中心

续表

分类	内容
A 数字经济新兴产业重点领域	
物联网	加强物联网运行支撑软硬件平台、应用开发环境等研发应用,推进物联网在数字安防、车联网、工业互联网、智慧城市等领域示范应用,完善物联网产业生态,培育两家超千亿元的龙头企业,打造全国物联网产业中心和世界级数字安防产业集群
人工智能	推进人工智能开放创新平台建设,突破智能软硬件技术,深化在智能制造、数字农业、社会治理和消费服务等领域的推广应用,培育国内有影响力的人工智能领军企业和应用推广服务型企业,打造具有全球影响力的人工智能创新高地
B 数字经济基础产业重点领域	
集成电路	强化嵌入式中央处理器(CPU)、物联网、人工智能、移动通信、汽车电子、工业控制、可穿戴设备等领域自主芯片研发。着力引进和推动先进工艺集成电路生产线建设,实现12英寸生产线零的突破
高端软件	加强基础软件技术和产品研发,推进嵌入式软件开发平台、操作系统、工具软件和行业应用软件发展,强化信息物理系统、制造领域知识库及新型工业应用程序(App)的研发和应用。加快推进杭州国际级软件名城和宁波特色软件名城建设
通信与网络	推进可见光通信、未来网络架构等新兴网络领域的开放式创新,在网络处理器、新型高端路由交换设备等领域形成一批高端产品。建设北斗卫星综合示范工程和高分辨率卫星遥感应用示范工程,开展低轨卫星应用服务试点
新型元器件及材料	发展满足高端装备、应用电子、物联网、新能源汽车等需求的核心基础元器件,大力发展电子级多晶硅、高效太阳能电池及组件、锂离子电池关键材料、氟硅新材料、高性能磁性材料和电子信息用化学品材料等
网络安全	发展拟态防御、数据加密、电子认证、态势感知、应急响应、容灾备份、安全测试、风险评估等网络安全新产品和新服务,大力发展以数据科学采集、数据安全存储和处理、数据分析、数据智能加密为主的数据安全服务业
C 前沿产业发展重点领域	
区块链	突破分布式账本、非对称加密和授权技术、共识机制、智能合约等技术研发,推进区块链技术在金融、教育、医疗、公益、供应链、公共服务等领域的应用,努力打造杭州区块链之都
量子信息	突破量子通信、量子计算、量子传感和测量等技术研发和试验验证,加快量子通信沪杭甬干线和中心城市城域网建设,推进其在政府部门、军队和金融机构等的试点应用
柔性电子	加强柔性显示、柔性传感、柔性固体器件等前沿基础和关键技术研究,发展医疗健康、新型显示、智能硬件等领域的柔性电子产品
虚拟现实	突破虚拟现实建模仿真、增强现实与人机交互、集成环境与工具等核心技术,培育虚拟现实内容生产制作和分发平台,大力推进在动漫游戏、影视娱乐、旅游、教育、产品营销、协同设计等领域的应用

资料来源:《浙江省数字经济五年倍增计划》。

(1) 聚力人工智能。德国工业4.0、美国工业互联网战略的核心支撑是以制造业数字化为特征的智能制造。中国广东、江苏、上海、山东等兄弟省市也纷纷布局和抢占人工智能。人工智能是数字经济激烈竞争的焦点之一，应大力推动人工智能产业化，加快人工智能芯片与算法研发，建立国家人工智能训练及测试数据能源库，大力开展以深度学习为核心的智能技术研发。加快推动高端装备制造数字化特别是工程机械、新能源汽车、交通、安防、医疗、传统工业等优势领域的数字技术应用，推动建设一批大数据驱动的智能车间、智能工厂、智能产业链，打造完整的智能制造产业链，形成具有一定竞争力和影响力的智能制造产业集群。大力鼓励发展具有自组织、自适应、自维护等特征的智能生产系统，积极发展基于数字技术的智能监测、远程诊断、在线管理、产品质量安全追溯等应用服务，培育产品智能检测和全产业链追溯等工业互联网新模式。加快建设一批省级互联网工业设计中心，发展网络协同设计、众包设计、虚拟仿真、3D打印、全息影像技术等数字化研发设计服务，开展实时监测、预测预警、远程诊断、精细管理、产品追溯等在线增值服务，推动"以制造为中心"向"以服务为中心"转型。

(2) 聚力大数据产业。PB是大数据的临界点。2004年，全球数据总量只有30EB，2011年1800EB，2013年4400EB，每年以58%的速度飙升，迎来"数据核爆"。抢抓数字经济变革的大机遇大风口，加快构建自主可控的大数据产业链、价值链和生态系统。亚马逊、微软、IBM、谷歌等纷纷布局大数据中心，贵州、福建、广东、内蒙古、北京、重庆等省（区、市）也开始攻城略地。浙江省要把大数据中心作为数字经济的战略产业来抓，编制大数据中心建设规划，大力推进智慧城市、智慧医疗、智慧交通、智慧教育等建设。加快开发智能海量数据存储与管理系统、非结构化数据处理、人工智能识别等大数据产品，加大数据存储、清洗挖掘分析等大数据技术研发力度。大力发展大数据技术外包和知识流程外包服务，开发行业应用模型，培育数据采集、分析、运营等新业态，探索发展数据流通交易新兴服务。加强数据资产评估、大数据征信、大数据融资等相关配套服务，引导有条件的企业设立软件与技术服务机构，输出富有竞争力的信息化技术、产品和服务。

(3) 聚力物联网产业。据麦肯锡预测，未来5年是物联网发展的爆发期，2020年全球市场连接将达500亿个，中国市场可能突破100亿个。目前，中国蜂窝物联网M2M连接数1.4亿个，占全球M2M连接总数的35%，位居全球第1位。在万物互联的大趋势下，传感器与物联网终端发展不够适应是突出矛盾。应围绕信息电子、汽车电子、医疗电子、工业电子、家用电子等应用领域，大力发展高性能、低成本、低功耗传感产品，积极发展高精度传感器、计算机视听觉、生物特征识别、复杂环境识别、新型人机交互、智能决策控制、智能翻译系统、智能客服系统等产品和服务。自动化生产将转向智能化生产、标准化生产将转向个性化生产、集中化工厂生产将转向分布式生产，对大数据终端设备是极大的挑战。应依托智能电网装备制造、机器人研发制造、3D打印（增材制造）等技术，大力发展智能终端、新型显示、北斗导航、车联网等产品，加快发展传感器、音视频采集、条形码、射频识别技术等数据采集设备和路由、交换、存储等网络设备，突破电子信息设备制造业。

（4）聚力区块链产业。从全球看，"区块链+"效应加速显现，英国、美国、以色列等国家利用区块链技术推出供应链溯源服务，日本、西班牙、韩国等国家积极开发用于金融、教育、医疗、交通等领域的区块链数据平台，区块链技术更快、更广、更深地向各行业各领域渗透。中国浙江省特别是杭州区块链产业走在全国前列，杭州与北京、上海、深圳等城市稳居全国第一阵营。加快打造区块链技术及应用高地，瞄准区块链前沿技术攻关，在非对称加密技术、分布式账本技术、共识机制技术、智能合约技术、信息技术安全等领域，加强区块链产学研用协同攻关。加快区块链等数字技术的转化和应用，促进技术集成和商业模式创新，加强重点领域产品创新，推动产业高端化、智能化。运用区块链技术深化"互联网+先进制造业"，打造一批可复制、可推广的应用模板，利用国际开源技术资源进行再创新，推动区块链在社会治理、资产管理、公示公证、知识产权、工业检测等领域的应用。

（5）聚力集成电路产业。应切实落实浙江省《加快集成电路产业发展的实施意见》，加快对接国家集成电路基金，加强与国际国内龙头企业合作，推进重大技术转移项目落地。扩大集成电路芯片28纳米制程量产规模，加快上马12英寸乃至更高端的芯片，力争在国际领先的7/10纳米先进工艺上取得突破。加强与封装测试龙头企业合作，建设国际先进的封装测试基地。加快布局建设5G、IPv6等新一代网络通信项目，利用浙江省德清地理信息技术集聚优势，加大北斗卫星导航、位置服务产品开发与应用推广。鼓励企业加快新型显示、4K电视、智能安防等终端产品研发升级，巩固提升平板电脑、金融智能POS机等智能终端产品的优势地位。

（6）聚力虚拟现实（VR）和增强现实（AR）产业。加强虚拟现实核心芯片、显示器件、光学器件、人机交互等关键技术环节的产学研联合攻关。建设VR国家重点实验室，推动VR支撑内容拍摄、数据建模、触觉反馈等技术的研发和工程化。搭建VR产业发展平台，重点完成100家以上VR内容制作等关联企业的培育和招商，发展VR和AR软硬件研发生产、内容制作、内容交易，以及教育、视听、游戏等VR、AR应用，规划建设VR主体游乐园、影视基地、教育基地。

二、实施数字经济重大工程

加快制定实施数字经济发展目标（见表34-2），推动数字经济全产业链特别是制造业的数字化转型。

表 34-2　数字经济发展指标

类别	指标	2017 年	2020 年	2022 年
总体规模	数字经济增加值（亿元）	20658	30000	40000
	数字经济增加值占 GDP 的比重（%）	37.8	47	55
数字产业化	规上电子信息制造业业务收入（亿元）	7905	11500	15000
	软件和信息服务业收入（亿元）	5543	8000	10000
	数字经济核心产业全员劳动生产率（万元/人年）	34	38	44
	新一代信息技术产业占数字经济核心产业的比重（%）	43	46	50
	规上电子信息制造业新产品产值率（%）	55	57	60
	PCT 专利申请量（件）	1197	1640	2010
	数字经济核心产业科技经费支出占主营业务收入的比重（%）	5.5	6	6.5
	技术交易额（亿元）	400	800	900
	数字经济上市企业（家）	80	120	150
	独角兽企业（家）	23	40	50
	高新技术企业（家）	3000	5000	8000
产业数字化	在役工业机器人数量（万台）	5.5	10	15
	重点工业企业装备数控化率（%）	57	62	65
	重点工业企业机器联网率（%）	36	44	50
	规上工业全员劳动生产率（万元/人年）	22	25	30
	企业上云数（万家）	18	40	50
	网络零售额（亿元）	13336	20000	26000
	跨境网络零售出口额（亿元）	438.1	1000	1400
基础设施	互联网普及率（%）	70.8	≥76	≥80
	固定互联网宽带接入普及率（户/百人）	44.1	≥50	≥55
	光纤宽带用户率（%）	83.9	≥90	≥93%
	互联网省际出口带宽（Tbps）	37.2	50	60

资料来源：《浙江省数字经济五年倍增计划》。

（1）实施"数字技术+先进制造"示范工程。美国通用电气为了推动数字化转型，2015 年建立数字化部门（GE Digital），进行了大范围的数字职能重组，搭建了工业互联网平台 Predix。借鉴通用电气的做法，积极推动"数字技术+先进制造"，推进数字化车间、智能工厂建设。大力支持工业机器人本体、控制器、伺服电机等关键零部件产品的研发和应用，积极发展新型人机交互、生物特征识别、复杂环境识别、智能决策控制、智能翻译系统、智能客服系统等产品和服务。加强先进制造工艺流程、生产模型、智慧管理等知识库建设，推动深度学习技术在智能装备柔性配置、制造执行系统优化等智能分析方面的应用，促进生产过程控制、远程诊断、供应链管理等环节的智能化。

（2）实施"平台型企业"和"独角兽"培育工程。全球市值前10家公司中，苹果、谷歌、微软、亚马逊及Facebook 5家属于数字经济范畴，前20家公司中有9家属于数字经济范畴，这充分说明了数字经济的潜力。因此，要精心培育一批数字经济"航母级"企业，大力推进数字经济领域的"独角兽"上市，积极对接"凤凰行动"，力争3年内推动50家独角兽企业海内外上市。深化与阿里巴巴、网易、海康威视、大华科技等大企业大平台战略合作，依托平台型企业强大的资金集聚、资源整合，以及成熟的流量、渠道、变现能力，打造"平台型企业+X独角兽"的孵化生态。支持世界500强、中国企业500强、民企500强在浙江投资孵化"独角兽"，鼓励中国科学院等名院名校名所进行成果转化，孵化高新尖领域的"独角兽"。

（3）实施"万企上云行动"。工业互联网平台是数字经济的重要突破口。尽管浙江已实施"1+N"构架的工业互联网平台体系，但工业控制系统、高端工业软件等支撑能力不强，平台数据采集、工业大数据建模分析、工业App等比较薄弱，存在一定程度"为上云而上云"的现象。"云"不仅在建，关键在用。应加大工业互联网基础设施建设力度，进一步推广工业互联网IPv6应用。加快推动行业云平台建设与应用，支持大型龙头骨干企业牵头打造综合性工业云平台服务企业，加快建设工业数字经济创新中心、企业云服务平台，开放共享研发设计、生产制造、检验检测、工程服务等资源，推动中小微企业上"云"。鼓励有条件的企业开展云平台互联互通改造，推动实现企业内部纵向集成、企业之间横向集成、产业价值链端到端集成。积极支持有条件的企业实施数字化改造，鼓励企业建设运营决策大数据系统，利用数据工具搭建智能分析与决策系统模型，实现技术流、资金流、信息流、业务流、人才流等有机集成，提升企业战略管控和决策能力。

（4）实施企业智能化改造工程。加快推进浙江"10+1"传统产业领域的企业智能化改造，在电气电子、纺织服装、化工化纤、机械装备、医药生产、建材家居等传统行业实施一批智能化改造示范项目。加快"机器换人""数字换人"，加强大数据、物联网、云计算等新兴技术的深度集成应用，提升制造装备的数控化率和智能化水平。构建产业链协同研发体系，组建跨企业、跨领域网络协同设计中心，创建开放式创新交互平台、在线设计中心，支持机械装备、纺织服装、制鞋、工艺美术等企业采用基于互联网的开放式研发设计模式。支持龙头骨干企业建立全球化的协同设计平台,推进工业设计资源网上开放共享,打造众包设计平台,实现设计资源的集聚、共享和动态配置。

(5) 实施数字安全工程。加快构建网络安全大平台,加快重点领域、复杂网络、新技术应用、大数据汇聚、互联系统等各类型条件下网络安全保障制度的建设,加速网络安全监管数据的快速、实时、无缝流动,推动跨部门、跨层级、跨区域业务协同,实现网络安全事件快速响应和应急处置。加强信息安全认证体系建设,建立健全互联网基础信息库,积极开展信息安全风险评估、检查和监督工作,构建以网络安全、数据安全和政务信息安全、用户安全为重点的多层次安全体系。建设省级网络安全信息大数据中心,建立集风险报告、情报共享、研判处置为一体的网络安全态势动态感知云平台。

三、打造数字经济重大平台

目前,北京、广东、贵州、重庆、福建等省市纷纷提出打造大数据和数字经济产品平台。广东省提出打造珠三角国家大数据综合试验区,支持南沙、前海、横琴等地建设大数据服务区。京津冀共同建设大数据综合试验区,打造国家大数据产业创新中心、国家大数据应用先行区、国家大数据创新改革综合试验区、全球大数据产业创新高地。重庆市引入腾讯建立西部首个大型云计算数据中心。2015年7月首个国家级数据中心——灾备中心落户贵州省。对此,需抢占先机,抓紧建设数字经济重大平台。

(1) 培育一批数字经济科创平台。加快推进之江实验室、西湖大学、科创大走廊、钱塘江金融港湾等科创大平台建设,全力打造世界级现代化科创中心。加快建设"浙江智能制造协同创新中心",积极争设1~2家国家实验室,鼓励龙头骨干企业建立智能制造研究院。面向"永康五金""诸暨袜业"等500多个产值在5亿元以上的产业集群,培育10家具有行业特色的工业云平台,培育1~2个具有国际水准的国家级工业云平台,创建100个省级"两化"融合示范点,加快发展以杭州市、宁波市为核心,温州市、金华市、台州市等多点联动的数字经济发展格局。

(2) 打造一批数字经济示范基地、示范工程。遴选10个示范产业,实施"智能制造产业示范工程",结合《浙江省全面改造提升传统制造业行动计划(2017—2020年)》,加快推进大数据、AI、云计算、物联网等与纺织、服装、皮革、化工、化纤等多个制造行业融合。加快建设云计算、大数据产业园,广泛吸引跨国总部、外资研发中心、生产性服务业企业集聚,规划建设云计算、大数据实验室,打造云计算、大数据等产业集聚区。遴选10个示范基地,建设"智能制造示范基地",在全省制造基础扎实、智能水平较高的县市区,建成10个在国内具有较强影响力、大数据技术先进、产品智能化过硬的智能制造示范基地。遴选10家龙头骨干企业,实施"工业互联网标杆工程",开展工业互联网应用示范试点,打造企业级平台,引领带动一批规上工业企业上云。

(3) 打造一批数字经济孵化平台。选择创新资源集中的地方,联合行业骨干企业、专业创新促进机构、高校院所、投资机构等,建设一批面向数字经济创新发展的孵化器和创新空间,厚植数字经济创新土壤。2020年,建成一批数字经济示范区(县)、数字经济特色小镇(园区)、数字经济孵化器或众创空间。加快建设人工智能产业创客空间、人工智能产业园,建设一批省级互联网工业设计中心,建设一批数字经济科技创新平台,支持各地设立数字经济创业中心,建成10~20个有影响力数字经济孵化器和数字经济创新空间。

(4) 打造大数据交易平台。数据确权难、数据不通、信息孤岛等因素仍阻碍着数据资源的自由流动和大规模商业化应用,数据资源的价值尚未最大化释放。借鉴上海数据交易中心"交易机构+创新基地+产业基金+发展联盟+研究中心"五位一体规划布局的做法,创新大数据交易所运营模式,打造国际一流的综合性大数据交易服务平台,探索发展数据商品交易、算法交易、数据服务交易、商业数据衍生品交易等交易品种,发展数据资产评估、大数据征信、大数据质押、大数据融资等配套业态,健全大数据交易产品体系,形成全国重要的大数据交易市场。

(5) 建设一批数字经济工程实验室。以数字技术创新和应用为落脚点,加强与美国、以色列、德国、日本等国家合作,在人工智能、云计算、大数据、集成电路等领域深化双向合作;加强与韩国、新加坡及中国香港、台湾等国家和地区的对接,在通信电子等领域加强战略合作,力争联合建立若干个高端工程实验室。加快建立一批国家级、省级数字经济领域的工程实验室,重点建设数据建模技术工程实验室、数据分析技术工程实验室、数据可视化技术工程实验室、数据交易技术工程实验室、数据安全技术工程实验室,探索建设数字医疗健康应用技术工程实验室、数字文化创意应用技术工程实验室、数字交通与物流应用技术工程实验室。

(6) 建立数字经济产学研用大联盟。深化与中国科学院、中国工程院等部门和单位的合作,鼓励知名高校院所、知名企业、知名海外研发机构在浙江省建立联合实验室或研发中心,加强核心技术、非对称技术、"杀手锏"技术、前沿技术、颠覆性技术等重大创新合作。充分集成行业骨干企业、知名高校院所、创新网络资源等各方力量,加强研发大容量数据存储与处理、超大规模数据仓库、云计算平台资源监控与管理、分布式数据库、网络海量数据挖掘、非结构化数据分析等关键技术。广泛参与中外数字经济国际交流合作,加快落实《G20数字经济发展与合作倡议》,加快建成数字"一带一路"信息港,构建以"一带一路"沿线国家为重点的全球数字贸易网。

第35章　实施数字经济政策供给的导向与对策建议[①]

从全球看，据不完全统计，40多个国家制定实施了数字经济发展战略，27个OECD成员国家构建了数字经济国家战略框架。数字经济在发达经济体GDP中的比重快速提升，美国、日本、德国、英国等发达国家数字经济比重均超过45%，甚至美国、德国等超过50%。中国目前仅30.3%。从全国看，2008—2016年数字经济规模从4.8万亿元上升到22.6万亿元，占GDP比重从15.2%上升到30.3%。从浙江省看，数字经济是"一号工程"，信息经济核心产业增加值4853亿元，占GDP比重达9.4%，势头迅猛。当前应充分发挥浙江比较优势，抓住全球经济数字化井喷的窗口期，加快建立适应数字经济发展的政策体系，全力以赴推动数字经济"一号工程"建设，积极创建"国家数字经济示范省"，促进以数字经济为标志的新经济提速发展。

第一节　数字经济政策供给的迫切性

根据2018年《中国互联网+指数报告》，浙江省数字经济位居全国第3位。国家互联网信息办发布2017年《数字中国建设发展报告》显示，浙江省数字化发展水平位居全国第4。尽管浙江省数字经济走在全国前列，但发展不够平衡、不够充分，出现"三、二、一"产业逆向渗透趋势，服务业数字化比较超前，制造与数字经济融合比较滞后，集成电路、智能技术等核心产业核心技术比较薄弱。服务业中数字经济占比超过30%，但工业中数字经济占比不足20%。工业ICT中间投入占行业中间总投入的比重只有6%，低于服务业的11%。浙江省工业生产设备数字化率仅46.6%，低于上海市的49.5%、江苏省的50.9%、山东省的51%。中国的技术创新、工艺设计、生产制造等核心环节的实质性变革与美国、日本、德国、韩国等发达国家相比还有较大差距。这迫切需要加大政策支持力度，实现"弯道超车"甚至"换道超车"。

数字经济是大势所趋，但也是新生事物，缺乏相关的产业规划和政策支持，中国的广东、福建、贵州等省都在积极探索，美国、德国、韩国等发达国家也积极布局抢夺控制权和主导权。对此，建议加快数字经济的规划编制，尽快研究制定鼓励支持的政策，围绕基础性数字经济、技术型数字经济、融合型数字经济、资源型数字经济、

[①] 原载浙江省政府研究室《调查与思考》，2018年第67期。

服务型数字经济五大业态，编制数字经济倍增行动计划。精准供给相关政策，根据细分行业精准施策，支持人工智能芯片与算法研发、大数据产业链、物联网终端、感知产业、集成电路核心技术和关键装备等行业发展，推动数字经济高质量发展。

第二节　数字经济政策供给的导向

一、突出扩大数字技术有效供给

数字经济发展的重要瓶颈是核心技术供给不足问题，要聚焦数字技术基础前沿研究和关键共性技术开展科技攻关，着力提升数字技术创新水平。围绕大数据、云计算、物联网、人工智能开展重大基础研究，设立数字经济重大科技专项，打通从基础研究到产业化的链条，力争取得重大颠覆性创新和群体性技术突破。重点支持大数据、人工智能、物联网、机器人、集成电路等数字技术领域重大科技攻关，攻克运算智能、感知智能、认知智能关键核心技术。

二、突出数字技术产业化和融合应用

数字技术转化的"最后一公里"是数字经济发展的重要一环，要加强数字技术科技成果转化产业化，推动数字技术与农业、传统制造业和服务业的深度融合。加快推进"互联网+""大数据+""人工智能+""机器人+"等技术推广应用，引领示范数字技术与各类产业融合发展。大力推进"企业上云"，力争建成全球数字经济科技成果交易中心和面向全球的技术转移枢纽。

三、突出数字经济主体培育壮大

企业主体是数字经济发展的主力军，应聚焦数字经济关联产业，建立健全"微成长、小升高、高壮大、大变强"的梯次培育推进机制，培育壮大科技型中小企业，推动高成长科技型中小企业快速成长为高新技术企业，培育一批全球知名并有影响力的数字经济创新型领军企业，打造科技型中小企业铺天盖地、高新技术企业顶天立地的生动局面。

四、突出数字技术研发机构广泛布局

创新数字经济重大科研平台建设的体制机制，探索建设开放协同的新型研发机构和研究型大学。聚焦网络信息和人工智能开展重大前沿基础研究，谋划建设大科学装置，打造具有世界领先水平的数字经济创新基地。完善以企业为主体的技术创新体系，按照产业链部署创新链，支持企业研发机构牵头实施重大科技项目，着力

解决制约产业发展的瓶颈技术，开发战略性产品。

五、突出数字经济产业平台搭建

谋划建设高能级的数字经济产业平台，辐射带动数字经济高质量发展。支持各国家和省级高新区围绕数字经济细分领域，明确园区产业主攻方向，错位发展，做大做强数字经济高新技术产业集群。倾斜支持有条件的地方结合高新区发展规划建设数字经济产业关联的高新技术特色小镇，形成产业高端、技术高新、人才高尖、创业高效的数字经济发展示范基地。

六、突出数字经济发展环境优化

发挥互联网技术信息共享、互联互通优势，加快构建开放式创新创业平台，推动现有科技企业孵化器和众创空间向专业化方向发展，建设一批具有示范作用的数字经济科技企业孵化器和众创空间。鼓励数字经济创新型领军企业打造开放式创新创业平台，建设专业化众创空间，加强产业链与技术链资源整合，加快推动数字经济领域协同创新。

第三节　对策与建议

一、数字经济的投融资政策问题

截至目前，全国大数据领域获得融资的企业多达 400 家，A 轮或天使轮投资的数量占 70% 以上，大批大数据企业进入 B 轮、C 轮融资阶段。抓住数字经济崛起的"大风口"，加快建立数字经济重点项目库，鼓励天使、风投、股权投资、并购、私募等投向数字经济优质项目。支持金融机构开展知识产权和数据资产等无形资产抵押贷款，引导金融机构探索开展以知识产权为抵押物的信贷业务。支持有条件的数字经济企业利用"凤凰行动"上市融资或围绕产业链开展并购，鼓励中小数字经济企业在"新三板"等股权交易中心挂牌融资。支持符合条件的数字经济企业通过发行企业债券、公司债券、非金融企业债务融资工具等方式扩大融资。利用政府性投资基金引导和撬动作用，建立对数字经济发展重点领域、重大项目、重大工程、重大技术、重大应用等跟投机制。运用股权投资、贷款贴息、事前审核事后补助等方式，建立覆盖创新链、产业链的多元化资金投入机制。鼓励各县（市、区）、产业主管部门、园区管理机构给予数字经济领域创新型企业贷款贴息、评估补助、风险补助及其他形式的金融服务。对符合条件的企业开发新技术、新产品、新工艺发生的研究开发费用按规定在计算应纳税所得额时予以加计扣除。对数字经济相关创新成果，纳入政府采购目录。

二、数字经济的法规政策问题

对数字经济相关法规政策进行系统梳理，及时审查政策的创新包容性，及时废止有违创新规律、阻碍新业态发展的政策条款。针对数字经济及其重点领域发展特点与市场需求，重点围绕数据所有权、数据使用权、大数据知识产权等内容，加快制定出台一批地方性法规或部门规章，形成灵活反应、兼容与可持续的法规体系。修订完善不适应数字经济发展的相关政策条款，加强数字经济新业态新模式的政策供给。对涌现出来的新型数字经济业态，立法时机尚未成熟的，及时制定行业管理规章制度，或对已有行业管理规章制度进行修订。加强数字经济融合领域关键环节专利导航，引导企业加强知识产权战略储备与布局，完善知识产权保护相关法律和权利人维权机制，加强知识产权综合行政执法，将侵权行为信息纳入社会信用记录。针对数据确权难、数据不通、信息孤岛等影响数据资源的自由流动和大规模商业化应用问题，建设标准化数据资源体系，探索数据商品交易、算法交易、数据服务交易、商业数据衍生品交易等交易品种，发展数据资产评估、大数据征信、大数据质押、大数据融资等配套业态，逐步完善大数据交易制度构架。

三、数字经济的技术标准问题

德国"数字议程"提出数字技术标准与兼容性战略，以确保数字技术、应用程序、数据存储与服务的无缝对接。当务之急，制定政府数据采集、开放、共享、分类、质量、安全等关键共性标准。开展国家大数据交易等数据资源流通标准研制与试点示范，研制企业间数据共享、数据交易、大数据确权等标准。按照共性先立、急用先行的原则，引导资源型数字经济、技术型数字经济等领域基础共性标准、关键技术标准的研制及推广。加快与数字经济应用相关的物联网、智能制造、智能家居、车联网等细分领域的标准化工作。完善数字经济融合标准体系，增强在国内数字经济发展中的影响力。突出和强化企业技术中心在创新驱动方面的引领作用，为数字经济的融合发展提供技术研发和产业化支撑。

四、数字经济的统计监测问题

现行统计制度体系主要针对工业及服务业，数字经济对 GDP 的贡献率统计是盲点，亟须建立与数字经济相适应的统计分类制度和统计测算方法。探索数字经济统计方法，加快建立数字经济统计调查和监测分析制度，强化数字经济数据搜集、处理、发布和共享，建立数据沟通和分享机制。加快构建数字经济发展全貌和动态变化的指标体系，探索开展针对数字经济新领域、新业态、新模式的专项统计，对数字经济发展进程中出现的新问题、新情况进行密切跟踪。探索数字经济增加值测算方法，建立省级数字经济核心指标的定期发布机制，研究建立较为完善的数字经济统计指标体系。

五、数字经济的市场监管问题

条块分割的垂直管理体系与数字经济跨界融合发展不相适应，倒逼传统线下监管向数字化、网络化、平台化监管方向转变。应坚持放水养鱼、包容审慎监管原则，密切跟踪新业态发展趋势，加强各类平台信息服务潜在风险的研究和预判，及时调整和完善融合创新领域行业管理规范和监管措施。探索建立分级分类管理机制，建立快速响应的数字经济监管反馈机制，利用互联网、大数据、人工智能等技术手段，构建数字化、网络化、智能化数字经济监管治理平台，提高数据汇聚、事中监管、趋势研判、协同联动等能力。适应数字经济业态快速迭代趋势，实施行业准入负面清单制度，对尚未纳入负面清单的行业一律实行无门槛准入。

六、数字经济的安全防控问题

世界各国都将信息安全列在国家政策中的优先位置，建立全面、综合的数字安全战略，2013年多个OECD国家发布数字安全的国家战略，2014年日本实施《数字安全基本法案》并于2015年设立隶属于内阁的数字安全战略小组，美国于2015年通过《网络安全法》，这也是规制网络信息安全的一部较为完备的法律，英国颁布了2017年《数字经济法第1号条例》。据互联网监控公司Arbor Networks统计，2011—2014年，全球DDoS攻击量增加30倍以上，每年对全球经济造成的损失高达4000亿美元。顺应数字经济发展趋势，加大数字安全保障力度，加快重点领域、复杂网络、新技术应用、大数据汇聚、互联系统等各类型条件下网络安全保障制度的建设，加速网络安全监管数据的快速、实时、无缝流动，推动跨部门、跨层级、跨区域业务协同，实现网络安全事件快速响应和应急处置。加强信息安全认证体系建设，全面推行网络实名制，建立健全互联网基础信息库，推进网络安全管理工作向基层延伸。建设省级网络安全信息大数据中心，建立集风险报告、情报共享、研判处置为一体的网络安全态势动态感知云平台，准确掌握网络安全风险发生的规律、动向、趋势，及时发现和修补技术漏洞等安全隐患。积极开展信息安全风险评估、检查和监督工作，提升网络安全监测、预警等能力，构建以网络安全、数据安全和政务信息安全、用户安全为重点的多层次安全体系。

七、数字经济的基础设施问题

根据Synergy Research研究结论，2017年是全球新的超大规模数据中心的突破年，全球超大规模数据中心已超过 390 个，且没有放缓现象。目前，大多数超大规模数据中心设在美国，占到了 44%，中国位居第 2，占 8%，其次是日本和英国，合起来占 6%。大数据中心包括灾备中心从单体上看能耗比较高，但从全产业链看却是低污染、高效益的产业。建设超大规模的大数据中心，需要综合考量市场、能源、土地、地质、水文、气象等因素，建议抓紧制定浙江省大型数据中心建设规划，在能源供给充足、能耗指标富余、网络设施完善、地质气象良好的衢州、丽水、湖州等城市选址建设大数据中心及灾备中心，服务浙江省乃至全国数字经济发展，同时，争取国家电网和发电企业对数据中心采取直供优惠电价，制订税收贡献对电价补贴措施，夯实浙江数字经济发展的硬件支撑。

第八篇 标准化战略推动中小企业高质量发展研究

第36章 借助"一带一路"倡议加快标准走出去的研究[①]

第一节 问题的提出

"一带一路"倡议为中国经济增长注入新动力，也为世界经济发展提供了新方案。从近期召开的"一带一路"国际合作高峰论坛看，作为"工业之母"的装备制造无疑是中国与"一带一路"沿线国家深化产能合作的关键领域和重要切入点，如表36-1所示。装备制造是中国产业国际竞争力的主要动力源，中国制造走出去的核心优势主要体现在模块化构架产品和大型复杂装备制造领域（黄群慧、贺俊，2015）。从中国装备制造向"一带一路"沿线国家出口规模看，2000年仅123.8亿美元，2015年攀升到2391.3亿美元，年均增长21.8%，在中国装备制造走出去总额中的比重从2000年的15.1%上升到2015年的22.4%。特别是电力、工业、通信、交通具有国际比较优势的四大类装备制造出口增长迅猛，2000—2015年均增速分别达到21.7%、26.1%、22.2%和20.4%。"一带一路"沿线大多数国家处于工业化和城镇化加速推进阶段（赵东麒、桑百川，2016），对核电、机械、通信、铁路、管线、机场、港口等装备的需求量持续增长，为中国装备制造走出去提供了巨大空间。中国装备制造走出去始终注重与国际接轨，实际上关键是与国际标准接轨。标准是全球"通用语言"，得标准者得天下，标准已成为超越产品竞争、品牌竞争的更高层次的竞争形态，是贸易便利化和经济全球化的应有之义。2015年10月，中国向全球正式发布《标准联通"一带一路"行动计划》，这是中国作为标准化后发国家

[①] 原载《国际贸易问题》，2017年第11期。

向全球发出的与国际标准接轨的集结号和动员令。因此,本章探讨的命题是,标准化对中国装备制造走出去究竟有何内在传导机制和现实影响。

表36-1 中国装备制造走向"一带一路"沿线国家的代表性项目

类别	交通装备走出去	电力装备走出去	通信装备走出去	工业装备走出去
合作国家	蒙古、越南、泰国、老挝、伊朗、巴基斯坦、乌兹别克斯坦、孟加拉	巴基斯坦、缅甸、老挝、埃及、哈萨克斯坦、越南	巴基斯坦、老挝、缅甸、泰国、尼日利亚、非洲部分国家	哈萨克斯坦、沙特、越南、孟加拉国、阿曼、缅甸、马来西亚
代表性项目	中蒙铁路、帕德玛大桥、中越铁路、中泰铁路、德黑兰地铁、拉合尔轨道交通、中老铁路、喀喇昆仑公路二期、卡拉奇高速公路、"安格连—帕普"铁路隧道	水津水电站、南康水电站、恰希玛核电项目、卡拉奇2号核电项目、默蒂亚里—拉合尔±660千伏直流电项目、埃及EETC500千伏主干网项目、越南热电厂项目	中巴国际光缆、中老泰陆缆直连通道、中巴信息走廊、丝路光缆、中缅孟印通道、尼日利亚的骨干网项目、泛亚信息网络项目、中非"八纵八横"光缆骨干网项目	中缅原油管道、哈萨克斯坦南线天燃气管道、阿克托盖铜矿、沙特延布炼厂、苏克石油天然气项目、中缅天然气管道项目、龙江工业园、马来西亚纱锭工业项目

资料来源:根据"中国一带一路网"公布的资料整理而得。

关于标准化对产品走出去的影响效应,不少文献进行了探讨(田为兴等,2015)。标准化既是促进贸易的重要引擎或"催化剂",也是影响贸易的潜在障碍或"抑制剂"(Acemoglu,2012)。一方面,标准化对国际贸易有促进作用。标准是建立国际贸易新秩序的重要基础,是规范国际贸易的一种低成本的有效手段,为拓展国际市场提供基础性的技术支撑(Swann et al.,1996)。标准能够保障产品质量和可靠性、对产品信息进行重要的符号显示、通过专业性、兼容性和互换性形成规模经济,增强一国或地区产品的国际市场竞争力(Tassey,2000)。另一方面,标准化对国际贸易有抑制作用。关税、许可证等传统贸易管制对国际贸易的影响效应日渐衰微,非关税壁垒尤其是以标准为代表的技术性贸易壁垒的作用越来越凸显(Moenius,2004)。现实中,标准已演变成各国贸易保护的重要工具,在促进出口的同时也可能会抑制出口,过度标准化的趋势越来越明显,成为贸易保护主义的重要盾牌(Blind &Jungmittag,2005)。根据中国WTO/TBT-SPS国家通报咨询中心数据,2016年世界贸易组织各成员共对外发布技术性贸易措施(TBT措施)3473个,其中工业品相关的技术性贸易措施2132个,同比上升7.03%。特别是发达国家对国际标准的掌控放大了标准的"非价格竞争优势",利用标准的先发优势挤压甚至打压发展中国家和欠发达国家的国际市场空间(Clougherty and Grajek,2014),引起了进口国尤其是发展中国家及欠发达国家的担忧。2016 年，对外发布 TBT 措施最多的是美国，高达 442 个，占比 20.73 如表 36-2 所示。上述文献有启示价值，但值得深入探讨的问题是，标准化究竟通过什么具体传导机制影响中国装备制造走出去，现实影响结果究竟如何，标准国际化影响是否又存在不同？

表 36-2 2016 年主要国家 TBT 措施发布情况

发布国	欧盟	美国	日本	澳大利亚	韩国	加拿大
发布数量（个）	110	442	32	4	83	63
占比（%）	5.16	20.73	1.50	0.19	3.89	2.95

资料来源：中国 WTO/TBT-SPS 国家通报咨询中心数据。占比是指在 WTO 成员国中的占比。

本章对已有文献进行必要拓展，具体贡献在于：①从贸易总量研究标准化效应存在不可忽视的缺陷（David and Greenstein, 1990）。中国向"一带一路"沿线国家出口的制造产品十分庞杂，即便同属制造业范畴的装备制造与纺织服装加工制造也存在较大的行业差异性，有必要从某一具体的产业部门出发进行研究，对此本章将装备制造作为研究对象。②本研究聚焦技术标准。2016 年 1 月，国家质检总局正式提出"实施'标准化+'战略，服务供给侧结构性改革"。本章的标准化指在装备制造技术领域制定与实施具有权威性和强制性的国家标准，不涉及事实标准以及安全标准、环境标准、管理标准等广义标准。③标准化存在向标准国际化的升级趋势，国家标准和国际标准对中国装备制造走出去的影响可能不尽相同（Jones and Hudson, 1996），本章区分标准化和标准国际化分别进行实证。此外，在样本上划分为"一带"国家和"一路"国家做了比较。综上所述，本章着力探讨在"一带一路"倡议背景下，标准化乃至标准国际化对中国装备制造走出去的现实影响，特别是对交通、电力、通信、工业四大类装备制造的影响轨迹，以及对走向不同的"一带"和"一路"国家而言影响是否存在差异。在此基础上，从标准化视角探讨中国装备制造走出去的现实路径和战略定位。

标准化在国际贸易中起着至关重要的作用，这已是理论界和实务界的普遍共识。如同前文所述，标准化对出口的影响可能存在"双刃剑"效应，包括正向的符号显示机制、接口兼容机制、交易成本降低机制及反向的壁垒设置机制，这四个机制叠加引致了标准化对出口的"双刃剑"效应。标准定义了程序和产品的具体特征，是生产者和消费者减少不确定性的重要依据，也是产品获得外部市场认可的重要"符号"（David and Greenstein, 1990）。质量是标准化实施的结果，推动标准化一方面可以促进企业改进技术、提升产品质量；另一方面将劣质、次级产品排除在市场之外，有助于防止"格雷欣法则"（Gresham's Law），增强本国产品在国际市场上的竞争力，从而加快本国产品走出去（Akerlof, 1970）。标准作为市场供需双方对话更容易的重要工具，是产品走向海外市场的"助推器"，特别是对进口国（地区）而言，不再需要花费过多的时间和精力去做市场调研和质量评估。这是因为透过产品标准标签可以获取产品质量和性能等相关信息。特别是当一国国家标准上升为国际标准时，意味着成为很多国家包括贸易伙伴国共同遵守和执行的统一标准，或者说成为全球范围内的共享标准，大大提高贸易国市场的开放性，减少贸易双方由于技术标准不透明和信息不对称性而带来的贸易摩擦。

产品的兼容性强意味着产品具有更多的可接入性和可交换性。标准化的直接结果就是使产品之间有兼容的界面或接口，增强不同产品之间的兼容性，为规模经济、范围经济及更广泛的网络效应的实现提供支撑。装备制造是工艺和流程极为复杂和精密的行业，由众多设备相连、通过严密的流程实现既定的功能，这就决定了装备之间的互联互通至关重要。比如，5G-LTE 双连接（5G-LTE Dual Connectivity）支持 5G 网络为终端设备和无线接入网提供多标准、多频段接入，实现 5G 移动设备与 LTE 的并行连接和无缝切换。为实现装备之间互联互通，各种装备必须遵循一致标准特别是国际通行标准。反之，如果标准不一致导致兼容性不够，以致产品进入国际市场的成本提高甚至完全失去市场进入的可能，这对中国装备制造走出去极为不利。处于标准领先地位的国家或企业为了维护其市场领先地位，往往不愿意采用兼容策略（Malueg and Schwartz, 2006）。比如，美国思科为了挤压中国华为的国际市场空间，通过"标准摩擦"拒绝与中国华为公司网络设备的互联互通。

装备制造产品由于技术密集程度高、生产工艺精密、组织过程复杂，需要经过大量检验检测，才能判断其质量优劣。换言之，产品的技术密集程度越高，市场交易成本也就越高。而标准由于对产品的性能指标、外形尺寸、误差范围、功能质量等参数做出了具体规定，有助于降低交易成本。①降低谈判和签约成本及协调成本。在谈判和签约过程中使用标准特别是国际标准可以有效减少谈判次数和贸易时间，从而降低谈判成本和签约成本。②降低监督和执行成本。贯穿于产品全过程的标准化，对产品的检验方法、检验规则、产品包装、运输条件等都做了明确规定，是企业组织生产的重要技术依据，提高了产品的可靠性、性能和交易效率。③降低损害索赔成本。标准尤其是国际标准是国际贸易仲裁和解决贸易争端的重要依据，为产品贸易损害及损害程度提供了判定依据，从而为产品国际贸易提供了救济保障。

从国际上看，以标准为代表的技术性贸易壁垒已成为阻碍一国出口的主要措施，特别是在过度标准化（Over-standardization）情况下，标准会成为贸易保护主义的重要工具（Swinnen and Vandemoortele, 2012）。标准水平高的国家特别是发达国家，往往根据保护国内市场及产业国际竞争力的需要，凭借自身技术优势和标准制定优势，利用国家之间的标准差异，来限制他国产品的进口（赵志强、胡培战，2009）；标准水平低的国家，出口产品会因贸易伙伴国技术标准的限制而被拒之门外。如部分国家依据欧盟颁布的《废弃电气电子设备指令》（WEEE）和《关于在电气电子设备中限制使用某些有害物质指令》（ROHS）两项技术法规，对机电设备在电磁污染、噪声、兼容性、节能性、安全性等方面提出技术标准限制，对中国出口机电设备造成一定阻碍。后工业时代的标准竞争愈演愈烈，专利标准化甚至过度标准化成为趋势，越来越多的专利被纳入标准使得标准的壁垒特性越来越强，如表36-3所示。因此，本国标准较贸易伙伴国实行的标准越落后，标准的技术性贸易壁垒效应也就越强（陶爱萍、李丽霞，2013）。当然，对于技术创新能力不强、标准供给能力滞后的追赶型国家（地区）而言，采用全球通行的国际标准有助于避开技术性贸易壁垒，提高本国产品的市场渗透力和国际竞争力。

表36-3 近年发达国家设置的对中国出口影响较大的标准典型

标准壁垒	设置时间	主要内容	设置国
玩具安全标准ST 2016	2016年2月1日	阻燃性能部分更新至与ISO 8124-2：2014相同，全面修订弹射玩具的相关条款，增加对某些挤压玩具、紧固件的新要求，明确电池的管控技术标准	日本玩具协会（JTA）
玩具标准ASTMF963 2016版	2016年10月20日	2017年成为强制性标准，比之间版本ASTM F963-11版有新提高，明确了玩具超载和稳定性要求，纽扣电池/硬币电池的标签要求，锂电池的温度和限流，膨胀玩具的测试要求，磁铁的浸泡和抗压测试	美国材料和试验协会（ASTM）
LED灯	2016年9月1日	颁布了关于定向灯、LED灯及相关设备生态设计要求的ErP指令，要求LED灯的能效指数达到0.2方可进入欧盟市场，对6000小时的灯泡存活率、光通维持率、显色指数等功能性参数提出了明确要求	欧盟
冰箱	2016年11月1日	修订了商用冰箱及冰柜的能耗排放规定，列出在各类配置及尺寸中最具能源效益的指标，需要进行"能源之星"技术认证	美国环保局

资料来源：根据互联网公开资料整理。

第二节 样本数据来源与研究方法设计

一、模型构建

借鉴Anderson（1979）、Helpman等（1985）建立的基于引力模型的多国双边贸易模型,以及 Otsuki 等(2001)、Anderson 和 van Wincoop(2003)、罗来军等(2014)、孙楚仁等(2017)的拓展引力模型,将"一带一路"哑变量、政治稳定性、法制完备度等变量纳入模型,建立如下实证模型:

$$\ln TV_{ijt} = \alpha_0 + \alpha_1 \ln TS_{it}^{eco} + \alpha_2 \ln TS_{jt}^{eco} + \alpha_3 \ln TS_{it}^{pop} + \alpha_4 \ln TS_{jt}^{pop}$$
$$+ \alpha_5 \ln EXC_{ijt} + \alpha_6 \ln STA_{it} + \alpha_7 \ln FDI_{jt} + \alpha_9 Ind_{ijt}^{pol}$$
$$+ \alpha_{11} Ind_{ij}^{dis} + \alpha_{10} B\&R_{ijt} + \alpha_{12} ps_{jt} + \alpha_{12} rl_{jt} + \varepsilon_{ijt} \qquad (36-1)$$

二、变量说明和数据来源

在中国装备制造向"一带一路"沿线国家走出去过程中,以高铁为代表的交通装备,以及以水电核电为代表的电力装备、工程工业机械装备、电子信息装备无疑是最具代表性的响亮名片。本章采用联合国商品贸易统计数据库(Comtrade Database)SITC(Rev4),以 71(电力装备)、74(工业装备)、76(通信装备)、78(交通装备)为代表的装备制造出口数据,实证研究标准化、标准国际化对中国向"一带一路"沿线国家出口装备制造的影响,时间跨度为 2000—2015。"一带一路"沿线涉及 64 个国家,因巴勒斯坦缺乏数据,本研究样本为 63 个国家。① 变量含义及数据来源如表 36-4 所示。

表 36-4 变量含义、数据来源及说明

变量	含义	数据来源	说明
TS_i^{eco} 和 TS_j^{eco}	目标国和出口国的经济规模	World Development Indicators(WDI)	本研究采用只反映产量变动的不变价格 GDP
TS_i^{pop} 和 TS_j^{pop}	目标国和出口国的人口规模	World Development Indicators(WDI)	
EXC	实际有效汇率指数	Wind 数据库	根据间接标价法下的双边官方汇率计算
STA	国家标准制定和实施的数量	《国家标准全文数据库》	本研究采用国际标准分类法(ICS 分类),按照装备制造行业进行国家标准检索和统计

① 包括:东盟 10 国(泰国、老挝、柬埔寨、越南、新加坡、缅甸、马来西亚、印度尼西亚、文莱、菲律宾);中东欧 16 国(捷克、斯洛伐克、匈牙利、波兰、立陶宛、爱沙尼亚、拉脱维亚、斯洛文尼亚、克罗地亚、阿尔巴尼亚、罗马尼亚、保加利亚、波黑、黑山、塞尔维亚、马其顿);东亚的蒙古;中亚 5 国(土库曼斯坦、塔吉克斯坦、哈萨克斯坦、乌兹别克斯坦、吉尔吉斯斯坦);南亚 8 国(印度、孟加拉、斯里兰卡、马尔代夫、尼泊尔、巴基斯坦、阿富汗、不丹);西亚 16 国(伊朗、伊拉克、叙利亚、约旦、土耳其、黎巴嫩、以色列、阿联酋、卡塔尔、科威特、沙特阿拉伯、也门、阿曼、巴林、希腊、塞浦路斯)及独联体 7 国(俄罗斯、白俄罗斯、乌克兰、阿塞拜疆、亚美尼亚、格鲁吉亚、摩尔多瓦)。

续表

变量	含义	数据来源	说明
IS	国际标准制定和实施的数量	历年《中国标准化发展研究报告》	本研究将中国实际承担的 ISO、IEC、ITU 的 TC（国际技术委员会）、SC（分技术委员会）秘书处的数量作为代理指标
FDI	外商直接投资额	历年中国统计年鉴	
d^{pol}	政策距离	中国商务部"中国自由贸易区服务网"	双边贸易国之间是否签订自由贸易协定，考虑到距离反向性，签订赋值为0，否则为1
d^{dis}	物理距离	CEPII 的 Geography 数据库	双边贸易国首都之间的距离
B&R	"一带一路"哑变量	中国商务部	以 2013 年提出"一带一路"倡议的时间节点为界，之前赋值为0，之后赋值为1
PS	政治稳定性	Worldwide Governance Indicators	采用"政治稳定与杜绝暴力"指标
RL	法制完备性	Worldwide Governance Indicators	采用"法治和遏制腐败"指标

注：TC/SC 在三大国际标准组织 ISO、IEC、ITU 中拥有极其重要的话语权，任何一个国际标准提案只有经过 2/3 以上的 TC/SC 成员国同意才能进行最终表决。因此，承担的 TC/SC 秘书处的数量能够反映一个国家或地区的国际标准话语权。

第三节 实证检验与结果分析

一、标准化对四大装备制造走向"一带一路"沿线国家的影响

鉴于本研究采用跨国面板模型，首先对使用固定效应模型还是随机效应模型进行 Hausman 检验，从表36-5 中 Hausman Test 检验结果看，均显著拒绝了原假设，因此采用固定效应模型。从回归结果第（1）、（3）、（5）和（7）列看，标准化均在1%的水平上显著为正。也就是说，标准化带来的国家标准的推行和扩散，有利

表 36-5 标准化对装备制造走向"一带一路"沿线国家的回归结果

	中国电力装备走出去		中国工业装备走出去		中国通信装备走出去		中国交通装备走出去	
	(1)	(2)	(3)	(4)	(5)	(6)	(7)	(8)
$\ln TS_i^{eco}$	7.8310*** (8.2601)	2.0129*** (3.9734)	6.7500*** (13.6136)	3.2218*** (2.9999)	9.5222*** (14.4908)	8.7902*** (6.0811)	8.4636*** (11.6660)	6.2863*** (3.9550)
$\ln TS_j^{eco}$	0.0530 (0.7173)	0.0517 (0.7113)	0.2526*** (4.3380)	0.2508*** (4.3509)	0.1562*** (3.2241)	0.1572*** (3.2219)	0.1454** (2.2589)	0.1382 (0.7037)
$\ln TS_i^{pop}$	8.3539 (1.4735)	1.3869 (0.2290)	0.1386 (0.0468)	4.1345 (1.3108)	4.9763 (1.2613)	4.0803 (0.9621)	9.9460** (2.2871)	7.3514 (1.5919)
$\ln TS_j^{pop}$	1.0047*** (8.2107)	1.0153*** (8.4249)	0.5581*** (6.0947)	0.5670*** (6.2520)	0.6564*** (8.1259)	0.6554*** (8.0605)	0.6440*** (6.1378)	0.6558*** (2.6356)
lnEXC	-0.0456 (-0.9876)	-0.0422 (-0.9252)	-0.0519* (-1.8245)	-0.0498* (-1.7666)	-0.1566*** (-5.0247)	-0.1578*** (-5.0426)	-0.0099 (-0.2636)	-0.0108 (-0.1623)
lnSTA	5.4359*** (4.4536)	88.8407*** (2.9718)	5.4770*** (8.6025)	51.9006*** (3.3383)	9.5511*** (11.3012)	2.3937 (1.1143)	7.3910*** (7.9242)	27.8566 (1.5525)
lnSTA2	—	-4.8785*** (-3.1558)	—	-2.9700*** (-3.6936)	—	-0.6185 (-1.5713)	—	-1.8237** (-1.9938)
lnFDI	0.0381 (1.2604)	0.0302 (1.0038)	0.0141 (0.8643)	0.0083 (0.5122)	0.0440** (2.1113)	0.0423** (2.0202)	0.0264 (1.1259)	0.0244 (1.0618)
d^{pol}	-0.7156*** (-3.4836)	-0.6826*** (-3.3459)	-0.4514*** (-4.0215)	-0.4367*** (-3.9280)	-0.3621** (-2.5581)	-0.3615** (-2.5496)	-0.5113*** (-3.1912)	-0.4933** (-2.2188)

续表

	中国电力装备走出去		中国工业装备走出去		中国通信装备走出去		中国交通装备走出去	
	(1)	(2)	(3)	(4)	(5)	(6)	(7)	(8)
lnd^{dis}	−1.5001***	−1.4685***	−0.2014***	−0.1818***	−0.2527***	−0.2564***	−0.6822*	−0.6623***
	(−3.3376)	(−3.3218)	(−3.5656)	(−3.5154)	(−3.8571)	(−3.8636)	(−1.7444)	(−4.5976)
B&R	0.4710***	0.0660	0.2878***	0.0384	0.1934**	0.1258	0.0957***	0.1053
	(3.3601)	(0.3004)	(3.9244)	(0.3362)	(1.9813)	(0.8166)	(3.8894)	(1.0466)
PS	0.0374	0.0422	0.2635***	0.2679***	0.0663	0.0667	0.4089***	0.4099**
	(0.3525)	(0.4010)	(4.5108)	(4.6321)	(0.9070)	(0.9119)	(4.9238)	(2.3329)
RL	0.9958***	0.9972***	0.5422***	0.5410***	0.8859***	0.8840***	0.3244*	0.3271
	(4.8186)	(4.8772)	(4.3575)	(4.3923)	(6.3185)	(6.2855)	(1.9454)	(1.1766)
_cons	7.2476	−422.2036**	−140.6272**	−402.9995***	−86.6887	−141.4837	37.2446	−123.0975
	(0.0656)	(−2.4113)	(−2.4317)	(−4.4174)	(−1.1282)	(−1.1535)	(0.4395)	(−1.1442)
N	631	631	632	632	632	632	632	632
AR−sq	0.7212	0.7259	0.8659	0.8691	0.7586	0.7589	0.7355	0.7362
Wald chi2	1535.19	1566.06	3657.01	3745.54	1896.61	1895.58	1613.10	394.10
Prob>chi2	0.0000	0.0000	0.0000	0.0000	0.0000	0.0000	0.0000	0.0000
Hausman Test	82.34***	82.19***	111.10***	107.18***	71.58***	71.25***	98.01***	100.30***

注：***、**、* 分别代表 1%、5%、10% 的显著性水平；括号内是相应回归系数的 t 值。

资料来源：作者利用 Stata13 软件计算。

于推动中国四大类装备制造向"一带一路"沿线国家走出去。这符合一般意义上的经验判断。尽管国家标准是中国单方面制定的国家层面的标准，但在装备制造走出去过程中，国家标准能够为进口国提供产品性能、质量、规格等重要信息，相当于中国政府为推动本土装备制造走出去开展国际产能合作而做出的"信用背书"。电力、通信、交通、工业等装备制造均为技术密集型产品，复杂的技术密集程度往往也带来较高的市场交易成本，而国家标准的实施有助于降低市场交易成本，从而推动中国与沿线国家的产能合作。本章进一步探讨，是否国家标准越丰富越有利于中国装备制造走出去。表36-5第（2）、（4）和（8）列的回归结果否定了这一命题。除了第（8）列中国交通装备制造走出去回归结果中lnSTA一次项不显著之外，其余回归结果均显著为正，而lnSTA二次项系数（lnSTA2）显著为负，由此判断，电力装备、工业装备和交通装备制造走出去与标准化的关系并不是简单的线性关系，而是更为复杂的倒U型关系。或者说，标准化实施初期有利于装备制造走出去，但在达到一定临界值后反而不利于中国装备制造出口。也就是说，标准化的影响存在"两阶段性"：在起始的"标准稀缺"阶段，标准化有利于中国装备制造走出去；但在达到一定程度后的"标准饱和"阶段，特别是进入过度标准化阶段，标准化对装备制造出口呈显著的阻碍作用。这背后的原因可能在于，国内外标准竞争越来越激烈，标准过度供给会带来"标差"和"标准摩擦"问题，从而导致技术性贸易壁垒和贸易摩擦。从第（6）列又发现，通信装备与其他三大装备的回归结果不同，国家标准与走出去总额是正向线性关系，并没有出现倒U型轨迹。这一结论并不意外。以华为、中兴及三大通信运营商为主制定的国家标准已是全球标准的引领者，国家标准继续供给对通信装备走出去会更有利。比如，华为Polar Code方案在与美国主推的LDPC、法国主推的Turbo2.0两大竞争对手中脱颖而出，成为5G控制信道eMBB场景编码方案，这标志着以华为为代表的中国通信制造标准已从2G/3G时代的追赶者和4G时代的并跑者，一跃成为5G时代的引领者，这为中国通信装备制造走向海外拓宽了通道。此外，从"一带一路"哑变量B&R看，它对四大类装备制造走出去均有显著影响。政策距离在回归结果中也比较显著，说明中国与沿线国家签订自贸区协定对装备制造走出去的影响十分明显。

二、标准国际化对四大装备制造走向"一带一路"沿线国家的影响

标准国际化是标准化的升级版，代表中国与国际标准接轨的广度和深度。换言之，"得标准者得天下"，标准国际化旨在提高中国在国际标准领域的话语权。本章进一步考察标准国际化对中国装备制造走出去的影响。首先，我们同样对跨国面板模型进行Hausman检验，表36-6的Hausman Test结果支持选用固定效应模型。从表36-6第（1）、（3）、（5）和（7）列的回归结果看，标准国际化lnIS对中国电

表 36-6 标准国际化对装备制造走向"一带一路"沿线国家的回归结果

	中国电力装备走出去		中国工业装备走出去		中国通信装备走出去		中国交通装备走出去	
	(1)	(2)	(3)	(4)	(5)	(6)	(7)	(8)
$lnTS_i^{eco}$	0.5911** (0.4046)	1.1540 (0.8000)	1.2608 (1.5799)	1.8699** (2.4934)	1.6219 (1.4534)	2.6440*** (2.6309)	2.5168** (2.1589)	3.3362*** (3.0194)
$lnTS_j^{eco}$	0.0589 (0.7940)	0.0546 (0.7321)	0.2581*** (4.4361)	0.2543*** (4.3524)	0.1514*** (3.1710)	0.1551*** (3.2095)	0.1475** (2.2664)	0.1482** (2.2749)
$lnTS_i^{pop}$	10.2286* (1.6886)	10.7002* (1.7952)	0.5777 (0.1745)	0.0071 (0.0023)	1.1426 (0.2475)	2.3940 (0.5774)	6.8133 (1.4104)	7.6943* (1.6862)
$lnTS_j^{pop}$	0.9812*** (7.9831)	1.0030*** (8.1358)	0.5347*** (5.6898)	0.5573*** (6.0756)	0.6446*** (7.9877)	0.6587*** (8.1772)	0.6164*** (5.7890)	0.6425*** (6.0637)
lnEXC	-0.0463 (-0.9942)	-0.0463 (-0.9998)	-0.0531* (-1.7823)	-0.0526* (-1.8572)	-0.1371*** (-4.2264)	-0.1551*** (-4.9913)	-0.0055 (-0.1432)	-0.0080 (-0.2136)
lnIS	1.4499** (2.2585)	2.8361*** (4.0121)	0.6487* (1.8502)	2.1422*** (5.8347)	0.3830*** (3.7810)	2.9308*** (5.9603)	0.2205*** (3.4305)	2.2399*** (4.1417)
lnIS2	—	-0.2796 (-1.3685)	—	-0.3012 (-1.0671)	—	-0.5130 (-1.4776)	—	-0.4072 (-1.3383)
lnFDI	0.0506* (1.6593)	0.0365 (1.2117)	0.0291* (1.6889)	0.0124 (0.7650)	0.0713*** (3.1410)	0.0426** (2.0487)	0.0452* (1.8437)	0.0240 (1.0280)
d^{pol}	-0.5172** (-2.5419)	-0.7137*** (-3.4786)	-0.2360** (-2.0370)	-0.4624*** (-4.1498)	-0.0224 (-0.1486)	-0.3713*** (-2.6322)	-0.2405 (-1.4633)	-0.5315*** (-3.3267)

续表

	中国电力装备走出去		中国工业装备走出去		中国通信装备走出去		中国交通装备走出去	
	(1)	(2)	(3)	(4)	(5)	(6)	(7)	(8)
$\ln d^{dis}$	-1.3832***	-1.5070***	-0.0733***	-0.2143***	-0.3915***	-0.2406***	-0.5278***	-0.7054*
	(-3.0663)	(-3.3229)	(-3.2017)	(-3.5993)	(-4.3440)	(-3.8183)	(-4.3362)	(-1.7820)
B&R	0.3196***	0.0824	0.3732***	0.1191	0.5665***	0.1286	0.4082**	0.0608
	(3.3994)	(0.3566)	(2.9898)	(0.9912)	(3.2502)	(0.7990)	(2.2398)	(0.3437)
PS	0.0383	0.0368	0.2666***	0.2615***	0.0724	0.0633	0.4095***	0.4070***
	(0.3565)	(0.3477)	(4.3237)	(4.5131)	(0.9153)	(0.8695)	(4.7104)	(4.9169)
RL	0.9446***	0.9963***	0.4861***	0.5469***	0.8371***	0.8926***	0.2558	0.3315**
	(4.5362)	(4.8136)	(3.7314)	(4.4200)	(5.6919)	(6.3876)	(1.4818)	(1.9863)
_cons	203.8539	196.8640	-47.4523	-53.3729	-24.2502	-29.2028	77.2010	71.0010
	(1.4676)	(1.4406)	(-0.6246)	(-0.7505)	(-0.2290)	(-0.3072)	(0.6967)	(0.6785)
N	631	631	632	632	632	632	632	632
AR-sq	0.7118	0.7234	0.8481	0.8686	0.6972	0.7612	0.7037	0.7385
Wald chi2	1484.82	1549.12	3204.10	3733.69	1477.15	1918.07	1402.73	1636.14
Prob>chi2	0.0000	0.0000	0.0000	0.0000	0.0000	0.0000	0.0000	0.0000
Hausman Test	78.91***	80.98***	109.07***	107.66***	65.34***	71.38***	100.26***	95.75***

注：***、**、*分别代表1%、5%、10%的显著性水平；括号内是相应回归系数的t值。

数据来源：作者利用Stata13软件计算。

力、工业、通信、交通四大类装备制造"走出去"的影响是显著地促进，这印证的结论是，国际标准话语权的提升对中国装备制造出口十分有利。但从第（2）、（4）、（6）和（8）列的回归结果看，二次项系数（lnIS2）回归结果并不显著，这与表36-5中标准化的二次项回归结果明显不同。由此可知，标准国际化对中国四大装备制造走出去的影响是线性轨迹，这与Mangelsdorf（2011）、Jones和Hudson（1996）等研究结论相一致。标准国际化程度越高，与国际标准接轨越紧密，说明中国装备制造对"一带一路"沿线国家的开放程度越高，越有助于中国装备制造走向海外。装备制造业是典型的技术密集型、资本密集型和知识密集型产业，采用全球公认、通用和共享的国际标准，有利于减少中外贸易双方装备制造技术标准的不对称性，促进中国装备制造与国外装备制造关联产品的兼容和互联互通，降低中外装备制造因标准不同而带来的检验检测等贸易成本。因此，相对于国家标准而言，国际标准克服贸易壁垒的效果更突出，更能够向国外购买者传递生产程序、产品质量、功能性价比等方面权威一致、可信赖的信息，从而拓展中国装备制造走出去的通道。从"一带一路"哑变量看，在表36-6的奇数列中，系数回归结果均显著；政策距离 d^{pol} 的回归结果大多数情况下也是显著的。

三、区分"一带"国家和"一路"国家

"21世纪海上丝绸之路"与"丝绸之路经济带"地理走向不同，沿线国家也存在一定的区位差异和经济差异。海上丝绸之路主要以港口为支点、通过海上通道联通东盟、南亚、西亚、北非、欧洲等主要经济板块；而丝绸之路经济带主要是基于交通不太便利的陆上通道，东边牵着亚太经济圈、西边系着发达的欧洲经济圈。因此有必要进一步将所有样本划分为"一带"国家与"一路"国家分别加以分析。[①] 从表36-7固定效应模型的回归结果看，"一带"国家与"一路"国家的回归结果并没有显著差异，标准化与中国电力装备、工业装备、交通装备制造走出去是倒U型关系，但与中国通信装备制造"走出去"是正相关的线性关系。无论是"一带"国家，还是"一路"国家，标准国际化对四大类装备制造走出去的影响都是显著的正向效应。这一结论启示在于：中国装备制造在走向"一带"国家与"一路"国家的初始阶段，要联动推进技术标准化和标准国际化，对电力装备、工业装备、交通装备而言，要更加注重标准供给的有效性和与国际标准的衔接性，在国家标准供给越来越充分的情况下，要及时调整标准化战略，将标准国际化作为首位战略，通过标

---

① "一路"国家主要包括：印度尼西亚、马来西亚、菲律宾、新加坡、泰国、文莱、越南、老挝、缅甸、柬埔寨、印度、巴基斯坦、斯里兰卡、阿富汗、伊朗、伊拉克、科威特、阿联酋、沙特、也门、阿曼、以色列、希腊、罗马尼亚、俄罗斯、保加利亚。在本研究63个国家中，除"一路"国家之外即为"一带"国家。

表 36-7 标准化和标准国际化的影响：区分"一带"国家和"一路"国家

"一带"国家（37个）

PanelA	中国电力装备走出去	中国工业装备走出去	中国通信装备走出去	中国交通装备走出去
lnSTA	6.4816*** (3.1220)	4.7593** (2.0687)	6.3997*** (6.2580)	5.3638** (2.2956)	10.1033*** (8.3827)	1.6265 (0.0542)	10.2083*** (6.5656)	4.2953*** (3.1504)
lnSTA2	—	-5.7594** (-2.1989)	—	-3.3027** (-2.5540)	—	-0.6072 (-0.3911)	—	-2.8236*** (-3.4173)
AR-sq	0.7391	0.7446	0.8646	0.8684	0.7677	0.7680	0.7394	0.7423
Wald chi2	701.50***	718.74***	1481.49***	1529.66***	864.09***	860.93***	663.23***	671.57***
	中国电力装备走出去	中国工业装备走出去	中国通信装备走出去	中国交通装备走出去
lnIS	2.0567* (1.8739)	3.5934 (1.2783)	0.6349* (1.8980)	2.4116 (1.0734)	0.8513*** (3.1856)	3.4685 (0.9097)	0.9509*** (4.0629)	3.6530 (1.0106)
lnIS2	—	-0.3127 (-1.3736)	—	-0.3575 (-1.2431)	—	-0.5306 (-1.4078)	—	-0.5477 (-1.2327)
AR-sq	0.7305	0.7409	0.8417	0.8684	0.6998	0.7697	0.6860	0.7430
Wald chi2	679.22***	707.32***	1249.36***	1532.22***	630.07***	866.56***	529.11***	673.23***

"一路"国家（26个）

PanelB	中国电力装备走出去	中国工业装备走出去	中国通信装备走出去	中国交通装备走出去
lnSTA	4.7637*** (3.3760)	7.5537** (2.2591)	4.2882** (5.7921)	39.3920** (2.1984)	8.9485*** (8.0121)	-4.1191 (-0.1506)	4.8521*** (4.4751)	8.3197 (0.3113)

续表

"一路"国家（26个）

PanelB	中国电力装备走出去	中国电力装备走出去	中国工业装备走出去	中国工业装备走出去	中国通信装备走出去	中国通信装备走出去	中国交通装备走出去	中国交通装备走出去
lnSTA2	—	-4.2585** (-2.3988)	—	-2.2609** (-2.4399)	—	-0.2503 (-0.1770)	—	-0.6793*** (-3.4915)
AR-sq	0.7430	0.7469	0.8960	0.8978	0.7852	0.7857	0.7795	0.7782
Wald chi2	959.24***	974.69***	2831.08***	2881.34***	1273.55***	1270.21***	1170.95***	1156.52***

	中国电力装备走出去	中国电力装备走出去	中国工业装备走出去	中国工业装备走出去	中国通信装备走出去	中国通信装备走出去	中国交通装备走出去	中国交通装备走出去
lnIS	1.3055* (1.7884)	2.5796 (1.1203)	0.5003*** (3.2615)	1.6662 (1.1491)	0.0892*** (4.1421)	2.3553 (1.6834)	0.4902*** (2.8576)	0.9213 (1.4931)
lnIS2	—	-0.2575 (-1.4937)	—	-0.2360 (-1.1155)	—	-0.4927 (-1.4584)	—	-0.2859 (-1.0647)
AR-sq	0.7354	0.7468	0.8853	0.8980	0.7396	0.7894	0.7657	0.7846
Wald chi2	934.33***	976.19***	2573.93***	2888.63***	1021.38***	1296.99***	1094.23***	1202.69***

注：***、**、*分别代表1%、5%、10%的显著性水平；括号内是相应回归系数的t值。"一带"国家N=396；"一路"国家N=362。考虑到篇幅所限，这里仅报告被观察变量的回归结果。

资料来源：作者利用Stata13软件计算。

准升级推动装备制造走出去提速。对中国通信装备而言,要继续巩固国际标准话语权,借助"一带一路"倡议背景下的海外工程建设、装备设备出口、对外援助援建,推动更多的通信技术国家标准成为沿线国家认可的国际标准。此外,从国际标准变量的回归系数看,标准国际化对中国装备制造走向"一带"国家的影响效应要大于"一路"国家,这背后的原因可能与中国陆上开放和海上开放的文明进程有关,但这是基于样本期得出的结论,而且"一带"倡议与"一路"倡议均自 2013 年实施,随着中国开放格局的深度调整和重新定位,特别是随着海洋强国战略的深入推进,未来一个时期标准国际化对中国装备制造走向"一带"国家与"一路"国家的影响效应值得进一步检验,但基本可以确定的是,这一影响是正向的促进趋势。

四、稳健性检验

为了检验本研究基于扩展引力模型的跨国面板数据回归结果的稳健性,本研究以中国装备制造出口总额 TS_{it}^{pop} 为被解释变量进行了面板回归,作为模型所选四大类装备制造走出去回归结果的稳健性检验,结果如表 36-8 所示。从稳健性检验 I 的结果看,标准化的回归系数在 1% 的水平上显著,这与表 36-5 四大类装备制造走出去的回归结果是一致的。从稳健性检验 II 的结果看,lnSTA 回归系数显著为正,lnSTA2 系数显著为负,这说明标准化对整体的中国装备制造走出去影响轨迹是倒 U 型的,这与表 36-5 的回归结果基本上相一致。从稳健性检验 III 的结果看,lnIS 回归系数尽管只是在 10% 的水平上显著,但也可以得出标准国际化对中国装备制造出口总额是显著促进的,这与表 36-6 的回归结果是一致的。从稳健性检验 IV 的结果看,lnIS 回归系数显著为正,但 lnIS2 回归系数并不显著,也就是标准国际化对中国装备制造出口总额的影响轨迹是线性的,这与表 36-6 的回归结果也是一致的。综上所述,本章表 36-5 和表 36-6 模型回归结果具有较强的可信度和稳健性。

第四节 结论与建议

一、基本结论

本研究基于扩展的引力模型,采用联合国商品贸易统计数据库(Comtrade Database)SITC(Rev4)中 2000—2015 年装备制造出口数据,实证分析了标准化、标准国际化分别对中国电力、工业、通信、交通为代表的四大类装备制造走出去的影响。研究发现,标准化有利于推动中国四大类装备制造向"一带一路"沿线国家走出去,进一步又发现,除通信装备之外,其他三类装备制造走出去与标准化的关系并

表 36-8 稳健性检验结果

	$lnTS_i^{eco}$	$lnTS_j^{eco}$	$lnTS_i^{pop}$	$lnTS_j^{pop}$	lnEXC	lnSTA	lnFDI	d^{pol}
稳健检验 Ⅰ	6.6033*** (15.7610)	0.1681*** (3.6428)	4.1328* (1.6490)	0.6784*** (9.2682)	−0.0279 (−1.1878)	5.4285*** (10.0871)	0.0224 (1.6263)	−0.3944*** (−4.1773)
	Ind^{dis}	B&R	PS	RL	$lnTS_{jt}^{eco}$	N	AR-sq	Wald chi2
	−0.4293 (−1.5251)	0.2592*** (4.1802)	0.1980*** (4.0328)	0.6838*** (6.6189)	−48.8487 (−0.9993)	632	0.8809	4173.14***
稳健检验 Ⅱ	$lnTS_i^{eco}$	$lnTS_j^{eco}$	$lnTS_i^{pop}$	$lnTS_j^{pop}$	lnEXC	lnSTA2	lnFDI	FDI
	3.9080*** (4.3004)	0.1692*** (3.6620)	0.8503 (0.3186)	0.6815*** (9.3101)	−0.0268 (−1.1444)	38.4299*** (2.9211)	0.0176 (1.2815)	
	d^{pol}	Ind^{dis}	B&R	PS	RL	$lnTS_{jt}^{eco}$	AR-sq	Wald chi2
	−0.3857*** (−4.1176)	−0.4194 (−1.4875)	0.0099 (0.1030)	0.2011*** (4.1302)	0.6812*** (6.6357)	−249.7297*** (−3.2355)	0.8833	4261.12***
稳健检验 Ⅲ	$lnTS_i^{eco}$	$lnTS_j^{eco}$	$lnTS_i^{pop}$	$lnTS_j^{pop}$	lnEXC	lnIS	lnFDI	d^{pol}
	1.3031* (1.8870)	0.1703*** (3.6290)	3.2672 (1.1406)	0.6611*** (8.8187)	−0.0276 (−1.1076)	0.5800* (1.9118)	0.0384*** (2.5923)	−0.1772* (−1.7821)
	Ind^{dis}	B&R	PS	RL	$lnTS_{jt}^{eco}$	N	AR-sq	Wald chi2
	−0.2956 (−1.0349)	0.3617*** (3.3492)	0.2016*** (3.8161)	0.6371*** (5.8110)	36.2589 (0.5518)	632	0.8579	3491.19***
稳健检验 Ⅳ	$lnTS_i^{eco}$	$lnTS_j^{eco}$	$lnTS_i^{pop}$	$lnTS_j^{pop}$	lnEXC	lnIS2	lnFDI	FDI
	1.8885*** (2.9714)	0.1697*** (3.6403)	3.7724 (1.4359)	0.6765*** (9.1685)	−0.0292 (−1.2431)	2.0162*** (6.4798)	−0.2897 (−1.2923)	0.0209 (1.5241)
	d^{pol}	Ind^{dis}	B&R	PS	RL	$lnTS_{jt}^{eco}$	AR-sq	Wald chi2
	−0.4005*** (−4.2621)	−0.4403 (−1.5471)	0.1184 (1.1628)	0.1959*** (4.0123)	0.6853*** (6.6444)	29.4814 (0.4893)	0.8825	4233.45***

注：*、**、*** 分别代表 1%、10% 的显著性水平；括号内是相应回归系数的 t 值。
资料来源：作者利用 Stata13 软件计算。

不是简单的线性关系，而是更为复杂的倒 U 型关系。标准国际化对中国电力、工业、通信、交通四大类装备制造走出去的影响是显著地促进，而且均呈线性轨迹。从"一带"国家和"一路"国家的回归结果看，国际标准对中国装备制造走向"一带"国家的影响效应要大于"一路"国家。此外，本研究实证还发现，"一带一路"倡议的实施的确有利于促进中国四大类装备制造走出去，同时从政策距离看，中国与沿线国家签订自贸区协定对本土装备制造出口也具有促进作用。

二、政策建议

从前文的实证结果可知，标准化特别是标准国际化对中国装备制造向"一带一路"沿线国家出口具有显著作用，全面深化与沿线国家和地区的标准合作，加快推进标准国际化，有利于更好地支撑中国装备制造走出去。依据本章结论，我们提出四点建议。

（1）联盟"一带一路"沿线重点国家主攻国际标准。抓住当前国际区域之间的贸易规则涌现与并存的趋势，深化与金砖国家合作、中国－东盟自贸区、中东欧"16+1 合作"等国家双、多边贸易标准和规则的战略合作，积极谋划双、多边贸易合作的重大产业、重大平台、重大项目、重大载体。抓住"一带一路"历史机遇，加快战略性新兴产业弯道超车，推动与沿线国家电力、通信、交通、安防、新能源汽车等领域标准对接与互认，力争每年实现 5 个优势标准、5 个先进标准、5 个特色标准上升为国际标准。利用中国担任国际标准化组织（ISO）主席、国际电工委员会（IEC）副主席、国际通信联盟（ITU）秘书长等优势，加快与欧盟、东盟、中亚、海湾地区等沿线重点地区建立标准联盟，配合海外重点工程及优势产能合作领域，每年研制和推广 10 个具有中国优势的国际标准。鼓励各行业实质性参与专业性国际和区域组织的标准化活动，支持社会团体和产业技术联盟、领军型企业参与国际标准制订。在人工智能、工业互联网、物联网、数字经济、高端装备制造、新能源、新材料等新兴产业领域，以及纺织、服装、鞋帽、化工、化纤等传统制造领域，依托我国具有比较优势的技术标准，联合沿线重点国家开展国际标准研究，推动国际标准化组织成立新技术机构，共同制定国际标准。

（2）实施标准走出去重点行业、重点项目、重点工程。"一带一路"沿线各国标准体系各异，在一定程度上影响了彼此之间的产能合作。应加强与沿线各国的标准对接，实施重大建设项目标准化合作示范工程，建立双边标准化合作示范区，形成无空白、无交叉、无冲突的标准规范，为"一带一路"倡议推进提供保障。面向"一带一路"重点工程、重点项目、重点产业，瞄准中国制造走出去对标准化的迫切需求，确定标准化重点攻关领域。利用中国装备制造大省优势，在新能源汽车、工业机器人、智能制造、安防智能等重点领域，加快推进中国标准向国际标准转化，让更多的中国制造拿到"走出去"的通行证。"一带一路"沿线大多国家基础设施薄弱，应利用中国在铁路、电力、建筑、交通、新能源等装备制造优势，在高铁装备、电子设备、安防装备、建筑工程、新能源、中医药制造、海洋工程、通信工程等领域，积极支持行业协会、产业联盟、科研机构、高校院所和龙头企业等协同攻关。积极与东盟、中亚、中东欧、俄罗斯等重点国家和区域进行标准化合作，探索建立"一带一路"标准化合作重点项目沟通机制，为中国制造走出去提供标准化支撑。

（3）加强与"一带一路"沿线重点国家的标准合作。借助"一带一路"倡议、RCEP（区域全面伙伴关系）及尝试建立 FTAAP（亚太自由贸易区）等，形成以中国为轮轴、多个签约国为辐条的"轮轴—辐条自贸网络"，加强技术贸易、标准互认、知识产权、技术扩散等方面合作。加快推进金砖国家标准化（中国）研究中心建设，利用金砖国家标准与技术法规信息交互平台，对金砖国家标准化法律法规、标准战略、体制机制、标准系统等内容进行研究，促进中国与金砖国家产能合作和贸易拓展。借助中国和东盟"10+1"、亚太经合组织（APEC）、中国-海合会战略对话、中亚区域经济合作（CAREC）等现有多边合作机制，加强与"一带一路"沿线 64 个国家加强标准合作，研究制订推进"一带一路"建设标准化实施方案，构建通畅、高效、共赢的标准化交流合作机制。通过中欧、中法、中德、中英、中国—东盟等多双边合作机制及区域、国际标准化活动，探索建立沿线国家认可的标准互认程序与工作机制，推动与沿线国家标准化机构签署战略合作协议。聚焦沿线重点国家产业需求，由质监部门牵头，建立标准化合作工作组，发挥产业技术协同创新联盟作用，深化关键项目的标准化务实合作，配合国际产能合作和海外工程援建推广中国标准。

（4）以标准走出去推动产能走出去。在"一带一路"倡议推进中，协同推进标准化走出去和产能走出去，大力推广使用我国纺织服装、家用电器、五金机械、建筑工程、安防电子等优势标准，推动"中国技术+中国标准+中国装备+中国产能"全链条走出去。结合海外工程承包、重大装备设备出口和对外援建，以"推动标准走出去、支撑互联互通建设"为目标，加快标准先行走出去，助推建筑工程、交通工程、船舶工程、通信电器、装备制造等国际产能合作。深化与沿线重点国家标准化互利合作，加快推进纺织、服装、化工、化纤等 10 大传统产业的标准互认，打响中国标准的口碑。进一步放宽外资企业参与中国标准的制定。积极支持更多的中国企业、科研机构、高等院校选派优秀人才进入国际标准组织，深度参与标准国际化战略、政策和规则制定，加大国际标准跟踪、评估和转化力度，推动中国标准乃至中国标准成为国际标准。

（5）加快制定中国制造标准对接"一带一路"行动计划，统筹开展面向"一带一路"沿线国家的标准化战略定位、技术路线、政策供给，系统梳理国际标准及重点国家标准情况，组织关键共性标准攻关。针对重点国家、优先领域、关键项目，制定中国制造走出去的专项规划，在国际产能合作重点领域，助推国际产能合作方案。围绕浙江制造产品、技术、装备、产能等走出去领域，发挥国内标准化技术委员会作用，组织各方力量对中国制造走出去的标准化需求进行调研分析。深入开展中国与"一带一路"沿线重点国家的进出口商品贸易分析，与当地标准化技术委员会、标准化研究中心等进行联盟，全方位梳理"一带一路"沿线重点国家的技术标准，对重点国家和区域的标准化体系、标准化战略重心进行研判，加强技术标准指标比对，特别是对大宗进出口商品进行标准比对，为中国制造走向"一带一路"提供标准信息服务。

第37章 技术标准化、标准国际化与中国装备制造走出去研究[①]

技术标准化对出口影响存在"双刃剑"效应，究竟是"催化剂"还是"抑制剂"尚为学界之谜。本章基于引力模型和三元边际分解，使用联合国 Comtrade Database 装备制造出口数据进行了实证检验。研究表明，技术标准化对中国装备制造走出去的数量效应有显著影响，但并非线性关系，而是倒 U 型关系。标准国际化不仅会促进中国装备制造的海外扩张和竞争力提升，还会促进上下游装备制造业的出口联动。技术标准化对中国装备制造走向发达国家（地区）和发展中国家（地区）的三种效应的影响结果不尽相同，但标准国际化均有积极促进作用。其政策启示在于，短期应采取自主研制国家标准和采用国际标准"两条腿"走路，长期应加快实施"标准国际化行动计划"，以"标准化走出去"推动"制造走出去"。

第一节 问题提出与研究假设

近二十多年，中国始终把装备制造作为整个制造业的重要基石，装备制造走出去已成为中国制造提质增效和实体经济转型升级的核心动力之一。1990—2015 年，中国装备制造出口额从 107 亿美元上升到 10483 亿美元，出口量增长了 96 倍之多，年均复合增长率高达 20.1%，呈爆发式增长态势（见图 37-1）。中国在成为全球装备制造第一出口大国的同时（见图 37-2），另一个令人关注的问题越来越引起人们重视，那就是哪些因素促进中国装备制造走出去，这种促进作用究竟体现在"数量扩张""价格提升"还是"种类扩展"？本章试图从标准化视角切入对这一命题进行探讨。"得标准者得天下"，标准话语权意味着市场话语权。发达国家极其善用标准利器实现市场在全球快速扩张，美国、德国、英国、日本等发达国家纷纷实施标准化战略，追逐国际标准主导权乃至控制权。作为国家实施创新强国和产业政策的重要手段，技术标准化乃至标准国际化对中国装备制造走出去是否产生了实质性影响？中国正在实施《中国制造 2025》战略，如何借助标准这一利刃推动中国装备制造走出去？在工业 4.0 掀起的技术革命和产业变革浪潮中，如何发挥技术标准化和标准国际化的作用，引领中国装备制造迈向"双中高"，推动中国从"制造大国"向"制造强国"转变？对此，本章首先对中国装备制造走出去做了三元边际分解，探讨技术标准化和标准国际化对装备制造走出去的扩展边际、价格边际、数量边际的

---

① 原载《浙江社会科学》，2018 年第 8 期。

影响，究竟是通过出口深度还是出口广度、数量、还是质量驱动来推动中国装备制造走出去。在此基础上，探寻中国装备制造走出去的标准化路径和战略重心。

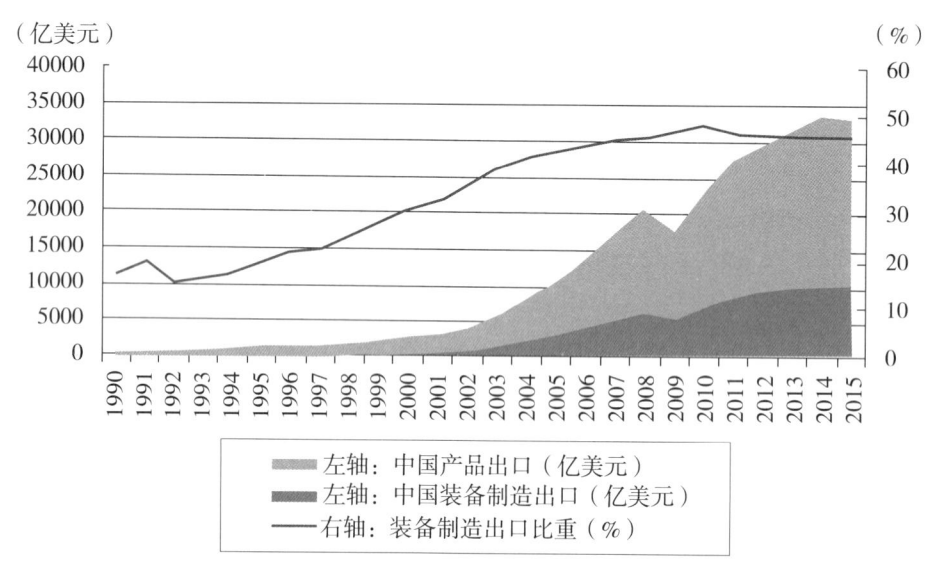

图 37-1 中国装备制造走出去的态势

数据来源：UN Comtrade Database.

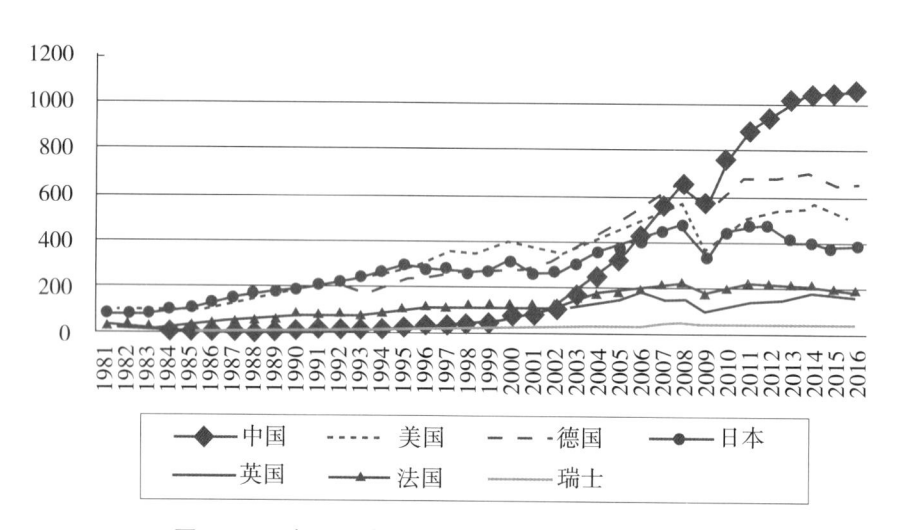

图 37-2 主要国家装备制造出口额对比（美元）

数据来源：UN Comtrade Database.

标准化对出口的影响究竟是"催化剂"还是"抑制剂"仍为学界之谜。从"催化剂"效应看，主要体现在：保障产品质量和性能可靠性、对产品质量和性能进行"符号显示"、促进不同产品间的兼容和协作、通过专业性和规范性释放规模效应等方面（Tassey，2000）。首先，标准有助于解决不同国别的产品之间的互联性和兼容性问题（Compatibility Between Products），避免不兼容特别是技术不兼容带来市场锁定，为规模经济实现提供了必要的标准条件（Blind，2004）。其次，技术标准化具有非价格竞争效应，出口国的单边标准为进口国提供了产品特性和质量可靠性的信息，能够降低出口国的信息成本和交易成本（Moenius，2006）。企业自我声明公开标准制度是贸易双方交货、验收的技术依据，有助于减少贸易谈判次数和摩擦时间，从而降低检测成本、谈判成本及签约成本。此外，标准还可以起到"管制俘获"作用，有效避免逆向选择和负外部性问题，是应对市场失灵和实施风险评估程序、限制劣质产品进入市场的强制性规范（Baller，2007）。

另外，WTO/TBT协议规定，各国为"保障产品质量、保障国家安全、保护环境、防止欺诈"等正当目标，可以实施技术法规（Technical Regulation）、标准和合格评定程序（Conformity Assessment Procedures）。可见，标准作为技术性贸易壁垒具有合法性。在过度标准化（Over Standardization）情况下，技术标准很可能成为贸易保护主义的重要盾牌，使得外国产品进入该国面临着无形的技术障碍（Moenius，2006）。出口国为了符合进口国对产品标准的规定，不得不对产品规格、性能等参数做出调整并接受强制性的产品认证，如果遵循进口国标准或国际标准的成本过高或带有歧视性，会导致出口成本抬高。以标准为代表的技术性贸易壁垒大行其道，实现了贸易保护在名义上的合理性、形式上的隐蔽性和战略上的进攻性。发达国家控制国际标准放大了标准的"非价格竞争优势"，挤压甚至打击发展中国家和欠发达国家的市场空间（Swann et al.，1996）。

此外，国家标准与国际标准对出口的影响效应存在差异性。国际标准在国际标准化组织框架下展开，较充分地反映大多数国家在标准上的利益诉求，对贸易会产生一致语言效应（Common Language Effect）和出口竞争力提升效应（Enhanced Competitiveness Effect）。Hudson和Jones（2003）研究发现，国家标准对发展中国家开展对外贸易具有重要促进作用，采用ISO等国际标准无法彻底消除国际贸易中的信息不对称性，但仍是发展中国家参与国际市场竞争的有效通道。Swann等（1996）以英国为对象研究后认为，国家标准和国际标准对英国的出口均有正面且显著的促进作用，但两者的影响效应存在差异。Mangelsdorf（2011）探讨了国家标准和国际标准对中欧双边贸易的差异化影响，结果发现国家标准不利于欧盟向中国出口，但采用国际标准会促进欧盟向中国出口。

针对标准化影响出口的"双刃剑"效应，本章从以下三方面进行拓展和实证：

第一，已有部分文献从贸易总量视角研究技术标准化的促进或抑制作用存在不可忽视的缺陷（David and Greenstein，1990），不同行业诸如农产品贸易与制造产品贸易存在诸多不可比因素，有必要从具体产业部门切入研究，本章将中国制造细分领域的装备制造作为研究对象。

第二，与以往研究较为关注标准数量而对不同类型标准的贸易效应的差异性考虑不足不同，本章采用狭义的技术标准和法定标准（De Facto Standards），而不涉及事实标准（De Jure Standards）及劳工标准、安全标准、管理标准、环境标准等广义标准。

第三，本章在推导和运用引力模型的同时，对被解释变量做了进一步分解，区分中国装备制造走出去的数量边际、价格边际及扩展边际，尝试突破以往研究更多地基于出口额来界定被解释变量存在的局限性，同时在解释变量上不仅控制经济规模，对人口规模也进行了控制，在控制自贸区协定、汇率、外商直接投资等变量基础上，还控制了地理距离、文化距离及政策距离。

第二节 样本数据来源与研究方法设计

一、样本选择

本章采用联合国（UN）商品贸易统计数据库（Comtrade Database）中以715（冶金工业类装备）、722（电力类装备）、731（铁路类装备）、732（交通运输类装备）为代表的中国装备制造出口数据（见表37-1）。这是因为以水电、核电为代表的电力装备，以高铁为代表的铁路装备，以汽车为代表的交通装备，以冶金为代表的工业装备，无疑是中国装备制造走出去最具代表性的响亮名片。本章检验的样本区间为2000—2015年，[①] 样本期内，中国四大类装备制造出口额占中国装备制造出口总额的比重介于61.47%与70.59%之间，能够反映走出去的中国装备制造总体情况，具有较强的代表性。在Comtrade Database中，可以获得中国向206个国家和地区出口装备制造的数据，依据国别出口额排序，本章排除了中国装备制造出口额较少的国家和地区，最终选择阿尔及利亚等74个国家（地区）作为中国装备制造走出去的研究样本（见表37-1）。样本期内，中国向这74个国家（地区）出口的装备制造总额占中国装备制造出口总额的比重介于94.77%与98.32%之间，基本上代表了中国装备制造走出去的总体情况。本章样本共1184个，针对部分国家或地区在某些年份的某类装备制造产品出口缺失值和奇异值的问题，本章参照刘瑶、丁妍（2015）等主流文献的做法，根据当年有相关记录的中国向所有国家和地区出口该装备制造产品的总价值和总数量计算出中国装备制造产品出口的平均价格，再根据中国向该国或地区的装备制造出口总额计算出口数量。由于本章排除了2000年之前的样本，因此这些缺值记录并不多见。

---

① 之所以设定2000年为起始年份，是因为2000年之前部分国家和地区统计数据不够完整，可能会影响实证结论的准确性。

表 37-1　行业样本和国家样本情况

样本	名称	行业/国家所指范围
行业样本	715（冶金工业类装备）	7151〔冶金机械装备〕、7152〔其他冶金制造装备〕；71511〔冶金传热装备〕、71512〔冶金铸模装备〕；71521〔金属轧制装备〕、71523〔金属气动焊接装备〕等
行业样本	722（电力类装备）	7221〔电力动力装备〕、7222〔电路装置〕；72211〔发电机〕、72212〔变压器〕、72213〔其他电力动力装备〕；72221〔高压电路开关〕、72222〔其他电路装置〕等
行业样本	731（铁路类装备）	7311〔机车蒸汽装备〕、7312〔机车电气装备〕、7313〔铁路机车〕、7314〔轨道装备〕、7315〔有轨电车〕、7316〔电车机械〕、7317〔机车车辆〕；73161〔电车服务车辆〕、73162〔索道火车〕、73163〔铁路车箱〕等
行业样本	732（交通运输类装备）	7321〔乘用车装备〕、7322〔公交装备〕、7323〔卡车装备〕、7324〔特种卡车装备〕、7325〔拖拉机装备〕、7326〔底盘装备〕、7327〔引擎发动机〕、7328〔机动车整车装备〕、7329〔电动装备〕；73281〔车身装备〕、73289〔机动车其他装备〕；73291〔自动化装备〕、73292〔电气装备〕等
国家样本	发达国家和地区	澳大利亚、比利时、加拿大、智利、捷克、丹麦、芬兰、法国、德国、希腊、中国香港、匈牙利、爱尔兰、以色列、意大利、日本、韩国、科威特、中国澳门、摩洛哥、荷兰、新西兰、挪威、波兰、葡萄牙、沙特阿拉伯、新加坡、斯洛伐克、西班牙、瑞典、瑞士、阿联酋、英国、美国（34个）
国家样本	发展中国家和地区	阿尔及利亚、安哥拉、阿根廷、孟加拉国、贝宁、巴西、缅甸、柬埔寨、哥伦比亚、厄瓜多尔、埃及、埃塞俄比亚、加纳、印度、印度尼西亚、伊朗、伊拉克、约旦、哈萨克斯坦、肯尼亚、朝鲜、吉尔吉斯斯坦、马来西亚、墨西哥、尼日利亚、巴基斯坦、巴拿马、秘鲁、菲律宾、马绍尔群岛共和国、罗马尼亚、俄罗斯、南非、斯里兰卡、坦桑尼亚、泰国、土耳其、乌克兰、委内瑞拉、越南（40个）

二、模型推导

万有引力定律认为，万有引力大小与物体质量、物体之间的距离有密切关系。其公式可表示为：$F = GM_1M_2/R^2$，其中 F 表示万有引力，G 为万有引力常量，M_1、M_2 为两个物体的质量，R 为两物体之间的距离。根据 Otsuki 等（2001）、Anderson（2003）等在国际贸易领域中对引力模型的拓展方法，本章将贸易引力方程表达为：$TV_{ijt} = C(TS_{it}TS_{jt})/DS_{ijt}^2$。其中，$TV_{ijt}$ 表示 i 国和 j 国之间的贸易量，TS_{it}、TS_{jt} 分别表

示 i 国和 j 国的总规模，DS_{ijt} 表示 i 国和 j 国的物理距离。贸易引力规律与物理引力规律有本质上的相同点，但也有一定的独特性，特别是两国规模的不同构成特性不可忽略。对此，本章把总规模设定为经济规模（TS^{eco}）和人口规模（TS^{pop}）的总函数，也就是说：

$$TS_{it} = f(TS_{it}^{eco}, TS_{it}^{pop}), \quad TS_{jt} = f(TS_{jt}^{eco}, TS_{jt}^{pop}) \qquad (37-1)$$

对于任何一个物体，其规模大并不一定意味着质量也大，还取决于该物体的密度大小。同理，一个国家的 GDP 大，并不一定代表其经济实力和竞争力强。为此，本章与 Vancauteren 和 Weiserbs（2005）等研究一样，引入若干因子来调节经济规模，以便更客观地刻画一国的综合经济实力。对式（37-1）做进一步改进如下：

$$TS_{it} = f\left(\frac{STA_{it} \cdot FDI_{it}}{EXC_{it}} TS_{it}^{eco}, TS_{it}^{pop}\right), \quad TS_{jt} = f\left(\frac{STA_{jt} \cdot FDI_{jt}}{EXC_{jt}} TS_{jt}^{eco}, TS_{jt}^{pop}\right)$$

$$(37-2)$$

其中，STA_{it}、FDI_{it}、EXC_{it}，STA_{jt}、FDI_{jt}、EXC_{jt} 分别表示 i 国和 j 国的标准化水平、外商直接投资总额和实际汇率。当然，本章不仅考察了国家标准 STA，还对国际标准 IS 进行了分析。进一步采用柯布—道格拉斯函数形式，则有：

$$TS_{it} = K_i \left\{\frac{STA_{it} \cdot FDI_{it}}{EXC_{it}}\right\} TS_{it}^{eco\,\alpha} TS_{it}^{pop\,\beta} \quad TS_{jt} = K_j \left\{\frac{STA_{jt} \cdot FDI_{jt}}{EXC_{jt}}\right\} TS_{jt}^{eco\,\alpha} TS_{jt}^{pop\,\beta}$$

$$(37-3)$$

关于距离对双边国际贸易的影响，本章尽可能把影响国际贸易的带有阻力性的因素纳入考虑，把 i 国和 j 国之间的距离分为三个范畴：地理距离（dis）、文化距离（cul）及政策距离（pol）。这三个距离构成一个距离向量，同样采用 Cobb—Douglas 函数形式，则有：$DS_{ijt} = \sqrt{\prod_k d_{ijt}^k}$，$k = dis, cul, pol$，与式（37-3）一同带入贸易引力方程并取自然对数推导得到扩展的贸易引力计量方程式：

$$\ln TV_{ijt} = \hat{\omega} + \hat{\alpha}\ln(TS_{it}^{eco}TS_{jt}^{eco}) + \hat{\beta}\ln(TS_{it}^{pop}TS_{jt}^{pop}) - \hat{\varphi}\ln(EXC_{it}EXC_{jt}) +$$
$$\hat{\varphi}\ln(STA_{it}STA_{jt}) + \hat{k}\ln(FDI_{it}FDI_{jt}) - \hat{\tau}\ln d_{ijt}^{cul} - \hat{\zeta}\ln d_{ijt}^{pol} - \hat{\theta}\ln d_{ijt}^{dis} + \varepsilon_{ijt} \qquad (37-4)$$

三、三元边际分解

本章对扩展的引力模型在被解释变量方面加以扩展，借鉴 Hummels 和 Klenow（2005）、施炳展（2010）的分解方法，用中国装备制造走出去的数量边际、价格边际、扩展边际来替代传统意义上的贸易总额，做如下分解：

$$\mathrm{EM}_i = \frac{\sum_{n \in Ij} p_{rn} \cdot x_{rn}}{\sum_{n \in Ir} p_{rn} \cdot x_{rn}} \quad \mathrm{IM} = \frac{\sum_{n \in Ij} p_{jn} \cdot x_{jn}}{\sum_{n \in Ij} p_{rn} \cdot x_{rn}} \quad (37-5)$$

$$Q_j = \Pi_{n \in Ij}\left[\frac{x_{jn}}{x_{rn}}\right]_i^W \quad P_j = \Pi_{n \in Ij}\left[\frac{x_{jn}}{x_{rn}}\right]_i^W \quad (37-6)$$

其中，I_j 代表 j 国装备制造走出去的扩展边际，I_r 代表 j 国装备制造走出去的深度指标，p_{ri} 和 x_{ri} 分别代表 j 国装备制造走出去的数量边际和价格边际。Ij 表示 j 国装备制造走出去的所有种类的集合，Ir 表示全世界出口的所有装备制造种类的集合。P_{rn} 和 x_{rn} 分别表示世界出口 n 类装备制造产品的平均价格和总数量。W_{jn} 为衡量 j 国出口 n 类装备制造产品的权数，即 $W_{jn}=[(S_{jn}-S_{rn})/(\mathrm{In}S_{jn}-\mathrm{In}S_{rn})]/[\sum_{n \in Ij}(S_{jn}-S_{rn})/(\mathrm{In}S_{jn}-\mathrm{In}S_{rn})]$，$S_{jn}$ 和 S_{rn} 分别表示对 j 国和全世界而言，第 n 种装备制造产品出口额所占的比重。可见，p_{ji} 的经济学含义就是 j 国出口装备制造产品种类与世界所有国家出口装备制造产品种类相比的丰富程度。[1] 鉴于贸易成本与地理距离的非均匀性，纳入了是否拥有共同边界的哑变量 $bord_{ij}$。此外，本章还将自贸区签订情况 FTA_{ijt} 作为控制变量。这里说明的是，本章着重考察中国装备制造走出去问题，也就是双边贸易的单向出口问题，根据式（37-4）~式（37-6）提出如下回归方程：

$$\begin{aligned}\ln(Q_{ijt}, P_{ijt}, EM_{ijt}) = & \alpha_0 + \alpha_1 \mathrm{In}TS_{it}^{eco} + \alpha_2 \mathrm{In}TS_{jt}^{eco} + \alpha_3 \mathrm{In}TS_{it}^{pop} + \alpha_4 \mathrm{In}TS_{jt}^{pop} \\ & + \alpha_5 \mathrm{In}EXC_{ijt} + \alpha_6 \mathrm{In}STA_{jt} + \alpha_7 \mathrm{In}FDI_{jt} + \alpha_8 \mathrm{In}d_{ij}^{cul} \\ & + \alpha_9 \mathrm{In}d_{ijt}^{pol} + \alpha_{10}FTA_{ijt} + \alpha_{11}\mathrm{In}d_{ijt}^{dis} + \alpha_{12}bord_{ij} + \varepsilon_{ijt}\end{aligned} \quad (37-7)$$

四、变量定义与数据来源

中国装备制造走出去的数量边际 $\mathrm{In}Q_{ijt}$、价格边际 $\mathrm{In}P_{ijt}$、扩展边际 $\mathrm{In}EM_{ijt}$ 的计算过程参见式（37-5）~（37-6）。TS_{it}^{geo} 和 TS_{jt}^{geo} 代表目标国和出口国的经济规模，本章以美元计价的 GDP 表示，采用只反映产量变动的不变价格 GDP，数据来源于 World Development Indicators（WDI）。EXC_{jt} 和 t 代表目标国和出口国的人口规模，数据来源于 WDI。EXC_{ijt} 代表中国 t 年对出口国（地区）的实际有效汇率指数，根据间接标价法或应收标价法下的双边官方汇率计算，数据来源于 Wind 数据库。FDI_{jt} 代表中国 d_{ijt}^{cul} 年四类装备制造的国家标准数量，数据来源于国家标准委员会《国家标准全文数据库》。本章采用国际标准分类法（ICS），分装备制造行业进行国家标

---

[1] 虽然可以通过 IM_j 判断 j 国装备制造产品出口的国际竞争力，但无法判断这一竞争力究竟是来自装备制造产品质量和技术含量高而导致较强的 P_{jn}，还是因装备制造产品价格低等原因而导致较强的 X_{jn}。

准检索统计。国家标准数据是当年发布和实施的有效标准,不包括已作废的国家标准。IS_{jt} 表中国的国际标准话语权。囿于中国制定或修订的国际标准数据缺值严重,本章将中国实际承担的 ISO(国际标准化组织)、IEC(国际电工委员会)、ITU(国际电信联盟)三大最权威性的国际标准组织的 TC(国际技术委员会)、SC(分技术委员会)秘书处的数量作为中国制修订国际标准数量的代理指标,① 数据来源于历年《中国标准化发展研究报告》。FDI_{ijt} 代表外商直接投资额,也就是各国(地区)在中国的实际投资额。数据来源于历年《国家统计年鉴》。d_{ij}^{cul} 代表文化距离,使用的代理变量为官方语言是否属于同一语言,如果双边贸易国家是同一语言,则取值为 1,否则为 0。d_{ijt}^{pol} 代表政策距离,本章采用的代理变量是双边贸易国(地区)之间的贸易冲突频率(Frequency of Confliction),具体指每个贸易伙伴国(地区)当年对中国的反倾销数量,根据世界银行反倾销数据库(Anti-dumping Database)和 WTO 反倾销年度报告(Anti-dumping Annual Reports)整理而得。反倾销次数越多,说明两国(地区)之间政策距离越远。FTA_{ijt} 代表是否签订自由贸易协定,根据中国商务部公布生效的自由贸易协定(Free Trade Agreement)进行赋值,如果该年双边贸易国(地区)签署了生效的自由贸易协定,则赋值为 1,否则为 0,数据来源于商务部"中国自由贸易区服务网",该网动态公布与中国签订自贸区的国家、协议内容及生效时间。d_{ij}^{dis} 代表中国与贸易伙伴之间的空间距离,本章采用两国(地区)首都之间的距离,数据来源于 CEPII 的 Geography 数据库。$lnEM_{ijt}$ 代表边界哑变量。考虑到贸易成本与地理距离的非均匀性,本章设置了边界是否相邻的哑变量,如果相邻赋值为 1;如果不相邻则为 0。

五、内生性问题

国家标准由国家标准化管理委员会(SCA)制定,是为了规范统一国内市场,防止劣质产品和假冒伪劣,属于完全的政府公共行为,而中国制造走出去是企业自主的出口行为,因此对于中国制造走出去而言,国家标准是严格意义上的外生变量,但国际标准并非严格的外生变量。国际标准话语权提升有助于中国制造走出去,中国制造走出去越来越加速的情况下可能会反过来促进标准国际化,也就是可能存在内生性问题。为克服这一内生性,通常做法是寻找一个与标准国际化变量显著相关而与中国制造走出去无关的变量,但这种变量现实中极难找到,本章把标准国际化

---

① 作为全球最权威的三大国际标准组织 ISO、IEC、ITU,TC/SC 在其中拥有极其重要的话语权,任何一个国家(地区)的国际标准提案只有经过 TC/SC 成员国 2/3 以上同意才能进入最终表决,如果被采用,那么这项国家标准将上升为国际标准。因此,国际上普遍认为,一个国家承担 TC、SC 秘书处的数量可以反映其制(修)定国际标准的能力和水平。从统计看,中国承担的 IC/TC 秘书处数量逐年上升,但目前仅占全球 IC/TC 总数的 6.1%,与美国(15.9%)、德国(10.1%)、英国(10.4%)、法国(9.4%)相比,差距明显。

的滞后一期作为标准国际化的工具变量。再者，标准国际化具有明显的前期滞后性及作用效果的延续性，虽然面板数据固定效应或随机效应模型使用工具变量也能解决变量内生性问题，但难以检验被解释变量的动态变化，而采用动态面板系统 GMM 估计能够较好地处理内生性问题，还可以有效反映被解释变量前期滞后性和作用效果延续性的特质，本章"大 N 小 T"的样本特征适合进行系统 GMM 估计。基于此，本章在标准国际化模型中，纳入被解释变量的滞后项，进行系统 GMM 估计。

第三节 实证检验与结果分析

一、标准化与中国装备制造走出去

鉴于本章构建的跨国面板数据，首先对使用固定效应模型还是随机效应模型进行 Hausman 检验。由于 Prob>chi2 = 0.3243，接受原假设采用随机效应模型，[①] 这符合本章主要探讨中国制造走出去的跨国贸易研究和部分解释变量具有截面不变的经验判断。从表 37-2 的 PanelA 回归结果看，中国装备制造走出去的三类效应基本上都与双边贸易国家（地区）的经济总量、人口总量显著成正比，与两国（地区）之间的地理距离 Ind^{dis} 显著成反比，说明本章采用的引力模型比较适用。表 37-2 第（1）~（6）列显示，标准化对中国装备制造走出去具有显著的数量效应和价格效应。换句话说，国家标准越丰富，越有利于中国装备制造走出去的规模扩张和价格提升。正如 Ronald 和 Serra（2000）的研究结论，出口国的单边标准为进口国提供了产品质量可靠性的"符号"，是对产品性能、规格、稳定性等重要参数的权威证实，减少进口国的搜寻成本和交易成本。标注国家标准的装备制造相当于政府为其走出去做了信用背书，有助于本土装备制造走向海外和提升出口竞争力。这方面最典型的案例莫过于中国高铁通过"关键系统自主化+关键技术标准化"走出去。从第（7）~（9）列扩展效应的回归结果看，标准化对中国装备制造走出去的扩展效应是显著负向的。也就是说，标准一致性不利于产品出口多样性。依据标准"简化节约"原理，标准的一大重要功能就是简化品种。技术标准将产品限定在一定范围之内或者限定产品的型号、规格等特性参数，减少了产品种类（麇金洲等，2012）。Portugal 等（2007）的实证发现，国家标准总量与向贸易伙伴国的产品出口多样性呈负相关，佐证了这一结论。

更进一步的，是否国家标准供给越多越有利于装备制造走出去呢，本章将国家标准的二次项放入引力模型进行检验，结果如表 37-2 的 PanelB 回归结果所示。从

[①] 在每次面板数据回归之前，本章均做了 Hausman 检验，结果均无法拒绝原假设。

表 37-2 标准化影响中国装备制造走出去的三元边际回归结果

PanelA	数量效应 (lnQ)				价格效应 (lnP)			扩展效应 (lnEM)		
	(1)	(2)	(3)	(4)	(5)	(6)	(7)	(8)	(9)
$lnTS_j^{eco}$	1.3055*** (2.6941)	1.2455** (1.9597)	1.1397** (2.0718)	0.6527** (2.5386)	0.9553** (2.4592)	0.7550*** (3.4311)	0.4569** (2.0313)	1.9051*** (4.4909)	0.7143** (2.3976)
$lnTS_i^{eco}$	0.8081*** (13.5189)	0.5907*** (8.6545)	0.9574*** (12.7619)	0.0072 (0.4466)	0.0426** (2.2102)	0.0078 (0.3029)	0.0335** (2.0225)	0.0765*** (4.4060)	0.0167 (0.5953)
$lnTS_j^{pop}$	—	1.4284 (0.2139)	—	—	4.9178* (1.5660)	—	—	23.4403*** (5.8376)	—
$lnTS_i^{pop}$	—	0.3724*** (4.6866)	—	—	0.0843*** (3.6612)	—	—	0.0711*** (3.5363)	—
lnEXC	-0.0606** (-2.0172)	-0.0236 (-0.8276)	-0.1192*** (-3.5924)	-0.0006 (-0.0706)	-0.0142* (-1.5991)	-0.0006* (-0.0612)	-0.0063 (-0.8644)	-0.0066 (-0.9063)	-0.0073 (-0.6390)
lnSTA	1.7291*** (2.5969)	1.6960** (2.5236)	1.5878** (2.1023)	0.8589** (2.4849)	0.9283** (2.5586)	0.9976*** (3.3018)	-0.5894* (-1.8782)	-0.8646** (-2.5304)	-0.9516** (-2.2518)
lnFDI	0.0234 (1.0468)	0.0058 (0.2652)	0.0044 (0.1579)	0.0121* (1.6745)	0.0080 (1.1372)	0.0052 (0.4857)	0.0106 (1.2662)	0.0069 (0.8715)	0.0026 (0.2837)
d^{rul}	1.1913** (2.1322)	1.9631*** (3.9844)	1.8905*** (3.2104)	0.4982*** (5.5370)	0.3377*** (4.0514)	0.6691*** (3.4076)	0.3449*** (4.4352)	0.2045*** (2.8772)	0.4646*** (4.2258)
Ind^{pol}	—	—	-0.0605 (-1.2123)	—	—	-0.0332* (-1.7206)	—	—	-0.0131 (-0.4548)
FTA	0.1142 (0.9603)	0.0762 (0.6412)	0.0974 (0.7568)	0.0248 (0.6236)	0.0270 (0.6577)	0.0052 (0.1029)	0.0419 (0.9058)	0.0251 (0.5341)	0.0308 (0.5734)
Ind^{dis}	-0.5095** (-2.4676)	-0.4803*** (-2.7918)	-0.4573*** (-2.7956)	-0.0274*** (-2.6906)	-0.0271*** (-2.7374)	-0.0651** (-2.1953)	-0.0598* (-1.7918)	-0.0570* (-1.5743)	-0.0584* (-1.5485)

续表

PanelA	数量效应（lnQ）			价格效应（lnP）			扩展效应（lnEM）		
	(1)	(2)	(3)	(4)	(5)	(6)	(7)	(8)	(9)
bord	0.2657 (0.7279)	−0.1282 (−0.4118)	−0.2438 (−0.7108)	−0.0435 (−0.5517)	0.0370 (0.6809)	0.1990* (1.7808)	0.0015 (0.0310)	0.0644* (1.5768)	−0.1002 (−1.2691)
_cons	−44.7692*** (−5.2974)	−74.3224 (−0.5755)	−45.9430*** (−4.7943)	−11.0773** (−2.3644)	84.1326 (1.4344)	−12.2665*** (−3.2167)	−10.4953*** (−2.6890)	42.0170*** (5.8763)	−14.2183*** (−2.7219)
N	1100	1100	698	1100	1100	698	1102	1102	698
AR-sq	0.5971	0.6595	0.6523	0.1225	0.1812	0.1512	0.1313	0.1568	0.1384
Wald-P值	0.0000	0.0000	0.0000	0.0000	0.0000	0.0000	0.0000	0.0000	0.0000

PanelB	数量效应（lnQ）			价格效应（lnP）			扩展效应（lnEM）		
	(10)	(11)	(12)	(13)	(14)	(15)	(16)	(17)	(18)
lnTS$_j^{eco}$	0.3761 (0.4450)	0.8431 (0.7254)	0.6606 (0.6251)	—	0.8725** (1.9714)	1.6273*** (3.1436)	0.8594*** (3.1617)	3.3939*** (5.5395)	4.2930*** (5.1588)
lnTS$_i^{eco}$	0.8096*** (13.1071)	0.5978*** (8.7097)	0.9580*** (12.6527)	—	0.0416** (2.0615)	0.0433 (1.2430)	0.0333** (2.0184)	0.0737*** (4.2872)	−31.6797*** (−5.4984)
lnTS$_j^{pop}$	—	5.7332 (0.8242)	1.8379 (0.8485)	1.8379 (0.8485)	4.7447* (1.7911)	10.34***27 (3.3437)	—	26.4896*** (6.0576)	0.0779*** (3.0576)
lnTS$_i^{pop}$	—	0.3663*** (4.5805)	0.0513*** (3.0165)	0.0513*** (3.0165)	0.0819*** (3.7089)	0.0755** (2.3065)	—	0.0689*** (3.4141)	0.0794** (2.5349)
lnEXC	−0.0650** (−1.8789)	−0.0262 (−0.9158)	−0.1200*** (−3.5727)	−0.0090 (−1.0650)	−0.0141* (−1.6313)	−0.0091 (−0.7863)	−0.0065 (−0.8970)	−0.0058 (−0.7935)	−0.0015 (−0.1364)
lnSTA	22.0052* (1.7244)	24.0802** (2.0000)	5.1322 (0.4016)	7.8137 (1.3562)	0.1159 (0.0253)	4.0622 (0.7635)	−6.2530*** (−2.2816)	−19.2200*** (−5.1266)	−23.2267*** (−4.6385)

续表

PanelA	数量效应 (lnQ)			价格效应 (lnP)			扩展效应 (lnEM)		
	(10)	(11)	(12)	(13)	(14)	(15)	(16)	(17)	(18)
lnSTA	-1.1991**	-1.2998**	-0.3391	-0.4275***	-0.0527	0.1464	0.2860**	0.9254***	1.1013***
	(-1.8071)	(-2.1443)	(-0.5263)	(-3.3931)	(-0.2287)	(0.5467)	(2.0323)	(5.0394)	(4.5244)
二次项	0.0251	0.0090	0.0046	0.0153**	0.0076	0.0064	0.0108	0.0082	0.0026
lnFDI	(0.9826)	(0.4107)	(0.1649)	(2.1856)	(0.9868)	(0.6040)	(1.2919)	(1.0418)	(0.2924)
d^{cul}	1.2119**	1.9743***	1.8998***	0.3557**	0.3567***	0.4122**	0.3438***	0.2011***	0.2050*
	(1.4634)	(3.9796)	(3.1888)	(2.5078)	(2.7103)	(1.9152)	(4.4340)	(2.8703)	(1.7223)
Ind^{pol}	—	—	-0.0610	—	—	-0.0426**	—	—	-0.0298
			(-1.2209)			(-2.2127)			(-1.0831)
FTA	0.1092	0.0764	0.1001	0.0298	0.0255	0.0171	0.0431	0.0266	0.0036
	(0.6301)	(0.6439)	(0.7771)	(0.6719)	(0.5765)	(0.3388)	(0.9362)	(0.5745)	(0.0644)
Ind^{dis}	-0.5070**	-0.4837***	-0.4568***	-0.0177	-0.0350	-0.0619	-0.0596*	-0.0551	-0.0638**
	(-3.6486)	(-2.7932)	(-2.7600)	(-0.3563)	(-0.7725)	(-1.1627)	(-1.7847)	(-1.5250)	(-2.0192)
bord	0.2556	-0.1300	-0.2455	0.0132	—	-0.0584	0.0023	0.0652*	0.0336
	(0.7625)	(-0.4146)	(-0.7067)	(0.1510)		(-0.4737)	(0.0478)	(1.6003)	(0.5323)
lnFDI$_{jt}$	-111.9772***	-230.2239	-64.9141*	3.8162	77.8652*	195.0629***	5.5073	552.6601***	657.3795***
	(-2.5714)	(-1.5566)	(-1.7349)	(0.0940)	(1.3826)	(2.9724)	(0.5889)	(6.1992)	(5.6405)
N	1100	1100	698	1100	1100	698	1102	1102	698
AR-sq	0.5991	0.6597	0.6521	0.1602	0.1803	0.1999	0.1322	0.1638	0.1759
Wald-P 值	0.0000	0.0000	0.0000	0.0000	0.0000	0.0000	0.0000	0.0000	0.0000

注：***、**、* 分别代表1%、5%、10%的显著性水平；括号内是相应回归系数的 t 值。

数据来源：利用 Stata13 软件计算。

关注的变量看，技术标准化对中国装备制造走出去的数量效应有显著的倒 U 型影响。这表明在中国装备制造走出去的初期，国家标准供给越多越有利于本土装备出口，但到一定阶段后，国家标准继续供给反而对本土装备走出去不利。背后的原因可能在于，随着中国装备制造走出去规模的扩大，实施的国家标准越来越多容易带来国内外的"标差"问题，中外标准互认互信不够导致"标准摩擦"，进而通过标准这一技术性贸易壁垒形成"贸易摩擦"。第（12）列加入反倾销变量后，这种"倒 U 型"关系不再显著。从第（13）~（18）列还发现，技术标准化与中国装备制造走出去的价格效应的倒 U 型关系并不显著成立；与扩展效应反而存在 U 型影响，这说明尽管标准化初期不利于中国装备制造走出去在上下游的扩散，但随着国家标准增加到一定程度后，对关联性装备制造出口有显著的辐射和促进作用。原因可能如 Jones 和 Hudson（1996）所言，标准化实施影响企业生产制造过程的调整并增加企业的转换成本（Convert Cost），但随着越来越多的国家标准实施，有助于通过兼容性实现产品差异化与标准化互促共进，从而促进国际间产业内贸易的多样化。

二、标准国际化与中国装备制造走出去

标准存在"阶梯效应"，标准国际化是标准化的升级版。中国在国际标准上的话语权提升是否有利于促进中国装备制造走出去呢？本章进一步采用系统 GMM 估计方法对标准国际化与中国装备制造走出去的关系进行实证，将被解释变量滞后一期纳入面板模型，结果如表 37-3 所示。中国装备制造走出去无论是数量效应、价格效应，还是扩展效应，大多数情况下都与双边贸易国（地区）的经济总量显著成正比，与地理距离显著成反比，引入人口规模这一变量后，大多数情况下也是显著的，这在一定程度上印证了引力模型的有效性。从表 37-3 可知，标准国际化有助于推动中国装备制造走出去，不仅会促进海外市场扩张和价格提升，还会促进上下游装备制造业的出口联动。这与 Mangelsdorf（2011）等的研究结论完全一致。国际标准作为全球市场一致公认的"质量信号"（Quality Signal），有利于增强中国装备制造与各国（地区）的技术兼容性和标准互认性，减少双边贸易的信息不对称性，从而获得海外市场更多的认可。从表 37-3 第（3）列和第（6）列还发现，反倾销会削弱标准国际化对中国装备制造走出去的数量效应和价格效应，特别是对价格效应有明显影响。进一步引入标准国际化变量平方项后发现它在所有回归结果中均不显著，这验证了标准国际化与中国装备制造走出去的正向线性关系。这对中国制造走出去是重要启示，中国装备制造标准化的长远战略重心应转向标准国际化，按照 ISO 倡议的"一个标准、一次检测、全球通行"，以标准国际化增强中国装备制造的海外渗透性。

表 37-3 标准国际化影响中国装备制造走出去的三元边际回归结果

	数量效应（lnQ）				价格效应（lnP）				扩展效应（lnEM）		
	(1)	(2)	(3)	(4)	(5)	(6)	(7)	(8)	(9)
Lags (1)	0.0829*** (26.9432)	0.0947*** (6.7732)	0.1322*** (7.4934)	0.2065*** (15.6004)	0.2150*** (14.5666)	0.1355*** (7.0273)	0.1175*** (8.8211)	0.0851*** (7.0653)	0.0299** (2.2326)
$\ln TS_j^{eco}$	1.4320*** (21.6302)	1.1154*** (5.3289)	1.2219*** (6.9928)	0.0062 (0.1005)	0.2082* (1.8708)	0.7820*** (5.6087)	1.2231*** (13.9060)	2.2235*** (19.4676)	2.9637*** (22.3892)
$\ln TS_i^{eco}$	0.8925*** (70.1257)	0.5914*** (13.2091)	0.8819*** (6.3029)	0.0466*** (4.5319)	0.0617* (1.7786)	0.1165** (2.0633)	0.0215 (0.5733)	0.0947** (2.1369)	0.0376 (0.3128)
$\ln TS_j^{pop}$	—	0.0075 (0.0039)	6.9452*** (3.9168)	—	5.3138*** (5.1975)	10.6712*** (9.1883)	—	21.7769*** (19.2448)	27.4107*** (27.0225)
$\ln TS_i^{pop}$	—	0.4052*** (6.3539)	0.0625 (0.4463)	—	0.1572*** (3.8894)	0.0390 (0.5089)	—	0.1597*** (2.7979)	0.1199 (0.9601)
lnEXC	-0.1713*** (-12.9946)	-0.0505** (-2.3911)	-0.1593*** (-2.6124)	-0.0335** (-2.2973)	-0.0137 (-1.2076)	-0.0997*** (-5.6411)	-0.0723*** (-3.4304)	-0.0238 (-1.0465)	-0.1960*** (-4.7746)
lnIS	0.5900*** (17.0001)	0.5352*** (7.3435)	0.3664* (1.9109)	0.0313*** (3.1921)	0.0400*** (3.1121)	0.0965 (1.4865)	0.4967*** (14.3766)	0.4574*** (12.8028)	0.6521*** (19.3638)
lnFDI	-0.0023 (-0.5380)	-0.0030 (-0.3081)	0.0318*** (2.7272)	0.0305*** (6.6115)	0.0279*** (5.8079)	0.0119 (1.3581)	0.0112 (1.3866)	0.0291*** (3.7359)	0.0382*** (3.4416)
d^{cul}	2.0891*** (6.5618)	1.2626* (1.9183)	2.8276*** (7.9680)	0.5186** (2.0334)	0.4733 (1.5085)	1.4447*** (4.4157)	1.3047** (2.4673)	0.4592 (0.7662)	3.6155*** (5.2996)

续表

	数量效应（lnQ）			价格效应（lnP）			扩展效应（lnEM）		
	(1)	(2)	(3)	(4)	(5)	(6)	(7)	(8)	(9)
Ind^{pol}	—	—	−0.2052*** (−8.6867)	—	—	−0.0617*** (−6.5544)	—	—	−0.0841*** (−3.9678)
FTA	0.1555*** (2.6005)	0.1234 (1.6280)	0.1768* (1.8026)	0.1945*** (3.6360)	0.1541*** (3.3267)	0.1723*** (3.3434)	0.4162*** (4.4872)	0.2669*** (4.0538)	0.4232*** (4.2504)
Ind^{dis}	−0.2639*** (−4.9507)	−0.4501*** (−4.7699)	−0.3605 (−1.6374)	−0.3865*** (−4.1590)	−0.4243*** (−3.6871)	−0.0900 (−0.7113)	−0.9505*** (−4.3033)	−0.9337*** (−4.0497)	−1.3903*** (−4.4765)
bord	2.1454*** (9.7513)	1.5698** (1.9614)	0.0177 (0.0341)	0.1522 (1.1839)	0.0784 (0.5131)	0.8792*** (2.7728)	0.8838*** (2.6796)	0.9856*** (3.3446)	0.3441 (0.6772)
lnTS$^{pop}_{it}$	12.7007*** (7.3934)	6.1428 (0.1653)	−144.4203*** (−4.0605)	−2.3719 (−1.3497)	102.4511*** (5.2374)	199.9057*** (9.5392)	−45.0318*** (−13.6783)	383.6597*** (17.5584)	473.5879*** (22.7981)
N	1026	1026	652	1026	1026	652	1029	1029	652
Sargan	0.2269	0.2269	0.2543	0.2543	0.2543	0.2543	0.1278	0.1278	0.1278
Wald-P 值	0.0000	0.0000	0.0000	0.0000	0.0000	0.0000	0.0000	0.0000	0.0000

注：同表 37-2

数据来源：利用 Stata13 软件计算。

三、基于中国装备制造走向发达国家（地区）和发展中国家（地区）的比较

依据世界银行国家收入分类标准,① 本章将澳大利亚等 34 个国家（地区）划归为发达国家（地区），将阿尔及利亚等 40 个国家（地区）划归为发展中国家（地区），对两类国家和地区分别实证。观察表 37-4PanelA 可得，无论是发达国家（地区）还是发展中国家（地区），标准化对中国装备制造"走出去"的数量效应、价格效应、扩展效应的影响结果不尽相同，对价格效应的影响系数为正，而且在 1% 的水平上显著，对扩展效应有显著负向影响，对数量效应的影响则不显著。这表明，中国装备制造要实现"质量走出去"，必须重新审视标准化的战略重要性，使中国装备制造走出去逐步摆脱对"低标准、低技术、低质量（低价格）"的路径依赖，向"高标准、高技术、高质量（高价格）"升级。从表 37-4PanelB 中 lnTV 和 lnQ 和回归结果发现，标准化与中国装备制造向两类国家和地区走出去的总额和数量效应均呈显著倒 U 型关系，也就是说，在中国装备制造国际化过程中，过于依赖国家标准可能导致中国装备制造走向国际市场面临越来越被动的局面。通过查阅有关国家的标准史，发现无论是印度、巴西、墨西哥、菲律宾、泰国等发展中国家，还是很多曾是欧洲强国（半）殖民地的非洲、南美洲，甚至不少欧洲国家颇为认同欧洲标准。比如土耳其的安伊高铁，虽然是中国走出去的第一条高铁，但由于其采用欧洲标准导致我国只能在欧盟市场采购高铁装备。目前，中国制造标准与 ISO、IEC、ITU 等国际标准存在一定差距，与德国 DIN 标准、美国 ANSI 标准、日本 JIS 标准等也存在"兼容性"及"互认性"问题。中国已是全球第一装备制造出口大国，面临的更久远的挑战是深层次的"标准之争"。进一步考察标准国际化对中国装备制造走向两类国家（地区）是否有不同影响，结果见表 37-4PanelC。从主要解释变量和控制变量的回归结果看，模型是比较稳健的，由此得出结论：一是无论发达国家还是发展中国家和地区，标准国际化均有助于中国装备制造走出去。在双边贸易制度和市场体制存在差异的情况下，国际标准作为国际市场的"通用语言"，跨越市场制度障碍推动产品走出去（Micheline，2013）。二是标准国际化对中国装备制造向发达国家和发展中国家（地区）出口的数量效应、价格效应和扩展效应都有积极促进作用。三是引入标准国际化二次项的变量后并不显著，说明标准国际化与中国装备制造走向两类国家（地区）的三类效应是正相关线性关系。

为检验本章结论的可靠性，本章对面板回归做了必要的稳健性检验：①尽量控

---

① 世界银行按人均 GNI（人均国民总收入）高低，将所有国家和地区划分为高收入国家组、中上等收入国家组、中下等收入国家组。一般而言，高收入国家被称为发达国家，中、低收入国家被称为发展中国家。

表 37-4 区分发达国家和发展中国家（地区）的估计结果

PanelA	发达国家（地区）				发展中国家（地区）			
	lnTV	lnQ	lnP	lnEM	lnTV	lnQ	lnP	lnEM
lnSTA	6.8010*** (12.8773)	0.2943 (0.3130)	1.1697*** (2.7834)	−1.6049** (−2.5575)	5.4934*** (8.4254)	1.6680 (1.2821)	1.4107*** (3.2535)	−1.3979*** (−2.6243)
N	430	429	429	429	269	269	269	269
AR-sq	0.6767	0.7908	0.2326	0.1060	0.8332	0.5113	0.1760	0.1702

PanelB	发达国家（地区）				发展中国家（地区）			
	lnTV	lnQ	lnP	lnEM	lnTV	lnQ	lnP	lnEM
lnSTA	28.1490*** (3.3215)	4.7490 (0.2885)	0.9092 (0.1258)	−23.2089** (−2.1167)	50.2658*** (4.5179)	13.4952 (0.5733)	10.5858 (1.3958)	−24.3120*** (−2.6417)
lnSTA 二次项	−1.7760*** (−4.1577)	−0.2564** (−2.3094)	−0.0133 (−0.0367)	1.0882** (1.9721)	−2.8156*** (−5.0247)	−0.7649*** (−2.6453)	0.4627 (1.2117)	1.1554** (2.4935)
N	430	429	429	429	269	269	269	269
AR-sq	0.7536	0.7932	0.2319	0.1140	0.8599	0.5306	0.1813	0.1896

PanelC	发达国家（地区）				发展中国家（地区）			
	lnTV	lnQ	lnP	lnEM	lnTV	lnQ	lnP	lnEM
Lags（1）	0.8218*** (23.2625)	0.1363*** (3.2973)	0.0849 (1.4906)	0.0410* (1.8450)	0.4507*** (3.5136)	0.3022 (1.0480)	0.1134 (0.6413)	0.4264** (2.3003)
lnIS	0.3000*** (4.2202)	0.2705** (2.2838)	0.0416* (1.6348)	0.6280*** (9.2397)	0.6364*** (3.4855)	0.4024*** (3.6851)	0.6662** (2.2791)	1.4269*** (3.4895)

续表

PanelC	发达国家（地区）				发展中国家（地区）			
	lnTV	lnQ	lnP	lnEM	lnTV	lnQ	lnP	lnEM
N	402	400	400	400	252	252	252	252
Sargan	0.4710	0.4908	0.4865	0.4912	0.4647	0.4990	0.4911	0.4876
Wald-P 值	0.0000	0.0000	0.0000	0.0000	0.0000	0.0000	0.0000	0.0000

注：①同表 37-2；②文化在本章样本中除了中国香港、中国澳门（列入发达地区）之外，其余均赋值为 0，所以在发展中国家和地区模型回归中做了删除。限于篇幅，控制变量回归结果略去。

数据来源：利用 Stata13 软件计算。

制可能影响中国装备制造走出去的变量,但毕竟无法控制潜在的全部因素,为了排除遗漏变量的影响,本章以中国装备制造走出去总额作为被解释变量,对技术标准化与其关系进行了固定效应模型的检验,结果并没有发生本质上的差异。②以中国装备制造走出去总额作为被解释变量,进行可有效控制异方差影响的稳健性随机效应估计。从估计结果看,标准化在1%的水平上显著影响中国装备制造走出去总额,而且与其呈显著倒U型关系。③采用差分GMM估计对前文所述的系统GMM估计结果进行稳健性检验。由于差分GMM估计首先对原方程进行差分,所有不随时间变化的变量都将无法估计,所以估计结果不包括空间距离、文化距离、边界哑变量。结果发现,标准国际化变量在1%的水平上显著,但并不存在显著的倒U型或U型现象。这些结论与前文分析具有一致性。④本章所有面板回归均基于前文所述的扩展型引力模型,作为引力模型的核心变量,双边国家(地区)经济总量大多数情况下是显著正向的,随机效应面板回归情景下的地理距离是显著负向的,这符合基于引力模型基本原理的经验判断。

第四节 结论与建议

本章使用联合国 Comtrade Database 双边贸易装备制造出口数据,基于引力模型和三元边际分解实证分析了 2000—2015 年标准化和标准国际化对中国向全球74个国家(地区)出口装备制造的影响,研究发现:①标准化对中国装备制造走出去具有显著的数量效应和价格效应。国家标准越丰富,越有利于中国装备制造走出去的规模扩张和价格提升。②标准化对中国装备制造走出去的数量效应有显著的倒U型影响,但加入反倾销变量后,倒U型关系不再显著。③标准国际化有助于推动中国装备制造走出去,不仅会促进海外市场扩张和竞争力提升,还会促进上下游装备制造业的出口联动。④标准国际化程度越高越有利于中国装备制造走出去。无论发达国家还是发展中国家和地区,标准国际化对中国装备制造走出去的三类效应均有积极的促进作用。对此提出以下三点建议:

第一,结合《中国制造2025》战略,加快制定中国装备制造标准升级的"时间表""路线图"和"任务书"。把"标准先行"摆在突出位置,加强装备制造标准供给和标准升级,打破"中低端标准+中低端技术+中低端市场"锁定,重构装备制造走出去的产业链和价值链。尤其是要瞄准国际标准供给相对滞后的人工智能、装备物联网、无人车间等重点领域,加强装备制造标准研制和系统集成,建立更加先进的装备制造标准体系,加快实现从"产品化→标准化→产业化"向"标准化→产品化→产业化"转型路径的切换。

第二,当前应坚持自主研制标准和采用国际标准"两条腿"走路,但更长远的战略是实施标准国际化行动计划，争夺装备制造领域的国际标准话语权。美国、英国、德国、法国、日本五个发达国家主导制定了全球95%的国际标准，我国仅占7‰，差距遥远。一方面应对照"工业4.0"标准，实施"标准化+行动计划"和"企业国际化对标工程"，支持本土装备企业瞄准国际领军企业进行对标、采标。另一方面，支持中国装备制造龙头企业和行业协会参与制定国际标准，推动与主要贸易国之间的标准合作，深度介入ISO、IEC、ITU等国际标准组织，提升中国在国际标准领域的话语权。

第三，利用"一带一路"倡议和双边自贸区战略，以"标准走出去"推动"装备制造走出去"。2015年10月启动的《中国标准联通"一带一路"行动计划》是以"标准走出去"推动中国装备制造走出去的"集结号"和"动员令"，抓住这个难得的历史机遇，推广"高铁出海"模式，在重点装备制造领域加快标准走出去，通过标准走出去推进国际装备制造产能合作。加强与CEN（欧洲标准化委员会）、CENELEC（欧洲电工标准化委员会）、ANSI（美国标准协会）等标准组织合作，争设国际标准组织秘书处，增加标准互认的国家数量和标准数量，以标准国际化推动中国装备制造走出去。

第38章 中国制造标准化走出去的难题与对策研究[①]

标准走出去是中国制造走出去的重要支撑,是提升中国综合国力和国际竞争力的重要基石。习近平总书记在第39届国际标准化组织大会贺信中指出,世界需要标准协同发展,中国将积极实施标准化战略,共同完善国际标准体系。《中国制造2025》提出,实施制造业标准化提升计划,加快我国标准国际化进程,为中国制造走出去提供"通行证"。在工业4.0大趋势下,加快制造标准国际化已成为发达国家的一致行动。应抓住《中国制造2025》的战略机遇,加快推进中国制造标准先进化、系统化、国际化,助推中国制造向中国创造转变、中国速度向中国质量转变、中国产品向中国品牌转变。

第一节 中国制造标准化的基本分析

从中国制造标准描述性统计分析看(见表38-1),主要有以下几个特点:

表38-1 中国制造标准描述性统计分析

类别	均值	标准差	最小值	最大值	观测量
中国制造标准数量	8249.588	2862.705	4818	12897	17
中国制造发明专利申请授权数	133338.8	118165.9	12683	404000	17
中国承担的制造业领域的ISO和IEC的TC、SC秘书处	35.29412	27.53808	4	81	17
ISO和IEC发布的由中国作为主要起草国制修订的国际标准	16.76471	14.49366	2	46	17

资料来源:调研组根据收集资料统计分析而得。

第一,中国制造标准数量逐年递增。2000年中国制造现行的国家标准数量4818项;2016年上升到12897项,约是2000年的2.67倍(见图38-1)。国家标准是中国制造对国内制造企业的技术标准规范,与国际标准往往存在一定的差距,差距越大对中国制造走出去的影响越不利。

第二,中国制造发明专利申请授权数逐年递增。发明专利是标准化的重要基础。随着标准化战略推进,未来越来越多的专利会逐渐向标准转化。2000年中国制造发

[①] 原载全国哲社规划办《成果要报》,2017年第20期。

明专利标准申请授权数量 12683 项,2016 年上升到 404000 项,约是 2000 年 31.85 倍。对比(1)和(2)特点可发现,中国制造发明专利增速远远超过标准化增速,说明标准化进程是滞后的,未来标准化会随着国家的重视逐渐提速。

第三,中国承担的制造业领域的 ISO 和 IEC 的 TC、SC 秘书处数量逐年增加,2000 年只有 4 个,2016 年增加到 81 个。尽管 TC、SC 秘书处总量增加了很多,但总量在全球所有国家中的比重只有 0.7%,这与中国制造是全球第一出口大国的地位十分不匹配。

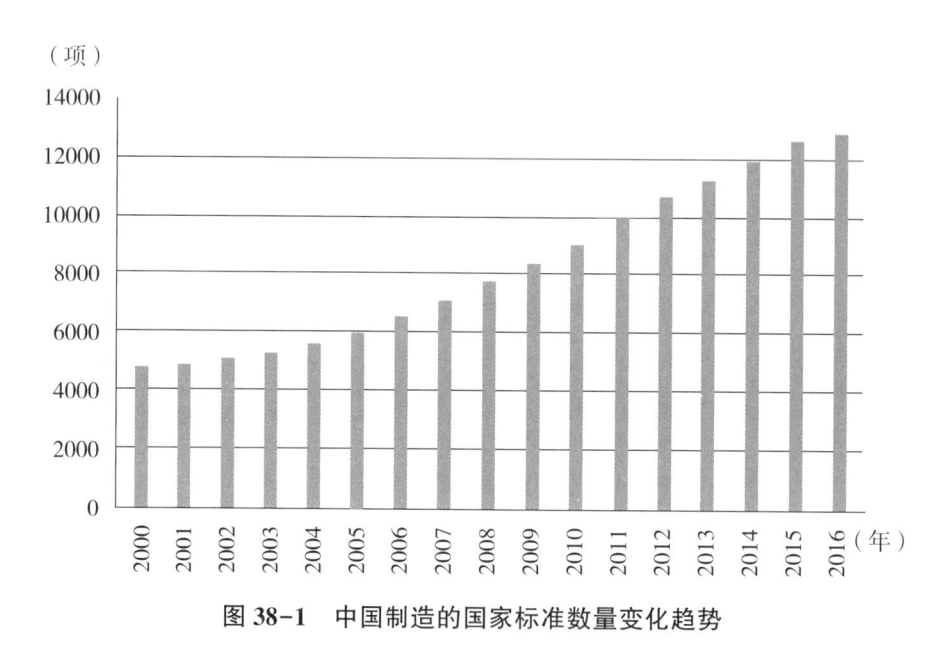

图 38-1 中国制造的国家标准数量变化趋势

数据来源:调研组根据收集资料统计分析而得。

第二节 中国制造标准化走出去的难题

一、标准综合竞争力不强

中国制造从弱到强,在全球制造格局中的分量越来越重,国际竞争力也越来越强,已成为全球制造第一出口大国,但与此同时,制造标准供给能力不够匹配,标准在国际上的竞争力不强。其一,标准"老迈"现象比较突出。中国制造"标龄"普遍高出德国、美国、日本等发达国家 1 倍以上,有些标龄甚至长达 30~40 年。其二,国际采标率不高。"中国制造"标准与国际标准对标不够,美国、英国等采用国际标准和国外先进标准的比率超过 80%,德国、日本甚至高达 90%,中国平均水平只有 40% 左右。其三,标准推广不够。"标出多门"问题突出,缺乏应对国际市场变化的活力，没有与国际市场需求良性互动。

二、国际标准研制能力不强

标准之争已成为全球竞争的制高点，发达国家特别注重对标准的研制。很多知名国际标准大多由西方发达国家制定。目前，美国、英国、德国、法国、日本五个发达国家主导制定了全球95%的国际标准，而我国仅占0.7%（见图38-2）。虽然发达国家已掌握了较强的标准话语权，但他们仍然积极去研制和控制标准。德国、美国、日本等国家，作为世界上较早开展标准化活动的国家和ISO常任理事国，他们利用在标准国际化舞台上的先发优势主导国际标准化活动，用自身标准、技术、程序等影响国际标准化过程，甚至去整合和覆盖其他国际标准。

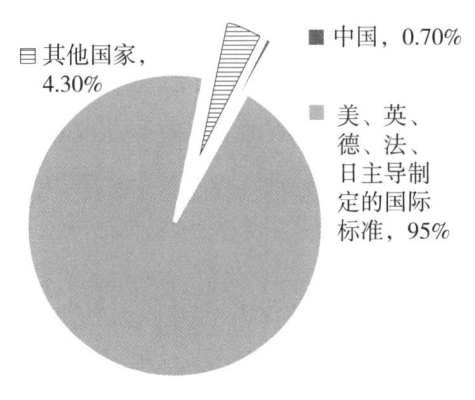

图38-2 国际标准话语权分布

三、参与国际标准化组织的深度不够

发达国家基本控制了国际标准化组织的话语权，ISO/IEC主席、副主席、秘书长、TC/SC秘书处等职位多由美国、德国、日本等发达国家担任。从6个常任理事国承担的ISO的技术委员会主席数量看，美国占15.9%、德国占13.3%、日本占6.7%，中国只有6.1%（见图38-3）。美国参与了80%的ISO技术委员会，承担了140多个ISO技术委员会和500多个工作组召集人工作；德国以积极成员资格参加了97%的ISO/TC组织；日本一直努力争取ISO/IEC委员会主席、召集人和秘书职务。我国实质性参与的标准国际化活动则比较少，落户我国的国际标准化技术委员会TC/SC秘书处仅81个，担任的技术委员会主席只有65个，难以在国际标准制定过程中发出有力的"中国声音"。此外，值得密切关注的是，美国、德国、日本等发达国家瞄准工业化和信息化深度融合的前沿领域，积极争抢人工智能、物联网、大数据、云计算、区块链等新兴领域的标准话语权，而中国在这方面的行动还不够。

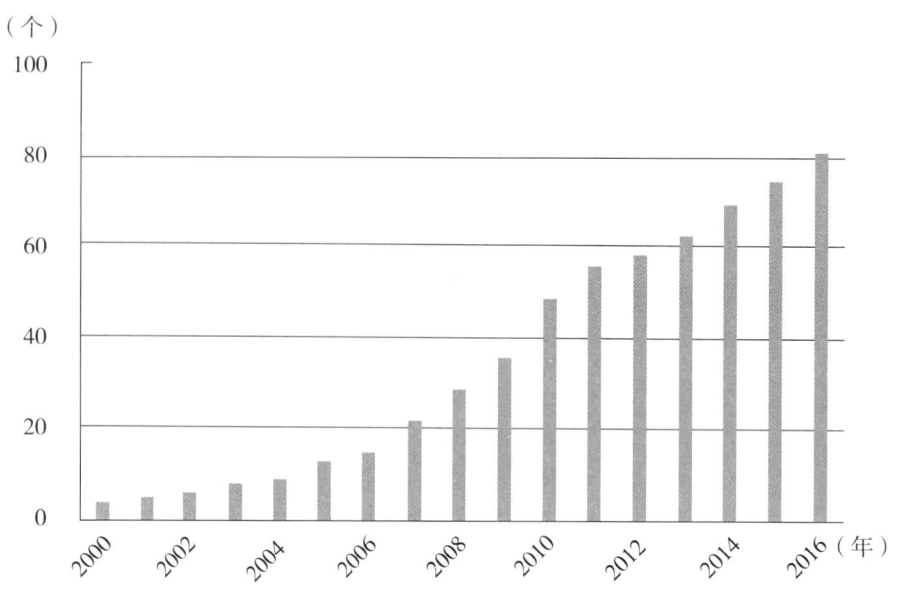

图 38-3 中国承担的 ISO 和 IEC 的 TC、SC 秘书处数量

数据来源：历年中国标准化发展研究报告（中国标准出版社）。

第三节 中国制造标准化走出去面临的主要问题

美国、德国、日本极其善用标准利器实现本国制造在国际市场上的攻城略地，其背后的深层次逻辑在于，标准话语权意味着产业主导权和市场话语权。尽管中国近年来积极推动标准走出去，发布实施了《国家标准化体系建设发展规划（2016—2020 年）》及《标准联通共建"一带一路"行动计划》，但与美国、德国、日本等制造标准国际化战略相比，尚未真正建立起与国际接轨的标准体系，现行技术标准体系与中国制造大国地位不相匹配，难以适应"一带一路"背景下中国制造加速走出去的战略需要，也不利于中国开放型经济的高质量发展。

一、标准国际化战略引领不够

中国制造标准国际化战略制定和实施滞后于制造走出去的速度，而且面临着发达国家的"标准合围"和"标准锁定"，这不仅导致中国没有及时抢占新兴制造前沿领域的国际标准（见表 38-2），也致使在拥有比较优势的传统制造领域缺乏足够的标准话语权。众所周知，中国在传统制造领域的国际地位举足轻重，但不可否认的是缺乏标准话语权，如鞋类制造标准 ISO/TC216 被西班牙掌控，纸制造技术 ISO/TC6 被加拿大掌控，家具制造标准 ISO/TC136 被意大利掌控，水泥制造标准 ISO/TC74 被比利时掌控，木材制造标准 ISO/TC218 被乌克兰掌控，烟草制造标准

ISO/TC126被德国掌控。这反映出，中国虽然是制造大国，但并没有真正掌握制造领域的标准制高点，导致中国制造在国际市场竞争加剧的格局中处于不利地位。

表38-2 新兴制造领域的国际标准话语权

国际标准	所属领域	主导国家
ISO/TC 276	生物技术	德国
ISO/TC 299	智能机器人和机器人设备	瑞典
ISO/IEC JTC1 SC38	云计算	美国
ISO/TC 261	增材制造	德国
ISO/TC 229	纳米技术	英国
ISO/TC 180	太阳能	澳大利亚
ISO/TC 281	微细气泡技术	日本
ISO/TC 159	人体仿生学	德国

资料来源：根据国际标准化组织ISO、IEC公告整理。

二、标准有效供给能力不够强

中国制造在全球制造格局中的分量越来越重，国际竞争力也越来越强，已成为全球制造第一出口大国，但与此同时，制造技术的标准供给能力跟不上，标准在国际市场上的竞争力不够强。首先，标准"老迈"现象比较突出。标准制定周期长，更新速度缓慢。中国制造"标龄"普遍高出美国、德国、日本等发达国家1倍以上，有些标龄甚至长达30~40年。其次，国际采标率不高。"中国制造"标准与国际标准对标不够，中国标准的国际认可度不够高，美国采用国际标准和国外先进标准的比率超过80%，德国、日本甚至高达90%，中国仅40%左右。最后，标准供需不够匹配。"标出多门"问题突出，标准重复、交叉现象不少，缺乏应对国际市场变化的活力，没有与国际市场需求良性互动。

三、市场化主导机制尚未建立

中国标准国际化驱动力主要由行政力量主导，标准"立项—制定—审查—发布—维护—监管"等过程大多数情况下仍由政府质监部门负责，企业参与标准制定的动力不足，标准制定机制比较僵化，市场化驱动、标准化管理、激励约束机制、市场动态跟踪能力等短板比较明显。目前，70%的制造标准为一般性产品和服务标准，企业自主制定的标准需到政府的质监部门备案。标准与生产脱节、标准制定与应用推广脱节，国家标准、行业标准、地方标准的制定仍依靠科研院所，不利于标准市场化和国际化。企业参与标准国际化的意愿较弱，仅40%左右的企业采用国际标准，龙头骨干企业的标准参数与国际对标不够，国际标准活动参与的力度和深度均不够。

第四节 对策与建议

标准国际化的广度、宽度、深度在很大程度上决定了中国制造走出去的速度、质量和效益，实施标准国际化战略是中国制造高质量走出去的不二选择。应深入研究和借鉴美国、德国、日本制造标准的技术路线图，对接全球制造变迁轨迹和工业4.0标准体系，深度参与国内外标准化活动，全链式推进标准研制、标准实施、标准更新和标准推广，加快建立与国际接轨的技术标准体系，获取中国制造走出去的"通行证"。

一、制订实施"中国制造标准国际化行动计划"

抓住《中国制造2025》战略机遇，密切跟踪全球特别是发达国家先进制造的技术变迁和工业4.0标准演化态势，制定实施中国制造标准国际化战略，实施"标准国际化行动计划"和"标准化+"行动计划，联动推进"标准化+"与"互联网+""机器人+""大数据+"，发挥"标准化+"对新技术、新模式、新业态的催化效应，增强标准化和标准国际化对转型升级的保障、支撑和引领功能。实施中国制造标准引领工程，推动中国标准上升为国家标准、国际标准，以中国标准"走出去"带动中国制造走出去。设立"中国标准创新奖"，奖励对浙江经济社会发展产生重大影响的标准国际化项目。

二、遴选重点制造领域主攻

目前，德国制造标准国际化主攻电气工程、汽车制造、精密工程、机械工程等领域，日本制造标准国际化主攻信息技术、环境保护、制造技术、产业基础技术等领域，美国制造标准国际化主攻机械制造、电气电子、新材料、生物工程等领域。对此，应探索中国制造标准国际化"弯道超车"战略及技术路线，在标准尚未定型、用户尚未锁定的物联网、大数据、云计算、跨境电商等新兴产业领域，以及机器人、3D打印、航空航天装备、轨道交通装备、节能与新能源汽车等重点制造领域，加快标准国际化赶超步伐。实施中国制造标准引领工程，加快对数字化、网络化、智能化制造技术、标准、产业化的布局，精准扶持每个细分行业的"第一"和"唯一"，加快构建中国制造标准体系，引领制造业提质增效升级。借助"一带一路"国家倡议，实施加快中国装备制造标准走出去专项行动，鼓励水电、核电、高铁、电缆、通信等装备制造实质性参与国际、区域标准化活动，与重点国家标准化机构签署标准化合作协议，助推中国装备制造加速走出去。

三、协同推进"标准研制、标准实施、标准采用、标准更新"

瞄准浙江省制造业转型升级需求和未来发展趋势，深入谋划重点制造业领域的技术创新路线，实施制造业共性技术创新行动计划，突破一批能引领产业高端发展、市场前景好的核心关键技术标准。坚持"国内标准国际化和采用国际先进标准"两条腿走路，大力实施"标准化+行动计划"和"企业国际化对标工程"，强化强制性标准制定与实施，支持"中国制造"品牌企业和龙头企业对标国际领军企业，推动中国产业采用国际先进标准形成支撑产业升级的标准群。紧扣区域产业特点，加强信息、环保、高端装备等计量标准建设，支撑技术创新和行业升级。创新中国制造认证模式，鼓励国内外高水平认证机构开展中国制造认证，与国际认证机构加强合作，通过"认证走出去"推动"产品走出去"。

四、加强双边和多边标准国际化合作

借助《中国标准联通"一带一路"行动计划》，全面深化与"一带一路"沿线国家的标准互联互通，推动中国标准化"走出去"，提升标准国际化水平。探索与国际标准组织的合作路径，主动介入 IEC（国际电工委员会）、DIN（德国标准化学会）、CEN（欧洲标准化委员会）、CENELEC（欧洲电工标准化委员会）、ANSI（美国国家标准学会）、NIST（美国国家标准与技术研究院）、JISC（日本工业标准调查会）等标准组织，加快开展双边和多边标准国际化合作，拓宽中国制造标准走出去的通道。

五、以市场化机制推进标准国际化

划清政府与市场参与标准制定的边界，破除与标准化不相适应的行业壁垒、部门分割、制度障碍和政策碎片化，加快建立统一协调、运行高效的标准化管理体制。大力支持中国领军企业、行业联盟和社团组织参与标准国际化活动，联合攻关重大标准和关键标准，推动本土优势标准攻占国际标准制高点。总结推广华为 NGN 国际标准、海康威视 SAVC 安防标准、海尔"防电墙"等标准国际化经验，建立领军企业主攻国际标准的机制，借助海外并购重组导入国际先进标准，推进国际标准引进、消化吸收和再创新。

第39章 主要发达国家制造标准化路径经验与启示[①]

德国、美国、日本等发达国家为了实现本国利益最大化，纷纷把标准竞争作为产业竞争、经济竞争、国家竞争的制高点，大力实施标准国际化战略，以提高国家竞争力和控制力。对中国而言，标准走出去是"中国制造"走出去的重要支撑，是提升我国综合国力和国际竞争力的重要基石，应借鉴德国、美国、日本的有益经验，抓住《中国制造2025》战略机遇，大力实施"标准强省"战略，加快推进制造标准先进化、系统化、国际化，助推"中国制造"标准提升、质量提升、效益提升。

第一节 主要发达国家制造标准化路径

标准作为国际经济合作的共同语言和国际贸易的游戏规则，既可以用来消除贸易中的技术壁垒，也是保护自身国家利益的"护身符"。《ISO战略（2016—2020）》确立了标准化未来发展的六大方向[②]：ISO标准无处不在；通过ISO全球成员制定高质量的标准；让利益相关方和伙伴参与其中；人和组织的可持续发展；技术利用；交流沟通和贸易融通。德国、美国、日本等发达国家纷纷把标准化战略推向空前高度，全力以赴推动本国标准上升为国际标准，千方百计争夺国际标准主导权、话语权乃至控制权（见表39-1），力争在国际经济和贸易竞争中实现"赢者通吃"，值得密切关注、动态跟踪和充分借鉴。

表39-1 美国、德国及欧盟、日本标准国际化战略重心比较

国家（地区）	战略主攻点	战略侧重点
美国	控制+争夺制高点	使国际标准反映美国技术
德国及欧盟	控制制高点	充分利用一国一票制（27票）
日本	争夺制高点	抢占日本关注的领域

资料来源：根据美国、德国及欧盟、日本公布的标准国际化战略资料整理。

[①] 原载浙江省发改委《决策咨询》，2019年第7期。

[②] ISO是独立的、非政府性国际组织，成员包括全球165个国家标准机构，汇聚了全世界的顶级专家，以分享知识，支持创新，制定自愿性、基于协商一致且与市场相关的国际标准，并为全球挑战提供解决方案。ISO制订了一套完善的治理制度、道德规范和标准制定程序，在其所在的领域中占据了主导地位。

一、德国制造标准国际化路径

为应对全球化挑战,2005 年德国发布本国首部标准化战略,对制造标准进行了战略定位;2009 年德国在《标准化政策性理念》中进一步细化标准化目标。2010 年德国标准化协会(DIN)正式颁布实施《德国标准化战略(更新版)》,提出"聚焦于未来"口号,致力于帮助企业与社会开拓区域乃至全球市场。2016 年,德国启动"标准化研究 2030",目标是提升国家核心竞争力,把国家标准化战略与国家创新战略、国家竞争战略等协同起来,作为维护德国一流工业大国核心利益的战略工具。

德国制造标准国际化的目标定位和路径主要是"四个突出"(见表 39-2)。①突出标准国际化的优先推动。按照"一个标准、一次测试、世界通行"理念,构建全球通行的国际标准体系,鼓励本国企业、标准化机构积极参与国际标准化活动,使德国标准在欧洲乃至全球范围得到认可和应用。积极建设具有国际视野、高效行动且能够应对未来挑战的欧洲标准化体系,扩大德国在欧洲标准化方面的利益代表者群体,协调欧洲标准化机构的战略方向,提高欧洲标准化体系在国际标准化格局中的地位。②突出标准化与知识产权的密切配合。积极推动企业技术研发和标准制定的协同,将标准化和知识产权作为互补的战略工具,通过独特的专利卖点获取竞争优势,确保本国产品以最快速度抢占国际市场。通过标准提高制造技术兼容性,加强创新科技领域的资源整合,将所得经验推广至国际标准体系。③突出市场利益导向。以市场力量为驱动,推动企业等利益相关方参与德国、欧洲乃至国际层面的标准化活动,为国际标准合作提供清晰的定义与要求,与全球范围内的重要客户签订标准合约。④突出标准教育与渗透。德国在深化高等教育改革中将标准化内容作为重要板块,面向未来行业的标准化工作进行职业教育课程设置,推动自然科学、工程学和管理学相关专业和职业培训课程纳入标准化内容。

表 39-2 德国制造标准国际化的目标定位和路径

目标 路径	目标 1:确保德国一流工业大国地位	目标 2:标准化是经济社会发展的战略性工具	目标 3:标准化是减少立法的一种工具	目标 4:标准化和标准化机构推动技术融合	目标 5:标准化机构提供高效的程序
1	标准化更加以市场利益为导向	提高中小型企业的竞争力	标准的内容应清晰易懂,保证透明性	积极推进欧洲标准化体系的发展	不断改进标准机构提供的产品和服务质量
2	更加紧密结合研发与标准化	更好地利用网络和平台	将规范整合到共识标准中	加强创新技术领域的整合	保持标准化工作的独立性

续表

目标路径	目标1：确保德国一流工业大国地位	目标2：标准化是经济社会发展战略性工具	目标3：标准化是减少立法的一种工具	目标4：标准化和标准化机构推动技术融合	目标5：标准化机构提供高效的程序
3	优先推动标准的国际化	标准化走进高等教育	促进技术法规的全球协调	将所得经验推广至国际标准化体系	定期展示和发布近期标准化活动的报告
4	综合利用标准化和专利体系	标准化必须以需求为导向，具有普适性	构建尽可能协调各方利益的法律框架	推动全球采取协调一致行动，建立统一标准	推广标准应用指南等标准化信息
5	推动经济、环境、资源、能源等可持续发展	公共采购中加大标准化的利用度	—	—	确保产品、信息和服务的互通性、可交换性及兼容性

资料来源：根据公开资料整理。

二、美国制造标准国际化路径

虽然美国不是全球最先开始实施标准强国战略的国家，但其借助经济实力和科技实力最强及国际贸易话语权较强的优势，在全球化浪潮中强势推行美国标准。1998年9月，美国标准化学会（ANSI）、美国标准技术研究院（NIST）等做出了制定国家标准战略的决议，2000年8月正式发布《美国国家标准化战略》（NSS），2015年又进一步修订并发布《美国标准化战略（2015）》（USSS）。美国制造标准国际化战略核心内容是加强国际标准化活动，争取更多的ISO、IEC、ITU技术委员会席位，使国际标准反映美国技术，实现国际贸易规则的主导权和控制权。

美国制造标准国际化的目标定位和路径有以下4点（见表39-3）。①突出新兴技术标准的全球扩张。通过产业部门、行业协会、标准制定组织及国际合作项目提供的联盟和程序，支持新兴技术和重点领域的标准制定工作，特别是对于能源技术、纳米技术、网络安全、电子通信等新兴技术领域标准化活动，建立跨部门、跨领域、跨行业合作机制，以满足美国制造国际竞争的标准化需求。②实施标准国际化行动。美国企业及利益相关方最大限度地介入世界各地的标准制定机构，在安全、环保、健康等重点领域开展标准国际化活动，致力于制定反映美国利益的国际标准。除行政力量外，美国还充分调动了跨国企业、行业协会、国际组织等产业界力量，在国际上全方位开展标准化活动。③加强自愿性标准制定及修订。美国《国家技术转让与促进法》（NTTAA）以及白宫管理和预算办公室发布的行政通函A-119鼓励企业、政府部门、行业组织等将自愿性标准制定者作为合作的纽带，以实现美国制造标准国际化战略目标。④构建美国标准化体系。美国在国际上积极协调各方，推动《世界贸易组织技术性贸易壁垒协议》《关于国际标准制定原则的决策》等国际公认的标准化原则的一致性诠释和应用，将技术标准教育确立为美国政府、企业和学术界的重点知识领域，进一步扩大标准国际化的范围和领域，将所有涉及标准国际化行为的组织、机构、力量、资源等均纳入标准体系，面向全球输出美国先进技术、先进标准、贸易规则及标准价值。

表 39-3　美国制造标准国际化的目标定位和路径

实施路径	目标1：加强政府对自愿性标准的制定及修订	目标2：提升标准体系对消费需求的响应	目标3：积极推进国际公认的标准制订原则	目标4：加强美国标准的全球推广	目标5：加强美国标准体系的合作与一致性
1	标准化机构、标准制定者、政府和企业合作确定标准提案	鼓励和支持将消费者适当参与委员会的工作	推动国际利益相关方积极参与标准程序	帮助别国利益相关方理解美国流程及其众多好处	符合美国国家标准（美国国家标准化机构）设计原则
2	政府应更多地参与自愿性标准制定及修订	将消费者调查用作标准化活动和决策的基础	保持和支持标准制定中公私合作的独特性和优势	促进与国外标准组织的对话	将重复的标准制定活动减到最少
3	遵循《国家技术转让与促进法》条款	启动标准信息和参与项目	促进国际公认的标准化原则的一致性诠释和应用	促进新兴市场利益相关方在标准化活动的参与度	及时提供有关拟定的监管行动信息，最小化标准冲突
4	积极应对标准的国际效应	投入精力宣传美国的健康、安全和竞争力	加入世界各地的标准制定机构	持续改进标准制定及修订流程	维持稳定的美国标准体系的融资模式
5	积极支持国家优先发展项目		与利益相关方合作，确保国际标准制定表决流程顺利	建立数据库，存储美国国家标准，编制行动方案	满足重点领域和新兴技术领域的标准化需求

资料来源：根据公开资料整理。

三、日本制造标准国际化路径

日本在制造强国进程中致力于推进本国制造标准国际化，1999年6月至2001年9月完成标准化战略制定任务。2014年5月，经济产业省召开"标准化官民战略会议"，提出全面实施《标准化官民战略》。2015年9月进一步提出"推进中小企业研发与标准化的一体化"方针，致力于在技术研发阶段导入先进标准。为应对跨领域尖端技术无法标准化问题，经济产业省在"顶端标准制度"基础上，2015年起实行"开发新市场的标准化制度"（见图39-1），支持制定国内标准（JIS）和国际标准（ISO/IEC）草案，以进一步抢夺尖端技术领域的国际标准话语权。

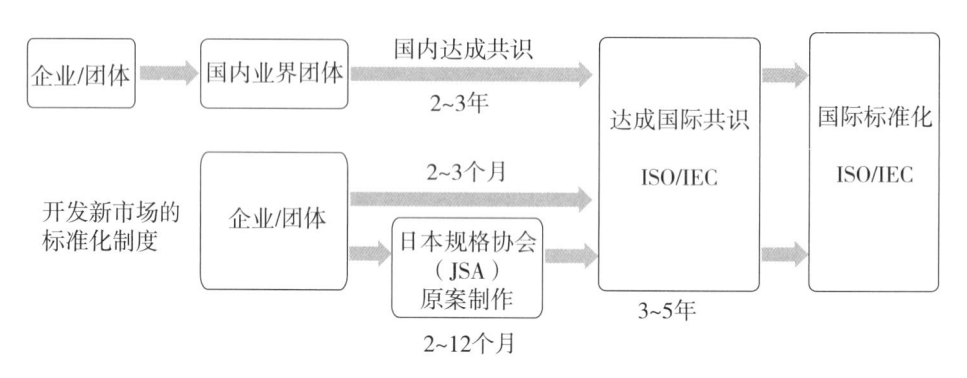

图39-1　"开发新市场的标准化制度"支撑国际标准化

资料来源：《全球标准化战略汇编》。

日本制造标准国际化的目标定位和路径主要有以下4点（见表39-4）。①抢占新兴产业领域的国际标准。在电子通信（WAPI、TD-SDMA）、电气工程、新能源、新材料等战略性新兴产业领域，积极推动将本国标准转化为国际标准。大力推进纳米材料、能源环境、信息通信、人工智能等未来技术领域的标准化，新设标准项目并进行效益评估。②加强对中小企业的标准认证工作的支持。日本政府部门与商工会议所、JSA等合作，研究支持中小企业制定标准草案的方法和途径，为中小企业提供其他国家的标准动态演化信息。开设面向中小企业的标准化及认证工作的咨询窗口，为拥有先进技术和创新产品的中小企业提供标准化以及认证支持。③争取承担更多的国际标准化组织。日本特别重视国际标准化组织、国际行业联盟对建立适应标准国际化需求的技术标准体系和争夺国际标准的话语权和主导权的重要性，极力争取承担ISO、IEC、ITU标准化委员会（TC/SC/WG）主席、召集人和干事的职务，积极参与国际标准审议，培养熟悉国际标准制定规则的高层次专业人才和标准化专家。④强化与各国标准化合作。与欧美发达国家广泛开展认证、标准互认，参与各国特别是亚洲地区的标准制定和认证体系建设，将信息技术标准、环保标准、基础技术标准等作为主攻领域，立足亚洲市场进攻国际市场。基于开发新市场的标准化制度和标准化应用支援合作制度，深入推进标准国际化行动。

表 39-4 日本制造标准国际化的目标定位和路径

实施路径	目标1：建立官民协作的体制机制	目标2：加强对标准认证工作的支持力度	目标3：强化标准化人才培养	目标4：加快推进标准国际化战略	目标5：加强与其他国家的联盟与合作
1	构建"开发新市场的标准化制度"	政府与日本商工会议所、JSA等合作宣传成功案例	培养活跃在国际标准化一线、兼具管理能力的人才	培养国际标准化工作的核心人才，保障核心人才可持续	完善认证基础建设，使日本认证和测试结果被国际认可
2	在企业设置最高标准化责任人（Chief Standardization Officer, CSO）	为拥有优秀技术和产品的中小企业提供标准化及认证活动的支持	开展了面向IEC的、以青年人才为对象的青年专家培训制度	JSA负责建设具有丰富国际标准化工作经验的人才数据库	积极与亚洲各国合作，共同研发国际标准
3	掌握各领域标准化活动成果和国际标准化动向	开设面向广大中小企业的标准化及认可认证的咨询窗口	举行短期培训，获取应对国际标准化工作的必要知识和技能	培养国际标准化人才，保证日本人被ISO/IEC等机构秘书处任用	构筑"日本标准化官民战略"的跟踪保障机制
4	召集企业经营者或标准化负责人对标准化工作进行交流和信息共享	—	设立面向管理职位、营业职位和新入职员工的标准化人才培养计划	—	促进尖端技术在日本国内的JIS及国际IEC/ISO的标准制定
5	—	—	构建面向大学技术类与经营类专业的标准化教材体系	—	—

资料来源：根据公开资料整理。

第二节 主要发达国家制造标准化经验

发达国家的标准国际化战略充分体现了从工业化时代向信息化时代及经济全球化时代的重大变迁，揭示了以技术标准作为武器占领国际经济竞争制高点，确保实现国家经济利益的战略意图，无疑对中国制造走出去和提高国际市场竞争力具有重要意义。

一、在实施标准化战略中，特别突出"标准国际化"

发达国家标准化的战略导向非常明确，共同点是推进国家标准国际化。竞争策略也极为明确,就是争夺国际标准竞争的制高点。德国、美国、日本、英国、法国等发达国家纷纷把标准国际化战略放在整个标准化战略的突出位置,加快抢占国际标准的话语权和控制权,这五大主要发达国家主导制定了95%的国际标准。EU标准化的战略定位强调,统一欧盟各成员国在国际标准化组织中的标准化提案,进一步在国际标准体系中确立欧洲标准的领导地位,提升欧洲产业特别是制造业在全球市场中的竞争力。美国积极参加所有的国际标准化活动,积极推动北美地区标准一体化,主导制定反映美国利益的国际先进标准,逐步推动美国标准凌驾于发达国家标准之上。日本出台了国际标准化战略规划,推动产业界进行国际标准攻关,鼓励跨国企业参与制定国际标准,积极参与国际标准化组织活动和区域标准化组织活动。中国标准国际化启动时间滞后,参与国际标准活动极少,目前制定的国际标准只有195项,占全球国际标准的比重只有0.72%,这与经济大国、制造大国的地位极不相称(见图39-2)。目前,我们的标准化战略核心是积极采用先进国家标准和国际标准,这与中国技术创新水平不高有关。但是,"采标"只能是过渡时期的战术,并不是我们最终的战略。参与制定国际标准,首先考虑的不是需要我们付出多少,而是要权衡如果我们不争取会失去多少。当务之急是推动中国标准与国际接轨,重点是攻克国际国内标准的一致性问题,实现国际标准引进来和中国标准走出去。对此,要加快建立先进的、与国际接轨的标准体系,深入研究发达国家标准化工作的动态,组织更多的标准化专家参与国际标准制定。

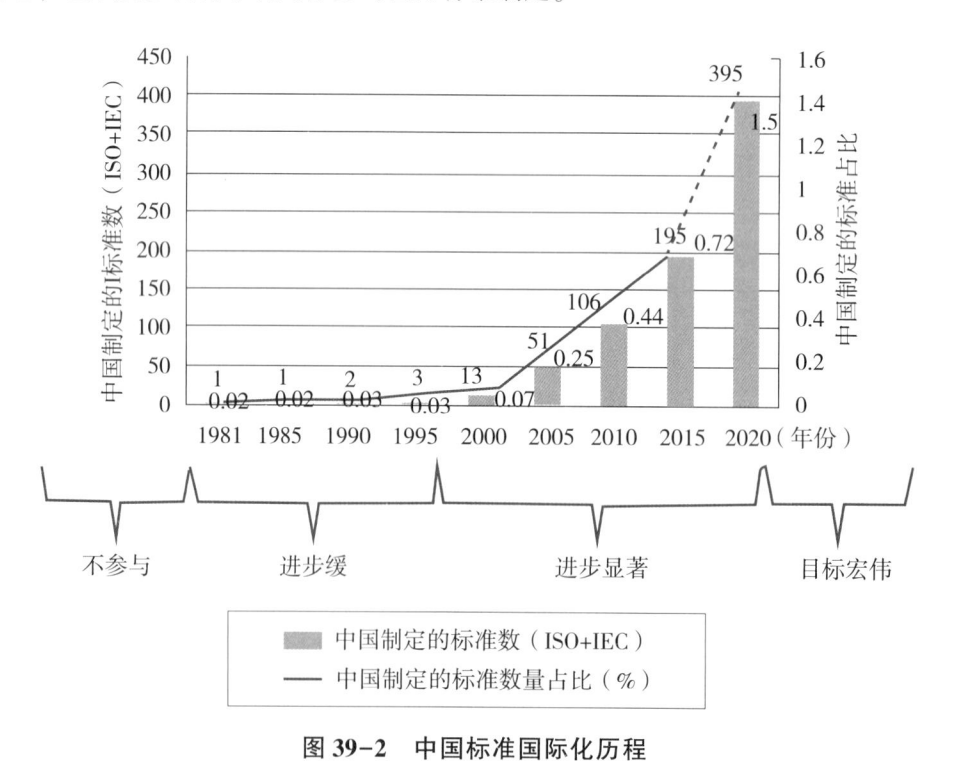

图 39-2 中国标准国际化历程

二、发达国家几乎都把新兴产业、先进制造作为标准化行动的战略主攻点

发达国家纷纷把新兴产业、先进制造作为标准化战略的主攻领域，这是公认的最有可能实现先发优势和行业领跑的重点领域。从国际标准竞争领域看，欧盟主要是瞄准三大领域：高技术产业、制造业、公益类行业。美国的重点是高技术产业、信息产业、生物技术产业；日本主要是制造业、信息技术、健康产业等。标准是新兴产业发展取得成功的助推器，也是先进制造保持国际领先优势的战略武器。特别是发达国家均在 5G 标准、物联网、人工智能、新能源汽车、大数据等方面抓紧布局，不仅抢占技术的话语权，也始终突出抢占标准的先发优势，印证了"标准控制权就是市场控制权"的路线。制造业是全球经济的支柱，制造业不强可能会导致丧失产业竞争力和国家利益，为此德国、日本等国家逐渐加强对全球制造标准的控制，实施"研究开发、技术创新、质量管理、标准化"四位一体的竞争战略。对中国而言，要实施更富有前瞻性的高端技术标准研发计划，推动新兴产业技术标准研制和推广，促进先进制造标准产业化和国际化。加快建立新兴产业标准体系，深入实施新兴产业标准化规划，加大关键技术标准研制力度，提升新兴产业的整体竞争力。密切跟踪研究国际技术标准发展动态，对具有我国自主知识产权核心技术的高新技术和优势产品制定技术标准，推动结构调整、产业升级和国际贸易同步发展。围绕《中国制造 2025》战略，制定智能制造和装备制造标准升级规划，实施智能制造和装备制造标准化升级工程。瞄准工业互联网、智能装备、无人车间、数字化经济、智慧工厂、智能传感器、智能机器人、工业云和物联网等制定先进行业标准（见图 39-3）。加强装备技术标准供给，提高装备制造产品性能、可靠性、稳定性，以及寿命标准指标，加快重大成套装备技术标准研制，建立一批标准综合体，促进重大技术装备制造走出去。围绕工业互联网、集成电路、物联网、云计算、大数据、信息安全、网络安全等领域，研制关键技术和共性基础标准，推动优势标准转化为国际标准。

三、倡导建立标准联盟

紧密的区域联盟是推动国家标准上升为国际标准的重要因素。欧盟利用其在国际标准提案中"一国一票"的制度优势，大力推行欧洲标准体系，形成了绝对领先优势和国际标准话语权。美国对欧洲标准具有极大的威胁，通过贸易话语权推动区域标准联盟，实现在标准国际化过程中的领先优势。日本积极推动亚太地区标准联盟，致力于与美国、欧盟相抗衡。对此，中国应坚持对标国际、与国际接轨，坚持引进来与走出去相结合，深化标准化国际合作，提高中国标准与国际标准一致性程

度。深度参与国际标准化活动,推动政府、企业、行业组织形成联盟,主动争取国际标准化技术机构落户,积极参与国际标准制定,培育、发展和推动中国优势标准成为国际标准。加大国际标准跟踪、评估力度,加快转化适合我国国情的国际标准,运用标准化战略推动中国制造走出去。推进亚太区域标准合作,探索建立金砖国家标准化合作新机制,深化与欧盟国家、美国、德国、日本、韩国等的标准化合作。加强与"一带一路"沿线国家和主要贸易伙伴国家的标准互认,推动国家标准与国际标准的互联互通。拓展标准研发服务,提供标准实施咨询服务,打通企业参与国际标准制定及修订的通道,促使企业实质性参与国际标准化活动。

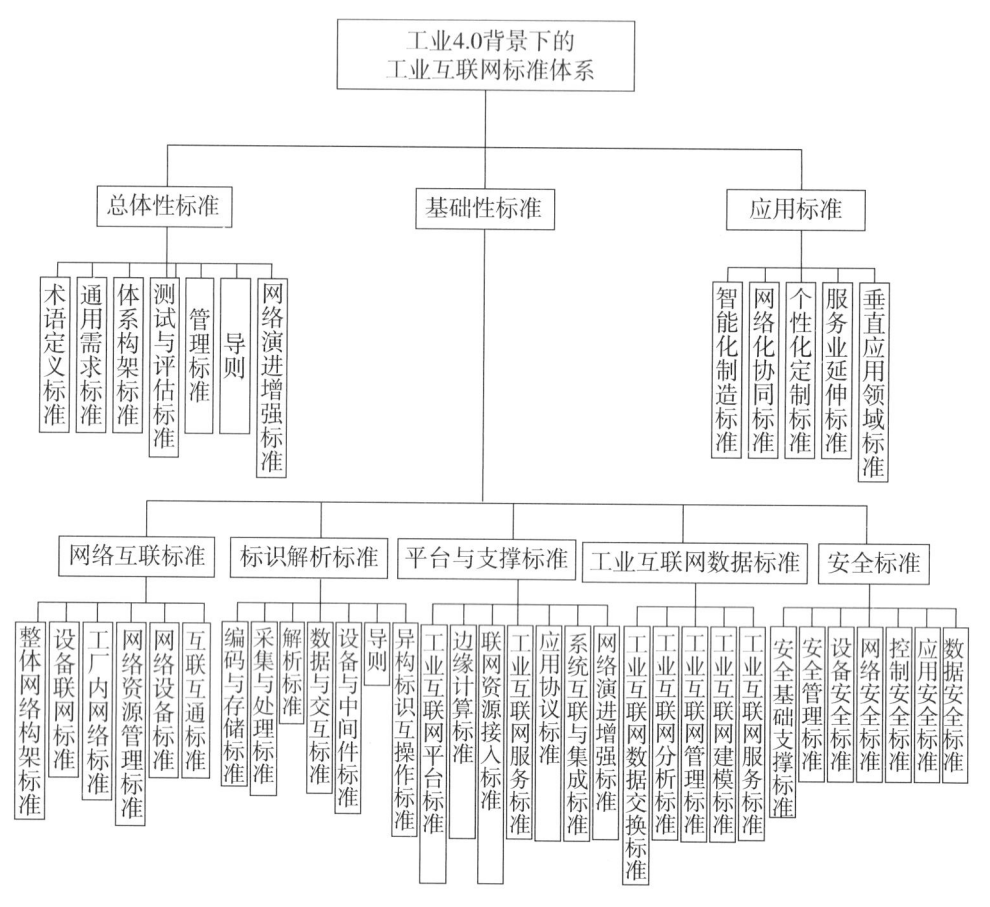

图 39-3　工业 4.0 背景下的工业互联网标准体系

资料来源:工业互联网产业联盟(AII)《工业互联网标准体系构架(1.0)》。

四、协同推进科技创新、标准研制、标准执行

欧美等发达国家十分支持以标准化为目的的技术研发,把技术创新政策和标准化政策作为国家产业竞争力的"车之两轮",协同推进标准化和技术创新,加快向

国际标准将本国产业技术推向全世界。对此，应加强标准与技术创新、专利的结合，促进标准合理采用新技术，加强标准中知识产权运用，促进标准制定与技术创新、产业化同步。技术创新与标准研制密不可分，要建立产业技术—专利—标准联合体，加强共享技术、共享专利池与标准研制的相互协调，根据竞争优势制定国际标准，或形成事实上的国际标准。坚持政府主导制定标准和市场自主制定标准相结合，发挥市场对标准化资源配置的决定性作用，激发市场主体活力，由领军企业主导制定标准。积极将关键标准研制列入国家科技计划，应用科技报告制度促进科技成果向标准转化，推动先进适用的军用标准转化为民用标准。在生态安全、食品安全、信息安全等重大领域，积极建立以自主知识产权为支撑的标准体系，合理构建技术性贸易壁垒体系。积极推广企业标准自我声明公开制度，严格落实企业的标准化主体责任，减少政府对企业标准制定的不当干预。

五、大力争取三大权威国际标准化组织的稀缺席位

发达国家在争夺 ISO、IEC、ITU 领导权上不遗余力，通过掌控国际标准为本国经济争取利益。1947 年以来，美国、法国、英国、德国、日本、加拿大等国家均担任过三大标准化组织的主席（秘书长），甚至可以说，欧美发达国家基本上控制了三大标准化组织的话语权。从 6 个常任理事国承担的 ISO 的技术委员会主席数量看，美国占比 15.9%、德国占比 13.3%、英国占比 10.4%、日本占比 6.7%，中国占比只有 6.1%。值得警示的是，欧美等发达国家并没有停止或减缓国际标准化行动的脚步，而是竭尽全力争取承担更多的国际标准化组织的秘书处。如果中国不参与国际标准化活动，那就意味着中国只能被动地执行别人制定的游戏规则。对此，在中国国际标准制定话语权还不强的情况下，要积极争取介入国际标准制定，争取承担更多的 ISO/IEC 各委员会的主席、召集人和秘书等职务。对于目前国际标准比较缺乏的重点领域，要及早参与，把国内成熟的国家标准推向国际。对于已有国际标准的领域，应积极承担国际标准秘书处的工作，进一步争取国际标准的修订权。积极推进行业协会、联合会、产业联盟等社会团体参与国际标准制定，鼓励领军企业、行业组织、社会团体制定高于国家标准的标准。

第三节　对策与建议

积极对接全球制造变迁轨迹和工业 4.0 标准体系，研究中国制造技术路线图，加强与主要贸易国互通信息，深度参与国内外标准化活动，全链式推进标准研制、标准实施、标准更新和标准推广，加快建立与国际接轨的技术标准体系，切实增强我国实质性参与国际标准化活动的能力。

一、制定实施"制造标准国际化行动计划"

标准化是发达国家牢牢控制的重点领域,美国国家标准协会(ANSI)于2000年8月发布了《美国标准战略》(USSS),旨在构建动态的标准架构以发挥美国标准化优势。ANSI每5年对USSS战略修订一次,特别是2010美国竞争再授权法案明确提出了新兴产业推进标准化的决策定位。德国标准化协会(DIN)于2005年启动实施《德国标准化战略》,有力地支撑了德国经济强国地位。日本于2001年颁布《日本标准化战略》,2006年实施《国际标准综合战略》,以举国体制参与全球标准竞争。与欧盟、美国、日本标准国际化历史轨迹相比,中国作为"追赶者",进入全球标准体系亟须探索"重点突破型"战略,[1] 破解发达国家"标准协同"和"标准锁定",探索适合自身的标准国际化路径。中国制造应以全球化视野,在"中国制造2025"战略下推进标准化行动计划。密切关注全球特别是发达国家制造的动态变迁和工业4.0标准演化,制定发布"中国制造"标准国际化战略,实施"标准国际化行动计划"和"标准化+"行动计划,联动推进"标准化+"与"互联网+""机器人+""大数据+",发挥"标准化+"对新技术、新模式、新业态的催化效应,增强标准化和标准国际化对中国制造转型升级的保障、支撑和引领功能。

二、瞄准战略性新兴产业和装备制造业突破口

密切关注全球制造的变迁和工业4.0标准体系,研究中国制造技术路线图,探讨采取最佳的标准路线图。"德国制造"标准国际化主攻电气工程、汽车制造、精密工程、机械工程等领域,"日本制造"标准国际化主攻信息技术、环境保护、制造技术、产业基础技术等领域,"美国制造"标准国际化主攻机械制造、电气电子、新材料、生物工程等领域。顺应工业4.0发展态势,探索中国制造标准国际化"弯道超车"战略及技术路线,在标准尚未定型、用户尚未锁定的工业互联网、物联网、大数据、云计算等信息产业前沿领域,以及人工智能、生物医药、高端装备、新能源、量子通信等重点制造领域,加快标准国际化赶超步伐。当前,制造业已走向了以数字化、网络化、智能化为主要特征的"台风口"。德国已完成了工业1.0、2.0、3.0,迈向4.0,美国互联网企业巨头如GE、思科、IBM、英特尔等80多家企业成立"工业互联网联盟",开始对工业互联网技术、标准、产业化等布局,重新定义未来的智能制造模式。这需要树立强烈的制造业危机意识,大力实施"中国制

---

[1] 从全球看,欧盟国际标准已取得主导权,同时实施"控制型战略",进一步推行国际标准化战略,控制国际标准制高点。美国凭借实力最强、创新能力最强的比较优势,在控制现有国际标准主导权的基础上,进一步争夺国际标准话语权,实施"控制型/争夺型"战略。日本依靠经济实力和技术能力,争夺国际标准制高点,实施"争夺型战略"。

造"标准引领工程，精准扶持每个细分行业的"第一"和"唯一"，引导制造企业主动对标，找差距、找空间、找对策。围绕电力设备、高铁装备、水利水电、数控机床、电气机械、机电器件等优势制造业，加快构建"中国制造"标准体系，提高国际先进标准采标率，引领制造业提质增效升级。

三、支持市场主体和民间组织推进标准国际化

美国、德国标准化实行市场驱动，不直接由政府主导，只有在市场力量和民间组织无法体现公共意志的情况下才由政府发布专用标准，而且严格限定在公共资源、公共安全、公众健康、环境保护、国防安全等公共领域。政府主导制定的标准，应侧重于守底线、保安全；市场自主制定的标准，应侧重于强优势、拓市场。加快推进标准化体制改革，健全标准化管理体制机制，凡是企业主体、社会组织、行业协会能有效供给的标准，政府都要坚决退出，限定政府制定标准的范围。政府与市场参与标准的边界要划清，既维护标准的公共属性，制定和推广强制性地方标准、行业标准；也要突出标准的市场属性，推动市场主体自主制定标准，大量标准交给市场主体制定。制定企业标准国际"领跑者"制度路线图，实施企业标准国际"领跑者"制度，鼓励企业向国际标准发起进攻（见表39-5）。应着力破除与标准化不相适应的行业壁垒、部门分割、制度障碍和政策碎片化，加快建立统一协调、运行高效的标准国际化组织制度和政策体系。积极支持企业参与研制和采用先进技术标准，鼓励社会组织、行业协会、产业联盟等参与标准国际化活动。

表39-5　中国典型的标准国际化案例比较

案例	动因	主要国际竞争标准	国内竞争标准	国际合作	政府角色
EVD	规避专利税	BLU-Ray HD DVD FVD	HDV HVD	与LSI、Logic、ON2进行合作	由政府发起，但逐步商业化
AVS	规避专利税	Mpeg4、H.264		国际合作	由政府发起
TD-SCDMA	规避专利税，提供中国电信竞争力	WCDMA、CDMA2000	无	国际合作	政府大力支持并设立专项
WAPI	安全因素	IEEE 802.11	无	无	政府强力支持
RFID	提高中国电子标签领域的竞争力	EPC	无	无	政府发起
IGRS	提供中国数字家庭领域竞争力	DLNA	E佳家	闪联、DLNA	行业主导

资料来源：根据互联网公开资料整理。

四、全链式推进标准研制、标准实施、标准更新和标准推广

"中国标准"国际认可度不高、标准老化比较严重、标准存在缺失现象,中国标准同样如此。中国主导制定国际标准数量太少,标准交叉重复矛盾,现行各类标准仅名称相同的就有近2000项;以企业为主体实质性参与国际标准化活动,还有较大提升空间;在重点产业、重要装备、重点领域、重大战略中,标准化手段运用不够;国际标准化人才缺乏,尤其是缺乏熟练驾驭国际规则的技术型专家。对此,应瞄准中国制造业转型升级需求和未来发展趋势,深入谋划重点制造业领域的技术创新路线,推广台州"智能马桶"标准突围模式(见表39-6),协同推进标准研制、标准实施、标准采用和标准更新。探索对欧洲、美国、日本等强势的行业企业采取引标、对标、采标方法,坚持"国内标准国际化和采用新国际标准"两条腿走路,大力实施"标准化+行动计划"和"企业国际化对标工程",强化强制性标准制定与实施,支持"中国制造"品牌企业和龙头企业对美国、日本、德国等国际领军企业进行对标、采标,推动我国产业采用国际先进标准形成支撑产业升级的标准群。实施"中国制造"标准引领工程,推动"中国标准"上升为国家标准、国际标准,以"中国标准"走出去带动"中国制造"走出去。积极探索与国际标准组织合作的路径,借助"一带一路"倡议,大力开展双边和多边标准国际化合作,拓宽中国制造标准走出去的通道。

表39-6 台州"智能马桶"标准突围模式

策略组合	实施路径	绩效
标准提档	设立全国智能马桶标准化技术委员会,组建全国第1个智能马桶行业协会,建立全国唯一的国际级智能马桶监督检验中心,按照"国际先进、国内一流"定位,制定国内第1个智能马桶团体标准《智能座便器》,其中清洗、防漏电、加热保护等多项指标高于国际先进标准,新增防贱污性、防虹吸性等多项指标,填补行业空白	台州智能马桶行业产值从20亿元升至60亿元,在全国的市场占有率达50%,成为全国最大的智能马桶产品制造基地。2017年台州智能马桶产品国家检测质量合格率达83.3%,比2015年提高70.8个百分点
对标提质	制订对标达标方案,开展"浙江制造"标准制定研讨会、"标准规范"专家学者授课、"认证达标对标诊断"等活动20余场,指导企业采用国际标准和国外先进标准,实施智能马桶国内外标准接轨工程、企业标准自我声明公开和监督工程	20家整机企业全部签署实施《台州市智能马桶行业协会团体标准》承诺,9家智能马桶企业全部建立标准化体系,4家通过标准化A级验收,智能马桶生产企业标准公开率达100%

续表

策略组合	实施路径	绩效
标准推广	对为主起草国际标准、国家标准、行业标准、地方标准的企业分别给予 100 万元、20 万元、15 万元、5 万元的奖励。举办 2017 年智能马桶盖及关键零部件技术标准国际研讨会，认定国际新技术、新标准 8 项，10 家企业代表参与智能马桶检测方法国际标准制定研讨	2017 年 2 月，国家质检总局在台州成立智能马桶"政产学研"联盟，启动全国智能马桶产品质量攻坚行动，首批 10 个型号的新一代关键零部件陆续投产。在国内超 500 万人的大城市设立体验推广中心

资料来源：《台州市加强质量标准品牌建设助理智能马桶产业发展》。

五、积极介入国际标准化组织活动

自 1901 年诞生了世界上第一个国家标准化机构——英国工程标准委员会后，在不到 30 年的时间内，先后有 25 个国家成立了国家标准化组织，充分体现了国际上对标准化活动的高度重视。对此，应主动走出去，积极探索与国际标准组织合作的路径，主动介入 ISO/IEC（国际标准委员会）、DIN（德国标准化学会）、CEN（欧洲标准化委员会）、CENELEC（欧洲电工标准化委员会）、ANSI（美国标准学会）、NIST（美国标准技术研究院）、JISC（日本工业标准调查会）等标准组织，加快开展双边和多边标准国际化合作，拓宽中国制造标准走出去的通道。借鉴美国 ANSI 标准、日本 JIS 标准、德国 DIN 标准国际化经验，支持龙头骨干企业、产业技术联盟和社团组织参与或主导国际标准研制，争取承担更多国际标准组织技术机构和领导职务，推动本土优势标准攻占国际标准制高点，推动与主要贸易国之间的标准互认。加强对国际标准的动态跟踪、实时评估和有效转化，支持中国国家标准的外文翻译出版。中国制造的国家标准数量变化趋势如图 39-4 所示。

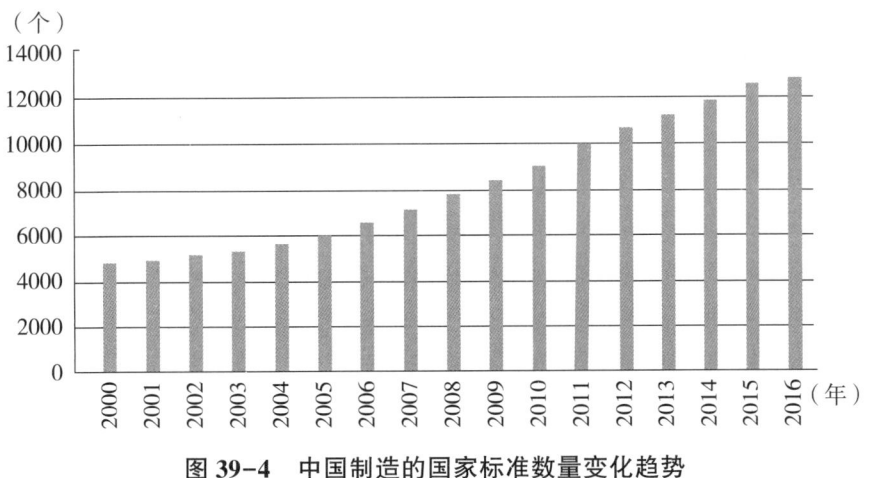

图 39-4 中国制造的国家标准数量变化趋势

第40章　浙江省实施制造标准国际化战略的主要问题与对策建议[①]

习近平总书记2016年9月9日在致第39届国际标准化组织大会的贺信中指出，"标准是世界'通用语言'，世界需要标准协同发展，标准促进世界互联互通""国际标准是全球治理体系和经贸合作发展的重要技术基础""中国将积极实施标准化战略，共同完善国际标准体系"。在经济全球化和工业4.0的大趋势下，加快制定标准国际化战略已成为发达国家的一致行动。应借鉴德国、美国、日本的有益经验，抓住《中国制造2025》战略机遇，制定实施"浙江制造标准国际化行动计划""高端制造标准国际化行动计划""标准研制、标准实施、标准采用、标准更新协同推进行动计划""IEC、ISO、ITU等国际标准组织合作行动计划""支持市场主体标准国际化行动计划"，加快推进制造标准先进化、系统化、国际化，助推浙江制造向浙江创造转变、浙江速度向浙江质量转变、浙江产品向浙江品牌转变。

第一节　浙江制造标准国际化的战略意义

标准化是经济社会发展的基础性制度，是现代国家治理体系的重要组成部分。习近平总书记在致第39届国际标准化组织大会的贺信中指出："标准是人类文明进步的成果。伴随着经济全球化深入发展，标准化在便利经贸往来、支撑产业发展、促进科技进步、规范社会治理中的作用日益凸显。"[②] 因此，加强标准化工作，实施标准化战略，是一项重要和紧迫的任务，对经济发展具有长远的意义。标准化的广度、深度，很大程度上决定了经济社会发展的速度和质量。全面实施标准化战略，对浙江发展意义重大。

一、标准化是实现创新驱动发展，加快新旧动能转换的必由之路

综观人类历史，每次生产工具和生产方式的革命性变革往往都会产生新标准，并依托新标准推动社会进步。当前，新一轮科技革命和产业变革正在兴起，创新驱动发展的速度越来越快。创新成果通过标准迅速扩散和转移，推动了新业态、新模式、新产业的加速发展。全面实施标准化战略，就是以标准共建共享和互联互通，支撑和推动科技创新、制度创新、产业创新和管理创新，加快促进技术专利化、专利标准化、标准产业化，不断夯实创新发展的基础。

[①]　原载浙江省发改委《预测与分析》，2016年第33期。
[②]　引自2016年9月12日新华社网。

二、标准化是加快供给侧结构性改革，推动浙江产业发展迈向中高端的战略选择

"得标准者得天下"，谁掌握标准，谁就占据产业主导权、拥有市场主动权。据美国商务部 2015 年统计，超过 80% 的全球贸易受到标准的影响，每年金额超过 13 万亿美元。标准已成为全球制造业、国际贸易乃至世界经济的必争之地。当前，德国实施国际标准控制性战略、美国实施标准战略、日本实施标准化赶超战略，它们都在以空前力量争夺国际标准竞争的制高点。浙江产业发展要实现向中高端跨越，也必须从标准入手，在广泛采用国际标准的同时，加快、加强先进标准的制定和修订，以高标准减少无效和低端供给，扩大有效和高端供给，实现供需平衡由低水平向高水平跃升。

三、浙江成为全国首个"标准化试点省"

2010 年 12 月，国务院批复同意浙江开展国家标准化综合改革试点工作，浙江成为全国首个获批的省份。根据试点建设和实施方案，将加快制定新的"浙江标准"体系，实施"标准化+"行动。浙江已按照"整体推进、分步实施"的原则，提出体制改革、机制创新、建设新型"浙江标准"体系、增强"标准化+"效应和改革支撑能力等 5 个方面的改革任务，形成包括重点任务清单、重点试点清单、改革试点建设推进体系。

四、标准化是全面加强政府自身建设，加快治理体系和治理能力现代化的必然要求

标准既是世界"通用语言"，也是"生产之法"，它与法律、法规、战略、规划等一样，都是现代政府治理的核心要素。一方面，与刚性的法律相比，标准更加具体细致。特别是在一些领域缺少细化规范，而标准恰恰可以在法律规范不明确时发挥弥补和支撑作用，避免社会规范出现真空地带。另一方面，改革是时代的最强音，要将改革经验固化下来，长效发挥作用，标准化是一个很好的选择。

第二节 浙江制造标准国际化的突出问题

一、国际标准的有效供给能力不足

据 2016 年统计，大部分浙江制造标准难与"德国制造""日本制造""美国制造"标准同台竞技。一是标准"老迈"现象比较突出，浙江制造品的"标龄"普遍

高出德国、美国、日本等发达国家1倍以上，有些"标龄"甚至长达30~40年。二是国际采标率不高，"浙江制造"标准参数与国际标准对标不够，美国、英国等采用国际标准和国外先进标准的比率超过80%，德国、日本甚至高达90%，浙江只有58%。三是缺乏国际标准话语权，国际标准90%以上由发达国家制定，浙江主导制定的国际标准只有27个，占国际标准总量的比重不足1‰。四是标准存在滞后现象，特别是在战略性新兴产业领域，有些标准沿用"后补型"方法，未能发挥标准的引领和带动作用。五是标准推广不够，有些标准存在标出多门、体系混乱、交叉重复、缺乏权威性的问题，现行标准缺乏应对市场变化的活力，满足于行业内部循环，没有与外部市场需求，特别是国际市场需求形成良性循环。

二、标准国际化的市场机制不够健全

由于历史原因，浙江标准国际化的驱动力量仍主要是行业部门等行政力量，浙江在标准制定、标准管理、激励措施、市场动态跟踪等方面明显不足，现行标准缺乏应对市场需求快速变化的活力和时效性。目前，70%的浙江制造标准为一般性产品和服务标准，企业参与标准国际化的意愿较弱，仅40%左右的企业采用国际标准，龙头骨干企业的标准参数与国际标准对标不够。部分国家标准、行业标准、地方标准不以企业标准为基础，而主要依靠科研院所的力量，导致标准与生产有所脱节、标准制定与应用推广有所脱节。政府支持的科研计划立项到科研成果产出，标准计划立项到标准批准发布，是两条互不相关、各自独立的链条，导致不少科技成果未能及时进入标准化程序。

三、标准国际化的战略谋划不够

2015年以来，发达国家纷纷加入或主导跨太平洋伙伴关系协定（TPP）、跨大西洋贸易与投资伙伴协定（TTIP），不仅争夺国际标准话语权和主导权，而且通过"标准互认""标准联盟"合围中国制造。德国实施国际标准控制型战略，德国工业4.0的8个优化行动中，标准化列于首位，每年制定（修订）标准1500个，累计发布标准2.5万个。美国在控制部分国际标准主导权的基础上，进一步争夺国际标准话语权，推行美国标准战略，制定了10万多项技术标准，维护美国制造大国的地位和贸易利益。日本大力实施标准化赶超战略，先后实施《日本标准化战略》《日本国际标准综合战略》，以空前的力量争夺国际标准竞争的制高点。与德国DIN标准、美国ANSI标准、日本JIS标准相比，中国制造标准存在一定程度的滞后，作为中国制造板块中具有一定优势的浙江制造，标准国际化程度同样不高，总体处于后发劣势位置，面临发达国家的"标准合围"和"标准锁定"，缺乏富有前瞻性的战略谋划。

四、标准国际化的组织对接不够

德国、美国、日本等是世界上较早开展标准化活动的国家和 ISO 常任理事国，他们利用在标准国际化舞台上的先发优势主导国际标准化活动，用自身标准、技术、程序等影响国际标准化过程，甚至整合和覆盖其他国际标准。据统计，截至 2016 年，美国参与了 80%的 ISO 技术委员会，承担了 140 多个 ISO 技术委员会和 500 多个工作组的召集人工作；德国以积极成员资格参加了 97%的 ISO/TC 组织；日本一直积极争取 ISO/IEC 委员会主席、召集人和秘书职务。浙江实质性参与标准国际化活动比较少，落户浙江的国际标准化技术委员会仅有 3 个，远少于广东、江苏等省份，企业参与国际标准化组织活动的情况不仅无法与国际上的跨国企业相比，即便与本土企业相比，也存在较大差距，难以在国际标准制定过程中发出有力的"浙江声音"。

第三节　对策与建议

一、实施"浙江制造标准国际化行动计划"

美国、日本、德国等发达国家不仅争夺国际标准主导权，而且通过跨太平洋伙伴关系协定（TPP）、跨大西洋贸易与投资伙伴协定（TTIP）下的"标准互认""标准联盟"合围中国制造。从全球看，标准国际化的路径主要有三条：一是"控制型"标准国际化路径。德国在取得国际标准主导权的基础上继续实施控制型战略，旨在控制国际标准制高点，推动德国标准上升为欧洲标准甚至国际标准，进一步强化德国制造在国际竞争中的核心优势和地位。二是"控制型/争夺型"标准国际化路径。美国凭借经济实力最强、创新能力最强的优势，在控制部分国际标准主导权的基础上进一步争夺国际标准话语权，推行美国标准战略，维护美国制造大国的地位和贸易利益。三是"争夺型"标准国际化路径。日本大力实施标准化赶超战略，先后实施《日本标准化战略》《日本国际标准综合战略》，构建适应标准国际化的技术体系和科技开发、标准研制、市场开拓一体化推进的标准争夺战略，以空前的力量争夺国际标准竞争的制高点。与德国 DIN 标准、美国 ANSI 标准、日本 JIS 标准相比，中国制造标准的国际认可度不高。作为国际标准"追赶者"，中国进入全球标准体系亟须破除发达国家的"标准控制""标准协同""标准锁定"，探索适合自身的标准国际化路径。浙江制造是中国制造的标杆，应率先推进标准国际化，在本土制造被美国、日本等发达国家"回流性"替代和越南、印度、泰国等发展中国家"竞争性"替代中找到发展空间。密切关注全球特别是发达国家制造的动态变迁和工业4.0标准演化，抓住《中国制造2025》战略机遇，制定发布"浙江制造"标准国际化战略，实施"标准国际化行动计划"，联动推进"标准化+"与"互联网+""机器人+""大数据+"，发挥"标准化+"对新技术、新模式、新业态的催化效应。实施"浙江制造"标准引领工程，推动"浙江标准"上升为国家标准、国际标准，以"浙江标准"走出去带动"浙江制造"走出去。探索设立"浙江省标准创新奖"，奖励对浙江经济社会发展产生重大影响的标准化项目。

二、实施"高端制造标准国际化行动计划"

"德国制造"标准国际化主攻电气工程、汽车制造、精密工程、机械工程等领域，"日本制造"标准国际化主攻信息技术、环境保护、制造技术、产业基础技术等领域，"美国制造"标准国际化主攻机械制造、电气电子、新材料、生物工程等领域。应顺应工业4.0发展态势，探索中国制造标准国际化"弯道超车"战略及技术路线，在标准尚未定型、用户尚未锁定的物联网、大数据、云计算等新兴产业领域，以及MBD（数字化定义技术）、AM（添加制造）、3DP（3D打印）等重点制造领域，加快标准国际化赶超步伐。当前，制造业已走向了以数字化、网络化、智能化为主要特征的"台风口"，如果停留在原来的赛道上肯定不行。德国已完成了工业1.0、2.0、3.0，迈向4.0；美国互联网巨头如GE、思科、IBM、英特尔等80多家企业成立"工业互联网联盟"，开始对工业互联网技术、标准、产业化等布局，重新定义未来的智能制造模式。因此，需要树立强烈的制造业危机意识，大力实施"浙江制造"标准引领工程，精准扶持每个细分行业的"第一"和"唯一"，引导制造企业主动对标，找差距、找空间、找对策。围绕信息、环保、高端装备等现代产业，以及数控机床、电气机械、机电器件、生物医药等先进制造业，加快构建"浙江制造"标准体系，强化新能源、新材料、生物医药等战略性新兴产业的标准创新驱动作用，提高国际先进标准采标率，引领制造业提质增效升级。依托阿里巴巴、网易、海康威视、华三通信、万向集团等龙头企业，发挥产业规模优势，在新一代信息技术、互联网、新能源汽车等领域建设标准创新基地，构建开放型标准生态圈，实现核心技术、重大产品、关键技术标准的研发和推广应用，进一步提升重点骨干产业的核心竞争力。

三、实施"标准研制、标准实施、标准采用、标准更新协同推进行动计划"

低水平标准导致低层次制造，"浙江制造"难与"德国制造""日本制造""美国制造"同台竞技。发达国家采用技术法规引用方式强制标准推广，通过合格评定制度推动标准实施，制定展示标准化利益的行动指南，推动专利、标准和知识产权一体化，提高社会公众对标准化利益的认知度，这些做法值得借鉴。应加快协同推进标准研制、标准实施、标准采用和标准更新。设立浙江标准专项资金，实施"浙江标准认证项目""重大标准化示范项目"及"标准人才培育工程"。瞄准浙江制造业转型升级需求和未来发展趋势，深入谋划重点制造业领域的技术创新路线，实施制造业共性技术创新行动计划，突破一批核心关键技术标准。坚持"国内标准国际化"和"采用国际标准"两条腿走路，大力实施"标准化+行动计划"和"企业国际化对标工程"，强化强制性标准制定与实施，支持"浙江制造"品牌企业和龙头企业对国际领军企业进行对标、采标，推动浙江产业采用国际先进标准，形成支撑产业升级的标准群。制定完善浙江团体标准管理办法，引导和规范行业协会、学会、产业联盟等组织制定发布满足市场和创新需要的团体标准，通过团体标准促进标准与专利相结合，提升标准的科技水平和市场适应性。积极培育发展标准化服务业，引导和鼓励标准研究机构、各类企业事业单位及社会团体拓展标准、计量、认证认可、检验检测资源深度融合的标准化服务全链条，创新标准与互联网、标准与科技、标准与金融等领域的跨界融合服务新模式，探索采取市场化运作方式设立标准事务所，为企业提供标准比对、贯标培训等定制化标准技术解决方案。创新"浙江制造"认证模式，与国际认证机构加强合作，鼓励国内外高水平认证机构开展"浙江制造"认证，通过"认证走出去"推动"产品走出去"。制定浙江制造标准标识管理制度，通过标准认证的企业可在其包装、装潢、说明书、广告宣传及相关经营活动中使用该标识，扩大浙江制造标准标识的知名度和影响力，使其成为优质产品或服务的象征，成为标准、质量、品牌、信誉融合发展的重要载体。

四、实施"IEC、ISO、ITU 等国际标准组织合作行动计划"

目前，大多数国际标准已由德国、美国、日本等发达国家制定完毕，中国参与并主导现有标准修订的阻力很大，但要推动"浙江制造"走出去，必须首先推动标准走出去。应开展双边和多边标准国际化合作，探索与发达国家及主要国际标准化组织深化标准战略合作关系，建立人才培养、标准互认、信息通报等合作机制。积极介入 ISO/IEC（国际标准委员会）、DIN（德国标准化学会）、CEN（欧洲标准化委员会）、CENELEC（欧洲电工标准化委员会）、ANSI（美国标准学会）、NIST（美国标准技术研究院）、JISC（日本工业标准调查会）等标准组织，加大对国际标准组织工作机构（TC/SC/WG）承担单位的支持力度，拓宽中国制造标准走出去的通道。梳理总结美国 ANSI 标准、日本 JIS 标准、德国 DIN 标准国际化经验，实施"浙江制造标准国际化行动计划"，支持龙头骨干企业、联盟和社团参与或主导国际标准研制，全方位提升浙江技术标准、检验试验标准、环境保护标准、安全生产标准等，推动本土优势标准攻占国际标准制高点。支持杭州、宁波等积极创建"标准国际化创新型城市",借鉴国际城市发展标准和经验,全面提升标准化创新能力和国际化水平,树立全球可持续发展城市的新标杆。与 ISO、IEC 等国际标准化组织合作,参与开展 IEC 青年学者计划、ISO 秘书周培训计划等国际优秀标准化人才培训项目,推进国际标准化领军人才培养工作。引导和鼓励高校院所培养国际标准化人才,支持有条件的高校院所开设国际标准化课程。

五、实施"支持市场主体标准国际化行动计划"

美国、德国的标准化由市场驱动,不直接由政府主导,只有在市场力量和民间组织无法体现公共意志的情况下才由政府发布专用标准,主要限定在公共资源、公共安全、公众健康、环境保护、国防安全等领域。目前,国家标准、行业标准、地方标准多由行政力量主导制定,而且大部分为一般性产品和服务标准,即便是企业自己制定的标准,也要到政府部门备案甚至进行审查性备案。应探索建立省标准化管理委员会,统筹标准化重大改革,着力破除与标准化不相适应的行业壁垒、部门分割、制度障碍和政策碎片化现象,加快建立统一协调、运行高效的标准化管理体制。政府与市场参与标准制定的边界要划清,既维护标准的公共属性,制定和推广强制性地方标准、行业标准;也要突出标准的市场属性,推动市场主体自主制定标准。积极推动行业标准、企业标准由"备案制"向"自我公开声明制"转变,鼓励行业领军企业、社会中介组织自主制定团体标准、联盟标准、企业标准。牢固树立"一流企业做标准"的理念,引导企业主动拥抱"标准化+""互联网+""机器人+",在质量管理、标准制定、品牌引领方面持续突破。积极支持企业参与研制和采用先进技术标准,鼓励社会组织、行业协会、产业联盟等参与标准国际化活动。借鉴华为(NGN 国际标准)、海康威视(SAVC 安防标准)、海尔("防电墙"国际标准)等企业的标准国际化经验,建立领军企业主攻标准的机制,探索基于海外并购的国际标准导入路径,推进国际标准自主创新、研制与推广。

第九篇　塑造良好产品形象提升中小企业国际竞争力研究

第41章　新发展格局下提升中国产品海外形象的"三驾马车"研究[①]

第一节　问题提出与研究假设

一、问题提出

中国产品的海外形象究竟如何？众说纷纭。一般海外消费者认为，中国海外产品价廉适用、属中低档品牌，但至今国内外都没有定量回答这一重要问题。作为国内首次针对来自全球108个国家的6701个外国消费者的问卷调查，本章的研究结论对传统的中国产品"以价廉促多销"的海外形象战略提出挑战，认为经济新常态下，品质、创新和社会责任并驾齐驱，形成提升中国企业与产品形象的三大动力源，研究结论对于提升中国产品海外形象、实施"一带一路"倡议具有重要的借鉴意义和参考价值。

已有的研究分别探讨了产品品质、创新和企业社会责任对提升中国产品海外形象的影响和重要作用。产品品质对产品形象、企业形象和国家形象的影响是20世纪初学者们关注和研究的重要命题，三者对中国产品海外形象具有显著的正向影响这一研究结论已毋庸置疑。关于创新影响产品海外形象的研究，主要集中在创新驱动的经济发展、协同效应和挤占效应方面，认为中国企业和中国产品必须具有创造力，创新已经成为影响中国产品长期和短期海外形象的重要因素。有关通过企业社会责任提升产品形象的结论，引起了学者们的广泛争议。一部分学者认为企业社会责任

[①] 原载《科学学研究》，2018年第10期。

是一个重要的营销手段或工具，其对产品的价值、消费者购买意向或行为、消费者的满意度和忠诚度会产生强烈的影响作用。李伟阳和肖红军（2011）认为企业社会责任源于自愿的慈善行为、社会或消费者对企业行为的期望、企业对社会压力的回应等九种认识，可以看出，无论是主观自愿，还是迫于社会压力，作为产品提供者的企业履行社会责任义务的主要驱动因素是社会，是大众，是企业广义的消费者。消费者对"绿色"和企业社会责任的需求已经到了一种空前的状态，海外消费者在不断思考自身购买行为对环境和社会所带来的影响。还有一部分学者认为企业社会责任不应该被作为一种战略工具或者手段提升企业绩效。无论企业社会责任是否应该作为提升企业绩效的营销工具或手段，其对提升中国产品海外形象的正向影响都得到了学者们的广泛认可与支持。

然而，经济新常态下，我们关注的重点是，产品品质、创新和企业社会责任是否会同时对中国产品的海外形象产生重要作用，三者对于提升产品海外形象的重要程度是否存在显著差别；企业的有限资源应重点投资于哪个或哪些要素，才能更好地发挥效用，提升产品、企业在海外消费者心中的形象。

本章的主要贡献在于：①本章的研究数据使用针对来自全球108个国家的6701个外国消费者进行的问卷调查，相比于国内消费者数据或地区级消费数据，得出的研究结论更加全面、真实、可靠。②在研究方法上，使用多重中介模型，综合考虑创新（包括技术创新和市场创新）、产品品质和社会责任（含消费者的绿色信任及其感知的企业社会责任）的相互影响，考察特定间接效应的影响，而非给定中介变量对市场导向和产品海外形象的中介作用。③将创新、品质和创新责任三者纳入一个理论分析框架，考察三者的对比效应，探讨三者的重要性是否存在显著区别，进一步完善产品海外形象提升的理论框架，同时为资源有限性企业的实践提供实际指导，使研究结论更具现实意义。

二、研究假设

（一）市场导向与产品海外形象

目前，中国正面临着发达国家蓄势占优和新兴经济体追赶比拼的两头挤压和双重挑战，这也是中国转变战略模式，进行转型升级，提升产品海外形象的重要战略机遇期。"国家的产品形象"是学术界关于特定国家产品在海外形成的总体印象的常用术语，一国产品的海外形象与这个产品的来源国形象有着密不可分的联系。产品海外形象最初的定义可以追溯到Nagshima（1970）的概念："'形象'意味着与思想、情感背景和内涵相关的概念，因此，制造国形象是商人和消费者都非常重视的对一个特定国家产品的构想、声誉和刻板印象，这个形象被诸如代表性产品……所创造，……它强烈地影响着国际市场的消费者行为。"尽管使用"制造国"这个术语指定形象的对象，但这个定义实际上指的是这个国家的产品，即一国产品在海外的形象。

直到 8 年后，Nagshima（1977）明确提出了制造国的产品形象，并认为其由五个类别组成，分别是价格和价值、服务和管理、广告和声誉、设计和风格及消费者资料或顾客资料。其中，价格和价值类别可通过五项指标衡量，包括不昂贵/合理的定价、可信赖程度、奢侈品/必需品、有针对性的/大众的、重工业品/轻工业品；服务和管理类别可通过细致和一丝不苟的工艺流程、技术的先进性、批量生产/手工制造、全球分布、发明/模仿等五项指标进行测量；可通过持有的自豪感、过多的广告和可识别的品牌名称三项指标衡量广告和声誉类别；设计和风格类别有三项衡量指标，分别是尺寸与型号的选择范围、关心外观设计/关心性能和巧妙的运用色彩；消费者资料类别涉及年轻人居多/老年人居多、男性居多/女性居多、上层阶级/下层阶级三项内容。

随着 Nagshima 的定义和分类的提出，许多研究者相继提出了类似的聚焦于产品形象的概念，虽然他们同样使用了"来源国形象"这个术语，这类研究对象通常是"整体的"或"一般的"产品形象，而不是特定产品类别的国家形象，如指定国家的电视或汽车形象。Narayana（1981）认为，任何特定国家产品的总体形象指的是为消费者所感知的、与这个国家提供产品相关的整体内涵，而 Han（1989）认为是消费者对于某一给定国家生产的产品的质量的总体感知。Roth 和 Romeo（1992）指出，国家形象是消费者基于之前对于一个特定国家的产品和营销优劣的感知，形成的对这个国家产品的整体感知。同样的，Strutton 等（1995）指出，综合的"制造国"形象是从每个国家的利益出发，由初始商品的精神复印本、声誉和刻板印象组成。Bilkey（1982）认为是购买者对于不同国家生产的产品和服务的相对质量的观点。

总体而言，产品提供者可以通过两种方式探寻准确的市场导向，为消费者创造价值，一是通过降低与消费者利益有关的成本，例如降低产品的价格和提升产品的价值，为消费者提供便利的服务、管理流程等；二是通过增加与消费者成本有关的利益，例如设计符合产品特性的广告和保证产品的信誉，设计符合产品属性的包装风格，通过完善的顾客资料有针对性地为消费者提供产品和服务等。产品提供者不仅需要掌握市场的成本和收益动态，还需要掌握与目标客户群/市场相关的消费者的成本和收益动态，即产品提供者必须全面掌握所有层次的经济和政治约束，确立准确的市场导向，清楚市场将来可能的需求，识别出市场消费者现在和将来可能认知的满意因素。这样的市场导向可以创造更多的价值，从不同的角度提升产品在消费者心中的形象。基于此，本章提出假说 H1。

H1：市场导向越准确，中国产品的海外形象越好。

(二) 创新、责任和品质的中介作用

尽管市场导向的确定与准确定位是必不可少的，但这并不够，中国企业和中国产品必须在保证产品品质的前提下具有创造力、履行企业在社会责任及绿色环保方面的承诺。目前，企业的差异化越来越难以实现，边际利润下滑，创建企业战略革新和想象的能力越来越重要，毋庸置疑，创新已经成为影响中国产品长期和短期海外形象的重要因素。然而，有效的创新必须和强烈的伦理观、价值观及社会责任感相匹配，逐渐增长的消费者期望等许多力量正驱使中国产品实践更高水平的企业社会责任。消费者对企业绿色程度的信任与其感知到的企业履行社会责任承诺的程度共同形成了责任维度，对于企业是否应该履行社会责任，以提升其产品的海外形象，大体上可以归纳为两种观点：一种是反对论，持有这种观点的学者担心对于社会责任的过度关注可能会导致研发部门等领域的重大商业投资受到损害，如 Adam Smith（1776）声明："我们从来不知道那些声称为了公众利益的人能得到什么好处"；Milton Friedman（1970）认为这种社会新行为在本质上是破坏性的，因为它们暗中破坏了上市公司追逐利益的目的，浪费了股东的钱。另一种观点看重企业社会责任的价值，看重企业的绿色发展，尤其关注消费者感知下对企业的信任程度，认为这不仅是正确的事情，也是需要去做的聪明的事情。Schurr 和 Ozanne（1985）、Kalafatis 和 Pollard（1999）认为，绿色信任是消费者基于企业产品对环境绩效的信用和能力而产生的依赖企业产品、服务或品牌的意愿。绿色信任在企业定位市场与提升产品形象的过程中起着重要的作用。如果一些企业为了增加其产品的销量，虚假地赋予其产品一些误导、混淆消费者的绿色主张，夸大其产品的环境价值，就会导致消费者不再愿意相信他们的产品，降低对企业产品形象的感知。由此可见，无论对责任持有哪种观点，随着时间的推移和消费者对社区、环境等关注度的提高，感知的企业社会责任和绿色信任已经成为企业培育良好形象的重要途径和载体。

似乎所有中国企业已经决定在履行企业社会责任方面扮演一个更积极的战略性角色，小心地审视目标海外市场消费者的信仰及应该如何对待其社区和环境，这些企业正接受挑战并利用对品质、创新、责任、可持续性的需求来加速提升形象。因此，本章提出假说 H2~H4。

H2：产品提供者对市场导向的关注度越高，消费者对企业绿色发展的信任程度（H2a）、对企业社会责任履行的感知程度（H2b）越高，中国产品的海外形象提升越快。

H3：产品提供者对市场导向的定位越准确，对中国产品品质的感知越好，越容易实现产品海外形象的提升。

H4：产品提供者的市场导向越准确，技术创新（H4a）和市场创新（H4b）的程度越高，中国产品的海外形象越好。

综合以上，我们认为使用 Nagashima（1970、1977）的概念和分类来界定中国产品的海外形象较为恰当。其既考虑了中国作为产品来源国的形象，也能够衡量中国以外的国家市场中的海外消费者如何看待中国产品，并且排除了两者差异的干扰，因此能够从产品形象的五个类别来衡量中国产品的海外形象，同时从三个维度出发，考察市场导向对产品海外形象的影响。消费者对企业绿色发展的信任程度（绿色信任）和其对企业社会责任履行的感知形成了责任维度，技术创新和市场创新组合为创新维度。根据市场导向，责任、感知品质、创新三个维度，和产品海外形象这五者之间的关系，形成本章研究的理论框架，如图 41-1 所示。

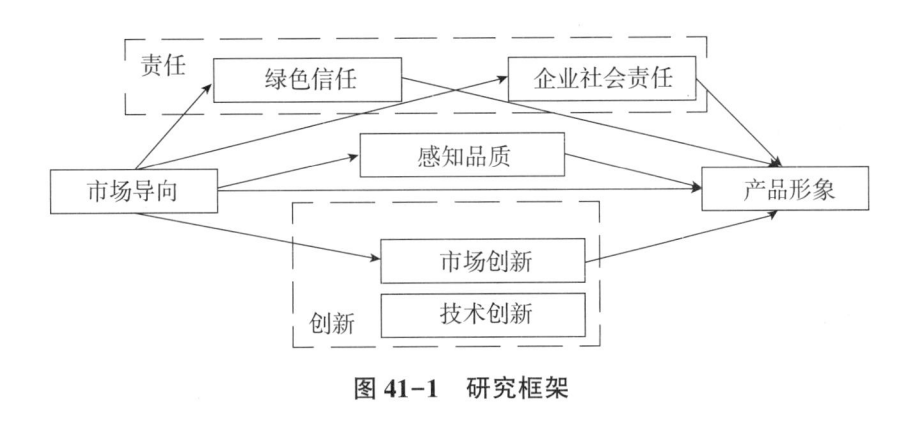

图 41-1　研究框架

第二节　样本数据来源与研究方法设计

一、样本数据基本情况

本章的调研对象设定为有过双国生活经历的非中国人，华侨与外籍华人不在调查范围内。受访者分别来自北美洲、南美洲、中美洲、大洋洲、欧洲、亚洲、非洲等地区。此次调查收集了美国、加拿大、巴西、哥斯达黎加、澳大利亚、英国、法国、俄罗斯、哈萨克斯坦、印度尼西亚、日本、韩国、埃及、南非等 108 个国家的 6701 份问卷样本，是目前国内关于中国产品海外形象的研究中，收集样本最多、调查对象分布区域最广、涵盖国家最多的一次调查。问卷使用中文和英文两种语言，标准的反向翻译（back-translation）技术被应用到中英两个问卷版本中。

使用 Bollen（1989）建议的李克特 7 点量表评价调查问卷，1 表示强烈不同意或程度非常低，7 表示强烈同意或程度非常高，NA 表示不清楚或不知道。内容设计上分为两大部分，第一部分根据 Nagashima 的概念和分类描述中国产品在海外的形象现状，包括核心形象、外围形象和社会形象；第二部分根据提升中国产品海外形象的传导机制探索主要的影响因素和优化路径，涉及市场导向、感知品质、创新水平、社会责任等，共146个题项。

此次调查共发放问卷6701份，回收4190份，回收率62.5%，剔除部分数据漏填、数据全部一样、数据跳填或填项矛盾[①]等问题问卷，剩余有效问卷2992份，有效率71.4%。有效样本中，男性1683人，占56.2%，女性1309人，占43.8%，受访者的年龄多数分布在25~55岁，占81.1%，家庭年收入多数在0.3万~7万美元（53.0%），多数有宗教信仰（60.8%），未婚（56.7%），并且拥有本科及以上学历（71.0%），详见表41-1。受访者从事的工作分布在不同领域，包括事业单位人员、企业职员、个体/私营业主、学生、互联网商务、足球教练、医疗保健、自由职业等。

表41-1　样本分布与统计

特征	频数/个数	占比（%）	特征	频数/个数	占比（%）
性别	—	—	地区分布	—	—
男	1683	56.2	亚洲	1989	66.5
女	1309	43.8	欧洲	350	11.7
宗教信仰	—	—	非洲	323	10.8
有	1818	60.8	美洲	296	9.9
无	1078	36.0	大洋洲	19	0.6
缺失	96	3.2	缺失	15	0.5
学历	—	—	对中国的了解程度	—	—
高中或以下	710	23.7	非常了解	199	6.7
本科	2061	68.9	比较了解	952	31.8
研究生及以上	63	2.1	一般了解	1033	34.5
缺失	158	5.3	了解一点	691	23.1
家庭年收入	—	—	不太了解	90	3.0
不超过0.3万美元	245	8.2	缺失	27	0.9
0.3万~0.9万（含）美元	703	23.5	在中国停留时间	—	—
0.9万~2万（含）美元	497	16.6	少于6个月	199	6.7
2万~7万（含）美元	386	12.9	6个月至1年	504	16.9

---

① 数据全部一样是指单个受访者在1~7点的所有题项中，全部选择了同一个数字。数据跳填是指每隔2~3个题项填答3~5个题项这种情况。填项矛盾分为两种：一是同一个题项选择了两个数字点；二是在反向题中出现了明显的矛盾信息。回收的问卷出现以上任何一种情况，均被认为受访者存在某种程度的不认真成分，视为无效问卷。

续表

特征	频数/个数	占比（%）	特征	频数/个数	占比（%）
7万~10万（含）美元	437	14.6	1~2年	911	30.4
10万~16万（含）美元	326	10.9	2~4年	927	31
超过16万美元	162	5.4	4年以上	432	14.4
缺失	236	7.9	缺失	19	0.6

二、变量测量

产品海外形象。本章使用 Nagashima（1977）提出的产品形象由价格和价值、服务和管理、广告和声誉、设计和风格、消费者资料五个类别组成的产品形象量表（JM）。采用李克特7点量表进行评价（Bollen，1989），1表示程度低，7表示程度高，NA表示不清楚或不知道。得分越高，表示中国产品在发展中国家消费者心目中的形象越好，反之亦然。

市场导向。本章采用 Narver 和 Slater（1990）设计的市场导向量表（JM）。使用 Bollen（1989）建议的李克特7点量表尺度进行评价，1表示非常低，7表示非常高，NA表示不清楚或不知道。低分代表市场导向不理想，高分代表产品提供者以发展中国家市场消费者的需求为中心，市场导向较为准确。样题如"您觉得中国产品能够充分理解您的需求""您觉得中国产品是以提高消费者满意度为最高宗旨的"等。

消费者感知的企业社会责任。本章采用 Lichtenstein 等（2004）编制的感知的企业社会责任量表（JM）。同样使用李克特7点量表进行评价，1表示强烈不同意，7表示强烈同意，NA表示不清楚或不知道。高分代表消费者感知的企业履行社会责任程度较高，低分代表较低的企业社会责任水平。样题如"您觉得中国企业已经将慈善活动融合到企业的商业活动中""您觉得当地的或者其他国家的非营利组织能够从中国企业的贡献中受益"等。

绿色信任。本章采用 Chen（2010）编制的绿色信任量表（JBE）。使用李克特7点量表进行评价，1表示强烈不同意，7表示强烈同意，NA表示不清楚或不知道。高分代表消费者对企业绿色发展的信任程度较高，低分表示较低的绿色信任水平。样题如"您觉得中国企业对企业产生的污染物和废弃物能够且已经进行了恰当的处理"；"您觉得中国企业能够提高能源使用效率，推动资源的节约和循环利用"等。

感知品质。本章采用 Dodds 等（1991）编制的感知质量构念量表（JMR）。采用李克特7点量表进行评价，1表示非常低，7表示非常高，NA表示不清楚或不知道。低分代表消费者感知的产品质量较低，高分代表消费者感知到产品的质量高。

样题如"您使用中国产品时,觉得中国产品的可靠性是";"您使用中国产品时,觉得中国产品的耐用性是"等。

技术创新和市场创新。本章分别采用 Zhou 等(2005)(JM)与 Gatignon 和 Xuereb(1997)(JMR)形成的两个创新量表。采用李克特 7 点量表进行评价,1 表示强烈不同意,7 表示强烈同意,NA 表示不清楚或不知道。高分代表在发展中国家消费者的认知中,中国产品具有较高的技术创新水平和市场创新能力,低分表示在技术和市场方面创新程度较低。技术创新样题如"您觉得中国产品的技术应用完全区别于主要竞争对手的产品";"您觉得中国产品的创新程度很高、是无可替代的"等。市场创新样题如"您觉得主流消费者使用中国产品时需要付出学习了解方面的努力";"您觉得主流消费者需要花费较长时间理解中国产品的全部优点"等。

第三节 实验检验与结果分析

一、信度和效度分析

对问卷量表进行信度和效度检验,以及进一步的假设验证,验证性因素分析结果显示(见表 41-2)各量表的组成信度(CR)在 0.749~0.872 之间,平均提取方差(AVE)值介于 0.492~0.632 之间,均达到了建议值。说明测量量表具有较好的内部一致性和收敛效度,量表的题项选择是可靠的。

表 41-2 验证性因素分析

因素/题项	非标准负荷	t 值	标准负荷	因素/题项	非标准负荷	t 值	标准负荷
市场导向 coor（CR=0.850；AVE=0.533）				产品海外形象 prim（CR=0.866；AVE=0.565）			
coor1	1.000	—	0.799	prim1	1.000	—	0.799
coor2	1.012	35.965*	0.748	prim2	1.057	42.042*	0.748
coor3	1.069	38.58*	0.769	prim3	1.099	43.375*	0.769
coor4	1.082	37.81*	0.805	prim4	1.115	45.608*	0.805
coor5	0.899	31.234*	0.624	prim5	0.854	34.1*	0.624
企业社会责任 pcsr（CR=0.848；AVE=0.584）				技术创新 tinn（CR=0.822；AVE=0.536）			
pcsr1	1.000	—	0.752	tinn1	1.000	—	0.756
pcsr2	1.018	40.751*	0.81	tinn2	0.971	36.112*	0.747
pcsr3	0.953	38.797*	0.761	tinn3	0.904	34.522*	0.706
pcsr4	0.924	37.355*	0.73	tinn4	0.926	35.073*	0.719
感知品质 pqau（CR=0.872；AVE=0.632）				市场创新 minn（CR=0.749；AVE=0.492）			

续表

因素/题项	非标准负荷	t 值	标准负荷	因素/题项	非标准负荷	t 值	标准负荷
pqau1	1.000	—	0.813	minn1	1.000	—	0.76
pqau2	1.049	49.363*	0.845	minn2	0.795	29.162*	0.61
pqau3	0.98	47.521*	0.813	minn3	1.039	33.531*	0.73
pqau4	0.857	39.792*	0.7	minn4	0.969	32.54*	0.696
绿色信任 grtr（CR=0.832；AVE=0.628）				模型拟合统计指标			
grtr1	1.000	—	0.811	$x^2=735.422$；df=356；$x^2/\mathrm{df}=2.066$；			
grtr2	0.846	38.45*	0.742	GFI=0.983；AGFI=0.979；CFI=0.990；			
grtr3	0.973	39.886*	0.812	TLI=0.988；RMSEA=0.019			

注：*表示在10%水平上显著。

数据来源：作者根据调查数据使用Amos22.0计算整理。

在信度和收敛效度测量的基础上，进一步对量表的区别效度进行检验，以查看其能否真正反映我们所要观察的提升中国产品海外形象战略模式的特征。表41-3对比了七因素、六因素到双因素、单因素模型的拟合度。七因素模型包含市场导向、绿色信任、企业社会责任、感知品质、技术创新、市场创新和中国产品海外形象，六因素至双因素模型是这些因素的不同组合。嵌套的对比模型说明由责任、品质和创新组成的七因素模型是明显优于其他模型的架构，选用的量表具有较好的区别效度，模型的构建是最优的。

表41-3 模型的验证性因素分析

模型	建议值						
	x^2	df	x^2/df	GFI	AGFI	TLI	CFI	RMSEA
	越小越好	越大越好	<3	>0.9	>0.9	>0.9	>0.9	<0.08
1. 七因素模型	735.422	356	2.066	0.983	0.979	0.988	0.990	0.019
2. 六因素模型	3920.351	362	10.830	0.885	0.862	0.894	0.905	0.057
3. 五因素模型	7269.543	367	19.808	0.815	0.781	0.797	0.817	0.079
4. 四因素模型	11078.530	371	29.861	0.735	0.690	0.689	0.715	0.098
5. 三因素模型	14299.847	374	38.235	0.683	0.631	0.598	0.630	0.112
6. 双因素模型	17782.539	376	47.294	0.635	0.578	0.500	0.537	0.124
7. 单因素模型	21506.450	377	57.046	0.588	0.525	0.395	0.438	0.137

注：七因素为分别为市场导向、绿色信任、企业社会责任、感知品质、技术创新、市场创新和产品海外形象；六因素将技术创新与市场创新组合；五因素组合了绿色信任和企业社会责任；四因素将创新与品质组合；三因素组合责任、品质和创新；双因素将市场导向加入到组合中。

表41-4 描述了各变量的均值、标准差、相关性及共同方差。量表所有可能的两两结合共同方差的最大值是 0.137，小于表 41-2 中 AVE 的最小值（0.492），说明研究选用的量表具有较好的区别效度，同时表明市场导向、责任、品质和创新对提升中国产品海外形象有正向影响。

表41-4　各变量均值、标准差、相关性及共同方差

变量	均值	标准误	1	2	3	4	5	6	7
1. 市场导向	4.146	1.102	—	0.071***	0.079***	0.093***	0.106***	0.091***	0.118***
2. 绿色信任	3.959	1.302	0.267***	—	0.052***	0.070***	0.078***	0.054***	0.067***
3. 企业社会责任	4.401	1.152	0.281***	0.227***	—	0.050***	0.042***	0.091***	0.075***
4. 感知品质	3.938	1.120	0.305***	0.265***	0.224***	—	0.074***	0.057***	0.137***
5. 技术创新	3.966	1.140	0.326***	0.280***	0.204***	0.272***	—	0.057***	0.088***
6. 市场创新	4.343	1.080	0.301***	0.232***	0.301***	0.238***	0.239***	—	0.095***
7. 产品海外形象	4.210	0.872	0.344***	0.258***	0.274***	0.370***	0.296***	0.308***	—

注：*** 表示 $p<0.01$（双尾）。矩阵对角线下方是相关系数；矩阵对角线上方是共同方差。

二、多重中介模型

表41-5 显示了市场导向到产品海外形象的多重中介模型结果，总效应、直接效应（H1）和所有的特定间接效应都存在，表明责任、品质和创新的五个因素（绿色信任 H2a、企业社会责任 H2b、感知品质 H3、技术创新 H4a、市场创新 H4b）在市场导向和中国产品海外形象的关系中，起到了至关重要的中介作用，对提升中国产品的海外形象有显著的正向影响。

与此同时，考察三者之间差异的显著性时得到了一个有趣的结果，见表 41-5 下方的对比效应。一是创新与品质之间不存在显著差异，说明在多元化的市场竞争下，创新与品质同等重要，传统的质量至上观念和价廉多销战略已经不足以赢得消费者的芳心，质量在形成品牌效应方面很难再独占鳌头。相比之下，创新与责任、品质与责任之间存在显著差异，显示了它们在重要性上的层级区别，说明在提升产品海外形象、形成品牌效应的过程中，创新和品质相对于责任而言，具有更为重要的意义，但绿色发展和企业的社会责任对于形成国际知名品牌仍然起着不可忽视的作用，是新常态下提升中国产品海外形象战略设计中必须加入的新的关键要素。

表 41-5 多重中介模型分析

效应/对比：关系变量	系数估计值	系数乘积战略		Bootstrapping			
				偏差校正法 95%CI		百分位值法 95%CI	
		标准误	Z值	下限	上限	下限	上限
总效应：定位→海外形象	0.3564	0.0218	16.3486***	0.3136	0.3987	0.3136	0.3987
直接效应：定位→海外形象	0.1196	0.0242	4.9421***	0.0734	0.1690	0.0726	0.1687
总间接效应：定位→海外形象	0.2368	0.0183	12.9399***	0.2018	0.2747	0.2017	0.2743
特定间接效应	—	—	—	—	—	—	—
绿色信任	0.0237	0.0071	3.3380***	0.0098	0.0375	0.0098	0.0375
企业社会责任	0.0326	0.0073	4.4658***	0.0187	0.0476	0.0185	0.0473
感知品质	0.0837	0.0092	9.0978***	0.0664	0.1027	0.0659	0.1023
技术创新	0.0521	0.0087	5.9885***	0.0363	0.0706	0.0358	0.0701
市场创新	0.0447	0.0092	4.8587***	0.0268	0.0632	0.0267	0.0631
对比效应	—	—	—	—	—	—	—
创新 vs. 品质	0.0131	0.0149	0.8792	−0.0150	0.0424	−0.0147	0.0429
创新 vs. 责任	0.0406	0.0166	2.4458**	0.0067	0.0728	0.0079	0.0736
品质 vs. 责任	0.0274	0.0133	2.0602**	0.0012	0.0542	0.0012	0.0542

注：*** 表示 $p<0.01$，** 表示 $p<0.03$。5000份 Bootstrap 样本。

这些结果表明，"品质""创新"和"责任"是新常态下提升中国产品海外形象的重要战略要素。其中，技术创新、市场创新和产品的品质同等重要，传统的价廉多销战略思路需要拓展，质量在提升产品海外形象方面很难再独占鳌头，需要创新与其齐头并进。与此同时，传统战略模式中并未体现出重要性的企业社会责任和绿色信任等责任元素，是构建新常态下产品海外形象战略模式的重要中介和路径，成为必须加入的关键要素，对于提升中国产品的海外形象发挥着至关重要的决定作用。三者的协同作用对于磨合与海外文化的差异、缩小与发达国家产品形象的差距、形成国际知名品牌的具体路径有一定启示作用。

第四节 结论与建议

研究发现，我国企业"走出去"，过去的产品价廉多销战略思路已难以适应国际新环境的要求。在新常态下，提升中国产品海外形象的战略思路也应具有新的含义和特点。首先，海外产品质量方面应更看重海外消费者感知的产品品质，它不仅是可检验的产品质量，还包括产品设计等环节引入互联网和智能制造的体验与售后服务。其次，在海外市场导向方面，应更关注海外消费者的整体价值链，不仅掌握海外消费者的显性需求，更重要的是了解其潜在需求。与此同时，创新和社会责任是新形势下优化中国海外产品形象战略中必须引起重视的关键动力源，它们与产品品质一起，形成支撑提升中国产品海外形象战略的"三驾马车"。基于本调查研究，可以精心概括出提升中国产品海外整体形象的三大坐标：品质、创新和社会责任。为提升中国产品的海外形象，本章基于以上分析和研究结论，提出以下对策建议。

（1）以各国客户为中心打造高品质产品，这是提升中国产品海外形象的根本大法和第一标准。目前，一些海外消费者对中国许多产品印象较差，既源于中国一些假冒伪劣产品与造假行为没有得到有效遏制，也源于许多中国企业没有把各国客户放在中心位置，时刻注重海外产品的人性化设计，将各国顾客满意作为第一标准贯彻到产品制造的全过程，并为实现这个目的不断进行品质和技术革新，让海外客户参与到产品的管理、研发和企业的成长中。因此，从根本上提升中国产品海外形象，不仅要注重可检验的物质化产品品质，还要提升关乎各国消费者购物体验、售后服务、身份认同的归属感、时尚引领的自豪感等的感受性产品品质；同时，还需为海外消费者提供能产生惊喜、感动和启示的，具有高附加值的中国产品和服务。

（2）技术创新和市场创新是提升中国产品海外形象的核心竞争力。技术创新、产品换代升级、开发未知海外市场、拓展新的各国市场渠道是提高中国产品的技术含量和附加值，获取海外市场竞争优势的关键因素。因此，缺乏首创精神，在创新上不占优势，擅长"拿来主义"的一些中国企业，需要专注于产品技术的改良，实现"二次创新"，打造自己产品在海外同行中的专利优势；历经时代考验依然保持强大竞争力的我国优秀品牌企业，则应坚持自主创新，大胆开拓海外市场，积极抢占产品全球价值链的左右高端阵地，成为具有全球知名产品与良好国际形象的企业。

（3）创建企业国际社会责任体系是提升中国产品海外形象的关键支撑因素。中国企业提升海外产品形象必须重视与履行国际标准协会制定的新的社会责任国际标准体系ISO26000。为此，需要结合中国企业"走出去"的特点，构建与ISO26000接轨的中国"走出去"企业的社会责任框架体系。它包括遵守各国法律、尊重国际行为规范、尊重利益相关方利益和透明度原则，覆盖组织治理、践行公平企业运营，保证对人权、劳工实践和环境的关注，以消费者为中心，参与社区的建设与发展等七个方面的活动。

（4）文化认同和绿色信任是提升中国产品海外形象的润滑剂。海外市场巨大复杂，中国产品必须面对不同族裔、文化、宗教等背景的多元化用户，这种文化差异是中国产品进入海外市场的首要阻碍因素，随着产品技术、品质的逐步提升，海外消费者对绿色的要求日渐增强。中国企业需要不断与海外市场加强交流、协同配合；

在差异中不断完善对不同社会和商业文化的认知；在加强节能环保技术、工艺、装备推广应用的同时，全面推行清洁生产，构建绿色制造体系，向海外展现中国的绿色商业价值观，取得海外消费者的信任，消除隔阂，最终展现中国产品的"全球化"平台优势。

（5）依据中国企业自身条件实施"因地制宜、重点突破、分类推进"战略措施。一是处于全球价值链高端的中国企业，应得到重点扶持，它们应高度重视应用ISO26000国际社会责任新标准体系来持续巩固其海外产品的优良形象。二是处于全球价值链中低端的中国企业，应采取对标管理战略，瞄准世界同行先进水平，努力打造全球价值链高中端产品，并对照ISO26000七要素加快缩短差距，创建优良品牌。三是注重知识产权保护及海外维权体系和信用体系的建设。保护知识产权的关键是《专利法》的修改，维权时效性的提高，以及行政执法力度的加强，要充分发挥司法和行政保护优势，为企业在海外创造更好的法制和市场环境。四是将提升海外产品形象融入"一带一路"倡议之中。一方面，"一带一路"沿线国家可以为中国企业提供许多合作项目与合作机遇，为企业"走出去"发展拓展新的空间；另一方面，中国许多企业面对国际市场的激烈竞争，只有加快企业海外产品与品牌的升级，才能打造与形成在"一带一路"倡议中的新优势。

第42章 在发达国家提升中国产品海外形象的"最优组合策略"研究[①]

第一节 问题提出与研究假设

一、问题提出

现今,高铁、支付宝、共享单车和网购被称作中国的"新四大发明"。曾以古代"四大发明"推动世界进步的中国,正再次以科技创新向世界展示自己的发展理念。中国在新时代下的今天正在以令全世界无比羡慕的速度崛起,中国企业也正在用自己的方式解决着生态环境问题,看似中国的创新风潮正在引领着全球科技市场的变化,中国企业的社会责任正在赶超世界先进企业的步伐,然而,中国企业/产品在海外消费者心中是否产生了传统"Made in China"以外的印象?技术与责任形象和资本一样,不会被政府或某个人的意志和好恶所左右,哪里有机会,它就会流向哪里。企业若想将产品的理念植入消费者心中,并形成特定的良好产品形象,需要有效的资源配置和精心安排。

无论是保持专注与创新的华为,还是以绿色管理行动推动发展的艾伯特,都在以独特的方式向世界企业宣布,创新和社会责任对于想要走出国门、进军国际市场的企业,对于想在海外消费者心目中形成直击心灵的产品形象的企业起着至关重要的作用,两者发挥的作用和带来的长久利益早已不言而喻。然而,当几乎所有企业都知道技术创新的重要性,当来自可持续发展的社会责任对传统的绿色生态带来更为苛刻的要求,当社交媒体、全天候电视剧集和24小时新闻圈不断被纳入到日常生活中,当人们的时间和注意力资源越来越紧缺的时候,企业如何在这个迅速变化的时代充分发掘自己的独特价值?如何在创新和社会责任两者中权衡投资(或者说创新和社会责任哪个更重要)?如何将有限的资源配置到能够获取最优收益的要素中?企业对产品创新能力或履责能力的投入直接决定了产品的定位,这种定位是品牌给消费者的第一印象,也是直击消费者内心的强力子弹。

企业通过创新或社会责任塑造产品形象,但产品形象也反过来影响企业。企业资源的配置是企业自我表达和塑形的一种方式,在创新与社会责任的博弈之间,企业该如何分配资源,才能打造符合海外消费者需求、融合创新与责任且独树一帜的

[①] 原载《南开管理评论》,2018年第1期。

全新产品海外形象?

本章使用来自26个发达国家的976份海外消费者的问卷调查样本,建立了多重中介模型和调节的中介效应模型,试图在当前创新风行、市场对社会责任提出更为严苛要求的背景下,通过数据反映市场创新、技术创新、社会责任与产品海外形象之间的真实关系,说明创新和感知的企业社会责任在提升发达国家海外市场的产品形象方面是否存在重要性上的显著差异,同时探讨了当消费者卷入度水平不同时,创新主导型企业应采取的最优战略路径,即在消费者的时间和注意力越来越紧缺的当下,企业应将有限的资源和资本投入到哪些方面,才能以最有效、最优的方式提升发达国家市场海外消费者对产品的印象。

本章的主要贡献在于:①本章的研究数据是来自全球108个国家的6701个海外消费者问卷调查的"发达国家"部分,相比于国内或地区级消费者数据,更能切实反映海外消费者的真实想法,得出的研究结论更加全面、真实和可靠。②研究方法上,综合使用多重中介模型和调节的中介效应模型,将创新(包括技术创新和市场创新)和感知的企业社会责任纳入一个分析模型,考察了相关变量影响下的特定间接效应,以及消费者卷入度对各中介间接效用的调节效应,而非给定中介变量对市场关系和产品海外形象的中介作用,或者调节变量对单一路径的调节效应。③将创新和社会责任同时纳入一个理论分析框架,通过考察对比效应,探讨两者在重要程度上的区别,不仅丰富了产品海外形象提升的相关文献,而且为创新和责任对企业价值创造、形象提升所做的贡献及程度提供了重要的理论依据。与此同时,为想要拓展发达国家海外市场的企业,应将有限资源配置到哪些重要战略因素上才能获得最优收益,提供了有借鉴作用的实际指导,使研究结论具有现实意义。

二、研究假设

(一) 市场关系与产品海外形象

Phillips、Alexander和Lee(2017)认为市场关系由机会识别和能力形成两个变量组成。与利益相关者建立友好关系的企业正在由传统的市场关系向新的市场关系扩展。新的市场关系通过四种机制寻求新的机会,通过三种机制形成新的知识和技能,这七种机制的运用使企业在不同的背景下,能够充分利用他们的能力以获得更好的发展,提升在新的市场关系中的产品形象,并让产品形象成为企业财富的最终来源。机会识别的四个机制分别是:①进入新市场,是指企业理解和进入新的细分目标市场,以建立新的市场关系;②接触新的利益相关者,与非常有前景的关键利益相关者如公众代理、主要的智囊团、大学和政府机构等建立新的市场关系;③进入新的社区,通过获得当地群体或社区行动团体支持的方式进入当地的社区并形成新的市场关系;④通过获取志趣相投组织的支持,追求新的机会,以达到风险共担的目的。能力形成则包含①通过研究机构等获取有用的新知识的能力；②通过志愿活动或者无偿与更大的私人企业合作等方式构建和学习专业知识的能力；③通过寻求经过培训和有能力的专业中介机构的帮助，并与其合作形成新的技能的能力。

建立多重市场关系及与利益相关者的卓越关系，对于企业联合价值的创造具有十分重要的作用。这种价值包括提高产品价值和性价比，增强产品的可信赖程度，提供更能迎合消费者心理的服务和管理模式，改进产品的工艺流程，提升技术先进性，打造消费者可以识别的品牌，建立消费者购买产品的自豪感，以及关心产品外观颜色等的设计等。也就是说，市场关系对于提升企业产品在海外消费者心目中的形象具有重要作用。正如 Nagshima 于 1970 年初步提出的概念："'形象'意味着与情感背景、思想和内涵有关的概念，对于一个特定国家产品的构想、固定印象和声誉，这种形象被代表性产品……创造，……并且强烈影响着国际市场的消费者行为"。八年后，Nagshima（1977）明确提出了本章引用借鉴的产品海外形象概念，认为其由价格和价值、服务和管理、广告和声誉、设计和风格及消费者资料或顾客资料五个类别组成。

总体而言，企业可以通过建立新的市场关系创造更多的价值，特别是当这种市场关系的建立是基于解决某种特定需求的共享价值时，这些被创造出来的价值可以从上述五种不同角度提升产品在海外消费者心中的形象，基于此，本章提出假设 H1。

H1：市场关系与产品海外形象之间呈正相关关系，即（a）企业具备的机会识别能力越强，产品的海外形象越好；（b）企业构建能力的技能越强，产品在海外消费者心中的形象越好。

（二）创新和社会责任的中介作用

Strand 和 Freeman（2015）认为，通过追求合作的市场关系优势可以使企业实施一个有价值、有创造力的企业战略，并且使企业形成更优的价值创造力，从而推动企业产品海外形象的提升。具体而言，首先，尽管当面对一个没有明确定义的消费者群体或者一个没有被明确识别的市场需求时，理解并进入新的市场是经常受到挑战和质疑的，但是伴随着高风险的可能是高收益，进入这样的市场能够获得更好的新机会。例如，可以利用新的市场资源和信息进行创新，履行符合新市场需求的社会责任，而这个机会能够为企业带来不可估量的新价值，提升企业产品在传统市场和新市场的形象。其次，与新的利益相关者建立关联，为接触重要的市场创新、技术创新和履行社会责任承诺信息提供了手段，决定了企业"做生意"的方式和活动。尽管这种改变可能是非常微妙的，但是仍然会为企业带来重要的收益和价值，提升企业在这些利益相关者心中的形象。再次，通过与当地的社区群体发展关系而进入新的社区也可以为企业创造新的价值来源，这些群体能够为好的想法和机会提供一个"沙池"，也能够确保企业形成真正迎合或满足目标社区需求的创新技术和新设计，也能够帮助企业利用最小的成本履行社会责任，进而带来最大的收益，从而形成一个良性的动态循环，最终提升产品在海外社区的总体形象。最后，一个倾向于传递社会正能量的组织更可能找到当地愿意搭档的企业进行合作，以便为其社区提供更多的社会福利。与志趣相投的企业/组织进行合作，不仅可以追求新的机会，还可以共同规避或分担风险，共同享受进行市场创新、技术创新、传递社会责任、帮助社区所带来的额外收益，实现双赢，同时对于提升企业产品在当地的形象也会产生大大的助益作用。

总之，通过进入新市场、接触新利益相关者、进入新社区及风险共担四个机制形成的机会识别能力，不仅能够提供进行市场创新、技术创新所需的新的资源和信息，还能为履行社会责任提供迎合当地消费者需求的全新角度，从而提升产品在海外社区、市场、消费者心中的形象。由此，本章提出假设H2。

H2：创新（市场创新与技术创新）和社会责任中介了机会识别和产品海外形象之间的关系，即企业的机会识别能力越强，进行创新和履行社会责任承诺的能力就会越强，进而可以带来更好的产品海外形象。

企业无论是要进行市场创新、技术创新，还是要履行企业的社会责任，仅能够识别现有机会、充分利用相应资源和信息是不够的，还要具有相关的知识和技能。首先要与高校、研究机构或更广泛的群体进行合作，获取最新的市场、技术创新知识和履责的手段，从而通过实现这些知识的价值提升企业产品的收益和海外形象。其次要通过志愿服务或者以无偿协助的形式参与更大企业的运行，这样不仅可以见识到这些企业的优势技能，建立专业的知识技能，弥补自身的不足，而且能够从这种差距或威胁中得到提升，这种利用式学习会强化组织惯性的正向效应。正如Saebi、Lien 和 Foss（2017）的研究表明，当企业感受到更多的威胁而不是机会，当新的战略能够有益于企业发展，而不是保护现有在市场上的位置时，企业更有可能进行新的技术创新，采纳新的市场创新手段，履行更多的社会责任，从而为企业带来包括提升形象在内的价值收益。最后，通过专业的培训和支持机构发展新的技能，许多企业已经改变了他们搜寻新想法的方式，开始采纳一种新的开放战略，利用广泛的外部机构和资源去帮助他们获取持续的能力，实现基于技术和基于市场的创新，获取履行社会责任承诺带来的好处，从而提升其产品的海外形象。

也就是说，一个企业学习借鉴新知识、新技能，以形成自身的文化和结构，对于灵活的创新和履责战略具有重要影响。这种能力可以通过上述三个角度影响企业基于市场和技术的创新能力，影响企业履行社会责任承诺的手段和方式，从而提升其产品在海外消费者心中的形象，为企业带来更好的收益与绩效。因此，本章提出假设H3。

H3：创新（市场创新与技术创新）和社会责任中介了能力形成和产品海外形象之间的关系，即企业获取知识技能的能力越强，进行创新和履行社会责任承诺的能力就会越强，进而可以带来更好的产品海外形象。

（三）消费者卷入度的调节效应

大量试图对消费者行为进行解释和预测的理论表明，消费者是理智的、聪明的，并且善于思考和解决问题，他们会积极地寻求有价值的信息作为自己进行购买决策的依据，他们能够根据评估做出明智的决策。然而，现实生活中，许多消费者，尤其是海外消费者并没有搜集广泛而全面的信息，这使研究者们开始关注消费者行为的两个方面，即较高水平的消费者卷入度和较低水平的消费者卷入度。总的来说，消费者卷入度水平的高低意味着个体相关性或关联性水平的高低。本章中消费者卷入度的定义为：在内在固有需求、固定的价值观念和利益条件下，消费者个体感知的对对象的关联性，即对企业产品的关联性。这是一个个体差异变量，是由于消费者掌握信息的不同而在购买和交流行为过程中产生的、具有因果联系和动机性的可变因素。消费者卷入度高低水平的不同，将会使消费者在信息采纳、交流印象，甚至是购买决策过程中产生很大的差异，从而影响消费者对产品及产品所有企业的感知，影响产品的总体形象。也就是说，不同输入和感知过程对产品海外形象的影响取决于消费者的卷入度水平。当消费者在不完全市场信息下进行购买决策时，企业在短时间内向消费者传递什么样的信息和企业价值理念，就成为至关重要的因素。对创新能力而言，技术创新会对主流消费者提供更多的利益。当消费者对企业是否具有技术创新能力，或者具有多大程度的技术创新能力等信息了解得越多（卷入度水平高），就会在心中形成对这个产品更为良好的印象和共识；同时，当消费者感受到的产品在设计或使用方面区别于竞争对手的优势越多，其对产品的印象也就会越好。就社会责任而言，消费者感知的企业社会责任履行程度与其产品的海外形象显著相关。当消费者非常清楚企业在履行社会责任承诺时所做出的努力和取得的成果时（卷入度水平高），就会对企业和其产品另眼相看；反之，当消费者不知道企业的履责行为或认为企业对社会、社区和环境不负责任时（卷入度水平低），就会对企业形成较为恶劣的印象。基于此，本章提出假设H4。

H4：消费者卷入度调节着（a）技术创新、（b）市场创新、（c）企业社会责任与产品海外形象之间的关系，即当消费者卷入度水平较高时，创新和社会责任提升产品海外形象的程度越高；相反，当消费者卷入度水平较低时，创新和社会责任提升产品海外形象的程度则越低。

由上述理论分析和研究假设可以得出本章的理论框架，如图42-1所示。

图 42-1 理论框架

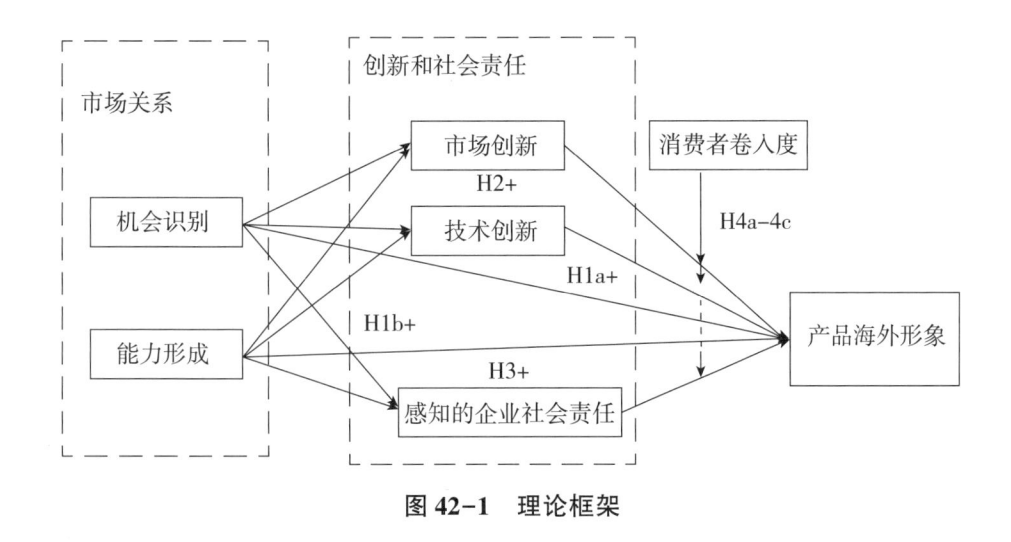

第二节 样本数据来源与研究方法设计

一、样本数据基本情况

为了得到真实的中国产品或中国企业的海外形象，本章使用问卷调查的方式对切实消费过中国产品的海外消费者进行调研，以尽最大可能得到其对中国产品/企业的真实感知。首先，根据本章的研究目的，调研对象设定为有过双国生活经历的非中国人（华侨与外籍华人不在调查范围内），即所选择的海外消费者必须在现实生活中真实消费过中国产品，在一定程度上对中国企业有所了解。此次调查是目前国内关于中国产品海外形象的分析研究中，收集样本最多、分布区域最广、涵盖国家最多的一次调查。其次，依据本研究的市场范围，本章抽取了原有世界范围（含发达国家和发展中国家）内108个国家的6701份问卷样本调研中的发达国家海外消费者部分。受访者遍及全球，主要来自西欧、北欧、北美、澳洲等地区；共收集了美国、加拿大、澳大利亚、英国、法国、德国、卢森堡、芬兰、日本、韩国、丹麦等26个发达国家的976份有效问卷样本。问卷使用中文和英文两种语言形式，必要时问卷收集者会对问卷进行面对面、邮件或Skype解释。标准的反向翻译技术（back-translation）被应用到中英两个问卷版本中。

调查问卷全部使用Bollen（1989）建议的李克特7点量表形式进行评价，1表示强烈不同意或程度非常低，7表示强烈同意或程度非常高，NA则表示消费者不清楚或不知道此题项的内容。问卷内容分为三大部分，第一部分根据Nagashima（1977）提出的产品海外形象概念和分类测量中国产品在海外消费者心目中的现有形象，包括产品的价格、服务和声誉等。第二部分测量海外消费者对于中国产品/企业在市场关系、创新和社会责任方面的感知,包括抓住进入新市场、新社区等的机遇识别,掌握专业知识技能等能力形成与发展的水平,创新能力及履行社会责任承诺的水平。为了规避样本同源方差的影响,发放到被试者手中的问卷题项顺序已被打乱,同时适当地设定了反向题考察受访者的认真程度,以方便问卷回收后有效样本的筛查。第三部分为被调查组的基本情况部分,除年龄、国籍、学历、收入等基本信息外,还调查了被试者来自哪个城市、有无宗教信仰,以及主要消费过的中国产品类别等,这也是本研究从全球大样本中筛选发达国家海外消费者问卷样本的主要依据。

此次调查共发放问卷 6701 份,回收 4190 份,回收率 62.5%,在大样本中根据国籍和来源国家筛查出发达国家海外消费者有效样本 976 份。其中,男性 511 人,占 52.4%,女性 465 人,占 47.6%,受访者的年龄多数分布在 25~55 岁,占 82.9%,家庭年收入多数在 0.9 万~16 万美元（57.2%）,[①] 近半数有宗教信仰（48.9%）,未婚（61.4%）,且拥有本科及以上学历（75.3%）,主要消费的中国产品类别为纺织品、食品、旅游商业、文体教育等。受访者的工作领域涵盖较广,包括政府部门、教育机构、医疗机构、金融机构、商业企业、学校等。

二、变量测量

因变量——产品海外形象。本章使用 Nagashima（1977）设计的产品海外形象量表,他认为产品形象由价格和价值、服务和管理、广告和声誉、设计和风格、消费者资料 5 个类别组成（JM）。其中,每个类别分别包含 3~5 个题项,共 19 个题项。如前文所述,本研究量表的测量全部采用李克特 7 点量表进行评价,1 表示程度低,7 表示程度高,NA 表示不清楚或不知道。这个潜变量的得分越高,表示中国产品在海外发达国家消费者心目中的形象越好;分值越低,则表示产品海外形象越不理想。

自变量（前置变量）——市场关系。本章采用 Philips、Alexander 和 Lee（2017）设计的市场关系量表（JBE）。市场关系包括机会识别（Opportunity Identification）和能力形成（Implementation）两个潜变量。其中,机会识别包含表达识别四种机遇的题项,分别是进入新市场（Access new markets）、接触新的利益相关者（Access new stakeholders）、进入新的社区（Access new communities）,以及风险共担（Share risk）;能力形成包含三种实现能力的不同路径,即知识形成（Develop knowledge）、专业技能的建立（Build expertise）和新技能的发展（Develop new skills）,具体的题项设计如表 42-1 所示。同样使用李克特 7 点量表进行评价,1 表示非常不

[①] 为了尊重被试者的收入隐私,此项设定为自由填答项,所报告比例基于选择作答的海外消费者问卷。

同意，7表示非常同意，NA表示不清楚或不知道。低分表明中国产品/企业具有较低的市场关系建设能力，高分则表示其具有较好的市场关系，能够很好地识别新机会和形成必要的能力建设。

自变量（中介变量和调节变量）——创新、社会责任和消费者卷入度。本章通过技术创新和市场创新两个潜变量考察创新的中介作用，使用感知的企业社会责任考察责任变量的中介效果，同时考察消费者卷入度对创新和责任与产品海外形象之间关系的调节效应。对于创新，采用Zhou等（2005）（JM）的基于技术创新的量表，以及Gatignon和Xuereb（1997）（JMR）形成的基于市场的创新量表，1表示强烈不同意，7表示强烈同意，NA表示不清楚或不知道；高分表示在发达国家海外消费者的认知中，中国产品具有较高的技术创新水平和市场创新能力，低分表明较低的技术创新和市场创新程度。对于社会责任，采用Lichtenstein等（2004）编制的感知的企业社会责任量表（JM），同样使用李克特7点量表进行评价，1代表强烈不同意，7代表强烈同意，NA表示不清楚或不知道；高分表示海外消费者感知到中国企业较高程度地履行了社会责任承诺，低分则表明企业社会责任水平较低。同时，使用Zaichkowsky（1985）设计的消费者卷入度量表（JCR），得分越高表示消费者的卷入水平越高，反之亦然。

三、模型设定

依据本章的理论框架和研究思路，需要三个步骤检验和考察中介效应和调节效果。第一步，考察市场关系对产品海外形象的直接效应，如式（42-6）和式（42-7）所示；第二步，考察创新和社会责任的多重中介效应，多重中介模型的估计比单一简单中介模型的估计更为复杂（各中介变量完全不相关的情况除外），因为不仅需要确定单个中介效应是否存在，还需要进一步区分在内容上可能重叠的几个潜在中介变量的中介效应。本章的多重中介模型遵循Preacher（2008）推荐的方法进行估计，将所有中介变量都纳入一个模型中进行系数估计，即在考虑其他中介变量的前提下，考察某个特定中介变量的中介作用。例如，通过技术创新这个中介变量产生的市场关系对产品海外形象的特定间接效应被定义为市场关系到技术创新，技术创新到产品海外形象这两条非标准化路径系数的乘积。创新和社会责任的三重中介模型如式（42-8）所示。第三步，检验消费者卷入度的调节效应是否存在，在确定了简单调节效应存在的前提下，使用Edwards和Lambert（2007）建议的调节的中介效应模型进行检验，如式（42-12）和式（42-13）所示。

为了直观和可视化，在设定本章研究的具体模型前设定总模型，分别是式（42-1）主效应模型，式（42-2）中介效应结构模型，式（42-3）调节效应模型及式（42-4）和式（42-5）调节的中介效应模型：

$$Y = a_1 + a_{X1}X + e_{Y1} \tag{42-1}$$

$$Y = b_1 + b_{X1}X + b_{M1}M + e_{Y2} \tag{42-2}$$

$$Y = c_1 + c_{X1}X + b_{Z1}Z + c_{XZ1}XZe_{Y3} \tag{42-3}$$

$$M = d_1 + d_{X1}X + d_{Z1}Z + d_{XZ1}XZ + e_{M1} \tag{42-4}$$

$$Y = f_2 + f_{X2}X + f_{M2}M + f_{Z2}Z + f_{XZ2}XZ + f_{MZ2}MZ + e_{Y4} \tag{42-5}$$

式中，X 表示自变量中的前置变量，本章包含由机会识别（Opportunity Identification，OppoIdenti）和能力形成（Implementation，Implem）组成的市场关系（Market Relationship，MarkRelts）；M 表示中介变量，分别是感知的企业社会责任（Perceived Corporate Social Responsibility，pCSR）、市场创新（Market-Based Innovation，InnoM）和技术创新（Tech-Based Innovation，InnoT）；Z 表示调节变量，本章中是消费者卷入度（Consumer Involvement，ConsInvolv）；因变量 Y 在本章中为产品海外形象（Overseas Products Image，POI）。根据总模型构建本章的主效应研究模型如下：

$$POI = \alpha_{01} + \alpha_{11}OppoIdenti + \varepsilon_1 \tag{42-6}$$

$$POI = \alpha_{02} + \alpha_{12}Implem + \varepsilon_2 \tag{42-7}$$

根据中介效应结构模型构建的本章的多重中介测量模型如下：

$$\begin{cases} POI = \beta_0 + \beta_1 OppoIdenti + \beta_2 Implem + \beta_3 pCSR + \beta_4 InnoM + \beta_5 InnoT + \eta \\ X = \beta_1 OppoIdenti + \beta_2 Implem + \eta_1 \\ M = \beta_3 pCSR + \beta_4 InnoM + \beta_5 InnoT + \eta_2 \end{cases} \tag{42-8}$$

根据调节效应式（42-3）构建本章的调节效应模型如下：

$$POI = \theta_{01} + \theta_{11}pCSR + \theta_{21}ConsInvolv + \theta_{31}pCSR \times ConsInvolv + \delta_1 \tag{42-9}$$

$$POI = \theta_{02} + \theta_{12}InnoM + \theta_{22}ConsInvolv + \theta_{32}InnoM \times ConsInvolv + \delta_2 \tag{42-10}$$

$$POI = \theta_{03} + \theta_{13}InnoT + \theta_{23}ConsInvolv + \theta_{33}InnoT \times ConsInvolv + \delta_3 \tag{42-11}$$

根据调节的中介效应模型式（42-4）和式（42-5）构建本章技术创新变量的调节的中介效应模型：

$$\begin{aligned} InnoT = {} & \gamma_{01} + \gamma_{11}OppoIdenti + \gamma_{21}Implem + \gamma_{31}ConsInvolv \\ & + \gamma_{41}OppoIdenti \times ConsInvolv + \gamma_{51}Implem \times ConsInvolv + \zeta_1 \end{aligned} \tag{42-12}$$

$$\begin{aligned} POI = {} & \gamma_{02} + \gamma_{12}OppoIdenti + \gamma_{22}Implem + \gamma_{32}InnoT + \gamma_{48}ConsInvolv \\ & + \gamma_{52}OppoIdenti \times ConsInvolv + \gamma_{62}Implem \times ConsInvolv + \gamma_{72}InnoT \times ConsInvolv + \zeta_2 \end{aligned}$$
$$\tag{42-13}$$

对于本章具体的研究模型，无论是主效应、多重中介模型中的特定的间接效应，还是调节效应与调节的中介效应，均设定为结构方程模型［式（42-6）至式（42-13）］，使用 Amos23.0 软件进行分析，同时使用系数乘积战略和 Bootstrapping（含偏差校正法和百分位值法）两种方法对各效应进行估计。

第三节 实证检验与结果分析

一、信度和效度检验

（1）信度和收敛效度。对研究中使用的所有量表进行验证性因子分析，如表42-1 所示。本章共使用 7 个潜变量，其中，因变量是中国产品海外形象；自变量中，机会识别和能力形成变量组成的市场关系是前置变量；创新由市场创新和技术创新共同构成。使用 Amos23.0 软件得出的结果可以看出，所有题项的因子载荷均显著且大于建议值 0.6。各潜变量的组成信度（最小值为 0.826）大于建议值 0.6；平均萃取方差的最小值是 0.543，大于建议值 0.5。因此，研究使用的测量量表具有较好的内部一致性，信度良好，同时具有收敛效度。

表 42-1 验证性因子分析结果

	题项	因子载荷	t 值
	机会识别（CR＝0.826，AVE＝0.543）*		
潜变量	1. 您觉得中国企业具有很好的营销和交流能力（进入新市场）	0.794	—
	2. 您觉得中国企业与少有生意关系的公众机构、智囊团和政府机关的关系是很好的（新的利益相关者）	0.728	21.369
	3. 您觉得中国企业与当地社区接触从而获得支持的程度是（进入新社区）	0.722	21.210
	4. 您觉得中国企业愿意与志趣相投的组织进行合作，追求新的机会（风险共担）	0.700	20.596
	能力形成（CR＝0.826，AVE＝0.616）		
	1. 中国企业认为通过组织和群体网络等，与具有新知识能力的企业建立关联是非常重要的（知识形成）	0.842	—
	2. 您觉得中国企业会免费为其他公司提供咨询等服务（提供专门技术）	0.838	23.750
	3. 您觉得如果中国企业寻求支持，他们会找寻专业的中间机构，以帮助他们发展新的技能（形成新技能）	0.660	20.336

续表

题项	因子载荷	t 值
技术创新（CR=0.832，AVE=0.553）		
1. 您觉得中国产品具有能够替代另一种较差产品的创新性	0.757	—
2. 您觉得中国产品的技术创新是革命性的、有重大突破的、全新的	0.736	21.145
3. 总体上来讲，中国产品和主要竞争对手的产品是相似的（反向题）	0.764	21.801
4. 您觉得中国产品的应用/实用性与竞争对手的产品是完全不同的	0.716	20.621
市场创新（CR=0.827，AVE=0.545）		
1. 您觉得中国产品的概念对于主流消费者而言是不难评价和理解	0.737	—
2. 您觉得中国产品对于主流消费者而言并没有很高的转换成本	0.733	20.441
3. 您觉得对于主流消费者群体而言，中国产品的使用不需要太多的学习努力	0.723	20.195
4. 您觉得主流消费者群体较短时间内就可以了解中国产品的全部性能	0.758	20.994
感知的企业社会责任（CR=0.854，AVE=0.595）		
1. 您觉得中国企业能够将一部分利润用来帮助非营利组织	0.762	—
2. 您觉得中国企业能够为社区创造就业机会	0.826	24.502
3. 您觉得中国企业能够投资于社区教育、卫生和基础设施的建设	0.764	22.931
4. 您觉得中国企业能够将慈善作为其商业活动的一部分	0.729	21.887
消费者卷入度（CR=0.856，AVE=0.543）		
1. 您觉得在您的生活中购买和使用中国产品是重要的	0.681	—
2. 您觉得中国产品与您的生活是息息相关的	0.709	19.223
3. 您觉得在您的生活中购买中国产品是一件有趣、让您兴奋的事情	0.753	20.197
4. 您觉得购买中国产品对您的生活是有意义的、有价值的	0.812	21.346
5. 您觉得您会花时间去挑选和购买中国产品	0.723	19.539
产品海外形象1（CR=0.864，AVE=0.561）		

续表

题项		因子载荷	t 值
价格与价值 price and value	1. 您觉得中国产品是，不昂贵——合理的定价	0.791	—
	2. 您觉得中国产品是，可信赖的——不可信赖的		
	3. 奢侈品——必需品		
	4. 有针对性的——大众的		
	5. 重工业品——轻工业品		
服务与管理 service and engineering	6. 细致和一丝不苟的工艺流程	0.758	24.119
	7. 技术的先进性		
	8. 批量生产——手工制造		
	9. 全球分布		
	10. 发明——模仿		
广告与声誉 advertising and reputation	11. 持有的自豪感	0.756	24.047
	12. 过多的广告		
	13. 可识别的品牌名称		
设计与风格 design and style	14. 尺寸与型号的选择范围	0.784	25.010
	15. 关心外观设计——关心性能		
	16. 巧妙地运用色彩		
消费者资料 consumers' profile	17. 年轻人居多——老年人居多	0.646	20.116
	18. 男性居多——女性居多		
	19. 上层阶级——下层阶级		

模型拟合度统计量

卡方值（Chi-square）= 314.466，自由度（Degree of freedom）= 237，$\chi^2/d.f. = 1.327$，GFI = 0.974，AGFI = 0.968，CFI = 0.992，TLI = 0.991，RMSEA = 0.018，Standardized RMR = 0.027

注：* 表示 CR = 组成信度，AVE = 平均萃取方差。

（2）区别效度。通过计算每两两构念的共同方差检验选用量表的区别效度，判断这些共同方差的最大值是否小于相应潜变量的平均萃取方差（AVE 值）的平方根。由表 42-2 可知，平均萃取方差的平方根的最小值与机会识别构念的相关性关数为 0.737，大于量表构念所有可能的两两结合的相关性系数（最大值 0.296），说明选用的量表具有较好的区别效度。表 42-2 还显示了各变量的均值、标准差和相关系数，可以看出各变量之间的正相关关系。

表 42-2 描述性统计和双变量相关性

变量	Mean	S.D.	1	2	3	4	5	6
1. 能力形成	3.768	1.369	**0.785**					
2. 机会识别	4.310	1.170	0.160***	**0.737**				
3. 技术创新	4.364	1.124	0.168***	0.210***	**0.744**			
4. 市场创新	3.878	1.193	0.296***	0.167***	0.208***	**0.738**		
5. 感知的企业社会责任	4.401	1.179	0.173***	0.190***	0.268***	0.150***	**0.771**	
6. 产品海外形象	4.175	0.882	0.227***	0.238***	0.302***	0.294***	0.239***	**0.749**

注：加粗字体表示各变量平均萃取方差的平方根，*** 表示 $p<0.01$。

二、多重中介效应分析

Williams 和 Mackinnon（2008）对比了系数乘积战略和 Bootstrapping（偏差校正法和百分位值法）方法，表明后者的结果总体上优于系数乘积战略。因此，本章使用 Bootstrapping 方法进行多重中介效应的分析和假设检验，同时报告了三种方法的检验结果，如表 42-3 所示。

表 42-3 基于 Bootstrapping 的 SEM 多重中介效应分析结果

变量	效应	系数估计值	系数乘积战略 标准误	系数乘积战略 Z值	Bootstrapping 偏差校正法 95%CI 下限	偏差校正法 95%CI 上限	百分位值法 95%CI 下限	百分位值法 95%CI 上限
机会识别	直接效应	0.088	0.027	3.259	0.035	0.143	0.035	0.142
	总效应							
	PCSR	0.106	0.028	3.786	0.054	0.163	0.052	0.160
	市场创新	0.110	0.028	3.929	0.056	0.166	0.055	0.166
	技术创新	0.121	0.028	4.321	0.068	0.177	0.067	0.177
	间接效应							
	PCSR	0.017	0.007	2.429	0.007	0.034	0.006	0.032
	市场创新	0.022	0.008	2.750	0.009	0.040	0.009	0.039
	技术创新	0.033	0.009	3.667	0.018	0.055	0.017	0.053
能力形成	直接效应	0.053	0.025	2.120	0.003	0.103	0.002	0.103
	总效应							
	PCSR	0.066	0.025	2.640	0.016	0.116	0.015	0.115
	市场创新	0.095	0.024	3.958	0.047	0.142	0.047	0.142
	技术创新	0.074	0.026	2.846	0.025	0.126	0.024	0.125

续表

变量	效应	系数估计值	系数乘积战略		Bootstrapping			
			标准误	Z值	偏差校正法 95%CI		百分位值法 95%CI	
					下限	上限	下限	上限
能力形成				间接效应				
	PCSR	0.012	0.005	2.400	0.005	0.025	0.004	0.023
	市场创新	0.041	0.01	4.100	0.025	0.064	0.024	0.062
	技术创新	0.021	0.007	3.000	0.009	0.039	0.008	0.037

注：5000份Bootstrap样本；PCSR=感知的企业社会责任（Perceived Corporate Social Responsibility）。

（1）直接效应。与系数乘积战略的结果一致，机会识别和能力形成变量对产品海外形象的直接效应分别是0.088（p<0.01）和0.053（p<0.05），偏差校正法（Bias-Corrected）和百分位值法（Percentile）的95%置信区间不包含0。机会识别直接效应的置信区间分别是[0.035, 0.143]和[0.035, 0.142]；能力形成直接效应的置信区间分别为[0.003, 0.103]和[0.002, 0.103]，拒绝直接效应为0的原假设，说明直接效应存在，验证了假设1a和假设1b。

（2）总效应。就机会识别变量而言，通过感知的企业社会责任对中国产品海外形象形成的总效应为0.106（p<0.01）；通过市场创新和技术创新形成的总效应分别是0.110（p<0.01）和0.121（p<0.01），表明机会识别通过三者提升产品海外形象的总效应存在。同理，从能力形成变量的角度分析，通过感知的企业社会责任，市场创新和技术创新三个中介的总效应分别是0.066（p<0.05）、0.095（p<0.01）和0.074（p<0.01），能力形成变量对产品海外形象的总效应存在。所以，由机会识别和能力形成组成的市场关系变量，通过创新和社会责任提升产品海外形象的总效应存在，这一分析为多重中介模型的特定间接效应分析奠定了基础。

（3）特定间接效应。多重中介模型中，我们不仅关心市场关系对产品海外形象的总间接效应，而且关注特定的间接效应。由于总间接效应和特定间接效应的样本服从正态分布的假设经常受到质疑，尤其是在小样本情况下，所以本章同时报告了Bootstrapping的方法检验特定间接效应，依然使用偏差校正法和百分位值法两种方法估计。由表42-3可以看出，机会识别和能力形成通过感知的企业社会责任产生的特定间接效应分别是$a_1b_1=0.017$（机会识别，p<0.05）和$a_4b_1=0.012$（能力形成，p<0.05）；通过市场创新产生的特定间接效应分别是$a_2b_2=0.022$（机会识别，p<0.01）和$a_5b_2=0.041$（能力形成，p<0.01）；通过技术创新形成的特定间接效应分别是$a_3b_3=0.033$（机会识别，p<0.01）和$a_6b_3=0.021$（能力形成，p<0.01）。

同时，这六条特定间接效应的95%置信区间均显著异于0，例如，通过市场创新形成的特定中介效应的偏差校正法置信区间分别是［0.009，0.040］（机会识别）和［0.025，0.064］（能力形成）。因此，创新和社会责任是市场关系（机会识别和能力形成）对产品海外形象的中介。假设2和假设3得到了验证。

（4）对比效应。对多重中介模型对比效应的考察能够得到非常有趣的结果，同时能够为管理者的全球化实践、战略布局和有限资源分配提供重要的启示和指导作用。表42-4首先分别列示了针对机会识别和能力形成变量进行的感知的企业社会责任、市场创新和技术创新的对比效应，更重要的是，分析了就市场关系而言，创新和社会责任对于提升产品海外形象的重要程度的差别。从表42-3和表42-4可以看出，就具有机会识别能力的企业而言，感知的企业社会责任、市场创新和技术创新三者提升产品海外形象的程度并不存在显著差别；就具有能力形成属性的企业而言，感知的企业社会责任（β=0.012，p<0.01）与市场创新（β=0.041，p<0.01）对产品海外形象的影响存在显著差别（β=-0.029，p=0.004；［-0.052，-0.010］，［-0.051，-0.009］），感知的企业社会责任与技术创新，以及技术创新与市场创新之间的对比效应并不显著，说明通过两者提升产品海外形象的程度并无显著差别；对于致力于打造完美市场关系的企业而言，通过感知的企业社会责任（β=0.029，p<0.01）提升海外形象与通过市场创新（β=0.063，p<0.01）提升产品海外形象在程度上具有显著差别，这个差异是-0.034（p<0.05），两种Bootstrapping方法的95%置信区间分别是［-0.069，-0.002］和［-0.068，-0.002］，同样，通过其他两个中介形成的形象提升并不存在显著差别。总之，在发达国家市场，创新（β=0.117，p<0.01）与社会责任（β=0.029，p<0.01）对于提升产品的海外形象存在显著差异（β=-0.088，p=0.000；［-0.135，-0.047］，［-0.134，-0.047］），且创新优于社会责任。这个结论区别于在发展中国家或新兴市场提升产品海外形象，创新与社会责任同等重要的战术战略，表明中国产品若想

表42-4　消费者卷入度调节效应结果

调节变量	阶段（技术创新）		调节效应（PCSR与市场创新）	
	第一阶段	第二阶段	PCSR→POI	市场创新→POI
消费者卷入度				
卷入水平高	0.344***	0.315**	0.029**	0.193***
卷入水平低	0.244**	0.107*	0.059**	0.183***
高低卷入度水平差异	0.100	0.208**	0.030	0.010

注：*** 表示p<0.01，** 表示p<0.05，* 表示p<0.1。
数据来源：作者计算整理。

走出去，实现全球化、国际化，需要因地制宜，针对海外不同的市场特色，合理配置有限资源，将更多的可调配资本投入到当地消费者更加关注和在意的焦点要素上。

三、调节效应分析

表 42-4 显示了消费者卷入度作为调节变量的调节效应的系数估计值；图 42-2 描述了消费者卷入度调节技术创新这一中介的简单效应；图 42-3 则表明了消费者卷入度对感知的企业社会责任、市场创新和技术创新的调节效果。其中，"高"和"低"分别表示较高和较低的消费者卷入度水平，分组依据是均值（mean = 4.057）±1 个标准差（S. D. = 1.204），高低卷入度水平差异是高消费者卷入度水平与低水平卷入度之差，表中各系数及显著性同样使用 Amos 23.0 软件，通过系数乘积战略和 Bootstrapping 的偏差校正置信区间法及百分位值法获得，抽取 5000 份 bootstrap 样本。首先，对于感知的企业社会责任到产品海外形象路径，卷入度水平较高的（β=0.029，p<0.05）与卷入度水平较低的（β=0.059，p<0.05）消费者群之间不存在显著差异（β=0.030，p>0.05），由图 42-3A 也可以看出同样的结论；同理，由表 42-5 和图 42-3B 可以看出消费者卷入度水平不调节市场创新到产品海外形象这条路径，高卷入度水平（β=0.193，p<0.01）与低卷入度水平（β=0.183，p<0.01）的差异是 0.010（p>0.05）不显著，假设 34-4a 和 34-4b 未得到验证。

A 高消费者卷入度水平

0.344*** (X→innoT), **0.315*** (innoT→Y), 0.150*** (X→Y)

B 低消费者卷入度水平

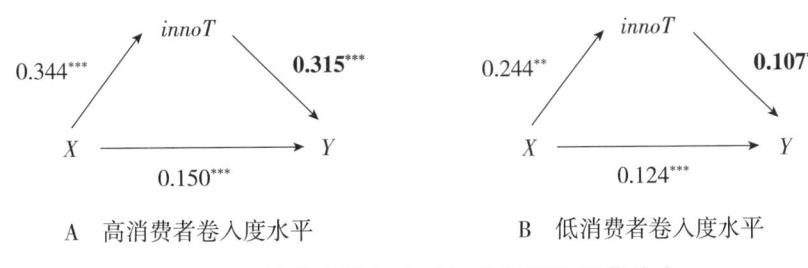

0.244** (X→innoT), **0.107*** (innoT→Y), 0.124*** (X→Y)

图 42-2 消费者卷入度对技术创新的调节效应

注：加粗体字的系数表示消费者卷入度水平显著调节了这一阶段的效应，*** 表示 p<0.01，** 表示 p<0.05，* 表示 p<0.1。

对于技术创新这个中介变量，间接效应的第一阶段，即市场关系到技术创新路径，高卷度水平组（β=0.344，p<0.01）与低卷入度水平组（β=0.244，p<0.05）并不存在显著差异（β=0.100，p>0.05），表明消费者卷入度不调节这一路径；间接效应的第二阶段，即假设 4c：市场创新到产品海外形象路径，高卷入度水平组（β=0.315，p<0.05）与低水平组（β=0.107，p<0.1）差异的估计系数是 0.208（p<0.05），差异显著，说明消费者卷入度水平调节了技术创新与产品海外形象之间的关系；通过图 3C 也可以观察到相同的结论，验证了假设 4c。与此同时，如图 42-2 所示，在比较技术创新中介高、低卷入度水平的样本中，我们发现对于间接效应

的第一阶段，高、低卷入度水平并不存在显著差异（β=0.100，p>0.05），而对于间接效应的第二阶段，高卷入度水平的样本存在是更强的效应（β=0.315，p<0.05），且两组的效应存在显著差异（0.315-0.107=0.208，p<0.05），假设4c再次得到验证。

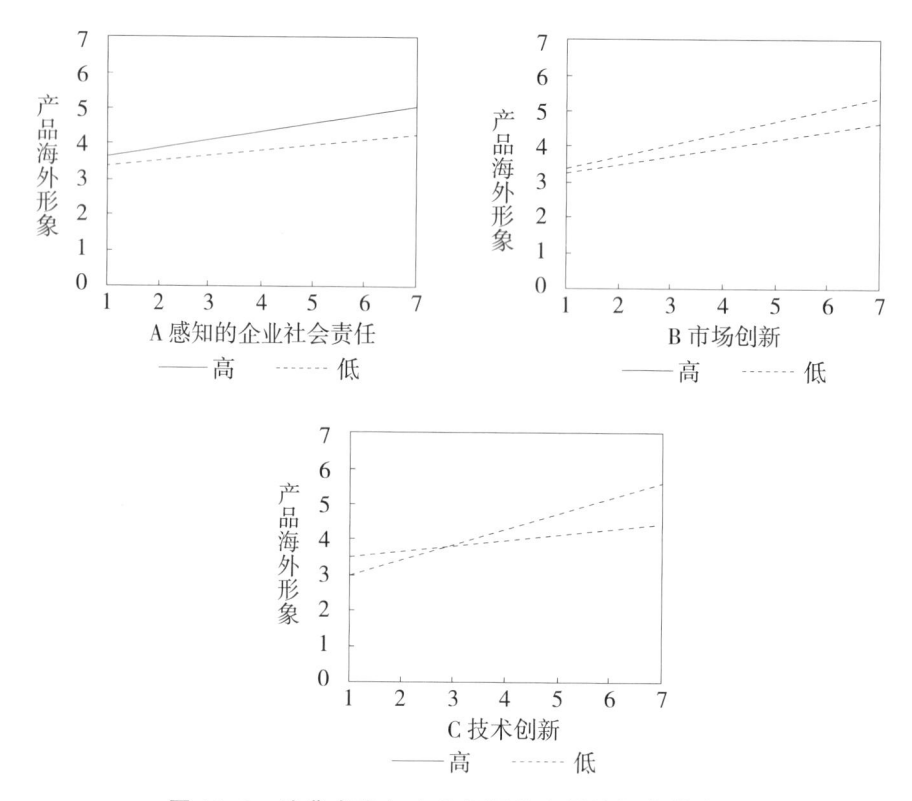

图42-3 消费者卷入度作为调节变量的调节效应图

第四节 结论与建议

本章基于海外发达国家消费者对中国产品/企业印象的调查数据，从创新（技术创新与市场创新）和社会责任两个角度重点探讨了提升产品在发达国家形象的最优组合策略，得出以下主要结论。

（1）提升产品在海外发达国家市场的形象，首先需要企业明确自己的定位，打造专属的市场关系，具备识别市场机会的能力和掌握学习专业知识的技能。

（2）为了在有限的消费者关注度下，合理地将有限资源和资本配置到能够发挥最大效用的战略重点上，想要拓展发达国家海外市场的企业需要重点关注创新，而非社会责任。具体而言，从市场创新、技术创新和感知的企业社会责任3个角度考察其对产品海外形象的影响程度，对于创新和社会责任而言，创新的贡献度大于社会责任的贡献度（$\beta=0.117-0.029=0.088$，$p<0.01$）；然而，对于市场创新和技术创新而言，市场创新（$\beta=0.063$，$p<0.01$）带来的形象提升略优于技术创新（$\beta=0.054$，$p<0.01$），同时，技术创新会受到不同的消费者卷入度水平影响，而市场创新则不会受到消费者卷入程度的限制，综合多重中介模型和调节效应的结论，可以表明：

（3）发达国家的市场信号告诉我们，一个具有较高水平消费者卷入度的企业，提升产品在发达国家海外形象的首选投入重点是市场创新，辅以技术创新；而当企业的消费者卷入度水平较低时，其投资重点则应侧重到市场创新上。需要注意的是，尽管在发达国家海外市场，创新优于社会责任，但消费者感知的企业社会责任仍然是显著的、不可忽略的提升产品海外形象的重要战略因素。本章的研究结果为揭示欲拓展发达国家市场的企业，应将有限资源投入到哪些特定因素以获取最大收益，形成最优战略提供了有利线索和经验证据，也为企业管理者引领企业从还算优秀迈入真正卓越带来了新的启示。

第一，对于拓展发达国家海外市场，企业应把创新作为引领发展的第一动力。企业想要走出去，应根据不同地区的经济发展程度及类型特点，采用不同的战术战略。对于新兴市场或发展中国家，创新与责任同等重要；绝大多数的新兴市场消费者有宗教信仰，其对企业社会责任的关注已经不仅反映在本国企业，而且体现在其对海外产品的总体印象上，也正因如此，企业社会责任已被提升到与创新同等重要的水平。而对于发达国家市场，本章的研究结果表明，创新优于社会责任。所以，应在深入贯彻创新、协调、绿色、开放、共享的发展理念的同时，深入实施创新驱动发展战略，依靠创新培育发展新动能，在多个领域和层次与当地企业开展科技创新合作。这样不仅可以为两国企业发展做出贡献，也能够使成果惠及更多国家，包括发展中国家。

第二，将有限资源投入到更有针对性的方向并保持坚定，在企业从优秀到卓越的转变中发挥着催化剂的作用。本章的研究结论已表明，对于创新主导型的企业，为获取最优利益，不同层次的企业有着截然不同的战略路径。更重要的是，无论是对于应重点侧重市场创新并辅以技术创新的企业，还是将侧重点转移到市场创新的企业，都应为打造拥有持久生命力的产品海外形象而设定极高的标准，不打半点折扣。在靠浑水摸鱼或裙带关系发展已经行不通了的今天，如果企业不能全情投入某一细分领域并坚定不移，成为全行业最棒的市场关系打造者，那么企业的海外形象难以为继。也就是说，产品海外形象折损的真正问题是企业的思维和信念落后于世界创新技术发展的脚步。

第三，"因地制宜，重点突破，分类推进"。提升产品海外形象的运行机制，与打造创新、合作、透明、绿色可持续并举的核心价值观密不可分。要把产品打入发达国家海外市场，在将重点资源配置到不同的创新层面时需注意，来自可持续发展的全球增速新引擎给各类企业带来了更为苛刻的要求，尤其是已经走过依赖传统工业发展经济，尝过环境污染带来恶果的发达国家市场更是如此。企业应始终坚持绿色发展和可持续发展，升级创新形态，打造全新的产品海外形象。

第43章 在发展中国家提升中国产品海外形象的战略重点与路径研究[①]

第一节 问题的提出与研究假设

一、问题提出

中国产品海外形象的提升与维护需要正确的策略和管理。全方位的形象提升必须形成一系列精心策划、相互联系的优化路径，以满足日益增长、更为广泛的市场构成和消费者需求，同时必须考虑这些路径产生的深远影响。当企业重点关注显性的和潜在的消费者需求，聚焦于创造挖掘更多的消费者价值时，其产品在消费者心目中的形象会随着企业行为的变化而发生变化，对这些行为的剖析和探索形成了提升中国产品在发展中国家形象的主要路径。海外消费者在不断思考自身购买行为所带来的环境和社会影响，迫使中国企业同样面临道德选择和复杂的权衡，现在比以往任何时候都需要更全面的思考，使用创造性双赢方法来平衡各方的需求，创造并传播产品和服务的真正价值。

尽管消费者导向是必要的，但这并不够，中国企业和中国产品必须具有创造力，同时匹配强烈的伦理观、价值观和社会责任感。已有文献中，一方面，有学者深入研究创新（包括基于技术的创新和基于市场的创新）对企业发展和提升产品形象的重要作用，如冯之浚等（2015）认为创新是经济发展的决定力量，塑造企业自身创新能力是服务经济时代的核心要务。另一方面，中国企业和中国产品也必须重点剖析消费者感知的企业社会责任的价值，强调履行社会责任的必要性。使消费者、员工和其他利益相关者感到满意并获得商业成功，是与采用和履行高标准的社会责任承诺行为紧密联系的，这不仅是"正确的事"，也是"要去做的聪明的事"。受传统发展方式的影响，现在的企业，尤其是中国企业，更加重视创新的作用，更愿意为基于技术和基于市场的创新投入更多的成本，以期得到有形的财产收入或绩效提升。但是，创新与企业社会责任两者的关系到底如何？在提升中国产品在发展中国家或新兴市场的海外形象的过程中，创新是否比企业社会责任更加重要？

本章使用来自中亚六国的302份海外消费者的问卷调查数据，建立了多重中介模型，试图通过数据反映两者的真实关系，说明创新和企业社会责任在提升产品海

[①] 原载《科研管理》，2018年第12期。

外形象方面的重要性差别，同时分析基于技术的创新与基于市场的创新对产品海外形象的提升是否也会有不同程度的作用。中国企业是否应该决定在企业社会责任中扮演一个更积极的战略性角色，小心地审视目标海外市场消费者的信仰，应该如何对待其社区和环境？企业需要如何接受挑战并利用对可持续性的需求来加速创新？回答这些问题已经成为深入研究发展中国家消费者对中国产品形成积极印象的关键，成为剖析中国产品提升海外形象的主要路径。

二、研究假设

（一）消费者定位与产品形象

进行消费者定位需要充分了解目标顾客，因为他们为产品提供者持续的延伸产品或最优价值。消费者定位要求产品提供者理解购买者的整体价值链，不仅是因为当前的利润需求，还因为对整体价值链的把握将会随着时间的推移形成符合内在机理和市场动态的长期价值，这种价值就包括消费者心目中的产品海外形象，其可以分为价格与价值、服务与管理、广告与声誉、设计与风格、消费者资料或顾客资料五个类别，意味着产品的提供者可以通过这五个方面提升产品在消费者心目中的总体形象。

产品提供者只有使用全面的定位框架才能清楚掌握潜在消费者现在或将来可能的需求，识别出可能的消费者满意因素。这样的消费者定位可以创造更多的价值，从不同的角度提升产品在消费者心中的形象，因此，本章提出如下假设：

H1：消费者定位与产品海外形象之间存在着显著的正相关关系，即消费者定位越精准，产品海外形象的正向积累就越多。

（二）创新的中介效应

消费者定位的主要目的不仅是掌握消费者的显性需求，更重要的是了解其潜在需求。可以通过提高领先用户的技术来加强消费者潜在需求的挖掘能力，即将可获得的最先进技术使用到"难缠和苛刻的用户"身上，这种方式常常可以成为发现消费者隐性需求的全新解决方案。这样的视角对于技术创新是非常有益的，能够极大地改善现有市场的消费者利益，同时迎合最难缠的用户的需求。虽然在技术上的投资是巨额的、有风险的，但来自市场和消费者的信号是清晰确定的，这是提升产品海外形象的必由之路。消费者定位的重点是创造"来源于消费者和竞争者分析的、基于知识的、更优的消费者价值"，虽然这样的聚焦可能会导致一些风险，但却能够为新兴市场的创新提供更多的可能性。

基于技术和市场的创新将科学技术引入产品和企业之中，形成了一种新的生产能力，这种能力渗透到产品的设计中，通过服务和管理体现产品的价值，成为产品的主要卖点和声誉来源，同时为消费者带来利益。这种创新的能力可以通过这五个角度提升产品在消费者心目中的总体形象。

因此，基于技术和基于市场的创新更多来自消费者需求和导向的驱动，同时，这两方面的创新又会在某种程度上提升产品海外形象。本章提出假设 H2a~H3b。

H2a：产品提供者对消费者定位的关注度越高，基于技术的创新就会越多。

H2b：产品提供者基于技术的创新越多，产品在海外消费者心目中的总体形象就会越好。

H3a：产品提供者对消费者定位的关注度越高，基于市场的创新就会越多。

H3b：产品提供者基于市场的创新越多，产品在海外消费者心目中的总体形象就会越好。

（三）消费者感知的企业社会责任的中介效应

李伟阳和肖红军（2011）认为企业社会责任源于自愿的慈善行为、社会或消费者对企业行为的期望、企业对社会压力的回应等九种认知，可以看出，无论是主观自愿，还是迫于社会压力，企业履行社会责任义务的主要驱动因素是社会，是大众，是企业广义的消费者。以消费者为导向的企业更倾向于满足消费者需求，增加其对企业履行社会责任的感知。与此同时，消费者对企业社会责任的感知还能够提高一线员工的绩效，增加消费者对企业的识别度。例如，当一个企业更主动、更多地履行社会责任时，传递给消费者的企业形象（如公德心、慈善）会更加积极，消费者会对企业有更高的识别度，所以会更加支持企业，对企业的产品形象拥有更好的感知。因此，本章认为感知的企业社会责任是消费者定位与产品形象的中介变量，并提出假设 H4a~H4b。

H4a：产品提供者对消费者定位的关注度越高，消费者对企业社会责任的感知就会越多。

H4b：消费者感知的企业社会责任越多，产品在消费者心目中的总体海外形象就会越好。

基于上述理论依据和研究假设，本章的研究框架如图 43-1 所示。

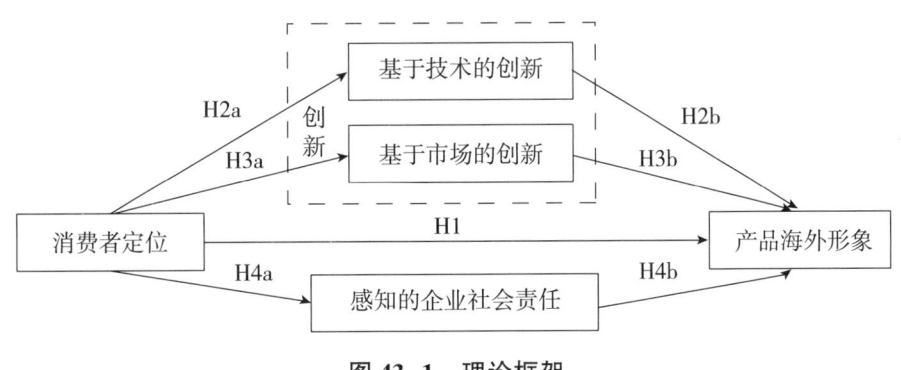

图 43-1 理论框架

第二节　样本数据来源与研究方法设计

一、样本数据基本情况

本章的调研对象为有过中亚地区和中国两种生活经历的中亚籍消费者，中亚籍华人和华侨不在调查范围内。受访者分别来自中亚的土库曼斯坦、乌兹别克斯坦、吉尔吉斯斯坦、塔吉克斯坦、哈萨克斯坦和阿富汗等六国。问卷使用中文和英文两种语言形式，标准的反向翻译（Back-translation）技术被应用到中英两个版本中。

共发放问卷 7321 份，回收 1164 份，回收率 15.9%，剔除部分问题问卷，[①] 剩余有效问卷 302 份，有效率 26.0%。有效样本中，男性 174 人（57.6%），女性 126 人（41.7%）。多数受访者的平均年龄分布在 25~55 岁之间（85.3%），家庭年收入在 3000~9000 美元之间（23.5%），有宗教信仰（93.4%），未婚（56.3%），并且拥有本科及以上学历（70.1%）。受访者来自不同的行业领域，如企事业单位、个体/私营业主、教育行业、互联网商务、自由职业等。

二、变量测量

所有的变量测量均借鉴成熟量表，使用李克特 7 点量表进行评价，1 表示程度低或强烈不同意，7 表示程度高或强烈同意，NA 表示不清楚或不知道。得分越高，表示中国产品在发展中国家消费者心目中的海外形象越好，消费者感知的企业履行社会责任的程度越高，产品提供者以发展中国家消费者的需求为中心，消费者定位越准确等，反之亦然。具体而言：①产品海外形象，采用 Nagashima（1977）的产品形象量表（JM）。②消费者定位，采用 Narver 和 Slater（1990）设计的消费者定位量表（JM）。样题如"您觉得中国产品能够给您舒服、温馨的感觉""您对中国产品进行退换、保修等售后服务方面的满意程度"等。③感知的企业社会责任，采用 Lichtenstein 等（2004）编制的感知的企业社会责任量表（JM）。样题如"您觉得中国企业能够投资于社区教育、卫生和基础设施的建设""您觉得中国企业能够为社区创造就业机会"等。④基于技术的创新和基于市场的创新，分别采用 Zhou 等（2005）（JM）与 Gatignon 和 Xuereb（1997）（JMR）提出的两个创新量表。基于技术的创新样题如"您觉得中国产品的技术创新是革命性的、有重大突破的、全新的""总体上来讲，中国产品和主要竞争对手的产品是相似的"等。基于市场的创新样题如"您觉得中国产品的主流消费者很难理解中国产品的产品理念""您觉

---

① 问题问卷包含数据全部一样、数据跳填和填项矛盾等，均被视为无效问卷。

得对于中国产品的主流消费者而言，中国产品有较高的转换成本"等。

三、模型设定

本章使用结构方程模型（Structural equation modeling，SEM），运用 Bootstrapping 的方法估计这个多重中介模型（见图 43-2）和式（43-3）中三重中介的对比效应。

本章中三个中介变量的总间接效应是三个特定中介效应之和，即 $F = a_1b_1+a_2b_2+a_3b_3$，使用 Bollen（1987）的方法计算包含三个中介变量的总间接效应的渐进方差：

$$Var[F] = b_1^2 s_{a_1}^2 + a_1^2 s_{b_1}^2 + b_2^2 s_{a_2}^2 + a_2^2 s_{b_2}^2 + b_3^2 s_{a_3}^2 + a_3^2 s_{b_3}^2 + 2(a_1 a_2 s_{b_1, b_2} + a_1 a_3 s_{b_1, b_3} + a_2 a_3 s_{b_2, b_3} + b_1 b_2 s_{a_1, a_2} + b_1 b_3 s_{a_1, a_3} + b_2 b_3 s_{a_2, a_3}) \quad (43-1)$$

式（43-1）中的下标表示含有 a 和 b 路径的中介变量的系数是有关联的，s 表示相应下标路径的标准差，这个总量的平方根是三重中介模型的总间接效应的一阶标准误。

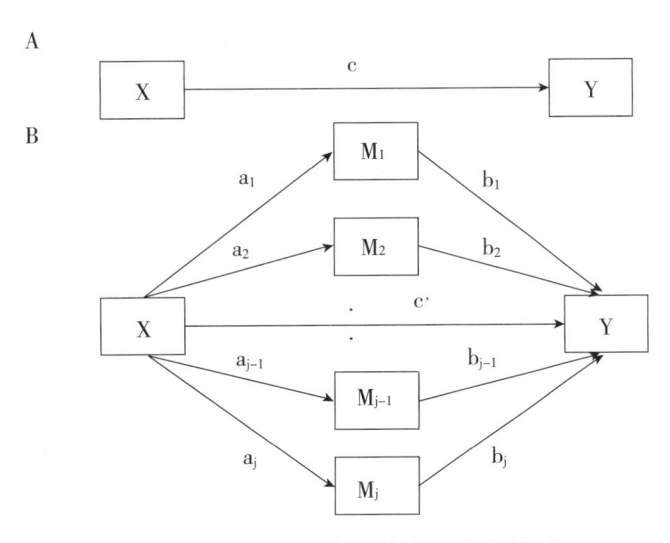

图 43-2　j 个中介变量的多重中介模型

注：①X 到 Y 的效应；②假设 X 到 Y 存在 M_1，M_2，…，M_j 个中介效应；③a_j、b_j、c 和 c' 分别表示第 a_j、b_j、c 和 c' 条路径。

三重中介模型中，对比两个特定的间接效应。以对比中介变量 M_1 和 M_2 为例，效应的对比值 F_c 为

$$F_c = a_1 b_1 - a_2 b_2 \quad (43-2)$$

使用 DELTA 方法有：

$$var[F_c] = b_1^2\delta_{a_1}^2 - 2b_1b_2\delta_{a_1,a_2} + b_2^2\delta_{a_2}^2 + a_1^2\delta_{b_1}^2 - 2a_1a_2\delta_{b_1,b_2} + a_2^2\delta_{b_2}^2 \qquad (43-3)$$

第三节 实证检验与结果分析

一、信度和效度检验

（1）信度和收敛效度。运用Amos23.0软件对研究中使用的量表进行验证性因素分析（CFA），通过计算每个构念的组成信度（CR）和平均提取方差（AVE）评估潜变量的信度和收敛效度。CR值在0.768~0.895之间，AVE值在0.507~0.631之间，均达到了建议值（CR>0.7，AVE>0.5）。因此，测量量表具有较好的内部一致性，信度良好，且具有收敛效度（见表43-1）。

表43-1 验证性因素分析汇总表

潜变量	测项	非标准负荷	标准误	t值	标准负荷	项目信度	CR	AVE
产品海外形象	pi 1	1	—	—	0.802	0.643	0.895	0.631
	pi 2	1.026	0.068	15.082***	0.802	0.643		
	pi 3	0.946	0.072	13.206***	0.721	0.52		
	pi 4	1.179	0.077	15.319***	0.812	0.659		
	pi 5	1.173	0.074	15.757***	0.831	0.691		
消费者定位	cor1	1	—	—	0.742	0.551	0.872	0.577
	cor 2	1.144	0.087	13.142***	0.788	0.621		
	cor 3	1.05	0.077	13.571***	0.816	0.666		
	cor 4	1.148	0.087	13.256***	0.796	0.634		
	cor 5	0.858	0.08	10.688***	0.644	0.415		
感知的CSR	pCSR 1	1	—	—	0.746	0.557	0.831	0.552
	pCSR 2	0.945	0.079	11.937***	0.775	0.601		
	pCSR 3	1.101	0.094	11.686***	0.752	0.566		
	pCSR 4	1.009	0.092	10.933***	0.696	0.484		
基于市场的创新	Inn_m1	1	—	—	0.81	0.656	0.803	0.507
	Inn_m2	0.847	0.076	11.155***	0.717	0.514		
	Inn_m3	0.833	0.079	10.502***	0.665	0.442		
	Inn_m4	0.754	0.074	10.217***	0.646	0.417		

续表

潜变量	测项	非标准负荷	标准误	t值	标准负荷	项目信度	CR	AVE
基于技术的创新	Inn_t1	1	—	—	0.637	0.406	0.768	0.529
	Inn_t2	1.365	0.16	8.516***	0.864	0.746		
	Inn_t3	1.147	0.127	9.015***	0.66	0.436		

注：① *** 表示 $p<0.01$。②pi 指代产品海外形象（product image）；cor 指代消费者定位（consumer orientation）；pCSR 指代感知的企业社会责任（perceived corporate social responsibility）；Inn_m 指代基于市场的创新（market-based innovation）；Inn_t 指代基于技术的创新（technology-based innovation）。

（2）区别效度。使用两种方法检验构念的区别效度。首先，对比五因素、四因素、三因素、双因素和单因素模型的拟合度。嵌套的对比模型说明五因素模型（$\chi^2 = 225.467$，$\chi^2/df = 1.260$，AGFI = 0.917，CFI = 0.982，RMSEA = 0.029）相对于其他模型是最优的，四因素模型 [$\Delta\chi^2$（4）= 245.380，$p<0.00$]、三因素模型 [$\Delta\chi^2$（7）= 587.899，$p<0.00$]、双因素模型 [$\Delta\chi^2$（9）= 904.790，$p<0.00$] 和单因素模型 [$\Delta\chi^2$（10）= 1759.183，$p<0.00$] 拟合度不高，如表43-2所示，选用的量表具有较好的区别效度。其次，计算每两个构念的共同方差，平均提取方差（AVE）的最小值为0.507，高于量表构念所有可能的两两结合的共同方差（表43-3的上三角部分）的最大值0.071，说明研究选用的量表具有较好的区别效度。表43-3还显示了各主要变量的均值、标准差及变量之间的相关系数（下三角部分），可以看出消费者定位与产品海外形象之间的正向相关关系。

表43-2 区别效度检验

模型	建议值							
	χ^2	df	χ^2/df	GFI	AGFI	TLI	CFI	RMSEA
	越小越好	越大越好	<3	>0.9	>0.9	>0.9	>0.9	<0.08
1. 五因素（pi, cor, pCSR, Inn_m, Inn_t）	225.476	179	1.260	0.936	0.917	0.979	0.982	0.029
2. 四因素（pi, cor, pCSR, Inn_m+Inn_t）	470.856	183	2.573	0.861	0.825	0.872	0.889	0.072
3. 三因素（pi, cor, pCSR+Inn_m+Inn_t）	813.375	186	4.373	0.752	0.692	0.726	0.757	0.106
4. 双因素（pi, cor+pCSR+Inn_m+Inn_t）	1130.266	188	6.012	0.689	0.618	0.593	0.635	0.129

续表

模型 \ 建议值	χ^2 越小越好	df 越大越好	χ^2/df <3	GFI >0.9	AGFI >0.9	TLI >0.9	CFI >0.9	RMSEA <0.08
5. 单因素（pi+cor+pCSR+Inn_m+Inn_t）	1684.659	189	8.914	0.577	0.483	0.357	0.421	0.162

注："+"为两个变量组合。

表 43-3　各变量均值、标准差、相关性及共同方差

变量	Mean	SD	1	2	3	4	5
1. 产品海外形象	4.632	1.021	—	0.067***	0.071***	0.065***	0.043***
2. 消费者定位	4.600	1.101	0.258***	—	0.031***	0.058***	0.030***
3. 感知的企业社会责任	4.757	1.142	0.267***	0.177***	—	0.012	0.065***
4. 基于市场的创新	4.420	1.129	0.254***	0.241***	0.110	—	0.014**
5. 基于技术的创新	4.494	1.051	0.208***	0.173***	0.255***	0.117**	—

注：① *** 表示 p<0.01，** 表示 p<0.05（双尾）。②矩阵对角线下方是相关系数；矩阵对角线上方是共同方差。

二、多重中介效应

（1）总效应和直接效应。消费者定位对产品海外形象的总效应和直接效应分别是 0.3277（p<0.01）和 0.1883（p<0.01），两者的差异是三个中介变量的总的间接效应 0.1394，百分位值法和偏差校正法 Bootstrap 置信区间分别是 [0.0590，0.2423] 和 [0.0640，0.2545]，可以看出消费者定位对产品海外形象的总效应和直接效应的差异是异于零的。这验证了假设 H1。

（2）特定间接效应。多重中介模型中，我们更关注特定的间接效应。使用 Bootstrapping 的方法检验间接效应，使用百分位值和偏差校正两种方法估计每个间接效应的置信区间。特定的间接效应是 $a_1b_1=0.0270$（基于技术的创新），$a_2b_2=0.0556$（基于市场的创新），$a_3b_3=0.0569$（基于感知的企业社会责任），这三个特定间接效应的标准误和临界比率如表 43-4 所示。我们发现，通过"感知的企业社会责任"和"基于市场的创新"所产生的消费者定位对产品海外形象的特定间接效应是显著异于零的，使用偏差校正法对通过"基于技术的创新"产生的间接效应进行 Bootstrapping 时，结果显著异于零，而通过百分位值法估计的结果显著为零，说明相对于感知的企业社会责任和基于市场的创新，这是一个较弱的特定间接效应，但可以看出，基于技术的创新也是一条多重中介。假设 H2、H3、H4 得到了验证。

表 43-4 基于 Bootstrapping 的多重中介效应报表

变量/关系	系数估计值	系数乘积战略		Bootstrapping			
		标准误	Z 值	百分位值法 95%CI		偏差校正法 95%CI	
				下限	上限	下限	上限
间接效应							
基于市场的创新	0.0556	0.0296	1.8784	0.0068	0.1216	0.0116	0.1321
基于技术的创新	0.027	0.0202	1.3366	-0.0036	0.0765	0.0003	0.0851
感知的企业社会责任	0.0569	0.0261	2.1801	0.0142	0.1162	0.0181	0.1242
总间接效应	0.1394	0.047	2.966	0.0590	0.2423	0.064	0.2545
直接效应							
消费者定位→产品海外形象	0.1883	0.0866	2.1744	0.0251	0.3617	0.0228	0.361
总效应							
消费者定位→产品海外形象	0.3277	0.082	3.9963	0.1753	0.4910	0.1714	0.4863
对比效应							
基于市场 vs. 基于技术的创新	-0.0299	0.0313	-0.9553	-0.0965	0.0301	-0.1022	0.0259
基于市场的创新 vs. PCSR	0.0013	0.036	0.0361	-0.0708	0.0738	-0.0723	0.0729
基于技术的创新 vs. PCSR	0.0286	0.0376	0.7606	-0.0466	0.1043	-0.0409	0.1109

注：5000 份 Bootstrap 样本。PCSR 代表感知的企业社会责任。

（3）对比效应。考察这三个特定间接效应差异的显著性是很有趣的，表43-4下方是特定间接效应的两两对比结果。首先比较基于技术的创新和感知的企业社会责任，使用式（43-2）和式（43-3）定义两者的差异和差异的样本方差值，可以得到 $F_c = 0.1567 \times 0.1723 - 0.2400 \times 0.2369 = 0.0286$，$var[F_c] = 0.0014$。这个差异的95%的置信区间是 [-0.0466, 0.1043] 和 [-0.049, 0.1109]，由于零被包含在这个区间里，所以基于技术的创新和基于感知的企业社会责任这两个特定间接效应在重要性上没有显著的差异，尽管在特定间接效应的检验中，感知的企业社会责任显著异于零，而另一个基于技术的创新在百分位值法上是显著等于零的。当基于技术的创新没有充分显著等于零，或者基于感知的企业社会责任没有充分异于零时，这样表面上的矛盾是可能发生的。两者的对比效应显示，在发展中国家提升中国产品海外形象的过程中，技术创新和企业社会责任具有同等重要的作用。同理，可以判断感知的企业社会责任和基于市场的创新，以及基于市场和基于技术的创新这两组特定间接中介效应的差异。

这些结果表明，基于市场的创新、基于技术的创新和感知的企业社会责任，三者作为一个集合，在消费者定位与中国产品海外形象的关系中起到了中介效果；更为重要的结论是，在发展中国家提升中国产品的海外形象，需要同时关注技术创新、市场创新和企业社会责任，三者在提升形象的战略和方案实施方面具有同等重要的作用，这与直觉上或在其他地区得出的创新比企业社会责任（绿色发展）更为重要的结论截然不同。更准确的消费者定位会帮助企业更好地把握技术创新、市场创新和感知的企业社会责任三个维度，这些又会反过来更好地提升中国产品在发展中国家的形象。值得注意的是，单个特定的中介效应并不代表给定的中介变量（M）对解释变量（X）和被解释变量（Y）的中介作用，而是表示在控制了其他中介变量后 M 的中介作用。以感知的企业社会责任为例，0.0569 是指在控制了基于技术和基于市场的创新后，其对消费者定位与产品海外形象之间的特定间接中介效果。

第四节　结论与建议

本章基于中亚国家消费者对中国产品印象的调查数据，从产品提供者和消费者的角度探讨了提升中国产品在发展中国家的形象的优化路径和战略重点，得出以下主要结论。

（1）精准的发展中国家（新兴市场）消费者定位，不同于新常态下总体的或在发达国家市场的战略侧重点。首先，使中国制造的产品人性化、精益求精、注重细节等是消费者定位必不可少的，这也是吸引消费者的主要因素。与此同时，相较于传统的廉价多销形象战略，以及新常态下品质、创新和责任并驾齐驱、创新优于责任的总体战略而言，针对发展中国家新兴市场的战术定位，需要注意创新与社会责任两者具有同等重要的作用。

（2）新兴市场的信号告诉我们，在领先用户中使用先进的技术，进行技术二次创新，是提高产品海外形象的首选途经和必由之路。所以要继续保持和加强对技术创新的重视，培养企业的创新意识和创新能力。相较日本和一些欧美国家的企业，中国企业虽然首创精神不足，但擅长拿来主义，可以在改良和细节上下功夫，实现"二次创新"，即让原本属于外国的突破性核心专利为己所用，在这个过程中实现自己的技术创新。

（3）中国产品要在复杂多元的市场上立足，不能仅迫于市场压力而被动地采取新技术，发明新产品，还需要用创新的方式发展用户，开发未知的市场。

（4）目前发展中国家的消费者对于企业慈善行为的期望已经达到了一定的高度，中国企业在消费者心目中的形象和企业的识别度已经反映到了企业的绩效层面。因此，消费者对企业社会责任履行程度的感知对于提升中国产品的形象起着举足轻重的作用，并且达到了与创新同等重要的战略水平。中国企业需要提高消费者感知的企业社会责任，以促使自己的客户信任中国产品，让发展中国家的消费者信任中国企业。

第44章　国家形象对提升中国产品海外形象的战略影响研究[①]

第一节　问题的提出与研究假设

一、问题提出

国际社会对"中国声音"和"中国方案"的期待，已经成为一种新的常态。对中国而言，亚投行和"一带一路"等外交设计之高，不仅在于它有望成功改变金融决策权长期受制于人的局面，还在于它将迅速提升中国的国家形象。我们迫切希望增强我国品牌的影响力，以促使其与逐步上升的国家形象相匹配。然而，国家形象如何作用于品牌资产，如何通过国家形象的提升累积品牌资产的潜在能力已经成为需要理论界和实践界探讨的重要问题。强势的全球化品牌并不是某个公司或某个商标，它的价值来源于与消费者的紧密关系，取决于消费者头脑中的观念和联想。全球化和国际商务活动的常态化使消费者在一个国家获得另一个国家的产品更加便利，来源国或产品的"产于"（made in）标签也在消费者心目中生成了次级联想，这种联想影响着消费者的感知，操控着他们对某些品牌的偏好和选择，甚至使他们宁愿倾向支付更多的货币。理论上，学者们从三个角度剖析了需要深刻认识国家形象与品牌资产间的重要关系的原因：①从消费者的角度看，日益繁荣的国际贸易使消费者获得跨国产品更加容易，企业的顾客已经将产品和产品的来源国形象紧密地联系在一起，消费者的感知及由这种感知带来的消费行为，迫使企业必须慎重考虑两者的关系。②就企业自身而言，品牌资产已经是一种宝贵的资产和竞争优势来源，出于战略方面的考虑，其需要在其他国家推出自己的品牌以获得规模经济等效益。③从国家层面来看，发达国家中越来越多的企业将生产转移到其他国家，以获取廉价劳动力和减少运输成本，生产与销售已不再局限于某个区域或某个国家内部，国家、这个国家的企业、这个国家的产品已经作为一个整体形象被消费者认知。目前，研究者已经开始致力于形成品牌资产测量构念的研究，强调影响品牌资产的诸多因素。然而，尽管国家形象对品牌资产的重要意义已经得到了理论界和实践界的认可和强调，但多数研究着眼于证明国家形象是否对品牌资产产生了重要影响，以及影响的程度等方面，对于两者之间的作用机理并没有进行深入剖析。

[①] 原载《吉林大学社会科学学报》，2016年第4期。

第九篇 塑造良好产品形象 提升中小企业国际竞争力研究

第44章 国家形象对提升中国产品海外形象的战略影响研究

实践中，新兴经济体的发展伴随着风险，以中国为例，中国产品需要走出去，中国的国家形象，对中国品牌有很大的影响。从中国制造到中国创造，再到中国品牌是一个艰辛的探索过程。在这样的背景下，本章试图回答三个问题：①国家形象[①]是否会对品牌资产产生影响？②国家形象如何影响品牌资产？③在不同的情况下，国家形象对品牌资产是否有不同的影响？从管理者的视角看，这三个问题代表着管理者面临的核心问题，将为管理者提供与品牌国际化战略有关的重要信息。本章主要讨论管理者是否应该通过提升品牌所在国家的形象来提升产品的品牌资产，是否应该在确定了国际化的目标后，致力于为提升国家形象而配置资源和安排相关的行动，以及提升哪些国家形象方面的内容会迅速累积品牌资产。

本章将国家形象分为国家国民形象、文化形象、政治经济形象和科技创新形象四个一阶构念，认同将品牌资产分为品牌忠诚度、品牌知名度、品牌感知质量、品牌联想和其他品牌资产几个维度的划分，从而将抽象的国家形象与品牌资产研究推进到具体层面，以考察国家形象影响品牌资产的运行机制和作用机理，分析管理者如何致力于国家形象的提升，进而迅速累积品牌资产。具体而言，首先，构建了国家形象的二阶构念，检验其是否会影响由品牌忠诚度和知名度等组成的品牌资产。其次，考察外国消费者对国家形象产生的印象或信念如何影响品牌资产的积累。感知价值是国家形象作用于品牌资产的关键环节，消费者对国家形象和产品价值的感知直接影响和决定他们对该国产品的评价与判断，形成正面或负面的品牌资产。最后，从消费者爱国心的视角，考察国家形象和感知价值对品牌资产的作用机理。研究发现，国家形象与品牌资产有显著的正相关关系，国家形象越高，品牌资产的正向积累就越多；感知价值在国家形象与品牌资产的关系中起到部分中介作用，即国家形象在直接影响品牌资产的同时，又通过外国消费者对该国产品的感知价值影响着品牌资产；消费者爱国心调节着国家形象、感知价值和品牌资产的关系，相比于爱国心水平较低的消费者群体，具有较高爱国心的消费者群体对产品国家形象和感知价值的反应更为敏感。

本章可能的研究贡献或预计将取得的研究进展体现在三个方面：①国家形象的二阶构念。国家形象不是一个单一的维度，需要通过不同的角度刻画和体现，本章在已有的对国家形象构念研究的基础上，将能够体现国家特色的国家国民形象、文化形象和政治经济形象、科技创新形象相结合，形成国家形象的二阶构念，从而丰富和拓展了国家形象研究文献。②本章为国家形象累积品牌资产的运行机制提供了

[①] 自从1965年Schooler介绍来源国形象的文章发表以来，各国学者便陆续展开有关国家形象（Country Image）的相关研究。在众多的相关研究中，也出现了许多不同的名词，如国家形象、来源国形象（Country of Origin）、制造地形象（Made in Image或"Made in" Image）、产品的国家形象（Product Country Image）和国家刻板印象（Country Stereotype）等。为了陈述的便利性和统一性，本章所指的国家形象等同于来源国形象，等同于产品的国家形象。

理论分析和实证支持,拓展了现有国家形象与品牌资产的分析框架,与此同时,相对于倾向以学生为样本的研究,本章的研究样本来自使用过中国产品,并且具有双国生活经历的外国消费者群体。① ③本章从消费者爱国心角度深入分析了其对国家形象、感知价值和品牌资产的影响,对于不同爱国心水平的消费者群体,国家形象影响品牌资产的程度是不同的。相对于已有的对国家形象和品牌资产关系的验证式研究,本章的研究结果有助于深入了解国家形象作用于品牌资产的运行机理。这是国内第一次针对来自132个国家的3601个外国消费者的问卷调查,本章的结论丰富了国家形象与品牌资产方面的文献,其研究结果对于实施品牌国际化战略的管理者具有重要借鉴意义和参考价值。

二、概念发展与定位

(一) 国家形象

介绍来源国(Country of Origin,COO)形象这篇开创性文章发表后,学界出现了一种被普遍接受的概念,"形象"意味着与思想、情感背景和内涵相关的概念,因此,"制造国"形象是商人和消费者都非常重视的对一个特定国家产品的构想、声誉和刻板印象,这个形象被诸如代表性产品、国家特征、经济和政治背景、历史和传统等变量所创造,并与大众传播、个人经历和对国家领导人的看法有关,它强烈影响着国际市场的消费者行为。尽管国家形象的重要性引起了各国研究者的广泛关注和重视,但通过对文献的仔细研究可发现,20世纪80—90年代,国家形象的不同定义成倍数增长,大致可概括为三类:①整体的国家形象;②产品的国家形象;③产品形象(与国家有关的)。第一类把国家形象视为一个由多重因素共同影响的通用建构,不仅包含代表性产品产生的一般形象,还包括经济和政治上的成熟度、历史事件和关系、传统、工业化和技术的精湛程度等,这种分类还可以分为三组,第一组将国家形象定义为在公众心目中对一个国家的感知、(精神)构想或印象;第二组将国家形象概括为一个感知的建构;第三组采取了一种更为广泛的定义形式,在国家形象的建构上,不仅包括感知,还包括情感元素,把国家形象看作元素或联想的网络。

第二类把国家形象聚焦在产品来源国的角色上,产品形象和国家形象是两个相互独立却又相关的部分。通常将国家形象定义为消费者对不同国家和这些国家生产的产品的印象。这类定义表明,首先,国家形象或产品形象被分别定义为国家或品牌的精神构想,即是两个相互区分又相似的概念。其次,国家形象影响来自这个国

---

① 由于国家形象应是对已知的、不同于填答问卷消费者母国的国家的印象,所以需要确保受访者的母国与拟研究的产品来源国不是同一个国家,同时保证受访者对拟调研国家和产品有一定的了解。因此,本章选择消费过中国产品,且具有双国生活经历的消费者群体作为调研对象。

家的产品的形象。事实上，一些研究表明，消费者对一个国家的产品偏好和消费者心目中的国家形象是有关系的，同时也应该注意到，国家形象不仅影响着产品的评价，也影响到其他的重要产出，如投资、旅游等。所以，这些学者提供了一个相当严格的来源国形象的定义范围。

第三类认为国家形象是指产品水平上的国家形象，这些定义特定地聚焦在一个国家的产品形象，可以追溯到最初 Nagashima（1970）的概念，然而，尽管使用了"国家"这个术语指定形象的对象，但 Nagashima（1970）的定义实际上指的是特定国家的产品，因此其定义应该是产品形象而不是国家形象。随着 Nagashima（1970）定义的提出，许多研究者相继提出了相似的聚焦于产品形象而不是他们声明的来源国形象的概念，这类研究的对象通常是"整体的"或"一般的"产品形象，而不是指定产品类别的国家形象。[①] 许多研究者也将国家形象定义为"感知"，也有部分学者使用相关的术语，例如"印象"或"联想"，还有部分学者涉及"刻板印象"或者"模式"，少部分学者指定国家形象是"信念"，"信念"是态度的一个组成部分，国家形象的这些定义可以据此划分为"感知论""印象论""模式论"和"信念论"。

根据本章的研究定位，本章选择使用被普遍接受和使用的定义和理论类别展开后续研究。

（二）品牌资产

20 世纪 80 年代以来，品牌资产一直是市场营销领域的核心概念和关键研究领域，并且随着全球化和不断升级的竞争形式，它的作用在不断加强。虽然许多学者围绕品牌资产做了广泛的研究，但是关于这个主题的文献大部分仍然是零散的、没有定论的。学界有许多定义品牌资产术语的角度，包括财务角度、消费者角度、整体功能角度等。消费者角度的定义主要基于品牌在消费者心中的力量这一前提；财务角度的定义主要考虑品牌对公司的货币价值。然而，品牌财务价值形成的根本在于消费者对品牌的反应所产生的最终产出，如果一个品牌对于消费者没有价值，也就意味着它的财务价值是零，这意味着品牌在市场上根本就不存在，因此，大多数研究从消费者的角度形成品牌资产的概念。

Aaker（1991）和 Keller（1993）将基于消费者的观点引入品牌资产领域，认为品牌资产是"与品牌（品牌的名称和象征）和提供的产品或服务的附加价值（或减值）有关的资产的集合，如品牌的认知度、忠实的消费者、感知质量和联想（如'纯联想'和'浮动联想'）"。Aaker（1996）进一步将资产和负债分为"品牌认知度、感知的品牌质量、品牌形象/联想和品牌忠诚度等"，其中前三个要素从本质

[①] 我们认同以特定产品类别和国家形象之间的关系作为研究对象或研究范围的研究，正如我们在"未来研究方向"部分提到的，我们认为这是一个可能的未来的研究方向。

上讲是感性的，而品牌忠诚度被认为是行为层面的。Keller（1993）提出了基于消费者的品牌资产模型（CBBE），认为品牌资产来源于品牌的营销效果，而品牌的营销效果则取决于消费者所具有的品牌知识及对该品牌营销活动做出的差异性反应。自此之后，又有不同的学者或公司提出了其他的品牌资产模型，包括 Keller 本人，也对品牌资产的概念和模型进行了进一步完善，例如他认为品牌知识包括认知、属性、利益、形象、思想、感觉、态度和经验，除此之外，他强调当消费者对品牌有高水平的认知度和熟悉度，同时在记忆中拥有强烈的、喜爱的、独特的品牌联想时，CBBE 才会发生作用。Kalafatis（1999）将 CBBE 定义为"消费者感知、态度、知识和行为的集合产生了不断增加的效应，使得品牌获得了比没有品牌名称时更大的边际利润"，Mostafa（2015）认为这个定义是 Aaker（1991）和 Keller（1993）基于消费者的品牌资产定义的结合。

许多研究揭示了不同文化和背景下的基于消费者的品牌资产维度（品牌忠诚度、品牌认知度、感知质量和品牌联想）与品牌资产之间的联系。例如 Buil 和 Martínez（2013）使用英国和西班牙两个国家的数据检验了品牌资产模型，结果表明，品牌认知度积极地影响感知质量和品牌联想；品牌忠诚度主要受到品牌联想的影响；感知质量、品牌联想和品牌忠诚度是品牌资产的主要驱动因素，同时，这个结果在这两个国家都适用。同样的，Lichtenstein 等（2004）把品牌资产的演进描述为消费者学习的过程，就是消费者对品牌认知转变为态度（如感知质量和品牌联想）的过程，反过来，这又会影响对品牌的忠诚度；Dodds 等（1991）报告了品牌忠诚度和品牌资产之间的显著正相关关系，强调品牌忠诚度是一个关键构念，是品牌资产的主要解释因素。

因此，本章使用被大量研究者广泛接受和使用的，Aaker（1991）的基于消费者的品牌资产定义和品牌资产维度。余泳泽（2015）认为品牌资产由品牌忠诚度、品牌认知度、感知质量、品牌联想和其他品牌资产组成。需要指出的是，与 Pappu 等（2007）一样，我们聚焦于品牌资产的知觉成分。

三、研究假设

（一）国家形象与品牌资产

Anderson（1990）的联想网络记忆模型为分析国家形象和基于消费者的品牌资产之间的关系提供了一个很好的解释基础，Aaker（1991）和 Keller（1993）也使用了这个模型解释消费者的品牌联想和品牌资产概念。产品的国家形象与品牌名称相似，是一个外部线索，它影响消费者的感知，阐明了消费者的认知，形成了消费者心目中的联想。例如，当消费者想到德国和西班牙的产品时，会在不同程度上赋予"可靠的"和"耐用的"等无形属性，这些消费者对国家形象的联想可能影响这个国家的品牌资产维度。因此，我们认为消费者心目中的国家形象能够影响这个国家的品牌资产。例如选定中国产品，对于一个给定的外国市场，消费者心中的中国的形象、中国产品的形象会对中国的品牌资产产生强烈的影响，国家形象能够影响品牌资产的关键维度，包括品牌忠诚度、品牌认知度、感知质量和品牌联想等。

Pappu 等（2005）认为消费者心目中的国家形象影响他们对来自这个国家的品牌的忠诚度，因此，消费者品牌忠诚度与国家形象有关的假设是符合逻辑的。消费者对一个国家产品的熟悉度会影响他们对国家形象的评估，这种情况下，国家形象就会影响品牌资产的忠诚度。许多研究者认为国家形象是作为一个晕轮构念起作用的，特别是当消费者对这个国家的产品的了解有限的时候。因此，消费者可能由于更有利的国家形象而对品牌更加忠诚，反之亦然。Shahin 等（2012）发现相比品牌形象和品牌认知度，品牌忠诚度对国家形象有更大的影响；品牌认知度和国家形象之间也存在着正相关关系，虽然这可能是一种间接的影响；许多研究者认为国家形象影响产品的感知价值，认为感知价值是通过给消费者一个购买的理由而增强品牌的价值；国家形象会对一个品牌产生次级联想，从而影响消费者的品牌联想，品牌形象的某些部分源于国家形象，特别是将品牌提供给其他国家的消费者时，特定细分市场的这些消费者会通过对这个国家的了解产生积极的或消极的联想，国家形象就会影响这个国家的品牌形象。

基于以上文献分析，本章提出如下假设：

H1：国家形象和品牌资产之间存在着显著的正相关关系，即国家形象越好，品牌资产的正向积累就越多。

（二）感知价值的中介作用

现存的许多研究认为消费者的感知价值受到国家形象的影响。例如，Häubl 和 Elrod（1999）认为当斯洛文尼亚的活力品牌是产自斯洛文尼亚而不是德国时，消费者对这个品牌的感知价值是更高的；即使是全球著名的品牌，消费者的感知价值和购买决策也不仅受到品牌名称的影响，还受到产品生产地或装配地的影响，当品牌的来源地和生产地一致的时候，消费者将会对品牌表现出更积极的态度，感知价值的过程变得更容易，更能提升品牌的吸引力；Brat（2008）的研究结果表明国家形象对家用视听产品的感知价值有非常大的影响，这个结果与 Han 等（1988）的结果一致，强调在两个国家的产品质量中，国家的刺激比品牌的名字影响力更强。国家形象的相关信息影响着产品的感知价值，也就是说，当消费者认为某个产品的国家形象很好时，他们可能持有对这个品牌更有利的感知价值，品牌感知价值的水平随着国家形象的变化而变化。

消费者的感知价值又会影响这个国家产品的品牌资产。品牌资产依赖于感知价值是因为感知价值对于在消费者的记忆中形成积极的品牌评价起着至关重要的作用，感知价值可能导致一个品牌的更大的差异化和优越性，因此，"品牌的感知价值越高，品牌资产越大"的可能性就越大。Zhou 等（2005）认为相对于美国样本的感知价值，韩国样本的感知价值对品牌资产的影响更大；Dodds 等（1997）认为员工的感知价值对于创建强大的大学品牌而言是最重要的品牌资产维度，其次是大学的声誉、情感环境、品牌忠诚度和品牌认知度。国家形象影响着消费者的感知价值，感知价值影响着品牌资产，同时，国家形象影响着品牌资产。也就是说，在国家形象和品牌资产的相关关系中，感知价值有着很大的贡献，起着非常重要的作用。因此，本章提出如下假设：

H2：感知价值在国家形象与品牌资产的关系中起着显著的中介作用。

（三）消费者爱国心的调节作用

消费者爱国心这个术语是 100 多年前由 Sumner 和 Folkways（1906）从爱国主义这个一般概念引入的，虽然最初的时候它仅是区分群体内（有个体认同的一个群体）和群体外（与群体内对应的群体）的一个社会学概念，但是爱国心已经成为一个与个体层面的人格系统和更一般化的文化和社会分析框架相关的社会心理构念，Shimp 和 Sharma（1987）使用消费者爱国心这个术语代表美国消费者持有的"购买外国生产的产品是恰当的"这个信念实际上是道德的，从爱国心水平较高的消费者的角度看，购买进口产品是错误的，因为这损害了本国的经济，造成了失业，是非常不爱国的，他们轻视来自其他国家的产品（如群体外）。然而，对于爱国心水平较低的消费者来说，国外的产品会被忽略产地，依照其本身的优势被评估（或者说由于他们产自外国而被认为是更好的）。消费者爱国心可能导致本国产品的特定属性或者总体价值被高估，外国产品被低估。也就是说，消费者爱国心不仅影响消费者的信念，而且影响消费者感知国内、国外产品价值的方式，这种感知影响着国家形象和品牌资产。

就功能而言，消费者爱国心带给个体一种认同感、归属感，更重要的是，为我们的研究提供了对于群体内的消费者行为是否可以被接受的理解。Jin 等（2015）认为消费者爱国心与消费者所在国的国家形象正相关，与外国的（消费者所在国以外的国家）国家形象负相关；Zeugner-Roth 和 Žabkar（2015）建立了一个概念模型评估消费者爱国心、国家认同和消费者世界主义对产品的感知和购买意愿的相对影响，这些因素驱动并调节着消费者的认知和行为；Shimp 和 Sharma（1987）等做了一系列的律则效度检验，也表明消费者爱国心调节了消费者信念、态度、购买意向和行为等的关系。我们预测，消费者爱国心作为来源于情感反应、认知偏差和行为偏好这三个要素的一种态度，作为一个包含趋社会性、认知、不安全感、反身性和习惯化五个维度的多维度构念，将会调节产品来源国的国家形象和品牌资产。这个假设与社会认同理论是一致的，认同理论认为个体对群体外的态度会受到群体内认同水平的影响，当个体认同一个群体，就会以这个群体为先，每个个体的社会认同度是不同的，这取决于个体的特征与和个体间的关系。也就是说，不同个体的消费者爱国心水平是不同的，与此同时，不同的消费者爱国心水平也会对国家形象、感知价值和品牌资产产生不同的调节效果，即这是一个调节的中介效应模型。

基于上述文献研究和分析，本章提出假设 H3a、H3b。

H3a：消费者爱国心直接调节国家形象与品牌资产之间的关系，即消费者爱国心水平越高，国家形象增加品牌资产累积的程度越强。

H3b：消费者爱国心通过感知价值调节国家形象与品牌资产之间的关系，即相对于较低的消费者爱国心水平，消费者的爱国心水平越高，感知价值在国家形象与品牌资产间的中介作用越强。

第二节　样本数据来源与研究方法设计

一、样本数据基本情况

本章的调研对象为有过双国生活经历的非中国人，华侨与外籍华人不在调查范围内。受访者分别来自北美洲、南美洲、中美洲、大洋洲、欧洲、亚洲、非洲等地区。此次调查收集了美国、加拿大、巴西、哥斯达黎加、澳大利亚、英国、法国、俄罗斯、哈萨克斯坦、印度尼西亚、日本、韩国、埃及、南非等132个国家的问卷样本，是目前国内关于国家形象和品牌资产的研究中，收集样本最多、分布世界区域最广、涵盖国家最多的一次调查。问卷使用中文和英文两种语言，标准的反向翻译（back-translation）技术被应用到中英两个问卷版本中。

共发放问卷3601份，回收2066份，回收率57.4%，剔除部分数据漏填、数据全部一样、数据跳填或填项矛盾等问题问卷，[①] 剩余有效问卷1496份，有效率72.4%。有效样本中：男性812人，占54.3%；女性651人，占43.5%。受访者的年龄多数分布在25~55岁之间，占81.1%；家庭年收入多数在0.3万~7万美元之间（43.8%）；多数有宗教信仰（64.5%），未婚（56.7%），并且拥有本科及以上学历（70.8%）。受访者从事各种不同的职业，包括政府雇员、事业单位人员、企业职员、个体/私营业主、学生、自由职业者、医疗人员、足球教练等。

[①] 数据全部一样是指1~7点的所有题项，受访者全部选择了同一个数字；数据跳填是指每隔2~3个题项填答3~5个题项这种情况；填项矛盾分为两种：一是同一个题项既选择了数字5，又选择了数字7；二是在反向题中，出现了明显的矛盾信息。回收的问卷出现以上情况中的任何一种，本章均认为受访者存在某种程度的不认真成分，所以视为无效问卷。

二、变量与测量

（1）国家形象。很多学者研究设计了国家形象的不同测量量表。这些量表从不同角度、不同层面刻画了国家形象，他们形成了一个共识，即国家形象是一个多维的构念，例如政治、经济、技术维度，经济、政治、文化、国民维度等。本研究在借鉴一阶量表的基础上，形成了由国家国民形象、文化形象、政治经济形象和科技创新形象组成的二阶构念。

二阶模型是一阶模型的简化，目的在于优化结构模型。根据 Jöreskog 和 Sörbomz（1993）的建议，研究中如有二阶 CFA 模型分析，要进行四种 CFA 的估计，包括一阶一因素模型、一阶四因素无相关模型、一阶四因素有相关模型及二阶模型，以确定假设模型是否可以进一步从一阶模型精简至二阶模型，如表 44-2 的上半部分所示，模型 0 是虚无模型或独立模型，目的是建立模型拟合的基准点。可以看出，模型 1 和模型 2 都没有提供理想的拟合度，模型 4 将模型 2 的 X^2/df 从 31.293 降至 2.547，GFI 从 0.782 提升至 0.972，TLI 从 0.652 提升至 0.966，RMSEA 从 0.142 降至 0.044，从模型的拟合度看，模型 3 和模型 4 都是不错的选择。由于二阶模型（模型 4）是一阶因素有相关模型（模型 3）的简化，即二阶模型有较大的自由度，即使二阶模型可以非常良好地解释一阶模型，其拟合度指标（模型 4）也很难比一阶有相关模型（模型 3）更好。另外，国家形象构念的目标系数（Target coefficient）为 0.9103，目标系数越接近 1，表示二阶 CFA 能够取代一阶 CFA，使模型更加精准。基于以上两点分析，本章选择二阶模型作为国家形象的构念。采用李克特 7 点量表进行评价，1 表示程度低，7 表示程度高，NA 表示不清楚或不知道。得分越高，代表国家形象越好，消费者更倾向于购买该国的产品。

（2）品牌资产。正如第二部分第二节描述的，本章使用被大量研究者广泛接受和使用的 Aaker（1991）的基于消费者的品牌资产维度，认为品牌资产由品牌忠诚度、品牌认知度、感知质量、品牌联想和其他品牌资产组成。这些测量已被实证检验，并应用在大量的研究中。本章采用 Pappu 等（2007）的品牌资产量表（JIBS），与 Pappu 等使用的 11 点量表不同，我们使用 Bollen（1989）建议的 7 点量表尺度进行评价，1 表示强烈不同意，7 表示强烈同意，NA 表示不清楚或不知道。得分越高，代表产品的品牌资产越高。样题如"相对于同类产品的其他品牌，您更倾向于购买中国品牌""您觉得中国品牌经常更新，是注重持续改善产品功能的"等。

（3）感知价值。本章采用 Dodds 等（1991）编制的感知价值构念量表（JMR）。采用李克特 7 点量表形式，1 表示非常低，7 表示非常高，NA 表示不清楚或不知道。低分代表消费者感知的产品价值较低，高分代表消费者对产品的感知价值高。样题如"您使用中国产品时，觉得中国产品的可靠性是""您使用中国产品时，觉得中国产品的耐用性是"等。

（4）消费者爱国心。本章的消费者爱国心构念采用 Shimp 和 Sharma（1987）设计的 CETSCALE 量表（JMR）。同样使用李克特 7 点量表形式，1 表示强烈不同意，7 表示强烈同意，NA 表示不清楚或不知道。高分代表消费者具有较强的爱国心，低分代表较低的消费者爱国心水平。样题如"您觉得只有自己国家没有办法生产的产品才应该进口""您觉得应该对外国的产品加征更高的税收，以减少外国产品进入本国市场"等。

第三节　实证检验与结果分析

一、信度和效度检验

运用 Amos22.0 软件和 SPSS20.0 软件对研究中使用的量表进行验证性因素分析。通过计算每个构念的组成信度（CR）和平均提取方差（AVE）评估潜变量的信度和收敛效度。本章的研究模型共有 7 个一阶构念，分别为国家国民形象、文化形象、政治经济形象、科技创新形象、感知价值、消费者爱国心、品牌资产等，其中国家国民形象、文化形象、政治经济形象和科技创新形象构成国家形象的二阶构念，除政治经济形象的平均提取方差 AVE 是 0.48，略小于 0.5 外，其余构念的 CR 值介于 0.73~0.82 之间，AVE 值介于 0.50~0.63 之间，均达到了建议值。由于政治经济形象构念是国家形象二阶构念的组成部分，国家形象的 CR 值（0.86）和 AVE 值（0.61）又较为理想，所以认为测量量表具有较好的内部一致性，信度良好，且具有收敛效度（见表 44-1）。

表 44-1　验证性因素分析汇总表

潜变量	测项	非标准负荷	标准误	t 值	标准负荷	项目信度	CR	AVE
国家形象	国家国民形象	1.00	—	—	0.90	0.81	0.91	0.72
	文化形象	1.01	0.05	19.61***	0.87	0.76		
	政治经济形象	0.90	0.05	18.27***	0.87	0.76		
	科技创新形象	0.83	0.05	18.36***	0.74	0.55		
国家国民形象	国家国民形象 1	1.00	—	—	0.69	0.48	0.80	0.51
	国家国民形象 2	1.01	0.04	23.06***	0.76	0.57		
	国家国民形象 3	0.97	0.04	21.95***	0.70	0.49		
	国家国民形象 4	0.95	0.04	22.05***	0.70	0.49		

续表

潜变量	测项	非标准负荷	标准误	t值	标准负荷	项目信度	CR	AVE
文化形象	文化形象1	1.00	—	—	0.72	0.72	0.75	0.51
	文化形象2	1.05	0.06	18.06***	0.76	0.76		
	文化形象3	0.95	0.05	17.93***	0.65	0.65		
政治经济形象	政治经济形象1	1.00	—	—	0.61	0.37	0.73	0.48
	政治经济形象2	1.34	0.08	16.24***	0.76	0.58		
	政治经济形象3	1.25	0.08	16.71***	0.70	0.49		
科技创新形象	科技创新形象1	1.00	—	—	0.75	0.56	0.82	0.53
	科技创新形象2	0.97	0.04	24.98***	0.74	0.55		
	科技创新形象3	0.93	0.04	24.18***	0.71	0.51		
	科技创新形象4	0.96	0.04	24.24***	0.71	0.51		
感知价值	感知价值1	1.00	—	—	0.81	0.66	0.87	0.63
	感知价值2	1.02	0.03	34.81***	0.84	0.71		
	感知价值3	0.97	0.03	33.61***	0.81	0.66		
	感知价值4	0.84	0.03	28.38***	0.71	0.50		
消费者爱国心	消费者爱国心1	1.00	—	—	0.67	0.45	0.80	0.51
	消费者爱国心2	1.12	0.05	22.61***	0.76	0.57		
	消费者爱国心3	1.02	0.05	21.59***	0.70	0.49		
	消费者爱国心4	1.04	0.05	21.98***	0.72	0.51		
品牌资产	品牌资产1	1.00	—	—	0.69	0.47	0.80	0.50
	品牌资产2	1.15	0.05	23.30***	0.80	0.64		
	品牌资产3	1.03	0.05	21.37***	0.67	0.45		
	品牌资产4	0.96	0.05	20.63***	0.65	0.42		

注：*** 表示 $p<0.01$。

为了检验构念的区别效度，本章选择了两种不同的方法。首先，通过将包含国家形象、品牌资产、感知价值和消费者爱国心的四因素模型与包含国家形象、品牌资产、感知价值和消费者爱国心相组合的三因素模型、双因素模型和单因素模型进行对比。嵌套的对比模型说明四因素模型（$\chi^2=614.125$，$\chi^2/df=2.125$，GFI=0.954，CFI=0.963，RMSEA=0.038）相对于其他模型是最优的，三因素模型［$\Delta\chi^2(7)=1849.504$，$p<0.00$］、双因素模型［$\Delta\chi^2(5)=2467.467$，$p<0.00$］和单因素模型［$\Delta\chi^2(10)=4774.611$，$p<0.00$］拟合度不理想。总的来说，这些

嵌套模型的拟合度指标（表44-2的下半部分）表明，由国家形象、品牌资产、感知价值和消费者爱国心组成的四因素模型明显优于其他几种模型架构，判断选用的量表具有较好的区别效度。第二种方法是计算每两个构念的共同方差，检验个体构念的平均提取方差AVE值是否高于因素间的共同方差。表44-1显示，平均提取方差（AVE）的最小值是政治经济形象构念的0.48，高于量表构念所有可能的两两结合的共同方差（表44-3的上三角部分），说明研究选用的量表具有较好的区别效度。值得注意的是，表44-3中国家形象与国家国民形象、文化形象、政治经济形象和科技创新形象的共同方差分别为0.699、0.673、0.671和0.600，不满足小于AVE的要求，这是因为国家形象是这4个构念的二阶构念，二阶为一阶构念的共同因素，具有一定的高相关性，所以在分析时，可以忽略这四个共同方差与平均提取方差AVE的比较。表44-3还显示了各主要变量的均值、标准差及变量之间的相关系数（下三角部分），可以看出国家形象与品牌资产的正相关关系。

表44-2 国家形象二阶验证性因素和模型验证性因素分析

国家形象的二阶验证因素模式	χ^2	df	χ^2/df	GFI	TLI	CFI	RMSEA
0. Null model	8023.530	91	88.171	0.339	0.000	0.000	0.241
1. 一阶一因素分析	—	76	—	—	—	—	—
2. 一阶四因素模式（因素之间无相关）	2409.541	77	31.293	0.782	0.652	0.706	0.142
3. 一阶四因素模式（因素间有相关）	169.227	59	2.383	0.977	0.973	0.979	0.040
4. 二阶因素模式	185.902	73	2.547	0.972	0.966	0.973	0.044
建议值	越小越好	越大越好	<5	>0.8	>0.8	>0.9	<0.08
模型	χ^2	df	χ^2/df	GFI	TLI	CFI	RMSEA
1. 四因素模型（CI；BE；PQ；CE）	614.125	289	2.125	0.954	0.958	0.963	0.038
2. 三因素模型（CI；BE；PQ+CE）	2463.629	292	8.437	0.860	0.853	0.868	0.071
3. 双因素模型（CI；BE+PQ+CE）	3081.592	294	10.482	0.827	0.813	0.831	0.080
4. 单因素模型（CI+BE+PQ+CE）	5388.736	299	18.023	0.719	0.664	0.691	0.107

注：①CI为国家形象；BE为品牌资产；PQ为感知价值；CE为消费者爱国心；"+"为两个变量组合。②一阶一因子分析的模型不被识别，所以没有相应的拟合值。③表的上半部分为国家形象二阶构念的验证分析；下半部分是因素模型的验证性因素分析。

表44-3 各变量均值、标准差、相关性及共同方差

变量	Mean	SD	1	2	3	4	5	6	7	8
1 国家国民形象	4.292	1.110	—	0.396***	0.323***	0.273***	0.699***	0.164***	0.116***	0.237***
2 文化形象	4.391	1.190	0.629***	—	0.295***	0.218***	0.673***	0.126***	0.117***	0.191***
3 政治经济形象	4.459	1.129	0.568***	0.543***	—	0.306***	0.671***	0.173***	0.105***	0.270***
4 科技创新形象	4.304	1.078	0.523***	0.467***	0.553***	—	0.600***	0.224***	0.109***	0.323***
5 国家形象	4.362	0.916	0.836***	0.820***	0.819***	0.775***	—	0.255***	0.169***	0.380***
6 感知价值	3.909	1.134	0.405***	0.355***	0.415***	0.473***	0.505***	—	0.090***	0.356***
7 消费者爱国心	4.254	1.172	0.340***	0.342***	0.324***	0.330***	0.411***	0.300***	—	0.122***
8 品牌资产	4.142	1.076	0.487***	0.438***	0.519***	0.568***	0.617***	0.596***	0.349***	—

注：① *** 表示 $p<0.01$（双尾）。② 矩阵对角线下方是相关系数；矩阵对角线上方是共同方差。

二、中介效应

我们检验国家形象和品牌资产的关系（假设1），以及感知价值的中介效应（假设2）。使用 Amos22.0 软件，运用因果法、Sobel 检验和 Bootstraping 对模型进行估计和假设检验。

（1）根据 Baron 和 Kenny（1986）的因果法（Causal Step Approach）检验中介效应，结果显示国家形象与感知价值的路径 a 是显著的（$\beta=0.647$，$t=15.870$，$p<0.001$）；感知价值与品牌资产的路径 b 是显著的（$\beta=0.379$，$t=11.935$，$p<0.001$）；国家形象与品牌资产的路径 c' 是显著的（$\beta=0.567$，$t=13.628$，$p<0.001$），如表44-4所示。可以看出，加入中介变量感知价值后，国家形象与品牌资产表现出更弱的显著性而非没有显著关系，所以，感知价值是部分中介，假设2成立。同时，假设1的国家形象与品牌资产的正相关关系也得到了验证。

表44-4 中介效应报表（Baron 和 Kenny 的因果方法）

变量	感知价值 β(a)	感知价值 t(a)	β(b)	t(b)	品牌资产 β(c')	品牌资产 t(c')
国家形象	0.647	15.870***			0.567	13.628***
感知价值			0.379	11.935***		

注：① $N=1496$。② *** 表示 $p<0.001$。③ a 代表国家形象到感知价值路径；b 代表感知价值到品牌资产路径；c' 代表国家形象到品牌资产路径。

（2）为了进一步检验中介效应的显著性（ab），我们应用 Sobel 检验等方法检验间接效应，结果表明间接效应是显著的（$s.e._a=0.041$，$s.e._b=0.032$，Sobel $z=9.473$，$p<0.05$；Aroian $z=9.460$，$p<0.05$；Goodman $z=9.485$，$p<0.05$）。然而，

Sobel 检验有一个很突出的缺点,它假设间接效应的样本分布必须符合正态分布,但是,ab 的样本分布倾向于非对称。两个方法可以解决这个问题:Bootstraping 和实证的 M 检验,Bootstraping 方法是一个更好的选择,同时,Holbert 和 Stephenson(2003)、Hayes(2009)认为研究者应该比过去更加注重间接效应的估计和检验。

(3)我们使用 Bootstraping 方法检验感知价值的中介效应,因为模拟研究表明在检验中介效应方面,Bootstraping 方法比 Sobel 检验和因果法更强有力,一系列的对比研究也表明 Bootstraping 是比系数乘积战略更优越的方法,而且 Bootstraping 技术的结果更为准确,因为 Bootstraping 的置信区间可以显示间接效应分布的一个非对称结果。我们运用 Amos22.0 软件通过偏差校正(Bias-Corrected)和百分位值(Percentile)两种 Bootstraping 方法检验感知价值的中介效应,95% 置信区间的估计值如表 44-5 所示。和系数乘积法战略的结果一致,感知价值是国家形象与品牌资产关系的显著中介。根据模型中不同的路径数量,偏差校正和百分位值两种方法的结果也有所不同,同等条件下,百分位值方法表现出轻微的优势。随着 Bootstraping 方法被更广泛地应用,毫无疑问,我们会看到更多的关于两种方法的比较研究。但是现在,证据表明研究中使用的 Bootstraping 方法明显优于那些假设间接效应的样本服从对称或正态分布(如 Sobel 检验)的方法。

表 44-5 中介效应报表(Bootstraping 方法)

效应:变量关系	点估计值	系数乘积 SE	系数乘积 Z	Bootstraping 偏差校正法 置信下限	Bootstraping 偏差校正法 置信上限	Bootstraping 百分位值法 置信下限	Bootstraping 百分位值法 置信上限
总效应:国家形象→品牌资产	0.812	0.051	15.922***	0.715	0.918	0.713	0.917
间接效应:国家形象→品牌资产	0.245	0.026	9.423***	0.198	0.299	0.196	0.296
直接效应:国家形象→品牌资产	0.567	0.052	10.904***	0.468	0.673	0.468	0.672

注:①5000 次 bootstrap;② *** 表示 p<0.001;③偏差校正法和百分位值法使用的是 95% 的置信区间。

我们基于 5000 份 bootstrap 样本进行 bootstrap 估计。从表 44-5 可以看出,感知价值起到了中介国家形象和品牌资产关系的作用,其总效应和直接效应分别是 0.812(p<0.000)和 0.567(p<0.000),总效应和直接效应的差异就是中介效应,点估计值是 0.245,偏差校正法和百分位值法的 95% 置信区间(CI)分别是 0.198~0.299 和 0.196~0.296(我们可以认为国家形象到品牌资产的总效应和直接效应的差异显著异于 0),这个间接效应的检验表明:感知价值是中介变量,因为他的 95% CI 没有包含 0,且感知价值是部分中介,因为直接效应是显著的(95% CI 分别是 0.468~0.673 和 0.468~0.672)。通过这些分析,我们可以看到理解中介效应分析的

整个过程没有聚焦于使用因果法所必须要求的国家形象到感知价值（a）和感知价值到品牌资产（b）路径的显著性，这种分析强调的几乎完全是间接效应的方向和大小。假设1和假设2得到了验证。

三、调节效应

引入消费者爱国心，在国家形象、感知价值和品牌资产的中介模型中起到调节作用，我们希望更高的消费者爱国心能够加强国家形象对品牌资产的直接作用，同时能够促使感知价值的中介效应增强。根据第三部分第三节的理论推演假设了消费者爱国心与国家形象、感知价值和品牌资产的关系（假设3）。有许多方法可以检验这种调节的中介效应模型，如渐进方法（The Piecemeal Approach）、分组方法（Subgroup Approach）、调节的因果法（Moderated Causal Steps Approach）、Ping的交互项指标和路径分析法（Path Analysis Framework）等。其中，路径分析法已经表现出了最大的统计性能，除此之外，强有力的bootstraping方法在中介模型和调节的中介模型中也常被使用。所以，我们使用概述的路径分析程序进行假设3的检验。

（1）检验一阶段和二阶段的调节的中介效应模型，这个检验包括估计下面两个方程：

$$PQ = \alpha_0 + \alpha_1 CI + \alpha_2 CE + \alpha_3 CI \times CE + e \quad (44-1)$$

$$BE = \beta_0 + \beta_1 CI + \beta_2 PQ + \beta_3 CE + \beta_4 CI \times CE + \beta_5 PQ \times CE + \varepsilon \quad (44-2)$$

检验国家形象到品牌资产路径的估计方程：

$$BE = \gamma_0 + \gamma_1 CI + \gamma_2 CE + \gamma_3 CI \times CE + \zeta \quad (44-3)$$

其中，PQ、CI、CE、BE分别代表感知价值、国家形象、消费者爱国心和品牌资产，e、ε 和 ζ 是随机干扰项。由于方程中包含交互项，所以我们对所有变量进行了标准化，以便减少潜在的多重共线性的影响。

（2）生成调节效应的报表（表44-6和表44-7），其中包括代表基本中介模型路径的效应、直接效应、间接效应和总效应。表44-6表明消费者爱国心直接调节了国家形象到品牌资产的关系（$\gamma_3 = 0.050$，$p<0.05$），调节了国家形象到感知价值路径（$\alpha_3 = 0.056$，$p<0.05$），调节了感知价值到品牌资产路径（$\beta_5 = 0.023$，$p<0.1$）和国家形象到品牌资产路径（$\beta_4 = 0.033$，$p<0.1$）。表44-7显示，对于高消费者爱国心（高于均值的1个标准差）组，第一阶段和第二阶段的回归系数分别是0.686（$p<0.01$）和0.372（$p<0.01$），所以间接效应是0.255（$p<0.01$）；对于低消费者爱国心（低于均值的1个标准差）组，第一阶段和第二阶段的回归系数分别是0.493（$p<0.01$）和0.370（$p<0.01$），所以间接效应是0.182（$p<0.01$），中等消费者爱国心水平组同理。高低消费者爱国心两组的差异表明，在第一阶段，高消

第44章 国家形象对提升中国产品海外形象的战略影响研究

表44-6 调节效应报表

变量	第一阶段（因变量=PQ） 第一步 α	t	第二步 α	t	第二阶段（因变量=BE） 第一步 β	t	第二步 β	t	直接路径（因变量=BE） 第一步 γ	t	第二步 γ	t
constant	0	0	0	0	0	0	0	0	0	0	0	0
CI	0.459	18.874***	0.465	19.065***	0.398	17.703***	0.402	17.744***	0.570	25.716***	0.575	25.88***
CE	0.111	4.580***	0.107	4.383***	0.373	17.366***	0.371	17.194***	0.115	5.195***	0.111	5.000***
CI×CE			0.056	2.563**	0.073	3.610***	0.071	3.470**			0.050	2.491**
constant					0	0	0	0				
CI							0.033	2.357*				
PQ												
CE												
CI×CE							−0.02	−2.036*				
PQ×CE												
R²	0.265		0.269		0.487		0.495		0.391		0.394	
调整R²	0.264		0.267		0.486		0.493		0.391		0.393	
ΔR²	0.265		0.003		0.487		0.008		0.391		0.003	
ΔF	269.762***		6.431**		485.151***		2.385*		480.249***		6.203**	

注：①N=1496。CI=国家形象；CE=消费者爱国心；PQ=感知价值；BE=品牌资产。②* 表示p<0.1，** 表示p<0.05，*** 表示p<0.01。

费者爱国心组的间接效应比低爱国心组更强（0.686-0.493=0.193，p<0.05），同样的，高消费者爱国心组在第二阶段的间接效应也比低爱国心组更强（0.372-0.370=0.002，p<0.05），这些差异共同形成了高消费者爱国心组比低消费者爱国心组明显更强的间接效应（0.255-0.182=0.073，p<0.05）。对于直接效应，高消费者爱国心组也是比低消费者爱国心组更强（0.545-0.513=0.032，p<0.05），再加上间接效应，就生成了比低爱国心组更强的总效应（0.801-0.695=0.106，p<0.05）。这些结果和差异表明，相对而言，消费者爱国心水平越高，其对国家形象到品牌资产的直接关系，国家形象、感知价值和品牌资产的中介效应有更强的调节作用。假设3a和3b得到验证。

表44-7 分组调节效应

调节变量：消费者爱国心	第一阶段	第二阶段	直接效应	间接效应	总效应
高（消费者爱国心水平）	0.686***	0.372***	0.545***	0.255***	0.801***
中（消费者爱国心水平）	0.633***	0.347***	0.472***	0.219***	0.691***
低（消费者爱国心水平）	0.493***	0.370***	0.513***	0.182***	0.695***
高低水平差异	0.193**	0.002**	0.032**	0.073**	0.106**

注：①N=1496。②**表示p<0.05；***表示p<0.01。③"第一阶段"列的估计来自方程（44-1）使用感知价值作为因变量的非标准化估计系数；"第二阶段"列的估计是来自方程（44-2）使用品牌资产作为因变量的非标准化估计系数。④"高"和"低"分别指高消费者爱国心水平和低消费者爱国心水平。消费者爱国心的中等水平、低水平和高水平分别赋值0（消费者爱国心的中心化）、-1（均值减一个标准差）和1（均值加一个标准差）。间接效应的高低水平差异是高水平爱国心的间接效应与低水平爱国心间接效应之差，第一阶段、第二阶段和直接效应差异显著性的检验等价于分别对方程（44-1）和方程（44-2）中α_3、β_5和β_4的检验，即表44-6中第一阶段和第二阶段交互项系数的显著性检验。三种效应、间接效应差异和总效应差异的检验运用Amos22.0软件通过偏差校正和百分位值置信区间的方法获得，抽取5000份bootstrap样本。

（3）我们根据Aiken和West（1991）的研究过程绘制消费者爱国心的高水平组（均值加1个标准差）和低水平组（均值减1个标准差）的关系图，如图44-1所示。在间接效应的第一阶段，使用$(\alpha_0+\alpha_2 CE)$作为截距，$(\alpha_1+\alpha_3 CE)$作为斜率；对于第二阶段，截距和斜率由式（44-4）推导而来，式（44-4）是式（44-2）的变体：

$$BE = [\beta_0 + \beta_3 CE + (\beta_1 + \beta_4 CE)CI] + (\beta_2 + \beta_5 CE)PQ + \varepsilon \quad (44-4)$$

式（44-4）表明PQ和BE的斜率是$(\beta_2+\beta_5 CE)$，这与式（44-2）中第二阶段的间接效应相匹配；PQ和BE的截距是$[\beta_0+\beta_3 CE+(\beta_1+\beta_4 CE)CI]$；间接效应的斜率是$(\alpha_1+\alpha_3 CE)(\beta_2+\beta_5 CE)$，截距是$[\beta_0+\beta_3 CE+(\alpha_0+\alpha_2 CE)(\beta_2+\beta_5 CE)]$。图44-1a到图44-1c显示了高消费者爱国心和低消费者爱国心的斜率差异，图44-

1a 表明，对于间接效应的第一阶段，高消费者爱国心群体（t=8.016，p<0.000）相对于低消费者爱国心群体（t=5.708，p<0.000），对国家形象和感知价值关系的反应是更陡峭的，也就是说，高消费者爱国心群体通过同样的国家形象，可以表现出更高的感知价值；同样的，图 44-1b 表明，在间接效应的第二阶段，高消费者爱国心（t=3.216，p<0.01）对感知价值和品牌资产关系的反应是更陡峭的，在同样的感知价值下，低爱国心的消费者（t=2.002，p<0.05）会形成较少的品牌资产；这样的分析也适用于表示间接效应的图 44-1c，表明国家形象对品牌资产的间接效应，相对于低消费者爱国心（t=7.321，p<0.000），高消费者爱国心（t=9.629，p<0.000）具有更陡峭的斜率。因此，消费者爱国心调节了国家形象、感知价值、品牌资产这一中介模型的每一条路径，即使在爱国心水平较低的情况下，与国家形象和品牌资产有关的直接效应和间接效应也是较强的；当消费者爱国心水平较高时，这样的效应会更强，在同样的国家形象下，品牌资产的积累也会更多。验证了假设 3a 和 3b。

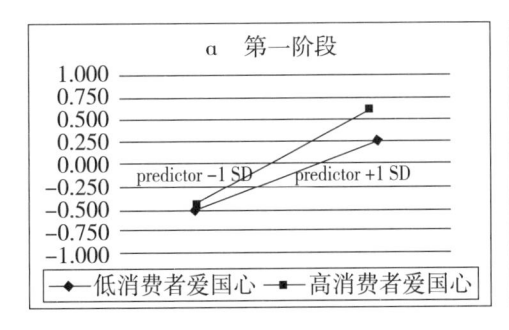

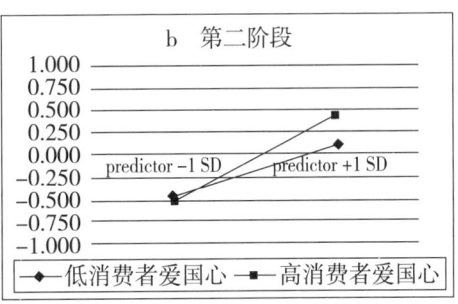

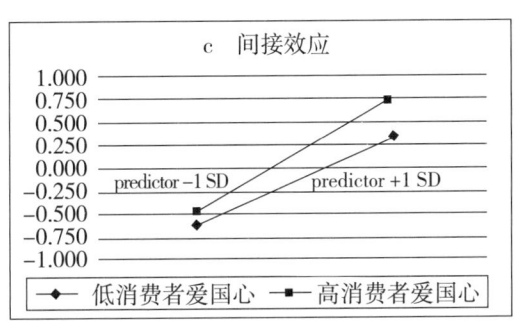

图 44-1 消费者爱国心调节变量的路径和效应图

注：①N=1496。②"predictor-1SD"和"predictor+1SD"分别表示当前阶段的自变量减或加一个标准差。③图 a 和图 b 分别是第一阶段和第二阶段（表 44-6 和表 44-7）消费者爱国心作为调节变量的交互作用图；图 c 是间接效应（表 44-7）消费者爱国心作为调节变量的交互作用图。④图 a 和图 b 表明当消费者爱国心是高水平而非低水平时，中介效应有更陡峭的斜率；相应的，图 c 表明高消费者爱国心水平下间接效应的斜率也更陡峭。

第四节 结论与建议

一、理论意义

从理论的角度，我们的主要目标是揭示产品的国家形象如何（how）、为什么（why）会对品牌资产产生影响，通过什么（what）产生影响，以及在不同的情况下（when）是否会有不同的影响。研究发现，国家形象通过消费者对该国产品价值的感知形成品牌资产并逐步累积，消费者不同水平的爱国心会对国家形象、感知价值和品牌资产产生不同程度的影响，这种爱国心水平越高，国家形象和感知价值对品牌资产的影响越大。本章的研究提供了一些新的发现，也为现有的研究成果提供了支持。

（1）研究结果揭示了产品的国家形象与品牌资产之间的关系，在消费者心目中，一国的国家形象越好，该国品牌资产的累积就会越多。与此同时，国家形象与品牌资产的各个维度是密切相关的，这个研究结果拓展整合了 Pappu 等（2007）提出的微观和宏观国家形象与品牌资产维度相关的研究结论。外国消费者对一个国家的整体印象，首先影响着其对该国品牌的忠诚度。一个无法被信任的国家，或者在消费者心目中形象较差的国家，很难让其形成对这个国家产品的忠诚度。其次影响着外国消费者对该国品牌的认知度。几乎每个人都知道德国、英国或美国等国的产品或品牌，它们在我们身边随处可见，如汽车、厨具，甚至是手机等通信设备，我们无法厘清是这些国家的国家形象影响了我们对这些品牌的认知，还是由于对产品的认知提升了国家的形象，但有一点可以肯定，一个国家的国力，在消费者心目中形成的国家形象的确影响着我们对这些品牌的认知。最后影响着外国消费者对该国产品的感知价值和品牌联想。如果一个国家的政治经济实力和科技创新能力不断增强，如果该国的特色文化元素被不断赋予品牌当中，外国的消费者就会更倾向于认为该国的品牌有能力持续更新、有能力持续改善产品功能，同时产生一种放心、舒服的感觉，从而使该国产品的美誉度提升，逐步累积品牌资产。

（2）研究结果表明感知价值的中介作用的确存在，这为洞察国家形象与品牌资产之间关系的作用机理提供了一个至关重要的信息。前人的研究已经揭示国家形象会影响产品的形象、影响品牌资产、影响品牌资产的维度，于是我们以中国产品为例，进一步探讨国家形象如何、为什么影响品牌资产的积累等问题。外国的消费者通过国家国民、文化、政治经济、科技等具体形象对一个国家的整体形象生成次级联想，从而影响他们对该国产品价值的感知，操控他们对该国品牌的偏好和选择，这种感知的价值和选择偏好逐渐累积并形成了该国品牌的资产，这就是国家形象影响品牌资产的简要逻辑和内部运行机理。

（3）研究结果揭示了消费者爱国心对上述运行机制的调节作用。研究发现，相对而言，消费者群体具有的爱国心水平越高，国家形象对品牌资产的直接作用，感知价值对国家形象和品牌资产的中介作用都更为重要，即高消费者爱国心水平群体对国家形象和感知价值更为敏感。当消费者的爱国心水平较低时，国家形象对品牌资产的直接影响（$\beta=c'=0.51$，$p<0.001$）起作用，国家形象通过感知价值（$\beta=0.49$，$p<0.001$）对品牌资产（$\beta=0.370$，$p<0.001$）的间接影响也起作用（$ab=0.18$）；当消费者的爱国心水平较高时，国家形象对品牌资产的直接影响是$c'=\beta=0.55$（$p<0.001$），国家形象通过感知价值（$\beta=0.69$，$p<0.001$）对品牌资产（$\beta=0.372$，$p<0.01$）的间接影响（ab）是0.26（$p<0.001$）。通过这种对比可以看出，无论是对于国家形象对品牌资产的直接作用，还是对于国家形象通过感知价值对品牌资产的中介作用，消费者爱国心都起到了调节作用，并且消费者爱国心水平越高，这种调节作用更大，直接作用和中介作用对国家形象和品牌资产关系的影响也越大。

与此同时，研究形成的概念模型、调节的中介效应模型不仅有利于我们理解产品的国家形象和品牌资产之间的关系、感知价值的中介作用、消费者爱国心的调节效应，而且可以进一步应用到探索其他重要的市场营销和消费现象当中，如反映国家形象与不同产品类别品牌形象的关系等。

二、管理启示

国家形象是中国产品品牌战略的重要组成部分。传统上，管理者一直致力于形成产品质量或价值的国家声誉，我们的研究表明，外国消费者感知的中国产品质量的确是非常重要的一个环节和因素。然而，管理者在制定、实施和调整其产品的国际市场营销组合策略的同时，也应当重视产品的国家形象问题，国家形象是品牌资产的重要决定因素，理解和管理外国消费者对中国产品国家形象的感知和反应，管理好影响国家形象有效性的因素，对于品牌资产的形成和品牌国际化起着决定性作用，这些研究结果为我们提供了一些重要的管理启示。

（1）提升中国产品的国家形象，实现品牌资产的正向累积。中国正在统筹实施"四大板块"和"三个支撑带"战略组合，为中国产品树立着更加积极的政治经济形象，作为中国产品的管理者，首先应该抓住并充分利用难得的全球高科技战略机遇期，通过发展高新科学技术，实施高科技发展战略，强调以人为本，强调技术变革为人类利益服务，迅速提升为高技术品牌，成长为具有国际知名度的中国品牌，跨越中国产品制造的"中等收入陷阱"①，树立中国的科技创新形象。其次应该通过自主研发专利产品或海外投资并购等方式进行持续不断的创新。目前，大众创业和万众创新的众创空间和"互联网+"行动计划的制订，为中国提供了稳定的创新氛围和平台，众多"创客"脱颖而出，文化创意产业蓬勃发展，在一定程度上提升了中国产品的文化形象、国家国民形象和科技创新形象。

（2）充分发挥感知价值的中介作用，提升品牌资产累积的有效性。关于提升中国产品的价值和声誉问题，很多学者提出了许多有益的建议，的确，这是一个再如何强调也不为过的方面。对于如何提升外国消费者对中国产品的感知价值，除了生产者应关注提升狭义的产品质量外，本章聚焦于两个方面：一是中国产品责任问题。随着对外经济交往的迅速增多，由于缺陷产品引发的产品责任，不仅会使企业面临法律风险，更会给国家造成极大的负面影响，因此，制定中国的涉外产品责任法律，以及选择得当、合理、令消费者满意的处理方式，是企业、国家需要高度关注的感知价值领域的重要问题。二是加强中国出口产品的质量检测，提高质量标准，对低质产品进行出口限制，或者杜绝低质产品的出口，以免影响同类优质产品的国家形象，保持中国品牌的竞争力。

（3）关注国家形象提升、感知价值优化和品牌资产积累的支撑战略。在中国努力实施《中国制造2025》，坚持创新驱动、智能转型、强化基础、绿色发展，加快从制造大国转向制造强国的大背景下，中国正在为中国产品打造"中国制造向中国创造、中国速度向中国质量、中国产品向中国品牌转变"的国家形象。企业的管理者应切实落实智能制造、绿色制造、绿色管理，这意味着企业应改变传统制造模式，推进绿色制造技术，发展相关的绿色材料、绿色能源和绿色设计数据库、知识库等基础技术，进行绿色管理，实施绿色管理行动，生产出保护环境、提高资源效率的绿色产品，提升中国产品的国家形象和感知价值，从而达到积累品牌资产的效果。这些战略建议不会产生品牌稀释作用，同时保证了品牌的长期资产，希望能够为管理者提供一些有益帮助。

三、研究局限和未来研究方向

（1）本章的研究对象，需要锁定中国以外的、了解中国、消费过中国产品的外国消费者群，所以调研对象只能是一个特定的群体（ad hoc groups），设定为有过双国生活经历的非中国人，这是一种必要，也是一种局限。

（2）本章使用的是一国产品这个整体概念作为研究对象，我们认同以特定产品

---

① 中国产品制造的"中等收入陷阱"意指虽然"Made in China"在各国已经成为"不可或缺"的商品，由于不能顺利实现价值链的攀升，导致中国创造动力不足，最终出现的"创造"停滞状态。

类别和国家形象之间的关系作为研究对象或研究范围的研究，这也许是未来研究的一个方向。

（3）本章的研究没有加入控制变量，在未来的研究中，学者们可以加入一些控制变量，以完善现有的调节的中介效应模型。例如"信仰"，现行社会尤其是国际社会上，有信仰的群体占有一定比例，是否有信仰可能会是影响消费者爱国心的一个重要控制变量。但需要注意的是，不能盲目加入控制变量以求得到更准确的结果，不当使用控制变量会导致模型的过度修正。一是应该将特定的、经过很好探索的理论驱动控制变量加入到模型中，不可以简单陈述"先前的研究者使用过这个控制变量"或者"这个变量与我们的结果是有关的"；二是不要控制人口统计变量（Demographic Variable），如种族、性别、年龄等。如果在感兴趣的研究中发现了人口统计变量差异，控制这个变量可能会隐藏真实的方差，而这个方差却是可以被其他真实的现象所解释的，这个现象才是真正引起差异的原因。例如，当检验技术对品牌资产的影响时，"年龄"本身可能不是技术问题的起因，相反，像技术熟悉度（Familiarity with Technology）、技术舒适度（Comfort with Technology）或其他特征的潜在差异才是真正驱动技术影响品牌资产差异的原因。简单控制"年龄"不仅移除了应该保留在方程中的"真正的"方差，而且掩盖了技术与品牌资产的真正关系。

第45章　加快发展中国国际品牌的战略机遇与对策研究

中国正处于转变经济增长方式的关键历史时期，加快发展国际品牌无疑是实现产业升级和消费升级的重要出路。本章在总结中国发展知名品牌面临的五个战略机遇的基础上，提出把发展国际知名品牌提升到国家战略高度；以国内市场为根基，将企业作为国家创新主体发展国际知名品牌；通过海外兼并收购、培育新技术和新产业领域内有潜力和实力的企业，实现国际知名品牌跨越式发展。

第一节　加快发展中国国际知名品牌的战略机遇分析

一、发达国家陷入金融危机带来的战略机遇

欧洲、美国和日本等地区和国家的国际知名品牌已在全球市场占垄断地位，中国发展国际知名品牌意味着挤占它们盘踞的市场，异常艰难。然而金融危机爆发后，发达国家的消费能力和消费水平大大降低，一些国际知名品牌遭到较大冲击，这为中国发展国际知名品牌带来了战略机遇。其一，金融危机导致部分国际知名品牌发展速度放缓，甚至有些走到了破产边缘，这给中国发展国际知名品牌提供了时间机会窗口。其二，金融危机后，性价比的重要性在国际市场竞争中更加凸显，独特的性价比优势将促进中国品牌在危机中被世界消费者认可，当消费者对中国品牌产生依赖和信任感时，中国国际知名品牌就会成长起来。

二、新科技与产业革命带来的战略机遇

世界经济发展历史表明，后发国家往往能利用重大技术变革的机遇期实现"弯道超车"，成为经济强国。新科技和产业革命为中国发展国际知名品牌带来了赶超发展的"机会窗口"。一是新科技和产业革命将深化二、三产业融合发展，信息技术的全面嵌入推进制造业和服务业沿着产业链加深融合，有力地推动传统制造业加快升级步伐，带动中国先进制造业和生产性服务业的高端发展，进而推动"中国制造"转向"中国创造"。二是新科技和产业革命将会催生一大批新的产业群体和经济增长点，在战略性新兴产业发展方面，中国和发达国家基本站在同一起跑线上，部分领域具有同发优势，局部领域甚至取得领先优势，这将为我国国际知名品牌的快速成长提供了一个有可能跨越发展的绝佳机遇。

三、中国工业转型升级产生的倒逼机遇

据统计，当前世界 500 多种工业产品中，中国有 220 余种产量位居世界前列。中国制造业规模居世界第一位，但仍处于全球价值链底端，为国际知名品牌打工，中国是典型的"制造大国，品牌小国"。当前，支持中国经济发展的要素和环境发生了根本性的变化，"人口红利"和"全球化红利"正在衰减，"环境承载能力"已经透支，同时来自发达国家的"再工业化"和和新兴经济体的同质化竞争压力越来越大，这些因素导致中国工业转型升级迫在眉睫，而发展国际知名品牌是实现工业转型升级的重要抓手。

四、城镇化和消费者结构升级带来的战略机遇

纵观国际知名品牌的成长历程，其都是依据本国内需，在本国市场的激烈竞争中，在政府支持和社会环境培育中慢慢成长起来并被成功推向世界的。中国目前已经是世界第二大经济体，内需主导、消费驱动、惠及民生的政策措施将推动居民消费能力扩大和消费结构优化升级，城镇化进程和居民消费结构升级为中国国际知名品牌成长提供了广阔的市场空间。

五、互联网时代为加快发展国际知名品牌提供了"窗口时期"

在工业时代，中国与发达国家的差距差不多有 30 年，而且发达国家的国际知名品牌已在全球市场占垄断地位，中国已经错失了发展国际知名品牌的最佳时机。而在互联网时代，中国与发达国家的差距大大缩小，如在互联网领域，中国与美国的差距最多不超过 3 年，2014 年全球十大互联网公司中国有 3 家（阿里巴巴、腾讯和百度）；在移动互联网领域，微信和猎豹移动都已经成为全球领先的产品。可见在互联网时代，中国和发达国家基本站在同一起跑线上，且在局部领域占据领先优势，这为中国国际知名品牌的快速成长提供了一个有可能跨越发展的绝佳机遇。

第二节 在互联网时代，产品是培育国际知名品牌的核心战略要素

一、产品可以颠覆现有竞争格局

从全球市场来看，美国的苹果公司正是凭借 iPhone 这一产品颠覆了诺基亚在全球手机市场的霸主地位，并快速成长为全球品牌价值最大的国际知名品牌。从国内市场来看，腾讯凭借微信这一产品几乎颠覆了中国整个电信行业，而且快速成长为

全球领先的移动互联网产品。阿里巴巴旗下的支付宝在短短几年内成为中国最大的基金，并成长为全球最大的移动支付公司。此外，小米公司凭借小米手机这款产品在短短四年内超过三星，打破了三星和苹果垄断中国智能手机市场的格局。可见，一款好产品不仅可以颠覆现有国际知名品牌垄断全球市场的格局，还可以大大缩短国际知名品牌从诞生到迅速风靡全球的时间。

二、个性化需求要求以产品为中心

在互联网时代，消费者的个性化需求要求企业在发展国际知名品牌的过程中以产品为中心。消费者的个性化需求改变了传统制造业标准化、大规模的生产方式，同时要求企业从关注"制造过程"转化为关注"制造什么"，即关注产品，才能满足消费者的个性化需求。已有研究表明，在互联网时代，日本企业不是输在"制造"上，而是输在"产品"上，即很少思考应该制造什么。

三、技术进步周期加快导致产品生命周期大大缩短

在工业时代，产品生命周期相对较长；而在互联网时代，因技术进步的速度已经超过市场需要的速度，或一旦技术超过了消费者的需求，产品生命周期就会加速变短。这就要求企业必须以产品为中心，基于产品创新，并快速持续推出新产品来满足消费者的个性化需求。

四、产品将战略、技术和营销融合为一体

在互联网时代，产品生命周期大大缩短，使得企业战略已经成为基于产品的战略，同时要开展基于产品的创新，即从产品出发再追溯到技术上去实现。在工业时代，产品信息连接消费者的成本巨大，需要企业依赖营销；而在互联网时代，产品信息连接消费者的成本几乎为零，产品本身已经变成营销，即营销已经融于产品。

第三节　加快发展中国国际知名品牌的对策建议

一、把发展国际知名品牌提升到国家战略高度

（1）着眼国际发展趋势和竞争格局，从国家战略高度加快推动发展国际知名品牌，加强顶层设计和战略部署，明确重点任务。

（2）明确提出各级政府应将创建国际知名品牌作为经济发展政策的目标之一，并通过相应的制度安排给予长期支持。

（3）以发展国际知名品牌为抓手，推动产业升级和经济转型。未来 5~10 年，

是中国实现由"制造大国"向"创造大国""品牌小国"向"品牌大国"升级的关键时期，要以创建国际品牌为发展引擎，促进和引领制造业向全球价值链高端攀升，实现经济发展方式转变，建设创新型国家，提升国家海外形象。

二、以国内市场为根基发展国际知名品牌

（1）塑造出有竞争力的大型企业是发展国际品牌的重要前提，当前中国政府要努力建立国内大市场体系，破除阻碍企业品牌成长的壁垒和制度障碍，为培育国际知名品牌提供市场基础。

（2）政府的大宗采购项目可按国际惯例倾斜政策，优先采购具有自主品牌的中国品牌产品。

（3）以城镇化和消费者结构升级为契机，通过调整收入分配方式，培育中国的高端需求市场，创造国际知名品牌成长空间。

三、将企业作为国家创新主体，为发展国际知名品牌提供原动力

（1）借鉴日本、韩国等的经验，政府应把企业研发机构建设成国家创新的主体，鼓励和发展创新型企业，实施"全球引智"战略，以高端技术、高层次人才、高质量的科技成果转化应用提升企业的核心竞争力。

（2）推动有条件的骨干企业"走出去"，建立海外研发机构，积极融入全球研发体系，提升企业研发机构转型升级的能力。

（3）政府可设立核心技术研发专项资金，对于急需攻克的关键技术，可成立专门的研发机构，汇集国际国内一流科研力量，进行技术攻关。企业只有掌握核心技术，才能向产业链高端攀升，从而为发展国际知名品牌提供技术支撑。

四、通过海外兼并收购，借力实现国际知名品牌的快速发展

利用国际金融危机中的难得机遇，灵活运用多种方式实现海外兼并收购。

（1）以直接收购国际品牌为目标的海外收购，利用国际品牌知名度和美誉度，获取增值能力，提升企业竞争力。

（2）以掌握核心技术为主要目标的海外收购，借国外先进技术提升企业自身技术水平，提高企业品牌的知名度和美誉度。

（3）通过海外参股和合作等方式嵌入国际品牌的高端价值链体系，提高企业的产业链整体竞争力和全球范围内的要素配置能力。

五、加快培育新技术和新产业领域内有潜力和实力的企业，使其快速成长为国际知名品牌

（1）构建市场主导、政府引导、创新驱动的新技术和新产业发展机制。发挥

市场的基础作用，发挥政府在政策、资本、管理机制上的引导作用，鼓励和促进创新，为新技术和新产业发展国际知名品牌营造良好环境。

（2）政府应出台有针对性的扶持政策，集中力量培育新技术和新产业龙头企业，并对其实施动态管理，建立和完善多层次、全方位的国际品牌培育机制。重点扶持它们提高研发、制造、营销等环节的国际化经营能力，指导它们积极申请国际商标注册，提升国际知名度。

（3）打造产业链和产业集群，增强新技术和新产业发展的整体国际竞争力。以产业链的整体创新为着眼点，建立产业技术创新联盟，集聚创新资源，为龙头企业发展提供技术支撑。

六、在互联网时代培育国际知名品牌的对策建议

（1）转变战略思维模式，以互联网思维替代工业思维来发展国际知名品牌。中国企业在互联网时代发展国际知名品牌的首要问题就是战略思维的大转化，因为在工业时代，产品以技术、功能为重点，强调功能体验；而在互联网时代，产品强调审美和情感体验，所以当下的企业必须接受互联网思维的改造，为消费者提供满足其情感体验需求的产品，让消费者获得更好的消费体验。

（2）以消费者为中心，将以情感体验为核心的产品作为品牌与消费者的连接点，为发展国际知名品牌奠定基础。转变产品开发模式，以消费者为中心，聚合线上线下消费者搭建产品开发平台，将消费者的意见渗透到产品设计和制造的全过程，生产出满足消费者个性化需求的产品。为消费者提供超出预期值的性能卓越的产品，并强调产品带来的情感体验，用产品打动消费者，将产品作为连接点来培育消费者的忠诚度，通过消费者口碑支持品牌推广，最终提高品牌知名度。

（3）打造开放创新平台，快速整合全球资源，为发展国际知名品牌提供驱动力。由于当前产品生命周期大大缩短，围绕消费者的潜在个性化需求搭建融合全球资源、智慧的产品研发、交互平台，可大大缩短产品设计和生产周期，用最快的速度推出满足消费者个性化需求的产品，聚合消费者资源，为发展国际品牌提供驱动力。

（4）以产品为中心打造产品社群，开拓国际知名品牌的成长路径。借鉴苹果公司和小米公司的成长经验，打造以核心产品为中心的产品社群，将消费者转化为"粉丝"，充分发挥"粉丝经济"效应，开拓"核心产品+软件"或"核心产品+软件+延伸品"的品牌成长路径。

第四节　结论与建议[①]

本章认为，目前北京市战略性新兴产业的国际知名品牌发展存在三方面的问题：①北京战略性新兴产业缺失国际知名品牌，至今仍无一家企业入围"全球品牌100强"排行榜。②因缺失国际知名品牌，导致北京战略性新兴产业对全球战略资源的配置能力和控制力相对较弱。③与世界城市相比，北京战略性新兴产业结构仍需进一步优化，产业发展质量和效益也较低。

随着北京经济进入"新常态"发展时期，人口红利已经逐渐消失，亟须加快推进"北京制造"向"北京创造"转型，而成功转型的关键在于加快培育国际知名品牌。因此，在新常态经济模式下，北京突破产业结构调整约束的关键在于调整战略性新兴产业发展路径的战略方向。我们认为，北京作为我国战略性新兴产业的龙头，应以发展国际知名品牌为战略方向，通过优先扶持龙头骨干企业创建品牌，搭建互联网+国际化运营平台和全球金融服务网络支撑发展，同时完善支撑保障机制，带领全国战略性新兴产业实现高端化发展，抢占全球战略性新兴产业的制高点。为此，本章提出中国战略性新兴产业加快发展国际知名品牌的四点建议。

一、优先扶持具有国际视野和国际水准的龙头企业

优先扶持一批具有国际视野和国际水准的龙头骨干企业，是创建国际知名品牌的基础和先决条件。发达国家的重要产业都是由少数国际知名品牌所掌控，它们掌握了行业的核心技术，制定了行业标准，控制了行业的话语权和定价权。因此，重点扶持一批具有国际影响力、居世界领先水平的龙头企业，创建"国际知名品牌示范企业"。如信息技术行业的联想集团，2013年已经成为全球最大的PC生产商。互联网行业的百度和京东，在2014年都已跻身全球互联网公司10强。移动互联网行业的小米公司，在短短四年内超过三星，打破了三星和苹果垄断中国智能手机市场的格局；金山软件，2014年金山旗下的"金山WPS"和猎豹清理大师均在全球移动互联网领域的同类产品中名列全球第一。生物医药行业的同仁堂，已在70个国家和地区注册商标、开设110家海外零售终端、诊疗超过3000万海外患者。装备制造业的中国中车集团，已经自主研发了系列动车组产品及城铁车产品，而且高铁技术已经达到了世界领先水平。

二、搭建互联网+国际化运营平台

搭建互联网+国际化运营平台，为发展国际知名品牌打造跨境服务平台。政府

[①] 原载北京市社科联《成果要报》，2015年第25期。

相关部门可考虑联合阿里巴巴、亿赞普和腾讯等平台资源，为龙头企业进军海外市场搭建互联网+国际化运营平台，利用大数据预测海外市场需求并进行定制化生产，创新海外营销模式，搭建跨境结算平台，为企业提供云计算服务，进而提升龙头企业的国际化运营能力。阿里巴巴拥有全球240个国家和地区的买家和供应商、超过40个行业各类产品的海量数据，可利用这些大数据对海外消费者的行为变化做出量化分析和趋势预测，从而针对海外消费者的差异化需求进行定制化生产。亿赞普大数据平台集成了全球89个国家和地区的营销网络，通过它的平台可以把产品直接推到目标消费者面前。亿赞普已和全球45个国家的银行和信用卡机构（包括海外第三方支付）进行了技术对接，搭建了跨境结算平台。2015年，腾讯云数据中心已扎根香港、多伦多，辐射东南亚、北美、欧洲等海外市场，可为企业在海外市场提供云计算服务。

三、构建全球金融服务网络

逐步构建全球金融服务网络，为发展国际知名品牌提供金融服务支持。融资难、融资贵是北京"走出去"企业面临的普遍问题，也在很大程度上限制了国际知名品牌的成长，因此，考虑设立"国际知名品牌发展基金"，并利用出口信贷和出口信用保险，重点支持龙头企业积极开拓国际市场。鼓励国有银行和北京商业银行加快"走出去"的步伐，为"走出去"的龙头企业在国际市场提供存贷汇，海外并购、资本运作、资产保值等业务需求。

四、完善国际知名品牌的支撑保障机制

创建国际知识产权服务体系，为企业提供国际商标、国际专利、国际版权等跨国知识产权信息服务。健全完善海外维权工作机制，畅通维权渠道。加强质量诚信体系建设，引导和激励广大企业加快标准创新、技术创新、管理创新，同时加大质量失信行为的惩戒力度。建立科学、规范、权威的品牌评价体系，规范品牌价值评价和发布活动，指导企业有效提升品牌价值。

第 46 章　国际贸易的绿色壁垒与突破研究[①]

当前,世界贸易中出现了一种新动向:一些发达国家通过制定高于发展中国家的环境质量标准来推行新的贸易保护主义,即以高环境标准准入条件作为限制进口的手段,从而使传统的贸易壁垒逐步演变成环境壁垒,即绿色贸易壁垒。本章对绿色贸易壁垒的起因、特征、条件、主要内容,以及应如何实施突破战略等问题进行了有益的探索。

第一节　绿色贸易壁垒的兴起与特点

所谓绿色贸易壁垒,实质上是指进口国政府以保护生态环境为纲,以限制进口、保护贸易为目的,通过颁布复杂多样的环保法规、条例,建立严格的环境技术标准和产品包装要求,建立烦琐的检验认证和审批税流程,实行环境构想制度保证环境进口税的方式对进口产品设置的贸易障碍。绿色贸易壁垒的产生原因包括以下3个方面。

(1) 美国麦多斯教授(D. L. Meadows)于1972年出版的《增长的极限》,认为以不可再生自然资源的加速耗竭和环境污染程度的逐渐加深为代价的经济增长属于指数增长型,不可持久。人类在2100年前将面临"世界末日",从而唤起了整个世界对环境问题的高度重视。1992年6月,在联合国召开的环境与发展会议上通过的《里约热内卢环境与发展宣言》,要求各国实行可持续发展战略。于是一些西方发达国家利用人类环境保护意识的加强,借着消费绿色产品,推出贸易中的各种环境保护措施,其中隐含不合理的、限制进口的贸易保护主义措施,形成国际贸易中的新贸易壁垒——绿色贸易壁垒。

(2) 全球化浪潮高涨,但是各国之间存在很大的发展不平衡性,南北差距不但没有缩小,反而加大了。在国际社会尚未形成统一的环保标准的情况下,发达国家利用其经济优势倡导各种高标准的环保条约,以期抢占国际市场,保持其经济竞争的制高点。而发展中国家由于其经济实力落后,对环保心有余而力不足,对发达国家制造的一些国际绿色贸易条件,只好建议性、争取性地跟从。其中不合理的不平等条约实际上构成了发达国家对发展中国家的绿色贸易壁垒。

(3) 世界贸易自由化、国际化的趋势逐渐加强,国际分工越来越细,使得经济发展越来越依靠国际市场,而国际市场具有极大的波动性、不确定性,加之贸易的

---

① 原在《中国软科学》,2002年第3期发表。

增长快于实际生产的增长，容易导致虚假繁荣与国内泡沫经济。各国为了防范贸易增长带来的巨大风险，纷纷构筑各种贸易壁垒。据统计，世界货物贸易额，1950年为607亿美元，1996年为50000亿美元，1998年则超过了70000亿美元，1990-1995年，世界货物贸易平均增长8%，而生产的增长速度只有1.5%，GDP的增长速度只有1%。这种贸易的急剧膨胀导致了世界性的价格危机，甚至是金融危机。各国特别是发达国家打着保护生态环境的幌子，制定一些高标准的环保条约和措施，以限制进口，逐步演化为绿色贸易壁垒。

一般来说，绿色贸易壁垒具有5个特点。

（1）虚假性。绿色贸易壁垒一般都打着保护地球生态环境与人类健康的幌子，貌似合理，实则是不合理的制造贸易障碍、贸易保护主义行为。

（2）不平衡性。发达国家与发展中国家的发展状况已呈现极大的不平衡性。发达国家无视发展中国家的现实情况，以其先进的技术、雄厚的资金提出过高标准，把发展的不平衡导入国际贸易领域，引致更多的不平衡。发达国家甚至提出远高于国内标准的标准，搞双重标准，这更加剧了不平衡性。

（3）隐蔽性。绿色贸易壁垒借环境保护之名，隐蔽于具体的贸易法规规定、国际公约的执行过程之中，成为进口国拒绝外国产品的"核武器"。

（4）广泛性。绿色保护的内容非常广泛，不仅涉及资源环境与人类健康有关商品的生产、销售方面的规定和限制，而且对那些需要达到一定安全、卫生、防污等标准的工业制成品亦产生巨大的压力。这些绿色保护措施，还具有不确定性和可塑性，在具体实施时容易被用来刁难和抵制出口国。对生产技术水平较低的发展中国家来说，涉及面更大、更深。

（5）坚固性。绿色贸易壁垒抓住人们高消费时关注生态环境的心理，根据本国市场和消费者的情况超高标准制定，先入为主，制造进口品的消费障碍，具有坚固的限制进口的堡垒作用。

第二节　绿色贸易壁垒产生的条件

绿色贸易壁垒产生于国际协议、法规、技术、公约、制度所派生出的不合理的环境标准及其环境保护措施。

（1）国际贸易协议中有关环境的条款。GATT、WTO及相关贸易协议中的环境条款本身并非绿色贸易壁垒，但其中一些条款相对模糊的界定的确使某些发达国家为树立绿色贸易壁垒找到了借口，而当因此发生贸易纠纷时，进口国也容易从GATT或WTO有关自由贸易原则中寻求法律上的支持。因此，逐步完善这些环境条款是国际贸易协议应该努力的方向。

(2) 国际环境公约。国际环境公约一般是针对某一具体的国际环境问题，如热带雨林、生物物种、大气变化等提出的。目前，我国已加入 21 项国际性环境公约。国际环境公约确立了公认的绿色条例，有效地阻止了各种危害环境的行为，其作为绿化国际贸易的特别规定，本质上不是绿色贸易壁垒。但是，由于国际环境公约的制定者主要是发达国家，其条款基于发达国家先进的技术水平，反映的是发达国家的环境利益，因此必然限制发展中国家的产品出口，因而可能成为一种变相的贸易壁垒。另外，由于发展中国家和发达国家履约能力的差异，发达国家的先期运行成为事实上的绿色贸易壁垒。

(3) 国际环境管理体系系列标准 ISO14000。环境管理系列标准 ISO14000，是为保护环境、消除国际贸易中的非关税壁垒，促进社会经济持续发展，针对全球工业企业、商业、政府、非营利团体和其他用户而制定的。其目的是：为企业提供有效的环境管理手段，帮助企业自觉地实现环境目标和经济目标，支持环境保护和预防污染，促进环境与经济协调发展，实现可持续发展战略。ISO14000 本身不是新的绿色贸易壁垒，而是为消除贸易壁垒制定的一套国际标准。只是由于某些国家在国际贸易中制定了过高的环境标准，才形成了对出口国的绿色壁垒。

(4) 环境标志制度（Environment Label）。环境标志制度又称绿色标志制度（Green Label）或生态标志制度（Eco-Label），是指由政府部门或公共、私人团体依据一定环境标准向有关厂商颁发的，证明其产品符合环境标准的一种特定标志。标志获得者可把标志印在或贴在产品或其包装上。它向消费者表明，该产品从研究开发、生产、销售、使用到回收、利用和处置的整个过程都符合环境保护要求，对环境无害或损害极少。绿色标志制度发展很快，现在已有 30 多个发达国家、20 多个发展中国家和地区推出绿色标志制度。

在环保意识较高的发达国家，50% 以上的消费者会自觉选择绿色产品，因而取得绿色环境标志，也就取得了通向国际市场的通行证。有些国家便借此大行贸易保护行为，严格限制非环境标志产品进口。由于各国技术水平的差异，其环境标志所依据的环境标准不一致，对产品的评价方法也有差异，加之对外国产品的歧视态度，发展中国家往往很难获得发达国家的环境标志认证，即使有幸获得，代价往往也太大，最终总会影响其产品的出口竞争能力，从而形成一种变相的贸易壁垒。

第三节　几种典型的国际绿色贸易壁垒形式

(1) 环境标志制度。环境标志制度就是政府有关部门按照一定的程序给那些不仅在质量上合格，而且有利于人体健康，并有利于保护我们生存环境的产品颁发环境标志的一种制度。目前，世界上已有 50 多个国家实行环境标志制度。由于各国环境标志依据的环境标准、使用的评估方法等存在不少差异,环境标志制度的实施也会影响到外国产品的竞争能力,成为一种变相的贸易壁垒。

(2) 直接限制进口。进口国家以保护环境为名,对一些污染环境、影响生态环境的进口产品课以进口附加税,或者限制、禁止进口,甚至实施贸易制裁等。

(3) 环保(绿色)包装制度。其本意是要求包装材料节约资源,减少废弃物,用后易于回收再用或再生抑或自然分解,不污染环境。现在它逐渐成为发达国家实行贸易保护主义的措施。环保包装要求有时会导致政策措施非故意地歧视进口产品。环保包装中的强制再循环或再利用措施运用于进口产品时,外国供应商不得不依靠当地销售商或废物处理中心来处理包装废弃物,并因此支付高额的费用或接受其他条件等,从而导致更多的贸易摩擦。

(4) 生产加工技术标准。对外国产品制定针对性的技术标准,禁止其进口;技术标准的制定不透明或半透明,由于技术标准透明度不够或不能及时公告,外国出口商无法及时准确掌握此种信息,因而就难以向该国出口商品,有时一些国家还通过频繁改变某些产品的技术标准来限制进口;在检测或验证上设置障碍。

(5) 环境成本与绿色补贴制度。近年来,一些发达国家以保护环境和资源为借口,将环境和资源费用计算在成本之内,使环境资源成本内在化。他们以征收反倾销或调节关税的方式,均衡与不同国家法规达标有关的成本差异,从而形成新的贸易壁垒。此外,一些发达国家甚至通过跨国公司将污染严重的产业转移到发展中国家,以降低环境成本,致使发展中国家的环境成本提高,如果企业无力承担,则需由政府进行补贴,发达国家以反补贴限制产品进口,从而构成贸易障碍。

第四节 应对国际绿色贸易壁垒的对策

一、加强宣传教育,顺应绿色潮流,提高环保意识

中国中小企业要冲破绿色壁垒,必须充分认识到,低环境标准国家的资源会加速退化,环境污染加剧,并最终导致竞争力的进一步下降。而高环境标准国家将会从善待环境的技术和产品中获利,从而在环境保护产业领域占据优势地位,在国际贸易中更具竞争力。因此,我们应该全面客观地认识绿色贸易的性质,既要认识绿色贸易规范条件的积极意义,又要分清某些国家寄寓于其中的绿色贸易壁垒,在保护自身正当权益的同时,使我国的发展顺应历史潮流。当然,顺应这股绿色潮流必须提高全民环保意识,而这离不开广泛的宣传和教育。

二、积极推进环保产业的发展,并将环保纳入外贸发展战略

环保产业的发展,必然会提高企业防治污染的能力,为其产品冲破国际贸易中

的绿色贸易壁垒提供硬件上的支持。此外，环保产业具有较强的关联效应，在自我发展的同时能够带动、引导许多前向、后向相关产业的发展，极具潜力。我们应根据绿色壁垒的发展趋势，加快制定和完善各类商品生产和销售中有关环境保护的技术标准和法律法规，促使对外贸易的环境管理与国际环保法规和惯例接轨；强化环保执法，对外贸活动中违反环保法规的行为依法严格惩处；推行"绿色环境标志"制度。同时，应制订针对绿色壁垒的国际市场开拓计划和发展策略，改变大量消耗资源和能源、污染环境的传统发展模式，推行以生态环境为中心的绿色增长模式，走可持续发展之路。另外，必须加强对各国环保法规、环境标志制度的研究和信息搜集，尽快建立外贸环境技术标准的信息系统，为出口企业和外贸部门提供及时、充分的信息咨询，促进企业按照环保标准组织生产，避免不必要的纠纷和损失。

三、加强与环境有关的认证工作

与环境有关的认证工作对企业而言是非强制性的，具有公证性质，企业申请认证有利于企业利益和效率的提高。中国应鼓励中小企业自觉向ISO14000标准和国际相关产品环境标志的认证要求靠拢，并给予人力、物力、财力、技术和信息上的必要支持。

四、严禁国外不符合环境标准的产品、废旧物质和污染产业流入国内

近年来，由于经济利益的驱动和缺乏道德法制观念，中国陆续发生进口工业垃圾和有害废物的事件，这不仅严重违背了《控制危险废物越境转移及其处置巴塞尔公约》和中国的有关规定，还给中国生态环境带来了严重破坏。同时，一些外商为了获取高额利润和逃避所在国的污染治理规定，利用我国环境标准低和环保意识淡薄的机会，相继在我国投资设立污染防治费用高、处理难度大的农药、化工、印染、造纸、电镀等企业。大量污染项目进入中国，在绿色壁垒下对中国的出口构成了潜在危险。因此，要避免国外不符合环境标准的产品、废旧物质和污染产业向中国转移。

五、充分发挥"环境外交"的营销作用

（1）积极参与国际环境公约和国际多边协定中环境条款的谈判。在国际环境公约和国际多边协定环境条款的谈判中，发达国家往往提出过高的环境标准和环保措施，发展中国家则强调环境保护与经济发展并重。因此，我国应与发展中国家团结起来，积极参与谈判，拒绝接受超越自身承受力的环境条款。

（2）以国际规范为依据反对进口国的绿色贸易壁垒。对于进口国以环保为借口单方面设置的绿色壁垒，或进口国将其国内环保法规实施到境外，或进口国以隐蔽

形式做出的各种贸易歧视，中国要通过外交途径与进口国谈判，或向世贸组织的争端解决机构（DSB）提出起诉。

（3）注重"环境外交"策略的运用。如1997年4月国家商检局邀请欧盟兽医代表团对中国进行考察，确认中国具备了向其出口鲜猪肉、鲜马肉及肉制品的条件，使得欧盟对从中国进口的鲜猪肉、鲜马肉解禁。

六、组织高水平的科研队伍，提高科研技术水平，促进科技进步是突破绿色贸易壁垒的根本途径

这支科研队伍不同于一般的环境保护和治理技术研究力量，其关注的是国际贸易和环境保护的交叉结合，它担负着及时辨析国际贸易中的绿色壁垒、提供政策建议和技术改进的重要任务，是中小企业扩大出口，普及清洁生产的推动者。

七、注意国际动态，打破绿色贸易壁垒

（1）加强对国外绿色壁垒的研究。加强对国际及外国绿色标准的研究，及时收集、整理、跟踪国外的绿色贸易壁垒，建立绿色贸易壁垒信息中心和数据库；认真研究主要贸易对象国绿色贸易壁垒对中国出口贸易的影响，采取积极措施，打破壁垒，扩大出口。

（2）提高绿色产品的质量和水平。我们应该依靠科学管理和科技进步，提高绿色产品的质量和水平，争取通过国际标准绿色认证或出口市场的绿色标志相互承认、相互协调，并通过签订条约、协议等从法律上保证该制度的顺利实施。

（3）认真总结国内外企业突破绿色贸易壁垒的经验教训，根据出口商品的特点和拟进入目标市场的要求，制定打破绿色贸易壁垒的对策。

（4）对发达国家违反非歧视原则对中国出口产品规定高于其本国产品的环境标准而设置的绿色壁垒，中国可以根据双边或多边贸易协定所确认的国民待遇和最惠国待遇的规定提出抗辩，依据环保公约、协议对发展中国家的特殊照顾规定，通过磋商、谈判解决。还可以团结、联合发展中国家，利用相关的国际协议、公约的有关条款，突破发达国家的绿色贸易壁垒，保证我国的绿色产品顺利进入国际市场。

第十篇 全球新冠肺炎疫情背景下提升我国中小企业竞争力研究

第47章 制造业"稳投资"面临的困难与对策建议①

随着我国经济社会发展进入新发展阶段，聚焦高质量发展主题和稳中求进工作总基调，党中央、国务院审时度势做出"六稳""六保"的重大决策部署，要求坚持稳中求进工作总基调，坚持新发展理念，扎实做好"稳就业、稳金融、稳外贸、稳外资、稳投资、稳预期"，全面落实"保居民就业、保基本民生、保市场主体、保粮食能源安全、保产业链供应链稳定、保基层运转"任务。制造业在现代经济体系和现代产业体系中的地位和作用不言而喻，制造业"稳投资"是"六稳""六保"的重中之重、难中之难，在全球产业链供应链深度调整的宏观背景下，制造业有效投资对提高中国制造业创新策源能力、国际竞争力在全球价值链中的地位至关重要。制造业发展的轮子转得更快，整个产业体系的动力才能更强劲，经济发展方式才能更持续，才能快速推动质量变革、效率变革、动力变革。中国经济按照新发展理念要求，加快构建新发展格局，打出高质量发展组合拳，以深化供给侧结构性改革为战略方向持续实施投资新政，推动一系列稳投资政策落地，制造业投资总体呈现向好态势，但受外部发展环境和国内经济下行压力影响，制造业投资，特别是民间制造业投资增速下滑，成为亟待关注的重大现实问题。

第一节 制造业"稳投资"对"稳功能"至关重要

稳投资就是稳动能、稳经济、稳发展，是"六稳""六保"的关键所在，有效应对外部环境变化和中美经贸摩擦的冲击，必须把稳投资摆在首位，通过更加有效

---

① 原载国务院办公厅《信息专报》，2020年11月。

的制造业投资,打好产业链现代化攻坚战,推动制造业质量变革、效率变革、动力变革,巩固制造业在国民经济中的支柱地位和辐射带动作用,最终形成以实体经济为核心的现代产业体系和现代经济体系。

(1) 浙江省稳投资对提升制造业创新能力至关重要。只有持续不断地加大新增投资、有效投资,组织力量和资源进行关键核心技术攻关,把更多的投资放在制造业的关键领域和重要节点上,着重解决跨行业、跨领域关键共性技术问题,打通基础研究、技术开发、成果转化、产业创新全流程,才能真正提升制造业的创新力。

(2) 稳投资对提升制造业基础能力至关重要。鼓励企业和行业加大制造业投资,围绕核心基础零部件、先进基础工艺、关键基础材料和产业技术基础,开发填补国内空白的关键产品,推进科技含量高、带动能力强的关键基础材料产业化,对制造业基础能力提升十分重要。

(3) 稳投资对推进产业链现代化至关重要。实施产业链协同创新工程,超前布局前沿科技研究及产业化运用,支持大中小企业构建协同制造体系,推动传统制造改造提升,推进制造业数字化、资本化、集群化转型,对于打赢产业链现代化攻坚战至关重要。

(4) 稳投资对提高企业竞争力至关重要。支持制造业企业加足马力投资,引导企业向高端领域、高端环节、高端产业投资,围绕供应链整合、创新链协同、产业链耦合等,增强企业资源配置能力和创新发展能力,培育企业的市场竞争力,对企业赢得市场话语权和行业地位具有重要促进作用。

第二节　制造业"稳投资"的浙江省创新与实践

浙江省是制造业大省和数字经济大省,在中美贸易摩擦和国内经济下行压力加大的叠加影响下,稳投资难度加大。浙江省制造业稳投资工作在全国具有典型性和代表性,坚决打好产业基础高级化、产业链现代化攻坚战要求,实施产业基础再造和产业链提升工程,启动重点产业链关键核心技术产品进口替代行动计划,[①] 切实提升产业链供应链的稳定性和安全性,进一步加大稳投资力度和速度。

一、起底式梳理断供断链风险点

围绕提升核心领域技术产品自主可控目标,重点瞄准从美国进口高科技产品和技术清单,全面梳理排查存在高技术封锁和隔离的断供断链风险点,按照省内、长三角、国内可供及依赖进口等层次,滚动梳理产业链关键核心技术(产品)断供断

---

① 全面排摸从美国进口的"卡脖子"关键核心技术产品清单,实施了《实施制造业产业基础再造和产业链提升工程行动方案》和《重点产业链关键核心技术产品进口替代行动计划》。

链风险清单。截至2020年7月底,浙江省共排摸确定产业链供应链断链断供风险870项,排摸出严重依赖美国的90项极易被"卡脖子"的关键核心技术和产品清单。针对"卡脖子"关键核心技术产品,建立核心领域技术产品需求清单和国产可供给目录。实施重点产业链关键核心技术产品进口替代行动计划,形成重点产业链关键核心技术和产品进口替代清单301项。建立产业链供应链数据库、持续迭代断供断链风险清单,开展运行监测和风险评估。

二、点穴式实施产业链提升工程

实施《浙江省实施制造业产业基础再造和产业链提升工程行动方案》,以"一链一方案"的方式启动实施十大标志性产业链提升工程,建立省领导一对一联系十大标志性产业链工作机制,由省级部门负责人担任产业链"链长",组织实施60项产业链协同创新项目,着力打造数字安防、集成电路、新材料等十大标志性产业链。广泛开展以点带链、以链带面的产业链协同复工复产,制订省内、省外、境外产业链配套企业三张清单,推动4000多家产业链配套企业协同复工复产。构建十大产业链重大投资项目管理系统,建立重大制造业项目落地全周期服务机制,"一企一策"解决项目实施中的堵点卡点问题,给予项目用地、耗能、排污、信贷等指标支持,重大产业投资项目允许提前预支新增建设用地计划指标。创新推出"企业码",启动建设"企业码"直达基层、直惠企业补政策直兑专区,领码企业数量达258.9万家,企业诉求受理率98.9%,重点问题办结率93.2%。实施"融资畅通工程",设立支持十大标志性产业链的主题基金和定向基金,将产业链龙头企业优先纳入上市培育企业库,支持其上市融资和发行标准化票据。

三、清单式攻关断链断供核心技术

成立制造业高质量发展领导小组,印发《关于打造高能级战略平台的指导意见》,建立"企业出题、政府立题、协同破题"机制,采用揭榜挂帅、比武打擂等方式,实施产业链协同创新项目计划,首批安排4.4亿元省级专项资金,支持63项产业链协同创新项目,支持150家龙头骨干企业协同攻关"卡脖子"技术难题。

动态跟踪30个重点项目攻关进展并加强技术研判,落实42项应急攻关项目清单,增补58项重大项目成果清单。建立产业链核心人才"雁头"机制,实施紧缺人才"鲲鹏行动",畅通高校、科研院所与企业人才流动渠道,鼓励科研院所人才到省实验室、省级制造业创新中心从事科技研发活动,落实职务科技成果转化现金和股份奖励的个人所得税优惠政策。

部分产业链关键核心技术(产品)断链断供风险点如表47-1所示。

表47-1 部分产业链关键核心技术（产品）断链断供风险点

产业链	核心技术和产品	省内替代	区域替代	国内替代	主要进口国家
集成电路产业链	MOSFET功率电器	士兰微	上海光宇瑞芯、上海先进、华润华晶、江苏长晶等	安世半导、比亚迪半导体、吉林华微	Fairchild（美国）Infineon（德国）ST（法国）POHM（日本）
网络通信产业链	数据通信终端	新华三	迈普技术（江苏）、剑桥通讯（上海）	华为、中兴通讯、星网锐捷、烽火通信、神州数码	诺基亚、爱立信、思科、Arista（美国）、西门子（德国）
网络通信产业	射频放大器	嘉科电子、立昂微电子	卓胜微、中普微、中电55所英诺迅	海思半导体、唯捷创芯、紫光展锐、中科汉天下	佳友（日本）、Macom（美国）、NXP（荷兰）、IFX（美国）
智能计算产业链	操作系统	华为OpenEular、阿里云OS	中标麒麟	银河麒麟、普华软件、东方通、金蝶天燕	Microsoft（美国）、苹果（美国）
新材料产业链	缓释氧化硅蚀刻液	格林达、中巨芯	—	—	巴斯夫（德国）、关东化学（日本）、安斯泰来（日本）
智能家居产业链	蓝牙通讯模组芯片	—	泰凌微、卓胜微		IT（美国）、Nordic（瑞士）
生物医药产业链	微晶纤维素	展望药业	瑞登梅尔、山河药用辅料	曲阜药用、六佳药用、九典制药	Microcellulose（美国）、DFE（荷兰）、JRS（德国）

第三节 制造业"稳投资"存在的主要困难和问题

一、外部环境不确定影响企业投资意愿

（1）受中美经贸摩擦影响，部分企业对扩大投资持审慎态度。中美经贸摩擦持续升级，投资领域市场预期普遍下降，企业风险防范意识不断增强。据浙江万家企

业监测平台监测数据显示，2020年第二季度全省制造业企业投资信心总体偏弱，未来3个月有投资意愿的企业仅占18.3%，环比、同比分别下降2个和0.4个点，与2019年同期相比，85.8%的企业反映投资总额保持不变或有所减少，其中，反映有所减少的企业占比为23.6%。例如浙江君悦标准件制造有限公司，受美国对中国的碳钢及合金钢螺杆产品"双反"调查影响，加上加征30%的税收，美国订单（占总额35%）全部流失，年损失达2200多万元，2020年实施的产能增长再投资500万元的计划被迫取消。浙江正导电缆有限公司长期从事电线电缆进出口贸易，受美国加征关税与中美贸易形势影响，2020年1—6月产值为16151万元，同比下降29.6%；利润226万元，同比下降30.7%，导致企业对市场预期下降，目前已基本放弃美国市场，原计划投资2000万元引进3条生产线的扩建改造项目也暂且搁置。宁波博禄德电子有限公司供应华为、三星等知名手机生产商，受中美经贸摩擦影响，三星取消了配件订单，损失约1.2亿元，加之华为遭美国制裁，该公司未来3个月的华为订单量也将大幅减少，2020年预计下降2亿元左右。该公司负责人蔡成苗表示，由于华为的相关产品因美国制裁等原因出口受到较大限制，该企业原计划在国内增加生产线的计划被迫取消，减少投资约4000余万元。

（2）考虑到国外需求下降及现有产能过剩，部分制造企业扩大生产意愿降低。国内外消费市场趋于萎靡，制造业企业普遍面临产能过剩问题，扩大投资动力下降，部分企业搁置原有扩产计划。以宁波市经信部门定期跟踪的1000万元以上技改投资项目库为例，2020年入库项目数比2019年减少371个，当年计划固定资产投资减少47.6亿元。例如宁波奥雷士洁具有限公司，受海外市场需求锐减影响，国外客户取消近300万美元的订单，1—7月总产值比2019年同期下降33%，原计划于2020年7月启动的年产400万套水龙头及配件的生产项目因此暂停。浙江恒达高电器有限公司是一家专业研发、生产、销售家庭自动化产品的高新技术企业，全球市场份额占35%，出口额名列全国行业首位，2019年准备投产2500万个智能家居产品的高智能家居项目，总投资36000万元，但年初以来国外订单取消或延迟已超过470万美元，导致对市场产生较大担忧，截至2020年7月，项目没有实质性进展。

（3）部分投资流向综合成本低于国内的国家。一些企业在国外低廉的人工、土地、税费等吸引下，"走出去"到国外投资。越南浙江商会常务副会长、越南恒发贸易进出口公司负责人陈林飞表示，越南对我国投资吸引力提升，鞋服行业越南工人工资一般为2000元/月，国内温州一般为5000元/月，越南加入了CPTPP，而且与欧盟签订的自由贸易协已于2020年7月生效，未来7年内双方将削减或取消双方99%的货物贸易进出口费用，还出台了减免企业所得税等大量优惠政策，近年来吸引100多位温州企业家在越南投资。温州泰马鞋业有限公司已在俄罗斯、美国、意大利、法国、阿联酋、巴拿马等100多个国家注册"泰马"牌商标，为规避中美贸易摩擦影响，自2019年开始，该企业已经在缅甸投资设厂，2020年投资金额为270万美元。

（4）出口转内销形势不明导致转型投资较为犹豫。受国外新冠肺炎疫情和海外市场低迷影响，部分企业寻求出口转内销减轻企业发展压力，但对于转内销，部分外贸企业较为犹豫。一方面，国内外标准差异较大，转型需涉及生产线改造、设备添置及产品认证等，转型成本高；另一方面，国内外市场营销模式不同，部分出口企业缺少国内销售渠道和推广平台，担忧产品在国内出现滞销。如浙江台兴机电科技有限公司于2019年年底引入一条外贸产品生产线，成本300万元，而内销生产线成本仅100万元，若将外贸生产线改造为内销生产线，间接损失约200万元。浙江恒源洁具股份有限公司负责人反映，企业作为卫浴的OME类企业（贴牌生产及原始设备制造商），2020年1—8月的OME销售额仅263万元，较2019年同期下降33%，虽已着手开拓国内全屋定制的相关市场，但由于消费者对费用高昂的全屋定制购买意愿较低，暂不考虑进一步增加全屋定制项目的投资金额。

二、企业创新能力整体偏弱制约投资效能

（1）部分关键技术、高端装备及核心零部件和元器件"卡脖子"问题比较突出。中美经贸摩擦逐渐向科技、金融领域蔓延，对制造业的冲击影响持续释放，尤其是高端制造领域面临核心零部件断供的较大风险，中国企业无法引进相应设备，导致后续投资难以进行。以浙江省为例，全省十大产业链关键核心技术（产品）存在断链断供风险406项，其中已实现同准备份96项，降准备份207项，国际备份44项，暂无备份59项。如绍兴市2019年集成电路骨干企业的进口额为15亿元，其中美国占比为30.8%，尤其是制造半导体器件或集成电路用的离子注入机、制造单晶柱或晶圆用的化学机械抛光设备等依赖美国进口，如果美国进一步加大遏制措施，企业将面临断链风险。浙江奥的斯机电电梯有限公司负责人反映，企业目前原材采购国产化比例超过90%，但是集成电路元件大部分依赖进口，其中电梯变频器核心器件IGBT（绝缘栅双极型晶体管）模块属于典型的"卡脖子"器件，该器件的核心技术掌控在英飞凌、东芝、富士通等国外厂商手中，进口替代难度极大。又如，杭州通兴电子有限公司是一家致力于广播电视技术与光电通信设备开发、生产及系统集成的高新技术企业，其外贸已销售至全球近30个国家和地区，但企业生产的5G设备中一些关键核心零部件还依赖进口，特别是核心器件泵浦激光器芯片、控制软件芯片等价格占整机成本的60%左右，目前由美国、日本企业垄断，且管制加税。

（2）技改服务平台缺乏制约企业技改投资计划落实。国家鼓励企业加大技术改造投资，但制造业企业往往存在研发能力弱、研发设计缺乏竞争力等问题，需要专

业平台和服务商提供强有力的技改服务支撑,而当前国内部分制造业领域仍然缺乏相应服务平台,导致企业的技改投资计划难以得到有效落实。以浙江省临海市为例,2020 年该市 160 家企业在平台上填报数字化改造,通过评估,只有 43 家企业完成数字化改造,仅占样本数量的 27%,预计 2020 年新增的进行数字化改造的企业不到 50 家。浙江华朔科技股份有限公司 2020 年原计划对既有车间进行数字化改造,希望可柔性生产 10 余种不同型号和规格的设备,但当前在车间数字化技改领域,国内暂无可满足其技改要求的集成服务商,最终企业下调技改要求、减少投资规模。

(3) 科研成果转化周期漫长制约技改投资效益。制造业企业技改前期投入资金较大,从技术研发到成果转化周期较长,导致投资效益降低。例如,宁波合达生物科技有限公司是一家设立于 2014 年 12 月的生物医药类初创型企业,主要经营生物工程技术开发、技术服务和技术咨询。该公司于 2014 年启动"高效低成本全自动免疫检测分析系统及配套试剂的产业化"技改项目,目前该项目仍在研发生产中,而该公司仍处于销售规模相对较低、尚未进入稳定盈利的发展初期。

三、企业资金链紧绷制约投资进度

(1) 知识产权质押难影响企业融资。目前,知识产权质押融资主要存在四大堵点:①是银行参与度不高。在中国现阶段普遍缺乏相应风险分担和补偿机制的情况下,知识产权质押融资的风险一旦发生,由于缺少有形抵押物,放款银行几乎要承担全部损失,导致银行在推进该项业务时极其谨慎。②融资门槛过高。银行在开展知识产权质押融资业务时往往会提高隐形门槛,加大对企业资金流动性、年度纳税额、综合信用的审核力度,除质押的知识产权以外,还需要有担保品/人。此外,根据知识产权的评估值,银行一般的授信额度控制在 20% 左右。如浙江建科减震科技公司是一家科技型中小企业,在新型阻尼器研发生产方面拥有 30 余项国家级发明专利,该企业负责人希望通过专利质押进行融资,但银行根据其知识产权情况最多只愿质押放款 200 万元,难以满足其资金需求。③处置变现难以破解。作为质押物,知识产权变现领域狭窄。如浙江省新昌三鼎机械有限公司于 2019 年 9 月通过知识产权质押融资,获得贷款 300 万元,2020 年 4 月起开始出现偿贷困难,由于该笔贷款是纯专利质押,没有任何房产、设备等有形物担保,所质押的专利由于一直未能找到合适的交易方而无法处置,财政也未对该笔贷款予以代偿。④风险补偿运行缺位。实际的风险补偿始终以财政贴息为主,担保、专利保险等其他补偿机制并未真正发挥作用。

(2) 回款周期拉长导致企业放缓实施投资计划。受新冠肺炎疫情等因素影响,已收货下游客户因经济形势不佳而放慢回款速度,造成部分制造业企业现金流锐减,资金链趋于紧绷,不得不放缓实施投资项目。如浙江省慈溪市海通食品集团股份有限公司的番茄酱罐头出口主要面向尼日利亚等地客户,但目前尼日利亚等地区新冠肺炎疫情防控形势对餐饮等第三产业影响较大,当地客户无法及时缴纳货款,2020年8月仍拖欠4月订单货款近170万美元。受此影响,该企业原计划2020年投资3000万元建成全自动炒饭机生产线的计划被搁置。又如,宁波新登辉模具科技有限公司因下游企业支付货款慢,造成回笼资金困难,短期现金流紧张。目前,该公司应收账款达1350万元,超企业总资产的28%,现金流压力较大,导致2020年年初计划采购总价约300万元的模具注塑机等新设备推迟到2020年8月。

(3) 技改补贴发放不合理导致企业资金链紧张。现行的企业技术改造补贴,一般需要全部项目完工后才进行一次性发放,但技术改造研发周期往往较长,这种发放模式造成企业资金紧张。例如,杭州聚丰新材料有限公司响应杭州市"新制造业计划",投入1000万元用于加大研发与设备投入,并向上级发改部门提交技改项目书,但随着企业技改规模不断扩大,技改方案也不断更改,而发改部门规定只有企业技改完全结束后,才一次性给予15%的补贴。目前,该项目已持续开展1年,但150万元的技改补贴尚未发放到位,导致企业资金链紧张。

(4) 原材料价格上涨导致企业放缓投资进度。受美元持续贬值、海外原材料出口国新冠肺炎疫情反复等因素影响,原材料继续保持涨势。从浙江省重点监测企业成本指数看,2020年7月,全省重点工业企业原材料成本指数为60.0,环比提高0.5个百分点,连续3个月上涨。以铜价为例,已从年初的3.2万元/吨上涨到目前的4万元/吨,涨幅高达25%。例如,浙江省玉环县显通向庆安全设备有限公司反映,其生产的安防器材每月消耗铜棒约20吨,由于下游供货合同已签订,无法通过涨价转移成本,目前因铜价上涨带来的利润损失已达16万元,公司经营压力较重,无力进行再投资。浙江省仙居县扬帆工艺品厂负责人反映,2020年原材料成本上涨明显,油漆、纸箱等原材料成本上涨10%左右,企业利润由往年的10%下降至5%左右,暂不考虑扩大投资。

四、国家相关政策变动影响企业投资力度

(1) 产业政策调整对企业生产投资项目造成一定影响,导致原计划投资项目进度受阻。如慈溪市翔辉汽车电器有限公司,2020年原计划总投资1550万元完成年产200万套汽车发动机点火线圈芯柱生产线技改项目,但2020年7月国家第六阶段机动车污染物排放标准出台后,对点火线圈芯柱燃烧效率提出更高要求,需要对生产线进一步升级,技改升级成本也随之上升,企业需要对项目投资额、市场前景等情况进行重新评估,导致该技改投资项目进展缓慢,目前仅完成投资380万元。

(2)《外商投资法》政策改变对原投资方案落地产生影响。2020年1月1日开始实施的《外商投资法》对外国投资者的持股比例未做任何限制或要求,部分外国

投资者因此提出投资降比。以浙江华荣电池股份有限公司为例，该企业于2019年年底和德方客户洽谈投资合作事宜，按照原"投资三法"规定达成德方初步投资比例为25%的合作方案，中方企业已按照德方此比例进行了企业投资规划和整体调整。随着2020年《外商投资法》实施，德方企业以"投资比例不再受限"为由，提出投资比例降到10%的要求，投资额大大降低，导致目前双方企业经多次谈判仍未达成一致，合作进程受阻。

（3）审批标准变化导致企业投资进展缓慢。部分企业反映，投资项目落地过程中遭遇标准变更，致使投资进程放缓。例如浙江车头制药股份有限公司因发展需要新建厂房，土建部分已完成前期所有手续并办理施工许可证，但住建部新出台的《精细化工企业工程设计防火标准》于2020年10月1日正式实施，许多标准发生改变，如某些厂房的间距要求从原先的15米变到25米、25米变成35米。该企业为符合现有要求，只能重新修改设计方案再施工，技改进度因此受到影响。浙江省台州市椒江区反映，土壤污染防治有关规定出台以来，该区普济生物、乐普药业、四维医药三个项目受疑似环保污染地块影响未能启动建设，总投资约3亿元。

五、统计机制不健全影响制造业投资数据准确度

（1）制造业投资数据反映不全面。以杭州市为例，近年来随着供给侧结构性改革的深入推进，全市制造业加快转型升级，新旧动能加速转换，制造业投资结构发生了显著变化，传统的以土地、设备、厂房等要素驱动的固定资产投资增速明显放缓，而技术研发、人才引进、品牌建设等代表制造业高质量发展方向的创新投入却逐年增加，成为驱动制造业投资增长的新动能。据初步统计，2018年、2019年杭州市不列入统计口径的制造业"软投入"总额分别达到502.95亿元、550亿元左右，与当年列入统计口径的制造业"硬投入"总额已经相当接近，迫切需要完善制造业投资统计体系，建立制造业有效投资统计新机制，支持企业开展"软硬并举"投入。

（2）归口数据出报不合理。2020年投资入库统计规则发生较大变化，由2019年执行"设备安装到位且已支付"标准调整为执行"当年财务账"标准，即按照固定资产或在建工程本年借方发生额取数，导致不少投资项目因上年度实际设备到位、财务入账但实际在本年度安装的设备投资无法一次统计入库。以杭州市为例，2020年前7个月全市多个区（县、市）的多个项目投资额被大幅核减或不予入库，据初步测算，因此减少的投资额直接拉低了全市工业投资增幅的6~8个百分点。如杭州世创瑞翔科技有限责任公司，因统计制度调整，"年产65万台智能配电与新能源设备"等22个制造业投资项目统计数据被核减，涉及资金0.99亿元。杭钢集团的"云计算数据中心"项目，总投资22.34亿元，因统计规则原因，如在工业用地上实施的数据中心等新基建项目无法列入工业投资库，导致该投资在统计上归入第三产业。

第四节 制造业"稳投资"需要聚焦的靶向

一、制造业"稳投资"需要形成国际先进、安全可控的产业基础

坚持国内大循环和国际国内双循环相互促进，聚焦"稳投资"，全方位推进产业基础再造和产业链提升，打造全球先进制造业基地。大力实施工业强基2.0版，拓展深化工业基础领域，滚动建设工业强基项目储备库，打造推广一批先进工艺示范工厂，确保核心基础零部件、核心电子元器件、基础软件、关键基础材料、先进基础工艺、产业技术基础实现多源可供，数字经济、生命健康、新材料等重点领域产业基础再造实现重大突破，工业基础"卡脖子"领域实现备份系统全覆盖。聚焦产业安全可控，实施品质质量提升行动，优化完善试验验证、质量检验、计量检测、认证认可等基础服务体系，加快建立与国际接轨的产业基础标准制定执行机制，补齐智能化改造、信息工程服务、绿色制造、工业设计等基础服务短板，形成市场化长效服务机制。实施制造业首台（套）提升工程，完善首台（套）产品认定评价标准与机制，建设一批引领性的重大短板装备和首台（套）工程化攻关项目，打造一批解决重点产业链"卡脖子"技术难题的首台（套）产品。

二、制造业"稳投资"需要打造具有全球竞争力的标志性产业链

聚焦重大标志性产业链，招引一批投资规模大、产业带动强、科技含量高、经济效益好的重大项目，以此撬动全面投资。根据全产业链供应、关键环节掌控、关键共性技术突破等需求，分类组建产业链上下游企业共同体，加快拓展龙头企业供应，推动龙头企业开展产业链国际并购。面向重点产业链领域建设重点实验室、技术创新中心及工程性技术中心，打造一批具有产业科技领先优势、产业链供应链主导能力的"杀手锏"技术和核心产品，培育能够引领行业发展的世界级龙头企业和"单项冠军"企业，实现标志性产业链的重点实验室或制造业创新中心、技术创新中心全覆盖。实施产业链协同创新工程，以断链断供风险清单为核心，采取目录引导、揭榜挂帅方式，支持企业加强产业协同和技术合作攻关，推动一批关键核心技术产品的产业化及应用。滚动制订产业链协同创新项目目录，围绕制造业核心领域，支持龙头企业、"单项冠军"企业与配套企业协同，打造一批具有行业话语权的"杀手锏"技术产品。滚动编制关键核心技术与进口替代科技攻关清单，引入"赛马机制"，组织有条件的企业、高校、科研院所联动实施科技应急攻关项目。

三、制造业"稳投资"需要瞄准短板领域建立联动机制和协同机制

必须加大对"短板"领域的投资，就当前而言，必须加快构建以进口替代为核

心的产业链协同创新、全球精准合作、关键核心技术攻关一体推进的系统集成风险处置体系，全面建立及时响应、多级联动的常态化风险处置闭环工作机制。产业链的柔性、韧性和黏性持续增强，标志性产业链重点领域基本建立安全可控的技术体系。全方位联动开展规模以上企业配套供应商排查，优先协调落实国内保供，推动龙头企业聚焦关键材料、软件、芯片等核心领域，建立同准备份、降准备份长效机制。建立产业链安全联动协调机制，推动自主可控产业链共建共享。落实国内可替代技术产品供给，深化与日本、韩国、新加坡等近邻国家的产业链合作，支持企业海外并购和开展国际技术合作，进一步拓展国际进口渠道。

四、制造业"稳投资"需要针对产业风险建立常态化监测预警机制

针对一些"卡脖子"问题，实施产业链断链断供风险清单管理，联动摸排十大标志性产业链，按照市域、省域、区域、国域可供及仍依赖进口等层次，滚动梳理产业链关键核心技术（产品）断链断供风险清单。建立风险识别管理机制，以断链断供风险清单为基础，对接海关、税务、工商、经信、金融机构等多渠道数据，加强风险甄别和分类处置。建立标志性产业链统计监测体系，建设产业链数据库，持续迭代断链断供风险清单，集成产业链上下游企业、技术产品、投资、税务、进出口等信息数据，开展运行监测、跟踪评估，为产业链供应链稳定提供信息支撑。

第五节　对策与建议

一、简化制造业核心关键领域产品技术的进口采购程序

制订符合当前形势的关键技术、零部件、设备的进口贴息支持目录，对唯来源美国的高技术产品，建立供应链备份机制。围绕"延链""强链""补链"，鼓励重点企业延伸上下游，发展区域内产业链，提升抗风险能力。加强出口退税，对重点出口企业在符合规定的条件下实行优先流转、优先审核及预先核准、优先退税。优化贸易外汇收支单证审核，贸易外汇收入免入待核查账户，取消特殊退汇业务登记手续，简化进口报关核验流程。扩大企业出口信用保险覆盖面，做到短期限应保尽保。

二、搭建智能化投资促进平台

深入推进制造业领域投资的"最多跑一次"改革，推进一般企业投资项目智能化投资促进平台，优化制造业投资项目线上服务，为投资者提供全方位"一站式"保障，实现政府与投资者之间资源和信息的快速匹配，为投资者提供定制的投资分

析报告，增强投资者的投资意愿和投资能力。支持制造业龙头企业并购海外技术、品牌、渠道，引导企业参与"一带一路"建设，推动企业全球化布局和开放合作。

三、针对性实施重大科技攻关专项

实施产业链协同创新工程，重点瞄准国内暂无备份的关键核心技术，加快技术攻关。对补链需求突出的核心技术，实施"政产研企"联合攻关，抢建一批"短平快"产业化项目。瞄准国家战略目标和国际学术前沿，建设具有重大引领作用的跨学科、大协同的创新基地。聚焦重点产业集群和标志性产业链，编制关键核心技术攻关清单，按照重点突破、系统推进的要求，制订重大科技攻关方案。支持产业链龙头企业及隐形冠军企业整合国际人才、技术、资本、资源，通过并购、重组、新设等方式建设海外研发中心。

四、疏通制造业融资难、融资贵解决渠道

建立健全新型银担合作机制、再担保机制与政策性融资担保风险补偿机制。创新开展适合小微企业融资特点的信用贷款、小额循环贷款、租金收入质押贷款等业务。积极探索"银行+知识产权质押""银行+知识产权质押+风险基金担保""银行+知识产权质押+担保公司"等多种模式，强化知识产权质押融资对制造业的支撑。加大金融活水进入制造业的力度，降低制造业企业贷款平均成本，确保制造业中长期贷款增速不低于各项贷款平均增速，对产业链协同创新和科技攻关项目承担企业的贷款，给予阶段性延期还本付息支持。

五、制定出台针对性的制造业投资政策

研究出台企业抱团招标用地、跨区域调剂土地指标等措施，实施"亩均效益论英雄"的差别化要素资源配置政策。放宽制造业企业在股权、并购或破产等方面的限制条件。对符合产业政策、规划、环保、安全、能耗等约束性条件的制造项目加大用能、用地等要素支持。探索多次验收、分批发放技改补贴方式，降低企业技改沉淀成本。统计口径上，进一步厘清制造业投资范围。全面落实制造业稳投资的相关政策，严格执行企业所得税、社保费减负、城镇土地使用税等应急政策，支持制造业企业渡过难关。

第48章 加快帮扶中小企业脱困的对策建议[①]

中小企业是全球新冠肺炎疫情（以下简称疫情）背景下复工复产的难中之难。历史表明，每次大疫过后往往会出现一波中小企业死亡潮。2003年SARS、2009年墨西哥H1N1猪流感、2014年西非埃博拉病毒疫情、2016年寨卡病毒疫情等疫情过后，首当其冲的是中小企业，继而整个经济发展受到负面冲击。2019年年底以来发生的新冠肺炎疫情给我国中小企业的生存发展带来不利影响。党中央、国务院对此十分重视，多次召开会议部署推动中小企业有序复工复产及加大金融支持保障等有关工作，出台阶段性减免企业社保费和实施企业缓缴住房公积金、降低小规模纳税人增值税征收率、完善创业担保贷款贴息和融资担保、新增阶段性优惠利率贷款等一系列政策，在一定程度上帮助中小企业解决了部分难题。

但必须看到，受国外疫情愈演愈烈及国内疫情向经济社会各领域的传导，中小企业上下游产业链配套难、资金支撑难、外贸出口订单难等问题越来越突出，同时还面临付薪难、付费付息难等多方面的挑战。量大面广的中小企业是中国经济这座巨大"金字塔"的塔基，他们的稳定健康发展对我国经济长远可持续发展，特别是"六稳"具有十分重要的支撑作用，针对性帮助中小企业解决困难问题，推动中小企业有序复工复产，实施放水救鱼和抢救式扶持迫在眉睫，这对于统筹疫情防控和经济社会发展"两手都要硬、两战都要赢"、最大限度减少疫情对浙江省经济社会发展的冲击和影响至关重要。

第一节 复工复产时期浙江省中小企业面临的突出难题

一、中小企业上下游产业链配套出现困难

受原材料供应及库存不足、关键零部件缺货断货、上下游产业配套不够、国际航班停航等影响，部分供应链出现断链或停摆，上下游企业复工复产不同步，对中小企业带来较大影响。特别是随着新冠肺炎疫情在意大利、日本、韩国、法国、德国、西班牙等国家的蔓延，国内对海外原材料、零部件、机器设备等依存度比较大的行业受到的冲击加大，芯片、关键元器件、半导体材料等已出现涨价迹象，沿着产业链上下游传导扩散，影响中小企业的生存发展。调研组对全省544家中小企业

[①] 原载浙江省社科联《浙江社科要报》，2020年第78期。

的调查发现，受到上游供应链断裂、复工复产防疫要求等影响，中小企业普遍面临物资储备短缺的困境，34.2%的制造业中小企业存在上游供应链断裂的风险。

一、中小企业资金链紧绷

在疫情冲击下，中小企业受订单"断崖式"下降及客源流失，甚至断流等因素影响，经营收入骤降。同时为了防疫安全，需要大量为员工采购包括口罩、消毒用品等在内的防疫物资，为安置外地和本地受疫情影响员工支付额外费用，增加了企业的生产经营负担，原本处于紧绷状态的资金链容易出现贫血甚至断裂。调研发现，47.4%的中小企业面临资金周转和融资困境，58.6%的中小企业存在较大的资金缺口、急需融资，32.6%的中小企业存在中长期贷款需求，33.8%的中小企业账面资金不足以维持3个月。

二、中小企业复产后产能恢复不快

在国家统筹疫情防控和复工复产的大背景下，中小企业逐步解决了员工返岗难问题，但复产率还不高，产能难以释放。一是外贸订单受国际疫情蔓延影响较大。部分国家对浙江省出境商品设置壁垒或限制，导致加工制造、外贸出口、物流运输等领域的中小企业订单骤降，甚至出现退单现象。大量国际性展销展会活动取消，中小企业获取新订单的难度加大。二是受复工延期等因素影响，汽车制造业、纺织服装等传统行业，电子信息领域的电路板、手机组装等用工需求大的高新技术行业，以及房地产开发等行业领域不少中小企业仍处于停工状态或半开工状态。三是受防疫和隔离影响，中小企业生产线难以全员上岗，不少企业全面恢复产能仍有困难。调研显示，59.6%的企业认为员工复工率低是当前主要困难，46.8%的企业面临雇员减少的困境，45.7%的企业虽有订单但无法正常经营，59.4%的企业年度销售计划难以落实。四是受海外疫情持续蔓延的影响，中小企业在逐步复工达产的情况下海外订单大幅减少，不得不又开始压减产能。

三、中小企业疫后经营负担重

一是刚性支付员工工资、"五险一金"等成本费用压力大。调研显示，10.2%的中小企业支付员工社保费用困难，25.4%的中小企业面临付薪压力，43.9%的中小企业面临人力成本急剧攀升压力。二是生产费用，包括租金、用水、用电、用网、用气、通信等费用支付压力大。调研显示，分别有39.8%、23.3%的中小企业面临租金成本和要素成本压力，14.8%的中小企业为降成本计划关停部分生产线。三是餐饮、旅游、娱乐、交通、教育培训等众多服务业行业中小企业受疫情冲击最明显，大量仍处于停业和半停业状态。调研发现，72.2%的服务业中小企业预计存在营业收入下降压力，74.5%的服务业中小企业营业收入同比下降50%以上。

四、中小企业贷款出现困难

一是利率优惠政策传导有限，企业融资成本仍然较高。疫情期间国有银行利率降低，但对中小企业来说，商业银行、村镇银行等仍是贷款主渠道，其利率并未明显降低，国有银行利率优惠并未降低企业融资成本。如浙江川田缝纫机有限公司反映，其在疫情期间向台州银行信用贷款300万元，年利率为8.96%，明显高于其之前在工商银行5.19%的贷款利率。同时，受限于银行对申请企业的资信评估，受疫情影响严重的困难企业无法申请享受优惠贷款利率。如岭迅贸易有限公司反映，其向民泰银行申请贷款100万元，银行评估疫情期间公司资金链紧张，给予9.6%的贷款利率，而给予其他资信较好的公司4.2%的贷款利率。二是贷款门槛仍然较高，企业获贷难度大。一方面，抵押贷款仍是银行放贷的主要方式，而中小企业，特别是小微企业规模较小，可用作抵押的资产偏少，获贷难度较大。如临海市雨宸灯饰有限公司反映，因公司生产厂房是租赁的，无法获得银行贷款，只能通过抵押自有住房的方式获贷100万元维持经营。另一方面，不少银行虽设立了无形资产抵押产品，但操作起来存在诸多限制。如宁波华瓷通信科技有限公司反映，2020年已拿出16项专利权益去银行抵押，评估价值3800万元，但银行考虑其公司规模较小，仅放贷700万元，且是以承兑汇票的形式发放。三是审批时间仍然较长，企业当前需求难以满足。疫情期间，部分银行对风险控制要求较高，贷款审核流程并未简化，导致中小企业首次贷款周期仍然较长，不利于企业缓解经营困难。如台州市丰盈机械股份有限公司反映，其在疫情期间向省农商行贷款100万元，但相关办理材料全部递交银行后，银行又要求提供关联单位情况说明，从申请到成功获贷耗费近1个月。此外，部分小微企业反映续贷审核较为烦琐，审批时间过长，企业在不得已情况下只能选择"过桥""倒贷"等行为，加重企业经营负担。四是后续融资政策不确定。目前低息贷款主要得益于专项再贷款政策，企业担忧后续融资成本提高，经营将陷入困境。如童升玩具有限公司反映，得益于"支农支小"再贷款政策，疫情期间公司获得了利率3.8%的100万元贷款，如果不久后利率回升到疫情前的7%甚至更高，企业将难以持续经营。此外，银行为控制风险，对中小企业发放的大多为短期贷款，企业担忧无法续贷，不利于长远谋划。如台州市路桥区，针对辖内民营中小企业的调查显示，小微企业半年至一年的短期贷款占到90%左右，不敢将资金用于设备购买、研发投入等周期较长的开支。

第二节　帮扶中小企业的基本方向

一、提供"输血型"的金融支持

第一时间为保障就业、有发展前景的中小企业提供"输血型"的金融支持，确保不出现大面积死亡现象。实施"中小企业金融紧急救援计划"，发挥政策性银行保障性金融支撑作用，并动员大型商业银行参与面向中小企业的低息贷款和有上限的无息贷款计划。重点救助受疫情影响严重的餐饮、旅游、娱乐等行业的中小企业，以及雇用疫区雇员的中小企业，用于支付雇员工薪，保留就业岗位。对受疫情影响严重的中小企业提供优惠贷款、贷款延期和过渡性贷款等信贷扶持。

二、提供"保育式"的组合扶持

疫后3~12个月实施"中小企业应急保育计划"，实施"创后补救"和"预病施治"并举的中小企业治理策略，注重对受疫情冲击的中小企业实施"联护联助"措施。一是设立中小企业振兴基金，以龙头企业为核心，政府信用背书，整合行业金融资源，扶助企业恢复经营。二是通过组合式的财政货币政策，包括财税减免（出台全年财税减免政策）、信贷对接（无还本续贷政策性担保、应急转贷等）、鼓励创新（创新券补助）、补助补贴（专项补贴）等多方面立体、复合举措，全方位扶持中小企业生存和发展。三是通过政府采购等市场手段让中小企业进入自救机制，临时（3~12个月）加大政府对特定行业中小企业政府采购力度。

三、提供强心针式的应急激励政策

对积极参与疫情的防疫抗疫和复工复产的中小企业，给予强有力的政策激励。一是对生产疫情防控物资的中小企业，给予"减税免费惠贷补贴"多管齐下的激励政策，用实实在在的政策性红利激励为缓解疫情做出贡献的中小企业。给予在岗员工"五险一金"适当补助，以及水、电、网络等费用部分减免的激励措施。向直接参与防疫的重点医用物品和重点生活物资的生产、运输和销售企业提供优惠利率信贷支持，信贷延期或展期。二是对积极复工复产的中小企业，给予"复工服务+降低成本+抵税减费延贷补助"组合式的激励政策。实施开展"一对一复工复产联动服务计划"，加强企业复工复产防控指导，建立员工返岗全过程处置机制，为企业免费提供防控物资，建立绿色通道，保障复工企业物资运输畅通。

第三节 对策与建议

一、聚焦中小企业"复产率不高"问题,加快推进分区域、分产业复工复产

在国家统筹疫情防控和复工复产的大背景下,中小企业逐步解决了员工返岗难问题,但受上下游产业链影响,复产率还不高,产能难以释放。对此,一是分区域、分产业加快推进中小企业复工复产,开展中小企业用工供需对接,全面排摸中小企业员工返岗集中需求,加强低风险劳务输出地区与劳务输入地区的用工协作,保障中小企业核心员工、管理人员、技术骨干人员尽快到岗。二是结合意大利、日本、韩国、法国、德国等国家新冠肺炎疫情趋重的实际情况,抓紧梳理这些重点疫区国家与浙江省相关的产业链配套清单,加快制定从这些国家进口原材料、元器件等产品的替代方案,防止部分产业链断裂或向其他国家转移。三是加快推动上下游重点产业链和重点中小企业恢复产能,着力破解原材料供应、上下游协作、物流通畅等突出难题,推进产业链全链条恢复正常生产,尤其是充分发挥行业龙头骨干企业、规模以上工业企业、国有大型企业等带动作用,通过供应链配套、供应链金融等方式帮助上下游中小企业解决产能问题。在纺织服装、化工化纤、食品加工、汽车零部件等中小企业比较密集的行业领域,推动龙头骨干企业为中小企业提供订单支持,实现同步复产、互助共济、共渡难关。四是对中小企业新上投资建设项目,加强用地、用能等要素保障,开辟限时审批、限时办结、环境影响评价、节能评估、费用减免等绿色通道。

二、聚焦中小企业"短期融资贫血"问题,加快实施输血式的金融支持

新冠肺炎疫情冲击下的短期贫血是不少中小企业的突出痛点所在,加大对中小企业生产经营的金融支持,稳妥有序做好金融服务保障,减轻受疫情影响的中小企业负担,是当前浙江省经济稳中求进必须破解的难题。对此,一是抓住复工复产的时间窗口,加大逆周期调节力度,统筹金融、财政、税务等政策举措,尽快为保障就业、有发展前景的中小企业提供输血式的金融支持,落实阶段性减免企业社保费、降低小规模纳税人增值税征收率、完善创业担保贷款贴息和融资担保、新增阶段性优惠利率贷款等政策,确保不出现中小企业大面积休克或死亡。二是实施中小企业金融救助计划,发挥政策性银行的保障性支撑作用,动员大型商业银行参与面向中小企业的低息贷款和无息贷款援助计划。发展供应链金融,鼓励龙头骨干企业带动

上下游中小企业加入"中征应收账款融资服务平台",扩大应收账款抵押融资规模。建立政银企抽贷压贷会商机制,防止对中小企业盲目采取抽贷压贷等措施。三是加强对受疫情影响严重的餐饮、旅游、娱乐等行业中小企业及有重点疫区雇员的中小企业的救助,实施临时性延期还本付息的措施,提供优惠贷款和过渡性贷款等信贷扶持。四是通过保险增信方式为中小企业提供融资担保,并适当提升无形抵押物额度,为符合条件的企业提供融资便利。简化贷款审批流程,进一步缩短企业获贷周期,并积极推进"无还本续贷"落地。保持后续金融惠企政策的连续性,避免政策波动对中小企业资金链造成负面冲击。

三、聚焦中小企业"生产经营负担重"问题,强化对中小企业渡过难关的精准扶持

生产断档、订单断档、销路断档、收入断档等对中小企业的影响不容忽视。对此,一是实施"创后补救"中小企业扶持政策。设立中小企业扶持专项基金,整合政府、金融机构、行业协会等各类资源,帮助中小企业尽快恢复生产经营。二是实施企业社保费减免政策、应急转贷支持政策、科技创新券补助、缓缴住房公积金等全方位扶持中小企业生存发展的政策,加大政府对特定行业中小企业的政府采购和技改支持力度。对生产疫情防控物资的中小企业,给予"减税免费惠贷补贴"激励政策,以及用水、用电、用气、用网等费用部分减免的优惠政策。三是加强对中小企业的法律服务。运用法治思维和法治手段帮助中小企业解决受疫情影响造成的合同履行、劳资关系、厂房租约、信贷金融等法律纠纷问题。发挥浙江省企业服务综合平台的作用,帮助广大中小企业解决实际困难和问题,引导各类社会机构为小微企业提供相关服务。四是依托浙江政务服务网等平台,进一步深化"最多跑一次"改革,及时发布惠企政策措施,全面推进线上审批服务,及时解决企业复工复产过程中遇到的困难和问题。

四、聚焦中小企业"数字化需求"问题,实施"大数据+上云"帮扶

数字化转型对中小企业抗击疫情冲击,以及内生性、长远性提质增效具有重要作用,中小企业面临创新能力不足、生产成本上升、产业链协同不够等问题,迫切需要通过数字化改造提质降本增效,形成新的竞争优势。一是基于全国一体化在线政务服务网平台,整合发改、财税、国土、经信、市场监管等部门的中小企业数据,结合中小企业征信数据和商业平台的大数据,对中小企业生产经营、市场潜力、征信、现金流等情况进行动态监测评估,及时掌握中小企业面临的困难和需求,有针对性地给予征信、减税、降费、减租、续贷等政策扶持。二是促进中小企业与数字技术资源对接,整合各类数字化技术、人才、资本信息和资源,面向中小企业提供

服务支撑，有效解决中小企业数字化转型"找得到、用得起、精准化、有保障"等问题。加快面向中小企业的工业系统软件研发，构建以新型工业操作系统和工业App架构为重点的智能服务生态，为中小企业提供制造场景、生产组织与资源配置优化、提高生产效率与产品质量等一系列在线服务，提升中小企业数字化管理水平、生产效率和市场竞争力。三是加快培育数字经济新热点、新模式、新业态，推动中小企业上云用云，以打造"1+N"工业互联网平台体系和行业联盟为抓手，面向中小企业智能制造单元、智能生产线、智能车间、智能工厂建设，通过数字化技术、产业链协同和平台化服务为民营中小企业技术赋能与管理赋能，增强中小企业数字能力、竞争力和生存韧性。鼓励大型互联网平台为中小企业免费开放服务外包、原材料采购、跨境电商、供应链管理等线上服务。四是加快建设智慧工业园、智慧小微企业园，推进园区和供应链间的数字制造资源协调共享，提升园区信息基础设施、智慧管控和服务水平，打造智慧园区和智慧集群，逐步实现大中小企业协同创新、协同制造、协同发展。

五、聚焦中小企业"防疫压力大"问题，强化复工复产后疫情防控的跟踪保障

中小企业不仅复产难，复工后的防疫任务，特别是严防"聚集性疫情"任务艰巨。一是针对中小企业严防"聚集性疫情"的实际情况，引导企业严格落实疫情防控和复工复产主体责任，在落实疫情防控措施的前提下稳步复工复产。切实加强企业内部疫情防控工作，按照企事业单位复工复产疫情防控措施指南，加强疫情防控和员工健康检查，做好口罩、红外线体温检测设备、消毒用品等防控物资保障，加强企业防疫和员工防护。二是组织基层疾病预防机构开展对中小企业疫情防控帮扶，由各地相关部门对辖区内的中小企业园、小微企业园等进行"点对点"服务，强化重点部位、重点环节、重点人员疫情防控措施的落实。三是制定中小企业疫情防控技术规范、指引及指南，强化技术人员业务培训，组织社区卫生服务中心、乡镇卫生院为返工人员提供疫情咨询服务，切实防止中小企业出现疫情防控的死角和盲点。

第49章 培育"隐形冠军"企业面临的主要问题与对策建议[①]

"隐形冠军"企业是创新能力强、成长性好、发展潜力大的优质企业,是培育发展新动能、推动经济高质量发展的重要支撑力量,也稳定民营经济发展的重要抓手,事关"六稳"和"六保"大局,特别是产业链供应链的稳定,当前亟待加快推动"隐形冠军"高质量发展。本章分析了浙江省"隐形冠军"企业发展存在的突出问题,提出了加快推动"隐形冠军"企业上云用云、实施名企名校名院名所"隐形冠军"培育工程、搭建国际性的"隐形冠军"窗口、打造"数字经济+隐形冠军"生态圈、完善全球金融对接"隐形冠军"服务网络等相关对策建议。

第一节 浙江省"隐形冠军"企业发展的基本情况

浙江省在全国率先探索开展"隐形冠军"企业培育,积极开展企业选树培育,形成一批标杆示范企业。根据浙江省经济和信息化厅提供的有关数据和资料,截至2018年年底,浙江省共评定70家"隐形冠军"企业和655家"隐形冠军"培育企业。

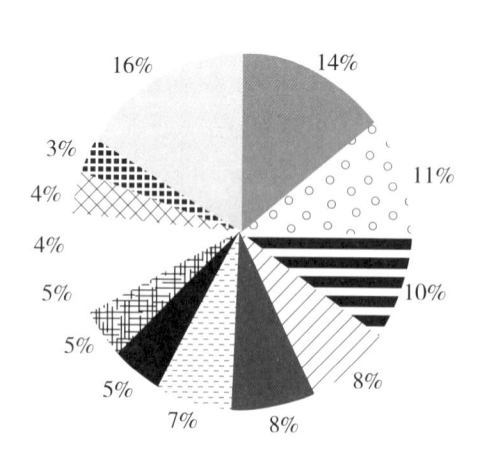

图49-1 企业行业分布情况

(1) 从行业来看,浙江省"隐形冠军"企业及培育企业分布于30个行业、97个细分领域。80%的企业集中在12个行业,其中,通用设备制造业(14%)、电气机械

[①] 原载浙江省社科联《浙江社科要报》,2020年第70期。

和器材制造业（11%）、专用设备制造业（10%）、化学原料和化学制品制造业（8%）、金属制品业（8%）、汽车制造业（7%）等行业的企业分布相对较多（见图49-1）。

（2）从地域来看，"隐形冠军"企业主要集中在杭州市（29%）、温州市（10%）、金华市（10%），如图57-2所示。"隐形冠军"培育企业分布则相对均匀，除杭州市（18%）、温州（17%）、金华（11%）、宁波（10%）外，嘉兴（10%）、湖州（9%）、台州（8%）和绍兴（8%）均占有较高比例（见图49-3），说明各地对"隐形冠军"企业发展的重视程度在不断提升。

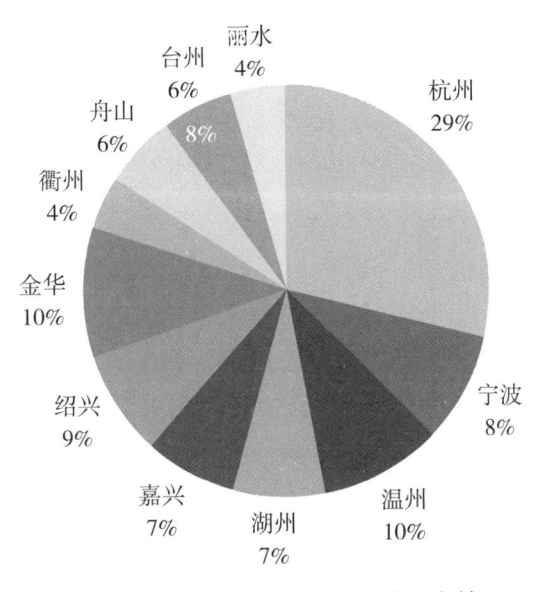

图49-2 "隐形冠军"企业地域分布情况

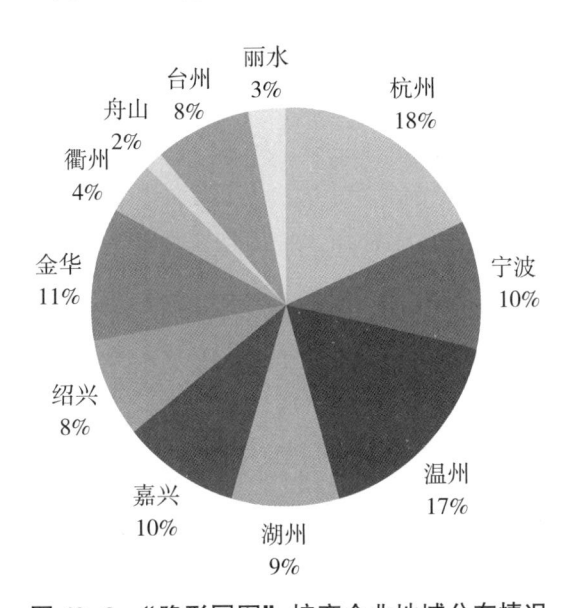

图49-3 "隐形冠军"培育企业地域分布情况

(3) 从资产质量看,"隐形冠军"企业及培育企业的质量效益普遍较好,发展优势较为明显。一是资产总额高。"隐形冠军"企业(含培育企业)的平均资产总额为 2.3 亿元,平均资产总额是全省规模以上工业企业平均资产总额的 1.3 倍。其中,湖州市企业平均资产总额增速最快(59.3%),绍兴市企业平均资产总额最高(3.04 亿元)。二是资产负债率低。"隐形冠军"企业(含培育企业)近 3 年平均资产负债率分别为 45.0%、42.6%、41.9%,呈逐年下降趋势,均低于全省规模以上工业企业平均负债率水平(54.8%)。三是净资产收益率高。"隐形冠军"企业(含培育企业)近三年平均净资产收益率分别为 12.0%、14.9%、16.2%。24 家企业连续三年净资产收益率高于 30%,其中 15 家企业同时实现连续三年负债率低于 50%。

(4) 从盈利来看,"隐形冠军"企业(含培育企业)平均主营业务收入、平均利润总额分别达到 1.7 亿元、2042 万元,分别同比增长 28.0%、41.5%,分别高出规模以上工业企业增速 16.2 个、24.9 个百分点。从社会贡献看,"隐形冠军"企业(含培育企业)纳税额逐年递增,近三年平均每家企业缴纳 331.8 万元、423.8 万元、554.9 万元,年均增长 29.3%,增速远高于规模以上工业企业平均水平;平均吸纳社会就业人数分别为 229 人、246 人、270 人,年均增长 8.6%。从生产效率看,"隐形冠军"企业(含培育企业)平均全员劳动生产率从 2015 年的 66.5 万元/人增加至 2017 年的 77.7 万元/人,年均增速 8.4%。

(5) 从市场份额看,"隐形冠军"企业(含培育企业)主导产品销售收入占主营收入比重达 77.1%,省内市场份额平均超过 50%,34.2% 的企业国内市场份额在 40% 以上,27.9% 的企业市场占有率国内排名第一。大部分企业在同类产品的竞争中已占据绝对优势,24.2% 的企业获得国家或省级名牌、驰名商标。

(6) 从创新能力看,"隐形冠军"企业(含培育企业)近三年研发经费投入分别达到 607.1 万元、716.3 万元、848.7 万元,远高于全省规模以上工业企业平均水平(288.3 万元);近三年平均获得发明专利数分别为 5.9 个、7.5 个、9.6 个,增长极为明显。企业获取发明专利的途径除自主研发外,26.0% 的企业通过联合开发,6.7% 的企业通过技术合作、技术转让。平均每家企业与 1.26 家世界 500 强企业、国有企业、中央企业、科研院所等开展研发合作。

第二节 "隐形冠军"的四种模式

总的来看,浙江省"隐形冠军"企业(含培育企业)呈现出创新驱动、自主发展、切合实际、多元多样的发展模式,大概分为四种类型。

(1) 成本领先型。此类企业(数量占比为 12.1%)规模优势明显,通过规模化生产寻求较低的边际生产成本,处于从规模优势向创新优势转化的阶段,主要分布在专用设备制造业、金属制品业、铁路、船舶、航空航天和其他运输设备制造业等行业。如浙江特种电机股份有限公司，近年来通过持续创新和机器换人，实现了制造自动化和产品提档升级，形成了高端电机为主的产品格局，建立起以日本、美国、德国等国世界500强企业为主要客户的销售网络。

（2）创新引领型。此类企业（数量占比为5.4%）是典型的轻资产企业，发展动力主要源于自主创新，建有较为完善的技术研发体系，创新型人才比重较高，主要分布在专用设备制造业、电气机械和器材制造业等行业。如杭州晟元数据安全技术股份有限公司，是国内唯一能同时提供生物识别芯片、数据加解密芯片、通用32位MCU的企业，通过不断创新和技术交叉应用，其产品获得全球市场认同，在国内行业中"坐三望二"，特别是指纹识别芯片在全国市场占比超过2/3。

（3）市场引领型。此类企业（数量占比为60.4%）经历了规模扩张和技术更新，核心产品在细分市场占有较大份额，有一定技术创新能力，但尚未形成核心技术上的完全优势，产品和技术存在被模仿的风险，主要分布在通用设备制造业、专用设备制造业、电气机械和器材制造业、纺织服装服饰与纺织业等行业。如海盐宇星螺帽有限责任公司，可生产符合中国、德国、美国、英国、意大利等多国标准的异形螺帽，是世界众多知名企业的指定配套供货商，主要产品在国内市场占有率排前三名。

（4）资源整合型。此类企业（数量占比为22.1%）技术创新能力较强，在某领域或某类产品上形成了技术优势，正进入将技术优势转化为产品优势的快速发展阶段，主要分布在医药制造业、化学原料和化学制品制造业、电气机械和器材制造业等行业。如杭州新坐标科技股份有限公司，近几年新产品产值率均在90%以上，拥有发明专利11项、实用新型专利29项，部分技术已处于国内外领先水平。

第三节 浙江省"隐形冠军"企业面临的主要问题

（1）数字经济和"隐形冠军"企业融合速度和深度不够，关键核心技术与国际先进水平存在差距。一是"隐形冠军"企业多为中小企业，受限于资本、人才、技术、管理的要求，难以在短期内通过自主研发或者引入国外先进技术和设备实现智能化改造。近三年，浙江省"隐形冠军"企业与培育企业差距从4963.4万元扩大到12759.1万元；从研发投入看，两者差距从420.6万元扩大到583.9万元，主要问题在于数字化转型和应用方面差距拉大。二是数字经济对中小微企业的支撑更多地集中在"应用端"和"模式端"，"创新端"和"技术端"较为薄弱，基础研究、原始创新、基础产业与国际先进水平相比差距巨大，在核心技术、关键技术、前沿引领技术等硬科技、黑科技方面创新明显不足，对产业链补链、延链挖掘不够深，没有从根本上提高"隐形冠军"企业的数字创造能力和国际竞争力。三是核心技术"卡脖子"问题愈发凸显。中美贸易摩擦发生以来，美国频频对中国企业发布实体清单和出口管制，技术封锁和核心部件出口管制越来越严，集成电路、人工智能等高精尖"隐形冠军"企业培育困难加大，特别是中国浙江省高端装备自主化配套能力不强，不少装备进口依存度超过80%。例如纺丝卷绕机，浙江省化纤龙头企业大量采购德国巴马格和日本TMT等厂家装备。

（2）创新转化机制和渠道仍不够通畅。一是"微笑曲线"两端的研发设计和终端消费品市场拓展能力不强。以绍兴市印染产业为例，虽占全国1/3以上的产能，但与江苏、山东等龙头企业相比，单体规模普遍偏小，多集中于来料和贴牌加工。二是科技成果转化链条仍不完整。缺乏对新的科技成果技术进行成熟度评估、样品样机试制、应用场景实测、商业价值评估、市场前景论证的高端平台，无法实现技术高效快速向现实生产力转换。三是兼具技术知识和实体经济知识技能的跨界复合人才十分短缺。面对上海、北京、深圳等一线城市的竞争，浙江省生物制药、高端制造、新能源汽车、金融科技等领域顶尖人才集聚效应不够。例如生物制药领域，浙江省顶尖人才迫切需要从美国波士顿剑桥地区引进，与国内苏州生物纳米园、上海张江药谷、中关村科技园等相比差距较大。

（3）企业国际化受中美贸易摩擦影响困难加剧。一是受中美贸易摩擦、逆全球化等问题困扰及新冠肺炎疫情影响，浙江省许多制造型"隐形冠军"企业的全球化网络受到冲击，延缓了国际化进程。截至目前，浙江省29.7%的"隐形冠军"企业尚未开拓海外市场业务，出口额占产品销量的比重仅为16.1%，只有18%的企业表示自身产品执行了国际标准，大量"隐形冠军"企业尚未建立海外办事处或开展跨国研发合作。二是"融资难、融资贵、融资慢、融资繁"是浙江省"隐形冠军"企业走出去面临的突出问题。尤其是在国际市场开拓过程中，由于没有完善的国际金融服务网络，"隐形冠军"企业很难在国际市场中实现快速成长。调研发现，浙江省52.7%的"隐形冠军"企业用工成本年均增加10%以上，78.5%的企业原材料成本同比增长5%以上。企业难以获取贷款、贷款审批时间过长、贷款期限过短，短贷长用、转贷续贷不确定等现象依然存在，11.8%的"隐形冠军"企业遇到较大的融资困难。三是知识产权作为"隐形冠军"企业在国际化发展过程中开疆扩土的关键利器存在管理制度障碍，尤其是数字知识产权和数据安全缺乏制度保障，许多"隐形冠军"企业在"走出去"的过程中对于知识产权纠纷缺乏有效诉讼渠道和应急机制，国际知识产权保护机制仍不完善。

第四节　对策与建议

一、打造数字经济"隐形冠军"群栖地

（1）加快推动"隐形冠军"企业上云用云。借鉴德国、日本等发达国家中小企业数字化转型做法，加强工业互联网平台基础建设并推动工业云平台建设，对相关产业链上下游厂商和客户优质资源进行整合，建设共性技术设计研发、测试验证、数据利用、咨询评估、创业孵化等一体化创新服务平台。改变现行的对重点项目以固定资产投资额评判的政策扶持标准，把工业互联网项目应用作为重点改造项目给予支持，降低"隐形冠军"企业数字化转型成本，推动"隐形冠军"企业数字化转型从内部信息化向外部一体化发展。

（2）实施名企名校名院名所"隐形冠军"培育工程。鼓励浙江大学等省内高校院所与阿里巴巴等龙头企业合作，针对计算芯片、高性能材料、人工智能、生物制药等产业链核心领域，培育领域广泛、动能强劲、特色鲜明的行业"隐形冠军"群落。深入研究中小微企业与大企业协作配套的政策措施，分行业建立大中小微企业协作配套产业联盟，引导一批"隐形冠军"企业与龙头骨干企业形成专业化协作配套关系，按照产业链建立联盟体。

（3）搭建国际性的"隐形冠军"窗口。在复工复产背景下，要积极举办"全球隐形冠军企业峰会"，建立"隐形冠军"企业国际高端合作平台，每年举办具有重大影响力的数字经济"隐形冠军"企业大会，定期分行业、分类型发布全球、全国和浙江省"隐形冠军企业榜单"。深入开展"浙江制造"全球推广活动，实施"品质浙货，行销天下"工程和"一带一路"贸易畅通计划，加快推进"产业集群跨境电商"试点工作，引导"隐形冠军"企业运用跨境电子商务平台开拓国际市场。

（4）打造"数字经济+隐形冠军"生态圈。利用大湾区大花园大通道大都市区、城西科创大走廊、城东智造大走廊、临江、宁波、温州国家高新区等重大平台的集聚效应和辐射效应，依托西湖大学、之江实验室等知名研发中心和教学中心，加速构建"数字经济+隐形冠军"企业良性发展的生态系统，打造"企业发展+平台服务+教学中心"的生态圈，实现数字经济和"隐形冠军"企业深度融合，协同发展。

二、健全创新成果快速转化机制

（1）创新技术中介机构服务内容和服务模式。由政府牵头，中小企业出资共同成立股份制的技术服务中介组织，创新科技成果转化工作模式，针对"隐形冠军"企业创新的不同环节，即从创意评估阶段到样品的设计与开发、试生产、批量生产

及应用实测、商业价值评估各个阶段为其提供个性化、定制化服务,并在此基础上开展培训、推销等一系列服务。

(2) 探索专业技术转化人才培养机制。引入国内外专业的技术成果转化人才和团队,开展科技成果转化复合型人才培训,对符合条件的才人授予专业证书;鼓励高校开设技术转化经纪专业试点,探索技术转化专业人才培养体系;借鉴国外发达国家培养技术经理人的先进经验,探索建立国内转化技术转化人才职称评价体系;帮助"隐形冠军"企业建立双向人才培养机制,将储备人才送到同行业大公司进行培训,与科研院所建立长期培养渠道。

(3) 创新科技成果转化政策。创新高校和科研院所的科技成果收益分配方式,设立专业技术转移办公室,完善"隐形冠军"企业和高校科技成果转化渠道,加速创新要素的价值再造和转化的机制。针对浙江省首台(套)政策"短板",创新首台(套)遴选机制,对率先达到"卡脖子"和关键"短板"装备重点领域产品关键技术指标要求的可直接认定为首台(套),采用技术攻关悬赏的机制支持"隐形冠军"企业攻克关键技术、前沿技术难题,研究制定首台(套)保费分阶段缴纳制度。

三、构建"隐形冠军"国际化发展平台

(1) 搭建"互联网+国际化运营"平台。联合阿里巴巴、亿赞普和腾讯等大数据平台企业,建立中小企业海外发展服务平台,利用平台大数据预测海外市场需求,为"隐形冠军"企业海外发展,提供东道国市场拓展、跨境结算,云计算服务,知识产权信息等服务,帮助培育企业搭建海外营销网络,助力浙江省"隐形冠军"企业全球化发展。

(2) 完善全球金融对接"隐形冠军"企业服务网络。落实浙江省"凤凰行动"举措,对符合国内上市的"隐形冠军"企业开辟绿色通道,积极做好与证监会、两大交易所的协调沟通,加快在省证监局备案辅导,加快"隐形冠军"国内上市步伐。设立做强生物制药、人工智能、智能硬件、高端制造领域的专项引导基金,积极参与大型企业主导的专业性产业基金,尤其是设立"隐形冠军国际化发展基金",重点支持"隐形冠军"企业开拓国际市场。鼓励政策性银行和浙江省商业银行加快"走出去"步伐,为"走出去"的"隐形冠军"企业在国际市场提供海外并购、资本运作、资产保值等金融服务。

(3) 完善"隐形冠军"企业国际化发展支撑保障机制。创建国际知识产权服务体系,为"隐形冠军"企业提供国际商标、专利、版权等跨国知识产权信息服务,健全海外维权工作机制,疏通维权渠道。推动政府和企业共同建立知识产权战略协会,以更严密主动的方式创造、扩大和使用知识产权资产,使知识产权保护从"被动"走向"主动"。

第50章　中小企业实施数字化扶持的对策建议[①]

新冠疫情防控进入平稳可控的新阶段后，需要统筹抓好疫情防控和复工复产，既要坚定不移打赢疫情防控阻击战，也要稳妥有序打好经济发展总体战。浙江省数字技术先发优势在疫情防控阻击战中发挥了至关重要的作用，在坚决做好疫情防控工作的同时，需要发挥数字化的赋能作用，全力稳企业、稳经济，加强疫情防控和经济运行大数据联动共享与开放应用，建立"长三角"数据共享试验区，以产业园区数字化平台助力"两手抓"，加快推进中小企业数字化转型，提高抵御风险能力，培育壮大数字经济新产业、新业态、新模式。

第一节　用数字化赋能新冠肺炎疫情防控和复工复产两手抓

一、加强疫情防控和经济运行大数据联动共享与开放应用

自新冠肺炎疫情突袭以来，"大数据+网格化"数据分析，特别是密切接触者的精准分析对浙江省密切跟踪疫情形势变化，助力精准防疫发挥了重大作用，建议进一步加大疫情防控和经济运行数据联动共享，为防控疫情和复工复产两手抓提供精准施策的科学依据。一是加大疫情防控数据联动汇集与共享。针对防疫工作中多部门缺乏协调、多头要数据、增加基层负担的问题，进一步完善信息统筹机制，明确省大数据管理局作为数据进出的唯一通道和数据归集的唯一平台，通过大数据实现部门实时联动共享，对健康码、五色图等数据及时更新，从机制上避免各部门、各条线向基层派任务和要表格。二是加强疫情防控数据区域开放共享。对疫情防控医疗资源和生产生活物资供需状况、企业复工状况、复工人员状况、企业复工所需人员与原辅材料需求等进行大数据分析，实行省、市、县（区、市）、街道（乡镇）不同层级共享和跨区域共享，并根据需求开放给基层和相关企业。三是加强对疫情影响下浙江省经济运行数据的监测和研判。利用"亩均论英雄"监测平台、"天罗地网"监测平台、"订单+清单"外贸监测平台等大数据分析，推进浙江省企业分区分类有序复工。加快推进政府经济数据向企业和公众开放，利用开放数据资源进行挖掘和应用开发，分析研判浙江省各行业经济发展趋势与困难，为明确政府和市场在复工复产不同阶段的分工与着力点、充分合理地发挥各自的作用提供支撑。

[①] 原载《浙江日报》，2020年2月28日。

二、以长三角联防联控为抓手，建立长三角数据共享试验区

近期长三角"三省一市"召开新冠肺炎疫情联防联控视频会议，针对重大防御管控举措的相互通报机制、恢复生产人员物资运输和保障通行便利化的机制等达成了一系列共识。建议长三角"三省一市"紧密合作，着眼于全球竞争的需要，共建长三角区域大脑，打造数字长三角的神经中枢，推进数据整合、共享、开放和运用。长三角地区要率先打破数字空间与现实空间分离的状态，全方位整合路网数据、医疗数据、人口数据、教育数据、交通数据等，构建跨城市、跨行业、跨地域的长三角统一公共数据池和长三角地区数字共享网络平台，逐步形成一体化的"长三角城市大脑"。以数据流引领技术流、物资流、资金流、人才流，促进长三角经济结构转型升级和一体化高质量发展，打造具有全球竞争优势的跨区域综合试验区。

三、以产业园区数字化平台助力"两手抓"

后疫情时期，更需要产业园区（小微企业园）提高数字化管理与服务能力，建设和完善作为数字化治理综合基础设施的园区大脑（大数据管理平台），发挥其信息枢纽作用。一是把园区复工企业作为防控管理的重点单元，根据复工企业的不同种类与时间加强系统管理，实现园区内部与外部的信息互联互通，提升园区疫情智慧管控水平，助力园区企业精准排查、精准救助、辅助联防联控、精准施策、精准调度。二是通过园区大脑帮助解决原材料供应、上下游协作、物流畅通等问题，开展应急资源大数据协同分析，开展原材料、零部件协同寻源和采购，协同供应商管理，协同集中化/共享化的物流配送和服务，在现有供应链基础上拓展大电商模式等，助力解决供应商原材料、零部件进不来，复工生产后产品运不出去的问题。三是通过园区大脑帮助企业与数字技术资源对接，精准提供公共标准、检验、测试、实验、专利事务等科技服务，推动产品研发设计工具、生产设备及零配件等资源共享，利用大数据分析提高企业对市场的预测和经营管理水平，为园区企业提高运营效率、管控风险提供保障。

四、推动数字化供应链金融助力中小企业融资

浙江省在出台 30 条意见提出全力加强对企业财政金融支持的同时，鼓励供应链上下游企业给受疫情影响严重的困难企业提供帮助，上下游企业之间在资金、商品价格、货款支付方面提供优惠帮助，特别是需要重点支持为供应链中小企业融资的供应链金融模式。鼓励有资金实力的供应链龙头企业搭建合规化管理的数字化供应链金融平台，通过大数据、人工智能和区块链等数字化技术手段，快速分析和评价授信对象企业，清理、分析和处理质押票据数据，对质押库存资产及时准确地进行

核定和可视性保障，帮助供应链上的中小企业化解融资难问题，并强化金融风险和社会责任风险管控。税务机关在供应链金融监管中应对交易价格是否公允、是否需要纳税调整等方面的认定给予相应支持，防止简单以交易价格明显偏低为由按照公允价格进行纳税调整并要求企业补缴税款。

第二节 培育壮大数字经济新产业、新业态、新模式

一、做大做强大数据和人工智能产业

在防控疫情的背景下，大数据和人工智能产业的重要性将更加凸显。对此，一是扩大数据应用市场。制定出台有关政府数据开放应用的规范与政策，提高政府数据开放的数量与质量，以政府大数据开放应用带动企业、社会大数据汇聚融合，在融合创新中释放数据价值，为企业和社会提供增值服务，促进数据资源资产化、数据资产服务化、数据服务价值化。二是在全省特色块状经济产业带和专业市场建设行业大数据中心，推动面向企业的产业、财税、商务、金融、科技、人才等领域大数据的挖掘利用，为企业转型升级提供数据服务，培育数据交易市场，做大以工业大数据为重点的大数据产业。三是推动"5G+人工智能"产业发展。在疫情防控的特殊时期，"大数据+智能信息沟通"系统和智能机器人发挥了重要作用，要支持做大做强智能硬件产业，在基于3D激光导航系统和视觉分析的智能服务机器人、高端智能穿戴、智能医疗健康、智能家居及工业级智能硬件产品等领域实现技术突破和产品创新。

二、加快发展以"可视化电商"为代表的服务经济新模式

在疫情防治的人民战争中，被"可视化电商"平台赋能的、线上线下结合的新业态重塑了零售业的价值创造和价值获取的商业模式。要加大对"线上下单、无接触配送""生鲜电商+冷链宅配""体验+零售""品牌+场景"等新商业模式的扶持，推进生活性服务业向智能化、在线化、清洁化方向发展，提高服务效率，加快释放新兴消费潜力。近期，针对疫情防控期外卖平台人手紧缺、无法派送订单的现象，鼓励相关平台借鉴盒马向餐饮企业借调员工的做法，解决双方的困难，通过弹性人员派遣、即插即用式人员培训等新模式，共享服务业人力资源。建议在平台公司规范运行和实现有效监管的前提下，由平台公司支付劳务报酬时代开发票并代扣代缴税款，简化相应管理流程。

三、构建数字经济新型劳动用工制度及灵活就业社会保障制度

科学界定电子商务、网络约车、网络送餐、快递物流等数字经济新业态劳动用

工的不同类型，分类规范引导。对适用现行劳动保障法律法规的劳动用工，依法予以规范。对难以直接适用现行劳动保障法律法规的新业态从业人员，引导企业积极履行社会责任，通过与当事人协商签订书面协议，明确企业和从业人员及关联单位的权利和义务。鼓励劳资双方利益兼顾、风险共担，维护员工带薪休假权益的同时，不搞"一刀切"，允许困难企业与员工协商带薪休假的具体方式和工资支付方法，稳定企业生存。加大稳岗补贴支持力度，对疫情过后不裁员或者少裁员的企业发放稳岗补贴，建议在原来稳岗补贴政策基础上适当提高补贴标准。组织人力资源服务机构为企业紧缺用工提供免费服务，政府给予相应补贴。

第三节 加快推进中小企业数字化转型 提高抵御风险能力

一、加快推进工业互联网在中小企业落地应用

工业互联网对优化企业供应链管理、减少彼此之间的合作受新冠肺炎疫情影响有着重要作用。对此，一要推动中小企业积极利用 supET 平台等成熟的工业互联网平台，或者参与行业龙头企业牵头打造的工业互联网平台，鼓励企业依托工业互联网服务平台和技术积极进行产品、业务、模式创新，结合深度实施"企业上云"，着力打通中小企业生产经营各环节的数据链。二要支持工业互联网平台开发商和服务商，增强数字技术的易用性，通过研发适应中小企业特点和需求的工业软件、工业 App 和数字化解决方案，推动中小企业深度应用。三要依托现有产业平台和创新载体成立中小企业数字化转型的服务中心，提供更丰富、更专业的工业互联网平台服务内容，加强数据中台等适合中小企业数字化转型的数据服务与技术的扩散，着力突破中小企业数字化转型技术服务瓶颈。

二、鼓励在线培训，增强员工数字化能力

数字化人才短缺是制约中小企业数字化转型的主要障碍之一，需要通过政府补贴或购买服务的方式为中小企业员工提供数字化能力培训。目前，国家工业和信息化部发文组织开展"企业微课"线上培训工作，在疫情期间免费开放培训资源，为中小企业送政策、送技术、送管理。要积极组织引导浙江省中小企业积极参加线上学习，保障培训参与度和培训效果。实施"中小企业分享计划"，通过专精特新中小企业经验线上分享，行业数字资源共享，中小企业联产联销线上平台联合互助等方式推动中小企业自助自救。组织资质合法、信誉良好，且可以为企业提供线上培训服务的平台机构为企业提供咨询服务，同时积极制作适合浙江省企业需求的精品课程视频等数字资源。也可利用此机会，通过视频解读积极宣传浙江省出台的惠企

政策。

三、实施更加积极的中小企业数字化转型资金扶持政策

资金短缺、扶持不够、投入不足是中小企业疫情时期数字化转型的难点和痛点。一是实施"中小企业上云学习计划"。组织开展中小企业上云培训、线上辅导，积极推动中小企业上云。给中小企业发放"培训券""学习券"。引导中小企业运用"数字经济手段"转变发展方式，转危为机，借势取力，主动融入"行业生态""智造生态""数字经济生态"。二是实施"中小企业抢鲜试用计划"，由政府补助推动中小企业短期试用 SaaS 服务、在线任务管理、项目管理、工作流管理服务、云服务、数据资源挖掘等前沿数字服务和数字技术，加快中小企业数字化成长，增强中小企业数字能力、竞争力和生存韧性。三是扩大政府购买中小企业数字化服务的范围。对数字化转型软件和解决方案在民营企业首试先用给予奖励。进一步推动民营中小企业专网降费用、提速率，努力降低企业数字化转型成本。发挥政府产业基金的作用，利用省工业与信息化发展及振兴实体经济（传统产业改造）等专项资金，制造业高质量发展示范县创建激励资金等重点支持企业数字化改造，引导企业主动投资实施数字化改造。四是小微企业信贷"增氧"计划要把数字化改造作为重点任务，拓展小微企业数字化转型的融资渠道，鼓励引导金融机构针对中小企业数字化转型提供专项授信政策，推出"融资、融物、融服务"的金融解决方案，拉动中小企业加大数字化投资。

第四节 对策与建议

一、实施"输液式"精准服务政策

建议后疫情时期全过程实施"大数据+人工智能精准帮扶计划"。运用数字工具，对受损较大，又有发展潜力，面临突出困境的中小企业给予点对点"输液式"精准对接扶持。基于政府公共服务平台整合财税、国土、经信、市场监管等部门相关的各类中小企业大数据，联合数字经济龙头企业阿里巴巴、蚂蚁金服等，充分利用中小企业征信和商业运营海量数据，结合数字挖掘技术对中小企业实际经营状态、发展潜力、征信、现金流情况进行"一查一比一判"深度探查。"一查"指通过数字看企业现金流水、水表、电表、海关报表等动态信息查企业实际经营能力，"一比"指比对企业历史交易数据，"一判"指利用沉淀数据预估企业 3~12 个月短期收入，锁定一批受损严重、面临困境的中小企业，给予征信、减税、降费、减租、续贷等针对性扶持，缩短服务流程，提升服务效率。

二、实施"保育式"组合扶持政策

建议疫后 3~12 个月实施"中小企业应急保育计划",实施"创后补救"和"预病施治"并举的中小企业治理策略,注重对受疫情冲击的中小企业实施"联护联助"措施。一是设立中小企业振兴基金,以龙头企业为核心,政府信用背书,整合行业金融资源,扶助企业恢复经营。二是通过组合式的财政货币政策,包括财税减免(出台全年财税减免政策)、信贷对接(无还本续贷政策性担保、应急转贷等)、鼓励创新(创新券补助)、补助补贴(专项补贴)等立体、复合举措,全方位扶持中小企业生存和发展。三是通过政府采购等市场手段让中小企业进入自救机制,临时性(3~12 个月)加大对于特定行业中小企业的政府采购力度。

三、实施团体"辅导式"转化政策

鼓励中小企业长期开展疫后自助自救。一是依托行业协会,鼓励并扶持中小企业疫后自救、抱团取暖,实施"中小企业分享计划",通过专精特新中小企业经验线上分享,行业数字资源共享,中小企业联产联销线上平台联合互助等方式推动中小企业自助自救。二是实施"中小企业学习计划"。组织开展中小企业上云培训、线上辅导,积极推动中小企业上云。给中小企业发放"培训券""学习券"。引导中小企业运用"数字经济手段"转变发展方式,转危为机,借势取力,主动融入"行业生态""智造生态""数字经济生态"。三是实施"中小企业抢先试用计划",由政府补助推动中小企业短期试用 SaaS 服务、在线任务管理、项目管理、工作流管理服务、云服务、数据资源挖掘等前沿数字服务和数字技术,加快中小企业数字化成长,增强中小企业数字能力、竞争力和生存韧性。

第51章 中美经贸摩擦背景下涉美实体清单企业发展问题的调研报告①

2019年以来，美国商务部、财政部对我国进行出口管制、加征关税、经济制裁，相继发布了实体清单。在此背景下，我国应积极应对美国对本土重点企业的管制、封堵和打压，对实体清单企业及重点领域企业进行针对性帮扶。本章在调研基础上分析了中美经贸摩擦下中国外贸大省帮扶涉美实体清单企业反制的措施及面临的挑战与问题，认为应抓紧攻关"卡脖子"关键核心技术，加快实施产业链"补链""强链"工程，探索新型国际贸易监管方式，高质量建设境外经贸合作区，实施中国标准国际化战略。

第一节 外贸大省的主要应对措施

美国商务部、财政部对中国华为、海康威视、曙光等企业进行出口管制、加征关税、经济制裁，禁止将原产于美国的技术、产品提供给实体清单内企业，相继发布了"实体名单""经济制裁名单""禁止采购名单"等一系列实体清单。广东省、江苏省、浙江省、福建省、上海市等外贸大省（直辖市）对美国的出口占全国的70%以上，他们积极应对美国对中国企业的管制、封堵和打压，对实体清单企业进行针对性帮扶，探索了行之有效的应对措施。

（1）加强重点企业监测预警。针对中美经贸摩擦对企业带来的影响，浙江省等沿海外贸大省进一步加强对出口企业，特别是实体清单企业经营情况的监测，加快推进海关数据库与经信、财政、信保、税务等部门数据互联互通，加强企业订单数据智能化归集，对实体清单企业进行"一对一"帮扶。例如，浙江省实施外贸"订单+清单"监测预警制度，建立重点企业"订单+清单"监测预警系统、稳企业防风险重点工作清单、惠企政策信息平台，"点对点"跟踪纳入实体清单的企业，重点关注美国市场占出口比重超过50%的企业，对重点企业实行"一企一策"。福建省针对美国出口市场占比50%以上的重点清单企业，建立实体清单企业信息通报制度、动态直报制度、挂钩联系制度、用工用能用资实时监测制度，及时掌握实体清单企业运营及出口情况，动态评估中美经贸摩擦对实体清单企业技术、出口、订单等各方面的影响。广东省加快"互联网+海关"平台建设，推动海关业务"上线上网"和"一网通办"，基本实现企业出口监测全覆盖。

---

① 原载浙江省社科联《浙江社科要报》，2019年第95期。

(2) 积极开拓"替代性"市场。针对受中美经贸摩擦影响的重点企业和重点领域，沿海外贸大省依托"一带一路"建设，加大"全球营销"和出口市场多元化步伐，嵌入发达国家主导的全球供应链体系。广东省加大与欧盟、东盟、俄罗斯、日本、韩国等国家和地区的经贸往来，引导受影响企业通过建设境外生产基地、转口贸易中心和海外仓等方式开拓海外市场，搭建更多的展会平台、展销平台、经贸平台，推动企业开拓多元化国际市场。上海市全力打造"数字贸易国际枢纽港"，设立数字贸易创新发展基金，做大中国（上海）国际技术进出口交易会等平台，力争到 2021 年数字贸易进出口总额突破 400 亿美元，培育 500 家数字贸易重点企业。福建省加强美国加征关税清单商品出口替代分析，指导企业应对非关税壁垒，巩固提升欧盟、东盟、亚太等主销市场，深度开拓非洲、拉美等新兴市场。

(3) 加快高技术国产化替代。针对中美经贸摩擦涉及的重点产业、重点企业和重点技术管制、封锁及供应链隔离，沿海外贸大省大市加大高科技项目实施力度，建设产、学、研、用、资协同创新综合体，启动实施一批重大科技专项，落实企业研发加计扣除等一系列研发激励政策，加快集成电路、人工智能、新能源、新材料等高技术国产化替代步伐。例如，由海康威视、之江实验室等联合实施的视频安防设备关键技术研发及国产化替代项目作为应对中美经贸摩擦的应急项目启动实施。浙江省每年实施 150 个省级重大标志性研发项目，攻克 30 项左右的国产化替代技术，通过 5 年时间培育 100 家左右在国际上具有核心技术竞争力的创新型领军企业。福建省设立 120 亿元的省级技改基金，落实首台（套）、出台首批次政策，加大企业技改投资和智能制造财政奖补。上海市引导龙头企业牵头成立产业联盟，加强美国对华出口管制应对指导，帮助企业建立合规体系，鼓励企业加快国产化替代步伐。江苏省积极承担国家重点实验室、国家技术创新中心、国家工程实验室、国家制造业创新中心、国家企业重点实验室等平台建设任务，支持骨干企业或新型研发机构牵头组建产业技术创新战略联盟，加快高技术国产化替代步伐。

(4) 优化口岸通关环境。广东省利用国际贸易"单一窗口"和"互联网+海关""关港信息交互平台"等信息化手段，改变原来货物到港后才能报关的监管模式。还在全国率先推出海运口岸 24 小时智能通关模式，实施"厂港联动""场港一体"通关监管。"厂港联动"将工厂作为码头的延伸，在工厂边装货、边预配、边报关，货物运抵码头卡口自动核放分流，装船出口；"场港一体"利用出口加工区等特殊监管区和车检场，在区内完成集拼、装箱，在车检场办理报关、查验放行手续，区港直通，货物抵港即可直接装船出口。在这两种监管模式下，企业足不出户可实现 24 小时报关，实现"进口卸货直提"及"出口抵港直装"，企业可以灵活安排库区 24 小时装货出厂，减少货物堆存的时间和费用。

(5) 实施对外贸易组合拳措施。针对美国沿用"替代国"、补贴外部基准等歧视性做法，对中国企业的产品频繁裁出畸高税率，加重企业生产经营负担的问题，沿海外贸大省大市积极谋划组合拳措施。江苏省、上海市等加强对受影响企业的信贷、投行、风险管理等跨境融合金融服务，支持推广"助保贷"和保单融资等业务，对实体清单企业不随意抽贷、压贷、断贷，实施针对出口名牌的"品牌贷"、针对外贸升级基地的"基地贷"、针对高新技术企业的"科技贷"。上海市积极探索扩大出口应收账款融资区块链应用试点范围，拓宽资本项目管理便利化试点政策范围，在结售汇、贸易融资、衍生品等业务环节为企业减费让利。广东省发布了《鼓励进口技术和产品目录（2019年版）》，明确了鼓励进口的重要装备575项和鼓励进口设备的重点行业519项。

第二节　当前面临的挑战和问题

（1）美国常态化实施知识产权保护、技术标准贸易壁垒和强制性技术转让。在美墨加自贸协定重新签署后，美国、欧盟、日本就WTO改革密集磋商，关于中国形成了"三不"，即"中国不再是发展中国家""中国不是市场经济""中国经济体系与WTO规则不兼容"。其中，知识产权保护、技术标准贸易壁垒、强制性技术转让是被反复提及的问题。具体途径主要包括五条：一是美国商务部通过《出口管理条例》（EAR）第734、744两条款，将中国高科技企业列入"实体名单"，从供应链上对中国高科技企业进行限制。《出口管理条例》（EAR）管控的产品范围涵盖了核能、材料、电子、电信、传感器、激光、海洋、航天等十大类，以及系统、测试、材料、软件、技术五种形式的商品或服务。二是美国外资投资委员会（CFIUS）通过"国家安全审查"方式限制向中国转让技术和外资并购，《美国外国投资风险评估现代化法案》（FIRRMA）2018年8月起生效后，进一步加强了外资安全审查。三是利用《国际紧急经济权力法》来限制，美国制裁中兴公司的法律依据就是《国际紧急经济权力法》。四是利用《1930年关税法》中的第337条款，由美国国际贸易委员会对进口至美国市场的知识产权侵权产品开展调查。五是美国商务部工业安全局（BIS）对强制性技术转让及敏感货物出口进行管制。例如2020年5月22日，美国商务部工业安全局（BIS）将中国的33家机构和个人纳入实体清单。

（2）中国部分领域关键核心技术"缺芯少魂"。中国虽然在高铁、家电、建材、船舶等领域核心技术领先美国，但在集成电路芯片、航空发动机、生物医药、特种化工、操作系统等领域落后于美国，部分核心产品和关键设备依靠进口。美国严控关键技术转让和关键项目外资并购，导致华为、中兴、海康威视等龙头企业设在美国的研发中心受到影响，北京、上海、杭州等地的海外科技创新中心受到限制。近期，美国商务部工业和安全局（BIS）对包括生物技术、人工智能、微处理器等14

个类别的技术出口进行管制,中国相关企业遭受严重打击。在部分行业领域,美国技术领先的地位在短期内还难以撼动,被美国"死卡脖子"可能会削弱中国高科技行业竞争力,使中国技术进步受到冲击影响。

(3)中国产业链的韧性和在全球产业链中的核心竞争力不够强。尽管中国拥有联合国产业分类中的全部工业门类,但中美贸易摩擦不断升级暴露出中国在基础零部件、基础材料、基础工艺、基础装备等领域仍存在不少短板和瓶颈,在核心零部件、核心软件、核心材料、核心设备等方面对美国等发达国家依存度比较高,一些产业链核心环节受制于人,特别是涉及外贸出口的产业链面临低端环节加快转移、高端环节难以突破的"双重困境",我国产业链断裂风险增大。2019年10月8日,美国联邦政府宣布将海康威视、科大讯飞等28家中国企业实体列入"实体管制清单",禁止这些企业购买美国产品,禁止与美国企业合作,有可能触发因核心零部件断供导致的产业链供应链危机,阻碍了中国产业链发展计划,影响了中国在国际产业链分工中的地位,造成产业链中部分骨干企业"非正常"出走,以及产业链中低端环节的企业加快向国外转移的迹象。

(4)中美贸易不平衡带来的经贸摩擦变数增大。尽管近期中美经贸磋商出现一定的向好迹象,但美国打压阻碍中国崛起的战略意图没有改变,"边打边谈、边谈边打"成为常态。从中美两国贸易关系看,根据中国商务部门的核算,在1979—1992年的14年里,中国一向为逆差,自1993年转为顺差,1996年顺差为105亿美元。2006年顺差扩大到1442亿美元,2010年增加到1812亿美元,2015年增加到2608亿美元,2018年增加到3233亿美元。据统计,美国对华逆差额占美国贸易逆差总额的47%。从中美经贸发展的历史趋势看,两国贸易越不平衡,中国贸易顺差越大、增速越快,两国产业重合度越高、竞争越激烈,发生贸易摩擦的可能性就越大。在全球贸易形势趋向恶化、贸易保护主义在全球范围蔓延的形势下,中美经贸关系充满较大变数和不确定性,中美贸易摩擦更趋长期化、激烈化。

第三节　对策与建议

(1)实施产业链"强链、补链、延链"工程。中美经贸摩擦暴露出中国部分产业链关键环节受制于人。借鉴德国、日本产业链升级的经验,支持上下游企业加强产业协同和技术合作攻关,增强产业链韧性,构筑具有更强创新力、更高竞争力的产业链,防止产业空心化风险和"链条式"非正常外迁风险。一是针对受美国打压较大的重点企业,研究建立产业救济机制,阻止产业链重创面过大,防止产业链整体外迁。尽快研究制定引导产业转移的政策组合拳,防止出现"链条式""集中式""抱团式"外迁,防止某些区域出现产业空心化现象。二是建立产业链安全评估审查机制，对中国产业链安全进行风险评估，高度关注中美经贸摩擦背景下美国限制措施对中国重点产业链的摧毁式打击，警惕美国限制措施逼迫本土产业链向东南亚等国家转移。同时，评估美国在先进制造、量子信息、纳米科技、人工智能等高新技术领域封杀打压中国对本土高科技产业链向高端攀升的冲击和影响，着力解决中国产业链不强、不安全、不稳等问题，增强产业链的韧性和吸附力。三是实施产业基础再造工程，探索重点产业链"生根"措施，针对中国制造重点行业进行针对性的扶持，实施产业链"强链""补链""延链"专项行动。

（2）狠攻"卡脖子"关键核心技术。一是坚决把"卡脖子"关键核心技术攻关作为应对中美经贸摩擦的重中之重，针对对华出口管制清单，地毯式梳理中国"卡脖子"关键核心技术清单，围绕高新技术产业及对产业安全风险影响较大的高端计算芯片、大容量存储设备、工业控制系统、高性能材料、基础软件和大型应用软件，高端装备及核心部件等领域，按照"急用先行"原则，抓紧实施核心技术、高科技技术、关键技术攻坚行动。二是针对可能被封锁的技术和设备，抓紧研究制订第三方替代方案。落实"卡脖子"相关产品、设备、生产原材料等急需商品进出口通关便利、税收优惠政策，以及国内进口替代产品的税收优惠政策，促进关键技术和重要产品进口，积极拓展关键零部件和先进技术设备多元化进口渠道，帮助企业应对技术封锁和零部件断供。三是集中力量办大事，聚焦关键核心技术对外依赖度大的高新技术产业领域，统筹资源要素投入，组建联合体进行联盟创新，按照"成熟一个、启动一个、推广一个"的方式，尽快攻克一批产业链"卡脖子"关键核心技术问题，按照产业链思维布局国家实验室、重点研究院等重大创新平台。

（3）以"一带一路"为抓手推动贸易自由化和市场多元化。一是以达成区域全面经济伙伴关系（RCEP）为重要抓手，简化原产地证管理和通关手续，鼓励和引导我国企业开拓区域全面经济伙伴关系（RCEP）区域市场。深化自由贸易试验区建设，加快推进人民币国际化示范区建设。二是利用中国—东盟自由贸易区，拓展与东盟等发展中国家的合作，同时以"一带一路"沿线国家为重点，加快在主要节点城市和港口布局建设一批经贸合作区，推动受中美经贸摩擦影响的企业落户园区，加快境外生产基地的建设和布点。三是加快在"一带一路"沿线国家市场的营销网络建设，推动龙头骨干企业到物流能力弱的沿线国家建立销售渠道。鼓励具备一定规模和实力的电商平台企业到海外建立实体展示和销售、配送及服务一体化的地区中心，推动公共海外仓与企业海外仓合作，降低海外仓运营成本。此外，要积极抵制美国实体清单，不能因为本土企业被列入实体清单而拒绝采购其产品和服务，本土企业产品和服务能满足需要的应当优先采购。

（4）实施以标准国际化抢占全球产业链制高点战略。目前，美国、英国、德国、法国及日本5个发达国家主导制定了全球95%的国际标准，而中国仅占7‰，遏制了中国产业链的全球话语权。一是适应全球贸易数字化潮流，抓紧制定全球数字贸易规则，抢占全球数字贸易标准主导权和话语权。二是探索中国制造标准国际化"弯道超车"战略及技术路线，在标准尚未定型、用户尚未锁定的物联网、大数据、云计算、跨境电商等新兴产业领域，以及机器人、3D打印、航空航天装备、轨道交通装备、节能与新能源汽车等重点制造领域，加快标准国际化赶超步伐。三是实施"中国制造"标准引领工程，建设若干国家级标准实验室，加快对数字化、网络化、智能化制造技术、标准、产业化的布局，构建"中国制造"标准体系，引领制造业提质增效升级。四是借助"一带一路"倡议，实施加快中国装备制造标准走出去专项行动，鼓励水电、核电、高铁、电缆、通信等装备制造实质性参与国际、区域标准化活动，与重点国家标准化机构签署标准化合作协议，助推中国装备制造加速走出去。

（5）探索新型国际贸易监管方式。一是建设新型贸易示范区，推进"世界电子贸易平台"（eWTP）在更大范围拓展，推进跨境电商综合试验区建设，逐步放开市场采购贸易方式和跨境电商监管方式。开展跨境电商B2B2C出口业务模式创新试点，探索增值税"无票免税"和更加便利的企业所得税核定征收和收结汇管理。二是完善跨境进口正面清单管理制度，落实对跨境零售进口商品免于前置许可、注册、备案等政策，试点"出口地一次申报、一次查验、一次放行，进口地核单放行"。落实实体清单企业进口环节关税征收，将国内环节的快递、保险等费用从完税交易价格中扣除。三是完善跨境电商支付结算体系，建立针对跨境电商卖家支付账户的管理标准，允许国内支付机构为跨境电商开立（特种）人民币支付账户。四是建立全面的企业出口合规体系。包括管理层承诺、风险评估、商品质检、违规处理、知识产权、企业环境等，有效规避美国的出口管制及经济制裁风险。

（6）加强政策精准化扶持。一是积极应对列入"实体名单"。推动企业扩展供应链，尽快寻找美国设备、技术及产品的替代品，积极向美国商务部申请"临时性一般许可"，延续美国企业对本土企业的供应，加强与美国最终用户审查委员会（ERC）沟通，争取启动"实体名单"移出程序。二是建立"卡脖子"创新成果重奖制度，对通过验收并成功进入商业化应用的"卡脖子"项目，尤其是"无人区"项目，给予重大专项政策奖励，对重大突破提名国家级科学技术奖。三是加强对美国安全审查动向的分析研判，对涉及国防、通信、半导体、装备等的敏感收购项目进行警示和引导。四是加大与"一带一路"沿线国家等的税收协定签谈力度，运用税收抵免、税收优惠政策互认等手段，帮助企业进行贸易全球化布局。五是加大对列入实体清单企业的融资支持，建立实体清单纾困资金池，支持企业发行企业债，进一步创新债券品种。加大对实体清单企业的出口信用保险支持，增加涉美涉税重点地区的信用保险额度，中美经贸摩擦相关案件定损核赔时间在现有基础上缩减25%，提高新兴市场出口信用保险保费补助比例，新兴市场信用保险覆盖面提高到50%以上。

第十一篇 优化营商环境 提升我国中小企业国际竞争力研究

第52章 民营经济出现信心不振苗头性问题的调研报告[①]

民营经济是支撑经济高质量发展的重要驱动力。据调查，浙江省是民营经济大省，民营经济增加值占 GDP 的比重达 65% 以上，贡献了全省 75% 左右的税收，80% 以上的技术创新和外贸出口，90% 以上的市场主体和城镇就业岗位。2021 年以来，浙江省千方百计稳住和发展民营经济，实施一系列减负降本政策，民营经济总体呈现出复苏增长态势，但也出现一些信心不振的苗头，亟须进一步关注。

第一节 民营经济信心不振苗头性问题的隐现

据调查，民营经济信心不振苗头性问题表现在以下七个方面。

（1）企业家预期信心有所下滑。浙江省统计局调查数据显示，2021 年第二季度，民营企业景气、信心指数双回落，分别为 131.5 和 133.0，低于全部企业的 133.1 和 134.5，分别比第一季度回落 2.0 点和 2.8 点，且回落幅度均比全部企业高 0.5 点。同时，民营企业企业家信心预期指数低于即期指数 0.7 点，其中工业、批发零售业、房地产业企业家信心预期指数分别低于即期指数 4.7 点、0.2 点和 0.9 点；工业、房地产业预期景气指数分别低于即期指数 3.7 点和 1.0 点。预计第三季度企业信心可能继续下滑。再以衢州市对辖内 242 家各类民营企业的调查为例，第一季度有 202 家企业对下季度经营信心在一般以上（一般、较好、非常好），而第二季度该数据下降到 171 家，下降幅度在 15.3%，经营信心指数有所下降。

（2）计划投资增长乏力。区域内民间投资乏力，民营企业家投资意愿不强。浙

[①] 原载国务院办公厅《信息专报》，2021 年 12 月。

江省统计局调查数据显示,2021年上半年民间新开工项目数同比下降6.8%,计划投资总额仅增长1.4%;房地产开发新入库项目数下降24.3%,计划总投资下降19.5%。第二季度,民营企业计划投资指数为98.6,低于全部企业的99.2,比第一季度下降2.3点,下降幅度比全部企业高1.5点。浙江省经信厅近期针对民营企业的调研显示,投资意愿下降的企业比上升的占比高出9.5个百分点。金华市针对全市816家重点企业的监测调研发现,第三季度,15.1%的企业有投资意愿,环比下降4.1个点。用工预期有所下降。浙江省统计局调查发现,第二季度,民营企业用工预期指数为105.9,低于全部企业的106.3,比第一季度下降1.2点,下降幅度比全部企业高0.5点。超过6.5%的企业预计第三季度用工需求减少,其中,工业中医药制造、食品加工、金属制品修理业预计第三季度用工减少的企业占比较高,分别为9.1%、10.3%和14.6%;批发零售业、教育、房地产、住宿餐饮业、建筑业预计用工减少的企业占比分别为7.2%、8.2%、8.4%、8.7%和14.6%,相对较高。

(3)挂靠大型企业现象频现。近期市场竞争激烈,招投标等领域隐性壁垒未消除,项目中标难度大,民营经济发展空间受限。除加强自身管理外,部分企业考虑通过挂靠国有企业、大型企业等方式谋求业务开拓。例如杭州园舍建筑景观设计有限公司因项目来源受限,无法承接到项目,现已挂靠到大型央企——中国联合工程有限公司,承接来自该企业的大型项目。又如浙江云识物联网科技有限公司通过杭州海康威视数字技术股份公司授权来进行项目工作,将项目风险控制在10%~30%,极大减少了不稳定性。再如,人民体育(北京)有限公司因在绍兴挂靠国有企业上虞e游数字产业园,整体产业效益较好,计划在海宁发展电竞项目,但需国有企业提供场地并支持国有企业入股,国有企业股份至少占30%以上。

(4)芯片等关键零部件供应不足制约产能释放。目前,全球芯片供应紧张局面仍未完全好转,大量生产工艺涉芯的制造业民营企业反映,因芯片替代性差,芯片供应量少、供应不稳定导致2021年生产时断时续,大量订单因此流失,影响正常生产经营。例如宁波欧普电器有限公司主要从事电水壶、榨汁机等产品的生产,这些产品均需用到MCU微处理、电源管理类芯片,以往购置芯片到货周期为15日,2021年已延长至40日,且每次订单数量仅为往年同期的60%,导致企业无法全力投入生产。又如宁波三星奥克斯有限公司,2020年营业收入超40亿元。公司芯片主要来源渠道为美国、德国、日本及中国台湾。原先公司芯片月需求量在7000万颗左右,2021年2月中旬以来,芯片供应方缩减每月芯片供应量,且价格上涨15%~50%,但仍无法保障足额供应,目前每月缺少ST、TI、MPS等芯片1000万颗,缺少锐能微、贝岭、中颖、圣邦、韦尔等芯片2000万颗。芯片短缺导致企业2021年1—6月营业收入下降约2.2%。再如浙江省汽车、家电行业因"缺芯"影响,预计2021年全年分别减产12%和10%左右。

（5）企业资金周转情况趋紧。在浙江省被调查的63680家民营企业中，超过9000家企业反映资金周转紧张，占规模（限额）以上企业的14.2%，比重比2021年第一季度上升2.1个百分点，比2019年二季度高1.1个百分点。其中工业企业中，非金属矿物制品（20.7%）、石油加工（19.1%）、有色金属冶炼压延（17.1%）、计算机通信电子（16.8%）、黑色金属冶炼压延（16.4%）、电气机械（16.4%）行业资金周转紧张企业占比较高；水利环境公共设施管理业、卫生和社会工作、建筑业、交通运输仓储邮政业中资金周转紧张企业占比分别为22.4%、19.3%、17.4%和16.5%。工业中，电气机械、文体用品、非金属矿物制品业资金周转紧张企业占比上升较快，分别比第一季度上升4.4个、3.5个、3.3个百分点。规模以上民营工业中，2571家企业反映融资困难，占6.0%，比第一季度上升0.6个百分点。在9809家企业的建言中，3.7%的企业呼吁资金方面的支持，45.6%的企业呼吁减免税费，5.3%的企业呼吁减免社保金。

（6）政策调整导致部分行业受震荡。近期，行业监管、扶持等相关政策调整，对相关企业也造成不小冲击。日前，中共中央办公厅、国务院办公厅印发《关于进一步减轻义务教育阶段学生作业负担和校外培训负担的意见》，明确禁止校外培训机构利用周末、法定节假日及寒暑假的时间进行学科类培训，并且对线上教学也做出了严格的规范，大量以学科培训为主的培训机构失去主要业务，又对转型之路较为迷茫，或将面临倒闭的风险。以杭州市上城区为例，该区教育行业2019年新增企业153家，2020年新增108家，2021年新增147家。受"双减"政策影响，该区教育行业企业普遍呈现观望态度，甚至出现"跑路"情况。2021年上半年，该区已有3家教育培训机构"跑路"。

2021年以来，钢铁行业出口退税政策出现重大调整，取消了23种钢铁产品出口退税，并适当提高铬铁、高纯生铁的出口关税，加剧了国内产品竞争，产品利润率下降。例如遂昌元立集团出口的镀锌铁丝，原先集团将全部退税让利给客户，一个月出口需求可达1600~1700吨，取消退税后，让利部分缺失，造成产品竞争力降低，目前一个月出口需求降至300~400吨。随着需求量的进一步降低，企业有意向取消部分产品出口业务。浙江银来钢管有限公司负责人表示，因为产品出口退税税率由13%降低至0，原本利润为每吨20000元的不锈钢钢管每吨利润减少了近2300元，部分订单甚至出现亏损出口的情况。受政策影响，企业5月出口额仅10万美元，同比下降92.95%，1—5月累计出口额仅190万美元，同比下降54.5%，企业预计下半年生产还将进一步放缓，压缩出口业务。

（7）碳达峰、碳中和目标下高耗能投资项目落地艰难，制约部分民营企业投资意愿。我国明确提出力争2030年实现碳达峰，2060年实现碳中和。在此背景下，高耗能产业投资审查及审批从严，部分投资减速或难以实施，部分工业民营企业受环保标准制约一些项目难以实施。例如宁波市镇海区晶钻工业园项目，计划用于开展第三代半导体功率器件用超高导热金刚石材料生产。该企业计划投资62272万元，项目建成后，两期共形成年产大尺寸金刚石120万克拉生产能力，年综合能耗约4.3万吨标煤。在碳达峰、碳中和目标下，该项目能耗指标超过限定水平，卡在能评环节未能获得批复，进而推进进度受阻。

第二节　导致民营经济信心下滑的原因分析

根据调查情况分析，导致民营经济信心下滑的原因主要有以下四个方面。

一、国际形势动荡，外向型行业受冲击

（1）海外新冠肺炎疫情反复导致出口需求不稳。部分海外地区因新冠肺炎疫情反复订单减少，造成部分企业出口受冲击。例如浙江之路电气有限公司反映，由于国外客户所在地区疫情形势不容乐观，要求公司先交1/3的订单货物，而剩下2/3的订单货物延后交货，对企业的生产经营产生了重大的影响，2021年1—7月经营业绩同比下滑85%，导致公司近12个月内无新的投资计划。又如温州伟林皮件有限公司反映，由于国际形势复杂，其出口销售受到了很大影响，2021年上半年出口销售额同比下降45%，惨淡的经营现状使公司多项投资计划被迫搁浅。

（2）国外政策壁垒影响企业发展。2021年以来，国外多项政策调整，对出口造成冲击。例如2021年3月，欧洲议会投票通过"碳边界调整机制"议案，拟于2023年起，对不能遵守碳排放相关规定的贸易国家的商品征收碳边境调节税（俗称碳关税）。根据高盛集团预计，如果对整个碳足迹征收100美元/吨的碳关税，中国出口商每年将被欧盟征收350亿美元的碳边境调节税。据此测算，浙江省外贸企业每年将被欧盟征收60亿美元的碳边境调节税。又如2021年7月，《欧盟电子商务增值税法规》正式落地，终止低于22欧元的小额包裹进口增值税豁免政策，所有进口到欧盟国家的货物均需缴纳VAT（欧盟增值税）。浙江物产安橙科技有限公司反映，欧盟推行本次税改，意在打压跨国电商，扶持本地实体经济。本次税改落地后，出口欧盟22欧元以下的商品利润将大幅压缩，初步估算，会从原来的30%压缩至10%。

二、内需回暖受阻，内向型企业受影响

受"德尔塔"等变异毒株影响，我国多地也出现新冠肺炎疫情反弹，内需回暖受阻，冲击部分行业和企业。

（1）消费、服务等行业订单收入大幅缩水。国内新冠肺炎疫情反复，对教育、餐饮、娱乐、旅游、民宿等行业造成较大冲击，且这些行业民营企业占比较高。以

绍兴市旅游业为例，受近期疫情影响，32家规模较大的旅行社取消团队479个，涉及营业额2409.8万元，直接经济损失351.2万元。绍兴最大的旅行社——仙人掌旅行社负责人反映，本次疫情导致跨省退团22个，预估直接经济损失58.3万余元，目前旅行社已无游客上门咨询，基本处于停业状态。

（2）相关行业企业投资风险增加。因疫情等导致难以预测未来行业形势，叠加民营企业抗风险能力较弱的实际情况，相关行业的民营企业投资、扩产意愿低迷。例如桐庐县云松涧民宿反映，以往每年7—8月是民宿行业的旺季，但2021年受疫情反弹影响，一些上海、江苏客户暂停出省旅游计划，该公司2021年7—8月线上线下共退单近300单。考虑到疫情短时间内难以消除，原本计划改造升级民宿部分设施的计划只能暂且搁置。又如杭州积加建筑设计工作室反映，年初公司为拓展业务，投资30万元进入无人机培训行业，但受疫情影响，项目"夭折"机率大大增加，至今仍未盈利，短期内已无其他投资意愿。

（3）企业出现库存积压、资金周转困难等问题。由于内需迟迟没有常态化，企业经营压力和资金周转压力不减。浙江省经信厅数据显示，2021年上半年规模以上企业存货、应收账款分别增长18.8%、11.1%，分别比上年同期高10.4个、低1.1个百分点，比2019年正常年份同期高14.9个、6.2个百分点。规模以上企业应收账款处于近年来的较高水平，企业间资金周转较为紧张，严重影响企业发展信心。

三、资源要素制约，项目落地和产能发挥受限

民营企业因规模、实力等各方面因素，在要素获得方面相对国有企业更显弱势。随着各种资源要素日益紧缺，民营企业项目落地和产能发挥都受到了制约。

（1）土地要素紧缺。部分地区出现无地可用或有地无指标现象，民营企业拿地难度增大，项目落地受限制。以绍兴市集成电路产业为例，该市集成电路产业在项目落地过程中用地指标问题突出，目前现有存量建设用地790亩，未来两年已选址或需落地项目用地约1500余亩，目前待农转用土地575亩，土地指标捉襟见肘。又如温州乐清市每年各类项目建设用地指标需求达3000亩以上，而每年能保障的用地指标不到需求量的50%。

（2）碳达峰、碳中和带来能耗指标紧缺。受"双碳"政策影响，能源环境制约加剧。当前民营企业发展需要消耗能源，但随着碳达峰、碳中和目标及具体措施的陆续出台，区域能源指标总量控制现象严重，企业得不到足量能源指标，发展受制。例如中芯国际二期项目，总投资约150亿元，综合能耗约20万吨标煤，而目前该区已用完本年度能耗指标，能评审批处于暂停状态。又如圆锦新材料项目是浙江省绍兴市历史上单体投资规模最大的产业项目，需新增能耗90万吨左右，占绍兴市2020年规模以上工业用能的6.2%，用能指标缺口较大。

（3）资金要素紧缺。融资难问题对于民营企业来说仍然存在。当前银行对民营企业的信贷服务仍以不动产抵押担保为主，银行承担的风险相对较小，但多数民营企业规模不大，厂房土地等固定资产少，多以流动资产为主，普遍缺乏可用于贷款的有效抵押资产，很难及时获得银行贷款。例如浙江一景乳业反映，公司因扩大生产需要较多的流动资金，但由于缺乏足够的抵押物，商业银行贷款额度较低，只能向浙江万丰融资担保公司申请担保贷款1000万元，费率3.5%，担保费用总额35万元。该费率较当前的银行贷款利率仍高了不少，一定程度上加大了公司融资成本。

四、成本快速上升，企业经营难度提升

（1）原材料成本大幅上升导致企业利润下降。当前全球大宗商品价格大幅上涨，市场原材料价格整体呈上升趋势。对浙江省制造业影响较大的原油、钢铁、铜、铝等大宗商品价格比2020年底平均上涨50%左右。2021年6月，全省工业生产者购进价格指数118.7%，出厂价格指数107.2%，连续6个月购销差倒挂。企业出现增收不增利现象，民营经济信心不振。例如浙江百纳橡塑设备有限公司反映，公司所需的铜、钢等原材料价格不断上升，涨幅高达60%~100%，导致产品成本上升。公司将产品价格适当提高了10%左右，虽然营业收入同比增长约48%，但利润却下降了约37%。

（2）人工成本大幅上升导致企业用工难、用工贵。浙江省统计局调查数据显示，由于社保减免政策退出及2021年企业开工早、加班较多，上半年规模以上民营工业企业人均薪酬同比上升20.5%。用工成本上升，企业利润和投资意愿受影响明显。如乐清市嘉得电子有限公司表示，为了招揽员工，普通的车床工人工资已经从去年每月5500元涨到6000元，精密度高的岗位也从6500元涨到7300元，甚至8000元，用工成本的增加，导致企业产品利润空间缩小。又如浙江华飞轻纺有限公司反映，为满足生产需要，该企业现有员工1000余人、人均工资为5500元/月，并以每年16%的增幅增加，而企业营业收入每年增长率约为5.6%，目前仅能维持运转，无足够资金开展机械化、数字化转型和扩大产能。

（3）海运成本大幅上升导致企业出口难。疫情影响下港口拥堵、集疏运体系不畅，国际海运航线"一舱难求"，运价暴涨。2021年6月底，中国出口集装箱运价综合指数2591.4，创历史新高，是2020年同期的3倍。8月以来，全球十大抵美船东陆续上调运输价格，平均每个集装箱的港口拥堵费、旺季附加费高达3000~8000美金。运输成本上升，致企业利润缩水及资金周转承压，部分低附加值企业不得不放弃外海订单。例如绍兴坤毅进出口有限公司表示，其出口的面料价格低廉且体积较大，2万多美元的产品海运费报价将近8000美元，几乎无利润空间。又如浙江诸暨鸿荣进出口有限公司以FOB方式出口，目前美西航线单个货柜价格高达15000美

元,同比涨幅达275%,但经协商,进口商拒绝分摊运费,企业仍将承担运费上涨带来的成本。部分海外客户无法负担高昂运费,企业被迫放弃FOB方式。

第三节 对策与建议

针对上述民营经济信心不振苗头性问题的表现特征与产生原因,本章特提出以下五个方面的对策建议:

第一,强化常态化疫情防控。严格落实精密智控常态化机制,严防主观原因导致的疫情传播现象,不断巩固和拓展疫情防控持续向好态势,为消费者提供安全、可预期的消费环境,恢复和激发市场消费潜力。同时,加强消费领域统计监测,及时发布消费发展信息,增强社会信心。

第二,进一步加强对民营企业的要素保障。从土地、能耗、资金等多方面加强对民营企业的要素保障。加强土地供给侧改革,加快推进碳达峰,增加能耗保障,促进优质项目加快落地建设。疏通民营企业融资渠道,推动对民营企业信贷投向政策导向的持续引导,对有市场需求的中小金融机构加大再贷款、再贴现支持力度,从提高其对民营企业提供金融服务的能力和水平,缓解民营企业融资难问题。

第三,破解民营企业用工难、用工贵问题。搭建就业服务平台,强化开展就业服务,及时为民营企业和求职者提供准确的供求信息。发展跨区域劳务合作,根据民营企业用工需求,加强与劳动力资源地区的联系与合作,建立稳定的用工输入基地。推动企业与各大高校合作,以人才引进优惠政策为契机,吸引成熟团队、高端人才进驻企业发展。引导企业通过先进设备引进、智能制造覆盖等方式加快机器换人步伐。

第四,降低民营企业经营负担。保持政策延续性,切实落实减税降费政策,降低企业缴费负担。对调整较大的政策落实设置一定缓冲期,倒逼企业在政策调整期内进行自我革新和转型升级,减少企业损失。进一步开展大宗商品价格监测,及时对各类市场主体进行引导生产,加强大宗商品进出口和储备调节,严厉打击经销链哄抬价格、囤货提价等行为,稳定企业原材料成本。加大稳外贸扶持力度,落实各项稳外贸出口政策,加大对航运公司的补贴力度,为企业提供疫情期间各国进口管控措施及上级部门政策,降低企业外贸风险和成本。

第五,破解民营经济的隐性壁垒。破解包括行业准入、招投标、退出机制等环节的各种隐性壁垒,保障各种所有制性质的市场主体公平参与市场竞争。鼓励民营企业以参股、控股、合作、联营和特许等各种方式向多领域发展。坚持推进供给侧结构性改革,淘汰落后产能,推动民营企业转型升级,通过技术进步和创新,加快企业智能化、数字化步伐,积极开发新产品、扶持新业态、培育新模式,提升行业和企业的竞争力。

第53章　基于企业订单对规模以上工业企业发展问题的调研报告[①]

企业订单是规模以上工业企业发展的重要晴雨表。据调查，2021年1—8月，浙江省规模以上工业增加值12767亿元，增长17.9%，两年平均增长9.6%，保持了良好的恢复态势。但由于全球经济复苏和新冠肺炎疫情（以下简称疫情）仍存在较多不确定性，经济恢复的基础仍需巩固。为了解三季度工业企业发展形势，我们对浙江省省内相关企业进行了快速调研，结果显示工业企业订单总体稳定，但有下滑苗头，有一些可能影响下阶段经济走势的问题亟待关注。

第一节　规模以上工业企业订单情况存在主要问题调查

据调查，浙江省省内工业企业订单总体稳定，但有下滑苗头，主要表现在以下六个方面。

（1）新订单总体稳定，下滑苗头隐现。据调查，2021年1—8月，浙江省工业经济延续了良好的恢复态势。现阶段，多数企业新订单基本稳定，但受经济增长放缓、疫情反复等多种因素影响，企业订单出现下滑苗头。如宁波市对1268家规模以上工业企业开展调研，发现78.9%的企业8月新签订单与上年同期相比基本持平或有所增加，该比例比7月下降2.1个百分点，其中42.0%的企业新订单有所增长，比7月低6.4个百分点；21.1%的企业新订单有所下降，比7月提高2.1个百分点。又如湖州市对全市557家重点骨干企业的调查数据显示，第三季度订单较上季度增长或持平的企业占比为85.1%，环比回落9.3个百分点；其中15.9%的企业预计第三季度订单增长15%以上，环比回落4.6个百分点。

（2）出口预期下降，大企业相对乐观。出口企业存在订单下降隐忧。以宁波市为例，该市对辖内798家有出口业务的企业的调查数据显示，77.7%的企业8月新签出口订单同比持平或有所增加，该比例比7月降低5.9个百分点；22.3%的企业出口订单同比下降，比7月提高5.9个百分点。又如浙江省商务厅"订单+清单"监测调查系统数据显示，8月全省外贸出口订单景气指数和企业出口信心指数分别为110.6和99.2，分别跌入"相对景气"和"微弱不景气"区间，其中企业出口信心指数为2021年以来首次跌破100，显示对未来出口预期下降。不同规模的企业出口订单也呈现分化，"订单+清单"监测调查系统数据显示，年出口1亿美元以上的

[①] 原载国务院办公厅《信息专报》，2021年9月。

企业外贸出口订单景气指数和企业出口信心指数分别高于整体16.2和24.6个点，相对更为乐观，而中小企业出口形势则更为严峻。

（3）短期订单增多，订单可持续性降低。当前，部分企业和采购商观望情绪较浓，企业签订短期订单的情况增多，订单短期化趋势有所显现。以温州苍南为例，截至2021年8月，该县80家监测企业中，8月新签出口订单以3个月以内短期订单为主的企业占比92.5%，甚至部分企业短期订单可占到企业所有订单的3/4左右。又以嘉兴市为例，该市商务局对全市1000家左右省级重点外贸企业调查分析发现，2021年7月、8月新签订单中以3个月以内短期订单为主的企业比例分别为85.44%、85.8%，占比较高。平湖市40家省级重点服装企业中，六成以上企业短期订单占比超过75%。

（4）订单履约率下降，回款周期延长。受疫情反复、需求减弱、成本上涨等因素影响，部分企业订单履约率出现下滑，并且账期延长。以湖州市为例，2021年8月，该市企业在手订单履约率为73%，环比下降0.5个百分点，为2021年以来首次下降。其中，机电行业在手订单履约率为79.1%，环比下降4.1个百分点；农产品和医化行业在手订单履约率分别为75.6%和74.4%，环比分别下降1.1和2.5个百分点。49.7%的企业反映部分订单被延迟，41.1%的企业反映部分订单被取消。浙江省纺织品进出口集团有限公司反映，由于国外终端消费疲软，不少订单被搁置或取消，还有一些客户提出延迟付款，账期增加90~180天不等，有的甚至提出延长账期至1年，若不同意延期就取消订单。2021年上半年，公司营业收入同比下降8.62%，利润同比下降49.69%。台州市大格格兰包装机械有限公司反映，2021年1—8月，企业的订单金额较上年同比上涨15%，但应收账款较上年同比上涨50%，若相关款项最后未能收回，企业的利润率可能会下滑至10%，甚至更低。

（5）新兴产业订单形势较好，动能充沛。调研发现，高端制造业、新兴产业订单情况较好，动能更为充沛。以绍兴市为例，其集成电路产业受"缺芯"影响呈井喷式增长，订单爆满、产能满负荷运转。2021年1—7月，全市123家集成电路企业实现产值244.4亿元，同比增长78.5%，超过面上工业47.2个百分点；实现利润23.8亿元，同比增长93.4%。辖内集成电路龙头企业中芯国际芯片产量已超7万片，2021年半年已实现2020年全年产值，订单已排至2022年年底。再以杭州市为例，该市2021年新兴产业引领增长，1—7月该市新能源产业增长23.9%，新一代信息技术产业增长21.6%，高端装备制造业增长28.3%，新材料产业增长29.5%，节能环保产业增长31.4%，增速均高于规模以上工业平均水平。随着杭州数字化改造的逐步深入，抢先入场的智能制造企业在第三季度和全年都将有亮眼成绩，例如博雷（中国）目前国内外市场接单量稳定，2021年8月产能利用率达到100%，当月产值同比增长6.3%；杭可科技公司刚刚经历扩产，新设备上线，订单充裕，截至 2021 年 7 月底，公司在手订单约 21 亿元，预计第三季度乃至全年，仍将持续保持稳定增长；速博雷尔传动机械有限公司抢抓时机进行数字化改造，与三菱电机签约引进全自动化生产线项目，2021 年 1—8 月该公司累计订单额 1170 万美元，订单总额同比提升 58%。

（6）传统产业订单有所分化，行情相对较差。传统产业由于市场竞争充分，受产业链和市场供需影响较大，不同产业、企业的订单情况呈现分化，除了部分行业、企业因国外疫情导致东南亚、印度等地订单转移至国内而订单充裕，其余行业、企业订单情况相对较差。例如化工行业不少企业订单同比回落。绍兴东湖高科股份有限公司反映，2021 年出口订单下降明显，只占总订单的 10%，低于 2020 年 20 个百分点，产品价格同比下降 28%；浙江秦燕科技股份有限公司反映，其主要产品 Clt 酸订单同比减少 15% 左右，预计四季度 Clt 酸订单大约 1500 吨左右，同比减少 10%；建德市新化化工表示，2020 年由于国外疫情导致异丙醇订单激增，同期基数较高，2021 年出现订单同比回落。又如纺织行业各地行情冷热不均。绍兴市纺织行业行情相对较好，该市对 170 家重点纺织企业调研显示，受东南亚地区纺织服装行业减产停工、交货延误等影响，欧美零售商将订单转移至国内，目前 51.3% 的企业生产订单已排至 1~3 个月，环比增加 12.1%，37.6% 的企业生产订单已排至 3 个月以后，环比增加 15.8%，7 月以来，企业产能普遍在 8 成以上，部分开机率在 90% 以上。而有的地区纺织行业行情相对冷淡，如温州市纺织服装行业重点监测企业 191 家，截至 8 月底，较上年同期增长的企业数占比仅为 23.55%，低于全市平均水平 5.15 个百分点；湖州吴兴区纺织服装受调研企业 33 家，8 月在手订单累计 8363 万美元，环比下降 9.9%。再如建材行业受房地产及外需影响明显下滑。萧山区南阳街道 2021 年多家卫浴企业订单均有不同程度的下降，领军企业杭州盛威实业有限公司 2021 年 1—8 月外贸订单数为 80 单，累计订单额为 602 万美元，2020 年同期外贸订单数为 154 单，累计订单额为 802 万美元。华威混凝土 2020 年受亚运、地铁基建等利好逆势增长，而 2021 年上半年受项目结尾影响，整体产量已经萎缩，预计下半年将持续下滑并在未来面临一年的严冬期。

第二节　影响规模以上企业订单走势的主要因素

据调研分析，影响浙江省规模以上企业订单走势的主要因素有以下七个方面。

（1）原材料上涨对中下游企业产生压力。有色金属、塑料、石化等原材料价格上涨导致产品价格上涨，造成部分客户减少或取消订单，生产企业也因利润空间受挤压，接单较为谨慎。省商务厅对近 3000 家小微企业的调查数据显示，67.76% 的企业表示由于原材料的大幅上涨面临订单不足及不敢接单的双重困难。杭州鑫璐实业有限公司、浙江飞龙管业集团有限公司表示，因钢材、聚乙烯粒子等原材料价格上涨超过40%，导致订单大幅减少，产值分别下滑38.1%和60.4%。浙江三箭工贸有限公司反映，2021年上半年竹板等原材料同比上涨20%，导致利润总额同比下降93.9%，为防止生产亏损，企业对新订单呈现观望态度。绍兴柯桥凯冉针纺织有限公司反映，原材料氨纶18D由2020年同期的3万元/吨上涨至10.5万元/吨，2021年1—7月，订单同比下降约2成，毛利率因坯布价格得不到同步涨幅而从2020年同期的15%下降到5%，8月以后，订单进一步下滑，开机率只有40%。最近氨纶、涤纶等出现跌价预期，涤纶长丝降价10%~12%，多数客户处于观望状态，企业接单意愿不强，订单进一步下滑。

（2）物流紧张导致企业接单更谨慎。2020年下半年以来，国际供需结构失衡导致的"一舱难求"、运费暴涨现象持续。浙江省发展改革委调查发现，第二季度八成以上企业反映"一箱难求"问题仍未解决，35.7%的企业表示该问题较第一季度无变化，甚至加剧。7月中国出口集装箱综合指数2781.55，是2020年同期的3倍以上，再创历史新高，美西、美东航线运价指数继续上扬。有72.7%的企业表示疫情以来集装箱运价持续上升，运价上涨1倍以上的企业占比达到23.8%。国际物流不畅背景下，75.5%的企业延长发货周期，48.2%的企业延长1~2周，16.9%的企业发货延长1个月左右，9.6%的企业延长1~3个月。出货困难、运费暴涨导致企业库存增加、利润下降且容易发生违约风险，接单更加谨慎。例如科玛（中国）液压设备有限公司负责人表示，目前订单形势良好，预计2021年订单量较2020年增加50%；但出口货运成本增加明显，由于钢配件、液压设备重量大，每公斤货品运输成本增加4倍以上，严重压缩了企业利润空间。又如浙江兰通空调设备有限公司产品主要出口至北美、拉美等地区，现在一个前往美国的40尺标准货柜船运价格从5000多美元上涨到20000多美元，让该公司不得不缩减100万~200万美元的订单，且由于货柜严重缺少，企业仓库已堆积了10多个货柜，共计300多万元的货物未发货。再如余姚市友威电器有限公司主要向美国出口灯饰，其目前已接订单2600万元，与2020年持平，但与2019年相比下降27.7%。受集装箱柜缺少影响，企业目前积压已积压1000万元的产品。

（3）"芯片荒"制约机电、汽车、智能家居等行业订单扩大。海外疫情反复加剧原材料供应紧张，导致全球芯片产能受阻，缺芯情况有可能持续较长时间。受缺芯影响，部分企业担心交付困难，不敢接单。例如宇中高虹照明反映，由于LED电光源芯片缺货，有些订单不得不放弃，2021年前三季度订单数预计减少10%。也有企业因下游缺芯而订单减少，例如汽车行业因缺芯影响而产能下降，汽车零配件生产企业订单量也明显受影响。浙江骏融汽车零部件有限公司2021年上半年发动机曲轴订单量还能稳定在11000套左右，但7月开始订单量下滑，到8月只有8000多套,下降约27%。敏实集团的下游整车企业东风本田第三季度订单量减少约20%~30%,导致集团汽车零部件订单量相应减少了18%~22%。

(4) 能源"双控"影响企业接单。随着能源"双控"和碳达峰、碳中和工作的推进,国家、省级严控"两高"项目,部分地区高能耗企业也面临停产、减产,对企业本身和上下游产业链订单产生一定影响。例如杭州汽轮股份有限公司表示,近期受"双碳经济"用户项目延期与取消,截至2021年9月6日,企业订单同比下降3%。又如丽水华宏钢铁制品有限公司的年产120万吨炼钢及配套130万吨轧钢项目,项目节能审查意见预测综合能耗2.08万吨标煤,但2021年1—7月该项目总用能2.17万吨标煤,用电量7.7亿千瓦·时,已超过节能审查要求,接下去将会采取限电措施,限制企业生产,影响企业接单。

(5) 政策调整导致部分企业订单下滑。以钢铁退税政策为例,2021年5月1日起,国家取消了部分钢铁冶炼产品的增值税退税(税率13%),使得中低端的钢铁产品出口价格大幅上升,导致中低端不锈钢产品在国际市场上丧失价格优势,订单数量下滑。例如遂昌元立集团出口的镀锌铁丝,原先集团将全部退税让利给客户,一个月出口需求可达1600~1700吨,退税政策取消后,让利减少造成产品竞争力下降,单月出口订单需求降至300~400吨。虽然以内销为主的焊丝、管子、冷拔丝等订单有所增加,但涨势不明显,总体上涨5%。再以医药行业为例,随着国家深入推进药品集中采购,医药生产企业传统市场销售渠道、经营模式面临较大调整。据海正药业(杭州)有限公司反映,药品集中化、规模化采购导致企业订单相应减少,企业不得不顺应趋势进行调整,积极开展多渠道应对,并多次参与国家竞争集中采购并有中标,尽可能抵消产销不足影响。

(6) 贸易摩擦导致外贸订单下降。受贸易摩擦持续影响,部分行业企业出口订单受冲击。以TMT行业为例,2021年6月,美国联邦通信委员会(FCC)以"国家安全威胁"为由,提议禁止使用5家中国公司的电信及视频监控设备于美国电信网络中,涉及企业包括华为、中兴、大华股份、海康威视和海能达。杭州海康威视表示,美国制裁对公司的负面影响还在持续,FCC对公司产品的认证限制还在立法过程中,最终限制程度还有待进一步观察。由于美国市场前景不明朗,企业由被动接受改为主动改变策略,减少在美国的相应市场配比,目前占海外营业收入的1/10左右。又如杭州士兰光电技术有限公司专业从事光电器件、光电集成电路及光机电一体化系统等相关产品的设计、制造与销售,受中美贸易摩擦间接影响,企业订单量同比下滑30%~50%,预计第三季度企业综合经营状况不乐观。再以紧固件行业为例,2020年12月21日,欧盟正式对原产自中国的钢铁制紧固件产品发起反倾销调查,2021年6月17日,对原产于中国的铁制或钢制紧固件产品实施进口登记,为期6个月。在此背景下,国内紧固件外贸企业遭遇出口壁垒,外贸订单呈下降趋势,或对第三、第四季度造成持续影响。如宁波海信紧固件有限公司受欧盟反倾销政策影响，2021年8月出口欧盟的产品订单同比下降20%左右，造成产值同比下降10%。企业预计第三季度、全年出口订单分别同比下降25%、30%左右。

（7）部分行业订单热度假象褪去后出现回调。全球新冠肺炎疫情（以下简称疫情）持续，迫使国际市场部分订单向中国转移，如印度大量医药、纺织订单转移，利好中国医药、纺织行业。但随着全球新冠肺炎疫苗接种率的提升，中国前期因抗疫得力、生产快速恢复而形成的"相对优势"会逐渐消退，部分行业订单可能会发生"二次转移"。例如浙江仙琚制药股份有限公司反映，得益于原料药板块国外市场订单充裕，亚非拉市场原料药销售额实现同比增长约76%，但增长份额都以解热镇痛类、氨基酸类、四环素类、头孢菌素类、林可霉素类等大宗原料为主。企业虽占据上游产业，但难以拥有市场话语权，印度疫情严重使国际原料药价格维持高位，但在后期印度疫情趋于稳定后，国际订单恐将回流，预计第三、第四季度销售额将有所回落。

第三节　对策与建议

当前国内疫情形势较2020年有了很大程度的缓解，经济市场开始活跃；国外随着新冠肺炎疫苗接种加速，生产秩序和供给能力也将逐渐恢复。从当前订单形势来看，预计第三季度及全年工业经济走势基本面稳固，但第三季度开始工业经济下行压力显现，部分传统行业、企业经营面临一定困难，但全年工业经济增速预计仍能呈现增长态势。特此提出以下五个方面的对策建议。

（1）加强分析研判。加强对疫情形势及周边国家疫情影响的分析研判，健全动态跟踪、实时监测及预警响应机制，帮助企业做好疫情加剧可能带来的风险应对。完善订单数据、进出口数据等的监测，及时掌握各项经济运行数据，提前做好研判分析，定期向企业通报，提供指导，帮助企业切实降低订单风险和损失。

（2）帮助企业平稳成本。积极引导上游原材料供应链整合，保障原材料供应，打击现货市场囤货、期货市场恶意做多、涨价联盟、跟风炒作等行为，避免原材料继续大幅上涨，降低企业材料成本压力。扩大国际物流供给，扶持国内船运公司扩大运能，加大平抑出口海运价格的力度，治理海运乱象，帮助企业打破发货难困境，降低物流成本。

（3）避免政策"一刀切"。政策调整过程中，尽量设置过渡期，帮助企业更好应对政策调整。对于能耗紧缺问题，科学测算地区、行业、企业的能耗情况，根据不同情况制定政策，合理分配能耗指标，避免粗暴的"一刀切"减产、关停，防止打乱行业供给，以免市场借机炒作。

（4）推动企业转型升级。推动企业以数字化、智能化为方向，加速技术改造和设备升级，实现节能减排、绿色发展。鼓励企业加大科技研发投入和高端人才引进，加快新技术、新工艺、新产品的研发创新，进一步提高产品的附加值、不可替代性和品牌效应。支持企业提高国际化运营水平，开拓产品国外销售市场，扩大产品境外市场份额和话语权，更好地应对订单回流。

（5）完善供应链、产业链。把握疫情过后全球产业链布局调整契机，加快推动新旧动能转换和产业结构调整，着力打造具有国际竞争力的产业链和供应链。重点加强重要制造业领域关键材料、关键零部件、关键工艺的技术研发，培育更多龙头企业和"隐形冠军"，突破关键环节的国外垄断，避免被"卡脖子"。

第54章 创建共性技术研发平台存在问题的调研报告[①]

2021年国务院政府工作报告提出,要搭建更多共性技术研发平台。共性技术研发平台是实施创新驱动、提升产业能级的关键载体,对转变经济发展方式、实现高质量发展起着重要作用。据调查,浙江省实施《浙江省战略性新兴产业重大关键共性技术导向目录》等政策,初步建立包括之江实验室、各类重点实验室在内的实验室体系,形成高校、企业、研究院等创新主体联合创建的产学研合作体,涌现出一批新型研发机构等技术研发平台,促进产业共性关键技术创新。同时,调查发现这些共性技术研发平台还存在一些问题,值得引起高度重视,并需进一步健全与完善。

第一节 创建共性技术研发平台发挥作用的调研

据调查,浙江省先后创建的多个共性技术研发平台,发挥了促进产业共性关键技术创新的重要作用。

(1) 政策引导力度加大。近些年,浙江省先后发布《浙江省战略性新兴产业重大关键共性技术导向目录》《浙江省高端制造业发展规划》等政策文件,对共性技术研发提供方向性政策引导,鼓励共性技术研发平台加快建设。各地也相继出台配套政策,支持地方共性技术研发平台建设和申报。例如2020年,杭州市印发《杭州市共性技术研发平台建设与运行管理暂行办法》,推动平台建设与认定,并明确了产业布局与补助办法。台州市出台《十大共性技术突破项目实施方案》,对入选项目给予资金补助。

(2) 平台主体不断增加。浙江省已建有包括各类实验室、企业研发机构、产业创新服务综合体等多种形式在内的一大批技术研发平台,其中国家重点实验室15家,产业创新服务综合体304家,制造业创新中心19家。全省共认定省级企业研发机构7223家,其中,省高新技术企业研究开发中心5306家、省级企业研究院1688家、省级重点企业研究院251家。这些平台不少从事或涉及共性技术研发,为共性技术研发平台建设打下了坚实基础。如杭州市大力推进共性技术研发平台建设,截至目前,已整合场地设施面积34.75万平方米,整合仪器设备16000台(套),累计建成服务平台28个。又如湖州市通过集中创新资源建成了一批共性技术研发平台,累计培育省无人机技术重点实验室、省微波目标特性测量与遥感重点实验室等省级

[①] 原载国务院办公厅《信息专报》,2021年11月。

重点实验室（工程技术研究中心）15家。

（3）覆盖范围逐步扩大。一方面，浙江省各地市均积极建设共性技术研发平台，基本实现地域全覆盖。例如温州市近年来加速建设共性技术研发平台，已引进、共建中国科学院大学温州研究院、浙江大学温州研究院等创新载体41家；绍兴市完善多元投入体系、探索新型体制机制，积极谋划建设鉴湖现代纺织实验室、绍芯集成电路实验室、高分子新材料实验室等一批共性技术研发平台。另一方面，按照"传统块状经济、现代产业集群全覆盖"目标，各产业积极打造共性技术研发平台，力图实现产业全覆盖。例如杭州市已累计建成的28个共性技术研发平台，覆盖物联网、移动通信、电子软件、装备制造、生物医药、丝绸纺织、工业设计、新材料等多个领域；宁波市4家省级制造业创新中心，涵盖石墨烯、磁性材料应用技术、智能成型技术、电驱动等多个技术领域。

（4）平台成果逐步显现。近年来，各平台不断开展基础研究与关键核心技术攻关，研发成果逐步显现。例如之江实验室，已竞争性获得国家项目52项，总经费9.1亿元，形成全球神经元规模最大的类脑计算机、具有完全自主知识产权的天枢人工智能开源平台、具备全球领先技术指标的太赫兹通信系统、大规模光交换芯片等16项重大科研进展和成果，发表高水平论文115篇；全省19家制造业创新中心，累计已收集模型压缩、编码协议、柔性显示、动力电池、智能医疗设备等领域关键共性技术项目152项，启动攻关项目66项。

（5）创新服务供给日益增加。共性技术研发平台集聚人才、设备、技术等优势，围绕产业，引领传统块状经济向现代产业集群加快转变，推动新兴产业实现从无到有、从小到大、快速成长，积极为行业、企业提供创新服务。根据浙江省科技厅的统计数据，138家省级产业创新服务综合体共集聚创新服务机构5494家，2020年为企业解决技术难题2.1万个，带动产业集群增加值增长6.1%，成为全省推动产业升级、服务企业发展的重要载体。

第二节 浙江省共性技术研发平台存在的问题

据调查，浙江省创建的这些共性技术研发平台存在以下问题需高度重视。

一、平台重复建设、同质竞争

由于缺乏有效的统筹协调机制，不同条线多头批复和管理研发平台，形成了多个相互独立、性质多样的研发平台体系，导致出现平台间重复建设、同质竞争等问题。目前，除科技部以外，工业和信息化部、国家发展改革委等也相继批复了一系列国家级研发机构，形成了多个相互独立的产业关键共性技术研发平台体系，各类共性技术研发合作机构并存，在不同体系下从事相同或相近研究。虽然不同平台间可以通过技术合同、项目合作、共建实体等推进共性技术研发，但整体上尚未形成有效合力和资源优化配置，甚至存在相互竞争抢资源的现象。以浙江省绍兴市柯桥区为例，江南大学柯桥轻纺产业技术中心、东华大学绍兴创新研究院都是集轻纺技术人才培养、技术研发、产品开发、科技服务、技术转化、创业孵化、创新平台构建等功能于一体的校地合作平台，都开展纺织技术研发与创新、纺织产品性能检测、产业化中试基地建设、纺织成果产业孵化等技术活动，存在一定程度的同质化和资源浪费问题。

二、企业参与度较低

（1）共性技术研发投资大、周期长、见效慢、风险高，市场前景不确定，企业一般不愿意投资。目前主要还是以政府主导和建设为主，在投入主体上企业缺位。同时，中小微企业由于多处于产业链低端、技术积累较少、创新能力薄弱，在平台合作共享中处于弱势地位，参与程度较低。以浙江省嘉兴市长兴县新能源产业创新服务综合体为例，该平台目前有成员企业近170家，除华能、华润、浙能、复星等大型新能源企业外，70%的成员为中小企业。这些中小企业与大型企业在研发能力上差距过大，没有多少技术成果可以共享，因此在共性技术研发平台中往往"说不上话，搭不上车"，已促成的8项技术合作主要是大型企业间的合作，中小企业获利较小。

（2）企业存在技术泄密顾虑，不愿参与共性技术研发。企业对共性技术研发平台的保密工作非常重视。尤其是专利保护程度相对较低的行业企业担心缺乏有效机制制约，企业的产值数据、订单信息及产品技术和设计都可能遭到泄露，导致企业参与共性技术研发的积极性不高。例如浙江聚仙庄饮品有限公司反映，仙居杨梅省级区域科技创新服务中心本作为杨梅产业共性技术研发平台，对杨梅产业关键性技术进行研究攻关，但由于其他企业担心技术泄密，参与积极性不高。

（3）校企合作研发存在"两张皮"现象，企业合作积极性不高。高校重理论研究，企业重工程应用，不少高校专家在共性技术研发平台中，侧重于技术成果的理论先进性，对中间试验和产业化环节关注不足，导致共性技术研究成果与企业实际需求存在一定的偏差。科研人员在争取课题上花费过多的时间和精力，再加上考评比较重视论文数量、刊物档次，使得一些科研人员不得不追求"短平快"的项目，不愿意参与需要长期跟踪的共性技术研究项目。例如浙江工业大学柯桥创新研究院相关负责人表示，科研考评体系重数量、轻质量，科研管理行政化导致很多科研人员，特别是年轻科研人员不愿参与需要长期跟踪的共性技术研究项目。

（3）设备和技术共享机制不完善。一方面，科研设备共享不足。高校的大型仪器设备在对外开放过程中存在具体服务工作量、额外维修维护工作量和服务难易度认定难以量化等问题，导致科研仪器设备开放共享率依然较低。以浙江省绍兴文理学院为例，该校拥有 30 万元以上大型科研仪器设备 137 台，设备原值 1.2 亿元，但因缺乏激励机制，设备开放共享积极性不高，2020 年对外开放共享收入仅为 22.5 万元。另一方面，技术共享机制不健全。行业企业虽建有企业技术研发中心，配有实验设备，但因企业之间存在竞争，为避免技术泄露、技术团队流失等原因，企业不愿意合作共建研发机构、开放共享实验设备，以及合作开展核心技术、共性技术、关键技术研发和攻关，而是各自为政、独立研发，导致重复投资、资源浪费。如浙江省温州市泰顺县利众竹木玩具企业负责人表示，因与同行业企业都以欧美为主要出口市场，虽然平时企业之间沟通交流比较多，但是真正开展技术合作的可能性还比较低。同时，在技术共享方面缺乏相应的指导性的经济补偿机制，从企业角度看，技术研发需要人力、物力、财力及时间、精力等，多数企业出于同行竞争压力，在没有一定补偿机制的情况下，不愿分享核心技术。例如浙江鹏孚隆科技有限公司反映，该企业主营水性不粘涂料、陶瓷涂料、粉末涂料、高分子复合材料、高性能工程塑料制品（除废塑料、危险品及有污染的工艺）的研发等，想与同类企业合作共享先进技术，但遭遇碰壁，目前只能独自研究开发。

（4）关键共性技术配套产品依赖国外。例如温州益坤电气反映，国内缺乏其所需的电气化铁道产品升级技术研究的上游技术、产品供应支持，由于研究技术配套的电阻片需高温烧结，但国内市场上的烧结炉普遍高温不稳定，导致电阻片产品报废率高，高温烧结炉只能依赖进口；浙江省激光智能装备技术创新中心所在的高端激光智能装备领域国产化产业链不配套，高端研究装备元器件主要依赖进口，存在"卡脖子"技术风险，阻碍国内厂商自主研发装备元器件成果转化和产业化。工业设计、控制系统、试验验证等软件被外方垄断，关键共性技术研究存在数据泄露风险。目前，我国机械行业关键共性技术研究主要集中于硬件，软件仍严重依赖外方。机械设计、信息化管理等软件，被 IBM、SAP（思爱普）、ROK（罗克韦尔）等跨国公司垄断。温州益坤电气反映，其采购的西门子数控机床，机床设备和操作终端都是国外产品，只能匹配运行国外系统软件，德国供货方可实时监控生产加工、设备运行情况，企业担心若在相关机器上开展关键共性技术研究有泄露商业秘密的风险。

（5）平台配套体制机制不健全。目前，共性技术研发平台缺乏特别有效的体制机制设计，研究方向的确定、研发资金的投入、研究成本的分担、研发成果的共享、研究人员的聘任和激励等平台配套机制问题尚未得到很好的解决，平台研发项目的系统性不强、产出效率不高、研发资金支持力度不大等问题普遍存在。例如台州玉环迈斯特机床制造有限公司立足共性技术运用前景，于 2021 年 6 月成功研发新一代精密专机。尽管当地多家汽摩配、水暖阀门公司上门表露合作意愿，但由于迈斯特公司在前期研发投入已超过 600 万元，4 家意向单位仅能分担 200 万元授权费用，加上针对共性技术的共享激励政策尚未出台，补贴方面公司仅能以传统技改项目申报 100 万元。对比前期高昂的研发投入及收益前景，该公司最终选择自研自用、面向市场销售专机成品。

（6）创新要素集聚不够充分。创新生态系统构建有待加强，行业资源集聚不够，部分欠发达地区高层次创新人才引进难，留住更难，搭建共性技术研发平台的人才基础薄弱。以浙江省丽水市为例，该市企业研发人员共 1.26 万人，仅为杭州市（9.68 万人）的 13% 和宁波市（11.56 万人）的 11%；省 "重点引才计划" 专家 23 人，仅为杭州市（739 人）的 3.1% 和宁波市（350 人）的 6.6%。资金方面，由于共性技术往往涉及多个技术领域，开发周期较长，对资金的需求较高，现有的各种研究计划如国家自然基金等基础研究类的科技计划或专项，难以对需要长期、稳定、持续资金支持的产业共性技术研发给予足够支持。例如浙江省临海市科技局反映，根据《浙江省科技发展专项资金管理办法》，按照项目情况提供 100 万～1000 万元的补助资金，分 2～3 次拨款，对于许多大共性技术研发项目而言只是杯水车薪，如没有金融方面的其他政策帮扶，难以提供连续性支持。地方财政相对紧张的地区，对共性技术研发的资金支持更为有限，例如缙云县反映，单个共性技术研发往往耗资在千万以上，资金不足成为当地搭建共性技术研发平台的掣肘。设备方面，许多共性技术研发需要高精尖设备支撑，而现行体制下，由于仪器设备开放共享激励机制尚不完善，科研仪器设备开放共享率依然较低。处于起步阶段的企业和平台，没有经费购买大型研发设备，又较难共享已有科研设备，导致技术研发成本较高，进度较慢。

（7）利益分配机制尚不完善。"共同投资、共担风险、共享收益、共赢发展" 的合作运营机制不够健全，各方在合作中的知识投入量难以界定，对知识产权的价值评估也容易产生分歧，进而易导致利益分配方面的纷争。例如浙江建科减震科技有限公司在与清华大学某技术研发团队搭建共性技术研发平台开展合作时，由于技术尚未研发成功，两方对此约定为产权共享，但对于技术落地后具体的分配比例尚未做约定，各方利益保障方面存在一定的风险。又如浙江省新昌某动力有限公司与某研究院合作研发航空发动机叶片，经过两年的研发仍然没有成功突破技术难题，因该公司前期研发投入占比为 75%，导致无力承担后期研发费用，最终放弃该项目的研发。

（8）平台功能作用发挥不够。当前共性技术研发平台建设为提高自身 "含金量"，往往会出台很多优惠政策吸引国内外高校和科研院所参与合作。但有时高校和科研院所往往侧重于 "挂牌子"，而忽视 "立柱子"，导致校企合作、院企合作形式大于内容，难以实现有价值的科研合作及成果转化。另外，不少共性技术研发平台建设时间较短,对共性技术研发的服务供给有待加强。以杭州光机所激光及光学特性表征公共服务平台为例,该平台于2020年10月成立,建立时间短,知名度低,服务范围有限。截至2021年7月,平台设备使用频次约270次,测试时长约930小时,仅服务上海微波技术研究所、杭州富加镓业科技等12家单位。又如湖州南浔智能电梯产业创新服务综合体,前几年平台主要精力放在筹建中心、组建队伍等方面,共性技术研发和攻关等服务尚在摸索阶段。

(9)研发成果产业化机制不畅。长期以来,我国的科技评价体系侧重于论文、专利等科学价值标准,科技计划项目研究更多强调技术与产品开发目标,反映研发绩效的技术价值和经济价值标准所占权重不高。同时,产学研合作各方在管理体制上存在条块分割、壁垒障碍和研发资源错配等问题,再加上科技成果转化本身是一个长周期过程,见效较慢,企业重生产、轻研发现象仍然存在,融资机构对重大技术研发和转化缺少长期投资意愿,科技、产业"两张皮"的问题严重制约了科技成果产业化效率。

第三节 对策与建议

(1)统筹推动共性技术研发平台搭建。加强共性技术研发平台建设的总体布局,优化各地区参与共性技术研发平台建设的路径、模式,个性化指导企业主体向共性技术研发平台搭建靠拢,推动各地区、企业等因地制宜搭建平台,实现错位发展。探索以满足市场需求为导向,以优化创新资源配置为核心,以创新链、产业链为纽带的多样化共性技术研发平台组建模式,在运营管理、研发投入、团队建设、项目合作、收益分配等方面改革创新,保障共性技术研发平台高水平运行发展。鼓励大型领军企业,联合上下游企业,通过重组、合作、共享等方式自主自愿组建共性技术企业类平台,联合政产学研力量共同组建。根据科研技术目录,将各地区分散、相近技术按照规模、类别等方式进行整合,提高平台搭建的效率和质量。

(2)完善共性技术研发平台运营机制。发动高校、科研院所等建设主体对共性技术研发平台申报企业进行分级分类;通过章程或协议形式,明确牵头企业、中小企业、科研机构等核心成员的权利和义务,对研发投入和成果产出进行份额配比,并完善知识产权保护机制。完善政产学研合作的风险分担和利益分配机制,提高科研人员、企业、科研院所等各方从事共性技术研发的积极性。完善适应市场需求的关键技术成果转化机制,将共性技术研究成果有效转化为企业核心技术和商业价值。优化平台运作模式,增强平台技术研发、检测与认证等综合技术服务能力,提高平台自我造血能力。完善考核评估机制,实现差异化政策扶持和奖励,对建设成效明显的创新中心,在项目申报、立项、金融支持等方面给予重点扶持。

（3）加强对共性技术平台的资源要素支持。资金方面，加大财政对共性技术研发平台的资金支持，鼓励社会资本支持平台建设，建立完善稳定、长效的产业共性技术资金投入体系，实现财政资金、社会资本与创新平台、科研机构、科技人才、科技成果等要素的有效对接利用。人才方面，大力引进创新创业团队，探索新型人才培养机制，鼓励和支持一流大学与企业合作，共同培养高素质工程师。持续深化科研领域放管服改革，下放经费自主权，简化科研项目审批流程，增加科研人员劳务经费在科研经费中的比重，提高科研人才积极性。扩大科研人员的成果转化收益分配权，完善相应考评机制，提高科研人员从事共性技术研发的积极性。

（4）提升共性技术平台的平台能级。支持新型研发机构、龙头企业等创建重点实验室，推进建设实验室联盟，鼓励不同层次、不同区域的实验室，提升自主创新能力及高端技术承接能力。探索"深度孵化"模式，培育集创业辅导、资金扶持、技术支撑功能于一体的复合型孵化器，提升龙头企业的垂直型孵化能力，提高成果转化率。积极对接龙头企业、一流高校、高层次人才团队，通过合作、共建、入职等多种方式，吸引高能级科研力量加入研发平台，提升平台自主创新能力及高端技术承接能力。进一步推动共性技术研发平台的产学研融合，完善考核激励方式，推动平台高水平运行发展，产生更多先进技术和实质性成果。充分挖掘平台潜力，出台政策推动平台与企业的合作，促使平台更好地为当地企业和产业提供技术服务。

（5）提高企业主体的参与度。通过补贴、税收减免、政府采购、风险投资等多种形式，加大对企业参与共性技术研发的扶持力度，提高企业积极性。鼓励大型领军企业联合上下游企业，共建共性技术企业类研发平台。同时，根据中小企业技术创新难、集聚人才难等现实困难，进一步突出构建以龙头企业为牵引，大中小企业协同创新的生态链，完善信息共享机制，提高中小企业对平台技术研发的参与程度和获利程度。加速关键技术成果转化，整合高端企业核心技术专利，与中小企业分享技术成果，形成以产业化机制为核心的成果转移扩散机制。

第55章　关于将浙江普陀岛和海南全岛建成国际海岛旅游免税试验区的调研报告[①]

面对世界经济低迷和国内深层次矛盾凸显的严峻挑战，我国亟须通过供给侧结构性改革探索新的经济增长极。创建我国国际海岛旅游免税试验区，启动消费"新引擎"符合供给侧结构性改革的战略要求。海岛旅游是未来高端旅游和高端消费的重要增长点，普陀岛和海南岛靠近国际海运主航道、地理位置优越、生态环境优美、开发潜力较大、旅游基础扎实，应抓住"一带一路"建设机遇，借鉴夏威夷岛、巴厘岛、马尔代夫群岛、普吉岛等开发经验，加快创建我国国际海岛旅游免税试验区。

第一节　创建国际海岛旅游免税试验区的战略意义

随着全球经济一体化步伐加快，海岛旅游正在向国际化、多元化方向发展，海岛旅游业在有效促进海岛地区经济社会发展和扩大海岛旅游消费的同时，也有力地推动了中国对外开放和中国制造走出去，是我国实施"一带一路"倡议和发展开放型经济的重要抓手。

一、创建国际海岛旅游免税试验区必将有力地促进境外消费回流

目前，我国内需不足，特别是消费不足的很大一个原因是国内消费"外流"。据统计，2014年我国居民境外消费已达1万亿元，2015年超1.1万亿元，特别是我国居民在世界各地的免税店购物增长迅猛，已占全球免税店购物总金额的近30%，位居全球首位。与此形成鲜明对比的是，国内消费持续低迷，我国社会消费品零售总额增速从2010年的18.4%降到2015年的10.7%，2015年国内消费增速创10年来最低水平。我国经济增长动能正在由传统的投资、出口拉动向消费拉动切换，亟须启动消费推动经济增长，通过创建国际海岛旅游免税试验区，深挖国内消费潜力，让外流的"肥水"从海外回流。

二、创建国际海岛旅游免税试验区必将有力地推动"海岛旅游热"

目前，我国旅游发展最大的一个问题是"出境旅游热、入境旅游冷"。一方面，近年来我国居民出境游爆发式增长，2010年只有5740万人，2014年突破1亿人，2015年超过1.2亿人，出境游人数已连续2年位居世界首位，尤其是以海岛为目的

[①] 原载全国哲社规划办《成果要报》，2016年第17期。

地的旅游超过3000万人次，约占全部出境游市场的1/4。另一方面，与出境旅游高歌猛进相比，入境旅游处于低迷状态。根据国家旅游业统计数据，2005—2015年，我国入境游一直维持在1.2亿~1.3亿人次，入境游人次没有发生显著变化，与增长迅猛的出境游形成了强烈反差。从旅游服务贸易看，自2009年以来，我国旅游服务贸易一直存在逆差，2013年逆差769亿美元，2014年逆差1079亿美元，2015年逆差上升到1781亿美元。"进的减少、出的增加"带来的"一除一减"大大制约了我国旅游业发展。当前，亟须创造新的旅游热点，顺应"海岛旅游"热潮，加快创建国际海岛旅游免税试验区，借鉴国际知名海岛如夏威夷、巴厘岛、普吉岛、济州岛、马尔代夫、迪拜岛等开发经验，打造有国际影响力的海岛旅游带，提高我国海岛的国际知名度，吸引入境旅游，减缓出境旅游。

三、创建国际海岛旅游免税试验区必将有助于解决国内外"商品价格倒挂"难题

"海外购"成为我国国民出境游的一大目的。《2015年中国旅游统计报告》显示，我国2015年出境旅游购物消费6841亿元，在日本、韩国及欧美发达国家，人均境外旅游购物超过7000元。近年来，我国80%以上的出境游客将购物作为最主要的目的，主要原因是国内外进口品存在较大价差，特别是国外建了不少免税店、精品店，购物方便又便宜，使得中国游客的"出境游"变成了"购物游"。目前，我国进口消费品，特别是奢侈品关税仍在平均30%的高水平，酒类等则高达50%，加上奢侈品进店的流转税，价格比原产地高出许多。实行"离岛免税"政策，吸引国内外游客上岛购物，有助于将流失海外的巨大购买力转化为强劲的"内需"。所以，要加快创建国际海岛旅游免税试验区，建设一批国际知名的免税店、精品店，实施有力度的离岛免税优惠政策，加大"中国制造"的营销力度，促进境外消费快速回流，加快消化国内过剩产能。

四、创建国际海岛旅游免税试验区必将有力地推动"一带一路"建设

海岛是我国海洋经济发展的重要战略支点，是优化海洋经济发展布局的重要载体，是打造现代海洋产业体系的重要内容，也是实施海洋强国战略的重要保障。根据2015年《世界海岛旅游发展报告》，目前全球已有超过70个成熟的海岛旅游目的地。我国6500多个海岛，海岛资源丰富，除了以省为行政单位的台湾岛和海南岛，全国还有12个海岛县，分布在沿海6个省份，这些海岛整体发展水平不高，竞争优势不强，发展潜力很大。加快"一带一路"建设，特别是"海上丝绸之路"建设，必须着力构建对外开放的桥头堡。当前要抓住"一带一路"建设机遇，加快创建若干国际海岛旅游免税试验区，加快海岛开发开放，以重要海岛为突破口带动沿

海大开放。

第二节 创建国际海岛旅游免税试验区的最佳选址

在全方面审视地缘政治、区位条件、开发潜力、比较优势、产业基础等的基础上，从靠近国际海运主航道、地理位置优越、生态环境优美、开发潜力较大、旅游基础扎实等遴选条件着眼，建议在浙江普陀岛和海南全岛开展国际海岛旅游免税试验区建设。

一、从区位条件看，普陀岛和海南岛优势凸显

尽管我国海岛数量众多，但从地缘政治和对外开放战略布局考虑，大多数海岛如东海岛、平潭岛等并不是创建国际海岛旅游免税试验区的优选。舟山群岛，特别是普陀岛地处中国东部黄金海岸线与长江黄金水道的交汇处，背靠长三角广阔经济腹地，是中国东部沿海和长江流域走向世界的主要海上门户，与东北亚及西太平洋一线主力港口釜山、长崎、高雄、香港、新加坡等构成一个500海里等距离的扇形海运网络，作为长三角海上开放门户，其区位优势十分凸显。海南岛地处南海的国际要冲，是大西南出海的前沿，内靠珠江三角洲，外邻东南亚，位于东亚和东南亚的中心位置，靠近东亚与东南亚之间的国际深水航道，是国际海运的必经通道，也是21世纪海上丝绸之路规划发展的重要枢纽地带，拥有沿海、沿边、岛屿等地缘优势，具备对外开放的良好区位条件。

二、从旅游资源看，普陀岛和海南岛优势凸显

在全国12个海岛县中，普陀岛的旅游资源优势遥遥领先，是国家首批5A级旅游景区，拥有两个风景名胜区（岱山岛和桃花岛），已初步形成朱家尖、桃花、东极、东港等多个海岛特色休闲度假项目集聚区，成为中国海岛旅游的聚焦点、长三角海岛旅游目的地，是名副其实的海上花园城市、海岛宜居城市。海南岛是中国唯一的热带岛屿省份、唯一的省级经济特区，素有"东方夏威夷"之称，资源丰富、生态多样、组合度好，在相对较小的范围内集中了滨海沙滩、热带雨林、火山与溶洞、地热温泉、珍稀动植物、宜人气候、民族风情等丰富的自然资源和人文资源，在国际上也具有稀缺性，是世界知名的海岛休闲度假旅游胜地。

三、从开放政策看，普陀岛和海南岛优势凸显

2013年初，国务院将舟山群岛新区确定为以海洋经济为主题的国家战略性规划区，这标志着发展舟山群岛上升为国家战略。目前，舟山普陀岛正在制订"全景普

陀"休闲度假旅游目的地建设行动计划，深度拓宽"全景普陀"目的地发展空间，努力创建国家全域旅游示范区、国家旅游度假区。海南岛是我国最大的经济特区，实行省直管市县的行政管理体制，中央赋予了特区立法权，尤其在国际旅游岛建设发展方面给予了一系列先行先试的政策支持。2009年12月，《国务院关于推进海南国际旅游岛建设发展的若干意见》正式印发，标志着海南国际旅游岛建设迈出了实质性的大步伐。

四、从产业基础看，普陀岛和海南岛优势凸显

"十二五"期间，普陀岛的旅游接待量、旅游收入年均增速分别达到11%、12%。2014年，普陀岛旅游收入超过187亿元，旅游产业从业人员近3万人，接待游客2076万人次，旅游收入占GDP的比重高达57%。旅游业也是海南岛的支柱性产业，旅游收入占GDP的比重远高于全球、全国平均水平，2009年以来旅游收入占GDP的比重均高于12%，2014年达到最高的14.4%，旅游业对海南经济发展贡献巨大，为海南全岛创建国际海岛旅游免税试验区奠定了坚实基础。

第三节　对策与建议

国际海岛旅游免税试验区的建设具有探索性、创新性、前瞻性，普陀岛和海南岛要立足岛区优势，先行先试，高起点规划、高标准建设、高水平管理，积极开展政策、体制、机制、开发模式的创新试验。特别是要突破政策障碍，加大政策扶持，放大离岛免税效应，提高海岛国际知名度，打造与巴厘岛、济州岛、马尔代夫等一样的中外游客心仪的世界著名海岛。

一、借鉴国际知名海岛免税经验，放大试验区离岛免税效应

离岛免税政策被公认为建设国际旅游岛含金量最高的政策，目前韩国济州岛、中国台湾离岛、日本冲绳岛等都实施了离岛免税政策。海南岛是我国实行海岛旅游购物免税的先行区，但在免税额度、次数、品种等方面仍有不少限制，比如限购数额低、价格比国外高、品种比国外少、网点少、提货方式单一等，难以吸引消费回流。应借鉴国际海岛开发经验，在免税购物的限次、限值、限量、限品种等方面放松管制，原则上不限次，扩大免税品清单。一是建立免税店网络。统筹海岛景点与免税店一体化布局，在景点周边2公里半径内设立免税店。与境内外免税大公司合作，发展类型多样、品种丰富的免税店，包括岛内免税店、机场免税店和港口免税店，把海岛旅游与免税购物结合起来，扩大离岛免税效应。在机场、车站、港口建立与免税店相衔接配套的服务系统，大力推进"互联网+免税店"，开设网上销售和

服务窗口,实现购买与提货、景点与机场(港站)、岛内与岛外服务的无缝衔接,使离岛购物和免(退)税办理方便快捷。二是突破销售对象和范围限制。除了出国出境的本国人员外,国内的普通消费者、外国游客都可以去免税商店购物,本国消费者有次数和金额的限制。免税商店除国际知名产品外,还要引进本土特色产品,推动中国制造走出去。三是设置合理的免(退)税率。国外游客在免税商店购买国产商品,实质上是一种间接出口方式,对所购商品实行免税的实质是对国内产品实行出口退税。为了吸引更多的国外游客购买免税国产商品,建议选择合理的退税率,适当降低海南岛现行的退税率。四是选择适当的退税模式。免税店的退税模式可选择大多数国家推行的专业代理公司退税模式,海关及税务部门可委托专业代理公司在机场、港口、车站等出境口岸设立退税点,为游客办理退税业务。积极探索直接在商品价格中除掉流转税的办法,只要购物离岛,就可免税。五是认证和推广一批"中国精品"。由国家质检、工信、商务等有关部门联合认证,推出一批中国制造精品,向社会公布精品目录,进入普陀岛和海南岛的免税店,严格监管这些商品的原材料来源、制造工艺、质量标准及服务体系。制定中国精品进入免税店的税收政策,建设一批"中国精品馆""中国高端消费品展示交易中心""中国制造采购中心",吸引本土知名品牌入驻海岛免税店,扩大本土品牌产品的消费和出口,打造"中国制造"金字招牌,进一步推动"中国制造"走出去。

二、立足海岛优势特色和资源禀赋,实施差异化开发和错位竞争战略

由于海岛资源禀赋差异较大,海岛功能也多元化,全球海岛发展模式分为高端度假、邮轮港口、商务娱乐、绿色生态、民风民情等驱动模式。马尔代夫、圣托里尼等海岛主要是高端度假驱动模式,牙买加、开曼群岛等海岛主要是邮轮港口驱动模式,济州岛等海岛主要是商务娱乐驱动模式,帕劳、大堡礁等海岛主要是绿色生态驱动模式,巴厘岛等海岛主要是民俗风情驱动模式。普陀岛和海南岛应充分挖掘自身特色,借鉴国际一流海岛开发经验,实施差异化开发和错位竞争的策略。坚持"多规合一",按照"全岛一个大城市"的思路,统一土地开发利用、统一资源开发、统一基础设施建设、统一环境保护,整合全岛资源,实施科学开发。普陀岛重点是做强朱家尖核心区示范高地,做特白沙、桃花、东极、悬鹁鸪四个主题岛,重点开发沈家门"渔港风情"游、朱家尖"海上礼佛"游、东港"活力海湾"游等海上观光线,大力开发白沙群岛"蓝色风情"、东极诸岛"福如东海"等环岛航游线。海南岛创建国际海岛旅游免税试验区,首先是"扩围",从原来的政策实施范围扩大到海南全岛,明确国际旅游岛建设功能,重点要加快对现有休闲度假旅游产品的升级改造,着力打造一批滨海、温泉、森林等特色鲜明的度假基地,规划建设海洋公园、影视动漫基地、湿地公园,推出一批观光体验游、风情文化体验游、探

奇体验游风景线。

三、顺应现代旅游消费升级趋势，打造富有海岛风光的旅游精品

从国际知名海岛的产业模式和消费热点看，主要包括海岛观光、海岛休闲、水上运动、婚礼蜜月、民俗节庆、会展会议、主题景区、海岛民宿、休闲船艇等消费业态。同时，国际海岛旅游市场正在裂变，海岛游客需求层次逐渐分化，旅游消费个性化和旅游产品供给精准化趋势明显。舟山岛和海南岛应按照"一岛一风格"开发理念，充分挖掘海岛比较优势，大力开发具有民族性、参与性、特色性的海岛旅游精品项目，建设集旅游度假、休闲娱乐、康体保健、餐饮购物于一体的海岛旅游免税试验区，打造富有特色的高端海岛旅游产业集群，这是吸引境内外游客的重要载体。普陀岛要充分发掘"蓝天、金沙、海岛、海鲜、渔村、禅佛"等特色资源，以"上天""下海"、环岛、登山、跑马、入村、宿家、寻美、求侣、访寺等为供给指向，启动建设观音文化园、禅意小镇、航空产业园、国际邮轮港、筲箕湾经典渔村、养生健康谷等重大项目，创意打造"沙岛"朱家尖、"侠侣岛"桃花、"钓岛"白沙、"哨岛"东极、"卧岛"悬鹁鸪、"创意岛"鲁家峙等旅游精品。海南岛要大力发展滨海观光、环海南岛游，重点发展海上运动、海底观光、潜水等旅游产品，培育发展温泉疗养、医疗旅游、康体养生等疗养产品，着力打造黎族苗族文化、侨乡文化、海洋文化特色，通过建设一批旅游精品吸引境内外游客。

第56章 优化企业投资项目审批中介服务的调研报告

涉审中介是企业投资项目整个行政审批链条的重要一环，掌握着重要的程序性权利和专业性权利。大多数涉审中介服务具有法制性和强制性，特别是对于企业新上投资项目，中介服务往往是其行政审批必不可少的前置条件。实地调研发现，中介服务环节多、耗时长、收费贵仍是当前企业反映比较突出的问题，深化企业投资项目行政审批制度改革需在涉审中介方面再下功夫，帮助企业减负松绑、轻装上阵。

第一节 企业审批中介服务存在的主要问题

（1）中介服务慢。以慈溪市某民间投资项目的行政审批为例，项目并联审批共用时135天，其中行政审批部门的审批用时25天，占全部审批用时的18.5%，中介机构用时110天，占全部审批用时的81.5%。即便实行高效快速审批，中介机构用时也是审批部门用时的2倍以上。特别是有些涉审中介服务，市场化程度不高，地域垄断性较强，在项目上马比较密集的阶段，往往出现"中介忙得热火朝天，业主等得心急如焚"的现象。永康市某部门负责人反映，永康市没有施工图审查中介机构，金华市也只有2家，很多项目图审别无选择，即便是仅有的2家图审机构，也是画地为牢、攻守同盟，导致项目图审"排长龙"（见表56-1）。开工建设较急的项目，还得千方百计"托人情、找关系"才能尽快图审。在这样的情况下，中介机构所谓的服务时限变成了空头支票。有些市县行政服务中心负责人坦言，"体制内"的行政审批提速空间并不大，但"体制外"的中介服务效率仍有潜力。对企业而言，以前是"苦等审批"，如今是"干耗中介"。大量时间耗在中介机构的可行性研究、审查、评估、设计等方面，这不仅是时间成本问题，甚至有可能错过市场机遇。

表 56-1 施工图设计文件审查有关情况

中介机构偏少	浙江省共44家图审机构，1家属自收自支事业单位，其余均为企业单位（含协会举办），平均每个设区市4家左右，除义乌市、诸暨市等有1~2家之外，其余县级区域没有布局，业务范围基本限定在本地区，在图审高峰期供求矛盾比较突出
图审周期偏长	施工图审查一般为5~10个工作日，但有企业反映，施工图审查需要"排长龙"，有的需要反复修改或工程整改，耗时较长，影响了项目的正常开工建设

续表

图审收费偏高	有企业认为，工业建筑厂房收费标准偏高，建议继续采取2009年的做法，施工图审查按浙价服〔2007〕147号文件规定的标准降低30%收费，并延长执行期限

资料来源：调研组根据实地调研整理而得。

（2）中介服务贵。据某市县行政服务中心负责人反映，一个建设项目的中介服务收费项目多达40余项，不少业主认为，这些收费累加起来是一笔不小的开支。中介服务收费依据既有国家部委的政策文件，也有行业主管部门、物价部门的规定，收费标准一般执行政府指导价或行业收费标准，但实际操作过程中价格弹性较大。特别是一些处于垄断地位的中介服务项目一般执行收费标准上限，没有下浮或打折。例如气象防雷检测机构，整个金华市只有1家，对民营企业开放性不高，基本属于垄断性中介（根据相关政策，建筑必须安装避雷针等防雷装置，经检测机构出具合格报告后才能竣工验收）。有些开发商反映，防雷检测费比10年前贵了好几倍，防雷收费标准如表56-2所示。又如施工图审查，慈溪市本地只有一个施工图审查受理点，由宁波市6家施工图审查机构负责受理。这6家中介机构委托慈溪市受理点统一收件，轮流分配业务，业主没有自主选择权，对工业类建筑厂房按1元/平方米收费，其他按1.4元/平方米收费，从不打折。《建设工程质量管理条例》规定，建设单位应当将施工图设计文件报县级以上人民政府建设行政主管部门或者其他有关部门审查。《房屋建筑和市政基础设施工程施工图设计文件审查管理办法》规定，要求各地根据实际情况认定一定数量的不以营利为目的的审查机构。事实上，浙江认定的44家施工图审查机构绝大多数为以营利为目的的企业单位（1家属自收自支事业单位）。2013—2015年，43家企业利润总额分别为5530万元、6627万元、5317万元，这与"施工图审查机构不以营利为目的"的要求不符。调查还发现，个别类型的中介机构以协会名义或行业约定，在收费标准方面形成攻守同盟，不允许中介机构擅自降价，否则以协会名义进行处罚。例如卫生检疫，有些中介机构通过地方协会事先约定收费标准，"划片分区""各收自粮"，互不侵犯领地。

表56-2 工业领域的气象防雷收费标准

新、改、扩建构筑物和电子信息系统的防雷装置施工跟踪检测	元/平方米（建筑面积）	三类防雷 0.48	分类按《建筑物防雷设计规范》
		二类防雷 0.62	
		一类防雷 0.62	

续表

| 石油、化工、危险品、易燃易爆场所、电子信息系统或机房的防雷设施定期检测 | 元/点（检测点） | 100（不足300元的按300元计收） | |

资料来源：调研组实地调研。

（3）中介服务繁。调研了解到，一个基本建设投资项目行政审批涉及的中介服务事项包括项目建议书编制、环境影响评估、水土保持方案编制、工程可行性研究报告编制、规划方案设计、初步设计编制、概算审核、施工图设计、施工图审查、预算编制和预算审核等10多个主要中介环节。另外，还可能涉及交通影响评估、建筑节能评估、社会稳定风险评估、地震安全性评估、地质灾害评估、日照分析报告、占用水域影响评估、爆破评估等其他中介环节。这些中介环节交织穿插在整个行政审批流程中，项目繁多、程序繁杂、办理烦琐。有些垄断性较强的中介服务供不应求，导致项目成果偷工减料，造成业主往返折腾、反复整改。有些中介机构"多头挂靠"，本身资质不达标，服务质量不过关，但由于缺乏技术成果后评价及追责机制，即便产生不良信用记录，其仍可承接相关业务或选择重新挂靠。

第二节 企业审批中介服务"慢、贵、繁"的原因

（1）明脱暗不脱，脱名不脱实。诸暨市有关部门负责人反映，住建领域的规划设计、勘测设计，国土领域的测绘，建筑领域的图审，气象领域的防雷检测等中介机构，仍属于有关审批部门的下属单位，致使项目业主遴选中介时不得不定向选择。有些中介机构与主管部门存在"明脱暗不脱""脱名不脱实"等现象。表面上看，大部分中介机构改制工作基本完成，并已按有关规定在人员、名称、财务、机构等方面与原主管部门脱钩，但事实上仍然有些中介机构与行业主管部门存在千丝万缕的联系。行业主管部门通过行政审批掌握着中介业务的审核权。中介机构或由其"指定合作"，或返聘主管部门退休人员，依托原主管部门的关系在中介市场上包揽业务。甚至有些中介机构尚未脱钩改制，如房产评估、气象防雷、计量检测、白蚁防治等领域的部分中介机构仍由主管部门进行管理，其业务工作、人事关系、工资关系等仍隶属主管部门。以气象防雷为例，浙江省内现有74家防雷检测机构，民营防雷检测机构只有1家（科安检测有限公司），其余基本上仍为各级气象局防雷所的下属企业。

（2）地域垄断，形成攻守同盟。有些行业领域在市县辖区内仅有1家或少数几家中介机构，这些中介机构承担着重大项目可行性分析或提供高技术壁垒的专项服

务，往往处于绝对垄断或相对垄断地位。以德清县的中介机构为例（见图56-1），气象防雷领域只有1家，能源评估领域有2家，建筑工程检测领域仅1家，房产评估（资产评估）领域有3家，白蚁防治、土地评估、施工图审查等领域本地没有，这些领域的有些中介机构缺乏竞争，安于现状，搞价格歧视，不少业主意见颇大。一些市县行政审批部门对中介机构的准入实行总量控制与总体调剂，不利于实现中介机构与市场需求的自动匹配，客观上起到了干预市场、加剧垄断的作用。有些市县直接或变相规定由本地中介机构提供服务，实际上剥夺了企业对中介机构的自主选择权。值得关注的另一个现象是，有些市县之间的同类中介机构事先约定，各占领地，互不干涉；有些市县辖区内的相关中介机构相互协商，形成攻守同盟，在业务上各分一杯羹，导致中介市场竞争不充分。

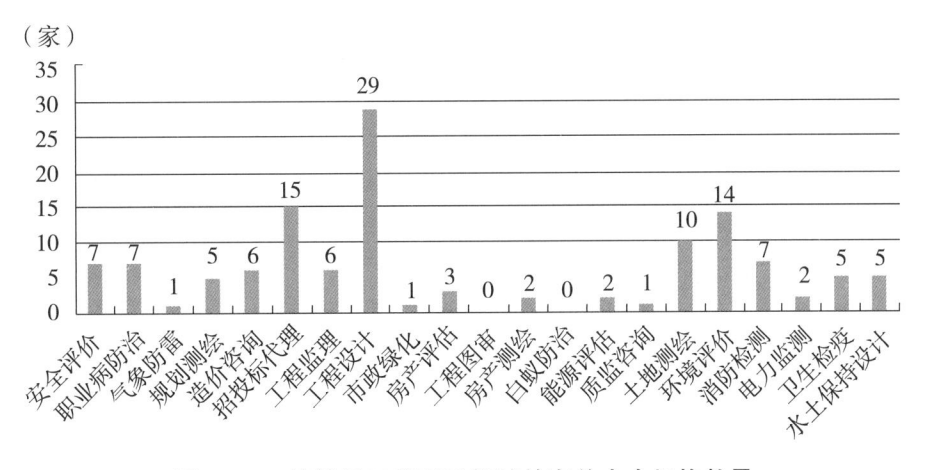

图 56-1 德清县工程项目领域的有关中介机构数量

第三节 对策与建议

（1）专项督查涉审中介脱钩改制工作。推进涉审中介彻底脱钩改制，包括组织人员、职能职责、资产财务、办公场所等全方位脱钩。剪除隐性裙带关系，斩断主管部门与中介机构之间的利益链条，从源头上规范中介机构涉企收费行为。加强对公职人员、退休领导干部在中介组织兼职的清理工作，规范主管部门行政行为和中介服务行为。严厉打击违法中介行为，对无证无照从事中介活动的单位和个人，依法予以取缔。建立中介机构失信、处罚披露和"黑名单"制度，对列入"黑名单"的中介机构施行技术性惩罚。

（2）研究制定打破涉审中介区域性、行业性壁垒的具体政策。放宽中介市场准入标准，重新核定部门规章所设置的准入门槛，取消中介备案审查机制，坚决纠正擅自设置、抬高准入门槛或借备案管理变相设置区域性、行业性的中介服务执业限制，不得变相指定中介机构提供中介服务，不得通过划分区域等形式变相垄断中介市场，防止"肥水不流外人田"圈地现象。目前，一部分中介机构采取"资质挂靠"，规模普遍偏小，业务能力不过硬，服务质量保障不够，应引导市县加快引进资质等级、执业水平、资信度高且本地紧缺的中介机构，支持社会资本参与中介机构脱钩改制和资产重组。

（3）积极开展"集中性技术审查"试点。对于具有区域性共同特点、具有技术性审查性质、单个项目同质性很强的中介服务项目，例如城市建成区的地震安全性评估、高度限制范围以内建筑的雷电灾害风险评估等，可委托中介机构对整个区域进行一次性评估，区域内企业共享结果，不再对该区域内符合条件的具体项目进行重复评估。一次性评估（评价）费用可先由当地财政支付，制定费用分摊规则，再由企业分摊部分费用。探索"捆绑式"中介服务，由全资质中介机构或相关中介机构联动，对地籍测量、规划测量、建筑测量等测量项目进行"捆绑式"测量，对工程造价核算、工程初步设计、施工图审查、建设方案编制等进行"捆绑式"服务。

（4）完善涉审中介服务目录清单及管理办法。全面排摸中介服务事项，对无法定依据的中介服务事项一律清理，对程序性且不发挥实质性作用的中介服务事项一律予以取消；对有依据的审批前置事项根据需要进行分类，审批部门能办理的，不能委托中介机构办理。发布中介服务目录清单，对部分中介服务实行政府购买。规范中介服务行为，缩短中介服务时限，对防雷装置设计技术评价、初步设计概算审查、编制征占用林地可行性报告等评估检测类服务事项，实行与对应行政审批事项办理时间捆绑计算考核，实现同步管理、整体提速。

第57章　优化环境 提升企业竞争力研究

第一节　抓住机遇，规避风险[①]

对我国中小企业而言，加入世界贸易组织既有机遇，也有挑战，且机遇大于挑战。

中小企业面临的机遇与有利因素主要有：①加入世贸组织将使一批生产具有竞争力的劳动密集型产品和地方特色产品的中小企业获得更多打入国际市场的机会；②加入世界贸易组织后，国内市场进一步对外开放，互联网信息技术和电子商务技术的发展加快，这将缩小中小企业与大企业之间的能力差异，减少制约中小企业发展的瓶颈因素；③加入世界贸易组织将增强中小企业改制的紧迫感，促进中小企业的改制步伐；④加入世界贸易组织，可以使我国中小企业在参与国际竞争的实战中进一步学习世界先进的管理经验和技术，促进其经营管理水平和技术创新能力的提高。

中小企业面临的挑战和不利因素主要有：①加入世界贸易组织之后，价格低、质量好的国外产品大量进入国内市场，短期内将使我国一些中小企业受到很大的冲击；②市场游戏规则的透明化，将使我国中小企业，特别是很大一部分乡镇企业所具有的本地化优势逐步消失；③高科技中小企业在加入世界贸易组织后将直接面临国外同类资本密集型和技术密集型企业的巨大冲击；④加入世界贸易组织后，那些尚未改制的、传统的国有和集体中小企业，由于设备陈旧、技术水平低下、企业素质低和经营机制僵化等问题，其生存和发展将更加困难。

面对机遇与挑战并存的新形势，我们应抓住机遇，规避风险，迎接挑战，以加入世界贸易组织为契机，大力发展中小企业。一方面，中小企业必须充分认识加入世界贸易组织后的新情况、新变化，以时不我待的紧迫感，努力提高企业的自身素质和竞争能力。另一方面，要加强对中小企业的扶持力度。对中小企业的扶持，主要包括加强政府对中小企业的监督、指导、服务工作；建立健全中小企业的法律支持体系，让中小企业与大企业享有同等的待遇；为中小企业提供可靠的融资渠道，取消对中小企业融资的不合理限制，对高新技术企业提供优惠贷款等，以支持中小企业的创业与发展；建立健全中小企业社会化服务体系，为中小企业提供信息咨询、人才培训、经营诊断及指导、技术开发、营销对策等服务，增强它们在市场中的竞

---

① 原载《人民日报》，2002年4月28日。

争能力和发展能力。

第二节　发展横向经济联合应注意的问题[①]

近两年来，横向经济联合发展较快，取得了显著的成果，但也存在一些问题，迫切需要研究和解决。

一、进一步落实企业的自主权

在当前发展横向经济联合的过程中，一个特别值得重视的问题便是切实减少行政干预，进一步落实企业的自主权。这是横向经济联合顺利发展的关键。发展横向经济联合的目的不是为联合而联合，而是为了提高社会生产力和经济效益。前几年，许多企业间的联合大都发展成行政性公司的教训告诉我们，只有行政干预而没有企业自愿基础的联合，不但不能打破部门之间、地区之间的封锁，相反还会把企业箍得更死。这样的联合不仅没有生命力，而且会留下各种"后遗症"。千万不能像现在医治"公司病"那样，过几年再来治"联合病"。因此，要使联合具有生命力，就必须尊重参加联合的各个企业的自主权，不能包办代替和"拉郎配"，更不能像有些地方那样采取行政命令形式，一定要把企业自愿参加、自愿退出作为联合的前提条件，这样才能实现真正的联合。

二、坚持横向经济联合的基本原则

在横向经济联合中，企业之间扯皮最多的问题是联合的形式选择和利益分配问题。对这个问题，必须按照国务院所制定的开展横向经济联合的原则，即"扬长避短，形式多样，互惠互利，共同发展"来妥善解决。"扬长避短"是联合的出发点，因为联合实际是企业间优势的联合，只有这样才能使参加联合的企业都具有更多的活力；"形式多样"是联合的办法，各个企业可以根据自己的实际情况，不拘形式地实现"联合"；"互利互惠，共同发展"则是联合的目的，它要求参加联合的企业都平等互利，都提高经济效益。只有坚持上述联合的基本原则，企业才能在形式选择和利益分配问题上求大同、存小异，同心协力，共同发展。

三、加强横向经济联合的宏观指导

发展横向经济联合必须以企业自愿参加、自愿退出为基础，但这不排斥主管部门对横向经济联合的宏观指导。原因有二：一是只有把横向经济联合的方向、重点、

[①] 原载《人民日报》，1986年6月27日。

内容和形式与我们当前所要进行的城市经济体制改革的方向、重点、内容及城市的经济发展战略目标等紧密结合起来,联合才能取得最佳的宏观效益与微观效益;二是一些企业或主管部门的领导同志由于缺乏商品经济的观念,习惯搞自成体系的"大而全"和"小而全",这明显不利于经济联合。政府经济管理部门在经济联合中不可以当"婆婆",却可以当"红娘"。例如,在产业结构、产品结构、企业组织结构和体制改革方面,应把联合引向以下三个方面来进行:①主要通过内含扩大再生产的形式形成新的生产力,不要盲目扩大固定资产投资规模。②合理地组织专业化与协作。一方面要改变现有企业"大而全""小而全"的不合理的企业组织结构;另一方面要避免一些企业不讲综合效益,一哄而上,盲目发展。③打破条块分割的旧体制,促进资金、技术、物资市场的完善,带动政府管理机构的改革,实现政企职责分开。总之,只有加强宏观指导,联合才能取得最大的社会综合效益。

四、健全法规,保证横向经济联合健康发展

对于企业群体内各个企业的隶属关系与利益分配问题,需要根据有关法律做出一定的规定;对于群体及其内部各种类型企业的计划、统计、税收、信贷、物资、外贸、工资等各个方面,也需要制定相应的政策和法规,予以支持和保障。例如关于群体的计划管理,一直都是按部门、地区纵向下达给企业的,今后应将有关计划直接下达给企业群体。统计办法也要改进,企业群体在哪个城市或地方,就由那个城市或地方统计,等等。解决好这些问题,才能为发展横向经济联合创造出良好的外部环境和条件。

第三节 对"公关热"的反思[①]

在全国开展治理整顿的大气候下,热了几年的公关活动受到褒贬不一的评价,贬者将其看作赶外国时髦,认为它在中国并不实用;褒者则认为中国改革呼唤公关,它是各项事业发展不可或缺的"推进器"和"润滑油"。有些从事公关研究的学者则开始冷静下来,对我国这几年公关事业发展的状况进行了反思。其中有人提出,中国的公关只有体现中国特色才有其存在的价值,才能健康平稳地发展。应当说,这是颇有见地的。笔者就此谈几点看法。

第一,开展公关活动不能忘记我国社会主义经济是在公有制基础上的有计划的商品经济这一基本特征。"内部求和谐,外部求发展",是做公关的人常讲的一句话。在完全商品经济的社会中,发展往往带有很大盲目性,这是可以理解的。在我

---

① 原载《经济日报》,1990年12月29日。

们这样一个还强调计划经济的国家，单纯强调自我发展，恐怕就很难行得通。只有把发展纳入国家的计划指导与调节，理顺公关组织与国家、与主管部门的关系，公关组织的作用才有可能得到发挥。根据这一思路，当前治理整顿期间的公关活动，一方面应当按照国家制定的产业结构政策、产业组织政策、产业技术政策、产业分布政策来展开；另一方面，还有责任及时地实事求是地向各级政府提供信息，反映情况，争取领导，以便各级政府制定出切合实际的经济政策。

第二，中国的公关组织形式要有自己的特色。外国的公关活动，一般以设立职业公关组织，配备职业公关人员，接受组织要求开展公关活动为主。如果我们把这套组织方式照搬到中国，恐怕是不现实的。这是因为，各个单位遇到问题后，大都习惯去找自己的上级主管部门解决问题，很少去请职业公关组织。只要在有上级主管部门存在的情况下，这种状态都不会发生根本性的变化。另外，在各个单位内部（特别是企业内部），大都设有担当公关职能的机构，只不过这类组织形式多样且不规范，如有的是独立的职能机构，有的隶属于办公室系统，有的隶属于销售管理组织机构，有的隶属于外交接待部门。他们充满朝气，富有成效的工作，越来越受到各自组织领导的重视与支持。可以说，这些规模宏大的公关兼职人员，才是中国公关队伍的主体。当然，这类公关组织还需要在原有组织机构或人员的基础上进行调整、精简、合并，以使其公关职能得到更好发挥。据此，笔者认为，中国公关的组织模式应为：以组织内部的公关组织和人员为主，以组织外部的职业公关组织和人员为辅。前者可大力发展，后者应有组织、有计划、有步骤地发展。这种组织模式有利于使中国的公关活动深入基层、深入社会，扎根在国民经济的沃土之中，从而获得强大持久的生命力。

第三，公关活动要体现中国文化特色。不要以为现代公关产生于外国，就不需要中国化、民族化了。众所周知，日本的经济奇迹、管理成功的诀窍就在于把传统的民族文化与各国之长结合起来，从而形成具有日本特色的管理模式。而日本文化的许多方面则是基于中国的传统文化。日本能发扬中国的文化传统并取得成绩，我们中国人完全有可能在这方面做得更好。其实，在中国传统文化中，早就具有许多关于"公关"的思想。例如，"民为邦本"的人文思想，把人作为研究问题的出发点和最终归宿，高度重视人的作用；"和为贵"的人际关系原则，在处理人与物、客观条件与主观因素之间的关系时强调"天时不如地利、地利不如人和"，"人和"处于更重要的地位，主张运用孙子兵法中"上下同饮"的思想来形成凝聚力；"重义轻利"的劳动道德，主张富贵要以"义"为前提，诚招天下客，誉从信中来，把对"利"和"欲"的追求建立在为善的劳动规范之下；"讲恕道"的待人美德，按照孔子"己所不欲，勿施于人"的教诫，提倡相互尊重，将心比心，循循善诱，以情动人的工作方法等。这些具有中华民族文化特色的公关思想，是值得我们好好研究和继承的。只有使传统的思想文化精华与现代公共关系的思想和方法结合起来，才能形成有中国特色的公共关系，让公关事业在中国扎根。

第四，公共活动要更加注重实效，而不能流于形式。公关引进我国后，各地先后开展了评选"公关小姐""公关先生""公关新秀"等公关活动，对于这些活动，我不同意全盘否定，因为其本身属于公关活动的范畴，而且是一种大规模、大范围地普及公关知识的形式。试想，没有普及，怎么会有提高呢？但是，我们的公关活动也不能仅热衷于此，还应当在如何取得实效上多动脑筋。公关工作是多层次的，一般可分为高级、中级和初级三个层次。公关策划，充当智囊，参与组织的决策活动，属于高级层次公关工作。这类工作一般由组织内部的公关部主任或职业公关人员来担任。像电视剧《公关小姐》中的中华大酒店公关部经理周颖那样，经常参与酒店的重大决策事项，策划重大活动，这些工作都属于高层次的公关工作。中等层次的公关工作主要是指运用公关来辅助协调、销售和传播等工作。这些工作一般由组织内部公关部的主管人员或职业公关人员来担任。初级层次的公关工作，主要是指组织内的日常公关业务及迎来送往的接待工作，一般由组织内的一般公关人员或"公关小姐"或"公关先生"担任。明确了公关工作的层次性特点，再对我们近几年开展的公关工作做评价，就会心中有数了。我们不能将公关工作总是局限于初级层次的活动，应当将公关工作的档次进行调整，在高、中层次的公关活动上多下功夫。

第五，要强调一点的是，公关活动还要体现精神文明的原则和社会主义的道德规范。在我国，无论哪一种行业都是社会主义建设的必要组成部分；劳动者不论从事哪一种职业，都是为人民服务。对于从事公关工作的组织和个人来说也是如此。因此对那些搞公关的目的不是为"公"而是"私"，方法不是"公开"而是"隐蔽"，假借"公关"之名行"私饱"之实的组织与个人，一定要给予揭露、整顿和取缔，不能让少数害群之马损害了公关的形象，破坏了公关的声誉。

第四节　企业技术创新的环境优化研究[①]

随着增长方式从粗放型向集约型转变，企业技术创新已成为提高企业素质、增强企业活力的必要手段。不搞好企业技术创新，不使国有企业真正成为技术开发的主体，我国的国有企业就不能走出困境。本节特对企业技术创新环境优化问题进行探讨。

深化企业改革，为建立企业技术创新机制创造内部条件。企业技术创新使生产

---

① 原载《光明日报》，1997年6月7日。

要素重新组合，其目的是获取长远的潜在利润。在旧的体制下，投资主体不承担风险，承包经营方式又使企业行为短期化，致使企业对重大科技问题和具有长远意义的技术创新不感兴趣。因此，必须通过改革，为企业创造产权明晰、权责明确、政企分开的条件，让企业自主地适应市场需求去组织生产，着眼长远科技开发和科技储备，从而建立起有效的技术创新机制。

完善生产要素市场体系，尤其是技术、金融、人才流动的市场体系。在进一步建立和完善技术、金融和科技人才市场的同时，促进全国早日形成统一的技术、金融、人才市场网络体系。通过税收、价格、奖励等手段，保护人才的创新成果的专利权和效益，严厉打击违反商标法、专利法等不法行为。要逐步实现市场客体配套化，建立全国性的技术创新信息传递、反馈网络系统，以全国统一的标准、现代化手段贮存、发送有关信息。同时，要逐步扩大和加强国际间的技术贸易合作。

建立健全企业技术创新激励机制。这包括三方面内容：一是建立科学的企业技术创新评价体系。把技术创新作为评价企业生产经营好坏的主要依据，引导企业自觉地走靠技术创新求发展的道路。例如，企业承包合同、企业发展规划中必须有技术创新条款；企业应制定创新的中、长期发展规划，并把技术创新水平作为重要考核标准；要废止"矮子里面拔将军"的产品评优方法。二是社会对企业和个人的奖励。可以建立各级各类技术创新基金，对从事技术创新的机构与个人予以适当资助。在进一步完善国家科技奖的同时，在各企业设置科技进步奖，使之成为推动企业技术创新的有力杠杆。三是企业内部对技术创新者的奖励。切实改善企业科技工作者的工作和生活条件，提高他们的收入待遇，对有突出贡献的技术创新者给予较高的报酬；积极创造条件吸引科研院所、高等院校的科技人员及旅居海外的科技人员投入到企业科技研发工作中，为企业技术创新服务。

尽快建立健全"研究—开发—商品化"一条龙机制。笔者认为，从本质上消除科研机构与企业单位相互脱节现象的有效办法是开放技术市场。因为只有通过技术市场，才能从根本上调动科研单位和企业相互联系的主观能动性，才能促使科研与企业发生两厢情愿的真正联合，才能使"研究—开发—商品化"一条龙机制真正成为现实。

提高职工素质，增强企业生产技术实力。技术创新的成果就像种子，生产技术则是土壤，土壤贫瘠，良种也不会结出果实。职工素质的高低，直接关系到企业技术创新的成败。因此必须花大力气加强职工岗位技术培训，鼓励职工岗位成才、自学成才，注重在职工中培养、选拔科技人才和专业技术能手。要充分发挥工人技师、能工巧匠的作用，开展各种形式的群众性的技术革新和合理化建议活动，要把提高职工的技术水平作为建设企业文化，加强企业精神文明建设，以及企业技术创新的基础工作抓紧抓好。

第58章 高质量打造特色小镇浙江样板的调研报告[①]

近年来,除浙江省之外,海南、云南、贵州等省相继提出建设特色小镇。浙江省应找准小镇建设定位,抢抓发展机遇,高质量打造一批富有浙江特色的小镇,为全国各地特色小镇建设提供浙江经验。

第一节 云南、贵州、海南等省特色小镇开发思路与模式

云南、贵州、海南等省的特色小镇建设,与浙江省正在推进的特色小镇建设既有相同之处,也存在不少差异。以下是云南等省建设特色小镇的基本情况和具体做法。

一、云南省

2011年5月,云南省启动建设200多个特色小镇。按照"找准城镇特色、明确功能定位、实行动态管理"的要求,着力建设现代农业型特色小镇(86个)、工业型特色小镇(34个)、旅游型特色小镇(60个)、商贸型特色小镇(27个)、边境口岸型特色小镇(12个)、生态园林型特色小镇(9个)。主要开发思路和模式是:①强调规划先导,规划统领。每个小镇都编制《总体规划》《保护性开发详细规划》《旅游总体规划》《近期建设规划》等。②强调产业支撑,形成特色经济。按照"适应市场、因地制宜、突出特色、发挥优势"的原则,做强、做优、做活产业特色,打造特色品牌,构筑具有比较优势的特色经济体系。③强调保护优先,在保护的基础上开发建设。坚持"保护优先、合理开发、永续利用"的原则,明确保护的对象、措施,并确保利用过程不仅不会造成破坏,还要利于保护。④强调市场运作,以企业为主体开展建设。引导和支持有眼光、有思路、有实力、有潜力的企业参与开发建设,形成多渠道、多元化的投资格局。

二、贵州省

贵州省特色小镇主要定位于风情小镇,重点打造"资源主导型""历史文化型""民族民俗型""生态宜居型""复合型"五大类型的旅游小镇。主要开发思路和模式是:①采用"旅游综合体"模式。借鉴国际通行的"旅游小镇"模式,统一规

[①] 原载浙江省经信委《决策参考》,2016年第20期。

划，建设有山区特色的"城镇—旅游综合体"，摆脱传统旅游"大资源、小产业、大品牌、小规划、大项目、小投入"的状况。②统一对外招商。选取富有贵州特色的重点历史文化名城、名镇、名村和重点风景名胜区作为"旅游小镇"，采取相对集中、成片发展模式，逐步开发。按照"大项目、大规划、大投入"思路，集"吃住行游购娱"六大旅游要素为一体，统一招商、整体推进、分步实施。③统筹小镇周边发展。以景区景点为依托，对周边区域进行成片开发，将贵州省248个景区景点连线成面。

三、海南省

海南省按照"科学规划先行、基础设施配套、特色产业支撑、公共服务保障、特色文化包装、绿色田园环抱、社会多元投资"的要求，全省每年选择2~3个示范镇，市县至少选择1个重点镇进行开发。主要开发思路和模式是：①提高《详细规划》的覆盖率。在完成《总体规划》《专项规划》《详细规划》编制的基础上，提高《详细规划》的覆盖率，以规划统筹各种要素，处理好生产、生活、休闲、交通四大要素的关系，明确功能定位。②打造一批细分产业重镇。依托地方资源优势和特色，因地制宜发展农业、渔业、物流、旅游、商贸、文化等产业，打造农业重镇、渔业重镇、商贸重镇、旅游旺镇、历史文化名镇等。③凸显建筑和人文特色。挖掘小城镇独具魅力和特色的文化内涵，突出打造个性鲜明的建筑风格、绿化景观和人文特色文化，为小城镇的建设发展注入文化元素。④注重保护田园风光。结合现有地形、水系、植被等，串联旅游区、公园、历史古迹、公共建筑、特色村落等节点，相互串联形成贯通的绿带。围绕海南村镇秀美的田园风光，营造生态优良、清洁舒适、风貌优美的宜居小城镇。

第二节 浙江省特色小镇建设存在的突出问题

与海南、云南、贵州等省特色小镇建设相比，浙江省特色小镇推进力度大、标准要求高、产业特色鲜明、功能叠加融合、政策供给有力，首批37个特色小镇推进速度较快，取得了一定成效。但当前也存在一些突出问题，特别是与海南、云南、贵州等省相比，浙江省特色小镇要成为全国样板，必须解决以下三个问题。

（1）尽力破解"产业特色不明显"的问题。有些地方的特色小镇注重建设规划，对产业规划重视还不够，产业定位模糊，产业招商重量轻质，与小镇建设关联度不高，产业集中度不够。现实中按项目招兵买马的传统做法，存在简单的产业集聚倾向，产业创新和升级不够，特别是重大产业项目稀缺。产业项目比重偏低，基础设施项目、环境治理项目等占比过高，能够落地的大项目、好项目，尤其是特色项目不多，高端产业、高端要素、高端人才集聚不多，这可能影响小镇的产业层次和未来发展潜力。

（2）尽力破解"项目拼盘组合"的问题。有些地方追求小镇创建数量和建设速度，用"新瓶装旧酒"的方法包装老项目，真正含金量高、产业带动力强的大项目偏少。有些地方为了达到30亿元以上的投资体量，东拼西凑，把项目放在一个篮子里，把分散在点上的项目集中起来，堆些传统产业的瓶瓶罐罐，项目整体质量和素质不高。有的小镇开发甚至是变相的房地产或养老地产开发，缺乏较高质量和效益的新上投资、新建项目、新增税收。

（3）尽力破解"产城融合不够"的问题。有的小镇规划过急，规划统筹不够，产业规划、旅游规划、空间规划、建筑规划仍然分头编制，"四至"边界不清，不同功能区块相对独立，没有体现"三生融合"和功能叠加要求。城镇化与产业化一快一慢、脱节割裂，小镇"孤岛式"开发，与周边区域对接不够，产城不对接、不融合。除了梦想小镇、云栖小镇、山南基金小镇等建设较好的小镇之外，有不少小镇的人群仍然是"钟摆式"流动，"潮汐式"运动，上班时成"堵城"，下班后成"睡城"。有些小镇的公共服务配套不够，创业功能不齐备，"白天热热闹闹、晚上冷冷清清"，真正愿意来投资、创业的人仍然不多。

第三节 对策与建议

（1）从小镇建设上看，需要突出市场主体力量。从目前看，有些小镇过于依靠行政力量推动，这非长久之计，后续发展潜力可能受影响。小镇建设不能由政府大包大揽，应让企业自主决策、自发投资、自主运营，引导和支持有眼光、有思路、有实力、有潜力的企业参与开发建设，调动企业和社会力量参与小镇建设的积极性。政府管住、管好有形之手，不干预小镇具体建设和经营，重点做好编制规划、简政放权、生态保护、设施配套、公共服务。引入国内外知名企业、规划机构、投资机构，注入更加开放、多元的建设理念，让专业人才进行专业建设，确保小镇市场化运作、专业化运营。小镇建设投资和运营机制至关重要，应发挥政府产业基金的吸引力，支持和鼓励股权众筹、PPP等融资路径，广泛吸引社会资本撬动小镇建设。

（2）从小镇功能上看，需要培育壮大"众创"功能。小镇未来的活力如何，主要取决于小镇能不能吸引有活力的要素，创新功能够不够强大。小镇应以"众创空间"为导向，培育创新"孵化器"，打造"众创"功能，构建"创新牧场——产业黑土——科技蓝天"创新生态圈。应根据产业特色、自然禀赋、发展定位，建设"创客中心"，按照产业链布局精准引进稀缺要素资源，培育新业态、新模式、新企业，为小镇发展注入活力。推动小镇与知名创业机构、创业城市、创业平台开通

"直通车",促进要素流动、信息共享、平台分享,集聚高端人才、高端资源、高端技术,促进产业链、创新链、人才链、资金链深度融合。

(3) 从小镇定位上看,需要因地制宜彰显特色。各地发展不平衡,各有优势和特色,小镇建设不能脱离实际"一窝蜂"推进,应因地制宜,发掘各地优势,找准定位,展现特色。产业定位、建筑风格、生态环境等应坚持"一镇一特",差异定位、错位发展,不复制、不趋同、不雷同,体现独特性。找准、凸显、放大产业特色,根据地域条件和产业优势,主攻最有基础、最有优势的特色产业,避免"百镇一面"、同质竞争。沿海发达地区应以特色小镇为平台,多创建一些众创空间,发展新产业、新业态;中西部地区应结合当地文化特色、风情风貌和山水优势,打造经典风情小镇。注重全方位融入生态理念,利用当地的山水风光、地形地貌、风俗风味、古村古居、人文历史等旅游资源,打造旅游风情小镇。

(4) 从小镇规划上看,需要加强"多规合一"。小镇不是区划概念,这导致不同部门在小镇区块内的规划容易不一致,甚至引起矛盾。坚持规划先行、多规融合,统筹发改、规划、国土、建设、环保、科技、经信等部门的专项规划,合理界定小镇的人口承载力、资源承载力、环境承载力与产业支撑力,统筹考虑人口分布、生产力布局、国土空间利用和生态环境保护。小镇规划布局一定要有前瞻性,不能只看当前,更要注重长远,科学进行空间布局、功能布局、项目布局,合理布局特色小镇与周边村镇生产力,严格防止"摊大饼",确保小镇"四至"清晰,规划和项目可落地。要按照"一个小镇一张图"的要求,结合地域资源禀赋条件,编制生产、生活、生态融合,工业化、信息化、城镇化同步的建设规划。

第59章　特色小镇建设存在的新问题与对策调研报告[①]

特色小镇是浙江省深化供给侧结构性改革的重要抓手，是加快推动新旧动能转换的重要举措，也是培育经济新动能的创新载体。浙江省在全国率先掀起了特色小镇建设热潮，引发了社会各界广泛关注。目前，梦想小镇、云栖小镇等一大批特色小镇蓬勃兴起，形成了一定的知名度和影响力，但也有部分特色小镇建设质量不高，特别是创新元素不多、吸引人才不多、科技含量不高、发展质量不高。特色小镇是浙江省加快新旧动能转换、破解经济结构性矛盾的战略选择，是高端资源聚合、创新要素集聚的新载体，是大项目落地、特色产业提升的新平台，是大型平台型企业辐射孵化中小微企业创业创新发展的聚集地。高质量建设特色小镇，关键是坚持质量优先、创新驱动、人才为本，建设一批高质量创新型特色小镇，吸引创业人才、风险资本、产业技术集聚融合，使创新型特色小镇真正成为浙江省经济发展的创新极。但同时也客观看到，特色小镇建设过程中也存在一些问题，需要高度重视，尽快解决，推动特色小镇健康发展。

第一节　当前特色小镇建设存在的问题

（1）概念泛化、混淆、炒作。特色小镇出现三种概念：社区小镇、小城镇、特色小镇。有些地方把这几个不同的概念混淆，没有真正吃透特色小镇的内涵。目前，除了国家级的特色小镇，省级、市级、县级特色小镇，还有乡镇级的特色小镇。浙江省各地计划建设的特色小镇多达471个，杭州、宁波都超过100个，大有造镇之势。个别地方甚至把创建特色小镇当成"政绩工程"，用新瓶装旧酒，穿新鞋走老路。有些特色小镇把原来的产业园区、开发区改头换面，冠名"特色小镇"的项目层出不穷。有些地方、企业用特色小镇的名头去拉投资、装项目，但这类小镇并非特色小镇。

（2）核心产业不够聚焦。一是缺少真正有核心竞争力的产业链。部分特色小镇产业结构单一，产业层次不高，"低小散"特征明显，缺乏龙头引领性的大项目、好项目，产业链没有形成。例如瓯海时尚智造小镇仍以生产传统服装、皮革、汽摩配件为主，平均注册资本仅96万元，平均税收不到20万元。二是缺乏民资民企参与的活力。有些小镇的重点投资项目仍由政府或国有企业主导，民资民企的投资动

[①] 原载教育部社科司《专家建议》，2016年4月27日。

力不足，例如江干丁兰智慧小镇、富阳硅谷小镇等民间投资占比均低于同期全省固定资产投资中的民间投资占比。三是缺乏引领性的高端要素和高端人才。例如全省6个高端装备制造特色小镇的434家企业中，总部企业只有12家，国家高新技术企业只有32家，占比不高。不少特色小镇仍然缺乏"国千、省千"人才，缺乏大师级人才、领军型人才，这会影响小镇的发展后劲。

(3) 规划布局有待系统优化。有些特色小镇缺乏统筹谋划、顶层设计、系统布局，没有跳出"一亩三分地"的思维，没有摆脱传统开发区的理念；规划和设计缺乏前瞻性和科学性，规划、建设、管理"三个轮子"不够协调。一是空间衔接不够。有些特色小镇追求建设速度，"就小镇规划小镇"，没有对整个区域进行系统谋划，导致"小镇里面像欧洲，小镇外面像非洲"。二是功能融合不够。有些特色小镇缺乏功能融合考虑，尤其是在"产城人文"融合上没有好好研究，生搬硬套、拼拼凑凑的现象比较明显。有些特色小镇没有编制旅游规划，旅游功能与小镇整体不够融合，甚至有的干脆将周边景区拉进来，这实际上是"拉郎配"。产城不衔接，上班时是"堵城"，下班后是"睡城"；规划不配套、功能不融合，"白天热热闹闹、晚上冷冷清清"。

(4) 特色创新有待强化。有些特色小镇的"特"字文章做得很足，但也有些特色小镇"复制""粘贴"的痕迹比较明显，没有自己的特色和风格。一是缺"魂"，内涵不足。浙江省基金类的小镇就超过10个，有些不具备打造基金小镇的条件，难以吸引基金入驻，也没有什么人气。从2018年统计数据看，全省28个特色小镇的特色产业营业收入占比低于50%，景宁畲乡小镇、瓯海生命健康小镇等特色产业营业收入很少。二是缺"形"，辨识度不高。有些特色小镇风貌雷同、形象雷同，建设风貌与功能布局"两张皮"。

(5) 评价指挥棒亟待完善。有些地方特色小镇申报很积极，入选后就松懈下来，建设力度不够；还有些特色小镇为求入围，目标设置不切实际，导致任务完不成。评价考核有待于完善。一是考核标准共性化和小镇建设特色化之间存在矛盾。目前特色小镇建设考核的基础性指标涵盖了对小镇建设的综合评价和比较，但共性化的考核内容导致小镇聚焦"量化指标"的考核，弱化对特色的关注。二是考核指标的"软"和"硬"之间存在矛盾。相比于土地、设备、固定资产投资等硬指标而言，科技创新、人才密度、文化氛围、环境标准等软指标是决定特色小镇质量的核心要素，但这些软指标考核起来较难。

第二节 特色小镇的建设导向

高质量创新型特色小镇是创新驱动、转型发展的重要举措，是加速全球创新资源配置、高端产业集聚、经济快速转型的重要载体。在未来3~5年内，要在全省

100个特色小镇中遴选出20~30个，制定创新型特色小镇建设评价指标（见表59-1），建成高质量创新型特色小镇，打造引领全省特色小镇发展的标杆。高质量创新型特色小镇的目标是，建成具备全球创新资源配置能力的重要创新枢纽，使特色小镇以优良的自然生态环境、包容的创新文化氛围，动态集聚全球优秀人才、顶尖智慧、极具创意的"点子"，不断提升创新集聚能力，并与多层次资本市场及优势国际产业相联结，培育"顶级掠食者"创新型企业和一批科技型中小微企业"隐形冠军"。

表59-1 创新型特色小镇建设评价指标

主要目标	一级评价指标	二级评价指标
新兴产业高地	产业特色	主导产业产值占比
		八大万亿级产业产值占比
	产业竞争力	装备制造业增加值占规模以上工业增加值的比重
		高新技术产业增加值占规模以上工业增加值的比重
		生产性服务业增加值占规模以上工业增加值的比重
创新孵化高地	孵化数量	高新技术企业数量（独角兽企业数量）
		科技型中小微企业数量
	创新驱动	新产品产值率
		研发投入占销售收入比
		全员劳动生产率
	两化融合	信息化指数
双创人才高地	创新人才数量	引进海外高层次创新创业人才数量
		引进行业领军人才数量
		引进培育高技能人才数量
	创新人才平台	众创空间
		大学生创业园、海归人才创业园、高科技人才创业园
风险资本高地	质量规模	基金总额、风投总额
		入驻投资机构数量
	资本成效	基金孵化企业数量
		上市企业培育数量

导向一：打造产业高地，每个小镇重点瞄准2~3个产业，实现全产业链融合和产业生态化

创新型特色小镇的主导产业要突出"特""专""高"，力求特色化、专业化、高端化。与传统的开发区、集聚区、工业区、旅游度假区等有所不同，小镇的增长能力取决于能否形成一种繁荣的主导产业，以及由这一产业将会派生出的新的产业。创新型特色小镇要瞄准国际产业变革重点领域，紧扣信息、环保、健康、旅游、时尚、金融、高端装备、文化八大万亿级产业，找准、凸显、放大产业特色，重点发展高新技术产业和高端装备制造业，优化产业结构和空间布局结构，科学设计产业特色和产业竞争力评价指标，加快建设集聚新产业、新业态的产业高地。

导向二：打造创新高地，每个小镇吸引1000家创新型企业，产生一批"顶级掠食者"创新企业和一批行业"隐形冠军"

创新型特色小镇应集聚国际、国内高端创新资源，构建有利于创新成果高效孵化的体制机制，依托虚实结合的众创孵化平台，鼓励新技术、新业态、新模式的探索和应用，加快制造数字化、设备网络化、生产智能化发展，重点培养极具创新力和竞争力的行业龙头，孵化一批成长性高、创新能力强的科技型中小企业"隐形冠军"。特别是每个特色小镇要坚持创新驱动，求专求精，错位发展，差异竞争，走在细分行业的尖端，在全国乃至全球细分领域竞争力超前。

导向三：打造人才高地，每个小镇吸引3000名高端创新人才，柔性引进全球创新人才

创新型特色小镇要建立市场化的引才机制、采取社会化的多元人才评价方式、强化市场为主导的人才激励机制、运用市场机制共建平台、优化便利化的人才管理服务，构建一批全要素、开放式的新型创业服务载体，对应设定海外高层次人才、主导产业相关顶尖人才、高技能人才评价指标，将创新型特色小镇建设为高层次人才发展平台。

导向四：打造资本高地，每个小镇集聚100亿元创投资本，提供"保姆式+接力式"金融服务

依托优良的生态环境和鲜明的产业特色，将特色小镇打造成具有强大的资本吸纳能力、人才集聚能力、创新转化能力、服务辐射能力的股权投资、私募金融、科技金融集聚区，并通过构建车库咖啡、创新工场、创客空间等新型孵化器、加速器，重点培育各类互联网金融、天使投资和创业投资、数量化和程序化金融等新兴金融业态，促进特色小镇的创新发展和可持续发展。

第三节　对策与建议

（1）充分体现特色性元素。特色小镇不能泛化，也不能到处都是，更不能出现滥竽充数。浙江省的特色小镇概念不是传统行政区划意义上的小城镇。特色小镇有明确的产业定位、文化内涵、旅游功能和社区功能。每个特色小镇都体现特色产业、

当地文化、江南风情和地域特色，追求差异发展、错位发展、特色发展。创建特色小镇，不是为了争牌子、抢帽子，不能异化成房地产投资，而是要为当地发展带来真金白银，产生实实在在的经济效益、社会效益和生态效益。

（2）瞄准高端产业和产业高端。突出主导产业，聚焦"特色化、专业化、精细化"，培育最有优势、最具特色、成长性最强的产业。以"8+10"产业为导向，把特色小镇打造成新旧动能转换的功能平台。特色小镇必须瞄准高端产业和产业高端，围绕"微笑曲线"两端打造产业链和创新链，推动形成新产业、新业态、新模式。尤其要大力推进信息、环保等八大万亿产业发展和纺织、服装等十大传统产业改造升级，在"8+10"上尽快突破。特色小镇的核心功能是产业，应发展大而强的主导产业。大力吸引"总部型、上市型、高新型、联盟型"龙头企业入驻。有针对性地吸引高端人才、高端资源、高端技术。大力鼓励80后、90后年轻人来小镇创业，主动与国内外知名创业城市、创业区域、创业学院开通"直通车"，促进产业链、创新链、人才链、资金链融合。

（3）在小镇范围里推进体制改革。特色小镇能不能成为创业的天堂，关键在于"创业生态"好不好。"最多跑一次"改革已在全省深入推进，特色小镇作为转型升级的重要平台，应率先实现"最多跑一次"，打造全省改革的示范区。应该从创业者密切关注的领域和事项做起，找到创业和办事过程中的痛点，切实减少办事事项和办事环节，把权力下放、事中事后监管、政府服务结合起来，让创业者"办事不出镇"，安心扎根创业。

（4）优化布局和功能。产业是立镇之本、文化是小镇灵魂、旅游是小镇之兴、生态是小镇之美。"三生融合、内外协调"，这是特色小镇规划的出发点。特色小镇要坚持走"三生融合"之路，充分考虑周边的产业基础、功能定位，加强与周边公共服务和公共设施的衔接。紧贴产业功能，加强旅游功能、文化功能、社区功能、生态功能的集成和融合。茶叶、丝绸、黄酒等历史经典产业有上千年的积淀，应挖掘历史文化、传承工艺精髓、发展特色旅游。通过厚重的历史文化、独特的山水资源、富有韵味的江南风情、活力无限的创新元素，体现小镇的"原生性"和"鲜活性"。

（5）彰显个性特征。特色小镇的特质在于"特"，魅力在于"特"，生命力同样在于"特"，这是打造特色小镇的核心原则。"香水摇篮的浪漫风情小镇"——法国格拉斯小镇，"世界制表业的心脏"——瑞士拉绍德封小镇；"葡萄美酒的古老文化"——法国科尔马小镇，都在"特"字上做足了文章。特色小镇建设应在"特"字上做深、做透，挖掘地域特色和独特文化，讲好"小镇故事"，实现错位竞争和差异发展。在保留原汁原味的基础上，实现新老建筑的有机更新，保持建筑形态与小镇肌理的延续，保留古朴的文化元素，让每个小镇都有独特的文化味道。

第60章　浙江省加快建设"全球金融科技中心"的质量与路径调研报告[①]

国家"十三五"科技创新规划提出,加快建设国家科技金融创新中心。杭州市是全国"互联网+金融"的标杆,金融科技水平位于我国第一梯队,建议利用杭州市移动支付之城、掌上办事之城、科技创新之城、电子商务之城、互联网金融之城等多重优势,以钱塘江金融港湾、城西科创大走廊、玉皇山南基金小镇等为重要平台,打造"一带一路"国际新金融枢纽,加快建设全球金融科技中心,为实体经济与金融紧密结合提供重要支撑。

第一节　谋划"全球金融科技中心"的战略定位

金融科技起源于20世纪70年代,目前全球金融科技规模达18万亿美元,中国约2.2万亿美元,占全球的12.2%,其中电子支付、互联网信贷分别占全球的50%、75%。2016年,中国金融科技融资规模达77亿美元,首次超越美国(62亿美元),全球最具实力的5大金融科技巨头,中国占据了4席,中国金融科技已实现弯道超车,成为全球领导者。目前,纽约、伦敦、香港、北京(雄安)、上海、深圳等均加快抢夺金融科技发展制高点。《2017金融科技中心指数》显示,杭州与北京、上海、深圳、广州是中国金融科技中心的第一梯队,杭州市金融业增加值超1000亿元,占GDP的比重近10%,移动支付、网贷、众筹、区块链、大数据征信5个行业位居全国前列,金融科技产业链优势凸显,金融科技体验位居全球第一。

顺应全球金融科技产业竞争态势,按照打造"一带一路"国际新金融枢纽的战略定位,将金融科技纳入浙江省重大发展战略,与上海、北京、深圳差异竞争、错位发展,建设具备"世界眼光、国际标准、浙江特色"的金融科技中心。一是到2020年,以钱塘江金融港湾、杭州城西科创大走廊、玉皇山南基金小镇等为平台,将杭州市建成全国互联网金融创新中心、全国金融科技中心,培育3~4家具有世界级竞争力的金融科技企业,全省金融科技产业产值突破8000亿元。二是到2030年,将杭州市建设成亚太金融科技中心,第三方支付产业、区块链金融、"大数据+金融"产业、供应链金融在亚太地区具有领先优势,培育5~7家具有世界级竞争力的金融科技企业,全省金融科技产业产值突破2万亿元。三是到2040年,将杭州市建成海内外有较强竞争力和知名度的全球金融科技中心,培育8~10家具有世界级竞

[①] 原载浙江省社科联《浙江社科要报》,2019年第11期。

争力的金融科技企业，全省金融科技产业产值突破 5 万亿元。

第二节　金融科技中心建设的路径选择

（1）建设一座金融科技创新城。北京市 2017 年 9 月设立"金融科技孵化器"，上海市陆家嘴 2017 年 11 月提出建设"金融科技生态圈"，深圳市 2016 年 1 月提出"国际化金融创新中心"并建设"粤港澳大湾区"，广州市成立"金融科技联盟"，青岛市建立"中英金融科技孵化器"。浙江省应加快谋划金融科技高端创新平台。结合钱塘江金融港湾、杭州城西科创大走廊、区域性金融服务中心建设，利用阿里巴巴等龙头企业的强大磁场和辐射作用，在钱塘江金融港湾里面划出 3~5 个平方千米建设金融科技创新城，集聚高层次人才和高端研发机构，建立金融科技产业集聚发展生态链。

（2）建设 3~4 个金融科技产业园。在杭州市滨江高新科技园区、城西科创大走廊、宁波等地建立 3~4 个侧重点不同的金融科技产业园区。产业园定位以金融科技创新驱动为主，突出大数据、物联网、人工智能与实体经济的深度融合。建设若干个金融科技独角兽产业园，鼓励金融科技企业、传统金融机构和高校院所共建金融科技研发中心。制定支持金融科技企业投资落户园区的"最多跑一次"改革方案，集聚大数据、云计算、区块链、人工智能等金融科技企业，招引法务、会计审计、信用评级、担保、咨询等中介机构入驻园区。

（3）筹办世界金融科技大会。借鉴世界互联网大会、世界油商大会、世界地理信息大会经验，以钱塘江金融论坛、金融科技创新博览大会等为基础，办好世界金融科技大会。与全球范围内的领先金融科技企业合作，邀请其来杭设立金融科技研发中心。利用之江实验室、西湖大学、浙江大学、阿里巴巴、网易等强大磁场效应，引进名校名所名企入驻，联合组建金融科技实验室、金融科技创新联盟。

（4）制订金融科技独角兽培育计划。"2016 全球金融科技 100 强"榜单中，我国金融科技公司占了前 5 名中的 4 位，但从整体实力看，中国仅有 8 家金融科技公司上榜，美国公司达 24 家，排名第一；排第二名的英国有 13 家公司上榜。积极支持蚂蚁金融、网易金融、恒生电子、同花顺、微贷网、鑫合汇、挖财网、铜板街、盈盈理财、PingPong 金融、连连科技、信雅达等金融科技企业做大做强。实施金融科技独角兽培育工程，推动金融科技独角兽开展"凤凰行动"，加强与港交所、纳斯达克、上交所、深交所等的战略合作，拓宽金融科技独角兽上市的通道，力争 3 年内 10 家左右独角兽在海内外上市。复制推广阿里巴巴 Paytm 走出国门的典型经验，提高杭州市金融科技的外向度和知名度。

（5）加快发展平台型航母级企业。未来企业之间的竞争会逐步演化为平台与平台之间的竞争，平台型企业的业务拆分、并购重组是孵化产业链和独角兽的重要源泉，也是新时代数字金融的"夺宝奇兵"。作为平台型企业，阿里巴巴已孵化出蚂蚁金服、淘票票、阿里云等14只独角兽，总估值1988.5亿美元；腾讯也孵化出腾讯云、微众银行等16只独角兽，总估值1320亿美元。因此，要充分重视平台型企业衍生孵化产业链和独角兽的独特优势，深化与阿里巴巴、网易、海康威视等大企业、大平台的战略合作，依托平台型企业强大的资金集聚、资源整合，以及成熟的流量、渠道、变现能力，打造"平台型企业+X独角兽"的孵化生态。

（6）构筑金融科技产业集群。赴纽约、伦敦、北京、上海等金融科技发达城市开展精准招商，吸引优质企业入驻杭州市，增强杭州市金融科技企业的数量与质量，形成产业集群效应。借鉴福地系列创业园的运营经验，为金融科技企业提供投创对接、人才交流、项目投资等方面的便利，建设众创空间、长租公寓等配套设施，吸引金融科技机构和人才在杭集聚。支持金融科技"阿里系"、金融创新"浙大系"、金融人才"海归系"、股权投资"浙商系"等创业创新，引进紧缺型国际高端人才并给予创业支持。

（7）聚焦培育高精尖细分行业。基于杭州市的地缘优势，聚焦金融科技发展趋势——客户导向、轻资产、可扩展、创新性、重合规，重点发展第三方支付、金融数字化、大数据征信、消费金融、供应链金融、区块链、监管科技等具有先发优势的金融科技细分行业。

第一，培育第三方支付产业。我国第三方支付市场规模已达11.4万亿美元，是美国（6.3亿美元）的18倍。目前，杭州市拥有11家第三方支付机构，在全国337个城市中排名第一位，超过北京市、上海市、广州市、深圳市，处理第三方支付业务占全省总规模的95%，支付宝用户数达5.2亿。抓住第三方支付起源于杭州的先发优势，大力推动移动支付技术应用，加快支付验证技术迭代创新，创新发展密码支付、指纹支付、声波支付、刷脸支付等新型支付方式，提供个性化、智能化、趣味化及高性价比的服务体验。

第二，培育区块链产业。2017年4月，全国首个区块链产业园区落户西湖区互联网金融小镇。西溪谷互联网金融小镇已集聚蚂蚁金服、网商银行、支付宝等知名互联网金融企业240多家，小镇全年财政总收入43.3亿元，集成了区位优势、产业优势、人才优势、资本优势、政策优势。全球知名区块链公司，包括巴比特、趣链科技、云象、保全网、算力宝、嘉楠耘智等知名企业正在聚集。顺势而为，鼓励发展区块链金融，大力吸引区块链高端企业和重大项目，推动区块链技术创新和应用，抢占金融科技制高点。

第三，培育大数据金融产业。目前，国家金融数据库已收录自然人信息9亿多人、机构信息2210万户，采集非金融信用信息51亿条。浙江省金融大数据在信贷、理财、保险等细分领域均有布局，涌现出东方财富、同花顺等大批龙头骨干企业。应加快建设金融信息大数据平台，采用数据策略定制、联合建模等模式，深度运用人工智能、区块链、生物识别、数字加密、云计算等技术，支持金融大数据聚合、数据深度分析与解释、实时监控和动态管理。

第四，培育供应链金融。加快产业集聚与供应链金融融合，把"永康五金""海宁皮革""绍兴纺织""诸暨袜业"等块状经济与阿里巴巴、网易等大型互联网平台结合，依托线下线上大数据，整合供应链物流、资金流、信息流、技术流，加快发展供应链金融，支持蚂蚁金服发展农村供应链金融。创新供应链金融服务模式，探索运用应收账款质押、货权质押等手段封闭资金流及控制物权，为供应链上下游企业提供金融服务。

第三节　对策与建议

（1）研究金融科技产业政策。目前，网络支付、网络小额贷款等牌照发放和网络借贷备案均已暂停，金融科技遇到了行业准入、业务许可的难题。对此，应及时研究金融科技产业的市场准入问题，帮助金融科技企业依法申请支付、结算、借贷、保险、基金等牌照。制定推动传统金融机构、类金融机构应用金融科技的政策措施，利用人工智能、区块链、大数据等技术创新推动金融科技产业，研发智能投顾等基于特定场景的金融创新产品和服务。

（2）探索设立金融科技引导基金。北京市大力支持初创型金融科技企业借壳上市，上海市大力发展金融科技创业基金、创业投资引导基金，深圳市发力创新金融科技融资方式。探索设立金融科技产业引导基金，引进海内外优秀金融科技高端项目和知名企业，扶持在区块链、数字货币、金融大数据等领域的领先项目。针对金融科技领域的企业营改增后税负加重或比传统金融机构负担重的问题，研究制定支持金融科技创新的财政奖补、税收返还、政府采购等支持政策。

（3）构建金融科技征信体系。支持互联网征信产业的发展，建立金融大数据征信体系，鼓励拥有大数据的金融科技企业对大数据进行整合和挖掘，进行商业化运用。鼓励具备资质的信用中介机构开展针对金融科技企业的信用评级。支持符合条件的金融科技企业稳步接入人民银行征信系统。加快推动金融科技领域信息互联互通，有效整合银证保等金融机构和监管部门的金融数据，探索打通浙江政务服务网与阿里信用等企业数据的共享通道。

参考文献

一、英文部分

[1] Acemoglu D, Johnson S. Unbundling Institutions [J]. Journal of Political Economy, 2005, 113(5):949-995.

[2] Adner R, Puranam P, Zhu F. What is Different about Digital Strategy? From Quantitative to Qualitative Change [J]. Strategy Science, 2019, 4(4): 253-261.

[3] Adams, J D, Adam B J. Bounding the Effects of R&D, An Investigation Using Matched Establishment-firm Data [J]. RAND Journal of Economics, 1996, 27(4): 700-721.

[4] Agrawal A, Gans J, Goldfarb A. Prediction Machines:The Simple Economics of Artificial Intelligence [M]. Brighton, MA:Harvard Business Review Press, 2018.

[5] Allen F, Qian J, Qian M. Law, Finance, and Economic Growth in China [J]. Journal of Financial Economics, 2005, 77(2): 57-116.

[6] Andersson U, Das I A N, Mudambi R, et al. Technology, Innovation and Knowledge: The Importance of Ideas and International Connectivity [J]. Journal of World Business, 2016, 51(1): 153-162.

[7] Anderson M C, Banker R D, Janakiraman S N. Are Selling, General, and Administrative Costs "Sticky" [J]. Journal of Accounting Research, 2003, 41(1): 47-63.

[8] Arellano M, Bonhomme S. Quantile Selection Models with an Application to Understanding Changes in Wage Inequality [J]. Econometrica, 2017, 85(1): 1-28.

[9] Arntz M, Gregory T, Zierahn U. The Risk of Automation for Jobs in OECD Countries: A Comparative Analysis, OECD Social, Employment and Migration [R]. Working Paper, 2016.

[10] Arrow K J. The Economic Implications of Learning By Doing [J]. The Review of Economic Studies, 1962, 29(3): 155-173.

[11] Bhattacharya C B, Korschun D, Sen S. Strengthening Stake-holder-Company Relationships through Mutually Beneficial Corporate Social Responsibility Initiatives [J]. Journal of BusinessnEthics, 2009, 85(2 Supplement): 257-272.

[12] Barney J. Firm Resources and Sustained Competitive Advantage [J]. Journal of Management, 1991, 17(1): 99-120.

[13] Bhattarcharya C B, Sen S. Consumer-Company Identification: A Framework for

Understanding Consumers' Relationships with Companies [J]. Journal of Marketing, 2003, 67(2): 76-88.

[14] Balmer J M, Abratt R, Nsenki Mofokeng T. Development and Management of Corporate Image in South Africa. [J]. European Journal of Marketing, 2001, 35(3/4): 368-386.

[15] Bloom N, Griffith R, Van Reenen J. Do R&D Tax Credits Work? Evidence from a Panel of Countries [J]. Journal of Public Economics, 2002, 85(1): 1-31.

[16] Berger P G. Explicit and Implicit Tax Effects of the R&D Tax Credit [J]. Journal of Accounting Research, 1993, 31(2): 131-137.

[17] Blanes J V, Busom I. Who Participates in R&D Subsidy Programs? The Case of Spanish Manufacturing Firms [J]. Research Policy, 2004, 33(10): 1459-1476.

[18] BakhshiH, Bravo-BioscaA, Mateos-GarciaJ. The Analytical Firm: Estimating the Effect of Data and Online Analytics on Firm Performance [R]. Nesta Working Paper, 2014.

[19] Benner M J, Waldfogel J. Changing the Channel: Digitization and the Rise of "Middle Tail" Strategies [J/OL]. Strategic Management Journal, 2020-01-13.

[20] BruceN I, MurthiB P S, RaoR C. A Dynamic Model for Digital Advertising: The Effects of Creative Format, Message Content, and Targeting on Engagement [J]. Journal of Marketing Research, 2017, 54(2): 202-218.

[21] Banker R D, Byzalov D. Plehn-Dujowich. Sticky Cost Behavior: Theory and Evidence [R]. Working Paper, 2011.

[22] Banker R D, Byzalov D. Asymmetric Cost Behavior [J]. Journal of Management Accounting Research, 2014, 26(2): 43-79.

[23] Borenstein S, Saloner G. Economics and Electronic Commerce [J]. Journal of Economic Perspectives, 2001, 15(1): 3-12.

[24] Brown T J, Dacin P A. The Company and the Product: Corporate Associations and Consumer Product Responses [J]. Journal of Marketing, 1997, 61(1): 68-84.

[25] Brislin R W. Research Instruments [M]. United States: Sage Publications Inc, 1986.

[26] Bollen K A. Structural Equations with Latent Variables [M]. New Jersey: Wiley-Interscience, 1989.

[27] Bilkey W J, NES E. Country-of-origin Effects on Product Evaluations [J]. Journal of International Business Studies, 1982, 13(1): 89-100.

[28] Che J, Qian Y. Insecure Property Rights and Government Ownership of Firms [J].

Quarterly Journal of Economics, 1998, 113 (2): 467-496

[29] Chang S J, Hong J. Economic Performance of Group-affiliated Companies in Korea: Intragroup Resource Sharing and Internal Business Transactions [J]. Academy of Management Journal, 2000, 43(3): 429-448.

[30] Cropper M L, Oates W E. Environmental Economics: A Survey [J]. Journal of Economic Literature, 1992, 30(2): 675-740.

[31] Chen M L, Sun P, Xiao Y B. Optimal Monitoring Schedule in Dynamic Contracts [J]. Operations Research, 2020, 68(5): 1285-1314.

[32] ChoiC, Yi M H. The Effect of the Internet on Economic Growth: Evidence from Cross-country Panel Data [J]. Economics Letters, 2009, 105(1): 39-41.

[33] Clemons E K, Row M C. Information Technology and Industrial Cooperation: The Changing Nature of Coordination and Ownership [J]. Journal of Management and Information System, 1992, 9(2): 9-28.

[34] Czernich N, Falck O, Kretschmer T, et al. Broadband Infrastructure and Economic Growth [J]. Economic Journal, 2011, 121(552): 505-532.

[35] Calleja K, Steliaros M, Thomas D C. A Note on Cost Stickiness: Some International Comparisons [J]. Management Accounting Research, 2006, 17(2): 127-140.

[36] Costa M D, Habib A. Trade Credit and Cost Stickiness [J]. Accounting & Finance, 2021, 61(1): 1139-1179.

[37] D'AspremontC, Jacquemin A. Cooperative and Noncooperative R&D in Duopoly with Spillovers: Erratum [J]. American Economic Review, 1990, 80(3): 641-642.

[38] Deighton J, Kornfeld L. Interactivity's Unanticipated Consequence for Marketers and Marketing [J]. Journal of Interactive Marketing, 2009, 23(1): 4-10.

[39] Dewan S, Kraemer K L. Information Technology and Productivity: Evidence from Country-Level Data [J]. Management Science, 2000, 46(4): 548-562.

[40] Dodson M, Gann D, Wladawsky-Berger I, et al. Managing Digital Money [J]. Academy of Management Journal, 2015, 58(2): 325-333.

[41] Dowling G. Creating Corporate Reputations: Identity, Image and Performance: Identity, Image and Performance [M]. Oxford: OUP Oxford Press, 2000.

[42] Dodds W B, Monroe K B, Grewal D. Effects of Price, Brand, and Store Information on Buyers' Product Evaluations [J]. Journal of Marketing Research, 1991, 28 (3): 307-319.

[43] Du S, Bhattacharya C B, Sen S. Reaping Relational Rewards from Corporate Social Responsibility: The Role of Competitive Positioning [J]. International Journal of Re-

search in Marketing, 2007, 24(3): 224-241.

[44] Eberhart A, William M, Akhtar S. A Reexamination of the Tradeoff Between the Future Benefit and Riskiness of R&D Increases [J]. Journal of Accounting Research, 2008, 46(1): 27-52.

[45] Einav L, Levin J. Economics in the Age of Big Data [J]. Science, 2014, 346 (6210): 715-721.

[46] Fan J P H, Wei K, Xu X. Corporate Finance and Governance in Emerging Markets: A Selective Review and An Agenda for Future Research [J]. Journal of Corporate Finance, 2011, 17(2):207-214.

[47] Fallon P, Senn F. Juicing the Orange: How to Turn Creativity into A Powerful Business Advantage [M]. New York: Harvard Business Press, 2006.

[48] Fisman R, Khanna T. Facilitating Development: The Role of Business Groups [J]. World Development, 2004, 32(4): 609-628

[49] Fornell C, Larcker D F. Evaluating Structural Equation Models with Unobservable Variables and Measurement Error [J]. Journal of Marketing Research, 1981, 18(1): 39-50.

[50] Frynas J G, Mol M J, Mellahi K. Management Innovation Made in China: Haier's Rendanheyi [J]. California Management Review, 2018, 61(1): 71-93.

[51] Francis J, LaFond R, Olsson P M, et al. Costs of Equity and Earnings Attributes [J]. Accounting Review, 2004, 79(4):967-1010.

[52] Freedman L S, Schatzkin A. Sample Size for Studying Intermediate Endpoints within Intervention Trials or Observational Studies [J]. American Journal of Epidemiology, 1992, 136(9):1148-1158.

[53] Gatignon H, Xuereb J. Strategic Orientation of the Firm and New Product Performance. [J]. Journal of Marketing Research, 1997, 34(1): 77-90.

[54] Garcia-Murillo M A, Macinnes I. FCC Organizational Structure and Regulatory Convergence [J]. Telecommunications Policy, 2001, 25(6):431-452.

[55] Gatignon H, Xuereb J. Strategic Orientation of the Firm and New Product Performance [J]. Journal of Marketing Research, 1997, 34 (1):77-90.

[56] George G, Osinga E C, Lavie D, et al. Big Data and Data Science Methods for Management Research [J]. Academy of Management, 2016, 59(5): 1493-1507.

[57] Goldfarb A, Tucker C. Digital economics [J]. Journal of Economic Literature, 2019, 57(1): 3-43.

[58] Goolsbee A. Does Government R&D Policy Mainly Benefit Scientists and Engi-

neers? [J]. The American Economic Review, 1998, 88(2): 298-302.

[59] Gray E R, Balmer J M. Managing Corporate Image and Corporate Reputation [J]. Long Range Planning, 1998, 31(5): 695-702.

[60] Grow B, Hamm S. The Ddebate Over Doing Good [J]. Business Week, 2005, 3947:76.

[61] Griliches Z. Patent Statistics As Economic Indicators, A Survey [J]. Journal of Economic Literature, 1990, 28 (4): 1661-1707.

[62] Greenwald A G, Leavitt C. Audience Involvement in Advertising: Four Levels [J]. Journal of Consumer Research, 1984, 11(6): 581-592.

[63] Griffith R, Stephen R, John V R. Mapping the Two Faces of R&D: Productivity Growth in a Panel of OECD Industries [J]. Review of Economics and Statistics, 2004, 86 (4): 883-895.

[64] Griffith R, Rupert H, John V R. How Special is the Special Relationship? Using the Impact of Us R&D Spillovers on Uk Firms As a Test of Technology Sourcing [J]. The American Economic Review, 2006, 96 (5): 1859-1875.

[65] Gruber V, Schlegelmilch B B. MNEs' Regional Headquarters and Their CSR Agenda in the African Context [J]. International Marketing Review, 2015, 32 (5): 576-602.

[66] Grewal L, Stephen A T, ColemanN V. When Posting About Products on Social Media Backfires:The Negative Effects of Consumer Identity Signaling on Product Interest [J]. Journal of Marketing Research, 2019,56(2):197-210.

[67] Guangzhou H A. Ownership, Government R&D, Private R&D, and Productivity in Chinese Industry [J]. Journal of Comparative Economics, 2001, 29(1): 136-157.

[68] Hajli M, Sims J M, Ibragimov V. Information Technology (IT) Productivity Paradox in the 21st Century [J]. International Journal of Productivity and Performance Management, 2015, 64 (4): 457-478.

[69] Hall B H, Lerner J, Bronwyn H H, et al. Handbook of the Economics of Innovation [M]. North Holland, 2010.

[70] Hall, Bronwyn H, Raffaele Oriani. Does the Market Value R&D Investment by European Firms? Evidence from a Panel of Manufacturing Firms in France, Germany, and Italy [J]. International Journal of Industrial Organization, 2006, 24(5): 971-993.

[71] Han C M. Country Image: Halo or Summary Construct? [J]. Journal of Marketing Research, 1989, 26(2):226-229.

[72] Hamel G. Leading the Revolution [M]. Boston:Harvard Business School Press,

2000.

[73] Hall R E, Jorgenson D W. Tax Policy and Investment Behavior [J]. American Economic Review, 1967, 57(3): 391-414.

[74] Hajli M, Sims J M, Ibragimov V. Information Technology Productivity Paradox in the 21st Century [J]. International Journal of Productivity and Performance Management, 2015, 64(4): 457-78.

[75] Hall B H, Jacques M. Exploring the Relationship Between R&D and Productivity in French Manufacturing Firms [J]. Journal of Econometrics, 1995, 65(1): 263-293.

[76] Hewitt D N, Roper S. Output Additionally of Public Support for Innovation: Evidence for Irish Manufacturing Plants [J]. European Planning Studies, 2009, 50(1): 107-122.

[77] Heath T B, ChatterJee S, Basuroy S, et al. Innovation Sequences over Iterated Offerings: A Relative Innovation, Comfort, and Stimulation Framework of Consumer Responses [J]. Journal of Marketing, 2015, 79(6): 71-93.

[78] Hildreth J A D, Gino F, Bazerman M. Blind Loyalty? When Group Loyalty Makes Us See Evil or Engage in It [J]. Organizational Behavior & Human Decision Processes, 2016(132): 16-36.

[79] Hogg M A, Terry D J. Social Identity and Self-Categorization Processes in Organizational Contexts [J]. Academy of Management Review, 2000, 25(1): 121-140.

[80] Homburg C, Wieseke J, Hoyer W D. Social Identity and the Service-profit Chain [J]. Journal of Marketing, 2009, 73(2): 38-54.

[81] Homburg C, Stierl M, Bornemann T. Corporate Social Responsibility in Business-to-Business Markets: How Organizational Customers Account for Supplier Corporate Social Responsibility Engagement [J]. Journal of Marketing, 2013, 77(6): 54-72.

[82] Homburg C, Wieseke J, Hoyer W D. Social Identity and the Service-profit Chain [J]. Journal of Marketing, 2009, 73(2): 38-54.

[83] Hsu P H. Technological Innovations and Aggregate Risk Premiums [J]. Journal of Financial Economics, 2009, 94(2): 264-279.

[84] Hu A, Gary H J, Qian J. R&D and Technology Transfer, Firm Level Evidence from Chinese Industry [J]. Review of Economics and Statistics, 2005, 87(6): 780-786.

[85] Hu A G, Gary H J. A Freat Wall of Patents, What is Behind China's Recent Patent Explosion? [J]. Journal of Development Economics, 2009, 90(1): 57-68.

[86] Inkpen A C, Tsang E W K. Social Capital, Networks, and Knowledge Transfer [J]. Academy of Management Review, 2005, 30(1): 146-165.

[87] Jin H, Qian Y, Weingast B R. Regional Decentralization and Fiscal Incentives: Federalism, Chinese Style [J]. Journal of Public Economics, 2005, 89 (10): 1719-1742.

[88] Jacobides M G, Cennamo C, Gawer A. Towards a Theory of Ecosystems [J]. Strategic Management Journal, 2018, 39(8): 2255-2276.

[89] Jeffers P I, Muhanna W A, Nault B R. Information Technology and Process Performance: An Empirical Investigation of the Interaction Between IT and Non-IT Resources [J]. Decision Science, 2008, 39 (4): 703-735.

[90] JohnsonG A, LewisR A, ReileyD H. When Less Is More: Data and Power in Advertising Experiments [J]. Marketing Science, 2017, 36(1): 43-53.

[91] Karmarkar U S. The Global Information Economy and Service Industrialization: The UCLA BIT Project [J]. Service Science, Management and Engineering, 2010, 37 (7): 243-250.

[92] Kaufmann D, Kraay A, Mastruzzi M. Governance Matters: Governance Indicators for 1996 - 2002: World Bank [R]. World Bank Policy Research Report Series 3106, 2003.

[93] Kalafatis S P, Pollard M. Robert E. Green Marketing and Ajzen's Theory of Planned Behaviour: A Cross-market Examination [J]. Journal of Consumer Marketing, 1999, 16 (5): 441-460.

[94] Kemsley D, Nissim D. Valuation of the Debt Tax Shield [J]. Journal of Finance, 2002, 57 (5): 2045-2073.

[95] Khanna T, Palepu K. The Future of Business Groups in Emerging Markets: Long-run Evidence from Chile [J]. Academy of Management Journal, 2000, 43 (3): 125-135.

[96] Klassen K J, Pittman J A, Reed M P, et al. A Cross-national Comparison of R&D Expenditure Decisions, Tax Incentives and Financial Constraints [J]. Contemporary Accounting Research, 2004, 21(3): 639-684.

[97] Koenker R. Quantile Regression for Longitudinal Data [J]. Journal of Multivariate Analysis, 2004, 91 (1): 74-89.

[98] Koenker R, Bassett G W. Regression Quantiles [J]. Econometrica, 1978, 46 (1): 211-244.

[99] Kozinets R V. Amazonian Forests and Trees: Multiplicity and Objectivity in Studies of Online Consumer-generated Ratings and Reviews, a Commentary on de Langhe, Fernbach, and Lichtenstein [J]. Journal of Consumer Research, 2016, 42

(6): 834-839.

[100] Krugman H E. The Measurement of Advertising Involvement [J]. Public Opinion Quarterly, 1967, 30(4): 583-596.

[101] KusiakA. Smart Manufacturing Must Embrace Big Data [J]. Nature, 2017, 544 (7648): 23-25.

[102] Laurent G, Kapferer J. Measuring Consumer Involvement Profiles [J]. Journal of Marketing Research, 1985, 22(1): 41-53.

[103] La P R, Lopez S, Shleifer A, et al. Law and Finance [J]. Journal of Political Economy, 1998, 106 (6): 1113-1155.

[104] Lamarche C. Robust Penalized Quantile Regression Estimation for Panel Data [J]. Journal of Econometrics, 2010, 157 (2): 396-408.

[105] Larivière B, Keiningham T L, Aksoy L, et al. Modeling Heterogeneity in the Satisfaction, Loyalty Intention, and Shareholder Value Linkage: A Cross-industry Analysis at the Customer and Firm Levels [J]. Journal of Marketing Research, 2016, 53(1): 91-109.

[106] Lach S. Do R&D Subsidies Stimulate or Displace Private R&D? Evidence from Israel [R]. Working Paper: National Bureau of Economic Research, 2000.

[107] Lemaitre N, Stenier B. Stimulating Innovation in Large Companies: Observations and Recommendations for Belgium [J]. R&D Management, 1988, 18 (2): 141-158.

[108] La P R, Lopez-de-Silanes F, Shleifer A. The Quality of Government [J]. Journal of Law, Economics, and Organization, 1999, 15 (1): 222-279.

[109] Leiblein M J, Madsen T L. Unbundling Competitive Heterogeneity: Incentive Structures and Capability Influences on Technological Innovation [J]. Strategic Management Journal, 2009, 30 (7): 711-735.

[110] Levinsohn J, Petrin A. Estimating Production Functions Using Inputs to Control for Unobservable [J]. Review of Economic Studies, 2003, 70(2): 317-341.

[111] Leyden D P, Link A N. Why Are Governmental R&D and Private R&D Complements? [J]. Applied Economics, 1991, 23 (10): 1673-1681.

[112] Li H, Zhou L A. Political Turnover and Economic Performance: The Incentive Role of Personnel Control in China [J]. Journal of Public Economics, 2005, 89(10): 1743-1762.

[113] Lichtenstein D R, Drumwright M E, Braig B M. The Effect of Corporate Social Responsibility on Customer Donations to Corporate-supported Nonprofits [J]. Journal of Marketing, 2004, 68(4): 16-32.

[114] Lin W T, Shao B M. The Business Value of Information Technology and Inputs

Substitution:The Productivity Paradox Revisited[J]. Decision Support Systems, 2006, 42(2): 493-507.

[115]Luo X, Bhattacharya C B. Corporate Social Responsibility, Customer Satisfaction, and Market Value[J]. Journal of Marketing, 2006, 70(4): 1-18.

[116]Mamuneas T P, Nadiri M. Public R&D Policies and Cost Behavior of the US Manufacturing Industries[J]. Journal of Public Economics, 1996, 63(1):57-81.

[117]Martin-Vide J. Spatial Distribution of a Daily Precipitation Concentration Index in Peninsular Spain[J]. International Journal of Climatology, 2004, 24(8): 959-971.

[118]Mansfield E. The R&D Tax Credit and Other Technology Policy Issues[J]. American Economic Review, 1986, 76(2): 190-194.

[119]Maas J. Information Rules: A Strategic Guide to the Network Economy[J]. MIT Sloan Management Review, 1999, 40(3): 152.

[120]Meffert J. Digital Scale The Playbook You Need To Transform Your Company[M]. Shanghai: Shanghai Jiao Tong University Press, 2016.

[121]Mikalef P, Pateli A. Information Technology-Enabled Dynamic Capabilities and Their Indirect Effect on Competitive Performance: Findings from PLS-SEM and fsQCA[J]. Journal of Business Research, 2017, 70(C): 1-16.

[122]Milton F. The Social Responsibility of Business is to Increase Its Profits[J]. New York Times Magazine, 1970(10): 32-33.

[123]Moon B, Lee L W, Ohch. The Impact of CSR on Consumer-corporate Connection and Brand Loyalty:A Cross-cultural Investigation[J]. International Marketing Review, 2015, 32 (5):518-539.

[124]Moosa I, Larry L, Tony N. Robust and Fragile Firm-specific Determinants of the Capital Structure of Chinese Firm[J]. Applied Financial Economics, 2011, 21(18): 1331-1343.

[125]Modigliani F, Miller M H. Corporate Income Taxes and the Cost of Capital, a Correction[J]. American Economic Review, 1963, 53 (3): 433-443.

[126]Nadiri M I. Innovations and Technological Spillovers: National Bureau of Economic Research[R]. Working Paper, 1993.

[127]Narver J C, Slater S F. The Effect of a Market Orientation on Business Profitability[J]. Journal of Marketing, 1990, 54(4): 20-35.

[128]Nagashima A. A Comparative "Made in" Product Image Survey among Japanese Businessmen[J]. Journal of Marketing, 1977, 41(3): 95-100.

[129]Nagashima A. A Comparison of Japanese and U. S. Attitudes Toward Foreign

Products [J]. Journal of Marketing, 1970, 34 (1):68-74.

[130] Narayana C L. Aggregate Images of American and Japanese Products-implications on International Marketing [J]. Columbia Journal of World Business, 1981, 16(2): 31-35.

[131] Ng K, Ang S, Chan K. Personality and Leader Effectiveness: A Moderated Mediation Model of Leadership Self-efficacy, Job Demands, and Job Autonomy [J]. Journal of Applied Psychology, 2008, 93 (4):733-743.

[132] Nidumolu R, Prahalad C K. Why Sustainability Is Now the Key Driver of Innovation [J]. Harvard Business Review, 2009, 87 (9):56-64.

[133] Noreen E, Soderstrom N. The Accuracy of Proportional Cost Models: Evidence from Hospital Service Departments [J]. 1997, 2 (1): 89-114.

[134] Nwankpa J K, Roumani Y T. Capability and Digital Transformation: A Firm Performance Perspective [C]. Thirty Seventh International Conference on Information Systems, 2016.

[135] OECD. Oslomanual: Guidelines for Collecting and Interpreting Innovation Data [R] 3rd. OECD Publishing, 2005.

[136] OECD. OECD Patent Statistics Manual [R]. OECD Publications, 2009.

[137] OlinerS D, SiechelD E, StirohK J. Explaining a Productive Decade[J]. Journal of Policy Modeling, 2008, 30 (4): 633-673.

[138] Patel P, Pavitt K. National Innovation Systems: Why They Are Important, and How They Might be Measured and Compared [J]. Economics of Innovation and New Technology, 1994, 3(1):77-95.

[139] Porter M E, HeppelmannJ E. How Smart, Connected Products Are Transforming Competition [J]. Harvard Business Review, 2014, 92(11): 96-114.

[140] Powell D. Quantile Treatment Effects in the Presence of Covariates [J]. Working Paper, 2010.

[141] Porter M E, Kramer M R. Strategy and Society: The Link Between Competitive Advantage and Corporate Social Responsibility [J]. Harvard Business Review, 2006, 84 (12): 78-93.

[142] Qian Y, Weingast B R. Federalism As a Commitment to Preserving Market Incentives [J]. The Journal of Economic Perspectives, 1997, 11(2): 83-92.

[143] Qian Y, Roland G. Federalism and the Soft Budget Constraint [J]. American Economic Review, 1998, 88(5):1143-1162.

[144] Ravichandran T, Liu Y. Environmental Factors, Managerial Processes and Information Technology Investment Strategies[J]. Decision Science, 2011, 42(3): 537-574.

[145] Reny P J. A Characterization of Rationalizable Consumer Behavior [J]. Econometrica, 2015, 83(1): 175-192.

[146] Rochet J C, Tirole J. Tying in Two-Sided Markets and the Honor All Cards Rule [J]. International Journal of Industrial Organization, 2008, 26 (6): 1333-1347.

[147] Rodrik D. Industrial Policy for the 21st Century [R]. Kennedy School of Government Harvard University, 2004.

[148] Romani S, Grappi S, Bagozzi R P. Corporate Socially Responsible Initiatives and Their Effects on Consumption of Green Products [J]. Journal of Business Ethics, 2016, 135(2): 253-264.

[149] Rodrik D. Industrial Policy for the 21st Century [R]. Working Paper, 2004.

[150] Romer P M. Increasing Returns and Long-run Growth [J]. The Journal of Political Economy, 1986, 94(5): 1002-1037.

[151] Romer P. Endogenous Technological Change [J]. Journal of Political Economy, 1990, 98(5): 71-102.

[152] Ross J W, Beath C M, Goodhue D L. Develop Long-term Competitiveness Through IT Assets [J]. Sloan Management Review, 1996, 38 (1): 31-42.

[153] Roth M S, Romeo J B. Matching Product Category and Country Image Perceptions: A Framework for Managing Country-of-origin Effects [J]. Journal of International Business Studies, 1992, 23 (3): 477-497.

[154] Satsanguan L, Fongsuwan W, Trimetsoontorn J. Structural Equation Modelling of Service Quality and Corporate Image that Affect Customer Satisfaction in Private Nursing Homes in the Bangkok Metropolitan Region [J]. Research Journal of Business Management, 2015, 9(1): 68-87.

[155] Schreyogg G, Sydow J. Organizational Path Dependence: A Process View [J]. Organization Studies. 2011, 32 (3): 321-335.

[156] Schumpeter J A. The Theory of Economic Development, An Inquiry into Profits, Capital, Credit, Interest, and the Business Cycle [M]. Cambridge MA: Harvard University Press, 1912.

[157] Schurr P H, Ozanne J L. Influences on Exchange Processes: Buyers' Preconceptions of a Seller's Trustworthiness and Bargaining Toughness [J]. Journal of Consumer Research, 1985, 11(4): 939-953.

[158] Scholes M, Wolfson M, Erickson M, et al. Taxes and Business Strategy: A Planning Approach [M]. Upper Saddle River Press, 2005.

[159] Sen S, Bhattacharya C B. Does Doing Good Always Lead to Doing Better? Con-

sumer Reactions to Corporate Social Responsibility [J]. Journal of Marketing Research, 2001, 38 (2): 225-243.

[160] Seele P, Lock I. Instrumental and/or Deliberative? A Typology of CSR Communication Tools [J]. Journal of Business Ethics, 2015, 131(2): 401-414.

[161] Sirgy M J, Samli A C. A Path Analytic Model of Store Loyalty Involving Self-concept, Store Image, Geographic Loyalty, and Socioeconomic Status [J]. Journal of the Academy of Marketing Science, 1985, 13(3): 265-291.

[162] Smith A. An Inquiry into the Nature and Causes of the Wealth of Nations [M]. London: George Routledge and Sons, 1776.

[163] Smith N C. Corporate Social Responsibility: Not Whether, But How [J]. California Management Review, 2003, 45(4): 52-76.

[164] Sougiannis T. The Accounting Based Valuation of Corporate R&D [J]. Accounting Review, 1994, 69 (1): 44-68.

[165] Stynes M, Roos H G. The Midpoint Upwind Scheme [J]. Applied Numerical Mathematics, 1997, 23 (3): 361-374.

[166] Stipp H, Schiavone N P. Modeling the Impact of Olympic Sponsorship on Corporate Image [J]. Journal of Advertising Research, 1996, 36(4): 22-28.

[167] Strutton D, True S L, Rody R C. Russian Consumer Perceptions of Foreign and Domestic Consumer Goods: An Analysis of Country-of-origin Stereotypes with Implications for Promotions and Positioning [J]. Journal of Marketing Theory and Practice, 1995, 3 (3): 76-87.

[168] Tassey G. Policy Issues for R&D Investment in a Knowledge-based Economy [J]. The Journal of Technology Transfer, 2004, 29(2): 153-185.

[169] Wang H, Ho C. Estimating Fixed-Effect Panel Stochastic Frontier Models by Model Transformation [J]. Journal of Econometrics, 2010, 157 (2): 286-296.

[170] Wallsten S. The Competitive Effects of the Sharing Economy: How is Uber Changing Taxis [J]. Technology Policy Institute, 2015, 22: 1-21.

[171] Wallsten S J. The Effects of Government-industry R&D Programs on Private R&D: The Case of the Small Business Innovation Research Program [J]. RAND Journal of Economics, 2000, 31(1): 82-100.

[172] Wagner T, Lutz R J, Weitz B A. Corporate Hypocrisy: Overcoming the Threat of Inconsistent Corporate Social Responsibility Perceptions [J]. Journal of Marketing, 2009, 73 (6): 77-91.

[173] Wilkie W L, Elizabeth S M. Handbook of marketing [M]. London: Sage Pub-

lications, 2002.

[174] Wolter J S, Cronin J. Re-conceptualizing Cognitive and Affective Customer-Company Identification: The Role of Self-motives and Different Customer-based Outcomes [J]. Journal of the Academy of Marketing Science, 2016, 44(3): 397-413.

[175] Yeow A, Sohc C, Hansen R. Aligning with New Digital Strategy: A Dynamic Capabilities Approach [J]. The Journal of Strategic Information Systems, 2018, 27(1): 43-58.

[176] Yu M, Debo L, Kapuscinski R. Strategic Waiting for Consumer-generated Quality Information: Dynamic Pricing of New Experience Goods [J]. Management Science, 2016, 62(2): 410-435.

[177] Zaichkowsky J L. Measuring the Involvement Construct [J]. Journal of Consumer Research, 1985, 12(3): 341-352.

[178] Zeithaml V A, Parasuraman A. The Behavioral Consequences of Service Quality [J]. Journal of Marketing, 1996, 60(2): 31-46.

[179] Zhou K Z, Yim C K B, Tse D K. The Effects of Strategic Orientations on Technology-and Market-based Break through Innovations [J]. Journal of Marketing, 2005, 69(2): 42-60.

[180] Zhong T, Sun F, Zhou H, et al. Business Strategy, State-Owned Equity and Cost Stickiness: Evidence from Chinese Firms [J]. Sustainability, 2020, 12(5): 1-21.

[181] Zhang M J, Lado A A. Information Systems and Competitive Advantage: A Competency-Based View [J]. Technovation, 2001, 21(6): 147-156.

[182] Zott C, Amit R, Massa L. The Business Model: Recent Developments and Future Research [J]. Journal of Management, 2011, 37(4): 1019-1042.

[183] Zhou K Z, Yim C K B, Tse D K. The Effects of Strategic Orientations on Technology-and Market-based Break Through Innovations [J]. Journal of Marketing, 2005, 69(2): 42-60.

二、中文部分

[1] 亚当·斯密. 国民财富的性质和原因的研究 [M]. 郭大力, 王亚南, 译. 北京: 商务印书馆, 1972.

[2] 阿尔弗雷德·马歇尔. 经济学原理 [M]. 朱志泰, 陈良璧, 译. 北京: 商务印书馆, 2005.

[3] 安同良, 周绍东, 皮建才. R&D 补贴对中国企业自主创新的激励效应 [J]. 经济研究, 2009 (10): 87-98.

[4] 安同良, 周绍东, 皮建才. R&D 补贴对中国企业自主创新的激励效应 [J].

经济研究，2009（10）.

[5] 陈春花，朱丽，钟皓，等.中国企业数字化生存管理实践视角的创新研究[J].管理科学学报，2019（10）：1-8.

[6] 陈冬梅，王俐珍，陈安霓.数字化与战略管理理论[J].管理世界，2020（4）：220-235.

[7] 陈剑，黄朔，刘运辉.从赋能到使能——数字化环境下的企业运营管理[J].管理世界，2020（2）：117-128+222.

[8] 陈晓红.完善国家创新体制，坚持创新在现代化建设全局中的核心地位[J].中国工业经济，2020（12）：9-12.

[9] 陈德球，李思飞，王丛.政府质量、终极产权与公司现金持有[J].管理世界，2011（7）：127-141.

[10] 陈冬华，范从来，沈永建，等.职工激励，工资刚性与企业绩效——基于国有非上市公司的经验证据[J].经济研究，2010（7）：116-130.

[11] 陈国青，吴刚，顾远东，等.管理决策情境下大数据驱动的研究和应用挑战——范式转变与研究方向[J].管理科学学报，2018（7）：1-10.

[12] 陈剑，黄朔，刘运辉.从赋能到使能——数字化环境下的企业运营管理[J].管理世界，2020（2）：117-128.

[13] 陈石，陈晓红."两化融合"与企业效益关系研究——基于所有制视角的门限回归分析[J].财经研究，2013（1）：103-111.

[14] 崔瑜，焦豪，张样.基于IT能力的学习导向战略对绩效的作用机理研究[J].科研管理，2013（7）：93-100.

[15] 诸竹君，黄先海，王毅.外资进入与中国式创新双低困境破解[J].经济研究，2020（5）：99-115.

[16] 埃森哲.2020年中国企业数字转型指数报告[R].大河网讯，2020-9-27.

[17] 杜传忠，杨志坤.我国信息化与工业化融合水平测度及提升路径分析[J].中国地质大学学报（社会科学版），2015（15）：97.

[18] 郭家堂，骆品亮.互联网对中国全要素生产率有促进作用吗？[J].管理世界，2016（10）：34-49.

[19] 樊纲，王小鲁，张立文，等.中国各地区市场化相对进程报告[R].北京：经济科学出版社，2011.

[20] 冯之浚，刘燕华，方新，等.创新是发展的根本动力[J].科研管理，2015（11）：1-10.

[21] 国家统计局.2008中国大企业集团竞争力年度报告[R].北京.中国统计出版社，2009.

[22] 韩岚岚. 创新投入、内部控制与成本黏性 [J]. 经济与管理研究, 2018 (10): 131-144.

[23] 韩先锋, 惠宁, 宋文飞. 信息化能提高中国工业部门技术创新效率吗 [J]. 中国工业经济, 2014 (12): 70-82.

[24] 黄伟, 陈钊. 外资进入、供应链压力与中国企业社会责任 [J]. 管理世界, 2015 (2): 91-100.

[25] 黄俊, 陈信元. 集团化经营与企业研发投资——基于知识溢出与内部资本市场视角的分析 [J]. 经济研究, 2011 (6): 80-92.

[26] 黄群慧, 余泳泽, 张松林. 互联网发展与制造业生产率提升: 内在机制与中国经验 [J]. 中国工业经济, 2019 (5): 23.

[27] 何帆, 刘红霞. 数字经济视角下实体企业数字化变革的业绩提升效应评估 [J]. 改革, 2019 (4): 137-148.

[28] 何晓星, 岳玉静. "边际效用递减"规律在网络经济中失效了吗? [J]. 首都经济贸易大学学报, 22 (6): 16.

[29] 胡钰. 中国企业海外形象建设: 目标与途径 [J]. 中国软科学, 2015 (8): 101-105.

[30] 郝项超, 梁琪, 李政. 融资融券与企业创新: 基于数量与质量视角的分析 [J]. 经济研究, 2018 (6): 127-141.

[31] 江伟, 胡玉明. 企业成本费用黏性: 文献回顾与展望 [J]. 会计研究, 2011 (9): 74-79.

[32] 孔玉生, 朱乃平, 孔庆根. 成本黏性研究: 来自中国上市公司的经验证据 [J]. 会计研究, 2007 (11): 58-65.

[33] 孔婷, 孙林岩, 冯泰文. 营销——制造整合对新产品开发绩效的影响研究 [J]. 科研管理, 2015 (9): 1-10.

[34] 寇宗来, 刘学悦. 中国企业的专利行为: 特征事实以及来自创新政策的影响 [J]. 经济研究, 2020 (3): 83-99.

[35] 李海舰, 李燕. 对经济新形态的认识: 微观经济的视角 [J]. 中国工业经济, 2020 (12): 159-177.

[36] 李海舰, 田跃新, 李文杰. 互联网思维与传统企业再造 [J]. 中国工业经济, 2014 (10): 135-146.

[37] 李国平, 韦晓茜. 企业社会责任内涵、度量与经济后果——基于国外企业社会责任理论的研究综述 [J]. 会计研究, 2014 (8): 33-40

[38] 李焰, 陈才东, 黄磊. 集团化运作、融资约束与财务风险——基于上海复星集团案例研究 [J]. 管理世界, 2007 (12): 117-135.

[39] 李坤望，蒋为，宋立刚. 中国出口产品品质变动之谜：基于市场进入的微观解释 [J]. 中国社会科学，2014（3）：80-103.

[40] 李坤望，邵文波，王永进. 信息化密度，信息基础设施与企业出口绩效——基于企业异质性的理论与实证分析 [J]. 管理世界，2015（4）：52-65.

[41] 李伟阳，肖红军. 企业社会责任的逻辑 [J]. 中国工业经济，2011（10）：87-97.

[42] 李晓华. 数字经济新特征与数字经济新动能的形成机制 [J]. 改革，2019（11）：40-51.

[43] 梁上坤. 管理者过度自信、债务约束与成本黏性 [J]. 南开管理评论，2015（3）：122-131.

[44] 廖飞梅，朱清贞，叶松勤. 政策性负担、信息透明度与企业费用黏性 [J]. 当代财经，2019（12）：119-130.

[45] 刘生龙，胡鞍钢. 基础设施的外部性在中国的检验：1988—2007 [J]. 经济研究，2010（3）：4-15.

[46] 刘诗源，林志帆，冷志鹏. 税收激励提高企业创新水平了吗？——基于企业生命周期理论的检验 [J]. 经济研究，2020（6）：105-121.

[47] 刘淑春. 中国数字经济高质量发展的靶向路径与政策供给 [J]. 经济学家，2019（6）：52-61.

[48] 刘武. 企业费用"黏性"行为：基于行业差异的实证研究 [J]. 中国工业经济，2006（12）：105-112.

[49] 刘洋，董久钰，魏江. 数字创新管理：管理框架与未来研究 [J]. 管理世界，2020（7）：198-217.

[50] 刘鹏飞，赫曦滢. 传统产业的数字化转型 [J]. 人民论坛，2018（26）：87-89.

[51] 林琳，吕文栋. 数字化转型对制造业企业管理变革的影响——基于酷特智能与海尔智家的案例研究 [J]. 科学决策，2019（01）：85-98

[52] 陆旸. 成本冲击与价格黏性的非对称性——来自中国微观制造业企业的证据 [J]. 经济学（季刊），2015（2）：623-650.

[53] 赖明勇，张新，彭水军，等. 经济增长的源泉：人力资本、研究开发与技术外溢 [J]. 中国社会科学，2005（2）：32-46.

[54] 南晓莉，张敏. 政府补助是否强化了战略性新兴产业的成本黏性？[J]. 财经研究，2018（8）：114-127.

[55] 宁光杰，林子亮. 信息技术应用、企业组织变革与劳动力技能需求变化 [J]. 经济研究，2014（8）：79-92.

[56] 裴长洪, 倪江飞, 李越. 数字经济的政治经济学分析 [J]. 财贸经济, 2018 (9): 5-22.

[57] 戚聿东, 蔡呈伟. 数字化对制造业企业绩效的多重影响及其机理研究 [J]. 学习与探索, 2020 (7): 108-119.

[58] 戚聿东, 褚席. 数字经济学学科体系的构建 [J]. 改革, 2021(2): 41-53.

[59] 戚聿东, 肖旭. 数字经济时代的企业管理变革 [J]. 管理世界, 2020 (6): 135-152.

[60] 钱晓烨, 迟巍, 黎波. 人力资本对我国区域创新及经济增长的影响——基于空间计量的实证研究 [J]. 数量经济技术经济研究, 2010 (4): 107-121.

[61] 邵敏, 包群. 政府补贴与企业生产率——基于我国工业企业的经验分析 [J]. 中国工业经济, 2012 (7): 70-82.

[62] 邱君降, 王庆瑜, 李君, 等. 两化融合背景下我国企业工业管理基础能力评价研究 [J]. 科技管理研究, 2019 (7): 70-77.

[63] 饶品贵, 赵龙凯, 岳衡. 吉利数字与股票价格 [J]. 管理世界, 2008 (11): 44-49.

[64] 沈国兵, 袁征宇. 互联网化、创新保护与中国企业出口产品质量提升 [J]. 世界经济, 2020 (11): 127-151.

[65] 苏治, 荆文君, 孙宝文. 分层式垄断竞争: 互联网行业市场结构特征研究——基于互联网平台类企业的分析 [J]. 管理世界, 2018 (4): 80-100.

[66] 孙武军, 陈宏民, 陈梅. 基于网络外部性的市场结构动态演化分析 [J]. 管理科学, 2006 (1): 66-71.

[67] 孙铮, 刘浩. 中国上市公司费用"黏性"行为研究 [J]. 经济研究, 2004 (12): 26-34.

[68] 孙文杰, 沈坤荣. 人力资本积累与中国制造业技术创新效率的差异性 [J]. 中国工业经济, 2009 (3): 81-91.

[69] 世界银行. 政府治理、投资环境与和谐社会 [M]. 北京: 中国财政经济出版社, 2007.

[70] 万寿义, 田园. 第一大股东控制权、大股东制衡与费用黏性差异 [J]. 财贸研究, 2017 (2): 100-110.

[71] 魏炜, 张振广. 评估转换成本, 制胜企业创新 [J]. 哈佛商业评论, 2016 (3): 136-143.

[72] 魏江, 李拓宇, 赵雨菡. 创新驱动发展的总体格局、现实困境与政策走向 [J]. 中国软科学, 2015 (5): 21-30.

[73] 王俊. R&D补贴对企业R&D投入及创新产出影响的实证研究 [J]. 科学

学研究，2010（9）：1368-1374.

[74] 王兵，刘光天. 节能减排与中国绿色经济增长：基于全要素生产率的视角[J]. 中国工业经济，2015（5）：57-69.

[75] 王春云，王亚菲. 数字化资本回报率的测度方法及应用[J]. 数量经济技术经济研究，2019（12）：123-144.

[76] 王大澳，菅利荣，王慧，等. 基于限制合作博弈的产业集群企业利益分配研究[J]. 中国管理科学，2019（4）：171-178.

[77] 王开科，吴国兵，章贵军. 数字经济发展改善了生产效率吗[J]. 经济学家，2020（10）：24-34.

[78] 王垒，曲晶，赵忠超，等. 组织绩效期望差距与异质机构投资者行为选择：双重委托代理视角[J]. 管理世界，2020（7）：132-152.

[79] 王晓燕. "互联网+"环境下传统企业转型研究[J]. 经济研究导刊，2016（23）：12-14.

[80] 王宇，王铁男，易希薇. R&D投入对IT投资的协同效应研究——基于一个内部组织特征的情境视角[J]. 管理世界，2020（7）：77-88.

[81] 吴群. 传统企业互联网化发展的基本思路与路径[J]. 经济纵横，2017（1）：57-61.

[82] 吴建祖，肖书锋. 创新注意力转移、研发投入跳跃与企业绩效——来自中国A股上市公司的经验证据[J]. 南开管理评论，2016（2）：182-192.

[83] 吴溪，朱梅，陈斌开. "互联网+"的企业战略选择与转型业绩——基于交易成本的视角[J]. 中国会计评论，2017（2）：133-154.

[84] 肖静华，谢康，吴瑶，等. 从面向合作伙伴到面向消费者的供应链转型——电商企业供应链双案例研究[J]. 管理世界，2015（4）：137-154+188.

[85] 肖静华. 企业跨体系数字化转型与管理适应性变革[J]. 改革，2020（4）：37-49.

[86] 肖静华，吴小龙，谢康，等. 信息技术驱动中国制造转型升级——美的智能制造跨越式战略变革纵向案例研究[J]. 管理世界，2021（3）：20.

[87] 肖旭，戚聿东. 产业数字化转型的价值维度与理论逻辑[J]. 改革，2019（8）：61-70.

[88] 谢获宝，惠丽丽. 成本黏性、公司治理与高管薪酬业绩敏感性——基于企业风险视角的经验证据[J]. 管理评论，2017（3）：110-125.

[89] 约瑟夫·熊彼特. 经济发展理论——对于利润、资本、信贷、利息和经济周期的考察[M]. 何畏，易家详，等译. 北京：商务印书馆，1990.

[90] 熊维勤. 税收和补贴政策对R&D效率和规模的影响——理论与实证研究[J].

科学学研究，2011（5）：698-706.

[91] 颉茂华，王瑾，刘冬梅. 环境规制、技术创新与企业经营绩效 [J]. 南开管理评论，2014（6）：106-113.

[92] 夏立军，陈信元. 市场化进程, 国企改革策略与公司治理结构的内生决定 [J]. 经济研究，2007（7）：82-95.

[93] 夏清华，娄汇阳. 基于商业模式刚性的商业模式创新仿真——传统企业与互联网企业比较 [J]. 系统工程理论与实践，2018（11）：2776-2792.

[94] 辛清泉，郑国坚，杨德明. 企业集团、政府控制与投资效率 [J]. 金融研究，2007（10）：123-142.

[95] 许恒，张一林，曹雨佳. 数字经济、技术溢出与动态竞合政策 [J]. 管理世界，2020（11）：63-84.

[96] 杨德明，刘泳文. "互联网+"为什么加出了业绩 [J]. 中国工业经济，2018（5）：80-98.

[97] 杨其静. 企业成长：政治关联还是能力建设？经济研究 [J]. 2011（10）：54-66+94.

[98] 杨蕙馨，焦勇，陈庆江. 两化融合与内生经济增长 [J]. 经济管理，2016（1）：1-9.

[99] 叶松勤，凌方，廖飞梅. 混合所有制、政府控制层级与企业费用黏性 [J]. 科研管理，2020（1）：202-210.

[100] 叶广宇，赵文丽，黄胜. 服务特征对外国市场进入模式选择的影响：一个研究述评 [J]. 经济管理，2019（11）：195-210.

[101] 一问. 美的：100亿，数字化转型路径与实践 [EB/OL]. 开源证券，2021-02-21.

[102] 尤尔根·梅菲特，沙莎. 从1到N：企业数字化生存指南 [M]. 上海：上海交通大学出版社，2018.

[103] 余明桂，回雅甫，潘红波. 政治联系、寻租与地方政府财政补贴有效性 [J]. 经济研究，2010（3）：65-77.

[104] 余泳泽. 中国区域创新活动的"协同效应"与"挤占效应"：基于创新价值链视角的研究 [J]. 中国工业经济，2015（10）：37-52.

[105] 袁勇. BPR为数字化转型而生 [J]. 企业管理，2017（10）：102-104.

[106] 曾伏娥，郑欣，李雪. IT能力与企业可持续发展绩效的关系研究 [J]. 科研管理，2018（4）：92-101.

[107] 张后启. 电子商务四层面变革管理 [J]. 财经界，2001（10）：115-116.

[108] 张新民，陈德球. 价值共创与治理风险——基于瑞幸咖啡财务造假的案

例分析 [J]. 管理世界, 2020 (5): 74-86.

[109] 周兵, 钟廷勇, 徐辉, 等. 企业战略、管理者预期与成本粘性——基于中国上市公司经验证据 [J]. 会计研究, 2016 (7): 58-65+97.

[110] 周亚虹, 贺小丹, 沈瑶. 中国工业企业自主创新的影响因素和产出绩效研究 [J]. 经济研究, 2012 (5): 107-119.

[111] 周黎安. 中国地方官员的晋升锦标赛模式研究 [J]. 经济研究, 2007 (7): 36-50.

[112] 周黎安. 晋升博弈中政府官员的激励与合作——兼论我国地方保护主义和重复建设问题长期存在的原因 [J]. 经济研究, 2004 (6): 33-40.

[113] 周开国, 卢允之, 杨海生. 融资约束, 创新能力与企业协同创新 [J]. 经济研究, 2017 (7): 94-108.

[114] 周驷华, 万国华. 信息技术能力对供应链绩效的影响: 基于信息整合的视角 [J]. 系统管理学报, 2016 (1): 90-102.

[115] 诸竹君, 黄先海, 王毅. 外资进入与中国式创新双低困境破解 [J]. 经济研究, 2020 (5): 99-115.

[116] 朱承亮, 师萍, 岳宏志, 等. 人力资本、人力资本结构与区域经济增长效率 [J]. 中国软科学, 2011 (2): 110-119.

[117] 张帆. 中国的物质资本和人力资本估算 [J]. 经济研究, 2000 (8): 65-71.

[118] 张卫国, 任燕燕, 花小安. 地方政府投资行为、地区性行政垄断与经济增长——基于转型期中国省级面板数据的分析 [J]. 经济研究, 2011 (8): 26-37.

[119] 张杰, 周晓艳, 李勇. 要素市场扭曲抑制了中国企业 R&D? [J]. 经济研究, 2011 (8): 78-91.

[120] 庄子银. 创新、企业家活动配置与长期经济增长 [J]. 经济研究, 2007 (8): 82-94.

[121] 章文光. 融合创新及其对中国创新驱动发展的意义 [J]. 管理世界, 2016 (6): 1-9.

[122] 仉瑞, 徐婉渔. 人力资源数字化转型的破局之道 [J]. 人民论坛, 2019 (22): 116-117.

[123] 郑国坚, 林东杰, 谭伟强. 系族控制, 集团内部结构与上市公司绩效 [J]. 会计研究, 2016 (2): 36-43.

[124] 郑世林, 周黎安, 何维达. 电信基础设施与中国经济增长 [J]. 经济研究, 2014 (5): 77-90.

[125] 支燕, 白雪洁, 王蕾蕾. 我国"两化融合"的产业差异及动态演进特征——基于 2000—2007 年投入产出表的实证 [J]. 科研管理, 2012 (1): 90-95.